A. WILHELM

LES

CODES FRANÇAIS

ÉDITION REFONDUE

PARIS
AUGUSTIN CHALLAMEL, ÉDITEUR
17, RUE JACOB

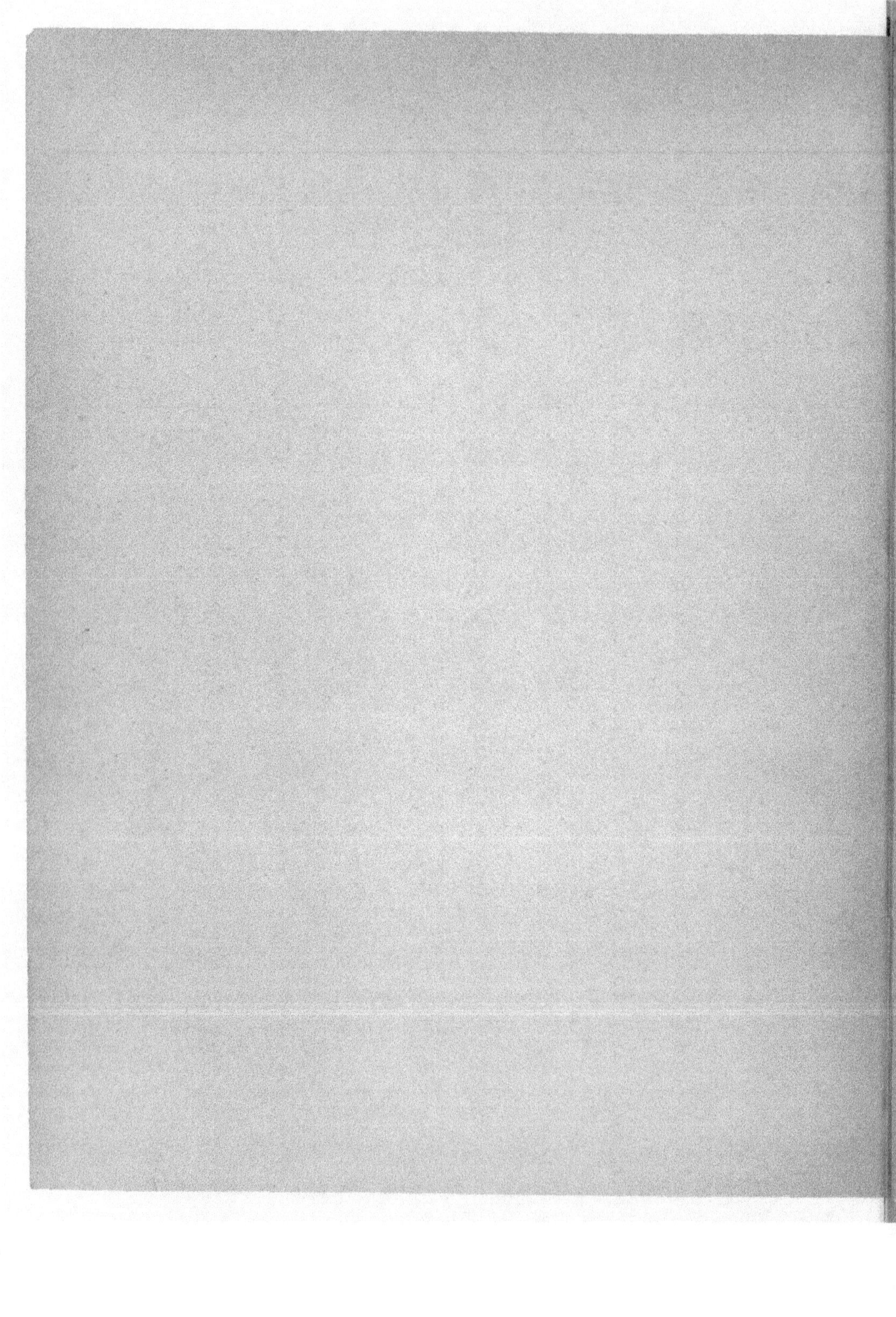

LES CODES FRANÇAIS

INDEX

Lois constitutionnelles.
Code civil.
Modifications au Code civil survenues pendant l'impression.
Code de procédure civile.
Code de commerce
Code d'instruction criminelle.
Code pénal.
Code forestier.
Supplément.
Deuxième supplément.
Tables chronologique et alphabétique des lois.

ABRÉVIATIONS

C.	Code civil.	Const. et org.	Constitutionnelles et organiques.
Pr.	Code de procédure.	L.	Loi.
Co.	Code de commerce.	Décr	Décret.
I. C. ou I. Cr.	Code d'instruction criminelle.	Ord.	Ordonnance.
For. ou F.	Code forestier.	s	et suivants.
O. for	Ordonnance pour l'exécution du Code forestier.	V.	voir.
		Suppl.	voir le texte au Supplément.
P.	Code pénal.	2e Suppl.	voir le texte au 2e Supplément.

LES

CODES FRANÇAIS

COLLATIONNÉS SUR LES TEXTES OFFICIELS

ÉDITION PORTATIVE

A L'USAGE

DES MAGISTRATS, DES AVOCATS, DES OFFICIERS MINISTÉRIELS, DES FONCTIONNAIRES ET DES ÉTUDIANTS

PAR A. WILHELM

NOUVELLE ÉDITION

ENTIÈREMENT REFONDUE ET TENUE AU COURANT DE LA LÉGISLATION LA PLUS RÉCENTE

PAR ED. HERSELIN
SUBSTITUT DU PROCUREUR DE LA RÉPUBLIQUE A BEAUVAIS

PARIS
AUGUSTIN CHALLAMEL, ÉDITEUR
17, RUE JACOB, 17

1900

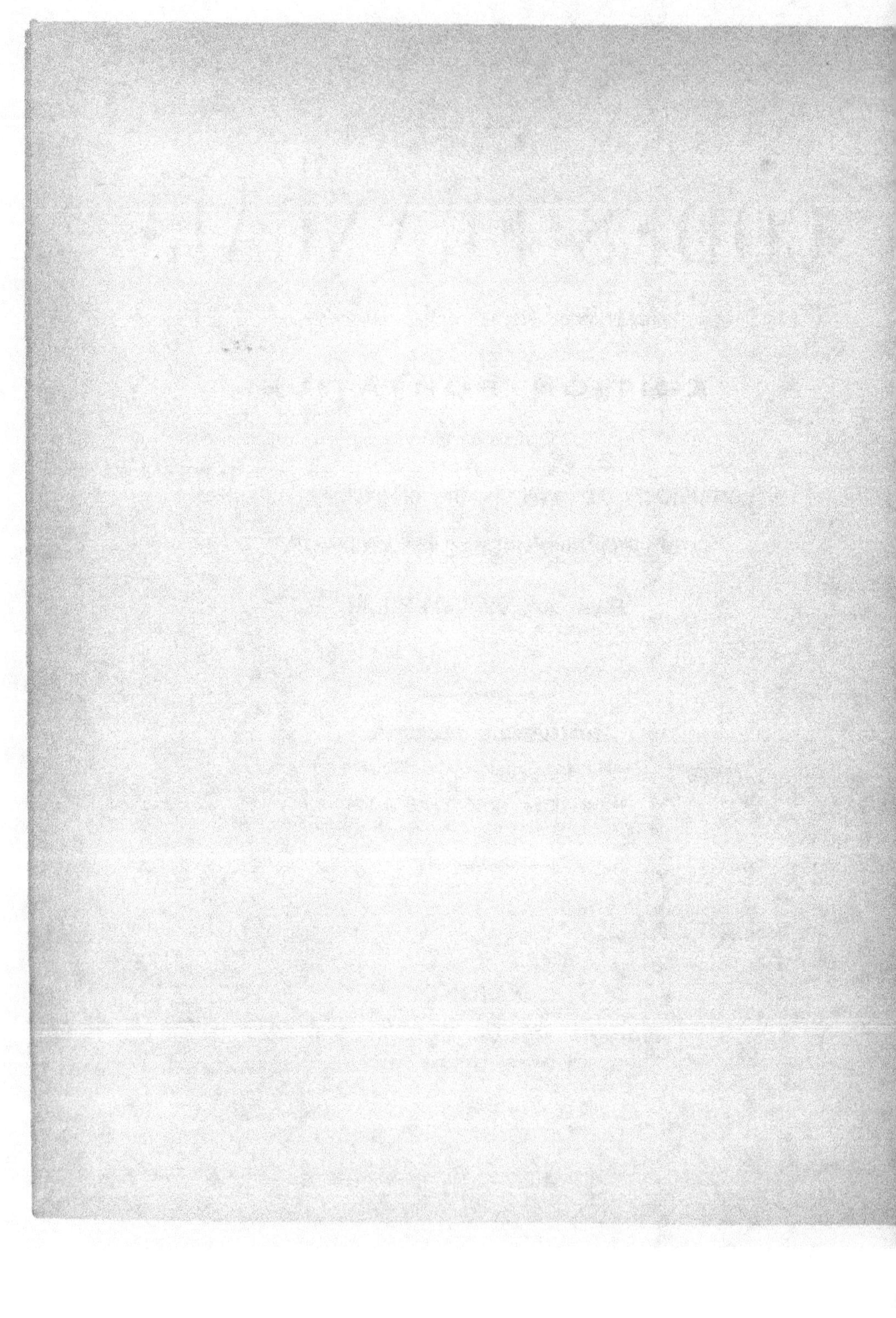

PRÉFACE

Lorsqu'en 1882 parut la première édition des Codes Wilhelm, les Magistrats, les Avocats, les Officiers ministériels, ainsi que les Étudiants, ne tardèrent pas à reconnaître l'utilité et la disposition pratique de cette publication, qui ne tient guère plus de place dans le portefeuille qu'une pièce de procédure, et qui réunit pourtant tous les codes et les principaux textes de notre législation.

L'usage, et certaines observations de quelques-uns de nos lecteurs, auxquels nous adressons ici tous nos remerciements, nous ont fait connaître certaines améliorations généralement désirées.

Un jeune magistrat, M. Herselin, qui nous avait signalé plusieurs lacunes, a bien voulu se charger de reviser tout l'ouvrage page à page, de le remettre au courant de la législation. Partout où les articles du Code étaient modifiés par des lois plus récentes, au lieu de se contenter d'un renvoi, il a remplacé, à l'endroit même, le texte abrogé par le texte nouveau. Cette modification était devenue nécessaire, et le soin que M. Herselin a apporté dans ce travail, nous est un sûr garant de l'accueil favorable que le public fera à cette édition entièrement refondue. Une heureuse innovation de l'auteur a été aussi d'ajouter une table alphabétique de toutes les lois contenues dans cette édition.

Signalons les textes principaux qui figurent ici pour la première fois, et tout d'abord le Code forestier, les lois sur l'expropriation pour cause d'utilité publique et sur les chemins vicinaux, et toutes celles qui doivent ultérieurement constituer le Code rural. — A l'usage des tribunaux correctionnels, nous avons donné les lois sur la pêche, la police de la chasse, la police des chemins de fer. — A l'usage des tribunaux de simple police, les textes concernant les délits relatifs aux violences légères. — A l'usage des tribunaux maritimes, outre la loi sur l'hypothèque maritime, celle sur les accidents et collisions en mer. — A l'usage des justices de paix et des tribunaux civils, la loi sur les accidents dont les ouvriers sont victimes dans leur travail.

Nous avons dû nous limiter aux textes d'un usage courant, à l'exclusion des lois plus rarement consultées, tenant à laisser à cette publication son caractère de *vade-mecum* qui a fait le succès des éditions précédentes.

LOIS CONSTITUTIONNELLES ET ORGANIQUES

4 novembre 1848

CONSTITUTION

de la République française.

ARTICLE **5**. La peine de mort est abolie en matière politique.

81. La justice est rendue gratuitement au nom du peuple français.

Les débats sont publics, à moins que la publicité ne soit dangereuse pour l'ordre ou les mœurs, et, dans ce cas, le tribunal le déclare par un jugement.

24 février 1875

LOI *sur l'organisation du Sénat.*

ARTICLES **1** à **7**. (Abrogés par la loi du 9 décembre 1884.)

8. Le Sénat a, concurremment avec la Chambre des députés, l'initiative et la confection des lois. — Toutefois les lois de finance doivent être, en premier lieu, présentées à la Chambre des députés et votées par elle.

9. Le Sénat peut être constitué en cour de justice pour juger soit le Président de la République, soit les ministres, et pour connaître des attentats commis contre la sûreté de l'État.

10. Il sera procédé à l'élection du Sénat un mois avant l'époque fixée par l'Assemblée nationale pour sa séparation. Le Sénat entrera en fonction et se constituera le jour même où l'Assemblée nationale se séparera.

11. La présente loi ne pourra être promulguée qu'après le vote définitif de la loi sur les pouvoirs publics.

25 février 1875

LOI *sur l'organisation des pouvoirs publics.*

ARTICLE **1**er. Le pouvoir législatif s'exerce par deux Assemblées : la Chambre des députés et le Sénat. — La Chambre des députés est nommée par le suffrage universel, dans les conditions déterminées par la loi électorale. — La composition, le mode de nomination et les attributions du Sénat seront réglés par une loi spéciale.

2. Le Président de la République est élu à la majorité absolue des suffrages par le Sénat et par la Chambre des députés réunis en Assemblée nationale. Il est nommé pour sept ans, il est rééligible.

3. Le Président de la République a l'initiative des lois, concurremment avec les membres des deux Chambres. Il promulgue les lois lorsqu'elles ont été votées par les deux Chambres; il en surveille et en assure l'exécution. — Il a le droit de faire grâce; les amnisties ne peuvent être accordées que par une loi. — Il dispose de la force armée. Il nomme à tous les emplois civils et militaires. — Il préside aux solennités nationales; les envoyés et les ambassadeurs des puissances étrangères sont accrédités auprès de lui. — Chacun des actes du Président de la République doit être contresigné par un ministre.

4. Au fur et à mesure des vacances qui se produiront à partir de la promulgation de la présente loi, le Président de la République nomme, en conseil des ministres, les conseillers d'État en service ordinaire. Les conseillers d'État ainsi nommés ne pourront être révoqués que par décret rendu en conseil des ministres. — Les conseillers d'État nommés en vertu de la loi du 24 mai 1872 ne pourront, jusqu'à l'expiration de leurs pouvoirs, être révoqués que dans la forme déterminée par cette loi. — Après la séparation de l'Assemblée nationale, la révocation ne pourra être prononcée que par une résolution du Sénat.

5. Le Président de la République peut, sur l'avis conforme du Sénat, dissoudre la Chambre des députés avant l'expiration légale de son mandat.

(*L. 14 août 1884, art. 1er.*) En ce cas, les collèges électoraux sont réunis pour de nouvelles élections dans le délai de deux mois et la Chambre dans les dix jours qui suivront la clôture des opérations électorales.

6. Les ministres sont solidairement responsables devant les Chambres, de la politique générale du Gouvernement, et individuellement de leurs actes personnels. — Le Président de la République n'est responsable que dans le cas de haute trahison.

7. En cas de vacance par décès ou pour toute autre cause, les deux Chambres réunies procèdent immédiatement à l'élection d'un nouveau Président. Dans l'intervalle, le conseil des ministres est investi du pouvoir exécutif.

8. Les Chambres auront le droit, par délibérations séparées, prises dans chacune à la majorité absolue des voix, soit spontanément, soit sur la demande du Président de la République, de déclarer qu'il y a lieu de réviser les lois constitutionnelles. — Après que chacune des deux Chambres aura pris cette résolution, elles se réuniront en Assemblée nationale pour procéder à la révision. — Les délibérations portant révision des lois constitutionnelles en tout ou en partie devront être prises à la majorité absolue des membres composant l'Assemblée nationale.

(*L. 14 août 1884, art. 2.*) La forme républicaine du Gouvernement ne peut faire l'objet d'une proposition de révision.

Les membres des familles ayant régné sur la France sont inéligibles à la Présidence de la République.

9. (*Abrogé, L. 21 juin 1879.*)

16 juillet 1875

LOI *sur les rapports des pouvoirs publics.*

ARTICLE **1**er. Le Sénat et la Chambre des députés se réunissent chaque année, le second mardi de janvier, à moins d'une convocation antérieure faite par le Président de la République. — Les deux Chambres doivent être réunies en session cinq mois au moins chaque année. La session de l'une commence et finit en même temps que celle de l'autre.

2. Le Président de la République prononce la clôture de la session. Il a le droit de convoquer extraordinairement les Chambres. Il devra les convoquer si la demande en est faite, dans l'intervalle des sessions, par la majorité absolue des membres composant chaque Chambre. — Le Président peut ajourner les Chambres. Toutefois l'ajournement ne peut excéder le terme d'un mois, ni avoir lieu plus de deux fois dans la même session.

3. Un mois au moins avant le terme légal des pouvoirs du Président de la République, les Chambres devront être réunies en Assemblée nationale pour procéder à l'élection du nouveau Président. — A défaut de convocation, cette réunion aura lieu de plein droit le quinzième jour avant l'expiration de ces pouvoirs. — En cas de décès ou de démission du Président de la République, les deux Chambres se réunissent immédiatement et de plein droit. — Dans le cas où, par application de l'article 5 de la loi du 25 février 1875, la Chambre des députés se trouverait dissoute au moment où la Présidence de la République deviendrait vacante, les collèges électoraux seraient aussitôt convoqués, et le Sénat se réunirait de plein droit.

4. Toute Assemblée de l'une des deux Chambres qui serait tenue hors du temps de la session commune est illicite et nulle de plein droit, sauf le cas prévu par l'article précédent et celui où le Sénat est réuni comme cour de justice; et, dans ce dernier cas, il ne peut exercer que des fonctions judiciaires.

5. Les séances du Sénat et celles de la Chambre des députés sont publiques.

Néanmoins, chaque Chambre peut se former en comité secret sur la demande d'un certain nombre de ses membres, fixé par le règlement. — Elle décide ensuite à la majorité absolue si la séance doit être reprise en public sur le même sujet.

6. Le Président de la République communique avec les Chambres par des messages qui sont lus à la tribune par un ministre. — Les ministres ont leur entrée dans les deux Chambres et doivent être entendus quand ils le demandent. Ils peuvent se faire assister par des commissaires désignés, pour la discussion d'un projet de loi déterminé, par décret du Président de la République.

7. Le Président de la République promulgue les lois dans le mois qui suit la transmission au Gouvernement de la loi définitivement adoptée. Il doit promulguer dans les trois jours les lois dont la promulgation, par un vote exprès dans l'une et l'autre Chambre, aura été déclarée urgente. — Dans le délai fixé pour la promulgation, le Président de la République peut, par un message motivé, demander aux deux Chambres une nouvelle délibération qui ne peut être refusée.

8. Le Président de la République négocie et ratifie les traités. Il en donne connaissance aux Chambres aussitôt que l'intérêt et la sûreté de l'État le permettent. — Les traités de paix, de commerce, les traités qui engagent les finances de l'État, ceux qui sont relatifs à l'état des personnes et au droit de propriété des Français à l'étranger, ne sont définitifs qu'après avoir été votés par les deux Chambres. Nulle cession, nul échange, nulle adjonction de territoire ne peut avoir lieu qu'en vertu d'une loi.

9. Le Président de la République ne peut déclarer la guerre sans l'assentiment préalable des deux Chambres.

10. Chacune des Chambres est juge de l'éligibilité de ses membres et de la régularité de leur élection; elle peut seule recevoir leur démission.

11. Le bureau de chacune des deux Chambres est élu chaque année pour la durée de la session et pour toute session extraordinaire qui aurait lieu avant la session ordinaire de l'année suivante. — Lorsque les deux Chambres se réunissent en Assemblée nationale, leur bureau se compose des président, vice-présidents et secrétaires du Sénat.

12. Le Président de la République ne peut être mis en accusation que par la Chambre des députés et ne peut être jugé que par le Sénat. — Les ministres peuvent être mis en accusation par la Chambre des députés pour crimes commis dans l'exercice de leurs fonctions. En ce cas, ils sont jugés par le Sénat. — Le Sénat peut être constitué en cour de justice par un décret du Président de la République, rendu en conseil des ministres, pour juger toute personne prévenue d'attentat commis contre la sûreté de l'État. — Si l'instruction est commencée par la justice ordinaire, le décret de convocation du Sénat peut être rendu jusqu'à l'arrêt de renvoi. — Une loi déterminera le mode de procéder pour l'accusation, l'instruction et le jugement.

13. Aucun membre de l'une ou de l'autre Chambre ne peut être poursuivi ou recherché à l'occasion des opinions ou votes émis par lui dans l'exercice de ses fonctions.

14. Aucun membre de l'une ou de l'autre Chambre ne peut, pendant la durée de la session, être poursuivi ou arrêté, en matière criminelle ou correctionnelle, qu'avec l'autorisation de la Chambre dont il fait partie, sauf le cas de flagrant délit. — La détention ou la poursuite d'un membre de l'une ou de l'autre Chambre est suspendue pendant la session, et pour toute sa durée, si la Chambre le requiert.

22 juillet 1879

LOI *sur le siège du pouvoir exécutif et des Chambres à Paris.*

ARTICLE **1**er. Le siège du pouvoir exécutif et des deux Chambres est à Paris.

2. Le palais du Luxembourg et le Palais-Bourbon sont affectés : le premier, au service du Sénat; le second, à celui de la Chambre des députés. — Néanmoins, chacune des deux Chambres demeure maîtresse de désigner, dans la ville de Paris, le palais qu'elle veut occuper.

3. Les divers locaux du palais de Versailles, actuellement occupés par le Sénat et la Chambre des députés, conservent leur affectation. — Dans le cas où, conformément aux articles 7 et 8 de la loi du 25 février 1875, relative à l'organisation des pouvoirs publics, il y aura lieu à la réunion de l'Assemblée nationale, elle siégera à Versailles, dans la salle actuelle de la Chambre des députés. — Dans le cas où, conformément à l'article 9 de la loi du 24 février 1875 sur l'organisation du Sénat et à l'article 12 de la loi constitutionnelle du 16 juillet 1875 sur les rapports des pouvoirs publics, le Sénat sera appelé à se constituer en cour de justice, il désignera la ville et le local où il entend tenir ses séances.

4. Le Sénat et la Chambre des députés siégeront à Paris, à partir du 3 novembre prochain.

5. Les présidents du Sénat et de la Chambre des députés sont chargés de veiller à la sûreté intérieure et extérieure de l'Assemblée qu'ils président. — A cet effet, ils ont le droit de requérir la force armée et toutes les autorités dont ils jugent le concours nécessaire. — Les réquisitions peuvent être adressées directement à tous officiers, commandants ou fonctionnaires, qui sont tenus d'y obtempérer immédiatement, sous les peines portées par les lois. — Les présidents du Sénat et de la Chambre des députés peuvent déléguer leur droit de réquisition aux questeurs ou à l'un d'eux.

6. Toute pétition à l'une ou l'autre des Chambres ne peut être faite et présentée que par écrit. Il est interdit d'en apporter en personne ou à la barre.

7. Toute infraction à l'article précédent, toute provocation par des discours proférés publiquement ou par des écrits ou imprimés, affichés ou distribués, à un rassemblement sur la voie publique ayant pour objet la discussion, la rédaction ou l'apport aux Chambres, ou à l'une d'elles, de pétitions, déclarations ou adresses, — que la provocation ait été ou non suivie d'effet, — sera punie des peines édictées par le paragraphe 1er de l'article 5 de la loi du 7 juin 1848.

8. Il n'est en rien dérogé, par les présentes dispositions, à la loi du 7 juin 1848 sur les attroupements.

9. L'article 463 du Code pénal est applicable aux délits prévus par la présente loi.

20 novembre 1883

LOI (*Extrait*).

ARTICLE **5.** Tout député ou tout sénateur qui, au cours de son mandat, accepterait les fonctions d'administrateur d'une compagnie de chemin de fer, sera, par ce seul fait, considéré comme démissionnaire et soumis à la réélection.

9 décembre 1884

LOI *portant modification aux lois organiques sur l'organisation du Sénat et les élections des sénateurs.*

ARTICLE **1er.** Le Sénat se compose de trois cents membres élus par les départements et les colonies.

Les membres actuels, sans distinction entre les sénateurs élus par l'Assemblée nationale ou le Sénat et ceux qui sont élus par les départements et les colonies, conservent leur mandat pendant le temps pour lequel ils ont été nommés.

2. Le département de la Seine élit dix sénateurs.

Le département du Nord élit huit sénateurs.

Les départements des Côtes-du-Nord, Finistère, Gironde, Ille-et-Vilaine, Loire, Loire-Inférieure, Pas-de-Calais, Rhône, Saône-et-Loire, Seine-Inférieure, élisent chacun cinq sénateurs.

L'Aisne, Bouches-du-Rhône, Charente-Inférieure, Dordogne, Haute-Garonne, Isère, Maine-et-Loire, Manche, Morbihan, Puy-de-Dôme, Seine-et-Oise, Somme, élisent chacun quatre sénateurs.

L'Ain, Allier, Ardèche, Ardennes, Aube, Aude, Aveyron, Calvados, Charente, Cher, Corrèze, Corse, Côte-d'Or, Creuse, Doubs, Drôme, Eure, Eure-et-Loir, Gard, Gers, Hérault, Indre, Indre-et-Loire, Jura, Landes, Loir-et-Cher, Haute-Loire, Loiret, Lot, Lot-et-Garonne, Marne, Haute-Marne, Mayenne, Meurthe-et-Moselle, Meuse, Nièvre, Oise, Orne, Basses-Pyrénées, Haute-Saône, Sarthe, Savoie, Haute-Savoie, Seine-et-Marne, Deux-Sèvres, Tarn, Var, Vendée, Vienne, Haute-Vienne, Vosges, Yonne, élisent chacun trois sénateurs.

Les Basses-Alpes, Hautes-Alpes, Alpes-Maritimes, Ariège, Cantal, Lozère, Hautes-Pyrénées, Pyrénées-Orientales, Tarn-et-Garonne, Vaucluse, élisent chacun deux sénateurs.

Le territoire de Belfort, les trois départements de l'Algérie, les quatre colonies de la Martinique, de la Guadeloupe, de la Réunion et des Indes françaises, élisent chacun un sénateur.

3. Dans les départements où le nombre des sénateurs est augmenté par la présente loi, l'augmentation s'effectuera à mesure des vacances qui se produiront parmi les sénateurs inamovibles.

A cet effet, il sera, dans la huitaine de la vacance, procédé en séance publique à un tirage au sort pour déterminer le département qui sera appelé à élire un sénateur.

Cette élection aura lieu dans le délai de trois mois à partir du tirage au sort; toutefois, si la vacance survient dans les six mois qui précèdent le renouvellement triennal, il n'y sera pourvu qu'au moment de ce renouvellement.

Le mandat ainsi conféré expirera en même temps que celui des autres sénateurs appartenant au même département.

4. Nul ne peut être sénateur s'il n'est Français, âgé de quarante ans au moins et s'il ne jouit de ses droits civils et politiques.

Les membres des familles ayant régné sur la France sont inéligibles au Sénat.

5. Les militaires des armées de terre et de mer ne peuvent être élus sénateurs.

Sont exceptés de cette disposition :

1° Les maréchaux de France et les amiraux;

2° Les officiers généraux maintenus sans limite d'âge dans la première section du cadre de l'état-major général et non pourvus de commandement;

3° Les officiers généraux ou assimilés placés dans la deuxième section du cadre de l'état-major général;

4° Les militaires des armées de terre et de mer qui appartiennent soit à la réserve de l'armée active, soit à l'armée territoriale.

6. Les sénateurs sont élus au scrutin de liste, quand il y a lieu, par un collège réuni au chef-lieu du département ou de la colonie et composé :

1° Des députés;

2° Des conseillers généraux;

3° Des conseillers d'arrondissement;

4° Des délégués élus parmi les électeurs de la commune par chaque conseil municipal.

Les conseils composés de dix membres éliront un délégué.

Les conseils composés de douze membres éliront deux délégués.

Les conseils composés de seize membres éliront trois délégués.

Les conseils composés de vingt et un membres éliront six délégués.

Les conseils composés de vingt-trois membres éliront neuf délégués.

Les conseils composés de vingt-sept membres éliront douze délégués.

Les conseils composés de trente membres éliront quinze délégués.

Les conseils composés de trente-deux membres éliront dix-huit délégués.

Les conseils composés de trente-quatre membres éliront vingt et un délégués.

Les conseils composés de trente-six membres et au-dessus éliront vingt-quatre délégués.

Le conseil municipal de Paris élira trente délégués.

Dans l'Inde française, les membres des conseils locaux sont substitués aux conseillers d'arrondissement. Le conseil municipal de Pondichéry élira cinq délégués. Le conseil municipal de Karikal élira trois délégués. Toutes les autres communes éliront chacune deux délégués.

Le vote a lieu au chef-lieu de chaque établissement.

7. Les membres du Sénat sont élus pour neuf années.

Le Sénat se renouvellera tous les trois ans, conformément à l'ordre des séries actuellement existantes.

8. Les articles 2 (paragraphes 1 et 2), 3, 4, 5, 8, 14, 16, 19, 23 de la loi organique du 2 août 1875, sur les élections des sénateurs, sont modifiés ainsi qu'il suit :

« ARTICLE 2 (paragraphes 1 et 2). Dans chaque conseil municipal, l'élection des délégués se fait, sans débat, au scrutin secret, et, le cas échéant, au scrutin de liste, à la majorité absolue des suffrages. Après deux tours de scrutin, la majorité relative suffit, et, en cas d'égalité de suffrages, le plus âgé est élu.

« Il est procédé de même et dans la même forme à l'élection des suppléants.

« Les conseils qui ont un, deux ou trois délégués à élire nomment un suppléant.

« Ceux qui élisent six ou neuf délégués nomment deux suppléants.

« Ceux qui élisent douze ou quinze délégués nomment trois suppléants.

« Ceux qui élisent dix-huit ou vingt et un délégués nomment quatre suppléants.

« Ceux qui élisent vingt-quatre délégués nomment cinq suppléants.

« Le conseil municipal de Paris nomme huit suppléants.

« Les suppléants remplacent les délégués, en cas de refus ou d'empêchement, selon l'ordre fixé par le nombre des suffrages obtenus par chacun d'eux.

« Art. 3. Dans les communes où les fonctions du conseil municipal sont remplies par une délégation spéciale instituée en vertu de l'article 44 de la loi du 5 avril 1884, les délégués et suppléants sénatoriaux seront nommés par l'ancien conseil.

« Art. 4. Si les délégués n'ont pas été présents à l'élection, notification leur en est faite dans les vingt-quatre heures par les soins du maire. Ils doivent faire parvenir au préfet, dans les cinq jours, l'avis de leur acceptation. En cas de refus ou de silence, ils sont remplacés par les suppléants, qui sont alors portés sur la liste comme délégués de la commune.

« Art. 5. Le procès-verbal de l'élection des délégués et des suppléants est transmis immédiatement au préfet. Il mentionne l'acceptation ou le refus des délégués et suppléants ainsi que les protestations élevées contre la régularité de l'élection par un ou plusieurs membres du conseil municipal. Une copie de ce procès-verbal est affichée à la porte de la mairie.

« Art. 8. Les protestations relatives à l'élection des délégués ou des suppléants sont jugées, sauf recours au Conseil d'État, par le conseil de préfecture, et, dans les colonies, par le conseil privé.

« Les délégués dont l'élection est annulée parce qu'ils ne remplissent pas une des conditions exigées par la loi, ou pour vice de forme, sont remplacés par les suppléants.

« En cas d'annulation de l'élection d'un délégué et de celle d'un suppléant, comme en cas de refus ou de décès de l'un et de l'autre, après leur acceptation, il est procédé à de nouvelles élections par le conseil municipal, au jour fixé par un arrêté du préfet.

« Art. 14. Le premier scrutin est ouvert à huit heures du matin et fermé à midi. Le second est ouvert à deux heures et fermé à cinq heures. Le troisième est ouvert à sept heures et fermé à dix heures. Les résultats des scrutins sont recensés par le bureau et proclamés immédiatement par le président du collège électoral.

« Art. 16. Les réunions électorales pour la nomination des sénateurs pourront avoir lieu depuis le jour de la promulgation du décret de convocation des électeurs jusqu'au jour du vote inclusivement.

« La déclaration prescrite par l'article 2 de la loi du 30 juin 1881 sera faite par deux électeurs au moins.

« Les formes et prescriptions de cet article, ainsi que celles de l'article 3, seront observées.

« Les membres du Parlement élus ou électeurs dans le département, les électeurs sénatoriaux, délégués et suppléants, et les candidats, ou leurs mandataires, pourront seuls assister à ces réunions.

« L'autorité municipale veillera à ce que nulle autre personne ne s'y introduise.

« Les délégués et suppléants justifieront de leur qualité par un certificat du maire de la commune; les candidats ou mandataires par un certificat du fonctionnaire qui aura reçu la déclaration visée au paragraphe 2.

« Art. 19. Toute tentative de corruption ou de contrainte par l'emploi des moyens énoncés dans les articles 177 et suivants du Code pénal, pour influencer le vote d'un électeur ou le déterminer à s'abstenir de voter, sera punie d'un emprisonnement de trois mois à deux ans, et d'une amende de cinquante francs à cinq cents francs, ou de l'une de ces deux peines seulement.

« L'article 463 du Code pénal est applicable aux peines édictées par le présent article.

« Art. 23. Il est pourvu aux vacances survenues par suite de décès ou de démission des sénateurs, dans le délai de trois mois; toutefois, si la vacance survient dans les six mois qui précèdent le renouvellement triennal, il n'y sera pourvu qu'au moment de ce renouvellement. »

9. Sont abrogés :

1° Les articles 1 à 7 de la loi du 24 février 1875 sur l'organisation du Sénat;

2° Les articles 24 et 25 de la loi du 2 août 1875 sur les élections des sénateurs.

Disposition transitoire.

Dans le cas où une loi spéciale sur les incompatibilités parlementaires ne serait pas votée au moment des prochaines élections sénatoriales, l'article 8 de la loi du 30 novembre 1875 serait applicable à ces élections.

Tout fonctionnaire atteint par cette disposition, qui comptera vingt ans de service et cinquante ans d'âge à l'époque de l'acceptation de son mandat, pourra faire valoir ses droits à une pension de retraite proportionnelle, qui sera réglée conformément au troisième paragraphe de l'article 12 de la loi du 9 juin 1853.

16 juin 1885

LOI *ayant pour objet de modifier la loi électorale.*

ARTICLE **1er**. (*Abrogé, L. 13 février 1889.*)

2. (*Abrogé, L. 13 février 1889.*)

3. (*Abrogé, L. 13 février 1889.*)

4. Les membres des familles qui ont régné sur la France sont inéligibles à la Chambre des députés.

5. Nul n'est élu au premier tour de scrutin s'il n'a réuni :

1° La majorité absolue des suffrages exprimés ;

2° Un nombre de suffrages égal au quart du nombre des électeurs inscrits.

Au deuxième tour, la majorité relative suffit.

En cas d'égalité de suffrages, le plus âgé des candidats est élu.

6. Sauf le cas de dissolution prévu et réglé par la Constitution, les élections générales ont lieu dans les soixante jours qui précèdent l'expiration des pouvoirs de la Chambre des députés.

7. Il n'est pas pourvu aux vacances survenues dans les six mois qui précèdent le renouvellement de la Chambre.

20 décembre 1887

LOI *concernant les incompatibilités parlementaires.*

ARTICLE UNIQUE. Jusqu'au vote d'une loi spéciale sur les incompatibilités parlementaires, les articles 8 et 9 de la loi du 30 novembre 1875 seront applicables aux élections sénatoriales. — Tout fonctionnaire atteint par cette disposition, qui comptera vingt ans de services et cinquante ans d'âge à l'époque de l'acceptation de son mandat, pourra faire valoir ses droits à une pension de retraite proportionnelle, qui sera réglée conformément au troisième paragraphe de l'article 12 de la loi du 9 juin 1853.

13 février 1889

LOI *rétablissant le scrutin uninominal pour l'élection des députés.*

ARTICLE **1er**. — Les articles 1, 2 et 3 de la loi du 16 juin 1885 sont abrogés.

2. Les membres de la Chambre des députés sont élus au scrutin individuel. Chaque arrondissement administratif dans les départements et chaque arrondissement municipal à Paris et à Lyon nomme un député. Les arrondissements dont la population dépasse cent mille habitants nomment un député de plus par cent mille habitants ou fraction de cent mille habitants. Les arrondissements, dans ce cas, sont divisés en circonscriptions dont le tableau est annexé à la présente loi et ne pourra être modifié que par une loi.

3. Il est attribué un député au territoire de Belfort, six à l'Algérie et dix aux colonies, conformément aux indications du tableau.

4. A partir de la promulgation de la présente loi jusqu'au renouvellement de la Chambre des députés, il ne sera pas pourvu au remplacement des députés dont les sièges seront vacants.

20 juillet 1895

LOI *sur les obligations militaires des membres du Parlement.*

ARTICLE 1er. Nul ne peut être membre du Parlement s'il n'a satisfait définitivement aux prescriptions de la loi militaire concernant le service actif. — La disposition ci-dessus n'est pas applicable aux Français ou naturalisés français résidant en Algérie ou aux colonies, qui, lors de leur élection, auront satisfait aux obligations spéciales que leur impose le titre VI de la loi du 15 juillet 1889.

2. En temps de paix, les membres du Parlement ne peuvent faire aucun service pendant les sessions, si ce n'est sur la demande du ministre de la guerre, de leur propre consentement et après décision favorable de l'assemblée à laquelle ils appartiennent.

3. Les membres du Parlement faisant un service militaire ne peuvent participer aux délibérations et aux votes de l'assemblée à laquelle ils appartiennent. — En cas de convocation de l'Assemblée nationale, leur service militaire est suspendu de plein droit pendant la durée de la session de cette assemblée.

4. Les dispositions des articles 2 et 3 ci-dessus ne s'appliquent pas aux officiers généraux maintenus sans limite d'âge dans la première section du cadre de l'état-major général et aux officiers généraux ou assimilés placés dans la deuxième section du cadre de l'état-major général.

FIN DES LOIS CONSTITUTIONNELLES ET ORGANIQUES

CODE CIVIL

TITRE PRÉLIMINAIRE

DE LA PUBLICATION, DES EFFETS ET DE L'APPLICATION DES LOIS EN GÉNÉRAL

[illegible]

LIVRE PREMIER

Des Personnes

TITRE PREMIER

DE LA JOUISSANCE ET DE LA PRIVATION DES DROITS CIVILS

[illegible]

CHAPITRE PREMIER

De la jouissance des droits civils

[illegible]

CHAPITRE II

De la privation des droits civils

SECTION PREMIÈRE

De la privation des droits civils par la perte de la qualité de Français

17. (L. 26 juin 1889.) Perdent la qualité de Français :

TITRE DEUXIÈME

DES ACTES DE L'ÉTAT CIVIL (1)

CHAPITRE PREMIER

Dispositions générales

34. Les actes de l'état civil énonceront l'année, le jour et l'heure où ils seront reçus, les prénoms, noms, âge, profession et domicile de tous ceux qui y seront dénommés.

Art. Modifié voir page 62

50. Toute contravention aux articles précédents de la part des fonctionnaires y dénommés, sera poursuivie devant le tribunal de première instance, et punie d'une amende qui ne pourra excéder cent francs. — C. 34, 51, 156, 192, 199, 200.

51. Tout dépositaire des registres sera civilement responsable des altérations qui y surviendront, sauf son recours, s'il y a lieu, contre les auteurs desdites altérations. — C. 52, 1383, 1384.

52. Toute altération, tout faux dans les actes de l'état civil, toute inscription de ces actes faite sur une feuille volante et autrement que sur les registres à ce destinés, donneront lieu aux dommages-intérêts des parties, sans préjudice des peines portées au Code pénal. — C. 1382; Pr. 214 s.; I. C. 448 s.; P. 145-146, 192 s.

53. Le procureur du Roi au tribunal de première instance sera tenu de vérifier l'état des registres lors du dépôt qui en sera fait au greffe; il dressera un procès-verbal sommaire de la vérification, dénoncera les contraventions ou délits commis par les officiers de l'état civil, et requerra contre eux la condamnation aux amendes. — C. 45, 50, 99; I. C. 22, 32 s., 57, 192.

54. Dans tous les cas où un tribunal de première instance connaîtra des actes relatifs à l'état civil, les parties intéressées pourront se pourvoir contre le jugement. — C. 198, 2251; Pr. 174 s.

CHAPITRE II

Des actes de naissance.

55. Les déclarations de naissance seront faites, dans les trois jours de l'accouchement, à l'officier de l'état civil du lieu : l'enfant lui sera présenté. — C. 12, 56, 59, 92, 93, 319; P. 346.

56. La naissance de l'enfant sera déclarée par le père, ou, à défaut du père, par les docteurs en médecine ou en chirurgie, sages-femmes, officiers de santé ou autres personnes qui auront assisté à l'accouchement; et lorsque la mère sera accouchée hors de son domicile, par la personne chez qui elle sera accouchée.

L'acte de naissance sera rédigé de suite, en présence de deux témoins. — C. 37 s., 59, 109; P. 346.

57. L'acte de naissance énoncera le jour, l'heure et le lieu de la naissance, le sexe de l'enfant, et les prénoms qui lui seront donnés, les prénoms, noms, profession et domicile des père et mère, et ceux des témoins. — C. 34, 35, 37, 58, 334, 340, 341; P. 345.

58. Toute personne qui aura trouvé un enfant nouveau-né, sera tenue de le remettre à l'officier de l'état civil, ainsi que les vêtements et autres effets trouvés avec l'enfant, et de déclarer toutes les circonstances du temps et du lieu où il aura été trouvé.

Il en sera dressé un procès-verbal détaillé, qui énoncera en outre l'âge apparent de l'enfant, son sexe, les noms qui lui seront donnés, l'autorité civile à laquelle il sera remis. Ce procès-verbal sera inscrit sur les registres. — C. 50 s.; P. 345, 347, 349-353.

59. (*L. 8 juin 1893.*) En cas de naissance pendant un voyage maritime, il en sera dressé acte dans les trois jours de l'accouchement, en présence du père, s'il est à bord, et de deux témoins pris parmi les officiers du bâtiment, ou, à leur défaut, parmi les hommes de l'équipage.

Si la naissance a lieu pendant un arrêt dans un port, l'acte sera dressé dans les mêmes conditions, lorsqu'il y aura impossibilité de communiquer avec la terre ou lorsqu'il n'existera pas dans le port, si l'on est à l'étranger, d'agent diplomatique ou consulaire français investi des fonctions d'officier de l'état civil.

Cet acte sera rédigé, savoir : sur les bâtiments de l'État, par l'officier du commissariat de la marine, ou, à son défaut, par le commandant ou celui qui en remplit les fonctions; et, sur les autres bâtiments, par le capitaine, maître ou patron, ou celui qui en remplit les fonctions.

Il sera fait mention de celle des circonstances ci-dessus prévues dans laquelle l'acte a été dressé.

L'acte sera inscrit à la suite du rôle d'équipage. — C. 34 s., 60 s., 86 s., 988.

60. (*L. 8 juin 1893.*) Au premier port où le bâtiment abordera pour toute autre cause que celle de son désarmement, l'officier instrumentaire sera tenu de déposer deux expéditions de chacun des actes de naissance dressés à bord.

Ce dépôt sera fait, savoir : si le port est français, au bureau des armements par les bâtiments de l'État, et au bureau de l'inscription maritime par les autres bâtiments; si le port est étranger, entre les mains du consul de France. Au cas où il ne se trouverait pas dans ce port de bureau des armements, de bureau de l'inscription maritime ou de consul, le dépôt serait ajourné au plus prochain port d'escale ou de relâche.

L'une des expéditions déposées sera adressée au ministre de la marine, qui la transmettra à l'officier de l'état civil du dernier domicile du père de l'enfant ou de la mère, si le père est inconnu, afin qu'elle soit transcrite sur les registres; si le dernier domicile ne peut être retrouvé ou s'il est hors de France, la transcription sera faite à Paris.

L'autre expédition restera déposée aux archives du consulat ou du bureau de l'inscription maritime.

Mention des envois et dépôts effectués conformément aux prescriptions du présent article sera portée en marge des actes originaux par les commissaires de l'inscription maritime ou par les consuls. — C. 61, 87, 991.

61. (*L. 8 juin 1893.*) A l'arrivée du bâtiment dans le port de désarmement, l'officier instrumentaire sera tenu de déposer, en même temps que le rôle d'équipage, une expédition de chacun des actes de naissance dressés à bord dont copie n'aurait point été déjà déposée conformément aux prescriptions de l'article précédent.

Ce dépôt sera fait, pour les bâtiments de l'État, au bureau des armements, et, pour les autres bâtiments, au bureau de l'inscription maritime.

L'expédition ainsi déposée sera adressée au ministre de la marine, qui la transmettra comme il est dit à l'article précédent. — C. 60, 87.

62. (*L. 8 juin 1893.*) L'acte de reconnaissance d'un enfant naturel sera inscrit sur les registres à sa date, et il en sera fait mention en marge de l'acte de naissance, s'il en existe un.

Dans les circonstances prévues à l'article 59, la déclaration de reconnaissance pourra être reçue par les officiers instrumentaires désignés en cet article, et dans les formes qui y sont indiquées.

Les dispositions des articles 60 et 61 relatives au dépôt et aux transmissions seront, dans ce cas, applicables. Toutefois, l'expédition adressée au ministre de la marine devra être transmise par lui, de préférence, à l'officier de l'état civil du lieu où l'acte de naissance de l'enfant aura été dressé ou transcrit, si ce lieu est connu. — C. 49, 334, 335 s.

CHAPITRE III

Des actes de mariage.

63. Avant la célébration du mariage, l'officier de l'état civil fera deux publications, à huit jours d'intervalle, un jour de dimanche, devant la porte de la maison commune. Ces publications, et l'acte qui en sera dressé, énonceront les prénoms, noms, professions et domiciles des futurs époux, leur qualité de majeurs ou de mineurs, et les prénoms, noms, professions et domiciles de leurs pères et mères. Cet acte énoncera, en outre, les jours, lieux et heures où les publications auront été faites : il sera inscrit sur un seul registre, qui sera coté et paraphé comme il est dit en l'article 41, et déposé, à la fin de chaque année, au greffe du tribunal de l'arrondissement. — C. 64, 65, 69, 74, 76, 99, 166-170, 192, 193, 388, 488.

64. Un extrait de l'acte de publication sera et restera affiché à la porte de la maison commune, pendant les huit jours d'intervalle de l'une à l'autre publication. Le mariage ne pourra être célébré avant le troisième jour, depuis et non compris celui de la seconde publication. — C. 192, 193.

65. Si le mariage n'a pas été célébré dans l'année, à compter de l'expiration du délai des publications, il ne pourra plus être célébré qu'après que de nouvelles publications auront été faites dans la forme ci-dessus prescrite. — C. 63, 64.

66. Les actes d'opposition au mariage seront signés sur l'original et sur la copie par les opposants ou par leurs fondés de procuration spéciale et authentique; ils seront signifiés, avec la copie de la procuration, à la personne ou au domicile des parties, et à l'officier de l'état civil, qui mettra son visa sur l'original. — C. 67-69, 172, 173, 192; Pr. 61, 68.

67. L'officier de l'état civil fera, sans délai, une mention sommaire des oppositions sur le registre des publications; il fera aussi mention, en marge de l'inscription desdites oppositions, des jugements ou des actes de main-levée dont expédition lui aura été remise.

68. En cas d'opposition, l'officier de l'état civil ne pourra célébrer le mariage avant qu'on lui en ait remis la main-levée, sous peine de trois cents francs d'amende, et de tous dommages-intérêts. — C. 76.

69. S'il n'y a point d'opposition, il en sera fait mention dans l'acte de mariage; et si les publications ont été faites dans plusieurs communes, les parties remettront un certificat délivré par l'officier de l'état civil de chaque commune, constatant qu'il n'existe point d'opposition. — C. 76, 166-168.

70. (*L. 17 août 1897.*) L'officier de l'état civil se fera remettre l'acte de naissance de chacun des futurs époux. Cet acte ne devra pas avoir été délivré depuis plus de trois mois, s'il a été délivré en France, et depuis plus de six mois, s'il a été délivré dans une colonie ou dans un consulat.

Celui des époux qui serait dans l'impossibilité de se le procurer, pourra le suppléer, en rapportant un acte de notoriété délivré par le juge de paix du lieu de sa naissance, ou par celui de son domicile. — C. 71, 72, 155.

71. L'acte de notoriété contiendra la déclaration faite par sept témoins, de l'un ou de l'autre sexe, parents ou non parents, des prénoms, nom, profession et domicile du futur époux, et de ceux de ses père et mère, s'ils sont connus; le lieu, et, autant que possible, l'époque de sa naissance, et les causes qui empêchent d'en rapporter l'acte. Les témoins signeront l'acte de notoriété avec le juge de paix; et s'il en est qui ne puissent ou ne sachent signer, il en sera fait mention. — C. 70, 72, 155.

72. L'acte de notoriété sera présenté au tribunal de première instance du lieu où doit se célébrer le mariage. Le tribunal, après avoir entendu le procureur du Roi, donnera ou refusera son homologation, selon qu'il trouvera suffisantes ou insuffisantes les déclarations des témoins, et les causes qui empêchent de rapporter l'acte de naissance. — C. 71.

73. (*L. 20 juin 1896.*) L'acte authentique du consentement des père et mère ou aïeuls et aïeules, ou, à leur défaut, celui de la famille, contiendra les prénoms, noms, professions et domiciles du futur époux et de tous ceux qui auront concouru à l'acte, ainsi que leur degré de parenté.

Hors le cas prévu par l'article 159, cet acte de consentement pourra être donné, soit devant un notaire, soit devant l'officier de l'état civil du domicile de l'ascendant, et, à l'étranger, devant les agents diplomatiques ou consulaires français. — C. 148 s., 160, 182, 183, 1317; P. 193.

74. Le mariage sera célébré dans la commune où l'un des deux époux aura son domicile. Ce domicile, quant au mariage, s'établira par six mois d'habitation continue dans la même commune. — C. 102 s., 165, 167, 191, 193.

75. Le jour désigné par les parties après les délais des publications, l'officier de l'état civil, dans la maison commune, en présence de quatre témoins, parents ou non parents, fera lecture aux parties, des pièces ci-dessus mentionnées, relatives à leur état et aux formalités du mariage, et du chapitre VI du titre *du mariage*, sur les droits et les devoirs respectifs des époux.

(*Addition. L. 10 juillet 1850.*) Il interpellera les futurs époux, ainsi que les personnes qui autorisent le mariage, si elles sont présentes, d'avoir à déclarer s'il a été fait un contrat de mariage, et, dans le cas de l'affirmative, la date de ce contrat, ainsi que les noms et lieu de résidence du notaire qui l'aura reçu.

Il recevra de chaque partie, l'une après l'autre, la déclaration qu'elles veulent se prendre pour mari et femme; il prononcera, au nom de la loi, qu'elles sont unies par le mariage, et il en dressera acte sur-le-champ. — C. 37, 63, 165, 171, 212-226; P. 193 s., 199 s.

76. On énoncera, dans l'acte de mariage :

1° Les prénoms, noms, professions, âge, lieux de naissance et domiciles des époux; — C. 34.

2° S'ils sont majeurs ou mineurs; — C. 35, 388, 488.

3° Les prénoms, noms, professions et domiciles des pères et mères;

4° Le consentement des pères et mères, aïeuls et aïeules, et celui de la famille, dans les cas où ils sont requis; — C. 148-150, 158-160, 182, 183.

5° Les actes respectueux, s'il en a été fait; — C. 151-158.

6° Les publications dans les divers domiciles; — C. 63-65, 166-169, 192.

7° Les oppositions, s'il y en a eu; leur main-levée, ou la mention qu'il n'y a point eu d'opposition; — C. 66-69, 172-179.

8° La déclaration des contractants de se prendre pour époux, et le prononcé de leur union par l'officier public; — C. 146.

9° Les prénoms, noms, âge, professions et domiciles des témoins, et leur déclaration s'ils sont parents ou alliés des parties, de quel côté et à quel degré; — C. 37, 75, 735 s.; P. 193-200.

10° (*L. 10 juillet 1850.*) La déclaration faite sur l'interpellation prescrite par l'article précédent, qu'il a été ou qu'il n'a pas été fait de contrat de mariage, et, autant que possible, la date du contrat, s'il existe, ainsi que les noms et lieu de résidence du notaire qui l'aura reçu; le tout à peine, contre l'officier de l'état civil, de l'amende fixée par l'article 50.

Dans le cas où la déclaration aurait été nulle ou serait erronée, la rectification de l'acte, en ce qui touche l'omission ou l'erreur, pourra être demandée par le procureur de la République, sans préjudice du droit des parties intéressées, conformément à l'article 99. — C. 1391, 1394.

(L. 17 août 1897.) Il sera fait mention de la célébration du mariage en marge de l'acte de naissance des époux.

CHAPITRE IV

Des actes de décès

77. Aucune inhumation ne sera faite sans une autorisation, sur papier libre et sans frais, de l'officier de l'état civil, qui ne pourra la délivrer qu'après s'être transporté auprès de la personne décédée, pour s'assurer du décès, et que vingt-quatre heures après le décès, hors les cas prévus par les règlements de police. — C. 81, 82, 20; I. C. 44, 54; P. 358 s.

78. L'acte de décès sera dressé par l'officier de l'état civil, sur la déclaration de deux témoins. Ces témoins seront, s'il est possible, les deux plus proches parents ou voisins, ou, lorsqu'une personne sera décédée hors de son domicile, la personne chez laquelle elle sera décédée, et un parent ou autre. — C. 34, 37, 39 s., 79 s., 82 s., 96 s.

79. L'acte de décès contiendra les prénoms, nom, âge, profession et domicile de la personne décédée; les prénoms et nom de l'autre époux, si la personne décédée était mariée ou veuve; les prénoms, noms, âge, professions et domiciles des déclarants; et, s'ils sont parents, leur degré de parenté.

Le même acte contiendra de plus, autant qu'on pourra le savoir, les prénoms, noms, profession et domicile des père et mère du décédé, et le lieu de sa naissance (1). — C. 34 s., 56 s.

80. (L. 8 juin 1893.) — En cas de décès dans les hôpitaux ou les formations sanitaires, les hôpitaux maritimes, coloniaux, civils ou autres établissements publics, soit en France, soit dans les colonies ou les pays de protectorat, les directeurs, administrateurs ou maîtres de ces hôpitaux ou établissements devront en donner avis, dans les vingt-quatre heures, à l'officier de l'état civil ou à celui qui en remplit les fonctions.

Celui-ci s'y transportera pour s'assurer du décès et en dressera l'acte, conformément à l'article précédent, sur les déclarations qui lui auront été faites et sur les renseignements qu'il aura pris.

Il sera tenu, dans lesdits hôpitaux, formations sanitaires et établissements, un registre sur lequel seront inscrits ces déclarations et renseignements.

L'officier de l'état civil qui aura dressé l'acte de décès enverra, dans le plus bref délai, à l'officier de l'état civil du dernier domicile du défunt, une expédition de cet acte, laquelle sera immédiatement transcrite sur les registres. — C. 34 s., 77, 96, 97; P. 358 s.

81. Lorsqu'il y aura des signes ou indices de mort violente, ou d'autres circonstances qui donneront lieu de le soupçonner, on ne pourra faire l'inhumation qu'après qu'un officier de police, assisté d'un docteur en médecine ou en chirurgie, aura dressé procès-verbal de l'état du cadavre, et des circonstances y relatives, ainsi que des renseignements qu'il aura pu recueillir sur les prénoms, nom, âge, profession, lieu de naissance et domicile de la personne décédée. — C. 82, 85; I. C. 44 s.; P. 358, 359.

82. L'officier de police sera tenu de transmettre de suite à l'officier de l'état civil du lieu où la personne sera décédée, tous les renseignements énoncés dans son procès-verbal, d'après lesquels l'acte de décès sera rédigé.

L'officier de l'état civil en enverra une expédition à celui du domicile de la personne décédée, s'il est connu : cette expédition sera inscrite sur les registres. — C. 81, 102 s.

83. Les greffiers criminels seront tenus d'envoyer, dans les vingt-quatre heures de l'exécution des jugements portant peine de mort, à l'officier de l'état civil du lieu où le condamné aura été exécuté, tous les renseignements énoncés en l'art. 79 d'après lesquels l'acte de décès sera rédigé. — C. 85; I. C. 378; P. 26.

84. En cas de décès dans les prisons ou maisons de réclusion et de détention, il en sera donné avis sur-le-champ, par les concierges ou gardiens, à l'officier de l'état civil, qui s'y transportera comme il est dit en l'article 80, et rédigera l'acte de décès. — C. 78 s., 85.

85. Dans tous les cas de mort violente, ou dans les prisons et maisons de réclusion, ou d'exécution à mort, il ne sera fait sur les registres aucune mention de ces circonstances, et les actes de décès seront simplement rédigés dans les formes prescrites par l'article 79. — C. 81, 83, 84.

86. (L. 8 juin 1893.) — En cas de décès pendant un voyage maritime et dans les circonstances prévues à l'article 59, il en sera, dans les vingt-quatre heures et en présence de deux témoins, dressé acte par les officiers instrumentaires désignés en cet article et dans les formes qui y sont prescrites.

Les dépôts et transmissions des originaux et des expéditions seront effectués conformément aux distinctions prévues par les articles 60 et 61.

La transcription des actes de décès sera faite sur les registres de l'état civil du dernier domicile du défunt, ou, si ce domicile est inconnu, à Paris. — C. 34 s., 53, 79, 87.

87. (L. 8 juin 1893.) — Si une ou plusieurs personnes inscrites au rôle d'équipage ou présentes à bord, soit sur un bâtiment de l'État, soit sur tout autre bâtiment, tombent à l'eau sans que leur corps puisse être retrouvé, il sera dressé un procès-verbal de disparition par l'autorité investie à bord des fonctions d'officier de l'état civil. Ce procès-verbal sera signé par l'officier instrumentaire et inscrit à la suite du rôle d'équipage.

Les dispositions des articles 60 et 61 relatives au dépôt et à la transmission des actes et des expéditions, seront applicables à ces procès-verbaux. — C. 60, 61, 86, 102.

88. (L. 8 juin 1893.) — En cas de présomption de perte totale d'un bâtiment ou de disparition d'une partie de l'équipage ou des passagers, s'il n'a pas été possible de dresser les procès-verbaux de disparition prévus à l'article précédent, il sera rendu par le ministre de la marine, après une enquête administrative et sans formes spéciales, une décision déclarant la présomption de perte du bâtiment ou la disparition de tout ou partie de l'équipage ou des passagers.

89. (L. 8 juin 1893.) — La présomption de décès sera déclarée comme il est dit à l'article précédent, après une enquête administrative et sans formes spéciales, par le ministre de la marine à l'égard des marins ou militaires morts aux colonies, dans les pays de protectorat ou lors des expéditions d'outre-mer, quand il n'aura pas été dressé d'acte régulier de décès.

90. (L. 8 juin 1893.) Le ministre de la marine pourra transmettre une copie de ces procès-verbaux ou de ces décisions au procureur général du ressort dans lequel se trouve le tribunal soit du dernier domicile du défunt, soit du port d'armement du bâtiment, soit enfin du lieu du décès, et requérir ce magistrat de poursuivre d'office la constatation judiciaire des décès.

Ceux-ci pourront être déclarés constatés par un jugement collectif rendu par le tribunal du port d'armement, lorsqu'il s'agira de personnes disparues dans un même accident.

91. (L. 8 juin 1893.) Les intéressés pourront également se pourvoir, à l'effet d'obtenir la déclaration judiciaire d'un décès, dans les formes prévues aux articles 855 et suivants du Code de procédure civile. Dans ce cas, la requête sera communiquée au ministre de la marine, à la diligence du ministère public.

92. (L. 8 juin 1893.) Tout jugement déclaratif de décès sera transcrit à sa date sur les registres de l'état civil du dernier domicile, ou, si celui-ci est inconnu, à Paris. Il sera fait mention du jugement et de sa transcription en marge des registres, à la date du décès.

Les jugements collectifs seront transcrits sur les registres de l'état civil du port d'armement; il pourra en être délivré des extraits individuels.

Les jugements déclaratifs de décès tiendront lieu d'acte de l'état civil et ils seront opposables aux tiers, qui pourront seulement en obtenir la rectification conformément à l'article 99.

CHAPITRE V

Des actes de l'état civil concernant les militaires et marins dans certains cas spéciaux.

93. (L. 8 juin 1893.) Les actes de l'état civil concernant les militaires, les marins de l'État et les personnes employées à la suite des armées, seront établis comme il est dit aux chapitres précédents.

Toutefois, hors de la France et dans les circonstances prévues au présent paragraphe, ils pourront en tout temps, être également reçus par les autorités ci-après indiquées, en présence de deux témoins : 1° dans les formations de guerre mobilisées, par le trésorier ou l'officier qui en remplit les fonctions, quand l'organisation comporte cet emploi, et, dans le cas contraire, par l'officier commandant; 2° dans les quartiers généraux ou états-majors, par les fonctionnaires de l'intendance, ou, à défaut, par les officiers désignés pour les suppléer; 3° pour les personnes non militaires, employées à la suite des armées, par le prévôt ou l'officier qui en remplit les fonctions; 4° dans les formations ou établissements sanitaires dépendant des armées, par les officiers d'administration gestionnaires de ces établissements; 5° dans les hôpitaux maritimes et coloniaux, sédentaires ou ambulants, par le médecin directeur ou son suppléant; 6° dans les colonies et les pays de protectorat et lors des expéditions d'outre-mer, par les officiers du commissariat ou les fonctionnaires de l'intendance, ou, à leur défaut, par les chefs d'expédition, de poste ou de détachement.

En France, les actes de l'état civil pourront également être reçus, en cas de mobilisation ou de siège, par les officiers énumérés aux cinq premiers numéros du paragraphe précédent. La compétence de ces officiers s'étendra, s'il est nécessaire, aux personnes non militaires qui se trouveront dans les forts et places fortes assiégés.

94. (L. 8 juin 1893.) Dans tous les cas prévus à l'article précédent, l'officier qui aura reçu un acte en transmettra, dès que la communication sera possible et dans le plus bref délai, une expédition au ministère de la guerre ou de la marine, qui en assurera la transcription sur les registres de l'état civil du dernier domicile : du père ou, si le père est inconnu, de la mère, pour les actes de naissance; du mari, pour les actes de mariage; du défunt, pour les actes de décès. Si le lieu du dernier domicile est inconnu, la transcription sera faite à Paris.

95. (L. 8 juin 1893.) Dans les circonstances énumérées à l'article 93, il sera tenu un registre de l'état civil : 1° dans chaque corps de troupes ou formation de guerre mobilisée, pour les actes relatifs aux individus portés sur les contrôles du corps de troupes ou sur ceux des corps qui ont participé à la constitution de la formation de guerre; 2° dans chaque quartier général ou état-major, pour les actes relatifs à tous les individus qui y sont employés ou qui en dépendent; 3° dans les prévôtés, pour toutes les personnes non militaires employées à la suite des armées; 4° dans chaque formation ou établissement sanitaire dépendant des armées et dans chaque hôpital maritime ou colonial, pour les individus en traitement ou employés dans ces établissements, de même que pour les morts appartenant à l'armée, qu'on y présenterait à titre de dépôt; 5° dans chaque unité opérant isolément aux colonies, dans les pays de protectorat ou en cas d'expédition d'outre-mer, les actes concernant les individus désignés du corps ou des états-majors auxquels ils appartiennent ou dont ils dépendent seront inscrits sur le registre du corps ou de l'état-major près duquel ils sont employés ou détachés.

Les registres seront arrêtés au jour du passage des armées sur le pied de paix ou de la levée du siège.

Ils seront adressés au ministre de la guerre ou de la marine, pour être déposés aux archives de leur département ministériel.

96. (L. 8 juin 1893.) Les registres seront cotés et paraphés : 1° par le chef d'état-major, pour les unités mobilisées qui dépendent du commandement auquel il est attaché; 2° par l'officier commandant, pour les unités qui ne dépendent d'aucun état-major; 3° dans les places fortes ou forts, par le gouverneur de la place ou le commandant du fort; 4° dans les hôpitaux ou formations sanitaires dépendant des armées, par le médecin-chef de l'hôpital ou de la formation sanitaire; 5° dans les hôpitaux maritimes ou coloniaux et pour les unités opérant isolément aux colonies, dans les pays de protectorat et, en cas d'expédition d'outre-mer, par le chef d'état-major ou par l'officier qui en remplit les fonctions.

97. (L. 8 juin 1893.) Lorsqu'un mariage sera célébré dans l'une des circonstances prévues à l'article 93, les publications seront faites au lieu du dernier domicile du futur époux; elles seront mises, en outre, vingt-cinq jours avant la célébration du mariage, à l'ordre du jour du corps, pour les individus qui tiennent à un corps, et à celui de l'armée ou du corps d'armée, pour les officiers sans troupes et pour les employés qui en font partie.

(1) Décret du 4 juillet 1806, concernant les enfants présentés sans vie à l'officier de l'état civil.

Art. 1er. Lorsque le cadavre d'un enfant, dont la naissance n'a pas été enregistrée, sera présenté à l'officier de l'état civil, cet officier n'exprimera pas qu'un tel enfant est décédé, mais seulement qu'il lui a été présenté sans vie. Il recevra de plus la déclaration des témoins touchant les noms, prénoms, qualités et demeure des père et mère de l'enfant, et la désignation des an, jour et heure auxquels l'enfant est sorti du sein de sa mère.

2. Cet acte sera inscrit à sa date sur les registres de décès, sans qu'il en résulte aucun préjugé sur la question de savoir si l'enfant a eu vie ou non.

[illegible]

CHAPITRE VI

De la rectification des actes de l'état civil.

[illegible]

TITRE TROISIÈME

DU DOMICILE

[illegible]

TITRE QUATRIÈME

DES ABSENTS

[illegible]

CHAPITRE PREMIER

De la présomption d'absence.

[illegible]

CHAPITRE II

De la déclaration d'absence.

[illegible]

CHAPITRE III

Des effets de l'absence.

SECTION PREMIÈRE

[illegible]

l'envoi définitif, il recouvrera ses biens dans l'état où ils se trouveront, le prix de ceux qui auraient été aliénés, ou les biens provenant de l'emploi qui aurait été fait du prix de ses biens vendus. — C. 120, 129, 131, 2236.

133. Les enfants et descendants directs de l'absent pourront également, dans les trente ans, à compter de l'envoi définitif, demander la restitution de ses biens, comme il est dit en l'article précédent. — C. 120, 129, 131, 132, 2252.

134. Après le jugement de déclaration d'absence, toute personne qui aurait des droits à exercer contre l'absent ne pourra les poursuivre que contre ceux qui auront été envoyés en possession des biens, ou qui en auront l'administration légale. — C. 120, 124, 129, 817.

SECTION II

Des effets de l'absence, relativement aux droits éventuels qui peuvent compéter à l'absent.

135. Quiconque réclamera un droit échu à un individu dont l'existence ne sera pas reconnue, devra prouver que ledit individu existait quand le droit a été ouvert : jusqu'à cette preuve, il sera déclaré non recevable dans sa demande. — C. 112, 113, 120, 136 s., 725, 744, 1039, 1983.

136. S'il s'ouvre une succession à laquelle soit appelé un individu dont l'existence n'est pas reconnue, elle sera dévolue exclusivement à ceux avec lesquels il aurait eu le droit de concourir, ou à ceux qui l'auraient recueillie à son défaut. — C. 112, 113, 135 s., 725, 739, 740, 742, 744, 817.

137. Les dispositions des deux articles précédents auront lieu sans préjudice des actions en pétition d'hérédité et d'autres droits, lesquels compéteront à l'absent ou à ses représentants ou ayants cause, et ne s'éteindront que par le laps de temps établi pour la prescription. — C. 130, 131, 132, 135, 136 s., 772, 790, 1040, 1240, 1380, 1599, 1939, 2226, 2262 s., 2262, 2265 s., 2279.

138. Tant que l'absent ne se représentera pas, ou que les actions ne seront point exercées de son chef, ceux qui auront recueilli la succession, gagneront les fruits par eux perçus de bonne foi. — C. 135, 136, 549, 550, 2268.

SECTION III

Des effets de l'absence, relativement au mariage.

139. L'époux absent dont le conjoint a contracté une nouvelle union, sera seul recevable à attaquer ce mariage par lui-même, ou par son fondé de pouvoir, muni de la preuve de son existence. — C. 147, 184, 188-190, 1984; P. 340.

140. Si l'époux absent n'a point laissé de parents habiles à lui succéder, l'autre époux pourra demander l'envoi en possession provisoire des biens. — C. 120, 723, 767.

CHAPITRE V

De la surveillance des enfants mineurs du père qui a disparu.

141. Si le père a disparu laissant des enfants mineurs issus d'un commun mariage, la mère en aura la surveillance, et elle exercera tous les droits du mari, quant à leur éducation et à l'administration de leurs biens. — C. 143, 371, 372, 373, 377, 381, 384, 389; Pr. 3.

142. Six mois après la disparition du père, si la mère était décédée lors de cette disparition, ou si elle vient à décéder avant que l'absence du père ait été déclarée, la surveillance des enfants sera déférée, par le conseil de famille, aux ascendants les plus proches, et, à leur défaut, à un tuteur provisoire. — C. 112, 143, 390, 402, 405 s., 424.

143. Il en sera de même dans le cas où l'un des époux qui aura disparu, laissera des enfants mineurs issus d'un mariage précédent. — C. 142, 390, 395, 396.

TITRE CINQUIÈME

DU MARIAGE

Décrété le 26 ventôse an XI, promulgué le 6 germinal (17-27 mars 1803).

CHAPITRE PREMIER

Des qualités et conditions requises pour pouvoir contracter mariage.

144. L'homme avant dix-huit ans révolus, la femme avant quinze ans révolus, ne peuvent contracter mariage. — C. 145, 184, 185 s., 1100, 1108.

145. Néanmoins il est loisible au Roi d'accorder des dispenses d'âge pour des motifs graves. — C. 15, 165, 169.

146. Il n'y a pas de mariage lorsqu'il n'y a point de consentement. — C. 180, 181, 201, 202, 312, 532, 1109 s., 1125; P. 357.

147. On ne peut contracter un second mariage avant la dissolution du premier. — C. 139, 172, 184, 187 s., 201, 202, 227, 228; P. 340.

148. Le fils qui n'a pas atteint l'âge de vingt-cinq ans accomplis, la fille qui n'a pas atteint l'âge de vingt-un ans accomplis, ne peuvent contracter mariage sans le consentement de leurs père et mère : en cas de dissentiment, le consentement du père suffit. — C. 73, 149 s., 159, 160, 182, 183, 186, 374; P. 193, 195.

149. Si l'un des deux est mort, ou s'il est dans l'impossibilité de manifester sa volonté, le consentement de l'autre suffit. — C. 25, 112 s., 141, 150, 155, 158-160, 182 s., 511; P. 29, 193, 195.

150. Si le père et la mère sont morts, ou s'ils sont dans l'impossibilité de manifester leur volonté, les aïeuls et aïeules les remplacent : s'il y a dissentiment entre l'aïeul et l'aïeule de la même ligne, il suffit du consentement de l'aïeul.

S'il y a dissentiment entre les deux lignes, ce partage emportera consentement. — C. 25, 112 s., 142, 182 s., 502; P. 29, 193, 195.

151. (*L. 21 juin 1907.*) Les enfants de famille ayant atteint la majorité fixée par l'article 148, sont tenus, avant de contracter mariage, de demander, par un acte respectueux et formel, le conseil de leur père et de leur mère ou celui de leurs aïeuls et aïeules, lorsque leurs père et mère sont décédés ou dans l'impossibilité de manifester leur volonté.

Il pourra être, à défaut de consentement sur l'acte respectueux, passé outre, un mois après, à la célébration du mariage. — C. 25, 112 s., 150, 152 s., 157, 158, 177, 178, 182, 375, 502; P. 29.

(Articles 152, 153, 154, 155, 156 et 157, décrétés le 17 mars 1803, promulgués le 27 du même mois.)

152. (*L. 20 juin 1896.*) S'il y a dissentiment entre des parents divorcés ou séparés de corps, le consentement de celui des deux époux au profit duquel le divorce ou la séparation aura été prononcé et qui aura obtenu la garde de l'enfant, suffira.

153. (*L. 20 juin 1896.*) Sera assimilé à l'ascendant dans l'impossibilité de manifester sa volonté, l'ascendant subissant la peine de la relégation ou maintenu aux colonies en conformité de l'article 6 de la loi du 30 mai 1854 sur l'exécution de la peine des travaux forcés. Toutefois, les futurs époux auront toujours le droit de solliciter et de produire à l'officier de l'état civil, le consentement donné par cet ascendant.

154. L'acte respectueux sera notifié à celui ou ceux des ascendants désignés en l'article 151, par deux notaires, ou par un notaire et deux témoins, et, dans le procès-verbal qui doit en être dressé, il sera fait mention de la réponse. — C. 168, 151.

155. En cas d'absence de l'ascendant auquel eût dû être fait l'acte respectueux, il sera passé outre à la célébration du mariage, en représentant le jugement qui aurait été rendu pour déclarer l'absence, ou, à défaut de ce jugement, celui qui aurait ordonné l'enquête, ou, s'il n'y a point encore eu de jugement, un acte de notoriété délivré par le juge de paix du lieu où l'ascendant a eu son dernier domicile connu. Cet acte contiendra la déclaration de quatre témoins appelés d'office par ce juge de paix. — C. 70-72, 102, 116, 119, 151 s., 156, 157.

(*L. 20 juin 1896.*) Il n'est pas nécessaire de produire les actes de décès des père et mère des futurs mariés lorsque les aïeuls ou aïeules pour la branche à laquelle ils appartiennent attestent ce décès; et, dans ce cas, il doit être fait mention de leur attestation dans l'acte de mariage.

Si les ascendants dont le consentement ou conseil est requis sont décédés et si l'on est dans l'impossibilité de produire l'acte de décès ou la preuve de leur absence faute de connaître leur dernier domicile, il sera procédé à la célébration du mariage des majeurs sur leur déclaration à serment que le lieu du décès et celui du dernier domicile de leurs ascendants leur sont inconnus.

Cette déclaration doit être certifiée aussi par serment des quatre témoins de l'acte de mariage, lesquels affirment que, quoiqu'ils connaissent les futurs époux, ils ignorent le lieu du décès de leurs ascendants et de leur dernier domicile. Les officiers de l'état civil doivent faire mention, dans l'acte de mariage, desdites déclarations.

156. Les officiers de l'état civil qui auraient procédé à la célébration des mariages contractés par des fils n'ayant pas atteint l'âge de vingt-cinq ans accomplis, ou par des filles n'ayant pas atteint l'âge de vingt-un ans accomplis, sans que le consentement des pères et mères, celui des aïeuls et aïeules, et celui de la famille, dans le cas où ils sont requis, soient énoncés dans l'acte de mariage, seront, à la diligence des parties intéressées et du procureur du Roi près le tribunal de première instance du lieu où le mariage aura été célébré, condamnés à l'amende portée par l'article 192, et, en outre, à un emprisonnement dont la durée ne pourra être moindre de six mois. — C. 73, 76, 148 s., 157, 182 s.; I. C. 1, 63, 182. — P. 193, 195.

157. Lorsqu'il n'y aura pas eu d'actes respectueux, dans les cas où ils sont prescrits, l'officier de l'état civil qui aurait célébré le mariage, sera condamné à la même amende, et à un emprisonnement qui ne pourra être moindre d'un mois. — C. 73, 151-155; P. 193, 195.

158. Les dispositions contenues aux articles 148 et 149, et les dispositions des articles 151, 152, 153, 154 et 155, relatives à l'acte respectueux qui doit être fait aux père et mère dans le cas prévu par ces articles, sont applicables aux enfants naturels légalement reconnus. — C. 334 s.

159. L'enfant naturel qui n'a point été reconnu, et celui qui, après l'avoir été, a perdu ses père et mère, ou dont les père et mère ne peuvent manifester leur volonté, ne pourra, avant l'âge de vingt-un ans révolus, se marier qu'après avoir obtenu le consentement d'un tuteur *ad hoc* qui lui sera nommé. — C. 25, 112 s., 160, 170, 175, 405 s., 502; P. 29.

160. S'il n'y a ni père ni mère, ni aïeuls ni aïeules, ou s'ils se trouvent tous dans l'impossibilité de manifester leur volonté, les fils ou filles mineurs de vingt-un ans ne peuvent contracter mariage sans le consentement du conseil de famille. — C. 25, 150, 173, 405 s., 502; Pr. 883; P. 29.

161. En ligne directe, le mariage est prohibé entre tous les ascendants et descendants légitimes ou naturels, et les alliés dans la même ligne. — C. 184, 187, 190, 198, 736 s.

162. En ligne collatérale, le mariage est prohibé entre le frère et la sœur légitimes ou naturels, et les alliés au même degré. — C. 164, 184, 187, 190, 207, 738, 736, 738.

163. Le mariage est encore prohibé entre l'oncle et la nièce, la tante et le neveu. — C. 164, 184, 187, 190, 207, 212, 738 s.

164. (*Ainsi modifié : L. 16 avril 1832.*) Néanmoins, il est loisible au Roi de lever, pour des causes graves, les prohibitions portées par l'article 162 aux mariages entre beaux-frères et belles-sœurs, et par l'article 163, aux mariages entre l'oncle et la nièce, la tante et le neveu. — C. 145, 162, 163, 192.

CHAPITRE II

Des formalités relatives à la célébration du mariage.

165. Le mariage sera célébré publiquement, devant l'officier civil du domicile de l'une des deux parties. — C. 48, 63, 74, 75, 165, 167, 170, 179, 191, 193; P. 199, 200.

166. Les deux publications ordonnées par l'article 63, au titre des *Actes de l'état civil*, seront faites à la municipalité du lieu où chacune des parties contractantes aura son domicile. — C. 74 s., 95, 102 s., 167, 168.

167. Néanmoins, si le domicile actuel n'est établi que par six mois de résidence, les publications seront faites en outre à la municipalité du dernier domicile. — C. 74, 102 s., 165.

168. Si les parties contractantes, ou l'une d'elles, sont, relativement au mariage, sous la puissance d'autrui, les publications seront encore faites à la municipalité du domicile de ceux sous la puissance desquels elles se trouvent. — C. 102 s., 148 s., 158 s., 160, 372, 388.

169. Il est loisible au Roi ou aux officiers qu'il préposera à cet effet, de dispenser pour des causes graves de la seconde publication. — C. 63, 64, 145, 165, 166, 170.

170. Le mariage contracté en pays étranger entre Français, et entre Français et étrangers, sera valable, s'il a été célébré dans les formes usitées dans le pays, pourvu qu'il ait été précédé des publications prescrites par l'article 63, au titre des *Actes de l'état civil*, et que le Français n'ait point contrevenu aux dispositions contenues au chapitre précédent. — C. 2, 39, 47, 48, 59, 63, 144-165, 171, 180, 183, 192, 194, 196.

171. Dans les trois mois après le retour du Français sur le territoire du royaume, l'acte de célébration du mariage contracté en pays étranger sera transcrit sur le registre public des mariages du lieu de son domicile. — C. 40 s., 102.

CHAPITRE III

Des oppositions au mariage.

172. Le droit de former opposition à la célébration du mariage, appartient à la personne engagée par mariage avec l'une des deux parties contractantes. — C. 66 s., 147, 176, 179.

173. Le père, et à défaut du père, la mère, et à défaut de père et mère, les aïeuls et aïeules, peuvent former opposition au mariage de leurs enfants et descendants, encore que ceux-ci aient vingt-cinq ans accomplis. — C. 66 s., 148 s., 152 s., 174, 176, 179.

174. A défaut d'aucun ascendant, le frère ou la sœur, l'oncle ou la tante, le cousin ou la cousine germains, majeurs, ne peuvent former aucune opposition que dans les deux cas suivants :

1° Lorsque le consentement du conseil de famille, requis par l'article 160, n'a pas été obtenu ;

2° Lorsque l'opposition est fondée sur l'état de démence du futur époux ; cette opposition, dont le tribunal pourra prononcer mainlevée pure et simple, ne sera jamais reçue qu'à la charge, par l'opposant, de provoquer l'interdiction, et d'y faire statuer dans le délai qui sera fixé par le jugement. — C. 147, 160, 176, 179, 184, 489 s.; Pr. 890 s.

175. Dans les deux cas prévus par le précédent article, le tuteur ou curateur ne pourra, pendant la durée de la tutelle ou curatelle, former opposition qu'autant qu'il y aura été autorisé par un conseil de famille, qu'il pourra convoquer. — C. 174, 405 s.; Pr. 882 s.

176. Tout acte d'opposition énoncera la qualité qui donne à l'opposant le droit de la former ; il contiendra élection de domicile dans le lieu où le mariage devra être célébré ; il devra également, à moins qu'il ne soit fait à la requête d'un ascendant, contenir les motifs de l'opposition : le tout à peine de nullité, et de l'interdiction de l'officier ministériel qui aurait signé l'acte contenant opposition. — C. 66-69, 111, 179.

177. Le tribunal de première instance prononcera dans les dix jours sur la demande en mainlevée. — C. 178; Pr. 49, 111.

178. S'il y a appel, il y sera statué dans les dix jours de la citation. — Pr. 443.

179. Si l'opposition est rejetée, les opposants, autres néanmoins que les ascendants, pourront être condamnés à des dommages-intérêts. — C. 173, 1146, 1382; Pr. 128, 130, 131, 523 s.

(L. 20 juin 1896.) Les jugements et arrêts par défaut rejetant les oppositions à mariage ne sont pas susceptibles d'opposition.

CHAPITRE IV

Des demandes en nullité de mariage.

180. Le mariage qui a été contracté sans le consentement libre des deux époux, ou de l'un d'eux, ne peut être attaqué que par les époux, ou par celui des deux dont le consentement n'a pas été libre.

Lorsqu'il y a eu erreur dans la personne, le mariage ne peut être attaqué que par celui des deux époux qui a été induit en erreur. — C. 146, 181, 190, 201, 202, 1109-1115, 1116; P. 354-357.

181. Dans le cas de l'article précédent, la demande en nullité n'est plus recevable, toutes les fois qu'il y a eu cohabitation continuée pendant six mois depuis que l'époux a acquis sa pleine liberté ou que l'erreur a été par lui reconnue. — C. 180, 185, 1338.

182. Le mariage contracté sans le consentement des père et mère, des ascendants, ou du conseil de famille, dans les cas où ce consentement était nécessaire, ne peut être attaqué que par ceux dont le consentement était requis, ou par celui des deux époux qui avait besoin de ce consentement. — C. 148-150, 158, 183, 180, 185, 201, 202; P. 193, 195.

183. L'action en nullité ne peut plus être intentée ni par les époux, ni par les parents dont le consentement était requis, toutes les fois que le mariage a été approuvé expressément ou tacitement par ceux dont le consentement était nécessaire, ou lorsqu'il s'est écoulé une année sans réclamation de leur part, depuis qu'ils ont eu connaissance du mariage. Elle ne peut être intentée non plus par l'époux, lorsqu'il s'est écoulé une année sans réclamation de sa part, depuis qu'il a atteint l'âge compétent pour consentir par lui-même au mariage. — C. 148, 150, 181.

184. Tout mariage contracté en contravention aux dispositions contenues aux articles 144, 147, 161, 162 et 163, peut être attaqué soit par les époux eux-mêmes, soit par tous ceux qui y ont intérêt, soit par le ministère public. — C. 2, 3, 139, 142, 170, 171, 185 s., 187, 190, 201, 202; P. 334-337.

185. Néanmoins le mariage contracté par des époux qui n'avaient point encore l'âge requis, ou dont l'un des deux n'avait point atteint cet âge, ne peut plus être attaqué, 1° lorsqu'il s'est écoulé six mois depuis que cet époux ou les époux ont atteint l'âge compétent ; 2° lorsque la femme qui n'avait point cet âge, a conçu avant l'échéance de six mois. — C. 144, 145, 190.

186. Le père, la mère, les ascendants et la famille qui ont consenti au mariage contracté dans le cas de l'article précédent, ne sont point recevables à en demander la nullité.

187. Dans tous les cas où, conformément à l'article 184, l'action en nullité peut être intentée par tous ceux qui y ont un intérêt, elle ne peut l'être par les parents collatéraux, ou par les enfants nés d'un autre mariage, du vivant des deux époux, mais seulement lorsqu'ils y ont un intérêt né et actuel. — C. 184, 188, 191.

188. L'époux au préjudice duquel a été contracté un second mariage, peut en demander la nullité, du vivant même de l'époux qui était engagé avec lui. — C. 139, 147, 187, 189 s., 201, 202; P. 340.

189. Si les nouveaux époux opposent la nullité du premier mariage, la validité ou la nullité de ce mariage doit être jugée préalablement. — C. 188, 190.

190. Le procureur du Roi, dans tous les cas auxquels s'applique l'article 184, et sous les modifications portées en l'article 185, peut et doit demander la nullité du mariage, du vivant des deux époux, et les faire condamner à se séparer. — C. 139, 190 s.

191. Tout mariage qui n'a point été contracté publiquement, et qui n'a point été célébré devant l'officier public compétent, peut être attaqué par les époux eux-mêmes, par les père et mère, par les ascendants, et par tous ceux qui y ont un intérêt né et actuel, ainsi que par le ministère public. — C. 63 s., 75 s., 165, 171, 192, 193, 196.

192. Si le mariage n'a point été précédé des deux publications requises, ou s'il n'a pas été obtenu des dispenses permises par la loi, ou si les intervalles prescrits dans les publications et célébrations n'ont point été observés, le procureur du Roi fera prononcer contre l'officier public une amende qui ne pourra excéder trois cents francs ; et contre les parties contractantes, ou ceux sous la puissance desquels elles ont agi, une amende proportionnée à leur fortune. — C. 63 s., 166-169.

193. Les peines prononcées par l'article précédent seront encourues par les personnes qui y sont désignées, pour toute contravention aux règles prescrites par l'article 165, lors même que ces contraventions ne seraient pas jugées suffisantes pour faire prononcer la nullité du mariage. — C. 74, 75, 165.

194. Nul ne peut réclamer le titre d'époux et les effets civils du mariage, s'il ne représente un acte de célébration inscrit sur le registre de l'état civil ; sauf les cas prévus par l'article 46, au titre des *Actes de l'état civil*. — C. 34 s., 45, 46, 52, 76, 195, 198.

195. La possession d'état ne pourra dispenser les prétendus époux qui l'invoqueront respectivement, de représenter l'acte de célébration du mariage devant l'officier de l'état civil. — C. 76, 194, 196, 197, 321.

196. Lorsqu'il y a possession d'état, et que l'acte de célébration du mariage devant l'officier de l'état civil est représenté, les époux sont respectivement non recevables à demander la nullité de cet acte. — C. 76, 191, 194 s., 321.

197. Si néanmoins, dans le cas des articles 194 et 195, il existe des enfants issus de deux individus qui ont vécu publiquement comme mari et femme, et qui soient tous deux décédés, la légitimité des enfants ne peut être contestée sous le seul prétexte du défaut de représentation de l'acte de célébration, toutes les fois que cette légitimité est prouvée par une possession d'état qui n'est point contredite par l'acte de naissance. — C. 196, 319-322.

198. Lorsque la preuve d'une célébration légale du mariage se trouve acquise par le résultat d'une procédure criminelle, l'inscription du jugement sur les registres de l'état civil assure au mariage, à compter du jour de sa célébration, tous les effets civils, tant à l'égard des époux, qu'à l'égard des enfants issus de ce mariage. — C. 46, 199, 200, 326, 327; P. 145-147, 173, 254-256.

199. Si les époux ou l'un d'eux sont décédés sans avoir découvert la fraude, l'action criminelle peut être intentée par tous ceux qui ont intérêt de faire déclarer le mariage valable, et par le procureur du Roi. — C. 190, 198, 200, 326, 327; I. C. 1, 2.

200. Si l'officier public est décédé lors de la découverte de la fraude, l'action sera dirigée au civil contre ses héritiers, par le procureur du Roi, en présence des parties intéressées, et sur leur dénonciation. — C. 46, 51, 52.

201. Le mariage qui a été déclaré nul, produit néanmoins les effets civils, tant à l'égard des époux qu'à l'égard des enfants, lorsqu'il a été contracté de bonne foi. — C. 25, 144, 147, 161 s., 180, 182, 184, 191, 202, 550, 2268.

202. Si la bonne foi n'existe que de la part de l'un des deux époux, le mariage ne produit les effets civils qu'en faveur de cet époux et des enfants issus du mariage.

CHAPITRE V

Des obligations qui naissent du mariage.

203. Les époux contractent ensemble, par le fait seul du mariage, l'obligation de nourrir, entretenir et élever leurs enfants. — C. 205, 206 s., 337, 385, 384 s., 750, 762, 852, 1409, 1235, 1300, 1448, 1530, 1540.

204. L'enfant n'a pas d'action contre ses père et mère pour un établissement par mariage ou autrement.

205. (L. 9 mars 1891.) Les enfants doivent des aliments à leurs père et mère et autres ascendants qui sont dans le besoin. La succession de l'époux prédécédé en doit, dans le même cas, à l'époux survivant. Le délai pour les réclamer est d'un an à partir du décès et se prolonge, en cas de partage, jusqu'à son achèvement.

La pension alimentaire est prélevée sur l'hérédité. Elle est supportée par tous les héritiers et, en cas d'insuffisance, par tous les légataires particuliers, proportionnellement à leur émolument.

Toutefois, si le défunt a expressément déclaré que tel legs sera acquitté de préférence aux autres, il sera fait application de l'article 927 du Code civil. — C. 203, 207 s., 349, 597, 762, 915, 1166, 1234, 1218, 1235, 1293, 1558; Pr. 581.

206. Les gendres et belles-filles doivent également, et dans les mêmes circonstances, des aliments à leurs beau-père et belle-mère ; mais cette obligation cesse, 1° lorsque la belle-mère a convolé en secondes noces ; 2° lorsque celui des époux qui produisait l'affinité, et les enfants issus de son union avec l'autre époux, sont décédés. — C. 203, 207 s., 1293.

207. Les obligations résultant de ces dispositions sont réciproques. — C. 205 s.

208. Les aliments ne sont accordés que dans la proportion du besoin de celui qui les réclame, et de la fortune de celui qui les doit. — C. 205, 209 s., 1293.

209. Lorsque celui qui fournit ou celui qui reçoit des aliments est replacé dans un état tel, que l'un ne puisse plus en donner, ou que l'autre n'en ait plus besoin en tout ou en partie, la décharge ou réduction peut en être demandée. — C. 208.

210. Si la personne qui doit fournir les aliments justifie qu'elle ne peut payer la pension alimentaire, le tribunal pourra, en connaissance de cause, ordonner qu'elle recevra dans sa demeure, qu'elle nourrira et entretiendra celui auquel elle devra des aliments. — C. 211, 1142.

211. Le tribunal prononcera également si le père ou la mère qui offrira de recevoir, nourrir et entretenir dans sa demeure, l'enfant à qui il devra des aliments, devra, dans ce cas, être dispensé de payer la pension alimentaire. — C. 209, 210.

CHAPITRE VI

Des droits et des devoirs respectifs des époux.

212. Les époux se doivent mutuellement fidélité, secours, assistance. — C. 25, 213 s., 229 s., 306, 1388; Pr. 337, 339.

213. Le mari doit protection à sa femme, la femme obéissance à son mari. — C. 1388.

214. La femme est obligée d'habiter avec le mari, et de le suivre partout où il juge à propos de résider : le mari est obligé de la recevoir, et de lui fournir tout ce qui est nécessaire pour les besoins de la vie, selon ses facultés et son état. — C. 108, 203, 212, 213, 306, 311, 307, 1142, 1443, 1448, 1537.

215. La femme ne peut ester en jugement sans l'autorisation de son mari, quand même elle serait marchande publique, ou non commune, ou séparée de biens. — C. 218, 217, 219, 222, 225, 1388, 1449, 1576, 2185, 2208; Pr. 110, 344, 345, 455, 776.

216. L'autorisation du mari n'est pas nécessaire lorsque la femme est poursuivie en matière criminelle ou de police. — C. 221, 218, 1424.

217. La femme, même non commune ou séparée de biens, ne peut donner, aliéner, hypothéquer, acquérir, à titre gratuit ou onéreux, sans le concours du mari dans l'acte, ou son consentement par écrit. — C. 214, 218 s., 225, 226, 262, 776, 905, 934, 940, 1029, 1096, 1124, 1304, 1312, 1449, 1535, 1538, 1576, 1595, 2208; Co. 4, 5, 7.

218. Si le mari refuse d'autoriser sa femme à ester en jugement, le juge peut donner l'autorisation. — C. 215, 219; Pr. 861 s.

219. Si le mari refuse d'autoriser sa femme à passer un acte, la femme peut faire citer son mari directement devant le tribunal de première instance de l'arrondissement du domicile commun, qui peut donner ou refuser son autorisation, après que le mari aura été entendu ou dûment appelé en la chambre du conseil. — C. 108, 217, 224 s., 1413, 1417, 1426 s.; Pr. 861 s.

220. La femme, si elle est marchande publique, peut, sans l'autorisation de son mari, s'obliger pour ce qui concerne son négoce; et, audit cas, elle oblige aussi son mari, s'il y a communauté entre eux.

Elle n'est pas réputée marchande publique, si elle ne fait que détailler les marchandises du commerce de son mari, mais seulement quand elle fait un commerce séparé. — C. 215, 217, 1426, 1435; Co. 4 s., 7.

221. Lorsque le mari est frappé d'une condamnation emportant peine afflictive ou infamante, encore qu'elle n'ait été prononcée que par contumace, la femme, même majeure, ne peut, pendant la durée de la peine, ester en jugement, ni contracter, qu'après s'être fait autoriser par le juge, qui peut, en ce cas, donner l'autorisation, sans que le mari ait été entendu ou appelé. — C. 216, 217, 222, 1413, 1417, 1426 s.; Pr. 132, 359, 861 s.; I. C. 465 s., 476; P. 7, 8, 28, 29.

222. Si le mari est interdit ou absent, le juge peut, en connaissance de cause, autoriser la femme, soit pour ester en jugement, soit pour contracter. — C. 120 s., 215, 217, 224, 502, 1413, 1417, 1426, 2208; Pr. 861, 863.

223. Toute autorisation générale, même stipulée par contrat de mariage, n'est valable que quant à l'administration des biens de la femme. — C. 218, 1388, 1449, 1538, 1576 s.

224. Si le mari est mineur, l'autorisation du juge est nécessaire à la femme, soit pour ester en jugement, soit pour contracter. — C. 215, 217 s., 388, 476, 1124, 1577, 1426 s., 2208; Pr. 861 s.

225. La nullité fondée sur le défaut d'autorisation ne peut être opposée que par la femme, par le mari, ou par leurs héritiers. — C. 215, 217, 902, 1125, 1304, 1312, 1338, 1449.

226. La femme peut tester sans l'autorisation de son mari. — C. 895, 905, 968 s., 1096.

CHAPITRE VII

De la dissolution du mariage.

227. Le mariage se dissout,

1° Par la mort de l'un des époux;

2° Par le divorce légalement prononcé;

3° Par la condamnation devenue définitive de l'un des époux, à une peine emportant mort civile. — L. 31 mai 1854.

CHAPITRE VIII

Des seconds mariages.

228. La femme ne peut contracter un nouveau mariage qu'après dix mois révolus depuis la dissolution du mariage précédent. — C. 227, 296 s.; P. 194, 195.

TITRE SIXIÈME

DU DIVORCE

(Décrété le 30 ventôse an XI, promulgué le 10 germinal; 21-31 mars 1803.)

CHAPITRE PREMIER

Des causes du divorce.

229. Le mari pourra demander le divorce pour cause d'adultère de sa femme.

230. (*L. 27 juillet 1884.*) La femme pourra demander le divorce pour cause d'adultère de son mari.

231. Les époux pourront réciproquement demander le divorce pour excès, sévices ou injures graves, de l'un d'eux envers l'autre.

232. (*L. 27 juillet 1884.*) La condamnation de l'un des époux à une peine afflictive et infamante sera pour l'autre époux une cause de divorce.

233. (*Abrogé par L. 27 juillet 1884.*)

CHAPITRE II

De la procédure du divorce.

SECTION PREMIÈRE

Des formes du divorce pour cause déterminée.

234. (*L. 18 avril 1886.*) L'époux qui veut former une demande en divorce présente, en personne, sa requête au président du tribunal ou au juge qui en fait fonctions.

En cas d'empêchement dûment constaté, le magistrat se transporte, assisté de son greffier, au domicile de l'époux demandeur.

En cas d'interdiction légale résultant d'une condamnation, la requête à fin de divorce ne peut être présentée par le tuteur que sur la réquisition ou avec l'autorisation de l'interdit.

235. (*L. 18 avril 1886.*) Le juge, après avoir entendu le demandeur et lui avoir fait les observations qu'il croit convenables, ordonne au bas de la requête que les parties comparaîtront devant lui au jour et à l'heure qu'il indique, et commet un huissier pour notifier la citation.

236. (*L. 18 avril 1886.*) Le juge peut, par l'ordonnance permettant de citer, autoriser l'époux demandeur à résider séparément en indiquant, s'il s'agit de la femme, le lieu de la résidence provisoire.

237. (*L. 18 avril 1886.*) La requête et l'ordonnance sont signifiées en tête de la citation donnée à l'époux défendeur trois jours au moins avant le jour fixé pour la comparution, outre les délais de distance, le tout à peine de nullité.

Cette citation est délivrée par huissier commis et sous pli fermé.

238. (*L. 18 avril 1886.*) Au jour indiqué, le juge entend les parties en personne; si l'une d'elles se trouve dans l'impossibilité de se rendre auprès du juge, ce magistrat détermine le lieu où sera tentée la conciliation, ou donne commission pour entendre le défendeur; en cas de non-conciliation ou de défaut, il rend une ordonnance qui constate la non-conciliation ou le défaut et autorise le demandeur à assigner devant le tribunal.

Le juge statue, à nouveau, s'il y a lieu, sur la résidence de l'époux demandeur, sur la garde provisoire des enfants, sur la remise des effets personnels, et il a la faculté de statuer également, s'il y a lieu, sur la demande d'aliments.

Cette ordonnance est exécutoire par provision; elle est susceptible d'appel dans les délais fixés par l'article 809 du Code de procédure.

Par le fait de cette ordonnance, la femme est autorisée à faire toutes procédures pour la conservation de ses droits et à ester en justice jusqu'à la fin de l'instance et des opérations qui en sont les suites.

Lorsque le tribunal est saisi, les mesures provisoires prescrites par le juge peuvent être modifiées ou complétées au cours de l'instance, par jugement du tribunal, sans préjudice du droit qu'a toujours le juge de statuer, en tout état de cause, en référé, sur la résidence de la femme.

Le juge, suivant les circonstances, avant d'autoriser le demandeur à citer, peut ajourner les parties à un délai qui n'excède pas vingt jours, sauf à ordonner les mesures provisoires nécessaires.

L'époux demandeur en divorce devra user de la permission de citer qui lui a été accordée, par l'ordonnance du président, dans un délai de vingt jours à partir de cette ordonnance.

Faute par l'époux demandeur d'avoir usé de cette permission dans ledit délai, les mesures provisoires ordonnées à son profit cesseront de plein droit.

239. (*L. 18 avril 1886.*) La cause est instruite et jugée dans la forme ordinaire, le ministère public entendu.

Le demandeur peut, en tout état de cause, transformer sa demande en divorce en demande en séparation de corps.

Les demandes reconventionnelles en divorce peuvent être introduites par un simple acte de conclusions.

Les tribunaux peuvent ordonner le huis clos.

La reproduction des débats par la voie de la presse, dans les instances en divorce, est interdite, sous peine de l'amende de 100 à 2000 francs, édictée par l'article 39 de la loi du 29 juillet 1881.

240. (*L. 18 avril 1886.*) Le tribunal peut, soit sur la demande de l'une des parties intéressées, soit sur celle de l'un des membres de la famille, soit sur les réquisitions du ministère public, soit même d'office, ordonner toutes les mesures provisoires qui lui paraissent nécessaires dans l'intérêt des enfants.

Il statue aussi sur les demandes relatives aux aliments pour la durée de l'instance, sur les provisions et sur toutes les autres mesures urgentes.

241. (*L. 18 avril 1886.*) La femme est tenue de justifier de sa résidence dans la maison indiquée, toutes les fois qu'elle en est requise; à défaut de cette justification, le mari peut refuser la provision alimentaire et, si la femme est demanderesse en divorce, la faire déclarer non recevable à continuer ses poursuites.

242. (*L. 18 avril 1886.*) L'un ou l'autre des époux peut, dès la première ordonnance et sur l'autorisation du juge, donnée à la charge d'en référer, prendre pour la garantie de ses droits des mesures conservatoires, notamment requérir l'apposition des scellés sur les biens de la communauté.

Le même droit appartient à la femme même non commune, pour la conservation de ceux de ses biens dont le mari a l'administration ou la jouissance.

Les scellés sont levés à la requête de la partie la plus diligente; les objets et les valeurs sont inventoriés et prisés; l'époux qui est en possession en est constitué gardien judiciaire, à moins qu'il n'en soit décidé autrement.

243. (*L. 18 avril 1886.*) Toute obligation contractée par le mari à la charge de la communauté, toute aliénation par lui faite des immeubles qui en dépendent, postérieurement à la date de l'ordonnance dont il est fait mention en l'article 235, sera déclarée nulle, s'il est prouvé d'ailleurs qu'elle a été faite ou contractée en fraude des droits de la femme.

244. (*L. 18 avril 1886.*) L'action en divorce s'éteint par la réconciliation des époux survenue, soit depuis les faits allégués dans la demande, soit depuis cette demande.

Dans l'un et l'autre cas, le demandeur est déclaré non-recevable dans son action; il peut néanmoins en intenter une nouvelle pour cause survenue ou découverte depuis la réconciliation et se prévaloir des anciennes causes à l'appui de sa nouvelle demande.

L'action en divorce s'éteint également par le décès de l'un des époux survenu avant que le jugement soit devenu irrévocable par la transcription sur les registres de l'état civil.

245. (*L. 18 avril 1886.*) Lorsqu'il y a lieu à enquête, elle est faite conformément aux dispositions des articles 252 et suivants du Code de procédure civile.

Les parents, à l'exception des descendants, et les domestiques des époux peuvent être entendus comme témoins.

246. (*L. 18 avril 1886.*) Lorsque la demande en divorce a été formée pour toute autre cause que celle qui est prévue par l'article 232, le tribunal, encore que cette demande soit bien établie, peut ne pas prononcer immédiatement le divorce.

Dans ce cas, il maintient ou prescrit l'habitation séparée et les mesures provisoires pendant un délai qui ne peut excéder six mois.

Après le délai fixé par le tribunal, si les époux ne sont pas réconciliés, chacun d'eux peut faire citer l'autre à comparaître devant le tribunal dans le délai de la loi pour entendre prononcer le jugement de divorce.

247. (*L. 18 avril 1886.*) Lorsque l'assignation n'a pas été délivrée à la partie défenderesse en personne et que cette partie fait défaut, le tribunal peut, avant de prononcer le jugement sur le fond, ordonner l'insertion dans les journaux d'un avis destiné à faire connaître à cette partie la demande dont elle a été l'objet.

Le jugement ou l'arrêt qui prononce le divorce par défaut est signifié par huissier commis.

Si cette signification n'a pas été faite à personne, le président ordonne, sur simple requête, la publication du jugement par extrait dans les journaux qu'il désigne. L'opposition est recevable dans le mois de la signification, si elle a été faite à personne, et, dans le cas contraire, dans les huit mois qui suivront le dernier acte de publicité.

248. (*L. 18 avril 1886.*) L'appel est recevable pour les jugements contradictoires dans les délais fixés par les articles 443 et suivants du Code de procédure civile.

S'il s'agit d'un jugement par défaut, le délai ne commence à courir qu'à partir du jour où l'opposition n'est plus recevable.

En cas d'appel, la cause est instruite à l'audience ordinaire et comme affaire urgente.

Les demandes reconventionnelles peuvent se produire en appel sans être considérées comme demandes nouvelles.

Le délai pour se pourvoir en cassation court du jour de la signification à partie pour les arrêts contradictoires, et, pour les arrêts par défaut, du jour où l'opposition n'est plus recevable.

Le pourvoi est suspensif en matière de divorce et en matière de séparation de corps.

249. (*L. 18 avril 1886.*) Le jugement ou l'arrêt qui prononce le divorce n'est pas susceptible d'acquiescement.

250. (L. 18 avril 1886.) L'extrait du jugement ou de l'arrêt qui prononce le divorce est inséré aux tableaux exposés tant dans l'auditoire des tribunaux civils et de commerce que dans les chambres des avoués et des notaires.

Pareil extrait est inséré dans l'un des journaux qui se publient dans le lieu où siège le tribunal, ou, s'il n'y en a pas, dans l'un de ceux publiés dans le département.

251. (L. 18 avril 1886.) Le dispositif du jugement ou de l'arrêt est transcrit sur les registres de l'état civil du lieu où le mariage a été célébré.

Mention est faite de ce jugement ou arrêt en marge de l'acte de mariage, conformément à l'article 49 du Code civil. Si le mariage a été célébré à l'étranger, la transcription est faite sur les registres de l'état civil du lieu où les époux avaient leur dernier domicile, et mention est faite en marge de l'acte de mariage s'il a été transcrit en France.

252. (L. 18 avril 1886.) La transcription est faite à la diligence de la partie qui a obtenu le divorce; à cet effet, la décision est signifiée, dans un délai de deux mois à partir du jour où elle est devenue définitive, à l'officier de l'état civil compétent pour être transcrite sur les registres. A cette signification doivent être joints les certificats énoncés en l'article 548 du Code de procédure civile et, en outre, s'il y a eu arrêt, un certificat de non-pourvoi.

Cette transcription est faite par les soins de l'officier de l'état civil, le cinquième jour de la réquisition, non compris les jours fériés, sous les peines édictées par l'article 50 du Code civil.

A défaut, par la partie qui a obtenu le divorce, de faire la signification dans le premier mois, l'autre partie a le droit, concurremment avec elle, de faire cette signification dans le mois suivant.

A défaut par les parties d'avoir requis la transcription dans le délai de deux mois, le divorce est considéré comme nul et non avenu.

Le jugement dûment transcrit remonte, quant à ses effets entre époux, au jour de la demande.

253 à 266. (Abrogés L. 18 avril 1886, art. 1.)

SECTION II

Des mesures provisoires auxquelles peut donner lieu la demande en divorce.

267 à 271. (Abrogés L. 18 avril 1886, art. 1.)

SECTION III

Des Fins de non-recevoir contre l'action en divorce.

272 à 274. (Abrogés L. 18 avril 1886, art. 1.)

CHAPITRE III

Du divorce par consentement mutuel.

275 à 294. (Abrogés L. 27 juillet 1884.)

CHAPITRE III

(Ancien chapitre IV)

Des effets du divorce.

295. (L. 27 juillet 1884.) Les époux divorcés ne pourront plus se réunir si l'un ou l'autre a, postérieurement au divorce, contracté un nouveau mariage suivi d'un second divorce. Au cas de réunion des époux, une nouvelle célébration du mariage sera nécessaire.

Les époux ne pourront adopter un régime matrimonial autre que celui qui réglait originairement leur union.

Après la réunion des époux, il ne sera reçu de leur part aucune nouvelle demande de divorce, pour quelque cause que ce soit, autre que celle d'une condamnation à une peine afflictive et infamante prononcée contre l'un d'eux depuis leur réunion.

296. (L. 27 juillet 1884.) La femme divorcée ne pourra se remarier que dix mois après que le divorce sera devenu définitif.

297. (Abrogé L. 27 juillet 1884.)

298. (L. 27 juillet 1884.) Dans le cas de divorce admis en justice pour cause d'adultère, l'époux coupable ne pourra jamais se marier avec son complice.

299. (L. 27 juillet 1884.) L'époux contre lequel le divorce aura été prononcé perdra tous les avantages que l'autre époux lui avait faits, soit par contrat de mariage, soit depuis le mariage.

(L. 6 février 1893, art. 2.) Par l'effet du divorce, chacun des époux reprend l'usage de son nom.

300. L'époux qui aura obtenu le divorce, conservera les avantages à lui faits par l'autre époux, encore qu'ils aient été stipulés réciproques et que la réciprocité n'ait pas lieu.

301. Si les époux ne s'étaient fait aucun avantage, ou si ceux stipulés ne paraissaient pas suffisants pour assurer la subsistance de l'époux qui a obtenu le divorce, le tribunal pourra lui accorder, sur les biens de l'autre époux, une pension alimentaire, qui ne pourra excéder le tiers des revenus de cet autre époux. Cette pension sera révocable dans le cas où elle cesserait d'être nécessaire.

302. Les enfants seront confiés à l'époux qui a obtenu le divorce, à moins que le tribunal, sur la demande de la famille, ou du ministère public, n'ordonne, pour le plus grand avantage des enfants, que tous ou quelques-uns d'eux seront confiés aux soins soit de l'autre époux, soit d'une tierce personne.

303. Quelle que soit la personne à laquelle les enfants seront confiés, les père et mère conserveront respectivement le droit de surveiller l'entretien et l'éducation de leurs enfants, et seront tenus d'y contribuer à proportion de leurs facultés.

304. La dissolution du mariage par le divorce admis en justice ne privera les enfants nés de ce mariage, d'aucun des avantages qui leur étaient assurés par les lois, ou par les conventions matrimoniales de leurs père et mère; mais il n'y aura d'ouverture aux droits des enfants que de la même manière et dans les mêmes circonstances où ils se seraient ouverts s'il n'y avait pas eu de divorce.

305. (Abrogé L. 27 juillet 1884.)

CHAPITRE IV

(Ancien chapitre V)

De la séparation de corps.

306. (L. 27 juillet 1884.) Dans le cas où il y a lieu à demande en divorce, il sera libre aux époux de former une demande en séparation de corps.

307. (L. 18 avril 1886.) Elle sera intentée, instruite et jugée de la même manière que toute autre action civile; néanmoins les articles 236 à 244 lui seront applicables; elle ne pourra avoir lieu par le consentement mutuel des époux.

Le tuteur de la personne judiciairement interdite peut, avec l'autorisation du conseil de famille, présenter la requête et suivre l'instance à fin de séparation.

308. (Abrogé L. 27 juillet 1884.)

309. (Abrogé L. 27 juillet 1884.)

310. (L. 27 juillet 1884.) Lorsque la séparation de corps aura duré trois ans, le jugement pourra être converti en jugement de divorce sur la demande formée par l'un des époux.

Cette nouvelle demande sera introduite par assignation, à huit jours francs, en vertu d'une ordonnance rendue par le président.

Elle sera débattue en chambre du conseil. L'ordonnance nommera un juge rapporteur, ordonnera la communication au ministère public et fixera le jour de la comparution.

Le jugement sera rendu en audience publique.

(L. 18 avril 1886, art. 2.) La cause en appel sera débattue et jugée en chambre du conseil, sur rapport, le ministère public entendu. L'arrêt sera rendu en audience publique.

311. (L. 6 février 1893.) Le jugement qui prononce la séparation de corps ou un jugement postérieur peut interdire à la femme de porter le nom de son mari, ou l'autoriser à ne pas le porter. Dans le cas où le mari aurait joint à son nom le nom de sa femme, celle-ci pourra également demander qu'il soit interdit au mari de le porter.

La séparation de corps emporte toujours la séparation de biens.

Elle a, en outre, pour effet de rendre à la femme le plein exercice de sa capacité civile, sans qu'elle ait besoin de recourir à l'autorisation de son mari ou de justice.

S'il y a cessation de la séparation de corps par la réconciliation des époux, la capacité de la femme est modifiée pour l'avenir et réglée par les dispositions de l'article 1449. Cette modification n'est opposable aux tiers que si la reprise de la vie commune a été constatée par acte passé devant notaire avec minute, dont un extrait devra être affiché en la forme indiquée par l'article 1445, et de plus par la mention en marge: 1° de l'acte de mariage; 2° du jugement ou de l'arrêt qui a prononcé la séparation, et enfin par la publication en extrait dans l'un des journaux du département recevant les publications légales.

TITRE SEPTIÈME

DE LA PATERNITÉ ET DE LA FILIATION

(Décrété le 2 germinal an XI, promulgué le 12 germinal. [23 mars-2 avril 1803.])

CHAPITRE PREMIER

De la filiation des enfants légitimes ou nés dans le mariage.

312. L'enfant conçu pendant le mariage a pour père le mari.

Néanmoins celui-ci pourra désavouer l'enfant, s'il prouve que, pendant le temps qui a couru depuis le trois-centième jusqu'au cent-quatre-vingtième jour avant la naissance de cet enfant, il était, soit par cause d'éloignement, soit par l'effet de quelque accident, dans l'impossibilité physique de cohabiter avec sa femme. — C. 47, 55, 57, 121, 313 s., 316 s., 322 s., 325, 340, 380, 389, 725, 906.

313. Le mari ne pourra, en alléguant son impuissance naturelle, désavouer l'enfant: il ne pourra le désavouer même pour cause d'adultère, à moins que la naissance ne lui ait été cachée, auquel cas il sera admis à proposer tous les faits propres à justifier qu'il n'en est pas le père. — P. 336.

(L. 18 avril 1886, art. 3.) En cas de jugement ou même de demande soit de divorce, soit de séparation de corps, le mari peut désavouer l'enfant né trois cents jours après la décision qui a autorisé la femme à avoir un domicile séparé, et moins de cent quatre-vingts jours depuis le rejet définitif de la demande ou depuis la réconciliation.

L'action en désaveu n'est pas admise s'il y a eu réunion de fait entre les époux.

314. L'enfant né avant le cent-quatre-vingtième jour du mariage ne pourra être désavoué par le mari dans les cas suivants: 1° s'il a eu connaissance de la grossesse avant le mariage; 2° s'il a assisté à l'acte de naissance, et si cet acte est signé de lui, ou contient sa déclaration qu'il ne sait signer; 3° si l'enfant n'est pas déclaré viable. — C. 56, 312, 313, 316, 331, 335, 725, 906, 1133.

315. La légitimité de l'enfant né trois cents jours après la dissolution du mariage pourra être contestée. — C. 227, 312, 316 s., 725.

316. Dans les divers cas où le mari est autorisé à réclamer, il devra le faire, dans le mois, s'il se trouve sur les lieux de la naissance de l'enfant;

Dans les deux mois après son retour, si, à la même époque, il est absent;

Dans les deux mois après la découverte de la fraude, si on lui avait caché la naissance de l'enfant. — C. 312 s., 317 s.

317. Si le mari est mort avant d'avoir fait sa réclamation, mais étant encore dans le délai utile pour la faire, les héritiers auront deux mois pour contester la légitimité de l'enfant, à compter de l'époque où cet enfant se serait mis en possession des biens du mari, ou de l'époque où les héritiers seraient troublés par l'enfant dans cette possession. — C. 312, 316, 318, 328, 329, 330, 331, 724, 1006, 1300, 1402.

318. Tout acte extrajudiciaire contenant le désaveu de la part du mari ou de ses héritiers, sera comme non avenu, s'il n'est suivi, dans le délai d'un mois, d'une action en justice, dirigée contre un tuteur ad hoc donné à l'enfant, et en présence de sa mère. — C. 316 s., 329 s., 330, 2253; Pr. 59 s.

CHAPITRE II

Des preuves de la filiation des enfants légitimes.

319. La filiation des enfants légitimes se prouve par les actes de naissance inscrits sur le registre de l'état civil. — C. 40 s., 55, 57 s., 197, 312, 321, 322, 323, 1319; P. 345-347, 345, 363.

320. A défaut de ce titre, la possession constante de l'état d'enfant légitime suffit. — C. 46, 195 s., 317, 321 s.

321. La possession d'état s'établit par une réunion suffisante de faits qui indiquent le rapport de filiation et de parenté entre un individu et la famille à laquelle il prétend appartenir.

Les principaux de ces faits sont:

Que l'individu a toujours porté le nom du père auquel il prétend appartenir;

Que le père l'a traité comme son enfant, et a pourvu, en cette qualité, à son éducation, à son entretien et à son établissement;

Qu'il a été reconnu constamment pour tel dans la société;

Qu'il a été reconnu pour tel par la famille. — C. 195, 320.

322. Nul ne peut réclamer un état contraire à celui que lui donnent son titre de naissance et la possession conforme à ce titre;

Et réciproquement, nul ne peut contester l'état de celui qui a une possession conforme à son titre de naissance. — C. 196, 197, 319, 321.

323. A défaut de titre et de possession constante, ou si l'enfant a été inscrit, soit sous de faux noms, soit comme né de père et mère inconnus, la preuve de filiation peut se faire par témoins.

Néanmoins, cette preuve ne peut être admise que lorsqu'il y a commencement de preuve par écrit, ou lorsque les présomptions ou indices résultant de faits dès lors constants sont assez graves pour déterminer l'admission. — C. 46, 214, 319, 320, 321, 325 s., 1347, 1348, 1353; *Pr.* 214, 252 s., 836, 847.

324. Le commencement de preuve par écrit résulte des titres de famille, des registres et papiers domestiques du père ou de la mère, des actes publics et même privés émanés d'une partie engagée dans la contestation, ou qui y aurait intérêt si elle était vivante. — C. 46, 323, 341, 1347.

325. La preuve contraire pourra se faire par tous les moyens propres à établir que le réclamant n'est pas l'enfant de la mère qu'il prétend avoir, ou même, la maternité prouvée, qu'il n'est pas l'enfant du mari de la mère. — C. 312, 316, 317, 323; *Pr.* 256.

326. Les tribunaux civils seront seuls compétents pour statuer sur les réclamations d'état. — C. 99 s., 198 s., 327 s.; *Pr.* 83.

327. L'action criminelle contre un délit de suppression d'état, ne pourra commencer qu'après le jugement définitif sur la question d'état. — C. 52, 53, 198, 199, 326, 328; *I. C.* 1, 3, 22; *P.* 345.

328. L'action en réclamation d'état est imprescriptible à l'égard de l'enfant. — C. 329 s., 2226.

329. L'action ne peut être intentée par les héritiers de l'enfant qui n'a pas réclamé, qu'autant qu'il est décédé mineur, ou dans les cinq années après sa majorité. — C. 317 s., 328, 330, 388, 724.

330. Les héritiers peuvent suivre cette action lorsqu'elle a été commencée par l'enfant, à moins qu'il ne s'en fût désisté formellement, ou qu'il n'eût laissé passer trois années sans poursuites, à compter du dernier acte de la procédure. — C. 317 s., 328 s., 724; *Pr.* 397 s., 399 s., 401.

CHAPITRE III

Des enfants naturels

SECTION PREMIÈRE

De la légitimation des enfants naturels

331. Les enfants nés hors mariage, autres que ceux nés d'un commerce incestueux ou adultérin, pourront être légitimés par le mariage subséquent de leurs père et mère, lorsque ceux-ci les auront légalement reconnus avant leur mariage, ou qu'ils les reconnaîtront dans l'acte même de célébration.

(L. 17 août 1897.) Il sera fait mention de la légitimation en marge de l'acte de naissance de l'enfant légitimé.

332. La légitimation peut avoir lieu, même en faveur des enfants décédés, qui ont laissé des descendants; et, dans ce cas, elle profite à ces descendants. — C. 331, 333.

333. Les enfants légitimés par le mariage subséquent auront les mêmes droits que s'ils étaient nés de ce mariage. — C. 731 s., 913 s., 920, 960 s.

SECTION II

De la reconnaissance des enfants naturels

334. La reconnaissance d'un enfant naturel sera faite par un acte authentique, lorsqu'elle ne l'aura pas été dans son acte de naissance. — C. 57, 62, 158 s., 204 s., 331, 335 s., 340, 756 s., 908, 1125, 1126, 1131, 1124, 1317, 2045.

335. Cette reconnaissance ne pourra avoir lieu au profit des enfants nés d'un commerce incestueux ou adultérin. — C. 159, 161, 331, 334, 336, 340, 342, 762 s., 908, 911, 1131, 1133, 2045.

336. La reconnaissance du père, sans l'indication et l'aveu de la mère, n'a d'effet qu'à l'égard du père. — C. 35, 335, 340, 341, 765.

337. La reconnaissance faite pendant le mariage, par l'un des époux, au profit d'un enfant naturel qu'il aurait eu, avant son mariage, d'un autre que de son époux, ne pourra nuire ni à celui-ci, ni aux enfants nés de ce mariage.

Néanmoins elle produira son effet après la dissolution de ce mariage, s'il n'en reste pas d'enfants. — C. 227, 756.

338. L'enfant naturel reconnu ne pourra réclamer les droits d'enfant légitime. Les droits des enfants naturels seront réglés au titre des *Successions*. — C. 158, 187, 334, 383, 756-766, 908.

339. Toute reconnaissance de la part du père ou de la mère, de même que toute réclamation de la part de l'enfant, pourra être contestée par tous ceux qui y auront intérêt. — C. 6, 54, 196, 312, 318, 320, 321, 325, 337, 339, 1350, 2045.

340. La recherche de la paternité est interdite. Dans le cas d'enlèvement, lorsque l'époque de cet enlèvement se rapportera à celle de la conception, le ravisseur pourra être, sur la demande des parties intéressées, déclaré père de l'enfant. — C. 331, 334, 335, 342, 762, 908; *I. C.* 3; *P.* 341-344, 354-357.

341. La recherche de la maternité est admise.

L'enfant qui réclamera sa mère, sera tenu de prouver qu'il est identiquement le même que l'enfant dont elle est accouchée.

Il ne sera reçu à faire cette preuve par témoins, que lorsqu'il aura déjà un commencement de preuve par écrit. — C. 46, 323-330, 334, 335, 342, 1347; *Pr.* 252 s.

342. Un enfant ne sera jamais admis à la recherche soit de la paternité, soit de la maternité, dans les cas où, suivant l'article 335, la reconnaissance n'est pas admise. — C. 312, 335, 340, 341, 762.

TITRE HUITIÈME

DE L'ADOPTION ET DE LA TUTELLE OFFICIEUSE

Décrété le 2 germinal an XI, promulgué le 12 germinal (23 mars-2 avril 1803.)

CHAPITRE PREMIER

De l'adoption

SECTION PREMIÈRE

De l'adoption et de ses effets

343. L'adoption n'est permise qu'aux personnes de l'un ou de l'autre sexe, âgées de plus de cinquante ans, qui n'auront, à l'époque de l'adoption, ni enfants, ni descendants légitimes, et qui auront au moins quinze ans de plus que les individus qu'elles se proposent d'adopter. — C. 11, 344, 345, 353 s., 360, 361, 364.

344. Nul ne peut être adopté par plusieurs, si ce n'est par deux époux.

Hors le cas de l'article 366, nul époux ne peut adopter qu'avec le consentement de l'autre conjoint. — C. 353, 355, 362.

345. La faculté d'adopter ne pourra être exercée qu'envers l'individu à qui l'on aura, dans sa minorité et pendant six ans au moins, fourni des secours et donné des soins non interrompus, ou envers celui qui aurait sauvé la vie à l'adoptant, soit dans un combat, soit en le retirant des flammes ou des flots.

Il suffira, dans ce deuxième cas, que l'adoptant soit majeur, plus âgé que l'adopté, sans enfants ni descendants légitimes; et s'il est marié, que son conjoint consente à l'adoption. — C. 344, 366 s., 388.

346. L'adoption ne pourra, en aucun cas, avoir lieu avant la majorité de l'adopté. Si l'adopté, ayant encore ses père et mère, ou l'un des deux, n'a point accompli sa vingt-cinquième année, il sera tenu de rapporter le consentement donné à l'adoption par ses père et mère, ou par le survivant; et s'il est majeur de vingt-cinq ans, de requérir leur conseil. — C. 148 s., 151, 154, 366 s., 388.

347. L'adoption conférera le nom de l'adoptant à l'adopté, en l'ajoutant au nom propre de ce dernier. — C. 358 s.

348. L'adopté restera dans sa famille naturelle, et y conservera tous ses droits: néanmoins le mariage est prohibé:

Entre l'adoptant, l'adopté et ses descendants;

Entre les enfants adoptifs du même individu;

Entre l'adopté et les enfants qui pourraient survenir à l'adoptant;

Entre l'adopté et le conjoint de l'adoptant, et réciproquement entre l'adoptant et le conjoint de l'adopté. — C. 161 s., 184, 350.

349. L'obligation naturelle, qui continuera d'exister entre l'adopté et ses père et mère, de se fournir des aliments dans les cas déterminés par la loi, sera considérée comme commune à l'adoptant et à l'adopté, l'un envers l'autre. — C. 205-207, 208-211.

350. L'adopté n'acquerra aucun droit de successibilité sur les biens des parents de l'adoptant; mais il aura sur la succession de l'adoptant les mêmes droits que ceux qu'y aurait l'enfant né en mariage, même quand il y aurait d'autres enfants de cette dernière qualité nés depuis l'adoption. — C. 348, 351 s., 731 s., 745, 913 s., 960, 1094.

351. Si l'adopté meurt sans descendants légitimes, les choses données par l'adoptant, ou recueillies dans sa succession, et qui existeront en nature lors du décès de l'adopté, retourneront à l'adoptant ou à ses descendants, à la charge de contribuer aux dettes, et sans préjudice des droits des tiers.

Le surplus des biens de l'adopté appartiendra à ses propres parents; et ceux-ci excluront toujours, pour les objets même spécifiés au présent article, tous héritiers de l'adoptant autres que ses descendants. — C. 352, 747, 766.

352. Si, du vivant de l'adoptant, et après le décès de l'adopté, les enfants ou descendants laissés par celui-ci mouraient eux-mêmes sans postérité, l'adoptant succédera aux choses par lui données, comme il est dit en l'article précédent; mais ce droit sera inhérent à la personne de l'adoptant, et non transmissible à ses héritiers, même en ligne descendante. — C. 351, 747.

SECTION II

Des formes de l'adoption

353. La personne qui se proposera d'adopter, et celle qui voudra être adoptée, se présenteront devant le juge de paix du domicile de l'adoptant, pour y passer acte de leurs consentements respectifs. — C. 102, 343 s., 354 s., 363.

354. Une expédition de cet acte sera remise, dans les dix jours suivants, par la partie la plus diligente, au procureur du Roi près le tribunal de première instance dans le ressort duquel se trouvera le domicile de l'adoptant, pour être soumis à l'homologation de ce tribunal. — C. 102, 353, 355 s.

355. Le tribunal, réuni en la chambre du conseil, et après s'être procuré les renseignements convenables, vérifiera: 1° si toutes les conditions de la loi sont remplies; 2° si la personne qui se propose d'adopter, jouit d'une bonne réputation. — C. 343 s., 356.

356. Après avoir entendu le procureur du Roi, et sans aucune autre forme de procédure, le tribunal prononcera, sans énoncer de motifs, en ces termes: *Il y a lieu*, ou *Il n'y a pas lieu à l'adoption*. — *Pr.* 83.

357. Dans le mois qui suivra le jugement du tribunal de première instance, ce jugement sera, sur les poursuites de la partie la plus diligente, soumis à la cour royale, qui instruira dans les mêmes formes que le tribunal de première instance, et prononcera, sans énoncer de motifs: *Le jugement est confirmé*, ou *Le jugement est réformé; en conséquence, il y a lieu, ou il n'y a pas lieu à l'adoption*. — C. 354 s., 358.

358. Tout arrêt de la cour royale qui admettra une adoption, sera prononcé à l'audience, et affiché en tels lieux et en tel nombre d'exemplaires que le tribunal jugera convenable. — C. 360.

359. Dans les trois mois qui suivront ce jugement, l'adoption sera inscrite, à la réquisition de l'une ou de l'autre des parties, sur le registre de l'état civil du lieu où l'adoptant sera domicilié.

Cette inscription n'aura lieu que sur le vu d'une expédition, en forme, du jugement de la cour royale; et l'adoption restera sans effet si elle n'a été inscrite dans ce délai. — C. 50, 102.

360. Si l'adoptant venait à mourir après que l'acte constatant la volonté de former le contrat d'adoption a été reçu par le juge de paix et porté devant les tribunaux, et avant que ceux-ci eussent définitivement prononcé, l'instruction sera continuée et l'adoption admise, s'il y a lieu.

Les héritiers de l'adoptant pourront, s'ils croient l'adoption inadmissible, remettre au procureur du Roi tous mémoires et observations à ce sujet. — C. 353 s., 366, 724.

CHAPITRE II

De la tutelle officieuse

361. Tout individu âgé de plus de cinquante ans, et sans enfants ni descendants légitimes, qui voudra, durant la minorité d'un individu, se l'attacher par un titre légal, pourra devenir son tuteur officieux, en obtenant le consentement des père et mère de l'enfant, ou du survivant d'entre eux, ou, à leur défaut, d'un conseil de famille, ou enfin, si l'enfant n'a point de parents connus, en obtenant le consentement des administrateurs de l'hospice où il aura été recueilli, ou de la municipalité du lieu de sa résidence. — C. 343, 346, 362 s., 388, 405 s.

362. Un époux ne peut devenir tuteur officieux qu'avec le consentement de l'autre conjoint. — C. 344.

363. Le juge de paix du domicile de l'enfant dressera procès-verbal des demandes et consentements relatifs à la tutelle officieuse. — C. 102 s., 353.

364. Cette tutelle ne pourra avoir lieu qu'au profit d'enfants âgés de moins de quinze ans.

Elle emportera avec soi, sans préjudice de toutes stipulations particulières, l'obligation de nourrir le pupille, de l'élever, de le mettre en état de gagner sa vie. — C. 361, 365, 367, 369, 1134.

365. Si le pupille a quelque bien, et s'il était antérieurement en tutelle, l'administration de ses biens, comme celle de sa personne, passera au tuteur officieux, qui ne pourra néanmoins imputer les dépenses de l'éducation sur les revenus du pupille. — C. 364, 369, 450, 454 s., 509.

366. Si le tuteur officieux, après cinq ans révolus depuis la tutelle, et dans la prévoyance de son décès avant la majorité du pupille, lui confère l'adoption par acte testamentaire, cette disposition sera valable, pourvu que le tuteur officieux ne laisse point d'enfants légitimes. — C. 343, 346, 347-352, 367.

367. Dans le cas où le tuteur officieux mourrait soit avant les cinq ans, soit après ce temps, sans avoir adopté son pupille, il sera fourni à celui-ci, durant sa minorité, des moyens de subsister, dont la quotité et l'espèce, s'il n'y a été antérieurement pourvu par une convention formelle, seront réglées soit amiablement entre les représentants respectifs du tuteur et du pupille, soit judiciairement en cas de contestation. — C. 364, 366, 369, 1142, 1134.

368. Si, à la majorité du pupille, son tuteur officieux veut l'adopter, et que le premier y consente, il sera procédé à l'adoption selon les formes prescrites au chapitre précédent, et les effets en seront, en tous points, les mêmes. — C. 343-360.

369. Si, dans les trois mois qui suivront la majorité du pupille, les réquisitions par lui faites à son tuteur officieux, à fin d'adoption, sont restées sans effet, et que le pupille ne se trouve point en état de gagner sa vie, le tuteur officieux pourra être condamné à indemniser le pupille de l'incapacité où celui-ci pourrait se trouver de pourvoir à sa subsistance.

Cette indemnité se résoudra en secours propres à lui procurer un métier; le tout sans préjudice des stipulations qui auraient pu avoir lieu dans la prévoyance de ce cas. — C. 364, 365, 367, 1139, 1174, 1146-1155, 1152.

370. Le tuteur officieux qui aurait eu l'administration de quelques biens pupillaires, en devra rendre compte dans tous les cas. — C. 365, 469 s.; Pr. 527 s.

TITRE NEUVIÈME

DE LA PUISSANCE PATERNELLE

(Décrété le 3 germinal an XI, promulgué le 13 germinal (24 mars-3 avril 1803).)

371. L'enfant, à tout âge, doit honneur et respect à ses père et mère. — C. 148-152, 1388.

372. Il reste sous leur autorité jusqu'à sa majorité ou son émancipation. — C. 25, 148 s., 203, 302, 340, 373 s., 376, 388, 1384, 1388; P. 345.

373. Le père seul exerce cette autorité durant le mariage. — C. 141, 385; P. 335.

374. L'enfant ne peut quitter la maison paternelle sans la permission de son père, si ce n'est pour enrôlement volontaire, après l'âge de dix-huit ans révolus (1). — C. 108, 357, 372.

375. Le père qui aura des sujets de mécontentement très graves sur la conduite d'un enfant, aura les moyens de correction suivants. — C. 376 s., 468.

376. Si l'enfant est âgé de moins de seize ans commencés, le père pourra le faire détenir pendant un temps qui ne pourra excéder un mois; et, à cet effet, le président du tribunal d'arrondissement devra, sur sa demande, délivrer l'ordre d'arrestation. — C. 378-382, 468.

377. Depuis l'âge de seize ans commencés jusqu'à la majorité ou l'émancipation, le père pourra seulement requérir la détention de son enfant pendant six mois au plus; il s'adressera au président dudit tribunal, qui, après en avoir conféré avec le procureur du Roi, délivrera l'ordre d'arrestation ou le refusera, et pourra, dans le premier cas, abréger le temps de la détention requis par le père. — C. 378 s., 382, 468.

378. Il n'y aura, dans l'un et l'autre cas, aucune écriture ni formalité judiciaire, si ce n'est l'ordre même d'arrestation, dans lequel les motifs n'en seront pas énoncés.

Le père sera seulement tenu de souscrire une soumission de payer tous les frais, et de fournir les aliments convenables. — C. 203, 376, 377; Pr. 780-794, 800; I. C. 609-610.

379. Le père est toujours maître d'abréger la durée de la détention par lui ordonnée ou requise. Si après sa sortie l'enfant tombe dans de nouveaux écarts, la détention pourra être de nouveau ordonnée de la manière prescrite aux articles précédents. — C. 376 s.

380. Si le père est remarié, il sera tenu, pour faire détenir son enfant du premier lit, lors même qu'il serait âgé de moins de seize ans, de se conformer à l'article 377.

381. La mère survivante et non remariée ne pourra faire détenir un enfant qu'avec le concours des deux plus proches parents paternels, et par voie de réquisition, conformément à l'article 377.

382. Lorsque l'enfant aura des biens personnels, ou lorsqu'il exercera un état, sa détention ne pourra, même au-dessous de seize ans, avoir lieu que par voie de réquisition, en la forme prescrite par l'article 377.

L'enfant détenu pourra adresser un mémoire au procureur général près la cour royale. Celui-ci se fera rendre compte par le procureur du Roi près le tribunal de première instance, et fera son rapport au président de la cour royale, qui, après en avoir donné avis au père, et après avoir recueilli tous les renseignements, pourra révoquer ou modifier l'ordre délivré par le président du tribunal de première instance.

383. Les articles 376, 377, 378 et 379 seront communs aux pères et mères des enfants naturels légalement reconnus. — C. 334 s., 774 s.

384. Le père, durant le mariage, et, après la dissolution du mariage, le survivant des père et mère, auront la jouissance des biens de leurs enfants jusqu'à l'âge de dix-huit ans accomplis, ou jusqu'à l'émancipation qui pourrait avoir lieu avant l'âge de dix-huit ans. — C. 237, 386, 389, 476 s., 387, 578, 582, 601, 620, 632, 730, 1442.

385. Les charges de cette jouissance seront :

1° Celles auxquelles sont tenus les usufruitiers; — C. 600-616.

2° La nourriture, l'entretien et l'éducation des enfants, selon leur fortune; — C. 203.

3° Le paiement des arrérages ou intérêts des capitaux; — C. 584, 587.

4° Les frais funéraires et ceux de dernière maladie. — C. 2101.

386. Cette jouissance n'aura pas lieu au profit de celui des père et mère contre lequel le divorce aurait été prononcé; et elle cessera à l'égard de la mère dans le cas d'un second mariage. — C. 384, 387, 730, 1442; P. 335.

387. Elle ne s'étendra pas aux biens que les enfants pourront acquérir par un travail et une industrie séparés, ni à ceux qui leur seront donnés ou légués sous la condition expresse que les père et mère n'en jouiront pas. — C. 389, 730, 1134.

(1) L. 15 juillet 1889 sur le recrutement de l'armée.

Art. 59. — Si l'engagé a moins de vingt ans, il doit être pourvu du consentement de ses père, mère ou tuteur; ce dernier doit être autorisé par une délibération du conseil de famille.

TITRE DIXIÈME

DE LA MINORITÉ, DE LA TUTELLE ET DE L'ÉMANCIPATION

(Décrété le 5 germinal an XI, promulgué le 15 germinal (26 mars-5 avril 1803).)

CHAPITRE PREMIER

De la minorité

388. Le mineur est l'individu de l'un et de l'autre sexe qui n'a point encore l'âge de vingt et un ans accomplis. — C. 57, 144, 148, 488, 1124, 1305 s., 1311, 2205, 2252.

CHAPITRE II

De la tutelle

SECTION PREMIÈRE

De la tutelle des père et mère

389. Le père est, durant le mariage, administrateur des biens personnels de ses enfants mineurs (1).

Il est comptable, quant à la propriété et aux revenus, des biens dont il n'a pas la jouissance; et, quant à la propriété seulement, de ceux des biens dont la loi lui donne l'usufruit. — C. 14, 141, 142, 384-386, 471, 450, 730, 1388, 1442; Pr. 126, 527 s.; P. 335.

390. Après la dissolution du mariage arrivée par la mort naturelle ou civile de l'un des époux, la tutelle des enfants mineurs et non émancipés appartient de plein droit au survivant des père et mère. — C. 23, 25, 141-142, 390-396, 405 s.; 421, 444, 476 s.; P. 18, 34, 42, 335.

391. Pourra néanmoins le père nommer à la mère survivante et tutrice un conseil spécial, sans l'avis duquel elle ne pourra faire aucun acte relatif à la tutelle.

Si le père spécifie les actes pour lesquels le conseil sera nommé, la tutrice sera habile à faire les autres sans son assistance.

392. Cette nomination de conseil ne pourra être faite que de l'une des manières suivantes :

1° Par acte de dernière volonté;

2° Par une déclaration faite ou devant le juge de paix assisté de son greffier, ou devant notaires. — C. 398, 895, 969 s.

393. Si, lors du décès du mari, la femme est enceinte, il sera nommé un curateur au ventre, par le conseil de famille.

A la naissance de l'enfant, la mère en deviendra tutrice, et le curateur en sera de plein droit le subrogé-tuteur. — C. 315, 395, 420, 405 s., 420 s.

394. La mère n'est point tenue d'accepter la tutelle; néanmoins, et en cas qu'elle la refuse, elle devra en remplir les devoirs jusqu'à ce qu'elle ait fait nommer un tuteur. — C. 390, 405 s., 421.

395. Si la mère tutrice veut se remarier, elle devra, avant l'acte de mariage, convoquer le conseil de famille, qui décidera si la tutelle doit lui être conservée.

A défaut de cette convocation, elle perdra la tutelle de plein droit; et son nouveau mari sera solidairement responsable de toutes les suites de la tutelle qu'elle aura indûment conservée. — C. 228, 386, 399, 400, 405 s., 1200 s.

396. Lorsque le conseil de famille, dûment convoqué, conservera la tutelle à la mère, il lui donnera nécessairement pour cotuteur le second mari, qui deviendra solidairement responsable, avec sa femme, de la gestion postérieure au mariage. — C. 395, 400, 405 s., 1200 s., 2121; Pr. 126, 995.

(1) La loi du 27 février 1880, en abrogeant la loi du 24 mars 1806 et le décret du 25 septembre 1813, a conféré au père le droit d'aliéner, sans autorisation, les titres de rente, actions d'une valeur inférieure à 50 fr. (Cass. 18 déc. 8.., 20 août 1896.)

SECTION II

De la tutelle déférée par le père ou la mère

397. Le droit individuel de choisir un tuteur parent, ou même étranger, n'appartient qu'au dernier mourant des père et mère. — C. 400, 398, 401, 421, 505, 508.

398. Ce droit ne peut être exercé que dans les formes prescrites par l'article 392, et sous les exceptions et modifications ci-après.

399. La mère remariée, et non maintenue dans la tutelle des enfants de son premier mariage, ne peut leur choisir un tuteur. — C. 395, 397.

400. Lorsque la mère remariée, et maintenue dans la tutelle, aura fait choix d'un tuteur aux enfants de son premier mariage, ce choix ne sera valable qu'autant qu'il sera confirmé par le conseil de famille. — C. 395, 405 s.

401. Le tuteur élu par le père ou la mère n'est pas tenu d'accepter la tutelle, s'il n'est d'ailleurs dans la classe des personnes qu'à défaut de cette élection spéciale, le conseil de famille eût pu en charger. — C. 402, 427 s., 432 s.

SECTION III

De la tutelle des ascendants

402. Lorsqu'il n'a pas été choisi au mineur un tuteur par le dernier mourant de ses père et mère, la tutelle appartient de droit à son aïeul paternel; à défaut de celui-ci, à son aïeul maternel, et ainsi en remontant, de manière que l'ascendant paternel soit toujours préféré à l'ascendant maternel du même degré. — C. 142, 397, 403, 735 s., 905.

403. Si, à défaut de l'aïeul paternel et de l'aïeul maternel du mineur, la concurrence se trouvait établie entre deux ascendants du degré supérieur qui appartinssent tous deux à la ligne paternelle du mineur, la tutelle passera de droit à celui des deux qui se trouvera être l'aïeul paternel du père du mineur. — C. 402, 404.

404. Si la même concurrence a lieu entre deux bisaïeuls de la ligne maternelle, la nomination sera faite par le conseil de famille, qui ne pourra néanmoins que choisir l'un de ces deux ascendants. — C. 402, 405 s.

SECTION IV

De la tutelle déférée par le conseil de famille

405. Lorsqu'un enfant mineur et non émancipé restera sans père ni mère, ni tuteur élu par ses père et mère, ni ascendants mâles, comme aussi lorsque le tuteur de l'une des qualités ci-dessus exprimées se trouvera ou dans le cas des exclusions dont il sera parlé ci-après, ou valablement excusé, il sera pourvu, par un conseil de famille, à la nomination d'un tuteur. — C. 25, 390 s., 394,

397 s., 402 s., 405 s., 427 s., 442 s.; Pr. 882 s., 968; P. 34, 42, 335.

406. Ce conseil sera convoqué soit sur la réquisition et à la diligence des parents du mineur, de ses créanciers ou d'autres parties intéressées, soit même d'office et à la poursuite du juge de paix du domicile du mineur. Toute personne pourra dénoncer à ce juge de paix le fait qui donnera lieu à la nomination d'un tuteur. — C. 405, 407, 409, 421, 424, 446, 479; Pr. 882 s.

407. Le conseil de famille sera composé, non compris le juge de paix, de six parents ou alliés, pris tant dans la commune où la tutelle sera ouverte que dans la distance de deux myriamètres, moitié du côté paternel, moitié du côté maternel, et en suivant l'ordre de proximité dans chaque ligne.

Le parent sera préféré à l'allié du même degré; et, parmi les parents du même degré, le plus âgé à celui qui le sera le moins. — C. 25, 110, 408 s., 413, 415, 427 s., 442, 735 s.; P. 34, 42, 335.

408. Les frères germains du mineur et les maris des sœurs germaines sont seuls exceptés de la limitation de nombre posée en l'article précédent.

S'ils sont six ou au delà, ils seront tous membres du conseil de famille, qu'ils composeront seuls, avec les veuves d'ascendants et les ascendants valablement excusés, s'il y en a.

S'ils sont en nombre inférieur, les autres parents ne seront appelés que pour compléter le conseil. — C. 402, 407, 442.

409. Lorsque les parents ou alliés de l'une ou de l'autre ligne se trouveront en nombre insuffisant sur les lieux, ou dans la distance désignée par l'article 407, le juge de paix appellera, soit des parents ou alliés domiciliés à de plus grandes distances, soit, dans la commune même, des citoyens connus pour avoir eu des relations habituelles d'amitié avec le père ou la mère du mineur. — C. 407, 410.

410. Le juge de paix pourra, lors même qu'il y aurait sur les lieux un nombre suffisant de parents ou alliés, permettre de citer, à quelque distance qu'ils soient domiciliés, des parents ou alliés plus proches en degrés ou de mêmes degrés que les parents ou alliés présents; de manière toutefois que cela s'opère en retranchant quelques-uns de ces derniers, et sans excéder le nombre réglé par les précédents articles. — C. 407, 408, 411; Pr. 4.

411. Le délai pour comparaître sera réglé par le juge de paix à jour fixe, mais de manière qu'il y ait toujours, entre la citation notifiée et le jour indiqué pour la réunion du conseil, un intervalle de trois jours au moins, quand toutes les parties citées résideront dans la commune, ou dans la distance de deux myriamètres.

Toutes les fois que, parmi les parties citées, il s'en trouvera de domiciliées au delà de cette distance, le délai sera augmenté d'un jour par trois myriamètres. — (*Aujourd'hui, par cinq myriamètres. — Loi du 3 mai 1862. Pr. 1033*).

412. Les parents, alliés ou amis, ainsi convoqués, seront tenus de se rendre en personne, ou de se faire représenter par un mandataire spécial.

Le fondé de pouvoir ne peut représenter plus d'une personne. — C. 1984 s., 1987.

413. Tout parent, allié ou ami, convoqué, et qui, sans excuse légitime, ne comparaîtra point, encourra une amende qui ne pourra excéder cinquante francs, et sera prononcée sans appel par le juge de paix. — C. 411 s., 414.

414. S'il y a excuse suffisante, et qu'il convienne, soit d'attendre le membre absent, soit de le remplacer; en ce cas, comme en tout autre où l'intérêt du mineur semblera l'exiger, le juge de paix pourra ajourner l'assemblée ou la proroger. — C. 413, 415.

415. Cette assemblée se tiendra de plein droit chez le juge de paix, à moins qu'il ne désigne lui-même un autre local. La présence des trois quarts au moins de ses membres convoqués sera nécessaire pour qu'elle délibère. — C. 407, 408, 416.

416. Le conseil de famille sera présidé par le juge de paix, qui y aura voix délibérative, et prépondérante en cas de partage. — Pr. 116, 117, 883-889.

417. Quand le mineur, domicilié en France, possédera des biens dans les colonies, ou réciproquement, l'administration spéciale de ces biens sera donnée à un protuteur.

En ce cas, le tuteur et le protuteur seront indépendants, et non responsables l'un envers l'autre pour leur gestion respective. — C. 450 s., 453, 2121.

418. Le tuteur agira et administrera, en cette qualité, du jour de sa nomination, si elle a lieu en sa présence; sinon, du jour qu'elle lui aura été notifiée. — C. 450 s., 2121, 2135, 2193; Pr. 882 s.

419. La tutelle est une charge personnelle qui ne passe point aux héritiers du tuteur. Ceux-ci seront seulement responsables de la gestion de leur auteur; et, s'ils sont majeurs, ils seront tenus de la continuer jusqu'à la nomination d'un nouveau tuteur. — C. 488, 725, 2003, 2010.

SECTION V

Du subrogé tuteur

420. Dans toute tutelle, il y aura un subrogé tuteur, nommé par le conseil de famille.

Ses fonctions consisteront à agir pour les intérêts du mineur, lorsqu'ils seront en opposition avec ceux du tuteur. — C. 394 s., 389 s., 397 s., 402 s., 405 s., 424 s., 426 s., 442 s., 450 s., 464, 470, 498, 505, 1125, 1442, 2062, 2137 s. — V. L. du 27 févr. 1880, art. 7 (p. 124); Pr. 448, 883.

421. Lorsque les fonctions du tuteur seront dévolues à une personne de l'une des qualités exprimées aux sections I, II et III du présent chapitre, ce tuteur devra, avant d'entrer en fonctions, faire convoquer, pour la nomination du subrogé tuteur, un conseil de famille composé comme il est dit dans la section IV.

S'il s'est ingéré dans la gestion avant d'avoir rempli cette formalité, le conseil de famille, convoqué, soit sur la réquisition des parents, créanciers ou autres parties intéressées, soit d'office par le juge de paix, pourra, s'il y a eu dol de la part du tuteur, lui retirer la tutelle, sans préjudice des indemnités dues au mineur. — C. 406 s., 444, 451, 1116, 1149.

422. Dans les autres tutelles, la nomination du subrogé tuteur aura lieu immédiatement après celle du tuteur. — C. 405 s., 421.

423. En aucun cas le tuteur ne votera pour la nomination du subrogé tuteur, lequel sera pris, hors le cas de frères germains, dans celle des deux lignes à laquelle le tuteur n'appartiendra point. — C. 408, 442, 736 s.

424. Le subrogé tuteur ne remplacera pas de plein droit le tuteur, lorsque la tutelle deviendra vacante, ou qu'elle sera abandonnée par absence; mais il devra, en ce cas, sous peine des dommages-intérêts qui pourraient en résulter pour le mineur, provoquer la nomination d'un nouveau tuteur. — C. 112, 406, 1149; Pr. 882.

425. Les fonctions du subrogé tuteur cesseront à la même époque que la tutelle. — C. 471, 476 s., 488, 512; P. 22.

426. Les dispositions contenues dans les sections VI et VII du présent chapitre s'appliqueront aux subrogés tuteurs.

Néanmoins le tuteur ne pourra provoquer la destitution du subrogé tuteur, ni voter dans les conseils de famille qui seront convoqués pour cet objet. — C. 427 s., 442 s.

SECTION VI

Des causes qui dispensent de la tutelle

427. Sont dispensés de la tutelle:

Les personnes désignées dans les titres III, V, VI, VIII, IX, X et XI de l'acte du 18 mai 1804 (1);

Les présidents et conseillers à la cour de cassation, le procureur général et les avocats généraux en la même cour (2);

Les préfets;

Tous citoyens exerçant une fonction publique dans un département autre que celui où la tutelle s'établit (3). — C. 428-431, 438 s.

428. Sont également dispensés de la tutelle:

Les militaires en activité de service, et tous autres citoyens qui remplissent, hors du territoire du royaume, une mission du Roi. — C. 429-431, 438 s.

429. Si la mission est non authentique, et contestée, la dispense ne sera prononcée qu'après la représentation faite par le réclamant, du certificat du ministre dans le département duquel se placera la mission articulée comme excuse. — C. 428.

430. Les citoyens de la qualité exprimée aux articles précédents, qui ont accepté la tutelle postérieurement aux fonctions, services ou missions qui en dispensent, ne seront plus admis à s'en faire décharger pour cette cause. — C. 427 s., 431, 438, 439.

431. Ceux, au contraire, à qui lesdites fonctions, services ou missions, auront été conférés postérieurement à l'acceptation et gestion d'une tutelle, pourront, s'ils ne veulent la conserver, faire convoquer, dans le mois, un conseil de famille, pour y être procédé à leur remplacement.

Si, à l'expiration de ces fonctions, services ou missions, le nouveau tuteur réclame sa décharge, ou que l'ancien redemande la tutelle, elle pourra lui être rendue par le conseil de famille. — C. 430.

432. Tout citoyen non parent ni allié ne peut être forcé d'accepter la tutelle, que dans le cas où il n'existerait pas, dans la distance de quatre myriamètres, des parents ou alliés en état de gérer la tutelle. — C. 401, 438 s.; Pr. 882 s.

433. Tout individu âgé de soixante-cinq ans accomplis peut refuser d'être tuteur. Celui qui aura été nommé avant cet âge, pourra, à soixante-dix ans, se faire décharger de la tutelle. — C. 438 s., 2066; Pr. 882.

434. Tout individu atteint d'une infirmité grave et dûment justifiée, est dispensé de la tutelle.

Il pourra même s'en faire décharger, si cette infirmité est survenue depuis sa nomination. — C. 438 s.; Pr. 882 s.

435. Deux tutelles sont, pour toutes personnes, une juste dispense d'en accepter une troisième.

Celui qui, époux ou père, sera déjà chargé d'une tutelle, ne pourra être tenu d'en accepter une seconde, excepté celle de ses enfants. — C. 437 s., 504 s.; Pr. 882 s.

436. Ceux qui ont cinq enfants légitimes sont dispensés de toute tutelle autre que celle desdits enfants.

Les enfants morts en activité de service dans les armées du Roi seront toujours comptés pour opérer cette dispense.

Les autres enfants morts ne seront comptés qu'autant qu'ils auront eux-mêmes laissé des enfants actuellement existants. — C. 437 s., 739 s.; Pr. 882.

437. La survenance d'enfants pendant la tutelle ne pourra autoriser à l'abdiquer.

438. Si le tuteur nommé est présent à la délibération qui lui défère la tutelle, il devra sur-le-champ, et sous peine d'être déclaré non recevable dans toute réclamation ultérieure, proposer ses excuses, sur lesquelles le conseil de famille délibérera. — C. 427 s., 440.

439. Si le tuteur nommé n'a pas assisté à la délibération qui lui a déféré la tutelle, il pourra faire convoquer le conseil de famille pour délibérer sur ses excuses.

Ses diligences à ce sujet devront avoir lieu dans le délai de trois jours, à partir de la notification qui lui aura été faite de sa nomination; lequel délai sera augmenté d'un jour par trois myriamètres (*aujourd'hui, par cinq myriamètres. — Loi du 3 mai 1862*) de distance du lieu de son domicile à celui de l'ouverture de la tutelle; passé ce délai, il sera non recevable. — C. 402, 410, 427 s., 438; Pr. 882 s., 1033.

440. Si ses excuses sont rejetées, il pourra se pourvoir devant les tribunaux pour les faire admettre; mais il sera, pendant le litige, tenu d'administrer provisoirement. — C. 438 s., 448; Pr. 883-889.

441. S'il parvient à se faire exempter de la tutelle, ceux qui auront rejeté l'excuse, pourront être condamnés aux frais de l'instance.

S'il succombe, il y sera condamné lui-même. — Pr. 130, 131.

SECTION VII

De l'incapacité, des exclusions et destitutions de la tutelle

442. Ne peuvent être tuteurs, ni membres des conseils de famille,

1° Les mineurs, excepté le père ou la mère;

2° Les interdits;

3° Les femmes, autres que la mère et les ascendantes;

4° Tous ceux qui ont, ou dont les père ou mère ont avec le mineur un procès dans lequel l'état de ce mineur, sa fortune, ou une partie notable de ses biens, sont compromis. — C. 388, 390, 391, 402 s., 426, 445, 489, 507, 512; P. 29.

443. La condamnation à une peine afflictive ou infamante emporte de plein droit l'exclusion de la tutelle. Elle emporte de même la destitution, dans le cas où il s'agirait d'une tutelle antérieurement déférée. — C. 25, 444 s.; P. 7, 8, 28, 34, 42, 335.

444. Sont aussi exclus de la tutelle, et même destituables, s'ils sont en exercice,

1° Les gens d'une inconduite notoire;

2° Ceux dont la gestion attesterait l'incapacité ou l'infidélité. — C. 372, 393, 442, 443, 445, 513; Pr. 132.

445. Tout individu qui aura été exclu ou destitué d'une tutelle, ne pourra être membre d'un conseil de famille. — C. 395, 421, 442 s.; P. 9, 42, 43, 335.

(1) Cette immunité ne s'applique plus qu'aux sénateurs, aux députés et aux membres du Conseil d'État.

(2) Les membres de la Cour des Comptes jouissent des mêmes prérogatives. (Loi du 16 septembre 1807.)

(3) Les curés et desservants sont compris sous cette dénomination. (Avis du Conseil d'État du 20 novembre 1806.)

446. [illegible]

447. Toute délibération du conseil de famille qui prononcera l'exclusion ou la destitution du tuteur, sera motivée [illegible]

448. Si le tuteur adhère à la délibération, il en sera fait mention [illegible]

449. [illegible]

SECTION VIII

De l'administration du tuteur (1).

450. Le tuteur prendra soin de la personne du mineur, et le représentera dans tous les actes civils. [illegible]

451. [illegible]

452. [illegible]

453. [illegible]

454. [illegible]

455. Ce conseil déterminera positivement la somme à laquelle commencera, pour le tuteur, l'obligation d'employer l'excédant des revenus sur la dépense [illegible]

456. Si le tuteur n'a pas fait déterminer par le conseil de famille la somme à laquelle doit commencer l'emploi [illegible]

457. Le tuteur, même le père ou la mère, ne peut emprunter pour le mineur, ni aliéner ou hypothéquer ses biens immeubles, sans y être autorisé par un conseil de famille. [illegible]

458. [illegible]

459. [illegible]

460. [illegible]

461. [illegible]

462. [illegible]

463. [illegible]

464. [illegible]

465. [illegible]

466. [illegible]

467. [illegible]

468. [illegible]

SECTION IX

Des comptes de la tutelle.

469. [illegible]

470. [illegible]

471. [illegible]

[illegible]

lorsqu'il aura atteint sa majorité ou obtenu son émancipation. Le tuteur en avancera les frais.

On y allouera au tuteur toutes dépenses suffisamment justifiées, et dont l'objet sera utile. — C. 456 s., 480, 988; Pr. 130, 527-542.

472. Tout traité qui pourra intervenir entre le tuteur et le mineur devenu majeur, sera nul, s'il n'a été précédé de la reddition d'un compte détaillé, et de la remise des pièces justificatives, le tout constaté par un récépissé de l'oyant-compte, dix jours au moins avant le traité. — C. 162, 907, 2044 s.; Pr. 533 s.

473. Si le compte donne lieu à des contestations, elles seront poursuivies et jugées comme les autres contestations en matière civile. — C. 475; Pr. 527 s.

474. La somme à laquelle s'élèvera le reliquat dû par le tuteur, portera intérêt, sans demande, à compter de la clôture du compte.

Les intérêts de ce qui sera dû au tuteur par le mineur, ne courront que du jour de la sommation de payer qui aura suivi la clôture du compte. — C. 1153, 1907, 2121, 2135; Pr. 126, 542, 545; Co. 559, 609.

475. Toute action du mineur contre son tuteur, relativement aux faits de la tutelle, se prescrit par dix ans, à compter de la majorité. — C. 172, 488, 2252, 2264 s., 2262, 2278; Pr. 544.

CHAPITRE III

De l'émancipation.

476. Le mineur est émancipé de plein droit par le mariage. — C. 144, 481, 485 s., 1309, 1398.

477. Le mineur, même non marié, pourra être émancipé par son père, ou, à défaut de père, par sa mère, lorsqu'il aura atteint l'âge de quinze ans révolus.

Cette émancipation s'opérera par la seule déclaration du père ou de la mère, reçue par le juge de paix, assisté de son greffier. — C. 487 s.

478. Le mineur resté sans père ni mère pourra aussi, mais seulement à l'âge de dix-huit ans accomplis, être émancipé, si le conseil de famille l'en juge capable.

En ce cas, l'émancipation résultera de la délibération qui l'aura autorisée, et de la déclaration que le juge de paix, comme président du conseil de famille, aura faite dans le même acte, que *le mineur est émancipé*. — C. 406 s., 416, 479, 485 s.; Pr. 883 s.

479. Lorsque le tuteur n'aura fait aucune diligence pour l'émancipation du mineur dont il est parlé dans l'article précédent, et qu'un ou plusieurs parents ou alliés de ce mineur, au degré de cousin germain ou à des degrés plus proches, le jugeront capable d'être émancipé, ils pourront requérir le juge de paix de convoquer le conseil de famille pour délibérer à ce sujet.

Le juge de paix devra déférer à cette réquisition. — C. 406 s., 478, 735 s.

480. Le compte de tutelle sera rendu au mineur émancipé, assisté d'un curateur qui lui sera nommé par le conseil de famille. — C. 407 s., 471; Pr. 527 s.

481. Le mineur émancipé passera les baux dont la durée n'excédera point neuf ans; il recevra ses revenus, en donnera décharge, et fera tous les actes qui ne sont que de pure administration, sans être restituable contre ces actes dans tous les cas où le majeur ne le serait pas lui-même. — C. 108, 373, 391, 595, 485, 474, 880, 1305 s., 1429 s., 1718, 1990; Pr. 915.

482. Il ne pourra intenter une action immobilière, ni y défendre, même recevoir et donner décharge d'un capital mobilier, sans l'assistance de son curateur, qui, au dernier cas, surveillera l'emploi du capital reçu. — C. 106, 526, 529, 527, 1482, 452, 481; Pr. 181, 481.

483. Le mineur émancipé ne pourra faire d'emprunts, sous aucun prétexte, sans une délibération du conseil de famille, homologuée par le tribunal de première instance, après avoir entendu le procureur du Roi. — C. 407 s., 457 s., 1124, 1305, 1314; Pr. 83, 882 s.; P. 406.

484. Il ne pourra non plus vendre ni aliéner ses immeubles, ni faire aucun acte autre que ceux de pure administration, sans observer les formes prescrites au mineur non émancipé (1).

A l'égard des obligations qu'il aurait contractées par voie d'achats ou autrement, elles seront réductibles en cas d'excès : les tribunaux prendront, à ce sujet, en considération la fortune du mineur, la bonne ou mauvaise foi des personnes qui auront contracté avec lui, l'utilité ou l'inutilité des dépenses. — C. 457 s., 464 s., 467, 481, 485 s., 903, 1095, 1305 s., 1312 s., 452.

485. Tout mineur émancipé dont les engagements auraient été réduits en vertu de l'article précédent, pourra être privé du bénéfice de l'émancipation, laquelle lui sera retirée en suivant les mêmes formes que celles qui auront eu lieu pour la lui conférer. — C. 477 s., 484, 486.

486. Dès le jour où l'émancipation aura été révoquée, le mineur rentrera en tutelle, et y restera jusqu'à sa majorité accomplie. — C. 476, 485, 488.

487. Le mineur émancipé qui fait un commerce, est réputé majeur pour les faits relatifs à ce commerce. — C. 1308; Co. 2, 3, 6, 638.

TITRE ONZIÈME

DE LA MAJORITÉ, DE L'INTERDICTION ET DU CONSEIL JUDICIAIRE

Décrété le 8 germinal an XI, promulgué le 18 germinal (29 mars-8 avril 1803).

CHAPITRE PREMIER

De la majorité.

488. La majorité est fixée à vingt-un ans accomplis; à cet âge, on est capable de tous les actes de la vie civile, sauf la restriction portée au titre du *Mariage*. — C. 148, 151 s., 346, 372, 480, 502, 1313.

CHAPITRE II

De l'interdiction.

489. Le majeur qui est dans un état habituel d'imbécillité, de démence ou de fureur, doit être interdit, même lorsque cet état présente des intervalles lucides. — C. 28, 174, 502, 901, 1124 s.; Pr. 890 s.; P. 29. — L. 30 juin 1838 sur les aliénés.

490. Tout parent est recevable à provoquer l'interdiction de son parent. Il en est de même de l'un des époux à l'égard de l'autre. — C. 180, 495; Pr. 890 s.

491. Dans le cas de fureur, si l'interdiction n'est provoquée ni par l'époux, ni par les parents, elle doit l'être par le procureur du Roi, qui, dans les cas d'imbécillité ou de démence, peut aussi la provoquer contre un individu qui n'a ni époux, ni épouse, ni parents connus. — Pr. 890 s.; P. 64.

492. Toute demande en interdiction sera portée devant le tribunal de première instance. — C. 102, 183 s.; Pr. 59, 61.

493. Les faits d'imbécillité, de démence ou de fureur, seront articulés par écrit. Ceux qui poursuivront l'interdiction, présenteront les témoins et les pièces. — C. 489 s.; Pr. 252 s., 890 s.

494. Le tribunal ordonnera que le conseil de famille, formé selon le mode déterminé à la section IV du chapitre II du titre de la *Minorité, de la Tutelle et de l'Émancipation*, donne son avis sur l'état de la personne dont l'interdiction est demandée. — C. 407 s., 495 s.; Pr. 171, 891, 892 s.

495. Ceux qui auront provoqué l'interdiction, ne pourront faire partie du conseil de famille; cependant l'époux ou l'épouse, et les enfants de la personne dont l'interdiction sera provoquée, pourront y être admis sans y avoir voix délibérative. — C. 407, 442, 507.

496. Après avoir reçu l'avis du conseil de famille, le tribunal interrogera le défendeur à la chambre du conseil : s'il ne peut s'y présenter, il sera interrogé dans sa demeure, par l'un des juges à ce commis, assisté du greffier. Dans tous les cas, le procureur du Roi sera présent à l'interrogatoire. — C. 497; Pr. 83, 893.

497. Après le premier interrogatoire, le tribunal commettra, s'il y a lieu, un administrateur provisoire, pour prendre soin de la personne et des biens du défendeur. — C. 114, 498, 505, 890; *L. 30 juin 1838, sur les aliénés*; *L. 27 fév. 1880, art. 8* (p. 13, note 1).

498. Le jugement sur une demande en interdiction ne pourra être rendu qu'à l'audience publique, les parties entendues ou appelées. — Pr. 87, 116 s.

499. En rejetant la demande en interdiction, le tribunal pourra néanmoins, si les circonstances l'exigent, ordonner que le défendeur ne pourra désormais plaider, transiger, emprunter, recevoir un capital mobilier, ni en donner décharge, aliéner, ni grever ses biens d'hypothèques, sans l'assistance d'un conseil qui lui sera nommé par le même jugement. — C. 513 s., 2045, 2125, 2126; Pr. 897.

500. En cas d'appel du jugement rendu en première instance, la cour royale pourra, si elle le juge nécessaire, interroger de nouveau, ou faire interroger par un commissaire, la personne dont l'interdiction est demandée. — C. 496; Pr. 443 s., 470, 894 s., 1035.

501. Tout arrêt ou jugement portant interdiction, ou nomination d'un conseil, sera, à la diligence des demandeurs, levé, signifié à partie, et inscrit, dans les dix jours, sur les tableaux qui doivent être affichés dans la salle de l'auditoire et dans les études des notaires de l'arrondissement.

(*L. 16 mars 1893.*) Un extrait sommaire du jugement ou arrêt sera en outre transmis, par l'avoué qui l'aura obtenu, au greffe du tribunal du lieu de naissance du défendeur, dans le mois du jour où la décision aura acquis l'autorité de la chose jugée. Cet extrait sera mentionné par le greffier, dans un délai de quinze jours, sur un registre spécial dont toute personne pourra prendre communication et se faire délivrer copie. Le greffier, dans un nouveau délai de quinze jours, adressera à l'avoué un certificat constatant l'accomplissement de la formalité.

A l'égard des individus nés à l'étranger, les décisions seront mentionnées, dans les mêmes formes et délais, sur un registre tenu au greffe du tribunal de la Seine; ce registre mentionnera également les décisions relatives aux individus nés dans les colonies françaises, indépendamment du registre qui sera tenu au greffe de leur lieu d'origine.

Toute contravention aux dispositions ci-dessus, commise par les greffiers ou avoués, sera punie d'une amende de cinquante francs, sans préjudice de tous dommages-intérêts. — C. 501, 502, 513; Pr. 897.

502. L'interdiction ou la nomination d'un conseil aura son effet du jour du jugement. Tous actes passés postérieurement par l'interdit, ou sans l'assistance du conseil, seront nuls de droit. — C. 489, 501, 503, 513, 901, 979, 1109, 1125 s., 1305, 1312, 1338, 1421, 2252; *L. 30 juin 1838, sur les aliénés*.

503. Les actes antérieurs à l'interdiction pourront être annulés, si la cause de l'interdiction existait notoirement à l'époque où ces actes ont été faits. — C. 504, 513, 1109.

504. Après la mort d'un individu, les actes par lui faits ne pourront être attaqués pour cause de démence, qu'autant que son interdiction aura été prononcée ou provoquée avant son décès; à moins que la preuve de la démence ne résulte de l'acte même qui est attaqué. — C. 489, 901, 1109, 1304; *L. 30 juin 1838, art. 39 sur les aliénés*.

505. S'il n'y a pas d'appel du jugement d'interdiction rendu en première instance, ou s'il est confirmé sur l'appel, il sera pourvu à la nomination d'un tuteur et d'un subrogé tuteur à l'interdit, suivant les règles prescrites au titre de la *Minorité, de la Tutelle et de l'Émancipation*. L'administrateur provisoire cessera ses fonctions, et rendra compte au tuteur, s'il ne l'est pas lui-même. — C. 390, 405 s., 420 s., 471, 497, 501, 509 s.; Pr. 135, 527 s., 882, 895.

506. Le mari est, de droit, le tuteur de sa femme interdite. — C. 213, 508.

507. La femme pourra être nommée tutrice de son mari. En ce cas, le conseil de famille réglera la forme et les conditions de l'administration, sauf le recours devant les tribunaux de la part de la femme qui se croirait lésée par l'arrêté de la famille. — C. 407 s., 442, 447, 450 s., 495, 508; Pr. 882 s.

508. Nul, à l'exception des époux, des ascendants et descendants, ne sera tenu de conserver la tutelle d'un interdit au delà de dix ans. A l'expiration de ce délai, le tuteur pourra demander et devra obtenir son remplacement. — C. 469.

509. L'interdit est assimilé au mineur, pour sa personne et pour ses biens : les lois sur la tutelle des mineurs s'appliqueront à la tutelle des interdits. — C. 108 s., 450 s., 467 s., 510, 2126 s.

510. Les revenus d'un interdit doivent être essentiellement employés à adoucir son sort et à accélérer sa guérison. Selon les caractères de sa maladie et l'état de sa fortune, le conseil de famille pourra arrêter qu'il sera traité dans son domicile, ou qu'il sera placé dans une maison de santé, et même dans un hospice. — C. 457 s.,

(1) L. du 27 février 1880, relative à l'aliénation des valeurs mobilières appartenant aux mineurs et aux interdits, et à la conversion de ces mêmes valeurs en titres au porteur.

Art. 5. Le mineur émancipé au cours de la tutelle, même assisté de son curateur, devra observer, pour l'aliénation de ses meubles incorporels, les formes et délais prescrits à l'égard du mineur non émancipé.

Cette disposition ne s'applique pas au mineur émancipé par le mariage.

Note : *Elle ne s'applique pas davantage au mineur émancipé pendant le mariage des père et mère.*

(Trib. de G. d. Se., du 30 mai 1884.)

164, 505, 509; Pr. 971. — L. 30 juin 1838, art. 8, 11, 31, sur les aliénés.

511. Lorsqu'il sera question du mariage de l'enfant d'un interdit, la dot, ou l'avancement d'hoirie, et les autres conventions matrimoniales, seront réglés par un avis du conseil de famille, homologué par le tribunal, sur les conclusions du procureur de la République. — C. 160 s., 1095, 1387 s., 1398; Pr. 83, 885.

512. L'interdiction cesse avec les causes qui l'ont déterminée; néanmoins la mainlevée ne sera prononcée qu'en observant les formalités prescrites pour parvenir à l'interdiction, et l'interdit ne pourra reprendre l'exercice de ses droits qu'après le jugement de mainlevée. — C. 489, 492, 494 s., 502; Pr. 474, 890 s., 896.

CHAPITRE III

Du conseil judiciaire

513. Il peut être défendu aux prodigues de plaider, de transiger, d'emprunter, de recevoir un capital mobilier et d'en donner décharge, d'aliéner, ni de grever leurs biens d'hypothèques, sans l'assistance d'un conseil qui leur est nommé par le tribunal. — C. 213, 218, 222, 499, 501, 502, 513, 1124, 2045, 2125, 2126; Pr. 897.

514. La défense de procéder sans l'assistance d'un conseil, peut être provoquée par ceux qui ont droit de demander l'interdiction; leur demande doit être instruite et jugée de la même manière.

Cette défense ne peut être levée qu'en observant les mêmes formalités. — C. 490 s., 512; Pr. 891 s.

515. Aucun jugement, en matière d'interdiction, ou de nomination de conseil, ne pourra être rendu, soit en première instance, soit en cause d'appel, que sur les conclusions du ministère public. — C. 491, 496, 512 s.; Pr. 83, 891 s.

LIVRE DEUXIÈME

Des Biens et des différentes Modifications de la propriété

TITRE PREMIER

DE LA DISTINCTION DES BIENS

Décrété le 4 pluviôse an XII, promulgué le 14 du même mois (4 février 1804).

516. Tous les biens sont meubles ou immeubles. — C. 517 s., 573 s.

CHAPITRE PREMIER

Des immeubles

517. Les biens sont immeubles, ou par leur nature, ou par leur destination, ou par l'objet auquel ils s'appliquent. — C. 518 s., 522 s., 526, 2118.

518. Les fonds de terre et les bâtiments sont immeubles par leur nature. — C. 553, 2204, 528. — L. 21 avril 1810, sur les mines.

519. Les moulins à vent ou à eau, fixés sur piliers et faisant partie du bâtiment, sont aussi immeubles par leur nature. — C. 528, 531.

520. Les récoltes pendantes par les racines, et les fruits des arbres non encore recueillis, sont pareillement immeubles.

Dès que les grains sont coupés et les fruits détachés, quoique non enlevés, ils sont meubles.

Si une partie seulement de la récolte est coupée, cette partie seule est meuble. — C. 548, 585, 592 s., 626, 1151, 1765, 1880, 2102; Pr. 626-635, 682, 689, 685, 691.

521. Les coupes ordinaires des bois taillis ou de futaies mises en coupes réglées ne deviennent meubles qu'au fur et à mesure que les arbres sont abattus. — C. 518, 590, 593, 590 s., 1403.

522. Les animaux que le propriétaire du fonds livre au fermier ou au métayer pour la culture, estimés ou non, sont censés immeubles tant qu'ils demeurent attachés au fonds par l'effet de la convention.

Ceux qu'il donne à cheptel à d'autres qu'au fermier ou métayer, sont meubles. — C. 527, 524, 563, 1064, 1800 s.; Pr. 592, 594.

523. Les tuyaux servant à la conduite des eaux dans une maison ou autre héritage sont immeubles et font partie du fonds auquel ils sont attachés. — Pr. 592.

524. Les objets que le propriétaire d'un fonds y a placés pour le service et l'exploitation de ce fonds, sont immeubles par destination.

Ainsi sont immeubles par destination, quand ils ont été placés par le propriétaire pour le service et l'exploitation du fonds:

Les animaux attachés à la culture;

Les ustensiles aratoires;

Les semences données aux fermiers ou colons partiaires;

Les pigeons des colombiers;

Les lapins des garennes;

Les ruches à miel;

Les poissons des étangs;

Les pressoirs, chaudières, alambics, cuves et tonnes;

Les ustensiles nécessaires à l'exploitation des forges, papeteries et autres usines;

Les pailles et engrais.

Sont aussi immeubles par destination, tous effets mobiliers que le propriétaire a attachés au fonds à perpétuelle demeure. — C. 517, 522, 525, 528, 593, 1064, 2118, 2119, 2133; Pr. 592. — L. 21 avril 1810, sur les mines.

525. Le propriétaire est censé avoir attaché à son fonds des effets mobiliers à perpétuelle demeure, quand ils y sont scellés en plâtre ou à chaux ou à ciment, ou lorsqu'ils ne peuvent être détachés sans être fracturés et détériorés, ou sans briser ou détériorer la partie du fonds à laquelle ils sont attachés.

Les glaces d'un appartement sont censées mises à perpétuelle demeure, lorsque le parquet sur lequel elles sont attachées fait corps avec la boiserie.

Il en est de même des tableaux et autres ornements.

Quant aux statues, elles sont immeubles lorsqu'elles sont placées dans une niche pratiquée exprès pour les recevoir, encore qu'elles puissent être enlevées sans fracture ou détérioration. — C. 525, 1250 s.

526. Sont immeubles, par l'objet auquel ils s'appliquent:

L'usufruit des choses immobilières;

Les servitudes ou services fonciers;

Les actions qui tendent à revendiquer un immeuble. — C. 546, 521, 578, 625, 637 s., 2118.

CHAPITRE II

Des meubles

527. Les biens sont meubles par leur nature, ou par la détermination de la loi. — C. 516, 528, 529 s., 2119, 2279.

528. Sont meubles par leur nature, les corps qui peuvent se transporter d'un lieu à un autre, soit qu'ils se meuvent par eux-mêmes, comme les animaux, soit qu'ils ne puissent changer de place que par l'effet d'une force étrangère, comme les choses inanimées. — C. 522 s., 527, 531, 2279; Co. 190. — L. 21 avril 1810, sur les mines.

529. Sont meubles par la détermination de la loi, les obligations et actions qui ont pour objet des sommes exigibles ou des effets mobiliers, les actions ou intérêts dans les compagnies de finance, de commerce ou d'industrie, encore que des immeubles dépendant de ces entreprises appartiennent aux compagnies. Ces actions ou intérêts sont réputés meubles à l'égard de chaque associé seulement, tant que dure la société.

Sont aussi meubles par la détermination de la loi, les rentes perpétuelles ou viagères, soit sur l'État, soit sur des particuliers. — C. 617, 527, 530, 1909 s., 1968 s., 2118; Co. 29 s., 33 s., 35 s., 38 s., 91. — L. 21 avril 1810, sur les mines.

Art. 530 décrété le [illegible]

530. Toute rente établie à perpétuité pour le prix de la vente d'un immeuble, ou comme condition de la cession à titre onéreux ou gratuit d'un fonds immobilier, est essentiellement rachetable.

Il est néanmoins permis au créancier de régler les clauses et conditions du rachat.

Il lui est aussi permis de stipuler que la rente ne pourra lui être remboursée qu'après un certain terme, lequel ne peut jamais excéder trente ans; toute stipulation contraire est nulle. — C. 1184, 1134 s., 1911 s., 2103, 2108; Pr. 636-672.

531. Les bateaux, bacs, navires, moulins et bains sur bateaux, et généralement toutes usines non fixées par des piliers et ne faisant point partie de la maison, sont meubles: la saisie de quelques-uns de ces objets peut cependant, à cause de leur importance, être soumise à des formes particulières, ainsi qu'il sera expliqué dans le Code de la procédure civile. — C. 519, 528, 2120; Pr. 620; Co. 190, 197-215.

532. Les matériaux provenant de la démolition d'un édifice, ceux assemblés pour en construire un nouveau, sont meubles jusqu'à ce qu'ils soient employés par l'ouvrier dans une construction. — C. 528.

533. Le mot *meuble*, employé seul dans les dispositions de la loi ou de l'homme, sans autre addition ni désignation, ne comprend pas l'argent comptant, les pierreries, les dettes actives, les livres, les médailles, les instruments des sciences, des arts et métiers, le linge de corps, les chevaux, équipages, armes, grains, vins, foins et autres denrées; il ne comprend pas aussi ce qui fait l'objet d'un commerce. — C. 534, 535, 1010; Co. 632.

534. Les mots *meubles meublants* ne comprennent que les meubles destinés à l'usage et à l'ornement des appartements, comme tapisseries, lits, sièges, glaces, pendules, tables, porcelaines et autres objets de cette nature.

Les tableaux et les statues qui font partie du meuble d'un appartement y sont aussi compris, mais non les collections de tableaux qui peuvent être dans les galeries ou pièces particulières.

Il en est de même des porcelaines: celles seulement qui font partie de la décoration d'un appartement, sont comprises sous la dénomination de *meubles meublants*.

535. L'expression *biens meubles*, celle de *mobilier* ou d'*effets mobiliers*, comprennent généralement tout ce qui est censé meuble d'après les règles ci-dessus établies. — C. 527 s., 533, 1401, 1414.

La vente ou le don d'une maison meublée ne comprend que les meubles meublants.

536. La vente ou le don d'une maison, avec tout ce qui s'y trouve, ne comprend pas l'argent comptant, ni les dettes actives et autres droits dont les titres peuvent être déposés dans la maison; tous les autres effets mobiliers y sont compris. — C. 533, 1602, 1603.

CHAPITRE III

Des biens dans leur rapport avec ceux qui les possèdent

537. Les particuliers ont la libre disposition des biens qui leur appartiennent, sous les modifications établies par les lois. — C. 25, 217 s., 450 s., 499 s., 505, 513, 517, 544 s., 1124 s., 1449, 1538, 1554 s., 1576, 1594 s.; Co. 5-7, 443 s. — L. 30 juin 1838, sur les aliénés.

Les biens qui n'appartiennent pas à des particuliers, sont administrés et ne peuvent être aliénés que dans les formes et suivant les règles qui leur sont particulières. — C. 1128, 2045, 2227; Pr. 83, 481, 1032.

538. Les chemins, routes et rues à la charge de l'État, les fleuves et rivières navigables ou flottables, les rivages, lais et relais de la mer, les ports, les havres, les rades, et généralement toutes les portions du territoire français qui ne sont pas susceptibles d'une propriété privée, sont considérés comme des dépendances du domaine public. — C. 560, 556 s., 714, 1128, 1598, 2226.

539. Tous les biens vacants et sans maître, et ceux des personnes qui décèdent sans héritiers, ou dont les successions sont abandonnées, appartiennent au domaine public. — C. 33, 541, 560, 713, 715-717, 723, 768, 811 s., 2227.

540. Les portes, murs, fossés, remparts des places de guerre et des forteresses, font aussi partie du domaine public. — C. 538, 714, 2226.

541. Il en est de même des terrains, des fortifications et remparts des places qui ne sont plus places de guerre: ils appartiennent à l'État, s'ils n'ont été valablement aliénés, ou si la propriété n'en a pas été prescrite contre lui. — C. 538, 540, 2227.

542. Les biens communaux sont ceux à la propriété ou au produit desquels les habitants d'une ou plusieurs communes ont un droit acquis. — C. 537, 650, 691, 1712, 2227.

543. On peut avoir sur les biens, ou un droit de propriété, ou un simple droit de jouissance, ou seulement des services fonciers à prétendre. — C. 544 s., 578 s., 625 s., 637 s., 2071 s., 2114 s.

TITRE DEUXIÈME

DE LA PROPRIÉTÉ

Décrété le 6 pluviôse an XII, promulgué le 16 du même mois (6 février 1804).

544. La propriété est le droit de jouir et disposer des choses de la manière la plus absolue, pourvu qu'on n'en fasse pas un usage prohibé par les lois ou par les règlements. — C. 537, 543, 552 s., 638, 545, 694 s., 682, 684 s., 886 s., 913 s., 1382 s.

545. Nul ne peut être contraint de céder sa propriété, si ce n'est pour cause d'utilité publique, et moyennant une juste et préalable indemnité. — C. 537, 544, 643, 682; L. 3 mai 1841, sur l'expropriation pour cause d'utilité publique.

546. La propriété d'une chose, soit mobilière, soit immobilière, donne droit sur tout ce qu'elle produit, et sur ce qui s'y unit accessoirement, soit naturellement, soit artificiellement.

Ce droit s'appelle droit d'accession. — C. 547-577, 712, 1018 s., 1064, 1382, 1614 s., 2022, 2118, 2133, 2204, 2279.

CHAPITRE PREMIER

Du droit d'accession sur ce qui est produit par la chose.

547. Les fruits naturels ou industriels de la terre,

Les fruits civils,

Le croît des animaux,

Appartiennent au propriétaire par droit d'accession. — C. 520, 548, 582 s.

548. Les fruits produits par la chose n'appartiennent au propriétaire qu'à la charge de rembourser les frais des labours, travaux et semences faits par des tiers. — C. 585, 2102.

549. Le simple possesseur ne fait les fruits siens que dans le cas où il possède de bonne foi : dans le cas contraire, il est tenu de rendre les produits avec la chose au propriétaire qui la revendique. — C. 138, 550, 555, 1378 s., 2102 s., 2228 s., 2268 s., 2279 s.; Pr. 129, 526 s.

550. Le possesseur est de bonne foi quand il possède comme propriétaire, en vertu d'un titre translatif de propriété dont il ignore les vices.

Il cesse d'être de bonne foi du moment où ces vices lui sont connus. — C. 549, 555, 1378, 2265 s., 2268 s.

CHAPITRE II

Du droit d'accession sur ce qui s'unit et s'incorpore à la chose.

551. Tout ce qui s'unit et s'incorpore à la chose appartient au propriétaire, suivant les règles qui seront ci-après établies. — C. 546, 552-577, 1615.

SECTION PREMIÈRE

Du droit d'accession relativement aux choses immobilières.

552. La propriété du sol emporte la propriété du dessus et du dessous.

Le propriétaire peut faire au-dessus toutes les plantations et constructions qu'il juge à propos, sauf les exceptions établies au titre des *Servitudes ou Services fonciers*.

Il peut faire au-dessous toutes les constructions et fouilles qu'il jugera à propos, et tirer de ces fouilles tous les produits qu'elles peuvent fournir, sauf les modifications résultant des lois et règlements relatifs aux mines, et des lois et règlements de police. — C. 544, 598, 664, 665, 673, 674, 678, 679, 680, 1959. — L. 21 avril 1810 et 27 juillet 1880, sur les mines.

553. Toutes constructions, plantations et ouvrages sur un terrain ou dans l'intérieur, sont présumés faits par le propriétaire à ses frais et lui appartenir, si le contraire n'est prouvé; sans préjudice de la propriété qu'un tiers pourrait avoir acquise ou pourrait acquérir par prescription, soit d'un souterrain sous le bâtiment d'autrui, soit de toute autre partie du bâtiment. — C. 552, 554, 664, 690, 691, 1350, 1352, 2229 s., 2262, 2265 s.

554. Le propriétaire du sol qui a fait des constructions, plantations et ouvrages avec des matériaux qui ne lui appartenaient pas, doit en payer la valeur; il peut aussi être condamné à des dommages et intérêts, s'il y a lieu; mais le propriétaire des matériaux n'a pas le droit de les enlever. — C. 1149; Pr. 126, 128, 523 s.

555. Lorsque les plantations, constructions et ouvrages ont été faits par un tiers et avec ses matériaux, le propriétaire du fonds a droit ou de les retenir, ou d'obliger ce tiers à les enlever.

Si le propriétaire du fonds demande la suppression des plantations et constructions, elle est aux frais de celui qui les a faites, sans aucune indemnité pour lui; il peut même être condamné à des dommages et intérêts, s'il y a lieu, pour le préjudice que peut avoir éprouvé le propriétaire du fonds.

Si le propriétaire préfère conserver ces plantations et constructions, il doit le remboursement de la valeur des matériaux et du prix de la main-d'œuvre, sans égard à la plus ou moins grande augmentation de valeur que le fonds a pu recevoir. Néanmoins, si les plantations, constructions et ouvrages ont été faits par un tiers évincé, qui n'aurait pas été condamné à la restitution des fruits, attendu sa bonne foi, le propriétaire ne pourra demander la suppression desdits ouvrages, plantations et constructions; mais il aura le choix, ou de rembourser la valeur des matériaux et du prix de la main-d'œuvre, ou de rembourser une somme égale à celle dont le fonds a augmenté de valeur. — C. 546, 549 s., 599, 861, 1149, 1381, 1372, 1375, 1634, 1673, 1768, 2231; Pr. 126, 128, 523 s.

556. Les atterrissements et accroissements qui se forment successivement et imperceptiblement aux fonds riverains d'un fleuve ou d'une rivière, s'appellent *alluvion*.

L'alluvion profite au propriétaire riverain, soit qu'il s'agisse d'un fleuve ou d'une rivière navigable, flottable ou non; à la charge, dans le premier cas, de laisser le marchepied ou chemin de halage, conformément aux règlements. — C. 538, 546, 551, 558, 557 s., 596, 650.

557. Il en est de même des relais que forme l'eau courante qui se retire insensiblement de l'une de ses rives en se portant sur l'autre : le propriétaire de la rive découverte profite de l'alluvion, sans que le riverain du côté opposé y puisse venir réclamer le terrain qu'il a perdu.

Ce droit n'a pas lieu à l'égard des relais de la mer. — C. 538, 556, 560, 563.

558. L'alluvion n'a pas lieu à l'égard des lacs et étangs, dont le propriétaire conserve toujours le terrain que l'eau couvre quand elle est à la hauteur de la décharge de l'étang, encore que le volume de l'eau vienne à diminuer.

Réciproquement, le propriétaire de l'étang n'acquiert aucun droit sur les terres riveraines que son eau vient à couvrir dans des crues extraordinaires. — C. 558, 2229, 2265; Pr. 457, 459.

559. Si un fleuve ou une rivière, navigable ou non, enlève par une force subite une partie considérable et reconnaissable d'un champ riverain, et la porte vers un champ inférieur ou sur la rive opposée, le propriétaire de la partie enlevée peut réclamer sa propriété; mais il est tenu de former sa demande dans l'année : après ce délai, il n'y sera plus recevable, à moins que le propriétaire du champ auquel la partie enlevée a été unie, n'eût pas encore pris possession de celle-ci. — C. 538, 2227, 2264.

560. Les îles, îlots, atterrissements, qui se forment dans le lit des fleuves ou des rivières navigables ou flottables, appartiennent à l'État, s'il n'y a titre ou prescription contraire. — C. 538, 561 s., 2227.

561. Les îles et atterrissements qui se forment dans les rivières non navigables et non flottables, appartiennent aux propriétaires riverains du côté où l'île s'est formée : si l'île n'est pas formée d'un seul côté, elle appartient aux propriétaires riverains des deux côtés, à partir de la ligne qu'on suppose tracée au milieu de la rivière. — C. 538, 557, 562, 563, 644-645.

562. Si une rivière ou un fleuve, en se formant un bras nouveau, coupe et embrasse le champ d'un propriétaire riverain, et en fait une île, ce propriétaire conserve la propriété de son champ, encore que l'île se soit formée dans un fleuve ou dans une rivière navigable ou flottable. — C. 538, 560 s.

563. Si un fleuve ou une rivière navigable, flottable ou non, se forme un nouveau cours en abandonnant son ancien lit, les propriétaires des fonds nouvellement occupés prennent, à titre d'indemnité, l'ancien lit abandonné, chacun dans la proportion du terrain qui lui a été enlevé.

Art Modifié

voir page 62

564. Les pigeons, lapins, poissons, qui passent dans un autre colombier, garenne ou étang, appartiennent au propriétaire de ces objets, pourvu qu'ils n'y aient point été attirés par fraude et artifice. — C. 524, 1382, 2268; P. 388, 452 s. — L. 4 avril 1889.

SECTION II

Du droit d'accession relativement aux choses mobilières.

565. Le droit d'accession, quand il a pour objet deux choses mobilières appartenant à deux maîtres différents, est entièrement subordonné aux principes de l'équité naturelle.

Les règles suivantes serviront d'exemple au juge pour se déterminer, dans les cas non prévus, suivant les circonstances particulières. — C. 528 s., 546, 551, 566 s., 712, 2279.

566. Lorsque deux choses appartenant à différents maîtres, qui ont été unies de manière à former un tout, sont néanmoins séparables, en sorte que l'une puisse subsister sans l'autre, le tout appartient au maître de la chose qui forme la partie principale, à la charge de payer à l'autre la valeur de la chose qui a été unie. — C. 565, 567 s., 576.

567. Est réputée partie principale celle à laquelle l'autre n'a été unie que pour l'usage, l'ornement ou le complément de la première. — C. 565, 568.

568. Néanmoins, quand la chose unie est beaucoup plus précieuse que la chose principale, et quand elle a été employée à l'insu du propriétaire, celui-ci peut demander que la chose unie soit séparée pour lui être rendue, même quand il pourrait en résulter quelque dégradation de la chose à laquelle elle a été jointe. — C. 566 s., 815.

569. Si de deux choses unies pour former un seul tout, l'une ne peut point être regardée comme l'accessoire de l'autre, celle-là est réputée principale qui est la plus considérable en valeur, ou en volume, si les valeurs sont à peu près égales. — C. 566 s., 573.

570. Si un artisan ou une personne quelconque a employé une matière qui ne lui appartenait pas, à former une chose d'une nouvelle espèce, soit que la matière puisse ou non reprendre sa première forme, celui qui en était le propriétaire a le droit de réclamer la chose qui en a été formée, en remboursant le prix de la main-d'œuvre. — C. 571 s., 576, 1787, 2073.

571. Si cependant la main-d'œuvre était tellement importante qu'elle surpassât de beaucoup la valeur de la matière employée, l'industrie serait alors réputée la partie principale, et l'ouvrier aurait le droit de retenir la chose travaillée, en remboursant le prix de la matière au propriétaire. — C. 576.

572. Lorsqu'une personne a employé en partie la matière qui lui appartenait, et en partie celle qui ne lui appartenait pas, à former une chose d'une espèce nouvelle, sans que ni l'une ni l'autre des deux matières soit entièrement détruite, mais de manière qu'elles ne puissent pas se séparer sans inconvénient, la chose est commune aux deux propriétaires, en raison, quant à l'un, de la matière qui lui appartenait; quant à l'autre, en raison à la fois et de la matière qui lui appartenait, et du prix de sa main-d'œuvre. — C. 573 s., 815 s., 1686 s.

573. Lorsqu'une chose a été formée par le mélange de plusieurs matières appartenant à différents propriétaires, mais dont aucune ne peut être regardée comme la matière principale, si les matières peuvent être séparées, celui à l'insu duquel les matières ont été mélangées, peut en demander la division.

Si les matières ne peuvent plus être séparées sans inconvénient, ils en acquièrent en commun la propriété dans la proportion de la quantité, de la qualité et de la valeur des matières appartenant à chacun d'eux. — C. 571 s., 815 s., 1686 s.

574. Si la matière appartenant à l'un des propriétaires était de beaucoup supérieure à l'autre par la quantité et le prix, en ce cas le propriétaire de la matière supérieure en valeur pourrait réclamer la chose provenue du mélange, en remboursant à l'autre la valeur de sa matière. — C. 566 s., 575.

575. Lorsque la chose reste en commun entre les propriétaires des matières dont elle a été formée, elle doit être licitée au profit commun. — C. 572, 573, 815, 1686 s.

576. Dans tous les cas où le propriétaire dont la matière a été employée, à son insu, à former une chose d'une autre espèce, peut réclamer la propriété de cette chose, il a le choix de demander la restitution de sa matière en même nature, quantité, poids, mesure et bonté, ou sa valeur. — C. 566, 570.

577. Ceux qui auront employé des matières appartenant à d'autres, et à leur insu, pourront aussi être condamnés à des dommages et intérêts, s'il y a lieu, sans préjudice des poursuites par voie extraordinaire, si le cas y échet. — C. 1149; Pr. 126, 128, 523 s.; P. 379 s.

TITRE TROISIÈME

DE L'USUFRUIT, DE L'USAGE ET DE L'HABITATION

Décrété le 9 pluviôse an XII, promulgué le 19 (30 janvier 1804).

CHAPITRE PREMIER

De l'usufruit.

578. L'usufruit est le droit de jouir des choses dont un autre a la propriété, comme le propriétaire lui-même, mais à la charge d'en conserver la substance. — C. 543, 544, 579 s., 587 s., 625, 1568, 2118, 2218; Comp. 1709, 2071, 2081, 2085.

579. L'usufruit est établi par la loi, ou par la volonté de l'homme. — C. 384, 754, 899, 899, 917, 949, 1401, 1403, 1422, 1530, 1533, 1549, 1562, 2228, 2201, 2205. — L. 23 mars 1855, sur la transcription hypothécaire.

580. L'usufruit peut être établi, ou purement, ou à certain jour, ou à condition. — C. 896, 1168 s., 1181, 1183, 1185 s.

581. Il peut être établi sur toute espèce de biens meubles ou immeubles. — C. 517 s., 526, 527 s., 2118 s.

SECTION PREMIÈRE

Des droits de l'usufruitier.

582. L'usufruitier a le droit de jouir de toute espèce de fruits, soit naturels, soit industriels, soit civils, que peut produire l'objet dont il a l'usufruit. — C. 578, 583 s., 1403.

583. Les fruits naturels sont ceux qui sont le produit spontané de la terre. Le produit et le croît des animaux sont aussi des fruits naturels.

Les fruits industriels d'un fonds sont ceux qu'on obtient par la culture. — C. 547 s., 585, 590-593, 598, 1403, 1568, 1614.

584. Les fruits civils sont les loyers des maisons, les intérêts des sommes exigibles, les arrérages des rentes.

Les prix des baux à ferme sont aussi rangés dans la classe des fruits civils. — C. 586, 588, 1401, 1409, 1568, 1909, 1968, 2277; Pr. 403.

585. Les fruits naturels et industriels, pendants par branches ou par racines au moment où l'usufruit est ouvert, appartiennent à l'usufruitier.

Ceux qui sont dans le même état au moment où finit l'usufruit, appartiennent au propriétaire, sans récompense de part ni d'autre des labours et des semences, mais aussi sans préjudice de la portion des fruits qui pourrait être acquise au colon partiaire, s'il en existait un au commencement ou à la cessation de l'usufruit. — C. 548, 583, 590, 592, 1403, 1571, 1763.

586. Les fruits civils sont réputés s'acquérir jour par jour, et appartiennent à l'usufruitier, à proportion de la durée de son usufruit. Cette règle s'applique aux prix des baux à ferme, comme aux loyers des maisons et autres fruits civils. — C. 584, 588, 1153, 1571, 1728, 1905, 1907, 1909.

587. Si l'usufruit comprend des choses dont on ne peut faire usage sans les consommer, comme l'argent, les grains, les liqueurs, l'usufruitier a le droit de s'en servir, mais à la charge d'en rendre de pareille quantité, qualité et valeur, ou leur estimation, à la fin de l'usufruit. — C. 589, 617 s., 1532, 1851, 1892, 1903.

588. L'usufruit d'une rente viagère donne aussi à l'usufruitier, pendant la durée de son usufruit, le droit d'en percevoir les arrérages, sans être tenu à aucune restitution. — C. 584, 586, 1968, 1980 s.

589. Si l'usufruit comprend des choses qui, sans se consommer de suite, se détériorent peu à peu par l'usage, comme du linge, des meubles meublants, l'usufruitier a le droit de s'en servir pour l'usage auquel elles sont destinées, et n'est obligé de les rendre, à la fin de l'usufruit, que dans l'état où elles se trouvent, non détériorées par son dol ou par sa faute. — C. 453, 534, 581, 950, 1562, 1566.

590. Si l'usufruit comprend des bois taillis, l'usufruitier est tenu d'observer l'ordre et la quotité des coupes, conformément à l'aménagement ou à l'usage constant des propriétaires; sans indemnité toutefois en faveur de l'usufruitier ou de ses héritiers, pour les coupes ordinaires, soit de taillis, soit de baliveaux, soit de futaie, qu'il n'aurait pas faites pendant sa jouissance.

Les arbres qu'on peut tirer d'une pépinière sans la dégrader, ne font aussi partie de l'usufruit qu'à la charge par l'usufruitier de se conformer aux usages des lieux pour le remplacement. — C. 521-525, 1403, 1571.

591. L'usufruitier profite encore, toujours en se conformant aux époques et à l'usage des anciens propriétaires, des parties de bois de haute futaie qui ont été mises en coupes réglées, soit que ces coupes se fassent périodiquement sur une certaine étendue de terrain, soit qu'elles se fassent d'une certaine quantité d'arbres pris indistinctement sur toute la surface du domaine. — C. 592, 593 s.

592. Dans tous les autres cas, l'usufruitier ne peut toucher aux arbres de haute futaie : il peut seulement employer, pour faire les réparations dont il est tenu, les arbres arrachés ou brisés par accident; il peut même, pour cet objet, en faire abattre s'il est nécessaire, mais à la charge d'en faire constater la nécessité avec le propriétaire. — C. 590 s., 605.

593. Il peut prendre, dans les bois, des échalas pour les vignes; il peut aussi prendre, sur les arbres, des produits annuels ou périodiques; le tout suivant l'usage du pays ou la coutume des propriétaires. — C. 590, 593.

594. Les arbres fruitiers qui meurent, ceux même qui sont arrachés ou brisés par accident, appartiennent à l'usufruitier, à la charge de les remplacer par d'autres. — C. 592, 621.

595. L'usufruitier peut jouir par lui-même, donner à ferme à un autre, ou même vendre ou céder son droit à titre gratuit. S'il donne à ferme, il doit se conformer, pour les époques où les baux doivent être renouvelés, et pour leur durée, aux règles établies pour le mari à l'égard des biens de la femme, au titre *du Contrat de mariage et des Droits respectifs des époux*. — C. 581, 631, 1429, 1430, 1718.

596. L'usufruitier jouit de l'augmentation survenue par alluvion à l'objet dont il a l'usufruit. — C. 556 s., 563.

597. Il jouit des droits de servitude, de passage, et généralement de tous les droits dont le propriétaire peut jouir, et il en jouit comme le propriétaire lui-même. — C. 558, 596, 613, 637 s., 706, 1122, 1225.

598. Il jouit aussi, de la même manière que le propriétaire, des mines et carrières qui sont en exploitation à l'ouverture de l'usufruit; et néanmoins, s'il s'agit d'une exploitation qui ne puisse être faite sans une concession, l'usufruitier ne pourra en jouir qu'après en avoir obtenu la permission du Roi. — *L. 21 avril 1810 et 27 juill. 1880, sur les Mines.*

Il n'a aucun droit aux mines et carrières non encore ouvertes, ni aux tourbières dont l'exploitation n'est point encore commencée, ni au trésor qui pourrait être découvert pendant la durée de l'usufruit. — C. 552, 716, 1403.

599. Le propriétaire ne peut, par son fait, ni de quelque manière que ce soit, nuire aux droits de l'usufruitier.

De son côté, l'usufruitier ne peut, à la cessation de l'usufruit, réclamer aucune indemnité pour les améliorations qu'il prétendrait avoir faites, encore que la valeur de la chose en fût augmentée.

Il peut cependant, ou ses héritiers, enlever les glaces, tableaux et autres ornements qu'il aurait fait placer, mais à la charge de rétablir les lieux dans leur premier état. — C. 555, 605, 607, 701 s., 1381, 2175.

SECTION II

Des obligations de l'usufruitier.

600. L'usufruitier prend les choses dans l'état où elles sont; mais il ne peut entrer en jouissance qu'après avoir fait dresser, en présence du propriétaire, ou lui dûment appelé, un inventaire des meubles et un état des immeubles sujets à l'usufruit. — C. 626, 1065, 1041, 1044, 1442, 1562, 1598, 1730, 1731; Pr. 941 s.

601. Il donne caution de jouir en bon père de famille, s'il n'en est dispensé par l'acte constitutif de l'usufruit; cependant les père et mère ayant l'usufruit légal du bien de leurs enfants, le vendeur ou le donateur, sous réserve d'usufruit, ne sont pas tenus de donner caution. — C. 385, 578, 602, 626, 1041, 2011, 2040 s.; Pr. 517 s.

602. Si l'usufruitier ne trouve pas de caution, les immeubles sont donnés à ferme ou mis en séquestre;

Les sommes comprises dans l'usufruit sont placées;

Les denrées sont vendues, et le prix en provenant est pareillement placé;

Les intérêts de ces sommes et les prix des fermes appartiennent, dans ce cas, à l'usufruitier. — C. 585, 586, 1709, 1955 s., 1959 s., 2041; Pr. 517 s., 935 s.

603. A défaut d'une caution de la part de l'usufruitier, le propriétaire peut exiger que les meubles qui dépérissent par l'usage soient vendus, pour le prix en être placé comme celui des denrées; et alors l'usufruitier jouit de l'intérêt pendant son usufruit : cependant l'usufruitier pourra demander, et les juges pourront ordonner, suivant les circonstances, qu'une partie des meubles nécessaires pour son usage lui soit délaissée, sous sa simple caution juratoire, et à la charge de les représenter à l'extinction de l'usufruit. — C. 602.

604. Le retard de donner caution ne prive pas l'usufruitier des fruits auxquels il peut avoir droit; ils lui sont dus du moment où l'usufruit a été ouvert. — C. 601.

605. L'usufruitier n'est tenu qu'aux réparations d'entretien.

Les grosses réparations demeurent à la charge du propriétaire, à moins qu'elles n'aient été occasionnées par le défaut de réparations d'entretien, depuis l'ouverture de l'usufruit; auquel cas l'usufruitier en est aussi tenu. — C. 578, 601, 606, 612 s., 635, 1409, 1754 s.

606. Les grosses réparations sont celles des gros murs et des voûtes, le rétablissement des poutres et des couvertures entières;

Celui des digues et des murs de soutènement et de clôture aussi en entier.

Toutes les autres réparations sont d'entretien. — C. 605.

607. Ni le propriétaire, ni l'usufruitier, ne sont tenus de rebâtir ce qui est tombé de vétusté, ou ce qui a été détruit par cas fortuit. — C. 599, 605, 606, 617, 623 s., 1148, 1302 s., 1733, 1734, 1755, 1733.

608. L'usufruitier est tenu, pendant sa jouissance, de toutes les charges annuelles de l'héritage, telles que les contributions et autres qui dans l'usage sont censées charges des fruits. — C. 605, 635.

609. A l'égard des charges qui peuvent être imposées sur la propriété pendant la durée de l'usufruit, l'usufruitier et le propriétaire y contribuent ainsi qu'il suit :

Le propriétaire est obligé de les payer, et l'usufruitier doit lui tenir compte des intérêts;

Si elles sont avancées par l'usufruitier, il a la répétition du capital à la fin de l'usufruit. — C. 612, 617 s.

610. Le legs fait par un testateur, d'une rente viagère ou pension alimentaire, doit être acquitté par le légataire universel de l'usufruit dans son intégrité, et par le légataire à titre universel de l'usufruit dans la proportion de sa jouissance, sans aucune répétition de leur part. — C. 608, 871, 917 s., 1003, 1009, 1010, 1012 s., 1015, 1017 s.

611. L'usufruitier à titre particulier n'est pas tenu des dettes auxquelles le fonds est hypothéqué : s'il est forcé de les payer, il a son recours contre le propriétaire, sauf ce qui est dit à l'article 1020, au titre *des Donations entre-vifs et des Testaments*. — C. 874, 875, 1014 s., 1024, 1251, 2166 s., 2178.

612. L'usufruitier, ou universel, ou à titre universel, doit contribuer avec le propriétaire au paiement des dettes, ainsi qu'il suit :

On estime la valeur du fonds sujet à usufruit; on fixe ensuite la contribution aux dettes à raison de cette valeur.

Si l'usufruitier veut avancer la somme pour laquelle le fonds doit contribuer, le capital lui en est restitué à la fin de l'usufruit, sans aucun intérêt.

Si l'usufruitier ne veut pas faire cette avance, le propriétaire a le choix, ou de payer cette somme, et, dans ce cas, l'usufruitier lui tient compte des intérêts pendant la durée de l'usufruit, ou de faire vendre jusqu'à due concurrence une portion des biens soumis à l'usufruit. — C. 609 s., 611, 871, 1009, 1012, 1017, 1024, 1151.

613. L'usufruitier n'est tenu que des frais des procès qui concernent la jouissance, et des autres condamnations auxquelles ces procès pourraient donner lieu. — C. 1409; Pr. 130.

614. Si, pendant la durée de l'usufruit, un tiers commet quelque usurpation sur le fonds, ou attente autrement aux droits du propriétaire, l'usufruitier est tenu de le dénoncer à celui-ci : faute de ce, il est responsable de tout le dommage qui peut en résulter pour le propriétaire, comme il le serait de dégradations commises par lui-même. — C. 1149, 1382 s., 1726, 1768; Pr. 23 s.

615. Si l'usufruit n'est établi que sur un animal qui vient à périr sans la faute de l'usufruitier, celui-ci n'est pas tenu d'en rendre un autre, ni d'en payer l'estimation. — C. 607, 616, 617, 623 s., 1469, 1827.

616. Si le troupeau sur lequel un usufruit a été établi, périt entièrement par accident ou par maladie, et sans la faute de l'usufruitier, celui-ci n'est tenu envers le propriétaire que de lui rendre compte des cuirs ou de leur valeur.

Si le troupeau ne périt pas entièrement, l'usufruitier est tenu de remplacer, jusqu'à concurrence du croît, les têtes des animaux qui ont péri. — C. 615, 617, 623 s., 1808 s., 1825, 1827.

SECTION III

Comment l'usufruit prend fin.

617. L'usufruit s'éteint :

Par la mort naturelle et par la mort civile de l'usufruitier (1);

Par l'expiration du temps pour lequel il a été accordé;

Par la consolidation ou la réunion sur la même tête, des deux qualités d'usufruitier et de propriétaire;

Par le non-usage du droit pendant trente ans;

Par la perte totale de la chose sur laquelle l'usufruit est établi. — C. 22, 25, 619 s., 703 s., 1300 s., 1302 s., 2177, 2219, 2262, 2265; P. 18.

618. L'usufruit peut aussi cesser par l'abus que l'usufruitier fait de sa jouissance, soit en commettant des dégradations sur le fonds, soit en le laissant dépérir faute d'entretien.

(1) La mort civile a été abolie par la loi du 31 mai 1854.

Les créanciers de l'usufruitier peuvent intervenir dans les contestations, pour la conservation de leurs droits; ils peuvent offrir la réparation des dégradations commises, et des garanties pour l'avenir.

Les juges peuvent, suivant la gravité des circonstances, ou prononcer l'extinction absolue de l'usufruit, ou n'ordonner la rentrée du propriétaire dans la jouissance de l'objet qui en est grevé, que sous la charge de payer annuellement à l'usufruitier, ou à ses ayants-cause, une somme déterminée, jusqu'à l'instant où l'usufruit aurait dû cesser. — C. 601-605, 614, 617, 622, 1167, 1382; Pr. 339 s.

619. L'usufruit qui n'est pas accordé à des particuliers, ne dure que trente ans. — C. 617, 620.

620. — L'usufruit accordé jusqu'à ce qu'un tiers ait atteint un âge fixe, dure jusqu'à cette époque, encore que le tiers soit mort avant l'âge fixé.

621. La vente de la chose sujette à usufruit ne fait aucun changement dans le droit de l'usufruitier; il continue de jouir de son usufruit s'il n'y a pas formellement renoncé. — C. 622, 1580 s., 2125.

622. Les créanciers de l'usufruitier peuvent faire annuler la renonciation qu'il aurait faite à leur préjudice. — C. 618, 788, 1053, 1167, 1464, 2225.

623. Si une partie seulement de la chose soumise à l'usufruit est détruite, l'usufruit se conserve sur ce qui reste. — C. 615 s., 624.

624. Si l'usufruit n'est établi que sur un bâtiment, et que ce bâtiment soit détruit par un incendie ou autre accident, ou qu'il s'écroule de vétusté, l'usufruitier n'aura le droit de jouir ni du sol ni des matériaux.

Si l'usufruit était établi sur un domaine dont le bâtiment faisait partie, l'usufruitier jouirait du sol et des matériaux. — C. 607, 617, 623, 705, 1302 s.

CHAPITRE II

De l'usage et de l'habitation.

625. Les droits d'usage et d'habitation s'établissent et se perdent de la même manière que l'usufruit. — C. 579 s., 617 s., 1405; L. 23 mars 1855, sur la transcription hypothécaire.

626. On ne peut en jouir, comme dans le cas de l'usufruit, sans donner préalablement caution, et sans faire des états et inventaires. — C. 600 s., 2011, 2018, 2040 s.; Pr. 517 s., 942 s.

627. L'usager, et celui qui a un droit d'habitation, doivent jouir en bons pères de famille. — C. 601, 1137.

628. Les droits d'usage et d'habitation se règlent par le titre qui les a établis, et reçoivent, d'après ses dispositions, plus ou moins d'étendue. — C. 629 s., 1134.

629. Si le titre ne s'explique pas sur l'étendue de ces droits, ils sont réglés ainsi qu'il suit : — C. 628, 630 s.

630. Celui qui a l'usage des fruits d'un fonds, ne peut en exiger qu'autant qu'il lui en faut pour ses besoins et ceux de sa famille.

Il peut en exiger pour les besoins même des enfants qui lui sont survenus depuis la concession de l'usage. — C. 548, 583 s.

631. L'usager ne peut céder ni louer son droit à un autre. — C. 595, 634, 1709.

632. Celui qui a un droit d'habitation dans une maison, peut y demeurer avec sa famille, quand même il n'aurait pas été marié à l'époque où ce droit lui a été donné. — C. 630, 633, 634.

633. Le droit d'habitation se restreint à ce qui est nécessaire pour l'habitation de celui à qui ce droit est concédé, et de sa famille. — C. 632.

634. Le droit d'habitation ne peut être ni cédé ni loué. — C. 595, 631, 1709.

635. Si l'usager absorbe tous les fruits du fonds, ou s'il occupe la totalité de la maison, il est assujetti aux frais de culture, aux réparations d'entretien, et au paiement des contributions, comme l'usufruitier.

S'il ne prend qu'une partie des fruits, ou s'il n'occupe qu'une partie de la maison, il contribue au prorata de ce dont il jouit. — C. 605, 608, 609 s.

636. L'usage des bois et forêts est réglé par des lois particulières. — C. 625, 631; For. 58 et suiv., 61 et suiv., 99, 109 et suiv., 118 et suiv.

TITRE QUATRIÈME

DES SERVITUDES OU SERVICES FONCIERS

Décrété le 10 pluviôse an XII, promulgué le 20 (31 janvier-10 février 1804).

637. Une servitude est une charge imposée sur un héritage pour l'usage et l'utilité d'un héritage appartenant à un autre propriétaire. — C. 526, 544, 546, 639, 647, 691, 686 s., 1583, 1625.

638. La servitude n'établit aucune prééminence d'un héritage sur l'autre.

639. Elle dérive ou de la situation naturelle des lieux, ou des obligations imposées par la loi, ou des conventions entre les propriétaires. — C. 640 s., 649 s., 652, 686 s., 1370; Pr. 59.

CHAPITRE PREMIER

Des servitudes qui dérivent de la situation des lieux.

640. Les fonds inférieurs sont assujettis envers ceux qui sont plus élevés, à recevoir les eaux qui en découlent naturellement sans que la main de l'homme y ait contribué.

Le propriétaire inférieur ne peut point élever de digue qui empêche cet écoulement.

Le propriétaire supérieur ne peut rien faire qui aggrave la servitude du fonds inférieur. — C. 555, 611 s., 681, 701, 702; L. 10 juin 1854, sur le drainage.

641. Celui qui a une source dans son fonds, peut en user à sa volonté, sauf le droit que le propriétaire du fonds inférieur pourrait avoir acquis par titre ou par prescription. — C. 552, 612 s., 641, 690, 702, 701, 2262, 2264.

Art. Modifié

voir page 62

642. La prescription, dans ce cas, ne peut s'acquérir que par une jouissance non interrompue pendant l'espace de trente années, à compter du moment où le propriétaire du fonds inférieur a fait et terminé des ouvrages apparents destinés à faciliter la chute et le cours de l'eau dans sa propriété. — C. 691, 641, 690, 701, 706, 712, 2229, 2228 s., 2262, 2264.

Art. Modifié

voir page 62

643. Le propriétaire de la source ne peut en changer le cours, lorsqu'il fournit aux habitants d'une commune, village ou hameau, l'eau qui leur est nécessaire; mais si les habitants n'en ont pas acquis ou prescrit l'usage, le propriétaire peut réclamer une indemnité, laquelle est réglée par experts. — C. 545, 545, 552, 641, 2262; Pr. 302 s., 1035.

Art. Modifié

voir page 62

644. Celui dont la propriété borde une eau courante, autre que celle qui est déclarée dépendance du domaine public par l'article 538, au titre de la distinction des biens, peut s'en servir à son passage pour l'irrigation de ses propriétés.

Celui dont cette eau traverse l'héritage, peut même en user dans l'intervalle qu'elle y parcourt, mais à la charge de la rendre à la sortie de ses fonds, à son cours ordinaire. — C. 557, 544, 645, 640, 642, 645, 691 s., 698, 701, 702, 714, 2219, 2226, 2229, 2232, 2248, 2262; L. 29 avril 1845 et 11 juillet 1847, sur les irrigations.

645. S'il s'élève une contestation entre les propriétaires auxquels ces eaux peuvent être utiles, les tribunaux, en prononçant, doivent concilier l'intérêt de l'agriculture avec le respect dû à la propriété; et, dans tous les cas, les règlements particuliers et locaux sur le cours et l'usage des eaux doivent être observés. — C. 644; L. 25 mai 1838, sur la compétence des juges de paix, Suppl.

646. Tout propriétaire peut obliger son voisin au bornage de leurs propriétés contiguës. Le bornage se fait à frais communs. — C. 1315, 1341, 1353; Pr. 3, 38; P. 389, 456; L. 25 mai 1838, sur la compétence des juges de paix, Suppl.

647. Tout propriétaire peut clore son héritage, sauf l'exception portée en l'article 682. — C. 544, 648, 663, 698 et 678 s.; P. 456.

648. Le propriétaire qui veut se clore, perd son droit au parcours et vaine pâture, en proportion du terrain qu'il y soustrait. — C. 647.

CHAPITRE II

Des servitudes établies par la loi.

649. Les servitudes établies par la loi ont pour objet l'utilité publique ou communale, ou l'utilité des particuliers. — C. 639, 651, 1370; Pr. 59.

650. Celles établies pour l'utilité publique ou communale ont pour objet le marchepied le long des rivières navigables ou flottables, la construction ou réparation des chemins et autres ouvrages publics ou communaux.

Tout ce qui concerne cette espèce de servitude, est déterminé par des lois ou règlements particuliers. — C. 538, 556.

651. La loi assujettit les propriétaires à différentes obligations l'un à l'égard de l'autre, indépendamment de toute convention. — C. 639, 646, 647, 652, 674, 1370; Pr. 59.

652. Partie de ces obligations est réglée par les lois sur la police rurale;

Les autres sont relatives au mur et au fossé mitoyens, au cas où il y a lieu à contre-mur, aux vues sur la propriété du voisin, à l'égout des toits, au droit de passage. — C. 653-685.

SECTION PREMIÈRE

Du mur et du fossé mitoyens.

653. Dans les villes et les campagnes, tout mur servant de séparation entre bâtiments jusqu'à l'héberge, ou entre cours et jardins, et même entre enclos dans les champs, est présumé mitoyen, s'il n'y a titre ou marque du contraire. — C. 654 s., 675, 1350, 1352.

654. Il y a marque de non-mitoyenneté lorsque la sommité du mur est droite et à plomb de son parement d'un côté, et présente de l'autre un plan incliné;

Lors encore qu'il n'y a que d'un côté ou un chaperon ou des filets et corbeaux de pierre qui y auraient été mis en bâtissant le mur.

Dans ces cas, le mur est censé appartenir exclusivement au propriétaire du côté duquel sont l'égout ou les corbeaux et les filets de pierre. — C. 653, 676 s., 681, 1350, 1352.

655. La réparation et la reconstruction du mur mitoyen sont à la charge de tous ceux qui y ont droit, et proportionnellement au droit de chacun. — C. 656 s., 663, 669.

656. Cependant, tout copropriétaire d'un mur mitoyen peut se dispenser de contribuer aux réparations et reconstructions en abandonnant le droit de mitoyenneté, pourvu que le mur mitoyen ne soutienne pas un bâtiment qui lui appartienne. — C. 655, 699.

657. Tout copropriétaire peut faire bâtir contre un mur mitoyen, et y faire placer des poutres ou solives dans toute l'épaisseur du mur, à cinquante-quatre millimètres (deux pouces) près, sans préjudice du droit qu'a le voisin de faire réduire à l'ébauchoir la poutre jusqu'à la moitié du mur, dans le cas où il voudrait lui-même asseoir des poutres dans le même lieu, ou y adosser une cheminée. — C. 658, 662, 674, 675.

658. Tout copropriétaire peut faire exhausser le mur mitoyen; mais il doit payer seul la dépense de l'exhaussement, les réparations d'entretien au-dessus de la hauteur de la clôture commune, et en outre l'indemnité de la charge en raison de l'exhaussement et suivant la valeur. — C. 659, 660, 662.

659. Si le mur mitoyen n'est pas en état de supporter l'exhaussement, celui qui veut l'exhausser doit le faire reconstruire en entier à ses frais, et l'excédent d'épaisseur doit se prendre de son côté. — C. 658, 660, 662.

660. Le voisin qui n'a pas contribué à l'exhaussement peut en acquérir la mitoyenneté en payant la moitié de la dépense qu'il a coûté, et la valeur de la moitié du sol fourni pour l'excédent d'épaisseur s'il y en a. — C. 659, 661.

661. Tout propriétaire joignant un mur, a de même la faculté de le rendre mitoyen en tout ou en partie, en remboursant au maître du mur la moitié de sa valeur, ou la moitié de la valeur de la portion qu'il veut rendre mitoyenne, et moitié de la valeur du sol sur lequel le mur est bâti. — C. 660, 662, 675, 676, 678, 690, 702, 1615, 1641, 2262.

662. L'un des voisins ne peut pratiquer dans le corps d'un mur mitoyen, aucun enfoncement, ni y appliquer ou appuyer aucun ouvrage sans le consentement de l'autre, ou sans avoir, à son refus, fait régler par experts les moyens nécessaires pour que le nouvel ouvrage ne soit pas nuisible aux droits de l'autre. — C. 657 s., 674; Pr. 302 s.

663. Chacun peut contraindre son voisin, dans les villes et faubourgs, à contribuer aux constructions et réparations de la clôture faisant séparation de leurs maisons, cours et jardins assis ès dites villes et faubourgs : la hauteur de la clôture sera fixée suivant les règlements particuliers ou les usages constants et reconnus; et, à défaut d'usages et de règlements, tout mur de séparation entre voisins, qui sera construit ou rétabli à l'avenir, doit avoir au moins trente-deux décimètres (dix pieds) de hauteur, compris le chaperon, dans les villes de cinquante mille âmes et au-dessus, et vingt-six décimètres (huit pieds) dans les autres. — C. 545, 647, 656, 656.

664. Lorsque les différents étages d'une maison appartiennent à divers propriétaires, si les titres de propriété ne règlent pas le mode de réparations et reconstructions, elles doivent être faites ainsi qu'il suit :

Les gros murs et le toit sont à la charge de tous les propriétaires, chacun en proportion de la valeur de l'étage qui lui appartient.

Le propriétaire de chaque étage fait le plancher sur lequel il marche.

Le propriétaire du premier étage fait l'escalier qui y conduit; le propriétaire du second étage fait, à partir du premier, l'escalier qui conduit chez lui, et ainsi de suite. — C. 605, 606, 653, 664, 655.

665. Lorsqu'on reconstruit un mur mitoyen ou une maison, les servitudes actives et passives se continuent à l'égard du nouveau mur ou de la nouvelle maison, sans toutefois qu'elles puissent être aggravées, et pourvu que la reconstruction se fasse avant que la prescription soit acquise. — C. 703, 704, 707, 2262, 2265.

666 (*L. 20 août 1881.*) Toute clôture qui sépare des héritages est réputée mitoyenne, à moins qu'il n'y ait qu'un seul des héritages en état de clôture, ou s'il n'y a titre, prescription ou marque contraire.

Pour les fossés, il y a marque de non-mitoyenneté lorsque la levée ou le rejet de la terre se trouve d'un côté seulement du fossé.

Le fossé est censé appartenir exclusivement à celui du côté duquel le rejet se trouve. — C. 544, 653, 667, 668 s., 1350, 1352; P. 456.

667 (*L. 20 août 1881.*) La clôture mitoyenne doit être entretenue à frais communs; mais le voisin peut se soustraire à cette obligation en renonçant à la mitoyenneté.

Cette faculté cesse, si le fossé sert habituellement à l'écoulement des eaux. — C. 555, 656, 663, 665, 666, 1350, 1352.

668 (*L. 20 août 1881.*) Le voisin dont l'héritage joint un fossé ou une haie non mitoyens ne peut contraindre le propriétaire de ce fossé ou de cette haie à lui céder la mitoyenneté.

Le copropriétaire d'une haie mitoyenne peut la détruire jusqu'à la limite de sa propriété, à la charge de construire un mur sur cette limite.

La même règle est applicable au copropriétaire d'un fossé mitoyen qui ne sert qu'à la clôture. — C. 666, 667, 1350, 1352.

669 (*L. 20 août 1881.*) Tant que dure la mitoyenneté de la haie, les produits en appartiennent aux propriétaires par moitié. — C. 582.

670 (*L. 20 août 1881.*) Les arbres qui se trouvent dans la haie mitoyenne sont mitoyens comme la haie. Les arbres plantés sur la ligne séparative de deux héritages sont aussi réputés mitoyens. Lorsqu'ils meurent ou lorsqu'ils sont coupés ou arrachés, ces arbres sont partagés par moitié. Les fruits sont recueillis à frais communs et partagés aussi par moitié, soit qu'ils tombent naturellement, soit que la chute en ait été provoquée, soit qu'ils aient été cueillis.

Chaque propriétaire a le droit d'exiger que les arbres mitoyens soient arrachés. — C. 582, 662, 669, 673, 1350, 1352; P. 456.

671 (*L. 20 août 1881.*) Il n'est permis d'avoir des arbres, arbrisseaux et arbustes près de la limite de la propriété voisine qu'à la distance prescrite par les règlements particuliers actuellement existants, ou par des usages constants et reconnus, et, à défaut de règlements et usages, qu'à la distance de deux mètres de la ligne séparative des deux héritages pour les plantations dont la hauteur dépasse deux mètres, et à la distance d'un demi-mètre pour les autres plantations.

Les arbres, arbustes et arbrisseaux de toute espèce peuvent être plantés en espaliers, de chaque côté du mur séparatif, sans que l'on soit tenu d'observer aucune distance, mais ils ne pourront dépasser la crête du mur.

Si le mur n'est pas mitoyen, le propriétaire seul a le droit d'y appuyer ses espaliers. — C. 552, 553, 612, 673 s., 1350, 1352, 2262.

672 (*L. 20 août 1881.*) Le voisin peut exiger que les arbres, arbrisseaux et arbustes, plantés à une distance moindre que la distance légale, soient arrachés ou réduits à la hauteur déterminée dans l'article précédent, à moins qu'il n'y ait titre, destination du père de famille ou prescription trentenaire. — C. 693 s.

Si les arbres meurent, ou s'ils sont coupés ou arrachés, le voisin ne peut les remplacer qu'en observant les distances légales. — C. 555, 671, 673, 692.

673 (*L. 20 août 1881.*) Celui sur la propriété duquel avancent les branches des arbres du voisin peut contraindre celui-ci à les couper. Les fruits tombés naturellement de ces branches lui appartiennent.

Si ce sont les racines qui avancent sur son héritage, il a le droit de les y couper lui-même.

Le droit de couper les racines ou de faire couper les branches est imprescriptible. — C. 552, 670, 1350, 1352, 2232.

SECTION II

De la distance et des ouvrages intermédiaires requis pour certaines constructions.

674. Celui qui fait creuser un puits ou une fosse d'aisance près d'un mur mitoyen ou non,

Celui qui veut y construire cheminée ou âtre, forge, four ou fourneau,

Y adosser une étable, ou établir contre ce mur un magasin de sel ou amas de matières corrosives,

Est obligé à laisser la distance prescrite par les règlements et usages particuliers sur ces objets, ou à faire les ouvrages prescrits par les mêmes règlements et usages, pour éviter de nuire au voisin. — C. 552, 662, 671, 675, 678, 1382; L. 25 mai 1838, sur la compétence des juges de paix. Suppl.

SECTION III

Des vues sur la propriété de son voisin.

675. L'un des voisins ne peut, sans le consentement de l'autre, pratiquer dans le mur mitoyen aucune fenêtre ou ouverture, en quelque manière que ce soit, même à verre dormant. — C. 657, 662, 686.

676. Le propriétaire d'un mur non mitoyen, joignant immédiatement l'héritage d'autrui, peut pratiquer dans ce mur des jours ou fenêtres à fer maillé et verre dormant.

Ces fenêtres doivent être garnies d'un treillis de fer, dont les mailles auront un décimètre (environ trois pouces huit lignes) d'ouverture au plus, et d'un châssis à verre dormant. — C. 661, 677.

677. Ces fenêtres ou jours ne peuvent être établis qu'à vingt-six décimètres (huit pieds) au-dessus du plancher ou sol de la chambre qu'on veut éclairer, si c'est à rez-de-chaussée, et à dix-neuf décimètres (six pieds) au-dessus du plancher pour les étages supérieurs. — C. 676.

678. On ne peut avoir des vues droites ou fenêtres d'aspect, ni balcons ou autres semblables saillies sur l'héritage clos ou non clos de son voisin, s'il n'y a dix-neuf décimètres (six pieds) de distance entre le mur où on les pratique et ledit héritage. — C. 552, 665, 674, 679, 682, 688, 689, 701, 702, 703, 707, 2262.

679. On ne peut avoir des vues par côté ou obliques sur le même héritage, s'il n'y a six décimètres (deux pieds) de distance. — C. 552, 665, 680, 689, 701, 704, 706, 707.

680. La distance dont il est parlé dans les deux articles précédents se compte depuis le parement extérieur du mur où l'ouverture se fait, et, s'il y a balcons ou autres semblables saillies, depuis leur ligne extérieure jusqu'à la ligne de séparation des deux propriétés.

SECTION IV

De l'égout des toits.

681. Tout propriétaire doit établir des toits de manière que les eaux pluviales s'écoulent sur son terrain ou sur la voie publique; il ne peut les faire verser sur le fonds de son voisin. — C. 544, 640, 688, 691, 701, 1382.

SECTION V

Du droit de passage.

682. (*L. 20 août 1881.*) Le propriétaire dont les fonds sont enclavés et qui n'a sur la voie publique aucune issue, ou qu'une issue insuffisante pour l'exploitation, soit agricole, soit industrielle de sa propriété, peut réclamer un passage sur les fonds de ses voisins, à la charge d'une indemnité proportionnée au dommage qu'il peut occasionner. — C. 545, 637, 643, 647, 652, 683 s., 688, 691, 700 s., 1361, 1615, 1638, 2220.

683 (*L. 20 août 1881.*) Le passage doit régulièrement être pris du côté où le trajet est le plus court du fonds enclavé à la voie publique.

Néanmoins, il doit être fixé dans l'endroit le moins dommageable à celui sur le fonds duquel il est accordé. — C. 682 s., 701 s., 1638, 1382.

684 (*L. 20 août 1881.*) Si l'enclave résulte de la division d'un fonds par suite d'une vente, d'un échange, d'un partage ou de tout autre contrat, le passage ne peut être demandé que sur les terrains qui ont fait l'objet de ces actes.

Toutefois, dans le cas où un passage suffisant ne pourrait être établi sur les fonds divisés, l'article 682 serait applicable. — C. 682.

685 (*L. 20 août 1881.*) L'assiette et le mode de servitude de passage pour cause d'enclave sont déterminés par trente ans d'usage continu.

L'action en indemnité, dans le cas prévu par l'article 682, est prescriptible, et le passage peut être continué, quoique l'action en indemnité ne soit plus recevable. — C. 682, 686, 688, 690, 691, 2262.

CHAPITRE III

Des servitudes établies par le fait de l'homme.

SECTION PREMIÈRE

Des diverses espèces de servitudes qui peuvent être établies sur les biens.

686. Il est permis aux propriétaires d'établir sur leurs propriétés, ou en faveur de leurs propriétés, telles servitudes que bon leur semble, pourvu néanmoins que les services établis ne soient imposés ni à la personne, ni en faveur de la personne, mais seulement à un fonds et pour un fonds, et pourvu que ces services n'aient d'ailleurs rien de contraire à l'ordre public. — C. 6, 544, 628, 637 s., 687, 688 s., 701 s., 900, 1133, 1172, 1710, 1780, 2177.

L'usage et l'étendue des servitudes ainsi établies se règlent par le titre qui les constitue; à défaut de titre, par les règles ci-après. — C. 1134, 1156-1164.

687. Les servitudes sont établies ou pour l'usage des bâtiments, ou pour celui des fonds de terre.

Celles de la première espèce s'appellent urbaines, soit que les bâtiments auxquels elles sont dues soient situés à la ville ou à la campagne.

Celles de la seconde espèce se nomment rurales.

688. Les servitudes sont ou continues, ou discontinues.

Les servitudes continues sont celles dont l'usage est ou peut être continuel sans avoir besoin du fait actuel de l'homme : tels sont les conduites d'eau, les égouts, les vues et autres de cette espèce.

Les servitudes discontinues sont celles qui ont besoin du fait actuel de l'homme pour être exercées : tels sont les droits de passage, puisage, pacage et autres semblables. — C. 635 s., 689-691, 700 s., 707, 2229.

689. Les servitudes sont apparentes, ou non apparentes.

Les servitudes apparentes sont celles qui s'annoncent par des ouvrages extérieurs, tels qu'une porte, une fenêtre, un aqueduc.

Les servitudes non apparentes sont celles qui n'ont pas de signe extérieur de leur existence, comme, par exemple, la prohibition de bâtir sur un fonds, ou de ne bâtir qu'à une hauteur déterminée. — C. 688-692, 694, 703 s., 707, 1638.

SECTION II

Comment s'établissent les servitudes.

690. Les servitudes continues et apparentes s'acquièrent par titre, ou par la possession de trente ans. — C. 691 s., 686, 695, 2228 s., 2229 s., 2262, 2265, 2281; L. 23 mars 1855. Suppl.

691. Les servitudes continues non apparentes, et les servitudes discontinues apparentes ou non apparentes, ne peuvent s'établir que par titres. La possession, même immémoriale, ne suffit pas pour les établir; sans cependant qu'on puisse attaquer aujourd'hui les servitudes de cette nature déjà acquises par la possession, dans les pays où elles pouvaient s'acquérir de cette manière. — C. 2, 637, 682, 688 s., 695, 712, 2227, 2229, 2232; L. 23 mars 1855, sur la transcription hypothécaire. Suppl.

692. La destination du père de famille vaut titre à l'égard des servitudes continues et apparentes. — C. 688, 693, 694, 703, 673.

693. Il n'y a destination du père de famille que lorsqu'il est prouvé que les deux fonds actuellement divisés ont appartenu au même propriétaire, et que c'est par lui que les choses ont été mises dans l'état duquel résulte la servitude. — C. 692, 694, 703.

694. Si le propriétaire de deux héritages entre lesquels il existe un signe apparent de servitude, dispose de l'un des héritages sans que le contrat contienne aucune convention relative à la servitude, elle continue d'exister activement ou passivement en faveur du fonds aliéné ou sur le fonds aliéné. — C. 689, 692, 693, 703, 1638.

695. Le titre constitutif de la servitude, à l'égard de celles qui ne peuvent s'acquérir par la prescription, ne peut être remplacé que par un titre récognitif de la servitude, et émané du propriétaire du fonds asservi. — C. 690 s., 1337 s., 1350, 1353.

696. Quand on établit une servitude, on est censé accorder tout ce qui est nécessaire pour en user.

Ainsi, la servitude de puiser de l'eau à la fontaine d'autrui, emporte nécessairement le droit de passage. — C. 697 s.

SECTION III

Des droits du propriétaire du fonds auquel la servitude est due.

697. Celui auquel est due une servitude, a droit de faire tous les ouvrages nécessaires pour en user et pour la conserver. — C. 696, 698 s., 702.

698. Ces ouvrages sont à ses frais, et non à ceux du propriétaire du fonds assujetti, à moins que le titre d'établissement de la servitude ne dise le contraire. — C. 697, 699.

699. Dans le cas même où le propriétaire du fonds assujetti est chargé par le titre de faire à ses frais les ouvrages nécessaires pour l'usage ou la conservation de la servitude, il peut toujours s'affranchir de la charge, en abandonnant le fonds assujetti au propriétaire du fonds auquel la servitude est due. — C. 656, 698.

700. Si l'héritage pour lequel la servitude a été établie vient à être divisé, la servitude reste due pour chaque portion, sans néanmoins que la condition du fonds assujetti soit aggravée.

Ainsi, par exemple, s'il s'agit d'un droit de passage, tous les copropriétaires seront obligés de l'exercer par le même endroit. — C. 683 s., 694, 702, 724, 815, 1222 s.

701. Le propriétaire du fonds débiteur de la servitude ne peut rien faire qui tende à en diminuer l'usage ou à le rendre plus incommode.

Ainsi, il ne peut changer l'état des lieux, ni transporter l'exercice de la servitude dans un endroit différent de celui où elle a été primitivement assignée.

Mais cependant, si cette assignation primitive était devenue plus onéreuse au propriétaire du fonds assujetti, ou si elle l'empêchait d'y faire des réparations avantageuses, il pourrait offrir au propriétaire de l'autre fonds un endroit aussi commode pour l'exercice de ses droits, et celui-ci ne pourrait pas le refuser. — C. 640, 683, 684, 1728.

702. De son côté, celui qui a un droit de servitude, ne peut en user que suivant son titre, sans pouvoir faire, ni dans le fonds qui doit la servitude, ni dans le fonds à qui elle est due, de changement qui aggrave la condition du premier. — C. 545, 640, 676, 686, 690, 691, 696, 701, 700, 1134.

SECTION IV

Comment les servitudes s'éteignent.

703. Les servitudes cessent lorsque les choses se trouvent en tel état qu'on ne peut plus en user. — C. 545, 617, 637, 665, 704 s., 1302, 1303.

704. Elles revivent si les choses sont rétablies de manière qu'on puisse en user; à moins qu'il ne se soit déjà écoulé un espace de temps suffisant pour faire présumer l'extinction de la servitude, ainsi qu'il est dit à l'article 707. — C. 665, 665, 703, 706, 2177, 2262.

705. Toute servitude est éteinte lorsque le fonds à qui elle est due, et celui qui la doit, sont réunis dans la même main. — C. 617, 665, 691, 1300, 2177.

706. La servitude est éteinte par le non-usage pendant trente ans. — C. 642, 690, 707 s., 2180, 2219, 2229, 2234, 2236, 2243, 2251 s.

707. Les trente ans commencent à courir, selon les diverses espèces de servitudes, ou du jour où l'on a cessé d'en jouir, lorsqu'il s'agit de servitudes discontinues, ou du jour où il a été fait un acte contraire à la servitude, lorsqu'il s'agit de servitudes continues. — C. 690, 688 s., 703, 704.

708. Le mode de la servitude peut se prescrire comme la servitude même, et de la même manière. — C. 706, 707.

709. Si l'héritage en faveur duquel la servitude est établie appartient à plusieurs par indivis, la jouissance de l'un empêche la prescription à l'égard de tous. — C. 710, 1217, 1218, 2249, 2251.

710. Si parmi les copropriétaires il s'en trouve un contre lequel la prescription n'ait pu courir, comme un mineur, il aura conservé le droit de tous les autres. — C. 883, 2252.

LIVRE TROISIÈME

Des différentes manières dont on acquiert la propriété

DISPOSITIONS GÉNÉRALES

Décrétées le 29 germinal an XI, promulguées le 9 floréal (19-29 avril 1803).

711. La propriété des biens s'acquiert et se transmet par succession, par donation entre-vifs ou testamentaire, et par l'effet des obligations. — C. 544, 697 s., 713, 718 s., 724, 893 s., 938, 1101 s., 1138, 1583. — L. 23 mars 1855. Suppl.

712. La propriété s'acquiert aussi par accession ou incorporation, et par prescription. — C. 546 s., 2219 s., 2279.

713. Les biens qui n'ont pas de maître, appartiennent à l'État. — C. 539 s., 714-717, 723, 768, 2227.

714. Il est des choses qui n'appartiennent à personne et dont l'usage est commun à tous.

Des lois de police règlent la manière d'en jouir. — C. 538 s.

715. La faculté de chasser ou de pêcher est également réglée par des lois particulières. — C. 544, 714 (1).

716. La propriété d'un trésor appartient à celui qui le trouve dans son propre fonds : si le trésor est trouvé dans le fonds d'autrui, il appartient pour moitié à celui qui l'a découvert, et pour l'autre moitié au propriétaire du fonds.

Le trésor est toute chose cachée ou enfouie sur laquelle personne ne peut justifier sa propriété, et qui est découverte par le pur effet du hasard. — C. 552.

717. Les droits sur les effets jetés à la mer, sur les objets que la mer rejette, de quelque nature qu'ils puissent être, sur les plantes et herbages qui croissent sur les rivages de la mer, sont aussi réglés par des lois particulières. — Co. 410-440, 579.

Il en est de même des choses perdues dont le maître ne se représente pas. — C. 2279, 2280.

TITRE PREMIER

DES SUCCESSIONS

Décrété le 29 germinal an XI, promulgué le 9 floréal (19-29 avril 1803).

CHAPITRE PREMIER

De l'ouverture des successions et de la saisine des héritiers.

718. Les successions s'ouvrent par la mort naturelle et par la mort civile (2). — C. 22 s., 720 s.

719. (Abrogé L. 31 mai 1854.)

720. Si plusieurs personnes respectivement appelées à la succession l'une de l'autre, périssent dans un même événement, sans qu'on puisse reconnaître laquelle est décédée la première, la présomption de survie est déterminée par les circonstances du fait, et, à leur défaut, par la force de l'âge et du sexe. — C. 721 s., 1350, 1352.

721. Si ceux qui ont péri ensemble, avaient moins de quinze ans, le plus âgé sera présumé avoir survécu.

S'ils étaient tous au-dessus de soixante ans, le moins âgé sera présumé avoir survécu.

Si les uns avaient moins de quinze ans, et les autres plus de soixante, les premiers seront présumés avoir survécu. — C. 720, 722, 1350, 1352.

722. Si ceux qui ont péri ensemble, avaient quinze ans accomplis et moins de soixante, le mâle est toujours présumé avoir survécu, lorsqu'il y a égalité d'âge, ou si la différence qui existe n'excède pas une année.

S'ils étaient du même sexe, la présomption de survie, qui donne ouverture à la succession dans l'ordre de la nature, doit être admise : ainsi le plus jeune est présumé avoir survécu au plus âgé. — C. 720 s., 1350, 1352.

723. (L. 25 mars 1896.) La loi règle l'ordre de succéder entre les héritiers légitimes et les héritiers naturels. A leur défaut, les biens passent à l'époux survivant, et, s'il n'y en a pas, à l'État.

724. (L. 25 mars 1896.) Les héritiers légitimes et les héritiers naturels sont saisis de plein droit des biens, droits et actions du défunt, sous l'obligation d'acquitter toutes les charges de la succession. L'époux survivant et l'État doivent se faire envoyer en possession.

CHAPITRE II

Des qualités requises pour succéder.

725. Pour succéder, il faut nécessairement exister à l'instant de l'ouverture de la succession.

Ainsi sont incapables de succéder :

1° Celui qui n'est pas encore conçu; — C. 312 s.

2° L'enfant qui n'est pas né viable;

3° Celui qui est mort civilement. — C. 720, 1039. — (Abrogé L. 31 mai 1854.)

726. (Abrogé L. 14 juillet 1819 (1).)

727. Sont indignes de succéder, et, comme tels, exclus des successions :

1° Celui qui serait condamné pour avoir donné ou tenté de donner la mort au défunt;

2° Celui qui a porté contre le défunt une accusation capitale jugée calomnieuse;

3° L'héritier majeur qui, instruit du meurtre du défunt, ne l'aura pas dénoncé à la justice. — C. 728 s.; *I. Cr.* 30 s., 358; *P.* 59 s., 295 s., 298, 373 s.

728. Le défaut de dénonciation ne peut être opposé aux ascendants et descendants du meurtrier, ni à ses alliés au même degré, ni à son époux ou à son épouse, ni à ses frères ou sœurs, ni à ses oncles et tantes, ni à ses neveux et nièces. — C. 727, 735 s.

729. L'héritier exclu de la succession pour cause d'indignité, est tenu de rendre tous les fruits et les revenus dont il a eu la jouissance depuis l'ouverture de la succession. — C. 549; *Pr.* 129, 526 s.

730. Les enfants de l'indigne, venant à la succession de leur chef, et sans le secours de la représentation, ne sont pas exclus pour la faute de leur père; mais celui-ci ne peut, en aucun cas, réclamer, sur les biens de cette succession, l'usufruit que la loi accorde aux pères et mères sur les biens de leurs enfants. — C. 384 s., 739 s., 744, 787.

CHAPITRE III

Des divers ordres de succession.

SECTION PREMIÈRE

Dispositions générales.

731. Les successions sont déférées aux enfants et descendants du défunt, à ses ascendants et à ses parents collatéraux, dans l'ordre et suivant les règles ci-après déterminées. — C. 723, 733 s., 745, 746 s., 750 s., 768, 916.

732. La loi ne considère ni la nature ni l'origine des biens pour en régler la succession. — C. *except.* 351 s., 747, 747, 766.

733. Toute succession échue à des ascendants ou à des collatéraux se divise en deux parts égales : l'une pour les parents de la ligne paternelle, l'autre pour les parents de la ligne maternelle.

Les parents utérins ou consanguins ne sont pas exclus par les germains; mais ils ne prennent part que dans leur ligne, sauf ce qui sera dit à l'article 752. Les germains prennent part dans les deux lignes.

Il ne se fait aucune dévolution d'une ligne à l'autre, que lorsqu'il ne se trouve aucun ascendant ni collatéral de l'une des deux lignes. — C. 734 s., 746, 750, 755.

734. Cette première division opérée entre les lignes paternelle et maternelle, il ne se fait plus de division entre les diverses branches; mais la moitié dévolue à chaque ligne appartient à l'héritier ou aux héritiers les plus proches en degrés, sauf le cas de la représentation, ainsi qu'il sera dit ci-après. — C. 733, 735 s., 739 s.

735. La proximité de parenté s'établit par le nombre de générations; chaque génération s'appelle un degré. — C. 737 s.

736. La suite des degrés forme la ligne : on appelle *ligne directe* la suite des degrés entre personnes qui descendent l'une de l'autre; *ligne collatérale*, la suite des degrés entre personnes qui ne descendent pas les unes des autres, mais qui descendent d'un auteur commun.

On distingue la ligne directe, en ligne directe descendante et ligne directe ascendante.

La première est celle qui lie le chef avec ceux qui descendent de lui : la deuxième est celle qui lie une personne avec ceux dont elle descend. — C. 735.

737. En ligne directe, on compte autant de degrés qu'il y a de générations entre les personnes : ainsi le fils est, à l'égard du père, au premier degré; le petit-fils, au second; et réciproquement du père et de l'aïeul à l'égard des fils et petits-fils. — C. 736.

738. En ligne collatérale, les degrés se comptent par les générations, depuis l'un des parents jusques et non compris l'auteur commun, et depuis celui-ci jusqu'à l'autre parent.

Ainsi, deux frères sont au deuxième degré; l'oncle et le neveu sont au troisième degré; les cousins germains au quatrième; ainsi de suite. — C. 735, 736.

SECTION II

De la représentation.

739. La représentation est une fiction de la loi, dont l'effet est de faire entrer les représentants dans la place, dans le degré et dans les droits du représenté. — C. 730, 740 s., 786, 848.

740. La représentation a lieu à l'infini dans la ligne directe descendante.

Elle est admise dans tous les cas, soit que les enfants du défunt concourent avec les descendants d'un enfant prédécédé, soit que, tous les enfants du

(1) Lois des 3 mai 1844 et 22 janvier 1874 sur la chasse. — Lois des 15 avril 1829 et 31 mai 1865. — Décrets des 12 janvier et 10 août 1875 sur la pêche fluviale.

(2) La mort civile a été abolie par la loi du 31 mai 1854.

(1) L. 14 juillet 1819, *relative à l'abolition du droit d'aubaine et de détraction.*

Art. 1er. Les articles 726 et 912 du Code civil sont abrogés : en conséquence, les étrangers auront le droit de succéder, de disposer et de recevoir de la même manière que les Français, dans toute l'étendue du royaume.

2. Dans le cas de partage d'une même succession entre des cohéritiers étrangers et français, ceux-ci prélèveront sur les biens situés en France une portion égale à la valeur des biens situés en pays étranger dont ils seraient exclus, à quelque titre que ce soit, en vertu des lois et coutumes locales.

défunt étant morts avant lui, les descendants desdits enfants se trouvent entre eux en degrés égaux ou inégaux. — C. 735, 739 s., 743 s., 750, 1051.

741. La représentation n'a pas lieu en faveur des ascendants; le plus proche, dans chacune des deux lignes, exclut toujours le plus éloigné. — C. 733 s., 738, 746 s.

742. En ligne collatérale, la représentation est admise en faveur des enfants et descendants de frères ou sœurs du défunt, soit qu'ils viennent à sa succession concurremment avec des oncles ou tantes, soit que tous les frères et sœurs du défunt étant prédécédés, la succession se trouve dévolue à leurs descendants en degrés égaux ou inégaux. — C. 736 s., 739 s., 748, 750.

743. Dans tous les cas où la représentation est admise, le partage s'opère par souche : si une même souche a produit plusieurs branches, la subdivision se fait aussi par souche dans chaque branche, et les membres de la même branche partagent entre eux par tête. — C. 739, 740, 742, 753, 1051.

744. On ne représente pas les personnes vivantes, mais seulement celles qui sont mortes naturellement ou civilement.

On peut représenter celui à la succession duquel on a renoncé. — C. 25 s., 739, 787, 785 s.; L. 31 mai 1854.

SECTION III

Des successions déférées aux descendants.

745. Les enfants ou leurs descendants succèdent à leurs père et mère, aïeuls, aïeules, ou autres ascendants, sans distinction de sexe ni de primogéniture, et encore qu'ils soient issus de différents mariages.

Ils succèdent par égales portions et par tête, quand ils sont tous au premier degré et appelés de leur chef : ils succèdent par souche, lorsqu'ils viennent tous ou en partie par représentation. — C. 333, 350, 739, 740, 759 s., 767.

SECTION IV

Des successions déférées aux ascendants.

746. Si le défunt n'a laissé ni postérité, ni frère, ni sœur, ni descendants d'eux, la succession se divise par moitié entre les ascendants de la ligne paternelle et les ascendants de la ligne maternelle.

L'ascendant qui se trouve au degré le plus proche, recueille la moitié affectée à sa ligne, à l'exclusion de tous autres.

Les ascendants au même degré succèdent par tête. — C. 733 s., 741, 748, 749, 751, 765.

747. Les ascendants succèdent, à l'exclusion de tous autres, aux choses par eux données à leurs enfants ou descendants décédés sans postérité, lorsque les objets donnés se retrouvent en nature dans la succession.

Si les objets ont été aliénés, les ascendants recueillent le prix qui peut en être dû. Ils succèdent aussi à l'action en reprise que pouvait avoir le donataire. — C. 351, 352, 766, 915, 951 s.

748. Lorsque les père et mère d'une personne morte sans postérité lui ont survécu, si elle a laissé des frères, sœurs, ou des descendants d'eux, la succession se divise en deux portions égales, dont moitié seulement est déférée au père et à la mère, qui la partagent entre eux également.

L'autre moitié appartient aux frères, sœurs ou descendants d'eux, ainsi qu'il sera expliqué dans la section v du présent chapitre. — C. 733, 746, 751, 752.

749. Dans le cas où la personne morte sans postérité laisse des frères, sœurs, ou des descendants d'eux, si le père ou la mère est prédécédé, la portion qui lui aurait été dévolue conformément au précédent article, se réunit à la moitié déférée aux frères, sœurs ou à leurs représentants, ainsi qu'il sera expliqué à la section v du présent chapitre. — C. 751, 752.

SECTION V

Des successions collatérales.

750. En cas de prédécès des père et mère d'une personne morte sans postérité, ses frères, sœurs ou leurs descendants sont appelés à la succession, à l'exclusion des ascendants et des autres collatéraux.

Ils succèdent, ou de leur chef, ou par représentation, ainsi qu'il a été réglé dans la section II du présent chapitre. — C. 733 s., 739, 742 s., 766.

751. Si les père et mère de la personne morte sans postérité lui ont survécu, ses frères, sœurs, ou leurs représentants ne sont appelés qu'à la moitié de la succession. Si le père ou la mère seulement a survécu, ils sont appelés à recueillir les trois quarts. — C. 746, 749, 752, 766.

752. Le partage de la moitié ou des trois quarts dévolus aux frères ou sœurs, aux termes de l'article précédent, s'opère entre eux par égales portions, s'ils sont tous du même lit; s'ils sont de lits différents, la division se fait par moitié entre les deux lignes paternelle et maternelle du défunt; les germains prennent part dans les deux lignes, et les utérins ou consanguins chacun dans leur ligne seulement : s'il n'y a de frères ou sœurs que d'un côté, ils succèdent à la totalité, à l'exclusion de tous autres parents de l'autre ligne. — C. 733 s., 742, 750.

753. A défaut de frères ou sœurs ou de descendants d'eux, et à défaut d'ascendants dans l'une ou l'autre ligne, la succession est déférée pour moitié aux ascendants survivants, et pour l'autre moitié, aux parents les plus proches de l'autre ligne.

S'il y a concours de parents collatéraux au même degré, ils partagent par tête. — C. 329 s., 743 s., 754.

754. Dans le cas de l'article précédent, le père ou la mère survivant a l'usufruit du tiers des biens auxquels il ne succède pas en propriété. — C. 385 s., 578 s., 753.

755. Les parents au delà du douzième degré ne succèdent pas.

A défaut de parents au degré successible dans une ligne, les parents de l'autre ligne succèdent pour le tout. — C. 733, 735 s.

SECTION VI

Des successions déférées aux enfants naturels légalement reconnus et des droits de leurs père et mère dans leur succession.

(Décrétée le 25 mars 1896, promulguée le 28 du même mois.)

756. La loi n'accorde de droits aux enfants naturels sur les biens de leurs père ou mère décédés, que lorsqu'ils ont été légalement reconnus.

Les enfants naturels légalement reconnus sont appelés en qualité d'héritiers, à la succession de leur père ou de leur mère décédés.

757. La loi n'accorde aucun droit aux enfants naturels sur les biens des parents de leur père ou de leur mère.

758. Le droit héréditaire de l'enfant naturel dans la succession de ses père ou mère est fixé ainsi qu'il suit :

Si le père ou la mère a laissé des descendants légitimes, ce droit est de la moitié de la portion héréditaire qu'il aurait eue s'il eût été légitime.

759. Le droit est des trois quarts lorsque les père ou mère ne laissent pas de descendants, mais bien des ascendants, ou des frères ou sœurs, ou des descendants légitimes de frères ou sœurs.

760. L'enfant naturel a droit à la totalité des biens, lorsque ses père ou mère ne laissent ni descendants, ni ascendants, ni frères ou sœurs, ni descendants légitimes de frères ou sœurs.

761. En cas de prédécès des enfants naturels, leurs enfants et descendants peuvent réclamer les droits fixés par les articles précédents.

762. Les dispositions des articles 756, 758, 759 et 760 ne sont pas applicables aux enfants adultérins ou incestueux.

La loi ne leur accorde que des aliments.

763. Ces aliments sont réglés, eu égard aux facultés du père et de la mère, au nombre et à la qualité des héritiers légitimes.

764. Lorsque le père ou la mère de l'enfant adultérin ou incestueux lui auront fait apprendre un art mécanique, ou lorsque l'un d'eux lui aura assuré des aliments de son vivant, l'enfant ne pourra élever aucune réclamation contre leur succession.

765. La succession de l'enfant naturel décédé sans postérité est dévolue au père ou à la mère qui l'a reconnu, ou par moitié à tous les deux, s'il a été reconnu par l'un et par l'autre.

CHAPITRE IV

Des successions irrégulières.

SECTION PREMIÈRE

Des droits des frères et sœurs sur les biens des enfants naturels.

766. (L. 25 mars 1896.) En cas de prédécès des père et mère de l'enfant naturel décédé sans postérité, les biens qu'il en avait reçus passent aux frères et sœurs légitimes, s'ils se retrouvent en nature dans la succession; les actions en reprise, s'il en existe, ou le prix des biens aliénés, s'il en est encore dû, retournent également aux frères et sœurs légitimes.

Tous les autres biens passent aux frères et sœurs naturels ou à leurs descendants.

SECTION II

Des droits du conjoint survivant et de l'État.

767. (L. 9 mars 1891.) Lorsque le défunt ne laisse ni parents au degré successible, ni enfants naturels, les biens de sa succession appartiennent en pleine propriété au conjoint non divorcé qui lui survit et contre lequel n'existe pas de jugement de séparation de corps passé en force de chose jugée.

Le conjoint survivant non divorcé, qui ne succède pas à la pleine propriété, et contre lequel n'existe pas de jugement de séparation de corps passé en force de chose jugée, a, sur la succession du prédécédé, un droit d'usufruit qui est :

D'un quart, si le défunt laisse un ou plusieurs enfants issus du mariage;

D'une part d'enfant légitime le moins prenant, sans qu'elle puisse excéder le quart, si le défunt a des enfants nés d'un précédent mariage;

De moitié dans tous les autres cas, quels que soient le nombre et la qualité des héritiers.

Le calcul sera opéré sur une masse faite de tous les biens existant au décès du *de cujus*, auxquels seront réunis fictivement ceux dont il aurait disposé, soit par acte entre-vifs, soit par acte testamentaire, au profit de successibles, sans dispense de rapport.

Mais l'époux survivant ne pourra exercer son droit que sur les biens dont le prédécédé n'aura disposé ni par acte entre-vifs, ni par acte testamentaire, et sans préjudicier aux droits de réserve ni aux droits de retour.

Il cessera de l'exercer dans le cas où il aurait reçu du défunt des libéralités, même faites par préciput et hors part, dont le montant atteindrait celui des droits que la présente loi lui attribue, et, si ce montant était inférieur, il ne pourrait réclamer que le complément de son usufruit.

Jusqu'au partage définitif, les héritiers peuvent exiger, moyennant sûretés suffisantes, que l'usufruit de l'époux survivant soit converti en une rente viagère équivalente. S'ils sont en désaccord, la conversion sera facultative pour les tribunaux.

En cas de nouveau mariage, l'usufruit du conjoint cesse s'il existe des descendants du défunt.

768. A défaut de conjoint survivant, la succession est acquise à l'État. — C. 539, 713, 723, 733 s., 767, 769 s., 811, 893, 907.

769. Le conjoint survivant et l'administration des domaines qui prétendent droit à la succession, sont tenus de faire apposer les scellés, et de faire faire inventaire dans les formes prescrites pour l'acceptation des successions sous bénéfice d'inventaire. — C. 724 s.; Pr. 907 s., 943 s.

770. Ils doivent demander l'envoi en possession au tribunal de première instance dans le ressort duquel la succession est ouverte. Le tribunal ne peut statuer sur la demande qu'après trois publications et affiches dans les formes usitées, et après avoir entendu le procureur du Roi. — C. 110, 115; Pr. 83 s.

771. L'époux survivant est encore tenu de faire emploi du mobilier, ou de donner caution suffisante pour en assurer la restitution, au cas où il se présenterait des héritiers du défunt, dans l'intervalle de trois ans : après ce délai, la caution est déchargée. — C. 120, 805, 2040 s., 2262; Pr. 517 s., 993 s.

772. L'époux survivant ou l'administration des domaines qui n'auraient pas rempli les formalités qui leur sont respectivement prescrites, pourront être condamnés aux dommages et intérêts envers les héritiers, s'il s'en représente. — C. 1149; Pr. 128.

773. (Abrogé L. 25 mars 1896.)

CHAPITRE V

De l'acceptation et de la répudiation des successions.

SECTION PREMIÈRE

De l'acceptation.

774. Une succession peut être acceptée purement et simplement, ou sous bénéfice d'inventaire. — C. 777 s., 793 s., 795 s., 1013.

775. Nul n'est tenu d'accepter une succession qui lui est échue. — C. 784 s., 785.

776. Les femmes mariées ne peuvent pas valablement accepter une succession sans l'autorisation de leur mari ou de justice, conformément aux dispositions du chapitre VI du titre du *Mariage*.

Les successions échues aux mineurs et aux interdits ne pourront être valablement acceptées que conformément aux dispositions du titre *de la Minorité, de la Tutelle et de l'Émancipation*. — C. 217, 219, 461 s., 484, 509.

777. L'effet de l'acceptation remonte au jour de l'ouverture de la succession. — C. 724, 781, 785, 883.

778. L'acceptation peut être expresse ou tacite : elle est expresse, quand on prend le titre ou la qualité d'héritier dans un acte authentique ou privé ; elle est tacite, quand l'héritier fait un acte qui suppose nécessairement son intention d'accepter, et qu'il n'aurait droit de faire qu'en sa qualité d'héritier. — C. 779 s., 789 s., 792, 801, 1317, 1151.

779. Les actes purement conservatoires, de surveillance et d'administration provisoire, ne sont pas des actes d'adition d'hérédité, si l'on n'y a pas pris le titre ou la qualité d'héritier. — C. 778, 796.

780. La donation, vente ou transport que fait de ses droits successifs un des cohéritiers, soit à un étranger, soit à tous ses cohéritiers, soit à quelques-uns d'eux, emporte de sa part acceptation de la succession.

Il en est de même :

1° De la renonciation, même gratuite, que fait un des héritiers au profit d'un ou de plusieurs de ses cohéritiers ;

2° De la renonciation qu'il fait même au profit de tous ses cohéritiers indistinctement, lorsqu'il reçoit le prix de sa renonciation. — C. 778, 784, 785, 894, 1696 s.

781. Lorsque celui à qui une succession est échue, est décédé sans l'avoir répudiée ou sans l'avoir acceptée expressément ou tacitement, ses héritiers peuvent l'accepter ou la répudier de son chef. — C. 724, 778, 782, 784, 790.

782. Si ces héritiers ne sont pas d'accord pour accepter ou pour répudier la succession, elle doit être acceptée sous bénéfice d'inventaire. — C. 781, 793 s., 802, 843.

783. Le majeur ne peut attaquer l'acceptation expresse ou tacite qu'il a faite d'une succession, que dans le cas où cette acceptation aurait été la suite d'un dol pratiqué envers lui : il ne peut jamais réclamer sous prétexte de lésion, excepté seulement dans le cas où la succession se trouverait absorbée ou diminuée de plus de moitié, par la découverte d'un testament inconnu au moment de l'acceptation. — C. 488, 772, 774, 792 s., 802, 1025, 1109, 1116, 1118, 1125, 1304, 1305, 1313, 1371, 1165.

SECTION II

De la renonciation aux successions.

784. La renonciation à une succession ne se présume pas : elle ne peut plus être faite qu'au greffe du tribunal de première instance dans l'arrondissement duquel la succession s'est ouverte, sur un registre particulier tenu à cet effet. — C. 110, 217, 219, 461 s., 485, 780, 789, 785, 790 s., 888, 1053 ; Pr. 997.

785. L'héritier qui renonce, est censé n'avoir jamais été héritier. — C. 777, 786, 790, 845, 1167.

786. La part du renonçant accroît à ses cohéritiers ; s'il est seul, elle est dévolue au degré subséquent. — C. 780, 781, 785, 1044, 1045, 1025, 1100, 1395.

787. On ne vient jamais par représentation d'un héritier qui a renoncé : si le renonçant est seul héritier de son degré, ou si tous ses cohéritiers renoncent, les enfants viennent de leur chef et succèdent par tête. — C. 739, 744, 786.

788. Les créanciers de celui qui renonce au préjudice de leurs droits, peuvent se faire autoriser en justice à accepter la succession du chef de leur débiteur, en son lieu et place.

Dans ce cas, la renonciation n'est annulée qu'en faveur des créanciers, et jusqu'à concurrence seulement de leurs créances : elle ne l'est pas au profit de l'héritier qui a renoncé. — C. 622, 777, 1053, 1166, 1167, 1464, 2225, 2262.

789. La faculté d'accepter ou de répudier une succession se prescrit par le laps de temps requis pour la prescription la plus longue des droits immobiliers. — C. 790, 2262.

790. Tant que la prescription du droit d'accepter n'est pas acquise contre les héritiers qui ont renoncé, ils ont la faculté d'accepter encore la succession, si elle n'a pas été déjà acceptée par d'autres héritiers ; sans préjudice néanmoins des droits qui peuvent être acquis à des tiers sur les biens de la succession, soit par prescription, soit par actes valablement faits avec le curateur à la succession vacante. — C. 462, 777, 789, 811 s., 1093, 2252, 2258, 2264.

791. On ne peut, même par contrat de mariage, renoncer à la succession d'un homme vivant, ni aliéner les droits éventuels qu'on peut avoir à cette succession. — C. 135, 129, 711, 1097, 1130, 1452, 1305, 1332, 1389, 1390, 1500, 1600, except. 761, 918, 1082, 1081, 1093.

792. Les héritiers qui auraient diverti ou recélé des effets d'une succession, sont déchus de la faculté d'y renoncer : ils demeurent héritiers purs et simples, nonobstant leur renonciation, sans pouvoir prétendre aucune part dans les objets divertis ou recélés. — C. 801, 778, 801, 1310, 1460, 1477 ; P. 379, 380.

SECTION III

Du bénéfice d'inventaire, de ses effets, et des obligations de l'héritier bénéficiaire.

793. La déclaration d'un héritier, qu'il entend ne prendre cette qualité que sous bénéfice d'inventaire, doit être faite au greffe du tribunal civil de première instance dans l'arrondissement duquel la succession s'est ouverte : elle doit être inscrite sur le registre destiné à recevoir les actes de renonciation. — C. 110, 774, 794 s., 1000, 1042 ; Pr. 997.

794. Cette déclaration n'a d'effet qu'autant qu'elle est précédée ou suivie d'un inventaire fidèle et exact des biens de la succession, dans les formes réglées par les lois sur la procédure, et dans les délais qui seront ci-après déterminés. — C. 792, 793, 795, 798 s., 801, 810 ; Pr. 941 s.

795. L'héritier a trois mois pour faire inventaire, à compter du jour de l'ouverture de la succession.

Il a de plus, pour délibérer sur son acceptation ou sur sa renonciation, un délai de quarante jours, qui commencent à courir du jour de l'expiration des trois mois donnés pour l'inventaire, ou du jour de la clôture de l'inventaire, s'il a été terminé avant les trois mois. — C. 797 s., 1456 s. ; Pr. 174.

796. Si cependant il existe dans la succession des objets susceptibles de dépérir ou dispendieux à conserver, l'héritier peut, en sa qualité d'habile à succéder, et sans qu'on puisse en induire de sa part une acceptation, se faire autoriser par justice à procéder à la vente de ces effets.

Cette vente doit être faite par officier public, après les affiches et publications réglées par les lois de la procédure. — C. 779, 805 ; Pr. 617 s., 945 s., 986.

797. Pendant la durée des délais pour faire inventaire et pour délibérer, l'héritier ne peut être contraint à prendre qualité, et il ne peut être obtenu contre lui de condamnation : s'il renonce lorsque les délais sont expirés ou avant, les frais par lui faits légitimement jusqu'à cette époque sont à la charge de la succession. — C. 795, 798 s., 2259 ; Pr. 130, 174.

798. Après l'expiration des délais ci-dessus, l'héritier, en cas de poursuite dirigée contre lui, peut demander un nouveau délai, que le tribunal saisi de la contestation accorde ou refuse suivant les circonstances. — C. 795, 799 s., 1458 ; Pr. 174.

799. Les frais de poursuite, dans le cas de l'article précédent, sont à la charge de la succession, si l'héritier justifie, ou qu'il n'avait pas eu connaissance du décès, ou que les délais ont été insuffisants, soit à raison de la situation des biens, soit à raison des contestations survenues : s'il n'en justifie pas, les frais restent à sa charge personnelle. — C. 797, 798 ; Pr. 130.

800. L'héritier conserve néanmoins, après l'expiration des délais accordés par l'article 795, même de ceux donnés par le juge, conformément à l'article 798, la faculté de faire encore inventaire et de se porter héritier bénéficiaire, s'il n'a pas fait d'ailleurs acte d'héritier, ou s'il n'existe pas contre lui de jugement passé en force de chose jugée, qui le condamne en qualité d'héritier pur et simple. — C. 778, 789 s., 1351 ; Pr. 174.

801. L'héritier qui s'est rendu coupable de recélé, ou qui a omis, sciemment et de mauvaise foi, de comprendre dans l'inventaire des effets de la succession, est déchu du bénéfice d'inventaire. — C. 792, 794, 1460, 1477, 2268 ; Pr. 988 ; P. 380.

802. L'effet du bénéfice d'inventaire est de donner à l'héritier l'avantage :

1° De n'être tenu du paiement des dettes de la succession que jusqu'à concurrence de la valeur des biens qu'il a recueillis, même de pouvoir se décharger du paiement des dettes en abandonnant tous les biens de la succession aux créanciers et aux légataires ;

2° De ne pas confondre ses biens personnels avec ceux de la succession, et de conserver contre elle le droit de réclamer le paiement de ses créances. — C. 437, 461, 774, 783, 803 s., 857, 873, 1251, 2068, 2172, 2258 ; Pr. 996.

803. L'héritier bénéficiaire est chargé d'administrer les biens de la succession, et doit rendre compte de son administration aux créanciers et aux légataires.

Il ne peut être contraint sur ses biens personnels qu'après avoir été mis en demeure de présenter son compte, et faute d'avoir satisfait à cette obligation.

Après l'apurement du compte, il ne peut être contraint sur ses biens personnels que jusqu'à concurrence seulement des sommes dont il se trouve reliquataire. — C. 802, 858, 869, 873, 1150, 1120, 1280, 1293, 1808, 2204 ; Pr. 527 s., 944, 995.

804. Il n'est tenu que des fautes graves dans l'administration dont il est chargé. — C. 803, 1137.

805. Il ne peut vendre les meubles de la succession que par le ministère d'un officier public, aux enchères, et après les affiches et publications accoutumées.

S'il les représente en nature, il n'est tenu que de la dépréciation ou de la détérioration causée par sa négligence. — C. 796, 807 ; Pr. 617 s., 945 s., 986, 989 s.

806. Il ne peut vendre les immeubles que dans les formes prescrites par les lois sur la procédure ; il est tenu d'en déléguer le prix aux créanciers hypothécaires qui se sont fait connaître. — C. 807, 2204, 2166, 2218 ; Pr. 749 s., 953 s., 987 s., 991 ; Co. 552-558 ; L. 23 mars 1855. Suppl.

807. Il est tenu, si les créanciers ou autres personnes intéressées l'exigent, de donner caution bonne et solvable de la valeur du mobilier compris dans l'inventaire, et de la portion du prix des immeubles non déléguée aux créanciers hypothécaires.

Faute par lui de fournir cette caution, les meubles sont vendus, et leur prix est déposé, ainsi que la portion non déléguée du prix des immeubles, pour être employés à l'acquit des charges de la succession. — C. 806, 2040 s. ; Pr. 517 s., 617 s., 993 s.

808. S'il y a des créanciers opposants, l'héritier bénéficiaire ne peut payer que dans l'ordre et de la manière réglés par le juge.

S'il n'y a pas de créanciers opposants, il paie les créanciers et les légataires à mesure qu'ils se présentent. — C. 809, 2093 s., 2166 ; Pr. 656 s., 751, 775, 990 ; Co. 552-558.

809. Les créanciers non opposants qui ne se présentent qu'après l'apurement du compte et le paiement du reliquat, n'ont de recours à exercer que contre les légataires.

Dans l'un et l'autre cas, le recours se prescrit par le laps de trois ans, à compter du jour de l'apurement du compte et du paiement du reliquat. — C. 803, 808, 1020, 1024, 2219 ; Pr. 990.

810. Les frais de scellés, s'il en a été apposé, d'inventaire et de compte, sont à la charge de la succession. — C. 797 s., 2101.

SECTION IV

Des successions vacantes.

811. Lorsqu'après l'expiration des délais pour faire inventaire et pour délibérer, il ne se présente personne qui réclame une succession, qu'il n'y a pas d'héritier connu, ou que les héritiers connus y ont renoncé, cette succession est réputée vacante. — C. 784, 790, 795, 812 s., 2258 ; Pr. 998 s.

812. Le tribunal de première instance dans l'arrondissement duquel elle est ouverte, nomme un curateur sur la demande des personnes intéressées, ou sur la réquisition du procureur du roi. — C. 110 ; Pr. 998 s.

813. Le curateur à une succession vacante est tenu, avant tout, d'en faire constater l'état par un inventaire : il en exerce et poursuit les droits ; il répond aux demandes formées contre elle ; il administre, sous la charge de faire verser le numéraire qui se trouve dans la succession, ainsi que les deniers provenant du prix des meubles ou immeubles vendus, dans la caisse du receveur de la régie royale, pour la conservation des droits, et à la charge de rendre compte à qui il appartiendra. — C. 814 ; Pr. 941 s., 1000 s.

814. Les dispositions de la section III du présent chapitre, sur les formes de l'inventaire, sur le mode d'administration et sur les comptes à rendre de la part de l'héritier bénéficiaire, sont, au surplus, communes aux curateurs à successions vacantes. — C. 794, 802 s., 808 s. ; Pr. 126, 1002.

CHAPITRE VI

Du partage et des rapports.

SECTION PREMIÈRE

De l'action en partage et de sa forme.

815. Nul ne peut être contraint à demeurer dans l'indivision ; et le partage peut être toujours provoqué, nonobstant prohibitions et conventions contraires.

On peut cependant convenir de suspendre le partage pendant un temps limité : cette convention ne peut être obligatoire au delà de cinq ans ; mais elle peut être renouvelée. — C. 6, 578, 631, 686, 724, 827, 900, 1133, 1166,

1172, 1178, 1181, 1220, 1225, 1476, 1872 ; Pr. 966 s.

816. Le partage peut être demandé, même quand l'un des cohéritiers aurait joui séparément de partie des biens de la succession, s'il n'y a eu un acte de partage, ou possession suffisante pour acquérir la prescription. — C. 724, 815, 838, 1476, 1872, 2219, 2229 s., 2236, 2244, 2262.

817. L'action en partage, à l'égard des cohéritiers mineurs ou interdits, peut être exercée par leurs tuteurs, spécialement autorisés par un conseil de famille.

A l'égard des cohéritiers absents, l'action appartient aux parents envoyés en possession. — C. 112, 120, 136, 465 s., 482, 509, 838, 981 ; Pr. 968 s.

818. Le mari peut, sans le concours de sa femme, provoquer le partage des objets meubles ou immeubles à elle échus qui tombent dans la communauté : à l'égard des objets qui ne tombent pas en communauté, le mari ne peut en provoquer le partage sans le concours de sa femme ; il peut seulement, s'il a le droit de jouir de ses biens, demander un partage provisionnel.

Les cohéritiers de la femme ne peuvent provoquer le partage définitif qu'en mettant en cause le mari et la femme. — C. 215, 217 s., 1401, 1421, 1428, 1449, 1531, 1549, 1551, 1560, 1576.

819. Si tous les héritiers sont présents et majeurs, l'apposition des scellés sur les effets de la succession n'est pas nécessaire ; et le partage peut être fait dans la forme et par tel acte que les parties intéressées jugent convenable.

Si tous les héritiers ne sont pas présents, s'il y a parmi eux des mineurs ou des interdits, le scellé doit être apposé dans le plus bref délai, soit à la requête des héritiers, soit à la diligence du procureur du Roi près le tribunal de première instance, soit d'office par le juge de paix dans l'arrondissement duquel la succession est ouverte. — C. 110, 113, 820 s., 1031 ; Pr. 907 s., 911, 985 s.

820. Les créanciers peuvent aussi requérir l'apposition des scellés, en vertu d'un titre exécutoire ou d'une permission du juge. — C. 821, 1166 ; Pr. 909.

821. Lorsque le scellé a été apposé, tous créanciers peuvent y former opposition, encore qu'ils n'aient ni titre exécutoire ni permission du juge.

Les formalités pour la levée des scellés et la confection de l'inventaire, sont réglées par les lois sur la procédure. — C. 819 ; Pr. 926 s., 928 s., 941 s.

822. L'action en partage, et les contestations qui s'élèvent dans le cours des opérations, sont soumises au tribunal du lieu de l'ouverture de la succession.

C'est devant ce tribunal qu'il est procédé aux licitations, et que doivent être portées les demandes relatives à la garantie des lots entre copartageants, et celles en rescision du partage. — C. 110, 1166 s. ; Pr. 59, 59.

823. Si l'un des cohéritiers refuse de consentir au partage, ou s'il s'élève des contestations soit sur le mode d'y procéder, soit sur la manière de le terminer, le tribunal prononce comme en matière sommaire, ou commet, s'il y a lieu, pour les opérations du partage, un des juges, sur le rapport duquel il décide les contestations. — Pr. 404 s., 406.

824. L'estimation des immeubles est faite par experts choisis par les parties intéressées, ou, à leur refus, nommés d'office.

Le procès-verbal des experts doit présenter les bases de l'estimation ; il doit indiquer si l'objet estimé peut être commodément partagé ; de quelle manière ; fixer enfin, en cas de division, chacune des parts qu'on peut en former, et leur valeur. — C. 466 ; Pr. 302 s., 969 s., 1038 s.

825. L'estimation des meubles, s'il n'y a pas eu de prisée faite dans un inventaire régulier, doit être faite par gens à ce connaissant, à juste prix et sans crue. — C. 868 ; Pr. 935, 943.

826. Chacun des cohéritiers peut demander sa part en nature des meubles et immeubles de la succession : néanmoins, s'il y a des créanciers saisissants ou opposants, ou si la majorité des cohéritiers juge la vente nécessaire pour l'acquit des dettes et charges de la succession, les meubles sont vendus publiquement en la forme ordinaire. — Pr. 617 s., 945-952.

827. Si les immeubles ne peuvent pas se partager commodément, il doit être procédé à la vente par licitation devant le tribunal.

Cependant les parties, si elles sont toutes majeures, peuvent consentir que la licitation soit faite devant un notaire, sur le choix duquel elles s'accordent. — C. 457 s., 815, 822, 839, 881, 882, 1686, 1688 s. ; Pr. 953 s., 969 s.

828. Après que les meubles et immeubles ont été estimés et vendus, s'il y a lieu, le juge-commissaire renvoie les parties devant un notaire dont elles conviennent, ou nommé d'office, si les parties ne s'accordent pas sur le choix.

On procède, devant cet officier, aux comptes que les copartageants peuvent se devoir, à la formation de la masse générale, à la composition des lots, et aux fournissements à faire à chacun des copartageants. — C. 466, 834 ; Pr. 969, 975 s.

829. Chaque cohéritier fait rapport à la masse, suivant les règles qui seront ci-après établies, des dons qui lui ont été faits, et des sommes dont il est débiteur. — C. 830, 843 s., Pr. 976.

830. Si le rapport n'est pas fait en nature, les cohéritiers à qui il est dû, prélèvent une portion égale sur la masse de la succession.

Les prélèvements se font, autant que possible, en objets de même nature, qualité et bonté que les objets non rapportés en nature. — C. 828 s., 858, 859, 868, 869 ; Pr. 976 s.

831. Après ces prélèvements, il est procédé, sur ce qui reste dans la masse, à la composition d'autant de lots égaux qu'il y a d'héritiers copartageants, ou de souches copartageantes. — C. 828, 832 ; Pr. 976 s.

832. Dans la formation et composition des lots, on doit éviter, autant que possible, de morceler les héritages et de diviser les exploitations ; et il convient de faire entrer dans chaque lot, s'il se peut, la même quantité de meubles, d'immeubles, de droits ou de créances de même nature et valeur. — C. 826, 833, 866, 872, 1220.

833. L'inégalité des lots en nature se compense par un retour, soit en rente, soit en argent. — C. 832, 2103, 2109.

834. Les lots sont faits par l'un des cohéritiers, s'ils peuvent convenir entre eux sur le choix, et si celui qu'ils avaient choisi accepte la commission : dans le cas contraire, les lots sont faits par un expert que le juge-commissaire désigne.

Ils sont ensuite tirés au sort. — C. 828, 827, 833, 835 ; Pr. 975 s., 976, 982 s.

835. Avant de procéder au tirage des lots, chaque copartageant est admis à proposer ses réclamations contre leur formation. — C. 834.

836. Les règles établies pour la division des masses à partager, sont également observées dans la subdivision à faire entre les souches copartageantes. — C. 815 s., 826 s., 830 ; Pr. 966 s.

837. Si, dans les opérations renvoyées devant un notaire, il s'élève des contestations, le notaire dressera procès-verbal des difficultés et des dires respectifs des parties, les renverra devant le commissaire nommé pour le partage ; et, au surplus, il sera procédé suivant les formes prescrites par les lois sur la procédure. — C. 822, 823 ; Pr. 977.

838. Si tous les cohéritiers ne sont pas présents, ou s'il y a parmi eux des interdits, ou des mineurs, même émancipés, le partage doit être fait en justice, conformément aux règles prescrites par les articles 819 et suivants, jusques et y compris l'article précédent. S'il y a plusieurs mineurs qui aient des intérêts opposés dans le partage, il doit leur être donné à chacun d'eux un tuteur spécial et particulier. — C. 113, 465 s., 481, 484, 509 ; Pr. 966 s., 975, 984.

839. S'il y a lieu à licitation, dans le cas du précédent article, elle ne peut être faite qu'en justice avec les formalités prescrites pour l'aliénation des biens des mineurs. Les étrangers y sont toujours admis. — C. 457 s., 460, 827, 1686 s. ; Pr. 953 s., 960, 972.

840. Les partages faits conformément aux règles ci-dessus prescrites, soit par les tuteurs avec l'autorisation d'un conseil de famille, soit par les mineurs émancipés, assistés de leurs curateurs, soit au nom des absents ou non présents, sont définitifs : ils ne sont que provisionnels, si les règles prescrites n'ont pas été observées. — C. 113, 124, 465, 466, 481, 484, 509, 1125, 1314.

841. Toute personne, même parente du défunt, qui n'est pas son successible, et à laquelle un cohéritier aurait cédé son droit à la succession, peut être écartée du partage, soit par tous les cohéritiers, soit par un seul, en lui remboursant le prix de la cession. — C. 780, 1696-1701, 1705, 1983.

842. Après le partage, remise doit être faite à chacun des copartageants, des titres particuliers aux objets qui lui seront échus.

Les titres d'une propriété divisée restent à celui qui a la plus grande part, à la charge d'en aider ceux de ses copartageants qui y auront intérêt, quand il en sera requis.

Les titres communs à toute l'hérédité sont remis à celui que tous les héritiers ont choisi pour en être le dépositaire, à la charge d'en aider les copartageants, à toute réquisition. S'il y a difficulté sur ce choix, il est réglé par le juge.

SECTION II

Des rapports.

843. Tout héritier, même bénéficiaire, venant à une succession, doit rapporter à ses cohéritiers tout ce qu'il a reçu du défunt, par donation entre-vifs, directement ou indirectement : il ne peut retenir les dons ni réclamer les legs à lui faits par le défunt, à moins que les dons et legs ne lui aient été faits expressément par préciput et hors part, ou avec dispense du rapport. — C. 760, 829, 830, 844 s., 852, 853, 856, 866, 868, 894, 919 s., 922, 986, 1341, 1573.

Art. Modifié
voir page 62

844. Dans le cas même où les dons et legs auraient été faits par préciput ou avec dispense du rapport, l'héritier venant à partage ne peut les retenir que jusqu'à concurrence de la quotité disponible : l'excédant est sujet à rapport. — C. 866, 913 s., 919, 920 s.

Art. Modifié
voir page 62

845. L'héritier qui renonce à la succession peut cependant retenir le don entre-vifs, ou réclamer le legs à lui fait, jusqu'à concurrence de la portion disponible. — C. 785, 786, 795, 831, 913 s., 919, 924.

846. Le donataire qui n'était pas héritier présomptif lors de la donation, mais qui se trouve successible au jour de l'ouverture de la succession, doit également le rapport, à moins que le donateur ne l'en ait dispensé. — C. 919.

847. Les dons et legs faits au fils de celui qui se trouve successible à l'époque de l'ouverture de la succession, sont toujours réputés faits avec dispense du rapport.

Le père, venant à la succession du donateur, n'est pas tenu de les rapporter. — C. 843, 857, 919, 1350, 1352.

848. Pareillement, le fils venant de son chef à la succession du donateur, n'est pas tenu de rapporter le don fait à son père, même quand il aurait accepté la succession de celui-ci : mais si le fils ne vient que par représentation, il doit rapporter ce qui avait été donné à son père, même dans le cas où il aurait répudié sa succession. — C. 739 s., 843, 857.

849. Les dons et legs faits au conjoint d'un époux successible sont réputés faits avec dispense du rapport.

Si les dons et legs sont faits conjointement à deux époux, dont l'un seulement est successible, celui-ci en rapporte la moitié ; si les dons sont faits à l'époux successible, il les rapporte en entier. — C. 857, 1091, 1352, 1573.

850. Le rapport ne se fait qu'à la succession du donateur. — C. 843, 850, 857, 866, 892, 1438, 1439, 1469, 1474, 1482, 2093, 2094.

851. Le rapport est dû de ce qui a été employé pour l'établissement d'un des cohéritiers, ou pour le paiement de ses dettes. — C. 204, 843, 851, 855, 868, 1573.

852. Les frais de nourriture, d'entretien, d'éducation, d'apprentissage, les frais ordinaires d'équipement, ceux de noces et présents d'usage, ne doivent pas être rapportés. — C. 203, 851 s., 1438.

853. Il en est de même des profits que l'héritier a pu retirer de conventions passées avec le défunt, si ces conventions ne présentaient aucun avantage indirect, lorsqu'elles ont été faites. — C. 852, 918, 922, 1099, 1595.

854. Pareillement, il n'est pas dû de rapport pour les associations faites sans fraude entre le défunt et l'un de ses héritiers, lorsque les conditions en ont été réglées par un acte authentique. — C. 843, 853, 854 s., 865, 901, 919, 1317, 1840 ; Co. 18 s.

855. L'immeuble qui a péri par cas fortuit et sans la faute du donataire, n'est pas sujet à rapport. — C. 860, 1173, 1183, 1302 s., 1378.

856. Les fruits et les intérêts des choses sujettes à rapport ne sont dus qu'à compter du jour de l'ouverture de la succession. — C. 283 s., 718, 843, 862 s., 928, 1385.

857. Le rapport n'est dû que par le cohéritier à son cohéritier ; il n'est pas dû aux légataires ni aux créanciers de la succession. — C. 802, 843, 913, 921, 922, 1166.

858. Le rapport se fait en nature ou en moins prenant. — C. 830, 859 s., 868 s.

859. Il peut être exigé en nature, à l'égard des immeubles, toutes les fois que l'immeuble donné n'a pas été aliéné par le donataire, et qu'il n'y a pas, dans la succession, d'immeubles de même nature, valeur et bonté, dont on puisse former des lots à peu près égaux pour les autres cohéritiers. — C. 826, 832, 858, 865.

860. Le rapport n'a lieu qu'en moins prenant, quand le donataire a aliéné l'immeuble avant l'ouverture de la succession ; il est dû de la valeur de l'immeuble à l'époque de l'ouverture. C. 843, 858, 891 s., 1245.

861. Dans tous les cas, il doit être tenu compte au donataire des impenses qui ont amélioré la chose, eu égard à ce dont sa valeur se trouve augmentée au temps du partage. — C. 855, 859, 862, 863 s., 867.

862. Il doit être pareillement tenu compte au donataire des impenses nécessaires qu'il a faites pour la conservation de la chose, encore qu'elles n'aient point amélioré le fonds. — C. 861, 864, 867.

863. Le donataire, de son côté, doit tenir compte des dégradations et détériorations qui ont diminué la valeur de l'immeuble, par son fait ou par sa faute et négligence. — C. 1382 s.

864. Dans le cas où l'immeuble a été aliéné par le donataire, les améliorations ou dégradations faites par l'acquéreur doivent être imputées conformément aux trois articles précédents. — C. 861 s.

865. Lorsque le rapport se fait en nature, les biens se réunissent à la masse de la succession, francs et quittes de toutes charges créées par le donataire; mais les créanciers ayant hypothèque peuvent intervenir au partage, pour s'opposer à ce que le rapport se fasse en fraude de leurs droits. — C. 859, 882, 1166, 1167, 1179, 1183, 2125.

866. Lorsque le don d'un immeuble fait à un successible avec dispense du rapport excède la portion disponible, le rapport de l'excédant se fait en nature, si le retranchement de cet excédant peut s'opérer commodément.

Dans le cas contraire, si l'excédant est de plus de moitié de la valeur de l'immeuble, le donataire doit rapporter l'immeuble en totalité, sauf à prélever sur la masse la valeur de la portion disponible : si cette portion excède la moitié de la valeur de l'immeuble, le donataire peut retenir l'immeuble en totalité, sauf à moins prendre, et à récompenser ses cohéritiers en argent ou autrement. — C. 843, 845, 859, 913 s., 918, 924.

867. Le cohéritier qui fait le rapport en nature d'un immeuble, peut en retenir la possession jusqu'au remboursement effectif des sommes qui lui sont dues pour impenses ou améliorations. — C. 861, 862.

868. Le rapport du mobilier ne se fait qu'en moins prenant. Il se fait sur le pied de la valeur du mobilier lors de la donation, d'après l'état estimatif annexé à l'acte; et, à défaut de cet état, d'après une estimation par experts, à juste prix et sans crue. — C. 825, 830, 858, 898, 948, 1573; Pr. 303 s.

869. Le rapport de l'argent donné se fait en moins prenant dans le numéraire de la succession.

En cas d'insuffisance, le donataire peut se dispenser de rapporter du numéraire, en abandonnant, jusqu'à due concurrence, du mobilier, et, à défaut de mobilier, des immeubles de la succession. — C. 830, 858.

SECTION III

Du paiement des dettes.

870. Les cohéritiers contribuent entre eux au paiement des dettes et charges de la succession, chacun dans la proportion de ce qu'il y prend. — C. 724, 802, 873 s., 1017, 1202, 1220, 1221, 1223, 1476, 2249.

871. Le légataire à titre universel contribue avec les héritiers, au prorata de son émolument; mais le légataire particulier n'est pas tenu des dettes et charges, sauf néanmoins l'action hypothécaire sur l'immeuble légué. — C. 611 s., 863, 809, 873 s., 1009, 1012, 1024, 2114.

872. Lorsque des immeubles d'une succession sont grevés de rentes par hypothèque spéciale, chacun des cohéritiers peut exiger que les rentes soient remboursées et les immeubles rendus libres avant qu'il soit procédé à la formation des lots. Si les cohéritiers partagent la succession dans l'état où elle se trouve, l'immeuble grevé doit être estimé au même taux que les autres immeubles; il est fait déduction du capital de la rente sur le prix total; l'héritier dans le lot duquel tombe cet immeuble, demeure seul chargé du service de la rente, et il doit en garantir ses cohéritiers. — C. 530, 1221, 1225, 1911, 1959.

873. Les héritiers sont tenus des dettes et charges de la succession, personnellement pour leur part et portion virile, et hypothécairement pour le tout; sauf leur recours, soit contre leurs cohéritiers, soit contre les légataires universels, à raison de la part pour laquelle ils doivent y contribuer. — C. 304, 352, 737, 766, 870 s., 1009, 1012, 1017, 1220 s., 1222 s., 1475, 2114, 2166 s.

874. Le légataire particulier qui a acquitté la dette dont l'immeuble légué était grevé, demeure subrogé aux droits du créancier contre les héritiers et successeurs à titre universel. C. 611, 871, 1020, 1024, 1251.

875. Le cohéritier ou successeur à titre universel, qui, par l'effet de l'hypothèque, a payé au delà de sa part de la dette commune, n'a de recours contre les autres cohéritiers ou successeurs à titre universel, que pour la part que chacun d'eux doit personnellement en supporter, même dans le cas où le cohéritier qui a payé la dette se serait fait subroger aux droits des créanciers; sans préjudice néanmoins, des droits d'un cohéritier qui, par l'effet du bénéfice d'inventaire, aurait conservé la faculté de réclamer le paiement de sa créance personnelle, comme tout autre créancier. — C. 802, 870 s., 876, 1009, 1017, 1213, 1214, 1220, 1251, 2033.

876. En cas d'insolvabilité d'un des cohéritiers ou successeurs à titre universel, sa part dans la dette hypothécaire est répartie sur tous les autres, au marc le franc. — C. 885, 1214 s.

877. Les titres exécutoires contre le défunt sont pareillement exécutoires contre l'héritier personnellement; et néanmoins les créanciers ne pourront en poursuivre l'exécution que huit jours après la signification de ces titres à la personne ou au domicile de l'héritier. — C. 724, 2224; Pr. 545, 547, 673.

878. Ils peuvent demander, dans tous les cas, et contre tout créancier, la séparation du patrimoine du défunt d'avec le patrimoine de l'héritier. — C. 802, 879, 880 s., 2111.

879. Ce droit ne peut cependant plus être exercé, lorsqu'il y a novation dans la créance contre le défunt, par l'acceptation de l'héritier pour débiteur. — C. 872, 878, 1271 s.

880. Il se prescrit, relativement aux meubles, par le laps de trois ans.

A l'égard des immeubles, l'action peut être exercée tant qu'ils existent dans la main de l'héritier. — C. 802, 878, 2111, 2113, 2219, 2279; Pr. 938.

881. Les créanciers de l'héritier ne sont point admis à demander la séparation des patrimoines contre les créanciers de la succession. — C. 878.

882. Les créanciers d'un copartageant, pour éviter que le partage ne soit fait en fraude de leurs droits, peuvent s'opposer à ce qu'il y soit procédé hors de leur présence : ils ont le droit d'y intervenir à leurs frais; mais ils ne peuvent attaquer un partage consommé, à moins toutefois qu'il n'y ait été procédé sans eux et au préjudice d'une opposition qu'ils auraient formée. — C. 819, 821, 865, 883, 1166, 1167, 2103, 2205; Pr. 930.

SECTION IV

Des effets du partage et de la garantie des lots.

883. Chaque cohéritier est censé avoir succédé seul et immédiatement à tous les effets compris dans son lot, ou à lui échus sur licitation, et n'avoir jamais eu la propriété des autres effets de la succession. — C. 882, 888, 960, 1194, 1220, 1408, 1561, 1686, 1696, 1872, 2103, 2108, 2109, 2113, 2125, 2166; Pr. 737.

884. Les cohéritiers demeurent respectivement garants, les uns envers les autres, des troubles et évictions seulement qui procèdent d'une cause antérieure au partage.

La garantie n'a pas lieu, si l'espèce d'éviction soufferte a été exceptée par une clause particulière et expresse de l'acte de partage; elle cesse, si c'est par sa faute que le cohéritier souffre l'éviction. — C. 828, 885, 887, 1100, 1626 s., 1630, 2103, 2109.

885. Chacun des cohéritiers est personnellement obligé, en proportion de sa part héréditaire, d'indemniser son cohéritier de la perte que lui a causée l'éviction.

Si l'un des cohéritiers se trouve insolvable, la portion dont il est tenu doit être également répartie entre le garanti et tous les cohéritiers solvables. — C. 876, 886, 2103, 2109.

886. La garantie de la solvabilité du débiteur d'une rente ne peut être exercée que dans les cinq ans qui suivent le partage. Il n'y a pas lieu à garantie à raison de l'insolvabilité du débiteur, quand elle n'est survenue que depuis le partage consommé. — C. 870, 885, 1693 s.

SECTION V

De la rescision en matière de partage.

887. Les partages peuvent être rescindés pour cause de violence ou de dol.

Il peut aussi y avoir lieu à rescision, lorsqu'un des cohéritiers établit, à son préjudice, une lésion de plus du quart. La simple omission d'un objet de la succession ne donne pas ouverture à l'action en rescision, mais seulement à un supplément à l'acte de partage. — C. 890 s., 1077, 1079 s., 1109 s., 1109, 1111 s., 1116, 1118, 1313, 1304, 1305, 1313 s., 1674 s., 1677, 1678.

888. L'action en rescision est admise contre tout acte qui a pour objet de faire cesser l'indivision entre cohéritiers, encore qu'il fût qualifié de vente, d'échange et de transaction, ou de toute autre manière.

Mais après le partage, ou l'acte qui en tient lieu, l'action en rescision n'est plus admissible contre la transaction faite sur les difficultés réelles que présentait le premier acte, même quand il n'y aurait pas eu à ce sujet de procès commencé. — C. 883, 889, 1408, 2044 s., 2052 s.

889. L'action n'est pas admise contre une vente de droit successif faite sans fraude à l'un des cohéritiers, à ses risques et périls, par ses autres cohéritiers ou par l'un d'eux. — C. 887 s.

890. Pour juger s'il y a eu lésion, on estime les objets suivant leur valeur à l'époque du partage. — C. 887, 1675.

891. Le défendeur à la demande en rescision peut en arrêter le cours et empêcher un nouveau partage, en offrant et en fournissant au demandeur le supplément de sa portion héréditaire, soit en numéraire, soit en nature. C. 826, 833, 1681 s.

892. Le cohéritier qui a aliéné son lot en tout ou partie, n'est plus recevable à intenter l'action en rescision pour dol ou violence, si l'aliénation qu'il a faite est postérieure à la découverte du dol, ou à la cessation de la violence. — C. 887, 1115, 1304, 1338.

TITRE DEUXIÈME

DES DONATIONS ENTRE-VIFS ET DES TESTAMENTS

Décrété le 13 floréal an XI, promulgué le 23 floréal (3-13 mai 1803).

CHAPITRE PREMIER

Dispositions générales.

893. On ne pourra disposer de ses biens, à titre gratuit, que par donation entre-vifs ou par testament, dans les formes ci-après établies. — C. 711, 893 s., 894 s., 931, 913, 916, 918, 920 s., 931 s., 967 s., 1131, 1282-1285, 1353, 1337, 1359, 1973, 2274.

894. La donation entre-vifs est un acte par lequel le donateur se dépouille actuellement et irrévocablement de la chose donnée, en faveur du donataire qui l'accepte. — C. 938, 893 s., 931 s., 937 s., 943, 946, 951, 953 s., 1081 s., 1086, 1089, 1096, 1235, 1582, 1968, 1983, 2016.

895. Le testament est un acte par lequel le testateur dispose, pour le temps où il n'existera plus, de tout ou partie de ses biens, et qu'il peut révoquer. — C. 893, 932, 967, 969, 976, 1002, 1003, 1014, 1035, 1101, 1110, 1349, 1317, 1983.

896. Les substitutions sont prohibées.

Toute disposition par laquelle le donataire, l'héritier institué, ou le légataire, sera chargé de conserver et de rendre à un tiers, sera nulle, même à l'égard du donataire, de l'héritier institué, ou du légataire. — C. 897 s., 900.

Néanmoins les biens libres formant la dotation d'un titre héréditaire que le Roi aurait érigé en faveur d'un prince ou d'un chef de famille, pourront être transmis héréditairement, ainsi qu'il est réglé par l'acte du 30 mars 1806 et par celui du 14 août suivant. (*Abrogé. L. 12 mai 1835, et 7 mai 1849.*)

897. Sont exceptées des deux premiers paragraphes de l'article précédent les dispositions permises aux pères et mères et aux frères et sœurs, au chapitre VI du présent titre. — C. 896, 1048.

898. La disposition par laquelle un tiers serait appelé à recueillir le don, l'hérédité ou le legs, dans le cas où le donataire, l'héritier institué ou le légataire ne le recueillerait pas, ne sera pas regardée comme une substitution, et sera valable. — C. 896, 899, 1039 s., 1082.

899. Il en sera de même de la disposition entre-vifs ou testamentaire par laquelle l'usufruit sera donné à l'un, et la nue propriété à l'autre. — C. 578 s., 899, 896, 949.

900. Dans toute disposition entre-vifs ou testamentaire, les conditions impossibles, celles qui seront contraires aux lois ou aux mœurs, seront réputées non écrites. — C. 6, 1001, 1133, 1133, 1172, 1387 s., 1965.

CHAPITRE II

De la capacité de disposer ou de recevoir par donation entre-vifs ou par testament.

901. Pour faire une donation entre-vifs ou un testament, il faut être sain d'esprit. — C. 495, 502 s., 504, 901, 909, 912, 1109 s., 1116.

902. Toutes personnes peuvent disposer et recevoir, soit par donation entre-vifs, soit par testament, excepté celles que la loi en déclare incapables. — C. 25, 28, 490, 502 s., 513, 725, 904, 905 à 908, 911, 907, 909, 910, 912, 1123, 1125 s.

903. Le mineur âgé de moins de seize ans ne pourra aucunement disposer, sauf ce qui est réglé au chapitre IX du présent titre. — C. 904, 1095, 1309, 1398.

904. Le mineur parvenu à l'âge de seize ans ne pourra disposer que par testament, et jusqu'à concurrence seulement de la moitié des biens dont la loi permet au majeur de disposer. — C. 388, 903, 907, 913 s., 1094, 1098.

905. La femme mariée ne pourra donner entre-vifs sans l'assistance ou le consentement spécial de son mari, ou sans y être autorisée par la justice, conformément à ce qui est prescrit par les articles 217 et 219, au titre du *Mariage*.

Elle n'aura besoin ni de consentement du mari, ni d'autorisation de la justice, pour disposer par testament. — C. 226, 1096, 1388.

906. Pour être capable de recevoir entre-vifs, il suffit d'être conçu au moment de la donation.

Pour être capable de recevoir par testament, il suffit d'être conçu à l'époque du décès du testateur.

Néanmoins la donation ou le testament n'auront leur effet qu'autant que l'enfant sera né viable. — C. 25, 725, 912 s., 791 s., 792, 1048, 1082, 1088.

907. Le mineur, quoique parvenu à l'âge de seize ans, ne pourra, même par testament, disposer au profit de son tuteur.

Le mineur, devenu majeur, ne pourra disposer, soit par donation entre-vifs, soit par testament, au profit de celui qui aura été son tuteur, si le compte définitif de la tutelle n'a été préalablement rendu et apuré.

Sont exceptés, dans les deux cas ci-dessus, les ascendants des mineurs, qui sont ou qui ont été leurs tuteurs. — C. 402, 472, 480, 904, 911, 1596; Pr. 527 s.

908. (L. 25 mars 1896.) Les enfants naturels légalement reconnus ne pourront rien recevoir par donation entre-vifs au delà de ce qui leur est accordé au titre des *Successions*. Cette incapacité ne pourra être invoquée que par les descendants du donateur, par ses ascendants, par ses frères et sœurs et les descendants légitimes de ses frères et sœurs.

Le père ou la mère qui les ont reconnus pourront leur léguer tout ou partie de la quotité disponible, sans toutefois qu'en aucun cas, lorsqu'ils se trouvent en concours avec des descendants légitimes, un enfant naturel puisse recevoir plus qu'une part d'enfant légitime le moins prenant.

Les enfants adultérins ou incestueux ne pourront rien recevoir par donation entre-vifs ou par testament au delà de ce qui leur est accordé par les articles 762, 763 et 764.

909. Les docteurs en médecine ou en chirurgie, les officiers de santé et les pharmaciens qui auront traité une personne pendant la maladie dont elle meurt, ne pourront profiter des dispositions entre-vifs ou testamentaires qu'elle aurait faites en leur faveur pendant le cours de cette maladie.

Sont exceptées : 1° les dispositions rémunératoires faites à titre particulier, eu égard aux facultés du disposant et aux services rendus;

2° Les dispositions universelles, dans le cas de parenté jusqu'au quatrième degré inclusivement, pourvu toutefois que le décédé n'ait pas d'héritiers en ligne directe; à moins que celui au profit de qui la disposition a été faite, ne soit lui-même du nombre de ces héritiers.

Les mêmes règles seront observées à l'égard du ministre du culte. — C. 735 s., 911, 1082, 1083, 1094, 1112.

910. Les dispositions entre-vifs ou par testament, au profit des hospices, des pauvres d'une commune, ou d'établissements d'utilité publique, n'auront leur effet qu'autant qu'elles seront autorisées par une ordonnance royale. — C. 896, 911, 932, 937, 940, 1340; L.L. 2 janvier 1817 et 24 mai 1825; D. 1er février 1896.

911. Toute disposition au profit d'un incapable sera nulle, soit qu'on la déguise sous la forme d'un contrat onéreux, soit qu'on la fasse sous le nom de personnes interposées.

Seront réputées personnes interposées, les père et mère, les enfants et descendants, et l'époux de la personne incapable. — C. 893, 902, 906, 907, 1099 s., 1100, 1131, 1156, 1350, 1352, 1353.

912. (*Abrogé, L. 14 juillet 1819.*)

CHAPITRE III

De la portion de biens disponible et de la réduction.

SECTION PREMIÈRE

De la portion de biens disponible.

913. Les libéralités, soit par actes entre-vifs, soit par testament, ne pourront excéder la moitié des biens du disposant, s'il ne laisse à son décès qu'un enfant légitime; le tiers, s'il laisse deux enfants; le quart, s'il en laisse trois ou un plus grand nombre. — C. 338, 760, 757 s., 914 s., 920 s., 926 s., 1094, 1098.

(*L. 25 mars 1896, art. 4.*) L'enfant naturel légalement reconnu a droit à une réserve. Cette réserve est une quotité de celle qu'il aurait eue s'il eût été légitime, calculée en observant la proportion qui existe entre la portion attribuée à l'enfant naturel au cas de succession *ab intestat* et celle qu'il aurait eue dans le même cas s'il eût été légitime.

Sont compris dans le présent article, sous le nom d'enfants, les descendants en quelque degré que ce soit. Néanmoins, ils ne sont comptés que pour l'enfant qu'ils représentent dans la succession du disposant.

914. (*L. 25 mars 1896, art. 4.*) Les libéralités, par actes entre-vifs ou par testament, ne pourront excéder la moitié des biens, si, à défaut d'enfant, le défunt laisse un ou plusieurs ascendants dans chacune des lignes paternelle et maternelle; et les trois quarts, s'il ne laisse d'ascendants que dans une ligne.

Les biens ainsi réservés au profit des ascendants seront par eux recueillis dans l'ordre où la loi les appelle à succéder; ils auront seuls droit à cette réserve, dans tous les cas où un partage en concurrence avec des collatéraux ne leur donnerait pas la quotité de biens à laquelle elle est fixée. — C. 746 s., 750 s., 765, 780, 904, 916.

915. (*L. 25 mars 1896, art. 5.*) Lorsque, à défaut d'enfants légitimes, le défunt laisse à la fois un ou plusieurs enfants naturels et des ascendants dans les deux lignes ou dans une seule, les libéralités par actes entre-vifs ou par testament ne pourront excéder la moitié des biens du disposant s'il n'y a qu'un enfant naturel, le tiers s'il y en a deux, le quart s'il y en a trois ou un plus grand nombre. Les biens ainsi réservés seront recueillis par les ascendants jusqu'à concurrence d'un huitième de la succession, et le surplus par les enfants naturels.

916. A défaut d'ascendants et de descendants, les libéralités par actes entre-vifs ou testamentaires pourront épuiser la totalité des biens. — C. 913 s.

917. Si la disposition par acte entre-vifs ou par testament est d'un usufruit ou d'une rente viagère dont la valeur excède la quotité disponible, les héritiers au profit desquels la loi fait une réserve, auront l'option, ou d'exécuter cette disposition, ou de faire l'abandon de la propriété de la quotité disponible. — C. 910 s., 913 s., 943, 1094, 1098, 1970.

918. La valeur en pleine propriété des biens aliénés, soit à charge de rente viagère, soit à fonds perdu, ou avec réserve d'usufruit, à l'un des successibles en ligne directe, sera imputée sur la portion disponible; et l'excédant, s'il y en a, sera rapporté à la masse. Cette imputation et ce rapport ne pourront être demandés par ceux des autres successibles en ligne directe qui auraient consenti à ces aliénations, ni, dans aucun cas, par les successibles en ligne collatérale. — C. 771, 843 s., 922, 1130.

919. La quotité disponible pourra être donnée en tout ou en partie, soit par acte entre-vifs, soit par testament, aux enfants ou autres successibles du donateur, sans être sujette au rapport par le donataire ou le légataire venant à la succession, pourvu que la disposition ait été faite expressément à titre de préciput ou hors part.

Art. Modifié

Voir page 62

La déclaration que le don ou le legs est à titre de préciput ou hors part, pourra être faite, soit par l'acte qui contiendra la disposition, soit postérieurement dans la forme des dispositions entre-vifs ou testamentaires. — C. 843 s., 846, 913 s., 920 s., 931 s., 969 s.

SECTION II

De la réduction des donations et legs.

920. Les dispositions soit entre-vifs, soit à cause de mort, qui excéderont la quotité disponible, seront réductibles à cette quotité lors de l'ouverture de la succession. — C. 493, 718 s., 913 s., 921 s., 1090, 1094, 1496, 1527.

921. La réduction des dispositions entre-vifs ne pourra être demandée que par ceux au profit desquels la loi fait la réserve, par leurs héritiers ou ayants-cause; les donataires, les légataires, ni les créanciers du défunt, ne pourront demander cette réduction, ni en profiter. — C. 756, 802, 843, 878, 913 s., 930 s., 1166, 1167, 1340.

922. La réduction se détermine en formant une masse de tous les biens existants au décès du donateur ou testateur. On y réunit fictivement ceux dont il a été disposé par donations entre-vifs, d'après leur état à l'époque des donations et leur valeur au temps du décès du donateur. On calcule sur tous ces biens, après en avoir déduit les dettes, quelle est, eu égard à la qualité des héritiers qu'il laisse, la quotité dont il a pu disposer. — C. 843, 859, 861 s., 868, 913, 920 s., 1075 s.

923. Il n'y aura jamais lieu à réduire les donations entre-vifs, qu'après avoir épuisé la valeur de tous les biens compris dans les dispositions testamentaires; et lorsqu'il y aura lieu à cette réduction, elle se fera en commençant par la dernière donation, et ainsi de suite en remontant des dernières aux plus anciennes. — C. 924, 925, 926, 1082 s.

924. Si la donation entre-vifs réductible a été faite à l'un des successibles, il pourra retenir, sur les biens donnés, la valeur de la portion qui lui appartiendrait, comme héritier, dans les biens non disponibles, s'ils sont de la même nature. — C. 842, 845, 859, 866, 919, 923.

925. Lorsque la valeur des donations entre-vifs excédera ou égalera la quotité disponible, toutes les dispositions testamentaires seront caduques. — C. 923, 1039 s.

926. Lorsque les dispositions testamentaires excéderont, soit la quotité disponible, soit la portion de cette quotité qui resterait après avoir déduit la valeur des donations entre-vifs, la réduction sera faite au marc le franc, sans aucune distinction entre les legs universels et les legs particuliers. — C. 871, 927, 1003, 1009, 1010, 1012, 1017, 1024.

927. Néanmoins, dans tous les cas où le testateur aura expressément déclaré qu'il entend que tel legs soit acquitté de préférence aux autres, cette préférence aura lieu; et le legs qui en sera l'objet, ne sera réduit qu'autant que la valeur des autres ne remplirait pas la réserve légale. — C. 926, 1009, 1024.

928. Le donataire restituera les fruits de ce qui excédera la portion disponible, à compter du jour du décès du donateur, si la demande en réduction a été faite dans l'année; sinon, du jour de la demande. — C. 549 s., 718, 856, 1005, 2277.

929. Les immeubles à recouvrer par l'effet de la réduction, le seront sans charge de dettes ou hypothèques créées par le donataire. — C. 865, 930, 2125.

930. L'action en réduction ou revendication pourra être exercée par les héritiers contre les tiers détenteurs des immeubles faisant partie des donations et aliénés par les donataires, de la même manière et dans le même ordre que contre les donataires eux-mêmes, et discussion préalablement faite de leurs biens. Cette action devra être exercée suivant l'ordre des dates des aliénations, en commençant par la plus récente. — C. 860, 920, 926, 2022, 2262, 2265.

CHAPITRE IV

Des donations entre-vifs.

SECTION PREMIÈRE

De la forme des donations entre-vifs.

931. Tous actes portant donation entre-vifs seront passés devant notaires, dans la forme ordinaire des contrats; et il en restera minute, sous peine de nullité. — C. 893 s., 948, 949, 1339, 1340. — L. 21 juin 1843, *exigeant la présence effective du notaire en second.*

932. La donation entre-vifs n'engagera le donateur, et ne produira aucun effet, que du jour qu'elle aura été acceptée en termes exprès.

L'acceptation pourra être faite du vivant du donateur, par un acte postérieur et authentique, dont il restera minute; mais alors la donation n'aura d'effet, à l'égard du donateur, que du jour où l'acte qui constatera cette acceptation lui aura été notifié. — C. 780, 894, 933 s., 938, 1039, 1087, 1121, 1317.

933. Si le donataire est majeur, l'acceptation doit être faite par lui, ou, en son nom, par la personne fondée de sa procuration, portant pouvoir d'accepter la donation faite, ou un pouvoir général d'accepter les donations qui auraient été ou qui pourraient être faites.

Cette procuration devra être passée devant notaires; et une expédition devra en être annexée à la minute de

(1) Voyez article 915.

la donation, ou à la minute de l'acceptation qui serait faite par acte séparé. — C. 938, 932, 1095, 1087.

934. La femme mariée ne pourra accepter une donation sans le consentement de son mari, ou, en cas de refus du mari, sans autorisation de la justice, conformément à ce qui est prescrit par les articles 217 et 219, au titre du mariage. — C. 222, 224, 225, 905, 938, 942, 1087, 1125; Pr. 861 s.

935. La donation faite à un mineur non émancipé ou à un interdit, devra être acceptée par son tuteur, conformément à l'article 463, au titre *de la minorité, de la tutelle et de l'émancipation*.

Le mineur émancipé pourra accepter avec l'assistance de son curateur.

Néanmoins, les père et mère du mineur émancipé ou non émancipé, ou les autres ascendants, même du vivant des père et mère, quoiqu'ils ne soient ni tuteurs, ni curateurs du mineur, pourront accepter pour lui. — C. 59, 457, 463, 481, 509, 912, 1087, 1139, 1305, 1318.

936. Le sourd-muet qui saura écrire, pourra accepter lui-même ou par un fondé de pouvoir.

S'il ne sait pas écrire, l'acceptation doit être faite par un curateur nommé à cet effet, suivant les règles établies au titre *de la minorité, de la tutelle et de l'émancipation*. — C. 481, 933, 932, 979.

937. Les donations faites au profit d'hospices, des pauvres d'une commune, ou d'établissements d'utilité publique, seront acceptées par les administrateurs de ces communes ou établissements, après y avoir été dûment autorisés. — C. 910, 940 s.

938. La donation dûment acceptée sera parfaite par le seul consentement des parties; et la propriété des objets donnés sera transférée au donataire, sans qu'il soit besoin d'autre tradition. — C. 711, 932, 939 s., 1138, 1141.

939. Lorsqu'il y aura donation de biens susceptibles d'hypothèques, la transcription des actes contenant la donation et l'acceptation, ainsi que la notification de l'acceptation qui aurait eu lieu par acte séparé, devra être faite aux bureaux des hypothèques dans l'arrondissement desquels les biens sont situés. — C. 912, 938, 939 s., 1069 s., 1081, 1168, 1166, 2118, 2181, 2182; Pr. 834; Co. 446, 448.

940. Cette transcription sera faite à la diligence du mari, lorsque les biens auront été donnés à sa femme; et si le mari ne remplit pas cette formalité, la femme pourra y faire procéder sans autorisation.

Lorsque la donation sera faite à des mineurs, à des interdits, ou à des établissements publics, la transcription sera faite à la diligence des tuteurs, curateurs ou administrateurs. — C. 450, 480, 497, 509, 910, 937, 942, 1428, 1531, 1549, 1576, 2138, 2139.

941. Le défaut de transcription pourra être opposé par toutes personnes ayant intérêt, excepté toutefois celles qui sont chargées de faire faire la transcription, ou leurs ayants cause, et le donateur. — C. 912, 939, 940, 1069-1072, 1076, 2198 s., 2181, 2182.

942. Les mineurs, les interdits, les femmes mariées, ne seront point restitués contre le défaut d'acceptation ou de transcription des donations; sauf leur recours contre leurs tuteurs ou maris, s'il y échet, et sans que la restitution puisse avoir lieu, dans le cas même où lesdits tuteurs et maris se trouveraient insolvables. — C. 450, 509, 935, 938, 1070, 1074, 1428, 1531, 1549, 1574 s., 2121.

943. La donation entre-vifs ne pourra comprendre que les biens présents du donateur; si elle comprend des biens à venir, elle sera nulle à cet égard. — C. 894, 944, 947, 1076, 1082 s., 1093 s., 1130, 1339, 1340.

944. Toute donation entre-vifs faite sous des conditions dont l'exécution dépend de la seule volonté du donateur, sera nulle. — C. 943, 947, 1086, 1174, 1340.

945. Elle sera pareillement nulle, si elle a été faite sous la condition d'acquitter d'autres dettes ou charges que celles qui existaient à l'époque de la donation, ou qui seraient exprimées soit dans l'acte de donation, soit dans l'état qui devrait y être annexé. — C. 947, 1084, 1086, 1134, 1208 s.

946. En cas que le donateur se soit réservé la liberté de disposer d'un effet compris dans la donation, ou d'une somme fixe sur les biens donnés; s'il meurt sans en avoir disposé, ledit effet ou ladite somme appartiendra aux héritiers du donateur, nonobstant toutes clauses et stipulations à ce contraires. — C. 945, 947, 1086.

947. Les quatre articles précédents ne s'appliquent point aux donations dont il est mention aux chapitres VIII et IX du présent titre. — C. 1081, 1084, 1086, 1091, 1093.

948. Tout acte de donation d'effets mobiliers ne sera valable que pour les effets dont un état estimatif, signé du donateur, et du donataire, ou de ceux qui acceptent pour lui, aura été annexé à la minute de la donation. — C. 535, 868, 932 s., 949, 1081, 1532, 1340, 2279.

949. Il est permis au donateur de faire la réserve à son profit, ou de disposer au profit d'un autre, de la jouissance ou de l'usufruit des biens meubles ou immeubles donnés. — C. 578, 899, 950.

950. Lorsque la donation d'effets mobiliers aura été faite avec réserve d'usufruit, le donataire sera tenu, à l'expiration de l'usufruit, de prendre les effets donnés qui se trouveront en nature, dans l'état où ils seront; et il aura action contre le donateur ou ses héritiers, pour raison des objets non existants, jusqu'à concurrence de la valeur qui leur aura été donnée dans l'état estimatif. — C. 587 s., 589, 600, 615 s., 948 s.

951. Le donateur pourra stipuler le droit de retour des objets donnés, soit pour le cas du prédécès du donataire seul, soit pour le cas du prédécès du donataire et de ses descendants.

Ce droit ne pourra être stipulé qu'au profit du donateur seul. — C. 351, 747, 766, 896, 952, 992, 1134, 1176.

952. L'effet du droit de retour sera de résoudre toutes les aliénations des biens donnés, et de faire revenir ces biens au donateur, francs et quittes de toutes charges et hypothèques, sauf néanmoins l'hypothèque de la dot et des conventions matrimoniales, si les autres biens de l'époux donataire ne suffisent pas, et dans le cas seulement où la donation lui aura été faite par le même contrat de mariage duquel résultent ces droits et hypothèques. — C. 717, 1183, 1183, 2121 s., 2135.

SECTION II

Des exceptions à la règle de l'irrévocabilité des donations entre-vifs.

953. La donation entre-vifs ne pourra être révoquée que pour cause d'inexécution des conditions sous lesquelles elle aura été faite, pour cause d'ingratitude, et pour cause de survenance d'enfants. — C. 894, 959, 1096, 1184.

954. Dans le cas de la révocation pour cause d'inexécution des conditions, les biens rentreront dans les mains du donateur, libres de toutes charges et hypothèques du chef du donataire; et le donateur aura, contre les tiers détenteurs des immeubles donnés, tous les droits qu'il aurait contre le donataire lui-même. — C. 953, 958, 1046, 2125.

955. La donation entre-vifs ne pourra être révoquée pour cause d'ingratitude que dans les cas suivants:

1° Si le donataire a attenté à la vie du donateur;

2° S'il s'est rendu coupable envers lui de sévices, délits ou injures graves;

3° S'il lui refuse des aliments. — C. 299, 300 s., 1046.

956. La révocation pour cause d'inexécution des conditions, ou pour cause d'ingratitude, n'aura jamais lieu de plein droit. — C. 463, 953, 957 s., 1046, 1052, 1183, 1184, 2262.

957. La demande en révocation pour cause d'ingratitude devra être formée dans l'année, à compter du jour du délit imputé par le donateur au donataire, ou du jour que le délit aura pu être connu par le donateur.

Cette révocation ne pourra être demandée par le donateur contre les héritiers du donataire, ni par les héritiers du donateur contre le donataire, à moins que, dans ce dernier cas, l'action n'ait été intentée par le donateur, ou qu'il ne soit décédé dans l'année du délit. — C. 958, 1047, 2262.

958. La révocation pour cause d'ingratitude ne préjudiciera ni aux aliénations faites par le donataire, ni aux hypothèques et autres charges réelles qu'il aura pu imposer sur l'objet de la donation, pourvu que le tout soit antérieur à l'inscription qui aurait été faite de l'extrait de la demande en révocation, en marge de la transcription prescrite par l'article 939.

Dans le cas de révocation, le donataire sera condamné à restituer la valeur des objets aliénés, eu égard au temps de la demande, et les fruits, à compter du jour de cette demande. — C. 549 s., 2125.

959. Les donations en faveur de mariage ne seront pas révocables pour cause d'ingratitude. — C. 299, 300, 1081 s., 1091 s., 1518.

960. Toutes donations entre-vifs faites par personnes qui n'avaient point d'enfants ou de descendants actuellement vivants dans le temps de la donation, de quelque valeur que ces donations puissent être, et à quelque titre qu'elles aient été faites, et encore qu'elles fussent mutuelles ou rémunératoires, même celles qui auraient été faites en faveur de mariage par autres que par les ascendants aux conjoints, ou par les conjoints l'un à l'autre, demeureront révoquées de plein droit par la survenance d'un enfant légitime du donateur, même d'un posthume, ou par la légitimation d'un enfant naturel par mariage subséquent, s'il est né depuis la donation. — C. 331, 336, 961 s., 1096.

961. Cette révocation aura lieu, encore que l'enfant du donateur ou de la donatrice fût conçu au temps de la donation. — C. 960.

962. La donation demeurera pareillement révoquée, lors même que le donataire serait entré en possession des biens donnés, et qu'il y aurait été laissé par le donateur depuis la survenance de l'enfant; sans néanmoins que le donataire soit tenu de restituer les fruits par lui perçus, de quelque nature qu'ils soient, si ce n'est du jour que la naissance de l'enfant ou sa légitimation par mariage subséquent lui aura été notifiée par exploit ou autre acte en bonne forme; et ce, quand même la demande pour rentrer dans les biens donnés n'aurait été formée que postérieurement à cette notification. — C. 549 s., 960.

963. Les biens compris dans la donation révoquée de plein droit, rentreront dans le patrimoine du donateur, libres de toutes charges et hypothèques du chef du donataire, sans qu'ils puissent demeurer affectés, même subsidiairement, à la restitution de la dot de la femme de ce donataire, de ses reprises ou autres conventions matrimoniales; ce qui aura lieu quand même la donation aurait été faite en faveur du mariage du donataire et insérée dans le contrat, et que le donateur se serait obligé comme caution, par la donation, à l'exécution du contrat de mariage. — C. 954, 2125.

964. Les donations ainsi révoquées, ne pourront revivre ou avoir de nouveau leur effet, ni par la mort de l'enfant du donateur, ni par aucun acte confirmatif; et si le donateur veut donner les mêmes biens au même donataire, soit avant ou après la mort de l'enfant par la naissance duquel la donation avait été révoquée, il ne le pourra faire que par une nouvelle disposition. — C. 931 s., 1339.

965. Toute clause ou convention par laquelle le donateur aurait renoncé à la révocation de la donation pour survenance d'enfant, sera regardée comme nulle et ne pourra produire aucun effet. — C. 6, 960, 1133.

966. Le donataire, ses héritiers ou ayants cause, ou autres détenteurs des choses données, ne pourront opposer la prescription pour faire valoir la donation révoquée par la survenance d'enfant, qu'après une possession de trente années, qui ne pourront commencer à courir que du jour de la naissance du dernier enfant du donateur, même posthume; et ce, sans préjudice des interruptions, telles que de droit. — C. 2242 s., 2251 s., 2262, 2265, 2268.

CHAPITRE V

Des dispositions testamentaires.

SECTION PREMIÈRE

Des règles générales sur la forme des testaments.

967. Toute personne pourra disposer par testament, soit sous le titre d'institution d'héritier, soit sous le titre de legs, soit sous toute autre dénomination propre à manifester sa volonté. — C. 893, 901 s., 968 s., 1002, 1003, 1010.

968. Un testament ne pourra être fait dans le même acte par deux ou plusieurs personnes, soit au profit d'un tiers, soit à titre de disposition réciproque et mutuelle. — C. 893, 1001, 1076, 1097.

969. Un testament pourra être olographe, ou fait par acte public ou dans la forme mystique. — C. 970 s.

970. Le testament olographe ne sera point valable, s'il n'est écrit en entier, daté et signé de la main du testateur: il n'est assujetti à aucune autre forme. — C. 999, 1001, 1007, 1008, 1322, 1323 s., 1328; Pr. 916 s.

971. Le testament par acte public est celui qui est reçu par deux notaires, en présence de deux témoins, ou par un notaire, en présence de quatre témoins. C. 972-975, 980, 1001.

972. Si le testament est reçu par deux notaires, il leur est dicté par le testateur, et il doit être écrit par l'un de ces notaires tel qu'il est dicté.

S'il n'y a qu'un notaire, il doit également être dicté par le testateur, et écrit par ce notaire.

Dans l'un et l'autre cas, il doit en être donné lecture au testateur, en présence des témoins.

Il est fait du tout mention expresse. — C. 973, 1001.

973. Ce testament doit être signé par le testateur: s'il déclare qu'il ne sait ou ne peut signer, il sera fait dans l'acte mention expresse de sa déclaration, ainsi que de la cause qui l'empêche de signer. — C. 971, 975, 1001.

974. Le testament devra être signé par les témoins ; et néanmoins, dans les campagnes, il suffira qu'un des deux témoins signe, si le testament est reçu par deux notaires, et que deux des quatre témoins signent, s'il est reçu par un notaire. — C. 971, 972, 973, 980, 1001.

975. Ne pourront être pris pour témoins du testament par acte public, ni les légataires, à quelque titre qu'ils soient, ni leurs parents ou alliés jusqu'au quatrième degré inclusivement, ni les clercs des notaires par lesquels les actes seront reçus. — C. 735 s., 980, 1001.

976. Lorsque le testateur voudra faire un testament mystique ou secret, il sera tenu de signer ses dispositions, soit qu'il les ait écrites lui-même, ou qu'il les ait fait écrire par un autre. Sera le papier qui contiendra ses dispositions, ou le papier qui servira d'enveloppe, s'il y en a une, clos et scellé. Le testateur le présentera ainsi clos et scellé au notaire, et à six témoins au moins, ou il le fera clore et sceller en leur présence ; et il déclarera que le contenu en ce papier est son testament écrit et signé de lui, ou écrit par un autre et signé de lui : le notaire en dressera l'acte de suscription, qui sera écrit sur ce papier ou sur la feuille qui servira d'enveloppe ; cet acte sera signé, tant par le testateur que par le notaire, ensemble par les témoins. Tout ce que dessus sera fait de suite, et sans divertir à autres actes ; et en cas que le testateur, par un empêchement survenu depuis la signature du testament, ne puisse signer l'acte de suscription, il sera fait mention de la déclaration qu'il en aura faite, sans qu'il soit besoin, en ce cas, d'augmenter le nombre des témoins. — C. 968, 977-980, 1001, 1007.

977. Si le testateur ne sait signer, ou s'il n'a pu le faire lorsqu'il a fait écrire ses dispositions, il sera appelé à l'acte de suscription un témoin, outre le nombre porté par l'article précédent, lequel signera l'acte avec les autres témoins ; et il y sera fait mention de la cause pour laquelle ce témoin aura été appelé. — C. 976, 980, 1001.

978. Ceux qui ne savent ou ne peuvent lire, ne pourront faire de dispositions dans la forme du testament mystique. — C. 1001.

979. En cas que le testateur ne puisse parler, mais qu'il puisse écrire, il pourra faire un testament mystique, à la charge que le testament sera entièrement écrit, daté et signé de sa main, qu'il le présentera au notaire et aux témoins, et qu'au haut de l'acte de suscription, il écrira, en leur présence, que le papier qu'il présente est son testament : après quoi le notaire écrira l'acte de suscription, dans lequel il sera fait mention que le testateur a écrit ces mots en présence du notaire et des témoins ; et sera, au surplus, observé tout ce qui est prescrit par l'article 976. — C. 976, 1001.

980. Les témoins appelés pour être présents aux testaments devront être mâles, majeurs, [illegible] — C. [illegible] P. 28, 34, 42.

Art. Modifié
Voir page 62

SECTION II.

Des règles particulières sur la forme de certains testaments.

981. (*L. 8 juin 1893.*) Les testaments des militaires, des marins de l'État et des personnes employées à la suite des armées pourront être reçus dans les cas et conditions prévus à l'article 93, soit par un officier supérieur ou médecin militaire d'un grade correspondant, en présence de deux témoins ; soit par deux fonctionnaires de l'Intendance ou officiers du commissariat ; soit par un de ces fonctionnaires ou officiers en présence de deux témoins ; soit enfin, dans un détachement isolé, par l'officier commandant ce détachement assisté de deux témoins, s'il n'existe pas dans ce détachement d'officier supérieur, de fonctionnaire de l'Intendance ou d'officier du commissariat.

Le testament de l'officier commandant un détachement isolé pourra être reçu par celui qui vient après lui dans l'ordre du service.

982. (*L. 8 juin 1893.*) Les testaments mentionnés à l'article précédent pourront encore, si le testateur est malade ou blessé, être reçus dans les hôpitaux ou les formations sanitaires militaires, par le médecin chef assisté de l'officier d'administration gestionnaire.

A défaut de cet officier d'administration, la présence de deux témoins sera nécessaire.

983. (*L. 8 juin 1893.*) Dans tous les cas, il sera fait un double original des testaments mentionnés aux deux articles précédents.

Si cette formalité n'a pu être remplie à raison de l'état de santé du testateur, il sera dressé une expédition du testament pour tenir lieu du second original ; cette expédition sera signée par les témoins et par les officiers instrumentaires. Il y sera fait mention des causes qui ont empêché de dresser le second original.

Dès que la communication sera possible, et dans le plus bref délai, les deux originaux ou l'original et l'expédition du testament seront adressés, séparément et par courriers différents, sous pli clos et cacheté, au ministre de la guerre ou de la marine, pour être déposés chez le notaire indiqué par le testateur, ou, à défaut d'indication, chez le président de la chambre des notaires de l'arrondissement du dernier domicile.

984. (*L. 8 juin 1893.*) Le testament fait dans la forme ci-dessus établie sera nul six mois après que le testateur sera venu dans un lieu où il aura la liberté d'employer les formes ordinaires, à moins que, avant l'expiration de ce délai, il n'ait été de nouveau placé dans une des situations spéciales prévues à l'article 93. Le testament sera alors valable pendant la durée de cette situation spéciale et pendant un nouveau délai de six mois après son expiration.

985. Les testaments faits dans un lieu avec lequel toute communication sera interceptée à cause de la peste ou autre maladie contagieuse, pourront être faits devant le juge de paix, ou devant l'un des officiers municipaux de la commune, en présence de deux témoins. — C. 980, 986 s., 998, 1001.

986. Cette disposition aura lieu, tant à l'égard de ceux qui seraient attaqués de ces maladies, que de ceux qui seraient dans les lieux qui en sont infectés, encore qu'ils ne fussent pas actuellement malades. — C. 985, 987.

987. Les testaments mentionnés aux deux articles précédents deviendront nuls six mois après que les communications auront été rétablies dans le lieu où le testateur se trouve, ou six mois après qu'il aura passé dans un lieu où elles ne seront point interrompues. — C. 985, 986.

988. (*L. 8 juin 1893.*) Au cours d'un voyage maritime, soit en route, soit pendant un arrêt dans un port, lorsqu'il y aura impossibilité de communiquer avec la terre ou lorsqu'il n'existera pas dans le port, si l'on est à l'étranger, d'agent diplomatique ou consulaire français investi des fonctions de notaire, les testaments des personnes présentes à bord seront reçus, en présence de deux témoins : sur les bâtiments de l'État, par l'officier d'administration ou, à son défaut, par le commandant ou celui qui en remplit les fonctions, et sur les autres bâtiments, par le capitaine, maître ou patron, assisté du second du navire, ou, à leur défaut, par ceux qui les remplacent.

L'acte indiquera celle des circonstances ci-dessus prévues dans laquelle il aura été reçu.

989. (*L. 8 juin 1893.*) Sur les bâtiments de l'État, le testament de l'officier d'administration sera, dans les circonstances prévues à l'article précédent, reçu par le commandant ou par celui qui en remplit les fonctions, et, s'il n'y a pas d'officier d'administration, le testament du commandant sera reçu par celui qui vient après lui dans l'ordre du service.

Sur les autres bâtiments, le testament du capitaine, maître ou patron, ou celui du second, seront, dans les mêmes circonstances, reçus par les personnes qui viennent après eux dans l'ordre du service.

990. (*L. 8 juin 1893.*) Dans tous les cas, il sera fait un double original des testaments mentionnés aux deux articles précédents.

Si cette formalité n'a pu être remplie à raison de l'état de santé du testateur, il sera dressé une expédition du testament pour tenir lieu du second original ; cette expédition sera signée par les témoins et par les officiers instrumentaires. Il y sera fait mention des causes qui ont empêché de dresser le second original.

991. (*L. 8 juin 1893.*) Au premier arrêt dans un port étranger où se trouve un agent diplomatique ou consulaire français, il sera fait remise, sous pli clos et cacheté, de l'un des originaux ou de l'expédition du testament entre les mains de ce fonctionnaire, qui l'adressera au ministre de la marine, afin que le dépôt puisse en être effectué comme il est dit à l'article 983.

992. (*L. 8 juin 1893.*) A l'arrivée du bâtiment dans un port de France, les deux originaux du testament, ou l'original et son expédition, ou l'original qui reste, en cas de transmission ou de remise effectuée pendant le cours du voyage, seront déposés, sous pli clos et cacheté, pour les bâtiments de l'État, au bureau des armements, et, pour les autres bâtiments, au bureau de l'inscription maritime. Chacune de ces pièces sera adressée, séparément et par courriers différents, au ministre de la marine, qui en opérera la transmission comme il est dit à l'article 983.

993. (*L. 8 juin 1893.*) Il sera fait mention sur le rôle du bâtiment, en regard du nom du testateur, de la remise des originaux ou expédition du testament faite, conformément aux prescriptions des articles précédents, au consulat, au bureau des armements ou au bureau de l'inscription maritime.

994. (*L. 8 juin 1893.*) Le testament fait au cours d'un voyage maritime, en la forme prescrite par les articles 988 et suivants, ne sera valable qu'autant que le testateur mourra à bord ou dans les six mois après qu'il sera débarqué dans un lieu où il aura pu le refaire dans les formes ordinaires.

Toutefois, si le testateur entreprend un nouveau voyage maritime avant l'expiration de ce délai, le testament sera valable pendant la durée de ce voyage et pendant un nouveau délai de six mois après que le testateur sera de nouveau débarqué.

995. (*L. 8 juin 1893.*) Les dispositions insérées dans un testament fait, au cours d'un voyage maritime, au profit des officiers du bâtiment autres que ceux qui seraient parents ou alliés du testateur, seront nulles et non avenues.

Il en sera ainsi, que le testament soit fait en la forme olographe, ou qu'il soit reçu conformément aux articles 988 et suivants.

996. (*L. 8 juin 1893.*) Il sera donné lecture au testateur, en présence des témoins, des dispositions de l'article 984, 987 ou 994, suivant les cas, et mention de cette lecture sera faite dans le testament.

997. (*L. 8 juin 1893.*) Les testaments compris dans les articles ci-dessus de la présente section seront signés par le testateur, par ceux qui les auront reçus et par les témoins.

998. (*L. 8 juin 1893.*) Si le testateur déclare qu'il ne peut ou ne sait signer, il sera fait mention de sa déclaration, ainsi que de la cause qui l'empêche de signer.

Dans les cas où la présence de deux témoins est requise, le testament sera signé au moins par l'un d'eux, et il sera fait mention de la cause pour laquelle l'autre n'aura pas signé.

999. Un Français qui se trouvera en pays étranger, pourra faire ses dispositions testamentaires par acte sous signature privée, ainsi qu'il est prescrit en l'article 970, ou par acte authentique, avec les formes usitées dans le lieu où cet acte sera passé (1). — C. 984, 1000, 1317.

1000. Les testaments faits en pays étranger ne pourront être exécutés sur les biens situés en France, qu'après avoir été enregistrés au bureau du domicile du testateur, s'il en a conservé un, sinon au bureau de son dernier domicile connu en France ; et dans le cas où le testament contiendrait des dispositions d'immeubles qui y seraient situés, il devra être, en outre, enregistré au bureau de la situation de ces immeubles, sans qu'il puisse être exigé un double droit. — C. 102, 999.

1001. Les formalités auxquelles les divers testaments sont assujettis par les dispositions de la présente section et de la précédente, doivent être observées à peine de nullité.

SECTION III.

Des institutions d'héritier, et des legs en général.

1002. Les dispositions testamentaires sont ou universelles, ou à titre universel, ou à titre particulier.

Chacune de ces dispositions, soit qu'elle ait été faite sous la dénomination d'institution d'héritier, soit qu'elle ait été faite sous la dénomination de legs, produira son effet suivant les règles ci-après établies pour les legs universels, pour les legs à titre universel, et pour les legs particuliers. — C. 895, 967, 1003 s., 1010 s., 1014 s.

SECTION IV.

Du legs universel.

1003. Le legs universel est la disposition testamentaire par laquelle le testateur donne à une ou plusieurs personnes l'universalité des biens qu'il laissera à son décès.

1004. Lorsqu'au décès du testateur, il y a des héritiers auxquels une quotité de ses biens est réservée par la loi, ces héritiers sont saisis de plein droit, par sa mort, de tous les biens

(1) [illegible]

de la succession; et le légataire universel est tenu de leur demander la délivrance des biens compris dans le testament. — C. 724, 913 s., 1005, 1011, 1014.

1005. Néanmoins, dans les mêmes cas, le légataire universel aura la jouissance des biens compris dans le testament, à compter du jour du décès, si la demande en délivrance a été faite dans l'année, depuis cette époque; sinon, cette jouissance ne commencera que du jour de la demande formée en justice, ou du jour que la délivrance aurait été volontairement consentie. — C. 138, 549 s., 928, 1004; Pr. 57.

1006. Lorsqu'au décès du testateur, il n'y aura pas d'héritiers auxquels une quotité de ses biens soit réservée par la loi, le légataire universel sera saisi de plein droit par la mort du testateur, sans être tenu de demander la délivrance. — C. 724, 916, 1003, 1008, 1026 s.

1007. Tout testament olographe sera, avant d'être mis à exécution, présenté au président du tribunal de première instance de l'arrondissement dans lequel la succession est ouverte. Ce testament sera ouvert, s'il est cacheté. Le président dressera procès-verbal de la présentation, de l'ouverture et de l'état du testament, dont il ordonnera le dépôt entre les mains du notaire par lui commis.

Si le testament est dans la forme mystique, sa présentation, son ouverture, sa description et son dépôt seront faits de la même manière; mais l'ouverture ne pourra se faire qu'en présence de ceux des notaires et des témoins, signataires de l'acte de suscription, qui se trouveront sur les lieux, ou eux appelés. — C. 110, 970, 976 s., 1008; Pr. 916 s.

Art. Modifié
Voir 2e suppt

1008. Dans le cas de l'art. 1006, si le testament est olographe ou mystique, le légataire universel sera tenu de se faire envoyer en possession, par une ordonnance du président, mise au bas d'une requête à laquelle sera joint l'acte de dépôt. — C. 970, 976 s., 1006, 1007, 1313, 1315, 1320, 2123; Pr. 159 s., 546.

1009. Le légataire universel qui sera en concours avec un héritier auquel la loi réserve une quotité de biens, sera tenu des dettes et charges de la succession du testateur, personnellement pour sa part et portion, et hypothécairement pour le tout; et il sera tenu d'acquitter tous les legs, sauf le cas de réduction, ainsi qu'il est expliqué aux articles 926 et 927. — C. 610 s., 724, 870, 873, 913 s., 1003, 1012, 2114.

SECTION V

Du legs à titre universel.

1010. Le legs à titre universel est celui par lequel le testateur lègue une quote-part des biens dont la loi lui permet de disposer, telle qu'une moitié, un tiers, ou tous ses immeubles, ou tout son mobilier, ou une quotité fixe de tous ses immeubles ou de tout son mobilier.

Tout autre legs ne forme qu'une disposition à titre particulier. — C. 610, 612, 832, 913 s., 1002, 1014 s.

1011. Les légataires à titre universel seront tenus de demander la délivrance aux héritiers auxquels une quotité des biens est réservée par la loi; à leur défaut, aux légataires universels; et à défaut de ceux-ci, aux héritiers appelés dans l'ordre établi au titre des *successions*. — C. 724, 731 s., 913 s., 1003, 1014.

1012. Le légataire à titre universel sera tenu, comme le légataire universel, des dettes et charges de la succession du testateur, personnellement pour sa part et portion, et hypothécairement pour le tout. — C. 610, 612, 870 s., 926, 1009, 1013, 2111, 2114.

1013. Lorsque le testateur n'aura disposé que d'une quotité de la portion disponible, et qu'il l'aura fait à titre universel, ce légataire sera tenu d'acquitter les legs particuliers par contribution avec les héritiers naturels. — C. 871 s., 913 s., 1009, 1027.

SECTION VI

Des legs particuliers.

1014. Tout legs pur et simple donnera au légataire, du jour du décès du testateur, un droit à la chose léguée, droit transmissible à ses héritiers ou ayants cause.

Néanmoins le légataire particulier ne pourra se mettre en possession de la chose léguée, ni en prétendre les fruits ou intérêts, qu'à compter du jour de sa demande en délivrance, formée suivant l'ordre établi par l'article 1011, ou du jour auquel cette délivrance lui aurait été volontairement consentie. — C. 549 s., 583 s., 609, 928, 1005, 1015 s., 1018, 1041, 1180, 1183; Pr. 57.

1015. Les intérêts ou fruits de la chose léguée courront au profit du légataire, dès le jour du décès, et sans qu'il ait formé sa demande en justice :

1° Lorsque le testateur aura expressément déclaré sa volonté, à cet égard, dans le testament;

2° Lorsqu'une rente viagère ou une pension aura été léguée à titre d'aliments. — C. 1014, 1909.

1016. Les frais de la demande en délivrance seront à la charge de la succession, sans néanmoins qu'il puisse en résulter de réduction de la réserve légale.

Les droits d'enregistrement seront dus par le légataire.

Le tout, s'il n'en a été autrement ordonné par le testament.

Chaque legs pourra être enregistré séparément, sans que cet enregistrement puisse profiter à aucun autre qu'au légataire ou à ses ayants cause. — C. 913 s., 1014, 1248; Pr. 130.

1017. Les héritiers du testateur, ou autres débiteurs d'un legs, seront personnellement tenus de l'acquitter, chacun au prorata de la part et portion dont ils profiteront dans la succession.

Ils en seront tenus hypothécairement pour le tout, jusqu'à concurrence de la valeur des immeubles de la succession dont ils seront détenteurs. — C. 610, 612, 724, 870 s., 1009, 1012 s., 1022, 1220, 1221, 2111, 2114.

1018. La chose léguée sera délivrée avec les accessoires nécessaires, et dans l'état où elle se trouvera au jour du décès du donateur. — C. 522 s., 546 s., 1019 s., 1038, 1042, 1064, 1245.

1019. Lorsque celui qui a légué la propriété d'un immeuble, l'a ensuite augmentée par des acquisitions, ces acquisitions, fussent-elles contiguës, ne seront pas censées, sans une nouvelle disposition, faire partie du legs.

Il en sera autrement des embellissements, ou des constructions nouvelles faites sur le fonds légué, ou d'un enclos dont le testateur aurait augmenté l'enceinte. — C. 1010, 1018.

1020. Si, avant le testament ou depuis, la chose léguée a été hypothéquée pour une dette de la succession, ou même pour la dette d'un tiers, ou si elle est grevée d'un usufruit, celui qui doit acquitter le legs n'est point tenu de la dégager, à moins qu'il n'ait été chargé de le faire par une disposition expresse du testateur. — C. 611, 871, 872, 874, 1026, 2168, 2178.

1021. Lorsque le testateur aura légué la chose d'autrui, le legs sera nul, soit que le testateur ait connu ou non qu'elle ne lui appartenait pas. — C. 1038, 1423, 1599.

1022. Lorsque le legs sera d'une chose indéterminée, l'héritier ne sera pas obligé de la donner de la meilleure qualité, et il ne pourra l'offrir de la plus mauvaise. — C. 1021, 1190, 1246.

1023. Le legs fait au créancier ne sera pas censé en compensation de sa créance, ni le legs fait au domestique en compensation de ses gages. — C. 1289 s., 1330, 1362.

1024. Le légataire à titre particulier ne sera point tenu des dettes de la succession, sauf la réduction du legs, ainsi qu'il est dit ci-dessus, et sauf l'action hypothécaire des créanciers. — C. 611, 809, 871, 874, 925-927, 1251.

SECTION VII

Des exécuteurs testamentaires.

1025. Le testateur pourra nommer un ou plusieurs exécuteurs testamentaires. — C. 1030, 1028, 1031.

1026. Il pourra leur donner la saisine du tout, ou seulement d'une partie de son mobilier; mais elle ne pourra durer au delà de l'an et jour à compter de son décès.

S'il ne la leur a pas donnée, ils ne pourront l'exiger. — C. 533, 724, 1006, 1027.

1027. L'héritier pourra faire cesser la saisine, en offrant de remettre aux exécuteurs testamentaires somme suffisante pour le paiement des legs mobiliers, ou en justifiant de ce paiement. — C. 1026.

1028. Celui qui ne peut s'obliger, ne peut pas être exécuteur testamentaire. — C. 1029, 1030, 1124, 1990.

1029. La femme mariée ne pourra accepter l'exécution testamentaire qu'avec le consentement de son mari.

Si elle est séparée de biens, soit par contrat de mariage, soit par jugement, elle le pourra avec le consentement de son mari, ou, à son refus, autorisée par la justice, conformément à ce qui est prescrit par les articles 217 et 219, au titre du *mariage*. — C. 1028, 1124, 1990.

1030. Le mineur ne pourra être exécuteur testamentaire, même avec l'autorisation de son tuteur ou curateur. — C. 388, 480 s., 1028, 1124, 1990.

1031. Les exécuteurs testamentaires feront apposer les scellés, s'il y a des héritiers mineurs, interdits ou absents.

Ils feront faire, en présence de l'héritier présomptif, ou lui dûment appelé, l'inventaire des biens de la succession.

Ils provoqueront la vente du mobilier, à défaut de deniers suffisants pour acquitter les legs.

Ils veilleront à ce que le testament soit exécuté; et ils pourront, en cas de contestation sur son exécution, intervenir pour en soutenir la validité.

Ils devront, à l'expiration de l'année du décès du testateur, rendre compte de leur gestion. — C. 819, 1026, 1028, 1034; Pr. 126, 132, 929 s., 527 s., 907 s., 941, 951 s., 985 s.

1032. Les pouvoirs de l'exécuteur testamentaire ne passeront point à ses héritiers. — C. 724, 2003, 2010.

1033. S'il y a plusieurs exécuteurs testamentaires qui aient accepté, un seul pourra agir au défaut des autres; et ils seront solidairement responsables du compte du mobilier qui leur a été confié, à moins que le testateur n'ait divisé leurs fonctions, et que chacun d'eux ne se soit renfermé dans celle qui lui était attribuée. — C. 1200 s., 1995; Pr. 126, 132.

1034. Les frais faits par l'exécuteur testamentaire pour l'apposition des scellés, l'inventaire, le compte et les autres frais relatifs à ses fonctions, seront à la charge de la succession. — C. 1031, 2101.

SECTION VIII

De la révocation des testaments et de leur caducité.

1035. Les testaments ne pourront être révoqués, en tout ou en partie, que par un testament postérieur, ou par un acte devant notaires, portant déclaration du changement de volonté. — C. 895, 969 s., 981 s., 1001, 1067, 1036 s., 1338.

1036. Les testaments postérieurs qui ne révoqueront pas d'une manière expresse les précédents, n'annuleront, dans ceux-ci, que celles des dispositions y contenues qui se trouveront incompatibles avec les nouvelles, ou qui seront contraires. — C. 895, 1035.

1037. La révocation faite dans un testament postérieur aura tout son effet, quoique ce nouvel acte reste sans exécution par l'incapacité de l'héritier institué ou du légataire, ou par leur refus de recueillir. — C. 906 s., 1035, 1039 s.

1038. Toute aliénation, celle même par vente avec faculté de rachat ou par échange, que fera le testateur de tout ou de partie de la chose léguée, emportera la révocation du legs pour tout ce qui a été aliéné, encore que l'aliénation postérieure soit nulle, et que l'objet soit rentré dans la main du testateur. — C. 1021, 1058 s., 1582 s.

1039. Toute disposition testamentaire sera caduque, si celui en faveur de qui elle est faite n'a pas survécu au testateur. — C. 25, 135, 720 s., 925, 1035 s., 1088, 1089.

1040. Toute disposition testamentaire faite sous une condition dépendante d'un événement incertain, et telle que, dans l'intention du testateur, cette disposition ne doive être exécutée qu'autant que l'événement arrivera ou n'arrivera pas, sera caduque, si l'héritier institué ou le légataire décède avant l'accomplissement de la condition. — C. 900, 1168 s., 1179, 1183.

1041. La condition qui, dans l'intention du testateur, ne fait que suspendre l'exécution de la disposition, n'empêchera pas l'héritier institué, ou le légataire, d'avoir un droit acquis et transmissible à ses héritiers. — C. 1014, 1168, 1181 s., 1185 s.

1042. Le legs sera caduc, si la chose léguée a totalement péri pendant la vie du testateur.

Il en sera de même, si elle a péri depuis sa mort, sans le fait et la faute de l'héritier, quoique celui-ci ait été mis en retard de la délivrer, lorsqu'elle eût également dû périr entre les mains du légataire. — C. 1136, 1138, 1148, 1302 s.

1043. La disposition testamentaire sera caduque, lorsque l'héritier institué ou le légataire la répudiera, ou se trouvera incapable de la recueillir. — C. 784, 790, 906 s., 1966.

1044. Il y aura lieu à accroissement au profit des légataires, dans le cas où le legs sera fait à plusieurs conjointement.

Le legs sera réputé fait conjointement, lorsqu'il le sera par une seule et même disposition, et que le testateur n'aura pas assigné la part de chacun des colégataires dans la chose léguée. — C. 786, 1003, 1011, 1045, 1491, 1552.

1045. Il sera encore réputé fait conjointement, quand une chose qui n'est pas susceptible d'être divisée sans détérioration, aura été donnée par le même acte à plusieurs personnes, même séparément. — C. 1044, 1217 s., 1300, 1552.

1046. Les mêmes causes qui, suivant l'article 954 et les deux premières dispositions de l'article 955, autoriseront la demande en révocation de la donation entre-vifs, seront admises pour la demande en révocation des dispositions testamentaires. — C. [illegible].

1047. Si cette demande est fondée sur une injure grave faite à la mémoire du testateur, elle doit être intentée dans l'année, à compter du jour du délit. — C. [illegible].

CHAPITRE VI

Des dispositions permises en faveur des petits-enfants du donateur ou testateur, ou des enfants de ses frères et sœurs.

1048. Les biens dont les pères et mères ont la faculté de disposer, pourront être par eux donnés, en tout ou en partie, à un ou plusieurs de leurs enfants, par actes entre-vifs ou testamentaires, avec la charge de rendre ces biens aux enfants nés et à naître, au premier degré seulement, desdits donataires. — C. [illegible].

1049. Sera valable, en cas de mort sans enfants, la disposition que le défunt aura faite par acte entre-vifs ou testamentaire, au profit d'un ou plusieurs de ses frères ou sœurs, de tout ou partie des biens qui ne sont point réservés par la loi dans sa succession, avec la charge de rendre ces biens aux enfants nés et à naître, au premier degré seulement, desdits frères ou sœurs donataires. — C. [illegible].

1050. Les dispositions permises par les deux articles précédents ne seront valables qu'autant que la charge de restitution sera au profit de tous les enfants nés et à naître du grevé, sans exception ni préférence d'âge ou de sexe.

1051. Si, dans les cas ci-dessus, le grevé de restitution au profit de ses enfants meurt, laissant des enfants au premier degré et des descendants d'un enfant prédécédé, ces derniers recueilleront, par représentation, la portion de l'enfant prédécédé. — C. [illegible].

1052. Si l'enfant, le frère ou la sœur auxquels des biens auraient été donnés par acte entre-vifs sans charge de restitution, acceptent une nouvelle libéralité faite par acte entre-vifs ou testamentaire, sous la condition que les biens précédemment donnés demeureront grevés de cette charge, il ne leur est plus permis de diviser les deux dispositions faites à leur profit, et de renoncer à la seconde pour s'en tenir à la première, quand même ils offriraient de rendre les biens compris dans la seconde disposition. — C. [illegible].

1053. Les droits des appelés seront ouverts à l'époque où, par quelque cause que ce soit, la jouissance de l'enfant, du frère ou de la sœur, grevés de restitution, cessera : l'abandon anticipé de la jouissance au profit des appelés ne pourra préjudicier aux créanciers du grevé antérieurs à l'abandon. — C. [illegible].

1054. Les femmes des grevés ne pourront avoir, sur les biens à rendre, de recours subsidiaire, en cas d'insuffisance des biens libres, que pour le capital des deniers dotaux, et dans le cas seulement où le testateur l'aurait expressément ordonné. — C. [illegible].

1055. Celui qui fera les dispositions autorisées par les articles précédents, pourra, par le même acte, ou par un acte postérieur, en forme authentique, nommer un tuteur chargé de l'exécution de ces dispositions : ce tuteur ne pourra être dispensé que pour une des causes exprimées à la section VI du chapitre II du titre de la Minorité, de la Tutelle et de l'Émancipation. — C. [illegible].

1056. A défaut de ce tuteur, il en sera nommé un à la diligence du grevé, ou de son tuteur s'il est mineur, dans le délai d'un mois, à compter du jour du décès du donateur ou testateur, ou du jour que, depuis cette mort, l'acte contenant la disposition aura été connu. — C. [illegible].

1057. Le grevé qui n'aura pas satisfait à l'article précédent, sera déchu du bénéfice de la disposition ; et dans ce cas, le droit pourra être déclaré ouvert au profit des appelés, à la diligence, soit des appelés s'ils sont majeurs, soit de leur tuteur ou curateur s'ils sont mineurs ou interdits, soit de tout parent des appelés majeurs, mineurs ou interdits, ou même d'office, à la diligence du procureur du Roi près le tribunal de première instance du lieu où la succession est ouverte. — C. [illegible].

1058. Après le décès de celui qui aura disposé à la charge de restitution, il sera procédé, dans les formes ordinaires, à l'inventaire de tous les biens et effets qui composeront sa succession, excepté néanmoins le cas où il ne s'agirait que d'un legs particulier. Cet inventaire contiendra la prisée à juste prix des meubles et effets mobiliers. — C. [illegible].

1059. Il sera fait à la requête du grevé de restitution, et dans le délai fixé au titre des *Successions*, en présence du tuteur nommé pour l'exécution. Les frais seront pris sur les biens compris dans la disposition. — C. [illegible].

1060. Si l'inventaire n'a pas été fait à la requête du grevé dans le délai ci-dessus, il y sera procédé dans le mois suivant, à la diligence du tuteur nommé pour l'exécution, en présence du grevé ou de son tuteur. — C. [illegible].

1061. S'il n'a point été satisfait aux deux articles précédents, il sera procédé au même inventaire, à la diligence des personnes désignées en l'article 1057, en y appelant le grevé ou son tuteur, et le tuteur nommé pour l'exécution. — C. [illegible].

1062. Le grevé de restitution sera tenu de faire procéder à la vente, par affiches et enchères, de tous les meubles et effets compris dans la disposition, à l'exception néanmoins de ceux dont il est mention dans les deux articles suivants. — [illegible].

1063. Les meubles meublants et autres choses mobilières qui auraient été compris dans la disposition, à la condition expresse de les conserver en nature, seront rendus dans l'état où ils se trouveront lors de la restitution. — C. [illegible].

1064. Les bestiaux et ustensiles servant à faire valoir les terres, seront censés compris dans les donations entre-vifs ou testamentaires desdites terres ; et le grevé sera seulement tenu de les faire priser et estimer, pour en rendre une égale valeur lors de la restitution. — C. [illegible].

1065. Il sera fait par le grevé, dans le délai de six mois, à compter du jour de la clôture de l'inventaire, un emploi des deniers comptants, de ceux provenant du prix des meubles et effets qui auront été vendus, et de ce qui aura été reçu des effets actifs.

Ce délai pourra être prolongé, s'il y a lieu. — C. [illegible].

1066. Le grevé sera pareillement tenu de faire emploi des deniers provenant des effets actifs qui seront recouvrés et des remboursements de rentes ; et ce, dans trois mois au plus tard après qu'il aura reçu ces deniers. — C. [illegible].

1067. Cet emploi sera fait conformément à ce qui aura été ordonné par l'auteur de la disposition, s'il a désigné la nature des effets dans lesquels l'emploi doit être fait ; sinon, il ne pourra l'être qu'en immeubles, ou avec privilège sur des immeubles. — C. [illegible].

1068. L'emploi ordonné par les articles précédents sera fait en présence et à la diligence du tuteur nommé pour l'exécution. — C. [illegible].

1069. Les dispositions par actes entre-vifs ou testamentaires, à charge de restitution, seront, à la diligence, soit du grevé, soit du tuteur nommé pour l'exécution, rendues publiques ; savoir, quant aux immeubles, par la transcription des actes sur les registres du bureau des hypothèques du lieu de la situation ; et quant aux sommes colloquées avec privilège sur des immeubles, par l'inscription sur les biens affectés au privilège. — C. [illegible].

1070. Le défaut de transcription de l'acte contenant la disposition pourra être opposé par les créanciers et tiers acquéreurs, même aux mineurs ou interdits, sauf le recours contre le grevé et contre le tuteur à l'exécution, et sans que les mineurs ou interdits puissent être restitués contre ce défaut de transcription, quand même le grevé et le tuteur se trouveraient insolvables. — C. [illegible].

1071. Le défaut de transcription ne pourra être suppléé ni regardé comme couvert par la connaissance que les créanciers ou les tiers acquéreurs pourraient avoir eue de la disposition par d'autres voies que celle de la transcription. — C. [illegible].

1072. Les donataires, les légataires, ni même les héritiers légitimes de celui qui aura fait la disposition, ni pareillement leurs donataires, légataires ou héritiers, ne pourront, en aucun cas, opposer aux appelés le défaut de transcription ou inscription. — C. [illegible].

1073. Le tuteur nommé pour l'exécution sera personnellement responsable, s'il ne s'est pas, en tout point, conformé aux règles ci-dessus établies pour constater les biens, pour la vente du mobilier, pour l'emploi des deniers, pour la transcription et l'inscription, et, en général, s'il n'a pas fait toutes les diligences nécessaires pour que la charge de restitution soit bien et fidèlement acquittée. — C. [illegible].

1074. Si le grevé est mineur, il ne pourra, dans le cas même de l'insolvabilité de son tuteur, être restitué contre l'inexécution des règles qui lui sont prescrites par les articles du présent chapitre. — C. [illegible].

CHAPITRE VII

Des partages faits par père, mère, ou autres ascendants, entre leurs descendants.

1075. Les père et mère et autres ascendants pourront faire, entre leurs enfants et descendants, la distribution et le partage de leurs biens. — C. [illegible].

1076. Ces partages pourront être faits par actes entre-vifs ou testamentaires, avec les formalités, conditions et règles prescrites pour les donations entre-vifs et testaments.

Les partages faits par actes entre-vifs ne pourront avoir pour objet que les biens présents. — C. [illegible].

1077. Si tous les biens que l'ascendant laissera au jour de son décès n'ont pas été compris dans le partage, ceux de ces biens qui n'y auront pas été compris, seront partagés conformément à la loi. — C. [illegible].

1078. Si le partage n'est pas fait entre tous les enfants qui existeront à l'époque du décès et les descendants de ceux prédécédés, le partage sera nul pour le tout. Il en pourra être provoqué un nouveau dans la forme légale, soit par les enfants ou descendants qui n'y auront reçu aucune part, soit même par ceux entre qui le partage aura été fait. — C. [illegible].

1079. Le partage fait par l'ascendant pourra être attaqué pour cause de lésion de plus du quart ; il pourra l'être aussi dans le cas où il résulterait du partage et des dispositions faites par préciput, que l'un des copartagés aurait un avantage plus grand que la loi ne le permet. — C. [illegible].

1080. L'enfant qui, pour une des causes exprimées en l'article précédent, attaquera le partage fait par l'ascendant, devra faire l'avance des frais de l'estimation ; et il les supportera en définitive, ainsi que les dépens de la contestation, si la réclamation n'est pas fondée. — C. [illegible].

CHAPITRE VIII

Des donations faites par contrat de mariage aux époux et aux enfants à naître du mariage.

1081. Toute donation entre-vifs de biens présents, quoique faite par contrat de mariage aux époux, ou à l'un d'eux, sera soumise aux règles générales prescrites pour les donations faites à ce titre.

Elle ne pourra avoir lieu au profit des enfants à naître, si ce n'est dans les cas énoncés au chapitre VI du présent titre. — C. [illegible].

1082. Les pères et mères, les autres ascendants, les parents collatéraux des époux, et même les étrangers, pourront, par contrat de mariage, disposer de tout ou partie des biens qu'ils laisseront au jour de leur décès, tant au profit desdits époux, qu'au profit des enfants à naître de leur mariage, dans le cas où le donateur survivrait à l'époux donataire.

Pareille donation, quoique faite au profit seulement des époux ou de l'un d'eux, sera toujours, dans ledit cas de survie du donateur, présumée faite au profit des enfants et descendants à naître du mariage. — C. [illegible].

1083. La donation, dans la forme portée au précédent article, sera irrévocable, en ce sens seulement que le donateur ne pourra plus disposer, à titre gratuit, des objets compris dans la donation, si ce n'est pour sommes modiques, à titre de récompense ou autrement. — C. [illegible].

1084. La donation par contrat de mariage pourra être faite cumulativement des biens présents et à venir, en tout ou en partie, à la charge qu'il sera annexé à l'acte un état des dettes et charges du donateur existantes au jour de la donation ; auquel cas, il sera libre au donataire, lors du décès du donateur, de s'en tenir aux biens présents, en renonçant au surplus des biens du donateur. — C. [illegible]

948, 959, 960, 1081, 1092, 1096, 1087-1090, 1093.

1085. Si l'état dont est mention au précédent article n'a point été annexé à l'acte contenant donation des biens présents et à venir, le donataire sera obligé d'accepter ou de répudier cette donation pour le tout. En cas d'acceptation, il ne pourra réclamer que les biens qui se trouveront existants au jour du décès du donateur, et il sera soumis au paiement de toutes les dettes et charges de la succession. — C. 910-943, 948, 1081, 1082, 1083, 1084, 1089, 1093.

1086. La donation par contrat de mariage en faveur des époux et des enfants à naître de leur mariage, pourra encore être faite, à condition de payer indistinctement toutes les dettes et charges de la succession du donateur, ou sous d'autres conditions dont l'exécution dépendrait de sa volonté, par quelque personne que la donation soit faite : le donataire sera tenu d'accomplir ces conditions, s'il n'aime mieux renoncer à la donation ; et en cas que le donateur, par contrat de mariage, se soit réservé la liberté de disposer d'un effet compris dans la donation de ses biens présents, ou d'une somme fixe à prendre sur ces mêmes biens, l'effet ou la somme, s'il meurt sans en avoir disposé, seront censés compris dans la donation, et appartiendront au donataire ou à ses héritiers. — C. 943, 926, 893 s., 947, 950, 965, 1087 s., 1093, 1175, 1520, 1362.

1087. Les donations faites par contrat de mariage ne pourront être attaquées, ni déclarées nulles, sous prétexte de défaut d'acceptation. — C. 932 s., 1081, 1082, 1084, 1086.

1088. Toute donation faite en faveur du mariage sera caduque, si le mariage ne s'ensuit pas. — C. 960, 1081, 1082, 1084, 1086, 1168.

1089. Les donations faites à l'un des époux, dans les termes des articles 1082, 1084 et 1086 ci-dessus, deviendront caduques si le donateur survit à l'époux donataire et à sa postérité. — C. 1039, 1093.

1090. Toutes donations faites aux époux par leur contrat de mariage seront, lors de l'ouverture de la succession du donateur, réductibles à la portion dont la loi lui permettait de disposer. — C. 913 s., 920 s., 923, 1035, 1098, 1181, 1182, 1180, 2185.

CHAPITRE IX

Des dispositions entre époux, soit par contrat de mariage, soit pendant le mariage.

1091. Les époux pourront, par contrat de mariage, se faire réciproquement, ou l'un des deux à l'autre, telle donation qu'ils jugeront à propos, sous les modifications ci-après exprimées. — C. 894, 960, 1082, 1084, 1092 s., 1387, 1460, 1516, 1525, 1527, 2121, 2135.

1092. Toute donation entre-vifs de biens présents, faite entre époux par contrat de mariage, ne sera point censée faite sous la condition de survie du donataire, si cette condition n'est formellement exprimée ; et elle sera soumise à toutes les règles et formes ci-dessus prescrites pour ces sortes de donations. — C. 893, 1081, 1087, 1096, 1525, 1525, 1526.

1093. La donation de biens à venir, ou de biens présents et à venir, faite entre époux par contrat de mariage, soit simple, soit réciproque, sera soumise aux règles établies par le chapitre précédent, à l'égard des donations pareilles qui leur seront faites par un tiers, sauf qu'elle ne sera point transmissible aux enfants issus du mariage, en cas de décès de l'époux donataire avant l'époux donateur. — C. 259, 959, 960, 1082 s., 1084 s., 1086-1088, 1518.

1094. L'époux pourra, soit par contrat de mariage, soit pendant le mariage, pour le cas où il ne laisserait point d'enfants ni descendants, disposer en faveur de l'autre époux, en propriété, de tout ce dont il pourrait disposer en faveur d'un étranger, et, en outre, de l'usufruit de la totalité de la portion dont la loi prohibe la disposition au préjudice des héritiers.

Et pour le cas où l'époux donateur laisserait des enfants ou descendants, il pourra donner à l'autre époux ou un quart en propriété et un autre quart en usufruit, ou la moitié de tous ses biens en usufruit seulement. — C. 578 s., 913 s., 917, 922, 1098 s.

1095. Le mineur ne pourra, par contrat de mariage, donner à l'autre époux, soit par donation simple, soit par donation réciproque, qu'avec le consentement et l'assistance de ceux dont le consentement est requis pour la validité de son mariage ; et, avec ce consentement, il pourra donner tout ce que la loi permet à l'époux majeur de donner à l'autre conjoint. — C. 144, 148 s., 160, 903 s., 1309, 1398.

1096. Toutes donations faites entre époux pendant le mariage, quoique qualifiées entre-vifs, seront toujours révocables.

La révocation pourra être faite par la femme, sans y être autorisée par le mari ni par justice.

Ces donations ne seront point révoquées par la survenance d'enfants. — C. 99, 894, 920, 947, 949, 953, 960, 1041, 1096, 1097.

1097. Les époux ne pourront, pendant le mariage, se faire, ni par acte entre-vifs, ni par testament, aucune donation mutuelle et réciproque par un seul et même acte. — C. 968.

1098. L'homme ou la femme qui, ayant des enfants d'un autre lit, contractera un second ou subséquent mariage, ne pourra donner à son nouvel époux qu'une part d'enfant légitime le moins prenant, et sans que, dans aucun cas, ces donations puissent excéder le quart des biens. — C. 857, 913, 920, 1090 s., 1496, 1527.

1099. Les époux ne pourront se donner indirectement au delà de ce qui leur est permis par les dispositions ci-dessus.

Toute donation, ou déguisée, ou faite à personnes interposées, sera nulle. — C. 911, 1094, 1096, 1098, 1100, 1496, 1510, 1525, 1527, 1595, 1597.

1100. Seront réputées faites à personnes interposées, les donations de l'un des époux aux enfants ou à l'un des enfants de l'autre époux issus d'un autre mariage, et celles faites par le donateur aux parents dont l'autre époux sera héritier présomptif au jour de la donation, encore que ce dernier n'ait point survécu à son parent donataire. — C. 911, 1099, 1153, 1350, 1352.

TITRE TROISIÈME

DES CONTRATS OU DES OBLIGATIONS CONVENTIONNELLES EN GÉNÉRAL

Décrété le 17 pluviôse an XII, promulgué le 27 pluviôse (7-17 février 1804).

CHAPITRE PREMIER

Dispositions préliminaires.

1101. Le contrat est une convention par laquelle une ou plusieurs personnes s'obligent, envers une ou plusieurs autres, à donner, à faire ou à ne pas faire quelque chose. — C. 711, 1108, 1121, 1126, 1134 s., 1234, 1270 s., 1165 s., 1241.

1102. Le contrat est *synallagmatique* ou *bilatéral* lorsque les contractants s'obligent réciproquement les uns envers les autres. — C. 1184, 1325, 1582, 1702, 1709.

1103. Il est *unilatéral* lorsqu'une ou plusieurs personnes sont obligées envers une ou plusieurs autres, sans que de la part de ces dernières il y ait d'engagement. — C. 1326, 1327, 1892, 1905.

1104. Il est *commutatif* lorsque chacune des parties s'engage à donner ou à faire une chose qui est regardée comme l'équivalent de ce qu'on lui donne, ou de ce qu'on fait pour elle. — C. 1582, 1702, 1709, 1710, 1832.

Lorsque l'équivalent consiste dans la chance de gain ou de perte pour chacune des parties, d'après un événement incertain, le contrat est *aléatoire*. — C. 1964, 1965, 1968.

1105. Le contrat de *bienfaisance* est celui dans lequel l'une des parties procure à l'autre un avantage purement gratuit. — C. 893, 1874, 1915, 1984, 2011.

1106. Le contrat *à titre onéreux* est celui qui assujettit chacune des parties à donner ou à faire quelque chose. — C. 1582, 1702, 1708, 1905.

1107. Les contrats, soit qu'ils aient une dénomination propre, soit qu'ils n'en aient pas, sont soumis à des règles générales, qui sont l'objet du présent titre.

Les règles particulières à certains contrats sont établies sous les titres relatifs à chacun d'eux ; et les règles particulières aux transactions commerciales sont établies par les lois relatives au commerce.

CHAPITRE II

Des conditions essentielles pour la validité des conventions.

1108. Quatre conditions sont essentielles pour la validité d'une convention :

Le consentement de la partie qui s'oblige ; — C. 1109 s.

Sa capacité de contracter ; — C. 1123 s.

Un objet certain qui forme la matière de l'engagement ; — C. 1126 s.

Une cause licite dans l'obligation. — C. 1131 s.

SECTION PREMIÈRE

Du consentement.

1109. Il n'y a point de consentement valable, si le consentement n'a été donné que par erreur, ou s'il a été extorqué par violence ou surpris par dol. — C. 180, 887, 1110, 1111 s., 1117, 1235, 1304, 1377, 2053 s., 2053.

1110. L'erreur n'est une cause de nullité de la convention que lorsqu'elle tombe sur la substance même de la chose qui en est l'objet.

Elle n'est point une cause de nullité, lorsqu'elle ne tombe que sur la personne avec laquelle on a intention de contracter, à moins que la considération de cette personne ne soit la cause principale de la convention. — C. 180 s., 895, 1117, 1304, 1356, 1376, 1941 s., 1676, 1975, 2053.

1111. La violence exercée contre celui qui a contracté l'obligation, est une cause de nullité, encore qu'elle ait été exercée par un tiers autre que celui au profit duquel la convention a été faite. — C. 180, 887, 1109, 1117, 1304, 2233 ; P. 400.

1112. Il y a violence, lorsqu'elle est de nature à faire impression sur une personne raisonnable, et qu'elle peut lui inspirer la crainte d'exposer sa personne ou sa fortune à un mal considérable et présent.

On a égard, en cette matière, à l'âge, au sexe et à la condition des personnes. — C. 1113 s., 1353.

1113. La violence est une cause de nullité du contrat, non seulement lorsqu'elle a été exercée sur la partie contractante, mais encore lorsqu'elle l'a été sur son époux ou sur son épouse, sur ses descendants ou ses ascendants. — C. 1352, 1353.

1114. La seule crainte révérentielle envers le père, la mère, ou autre ascendant, sans qu'il y ait eu de violence exercée, ne suffit point pour annuler le contrat.

1115. Un contrat ne peut plus être attaqué pour cause de violence, si, depuis que la violence a cessé, ce contrat a été approuvé, soit expressément, soit tacitement, soit en laissant passer le temps de la restitution fixé par la loi. — C. 892, 1117, 1304, 1338.

1116. Le dol est une cause de nullité de la convention, lorsque les manœuvres pratiquées par l'une des parties sont telles, qu'il est évident que, sans ces manœuvres, l'autre partie n'aurait pas contracté.

Il ne se présume pas, et doit être prouvé. — C. 1109, 1117, 1315, 1320, 1353, 1381, 1353, 1998, 2182, 2180, 2268 ; Pr. 480 ; P. 405, 423.

1117. La convention contractée par erreur, violence ou dol, n'est point nulle de plein droit ; elle donne seulement lieu à une action en nullité ou en rescision, dans les cas et de la manière expliqués à la section VII du chapitre V du présent titre. — C. 1115, 1304 s., 1338, 2268.

1118. La lésion ne vicie les conventions que dans certains contrats ou à l'égard de certaines personnes, ainsi qu'il sera expliqué en la même section. — C. 783, 887, 1079, 1305 s., 1313, 1674, 2052.

1119. On ne peut, en général, s'engager, ni stipuler en son propre nom, que pour soi-même. — C. 1120, 1121, 1165, 1236, 1275, 1984, 2015, 2077, 2190.

1120. Néanmoins on peut se porter fort pour un tiers, en promettant le fait de celui-ci ; sauf l'indemnité contre celui qui s'est porté fort ou qui a promis de faire ratifier, si le tiers refuse de tenir l'engagement. — C. 1119, 1121, 1142, 1146 s., 1165, 1236 s., 1998, 1375, 1998.

1121. On peut pareillement stipuler au profit d'un tiers, lorsque telle est la condition d'une stipulation que l'on fait pour soi-même ou d'une donation que l'on fait à un autre. Celui qui a fait cette stipulation ne peut plus la révoquer, si le tiers a déclaré vouloir en profiter. — C. 894, 1165, 1973, 1980, 1973, 2148.

1122. On est censé avoir stipulé pour soi et pour ses héritiers et ayants cause, à moins que le contraire ne soit exprimé ou ne résulte de la nature de la convention. — C. 724, 1008, 1012, 1082, 1119, 1166, 1224, 1300, 1502, 1879, 2017, 2235, 2237.

SECTION II

De la capacité des parties contractantes.

1123. Toute personne peut contracter, si elle n'en est pas déclarée incapable par la loi. — C. 1101, 1108, 1124 s.

1124. Les incapables de contracter sont :

Les mineurs, — C. 388, 450, 481-484, 487, 1305, 1313.

Les interdits, — C. 489, 499, 502-503, 509, 513. — L. 30 juin 1838, sur les aliénés.

Les femmes mariées, dans les cas

exprimés par la loi. — C. [illegible]

Et généralement tous ceux à qui la loi a interdit certains contrats. — C. [illegible]

1125. Le mineur, l'interdit et la femme mariée ne peuvent attaquer, pour cause d'incapacité, leurs engagements, que dans les cas prévus par la loi.

Les personnes capables de s'engager ne peuvent opposer l'incapacité du mineur, de l'interdit ou de la femme mariée, avec qui elles ont contracté. — C. [illegible]

SECTION III

De l'objet et de la matière des contrats.

1126. Tout contrat a pour objet une chose qu'une partie s'oblige à donner, ou qu'une partie s'oblige à faire ou à ne pas faire. — C. [illegible]

1127. Le simple usage ou la simple possession d'une chose peut être, comme la chose même, l'objet du contrat. — C. [illegible]

1128. Il n'y a que les choses qui sont dans le commerce qui puissent être l'objet des conventions. — C. [illegible]

1129. Il faut que l'obligation ait pour objet une chose au moins déterminée quant à son espèce.

La quotité de la chose peut être incertaine, pourvu qu'elle puisse être déterminée. — C. [illegible]

1130. Les choses futures peuvent être l'objet d'une obligation. — C. [illegible]

On ne peut cependant renoncer à une succession non ouverte, ni faire aucune stipulation sur une pareille succession, même avec le consentement de celui de la succession duquel il s'agit. — C. [illegible]

SECTION IV

De la cause.

1131. L'obligation sans cause, ou sur une fausse cause, ou sur une cause illicite, ne peut avoir aucun effet. — C. [illegible]

1132. La convention n'est pas moins valable, quoique la cause n'en soit pas exprimée. — C. [illegible]

1133. La cause est illicite, quand elle est prohibée par la loi, quand elle est contraire aux bonnes mœurs ou à l'ordre public. — C. [illegible]

CHAPITRE III

De l'effet des obligations.

SECTION PREMIÈRE

Dispositions générales.

1134. Les conventions légalement formées tiennent lieu de loi à ceux qui les ont faites.

Elles ne peuvent être révoquées que de leur consentement mutuel, ou pour les causes que la loi autorise. — C. [illegible]

Elles doivent être exécutées de bonne foi. — C. [illegible]

1135. Les conventions obligent non seulement à ce qui y est exprimé, mais encore à toutes les suites que l'équité, l'usage ou la loi donnent à l'obligation d'après sa nature. — C. [illegible]

SECTION II

De l'obligation de donner.

1136. L'obligation de donner emporte celle de livrer la chose et de la conserver jusqu'à la livraison, à peine de dommages et intérêts envers le créancier. — C. [illegible]

1137. L'obligation de veiller à la conservation de la chose, soit que la convention n'ait pour objet que l'utilité de l'une des parties, soit qu'elle ait pour objet leur utilité commune, soumet celui qui en est chargé à y apporter tous les soins d'un bon père de famille.

Cette obligation est plus ou moins étendue relativement à certains contrats, dont les effets, à cet égard, sont expliqués sous les titres qui les concernent. — C. [illegible]

1138. L'obligation de livrer la chose est parfaite par le seul consentement des parties contractantes.

Elle rend le créancier propriétaire et met la chose à ses risques dès l'instant où elle a dû être livrée, encore que la tradition n'en ait point été faite, à moins que le débiteur ne soit en demeure de la livrer; auquel cas la chose reste aux risques de ce dernier. — C. [illegible]

1139. Le débiteur est constitué en demeure, soit par une sommation ou par autre acte équivalent, soit par l'effet de la convention, lorsqu'elle porte que, sans qu'il soit besoin d'acte et par la seule échéance du terme, le débiteur sera en demeure. — C. [illegible]

1140. Les effets de l'obligation de donner ou de livrer un immeuble sont réglés au titre *de la vente* et au titre *des privilèges et hypothèques*. — C. [illegible]

1141. Si la chose qu'on s'est obligé de donner ou de livrer à deux personnes successivement, est purement mobilière, celle des deux qui en a été mise en possession réelle est préférée et en demeure propriétaire, encore que son titre soit postérieur en date, pourvu toutefois que la possession soit de bonne foi. — C. [illegible]

SECTION III

De l'obligation de faire ou de ne pas faire.

1142. Toute obligation de faire ou de ne pas faire se résout en dommages et intérêts, en cas d'inexécution de la part du débiteur. — C. [illegible]

1143. Néanmoins le créancier a le droit de demander que ce qui aurait été fait par contravention à l'engagement, soit détruit; et il peut se faire autoriser à le détruire aux dépens du débiteur, sans préjudice des dommages et intérêts, s'il y a lieu. — C. [illegible]

1144. Le créancier peut aussi, en cas d'inexécution, être autorisé à faire exécuter lui-même l'obligation aux dépens du débiteur. — C. [illegible]

1145. Si l'obligation est de ne pas faire, celui qui y contrevient doit les dommages et intérêts par le seul fait de la contravention. — C. [illegible]

SECTION IV

Des dommages et intérêts résultant de l'inexécution de l'obligation.

1146. Les dommages et intérêts ne sont dus que lorsque le débiteur est en demeure de remplir son obligation, excepté néanmoins lorsque la chose que le débiteur s'était obligé de donner ou de faire ne pouvait être donnée ou faite que dans un certain temps qu'il a laissé passer. — C. [illegible]

1147. Le débiteur est condamné, s'il y a lieu, au paiement de dommages et intérêts, soit à raison de l'inexécution de l'obligation, soit à raison du retard dans l'exécution, toutes les fois qu'il ne justifie pas que l'inexécution provient d'une cause étrangère qui ne peut lui être imputée, encore qu'il n'y ait aucune mauvaise foi de sa part. — C. [illegible]

1148. Il n'y a lieu à aucuns dommages et intérêts lorsque, par suite d'une force majeure ou d'un cas fortuit, le débiteur a été empêché de donner ou de faire ce à quoi il était obligé, ou a fait ce qui lui était interdit. — C. [illegible]

1149. Les dommages et intérêts dus au créancier sont, en général, de la perte qu'il a faite et du gain dont il a été privé, sauf les exceptions et modifications ci-après.

1150. Le débiteur n'est tenu que des dommages et intérêts qui ont été prévus ou qu'on a pu prévoir lors du contrat, lorsque ce n'est point par son dol que l'obligation n'est point exécutée. — C. [illegible]

1151. Dans le cas même où l'inexécution de la convention résulte du dol du débiteur, les dommages et intérêts ne doivent comprendre, à l'égard de la perte éprouvée par le créancier et du gain dont il a été privé, que ce qui est une suite immédiate et directe de l'inexécution de la convention. — C. [illegible]

1152. Lorsque la convention porte que celui qui manquera de l'exécuter payera une certaine somme à titre de dommages-intérêts, il ne peut être alloué à l'autre partie une somme plus forte ni moindre. — C. [illegible]

1153. Dans les obligations qui se bornent au paiement d'une certaine somme, les dommages et intérêts résultant du retard dans l'exécution ne consistent jamais que dans la condamnation aux intérêts fixés par la loi, sauf les règles particulières au commerce et au cautionnement (1).

Ces dommages et intérêts sont dus sans que le créancier soit tenu de justifier d'aucune perte.

Ils ne sont dus que du jour de la demande, excepté dans les cas où la loi les fait courir de plein droit. — C. [illegible]

1154. Les intérêts échus des capitaux peuvent produire des intérêts, ou par une demande judiciaire, ou par une convention spéciale, pourvu que, soit dans la demande, soit dans la convention, il s'agisse d'intérêts dus au moins pour une année entière.

1155. Néanmoins les revenus échus, tels que fermages, loyers, arrérages de rentes perpétuelles ou viagères, produisent intérêt du jour de la demande ou de la convention.

(1) Le taux de l'intérêt légal a été fixé par la loi du 3 septembre 1807, à 5 0/0 en matière civile, et à 6 0/0 en matière commerciale. Toutefois, en abrogeant la loi du 27 août 1791 [illegible] parties.

Mais la loi du 3 septembre 1807, dans ses dispositions relatives à l'intérêt conventionnel, a été abrogée par la loi du 12 janvier 1886 en matière de commerce; elle reste donc applicable en matière civile, ainsi que la loi du 19 décembre 1850, relative au délit d'usure.

La même règle s'applique aux restitutions de fruits, et aux intérêts payés par un tiers au créancier en acquit du débiteur. — C. [illegible]

SECTION V

De l'interprétation des conventions.

1156. On doit dans les conventions rechercher quelle a été la commune intention des parties contractantes, plutôt que de s'arrêter au sens littéral des termes. — C. [illegible]

1157. Lorsqu'une clause est susceptible de deux sens, on doit plutôt l'entendre dans celui avec lequel elle peut avoir quelque effet, que dans le sens avec lequel elle n'en pourrait produire aucun.

1158. Les termes susceptibles de deux sens doivent être pris dans le sens qui convient le plus à la matière du contrat.

1159. Ce qui est ambigu s'interprète par ce qui est d'usage dans le pays où le contrat est passé. — C. [illegible]

1160. On doit suppléer dans le contrat les clauses qui y sont d'usage, quoiqu'elles n'y soient pas exprimées. — C. [illegible]

1161. Toutes les clauses des conventions s'interprètent les unes par les autres, en donnant à chacune le sens qui résulte de l'acte entier.

1162. Dans le doute, la convention s'interprète contre celui qui a stipulé et en faveur de celui qui a contracté l'obligation. — C. [illegible]

1163. Quelque généraux que soient les termes dans lesquels une convention est conçue, elle ne comprend que les choses sur lesquelles il paraît que les parties se sont proposé de contracter. — C. [illegible]

1164. Lorsque, dans un contrat, on a exprimé un cas pour l'explication de l'obligation, on n'est pas censé avoir voulu par là restreindre l'étendue que l'engagement reçoit de droit aux cas non exprimés.

SECTION VI

De l'effet des conventions à l'égard des tiers.

1165. Les conventions n'ont d'effet qu'entre les parties contractantes; elles ne nuisent point au tiers, et elles ne lui profitent que dans le cas prévu par l'article 1121. — C. [illegible]

1166. Néanmoins les créanciers peuvent exercer tous les droits et actions de leur débiteur, à l'exception de ceux qui sont exclusivement attachés à la personne. — C. [illegible]

1167. Ils peuvent aussi, en leur nom personnel, attaquer les actes faits par leur débiteur en fraude de leurs droits.

Ils doivent néanmoins, quant à leurs droits énoncés au titre *des successions* et au titre *du contrat de mariage et des droits respectifs des époux*, se conformer aux règles qui y sont prescrites. — C. [illegible]

CHAPITRE IV

Des diverses espèces d'obligations.

SECTION PREMIÈRE

Des obligations conditionnelles.

§ 1er. — *De la condition en général et de ses diverses espèces.*

1168. L'obligation est conditionnelle lorsqu'on la fait dépendre d'un événement futur et incertain, soit en la suspendant jusqu'à ce que l'événement arrive, soit en la résiliant, selon que l'événement arrivera ou n'arrivera pas. — C. 1040 s., 1181, 1183.

1169. La condition *casuelle* est celle qui dépend du hasard, et qui n'est nullement au pouvoir du créancier ni du débiteur.

1170. La condition *potestative* est celle qui fait dépendre l'exécution de la convention, d'un événement qu'il est au pouvoir de l'une ou de l'autre des parties contractantes de faire arriver ou d'empêcher. — C. 944, 1086, 1174.

1171. La condition *mixte* est celle qui dépend tout à la fois de la volonté d'une des parties contractantes, et de la volonté d'un tiers.

1172. Toute condition d'une chose impossible, ou contraire aux bonnes mœurs, ou prohibée par la loi, est nulle, et rend nulle la convention qui en dépend. — C. 6, 900, 1133, 1173, 1174, 1387.

1173. La condition de ne pas faire une chose impossible ne rend pas nulle l'obligation contractée sous cette condition. — C. 1172.

1174. Toute obligation est nulle lorsqu'elle a été contractée sous une condition potestative de la part de celui qui s'oblige. — C. 944, 1086, 1170 s., 1178, 1583, 1591, 1659.

1175. Toute condition doit être accomplie de la manière que les parties ont vraisemblablement voulu et entendu qu'elle le fût. — C. 1156, 1176 s.

1176. Lorsqu'une obligation est contractée sous la condition qu'un événement arrivera dans un temps fixe, cette condition est censée défaillie lorsque le temps est expiré sans que l'événement soit arrivé. S'il n'y a point de temps fixe, la condition peut toujours être accomplie ; et elle n'est censée défaillie que lorsqu'il est devenu certain que l'événement n'arrivera pas. — C. 1040 s., 1177, 1452, 1525.

1177. Lorsqu'une obligation est contractée sous la condition qu'un événement n'arrivera pas dans un temps fixe, cette condition est accomplie lorsque ce temps est expiré sans que l'événement soit arrivé ; elle l'est également, si avant le terme il est certain que l'événement n'arrivera pas ; et s'il n'y a pas de temps déterminé, elle n'est accomplie que lorsqu'il est certain que l'événement n'arrivera pas. — C. 1176.

1178. La condition est réputée accomplie lorsque c'est le débiteur, obligé sous cette condition, qui en a empêché l'accomplissement. — C. 1174, 1350, 1352.

1179. La condition accomplie a un effet rétroactif au jour auquel l'engagement a été contracté. Si le créancier est mort avant l'accomplissement de la condition, ses droits passent à son héritier. — C. 1122, 1040.

1180. Le créancier peut, avant que la condition soit accomplie, exercer tous les actes conservatoires de son droit. — C. 796, 1121, 829 s., 1225, 1997, 2131, 2257 ; Pr. 193.

§ II. — *De la condition suspensive.*

1181. L'obligation contractée sous une condition suspensive est celle qui dépend ou d'un événement futur et incertain, ou d'un événement actuellement arrivé, mais encore inconnu des parties.

Dans le premier cas, l'obligation ne peut être exécutée qu'après l'événement.

Dans le second cas, l'obligation a son effet du jour où elle a été contractée. — C. 1168, 1176 s., 1182, 1185 s., 1582, 1588, 2125, 2257.

1182. Lorsque l'obligation a été contractée sous une condition suspensive, la chose qui fait la matière de la convention demeure aux risques du débiteur qui ne s'est obligé de la livrer que dans le cas de l'événement de la condition.

Si la chose est entièrement périe sans la faute du débiteur, l'obligation est éteinte.

Si la chose s'est détériorée sans la faute du débiteur, le créancier a le choix ou de résoudre l'obligation, ou d'exiger la chose dans l'état où elle se trouve, sans diminution du prix.

Si la chose s'est détériorée par la faute du débiteur, le créancier a le droit ou de résoudre l'obligation, ou d'exiger la chose dans l'état où elle se trouve, avec des dommages et intérêts. — C. 1140 s., 1179, 1194, 1302 s., 1614 s. ; Pr. 126, 128.

§ III. — *De la condition résolutoire.*

1183. La condition résolutoire est celle qui, lorsqu'elle s'accomplit, opère la révocation de l'obligation, et qui remet les choses au même état que si l'obligation n'avait pas existé.

Elle ne suspend point l'exécution de l'obligation ; elle oblige seulement le créancier à restituer ce qu'il a reçu, dans le cas où l'événement prévu par la condition arrive. — C. 1178 s., 1179, 1181, 1234, 1584, 1659, 2125.

1184. La condition résolutoire est toujours sous-entendue dans les contrats synallagmatiques, pour le cas où l'une des deux parties ne satisfera point à son engagement.

Dans ce cas, le contrat n'est point résolu de plein droit. La partie envers laquelle l'engagement n'a point été exécuté, a le choix ou de forcer l'autre à l'exécution de la convention, lorsqu'elle est possible, ou d'en demander la résolution avec dommages et intérêts.

La résolution doit être demandée en justice, et il peut être accordé au défendeur un délai selon les circonstances. — C. 953, 954, 956, 1139, 1142, 1146 s., 1244, 1610, 1654-1657, 1741 ; Pr. 122 s.

SECTION II

Des obligations à terme.

1185. Le terme diffère de la condition, en ce qu'il ne suspend point l'engagement, dont il retarde seulement l'exécution. — C. 1181, 1186, 1244, 1252, 1888, 2257 ; Pr. 122 s.

1186. Ce qui n'est dû qu'à terme, ne peut être exigé avant l'échéance du terme ; mais ce qui a été payé d'avance, ne peut être répété. — C. 1167, 1185, 1235, 1373, 1899, 1944 ; Pr. 793, 827 ; Co. 146.

1187. Le terme est toujours présumé stipulé en faveur du débiteur, à moins qu'il ne résulte de la stipulation ou des circonstances, qu'il a été aussi convenu en faveur du créancier. — C. 1258, 1944 ; Co. 146, 187.

1188. Le débiteur ne peut plus réclamer le bénéfice du terme lorsqu'il a fait faillite, ou lorsque par son fait il a diminué les sûretés qu'il avait données par le contrat à son créancier. — C. 1183, 1244, 1613, 1741, 1912, 1913, 2032, 2092, 2131, 2161, 2166, 2180, 2186 ; Pr. 124 ; Co. 444.

SECTION III

Des obligations alternatives.

1189. Le débiteur d'une obligation alternative est libéré par la délivrance de l'une des deux choses qui étaient comprises dans l'obligation. — C. 1190 s.

1190. Le choix appartient au débiteur, s'il n'a pas été expressément accordé au créancier. — C. 1162, 1022.

1191. Le débiteur peut se libérer en délivrant l'une des deux choses promises ; mais il ne peut pas forcer le créancier à recevoir une partie de l'une et une partie de l'autre. — C. 1220, 1221, 1244, 1663 s.

1192. L'obligation est pure et simple, quoique contractée d'une manière alternative, si l'une des deux choses promises ne pouvait être le sujet de l'obligation. — C. 1128.

1193. L'obligation alternative devient pure et simple, si l'une des choses promises périt et ne peut plus être livrée, même par la faute du débiteur. Le prix de cette chose ne peut pas être offert à sa place.

Si toutes deux sont péries, et que le débiteur soit en faute à l'égard de l'une d'elles, il doit payer le prix de celle qui a péri la dernière. — C. 1191, 1302 s., 1601.

1194. Lorsque, dans les cas prévus par l'article précédent, le choix avait été déféré par la convention au créancier,

Ou l'une des choses seulement est périe ; et alors, si c'est sans la faute du débiteur, le créancier doit avoir celle qui reste ; si le débiteur est en faute, le créancier peut demander la chose qui reste, ou le prix de celle qui est périe ;

Ou les deux choses sont péries ; et alors, si le débiteur est en faute à l'égard des deux, ou même à l'égard de l'une d'elles seulement, le créancier peut demander le prix de l'une ou de l'autre à son choix. — C. 1182, 1302 s.

1195. Si les deux choses sont péries sans la faute du débiteur, et avant qu'il soit en demeure, l'obligation est éteinte, conformément à l'article 1302. — C. 1138, 1146, 1302.

1196. Les mêmes principes s'appliquent au cas où il y a plus de deux choses comprises dans l'obligation alternative.

SECTION IV

Des obligations solidaires.

§ Ier. — *De la solidarité entre les créanciers.*

1197. L'obligation est solidaire entre plusieurs créanciers lorsque le titre donne expressément à chacun d'eux le droit de demander le paiement du total de la créance, et que le paiement fait à l'un d'eux libère le débiteur, encore que le bénéfice de l'obligation soit partageable et divisible entre les divers créanciers. — C. 1198 s., 1224, 1285.

1198. Il est au choix du débiteur de payer à l'un ou l'autre des créanciers solidaires, tant qu'il n'a pas été prévenu par les poursuites de l'un d'eux.

Néanmoins la remise qui n'est faite que par l'un des créanciers solidaires, ne libère le débiteur que pour la part de ce créancier. — C. 1224, 1284, 1285, 1365.

1199. Tout acte qui interrompt la prescription à l'égard de l'un des créanciers solidaires, profite aux autres créanciers. — C. 1206, 2242, 2249, 2252.

§ II. — *De la solidarité de la part des débiteurs.*

1200. Il y a solidarité de la part des débiteurs, lorsqu'ils sont obligés à une même chose, de manière que chacun puisse être contraint pour la totalité, et que le paiement fait par un seul libère les autres envers le créancier. — C. 1197, 1210, 1220, 1222, 1280, 1281, 1284, 1285, 1294, 1301, 1365, 2249.

1201. L'obligation peut être solidaire, quoique l'un des débiteurs soit obligé différemment de l'autre au paiement de la même chose ; par exemple, si l'un n'est obligé que conditionnellement, tandis que l'engagement de l'autre est pur et simple, ou si l'un a pris un terme qui n'est point accordé à l'autre. — C. 1168, 1185.

1202. La solidarité ne se présume point ; il faut qu'elle soit expressément stipulée.

Cette règle ne cesse que dans le cas où la solidarité a lieu de plein droit, en vertu d'une disposition de la loi. — C. 395, 396, 1033, 1200, 1211, 1218, 1222, 1364 s., 1442, 1487, 1734, 1862, 1887, 1995, 2002, 2102 ; Co. 22, 23, 28, 118, 140, 187 ; P. 55.

1203. Le créancier d'une obligation contractée solidairement, peut s'adresser à celui des débiteurs qu'il veut choisir, sans que celui-ci puisse lui opposer le bénéfice de division. — C. 1210, 1225, 2025, 2026.

1204. Les poursuites faites contre l'un des débiteurs n'empêchent pas le créancier d'en exercer de pareilles contre les autres. — C. 1199, 1210.

1205. Si la chose due a péri par la faute ou pendant la demeure de l'un ou de plusieurs des débiteurs solidaires, les autres codébiteurs ne sont point déchargés de l'obligation de payer le prix de la chose ; mais ceux-ci ne sont point tenus des dommages et intérêts.

Le créancier peut seulement répéter les dommages et intérêts tant contre les débiteurs par la faute desquels la chose a péri, que contre ceux qui étaient en demeure. — C. 1139, 1146 s., 1302 s. ; Pr. 126, 128.

1206. Les poursuites faites contre l'un des débiteurs solidaires interrompent la prescription à l'égard de tous. — C. 1199, 2242 s., 2249 ; Pr. 156 s.

1207. La demande d'intérêts formée contre l'un des débiteurs solidaires fait courir les intérêts à l'égard de tous. — C. 1139, 1153 s., 1203, 1210.

1208. Le codébiteur solidaire poursuivi par le créancier peut opposer toutes les exceptions qui résultent de la nature de l'obligation, et toutes celles qui lui sont personnelles, ainsi que celles qui sont communes à tous les codébiteurs.

Il ne peut opposer les exceptions qui sont purement personnelles à quelques-uns des autres codébiteurs. — C. 1108, 1121 s., 1203, 1222, 1234, 1268, 1281, 1284 s., 1285, 1300, 1365, 2012, 2036 ; Pr. 174 ; Co. 545.

1209. Lorsque l'un des débiteurs devient héritier unique du créancier, ou lorsque le créancier devient l'unique héritier de l'un des débiteurs, la confusion n'éteint la créance solidaire que pour la part et portion du débiteur ou du créancier. — C. 1198, 1300, 1301, 2035.

1210. Le créancier qui consent à la division de la dette à l'égard de l'un des codébiteurs, conserve son action solidaire contre les autres, mais sous la déduction de la part du débiteur qu'il a déchargé de la solidarité. — C. 1165, 1198, 1211, 1213, 1214, 1285, 1862, 2037 s.

1211. Le créancier qui reçoit divisément la part de l'un des débiteurs, sans réserver dans la quittance la solidarité ou ses droits en général, ne renonce à la solidarité qu'à l'égard de ce débiteur.

Le créancier n'est pas censé remettre la solidarité au débiteur lorsqu'il reçoit de lui une somme égale à la portion dont il est tenu, si la quittance ne porte pas que c'est pour sa part.

Il en est de même de la simple demande formée contre l'un des codébiteurs *pour sa part*, si celui-ci n'a pas supposé à la demande, ou s'il n'est pas intervenu un jugement de condamnation. — C. 1210, 1350, 1351.

1212. Le créancier qui reçoit divisément et sans réserve la portion de l'un des codébiteurs dans les arrérages ou intérêts de la dette, ne perd la solidarité que pour les arrérages ou intérêts échus, et non pour ceux à échoir, ni pour le capital, à moins que le paiement divisé n'ait été continué pendant dix ans consécutifs. — C. 1211, 1908, 1909.

1213. L'obligation contractée solidairement envers le créancier se divise de plein droit entre les débiteurs, qui n'en sont tenus entre eux que chacun pour sa part et portion. — C. 873 s., 1220 s., 1251, 2004, 2033.

1214. Le codébiteur d'une dette solidaire, qui l'a payée en entier, ne peut répéter contre les autres que les part et portion de chacun d'eux.

Si l'un d'eux se trouve insolvable, la perte qu'occasionne son insolvabilité se répartit, par contribution, entre tous les autres codébiteurs solvables et celui qui a fait le paiement. — C. 877, 876, 885, 1213, 1215 s., 2033.

1215. Dans le cas où le créancier a renoncé à l'action solidaire envers l'un des débiteurs, si l'un ou plusieurs des autres codébiteurs deviennent insolvables, la portion des insolvables sera contributoirement répartie entre tous les débiteurs, même entre ceux précédemment déchargés de la solidarité par le créancier. — C. 876, 1285, 1214, 2037.

1216. Si l'affaire pour laquelle la dette a été contractée solidairement ne concernait que l'un des coobligés solidaires, celui-ci serait tenu de toute la dette vis-à-vis des autres codébiteurs, qui ne seraient considérés par rapport à lui que comme ses cautions. — C. 1208, 1431, 1432, 2011, 2028 s., 2032.

SECTION V

Des obligations divisibles et indivisibles.

1217. L'obligation est divisible ou indivisible selon qu'elle a pour objet ou une chose qui dans sa livraison, ou un fait qui dans l'exécution est ou n'est pas susceptible de division, soit matérielle, soit intellectuelle. — C. 1202, 1219 s., 1357, 1382, 1345, 1561, 1868, 2083, 2163, 2250.

1218. L'obligation est indivisible, quoique la chose ou le fait qui en est l'objet soit divisible par sa nature, si le rapport sous lequel elle est considérée dans l'obligation ne la rend pas susceptible d'exécution partielle. — C. 1217, 1221, 2083.

1219. La solidarité stipulée ne donne point à l'obligation le caractère d'indivisibilité. — C. 1200, 1202, 1222, 1722, 2249.

§ Ier. — *Des effets de l'obligation divisible.*

1220. L'obligation qui est susceptible de division, doit être exécutée entre le créancier et le débiteur comme si elle était indivisible. La divisibilité n'a d'application qu'à l'égard de leurs héritiers, qui ne peuvent demander la dette, ou qui ne sont tenus de la payer que pour les parts dont ils sont saisis ou dont ils sont tenus comme représentant le créancier ou le débiteur. — C. 724, 842, 870 s., 873, 883, 1009, 1012, 1221, 1244, 1662 s., 2083.

1221. Le principe établi dans l'article précédent reçoit exception à l'égard des héritiers du débiteur :

1° Dans le cas où la dette est hypothécaire ;

2° Lorsqu'elle est d'un corps certain ;

3° Lorsqu'il s'agit de la dette alternative des choses au choix du créancier, dont l'une est indivisible ;

4° Lorsque l'un des héritiers est chargé seul, par le titre, de l'exécution de l'obligation ;

5° Lorsqu'il résulte, soit de la nature de l'engagement, soit de la chose qui en fait l'objet, soit de la fin qu'on s'est proposée dans le contrat, que l'intention des contractants a été que la dette ne pût s'acquitter partiellement.

Dans les trois premiers cas, l'héritier qui possède la chose due ou le fonds hypothéqué à la dette, peut être poursuivi pour le tout sur la chose due ou sur le fonds hypothéqué, sauf le recours contre ses cohéritiers. Dans le quatrième cas, l'héritier seul chargé de la dette, et dans le cinquième cas, chaque héritier peut aussi être poursuivi pour le tout ; sauf son recours contre ses cohéritiers. — C. 872, 873, 875, 876, 1009, 1017, 1190 s., 1218, 1221, 1222, 1225, 1234, 1245, 1302, 1868, 2083, 2103, 2114.

§ II. — *Des effets de l'obligation indivisible.*

1222. Chacun de ceux qui ont contracté conjointement une dette indivisible, en est tenu pour le total, encore que l'obligation n'ait pas été contractée solidairement. — C. 709, 710, 1200 s., 1217-1219, 1225 s., 1868, 2083, 2114, 2249.

1223. Il en est de même à l'égard des héritiers de celui qui a contracté une pareille obligation. — C. 872, 1218, 1219, 1222, 1868.

1224. Chaque héritier du créancier peut exiger en totalité l'exécution de l'obligation indivisible.

Il ne peut seul faire la remise de la totalité de la dette ; il ne peut recevoir seul le prix au lieu de la chose. Si l'un des héritiers a seul remis la dette ou reçu le prix de la chose, son cohéritier ne peut demander la chose indivisible qu'en tenant compte de la portion du cohéritier qui a fait la remise ou qui a reçu le prix. — C. 1210, 1211, 1220, 1998, 1691, 2039.

1225. L'héritier du débiteur, assigné pour la totalité de l'obligation, peut demander un délai pour mettre en cause ses cohéritiers, à moins que la dette ne soit de nature à ne pouvoir être acquittée que par l'héritier assigné, qui peut alors être condamné seul, sauf son recours en indemnité contre ses cohéritiers. — C. 1221, 1222, 1223, 1234, 1670 ; Pr. 122, 186.

SECTION VI

Des obligations avec clauses pénales.

1226. La clause pénale est celle par laquelle une personne, pour assurer l'exécution d'une convention, s'engage à quelque chose en cas d'inexécution. — C. 1152, 1227 s., 1231, 1378, 2047.

1227. La nullité de l'obligation principale entraîne celle de la clause pénale.

La nullité de celle-ci n'entraîne point celle de l'obligation principale. — C. 791, 1128, 1131, 1130, 1172, 1261, 1230.

1228. Le créancier, au lieu de demander la peine stipulée contre le débiteur qui est en demeure, peut poursuivre l'exécution de l'obligation principale. — C. 1139, 1144, 1184.

1229. La clause pénale est la compensation des dommages et intérêts que le créancier souffre de l'inexécution de l'obligation principale.

Il ne peut demander en même temps le principal et la peine, à moins qu'elle n'ait été stipulée pour le simple retard. — C. 1149 s., 1152, 1382, 1912, 2047.

1230. Soit que l'obligation primitive contienne, soit qu'elle ne contienne pas un terme dans lequel elle doive être accomplie, la peine n'est encourue que lorsque celui qui s'est obligé soit à livrer, soit à prendre, soit à faire, est en demeure. — C. 1139, 1145, 1146, 1185 s.

1231. La peine peut être modifiée par le juge lorsque l'obligation principale a été exécutée en partie. — C. 1152, 1244.

1232. Lorsque l'obligation primitive contractée avec une clause pénale est d'une chose indivisible, la peine est encourue par la contravention d'un seul des héritiers du débiteur, et elle peut être demandée, soit en totalité contre celui qui a fait la contravention, soit contre chacun des cohéritiers pour leur part et portion, et hypothécairement pour le tout, sauf leur recours contre celui qui a fait encourir la peine. — C. 1175, 1218, 1222 s., 2114.

1233. Lorsque l'obligation primitive contractée sous une peine est divisible, la peine n'est encourue que par celui des héritiers du débiteur qui contrevient à cette obligation, et pour la part seulement dont il était tenu dans l'obligation principale, sans qu'il y ait d'action contre ceux qui l'ont exécutée.

Cette règle reçoit exception lorsque la clause pénale ayant été ajoutée dans l'intention que le paiement ne pût se faire partiellement, un cohéritier a empêché l'exécution de l'obligation pour la totalité. En ce cas, la peine entière peut être exigée contre lui, et contre les autres cohéritiers pour leur portion seulement, sauf leur recours. — C. 1218, 1220, 1221.

CHAPITRE V

De l'extinction des obligations.

1234. Les obligations s'éteignent,

Par le paiement,

Par la novation,

Par la remise volontaire,

Par la compensation,

Par la confusion,

Par la perte de la chose,

Par la nullité ou la rescision,

Par l'effet de la condition résolutoire, qui a été expliquée au chapitre précédent,

Et par la prescription, qui fera l'objet d'un titre particulier. — C. 1183 s., 1235 s., 1271 s., 1282 s., 1289 s., 1300 s., 1302 s., 1304 s., 1337, 1352, 2219 s.

SECTION PREMIÈRE

Du paiement.

§ Ier. — *Du paiement en général.*

1235. Tout paiement suppose une dette ; ce qui a été payé sans être dû, est sujet à répétition.

La répétition n'est pas admise à l'égard des obligations naturelles qui ont été volontairement acquittées. — C. 1119, 1131, 1133, 1186, 1304, 1315, 1376 s., 1906, 1965, 1967, 2236, 2198 ; Co. 604, 609.

1236. Une obligation peut être acquittée par toute personne qui y est intéressée, telle qu'un coobligé ou une caution.

L'obligation peut même être acquittée par un tiers qui n'y est point intéressé, pourvu que ce tiers agisse au nom et en l'acquit du débiteur, ou que, s'il agit en son nom propre, il ne soit pas subrogé aux droits du créancier. — C. 1119, 1237, 1250, 1251, 1375 s. ; Co. 158, 159.

1237. L'obligation de faire ne peut être acquittée par un tiers contre le gré du créancier, lorsque ce dernier a intérêt qu'elle soit remplie par le débiteur lui-même. — C. 1142 s., 1236, 1763 s., 1795, 1796.

1238. Pour payer valablement, il faut être propriétaire de la chose donnée en paiement, et capable de l'aliéner.

Néanmoins, le paiement d'une somme en argent ou autre chose qui se consomme par l'usage, ne peut être répété contre le créancier qui l'a consommée de bonne foi, quoique le paiement en ait été fait par celui qui n'en était pas propriétaire ou qui n'était pas capable de l'aliéner. — C. 1123 s., 1128, 1376, 2268, 2279.

1239. Le paiement doit être fait au créancier, ou à quelqu'un ayant pouvoir de lui, ou qui soit autorisé par justice ou par la loi à recevoir pour lui.

Le paiement fait à celui qui n'aurait pas pouvoir de recevoir pour le créancier, est valable, si celui-ci le ratifie, ou s'il en a profité. — C. 389, 420, 450 s., 502, 537, 1221, 1239, 1257, 1312, 1338, 1375, 1421 s., 1428, 1449, 1531, 1549, 1577, 1581, 1984 s., 2003 ; Pr. 561.

1240. Le paiement fait de bonne foi à celui qui est en possession de la créance, est valable, encore que le possesseur en soit par la suite évincé. — C. 1239, 1377 s., 1690 ; Pr. 556 ; Co. 145, 147.

1241. Le paiement fait au créancier n'est point valable s'il était incapable de le recevoir, à moins que le débiteur ne prouve que la chose payée a tourné au profit du créancier. — C. 450, 482, 499, 509, 513, 1124, 1125, 1305, 1312, 1428, 1449, 1531, 1549, 1555, 1576, 1988.

1242. Le paiement fait par le débiteur à son créancier, au préjudice d'une saisie ou d'une opposition, n'est pas valable à l'égard des créanciers saisissants ou opposants : ceux-ci peuvent, selon leur droit, le contraindre à payer de nouveau, sauf, en ce cas seulement, son recours contre le créancier. — C. 1298, 1691, 2092 ; Pr. 557 s., 575, 579.

1243. Le créancier ne peut être contraint de recevoir une autre chose que celle qui lui est due, quoique la valeur de la chose offerte soit égale ou même plus grande. — C. 1855, 1932 ; Co. 143.

1244. Le débiteur ne peut point forcer le créancier à recevoir en partie le paiement d'une dette, même divisible.

Les juges peuvent néanmoins, en considération de la position du débiteur, et en usant de ce pouvoir avec une grande réserve, accorder des délais modérés pour le paiement, et surseoir à l'exécution des poursuites, toutes choses demeurant en état. — C. 1185, 1188, 1220, 1900, 2212 ; Pr. 122-125, 127 ; Co. 157, 187.

1245. Le débiteur d'un corps certain et déterminé est libéré par la remise de la chose en l'état où elle se trouve lors de la livraison, pourvu que les détériorations qui y sont survenues ne viennent point de son fait ou de sa faute, ni de celle des personnes dont il est responsable, ou qu'avant ces détériorations il ne fût pas en demeure. — C. 1138, 1139 s., 1145, 1148, 1302, 1384 s., 1845, 1933.

1246. Si la dette est d'une chose qui ne soit déterminée que par son espèce, le débiteur ne sera pas tenu, pour être libéré, de la donner de la meilleure espèce ; mais il ne pourra l'offrir de la plus mauvaise. — C. 1022, 1131.

1247. Le paiement doit être exécuté dans le lieu désigné par la convention. Si le lieu n'y est pas désigné, le paiement, lorsqu'il s'agit d'un corps certain et déterminé, doit être fait dans le lieu où était, au temps de obligation, la chose qui en fait l'objet.

Hors ces deux cas, le paiement doit être fait au domicile du débiteur. — C. 102, 1135, 1187, 1264, 1264, 1609, 1651, 1942, 1943.

1248. Les frais du paiement sont à la charge du débiteur. — C. 1260, 1593, 1608.

§ II. — *Du paiement avec subrogation.*

1249. La subrogation dans les droits du créancier au profit d'une tierce personne qui le paie, est ou conventionnelle ou légale. — C. 1250, 1251, comp. 1689, 1690.

1250. Cette subrogation est conventionnelle :

1° Lorsque le créancier recevant son paiement d'une tierce personne la subroge dans ses droits, actions, privilèges ou hypothèques contre le débiteur : cette subrogation doit être expresse et faite en même temps que le paiement ;

2° Lorsque le débiteur emprunte une somme à l'effet de payer sa dette, et de subroger le prêteur dans les droits du créancier. Il faut, pour que cette subrogation soit valable, que l'acte d'emprunt et la quittance soient passés devant notaires ; que dans l'acte d'emprunt il soit déclaré que la somme a été empruntée pour faire le paiement, et que dans la quittance il soit déclaré que le paiement a été fait des deniers fournis à cet effet par le nouveau créancier. Cette subrogation s'opère sans le concours de la volonté du créancier. — C. 871, 1236, 1251, 1252, 1322, 1328, 1692, 1892, 2029, 2103, 2112.

1251. La subrogation a lieu de plein droit :

1° Au profit de celui qui, étant lui-même créancier, paie un autre créancier qui lui est préférable à raison de ses privilèges ou hypothèques ;

2° Au profit de l'acquéreur d'un immeuble, qui emploie le prix de son acquisition au paiement des créanciers auxquels cet héritage était hypothéqué ;

3° Au profit de celui qui, étant tenu avec d'autres ou pour d'autres au paiement de la dette, avait intérêt de l'acquitter ;

4° Au profit de l'héritier bénéficiaire qui a payé de ses deniers les dettes de la succession. — C. 802, 874, 875, 1214, 1249, 1250, 1280, 1324, 1375, 2029, 2033, 2034, 2135, 2168 s., 2178, 2191 ; Pr. 133, 775, 926 ; Co. 159, 187.

1252. La subrogation établie par les articles précédents a lieu tant contre les cautions que contre les débiteurs : elle ne peut nuire au créancier lorsqu'il n'a été payé qu'en partie ; en ce cas, il peut exercer ses droits, pour ce qui lui reste dû, par préférence à celui dont il n'a reçu qu'un paiement partiel. — C. 1153, 2011 s., 2036.

§ III. — *De l'imputation des paiements.*

1253. Le débiteur de plusieurs dettes a le droit de déclarer, lorsqu'il paie, quelle dette il entend acquitter. — C. 1187, 1255, 1256, 1254 s., 1848 s.

1254. Le débiteur d'une dette qui porte intérêt ou produit des arrérages, ne peut point, sans le consentement du créancier, imputer le paiement qu'il fait sur le capital par préférence aux arrérages ou intérêts : le paiement fait sur le capital et intérêts, mais qui n'est point intégral, s'impute d'abord sur les intérêts. — C. 1205, 1231, 1340, 1906, 1908, 1254, 2085.

1255. Lorsque le débiteur de diverses dettes a accepté une quittance par laquelle le créancier a imputé ce qu'il a reçu sur l'une de ces dettes spécialement, le débiteur ne peut plus demander l'imputation sur une dette différente, à moins qu'il n'y ait eu dol ou surprise de la part du créancier. — C. 1116 s.

1256. Lorsque la quittance ne porte aucune imputation, le paiement doit être imputé sur la dette que le débiteur avait pour lors le plus d'intérêt d'acquitter entre celles qui sont pareillement échues ; sinon, sur la dette échue, quoique moins onéreuse que celles qui ne le sont point.

Si les dettes sont d'égale nature, l'imputation se fait sur la plus ancienne : toutes choses égales, elle se fait proportionnellement. — C. 1253, 1255, 1297, 1848.

§ IV. — *Des offres de paiement et de la consignation.*

1257. Lorsque le créancier refuse de recevoir son paiement, le débiteur peut lui faire des offres réelles, et, au refus du créancier de les accepter, consigner la somme ou la chose offerte.

Les offres réelles suivies d'une consignation libèrent le débiteur ; elles tiennent lieu à son égard de paiement, lorsqu'elles sont valablement faites, et la chose ainsi consignée demeure aux risques du créancier. — C. 1138, 1258, 1259, 1662, 1961, 2165, 2180, 2186 ; Pr. 812 s., 816 ; Co. 161.

1258. Pour que les offres réelles soient valables, il faut :

1° Qu'elles soient faites au créancier ayant la capacité de recevoir, ou à celui qui a pouvoir de recevoir pour lui ;

2° Qu'elles soient faites par une personne capable de payer ;

3° Qu'elles soient de la totalité de la somme exigible, des arrérages ou intérêts dus, des frais liquidés, et d'une somme pour les frais non liquidés, sauf à la parfaire ;

4° Que le terme soit échu, s'il a été stipulé en faveur du créancier ;

5° Que la condition sous laquelle la dette a été contractée soit arrivée ;

6° Que les offres soient faites au lieu dont on est convenu pour le paiement, et que, s'il n'y a pas de convention spéciale sur le lieu du paiement, elles soient faites ou à la personne du créancier, ou à son domicile, ou au domicile élu pour l'exécution de la convention ;

7° Que les offres soient faites par un officier ministériel ayant caractère pour ces sortes d'actes. — C. 101 s., 111, 502, 934, 1181, 1186, 1187, 1235, 1236, 1238-1241, 1247, 1257, 1261, 1900, 1989, 2186 ; Pr. 392, 584, 812 s.

1259. Il n'est pas nécessaire, pour la validité de la consignation, qu'elle ait été autorisée par le juge ; il suffit :

1° Qu'elle ait été précédée d'une sommation signifiée au créancier, et contenant l'indication du jour, de l'heure et du lieu où la chose offerte sera déposée ;

2° Que le débiteur se soit dessaisi de la chose offerte, en la remettant dans le dépôt indiqué par la loi pour recevoir les consignations, avec les intérêts jusqu'au jour du dépôt ;

3° Qu'il y ait eu procès-verbal dressé par l'officier ministériel, de la nature des espèces offertes, du refus qu'a fait le créancier de les recevoir, ou de sa non-comparution, et enfin du dépôt ;

4° Qu'en cas de non-comparution de la part du créancier, le procès-verbal du dépôt lui ait été signifié avec sommation de retirer la chose déposée. — C. 1257 ; Pr. 812 s.

1260. Les frais des offres réelles et de la consignation sont à la charge du créancier, si elles sont valables. — C. 1248 ; Pr. 560.

1261. Tant que la consignation n'a point été acceptée par le créancier, le débiteur peut la retirer ; et s'il la retire, ses codébiteurs ou ses cautions ne sont point libérés. — C. 1281, 1262 s., 2041, 2038.

1262. Lorsque le débiteur a lui-même obtenu un jugement passé en force de chose jugée, qui a déclaré ses offres et sa consignation bonnes et valables, il ne peut plus, même du consentement du créancier, retirer sa consignation au préjudice de ses codébiteurs ou de ses cautions. — C. 1263, 1351, 2034, 2036.

1263. Le créancier qui a consenti que le débiteur retirât sa consignation après qu'elle a été déclarée valable par un jugement qui a acquis force de chose jugée, ne peut plus, pour le paiement de sa créance, exercer les privilèges ou hypothèques qui y étaient attachés ; il n'a plus d'hypothèque que du jour où l'acte par lequel il a consenti que la consignation fût retirée aura été revêtu des formes requises pour emporter l'hypothèque. — C. 1351, 2127, 2134.

1264. Si la chose due est un corps certain qui doit être livré au lieu où il se trouve, le débiteur doit faire sommation au créancier de l'enlever, par acte notifié à sa personne ou à son domicile, ou au domicile élu pour l'exécution de la convention. Cette sommation faite, si le créancier n'enlève pas la chose, et que le débiteur ait besoin du lieu dans lequel elle est placée, celui-ci pourra obtenir de la justice la permission de la mettre en dépôt dans quelque autre lieu. — C. 111, 1247, 1609, 1961 s.

§ V. — *De la cession de biens.*

1265. La cession de biens est l'abandon qu'un débiteur fait de tous ses biens à ses créanciers, lorsqu'il se trouve hors d'état de payer ses dettes. — C. 631, 635, 1166, 1268 s., 1270, 1945 ; Pr. 900, 898 s., 905 ; Co. 541.

1266. La cession de biens est volontaire ou judiciaire.

1267. La cession de biens volontaire est celle que les créanciers acceptent volontairement, et qui n'a d'effet que celui résultant des stipulations mêmes du contrat passé entre eux et le débiteur. — C. 1134.

1268. La cession judiciaire est un bénéfice que la loi accorde au débiteur malheureux et de bonne foi, auquel il est permis, pour avoir la liberté de sa personne (1).

1269. La cession judiciaire ne confère point la propriété aux créanciers ; elle leur donne seulement le droit de faire vendre les biens à leur profit, et d'en percevoir les revenus jusqu'à la vente. — Pr. 429, 904.

1270. Les créanciers ne peuvent refuser la cession judiciaire, si ce n'est dans les cas exceptés par la loi.

Elle opère la décharge de la contrainte par corps.

Au surplus, elle ne libère le débiteur que jusqu'à concurrence de la valeur des biens abandonnés ; et dans le cas où ils auraient été insuffisants, s'il lui en survient d'autres, il est obligé de les abandonner jusqu'au parfait paiement. — C. 1265, 1945 ; Pr. 898, 905 ; Co. 539, 541.

SECTION II

De la novation.

1271. La novation s'opère de trois manières :

1° Lorsque le débiteur contracte envers son créancier une nouvelle dette qui est substituée à l'ancienne, laquelle est éteinte ;

2° Lorsqu'un nouveau débiteur est substitué à l'ancien qui est déchargé par le créancier ;

3° Lorsque, par l'effet d'un nouvel engagement, un nouveau créancier est substitué à l'ancien, envers lequel le débiteur se trouve déchargé. — C. 878, 879, 1272 s., 1275, 1276, 1281, 1694, 1689, 1692.

1272. La novation ne peut s'opérer qu'entre personnes capables de contracter. — C. 1124, 1125.

1273. La novation ne se présume point ; il faut que la volonté de l'opérer résulte clairement de l'acte. — C. 1250, 1271, 1275, 1277, 1338, 1347, 1353.

1274. La novation par la substitution d'un nouveau débiteur, peut s'opérer sans le concours du premier débiteur. — C. 1121, 1236, 1271.

1275. La délégation par laquelle un débiteur donne au créancier un autre débiteur qui s'oblige envers le créancier, n'opère point de novation, si le créancier n'a expressément déclaré qu'il entendait décharger son débiteur qui a fait la délégation. — C. 1120, 1121, 1273, 1277, 1690, 2112, 2212.

1276. Le créancier qui a déchargé le débiteur par qui a été faite la délégation, n'a point de recours contre ce débiteur, si le délégué devient insolvable, à moins que l'acte n'en contienne une réserve expresse, ou que le délégué ne fût déjà en faillite ouverte, ou tombé en déconfiture au moment de la délégation. — C. 1275, 1276, 1693, 1694 ; Co. 437.

1277. La simple indication faite, par le débiteur, d'une personne qui doit payer à sa place, n'opère point novation.

Il en est de même de la simple indication faite par le créancier d'une personne qui doit recevoir pour lui. — C. 1121, 1273, 1275.

1278. Les privilèges et hypothèques de l'ancienne créance ne passent point à celle qui lui est substituée, à moins que le créancier ne les ait expressément réservés. — C. 1271, 1279 s., 1299.

1279. Lorsque la novation s'opère par la substitution d'un nouveau débiteur, les privilèges et hypothèques primitifs de la créance ne peuvent point passer sur les biens du nouveau débiteur. — C. 1275, 1271, 1280 s.

1280. Lorsque la novation s'opère entre le créancier et l'un des débiteurs solidaires, les privilèges et hypothèques de l'ancienne créance ne peuvent être réservés que sur les biens de celui qui contracte la nouvelle dette. — C. 1208, 1274, 1278, 1281, 1123.

1281. Par la novation faite entre le créancier et l'un des débiteurs solidaires, les codébiteurs sont libérés.

La novation opérée à l'égard du débiteur principal libère les cautions.

Néanmoins, si le créancier a exigé, dans le premier cas, l'accession des codébiteurs, ou, dans le second, celle des cautions, l'ancienne créance subsiste, si les codébiteurs ou les cautions refusent d'accéder au nouvel arrangement. — C. 1108 s., 1208, 1290, 1365, 2034, 2037.

SECTION III

De la remise de la dette.

1282. La remise volontaire du titre original sous signature privée, par le créancier au débiteur, fait preuve de la libération. — C. 1131, 1258, 1315, 1352, 1332.

1283. La remise volontaire de la grosse du titre fait présumer la remise de la dette ou le paiement, sans préjudice de la preuve contraire. — C. 1280, 1315, 1350, 1352 ; Pr. 854.

1284. La remise du titre original sous signature privée, ou de la grosse du titre, à l'un des débiteurs solidaires,

(1) La loi du 22 juillet 1867 a supprimé la contrainte par corps en matière commerciale, civile, et contre les étrangers.

à la même part ou portion de ses codébiteurs. — C. 1208, 1282 s., 1285, [illegible], 1302.

1285. La remise ou décharge conventionnelle au profit de l'un des codébiteurs solidaires, libère tous les autres, à moins que le créancier n'ait expressément réservé ses droits contre ces derniers.

Dans ce dernier cas, il ne peut plus répéter la dette que déduction faite de la part de celui auquel il a fait la remise. — C. 1210, 1213, 1215.

1286. La remise de la chose donnée en nantissement ne suffit point pour faire présumer la remise de la dette. — C. 2071 s., 2076.

1287. La remise ou décharge conventionnelle accordée au débiteur principal libère les cautions;

Celle accordée à la caution ne libère pas le débiteur principal;

Celle accordée à l'une des cautions ne libère pas les autres. — C. [illegible]; Co. 545.

1288. Ce que le créancier a reçu d'une caution pour la décharge de son cautionnement, doit être imputé sur la dette, et tourner à la décharge du débiteur principal et des autres cautions. — C. 1253, 1287.

SECTION IV

De la compensation.

1289. Lorsque deux personnes se trouvent débitrices l'une envers l'autre, il s'opère entre elles une compensation qui éteint les deux dettes, de la manière et dans les cas ci-après exprimés. — C. [illegible]

1290. La compensation s'opère de plein droit par la seule force de la loi, même à l'insu des débiteurs; les deux dettes s'éteignent réciproquement, à l'instant où elles se trouvent exister à la fois, jusqu'à concurrence de leurs quotités respectives. — C. [illegible]; Co. 445.

1291. La compensation n'a lieu qu'entre deux dettes qui ont également pour objet une somme d'argent, ou une certaine quantité de choses fongibles de la même espèce, et qui sont également liquides et exigibles.

Les prestations en grains ou denrées, non contestées, et dont le prix est réglé par les mercuriales, peuvent se compenser avec des sommes liquides et exigibles. — C. [illegible]

1292. Le terme de grâce n'est point un obstacle à la compensation. — C. 1244, [illegible]; Pr. 122.

1293. La compensation a lieu, quelles que soient les causes de l'une ou l'autre des dettes, excepté dans le cas:

1° De la demande en restitution d'une chose dont le propriétaire a été injustement dépouillé;

2° De la demande en restitution d'un dépôt et du prêt à usage;

3° D'une dette qui a pour cause des aliments déclarés insaisissables. — C. [illegible]; Pr. 581 s., 592 s.

1294. La caution peut opposer la compensation de ce que le créancier doit au débiteur principal;

Mais le débiteur principal ne peut opposer la compensation de ce que le créancier doit à la caution.

Le débiteur solidaire ne peut pareillement opposer la compensation de ce que le créancier doit à son codébiteur. — C. 1208, [illegible], 2036.

1295. Le débiteur qui a accepté purement et simplement la cession qu'un créancier a faite de ses droits à un tiers, ne peut plus opposer au cessionnaire la compensation qu'il eût pu, avant l'acceptation, opposer au cédant.

A l'égard de la cession qui n'a point été acceptée par le débiteur, mais qui lui a été signifiée, elle n'empêche que la compensation des créances postérieures à cette notification. — C. [illegible], 1690, 1691 s.

1296. Lorsque les deux dettes ne sont pas payables au même lieu, on n'en peut opposer la compensation qu'en faisant raison des frais de la remise. — C. 1247, 1248.

1297. Lorsqu'il y a plusieurs dettes compensables dues par la même personne, on suit, pour la compensation, les règles établies pour l'imputation par l'article 1256.

1298. La compensation n'a pas lieu au préjudice des droits acquis à un tiers. Ainsi, celui qui, étant débiteur, est devenu créancier depuis la saisie-arrêt faite par un tiers entre ses mains, ne peut, au préjudice du saisissant, opposer la compensation. — C. 1242; Pr. 557 s.

1299. Celui qui a payé une dette qui était, de droit, éteinte par la compensation, ne peut plus, en exerçant la créance dont il n'a point opposé la compensation, se prévaloir, au préjudice des tiers, des privilèges ou hypothèques qui y étaient attachés, à moins qu'il n'ait eu une juste cause d'ignorer la créance qui devait compenser sa dette. — C. 1278, 1290, 2180.

SECTION V

De la confusion.

1300. Lorsque les qualités de créancier et de débiteur se réunissent dans la même personne, il se fait une confusion de droit qui éteint les deux créances. — C. [illegible]

1301. La confusion qui s'opère dans la personne du débiteur principal, profite à ses cautions;

Celle qui s'opère dans la personne de la caution, n'entraîne point l'extinction de l'obligation principale;

Celle qui s'opère dans la personne du créancier, ne profite à ses codébiteurs solidaires que pour la portion dont il était débiteur. — C. [illegible]

SECTION VI

De la perte de la chose due.

1302. Lorsque le corps certain et déterminé qui était l'objet de l'obligation, vient à périr, est mis hors du commerce, ou se perd de manière qu'on en ignore absolument l'existence, l'obligation est éteinte si la chose a péri ou a été perdue sans la faute du débiteur, et avant qu'il fût en demeure.

Lors même que le débiteur est en demeure, et s'il ne s'est pas chargé des cas fortuits, l'obligation est éteinte dans le cas où la chose fût également périe chez le créancier si elle lui eût été livrée.

Le débiteur est tenu de prouver le cas fortuit qu'il allègue.

De quelque manière que la chose volée ait péri ou ait été perdue, sa perte ne dispense pas celui qui l'a soustraite, de la restitution du prix. — C. [illegible]

1303. Lorsque la chose est périe, mise hors du commerce ou perdue, sans la faute du débiteur, il est tenu, s'il y a quelques droits ou actions en indemnité par rapport à cette chose, de les céder à son créancier. — C. [illegible]

SECTION VII

De l'action en nullité ou en rescision des conventions.

1304. Dans tous les cas où l'action en nullité ou en rescision d'une convention n'est pas limitée à un moindre temps par une loi particulière, cette action dure dix ans.

Ce temps ne court, dans le cas de violence, que du jour où elle a cessé; dans le cas d'erreur ou de dol, du jour où ils ont été découverts; et pour les actes passés par les femmes mariées non autorisées, du jour de la dissolution du mariage.

Le temps ne court, à l'égard des actes faits par les interdits, que du jour où l'interdiction est levée; et à l'égard de ceux faits par les mineurs, que du jour de la majorité. — C. [illegible] — L. [illegible] juin [illegible], *sur les absents.*

1305. La simple lésion donne lieu à la rescision en faveur du mineur non émancipé, contre toutes sortes de conventions; et en faveur du mineur émancipé, contre toutes conventions qui excèdent les bornes de sa capacité, ainsi qu'elle est déterminée au titre *de la minorité, de la tutelle et de l'émancipation.* — C. [illegible]; Co. 2.

1306. Le mineur n'est pas restituable pour cause de lésion, lorsqu'elle ne résulte que d'un événement casuel et imprévu. — C. 1148, [illegible].

1307. La simple déclaration de majorité, faite par le mineur, ne fait point obstacle à sa restitution. — C. [illegible]

1308. Le mineur commerçant, banquier ou artisan, n'est point restituable contre les engagements qu'il a pris à raison de son commerce ou de son art. — C. 487; Co. 1, 2, 3, 6.

1309. Le mineur n'est point restituable contre les conventions portées en son contrat de mariage, lorsqu'elles ont été faites avec le consentement et l'assistance de ceux dont le consentement est requis pour la validité de son mariage. — C. [illegible]

1310. Il n'est point restituable contre les obligations résultant de son délit ou quasi-délit. — C. [illegible]; P. 66-69.

1311. Il n'est plus recevable à revenir contre l'engagement qu'il avait souscrit en minorité, lorsqu'il l'a ratifié en majorité, soit que cet engagement fût nul en sa forme, soit qu'il fût seulement sujet à restitution. — C. 1338.

1312. Lorsque les mineurs, les interdits ou les femmes mariées sont admis, en ces qualités, à se faire restituer contre leurs engagements, le remboursement de ce qui aurait été, en conséquence de ces engagements, payé pendant la minorité, l'interdiction ou le mariage, ne peut en être exigé, à moins qu'il ne soit prouvé que ce qui a été payé a tourné à leur profit. — C. [illegible]

1313. Les majeurs ne sont restitués pour cause de lésion que dans les cas et sous les conditions spécialement exprimés dans le présent Code. — C. [illegible]

1314. Lorsque les formalités requises à l'égard des mineurs ou des interdits, soit pour aliénation d'immeubles, soit dans un partage de succession, ont été remplies, ils sont, relativement à ces actes, considérés comme s'ils les avaient faits en majorité ou avant l'interdiction. — C. [illegible]

CHAPITRE VI

De la preuve des obligations, et de celle du paiement.

1315. Celui qui réclame l'exécution d'une obligation, doit la prouver.

Réciproquement, celui qui se prétend libéré, doit justifier le paiement ou le fait qui a produit l'extinction de son obligation. — C. [illegible], 1341, [illegible]

1316. Les règles qui concernent la preuve littérale, la preuve testimoniale, les présomptions, l'aveu de la partie et le serment, sont expliquées dans les sections suivantes. — C. 1317 s., 1341 s., [illegible]

SECTION PREMIÈRE

De la preuve littérale.

§ 1er. — *Du titre authentique.*

1317. L'acte authentique est celui qui a été reçu par officiers publics ayant le droit d'instrumenter dans le lieu où l'acte a été rédigé, et avec les solennités requises. — C. [illegible]

1318. L'acte qui n'est point authentique par l'incompétence ou l'incapacité de l'officier, ou par un défaut de forme, vaut comme écriture privée, s'il a été signé des parties. — C. [illegible]

1319. L'acte authentique fait pleine foi de la convention qu'il renferme entre les parties contractantes et leurs héritiers ou ayants cause.

Néanmoins, en cas de plaintes en faux principal, l'exécution de l'acte argué de faux sera suspendue par la mise en accusation; et, en cas d'inscription de faux faite incidemment, les tribunaux pourront, suivant les circonstances, suspendre provisoirement l'exécution de l'acte. — C. [illegible]

1320. L'acte, soit authentique, soit sous seing privé, fait foi entre les parties, même de ce qui n'y est exprimé qu'en termes énonciatifs, pourvu que l'énonciation ait un rapport direct à la disposition. Les énonciations étrangères à la disposition ne peuvent servir que d'un commencement de preuve. — C. [illegible]

1321. Les contre-lettres ne peuvent avoir leur effet qu'entre les parties contractantes; elles n'ont point d'effet contre les tiers. — C. [illegible]

§ II. — *De l'acte sous seing privé.*

1322. L'acte sous seing privé, reconnu par celui auquel on l'oppose, ou légalement tenu pour reconnu, a, entre ceux qui l'ont souscrit et entre leurs héritiers et ayants cause, la même foi que l'acte authentique. — C. [illegible]

1323. Celui auquel on oppose un acte sous seing privé, est obligé d'avouer ou de désavouer formellement son écriture ou sa signature.

Ses héritiers ou ayants cause peuvent se contenter de déclarer qu'ils ne connaissent point l'écriture ou la signature de leur auteur. — C. 1324; Pr. [illegible], 199.

1324. Dans le cas où la partie désavoue son écriture ou sa signature, et dans le cas où ses héritiers ou ayants cause déclarent ne les point connaître, la vérification en est ordonnée en justice. — Pr. [illegible]

1325. Les actes sous seing privé qui contiennent des conventions synallagmatiques, ne sont valables qu'autant qu'ils ont été faits en autant d'originaux qu'il y a de parties ayant un intérêt distinct.

Il suffit d'un original pour toutes les personnes ayant le même intérêt.

Chaque original doit contenir la mention du nombre des originaux qui en ont été faits.

Néanmoins le défaut de mention que

les originaux ont été faits doubles, triples, etc., ne peut être opposé par celui qui a exécuté de sa part la convention portée dans l'acte. — C. 1102, 1338, 1317, 1589, 2044, 2044; Co. 39, 109, 282, 332.

1326. Le billet ou la promesse sous seing privé par lequel une seule partie s'engage envers l'autre à lui payer une somme d'argent ou une chose appréciable, doit être écrit en entier de la main de celui qui le souscrit; ou du moins il faut qu'outre sa signature il ait écrit de sa main un *bon* ou un *approuvé*, portant en toutes lettres la somme ou la quantité de la chose;

Excepté dans le cas où l'acte émane de marchands, artisans, laboureurs, vignerons, gens de journée et de service. — C. 1101, 1318, 1327, 1341, 1347, 1853; Co. 4, 5, 109, 112, 113.

1327. Lorsque la somme exprimée au corps de l'acte est différente de celle exprimée au *bon*, l'obligation est présumée n'être que de la somme moindre, lors même que l'acte ainsi que le *bon* sont écrits en entier de la main de celui qui s'est obligé, à moins qu'il ne soit prouvé de quel côté est l'erreur. — C. 1102, 1126, 1341, 1350, 1352.

1328. Les actes sous seing privé n'ont de date contre les tiers que du jour où ils ont été enregistrés, du jour de la mort de celui ou de l'un de ceux qui les ont souscrits, ou du jour où leur substance est constatée dans les actes dressés par des officiers publics, tels que procès-verbaux de scellés ou d'inventaire. — C. 890, 956, 1210, 1322, 1410, 1690, 1743, 1750, 1898, 2102; Pr. 136, 271, 685.

1329. Les registres des marchands ne font point, contre les personnes non marchandes, preuve des fournitures qui y sont portées, sauf ce qui sera dit à l'égard du serment. — C. 1353, 1366, 1367, 2272; Co. 8 s., 13.

1330. Les livres des marchands font preuve contre eux; mais celui qui en veut tirer avantage, ne peut les diviser en ce qu'ils contiennent de contraire à sa prétention. — C. 1329, 1356; Co. 12 s., 109.

1331. Les registres et papiers domestiques ne font point un titre pour celui qui les a écrits. Ils font foi contre lui, 1° dans tous les cas où ils énoncent formellement un payement reçu; 2° lorsqu'ils contiennent la mention expresse que la note a été faite pour suppléer le défaut du titre en faveur de celui au profit duquel ils énoncent une obligation. — C. 46, 324, 1348 4°, 1353, 1357, 1415; Pr. 147, 150.

1332. L'écriture mise par le créancier à la suite, en marge ou au dos d'un titre qui est toujours resté en sa possession, fait foi, quoique non signée ni datée par lui, lorsqu'elle tend à établir la libération du débiteur.

Il en est de même de l'écriture mise par le créancier au dos, ou en marge, ou à la suite du double d'un titre ou d'une quittance, pourvu que ce double soit entre les mains du débiteur. — C. 1236, 1282, 1334.

§ III. — *Des tailles.*

1333. Les tailles corrélatives à leurs échantillons font foi entre les personnes qui sont dans l'usage de constater ainsi les fournitures qu'elles font et reçoivent en détail. — C. 1159.

§ IV. — *Des copies des titres.*

1334. Les copies, lorsque le titre original subsiste, ne font foi que de ce qui est contenu au titre, dont la représentation peut toujours être exigée. — C. 45, 1335; Pr. 839 s., 852 s.

1335. Lorsque le titre original n'existe plus, les copies font foi d'après les distinctions suivantes :

1° Les grosses ou premières expéditions font la même foi que l'original : il en est de même des copies qui ont été tirées par l'autorité du magistrat, parties présentes ou dûment appelées, ou de celles qui ont été tirées en présence des parties et de leur consentement réciproque;

2° Les copies qui, sans l'autorité du magistrat, ou sans le consentement des parties, et depuis la délivrance des grosses ou premières expéditions, auront été tirées sur la minute de l'acte par le notaire qui l'a reçu, ou par l'un de ses successeurs, ou par officiers publics qui, en cette qualité, sont dépositaires des minutes, peuvent, au cas de perte de l'original, faire foi quand elles sont anciennes.

Elles sont considérées comme anciennes quand elles ont plus de trente ans;

Si elles ont moins de trente ans, elles ne peuvent servir que de commencement de preuve par écrit;

3° Lorsque les copies tirées sur la minute d'un acte ne l'auront pas été par le notaire qui l'a reçu, ou par l'un de ses successeurs, ou par officiers publics qui, en cette qualité, sont dépositaires des minutes, elles ne pourront servir, quelle que soit leur ancienneté, que de commencement de preuve par écrit;

4° Les copies de copies pourront, suivant les circonstances, être considérées comme simples renseignements. — C. 45, 601, 1318, 1334, 1347; Pr. 203, 443, 844 s., 840 s., 853, 854; I. Cr. 521 s.

1336. La transcription d'un acte sur les registres publics ne pourra servir que de commencement de preuve par écrit; et il faudra même pour cela,

1° Qu'il soit constant que toutes les minutes du notaire, de l'année dans laquelle l'acte paraît avoir été fait, soient perdues, ou que l'on prouve que la perte de la minute de cet acte a été faite par un accident particulier;

2° Qu'il existe un répertoire en règle du notaire, qui constate que l'acte a été fait à la même date.

Lorsqu'au moyen du concours de ces deux circonstances la preuve par témoins sera admise, il sera nécessaire que ceux qui ont été témoins de l'acte, s'ils existent encore, soient entendus. — C. 939, 1069, 1335, 1347, 1453, 2108, 2181; Pr. 252 s.

§ V. — *Des actes récognitifs et confirmatifs.*

1337. Les actes récognitifs ne dispensent point de la représentation du titre primordial, à moins que sa teneur n'y soit spécialement relatée.

Ce qu'ils contiennent de plus que le titre primordial, ou ce qui s'y trouve de différent, n'a aucun effet.

Néanmoins, s'il y avait plusieurs reconnaissances conformes, soutenues de la possession, et dont l'une eût trente ans de date, le créancier pourrait être dispensé de représenter le titre primordial. — C. 695, 1334, 2248, 2263.

1338. L'acte de confirmation ou ratification d'une obligation contre laquelle la loi admet l'action en nullité ou en rescision, n'est valable que lorsqu'on y trouve la substance de cette obligation, la mention du motif de l'action en rescision, et l'intention de réparer le vice sur lequel cette action est fondée.

A défaut d'acte de confirmation ou ratification, il suffit que l'obligation soit exécutée volontairement après l'époque à laquelle l'obligation pouvait être valablement confirmée ou ratifiée.

La confirmation, ratification, ou exécution volontaire dans les formes et à l'époque déterminées par la loi, emporte la renonciation aux moyens et exceptions que l'on pouvait opposer contre cet acte, sans préjudice néanmoins du droit des tiers. — C. 724, 816, 892, 1109, 1115, 1117, 1120, 1125, 1151, 1166, 1167, 1304, 1311, 1339, 1340, 1554, 1560, 1998, 2012, 2036, 2131, 2135, 2225.

1339. Le donateur ne peut réparer par aucun acte confirmatif les vices d'une donation entre-vifs; nulle en la forme, il faut qu'elle soit refaite en la forme légale. — C. 846, 892, 893, 931 s., 960, 964, 966, 1081, 1092, 1340.

1340. La confirmation ou ratification, ou exécution volontaire d'une donation par les héritiers ou ayants cause du donateur, après son décès, emporte leur renonciation à opposer soit les vices de forme, soit toute autre exception. — C. 1305, 1339.

SECTION II

De la preuve testimoniale.

1341. Il doit être passé acte devant notaires ou sous signature privée, de toutes choses excédant la somme ou valeur de cent cinquante francs, même pour dépôts volontaires; et il n'est reçu aucune preuve par témoins contre et outre le contenu aux actes, ni sur ce qui serait allégué avoir été dit avant, lors ou depuis les actes, encore qu'il s'agisse d'une somme ou valeur moindre de cent cinquante francs;

Le tout sans préjudice de ce qui est prescrit dans les lois relatives au commerce. — C. 46, 1116, 1131, 1318, 1320, 1322, 1342-1348, 1353, 1372, 1715, 1834, 1923, 1950, 1985, 2015, 2044, 2052, 2074; Co. 41, 49, 109, 273.

1342. La règle ci-dessus s'applique au cas où l'action contient, outre la demande du capital, une demande d'intérêts qui, réunis au capital, excèdent la somme de cent cinquante francs. — C. 1341.

1343. Celui qui a formé une demande excédant cent cinquante francs, ne peut plus être admis à la preuve testimoniale, même en restreignant sa demande primitive. — C. 1341.

1344. La preuve testimoniale, sur la demande d'une somme même moindre de cent cinquante francs, ne peut être admise lorsque cette somme est déclarée être le restant ou faire partie d'une créance plus forte qui n'est point prouvée par écrit. — C. 1341.

1345. Si dans la même instance une partie fait plusieurs demandes dont il n'y ait point de titre par écrit, et que, jointes ensemble, elles excèdent la somme de cent cinquante francs, la preuve par témoins n'en peut être admise, encore que la partie allègue que ces créances proviennent de différentes causes, et qu'elles se soient formées en différents temps, si ce n'était que ces droits procédassent, par succession, donation ou autrement, de personnes différentes. — C. 1346.

1346. Toutes les demandes, à quelque titre que ce soit, qui ne seront pas entièrement justifiées par écrit, seront formées par un même exploit, après lequel les autres demandes dont il n'y aura point de preuves par écrit ne seront pas reçues. — C. 1345.

1347. Les règles ci-dessus reçoivent exception lorsqu'il existe un commencement de preuve par écrit.

On appelle ainsi tout acte par écrit qui est émané de celui contre lequel la demande est formée, ou de celui qu'il représente, et qui rend vraisemblable le fait allégué. — C. 324, 341, 1329, 1335, 1336, 1341, 1353, 1356, 1367, 1360; Pr. 54, 1° 408.

1348. Elles reçoivent encore exception toutes les fois qu'il n'a pas été possible au créancier de se procurer une preuve littérale de l'obligation qui a été contractée envers lui.

Cette seconde exception s'applique,

1° Aux obligations qui naissent des quasi-contrats et des délits ou quasi-délits;

2° Aux dépôts nécessaires faits en cas d'incendie, ruine, tumulte ou naufrage, et à ceux faits par les voyageurs en logeant dans une hôtellerie, le tout suivant la qualité des personnes et les circonstances du fait. — C. 1782, 1949-1952;

3° Aux obligations contractées en cas d'accidents imprévus, où l'on ne pourrait pas avoir fait des actes par écrit;

4° Au cas où le créancier a perdu le titre qui lui servait de preuve littérale, par suite d'un cas fortuit, imprévu et résultant d'une force majeure. — C. 46, 1110, 1131, 1148, 1341, 1353, 1371 s., 1382 s., 1782, 1949-1952.

SECTION III

Des présomptions.

1349. Les présomptions sont des conséquences que la loi ou le magistrat tire d'un fait connu à un fait inconnu. — C. 1350 s., 1353.

§ Ier. — *Des présomptions établies par la loi.*

1350. La présomption légale est celle qui est attachée par une loi spéciale à certains actes ou à certains faits; tels sont,

1° Les actes que la loi déclare nuls, comme présumés faits en fraude de ses dispositions, d'après leur seule qualité;

2° Les cas dans lesquels la loi déclare la propriété ou la libération résulter de certaines circonstances déterminées;

3° L'autorité que la loi attribue à la chose jugée;

4° La force que la loi attache à l'aveu de la partie ou à son serment. — C. 553, 653, 654, 720, 911, 918, 1099 s., 1282, 1283, 1320, 1352, 1354, 1357, 1402, 1525, 1530, 1908, 2231, 2279; Co. 446-446.

1351. L'autorité de la chose jugée n'a lieu qu'à l'égard de ce qui a fait l'objet du jugement. Il faut que la chose demandée soit la même; que la demande soit fondée sur la même cause; que la demande soit entre les mêmes parties, et formée par elles et contre elles en la même qualité. — C. 100, 800, 850, 863, 873, 1109, 1110, 1119-1122, 1147, 1165-1167, 1197, 1199, 1206-1207, 1220-1225, 1285, 1292, 1351, 1365, 1376, 1455, 1962, 1911, 2036, 2043, 2249 s., 2272; Pr. 122, 211, 390, 451, 522, 529, 474, 480; Co. 450, 579; I. Cr. 3.

1352. La présomption légale dispense de toute preuve celui au profit duquel elle existe.

Nulle preuve n'est admise contre la présomption de la loi, lorsque, sur le fondement de cette présomption, elle annule certains actes ou dénie l'action en justice, à moins qu'elle n'ait réservé la preuve contraire, et sauf ce qui sera dit sur le serment et l'aveu judiciaires. — C. 312 s., 420, 520, 911, 918, 1099, 1100, 1282, 1284, 1286, 1908, 1420, 2262; Pr. 480.

§ II. — *Des présomptions qui ne sont point établies par la loi.*

1353. Les présomptions qui ne sont point établies par la loi, sont abandonnées aux lumières et à la prudence du magistrat, qui ne doit admettre que des présomptions graves, précises et concordantes, et dans les cas seulement où la loi admet les preuves testimoniales, à moins que l'acte ne soit attaqué pour cause de fraude ou de dol. — C. 710 s., 1116, 1131, 1282, 1283, 1301, 1341 s., 1347, 1348, 1352, 2268; Pr. 300; Co. 109.

SECTION IV

De l'aveu de la partie.

1354. L'aveu qui est opposé à une partie, est ou extrajudiciaire ou judiciaire. — C. 1316, 1350, 1355 s.; Pr. 370.

1355. L'allégation d'un aveu extrajudiciaire purement verbal est inutile toutes les fois qu'il s'agit d'une demande dont la preuve testimoniale ne serait point admissible. — C. 1338 s., 1347.

1356. L'aveu judiciaire est la déclaration que fait en justice la partie ou son fondé de pouvoir spécial.

Il fait pleine foi contre celui qui l'a fait.

Il ne peut être divisé contre lui.

Il ne peut être révoqué, à moins qu'on ne prouve qu'il a été la suite d'une erreur de fait. Il ne pourrait être révoqué sous prétexte d'une erreur de droit. — C. 1109, 1110, 1350, 1352, 1923, 1924, 1987, 1993, 1998, 2052 s.; Pr. 324, 352; P. 24, 352, 408.

SECTION V

Du serment.

1357. Le serment judiciaire est de deux espèces :

1° Celui qu'une partie défère à l'autre pour en faire dépendre le jugement de la cause : il est appelé *décisoire* ;

2° Celui qui est déféré d'office par le juge à l'une ou à l'autre des parties. — C. 1316, 1350, 1358 s., 1366 s.; Pr. 55, 120 s.; P. 366.

§ 1er. — *Du serment décisoire.*

1358. Le serment décisoire peut être déféré sur quelque espèce de contestation que ce soit. — C. 1316, 1341 s., 1715, 1923, 2275; Pr. 55, 120 s., 870, 1035; Co. 189.

1359. Il ne peut être déféré que sur un fait personnel à la partie à laquelle on le défère. — C. 1362, 2275; Co. 189.

1360. Il peut être déféré en tout état de cause, et encore qu'il n'existe aucun commencement de preuve de la demande ou de l'exception sur laquelle il est provoqué. — C. 1347, 1367; Pr. 120, 121.

1361. Celui auquel le serment est déféré, qui le refuse ou ne consent pas à le référer à son adversaire, ou l'adversaire à qui il a été référé et qui le refuse, doit succomber dans sa demande ou dans son exception. — C. 1350, 1352, 1362, 1368; Pr. 55, 120 s.

1362. Le serment ne peut être référé quand le fait qui en est l'objet n'est point celui des deux parties, mais est purement personnel à celui auquel le serment avait été déféré. — C. 1359.

1363. Lorsque le serment déféré ou référé a été fait, l'adversaire n'est point recevable à en prouver la fausseté. — C. 1350, 1352, 1358, 1365, 2057; Pr. 480, 505, 600; I. C. 1 s.; P. 366.

1364. La partie qui a déféré ou référé le serment, ne peut plus se rétracter lorsque l'adversaire a déclaré qu'il est prêt à faire ce serment. — C. 1121, 1134.

1365. Le serment fait ne forme preuve qu'au profit de celui qui l'a déféré ou contre lui, et au profit de ses héritiers et ayants cause ou contre eux.

Néanmoins le serment déféré par l'un des créanciers solidaires au débiteur, ne libère celui-ci que pour la part de ce créancier ;

Le serment déféré au débiteur principal libère également les cautions ;

Celui déféré à l'un des débiteurs solidaires profite aux codébiteurs ;

Et celui déféré à la caution profite au débiteur principal.

Dans ces deux derniers cas, le serment du codébiteur solidaire ou de la caution ne profite aux autres codébiteurs ou au débiteur principal que lorsqu'il a été déféré sur la dette, et non sur le fait de la solidarité ou du cautionnement. — C. 1122, 1151, 1165, 1198, 1208, 1280, 1287, 1294, 1301, 2011, 2036.

§ II. — *Du serment déféré d'office.*

1366. Le juge peut déférer à l'une des parties le serment, ou pour en faire dépendre la décision de la cause, ou seulement pour déterminer le montant de la condamnation. — C. 1315, 1329, 1344, 1353, 1367, 1369, 1716, 1781, 1924; Pr. 120 s.; Co. 17.

1367. Le juge ne peut déférer d'office le serment, soit sur la demande, soit sur l'exception qui y est opposée, que sous les deux conditions suivantes ; il faut,

1° Que la demande ou l'exception ne soit pas pleinement justifiée ;

2° Qu'elle ne soit pas totalement dénuée de preuves.

Hors ces deux cas, le juge doit ou adjuger ou rejeter purement et simplement la demande. — C. 1315, 1715, 1781.

1368. Le serment déféré d'office par le juge à l'une des parties, ne peut être par elle référé à l'autre. — C. 1361.

1369. Le serment sur la valeur de la chose demandée, ne peut être déféré par le juge au demandeur que lorsqu'il est d'ailleurs impossible de constater autrement cette valeur.

Le juge doit même, en ce cas, déterminer la somme jusqu'à concurrence de laquelle le demandeur en sera cru sur son serment. — C. 1366; Pr. 120 s.

TITRE QUATRIÈME

DES ENGAGEMENTS QUI SE FORMENT SANS CONVENTION

(Décrété le 19 pluviôse an XII, promulgué le 29 (9-19 février 1804).)

1370. Certains engagements se forment sans qu'il intervienne aucune convention, ni de la part de celui qui s'oblige, ni de la part de celui envers lequel il est obligé.

Les uns résultent de l'autorité seule de la loi ; les autres naissent d'un fait personnel à celui qui se trouve obligé.

Les premiers sont les engagements formés involontairement, tels que ceux entre propriétaires voisins, ou ceux des tuteurs et des autres administrateurs qui ne peuvent refuser la fonction qui leur est déférée. — C. 203-211, 371, 450, 639, 651 s.

Les engagements qui naissent d'un fait personnel à celui qui se trouve obligé, résultent ou des quasi-contrats, ou des délits ou quasi-délits ; ils font la matière du présent titre. — C. 203-211, 371, 419, 640, 651 s., 654, 1371 s., 1382 s.

CHAPITRE PREMIER

Des quasi-contrats.

1371. Les quasi-contrats sont les faits purement volontaires de l'homme, dont il résulte un engagement quelconque envers un tiers, et quelquefois un engagement réciproque des deux parties. — C. 1108, 1372 s., 1376 s.

1372. Lorsque volontairement on gère l'affaire d'autrui, soit que le propriétaire connaisse la gestion, soit qu'il l'ignore, celui qui gère contracte l'engagement tacite de continuer la gestion qu'il a commencée, et de l'achever jusqu'à ce que le propriétaire soit en état d'y pourvoir lui-même ; il doit se charger également de toutes les dépendances de cette même affaire.

Il se soumet à toutes les obligations qui résulteraient d'un mandat exprès que lui aurait donné le propriétaire. — C. 1341, 1984, 1991-1996, 2007.

1373. Il est obligé de continuer sa gestion, encore que le maître vienne à mourir avant que l'affaire soit consommée, jusqu'à ce que l'héritier ait pu en prendre la direction. — C. 1991, 2010.

1374. Il est tenu d'apporter à la gestion de l'affaire tous les soins d'un bon père de famille.

Néanmoins les circonstances qui l'ont conduit à se charger de l'affaire, peuvent autoriser le juge à modérer les dommages et intérêts qui résulteraient des fautes ou de la négligence du gérant. — C. 1137, 1149, 1382, 1992.

1375. Le maître dont l'affaire a été bien administrée, doit remplir les engagements que le gérant a contractés en son nom, l'indemniser de tous les engagements personnels qu'il a pris, et lui rembourser toutes les dépenses utiles ou nécessaires qu'il a faites. — C. 861 s., 1149 s., 1153, 1315, 1372, 1377, 1984, 1995, 1997, 1998 s., 2001, 2175; Co. 190.

1376. Celui qui reçoit par erreur ou sciemment ce qui ne lui est pas dû, s'oblige à le restituer à celui de qui il l'a indûment reçu. — C. 1235, 1378-1381, 1906.

1377. Lorsqu'une personne qui, par erreur, se croyait débitrice, a acquitté une dette, elle a le droit de répétition contre le créancier.

Néanmoins ce droit cesse dans le cas où le créancier a supprimé son titre par suite du paiement, sauf le recours de celui qui a payé contre le véritable débiteur. — C. 1235, 1236, 1376, 1906, 1967.

1378. S'il y a eu mauvaise foi de la part de celui qui a reçu, il est tenu de restituer, tant le capital que les intérêts ou les fruits, du jour du paiement. — C. 549 s., 583 s., 1153, 1379, 1381, 1639, 1652, 1996, 2268; Pr. 526 s.

1379. Si la chose indûment reçue est un immeuble ou un meuble corporel, celui qui l'a reçue s'oblige à la restituer en nature, si elle existe, ou sa valeur, si elle est périe ou détériorée par sa faute ; il est même garant de sa perte par cas fortuit, s'il l'a reçue de mauvaise foi. — C. 1137, 1148, 1302, 2268.

1380. Si celui qui a reçu de bonne foi, a vendu la chose, il ne doit restituer que le prix de la vente. — C. 549, 1138, 1238, 1240, 1599, 1630 s., 1935, 2268, 2279.

1381. Celui auquel la chose est restituée, doit tenir compte, même au possesseur de mauvaise foi, de toutes les dépenses nécessaires et utiles qui ont été faites pour la conservation de la chose. — C. 1378, 1890, 1980, 2080, 2102.

CHAPITRE II

Des délits et des quasi-délits.

1382. Tout fait quelconque de l'homme, qui cause à autrui un dommage, oblige celui par la faute duquel il est arrivé, à le réparer. — C. 1142, 1146, 1149, 1310, 1370, 1424 s.; I. C. 1 s., 637, 638, 640; P. 4, 73, 74.

1383. Chacun est responsable du dommage qu'il a causé non seulement par son fait, mais encore par sa négligence ou par son imprudence. — C. 1148, 1382, 1792, 2270; P. 73, 74, 319 s.

1384. On est responsable non seulement du dommage que l'on cause par son propre fait, mais encore de celui qui est causé par le fait des personnes dont on doit répondre, ou des choses que l'on a sous sa garde.

Le père, et la mère après le décès du mari, sont responsables du dommage causé par leurs enfants mineurs habitant avec eux ;

Les maîtres et les commettants, du dommage causé par leurs domestiques et préposés dans les fonctions auxquelles ils les ont employés ;

Les instituteurs et les artisans, du dommage causé par leurs élèves et apprentis pendant le temps qu'ils sont sous leur surveillance.

La responsabilité ci-dessus a lieu, à moins que les père et mère, instituteurs et artisans, ne prouvent qu'ils n'ont pu empêcher le fait qui donne lieu à cette responsabilité. — C. 372, 1797, 1953, 1954, 1997; Co. 216 s.; P. 73, 74.

1385. Le propriétaire d'un animal, ou celui qui s'en sert, pendant qu'il est à son usage, est responsable du dommage que l'animal a causé, soit que l'animal fût sous sa garde, soit qu'il fût égaré ou échappé. — C. 1383; P. 471, 475, 479.

1386. Le propriétaire d'un bâtiment est responsable du dommage causé par sa ruine, lorsqu'elle est arrivée par une suite du défaut d'entretien ou par le vice de sa construction. — C. 1792, 1721, 1792, 2270; P. 471, 479.

TITRE CINQUIÈME

DU CONTRAT DE MARIAGE ET DES DROITS RESPECTIFS DES ÉPOUX

(Décrété le 20 pluviôse an XII, promulgué le 30 (10-20 février 1804).)

CHAPITRE PREMIER

Dispositions générales.

1387. La loi ne régit l'association conjugale, quant aux biens, qu'à défaut de conventions spéciales, que les époux peuvent faire comme ils le jugent à propos, pourvu qu'elles ne soient pas contraires aux bonnes mœurs, et, en outre, sous les modifications qui suivent. — C. 6, 900, 947, 1082 s., 1091 s., 1133, 1172, 1388, 1394, 1396, 1398, 1429, 1497, 1514, 1527, 1540, 1554, 1557, 2140.

1388. Les époux ne peuvent déroger ni aux droits résultant de la puissance maritale sur la personne de la femme et des enfants, ou qui appartiennent au mari comme chef, ni aux droits conférés au survivant des époux par le titre *de la puissance paternelle* et par le titre *de la minorité, de la tutelle et de l'émancipation*, ni aux dispositions prohibitives du présent Code. — C. 213 s., 371 s., 384, 389 s., 390 s., 397 s., 476 s., 1497, 1527.

1389. Ils ne peuvent faire aucune convention ou renonciation dont l'objet serait de changer l'ordre légal des successions, soit par rapport à eux-mêmes dans la succession de leurs enfants ou descendants, soit par rapport à leurs enfants entre eux, sans préjudice des donations entre-vifs ou testamentaires qui pourront avoir lieu selon les formes et dans les cas déterminés par le présent Code. — C. 791 s., 900, 1081 s., 1091 s., 1130, 1497, 1527, 1600.

1390. Les époux ne peuvent plus stipuler d'une manière générale que leur association sera réglée par l'une des coutumes, lois ou statuts locaux qui régissaient ci-devant les diverses parties du territoire français, et qui sont abrogés par le présent Code. — C. 1497, 1527.

1391. Ils peuvent cependant déclarer, d'une manière générale, qu'ils entendent se marier ou sous le régime de la communauté ou sous le régime dotal.

Au premier cas, et sous le régime de la communauté, les droits des époux et de leurs héritiers seront réglés par les dispositions du chapitre II du présent titre.

Au deuxième cas, et sous le régime dotal, leurs droits seront réglés par les dispositions du chapitre III. — C. 1393, 1497, 1540-1582.

L. 10 juillet 1850. — Toutefois, si l'acte de célébration du mariage porte que les époux se sont mariés sans contrat, la femme sera réputée, à l'égard des tiers, capable de contracter dans les termes du droit commun, à moins que, dans l'acte qui contiendra son engagement, elle n'ait déclaré avoir fait un contrat de mariage.

1392. La simple stipulation que la femme se constitue ou qu'il lui est constitué des biens en dot, ne suffit pas pour soumettre ces biens au régime dotal, s'il n'y a dans le contrat de mariage une déclaration expresse à cet égard.

La soumission au régime dotal ne résulte pas non plus de la simple déclaration faite par les époux, qu'ils se marient sans communauté, ou qu'ils seront séparés de biens. — C. 1529 s., 1536 s., 1540 s.

1393. A défaut de stipulations spéciales qui dérogent au régime de la communauté ou le modifient, les règles établies dans la première partie du chapitre II formeront le droit commun de la France. — C. 1399-1497.

1394. Toutes conventions matrimoniales seront rédigées, avant le mariage, par acte devant notaire. — C. 1125, 1317, 1338, 1341, 1387, 1388-1391, 1542; Co. 67 s.

L. 10 juillet 1850. — Le notaire donnera lecture aux parties du dernier alinéa de l'article 1391, ainsi que du dernier alinéa du présent article. Mention de cette lecture sera faite dans le contrat, à peine de dix francs d'amende contre le notaire contrevenant.

Le notaire délivrera aux parties, au moment de la signature du contrat, un certificat sur papier libre et sans frais, énonçant ses noms et lieu de résidence, les noms, prénoms, qualités et demeure des futurs époux, ainsi que la date du contrat. Ce certificat indiquera qu'il doit être remis à l'officier de l'état civil avant la célébration du mariage.

1395. Elles ne peuvent recevoir aucun changement après la célébration du mariage. — C. 760, 1076, 1079, 1088, 1092, 1130, 1323, 1388, 1394, 1396, 1421, 1422, 1451, 1543, 1555, 1595 s.

1396. Les changements qui y seraient faits avant cette célébration, doivent être constatés par acte passé dans la même forme que le contrat de mariage.

Nul changement ou contre-lettre n'est, au surplus, valable sans la présence et le consentement simultané de toutes les personnes qui ont été parties dans le contrat de mariage. — C. 148, 398, 1321, 1387, 1397, 1398, 1451.

1397. Tous changements et contre-lettres, même revêtus des formes prescrites par l'article précédent, seront sans effet à l'égard des tiers, s'ils n'ont été rédigés à la suite de la minute du contrat de mariage; et le notaire ne pourra, à peine des dommages et intérêts des parties, et sous plus grande peine s'il y a lieu, délivrer ni grosses ni expéditions du contrat de mariage sans transcrire à la suite le changement ou la contre-lettre. — C. 1321, 1396, 1590; Co. 67-70.

1398. Le mineur habile à contracter mariage est habile à consentir toutes les conventions dont ce contrat est susceptible; et les conventions et donations qu'il y a faites, sont valables, pourvu qu'il ait été assisté, dans le contrat, des personnes dont le consentement est nécessaire pour la validité du mariage. — C. 144, 148 s., 160, 160, 388, 818, 1095, 1309, 1557, 2140.

CHAPITRE II

Du régime en communauté.

1399. La communauté, soit légale, soit conventionnelle, commence du jour du mariage contracté devant l'officier de l'état civil; on ne peut stipuler qu'elle commencera à une autre époque. — C. 1395, 1400 s., 1451, 1512, 1581, 1497 s.

PREMIÈRE PARTIE

De la communauté légale.

1400. La communauté qui s'établit par la simple déclaration qu'on se marie sous le régime de la communauté, ou à défaut de contrat, est soumise aux règles expliquées dans les six sections qui suivent :

SECTION PREMIÈRE

De ce qui compose la communauté activement et passivement.

§ Ier. — *De l'actif de la communauté.*

1401. La communauté se compose activement :

1° De tout le mobilier que les époux possédaient au jour de la célébration de leur mariage, ensemble de tout le mobilier qui leur échoit pendant le mariage à titre de succession ou même de donation, si le donateur n'a exprimé le contraire;

2° De tous les fruits, revenus, intérêts et arrérages, de quelque nature qu'ils soient, échus ou perçus pendant le mariage, et provenant des biens qui appartenaient aux époux lors de sa célébration, ou de ceux qui leur sont échus pendant le mariage, à quelque titre que ce soit;

3° De tous les immeubles qui sont acquis pendant le mariage. — C. 527 s., 535, 582-587, 718, 1401, 1402, 1404-1408, 1428, 1433, 1439, 1497 s., 1498, 1500, 1532, 1571.

1402. Tout immeuble est réputé acquêt de communauté, s'il n'est prouvé que l'un des époux en avait la propriété ou possession légale antérieurement au mariage, ou qu'il lui est échu depuis à titre de succession ou donation. — C. 1352, 1399, 1401, 1404-1406, 1135, 1499, 2229; Pr. 23.

1403. Les coupes de bois et les produits des carrières et mines tombent dans la communauté pour tout ce qui en est considéré comme usufruit, d'après les règles expliquées au titre *de l'usufruit, de l'usage et de l'habitation*.

Si les coupes de bois qui, en suivant ces règles, pouvaient être faites durant la communauté, ne l'ont point été, il en sera dû récompense à l'époux non propriétaire du fonds ou à ses héritiers.

Si les carrières et mines ont été ouvertes pendant le mariage, les produits n'en tombent dans la communauté que sauf récompense ou indemnité à celui des époux à qui elle pourra être due. — C. 521, 585, 590-594, 598, 716, 1437, 1473.

1404. Les immeubles que les époux possèdent au jour de la célébration du mariage, ou qui leur échoient pendant son cours à titre de succession, n'entrent point en communauté.

Néanmoins, si l'un des époux avait acquis un immeuble depuis le contrat de mariage, contenant stipulation de communauté, et avant la célébration du mariage, l'immeuble acquis dans cet intervalle entrera dans la communauté, à moins que l'acquisition n'ait été faite en exécution de quelque clause du mariage, auquel cas elle serait réglée suivant la convention. — C. 1134, 1396, 1399, 1401, 1402, 1478, 1493.

1405. Les donations d'immeubles qui ne sont faites pendant le mariage qu'à l'un des deux époux, ne tombent point en communauté, et appartiennent au donataire seul, à moins que la donation ne contienne expressément que la chose donnée appartiendra à la communauté. — C. 894, 1134, 1401, 1402, 1470, 1493.

1406. L'immeuble abandonné ou cédé par père, mère ou autre ascendant, à l'un des deux époux, soit pour le remplir de ce qu'il lui doit, soit à la charge de payer les dettes du donateur à des étrangers, n'entre point en communauté, sauf récompense ou indemnité. — C. 1075 s., 1082 s., 1437, 1470, 1552, 1553.

1407. L'immeuble acquis pendant le mariage à titre d'échange contre l'immeuble appartenant à l'un des deux époux, n'entre point en communauté, et est subrogé au lieu et place de celui qui a été aliéné, sauf la récompense s'il y a soulte. — C. 1434, 1435, 1437, 1473, 1702.

1408. L'acquisition faite pendant le mariage, à titre de licitation ou autrement, de portion d'un immeuble dont l'un des époux était propriétaire par indivis, ne forme point un conquêt; sauf à indemniser la communauté de la somme qu'elle a fournie pour cette acquisition.

Dans le cas où le mari deviendrait seul, et en son nom personnel, acquéreur ou adjudicataire de portion ou de la totalité d'un immeuble appartenant par indivis à la femme, celle-ci, lors de la dissolution de la communauté, a le choix ou d'abandonner l'effet à la communauté, laquelle devient alors débitrice envers la femme de la portion appartenant à celle-ci dans le prix, ou de retirer l'immeuble, en remboursant à la communauté le prix de l'acquisition. — C. 883, 1436, 1437, 1470, 1498, 1686 s.

§ II. — *Du passif de la communauté et des actions qui en résultent contre la communauté.*

1409. La communauté se compose passivement :

1° De toutes les dettes mobilières dont les époux étaient grevés au jour de la célébration de leur mariage, ou dont se trouvent chargées les successions qui leur échoient durant le mariage, sauf la récompense pour celles relatives aux immeubles propres à l'un ou à l'autre des époux;

2° Des dettes, tant en capitaux qu'arrérages ou intérêts, contractées par le mari pendant la communauté, ou par la femme du consentement du mari, sauf la récompense dans les cas où elle a lieu;

3° Des arrérages et intérêts seulement des rentes ou dettes passives qui sont personnelles aux deux époux;

4° Des réparations usufructuaires des immeubles qui n'entrent point en communauté;

5° Des aliments des époux, de l'éducation et entretien des enfants, et de toute autre charge du mariage. — C. 203 s., 214, 527 s., 605 s., 612, 1401, 1410-1423, 1426, 1437-1439, 1473, 1510.

1410. La communauté n'est tenue des dettes mobilières contractées avant le mariage par la femme, qu'autant qu'elles résultent d'un acte authentique antérieur au mariage, ou ayant reçu avant la même époque une date certaine, soit par l'enregistrement, soit par le décès d'un ou de plusieurs signataires dudit acte.

Le créancier de la femme, en vertu d'un acte n'ayant pas de date certaine avant le mariage, ne peut en poursuivre contre elle le paiement que sur la nue propriété de ses immeubles personnels. — C. 1413, 1417, 1424, 1426.

Le mari qui prétendrait avoir payé pour sa femme une dette de cette nature, n'en peut demander la récompense ni à sa femme, ni à ses héritiers. — C. 217 s., 329, 1125, 1317, 1328, 1413, 1417, 1425, 1426, 1465.

1411. Les dettes des successions purement mobilières qui sont échues aux époux pendant le mariage, sont pour le tout à la charge de la communauté. — C. 1409, 1417, 1418, 1426, 1436, 1510.

1412. Les dettes d'une succession purement immobilière qui échoit à l'un des époux pendant le mariage, ne sont point à la charge de la communauté; sauf le droit qu'ont les créanciers de poursuivre leur paiement sur les immeubles de ladite succession.

Néanmoins, si la succession est échue au mari, les créanciers de la succession peuvent poursuivre leur paiement, soit sur tous les biens propres au mari, soit même sur ceux de la communauté, sauf, dans ce second cas, la récompense due à la femme ou à ses héritiers. — C. 1411, 1413 s., 1437, 1473.

1413. Si la succession purement immobilière est échue à la femme, et que celle-ci l'ait acceptée du consentement de son mari, les créanciers de la succession peuvent poursuivre leur paiement sur tous les biens personnels de la femme; mais, si la succession n'a été acceptée par la femme que comme autorisée en justice au refus du mari, les créanciers, en cas d'insuffisance des immeubles de la succession, ne peuvent se pourvoir que sur la nue propriété des autres biens personnels de la femme. — C. 217, 219, 776, 1410, 1417, 1426.

1414. Lorsque la succession échue à l'un des époux est en partie mobilière et en partie immobilière, les dettes dont elle est grevée ne sont à la charge de la communauté que jusqu'à concurrence de la portion contributoire du mobilier dans les dettes, eu égard à la valeur de ce mobilier comparée à celle des immeubles.

Cette portion contributoire se règle d'après l'inventaire auquel le mari doit faire procéder, soit de son chef, si la succession le concerne personnellement, soit comme dirigeant et autorisant les actions de sa femme, s'il s'agit d'une succession à elle échue. — C. 1411, 1412, 1415-1417, 1428; Pr. 941 s.

1415. A défaut d'inventaire, et dans tous les cas où ce défaut préjudicie à la femme, elle ou ses héritiers peuvent, lors de la dissolution de la communauté, poursuivre les récompenses de droit, et même faire preuve, tant par titres et papiers domestiques que par témoins, et au besoin par la commune renommée, de la consistance et valeur du mobilier non inventorié.

Le mari n'est jamais recevable à faire cette preuve. — C. 730, 1418, 1442, 1466, 1504, 1510; Co. 559, 561.

1416. Les dispositions de l'article 1414 ne font point obstacle à ce que les créanciers d'une succession en partie mobilière et en partie immobilière poursuivent leur paiement sur les biens de la communauté, soit que la succession soit échue au mari, soit qu'elle est échue à la femme lorsque celle-ci l'a acceptée du consentement de son mari; le tout sauf les récompenses respectives.

Il en est de même si la succession n'a été acceptée par la femme que comme autorisée en justice, et que néanmoins le mobilier en ait été confondu dans celui de la communauté sans un inventaire préalable. — C. [illegible]

1417. Si la succession n'a été acceptée par la femme que comme autorisée en justice au refus du mari, et s'il y a eu inventaire, les créanciers ne peuvent poursuivre leur paiement que sur les biens tant mobiliers qu'immobiliers de ladite succession, et, en cas d'insuffisance, sur la nue propriété des autres biens personnels de la femme. — C. [illegible]

1418. Les règles établies par les articles 1411 et suivants régissent les dettes dépendantes d'une donation, comme celles résultant d'une succession.

1419. Les créanciers peuvent poursuivre le paiement des dettes que la femme a contractées avec le consentement du mari, tant sur tous les biens de la communauté, que sur ceux du mari ou de la femme; sauf la récompense due à la communauté, ou l'indemnité due au mari. — C. [illegible]

1420. Toute dette qui n'est contractée par la femme qu'en vertu de la procuration générale ou spéciale du mari, est à la charge de la communauté; et le créancier n'en peut poursuivre le paiement ni contre la femme ni sur ses biens personnels. — C. [illegible]

SECTION II

De l'administration de la communauté, et de l'effet des actes de l'un ou de l'autre époux relativement à la société conjugale.

1421. Le mari administre seul les biens de la communauté.

Il peut les vendre, aliéner et hypothéquer sans le concours de la femme. — C. [illegible]

1422. Il ne peut disposer entre-vifs à titre gratuit des immeubles de la communauté, ni de l'universalité ou d'une quotité du mobilier, si ce n'est pour l'établissement des enfants communs.

Il peut néanmoins disposer des effets mobiliers à titre gratuit et particulier, au profit de toutes personnes, pourvu qu'il ne s'en réserve pas l'usufruit. — C. [illegible]

1423. La donation testamentaire faite par le mari ne peut excéder sa part dans la communauté.

S'il a donné en cette forme un effet de la communauté, le donataire ne peut le réclamer en nature, qu'autant que l'effet, par l'événement du partage, tombe au lot des héritiers du mari; si l'effet ne tombe point au lot de ces héritiers, le légataire a la récompense de la valeur totale de l'effet donné, sur la part des héritiers du mari dans la communauté et sur les biens personnels de ce dernier. — C. [illegible]

1424. Les amendes encourues par le mari pour crime n'emportant pas mort civile (1), peuvent se poursuivre sur les biens de la communauté, sauf la récompense due à la femme; celles encourues par la femme ne peuvent s'exécuter que sur la nue propriété de ses biens personnels, tant que dure la communauté. — C. [illegible]

(1) La mort civile a été abolie par la loi du 31 mai 1854.

1425. Les condamnations prononcées contre l'un des deux époux pour crime emportant mort civile (1), ne frappent que sa part de la communauté et ses biens personnels. — C. [illegible]

1426. Les actes faits par la femme sans le consentement du mari, et même avec l'autorisation de la justice, n'engagent point les biens de la communauté, si ce n'est lorsqu'elle contracte comme marchande publique et pour le fait de son commerce. — C. [illegible]

1427. La femme ne peut s'obliger ni engager les biens de la communauté, même pour tirer son mari de prison, ou pour l'établissement de ses enfants en cas d'absence du mari, qu'après y avoir été autorisée par justice. — C. [illegible]

1428. Le mari a l'administration de tous les biens personnels de la femme.

Il peut exercer seul toutes les actions mobilières et possessoires qui appartiennent à la femme.

Il ne peut aliéner les immeubles personnels de sa femme sans son consentement.

Il est responsable de tout dépérissement des biens personnels de sa femme, causé par défaut d'actes conservatoires. — C. [illegible]

1429. Les baux que le mari seul a faits des biens de sa femme pour un temps qui excède neuf ans, ne sont, en cas de dissolution de la communauté, obligatoires vis-à-vis de la femme ou de ses héritiers que pour le temps qui reste à courir soit de la première période de neuf ans, si les parties s'y trouvent encore, soit de la seconde, et ainsi de suite, de manière que le fermier n'ait que le droit d'achever la jouissance de la période de neuf ans où il se trouve. — C. [illegible]

1430. Les baux de neuf ans ou au-dessous que le mari seul a passés ou renouvelés des biens de sa femme, plus de trois ans avant l'expiration du bail courant s'il s'agit de biens ruraux, et plus de deux ans avant la même époque s'il s'agit de maisons, sont sans effet, à moins que leur exécution n'ait commencé avant la dissolution de la communauté. — C. [illegible]

1431. La femme qui s'oblige solidairement avec son mari pour les affaires de la communauté ou du mari, n'est réputée, à l'égard de celui-ci, s'être obligée que comme caution; elle doit être indemnisée de l'obligation qu'elle a contractée. — C. [illegible]

1432. Le mari qui garantit solidairement ou autrement la vente que sa femme a faite d'un immeuble personnel, a pareillement un recours contre elle, soit sur sa part dans la communauté, soit sur ses biens personnels, s'il est inquiété. — C. [illegible]

1433. S'il est vendu un immeuble appartenant à l'un des époux, de même que si l'on s'est rédimé en argent de services fonciers dus à des héritages propres à l'un d'eux, et que le prix en ait été versé dans la communauté, le tout sans remploi, il y a lieu au prélèvement de ce prix sur la communauté, au profit de l'époux qui était propriétaire, soit de l'immeuble vendu, soit des services rachetés. — C. [illegible]

(1) La mort civile a été abolie par la loi du 31 mai 1854.

1434. Le remploi est censé fait à l'égard du mari, toutes les fois que, lors d'une acquisition, il a déclaré qu'elle était faite des deniers provenus de l'aliénation de l'immeuble qui lui était personnel, et pour lui tenir lieu de remploi. — C. [illegible]

1435. La déclaration du mari que l'acquisition est faite des deniers provenus de l'immeuble vendu par la femme et pour lui servir de remploi, ne suffit point, si ce remploi n'a été formellement accepté par la femme; si elle ne l'a pas accepté, elle a simplement droit, lors de la dissolution de la communauté, à la récompense du prix de son immeuble vendu. — C. [illegible]

1436. La récompense du prix de l'immeuble appartenant au mari ne s'exerce que sur la masse de la communauté; celle du prix de l'immeuble appartenant à la femme s'exerce sur les biens personnels du mari, en cas d'insuffisance des biens de la communauté. Dans tous les cas, la récompense n'a lieu que sur le pied de la vente, quelque allégation qui soit faite touchant la valeur de l'immeuble aliéné. — C. [illegible]

1437. Toutes les fois qu'il est pris sur la communauté une somme soit pour acquitter les dettes ou charges personnelles à l'un des époux, telles que le prix ou partie du prix d'un immeuble à lui propre ou le rachat de services fonciers, soit pour le recouvrement, la conservation ou l'amélioration de ses biens personnels, et généralement toutes les fois que l'un des deux époux a tiré un profit personnel des biens de la communauté, il en doit la récompense. — C. [illegible]

1438. Si le père et la mère ont doté conjointement l'enfant commun, sans exprimer la portion pour laquelle ils entendaient y contribuer, ils sont censés avoir doté chacun pour moitié, soit que la dot ait été fournie ou promise en effets de la communauté, soit qu'elle l'ait été en biens personnels à l'un des époux.

Au second cas, l'époux dont l'immeuble ou l'effet personnel a été constitué en dot, a, sur les biens de l'autre, une action en indemnité pour la moitié de ladite dot, eu égard à la valeur de l'effet donné, au temps de la donation. — C. [illegible]

1439. La dot constituée par le mari seul à l'enfant commun, en effets de la communauté, est à la charge de la communauté; et dans le cas où la communauté est acceptée par la femme, celle-ci doit supporter la moitié de la dot, à moins que le mari n'ait déclaré expressément qu'il s'en chargeait pour le tout, ou pour une portion plus forte que la moitié. — C. [illegible]

1440. La garantie de la dot est due par toute personne qui l'a constituée; et ses intérêts courent du jour du mariage, encore qu'il y ait terme pour le paiement, s'il n'y a stipulation contraire. — C. [illegible]

SECTION III

De la dissolution de la communauté, et de quelques-unes de ses suites.

1441. La communauté se dissout, 1° par la mort naturelle; 2° par la mort civile (1); 3° par le divorce; 4° par la séparation de corps; 5° par la séparation de biens. — C. [illegible]

(1) La mort civile a été abolie par la loi du 31 mai 1854.

[illegible]

1442. Le défaut d'inventaire après la mort naturelle ou civile (1) de l'un des époux, ne donne pas lieu à la continuation de la communauté; sauf les poursuites des parties intéressées, relativement à la consistance des biens et effets communs, dont la preuve pourra être faite tant par titres que par la commune renommée.

S'il y a des enfants mineurs, le défaut d'inventaire fait perdre en outre à l'époux survivant la jouissance de leurs revenus; et le subrogé tuteur qui ne l'a point obligé à faire inventaire, est solidairement tenu avec lui de toutes les condamnations qui peuvent être prononcées au profit des mineurs. — C. [illegible]

1443. La séparation de biens ne peut être poursuivie qu'en justice par la femme dont la dot est mise en péril, et lorsque le désordre des affaires du mari donne lieu de craindre que les biens de celui-ci ne soient point suffisants pour remplir les droits et reprises de la femme.

Toute séparation volontaire est nulle. — C. [illegible]

1444. La séparation de biens, quoique prononcée en justice, est nulle si elle n'a point été exécutée par le paiement réel des droits et reprises de la femme, effectué par acte authentique, jusqu'à concurrence des biens du mari, ou au moins par des poursuites commencées dans la quinzaine qui a suivi le jugement, et non interrompues depuis. — C. [illegible]

1445. Toute séparation de biens doit, avant son exécution, être rendue publique par l'affiche sur un tableau à ce destiné, dans la principale salle du tribunal de première instance, et de plus, si le mari est marchand, banquier ou commerçant, dans celle du tribunal de commerce du lieu de son domicile; et ce, à peine de nullité de l'exécution.

Le jugement qui prononce la séparation de biens, remonte, quant à ses effets, au jour de la demande. — C. [illegible]

1446. Les créanciers personnels de la femme ne peuvent, sans son consentement, demander la séparation de biens.

Néanmoins, en cas de faillite ou de déconfiture du mari, ils peuvent exercer les droits de leur débitrice jusqu'à concurrence du montant de leurs créances. — C. [illegible]

1447. Les créanciers du mari peuvent se pourvoir contre la séparation de biens prononcée et même exécutée en fraude de leurs droits; ils peuvent même intervenir dans l'instance sur la demande en séparation pour la contester. — C. [illegible]

1448. La femme qui a obtenu la séparation de biens, doit contribuer, proportionnellement à ses facultés et à celles du mari, tant aux frais du ménage qu'à ceux d'éducation des enfants communs.

Elle doit supporter entièrement ces frais, s'il ne reste rien au mari. — C. [illegible]

1449. La femme séparée soit de corps et de biens, soit de biens seulement, en reprend la libre administration.

Elle peut disposer de son mobilier et l'aliéner.

Elle ne peut aliéner ses immeubles sans le consentement de son mari, ou

(1) La mort civile a été abolie par la loi du 31 mai 1854.

sans être autorisée en justice à son refus. — C. 215, 217, 219, 311, 1124, 1188, 1224, 1254, 1388 s., 1449, 1463, 1576, 1595, 1719, 1728, 2124.

1450. Le mari n'est point garant du défaut d'emploi ou de remploi du prix de l'immeuble que la femme séparée a aliéné sous l'autorisation de la justice, à moins qu'il n'ait concouru au contrat, ou qu'il ne soit prouvé que les deniers ont été reçus par lui, ou ont tourné à son profit.

Il est garant du défaut d'emploi ou de remploi, si la vente a été faite en sa présence et de son consentement : il ne l'est point de l'utilité de cet emploi. — C. 1449.

1451. La communauté dissoute par la séparation soit de corps et de biens, soit de biens seulement, peut être rétablie du consentement des deux parties.

Elle ne peut l'être que par un acte passé devant notaires et avec minute, dont une expédition doit être affichée dans la forme de l'article 1445.

En ce cas, la communauté rétablie reprend son effet du jour du mariage ; les choses sont remises au même état que s'il n'y avait point eu de séparation, sans préjudice néanmoins de l'exécution des actes qui, dans cet intervalle, ont pu être faits par la femme en conformité de l'article 1449.

Toute convention par laquelle les époux rétabliraient leur communauté sous des conditions différentes de celles qui la réglaient antérieurement, est nulle. — C. 6, 390, 1433, 1172, 1395, 1396, 1445 ; Pr. 872.

1452. La dissolution de communauté opérée par le divorce ou par la séparation soit de corps et de biens, soit de biens seulement, ne donne pas ouverture aux droits de survie de la femme ; mais celle-ci conserve la faculté de les exercer lors de la mort naturelle ou civile de son mari. — C. 23, 25, 299 s., 311, 1443 s., 1518 ; P. 18.

SECTION IV

De l'acceptation de la communauté et de la renonciation qui peut y être faite, avec les conditions qui y sont relatives.

1453. Après la dissolution de la communauté, la femme ou ses héritiers et ayants-cause ont la faculté de l'accepter ou d'y renoncer : toute convention contraire est nulle. — C. 1463, 1466, 1492, 1520, 1524.

1454. La femme qui s'est immiscée dans les biens de la communauté, ne peut y renoncer.

Les actes purement administratifs ou conservatoires n'emportent point immixtion. — C. 778, 779, 780, 1463.

1455. La femme majeure qui a pris dans un acte la qualité de commune, ne peut plus y renoncer ni se faire restituer contre cette qualité, quand même elle l'aurait prise avant d'avoir fait inventaire, s'il n'y a eu dol de la part des héritiers du mari. — C. 488, 770, 778, 783, 1116.

1456. La femme survivante qui veut conserver la faculté de renoncer à la communauté, doit, dans les trois mois du jour du décès du mari, faire faire un inventaire fidèle et exact de tous les biens de la communauté, contradictoirement avec les héritiers du mari, ou eux dûment appelés.

Cet inventaire doit être par elle affirmé sincère et véritable, lors de sa clôture, devant l'officier public qui l'a reçu. — C. 795 s., 1457, 1459, 1483, 1498, 1582 ; Pr. 174, 941 s.

1457. Dans les trois mois et quarante jours après le décès du mari, elle doit faire sa renonciation au greffe du tribunal de première instance dans l'arrondissement duquel le mari avait son domicile : cet acte doit être inscrit sur le registre établi pour recevoir les renonciations à succession. — C. 102, 110, 784, 793, 795 s., 1458 s., 1464, 1465 ; Pr. 174, 875, 997.

1458. La veuve peut, suivant les circonstances, demander au tribunal de première instance une prorogation du délai prescrit par l'article précédent pour sa renonciation ; cette prorogation est, s'il y a lieu, prononcée contradictoirement avec les héritiers du mari, ou eux dûment appelés. — C. 798, 799, 1461 s. ; Pr. 174.

1459. La veuve qui n'a point fait sa renonciation dans le délai ci-dessus prescrit, n'est pas déchue de la faculté de renoncer si elle ne s'est point immiscée et qu'elle ait fait inventaire ; elle peut seulement être poursuivie comme commune jusqu'à ce qu'elle ait renoncé, et elle doit les frais faits contre elle jusqu'à sa renonciation.

Elle peut également être poursuivie après l'expiration des quarante jours depuis la clôture de l'inventaire, s'il a été clos avant les trois mois. — C. 789, 795, 795, 797, 800, 1456, 1461 s. ; Pr. 174.

1460. La veuve qui a diverti ou recélé quelques effets de la communauté, est déclarée commune, nonobstant sa renonciation ; il en est de même à l'égard de ses héritiers. — C. 792, 801, 1477, 1483.

1461. Si la veuve meurt avant l'expiration des trois mois sans avoir fait ou terminé l'inventaire, les héritiers auront, pour faire ou pour terminer l'inventaire, un nouveau délai de trois mois, à compter du décès de la veuve, et de quarante jours pour délibérer, après la clôture de l'inventaire.

Si la veuve meurt ayant terminé l'inventaire, ses héritiers auront, pour délibérer, un nouveau délai de quarante jours à compter de son décès.

Ils peuvent, au surplus, renoncer à la communauté dans les formes établies ci-dessus ; et les articles 1458 et 1459 leur sont applicables. — C. 1466, 1475, 1491.

1462. Les dispositions des articles 1456 et suivants sont applicables aux femmes des individus morts civilement, à partir du moment où la mort civile a commencé (1). — C. 20, 25 s., 227 ; P. 18.

1463. La femme divorcée ou séparée de corps, qui n'a point, dans les trois mois et quarante jours après le divorce ou la séparation définitivement prononcés, accepté la communauté, est censée y avoir renoncé, à moins qu'étant encore dans le délai, elle n'en ait obtenu la prorogation en justice, contradictoirement avec le mari, ou lui dûment appelé. — C. 311, 1454, 1456, 1458 ; Pr. 174, 874.

1464. Les créanciers de la femme peuvent attaquer la renonciation qui aurait été faite par elle ou par ses héritiers en fraude de leurs créances, et accepter la communauté de leur chef. — C. 622, 788, 1053, 1166, 1167, 2225.

1465. La veuve, soit qu'elle accepte, soit qu'elle renonce, a droit, pendant les trois mois et quarante jours qui lui sont accordés pour faire inventaire et délibérer, de prendre sa nourriture et celle de ses domestiques sur les provisions existantes, et, à défaut, par emprunt au compte de la masse commune, à la charge d'en user modérément.

Elle ne doit aucun loyer à raison de l'habitation qu'elle a pu faire, pendant ces délais, dans une maison dépendante de la communauté, ou appartenant aux héritiers du mari ; et si la maison qu'habitaient les époux à l'époque de la dissolution de la communauté, était tenue par eux à titre de loyer, la femme ne contribuera point, pendant les mêmes délais, au paiement dudit loyer, lequel sera pris sur la masse. — C. 1495, 1570.

(1) La mort civile a été abolie par la loi du 31 mai 1854.

1466. Dans le cas de dissolution de la communauté par la mort de la femme, ses héritiers peuvent renoncer à la communauté dans les délais et dans les formes que la loi prescrit à la femme survivante. — C. 781, 1453, 1456 s., 1460 s., 1461, 1475, 1491 ; Pr. 997.

SECTION V

De partage de la communauté après l'acceptation.

1467. Après l'acceptation de la communauté par la femme ou ses héritiers, l'actif se partage, et le passif est supporté de la manière ci-après déterminée. — C. 815 s., 1468-1491, 1522.

§ Ier. — *Du partage de l'actif.*

1468. Les époux ou leurs héritiers rapportent à la masse des biens existants, tout ce dont ils sont débiteurs envers la communauté à titre de récompense ou d'indemnité, d'après les règles ci-dessus prescrites, à la section II de la 1re partie du présent chapitre. — C. 829, 858, 1422, 1433 s.

1469. Chaque époux ou son héritier rapporte également les sommes qui ont été tirées de la communauté, ou la valeur des biens que l'époux y a pris pour doter un enfant d'un autre lit, ou pour doter personnellement l'enfant commun. — C. 852, 1422, 1438, 1439, 1544.

1470. Sur la masse des biens, chaque époux ou son héritier prélève :

1° Ses biens personnels qui ne sont point entrés en communauté, s'ils existent en nature, ou ceux qui ont été acquis en remploi ;

2° Le prix de ses immeubles qui ont été aliénés pendant la communauté, et dont il n'a point été fait remploi ;

3° Les indemnités qui lui sont dues par la communauté. — C. 1403 s., 1419, 1431 s., 1502 s., 1515 s. ; Co. 557 s.

1471. Les prélèvements de la femme s'exercent avant ceux du mari.

Ils s'exercent pour les biens qui n'existent plus en nature, d'abord sur l'argent comptant, ensuite sur le mobilier, et subsidiairement sur les immeubles de la communauté : dans ce dernier cas, le choix des immeubles est déféré à la femme et à ses héritiers. — C. 832 s., 1415, 1436, 1470, 1472, 1483, 1493 s., 2093, 2121 ; Co. 557 s.

1472. Le mari ne peut exercer ses reprises que sur les biens de la communauté.

La femme et ses héritiers, en cas d'insuffisance de la communauté, exercent leurs reprises sur les biens personnels du mari. — C. 880, 1421, 1436, 1470, 1471, 1476, 2121, 2135 ; Co. 557, 560 s.

1473. Les remplois et récompenses dus par la communauté aux époux, et les récompenses et indemnités par eux dues à la communauté, emportent les intérêts de plein droit du jour de la dissolution de la communauté. — C. 1153, 1441, 1479.

1474. Après que tous les prélèvements des deux époux ont été exécutés sur la masse, le surplus se partage par moitié entre les époux ou ceux qui les représentent. — C. 1476, 1482, 1521.

1475. Si les héritiers de la femme sont divisés, en sorte que l'un ait accepté la communauté à laquelle l'autre a renoncé, celui qui a accepté ne peut prendre que sa portion virile et héréditaire dans les biens qui échoient au lot de la femme.

Le surplus reste au mari, qui demeure chargé, envers l'héritier renonçant, des droits que la femme aurait pu exercer en cas de renonciation, mais jusqu'à concurrence seulement de la portion virile héréditaire du renonçant. — C. 781, 782, 850, 873, 1466, 1491, 1492.

1476. Au surplus, le partage de la communauté, pour tout ce qui concerne ses formes, la licitation des immeubles quand il y a lieu, les effets du partage, la garantie qui en résulte, et les soultes, est soumis à toutes les règles qui sont établies au titre des *successions* pour les partages entre cohéritiers. — C. 815 s., 883 s., 2103, 2109 ; Pr. 966 s.

1477. Celui des époux qui aurait diverti ou recélé quelques effets de la communauté, est privé de sa portion dans lesdits effets. — C. 792, 801, 1460 ; Co. 593.

1478. Après le partage consommé, si l'un des deux époux est créancier personnel de l'autre, comme lorsque le prix de son bien a été employé à payer une dette personnelle de l'autre époux, ou pour toute autre cause, il exerce sa créance sur la part qui est échue à celui-ci dans la communauté ou sur ses biens personnels. — C. 1432, 1479 s., 1511, 1513.

1479. Les créances personnelles que les époux ont à exercer l'un contre l'autre, ne portent intérêt que du jour de la demande en justice. — C. 1153, 1440, 1473, 1478, 1570, 1652.

1480. Les donations que l'un des époux a pu faire à l'autre, ne s'exécutent que sur la part du donateur dans la communauté, et sur ses biens personnels. — C. 1091 s., 1478.

1481. Le deuil de la femme est aux frais des héritiers du mari prédécédé.

La valeur de ce deuil est réglée selon la fortune du mari.

Il est dû même à la femme qui renonce à la communauté. — C. 1492, 1570, 2101.

§ II. — *Du passif de la communauté et de la contribution aux dettes.*

1482. Les dettes de la communauté sont pour moitié à la charge de chacun des époux ou de leurs héritiers : les frais de scellé, inventaire, vente de mobilier, liquidation, licitation et partage, font partie de ces dettes. — C. 1409, 1414 s., 1425, 1435, 1438, 1439, 1456, 1474, 1483, 1486, 1519.

1483. La femme n'est tenue des dettes de la communauté, soit à l'égard du mari, soit à l'égard des créanciers, que jusqu'à concurrence de son émolument, pourvu qu'il y ait eu bon et fidèle inventaire, et en rendant compte tant du contenu de cet inventaire que de ce qui lui est échu par le partage. — C. 802, 1328, 1409, 1420, 1456, 1486, 1510.

1484. Le mari est tenu, pour la totalité, des dettes de la communauté par lui contractées, sauf son recours contre la femme ou ses héritiers pour la moitié desdites dettes. — C. 1478, 1482 s.

1485. Il n'est tenu que pour moitié, de celles personnelles à la femme et qui étaient tombées à la charge de la communauté. — C. 1410 s., 1413 s., 1482.

1486. La femme peut être poursuivie pour la totalité des dettes qui procèdent de son chef et étaient entrées dans la communauté, sauf son recours contre le mari ou son héritier, pour la moitié desdites dettes. — C. 1410 s., 1419, 1478, 1482.

1487. La femme, même personnellement obligée pour une dette de communauté, ne peut être poursuivie que pour la moitié de cette dette, à moins que l'obligation ne soit solidaire. — C. 1202, 1431, 1482.

1488. La femme qui a payé une dette de la communauté au delà de sa moitié, n'a point de répétition contre le créancier pour l'excédant, à moins que la quittance n'exprime que ce qu'elle a payé était pour sa moitié. — C. 1235, 1377, 1490.

1489. Celui des deux époux qui, par l'effet de l'hypothèque exercée sur l'immeuble à lui échu en partage, se trouve poursuivi pour la totalité d'une dette de communauté, a de droit son recours pour la moitié de cette dette contre l'autre époux ou ses héritiers. — C. 873 s., 1166, 1488, 2114.

1490. Les dispositions précédentes ne font point obstacle à ce que, par le partage, l'un ou l'autre des copartageants soit chargé de payer une quotité de dettes autre que la moitié, même de les acquitter entièrement.

Toutes les fois que l'un des copartageants a payé des dettes de la communauté au delà de la portion dont il était tenu, il y a lieu au recours de celui qui a trop payé contre l'autre. — C. 1165, 1166, 1482 s., 1487.

1491. Tout ce qui est dit ci-dessus à l'égard du mari ou de la femme, a lieu à l'égard des héritiers de l'un ou de l'autre ; et ces héritiers exercent les mêmes droits et sont soumis aux mêmes actions que le conjoint qu'ils représentent. — C. 724, 1461, 1466, 1475.

SECTION VI

De la renonciation à la communauté, et de ses effets

1492. La femme qui renonce, perd toute espèce de droit sur les biens de la communauté, et même sur le mobilier qui y est entré de son chef.

Elle retire seulement les linges et hardes à son usage. — C. 1453, 1462, 1465, 1495, 1514, 1566, 2135 ; Co. 560, 557 s.

1493. La femme renonçante a le droit de reprendre :

1° Les immeubles à elle appartenant, lorsqu'ils existent en nature, ou l'immeuble qui a été acquis en remploi ;

2° Le prix de ses immeubles aliénés dont le remploi n'a pas été fait et accepté comme il est dit ci-dessus ;

3° Toutes les indemnités qui peuvent lui être dues par la communauté. — C. 1404 s., 1433, 1435, 1470 ; Co. 557 s.

1494. La femme renonçante est déchargée de toute contribution aux dettes de la communauté, tant à l'égard du mari qu'à l'égard des créanciers. Elle reste néanmoins tenue envers ceux-ci lorsqu'elle s'est obligée conjointement avec son mari, ou lorsque la dette, devenue dette de la communauté, provenait originairement de son chef ; le tout sauf son recours contre le mari ou ses héritiers. — C. 1409 s., 1431, 1486, 1492.

1495. Elle peut exercer toutes les actions et reprises ci-dessus détaillées, tant sur les biens de la communauté que sur les biens personnels du mari.

Ses héritiers le peuvent de même, sauf en ce qui concerne le prélèvement des linges et hardes, ainsi que le logement et la nourriture pendant le délai donné pour faire inventaire et délibérer ; lesquels droits sont purement personnels à la femme survivante. — C. 724, 1454, 1465, 1471, 1481, 1492, 1514, 2121, 2135.

DISPOSITION

relative à la communauté légale, lorsque l'un des époux ou tous deux ont des enfants de précédents mariages

1496. Tout ce qui est dit ci-dessus, sera observé même lorsque l'un des époux ou tous deux auront des enfants de précédents mariages.

Si toutefois la confusion du mobilier et des dettes opérait, au profit de l'un des époux, un avantage supérieur à celui qui est autorisé par l'article 1098, au titre *des Donations entre-vifs et des testaments*, les enfants du premier lit de l'autre époux auront l'action en retranchement. — C. 1098, 1527.

DEUXIÈME PARTIE

De la communauté conventionnelle, et des conventions qui peuvent modifier ou même exclure la communauté légale.

1497. Les époux peuvent modifier la communauté légale par toute espèce de conventions non contraires aux articles 1387, 1388, 1389 et 1390.

Les principales modifications sont celles qui ont lieu en stipulant de l'une ou de l'autre des manières qui suivent, savoir :

1° Que la communauté n'embrassera que les acquêts ;

2° Que le mobilier présent ou futur n'entrera point en communauté, ou n'y entrera que pour une partie ;

3° Qu'on y comprendra tout ou partie des immeubles présents ou futurs, par la voie de l'ameublissement ;

4° Que les époux paieront séparément leurs dettes antérieures au mariage ;

5° Qu'en cas de renonciation, la femme pourra reprendre ses apports francs et quittes ;

6° Que le survivant aura un préciput ;

7° Que les époux auront des parts inégales ;

8° Qu'il y aura entre eux communauté à titre universel. — C. 1498-1527.

SECTION PREMIÈRE

De la communauté réduite aux acquêts

1498. Lorsque les époux stipulent qu'il n'y aura entre eux qu'une communauté d'acquêts, ils sont censés exclure de la communauté et les dettes de chacun d'eux actuelles et futures, et leur mobilier respectif présent et futur.

En ce cas, et après que chacun des époux a prélevé ses apports dûment justifiés, le partage se borne aux acquêts faits par les époux ensemble ou séparément durant le mariage, et provenant tant de l'industrie commune que des économies faites sur les fruits et revenus des biens des deux époux. — C. 1401, 1404 s., 1421 s., 1431, 1433, 1470, 1497, 1581.

1499. Si le mobilier existant lors du mariage, ou échu depuis, n'a pas été constaté par inventaire ou état en bonne forme, il est réputé acquêt. — C. 1402, 1415, 1504, 1581 ; Pr. 943.

SECTION II

De la clause qui exclut de la communauté le mobilier en tout ou partie.

1500. Les époux peuvent exclure de leur communauté tout leur mobilier présent et futur.

Lorsqu'ils stipulent qu'ils en mettront réciproquement dans la communauté jusqu'à concurrence d'une somme ou d'une valeur déterminée, ils sont, par cela seul, censés se réserver le surplus. — C. 1401, 1421 s., 1428, 1503 s.

1501. Cette clause rend l'époux débiteur envers la communauté, de la somme qu'il a promis d'y mettre, et l'oblige à justifier de cet apport. — C. 1315, 1469, 1502 s., 1845 s.

1502. L'apport est suffisamment justifié, quant au mari, par la déclaration portée au contrat de mariage que son mobilier est de telle valeur.

Il est suffisamment justifié, à l'égard de la femme, par la quittance que le mari lui donne, ou à ceux qui l'ont dotée. — C. 1501, 1504.

1503. Chaque époux a le droit de reprendre et de prélever, lors de la dissolution de la communauté, la valeur de ce dont le mobilier qu'il a apporté lors du mariage, ou qui lui est échu depuis, excédait sa mise en communauté. — C. 1426, 1470, 1499, 1531, 1532, 1551.

1504. Le mobilier qui échoit à chacun des époux pendant le mariage, doit être constaté par un inventaire.

A défaut d'inventaire du mobilier échu au mari, ou d'un titre propre à justifier de sa consistance et valeur, déduction faite des dettes, le mari ne peut en exercer la reprise.

Si le défaut d'inventaire porte sur un mobilier échu à la femme, celle-ci ou ses héritiers sont admis à faire preuve, soit par titres, soit par témoins, soit même par commune renommée, de la valeur de ce mobilier. — C. 1415, 1499 ; Pr. 943.

SECTION III

De la clause d'ameublissement

1505. Lorsque les époux ou l'un d'eux font entrer en communauté tout ou partie de leurs immeubles présents ou futurs, cette clause s'appelle *ameublissement*. — C. 1404, 1505 s., 1521 s., 1498, 1499, 1506, 1507.

1506. L'ameublissement peut être déterminé ou indéterminé.

Il est déterminé quand l'époux a déclaré ameublir et mettre en communauté un tel immeuble en tout ou jusqu'à concurrence d'une certaine somme.

Il est indéterminé quand l'époux a simplement déclaré apporter en communauté ses immeubles, jusqu'à concurrence d'une certaine somme. — C. 1507 s.

1507. L'effet de l'ameublissement déterminé est de rendre l'immeuble ou les immeubles qui en sont frappés, biens de la communauté comme les meubles mêmes.

Lorsque l'immeuble ou les immeubles de la femme sont ameublis en totalité, le mari en peut disposer comme des autres effets de la communauté, et les aliéner en totalité.

Si l'immeuble n'est ameubli que pour une certaine somme, le mari ne peut l'aliéner qu'avec le consentement de la femme ; mais il peut l'hypothéquer sans son consentement, jusqu'à concurrence seulement de la portion ameublie. — C. 1401, 1421, 1422, 1501, 1511, 1845, 2114, 2124.

1508. L'ameublissement indéterminé ne rend point la communauté propriétaire des immeubles qui en sont frappés ; son effet se réduit à obliger l'époux qui l'a consenti, à comprendre dans la masse, lors de la dissolution de la communauté, quelques-uns de ses immeubles jusqu'à concurrence de la somme par lui promise.

Le mari ne peut, comme en l'article précédent, aliéner en tout ou en partie, sans le consentement de sa femme, les immeubles sur lesquels est établi l'ameublissement indéterminé ; mais il peut les hypothéquer jusqu'à concurrence de cet ameublissement. — C. 1421, 1428, 1441, 1505, 2114, 2124.

1509. L'époux qui a ameubli un héritage, a, lors du partage, la faculté de le retenir en le précomptant sur sa part pour le prix qu'il vaut alors ; et ses héritiers ont le même droit. — C. 732, 1474, 1507 s.

SECTION IV

De la clause de séparation des dettes.

1510. La clause par laquelle les époux stipulent qu'ils paieront séparément leurs dettes personnelles, les oblige à se faire, lors de la dissolution de la communauté, respectivement raison des dettes qui sont justifiées avoir été acquittées par la communauté à la décharge de celui des époux qui en était débiteur.

Cette obligation est la même, soit qu'il y ait eu inventaire ou non ; mais, si le mobilier apporté par les époux n'a pas été constaté par un inventaire ou état authentique antérieur au mariage, les créanciers de l'un et de l'autre des époux peuvent, sans avoir égard à aucune des distinctions qui seraient réclamées, poursuivre leur paiement sur le mobilier non inventorié, comme sur tous les autres biens de la communauté.

Les créanciers ont le même droit sur le mobilier qui serait échu aux époux pendant la communauté, s'il n'a pas été pareillement constaté par un inventaire ou état authentique. — C. 1166, 1317, 1421, 1437, 1473, 1478, 1479, 1482, 1497, 1511, 1512.

1511. Lorsque les époux apportent dans la communauté une somme certaine ou un corps certain, un tel apport emporte la convention tacite qu'il n'est point grevé de dettes antérieures au mariage ; et il doit être fait raison par l'époux débiteur à l'autre, de toutes celles qui diminueraient l'apport promis. — C. 1437, 1473, 1478, 1479, 1497.

1512. La clause de séparation des dettes n'empêche point que la communauté ne soit chargée des intérêts et arrérages qui ont couru depuis le mariage. — C. 612, 1497, 1509, 1511.

1513. Lorsque la communauté est poursuivie pour les dettes de l'un des époux, déclaré, par contrat, franc et quitte de toutes dettes antérieures au mariage, le conjoint a droit à une indemnité qui se prend soit sur la part de communauté revenant à l'époux débiteur, soit sur les biens personnels dudit époux ; et, en cas d'insuffisance, cette indemnité peut être poursuivie par voie de garantie contre le père, la mère, l'ascendant ou le tuteur qui l'auraient déclaré franc et quitte.

Cette garantie peut même être exercée par le mari durant la communauté, si la dette provient du chef de la femme ; sauf, en ce cas, le remboursement dû par la femme ou ses héritiers aux garants, après la dissolution de la communauté. — C. 1410, 1437, 1440, 1473, 1478, 1479.

SECTION V

De la faculté accordée à la femme de reprendre son apport franc et quitte.

1514. La femme peut stipuler qu'en cas de renonciation à la communauté, elle reprendra tout ou partie de ce qu'elle y aura apporté, soit lors du mariage, soit depuis ; mais cette stipulation ne peut s'étendre au delà des choses formellement exprimées, ni au profit de personnes autres que celles désignées.

Ainsi la faculté de reprendre le mobilier que la femme a apporté lors du mariage, ne s'étend point à celui qui serait échu pendant le mariage.

Ainsi la faculté accordée à la femme ne s'étend point aux enfants ; celle accordée à la femme et aux enfants ne s'étend point aux héritiers ascendants ou collatéraux.

Dans tous les cas, les apports ne peuvent être repris que déduction faite des dettes personnelles à la femme, et que la communauté aurait acquittées. — C. 1121, 1492, 1505, 1865; Co. 563-564.

SECTION VI

Du préciput conventionnel.

1515. La clause par laquelle l'époux survivant est autorisé à prélever, avant tout partage, une certaine somme ou une certaine quantité d'effets mobiliers en nature, ne donne droit à ce prélèvement, au profit de la femme survivante, que lorsqu'elle accepte la communauté, à moins que le contrat de mariage ne lui ait réservé ce droit, même en renonçant.

Hors le cas de cette réserve, le préciput ne s'exerce que sur la masse partageable, et non sur les biens personnels de l'époux prédécédé. — C. 1091, 1453, 1470 s., 1519.

1516. Le préciput n'est point regardé comme un avantage sujet aux formalités des donations, mais comme une convention de mariage. — C. 893, 1081, 1094, 1098, 1525, 1527.

1517. La mort naturelle ou civile (1) donne ouverture au préciput. — C. 23, 25; P. 18.

1518. Lorsque la dissolution de la communauté s'opère par le divorce ou par la séparation de corps, il n'y a pas lieu à la délivrance actuelle du préciput; mais l'époux qui a obtenu soit le divorce, soit la séparation de corps, conserve ses droits au préciput en cas de survie. Si c'est la femme, la somme ou la chose qui constitue le préciput reste toujours provisoirement au mari, à la charge de donner caution. — C. 299, 300, 311, 1452, 2011; Pr. 518 s.

1519. Les créanciers de la communauté ont toujours le droit de faire vendre les effets compris dans le préciput, sauf le recours de l'époux, conformément à l'article 1515. — C. 1416.

SECTION VII

Des clauses par lesquelles on assigne à chacun des époux des parts inégales dans la communauté.

1520. Les époux peuvent déroger au partage égal établi par la loi, soit en ne donnant à l'époux survivant ou à ses héritiers, dans la communauté, qu'une part moindre que la moitié, soit en ne lui donnant qu'une somme fixe pour tout droit de communauté, soit en stipulant que la communauté entière, en certains cas, appartiendra à l'époux survivant, ou à l'un d'eux seulement. — C. 1474, 1521 s.

1521. Lorsqu'il a été stipulé que l'époux ou ses héritiers n'auront qu'une certaine part dans la communauté, comme le tiers ou le quart, l'époux ainsi réduit ou ses héritiers ne supportent les dettes de la communauté que proportionnellement à la part qu'ils prennent dans l'actif.

La convention est nulle si elle oblige l'époux ainsi réduit ou ses héritiers à supporter une plus forte part, ou si elle les dispense de supporter une part dans les dettes égale à celle qu'ils prennent dans l'actif. — C. 6, 900, 1133, 1172, 1811, 1855.

1522. Lorsqu'il est stipulé que l'un des époux ou ses héritiers ne pourront prétendre qu'une certaine somme pour tout droit de communauté, la clause est un forfait qui oblige l'autre époux ou ses héritiers à payer la somme convenue, soit que la communauté soit bonne ou mauvaise, suffisante ou non pour acquitter la somme. — C. 1467, 1524 s.

1523. Si la clause n'établit le forfait qu'à l'égard des héritiers de l'époux, celui-ci, dans le cas où il survit, a droit au partage légal par moitié. — C. 1467 s., 1474.

1524. Le mari ou ses héritiers qui retiennent, en vertu de la clause énoncée en l'article 1520, la totalité de la communauté, sont obligés d'en acquitter toutes les dettes.

Les créanciers n'ont, en ce cas, aucune action contre la femme ni contre ses héritiers.

Si c'est la femme survivante qui a, moyennant une somme convenue, le droit de retenir toute la communauté contre les héritiers du mari, elle a le choix ou de leur payer cette somme, en demeurant obligée à toutes les dettes, ou de renoncer à la communauté, et d'en abandonner aux héritiers du mari les biens et les charges. — C. 1453, 1483-1485, 1492 s.

1525. Il est permis aux époux de stipuler que la totalité de la communauté appartiendra au survivant ou à l'un d'eux seulement, sauf aux héritiers de l'autre à faire la reprise des apports et capitaux tombés dans la communauté, du chef de leur auteur.

Cette stipulation n'est point réputée un avantage sujet aux règles relatives aux donations, soit quant au fond, soit quant à la forme, mais simplement une convention de mariage et entre associés. — C. 931, 1094, 1099, 1398, 1458, 1505, 1516, 1520, 1527.

SECTION VIII

De la communauté à titre universel.

1526. Les époux peuvent établir par leur contrat de mariage une communauté universelle de leurs biens, tant meubles qu'immeubles, présents et à venir, ou de tous leurs biens présents seulement, ou de tous leurs biens à venir seulement. — C. 1502, 1837.

Dispositions communes aux huit sections ci-dessus.

1527. Ce qui est dit aux huit sections ci-dessus, ne limite pas à leurs dispositions précises les stipulations dont est susceptible la communauté conventionnelle.

Les époux peuvent faire toutes autres conventions, ainsi qu'il est dit à l'article 1387, et sauf les modifications portées par les articles 1388, 1389 et 1390.

Néanmoins, dans le cas où il y aurait des enfants d'un précédent mariage, toute convention qui tendrait dans ses effets à donner à l'un des époux au delà de la portion réglée par l'article 1098, au titre *des Donations entre-vifs et des testaments*, sera sans effet pour tout l'excédant de cette portion; mais les simples bénéfices résultant des travaux communs et des économies faites sur les revenus respectifs, quoique inégaux, des deux époux, ne sont pas considérés comme un avantage fait au préjudice des enfants du premier lit. — C. 1098, 1496, 1516, 1525.

1528. La communauté conventionnelle reste soumise aux règles de la communauté légale, pour tous les cas auxquels il n'y a pas été dérogé implicitement ou explicitement par le contrat. — C. 1400 s., 1497.

SECTION IX

Des conventions exclusives de la communauté.

1529. Lorsque, sans se soumettre au régime dotal, les époux déclarent qu'ils se marient sans communauté, ou qu'ils seront séparés de biens, les effets de cette stipulation sont réglés comme il suit. — C. 1387, 1391 s., 1530 s., 1536 s.

§ Iᵉʳ. — *De la clause portant que les époux se marient sans communauté.*

1530. La clause portant que les époux se marient sans communauté, ne donne point à la femme le droit d'administrer ses biens, ni d'en percevoir les fruits : ces fruits sont censés apportés au mari pour soutenir les charges du mariage. — C. 203, 214, 1401, 1421, 1533 s., 1540, 1549, 1575.

1531. Le mari conserve l'administration des biens meubles et immeubles de la femme, et, par suite, le droit de percevoir tout le mobilier qu'elle apporte en dot, ou qui lui échoit pendant le mariage, sauf la restitution qu'il en doit faire après la dissolution du mariage, ou après la séparation de biens qui serait prononcée par justice. — C. 217, 1421, 1428, 1443 s.

1532. Si, dans le mobilier apporté en dot par la femme, ou qui lui échoit pendant le mariage, il y a des choses dont on ne peut faire usage sans les consommer, il en doit être joint un état estimatif au contrat de mariage, ou il doit en être fait inventaire lors de l'échéance, et le mari en doit rendre le prix d'après l'estimation. — C. 453, 587, 589, 600, 950, 1503-1504, 1551, 1566.

1533. Le mari est tenu de toutes les charges de l'usufruit. — C. 585, 589, 600 s., 1401, 1530, 1562, 1574, 1580.

1534. La clause énoncée au présent paragraphe ne fait point obstacle à ce qu'il soit convenu que la femme touchera annuellement, sur ses seules quittances, certaines portions de ses revenus pour son entretien et ses besoins personnels. — C. 1530, 1549.

1535. Les immeubles constitués en dot, dans le cas du présent paragraphe, ne sont point inaliénables.

Néanmoins ils ne peuvent être aliénés sans le consentement du mari, et, à son refus, sans l'autorisation de la justice. — C. 217 s., 818, 1417, 1426, 1554 s.

§ II. — *De la clause de séparation de biens.*

1536. Lorsque les époux ont stipulé par leur contrat de mariage qu'ils seraient séparés de biens, la femme conserve l'entière administration de ses biens meubles et immeubles, et la jouissance libre de ses revenus. — C. 217, 219, 1449, 1576.

1537. Chacun des époux contribue aux charges du mariage, suivant les conventions contenues en leur contrat; et, s'il n'en existe point à cet égard, la femme contribue à ces charges jusqu'à concurrence du tiers de ses revenus. — C. 203, 214, 1448, 1575.

1538. Dans aucun cas, ni à la faveur d'aucune stipulation, la femme ne peut aliéner ses immeubles sans le consentement spécial de son mari, ou, à son refus, sans être autorisée par justice.

Toute autorisation générale d'aliéner les immeubles donnée à la femme, soit par contrat de mariage, soit depuis, est nulle. — C. 217, 219, 223, 1449, 1450, 1576; Co. 7.

1539. Lorsque la femme séparée a laissé la jouissance de ses biens à son mari, celui-ci n'est tenu, soit sur la demande que sa femme pourrait lui faire, soit à la dissolution du mariage, qu'à la représentation des fruits existants, et il n'est point comptable de ceux qui ont été consommés jusqu'alors. — C. 1577-1580.

CHAPITRE III

Du régime dotal.

1540. La dot, sous ce régime comme sous celui du chapitre II, est le bien que la femme apporte au mari pour supporter les charges du mariage.

1541. Tout ce que la femme se constitue ou qui lui est donné en contrat de mariage, est dotal, s'il n'y a stipulation contraire. — C. 1392, 1530, 1542 s., 1549, 1553, 1574.

SECTION PREMIÈRE

De la constitution de dot.

1542. La constitution de dot peut frapper tous les biens présents et à venir de la femme, ou tous ses biens présents seulement, ou une partie de ses biens présents et à venir, ou même un objet individuel.

La constitution, en termes généraux, de tous les biens de la femme, ne comprend pas les biens à venir. — C. 1163, 1165, 1391 s., 1541, 1549, 1553, 1554, 1574 s., 1581.

1543. La dot ne peut être constituée ni même augmentée pendant le mariage. — C. 1395, 1396, 1574.

1544. Si les père et mère constituent conjointement une dot, sans distinguer la part de chacun, elle sera censée constituée par portions égales.

Si la dot est constituée par le père seul pour droits paternels et maternels, la mère, quoique présente au contrat, ne sera point engagée, et la dot demeurera en entier à la charge du père. — C. 1134, 1438, 1439.

1545. Si le survivant des père ou mère constitue une dot pour biens paternels et maternels, sans spécifier les portions, la dot se prendra d'abord sur les droits du futur époux dans les biens du conjoint prédécédé, et le surplus sur les biens du constituant. — C. 1438, 1480, 1546.

1546. Quoique la fille dotée par ses père et mère ait des biens à elle propres dont ils jouissent, la dot sera prise sur les biens des constituants, s'il n'y a stipulation contraire. — C. 384, 437, 1163.

1547. Ceux qui constituent une dot, sont tenus à la garantie des objets constitués. — C. 1440, 1625 s.

1548. Les intérêts de la dot courent de plein droit, du jour du mariage, contre ceux qui l'ont promise, encore qu'il y ait terme pour le paiement, s'il n'y a stipulation contraire. — C. 1440, 1570, 1907.

SECTION II

Des droits du mari sur les biens dotaux, et de l'inaliénabilité du fonds dotal.

1549. Le mari seul a l'administration des biens dotaux pendant le mariage.

Il a seul le droit d'en poursuivre les débiteurs et détenteurs, d'en percevoir les fruits et les intérêts, et de recevoir le remboursement des capitaux.

Cependant il peut être convenu, par le contrat de mariage, que la femme touchera annuellement, sur ses seules quittances, une partie de ses revenus pour son entretien et ses besoins personnels. — C. 818, 1421, 1428, 1531, 1534, 1541, 1554, 1558, 1559, 1574, 2121, 2135 s.

1550. Le mari n'est pas tenu de fournir caution pour la réception de la dot, s'il n'y a pas été assujetti par le contrat de mariage. — C. 601 s., 1562; Pr. 518.

(1) La mort civile a été abolie par la loi du 31 mai 1854.

1551. Si la dot ou partie de la dot consiste en objets mobiliers mis à prix par le contrat, sans déclaration que l'estimation n'en fait pas vente, le mari en devient propriétaire, et n'est débiteur que du prix donné au mobilier. — C. 1552, 1564 s., 1567 s.

1552. L'estimation donnée à l'immeuble constitué en dot n'en transporte point la propriété au mari, s'il n'y en a déclaration expresse. — C. 1551, 1620.

1553. L'immeuble acquis des deniers dotaux n'est pas dotal, si la condition de l'emploi n'a été stipulée par le contrat de mariage.

Il en est de même de l'immeuble donné en paiement de la dot constituée en argent. — C. 1435, 1559, 1595.

1554. Les immeubles constitués en dot ne peuvent être aliénés ou hypothéqués pendant le mariage, ni par le mari, ni par la femme, ni par les deux conjointement, sauf les exceptions qui suivent. — C. 873, 1033, 1099, 1341, 1398, 1462, 1502, 1425, 1449, 1541, 1555 s., 1560 s., 1571, 1987, 2161, 2195; Pr. 83, 170, 1004; Co. 7.

1555. La femme peut, avec l'autorisation de son mari, ou, sur son refus, avec permission de justice, donner ses biens dotaux pour l'établissement des enfants qu'elle aurait d'un mariage antérieur; mais, si elle n'est autorisée que par justice, elle doit réserver la jouissance à son mari. — C. 217 s., 1427, 1556.

1556. Elle peut aussi, avec l'autorisation de son mari, donner ses biens dotaux pour l'établissement de leurs enfants communs. — C. 217, 1075, 1125, 1424, 1427, 1544, 1555, 1566.

1557. L'immeuble dotal peut être aliéné lorsque l'aliénation en a été permise par le contrat de mariage. — C. 815, 883, 1389, 1392, 1397, 1391, 1396, 1425, 1541, 1549, 1562, 1551, 1556, 1560, 1988. — LL. 2 juillet 1862, 16 septembre 1871, 11 juin 1878, autorisant le remploi en rentes sur l'État.

1558. L'immeuble dotal peut encore être aliéné avec permission de justice, et aux enchères, après trois affiches:

Pour tirer de prison le mari ou la femme;

Pour fournir des aliments à la famille dans les cas prévus par les articles 203, 205 et 206, au titre *du mariage*;

Pour payer les dettes de la femme ou de ceux qui ont constitué la dot, lorsque ces dettes ont une date certaine antérieure au contrat de mariage;

Pour faire de grosses réparations indispensables pour la conservation de l'immeuble dotal;

Enfin lorsque cet immeuble se trouve indivis avec des tiers, et qu'il est reconnu impartageable.

Dans tous ces cas, l'excédant du prix de la vente au-dessus des besoins reconnus restera dotal, et il en sera fait emploi comme tel au profit de la femme. — C. 166, 817, 1317, 1328, 1425, 1427, 1549, 1562, 1565, 2091, 2205; Pr. 786, 804; Co. 7.

1559. L'immeuble dotal peut être échangé, mais avec le consentement de la femme, contre un autre immeuble de même valeur, pour les quatre cinquièmes au moins, en justifiant de l'utilité de l'échange, en obtenant l'autorisation en justice, et d'après une estimation par experts nommés d'office par le tribunal.

Dans ce cas, l'immeuble reçu en échange sera dotal; l'excédant du prix, s'il y en a, le sera aussi, et il en sera fait emploi comme tel au profit de la femme. — C. 1406, 1553, 1558, 1702.

1560. Si, hors les cas d'exception qui viennent d'être expliqués, la femme ou le mari, ou tous les deux conjointement, aliènent le fonds dotal, la femme ou ses héritiers pourront faire révoquer l'aliénation après la dissolution du mariage, sans qu'on puisse leur opposer aucune prescription pendant sa durée: la femme aura le même droit après la séparation de biens.

Le mari lui-même pourra faire révoquer l'aliénation pendant le mariage, en demeurant néanmoins sujet aux dommages et intérêts de l'acheteur, s'il n'a pas déclaré dans le contrat que le bien vendu était dotal. — C. 225, 1125, 1149, 1304, 1312, 1338, 1383, 1549, 1554, 1557, 1558, 1561, 1599, 1630, 1634, 2012, 2093, 2161, 2255, 2256.

1561. Les immeubles dotaux non déclarés aliénables par le contrat de mariage, sont imprescriptibles pendant le mariage, à moins que la prescription n'ait commencé auparavant.

Ils deviennent néanmoins prescriptibles après la séparation de biens, quelle que soit l'époque à laquelle la prescription a commencé. — C. 227, 300 s., 1462, 1554, 1560, 1563 s., 2253, 2255.

1562. Le mari est tenu, à l'égard des biens dotaux, de toutes les obligations de l'usufruitier.

Il est responsable de toutes prescriptions acquises et détériorations survenues par sa négligence. — C. 600 s., 1428, 1549, 1567, 1580, 2121, 2135.

1563. Si la dot est mise en péril, la femme peut poursuivre la séparation de biens, ainsi qu'il est dit aux articles 1443 et suivants.

SECTION III

De la restitution de la dot.

1564. Si la dot consiste en immeubles,

Ou en meubles non estimés par le contrat de mariage, ou bien mis à prix, avec déclaration que l'estimation n'en ôte pas la propriété à la femme,

Le mari ou ses héritiers peuvent être contraints de la restituer sans délai, après la dissolution du mariage. — C. 227, 1551, 1552.

1565. Si elle consiste en une somme d'argent,

Ou en meubles mis à prix par le contrat, sans déclaration que l'estimation n'en rend pas le mari propriétaire,

La restitution n'en peut être exigée qu'un an après la dissolution. — C. 227, 1532, 1551, 1552, 1570.

1566. Si les meubles dont la propriété reste à la femme ont dépéri par l'usage et sans la faute du mari, il ne sera tenu de rendre que ceux qui resteront, et dans l'état où ils se trouveront.

Et néanmoins la femme pourra, dans tous les cas, retirer les linges et hardes à son usage actuel, sauf à précompter leur valeur, lorsque ces linges et hardes auront été primitivement constitués avec estimation. — C. 589, 1492, 1495, 1564; Co. 560.

1567. Si la dot comprend des obligations ou constitutions de rente qui ont péri, ou souffert des retranchements qu'on ne puisse imputer à la négligence du mari, il n'en sera point tenu, et il en sera quitte en restituant les contrats. — C. 530, 588, 1552, 1909.

1568. Si un usufruit a été constitué en dot, le mari ou ses héritiers ne sont obligés, à la dissolution du mariage, que de restituer le droit d'usufruit, et non les fruits échus durant le mariage. — C. 588, 1403.

1569. Si le mariage a duré dix ans depuis l'échéance des termes pris pour le paiement de la dot, la femme ou ses héritiers pourront la répéter contre le mari après la dissolution du mariage, sans être tenus de prouver qu'il l'a reçue, à moins qu'il ne justifiât de diligences inutilement par lui faites pour s'en procurer le paiement. — C. 1350, 1352, 1502, 1907.

1570. Si le mariage est dissous par la mort de la femme, l'intérêt et les fruits de la dot à restituer courent de plein droit au profit de ses héritiers depuis le jour de la dissolution.

Si c'est par la mort du mari, la femme a le choix d'exiger les intérêts de sa dot pendant l'an du deuil, ou de se faire fournir des aliments pendant ledit temps aux dépens de la succession du mari; mais, dans les deux cas, l'habitation durant cette année, et les habits de deuil, doivent lui être fournis sur la succession, et sans imputation sur les intérêts à elle dus. — C. 1153, 1465, 1481, 1548, 1566, 2495.

1571. A la dissolution du mariage, les fruits des immeubles dotaux se partagent entre le mari et la femme ou leurs héritiers, à proportion du temps qu'il a duré, pendant la dernière année.

L'année commence à partir du jour où le mariage a été célébré. — C. 548, 585, 586.

1572. La femme et ses héritiers n'ont point de privilège pour la répétition de la dot sur les créanciers antérieurs à elle en hypothèque. — C. 2121, 2135.

1573. Si le mari était déjà insolvable, et n'avait ni art ni profession lorsque le père a constitué une dot à sa fille, celle-ci ne sera tenue de rapporter à la succession du père que l'action qu'elle a contre celle de son mari, pour s'en faire rembourser.

Mais si le mari n'est devenu insolvable que depuis le mariage,

Ou s'il avait un métier ou une profession qui lui tenait lieu de bien,

La perte de la dot tombe uniquement sur la femme. — C. 851 s., 873, 1563.

SECTION IV

Des biens paraphernaux.

1574. Tous les biens de la femme qui n'ont pas été constitués en dot, sont paraphernaux. — C. 1392, 1540, 1541.

1575. Si tous les biens de la femme sont paraphernaux, et s'il n'y a pas de convention dans le contrat pour lui faire supporter une portion des charges du mariage, la femme y contribue jusqu'à concurrence du tiers de ses revenus. — C. 203 s., 1448, 1537.

1576. La femme a l'administration et la jouissance de ses biens paraphernaux;

Mais elle ne peut les aliéner ni paraître en jugement à raison desdits biens, sans l'autorisation du mari, ou, à son refus, sans la permission de la justice. — C. 215, 217, 219, 1536, 1538, 1583.

1577. Si la femme donne sa procuration au mari pour administrer ses biens paraphernaux, avec charge de lui rendre compte des fruits, il sera tenu vis-à-vis d'elle comme tout mandataire. — C. 1991 s.; Pr. 527 s.

1578. Si le mari a joui des biens paraphernaux de sa femme, sans mandat, et néanmoins sans opposition de sa part, il n'est tenu, à la dissolution du mariage, ou à la première demande de la femme, qu'à la représentation des fruits existants, et il n'est point comptable de ceux qui ont été consommés jusqu'alors. — C. 1539, 1579.

1579. Si le mari a joui des biens paraphernaux malgré l'opposition constatée de la femme, il est comptable envers elle de tous les fruits tant existants que consommés. — C. 1578; Pr. 527 s.

1580. Le mari qui jouit des biens paraphernaux est tenu de toutes les obligations de l'usufruitier. — C. 600 s., 1533, 1562.

Disposition particulière.

1581. En se soumettant au régime dotal, les époux peuvent néanmoins stipuler une société d'acquêts, et les effets de cette société sont réglés comme il est dit aux articles 1498 et 1499. — C. 1387, 1497.

TITRE SIXIÈME

DE LA VENTE

Décrété le 15 ventôse an XII, promulgué le 25 ventôse (6-16 mars 1804).

CHAPITRE PREMIER

De la nature et de la forme de la vente.

1582. La vente est une convention par laquelle l'un s'oblige à livrer une chose, et l'autre à la payer.

Elle peut être faite par acte authentique ou sous seing privé. — C. 1101, 1102, 1104, 1106, 1107, 1317 s., 1322 s., 1341 s.; Co. 109.

1583. Elle est parfaite entre les parties, et la propriété est acquise de droit à l'acheteur à l'égard du vendeur, dès qu'on est convenu de la chose et du prix, quoique la chose n'ait pas encore été livrée ni le prix payé. — C. 711, 1138, 1141, 1271, 1316, 1592, 1606, 2014, 2181, 2182, 2279, 2280; L. 23 mars 1855 sur la transcription hypothécaire, Suppl.

1584. La vente peut être faite purement et simplement, ou sous une condition soit suspensive, soit résolutoire.

Elle peut aussi avoir pour objet deux ou plusieurs choses alternatives.

Dans tous ces cas, son effet est réglé par les principes généraux des conventions. — C. 1101, 1168-1196, 1588.

1585. Lorsque des marchandises ne sont pas vendues en bloc, mais au poids, au compte ou à la mesure, la vente n'est point parfaite, en ce sens que les choses vendues sont aux risques du vendeur jusqu'à ce qu'elles soient pesées, comptées ou mesurées; mais l'acheteur peut en demander ou la délivrance ou des dommages et intérêts, s'il y a lieu, en cas d'inexécution de l'engagement. — C. 520, 521, 1112, 1139 s., 1182, 1302, 1765, 1586 s., 1624, 1606, 1610; Co. 100.

1586. Si, au contraire, les marchandises ont été vendues en bloc, la vente est parfaite, quoique les marchandises n'aient pas encore été pesées, comptées ou mesurées. — C. 1585.

1587. A l'égard du vin, de l'huile et des autres choses que l'on est dans l'usage de goûter avant d'en faire l'achat, il n'y a point de vente tant que l'acheteur ne les a pas goûtées et agréées. — Co. 100.

1588. La vente faite à l'essai est toujours présumée faite sous une condition suspensive. — C. 1181, 1182, 1584.

1589. La promesse de vente vaut vente, lorsqu'il y a consentement réciproque des deux parties sur la chose et sur le prix. — C. 1138, 1583, 1590-1592.

1590. Si la promesse de vendre a été faite avec des arrhes, chacun des contractants est maître de s'en départir,

Celui qui les a données, en les perdant,

Et celui qui les a reçues, en restituant le double. — C. 1589, 1715.

1591. Le prix de la vente doit être déterminé et désigné par les parties. — C. 1118, 1129, 1583, 1592, 1674, 1676.

1592. Il peut cependant être laissé à l'arbitrage d'un tiers : si le tiers ne veut ou ne peut faire l'estimation, il n'y a point de vente. — C. 1591, 1854.

1593. Les frais d'actes et autres accessoires à la vente sont à la charge de l'acheteur. — C. 1248, 1583, 1608, 1630, 1596, 1890, 2002.

CHAPITRE II

Qui peut acheter ou vendre.

1594. Tous ceux auxquels la loi ne l'interdit pas, peuvent acheter ou vendre. — C. 128, 450, 537, 1122, 1123, 1507, 1124, 1560, 1576, 1595-1597, 1860; *Pr.* 686, 711; *Co.* 443; *P.* 175, 176.

1595. Le contrat de vente ne peut avoir lieu entre époux que dans les trois cas suivants :

1° Celui où l'un des deux époux cède des biens à l'autre, séparé judiciairement d'avec lui, en paiement de ses droits ;

2° Celui où la cession que le mari fait à sa femme, même non séparée, a une cause légitime, telle que le remploi de ses immeubles aliénés, ou de deniers à elle appartenant, si ces immeubles ou deniers ne tombent pas en communauté ;

3° Celui où la femme cède des biens à son mari en paiement d'une somme qu'elle lui aurait promise en dot, et lorsqu'il y a exclusion de communauté ;

Sauf, dans ces trois cas, les droits des héritiers des parties contractantes, s'il y a avantage indirect. — C. 311, 913-915, 1094, 1098, 1401, 1421, 1433, 1435, 1443 s., 1496, 1527, 1540.

1596. Ne peuvent se rendre adjudicataires, sous peine de nullité, ni par eux-mêmes, ni par personnes interposées,

Les tuteurs, des biens de ceux dont ils ont la tutelle ;

Les mandataires, des biens qu'ils sont chargés de vendre ;

Les administrateurs, de ceux des communes ou des établissements publics confiés à leurs soins ;

Les officiers publics, des biens nationaux dont les ventes se font par leur ministère. — C. 450, 911, 1030, 1100, 1125, 1601; *Pr.* 707, 711; *P.* 175.

1597. Les juges, leurs suppléants, les magistrats remplissant le ministère public, les greffiers, huissiers, avoués, défenseurs officieux et notaires, ne peuvent devenir cessionnaires des procès, droits et actions litigieux qui sont de la compétence du tribunal dans le ressort duquel ils exercent leurs fonctions, à peine de nullité, et des dépens, dommages et intérêts. — C. 1149 s., 1699, 1700, 1701; *Pr.* 711.

CHAPITRE III

Des choses qui peuvent être vendues.

1598. Tout ce qui est dans le commerce peut être vendu, lorsque des lois particulières n'en ont pas prohibé l'aliénation. — C. 538, 540, 537, 631, 715, 1128, 1130, 1554, 1560, 1621, 1860, 2226; *P.* 314, 318, 475, 477.

1599. La vente de la chose d'autrui est nulle : elle peut donner lieu à des dommages-intérêts lorsque l'acheteur a ignoré que la chose fût à autrui. — C. 128, 137, 843, 1121, 1021, 1141, 1165, 1318, 1409, 1582, 1603, 1625, 1629, 1631 s., 1658, 1630, 1664, 2096, 1702, 1704, 1707, 1935, 2224, 2265 s., 2280; *Pr.* 686, 724, 727 s.; *Co.* 219.

1600. On ne peut vendre la succession d'une personne vivante, même de son consentement. — C. 791, 1130, 1389.

1601. Si au moment de la vente la chose vendue était périe en totalité, la vente serait nulle.

Si une partie seulement de la chose est périe, il est au choix de l'acquéreur d'abandonner la vente, ou de demander la partie conservée, en faisant déterminer le prix par la ventilation. — C. 1108, 1150, 1163-1166, 1301 s., 1636.

CHAPITRE IV

Des obligations du vendeur.

SECTION PREMIÈRE

Dispositions générales.

1602. Le vendeur est tenu d'expliquer clairement ce à quoi il s'oblige.

Tout pacte obscur ou ambigu s'interprète contre le vendeur. — C. 1156 s., 1162 s., 1190.

1603. Il a deux obligations principales, celle de délivrer et celle de garantir la chose qu'il vend. — C. 1136 s., 1604 s., 1625 s.

SECTION II

De la délivrance.

1604. La délivrance est le transport de la chose vendue en la puissance et possession de l'acheteur. — C. 1136 s., 1141, 2229; *Pr.* 23.

1605. L'obligation de délivrer les immeubles est remplie de la part du vendeur lorsqu'il a remis les clefs, s'il s'agit d'un bâtiment, ou lorsqu'il a remis les titres de propriété. — C. 1689, 1606.

1606. La délivrance des effets mobiliers s'opère,

Ou par la tradition réelle,

Ou par la remise des clefs des bâtiments qui les contiennent,

Ou même par le seul consentement des parties, si le transport ne peut pas s'en faire au moment de la vente, ou si l'acheteur les avait déjà en son pouvoir à un autre titre. — C. 1138, 1141, 2076.

1607. La tradition des droits incorporels se fait, ou par la remise des titres, ou par l'usage que l'acquéreur en fait du consentement du vendeur. — C. 1689 s., 2075, 2214.

1608. Les frais de la délivrance sont à la charge du vendeur, et ceux de l'enlèvement à la charge de l'acheteur, s'il n'y a eu stipulation contraire. — C. 1248, 1593.

1609. La délivrance doit se faire au lieu où était, au temps de la vente, la chose qui en a fait l'objet, s'il n'en a été autrement convenu. — C. 1247, 1264, 1651.

1610. Si le vendeur manque à faire la délivrance dans le temps convenu entre les parties, l'acquéreur pourra, à son choix, demander la résolution de la vente, ou sa mise en possession, si le retard ne vient que du fait du vendeur. — C. 1139, 1184, 1654-1657.

1611. Dans tous les cas, le vendeur doit être condamné aux dommages et intérêts, s'il résulte un préjudice pour l'acquéreur, du défaut de délivrance au terme convenu. — C. 1139, 1142, 1146 s., 1184, 1610.

1612. Le vendeur n'est pas tenu de délivrer la chose, si l'acheteur n'en paye pas le prix, et que le vendeur ne lui ait pas accordé un délai pour le paiement. — C. 1188, 1653 s.

1613. Il ne sera pas non plus obligé à la délivrance, quand même il aurait accordé un délai pour le paiement, si, depuis la vente, l'acheteur est tombé en faillite ou en état de déconfiture, en sorte que le vendeur se trouve en danger imminent de perdre le prix; à moins que l'acheteur ne lui donne caution de payer au terme. — C. 1188, 1612, 1653, 1657, 2091 s.; *Pr.* 124, 417 s.; *Co.* 437 s.

1614. La chose doit être délivrée en l'état où elle se trouve au moment de la vente.

Depuis ce jour, tous les fruits appartiennent à l'acquéreur. — C. 547, 548, 584, 585-586, 624, 1137 s., 1144, 1182, 1615, 1682, 1745; *Pr.* 717.

1615. L'obligation de délivrer la chose comprend ses accessoires et tout ce qui a été destiné à son usage perpétuel. — C. 522 s., 546, 551 s., 1018, 1625, 1692, 1697, 2204.

1616. Le vendeur est tenu de délivrer la contenance telle qu'elle est portée au contrat, sous les modifications ci-après exprimées. — C. 1617-1623, 1765.

1617. Si la vente d'un immeuble a été faite avec indication de la contenance, à raison de tant la mesure, le vendeur est obligé de délivrer à l'acquéreur, s'il l'exige, la quantité indiquée au contrat;

Et si la chose ne lui est pas possible, ou si l'acquéreur ne l'exige pas, le vendeur est obligé de souffrir une diminution proportionnelle du prix. — C. 1616, 1622, 1627, 1630 s., 1765.

1618. Si, au contraire, dans le cas de l'article précédent, il se trouve une contenance plus grande que celle exprimée au contrat, l'acquéreur a le choix de fournir le supplément du prix, ou de se désister du contrat, si l'excédent est d'un vingtième au-dessus de la contenance déclarée. — C. 1617, 1622, 1681 s.

1619. Dans tous les autres cas,

Soit que la vente soit faite d'un corps certain et limité,

Soit qu'elle ait pour objet des fonds distincts et séparés,

Soit qu'elle commence par la mesure, ou par la désignation de l'objet vendu suivi de la mesure,

L'expression de cette mesure ne donne lieu à aucun supplément de prix, en faveur du vendeur, pour l'excédent de mesure, ni en faveur de l'acquéreur, à aucune diminution du prix pour moindre mesure, qu'autant que la différence de la mesure réelle à celle exprimée au contrat est d'un vingtième en plus ou en moins, eu égard à la valeur de la totalité des objets vendus, s'il n'y a stipulation contraire. — 1617 s., 1623.

1620. Dans le cas où, suivant l'article précédent, il y a lieu à augmentation de prix pour excédent de mesure, l'acquéreur a le choix ou de se désister du contrat ou de fournir le supplément du prix, et ce, avec les intérêts s'il a gardé l'immeuble. — C. 1601, 1618, 1622, 1681 s.

1621. Dans tous les cas où l'acquéreur a le droit de se désister du contrat, le vendeur est tenu de lui restituer, outre le prix, s'il l'a reçu, les frais de ce contrat. — C. 1618 s., 1630.

1622. L'action en supplément de prix de la part du vendeur, et celle en diminution de prix ou en résiliation du contrat de la part de l'acquéreur, doivent être intentées dans l'année, à compter du jour du contrat, à peine de déchéance. — C. 1618, 1620.

1623. S'il a été vendu deux fonds par le même contrat, et pour un seul et même prix, avec désignation de la mesure de chacun, et qu'il se trouve moins de contenance en l'un et plus dans l'autre, on fait compensation jusqu'à due concurrence; et l'action, soit en supplément, soit en diminution du prix, n'a lieu que suivant les règles ci-dessus établies. — C. 1617 s.

1624. La question de savoir sur lequel, du vendeur ou de l'acquéreur, doit tomber la perte ou la détérioration de la chose vendue avant la livraison, est jugée d'après les règles prescrites au titre *des contrats ou des obligations conventionnelles en général*. — C. 1137 s., 1182, 1245, 1302, 1303, 1647.

SECTION III

De la garantie.

1625. La garantie que le vendeur doit à l'acquéreur, a deux objets : le premier est la possession paisible de la chose vendue; le second, les défauts cachés de cette chose, ou les vices rédhibitoires. — C. 1599, 1603, 1610, 1626 s., 1641 s.

§ 1er. — *De la garantie en cas d'éviction.*

1626. Quoique lors de la vente il n'ait été fait aucune stipulation sur la garantie, le vendeur est obligé de droit à garantir l'acquéreur de l'éviction qu'il souffre dans la totalité ou partie de l'objet vendu, ou des charges prétendues sur cet objet, et non déclarées lors de la vente. — C. 884 s., 1148, 1599, 1619, 1627 s., 1640 s., 1636, 1640, 1681, 1705, 2178, 2191 s.; *Pr.* 717.

1627. Les parties peuvent, par des conventions particulières, ajouter à cette obligation de droit ou en diminuer l'effet; elles peuvent même convenir que le vendeur ne sera soumis à aucune garantie. — C. 1134, 1626, 1628, 1629, 1643.

1628. Quoiqu'il soit dit que le vendeur ne sera soumis à aucune garantie, il demeure cependant tenu de celle qui résulte d'un fait qui lui est personnel : toute convention contraire est nulle. — C. 1627, 1629, 1643, 2062.

1629. Dans le même cas de stipulation de non-garantie, le vendeur, en cas d'éviction, est tenu à la restitution du prix, à moins que l'acquéreur n'ait connu, lors de la vente, le danger de l'éviction, ou qu'il n'ait acheté à ses périls et risques. — C. 1599, 1626 s., 1628, 1642, 1693.

1630. Lorsque la garantie a été promise, ou qu'il n'a rien été stipulé à ce sujet, si l'acquéreur est évincé, il a droit de demander contre le vendeur,

1° La restitution du prix;

2° Celle des fruits, lorsqu'il est obligé de les rendre au propriétaire qui l'évince;

3° Les frais faits sur la demande en garantie de l'acheteur, et ceux faits par le demandeur originaire;

4° Enfin les dommages et intérêts, ainsi que les frais et loyaux coûts du contrat. — C. 549, 1149 s., 1380, 1599, 1604, 1621, 1625, 1626, 1629, 1631, 1633, 1636, 1637, 1673, 1681, 1682, 1699, 2028, 2178, 2188; *Pr.* 130, 185.

1631. Lorsqu'à l'époque de l'éviction, la chose vendue se trouve diminuée de valeur, ou considérablement détériorée, soit par la négligence de l'acheteur, soit par des accidents de force majeure, le vendeur n'en est pas moins tenu de restituer la totalité du prix. — C. 1382, 1383, 1632, 2175.

1632. Mais si l'acquéreur a tiré profit des dégradations par lui faites, le vendeur a droit de retenir sur le prix une somme égale à ce profit. — C. 1631.

1633. Si la chose vendue se trouve avoir augmenté de prix à l'époque de l'éviction, indépendamment même du fait de l'acquéreur, le vendeur est tenu de lui payer ce qu'elle vaut au-dessus du prix de la vente. — C. 1150, 1639, 1637.

1634. Le vendeur est tenu de rembourser ou de faire rembourser à l'acquéreur, par celui qui l'évince, toutes les réparations et améliorations utiles qu'il aura faites au fonds. — C. 861 s., 867, 1153, 2175.

1635. Si le vendeur avait vendu de mauvaise foi le fonds d'autrui, il sera obligé de rembourser à l'acquéreur toutes les dépenses, même voluptuaires ou d'agrément, que celui-ci aura faites au fonds. — C. 549, 1150, 1599, 2268.

1636. Si l'acquéreur n'est évincé que d'une partie de la chose, et qu'elle soit de telle conséquence, relativement au tout, que l'acquéreur n'eût point acheté sans la partie dont il a été évincé, il peut faire résilier la vente. — C. 1637, 1636.

1637. Si, dans le cas de l'éviction d'une partie du fonds vendu, la vente n'est pas résiliée, la valeur de la partie dont l'acquéreur se trouve évincé, lui est remboursée suivant l'estimation à l'époque de l'éviction, et non proportionnellement au prix total de la vente, soit que la chose vendue ait augmenté ou diminué de valeur. — C. 1617, 1633, 1636.

1638. Si l'héritage vendu se trouve grevé, sans qu'il en ait été fait de déclaration, de servitudes non apparentes, et qu'elles soient de telle importance qu'il y ait lieu de présumer que l'acquéreur n'aurait pas acheté s'il en avait été instruit, il peut demander la résiliation du contrat, si mieux il n'aime se contenter d'une indemnité. — C. 689, 1626, 1637, 1644 s.

1639. Les autres questions auxquelles peuvent donner lieu les dommages et intérêts résultant pour l'acquéreur de l'inexécution de la vente, doivent être décidées suivant les règles générales établies au titre des *Contrats ou des obligations conventionnelles en général*. — C. 1136 s., 1142 s., 1146-1155, 1182, 1184, 1227 s.

1640. La garantie pour cause d'éviction cesse lorsque l'acquéreur s'est laissé condamner par un jugement en dernier ressort, ou dont l'appel n'est plus recevable, sans appeler son vendeur, si celui-ci prouve qu'il existait des moyens suffisants pour faire rejeter la demande. — C. 1351; Pr. 32, 175-185, 443 s.

§ II. — *De la garantie des défauts de la chose vendue.*

1641. Le vendeur est tenu de la garantie à raison des défauts cachés de la chose vendue qui la rendent impropre à l'usage auquel on la destine, ou qui diminuent tellement cet usage, que l'acheteur ne l'aurait pas acquise, ou n'en aurait donné qu'un moindre prix, s'il les avait connus. — C. 1110, 1116, 1625, 1630, 1638, 1644 s., 1674, 1891; L. 21 juillet 1881, 2 août 1884 et 31 juillet 1895.

1642. Le vendeur n'est pas tenu des vices apparents et dont l'acheteur a pu se convaincre lui-même. — C. 1116, 1315, 1622, 1648, 1674.

1643. Il est tenu des vices cachés, quand même il ne les aurait pas connus, à moins que, dans ce cas, il n'ait stipulé qu'il ne sera obligé à aucune garantie. — C. 1627 s., 1628, 1641.

1644. Dans le cas des articles 1641 et 1643, l'acheteur a le choix de rendre la chose et de se faire restituer le prix, ou de garder la chose et de se faire rendre une partie du prix, telle qu'elle sera arbitrée par experts. — C. 1601, 1638, 1678; Pr. 302 s.

1645. Si le vendeur connaissait les vices de la chose, il est tenu, outre la restitution du prix qu'il en a reçu, de tous les dommages et intérêts envers l'acheteur. — C. 1149, 1151, 1630 s., 1635, 1891; P. 423.

1646. Si le vendeur ignorait les vices de la chose, il ne sera tenu qu'à la restitution du prix, et à rembourser à l'acquéreur les frais occasionnés par la vente. — C. 1630, 1593, 1620, 1630.

1647. Si la chose qui avait des vices, a péri par suite de sa mauvaise qualité, la perte est pour le vendeur, qui sera tenu envers l'acheteur à la restitution du prix, et autres dédommagements expliqués dans les deux articles précédents.

Mais la perte arrivée par cas fortuit sera pour le compte de l'acheteur. — C. 1148 s., 1302 s., 1641.

1648. L'action résultant des vices rédhibitoires doit être intentée par l'acquéreur, dans un bref délai, suivant la nature des vices rédhibitoires, et l'usage du lieu où la vente a été faite. — C. 1159, 1304; L. 2 août 1884, art. 5 et suivants.

1649. Elle n'a pas lieu dans les ventes faites par autorité de justice. — C. 1684; Pr. 953 s., 970, 972.

CHAPITRE V

Des obligations de l'acheteur.

1650. La principale obligation de l'acheteur est de payer le prix au jour et au lieu réglés par la vente. — C. 1239, 1247, 1182 s., 1653 s., 2102, 2103 s., 2108; Co. 550, 576 s.

1651. S'il n'a rien été réglé à cet égard lors de la vente, l'acheteur doit payer au lieu et dans le temps où doit se faire la délivrance. — C. 1247, 1609, 1612.

1652. L'acheteur doit l'intérêt du prix de la vente jusqu'au paiement du capital, dans les trois cas suivants :

S'il a été ainsi convenu lors de la vente;

Si la chose vendue et livrée produit des fruits ou autres revenus;

Si l'acheteur a été sommé de payer.

Dans ce dernier cas, l'intérêt ne court que depuis la sommation. — C. 583 s., 1139, 1139, 1153, 1614, 1682, 2179.

1653. Si l'acheteur est troublé ou a juste sujet de craindre d'être troublé par une action, soit hypothécaire, soit en revendication, il peut suspendre le paiement du prix jusqu'à ce que le vendeur ait fait cesser le trouble, si mieux n'aime celui-ci donner caution, ou à moins qu'il n'ait été stipulé que, nonobstant le trouble, l'acheteur paiera. — C. 1626, 1612 s., 1705, 2011 s.; Pr. 518 s.

1654. Si l'acheteur ne paie pas le prix, le vendeur peut demander la résolution de la vente. — C. 952, 1183, 1184, 1223, 1610, 1655 s., 1673, 1978, 2102, 2103, 2125, 2148, 2207, 2262, 2278; Pr. 692; Co. 550, 576 s.; L. 23 mars 1855, art. 7, inséré.

1655. La résolution de la vente d'immeubles est prononcée de suite, si le vendeur est en danger de perdre la chose et le prix.

Si ce danger n'existe pas, le juge peut accorder à l'acquéreur un délai plus ou moins long suivant les circonstances.

Ce délai passé sans que l'acquéreur ait payé, la résolution de la vente sera prononcée. — C. 1184, 1244, 1656.

1656. S'il a été stipulé lors de la vente d'immeubles, que, faute de paiement du prix dans le terme convenu, la vente serait résolue de plein droit, l'acquéreur peut néanmoins payer après l'expiration du délai, tant qu'il n'a pas été mis en demeure par une sommation : mais, après cette sommation, le juge ne peut pas lui accorder de délai. — C. 1139, 1183, 1661.

1657. En matière de vente de denrées et effets mobiliers, la résolution de la vente aura lieu de plein droit et sans sommation, au profit du vendeur, après l'expiration du terme convenu pour le retirement. — C. 528, 1184, 1585, 1604, 2102; Co. 550, 576 s.

CHAPITRE VI

De la nullité et de la résolution de la vente.

1658. Indépendamment des causes de nullité ou de résolution déjà expliquées dans ce titre, et de celles qui sont communes à toutes les conventions, le contrat de vente peut être résolu par l'exercice de la faculté de rachat et par la vilité du prix. — C. 1108 s., 1124, 1183 s., 1304 s., 1590, 1591, 1595-1597, 1599-1601, 1610, 1616 s., 1629, 1636, 1638, 1644 s., 1654, 1659 s., 1674 s.

SECTION PREMIÈRE

De la faculté de rachat.

1659. La faculté de rachat ou de réméré est un pacte par lequel le vendeur se réserve de reprendre la chose vendue, moyennant la restitution du prix principal et le remboursement dont il est parlé à l'article 1673. — C. 1038, 1168, 1174, 1183, 1320, 1664 s., 1862, 1751, comp. 2088.

1660. La faculté de rachat ne peut être stipulée pour un terme excédant cinq années.

Si elle a été stipulée pour un terme plus long, elle est réduite à ce terme. — C. 1662, 1663.

1661. Le terme fixé est de rigueur, et ne peut être prolongé par le juge. — C. 1660, 1662.

1662. Faute par le vendeur d'avoir exercé son action de réméré dans le terme prescrit, l'acquéreur demeure propriétaire irrévocable. — C. 1673, 1751.

1663. Le délai court contre toutes personnes, même contre le mineur, sauf, s'il y a lieu, le recours contre qui de droit. — C. 388, 450, 481 s., 509, 1428, 2252, 2278.

1664. Le vendeur à pacte de rachat peut exercer son action contre un second acquéreur, quand même la faculté de réméré n'aurait pas été déclarée dans le second contrat. — C. 1165, 1183, 2125.

1665. L'acquéreur à pacte de rachat exerce tous les droits de son vendeur; il peut prescrire tant contre le véritable maître que contre ceux qui prétendraient des droits ou hypothèques sur la chose vendue. — C. 617, 706, 2180, 2225, 2229, 2235, 2262, 2265.

1666. Il peut opposer le bénéfice de la discussion aux créanciers de son vendeur. — C. 1666, 2021 s., 2170, 2171.

1667. Si l'acquéreur à pacte de réméré d'une partie indivise d'un héritage s'est rendu adjudicataire de la totalité sur une licitation provoquée contre lui, il peut obliger le vendeur à retirer le tout lorsque celui-ci veut user du pacte. — C. 1686 s., 1686 s.

1668. Si plusieurs ont vendu conjointement, et par un seul contrat, un héritage commun entre eux, chacun ne peut exercer l'action en réméré que pour la part qu'il y avait. — C. 1217, 1670, 1685.

1669. Il en est de même, si celui qui a vendu seul un héritage a laissé plusieurs héritiers.

Chacun de ces cohéritiers ne peut user de la faculté de rachat que pour la part qu'il prend dans la succession. — C. 1220 s., 1668, 1670, 1685.

1670. Mais, dans le cas des deux articles précédents, l'acquéreur peut exiger que tous les covendeurs ou tous les cohéritiers soient mis en cause, afin de se concilier entre eux pour la reprise de l'héritage entier; et, s'ils ne se concilient pas, il sera renvoyé de la demande. — C. 1225, 1685.

1671. Si la vente d'un héritage appartenant à plusieurs n'a pas été faite conjointement et de tout l'héritage ensemble, et que chacun n'ait vendu que la part qu'il y avait, ils peuvent exercer séparément l'action en réméré sur la portion qui leur appartenait;

Et l'acquéreur ne peut forcer celui qui l'exercera de cette manière, à retirer le tout. — C. 1670.

1672. Si l'acquéreur a laissé plusieurs héritiers, l'action en réméré ne peut être exercée contre chacun d'eux que pour sa part, dans le cas où elle est encore indivise, et dans celui où la chose vendue a été partagée entre eux.

Mais, s'il y a eu partage de l'hérédité, et que la chose vendue soit échue au lot de l'un des héritiers, l'action en réméré peut être intentée contre lui pour le tout. — C. 873, 883, 1220, 1221, 1685.

1673. Le vendeur qui use du pacte de rachat, doit rembourser non seulement le prix principal, mais encore les frais et loyaux coûts de la vente, les réparations nécessaires, et celles qui ont augmenté la valeur du fonds, jusqu'à concurrence de cette augmentation. Il ne peut entrer en possession qu'après avoir satisfait à toutes ces obligations.

Lorsque le vendeur rentre dans son héritage par l'effet du pacte de rachat, il le reprend exempt de toutes les charges et hypothèques dont l'acquéreur l'aurait grevé ; il est tenu d'exécuter les baux faits sans fraude par l'acquéreur. — C. 595, 1183, 1429, 1430, 1659, 1743, 2102, 2180, 2181.

SECTION II

De la rescision de la vente pour cause de lésion.

1674. Si le vendeur a été lésé de plus de sept douzièmes dans le prix d'un immeuble, il a le droit de demander la rescision de la vente, quand même il aurait expressément renoncé dans le contrat à la faculté de demander cette rescision, et qu'il aurait déclaré donner la plus-value. — C. 6, 887 s., 1079, 1118, 1305, 1313.

1675. Pour savoir s'il y a lésion de plus de sept douzièmes, il faut estimer l'immeuble suivant son état et sa valeur au moment de la vente. — C. 890, 1589, 1675; Pr. 302 s.

1676. La demande n'est plus recevable après l'expiration de deux années, à compter du jour de la vente.

Ce délai court contre les femmes mariées, et contre les absents, les interdits, et les mineurs venant du chef d'un majeur qui a vendu.

Ce délai court aussi et n'est pas suspendu pendant la durée du temps stipulé pour le pacte du rachat. — C. 120, 467 s., 509, 1304, 1428, 2252.

1677. La preuve de la lésion ne pourra être admise que par jugement, et dans le cas seulement où les faits articulés seraient assez vraisemblables et assez graves pour faire présumer la lésion.

1678. Cette preuve ne pourra se faire que par un rapport de trois experts, qui seront tenus de dresser un seul procès-verbal commun, et de ne former qu'un seul avis à la pluralité des voix. — C. 1677, 1679 s.; Pr. 210, 302 s., 319.

1679. S'il y a des avis différents, le procès-verbal en contiendra les motifs, sans qu'il soit permis de faire connaître de quel avis chaque expert a été. — Pr. 210, 318.

1680. Les trois experts seront nommés d'office, à moins que les parties ne se soient accordées pour les sommés tous les trois conjointement. — Pr. 196, 210, 303 s., 318.

1681. Dans le cas où l'action en rescision est admise, l'acquéreur a le choix ou de rendre la chose en retirant le prix qu'il en a payé, ou de garder le fonds en payant le supplément du juste prix, sous la déduction du dixième du prix total.

Le tiers possesseur a le même droit, sauf sa garantie contre son vendeur. — C. 891, 1618 s., 1630 s., 1682.

1682. Si l'acquéreur préfère garder la chose en fournissant le supplément réglé par l'article précédent, il doit l'intérêt du supplément, du jour de la demande en rescision.

S'il préfère la rendre et recevoir le prix, il rend les fruits du jour de la demande.

L'intérêt du prix qu'il a payé lui est aussi compté du jour de la même demande, ou du jour du paiement, s'il n'a touché aucun fruit. — C. 549, 583 s., 1153, 1614, 1652.

1683. La rescision pour lésion n'a pas lieu en faveur de l'acheteur.

1684. Elle n'a pas lieu en toutes ventes qui, d'après la loi, ne peuvent être faites que d'autorité de justice. — C. 1649; Pr. 953, 970, 992.

1685. Les règles expliquées dans la section précédente pour les cas où plusieurs ont vendu conjointement ou séparément, et pour celui où le vendeur ou l'acheteur a laissé plusieurs héritiers, sont pareillement observées pour l'exercice de l'action en rescision. — C. 1668-1672.

CHAPITRE VII

De la Licitation.

1686. Si une chose commune à plusieurs ne peut être partagée commodément et sans perte;

Ou si, dans un partage fait de gré à gré de biens communs, il s'en trouve quelques-uns qu'aucun des copartageants ne puisse ou ne veuille prendre,

La vente s'en fait aux enchères, et le prix en est partagé entre les copropriétaires. — C. 815 s., 827, 883, 1087 s., 2109; Pr. 966, 970 s.; Co. 220.

1687. Chacun des copropriétaires est le maître de demander que les étrangers soient appelés à la licitation : ils sont nécessairement appelés lorsque l'un des copropriétaires est mineur. — C. 460, 528, 839, 883, 988; Pr. 954 s.

1688. Le mode et les formalités à observer pour la licitation sont expliqués au titre des successions et au Code de procédure. — C. 802-842; Pr. 966-985.

CHAPITRE VIII

Du transport des créances et autres droits incorporels.

1689. Dans le transport d'une créance, d'un droit ou d'une action sur un tiers, la délivrance s'opère entre le cédant et le cessionnaire par la remise du titre. — C. 1201, 1116, 1470, 1250 s., 1275, 1582, 1591, 1598, 1604, 1607, 1690 s., 2075.

1690. Le cessionnaire n'est saisi à l'égard des tiers que par la signification du transport faite au débiteur.

Néanmoins le cessionnaire peut être également saisi par l'acceptation du transport faite par le débiteur dans un acte authentique. — C. 691, 1160, 1134, 1250, 1295, 1372, 1295, 1317, 1322, 1328, 1583, 1607, 1699, 1691, 2075; Pr. 557; Co. 35, 136, 438, 187, 446, 447.

1691. Si, avant que le cédant ou le cessionnaire eût signifié le transport au débiteur, celui-ci avait payé le cédant, il sera valablement libéré. — C. 1240, 1242, 1377, 1295, 1690.

1692. La vente ou cession d'une créance comprend les accessoires de la créance, tels que caution, privilège et hypothèque. — C. 1018, 1249 s., 1615, 2112.

1693. Celui qui vend une créance ou autre droit incorporel, doit en garantir l'existence au temps du transport, quoiqu'il soit fait sans garantie. — C. 1220, 1626 s., 1640, 1692, 1694; Pr. 183; Co. 168.

1694. Il ne répond de la solvabilité du débiteur que lorsqu'il s'y est engagé, et jusqu'à concurrence seulement du prix qu'il a retiré de la créance. — C. 1695.

1695. Lorsqu'il a promis la garantie de la solvabilité du débiteur, cette promesse ne s'entend que de la solvabilité actuelle, et ne s'étend pas au temps à venir, si le cédant ne l'a expressément stipulé. — C. 1276, 1693, 1694.

1696. Celui qui vend une hérédité sans en spécifier en détail les objets, n'est tenu de garantir que sa qualité d'héritier. — C. 780, 1150, 1161, 1626, 1627, 1698.

1697. S'il avait déjà profité des fruits de quelques fonds, ou reçu le montant de quelque créance appartenant à cette hérédité, ou vendu quelques effets de la succession, il est tenu de les rembourser à l'acquéreur, s'il ne les a expressément réservés lors de la vente. — C. 1613, 1698.

1698. L'acquéreur doit de son côté rembourser au vendeur ce que celui-ci a payé pour les dettes et charges de la succession, et lui faire raison de tout ce dont il était créancier, s'il n'y a stipulation contraire. — C. 1697.

1699. Celui contre lequel on a cédé un droit litigieux peut s'en faire tenir quitte par le cessionnaire, en lui remboursant le prix réel de la cession avec les frais et loyaux coûts, et avec les intérêts à compter du jour où le cessionnaire a payé le prix de la cession à lui faite. — C. 841, 1597, 1700, 1701.

1700. La chose est censée litigieuse dès qu'il y a procès et contestation sur le fond du droit. — C. 1699.

1701. La disposition portée en l'article 1699 cesse,

1° Dans le cas où la cession a été faite à un cohéritier ou copropriétaire du droit cédé;

2° Lorsqu'elle a été faite à un créancier en paiement de ce qui lui est dû;

3° Lorsqu'elle a été faite au possesseur de l'héritage sujet au droit litigieux.

TITRE SEPTIÈME

DE L'ÉCHANGE

Décrété le 16 ventôse an XII, promulgué le 26 ventôse (17 mars 1804).

1702. L'échange est un contrat par lequel les parties se donnent respectivement une chose pour une autre. — C. 1101, 1108 s., 1703.

1703. L'échange s'opère par le seul consentement, de la même manière que la vente. — C. 711, 1138, 1341, 1347, 1583; L. 23 mars 1855. Suppl.

1704. Si l'un des copermutants a déjà reçu la chose à lui donnée en échange, et qu'il prouve ensuite que l'autre contractant n'est pas propriétaire de cette chose, il ne peut pas être forcé à livrer celle qu'il a promise en contre-échange, mais seulement à rendre celle qu'il a reçue. — C. 1599, 1612, 1653.

1705. Le copermutant qui est évincé de la chose qu'il a reçue en échange, a le choix de conclure à des dommages et intérêts, ou de répéter sa chose. — C. 1142, 1149 s., 1184, 1626, 1630, 1633, 1706, 1707, 2125, 2182.

1706. La rescision pour cause de lésion n'a pas lieu dans le contrat d'échange. — C. 1683.

1707. Toutes les autres règles prescrites pour le contrat de vente s'appliquent d'ailleurs à l'échange. — C. 1582 s., 1599.

TITRE HUITIÈME

DU CONTRAT DE LOUAGE

Décrété le 16 ventôse an XII, promulgué le 26 ventôse (17 mars 1804).

CHAPITRE PREMIER

Dispositions générales.

1708. Il y a deux sortes de contrats de louage :

Celui des choses,

Et celui d'ouvrage. — C. 1709, 1710 s., 1779 s.

1709. Le louage des choses est un contrat par lequel l'une des parties s'oblige à faire jouir l'autre d'une chose pendant un certain temps, et moyennant un certain prix que celle-ci s'oblige de lui payer. — C. 1101, 1102, 1103, 1106, 1127, 1713 s., 1743, 2118.

1710. Le louage d'ouvrage est un contrat par lequel l'une des parties s'engage à faire quelque chose pour l'autre, moyennant un prix convenu entre elles. — C. 1102, 1105, 1106, 1142 s., 1779 s.

1711. Ces deux genres de louage se subdivisent encore en plusieurs espèces particulières.

On appelle *bail à loyer*, le louage des maisons et celui des meubles;

Bail à ferme, celui des héritages ruraux;

Loyer, le louage du travail ou du service;

Bail à cheptel, celui des animaux dont le profit se partage entre le propriétaire et celui à qui il les confie.

Les *devis*, *marché* ou *prix fait*, pour l'entreprise d'un ouvrage moyennant un prix déterminé, sont aussi un louage, lorsque la matière est fournie par celui pour qui l'ouvrage se fait.

Ces trois dernières espèces ont des règles particulières. — C. 1714 s., 1752 s., 1763 s., 1779 s., 1787 s., 1800 s.; Co. 273 s.

1712. Les baux des biens nationaux, des biens des communes et des établissements publics, sont soumis à des règlements particuliers. — C. 537.

CHAPITRE II

Du louage des choses.

1713. On peut louer toutes sortes de biens meubles ou immeubles. — C. 517 s., 527 s., 1127, 1128, excepté 581, 631, 634, 637, 2226.

SECTION PREMIÈRE

Des règles communes aux baux des maisons et des biens ruraux.

1714. On peut louer ou par écrit, ou verbalement. — C. 1715 s., 1736, 1758, 1774, 2102. — L. 25 mai 1838. Suppl.

1715. Si le bail fait sans écrit n'a encore reçu aucune exécution, et que l'une des parties le nie, la preuve ne peut être reçue par témoins, quelque modique qu'en soit le prix, et quoiqu'on allègue qu'il y a eu des arrhes données.

Le serment peut seulement être déféré à celui qui nie le bail. — C. 1341, 1358, 1366, 1367, 1716; Pr. 121.

1716. Lorsqu'il y aura contestation sur le prix du bail verbal dont l'exécution a commencé, et qu'il n'existera point de quittance, le propriétaire en sera cru sur son serment, si mieux n'aime le locataire demander l'estimation par experts; auquel cas les frais de l'expertise restent à sa charge, si l'estimation excède le prix qu'il a déclaré. — C. 1357, 1366 s.; Pr. 120, 302 s.

1717. Le preneur a le droit de sous-louer, et même de céder son bail à un autre, si cette faculté ne lui a pas été interdite.

Elle peut être interdite pour tout ou partie.

Cette clause est toujours de rigueur. — C. 1152, 1183, 1344, 1763, 1735, 1753, 1735, 1744, 1763, 1766.

1718. Les articles du titre *du contrat de mariage et des droits respectifs des époux*, relatifs aux baux des biens des femmes mariées, sont applicables aux baux des biens des mineurs. — C. 450, 481, 595, 595, 1429, 1430.

1719. Le bailleur est obligé, par la nature du contrat, et sans qu'il soit besoin d'aucune stipulation particulière;

1° De délivrer au preneur la chose louée;

2° D'entretenir cette chose en état de servir à l'usage pour lequel elle a été louée;

3° D'en faire jouir paisiblement le preneur pendant la durée du bail. — C. 1604 s., 1720, 1721, 1741, 1726.

1720. Le bailleur est tenu de délivrer la chose en bon état de réparations de toute espèce.

Il doit y faire, pendant la durée du bail, toutes les réparations qui peuvent devenir nécessaires, autres que les locatives. — C. 1719, 1724, 1731, 1741, 1754, 1755.

1721. Il est dû garantie au preneur pour tous les vices ou défauts de la chose louée qui en empêchent l'usage, quand même le bailleur ne les aurait pas connus lors du bail.

S'il résulte de ces vices ou défauts quelque perte pour le preneur, le bailleur est tenu de l'indemniser. — C. 1641-1649, 1719, 1725 s., 1891 s.; Co. 297.

1722. Si, pendant la durée du bail, la chose louée est détruite en totalité par cas fortuit, le bail est résilié de plein droit; si elle n'est détruite qu'en partie, le preneur peut, suivant les circonstances, demander ou une diminution du prix, ou la résiliation même du bail. Dans l'un et l'autre cas, il n'y a lieu à aucun dédommagement. — C. 1148, 1148, 1302 s., 1741, 1725, 1728, 1741, 1769; Co. 300, 301 s.

1723. Le bailleur ne peut, pendant la durée du bail, changer la forme de la chose louée. — C. 1719, 1728, 1729.

1724. Si, durant le bail, la chose louée a besoin de réparations urgentes et qui ne puissent être différées jusqu'à sa fin, le preneur doit les souffrir, quelque incommodité qu'elles lui causent, et quoiqu'il soit privé, pendant qu'elles se font, d'une partie de la chose louée.

Mais, si ces réparations durent plus de quarante jours, le prix du bail sera diminué à proportion du temps et de la partie de la chose louée dont il aura été privé.

Si les réparations sont de telle nature, qu'elles rendent inhabitable ce qui est nécessaire au logement du preneur et de sa famille, celui-ci pourra faire résilier le bail. — C. 1148, 1720, 1737; Pr. 425; Co. 295.

1725. Le bailleur n'est pas tenu de garantir le preneur du trouble que des tiers apportent par voies de fait à la jouissance, sans prétendre d'ailleurs aucun droit sur la chose louée ; sauf au preneur à les poursuivre en son nom personnel. — C. 1726 s.

1726. Si, au contraire, le locataire ou le fermier ont été troublés dans leur jouissance par suite d'une action concernant la propriété du fonds, ils ont droit à une diminution proportionnée sur le prix du bail à loyer ou à ferme, pourvu que le trouble et l'empêchement aient été dénoncés au propriétaire. — C. 1147 s., 1626, 1630, 1725, 1768; Pr. 175 s.

1727. Si ceux qui ont commis les voies de fait, prétendent avoir quelque droit sur la chose louée, ou si le preneur est lui-même cité en justice pour se voir condamner au délaissement de la totalité ou de partie de cette chose, ou à souffrir l'exercice de quelque servitude, il doit appeler le bailleur en garantie, et doit être mis hors d'instance, s'il l'exige, en nommant le bailleur pour lequel il possède. — C. 1725 s., 1768; Pr. 175 s., 182.

1728. Le preneur est tenu de deux obligations principales :

1° D'user de la chose louée en bon père de famille, et suivant la destination qui lui a été donnée par le bail, ou suivant celle présumée d'après les circonstances, à défaut de convention ;

2° De payer le prix du bail aux termes convenus. — C. 1134, 1137, 1729, 1732 s., 1741, 2102, 2277; Pr. 819 s.

1729. Si le preneur emploie la chose louée à un autre usage que celui auquel elle a été destinée, ou dont il puisse résulter un dommage pour le bailleur, celui-ci peut, suivant les circonstances, faire résilier le bail. — C. 1728, 1766, 1768.

1730. S'il a été fait un état des lieux entre le bailleur et le preneur, celui-ci doit rendre la chose telle qu'il l'a reçue, suivant cet état, excepté ce qui a péri ou a été dégradé par vétusté ou force majeure. — C. 1728, 1731 s., 1754, 1755.

1731. S'il n'a pas été fait d'état des lieux, le preneur est présumé les avoir reçus en bon état de réparations locatives, et doit les rendre tels, sauf la preuve contraire. — C. 1720, 1730, 1732, 1754 s.

1732. Il répond des dégradations ou des pertes qui arrivent pendant sa jouissance, à moins qu'il ne prouve qu'elles ont eu lieu sans sa faute. — C. 1148, 1728 s., 1735, 1754 s.

1733. Il répond de l'incendie, à moins qu'il ne prouve :

Que l'incendie est arrivé par cas fortuit ou force majeure, ou par vice de construction,

Ou que le feu a été communiqué par une maison voisine. — C. 1148, 1302, 1382 s., 1385, 1386, 1722, 1728, 1730, 1734 s., 1792, 2001; Pr. 59, 420, 498.

1734. (L. 5 janvier 1883.) S'il y a plusieurs locataires, tous sont responsables de l'incendie, proportionnellement à la valeur locative de la partie de l'immeuble qu'ils occupent ;

A moins qu'ils ne prouvent que l'incendie a commencé dans l'habitation de l'un d'eux, auquel cas celui-là seul en est tenu ; — ou que quelques-uns ne prouvent que l'incendie n'a pu commencer chez eux, auquel cas ceux-là n'en sont pas tenus. — C. 1202 s., 1733, 1770.

1735. Le preneur est tenu des dégradations et des pertes qui arrivent par le fait des personnes de sa maison ou de ses sous-locataires. — C. 1384 s., 1809.

1736. Si le bail a été fait sans écrit, l'une des parties ne pourra donner congé à l'autre qu'en observant les délais fixés par l'usage des lieux. — C. 1159, 1714 s., 1737, 1759, 1774, 1775.

1737. Le bail cesse de plein droit à l'expiration du terme fixé, lorsqu'il a été fait par écrit, sans qu'il soit nécessaire de donner congé. — C. 1134, 1758 s., 1775; Pr. 135.

1738. Si, à l'expiration des baux écrits, le preneur reste et est laissé en possession, il s'opère un nouveau bail dont l'effet est réglé par l'article relatif aux locations faites sans écrit. — C. 1736, 1739, 1759, 1776.

1739. Lorsqu'il y a un congé signifié, le preneur, quoiqu'il ait continué sa jouissance, ne peut invoquer la tacite reconduction. — C. 1738.

1740. Dans le cas des deux articles précédents, la caution donnée pour le bail ne s'étend pas aux obligations résultant de la prolongation. — C. 2011, 2015, 2034, 2227.

1741. Le contrat de louage se résout par la perte de la chose louée, et par le défaut respectif du bailleur et du preneur, de remplir leurs engagements. — C. 1183, 1184, 1302 s., 1719, 1722, 1728, 1760. — L. 12 février 1872 pour le cas de faillite du locataire. (V. le texte à l'article 550 du code de commerce.)

1742. Le contrat de louage n'est point résolu par la mort du bailleur, ni par celle du preneur. — C. 1122, 1795.

1743. Si le bailleur vend la chose louée, l'acquéreur ne peut expulser le fermier ou le locataire qui a un bail authentique ou dont la date est certaine, à moins qu'il ne se soit réservé ce droit par le contrat de bail. — C. 560, 595, 1166, 1317, 1328, 1749, 1751 s., 1761, 2168, 2182, 2185.

1744. S'il a été convenu, lors du bail, qu'en cas de vente, l'acquéreur pourrait expulser le fermier ou locataire, et qu'il n'ait été fait aucune stipulation sur les dommages et intérêts, le bailleur est tenu d'indemniser le fermier ou le locataire de la manière suivante. — C. 1745 s., 1749 s.

1745. S'il s'agit d'une maison, appartement ou boutique, le bailleur paye, à titre de dommages et intérêts, au locataire évincé, une somme égale au prix du loyer, pendant le temps qui, suivant l'usage des lieux, est accordé entre le congé et la sortie. — C. 1736 s.

1746. S'il s'agit de biens ruraux, l'indemnité que le bailleur doit payer au fermier, est du tiers du prix du bail pour tout le temps qui reste à courir. — C. 1749 s.

1747. L'indemnité se réglera par experts, s'il s'agit de manufactures, usines, ou autres établissements qui exigent de grandes avances. — C. 1749 s.; Pr. 302 s.

1748. L'acquéreur qui veut user de la faculté réservée par le bail, d'expulser le fermier ou locataire en cas de vente, est, en outre, tenu d'avertir le locataire au temps d'avance usité dans le lieu pour les congés.

Il doit aussi avertir le fermier des biens ruraux, au moins un an à l'avance. — C. 1736, 1774.

1749. Les fermiers ou les locataires ne peuvent être expulsés qu'ils ne soient payés par le bailleur, ou, à son défaut, par le nouvel acquéreur, des dommages et intérêts ci-dessus expliqués. — C. 1745 s.

1750. Si le bail n'est pas fait par acte authentique, ou n'a point de date certaine, l'acquéreur n'est tenu d'aucuns dommages et intérêts. — C. 1317, 1328, 1706, 1743, 1748, 1774.

1751. L'acquéreur à pacte de rachat ne peut user de la faculté d'expulser le preneur, jusqu'à ce que, par l'expiration du délai fixé pour le réméré, il devienne propriétaire incommutable. — C. 1659, 1665, 1743, 1752, 1760.

SECTION II

Des règles particulières aux baux à loyer.

1752. Le locataire qui ne garnit pas la maison de meubles suffisants, peut être expulsé, à moins qu'il ne donne des sûretés capables de répondre du loyer. — C. 1159, 1741, 1760, 1766, 2011, 2073, 2102, 2114, 2252.

1753. Le sous-locataire n'est tenu envers le propriétaire que jusqu'à concurrence du prix de sa sous-location dont il peut être débiteur au moment de la saisie, et sans qu'il puisse opposer des paiements faits par anticipation.

Les paiements faits par le sous-locataire, soit en vertu d'une stipulation portée en son bail, soit en conséquence de l'usage des lieux, ne sont pas réputés faits par anticipation. — C. 1341, 1350, 1352, 1766, 1717; Pr. 820.

1754. Les réparations locatives ou de menu entretien dont le locataire est tenu, s'il n'y a clause contraire, sont celles désignées comme telles par l'usage des lieux, et, entre autres, les réparations à faire :

Aux âtres, contre-cœurs, chambranles et tablettes des cheminées ;

Au recrépiment du bas des murailles des appartements et autres lieux d'habitation, à la hauteur d'un mètre ;

Aux pavés et carreaux des chambres, lorsqu'il y en a seulement quelques-uns de cassés ;

Aux vitres, à moins qu'elles ne soient cassées par la grêle ou autres accidents extraordinaires et de force majeure, dont le locataire ne peut être tenu ;

Aux portes, croisées, planches de cloison ou de fermeture de boutiques, gonds, targettes et serrures. — C. 1720, 1731, 1732, 1755, 2102.

1755. Aucune des réparations réputées locatives n'est à la charge des locataires, quand elles ne sont occasionnées que par vétusté ou force majeure. — C. 1730, 1754, 1773.

1756. Le curement des puits et celui des fosses d'aisance sont à la charge du bailleur, s'il n'y a clause contraire.

1757. Le bail des meubles fournis pour garnir une maison entière, un corps de logis entier, une boutique, ou tous autres appartements, est censé fait pour la durée ordinaire des baux de maisons, corps de logis, boutiques ou autres appartements, selon l'usage des lieux. — C. 1159, 1160, 1736, 1737.

1758. Le bail d'un appartement meublé est censé fait à l'année, quand il a été fait à tant par an ;

Au mois, quand il a été fait à tant par mois ;

Au jour, s'il a été fait à tant par jour.

Si rien ne constate que le bail soit fait à tant par an, par mois ou par jour, la location est censée faite suivant l'usage des lieux. — C. 1159, 1736, 1737, 1759, 1775.

1759. Si le locataire d'une maison ou d'un appartement continue sa jouissance après l'expiration du bail par écrit, sans opposition de la part du bailleur, il sera censé les occuper aux mêmes conditions, pour le terme fixé par l'usage des lieux, et ne pourra plus en sortir ni en être expulsé qu'après un congé donné suivant le délai fixé par l'usage des lieux. — C. 1159, 1736 s., 1738.

1760. En cas de résiliation par la faute du locataire, celui-ci est tenu de payer le prix du bail pendant le temps nécessaire à la relocation, sans préjudice des dommages et intérêts qui ont pu résulter de l'abus. — C. 1149, 1729, 1741, 1752, 2102.

1761. Le bailleur ne peut résoudre la location, encore qu'il déclare vouloir occuper par lui-même la maison louée, s'il n'y a eu convention contraire. — C. 1134, 1743, 1762.

1762. S'il a été convenu, dans le contrat de louage, que le bailleur pourrait venir occuper la maison, il est tenu de signifier d'avance un congé aux époques déterminées par l'usage des lieux. — C. 1159, 1743, 1748, 1761.

SECTION III

Des règles particulières aux baux à ferme.

1763. Celui qui cultive sous la condition d'un partage de fruits avec le bailleur, ne peut ni sous-louer ni céder, si la faculté ne lui en a été expressément accordée par le bail. — C. 1237, 1717, 1742, 1764 s., 1771 s., 1795, 1846, 1862, 1863, 2062.

1764. En cas de contravention, le propriétaire a droit de rentrer en jouissance, et le preneur est condamné aux dommages et intérêts résultant de l'inexécution du bail. — C. 1142, 1146 s., 1741.

1765. Si, dans un bail à ferme, on donne aux fonds une contenance moindre ou plus grande que celle qu'ils ont réellement, il n'y a lieu à augmentation ou diminution de prix pour le fermier, que dans les cas et suivant les règles exprimées au titre de la Vente. — C. 1617-1623.

1766. Si le preneur d'un héritage rural ne le garnit pas des bestiaux et des ustensiles nécessaires à son exploitation, s'il abandonne la culture, s'il ne cultive pas en bon père de famille, s'il emploie la chose louée à un autre usage que celui auquel elle a été destinée, ou, en général, s'il n'exécute pas les clauses du bail, et qu'il en résulte un dommage pour le bailleur, celui-ci peut, suivant les circonstances, faire résilier le bail.

En cas de résiliation provenant du fait du preneur, celui-ci est tenu des dommages et intérêts, ainsi qu'il est dit en l'article 1764. — C. 1142, 1146 s., 1184, 1728, 1729, 1741, 1752, 2102.

1767. Tout preneur de bien rural est tenu d'engranger dans les lieux à ce destinés d'après le bail. — C. 1171 s., 2102.

1768. Le preneur d'un bien rural est tenu, sous peine de tous dépens, dommages et intérêts, d'avertir le propriétaire des usurpations qui peuvent être commises sur les fonds.

Cet avertissement doit être donné dans le même délai que celui qui est réglé en cas d'assignation suivant la distance des lieux. — C. 614, 1726, 1727; Pr. 72, 73, 175 s., 1033.

1769. Si le bail est fait pour plusieurs années, et que, pendant la durée du bail, la totalité ou la moitié d'une récolte au moins soit enlevée par des cas fortuits, le fermier peut demander une remise du prix de sa location, à moins qu'il ne soit indemnisé par les récoltes précédentes.

S'il n'est pas indemnisé, l'estimation de la remise ne peut avoir lieu qu'à la fin du bail, auquel temps il se fait une compensation de toutes les années de jouissance ;

Et cependant le juge peut provisoirement dispenser le preneur de payer une partie du prix en raison de la perte soufferte. — C. 1722, 1770 s.

1770. Si le bail n'est que d'une année, et que la perte soit de la totalité des fruits, ou au moins de la moitié, le preneur sera déchargé d'une partie proportionnelle du prix de la location.

Il ne pourra prétendre aucune remise, si la perte est moindre de moitié. — C. 1769, 1773 s.

1771. Le fermier ne peut obtenir de remise, lorsque la perte des fruits arrive après qu'ils sont séparés de la terre, à moins que le bail ne donne au propriétaire une quotité de la récolte en nature; auquel cas le propriétaire doit supporter sa part de la perte, pourvu que le preneur ne fût pas en demeure de lui délivrer sa portion de récolte.

Le fermier ne peut également demander une remise lorsque la cause du dommage était existante et connue à l'époque où le bail a été passé. — C. 720, 1138, 1302, 1769 s.

1772. Le preneur peut être chargé des cas fortuits par une stipulation expresse. — C. 1134, 1302, 1773.

1773. Cette stipulation ne s'entend que des cas fortuits ordinaires, tels que grêle, feu du ciel, gelée ou coulure.

Elle ne s'entend pas des cas fortuits extraordinaires, tels que les ravages de la guerre, ou une inondation, auxquels le pays n'est pas ordinairement sujet, à moins que le preneur n'ait été chargé de tous les cas fortuits prévus ou imprévus. — C. 1772.

1774. Le bail, sans écrit, d'un fonds rural, est censé fait pour le temps qui est nécessaire afin que le preneur recueille tous les fruits de l'héritage affermé.

Ainsi le bail à ferme d'un pré, d'une vigne, et de tout autre fonds dont les fruits se recueillent en entier dans le cours de l'année, est censé fait pour un an.

Le bail des terres labourables, lorsqu'elles se divisent par soles ou saisons, est censé fait pour autant d'années qu'il y a de soles. — C. 1715, 1736, 1775 s.

1775. Le bail des héritages ruraux, quoique fait sans écrit, cesse de plein droit à l'expiration du temps pour lequel il est censé fait, selon l'article précédent. — C. 1736, 1737, 1774, 1776.

1776. Si, à l'expiration des baux ruraux écrits, le preneur reste et est laissé en possession, il s'opère un nouveau bail dont l'effet est réglé par l'article 1774. — C. 1738 s., 1759, 1775.

1777. Le fermier sortant doit laisser à celui qui lui succède dans la culture, les logements convenables et autres facilités pour les travaux de l'année suivante; et réciproquement, le fermier entrant doit procurer à celui qui sort les logements convenables et autres facilités pour la consommation des fourrages, et pour les récoltes restant à faire.

Dans l'un et l'autre cas, on doit se conformer à l'usage des lieux. — C. 1767, 1778.

1778. Le fermier sortant doit aussi laisser les pailles et engrais de l'année, s'il les a reçus lors de son entrée en jouissance; et quand même il ne les aurait pas reçus, le propriétaire pourra les retenir suivant l'estimation. — C. 524, 2062, 2102.

CHAPITRE III

Du louage d'ouvrage et d'industrie

1779. Il y a trois espèces principales de louage d'ouvrage et d'industrie :

1° Le louage des gens de travail qui s'engagent au service de quelqu'un;

2° Celui des voituriers, tant par terre que par eau, qui se chargent du transport des personnes ou des marchandises;

3° Celui des entrepreneurs d'ouvrages par suite de devis ou marchés. — C. 1710, 1780 s., 1782 s., 1787 s.

SECTION PREMIÈRE

Du louage des domestiques et ouvriers.

1780. On ne peut engager ses services qu'à temps, ou pour une entreprise déterminée. — C. 109, 886, 1135, 1159, 1160, 1781, 1932; P. 386.

(*L. 27 décembre 1890.*) — Le louage de services, fait sans détermination de durée, peut toujours cesser par la volonté d'une des parties contractantes.

Néanmoins, la résiliation du contrat par la volonté d'un seul des contractants peut donner lieu à des dommages-intérêts.

Pour la fixation de l'indemnité à allouer, le cas échéant, il est tenu compte des usages, de la nature des services engagés, du temps écoulé, des retenues opérées et des versements effectués en vue d'une pension de retraite, et, en général, de toutes les circonstances qui peuvent justifier l'existence et déterminer l'étendue du préjudice causé.

Les parties ne peuvent renoncer à l'avance au droit éventuel de demander des dommages-intérêts en vertu des dispositions ci-dessus.

Les contestations auxquelles pourra donner lieu l'application des paragraphes précédents, lorsqu'elles seront portées devant les tribunaux civils et devant les cours d'appel, seront instruites comme affaires sommaires et jugées d'urgence.

1781. (*Abrogé par L. 2 août 1868.*)

SECTION II

Des voituriers par terre et par eau.

1782. Les voituriers par terre et par eau sont assujettis, pour la garde et la conservation des choses qui leur sont confiées, aux mêmes obligations que les aubergistes dont il est parlé au titre *du dépôt et du séquestre*. — C. 1341, 1348, 1952-1954, 2102; Co. 96, 98, 103 s., 221 s.; P. 386, 387, 475, 476.

1783. Ils répondent non seulement de ce qu'ils ont déjà reçu dans leur bâtiment ou voiture, mais encore de ce qui leur a été remis sur le port ou dans l'entrepôt pour être placé dans leur bâtiment ou voiture. — C. 1384 s., 1782 s.; Co. 97 s., 100 s., 222.

1784. Ils sont responsables de la perte et des avaries des choses qui leur sont confiées, à moins qu'ils ne prouvent qu'elles ont été perdues et avariées par cas fortuit ou force majeure. — C. 1148, 1302, 1929; Co. 98 s., 103 s., 108, 230 s.

1785. Les entrepreneurs de voitures publiques par terre et par eau, et ceux des roulages publics, doivent tenir registre de l'argent, des effets et des paquets dont ils se chargent. — C. 1341, 1348, 1784, 1950; Co. 8 s., 96 s., 101 s., 107, 224; P. 475.

1786. Les entrepreneurs et directeurs de voitures et roulages publics, les maîtres de barques et navires, sont en outre assujettis à des règlements particuliers, qui font la loi entre eux et les autres citoyens. — C. 1785; Co. 107, 216 s., 221 s., 273 s.; P. 386, 387, 475.

SECTION III

Des devis et des marchés.

1787. Lorsqu'on charge quelqu'un de faire un ouvrage, on peut convenir qu'il fournira seulement son travail ou son industrie, ou bien qu'il fournira aussi la matière. — C. 1711, 1249, 1741, 1779, 1788 s.

1788. Si, dans le cas où l'ouvrier fournit la matière, la chose vient à périr, de quelque manière que ce soit, avant d'être livrée, la perte en est pour l'ouvrier, à moins que le maître ne fût en demeure de recevoir la chose. — C. 1139, 1146, 1182, 1302, 1585, 1606, 1608, 1789, 1790.

1789. Dans le cas où l'ouvrier fournit seulement son travail ou son industrie, si la chose vient à périr, l'ouvrier n'est tenu que de sa faute. — C. 1302, 1382, 1383, 1790.

1790. Si, dans le cas de l'article précédent, la chose vient à périr, quoique sans aucune faute de la part de l'ouvrier, avant que l'ouvrage ait été reçu, et sans que le maître fût en demeure de le vérifier, l'ouvrier n'a point de salaire à réclamer, à moins que la chose n'ait péri par le vice de la matière. — C. 1139, 1792.

1791. S'il s'agit d'un ouvrage à plusieurs pièces ou à la mesure, la vérification peut s'en faire par parties : elle est censée faite pour toutes les parties payées, si le maître paye l'ouvrier en proportion de l'ouvrage fait. — C. 1350, 1352.

1792. Si l'édifice construit à prix fait, périt en tout ou en partie par le vice de la construction, même par le vice du sol, les architecte et entrepreneur en sont responsables pendant dix ans. — C. 1798, 1799, 1793, 2103, 2110, 2257, 2262, 2270.

1793. Lorsqu'un architecte ou un entrepreneur s'est chargé de la construction à forfait d'un bâtiment, d'après un plan arrêté et convenu avec le propriétaire du sol, il ne peut demander aucune augmentation de prix, ni sous le prétexte de l'augmentation de la main-d'œuvre ou des matériaux, ni sous celui de changements ou d'augmentations faits sur ce plan, si ces changements ou augmentations n'ont pas été autorisés par écrit, et le prix convenu avec le propriétaire. — C. 1356, 1358, 2103, 2110.

1794. Le maître peut résilier, par sa seule volonté, le marché à forfait, quoique l'ouvrage soit déjà commencé, en dédommageant l'entrepreneur de toutes ses dépenses, de tous ses travaux, et de tout ce qu'il aurait pu gagner dans cette entreprise. — C. 1794.

1795. Le contrat de louage d'ouvrage est dissous par la mort de l'ouvrier, de l'architecte ou entrepreneur. — C. 1122, 1742, 1796.

1796. Mais le propriétaire est tenu de payer en proportion du prix porté par la convention, à leur succession, la valeur des ouvrages faits et celle des matériaux préparés, lors seulement que ces travaux ou ces matériaux peuvent lui être utiles.

1797. L'entrepreneur répond du fait des personnes qu'il emploie. — C. 1384.

1798. Les maçons, charpentiers et autres ouvriers qui ont été employés à la construction d'un bâtiment ou d'autres ouvrages faits à l'entreprise, n'ont d'action contre celui pour lequel les ouvrages ont été faits, que jusqu'à concurrence de ce dont il se trouve débiteur envers l'entrepreneur au moment où leur action est intentée. — C. 1166, 2103, 2210.

1799. Les maçons, charpentiers, serruriers et autres ouvriers qui font directement des marchés à prix fait, sont astreints aux règles prescrites dans la présente section : ils sont entrepreneurs dans la partie qu'ils traitent.

CHAPITRE IV

Du bail à cheptel

SECTION PREMIÈRE

Dispositions générales.

1800. Le bail à cheptel est un contrat par lequel l'une des parties donne à l'autre un fonds de bétail pour le garder, le nourrir et le soigner, sous les conditions convenues entre elles. — C. 522, 1711, 1818, 1823.

1801. Il y a plusieurs sortes de cheptels :

Le cheptel simple ou ordinaire,

Le cheptel à moitié,

Le cheptel donné au fermier ou au colon partiaire.

Il y a encore une quatrième espèce de contrat improprement appelé *cheptel*. — C. 1804 s., 1818 s., 1821 s., 1827 s., 1831.

1802. On peut donner à cheptel toute espèce d'animaux susceptibles de croît ou de profit pour l'agriculture ou le commerce.

1803. A défaut de conventions particulières, ces contrats se règlent par les principes qui suivent. — C. 1134, 1811, 1819, 1828.

SECTION II

Du cheptel simple.

1804. Le bail à cheptel simple est un contrat par lequel on donne à un autre des bestiaux à garder, nourrir et soigner, à condition que le preneur profitera de la moitié du croît, et qu'il supportera aussi la moitié de la perte. — C. 1805, 1810, 1811.

1805. L'estimation donnée au cheptel dans le bail n'en transporte pas la propriété au preneur; elle n'a d'autre objet que de fixer la perte ou le profit qui pourra se trouver à l'expiration du bail. — C. 1810, 1817, 1822.

1806. Le preneur doit les soins d'un bon père de famille à la conservation du cheptel. — C. 1137, 1384, 1728, 1797, 1808, 1810, 1817.

1807. Il n'est tenu du cas fortuit que lorsqu'il a été précédé de quelque faute de sa part, sans laquelle la perte ne serait pas arrivée. — C. 1148, 1302, 1808, 1810.

1808. En cas de contestation, le preneur est tenu de prouver le cas fortuit, et le bailleur est tenu de prouver la faute qu'il impute au preneur. — C. 1302, 1315, 1807.

1809. Le preneur qui est déchargé par le cas fortuit, est toujours tenu de rendre compte des peaux des bêtes. — C. 616, 1805.

1810. Si le cheptel périt en entier sans la faute du preneur, la perte en est pour le bailleur.

S'il n'en périt qu'une partie, la perte est supportée en commun, d'après le prix de l'estimation originaire, et celui de l'estimation à l'expiration du cheptel. — C. 1302, 1805, 1807, 1811, 1817, 1825, 1827.

1811. On ne peut stipuler,

Que le preneur supportera la perte totale du cheptel, quoique arrivée par cas fortuit et sans sa faute,

Ou qu'il supportera, dans la perte, une part plus grande que dans le profit,

Ou que le bailleur prélèvera, à la fin du bail, quelque chose de plus que le cheptel qu'il a fourni.

Toute convention semblable est nulle.

Le preneur profite seul des laitages, du fumier et du travail des animaux donnés à cheptel.

La laine et le croît se partagent. — C. 6, 547, 583, 1804, 1817, 1819, 1825, 1828.

1812. Le preneur ne peut disposer d'aucune bête du troupeau, soit du bail, font du croît, sont la propriété du bailleur, qui ne peut lui-même en disposer dans le commencement du preneur. — C. 1807, 1805, 1845, 2279, 2280 ; Pr. 608 ; P. 408.

1813. Lorsque le cheptel est donné au fermier d'autrui, il doit être notifié au propriétaire de qui ce fermier tient ; sans quoi il peut le saisir et le faire vendre pour ce que son fermier lui doit. — C. 2102 ; Pr. 819 s.

1814. Le preneur ne pourra tondre sans en prévenir le bailleur. — C. 1811.

1815. S'il n'y a pas de temps fixé par la convention pour la durée du cheptel, il est censé fait pour trois ans. — C. 1736, 1774, 1817.

1816. Le bailleur peut en demander plus tôt la résolution, si le preneur ne remplit pas ses obligations. — C. 1184, 1766, 1729, 1809, 1871.

1817. A la fin du bail, ou lors de sa résolution, il se fait une nouvelle estimation du cheptel.

Le bailleur peut prélever des bêtes de chaque espèce, jusqu'à concurrence de la première estimation ; l'excédant se partage.

S'il n'existe pas assez de bêtes pour remplir la première estimation, le bailleur prend ce qui reste, et les parties se font raison de la perte. — C. 1805, 1810, 1815 s., 1826.

SECTION III

Du cheptel à moitié.

1818. Le cheptel à moitié est une société dans laquelle chacun des contractants fournit la moitié des bestiaux, qui demeurent communs pour le profit ou pour la perte. — C. 1805, 1819 s., 1832, 1841, 1853.

1819. Le preneur profite seul, comme dans le cheptel simple, des laitages, du fumier et des travaux des bêtes.

Le bailleur n'a droit qu'à la moitié des laines et du croît.

Toute convention contraire est nulle, à moins que le bailleur ne soit propriétaire de la métairie dont le preneur est fermier ou colon partiaire. — C. 6, 1811, 1828, 1828.

1820. Toutes les autres règles du cheptel simple s'appliquent au cheptel à moitié. — C. 1805 s.

SECTION IV

Du cheptel donné par le propriétaire à son fermier ou colon partiaire.

§ Ier. — *Du cheptel donné au fermier.*

1821. Ce cheptel (aussi appelé *cheptel de fer*) est celui par lequel le propriétaire d'une métairie la donne à ferme, à la charge qu'à l'expiration du bail, le fermier laissera des bestiaux d'une valeur égale au prix de l'estimation de ceux qu'il aura reçus. — C. 522, 2062 ; Pr. 592.

1822. L'estimation du cheptel donné au fermier ne lui en transfère pas la propriété, mais néanmoins le met à ses risques. — C. 1138, 1805, 1822 s. ; Pr. 594.

1823. Tous les profits appartiennent au fermier pendant la durée de son bail, s'il n'y a convention contraire. — C. 1811, 1819, 1828 s.

1824. Dans les cheptels donnés au fermier, le fumier n'est point dans les profits personnels des preneurs, mais appartient à la métairie, à l'exploitation de laquelle il doit être uniquement employé. — C. 1778, 1811, 1828.

1825. La perte, même totale et par cas fortuit, est en entier pour le fermier, s'il n'y a convention contraire. — C. 1302 s., 1822 s., 1828.

1826. A la fin du bail, le fermier ne peut retenir le cheptel en en payant l'estimation originaire ; il doit en laisser un de valeur pareille à celui qu'il a reçu.

S'il y a du déficit, il doit le payer ; et c'est seulement l'excédant qui lui appartient. — C. 1817, 1822, 1823, 1828, 1862.

§ II. — *Du cheptel donné au colon partiaire.*

1827. Si le cheptel périt en entier sans la faute du colon, la perte est pour le bailleur. — C. 1810, 1825, 1828 s.

1828. On peut stipuler que le colon délaissera au bailleur sa part de la toison à un prix inférieur à la valeur ordinaire ;

Que le bailleur aura une plus grande part du profit ;

Qu'il aura la moitié des laitages ;

Mais on ne peut pas stipuler que le colon sera tenu de toute la perte. — C. 1811, 1819.

1829. Ce cheptel finit avec le bail à métairie. — C. 1737 s., 1774 s., 1815.

1830. Il est d'ailleurs soumis à toutes les règles du cheptel simple. — C. 1804 s.

SECTION V

Du contrat improprement appelé cheptel.

1831. Lorsqu'une ou plusieurs vaches sont données pour les loger et les nourrir, le bailleur en conserve la propriété ; il a seulement le profit des veaux qui en naissent. — C. 1785, 1806 s., 1808.

TITRE NEUVIÈME

DU CONTRAT DE SOCIÉTÉ

(Décrété le 17 ventôse an XII, promulgué le 27 ventôse (8-18 mars 1804).)

CHAPITRE PREMIER

Dispositions générales.

1832. La société est un contrat par lequel deux ou plusieurs personnes conviennent de mettre quelque chose en commun, dans la vue de partager le bénéfice qui pourra en résulter. — C. 529, 1101, 1162, 1135, 1166, 1833 s. ; Pr. 59, 69, 69 ; Co. 18 s.

1833. Toute société doit avoir un objet licite, et être contractée pour l'intérêt commun des parties.

Chaque associé doit y apporter ou de l'argent, ou d'autres biens, ou son industrie. — C. 6, 1128, 1133, 1172, 1852, 1855 s., 1865.

1834. Toutes sociétés doivent être rédigées par écrit, lorsque leur objet est d'une valeur de plus de cent cinquante francs.

La preuve testimoniale n'est point admise contre et outre le contenu en l'acte de société, ni sur ce qui serait allégué avoir été dit avant, lors et depuis cet acte, encore qu'il s'agisse d'une somme ou valeur moindre de cent cinquante francs. — C. 1325, 1341, 1347, 1348, 1353 s., 1358 s. ; Co. 39 s.

CHAPITRE II

Des diverses espèces de sociétés.

1835. Les sociétés sont universelles ou particulières. — C. 1836 s., 1841 s.

SECTION PREMIÈRE

Des sociétés universelles.

1836. On distingue deux sortes de sociétés universelles, la société de tous biens présents, et la société universelle de gains. — C. 1837, 1838.

1837. La société de tous biens présents est celle par laquelle les parties mettent en commun tous les biens meubles et immeubles qu'elles possèdent actuellement, et les profits qu'elles pourront en tirer.

Elles peuvent aussi y comprendre toute autre espèce de gains ; mais les biens qui pourraient leur avenir par succession, donation ou legs, n'entrent dans cette société que pour la jouissance : toute stipulation tendant à y faire entrer la propriété de ces biens est prohibée, sauf entre époux, et conformément à ce qui est réglé à leur égard. — C. 1130, 1133, 1172, 1401, 1402, 1409, 1497, 1499, 1500, 1526.

1838. La société universelle de gains renferme tout ce que les parties acquerront par leur industrie, à quelque titre que ce soit, pendant le cours de la société : les meubles que chacun des associés possède au temps du contrat, y sont aussi compris ; mais leurs immeubles personnels n'y entrent que pour la jouissance seulement. — C. 527 s., 578 s., 1839, 1837, 1837, 1853.

1839. La simple convention de société universelle, faite sans autre explication, n'emporte que la société universelle de gains.

1840. Nulle société universelle ne peut avoir lieu qu'entre personnes respectivement capables de se donner ou de recevoir l'une de l'autre, et auxquelles il n'est point défendu de s'avantager au préjudice d'autres personnes. — C. 803, 906 s., 911, 913 s., 1098 s., 1496, 1527.

SECTION II

De la société particulière.

1841. La société particulière est celle qui ne s'applique qu'à certaines choses déterminées, ou à leur usage, ou aux fruits à en percevoir. — C. 1835 s., 1835, 1842 ; Co. 18 s.

1842. Le contrat par lequel plusieurs personnes s'associent, soit pour une entreprise désignée, soit pour l'exercice de quelque métier ou profession, est aussi une société particulière. — C. 1841, 1829 ; Co. 19-64.

CHAPITRE III

Des engagements des associés entre eux et à l'égard des tiers.

SECTION PREMIÈRE

Des engagements des associés entre eux.

1843. La société commence à l'instant même du contrat, s'il ne désigne une autre époque. — C. 1185, 1844 ; Pr. 59.

1844. S'il n'y a pas de convention sur la durée de la société, elle est censée contractée pour toute la vie des associés, sous la modification portée en l'article 1869 ; ou, s'il s'agit d'une affaire dont la durée soit limitée, pour tout le temps que doit durer cette affaire. — C. 815, 1865 s.

1845. Chaque associé est débiteur envers la société, de tout ce qu'il a promis d'y apporter.

Lorsque cet apport consiste en un corps certain, et que la société en est évincée, l'associé en est garant envers la société, de la même manière qu'un vendeur l'est envers son acheteur. — C. 1136-1146, 1166 s., 1610, 1625 s., 1722 s., 1860, 1846 s., 1851, 1867.

1846. L'associé qui devait apporter une somme dans la société, et qui ne l'a point fait, devient, de plein droit et sans demande, débiteur des intérêts de cette somme, à compter du jour où elle devait être payée.

Il en est de même à l'égard des sommes qu'il a prises dans la caisse sociale, à compter du jour où il les en a tirées pour son profit particulier ;

Le tout sans préjudice de plus amples dommages-intérêts, s'il y a lieu. — C. 1146, 1153, 1155, 1853.

1847. Les associés qui se sont soumis à apporter leur industrie à la société, lui doivent compte de tous les gains qu'ils ont faits par l'espèce d'industrie qui est l'objet de cette société. — C. 1838, 1845, 1853.

1848. Lorsque l'un des associés est, pour son compte particulier, créancier d'une somme exigible envers une personne qui se trouve aussi devoir à la société une somme également exigible, l'imputation de ce qu'il reçoit de ce débiteur doit se faire sur la créance de la société et sur la sienne dans la proportion des deux créances, encore qu'il eût par sa quittance dirigé l'imputation intégrale sur sa créance particulière : mais s'il a exprimé dans sa quittance que l'imputation serait faite en entier sur la créance de la société, cette stipulation sera exécutée. — C. 1253 s., 1849.

1849. Lorsqu'un des associés a reçu sa part entière de la créance commune, et que le débiteur est depuis devenu insolvable, cet associé est tenu de rapporter à la masse commune ce qu'il a reçu, encore qu'il eût spécialement donné quittance pour sa part. — C. 1848.

1850. Chaque associé est tenu envers la société, des dommages qu'il lui a causés par sa faute, sans pouvoir compenser avec ces dommages les profits que son industrie lui aurait procurés dans d'autres affaires. — C. 1137, 1146 s., 1291, 1382, 1383.

1851. Si les choses dont la jouissance seulement a été mise dans la société sont des corps certains et déterminés, qui ne se consomment point par l'usage, elles sont aux risques de l'associé propriétaire.

Si ces choses se consomment, si elles se détériorent en les gardant, si elles ont été destinées à être vendues, ou si elles ont été mises dans la société sur une estimation portée par un inventaire, elles sont aux risques de la société.

Si la chose a été estimée, l'associé ne peut répéter que le montant de son estimation. — C. 587, 589, 1138, 1302 s., 1303, 1551, 1564, 1845, 1867 ; Pr. 943.

1852. Un associé a action contre la société, non seulement à raison des sommes qu'il a déboursées pour elle, mais encore à raison des obligations qu'il a contractées de bonne foi pour les affaires de la société, et des risques inséparables de sa gestion. — C. 810, 1153, 1202, 1214, 1250, 1375, 1863 s., 1865, 1998, 2001 ; Co. 22.

1853. Lorsque l'acte de société ne détermine point la part de chaque associé dans les bénéfices ou pertes, la part de chacun est en proportion de sa mise dans le fonds de la société.

A l'égard de celui qui n'a apporté que son industrie, sa part dans les bénéfices ou dans les pertes est réglée comme si sa mise eût été égale à celle de l'associé qui a le moins apporté. — C. 1832, 1838, 1847, 1863.

1854. Si les associés sont convenus de s'en rapporter à l'un d'eux ou à un tiers pour le règlement des parts, ce règlement ne peut être attaqué s'il n'est évidemment contraire à l'équité.

Nulle réclamation n'est admise à ce sujet, s'il s'est écoulé plus de trois mois depuis que la partie qui se prétend lésée a eu connaissance du règlement, ou si ce règlement a reçu de sa part un commencement d'exécution. — C. 1134, 1592.

1855. La convention qui donnerait à l'un des associés la totalité des bénéfices, est nulle.

Il en est de même de la stipulation qui affranchirait de toute contribution aux pertes, les sommes ou effets mis dans le fonds de la société par un ou plusieurs associés. — C. 6, 1133, 1172, 1311, 1811, 1819, 1828, 1853, 1853.

1856. L'associé chargé de l'administration par une clause spéciale du contrat de société, peut faire, nonobstant l'opposition des autres associés, tous les actes qui dépendent de son administration, pourvu que ce soit sans fraude.

Ce pouvoir ne peut être révoqué sans cause légitime, tant que la société dure; mais s'il n'a été donné que par acte postérieur au contrat de société, il est révocable comme un simple mandat. — C. 1134, 1857 s., 1862 s., 1988 s., 2004, 2003 s.

1857. Lorsque plusieurs associés sont chargés d'administrer, sans que leurs fonctions soient déterminées, ou sans qu'il ait été exprimé que l'un ne pourrait agir sans l'autre, ils peuvent faire chacun séparément tous les actes de cette administration. — C. 1859, 1995.

1858. S'il a été stipulé que l'un des administrateurs ne pourra rien faire sans l'autre, un seul ne peut, sans une nouvelle convention, agir en l'absence de l'autre, lors même que celui-ci serait dans l'impossibilité actuelle de concourir aux actes d'administration. — C. 1852, 1862, 1980.

1859. A défaut de stipulations spéciales sur le mode d'administration, l'on suit les règles suivantes :

1° Les associés sont censés s'être donné réciproquement le pouvoir d'administrer l'un pour l'autre. Ce que chacun fait est valable même pour la part de ses associés, sans qu'il ait pris leur consentement; sauf le droit qu'ont ces derniers, ou l'un d'eux, de s'opposer à l'opération avant qu'elle soit conclue;

2° Chaque associé peut se servir des choses appartenant à la société, pourvu qu'il les emploie à leur destination fixée par l'usage, et qu'il ne s'en serve pas contre l'intérêt de la société, ou de manière à empêcher ses associés d'en user selon leur droit;

3° Chaque associé a le droit d'obliger ses associés à faire avec lui les dépenses qui sont nécessaires pour la conservation des choses de la société;

4° L'un des associés ne peut faire d'innovations sur les immeubles dépendants de la société, même quand il les soutiendrait avantageuses à cette société, si les autres associés n'y consentent. — C. 1160, 1375, 1381, 1852, 1857, 1861 s., 1988, 2102.

1860. L'associé qui n'est point administrateur, ne peut aliéner ni engager les choses même mobilières qui dépendent de la société. — C. 1326, 1859.

1861. Chaque associé peut, sans le consentement de ses associés, s'associer une tierce personne relativement à la part qu'il a dans la société; il ne peut pas, sans ce consentement, l'associer à la société, lors même qu'il en aurait l'administration.

SECTION II

Des engagements des associés à l'égard des tiers.

1862. Dans les sociétés autres que celles de commerce, les associés ne sont pas tenus solidairement des dettes sociales, et l'un des associés ne peut obliger les autres si ceux-ci ne lui en ont conféré le pouvoir. — C. 1202, 1856, 1873, 1998, Pr. 59; Co. 22 s.

1863. Les associés sont tenus envers le créancier avec lequel ils ont contracté, chacun pour une somme et part égales, encore que la part de l'un d'eux dans la société fût moindre, si l'acte n'a pas spécialement restreint l'obligation de celui-ci sur le pied de cette dernière part.

1864. La stipulation que l'obligation est contractée pour le compte de la société, ne lie que l'associé contractant et non les autres, à moins que ceux-ci ne lui aient donné pouvoir, ou que la chose n'ait tourné au profit de la société. — C. 1165, 1375, 1859, 1862, 1862.

CHAPITRE IV

Des différentes manières dont finit la société.

1865. La société finit,

1° Par l'expiration du temps pour lequel elle a été contractée;

2° Par l'extinction de la chose, ou la consommation de la négociation;

3° Par la mort naturelle de quelqu'un des associés;

4° Par la mort civile, l'interdiction ou la déconfiture de l'un d'eux;

5° Par la volonté qu'un seul ou plusieurs expriment de n'être plus en société. — C. 23, 25, 509, 1183, 1184, 1236, 1251, 1844, 1866-1871; Co. 50, 437; P. 18.

1866. La prorogation d'une société à temps limité ne peut être prouvée que par un écrit revêtu des mêmes formes que le contrat de société. — C. 1325, 1341, 1347, 1834, 1865; Co. 46.

1867. Lorsque l'un des associés a promis de mettre en commun la propriété d'une chose, la perte survenue avant que la mise en soit effectuée, opère la dissolution de la société par rapport à tous les associés.

La société est également dissoute dans tous les cas par la perte de la chose, lorsque la jouissance seule a été mise en commun, et que la propriété en est restée dans la main de l'associé.

Mais la société n'est pas rompue par la perte de la chose dont la propriété a déjà été apportée à la société. — C. 711, 1138, 1182, 1302, 1584, 1624, 1722, 1845, 1851, 1871.

1868. S'il a été stipulé qu'en cas de mort de l'un des associés, la société continuerait avec son héritier, ou seulement entre les associés survivants, ces dispositions seront suivies : au second cas, l'héritier du décédé n'a droit qu'au partage de la société, eu égard à la situation de cette société lors du décès, et ne participe aux droits ultérieurs qu'autant qu'ils sont une suite nécessaire de ce qui s'est fait avant la mort de l'associé auquel il succède. — C. 1865, 2010.

1869. La dissolution de la société par la volonté de l'une des parties ne s'applique qu'aux sociétés dont la durée est illimitée, et s'opère par une renonciation notifiée à tous les associés, pourvu que cette renonciation soit de bonne foi, et non faite à contre-temps. — C. 1844, 1865, 1870 s.

1870. La renonciation n'est pas de bonne foi lorsque l'associé renonce pour s'approprier à lui seul le profit que les associés s'étaient proposé de retirer en commun.

Elle est faite à contre-temps lorsque les choses ne sont plus entières, et qu'il importe à la société que sa dissolution soit différée. — C. 1869, 2008.

1871. La dissolution des sociétés à terme ne peut être demandée par l'un des associés avant le terme convenu, qu'autant qu'il y en a de justes motifs, comme lorsqu'un autre associé manque à ses engagements, ou qu'une infirmité habituelle le rend inhabile aux affaires de la société, ou autres cas semblables, dont la légitimité et la gravité sont laissées à l'arbitrage des juges. — C. 815, 1184, 1865, 1869.

1872. Les règles concernant le partage des successions, la forme de ce partage, et les obligations qui en résultent entre les cohéritiers, s'appliquent aux partages entre associés. — C. 782, 815 s., 826, 841, 870 s., 883 s., 887 s., 2103, 2109; Pr. 966 s.

Disposition relative aux sociétés de commerce.

1873. Les dispositions du présent titre ne s'appliquent aux sociétés de commerce que dans les points qui n'ont rien de contraire aux lois et usages du commerce. — Co. 18-64.

TITRE DIXIÈME

DU PRÊT

Décrété le 18 ventôse an XII, promulgué le 28 ventôse (9-19 mars 1804).

1874. Il y a deux sortes de prêt :

Celui des choses dont on peut user sans les détruire;

Et celui des choses qui se consomment par l'usage qu'on en fait.

La première espèce s'appelle *prêt à usage*, ou *commodat*;

La deuxième s'appelle *prêt de consommation*, ou simplement *prêt*. — C. 1875 s., 1892 s.

CHAPITRE PREMIER

Du prêt à usage, ou commodat.

SECTION PREMIÈRE

De la nature du prêt à usage.

1875. Le prêt à usage ou commodat est un contrat par lequel l'une des parties livre une chose à l'autre pour s'en servir, à la charge par le preneur de la rendre après s'en être servi. — C. 1953 s., 1878 s., 1885.

1876. Ce prêt est essentiellement gratuit. — C. 1105, 1709, 1905.

1877. Le prêteur demeure propriétaire de la chose prêtée. — C. 1893 s., 1893, 1893.

1878. Tout ce qui est dans le commerce, et qui ne se consomme pas par l'usage, peut être l'objet de cette convention. — C. 1128, 1598, 1892, 1894, 1932.

1879. Les engagements qui se forment par le commodat, passent aux héritiers de celui qui prête, et aux héritiers de celui qui emprunte.

Mais si l'on n'a prêté qu'en considération de l'emprunteur, et à lui personnellement, alors ses héritiers ne peuvent continuer de jouir de la chose prêtée. — C. 1122.

SECTION II

Des engagements de l'emprunteur.

1880. L'emprunteur est tenu de veiller en bon père de famille à la garde et à la conservation de la chose prêtée. Il ne peut s'en servir qu'à l'usage déterminé par sa nature ou par la convention; le tout à peine de dommages-intérêts, s'il y a lieu. — C. 578, 1137, 1149, 1728, 1883 s.

1881. Si l'emprunteur emploie la chose à un autre usage, ou pour un temps plus long qu'il ne le devait, il sera tenu de la perte arrivée, même par cas fortuit. — C. 1147, 1148, 1245, 1302, 1729, 1880.

1882. Si la chose prêtée périt par cas fortuit dont l'emprunteur aurait pu la garantir en employant la sienne propre, ou si, ne pouvant conserver que l'une des deux, il a préféré la sienne, il est tenu de la perte de l'autre. — C. 1137, 1147 s.

1883. Si la chose a été estimée en la prêtant, la perte qui arrive, même par cas fortuit, est pour l'emprunteur, s'il n'y a convention contraire. — C. 1134, 1148, 1551, 1822, 1851, 1877.

1884. Si la chose se détériore par le seul effet de l'usage pour lequel elle a été empruntée, et sans aucune faute de la part de l'emprunteur, il n'est pas tenu de la détérioration. — C. 1245, 1882 s.

1885. L'emprunteur ne peut pas retenir la chose par compensation de ce que le prêteur lui doit. — C. 1291, 1293, 1300 s., 1948, 2103.

1886. Si, pour user de la chose, l'emprunteur a fait quelque dépense, il ne peut pas la répéter. — C. 1875, 1890.

1887. Si plusieurs ont conjointement emprunté la même chose, ils en sont solidairement responsables envers le prêteur. — C. 1200, 1202, 1221, 1222, 1225.

SECTION III

Des engagements de celui qui prête à usage.

1888. Le prêteur ne peut retirer la chose prêtée qu'après le terme convenu, ou, à défaut de convention, qu'après qu'elle a servi à l'usage pour lequel elle a été empruntée. — C. 1135, 1185, 1188, 1889, 1899; Co. 444.

1889. Néanmoins si, pendant ce délai, ou avant que le besoin de l'emprunteur ait cessé, il survient au prêteur un besoin pressant et imprévu de sa chose, le juge peut, suivant les circonstances, obliger l'emprunteur à la lui rendre. — C. 1186, 1888.

1890. Si, pendant la durée du prêt, l'emprunteur a été obligé, pour la conservation de la chose, à quelque dépense extraordinaire, nécessaire et tellement urgente qu'il n'ait pas pu en prévenir le prêteur, celui-ci sera tenu de la lui rembourser. — C. 1886, 1947, 2102.

1891. Lorsque la chose prêtée a des défauts tels, qu'elle puisse causer du préjudice à celui qui s'en sert, le prêteur est responsable, s'il connaissait les défauts et n'en a pas averti l'emprunteur. — C. 1382 s., 1641 s., 1898.

CHAPITRE II

Du prêt de consommation, ou simple prêt.

SECTION PREMIÈRE

De la nature du prêt de consommation.

1892. Le prêt de consommation est un contrat par lequel l'une des parties livre à l'autre une certaine quantité de choses qui se consomment par l'usage, à la charge par cette dernière de lui en rendre autant de même espèce et qualité. — C. 587, 1236 s., 1874, 1894, 1902 s.

1893. Par l'effet de ce prêt, l'emprunteur devient le propriétaire de la chose prêtée; et c'est pour lui qu'elle périt, de quelque manière que cette perte arrive. — C. 1238, 1877, 1888, 2279.

1894. On ne peut pas donner à titre de prêt de consommation, des choses qui, quoique de même espèce, diffèrent dans l'individu, comme les animaux : alors c'est un prêt à usage. — C. 1878.

1895. L'obligation qui résulte d'un prêt en argent, n'est toujours que de la somme numérique énoncée au contrat.

S'il y a eu augmentation ou diminution d'espèces avant l'époque du payement, le débiteur doit rendre la somme numérique prêtée, et ne doit rendre que cette somme dans les espèces ayant cours au moment du payement. — C. 1896 s.; P. 173.

1896. La règle portée en l'article précédent n'a pas lieu, si le prêt a été fait en lingots. — C. 1895, 1897.

1897. Si ce sont des lingots ou des denrées qui ont été prêtés, quelle que soit l'augmentation ou la diminution de leur prix, le débiteur doit toujours rendre la même quantité et qualité, et ne doit rendre que cela. — C. 1243.

SECTION II

Des obligations du prêteur.

1898. Dans le prêt de consommation, le prêteur est tenu de la responsabilité établie par l'article 1891 pour le prêt à usage.

1899. Le prêteur ne peut pas redemander les choses prêtées avant le terme convenu. — C. 1186, 1188, 1888, 1899, 1902; Co. 446.

1900. S'il n'a pas été fixé de terme pour la restitution, le juge peut accorder à l'emprunteur un délai, suivant les circonstances. — C. 1244, 1888, 1901; Pr. 122, 123.

1901. S'il a été seulement convenu que l'emprunteur payerait quand il le pourrait, ou quand il en aurait les moyens, le juge lui fixera un terme de payement suivant les circonstances. — C. 1244, 1900; Pr. 122, 123.

SECTION III

Des engagements de l'emprunteur.

1902. L'emprunteur est tenu de rendre les choses prêtées, en même quantité et qualité, et au terme convenu. — C. 1185, 1244, 1247, 1892, 1895-1897, 1903 s.

1903. S'il est dans l'impossibilité d'y satisfaire, il est tenu d'en payer la valeur eu égard au temps et au lieu où la chose devait être rendue d'après la convention.

Si ce temps et ce lieu n'ont pas été réglés, le payement se fait au prix du temps et du lieu où l'emprunt a été fait. — C. 1247, 1904.

1904. Si l'emprunteur ne rend pas les choses prêtées ou leur valeur au terme convenu, il en doit l'intérêt du jour de la demande en justice. — C. 1153, 1155, 1907.

CHAPITRE III

Du prêt à intérêt.

1905. Il est permis de stipuler des intérêts pour simple prêt, soit d'argent, soit de denrées, ou autres choses mobilières. — C. 527 s., 1153-1155, 1906 s., 2277.

1906. L'emprunteur qui a payé des intérêts qui n'étaient pas stipulés, ne peut ni les répéter ni les imputer sur le capital. — C. 1235, 1254, 1376.

1907. L'intérêt est légal ou conventionnel. L'intérêt légal est fixé par la loi. L'intérêt conventionnel peut excéder celui de la loi, toutes les fois que la loi ne le prohibe pas. — *L. 3 septembre 1807, sur le taux de l'intérêt de l'argent; L. 19 décembre 1850, sur l'usure; L. 27 août 1881, sur le taux légal de l'intérêt en Algérie; L. 12 janvier 1886.*

Le taux de l'intérêt conventionnel doit être fixé par écrit. — C. 456, 474, 609, 612, 856, 1153, 1207, 1190, 1473, 1548, 1570, 1620, 1652, 1846, 1936, 2001, 2028; Pr. 57; Co. 184, 185, 187.

1908. La quittance du capital donnée sans réserve des intérêts, en fait présumer le payement et en opère la libération. — C. 1254, 1319, 1350, 1352.

1909. On peut stipuler un intérêt moyennant un capital que le prêteur s'interdit d'exiger.

Dans ce cas, le prêt prend le nom de *constitution de rente*. — C. 529, 530, 1185, 1907, 1910 s., 1912, 1968, 1969, 1976.

1910. Cette rente peut être constituée de deux manières, en perpétuel ou en viager. — C. 1911 s., 1968 s.

1911. La rente constituée en perpétuel est essentiellement rachetable.

Les parties peuvent seulement convenir que le rachat ne sera pas fait avant un délai qui ne pourra excéder dix ans, ou sans avoir averti le créancier au terme d'avance qu'elles auront déterminé. — C. 530, 1187, 1909.

1912. Le débiteur d'une rente constituée en perpétuel peut être contraint au rachat :

1° S'il cesse de remplir ses obligations pendant deux années;

2° S'il manque à fournir au prêteur les sûretés promises par le contrat. — C. 1178, 1184, 1188.

1913. Le capital de la rente constituée en perpétuel devient aussi exigible en cas de faillite ou de déconfiture du débiteur. — C. 1188, 2032, 2131; Pr. 124; Co. 444.

1914. Les règles concernant les rentes viagères sont établies au titre *des contrats aléatoires*. — C. 1964, 1968 s.

TITRE ONZIÈME

DU DÉPÔT ET DU SÉQUESTRE

Décrété le 14 ventôse an XII, promulgué le 24 du même mois (5-15 mars 1804).

CHAPITRE PREMIER

Du dépôt en général et de ses diverses espèces.

1915. Le dépôt, en général, est un acte par lequel on reçoit la chose d'autrui, à la charge de la garder et de la restituer en nature. — C. 1137, 1927, 1932, 2236.

1916. Il y a deux espèces de dépôts : le dépôt proprement dit et le séquestre. — C. 1917 s., 1955 s.

CHAPITRE II

Du dépôt proprement dit.

SECTION PREMIÈRE

De la nature et de l'essence du contrat de dépôt.

1917. Le dépôt proprement dit est un contrat essentiellement gratuit. — C. 1105, 1928, 1936, 1952, 1957.

1918. Il ne peut avoir pour objet que des choses mobilières. — C. 527 s., 1959.

1919. Il n'est parfait que par la tradition réelle ou feinte de la chose déposée.

La tradition feinte suffit, quand le dépositaire se trouve déjà nanti, à quelque autre titre, de la chose que l'on consent à lui laisser à titre de dépôt. — C. 1606, 1920, 1915 s.

1920. Le dépôt est volontaire ou nécessaire. — C. 1917, 1921 s., 1949 s.

SECTION II

Du dépôt volontaire.

1921. Le dépôt volontaire se forme par le consentement réciproque de la personne qui fait le dépôt et de celle qui le reçoit. — C. 1109, 1108 s., 1341, 1348.

1922. Le dépôt volontaire ne peut régulièrement être fait que par le propriétaire de la chose déposée, ou de son consentement exprès ou tacite. — C. 1938.

1923. Le dépôt volontaire doit être prouvé par écrit. La preuve testimoniale n'en est point reçue pour valeur excédant cent cinquante francs. — C. 1326, 1341, 1347, 1348, 1924 s., 1950, P. 408.

1924. Lorsque le dépôt, étant au-dessus de cent cinquante francs, n'est point prouvé par écrit, celui qui est attaqué comme dépositaire, en est cru sur sa déclaration, soit pour le fait même du dépôt, soit pour la chose qui en faisait l'objet, soit pour le fait de sa restitution. — C. 1923, 1356, 1366 s., 1923.

1925. Le dépôt volontaire ne peut avoir lieu qu'entre personnes capables de contracter.

Néanmoins, si une personne capable de contracter accepte le dépôt fait par une personne incapable, elle est tenue de toutes les obligations d'un véritable dépositaire; elle peut être poursuivie par le tuteur ou administrateur de la personne qui a fait le dépôt. — C. 1108, 1123 s.

1926. Si le dépôt a été fait par une personne capable à une personne qui ne l'est pas, la personne qui a fait le dépôt n'a que l'action en revendication de la chose déposée, tant qu'elle existe dans la main du dépositaire, ou une action en restitution jusqu'à concurrence de ce qui a tourné au profit de ce dernier. — C. 1124 s., 1312, 1925. — Pr. 826 s.

SECTION III

Des obligations du dépositaire.

1927. Le dépositaire doit apporter, dans la garde de la chose déposée, les mêmes soins qu'il apporte dans la garde des choses qui lui appartiennent. — C. 1137, 1880, 1882, 1928 s.

1928. La disposition de l'article précédent doit être appliquée avec plus de rigueur : 1° si le dépositaire s'est offert lui-même pour recevoir le dépôt; 2° s'il a stipulé un salaire pour la garde du dépôt; 3° si le dépôt a été fait uniquement pour l'intérêt du dépositaire; 4° s'il a été convenu expressément que le dépositaire répondrait de toute espèce de faute. — C. 1917.

1929. Le dépositaire n'est tenu, en aucun cas, des accidents de force majeure, à moins qu'il n'ait été mis en demeure de restituer la chose déposée. — C. 1138, 1147, 1148, 1302, 1882, 1934, 1936.

1930. Il ne peut se servir de la chose déposée, sans la permission expresse ou présumée du déposant. — C. 601, 1149, 1153, 1902, 1881 s., 1915; Pr. 603 s.; P. 169 s., 408.

1931. Il ne doit point chercher à connaître quelles sont les choses qui lui ont été déposées, si elles lui ont été confiées dans un coffre fermé ou sous une enveloppe cachetée.

1932. Le dépositaire doit rendre identiquement la chose même qu'il a reçue.

Ainsi, le dépôt des sommes monnayées doit être rendu dans les mêmes espèces qu'il a été fait, soit dans le cas d'augmentation, soit dans le cas de diminution de leur valeur. — C. 1895, 1895 s., 1915, 1933 s., 1939.

1933. Le dépositaire n'est tenu de rendre la chose déposée que dans l'état où elle se trouve au moment de la restitution. Les détériorations qui ne sont pas survenues par son fait, sont à la charge du déposant. — C. 1245, 1302, 1929.

1934. Le dépositaire auquel la chose a été enlevée par une force majeure, et qui a reçu un prix ou quelque chose à la place, doit restituer ce qu'il a reçu en échange. — C. 1302, 1303, 1929, 1935.

1935. L'héritier du dépositaire, qui a vendu de bonne foi la chose dont il ignorait le dépôt, n'est tenu que de rendre le prix qu'il a reçu, ou de céder son action contre l'acheteur, s'il n'a pas touché le prix. — C. 1141, 1380, 1599, 1692, 1934, 2268, 2279.

1936. Si la chose déposée a produit des fruits qui aient été perçus par le dépositaire, il est obligé de les restituer. Il ne doit aucun intérêt de l'argent déposé, si ce n'est du jour où il a été mis en demeure de faire la restitution. — C. 548, 1139, 1153, 1917, 1996, 1992.

1937. Le dépositaire ne doit restituer la chose déposée qu'à celui qui la lui a confiée, ou à celui au nom duquel le dépôt a été fait, ou à celui qui a été indiqué pour le recevoir. — C. 1239, 1925, 1938 s.

1938. Il ne peut pas exiger de celui qui a fait le dépôt, la preuve qu'il était propriétaire de la chose déposée.

Néanmoins, s'il découvre que la chose a été volée, et quel en est le véritable propriétaire, il doit dénoncer à celui-ci le dépôt qui lui a été fait, avec sommation de le réclamer dans un délai déterminé et suffisant. Si celui auquel la dénonciation a été faite néglige de réclamer le dépôt, le dépositaire est valablement déchargé par la tradition qu'il en fait à celui duquel il l'a reçu. — C. 1922, 1944, 2279, 2280; P. 62.

1939. En cas de mort naturelle ou civile (1) de la personne qui a fait le dépôt, la chose déposée ne peut être rendue qu'à son héritier.

S'il y a plusieurs héritiers, elle doit être rendue à chacun d'eux pour leur part et portion.

Si la chose déposée est indivisible, les héritiers doivent s'accorder entre eux pour la recevoir. — C. 22, 25, 724, 1220, 1224; P. 18.

1940. Si la personne qui a fait le dépôt, a changé d'état; par exemple, si la femme, libre au moment où le dépôt a été fait, s'est mariée depuis et se trouve en puissance de mari; si le majeur déposant se trouve frappé d'interdiction; dans tous ces cas et autres de même nature, le dépôt ne peut être restitué qu'à celui qui a l'administration des droits et des biens du déposant. — C. 217, 450, 499, 509, 513, 1124, 1428, 1531, 1549, 1241; Co. 443.

1941. Si le dépôt a été fait par un tuteur, par un mari ou par un administrateur, dans l'une de ces qualités, il ne peut être restitué qu'à la personne que ce tuteur, ce mari ou cet administrateur représentaient, si leur gestion ou leur administration est finie. — C. 1937, 1940.

1942. Si le contrat de dépôt désigne le lieu dans lequel la restitution doit être faite, le dépositaire est tenu d'y porter la chose déposée. S'il y a des frais de transport, ils sont à la charge du déposant. — C. 1135, 1247, 1943.

1943. Si le contrat ne désigne point le lieu de la restitution, elle doit être faite dans le lieu même du dépôt. — C. 1247, 1942.

1944. Le dépôt doit être remis au déposant aussitôt qu'il le réclame, lors même que le contrat aurait fixé un délai déterminé pour la restitution; à moins qu'il n'existe, entre les mains du dépositaire, une saisie-arrêt ou une opposition à la restitution et au déplacement de la chose déposée. —

(1) La mort civile est abolie. — L. 31 mai 1854.

C. 1139, 1242, 1293, 1985, 1886 s., 1938, 1946; *Pr.* 557 s.

1945. Le dépositaire infidèle n'est point admis au bénéfice de cession. — *C.* 1265 s., 2060; *Pr.* 126, 905, 898 s.; *Co.* 540 s., 612; *P.* 58, 408.

1946. Toutes les obligations du dépositaire cessent, s'il vient à découvrir et à prouver qu'il est lui-même propriétaire de la chose déposée. — *C.* 1300 s., 1315, 1938, 2279, 2280.

SECTION IV

Des obligations de la personne par laquelle le dépôt a été fait.

1947. La personne qui a fait le dépôt est tenue de rembourser au dépositaire les dépenses qu'il a faites pour la conservation de la chose déposée, et de l'indemniser de toutes les pertes que le dépôt peut lui avoir occasionnées. — *C.* 1137, 1375, 1381, 1886, 1890, 1948, 2102.

1948. Le dépositaire peut retenir le dépôt jusqu'à l'entier paiement de ce qui lui est dû à raison du dépôt. — *C.* 1820, 2102; *Co.* 95.

SECTION V

Du dépôt nécessaire.

1949. Le dépôt nécessaire est celui qui a été forcé par quelque accident, tel qu'un incendie, une ruine, un pillage, un naufrage ou autre événement imprévu. — *C.* 1950-1952, 2060.

1950. La preuve par témoins peut être reçue pour le dépôt nécessaire, même quand il s'agit d'une valeur au-dessus de cent cinquante francs. — *C.* 1348, 1924, 1949.

1951. Le dépôt nécessaire est d'ailleurs régi par toutes les règles précédemment énoncées. — *C.* 1932, 1925 s., 2060.

1952. Les aubergistes ou hôteliers sont responsables, comme dépositaires, des effets apportés par le voyageur qui loge chez eux; le dépôt de ces sortes d'effets doit être regardé comme un dépôt nécessaire. — *C.* 1348, 1782 s., 1950, 1953 s., 2060, 2102, 2271.

1953. Ils sont responsables du vol ou du dommage des effets du voyageur, soit que le vol ait été fait ou que le dommage ait été causé par les domestiques et préposés de l'hôtellerie, ou par des étrangers allant et venant dans l'hôtellerie. — *C.* 1384; *P.* 73, 386, 475.

(L. 18 avril 1889.) Cette responsabilité est limitée à mille francs pour les espèces monnayées et les valeurs ou titres au porteur de toute nature non déposés réellement entre les mains des aubergistes ou hôteliers.

1954. Ils ne sont pas responsables des vols faits avec force armée ou autre force majeure. — *C.* 1148, 1953; *P.* 381 s.

CHAPITRE III

Du séquestre.

SECTION PREMIÈRE

Des diverses espèces de séquestre.

1955. Le séquestre est ou conventionnel ou judiciaire. — *C.* 1956 s., 1961 s.

SECTION II

Du séquestre conventionnel.

1956. Le séquestre conventionnel est le dépôt fait par une ou plusieurs personnes, d'une chose contentieuse, entre les mains d'un tiers qui s'oblige de la rendre, après la contestation terminée, à la personne qui sera jugée devoir l'obtenir. — *C.* 602, 1131, 2060; *Pr.* 125, 548, 550.

1957. Le séquestre peut n'être pas gratuit. — *C.* 1917, 1958.

1958. Lorsqu'il est gratuit, il est soumis aux règles du dépôt proprement dit, sauf les différences ci-après énoncées.

1959. Le séquestre peut avoir pour objet, non seulement des effets mobiliers, mais même des immeubles. — *C.* 1918.

1960. Le dépositaire chargé du séquestre ne peut être déchargé avant la contestation terminée, que du consentement de toutes les parties intéressées, ou pour une cause jugée légitime. — *C.* 1134, 1944.

SECTION III

Du séquestre ou dépôt judiciaire.

1961. La justice peut ordonner le séquestre,

1° Des meubles saisis sur un débiteur;

2° D'un immeuble ou d'une chose mobilière dont la propriété ou la possession est litigieuse entre deux ou plusieurs personnes;

3° Des choses qu'un débiteur offre pour sa libération. — *C.* 602, 1257 s., 1264; *Pr.* 550, 596 s., 628, 688, 821, 823, 830; *Co.* 106, 208.

1962. L'établissement d'un gardien judiciaire produit, entre le saisissant et le gardien, des obligations réciproques. Le gardien doit apporter pour la conservation des effets saisis les soins d'un bon père de famille.

Il doit les représenter, soit à la décharge du saisissant pour la vente, soit à la partie contre laquelle les exécutions ont été faites, en cas de main-levée de la saisie.

L'obligation du saisissant consiste à payer au gardien le salaire fixé par la loi. — *C.* 1137, 1928, 2060; *Pr.* 596 s., 603-606; *P.* 400, 408.

1963. Le séquestre judiciaire est donné, soit à une personne dont les parties intéressées sont convenues entre elles, soit à une personne nommée d'office par le juge.

Dans l'un et l'autre cas, celui auquel la chose a été confiée, est soumis à toutes les obligations qu'emporte le séquestre conventionnel. — *C.* 1220, 1962, 1956 s., 2060; *Pr.* 304, 305.

TITRE DOUZIÈME

DES CONTRATS ALÉATOIRES

Décrété le 19 ventôse an XII, promulgué le 29 ventôse (10-20 mars 1804).

1964. Le contrat aléatoire est une convention réciproque dont les effets, quant aux avantages et aux pertes, soit pour toutes les parties, soit pour l'une ou plusieurs d'entre elles, dépendent d'un événement incertain.

Tels sont :

Le contrat d'assurance,

Le prêt à grosse aventure,

Le jeu et le pari,

Le contrat de rente viagère.

Les deux premiers sont régis par les lois maritimes. — *C.* 1104, 1183, 1900 s., 1965 s., 1968 s.; *Co.* 311 s., 332 s.

CHAPITRE PREMIER

Du jeu et du pari.

1965. La loi n'accorde aucune action pour une dette du jeu ou pour le paiement d'un pari. — *C.* 1131, 1133, 1967, 1991; *Co.* 585; *P.* 410, 419 s., 475, 477.

1966. Les jeux propres à exercer au fait des armes, les courses à pied ou à cheval, les courses de chariot, le jeu de paume et autres jeux de même nature qui tiennent à l'adresse et à l'exercice du corps, sont exceptés de la disposition précédente.

Néanmoins le tribunal peut rejeter la demande, quand la somme lui paraît excessive.

1967. Dans aucun cas, le perdant ne peut répéter ce qu'il a volontairement payé, à moins qu'il n'y ait eu, de la part du gagnant, dol, supercherie ou escroquerie. — *C.* 6, 1101, 1116 s., 1133, 1235, 1965; *P.* 405.

CHAPITRE II

Du contrat de rente viagère.

SECTION PREMIÈRE

Des conditions requises pour la validité du contrat.

1968. La rente viagère peut être constituée à titre onéreux, moyennant une somme d'argent, ou pour une chose mobilière appréciable, ou pour un immeuble. — *C.* 530, 583, 588, 610, 917, 918, 1104, 1130, 1501, 1909, 1910, 1976 s., 2154, 2277; *Pr.* 636 s.

1969. Elle peut être aussi constituée, à titre purement gratuit, par donation entre-vifs ou par testament. Elle doit être alors revêtue des formes requises par la loi. — *C.* 25, 893 s., 901 s., 931 s., 967 s., 1015, 1970, 1973, 1981; *Pr.* 581, 582, 636 s.

1970. Dans le cas de l'article précédent, la rente viagère est réductible, si elle excède ce dont il est permis de disposer : elle est nulle si elle est au profit d'une personne incapable de recevoir. — *C.* 25, 843 s., 906 s., 908, 911, 913 s., 917, 920 s., 1081, 1098 s.

1971. La rente viagère peut être constituée, soit sur la tête de celui qui en fournit le prix, soit sur la tête d'un tiers, qui n'a aucun droit d'en jouir.

1972. Elle peut être constituée sur une ou plusieurs têtes. — *C.* 1973.

1973. Elle peut être constituée au profit d'un tiers, quoique le prix en soit fourni par une autre personne.

Dans ce dernier cas, quoiqu'elle ait les caractères d'une libéralité, elle n'est point assujettie aux formes requises pour les donations; sauf les cas de réduction et de nullité énoncés dans l'article 1970. — *C.* 893, 1121, 1969, 1981.

1974. Tout contrat de rente viagère créée sur la tête d'une personne qui était morte au jour du contrat, ne produit aucun effet. — *C.* 1105, 1120, 1131, 1963.

1975. Il en est de même du contrat par lequel la rente a été créée sur la tête d'une personne atteinte de la maladie dont elle est décédée dans les vingt jours de la date du contrat. — *C.* 1974.

1976. La rente viagère peut être constituée au taux qu'il plaît aux parties contractantes de fixer. — *C.* 1908, 1582, 1583, 1974, 1905, 1907.

SECTION II

Des effets du contrat entre les parties contractantes.

1977. Celui au profit duquel la rente viagère a été constituée moyennant un prix, peut demander la résiliation du contrat, si le constituant ne lui donne pas les sûretés stipulées pour son exécution. — *C.* 1184, 1188, 2131.

1978. Le seul défaut de paiement des arrérages de la rente n'autorise point celui en faveur de qui elle est constituée, à demander le remboursement du capital, ou à rentrer dans le fonds par lui aliéné : il n'a que le droit de saisir et de faire vendre les biens de son débiteur, et de faire ordonner ou consentir sur le produit de la vente, l'emploi d'une somme suffisante pour le service des arrérages. — *C.* 582, 1184, 1654, 1656, 1912, 1977, 1983, 2092 s., 2123, 2204 s.

1979. Le constituant ne peut se libérer du paiement de la rente, en offrant de rembourser le capital, et en renonçant à la répétition des arrérages payés; il est tenu de servir la rente pendant toute la vie de la personne ou des personnes sur la tête desquelles la rente a été constituée, quelle que soit la durée de la vie de ces personnes, et quelque onéreux qu'ait pu devenir le service de la rente. — *C.* 1134, 1912, 1964, 2263.

1980. La rente viagère n'est acquise au propriétaire que dans la proportion du nombre de jours qu'il a vécu.

Néanmoins s'il a été convenu qu'elle serait payée d'avance, le terme qui a dû être payé, est acquis du jour où le paiement a dû en être fait. — *C.* 584, 586, 588, 1524.

1981. La rente viagère ne peut être stipulée insaisissable, que lorsqu'elle a été constituée à titre gratuit. — *C.* 1969 s., 2092; *Pr.* 581.

1982. La rente viagère ne s'éteint pas par la mort civile du propriétaire; le paiement doit en être continué pendant sa vie naturelle. — *C.* 25, 1980, 1982 (1).

1983. Le propriétaire d'une rente viagère n'en peut demander les arrérages qu'en justifiant de son existence, ou de celle de la personne sur la tête de laquelle elle a été constituée. — *C.* 135, 1315, 2277 s.

TITRE TREIZIÈME

DU MANDAT

Décrété le 19 ventôse an XII, promulgué le 29 (10-20 mars 1804).

CHAPITRE PREMIER

De la nature et de la forme du mandat.

1984. Le mandat ou procuration est un acte par lequel une personne donne à une autre le pouvoir de faire quelque chose pour le mandant et en son nom.

Le contrat ne se forme que par l'acceptation du mandataire. — *C.* 1101, 1103, 1108, 1119, 1134, 1372 s., 1372, 1582, 1590, 1985 s., 1991, 1998, 1999; *Co.* 91 s., 634.

1985. Le mandat peut être donné ou par acte public, ou par écrit sous seing privé, même par lettre. Il peut aussi être donné verbalement; mais la preuve testimoniale n'en est reçue que conformément au titre *des contrats ou des obligations conventionnelles en général*.

L'acceptation du mandat peut n'être que tacite, et résulter de l'exécution qui lui a été donnée par le mandataire. — *C.* 1108, 1328, 1341 s., 1347, 1353, 1856, 1372, 1375, 1983, 1284, 1378, 1983, 1991, 1992.

1986. Le mandat est gratuit s'il n'y a pas convention contraire. — *C.* 1710, 1791, 1992.

1987. Il est ou spécial et pour une affaire ou certaines affaires seulement, ou général et pour toutes les affaires du mandant. — *C.* 1988 s.

1988. Le mandat conçu en termes généraux n'embrasse que les actes d'administration.

(1) Cet article n'a plus d'objet depuis l'abolition de la mort civile prononcée par la loi du 31 mai 1854.

S'il s'agit d'aliéner ou hypothéquer, ou de quelque autre acte de propriété, le mandat doit être exprès. — C. 217, 457, 933, 1369, 1420 s., 1912, 1985, 1987, 2205; Co. 221, 332.

1989. Le mandataire ne peut rien faire au delà de ce qui est porté dans son mandat : le pouvoir de transiger ne renferme pas celui de compromettre. — C. 1372, 1985, 1997, 2044; Pr. 83, 352, 1003 s.

1990. Les femmes et les mineurs émancipés peuvent être choisis pour mandataires; mais le mandant n'a d'action contre le mandataire mineur que d'après les règles générales relatives aux obligations des mineurs, et contre la femme mariée et qui a accepté le mandat sans autorisation de son mari, que d'après les règles établies au titre du contrat de mariage et des droits respectifs des époux. — C. 217, 219, 481 s., 1124, 1305 s., 1312, 1413, 1426, 1486.

CHAPITRE II

Des obligations du mandataire.

1991. Le mandataire est tenu d'accomplir le mandat tant qu'il en demeure chargé, et répond des dommages-intérêts qui pourraient résulter de son inexécution.

Il est tenu de même d'achever la chose commencée au décès du mandant, s'il y a péril en la demeure. — C. 1136, 1142, 1146, 1372, 1373, 1984, 1992, 1993, 2003, 2007, 2010.

1992. Le mandataire répond non seulement du dol, mais encore des fautes qu'il commet dans sa gestion.

Néanmoins la responsabilité relative aux fautes est appliquée moins rigoureusement à celui dont le mandat est gratuit qu'à celui qui reçoit un salaire. — C. 1374, 1382, 1986, 1993, 1999; P. 408.

1993. Tout mandataire est tenu de rendre compte de sa gestion, et de faire raison au mandant de tout ce qu'il a reçu en vertu de sa procuration, quand même ce qu'il aurait reçu n'eût point été dû au mandant. — C. 1376, 1993, 1996; Pr. 527 s., 533.

1994. Le mandataire répond de celui qu'il s'est substitué dans la gestion, 1° quand il n'a pas reçu le pouvoir de se substituer quelqu'un ; 2° quand ce pouvoir lui a été conféré sans désignation d'une personne, et que celle dont il a fait choix était notoirement incapable ou insolvable.

Dans tous les cas, le mandant peut agir directement contre la personne que le mandataire s'est substituée. — C. 1384, 1166, 1166; Pr. 820; Co. 99.

1995. Quand il y a plusieurs fondés de pouvoir ou mandataires établis par le même acte, il n'y a de solidarité entre eux qu'autant qu'elle est exprimée. — C. 1033, 1202, 1222, 1384, 1857, 2002.

1996. Le mandataire doit l'intérêt des sommes qu'il a employées à son usage, à dater de cet emploi; et de celles dont il est reliquataire, à compter du jour qu'il est mis en demeure. — C. 1139, 1153 s., 2001, 2277; Pr. 541, 542; Co. 563; P. 408.

1997. Le mandataire qui a donné à la partie avec laquelle il contracte en cette qualité, une suffisante connaissance de ses pouvoirs, n'est tenu d'aucune garantie pour ce qui a été fait au delà, s'il ne s'y est personnellement soumis. — C. 1120, 1989, 1998.

CHAPITRE III

Des obligations du mandant.

1998. Le mandant est tenu d'exécuter les engagements contractés par le mandataire, conformément au pouvoir qui lui a été donné.

Il n'est tenu de ce qui a pu être fait au delà, qu'autant qu'il l'a ratifié expressément ou tacitement. — C. 1338, 1375, 1419, 1984, 1989, 1994, 1997, 1999.

1999. Le mandant doit rembourser au mandataire les avances et frais que celui-ci a faits pour l'exécution du mandat, et lui payer ses salaires lorsqu'il en a été promis.

S'il n'y a aucune faute imputable au mandataire, le mandant ne peut se dispenser de faire ces remboursements et paiement, lors même que l'affaire n'aurait pas réussi, ni faire réduire le montant des frais et avances sous le prétexte qu'ils pouvaient être moindres. — C. 1131, 1135, 1372, 1375, 1986, 1990, 1992, 1998, 2001 s.; Co. 93.

2000. Le mandant doit aussi indemniser le mandataire des pertes que celui-ci a essuyées à l'occasion de sa gestion, sans imprudence qui lui soit imputable. — C. 1375, 1947, 1992.

2001. L'intérêt des avances faites par le mandataire lui est dû par le mandant, à dater du jour des avances constatées. — C. 1153, 1570, 1907, 1996, 2277.

2002. Lorsque le mandataire a été constitué par plusieurs personnes pour une affaire commune, chacune d'elles est tenue solidairement envers lui de tous les effets du mandat. — C. 1200 s., 1222, 1995, 1999 s., 2010; Co. 93 s.

CHAPITRE IV

Des différentes manières dont le mandat finit.

2003. Le mandat finit,

Par la révocation du mandataire,

Par la renonciation de celui-ci au mandat,

Par la mort naturelle ou civile (1), l'interdiction ou la déconfiture, soit du mandant, soit du mandataire. — C. 22, 25, 502, 1379, 1865, 1991, 2004, 2007, 2008, 2010; Co. 437; P. 18.

2004. Le mandant peut révoquer sa procuration quand bon lui semble, et contraindre, s'il y a lieu, le mandataire à lui remettre, soit l'écrit sous seing privé qui la contient, soit l'original de la procuration, si elle a été délivrée en brevet, soit l'expédition, s'il en a été gardé minute. — C. 1856, 2006.

2005. La révocation notifiée au seul mandataire ne peut être opposée aux tiers qui ont traité dans l'ignorance de cette révocation, sauf au mandant son recours contre le mandataire. — C. 1165, 1991, 2006, 2009.

2006. La constitution d'un nouveau mandataire pour la même affaire, vaut révocation du premier, à compter du jour où elle a été notifiée à celui-ci. — C. 1857, 2003, 2004 s.; Pr. 75.

2007. Le mandataire peut renoncer au mandat, en notifiant au mandant sa renonciation.

Néanmoins, si cette renonciation préjudicie au mandant, il devra en être indemnisé par le mandataire, à moins que celui-ci ne se trouve dans l'impossibilité de continuer le mandat sans en éprouver lui-même un préjudice considérable. — C. 1146 s., 1372 s., 1382, 1991, 2003.

2008. Si le mandataire ignore la mort du mandant, ou l'une des autres causes qui font cesser le mandat, ce qu'il a fait dans cette ignorance est valide. — C. 1991, 2003, 2244, 2247.

2009. Dans les cas ci-dessus, les engagements du mandataire sont exécutés à l'égard des tiers qui sont de bonne foi. — C. 2005, 2268.

2010. En cas de mort du mandataire, ses héritiers doivent en donner avis au mandant, et pourvoir, en attendant, à ce que les circonstances exigent pour l'intérêt de celui-ci. — C. 419, 724, 1372.

TITRE QUATORZIÈME

DU CAUTIONNEMENT

Décrété le 14 pluviôse an XII; promulgué le 24 pluviôse (14 février 1804).

CHAPITRE PREMIER

De la nature et de l'étendue du cautionnement.

2011. Celui qui se rend caution d'une obligation, se soumet envers le créancier à satisfaire à cette obligation, si le débiteur n'y satisfait pas lui-même. — C. 1103, 1165, 1235, 2015, 2021, 2032, 2037, 2040 s.

2012. Le cautionnement ne peut exister que sur une obligation valable.

On peut néanmoins cautionner une obligation, encore qu'elle pût être annulée par une exception purement personnelle à l'obligé; par exemple, dans le cas de minorité. — C. 225, 502, 1125 s., 1129, 1130, 1131, 1134, 1208, 2036.

2013. Le cautionnement ne peut excéder ce qui est dû par le débiteur, ni être contracté sous des conditions plus onéreuses.

Il peut être contracté pour une partie de la dette seulement, et sous des conditions moins onéreuses.

Le cautionnement qui excède la dette, ou qui est contracté sous des conditions plus onéreuses, n'est point nul; il est seulement réductible à la mesure de l'obligation principale. — C. 1120, 1152, 1226, 2015 s., 2026, 2060.

2014. On peut se rendre caution sans ordre de celui pour lequel on s'oblige, et même à son insu.

On peut aussi se rendre caution, non seulement du débiteur principal, mais encore de celui qui l'a cautionné. — C. 1103, 1128 s., 2028 s., 2035, 2043.

2015. Le cautionnement ne se présume point; il doit être exprès, et on ne peut pas l'étendre au delà des limites dans lesquelles il a été contracté. — C. 1202, 1415, 1341 s., 1353, 1419, 1740, 1830, 2013.

2016. Le cautionnement indéfini d'une obligation principale s'étend à tous les accessoires de la dette, même aux frais de la première demande, et à tous ceux postérieurs à la dénonciation qui en est faite à la caution. — C. 1207, 1750, 2013, 2015, 2023.

2017. Les engagements des cautions passent à leurs héritiers, à l'exception de la contrainte par corps, si l'engagement était tel que la caution y fût obligée. — C. 724, 1122, 1220 s., 2060, 2069. — L. 22 juillet 1867, abolissant la contrainte par corps.

2018. Le débiteur obligé à fournir une caution doit en présenter une qui ait la capacité de contracter, qui ait un bien suffisant pour répondre de l'objet de l'obligation, et dont le domicile soit dans le ressort de la cour royale où elle doit être donnée. — C. 102, 1123, 1257, 2019 s., 2025, 2040; Pr. 517-522.

2019. La solvabilité d'une caution ne s'estime qu'eu égard à ses propriétés foncières, excepté en matière de commerce, ou lorsque la dette est modique.

On n'a point égard aux immeubles litigieux, ou dont la discussion deviendrait trop difficile par l'éloignement de leur situation. — C. 2018, 2023, 2040, 2161; Pr. 517 s.

2020. Lorsque la caution reçue par le créancier, volontairement ou en justice, est ensuite devenue insolvable, il doit en être donné une autre.

Cette règle reçoit exception dans le cas seulement où la caution n'a été donnée qu'en vertu d'une convention par laquelle le créancier a exigé une telle personne pour caution. — C. 1276, 2131.

CHAPITRE II

De l'effet du cautionnement.

SECTION PREMIÈRE

De l'effet du cautionnement entre le créancier et la caution.

2021. La caution n'est obligée envers le créancier à le payer qu'à défaut du débiteur, qui doit être préalablement discuté dans ses biens, à moins que la caution n'ait renoncé au bénéfice de discussion, ou à moins qu'elle ne se soit obligée solidairement avec le débiteur; auquel cas l'effet de son engagement se règle par les principes qui ont été établis pour les dettes solidaires. — C. 1200 s., 1203, 2022, 2042 s.

2022. Le créancier n'est obligé de discuter le débiteur principal que lorsque la caution le requiert, sur les premières poursuites dirigées contre elle. — C. 2021, 2023 s.; Pr. 166, 169, 173, 186.

2023. La caution qui requiert la discussion, doit indiquer au créancier les biens du débiteur principal, et avancer les deniers suffisants pour faire la discussion.

Elle ne doit indiquer ni des biens du débiteur principal situés hors de l'arrondissement de la cour royale du lieu où le paiement doit être fait, ni des biens litigieux, ni ceux hypothéqués à la dette, qui ne sont plus en la possession du débiteur. — C. 2019, 2021, 2170, 2171.

2024. Toutes les fois que la caution a fait l'indication de biens autorisée par l'article précédent, et qu'elle a fourni les deniers suffisants pour la discussion, le créancier est, jusqu'à concurrence des biens indiqués, responsable, à l'égard de la caution, de l'insolvabilité du débiteur principal survenue par le défaut de poursuites.

2025. Lorsque plusieurs personnes se sont rendues cautions d'un même débiteur pour une même dette, elles sont obligées chacune à toute la dette. — C. 1200 s., 1214, 2014, 2016, 2033 s., 2152.

2026. Néanmoins chacune d'elles peut, à moins qu'elle n'ait renoncé au bénéfice de division, exiger que le créancier divise préalablement son action, et la réduise à la part et portion de chaque caution.

Lorsque, dans le temps où une des cautions a fait prononcer la division, il y en avait d'insolvables, cette caution est tenue proportionnellement de ces insolvabilités; mais elle ne peut plus être recherchée à raison des insolvabilités survenues depuis la division. — C. 1203, 2027; Pr. 166, 169, 170, 186, 187.

2027. Si le créancier a divisé lui-même et volontairement son action, il ne peut revenir contre cette division, quoiqu'il y eût, même antérieurement au temps où il l'a ainsi consentie, des cautions insolvables. — C. 1210, 1211.

SECTION II

De l'effet du cautionnement entre le débiteur et la caution.

2028. La caution qui a payé, a son recours contre le débiteur principal, soit que le cautionnement ait été

(1) La loi du 31 mai 1854 a aboli la mort civile.

donné ou su ou à l'insu du débiteur.

Ce recours a lieu tant pour le principal que pour les intérêts et les frais; néanmoins la caution n'a de recours que pour les frais par elle faits depuis qu'elle a dénoncé au débiteur principal les poursuites dirigées contre elle.

Elle a aussi recours pour les dommages et intérêts, s'il y a lieu. — C. 1149, 1153, 1236, 1254 s., 1375, 1999, 2001, 2016, 2031.

2029. La caution qui a payé la dette, est subrogée à tous les droits qu'avait le créancier contre le débiteur. — C. 1251, 2037.

2030. Lorsqu'il y avait plusieurs débiteurs principaux solidaires d'une même dette, la caution qui les a tous cautionnés, a, contre chacun d'eux, le recours pour la répétition du total de ce qu'elle a payé. — C. 1200, 1213, 1251, [illegible].

2031. La caution qui a payé une première fois, n'a point de recours contre le débiteur principal qui a payé une seconde fois, lorsqu'elle ne l'a point averti du paiement par elle fait; sauf son action en répétition contre le créancier.

Lorsque la caution aura payé sans être poursuivie et sans avoir averti le débiteur principal, elle n'aura point de recours contre lui dans le cas où, au moment du paiement, ce débiteur aurait eu des moyens pour faire déclarer la dette éteinte; sauf son action en répétition contre le créancier. — C. 1199, 1235, 1376 s., [illegible].

2032. La caution, même avant d'avoir payé, peut agir contre le débiteur, pour être par lui indemnisée,

1° Lorsqu'elle est poursuivie en justice pour le paiement;

2° Lorsque le débiteur a fait faillite, ou est en déconfiture;

3° Lorsque le débiteur s'est obligé de lui rapporter sa décharge dans un certain temps;

4° Lorsque la dette est devenue exigible par l'échéance du terme sous lequel elle avait été contractée. — C. 2039;

5° Au bout de dix années, lorsque l'obligation principale n'a point de terme fixe d'échéance, à moins que l'obligation principale, telle qu'une tutelle, ne soit pas de nature à pouvoir être éteinte avant un temps déterminé. — C. 1131, 1185, 1188, 1375, [illegible]; Pr. 173 s.; Co. 437, 444.

SECTION III

De l'effet du cautionnement entre les cofidéjusseurs.

2033. Lorsque plusieurs personnes ont cautionné un même débiteur pour une même dette, la caution qui a acquitté la dette a recours contre les autres cautions, chacune pour sa part et portion.

Mais ce recours n'a lieu que lorsque la caution a payé dans l'un des cas énoncés en l'article précédent. — C. 875, 1214, 1251, 1252, 1375, 2028, 2032.

CHAPITRE III

De l'extinction du cautionnement.

2034. L'obligation qui résulte du cautionnement, s'éteint par les mêmes causes que les autres obligations. — C. 1234, [illegible].

2035. La confusion qui s'opère dans la personne du débiteur principal et de sa caution, lorsqu'ils deviennent héritiers l'un de l'autre, n'éteint point l'action du créancier contre celui qui s'est rendu caution de la caution. — C. 724, 1234, 1300 s., 2014.

2036. La caution peut opposer au créancier toutes les exceptions qui appartiennent au débiteur principal, et qui sont inhérentes à la dette;

Mais elle ne peut opposer les exceptions qui sont purement personnelles au débiteur. — C. 1125, 1208, 1230, 1304 s., 1281, 1287, 1294, 1301, 1351, 1365, 2012, 2013, 2037 s., 2262, 2277; Co. 539, 545.

2037. La caution est déchargée, lorsque la subrogation aux droits, hypothèques et privilèges du créancier, ne peut plus, par le fait de ce créancier, s'opérer en faveur de la caution. — C. 1250 s., 1382, 1383, 2029.

2038. L'acceptation volontaire que le créancier a faite d'un immeuble ou d'un effet quelconque en paiement de la dette principale, décharge la caution, encore que le créancier vienne à en être évincé. — C. 1238, 1243, 1271, 1599.

2039. La simple prorogation de terme, accordée par le créancier au débiteur principal, ne décharge point la caution, qui peut, en ce cas, poursuivre le débiteur pour le forcer au paiement. — C. 2032.

CHAPITRE IV

De la caution légale et de la caution judiciaire.

2040. Toutes les fois qu'une personne est obligée, par la loi ou par une condamnation, à fournir une caution, la caution offerte doit remplir les conditions prescrites par les articles 2018 et 2019.

Lorsqu'il s'agit d'un cautionnement judiciaire, la caution doit, en outre, être susceptible de contrainte par corps. — C. [illegible]; Pr. [illegible]; L. 22 juillet 1867.

2041. Celui qui ne peut pas trouver une caution, est reçu à donner à sa place un gage en nantissement suffisant. — C. 2071; Pr. 167.

2042. La caution judiciaire ne peut point demander la discussion du débiteur principal. — C. 2021, 2043.

2043. Celui qui a simplement cautionné la caution judiciaire, ne peut demander la discussion du débiteur principal et de la caution. — C. 2014.

TITRE QUINZIÈME

DES TRANSACTIONS

Décrété le 29 ventôse an XII, promulgué le 9 germinal (20-30 mars 1804).

2044. La transaction est un contrat par lequel les parties terminent une contestation née, ou préviennent une contestation à naître.

Ce contrat doit être rédigé par écrit. — C. 888, 1102, 1101, 1106, 1134, 1325, 1341, 1347, 1348, 1357, 2048, 2052, 2053; Pr. 1005.

2045. Pour transiger, il faut avoir la capacité de disposer des objets compris dans la transaction.

Le tuteur ne peut transiger pour le mineur ou l'interdit que conformément à l'article 467 au titre *de la minorité, de la tutelle et de l'émancipation*; et il ne peut transiger avec le mineur devenu majeur, sur le compte de tutelle, que conformément à l'article 472 au même titre.

Les communes et établissements publics ne peuvent transiger qu'avec l'autorisation expresse du Roi. — C. 6, 128, 217 s., 335, 467, 472, 481-484, 487, 499, 502, 513, 1123, 1128, 1131, 1133, 1449, 1554, 1576, 1595, 1989, 2046, 2052; Pr. 249, 1003, 1004; Co. 487, 535.

2046. On peut transiger sur l'intérêt civil qui résulte d'un délit.

La transaction n'empêche pas la poursuite du ministère public. — C. 6; Pr. 249, 581; I. Cr. 1, 4.

2047. On peut ajouter à une transaction la stipulation d'une peine contre celui qui manquera de l'exécuter. — C. 1226, 1229, 1230.

2048. Les transactions se renferment dans leur objet : la renonciation qui y est faite à tous droits, actions et prétentions, ne s'entend que de ce qui est relatif au différend qui y a donné lieu. — C. 1156, 1163, 2049, 2057.

2049. Les transactions ne règlent que les différends qui s'y trouvent compris, soit que les parties aient manifesté leur intention par des expressions spéciales ou générales, soit que l'on reconnaisse cette intention par une suite nécessaire de ce qui est exprimé. — C. 1156, 1163, 2048, 2057.

2050. Si celui qui avait transigé sur un droit qu'il avait de son chef, acquiert ensuite un droit semblable du chef d'une autre personne, il n'est point, quant au droit nouvellement acquis, lié par la transaction antérieure.

2051. La transaction faite par l'un des intéressés ne lie point les autres intéressés, et ne peut être opposée par eux. — C. 1121, 1165, 1208, 1285, 2055.

2052. Les transactions ont, entre les parties, l'autorité de la chose jugée en dernier ressort.

Elles ne peuvent être attaquées pour cause d'erreur de droit, ni pour cause de lésion. — C. 888, 1110, 1118, 1123, 1306, 1350, 1351, 1356, 2044, 2058, 2062 s.; Pr. 474 s., 480 s., 503 s.

2053. Néanmoins une transaction peut être rescindée, lorsqu'il y a erreur dans la personne ou sur l'objet de la contestation.

Elle peut l'être dans tous les cas où il y a dol ou violence. — C. 1009, 1110-1117, 1131, 1304, 1314, 2058; Pr. 480.

2054. Il y a également lieu à l'action en rescision contre une transaction, lorsqu'elle a été faite en exécution d'un titre nul, à moins que les parties n'aient expressément traité sur la nullité. — C. 1104, 1131, 1338, 2052.

2055. La transaction faite sur pièces qui depuis ont été reconnues fausses, est entièrement nulle. — C. 1131, 2053, 2057; Pr. 214 s., 240, 480.

2056. La transaction sur un procès terminé par un jugement passé en force de chose jugée, dont les parties ou l'une d'elles n'avaient point connaissance, est nulle.

Si le jugement ignoré des parties était susceptible d'appel, la transaction sera valable. — C. 1110, 1131, 1351, 2053; Pr. 443 s., 480 s., 1028.

2057. Lorsque les parties ont transigé généralement sur toutes les affaires qu'elles pouvaient avoir ensemble, les titres qui leur étaient alors inconnus, et qui auraient été postérieurement découverts, ne sont point une cause de rescision, à moins qu'ils n'aient été retenus par le fait de l'une des parties;

Mais la transaction serait nulle si elle n'avait qu'un objet sur lequel il serait constaté, par des titres nouvellement découverts, que l'une des parties n'avait aucun droit. — C. 2052, 2053; Pr. 448, 480, 488.

2058. L'erreur de calcul dans une transaction doit être réparée. — C. 2053; Pr. 541.

TITRE SEIZIÈME

DE LA CONTRAINTE PAR CORPS EN MATIÈRE CIVILE (1)

Décrété le 23 pluviôse an XII, promulgué le 3 ventôse (13-23 février 1804).

2059. La contrainte par corps a lieu, en matière civile, pour le stellionat.

Il y a stellionat,

Lorsqu'on vend ou qu'on hypothèque un immeuble dont on sait n'être pas propriétaire;

Lorsqu'on présente comme libres des biens hypothéqués, ou que l'on déclare des hypothèques moindres que celles dont ces biens sont chargés.

2060. La contrainte par corps a lieu pareillement,

1° Pour dépôt nécessaire;

2° En cas de réintégrande, pour le délaissement, ordonné par justice, d'un fonds dont le propriétaire a été dépouillé par voies de fait; pour la restitution des fruits qui en ont été perçus pendant l'indue possession, et pour le paiement des dommages et intérêts adjugés au propriétaire;

3° Pour répétition de deniers consignés entre les mains de personnes publiques établies à cet effet;

4° Pour la représentation des choses déposées aux séquestres, commissaires et autres gardiens;

5° Contre les cautions judiciaires et contre les cautions des contraignables par corps, lorsqu'elles se sont soumises à cette contrainte;

6° Contre tous officiers publics, pour la représentation de leurs minutes, quand elle est ordonnée;

7° Contre les notaires, les avoués et les huissiers, pour la restitution des titres à eux confiés, et des deniers par eux reçus pour leurs clients, par suite de leurs fonctions.

2061. Ceux qui, par un jugement rendu au pétitoire, et passé en force de chose jugée, ont été condamnés à désemparer un fonds, et qui refusent d'y obéir, peuvent, par un second jugement, être contraints par corps, quinzaine après la signification du premier jugement à personne ou domicile.

Si le fonds ou l'héritage est éloigné de plus de cinq myriamètres du domicile de la partie condamnée, il sera ajouté au délai de quinzaine, un jour par cinq myriamètres.

2062. La contrainte par corps ne peut être ordonnée contre les fermiers pour le paiement des fermages des biens ruraux, si elle n'a été stipulée formellement dans l'acte de bail. Néanmoins les fermiers et les colons partiaires peuvent être contraints par corps, faute par eux de représenter, à la fin du bail, le cheptel de bétail, les semences et les instruments aratoires qui leur ont été confiés; à moins qu'ils ne justifient que le déficit de ces objets ne procède point de leur fait.

2063. Hors les cas déterminés par les articles précédents, ou qui pourraient l'être à l'avenir par une loi formelle, il est défendu à tous juges de prononcer la contrainte par corps; à tous notaires et greffiers de recevoir des actes dans lesquels elle serait stipulée, et à tous Français de consentir pareils actes, encore qu'ils eussent été passés en pays étrangers; le tout à peine de nullité, dépens, dommages et intérêts.

2064. Dans les cas même ci-dessus énoncés, la contrainte par corps ne peut être prononcée contre les mineurs.

2065. Elle ne peut être prononcée pour une somme moindre de trois cents francs.

2066. Elle ne peut être prononcée contre les septuagénaires, les femmes et les filles, que dans le cas de stellionat.

Il suffit que la soixante-dixième année soit commencée, pour jouir de la faveur accordée aux septuagénaires.

La contrainte par corps pour cause de stellionat pendant le mariage, n'a lieu contre les femmes mariées que lorsqu'elles sont séparées de biens, ou lorsqu'elles ont des biens dont elles se sont réservé la libre administration, et à raison des engagements qui concernent ces biens.

Les femmes qui, étant en communauté, se seraient obligées conjointement ou solidairement avec leur mari, ne pourront être réputées stellionataires à raison de ces contrats.

2067. La contrainte par corps, dans les cas même où elle est autorisée par la loi, ne

---

(1) L. du 22 juillet 1867, relative à la contrainte par corps.

Art. 1er. La contrainte par corps est supprimée en matière commerciale, civile et contre les étrangers.

[illegible]

TITRE DIX-SEPTIÈME

DU NANTISSEMENT

(Décrété le 25 ventôse an XII, promulgué le 5 germinal (16-26 mars 1804).)

2071. Le nantissement est un contrat par lequel un débiteur remet une chose à son créancier pour sûreté de la dette. — C. 1101, 1280, 1302, 1303, 1915 s., 2041, 2077, 2090.

2072. Le nantissement d'une chose mobilière s'appelle *gage*.

Celui d'une chose immobilière s'appelle *antichrèse*. — C. 2073, 2085 s.

CHAPITRE PREMIER

Du gage.

2073. Le gage confère au créancier le droit de se faire payer sur la chose qui en est l'objet, par privilège et préférence aux autres créanciers. — C. 2074, 2116, 2102.

2074. Ce privilège n'a lieu qu'autant qu'il y a un acte public ou sous seing privé, dûment enregistré, contenant la déclaration de la somme due, ainsi que l'espèce et la nature des choses remises en gage, ou un état annexé de leurs qualité, poids et mesure.

La rédaction de l'acte par écrit et son enregistrement ne sont néanmoins prescrits qu'en matière excédant la valeur de cent cinquante francs. — C. 1317, 1325, 1328, 1341 s., 1347, 1348, 1923, 2076; Co. 91 s. *modifiés par la loi du 23 mai 1863.*

2075. Le privilège énoncé en l'article précédent ne s'établit sur les meubles incorporels, tels que les créances mobilières, que par acte public ou sous seing privé, aussi enregistré, et signifié au débiteur de la créance donnée en gage. — C. 1250, 1317, 1325, 1690, 2074, 2076, 2081.

(*L. 1er mars 1898.*) — Tout nantissement d'un fonds de commerce devra, à peine de nullité vis-à-vis des tiers, être inscrit sur un registre public tenu au greffe du tribunal de commerce dans le ressort duquel le fonds est exploité.

2076. Dans tous les cas, le privilège ne subsiste sur le gage qu'autant que ce gage a été mis et est resté en la possession du créancier, ou d'un tiers convenu entre les parties. — C. 1280, 1606 s., 1969, 2073, 2102, 2119, 2279.

2077. Le gage peut être donné par un tiers pour le débiteur. — C. 1119 s., 2015, 2090.

2078. Le créancier ne peut, à défaut de paiement, disposer du gage; sauf à lui à faire ordonner en justice que ce gage lui demeurera en paiement et jusqu'à due concurrence, d'après une estimation faite par experts, ou qu'il sera vendu aux enchères.

Toute clause qui autoriserait le créancier à s'approprier le gage ou à en disposer sans les formalités ci-dessus, est nulle. — C. 6, 900, 1133, 1172, 2079, 2088; Pr. 302 s., 617 s.

2079. Jusqu'à l'expropriation du débiteur, s'il y a lieu, il reste propriétaire du gage, qui n'est, dans la main du créancier, qu'un dépôt assurant le privilège de celui-ci. — C. 1915 s., 2073, 2088, 2102.

2080. Le créancier répond, selon les règles établies au titre *des Contrats ou des obligations conventionnelles en général*, de la perte ou détérioration du gage qui serait survenue par sa négligence.

De son côté, le débiteur doit tenir compte au créancier des dépenses utiles et nécessaires que celui-ci a faites pour la conservation du gage. — C. 1137, 1146 s., 1245, 1302 s., 1375, 1382, 1889, 1933, 1947, 2073, 2080, 2102.

2081. S'il s'agit d'une créance donnée en gage, et que cette créance porte intérêts, le créancier impute ces intérêts sur ceux qui peuvent lui être dus.

Si la dette pour sûreté de laquelle la créance a été donnée en gage ne porte point elle-même intérêts, l'imputation se fait sur le capital de la dette. — C. 1250, 1253, 1254, 1905, 2073, 2085.

2082. Le débiteur ne peut, à moins que le détenteur du gage n'en abuse, en réclamer la restitution qu'après avoir entièrement payé, tant en principal qu'intérêts et frais, la dette pour sûreté de laquelle le gage a été donné.

S'il existait de la part du même débiteur, envers le même créancier, une autre dette contractée postérieurement à la mise en gage, et devenue exigible avant le paiement de la première dette, le créancier ne pourra être tenu de se dessaisir du gage avant d'être entièrement payé de l'une et de l'autre dette, lors même qu'il n'y aurait eu aucune stipulation pour affecter le gage au paiement de la seconde. — C. 618, 1612, 2084, 2087, 2102; Co. 547.

2083. Le gage est indivisible nonobstant la divisibilité de la dette entre les héritiers du débiteur ou ceux du créancier.

L'héritier du débiteur, qui a payé sa portion de la dette, ne peut demander la restitution de sa portion dans le gage, tant que la dette n'est pas entièrement acquittée.

Réciproquement, l'héritier du créancier, qui a reçu sa portion de la dette, ne peut remettre le gage au préjudice de ceux de ses cohéritiers qui ne sont pas payés. — C. 1217 s., 1222, 2090, 2114.

2084. Les dispositions ci-dessus ne sont applicables ni aux matières de commerce, ni aux maisons de prêt sur gages autorisées, et à l'égard desquelles on suit les lois et règlements qui les concernent. — Co. 92, 95, 190, 190, 506-521; P. 411.

CHAPITRE II

De l'antichrèse.

2085. L'antichrèse ne s'établit que par écrit.

Le créancier n'acquiert par ce contrat que la faculté de percevoir les fruits de l'immeuble, à la charge de les imputer annuellement sur les intérêts, s'il lui en est dû, et ensuite sur le capital de sa créance. — C. 582 s., 1254, 1325, 1341, 1347, 1348, 2073, 2081, 2090; Co. 116; *L. 23 mars 1855, sur la transcription hypothécaire.* Suppl.

2086. Le créancier est tenu, s'il n'en est autrement convenu, de payer les contributions et les charges annuelles de l'immeuble qu'il tient en antichrèse.

Il doit également, sous peine de dommages et intérêts, pourvoir à l'entretien et aux réparations utiles et nécessaires de l'immeuble, sauf à prélever sur les fruits toutes les dépenses relatives à ces divers objets. — C. 1137, 1149, 1375, 1381, 2080, 2087.

2087. Le débiteur ne peut, avant l'entier acquittement de la dette, réclamer la jouissance de l'immeuble qu'il a remis en antichrèse.

Mais le créancier qui veut se décharger des obligations exprimées en l'article précédent, peut toujours, à moins qu'il n'ait renoncé à ce droit, contraindre le débiteur à reprendre la jouissance de son immeuble. — C. 2082.

2088. Le créancier ne devient point propriétaire de l'immeuble par le seul défaut de paiement au terme convenu; toute clause contraire est nulle : en ce cas, il peut poursuivre l'expropriation de son débiteur par les voies légales. — C. 2078, 2093, 2204 s.; Pr. 551, 673 s.

2089. Lorsque les parties ont stipulé que les fruits se compenseront avec les intérêts, ou totalement, ou jusqu'à une certaine concurrence, cette convention s'exécute comme toute autre qui n'est point prohibée par les lois. — *L. 3 sept. 1807*; C. 1289 s., 1907, 1976.

2090. Les dispositions des articles 2077 et 2083 s'appliquent à l'antichrèse comme au gage.

2091. Tout ce qui est statué au présent chapitre, ne préjudicie point aux droits que des tiers pourraient avoir sur le fonds de l'immeuble remis à titre d'antichrèse.

Si le créancier, muni à ce titre, a d'ailleurs sur le fonds des privilèges ou hypothèques légalement établis et conservés, il les exerce à son ordre et comme tout autre créancier. — C. 1165, 2085, 2094 s., 2166 s.; Co. 546.

TITRE DIX-HUITIÈME

DES PRIVILÈGES ET HYPOTHÈQUES

(Décrété le 28 ventôse an XII, promulgué le 8 germinal (19-29 mars 1804).)

CHAPITRE PREMIER

Dispositions générales.

2092. Quiconque s'est obligé personnellement, est tenu de remplir son engagement sur tous ses biens mobiliers et immobiliers, présents et à venir. — C. 2093, 2204, 2209, 2227, 2240, 2212; Pr. 580-582, 592, 593.

2093. Les biens du débiteur sont le gage commun de ses créanciers; et le prix s'en distribue entre eux par contribution, à moins qu'il n'y ait entre les créanciers des causes légitimes de préférence. — C. 1166 s., 2094 s., 2218; Pr. 122, 656 s., 749 s.; Co. 532 s., 565 s.

2094. Les causes légitimes de préférence sont les privilèges et hypothèques. — C. 555, 867, 1673, 1890, 1948, 2073, 2095 s., 2114 s., 2175.

CHAPITRE II

Des privilèges.

2095. Le privilège est un droit que la qualité de la créance donne à un créancier d'être préféré aux autres créanciers, même hypothécaires. — C. 2096 s., 2103, 2106, 2166, 2106, 2186, comp. 2073, 2102.

2096. Entre les créanciers privilégiés, la préférence se règle par les différentes qualités des privilèges. — C. 2097, 2101-2105; Pr. 661 s.

2097. Les créanciers privilégiés qui sont dans le même rang, sont payés par concurrence. — C. 2105.

2098. Le privilège, à raison des droits du trésor royal et l'ordre dans lequel il s'exerce, sont réglés par les lois qui les concernent.

Le trésor royal ne peut cependant obtenir de privilège au préjudice des droits antérieurement acquis à des tiers. — C. 2102, 2121; Co. 502; *Décr. 1er germinal an XII, relatif aux droits réunis (contributions indirectes)*; *L. 5 septembre 1807, concernant les droits du trésor sur les biens des comptables*; *L. 12 novembre 1808, sur le recouvrement des contributions directes.*

2099. Les privilèges peuvent être sur les meubles ou sur les immeubles. — C. 2100-2105.

SECTION PREMIÈRE

Des privilèges sur les meubles.

2100. Les privilèges sont ou généraux, ou particuliers sur certains meubles. — C. 2101, 2102.

§ Ier. — *Des privilèges généraux sur les meubles.*

2101. Les créances privilégiées sur la généralité des meubles sont celles ci-après exprimées, et s'exercent dans l'ordre suivant : — C. 546, 527-532, 1250, 2096, 2104 s., 2107.

1° Les frais de justice; — C. 112, 162, 810, 1034; Pr. 133, 579, 655, 666-672, 715, 759, 768, 815-821, 897-911, 986 s.; Co. 461, 565.

2° Les frais funéraires; — C. 1467, 1570.

3° (*L. 30 novembre 1892.*) Les frais quelconques de la dernière maladie, quelle qu'en ait été la terminaison, concurremment entre ceux à qui ils sont dus.

4° Les salaires des gens de service, pour l'année échue et ce qui est dû sur l'année courante; — C. 1780, 1781, 2257, 2272; Co. 549.

5° Les fournitures de subsistances faites au débiteur et à sa famille; savoir, pendant les six derniers mois, par les marchands en détail, tels que boulangers, bouchers et autres; et pendant la dernière année, par les maîtres de pension et marchands en gros. — C. 580, 651, 1326, 1329, 2271, 2272, 2286.

§ II. — *Des privilèges sur certains meubles.*

2102. Les créances privilégiées sur certains meubles sont :

1° Les loyers et fermages des immeubles, sur les fruits de la récolte de l'année, et sur le prix de tout ce qui garnit la maison louée ou la ferme, et de tout ce qui sert à l'exploitation de la ferme; savoir, pour tout ce qui est échu, et pour tout ce qui est à échoir, si les baux sont authentiques, ou si, étant sous signature privée, ils ont une date certaine; et, dans ces deux cas, les autres créanciers ont le droit de relouer la maison ou la ferme pour le restant du bail, et de faire leur profit des baux ou fermages, à la charge toutefois de payer au propriétaire tout ce qui lui serait encore dû. — C. 1317, 1322, 1328, 1753 s., 1764, 1767, 1820; Pr. 609, 626 s., 661, 819 s.; Co. 550.

Et, à défaut de baux authentiques, ou lorsqu'étant sous signature privée, ils n'ont pas une date certaine, pour une année à partir de l'expiration de l'année courante (1); — C. 1714 s.; Co. 550.

(1) *L. 19 février 1889, relative à la restriction du privilège du bailleur d'un fonds rural et à l'attribution des indemnités dues par suite d'assurances.*

ART. 1er. — Le privilège accordé au bailleur d'un fonds rural par l'article 2102 du Code civil, ne peut être exercé, même quand le bail a acquis date certaine, que pour les fermages des deux dernières années échues, de l'année courante et d'une année à partir de l'expiration de l'année courante, ainsi que pour tout ce qui concerne l'exécution du bail et pour les dommages-intérêts qui pourront lui être accordés par les tribunaux.

La disposition contenue dans le paragraphe précédent ne s'applique pas aux baux ayant acquis date certaine avant la promulgation de la présente loi.

ART. 2. — Les indemnités dues par suite d'assurances contre l'incendie, contre la grêle, contre la mortalité des bestiaux ou les autres risques, sont attribuées, sans qu'il y ait besoin de délégation expresse, aux créanciers privilégiés ou hypothécaires, suivant leur rang.

Néanmoins, les paiements faits de bonne foi avant opposition sont valables.

ART. 3. — Il en est de même des indemnités dues en cas de sinistre par le locataire

Le même privilège a lieu pour les réparations locatives, et pour tout ce qui concerne l'exécution du bail; — C. 1720, 1728 s., 1754 s.; Co. 550.

Néanmoins les sommes dues pour les semences ou pour les frais de la récolte de l'année, sont payées sur le prix de la récolte, et celles dues pour ustensiles, sur le prix de ces ustensiles, par préférence au propriétaire dans l'un et l'autre cas; — C. 548.

Le propriétaire peut saisir les meubles qui garnissent sa maison ou sa ferme, lorsqu'ils ont été déplacés sans son consentement, et il conserve sur eux son privilège, pourvu qu'il ait fait la revendication; savoir, lorsqu'il s'agit du mobilier qui garnissait une ferme, dans le délai de quarante jours; et dans celui de quinzaine, s'il s'agit des meubles garnissant une maison; — C. 1141, 1752, 1813, 2119, 2279, 2280; Pr. 592, 593, 608 s., 820, 826 s.

2° La créance sur le gage dont le créancier est saisi; — C. 2073-2076, 2119, 2279; Co. 546.

3° Les frais faits pour la conservation de la chose; — C. 1137, 1375, 1381, 1890, 1947, 2080, 2102, 2119.

4° Le prix d'effets mobiliers non payés, s'ils sont encore en la possession du débiteur, soit qu'il ait acheté à terme ou sans terme; — C. 582, 533, 1582 s.

Si la vente a été faite sans terme, le vendeur peut même revendiquer ces effets tant qu'ils sont en la possession de l'acheteur, et en empêcher la revente, pourvu que la revendication soit faite dans la huitaine de la livraison, et que les effets se trouvent dans le même état dans lequel cette livraison a été faite; — C. 1606, 1184, 1612, 2279; Pr. 826 s.; Co. 550.

Le privilège du vendeur ne s'exerce toutefois qu'après celui du propriétaire de la maison ou de la ferme, à moins qu'il ne soit prouvé que le propriétaire avait connaissance que les meubles et autres objets garnissant sa maison ou sa ferme n'appartenaient pas au locataire; — C. 2102, 2279.

Il n'est rien innové aux lois et usages du commerce sur la revendication; — Co. 550, 576, 579.

5° Les fournitures d'un aubergiste, sur les effets du voyageur qui ont été transportés dans son auberge; — C. 1348, 1952, 1953 s., 2060, 2073, 2271, 2279.

6° Les frais de voiture et les dépenses accessoires, sur la chose voiturée; — C. 1782 s., 2074; Co. 106 s., 306, 307.

7° Les créances résultant d'abus et prévarications commis par les fonctionnaires publics dans l'exercice de leurs fonctions, sur les fonds de leur cautionnement, et sur les intérêts qui en peuvent être dus. — C. 2098, 2102.

SECTION II

Des privilèges sur les immeubles.

2103. Les créanciers privilégiés sur les immeubles sont : — C. 578, 887, 1080, 1707, 2085, 2098, 2104 s., 2108 s., 2171.

1° Le vendeur, sur l'immeuble vendu, pour le paiement du prix; — C. 1183, 1654, 1673, 2108, 2113, 2277.

[illegible]

S'il y a plusieurs ventes successives dont le prix soit dû en tout ou en partie, le premier vendeur est préféré au second, le deuxième au troisième, et ainsi de suite; — C. 1440, 1451, 1582 s.

2° Ceux qui ont fourni les deniers pour l'acquisition d'un immeuble, pourvu qu'il soit authentiquement constaté, par l'acte d'emprunt, que la somme était destinée à cet emploi, et, par la quittance du vendeur, que ce paiement a été fait des deniers empruntés; — C. 1250, 1317.

3° Les cohéritiers, sur les immeubles de la succession, pour la garantie des partages faits entre eux, et des soulte ou retour de lots; — C. 844, 822, 827, 833, 872, 883 s., 2109.

4° Les architectes, entrepreneurs, maçons et autres ouvriers employés pour édifier, reconstruire ou réparer des bâtiments, canaux ou autres ouvrages quelconques, pourvu néanmoins que, par un expert nommé d'office par le tribunal de première instance dans le ressort duquel les bâtiments sont situés, il ait été dressé préalablement un procès-verbal, à l'effet de constater l'état des lieux relativement aux ouvrages que le propriétaire déclarera avoir dessein de faire, et que les ouvrages aient été, dans les six mois au plus de leur perfection, reçus par un expert également nommé d'office.

Mais le montant du privilège ne peut excéder les valeurs constatées par le second procès-verbal, et il se réduit à la plus-value existante à l'époque de l'aliénation de l'immeuble et résultant des travaux qui y ont été faits; — C. 1792 s., 1799 s., 2110, 2113, 2270.

5° Ceux qui ont prêté les deniers pour payer ou rembourser les ouvriers, jouissent du même privilège, pourvu que cet emploi soit authentiquement constaté par l'acte d'emprunt, et par la quittance des ouvriers, ainsi qu'il a été dit ci-dessus pour ceux qui ont prêté les deniers pour l'acquisition d'un immeuble. — C. 1250, 1317, 2110.

SECTION III

Des privilèges qui s'étendent sur les meubles et immeubles.

2104. Les privilèges qui s'étendent sur les meubles et les immeubles sont ceux énoncés en l'article 2101. — C. 2101, 2105, 2107, 2098.

2105. Lorsqu'à défaut de mobilier les privilégiés énoncés en l'article précédent se présentent pour être payés sur le prix d'un immeuble en concurrence avec les créanciers privilégiés sur l'immeuble, les paiements se font dans l'ordre qui suit :

1° Les frais de justice et autres énoncés en l'article 2101 ;

2° Les créances désignées en l'article 2103. — C. 2098.

SECTION IV

Comment se conservent les privilèges.

2106. Entre les créanciers, les privilèges ne produisent d'effet à l'égard des immeubles qu'autant qu'ils sont rendus publics par inscription sur les registres du conservateur des hypothèques, de la manière déterminée par la loi, et à compter de la date de cette inscription, sous les seules exceptions qui suivent. — C. 2095 s., 2107 s., 2113, 2146 s., 2166 s., 2196. — L. 23 mars 1855 sur la transcription hypothécaire, Suppl.

2107. Sont exceptées de la formalité de l'inscription les créances énoncées en l'article 2101. — C. 2101, 2106, 2098.

2108. Le vendeur privilégié conserve son privilège par la transcription du titre qui a transféré la propriété à l'acquéreur et qui constate que la totalité ou partie du prix lui est due; à l'effet de quoi la transcription du contrat faite par l'acquéreur vaudra inscription pour le vendeur et pour le prêteur qui lui aura fourni les deniers payés, et qui sera subrogé aux droits du vendeur par le même contrat : sera néanmoins le conservateur des hypothèques tenu, sous peine de tous dommages et intérêts envers les tiers, de faire d'office l'inscription sur son registre, des créances résultant de l'acte translatif de propriété, tant en faveur du vendeur qu'en faveur des prêteurs, qui pourront aussi faire faire, si elle ne l'a été, la transcription du contrat de vente, à l'effet d'acquérir l'inscription de ce qui leur est dû sur le prix. — C. 1184, 1654 s., 2103, 2106, 2113, 2152, 2180 s.; Pr. 692, 716.

2109. Le cohéritier ou copartageant conserve son privilège sur les biens de chaque lot ou sur le bien licité, pour les soulte et retour de lots, ou pour le prix de la licitation, par l'inscription faite à sa diligence, dans soixante jours, à dater de l'acte de partage ou de l'adjudication par licitation; durant lequel temps aucune hypothèque ne peut avoir lieu sur le bien chargé de soulte ou adjugé par licitation, au préjudice du créancier de la soulte ou du prix. — C. 466, 815, 833, 838, 884 s., 1476, 1686, 2103, 2113, 2146 s., 2163 s., 2209; Pr. 966 s.

2110. Les architectes, entrepreneurs, maçons et autres ouvriers employés pour édifier, reconstruire ou réparer des bâtiments, canaux ou autres ouvrages, et ceux qui ont, pour les payer et rembourser, prêté les deniers dont l'emploi a été constaté, conservent, par la double inscription faite, 1° du procès-verbal qui constate l'état des lieux, 2° du procès-verbal de réception, leur privilège à la date de l'inscription du premier procès-verbal. — C. 2103, 2106, 2113, 2146.

2111. Les créanciers et légataires qui demandent la séparation du patrimoine du défunt, conformément à l'article 878, au titre des *Successions*, conservent, à l'égard des créanciers des héritiers ou représentants du défunt, leur privilège sur les immeubles de la succession, par les inscriptions faites sur chacun de ces biens, dans les six mois à compter de l'ouverture de la succession.

Avant l'expiration de ce délai, aucune hypothèque ne peut être établie avec effet sur ces biens par les héritiers ou représentants au préjudice de ces créanciers ou légataires. — C. 878-880, 1017, 2106, 2113, 2146 s., 2166; Pr. 881.

2112. Les cessionnaires de ces diverses créances privilégiées exercent tous les mêmes droits que les cédants, en leur lieu et place. — C. 1250 s., 1689 s., 1692, 2098, 2214.

2113. Toutes créances privilégiées soumises à la formalité de l'inscription, à l'égard desquelles les conditions ci-dessus prescrites pour conserver le privilège n'ont pas été accomplies, ne cessent pas néanmoins d'être hypothécaires; mais l'hypothèque ne date, à l'égard des tiers, que de l'époque des inscriptions qui auront dû être faites ainsi qu'il sera ci-après expliqué. — C. 2108, 2109 s., 2134, 2154.

CHAPITRE II

Des hypothèques.

2114. L'hypothèque est un droit réel sur les immeubles affectés à l'acquittement d'une obligation.

Elle est, de sa nature, indivisible, et subsiste en entier sur tous les immeubles affectés, sur chacun et sur chaque portion de ces immeubles.

Elle les suit dans quelques mains qu'ils passent. — C. 1142, 1168, 1222 s., 1244, 1912, 2092 s., 2119, 2128, 2161, 2166 s., 2180.

2115. L'hypothèque n'a lieu que dans les cas et suivant les formes autorisées par la loi.

2116. Elle est ou légale, ou judiciaire, ou conventionnelle. — C. 2121 s., 2123, 2124 s.

2117. L'hypothèque légale est celle qui résulte de la loi.

L'hypothèque judiciaire est celle qui résulte des jugements ou actes judiciaires.

L'hypothèque conventionnelle est celle qui dépend des conventions, et de la forme extérieure des actes et des contrats. — C. 1017, 2106-2113, 2121 s., 2123 s.; Co. 490.

2118. Sont seuls susceptibles d'hypothèques,

1° Les biens immobiliers qui sont dans le commerce, et leurs accessoires réputés immeubles; — C. 1128, 2133, 2204; L. 21 avril 1810 sur les mines;

2° L'usufruit des mêmes biens et accessoires pendant le temps de sa durée. — C. 517 s., 526, 578, 625, 683, 1129, 2125, 2129, 2131, 2204; Pr. 778; L. 23 mars 1855, Suppl.

2119. Les meubles n'ont pas de suite par hypothèque. — C. 532, 967 s., 2279.

2120. Il n'est rien innové par le présent Code aux dispositions des lois maritimes concernant les navires et bâtiments de mer. — Co. 190-196; L. 10 juillet 1885 sur l'hypothèque maritime.

SECTION PREMIÈRE

Des hypothèques légales.

2121. Les droits et créances auxquels l'hypothèque légale est attribuée, sont :

Ceux des femmes mariées, sur les biens de leur mari;

Ceux des mineurs et interdits, sur les biens de leur tuteur;

Ceux de l'État, des communes et des établissements publics, sur les biens des receveurs et administrateurs comptables. — C. 11, 171, 195, 389, 390, 417, 450, 469 s., 475, 480, 509, 601, 1017, 1053, 1072, 1095, 1351, 1421, 1428, 1473, 1478, 1490, 1540, 1562, 1569, 1571 s., 1579, 2098, 2135, 2134 s., 2153, 2180, 2193 s.; Co. 563; L. 5 septembre 1807, relative aux comptables; L. 30 juin 1838, sur les aliénés.

2122. Le créancier qui a une hypothèque légale peut exercer son droit sur tous les immeubles appartenant à son débiteur, et sur ceux qui pourront lui appartenir dans la suite, sous les modifications qui seront ci-après exprimées. — C. 883, 1432, 1433, 1436, 1474, 1545 s., 1892, 2123, 2129, 2140-2145, 2164 s.; Co. 563.

SECTION II

Des hypothèques judiciaires.

2123. L'hypothèque judiciaire résulte des jugements, soit contradictoires, soit par défaut, définitifs ou provisoires, en faveur de celui qui les a obtenus. Elle résulte aussi des reconnaissances ou vérifications faites en jugement, des signatures apposées à un acte obligatoire sous seing privé.

Elle peut s'exercer sur les immeubles actuels du débiteur et sur ceux qu'il pourra acquérir, sauf aussi les modifications qui seront ci-après exprimées.

Les décisions arbitrales n'emportent hypothèque qu'autant qu'elles sont revêtues de l'ordonnance judiciaire d'exécution.

L'hypothèque ne peut pareillement résulter des jugements rendus en pays étranger, qu'autant qu'ils ont été déclarés exécutoires par un tribunal français; sans préjudice des dispositions contraires qui peuvent être dans les lois politiques ou dans les traités. — C. 107, 1319, 1322 s., 1985, 2151, 2144, 2147, 2121, 2125, 2129, 2134, 2148, 2160 s., 2169; Pr. 117, 133, 193 s., 130, 546, 895, 1020 s.; L. 3 septembre 1807, *sur l'effet des jugements rendus sur demande en reconnaissance d'écritures*; L. 23 mars 1855, *sur la transcription hypothécaire*.

SECTION III

Des hypothèques conventionnelles.

2124. Les hypothèques conventionnelles ne peuvent être consenties que par ceux qui ont la capacité d'aliéner les immeubles qu'ils y soumettent. — C. 128, 217, 457, 484, 509, 513, 903, 905, 1108, 1124 s., 1421, 1428, 1449, 1538, 1576, 1554, 1988, 2091, 2117, 2125 s.; Co. 7, 446 s., *Except.* C. 1507, 1508; Co. 6.

2125. Ceux qui n'ont sur l'immeuble qu'un droit suspendu par une condition, ou résoluble dans certains cas, ou sujet à rescision, ne peuvent consentir qu'une hypothèque soumise aux mêmes conditions ou à la même rescision. — C. 865, 929, 952, 954, 963, 1181, 1183, 1304 s., 1654, 1673, 1674, 2108, 2180, 2182, *except.* 132, 958.

2126. Les biens des mineurs, des interdits, et ceux des absents, tant que la possession n'en est déférée que provisoirement, ne peuvent être hypothéqués que pour les causes et dans les formes établies par la loi, ou en vertu de jugements. — C. 128, 217, 389, 457 s., 484, 499, 509, 513, 2121; Co. 6, 7.

2127. L'hypothèque conventionnelle ne peut être consentie que par un acte passé en forme authentique devant deux notaires, ou devant un notaire et deux témoins. — C. 933, 1317, 1985, 1998, 2140, 2121, 2152; L. 25 juin 1843, *sur la forme des actes notariés*; L. 23 mars 1855.

2128. Les contrats passés en pays étranger ne peuvent donner d'hypothèque sur les biens de France, s'il n'y a des dispositions contraires à ce principe dans les lois politiques ou dans les traités. — C. 11, 2123; Pr. 546; L. 23 mars 1855.

2129. Il n'y a d'hypothèque conventionnelle valable que celle qui, soit dans le titre authentique constitutif de la créance, soit dans un acte authentique postérieur, déclare spécialement la nature et la situation de chacun des immeubles actuellement appartenant au débiteur, sur lesquels il consent l'hypothèque de la créance. Chacun de tous ses biens présents peut être nominativement soumis à l'hypothèque.

Les biens à venir ne peuvent pas être hypothéqués. — C. 1130, 2122, 2123, 2127, 2130, 2174.

2130. Néanmoins, si les biens présents et libres du débiteur sont insuffisants pour la sûreté de la créance, il peut, en exprimant cette insuffisance, consentir que chacun des biens qu'il acquerra par la suite, y demeure affecté à mesure des acquisitions. — C. 2122, 2148, 2161 s.

2131. Pareillement, en cas que l'immeuble ou les immeubles présents assujettis à l'hypothèque, eussent péri, ou éprouvé des dégradations, de manière qu'ils fussent devenus insuffisants pour la sûreté du créancier, celui-ci pourra ou poursuivre dès à présent son remboursement, ou obtenir un supplément d'hypothèque. — C. 1188, 1912, 2020, 2161.

2132. L'hypothèque conventionnelle n'est valable qu'autant que la somme pour laquelle elle est consentie, est certaine et déterminée par l'acte: si la créance résultant de l'obligation est conditionnelle pour son existence, ou indéterminée dans sa valeur, le créancier ne pourra requérir l'inscription dont il sera parlé ci-après, que jusqu'à concurrence d'une valeur estimative par lui déclarée expressément, et que le débiteur aura droit de faire réduire, s'il y a lieu. — C. 1108, 1129, 1168, 1172, 1179, 1181, 1183, 1872, 2115, 2148, 2129, 2163.

2133. L'hypothèque acquise s'étend à toutes les améliorations survenues à l'immeuble hypothéqué. — C. 517 s., 552 s., 555, 1019, 2103, 2118, 2148, 2129, 2175.

SECTION IV

Du rang que les hypothèques ont entre elles.

2134. Entre les créanciers, l'hypothèque, soit légale, soit judiciaire, soit conventionnelle, n'a de rang que du jour de l'inscription prise par le créancier sur les registres du conservateur, dans la forme et de la manière prescrites par la loi, sauf les exceptions portées en l'article suivant. — C. 1251, 2106, 2113, 2146, 2134, 2150, 2135, 2146 s., 2166; Co. 490; I. Cr. 121.

2135. L'hypothèque existe, indépendamment de toute inscription:

1° Au profit des mineurs et interdits, sur les immeubles appartenant à leur tuteur, à raison de sa gestion, du jour de l'acceptation de la tutelle;

2° Au profit des femmes, pour raison de leurs dot et conventions matrimoniales, sur les immeubles de leur mari, et à compter du jour du mariage.

La femme n'a hypothèque pour les sommes dotales qui proviennent de successions à elle échues, ou de donations à elle faites pendant le mariage, qu'à compter de l'ouverture des successions ou du jour que les donations ont eu leur effet.

Elle n'a hypothèque pour l'indemnité des dettes qu'elle a contractées avec son mari, et pour le remploi de ses propres aliénés, qu'à compter du jour de l'obligation ou de la vente.

Dans aucun cas, la disposition du présent article ne pourra préjudicier aux droits acquis à des tiers avant la publication du présent titre. — C. 2, 75, 418, 420, 450, 470, 475, 509, 718, 932, 1401, 1470, 1535, 1553, 1564, 1431, 1549 s., 1562, 1570, 2121, 2193, 2134, 2136 s., 2148, 2149, 2153, 2154, 2157, 2193 s.; Co. 563, 556, 447, 567 s.; L. 23 mars 1855, Suppl.

2136. Sont toutefois les maris et les tuteurs tenus de rendre publiques les hypothèques dont leurs biens sont grevés, et, à cet effet, de requérir eux-mêmes, sans aucun délai, inscription aux bureaux à ce établis, sur les immeubles à eux appartenant, et sur ceux qui pourront leur appartenir par la suite.

Les maris et les tuteurs qui, ayant manqué de requérir et de faire faire les inscriptions ordonnées par le présent article, auraient consenti ou laissé prendre des privilèges ou des hypothèques sur leurs immeubles, sans déclarer expressément que lesdits immeubles étaient affectés à l'hypothèque légale des femmes et des mineurs, seront réputés stellionataires, et comme tels, contraignables par corps. — C. 2059, 2066, 2135, 2137 s., 2149 s., 2193 s.; Pr. 126, 132, 800, 905; Co. 612; L. 22 juillet 1867, *abolissant la contrainte par corps*.

2137. Les subrogés-tuteurs seront tenus, sous leur responsabilité personnelle, et sous peine de tous dommages et intérêts, de veiller à ce que les inscriptions soient prises sans délai sur les biens du tuteur, pour raison de sa gestion, même de faire faire lesdites inscriptions. — C. 420 s., 501, 1142, 1149, 2135, 2140 s., 2194 s.; Pr. 126, 132, 445.

2138. A défaut par les maris, tuteurs, subrogés tuteurs, de faire faire les inscriptions ordonnées par les articles précédents, elles seront requises par le procureur du Roi près le tribunal de première instance du domicile des maris et tuteurs, ou du lieu de la situation des biens. — C. 102 s., 2140, 2137, 2148, 2193 s.

2139. Pourront les parents, soit du mari, soit de la femme, et les parents du mineur, ou, à défaut de parents, ses amis, requérir lesdites inscriptions; elles pourront aussi être requises par la femme et par les mineurs. — C. 2135 s., 2137, 2194 s.

2140. Lorsque, dans le contrat de mariage, les parties majeures seront convenues qu'il ne sera pris d'inscription que sur un ou certains immeubles du mari, les immeubles qui ne seraient pas indiqués pour l'inscription resteront libres et affranchis de l'hypothèque pour la dot de la femme et pour ses reprises et conventions matrimoniales. Il ne pourra pas être convenu qu'il ne sera pris aucune inscription. — C. 1387, 1394, 1398, 2122, 2135, 2142, 2144 s.

2141. Il en sera de même pour les immeubles du tuteur, lorsque les parents, en conseil de famille, auront été d'avis qu'il ne soit pris d'inscription que sur certains immeubles. — C. 407 s., 2122, 2140, 2142.

2142. Dans le cas des deux articles précédents, le mari, le tuteur et le subrogé tuteur, ne seront tenus de requérir inscription que sur les immeubles indiqués. — C. 2136, 2146 s.

2143. Lorsque l'hypothèque n'aura pas été restreinte par l'acte de nomination du tuteur, celui-ci pourra, dans le cas où l'hypothèque générale sur ses immeubles excéderait notoirement les sûretés suffisantes pour sa gestion, demander que cette hypothèque soit restreinte aux immeubles suffisants pour opérer une pleine garantie en faveur du mineur.

La demande sera formée contre le subrogé tuteur, et elle devra être précédée d'un avis de famille. — C. 407 s., 420 s., 2122, 2141, 2162, 2161; Pr. 882 s.

2144. Pourra pareillement le mari, du consentement de sa femme, et après avoir pris l'avis des quatre plus proches parents d'icelle, réunis en assemblée de famille, demander que l'hypothèque générale sur tous ses immeubles, pour raison de la dot, des reprises et conventions matrimoniales, soit restreinte aux immeubles suffisants pour la conservation entière des droits de la femme. — C. 1549, 1564, 2135, 2140, 2155, 2157, 2162, 2164; Pr. 882.

2145. Les jugements sur les demandes des maris et des tuteurs ne seront rendus qu'après avoir entendu le procureur du Roi, et contradictoirement avec lui.

Dans le cas où le tribunal prononcera la réduction de l'hypothèque à certains immeubles, les inscriptions prises sur tous les autres seront rayées. — C. 2143, 2156 s.; Pr. 83 s., 886.

CHAPITRE IV

Du mode de l'inscription des privilèges et hypothèques.

2146. Les inscriptions se font au bureau de conservation des hypothèques dans l'arrondissement duquel sont situés les biens soumis au privilège ou à l'hypothèque. Elles ne produisent aucun effet, si elles sont prises dans le délai pendant lequel les actes faits avant l'ouverture des faillites sont déclarés nuls.

Il en est de même entre les créanciers d'une succession, si l'inscription n'a été faite par l'un d'eux que depuis l'ouverture, et dans le cas où la succession n'est acceptée que par bénéfice d'inventaire. — C. 793 s., 811 s., 2106, 2111, 2134 s., 2166, 2180 s.; Pr. 873 s., 717, 834, 986 s.; Co. 448, 571.

2147. Tous les créanciers inscrits le même jour exercent en concurrence une hypothèque de la même date, sans distinction entre l'inscription du matin et celle du soir, quand cette différence serait marquée par le conservateur. — C. 2134, 2200, 2203.

2148. Pour opérer l'inscription, le créancier représente, soit par lui-même, soit par un tiers, au conservateur des hypothèques, l'original en brevet ou une expédition authentique du jugement ou de l'acte qui donne naissance au privilège ou à l'hypothèque.

Il y joint deux bordereaux écrits sur papier timbré, dont l'un peut être porté sur l'expédition du titre: ils contiennent:

1° Les nom, prénom, domicile du créancier, sa profession, s'il en a une, et l'élection d'un domicile pour lui dans un lieu quelconque de l'arrondissement du bureau;

2° Les nom, prénom, domicile du débiteur, sa profession s'il en a une connue, ou une désignation individuelle et spéciale, telle, que le conservateur puisse reconnaître et distinguer dans tous les cas l'individu grevé d'hypothèque;

3° La date et la nature du titre;

4° Le montant du capital des créances exprimées dans le titre, ou évaluées par l'inscrivant pour les rentes et prestations, ou pour les droits éventuels, conditionnels ou indéterminés, dans les cas où cette évaluation est ordonnée; comme aussi le montant des accessoires de ces capitaux, et l'époque de l'exigibilité;

5° L'indication de l'espèce et de la situation des biens sur lesquels il entend conserver son privilège ou son hypothèque.

Cette dernière disposition n'est pas nécessaire dans le cas des hypothèques légales ou judiciaires: à défaut de convention, une seule inscription, pour ces hypothèques, frappe tous les immeubles compris dans l'arrondissement du bureau. — C. 111, 214, 1017, 1129, 1275, 1688, 1692, 2108, 2111, 2114, 2132, 2123, 2127, 2129, 2132, 2149, 2150, 2151, 2153, 2157, 2163 s., 2169 s.

2149. Les inscriptions à faire sur les biens d'une personne décédée, pourront être faites sous la simple désignation du défunt, ainsi qu'il est dit au n° 2 de l'article précédent. — C. 877, 2148; Pr. 445.

2150. Le conservateur fait mention, sur son registre, du contenu aux bordereaux, et remet au requérant, tant le titre ou l'expédition du titre, que l'un des bordereaux, au pied duquel il certifie avoir fait l'inscription. — C. 2148, 2152, 2197 s., 2202; Pr. 773, 867.

2151. [L. 17 juin 1893.] Le créancier privilégié dont le titre a été inscrit ou transcrit, ou le créancier hypothécaire inscrit pour un capital produisant intérêts ou arrérages, a droit d'être colloqué pour trois années seulement au même rang que le principal, sans préjudice des inscriptions particulières à prendre, portant hypothèque à compter de leur date, pour les intérêts et arrérages autres que ceux conservés par la transcription ou l'inscription primitive.

2152. Il est loisible à celui qui a requis une inscription, ainsi qu'à ses représentants, ou cessionnaires par acte authentique, de changer sur le registre des hypothèques le domicile par lui élu, à la charge d'en choisir et indiquer un autre dans le même arrondissement. — C. 111, 1692, 2148 s., 2156.

2153. Les droits d'hypothèque purement légale de l'État, des communes et des établissements publics sur les biens des comptables, ceux des mineurs ou interdits sur les tuteurs, des femmes mariées sur leurs époux, seront inscrits sur la représentation de deux bordereaux, contenant seulement,

1° Les nom, prénoms, profession et domicile réel du créancier, et le domicile qui sera par lui, ou pour lui, élu dans l'arrondissement;

2° Les nom, prénoms, profession, domicile, ou désignation précise du débiteur;

3° La nature des droits à conserver, et le montant de leur valeur quant aux objets déterminés, sans être tenu de le fixer quant à ceux qui sont conditionnels, éventuels ou indéterminés. — C. 111, 1121, 1168, 2121, 2122, 2132, 2148, 2152.

2154. Les inscriptions conservent l'hypothèque et le privilège pendant dix années, à compter du jour de leur date; leur effet cesse, si ces inscriptions n'ont été renouvelées avant l'expiration de ce délai. — C. 1134, 2106, 2134, 2146, 2148, 2180 s., 2186 s., 2194, 2260.

2155. Les frais des inscriptions sont à la charge du débiteur, s'il n'y a stipulation contraire; l'avance en est faite par l'inscrivant, si ce n'est quant aux hypothèques légales, pour l'inscription desquelles le conservateur a son recours contre le débiteur. Les frais de la transcription, qui peut être requise par le vendeur, sont à la charge de l'acquéreur. — C. 1248, 1593, 2108, 2121, 2136; Pr. 834 s.

2156. Les actions auxquelles les inscriptions peuvent donner lieu contre les créanciers, seront intentées devant le tribunal compétent, par exploits faits à leur personne, ou au dernier des domiciles élus sur le registre; et ce, nonobstant le décès, soit des créanciers, soit de ceux chez lesquels ils auront fait élection de domicile. — C. 111, 2148, 2149, 2152, 2159, 2161, 2193; Pr. 447, 753, 832 s.

CHAPITRE V

De la radiation et réduction des inscriptions.

2157. Les inscriptions sont rayées du consentement des parties intéressées et ayant capacité à cet effet, ou en vertu d'un jugement en dernier ressort ou passé en force de chose jugée. — C. 472, 1121 s., 1123 s., 1351, 1988, 2148, 2151, 2152, 2158, 2159, 2160, 2180, 2197; Pr. 135, 155, 548 s., 772 s.

2158. Dans l'un et l'autre cas, ceux qui requièrent la radiation déposent au bureau du conservateur l'expédition de l'acte authentique portant consentement, ou celle du jugement. — C. 1317, 2157; Pr. 772.

2159. La radiation non consentie est demandée au tribunal dans le ressort duquel l'inscription a été faite, si ce n'est lorsque cette inscription a eu lieu pour sûreté d'une condamnation éventuelle ou indéterminée, sur l'exécution ou liquidation de laquelle le débiteur et le créancier prétendu sont en instance ou doivent être jugés dans un autre tribunal; auquel cas la demande en radiation doit y être portée ou renvoyée.

Cependant la convention faite par le créancier et le débiteur de porter, en cas de contestation, la demande à un tribunal qu'ils auraient désigné, recevra son exécution entre eux. — C. 111, 1134, 2152, 2156; Pr. 157, 165, 171, 548.

2160. La radiation doit être ordonnée par les tribunaux, lorsque l'inscription a été faite sans être fondée ni sur la loi, ni sur un titre, ou lorsqu'elle l'a été en vertu d'un titre soit irrégulier, soit éteint ou soldé, ou lorsque les droits de privilège ou d'hypothèque sont effacés par les voies légales. — C. 2134, 2157, 2180, 2181-2195; Pr. 772, 774.

2161. Toutes les fois que les inscriptions prises par un créancier qui, d'après la loi, aurait droit d'en prendre sur les biens présents ou sur les biens à venir d'un débiteur, sans limitation convenue, seront portées sur plus de domaines différents qu'il n'est nécessaire à la sûreté des créances, l'action en réduction des inscriptions, ou en radiation d'une partie en ce qui excède la proportion convenable, est ouverte au débiteur. On y suit les règles de compétence établies dans l'article 2159.

La disposition du présent article ne s'applique pas aux hypothèques conventionnelles. — C. 1134, 2122 s., 2130, 2132 s., 2162 s.

2162. Sont réputées excessives les inscriptions qui frappent sur plusieurs domaines, lorsque la valeur d'un seul ou de quelques-uns d'entre eux excède de plus d'un tiers en fonds libres le montant des créances en capital et accessoires légaux. — C. 2148 s., 2161, 2165.

2163. Peuvent aussi être réduites comme excessives, les inscriptions prises d'après l'évaluation faite par le créancier, des créances qui, en ce qui concerne l'hypothèque à établir pour leur sûreté, n'ont pas été réglées par la convention, et qui, par leur nature, sont conditionnelles, éventuelles ou indéterminées. — C. 1181, 1185, 2132, 2148, 2153, 2161, 2164 s.

2164. L'excès, dans ce cas, est arbitré par les juges, d'après les circonstances, les probabilités des chances et les présomptions de fait, de manière à concilier les droits vraisemblables du créancier avec l'intérêt du crédit raisonnable à conserver au débiteur; sans préjudice des nouvelles inscriptions à prendre avec hypothèque du jour de leur date, lorsque l'événement aura porté les créances indéterminées à une somme plus forte. — C. 1353, 2146, 2148.

2165. La valeur des immeubles dont la comparaison est à faire avec celle des créances et le tiers en sus, est déterminée par quinze fois la valeur du revenu déclaré par la matrice du rôle de la contribution foncière, ou indiqué par la cote de contribution sur le rôle, selon la proportion qui existe dans les communes de la situation entre cette matrice ou cette cote et le revenu, pour les immeubles non sujets à dépérissement, et dix fois cette valeur pour ceux qui y sont sujets. Pourront néanmoins les juges s'aider, en outre, des éclaircissements qui peuvent résulter des baux non suspects, des procès-verbaux d'estimation qui ont pu être dressés précédemment à des époques rapprochées, et autres actes semblables, et évaluer le revenu au taux moyen entre les résultats de ces divers renseignements. — C. 2161 s.

* CHAPITRE VI

De l'effet des privilèges et hypothèques contre les tiers détenteurs.

2166. Les créanciers ayant privilège ou hypothèque inscrite sur un immeuble, le suivent en quelques mains qu'il passe, pour être colloqués et payés suivant l'ordre de leurs créances ou inscriptions. — C. 1165, 2092 s., 2093, 2114, 2121, 2134 s., 2146 s., 2154, 2167 s., 2180, 2198, 2218; Pr. 692, 749 s., 834 s.; L. 23 mars 1855; L. 3 mai 1841, sur l'expropriation pour cause d'utilité publique.

2167. Si le tiers détenteur ne remplit pas les formalités qui seront ci-après établies, pour purger sa propriété, il demeure, par l'effet seul des inscriptions, obligé comme détenteur à toutes les dettes hypothécaires, et jouit des termes et délais accordés au débiteur originaire. — C. 1244, 2114, 2166, 2168, 2172, 2181 s., 2197 s.

2168. Le tiers détenteur est tenu, dans le même cas, ou de payer tous les intérêts et capitaux exigibles, à quelque somme qu'ils puissent monter, ou de délaisser l'immeuble hypothéqué, sans aucune réserve. — C. 2151, 2167, 2169 s.

2169. Faute par le tiers détenteur de satisfaire pleinement à l'une de ces obligations, chaque créancier hypothécaire a droit de faire vendre sur lui l'immeuble hypothéqué, trente jours après commandement fait au débiteur originaire, et sommation faite au tiers détenteur de payer la dette exigible ou de délaisser l'héritage. — C. 2092, 2114, 2166, 2170, 2172 s., 2176, 2183, 2204, 2217, 2218; Pr. 551, 673 s.

2170. Néanmoins le tiers détenteur qui n'est pas personnellement obligé à la dette, peut s'opposer à la vente de l'héritage hypothéqué qui lui a été transmis, s'il est demeuré d'autres immeubles hypothéqués à la même dette dans la possession du principal ou des principaux obligés, et en requérir la discussion préalable selon la forme réglée au titre du cautionnement: pendant cette discussion, il est sursis à la vente de l'héritage hypothéqué. — C. 2021-2024, 2169, 2171.

2171. L'exception de discussion ne peut être opposée au créancier privilégié ou ayant hypothèque spéciale sur l'immeuble. — C. 2095, 2103 s., 2129, 2170, 2205 s.

2172. Quant au délaissement par hypothèque, il peut être fait par tous les tiers détenteurs qui ne sont pas personnellement obligés à la dette, et qui ont la capacité d'aliéner. — C. 1124 s., 2124, 2173 s.

2173. Il peut l'être même après que le tiers détenteur a reconnu l'obligation ou subi condamnation en cette qualité seulement: le délaissement n'empêche pas que, jusqu'à l'adjudication, le tiers détenteur ne puisse reprendre l'immeuble en payant toute la dette et les frais. — C. 2167 s., 2174; Pr. 708.

2174. Le délaissement par hypothèque se fait au greffe du tribunal de la situation des biens; et il en est donné acte par ce tribunal.

Sur la pétition du plus diligent des intéressés, il est créé à l'immeuble délaissé un curateur sur lequel la vente de l'immeuble est poursuivie dans les formes prescrites pour les expropriations. — C. 812, 2204 s., 2218; Pr. 673 s.

2175. Les détériorations qui procèdent du fait ou de la négligence du tiers détenteur, au préjudice des créanciers hypothécaires ou privilégiés, donnent lieu contre lui à une action en indemnité; mais il ne peut répéter ses impenses et améliorations que jusqu'à concurrence de la plus-value résultant de l'amélioration. — C. 861 s., 1245, 1382 s., 1634 s., 2168 s., 2191.

2176. Les fruits de l'immeuble hypothéqué ne sont dus par le tiers détenteur qu'à compter du jour de la sommation de payer ou de délaisser, et, si les poursuites commencées ont été abandonnées pendant trois ans, à compter de la nouvelle sommation qui sera faite. — C. 549 s., 583 s., 2169, 2183, 2184, 2213; Pr. 687, 690, 692.

2177. Les servitudes et droits réels que le tiers détenteur avait sur l'immeuble avant sa possession, renaissent après le délaissement ou après l'adjudication faite sur lui.

Ses créanciers personnels, après tous ceux qui sont inscrits sur les précédents propriétaires, exercent leur hypothèque à leur rang, sur le bien délaissé ou adjugé. — C. 637, 703 s., 1234, 2134, 2172 s., 2178 s.

2178. Le tiers détenteur qui a payé la dette hypothécaire, ou délaissé l'immeuble hypothéqué, ou subi l'expropriation de cet immeuble, a le recours en garantie, tel que de droit, contre le débiteur principal. — C. 874, 875, 1020, 1251, 1626 s., 2172 s., 2191.

2179. Le tiers détenteur qui veut purger sa propriété en payant le prix, observe les formalités qui sont établies dans le chapitre VIII du présent titre. — C. 2181 s., 2193 s.

CHAPITRE VII

De l'extinction des privilèges et hypothèques.

2180. Les privilèges et hypothèques s'éteignent,

1° Par l'extinction de l'obligation principale;

2° Par la renonciation du créancier à l'hypothèque;

3° Par l'accomplissement des formalités et conditions prescrites aux tiers détenteurs pour purger les biens par eux acquis;

4° Par la prescription.

La prescription est acquise au débiteur, quant aux biens qui sont dans ses mains, par le temps fixé pour la prescription des actions qui donnent l'hypothèque ou le privilège.

Quant aux biens qui sont dans la main d'un tiers détenteur, elle lui est acquise par le temps réglé pour la prescription de la propriété à son profit: dans le cas où la prescription suppose un titre, elle ne commence à courir que du jour où il a été transcrit sur les registres du conservateur.

Les inscriptions prises par le créancier n'interrompent pas le cours de la prescription établie par la loi en faveur du débiteur ou du tiers détenteur. — C. 1234, 1350, 1254, 1278 s., 1431, 2036, 2114, 2121, 2129, 2135, 2136, 2154, 2157 s., 2166, 2181 s., 2193 s., 2219 s., 2244, 2262, 2265.

CHAPITRE VIII

Du mode de purger les propriétés des privilèges et hypothèques.

2181. Les contrats translatifs de la propriété d'immeubles ou droits réels immobiliers, que les tiers détenteurs voudront purger de privilèges et hypothèques, seront transcrits en entier par le conservateur des hypothèques dans l'arrondissement duquel les biens sont situés.

Cette transcription se fera sur un registre à ce destiné, et le conservateur sera tenu d'en donner reconnaissance au requérant. — C. 939 s., 1069 s., 2108, 2148, 2180, 2182 s., 2196 s., 2198 s.; L. 23 mars 1855, sur la transcription hypothécaire. Suppl.

2182. [illegible]

2183. [illegible]

2184. [illegible]

2185. [illegible]

2186. [illegible]

2187. [illegible]

2188. [illegible]

2189. [illegible]

2190. [illegible]

2191. [illegible]

2192. [illegible]

CHAPITRE IX

Du mode de purger les hypothèques quand il n'existe pas d'inscription sur les biens des maris et des tuteurs.

2193. [illegible]

2194. [illegible]

2195. [illegible]

CHAPITRE X

De la publicité des registres, et de la responsabilité des conservateurs.

2196. [illegible]

2197. [illegible]

2198. [illegible]

2199. [illegible]

2200. [illegible]

2201. [illegible]

2202. [illegible]

d'une amende de deux cents à mille francs pour la première contravention, et de destitution pour la seconde, sans préjudice des dommages et intérêts des parties, lesquels seront payés avant l'amende. — C. 1149, 1382 s., 2102, 2196 s., 2203.

2203. Les mentions de dépôt, les inscriptions et transcriptions, sont faites sur les registres, de suite, sans aucun blanc ni interligne, à peine, contre le conservateur, de mille à deux mille francs d'amende, et des dommages et intérêts des parties, payables aussi par préférence à l'amende. — C. 1149, 1382 s., 2197, 2202.

TITRE DIX-NEUVIÈME

DE L'EXPROPRIATION FORCÉE ET DES ORDRES ENTRE LES CRÉANCIERS

Décrété le 28 ventôse an XII, promulgué le 8 germinal (19-29 mars 1804).

CHAPITRE PREMIER

De l'expropriation forcée.

2204. Le créancier peut poursuivre l'expropriation : 1° des biens immobiliers et de leurs accessoires réputés immeubles appartenant en propriété à son débiteur ; 2° de l'usufruit appartenant au débiteur sur les biens de même nature. — C. 517 s., 582 s., 578 s., 2092 s., 2118, 2205 s.; Pr. 551, 673 s., 692; Co. 571.

2205. Néanmoins la part indivise d'un cohéritier dans les immeubles d'une succession ne peut être mise en vente par ses créanciers personnels, avant le partage ou la licitation qu'ils peuvent provoquer s'ils le jugent convenable, ou dans lesquels ils ont le droit d'intervenir conformément à l'article 882, au titre des successions. — C. 822, 882, 1166, 2114, 2125.

2206. Les immeubles d'un mineur, même émancipé, ou d'un interdit, ne peuvent être mis en vente avant la discussion du mobilier. — C. 388, 457, 476 s., 509, 2207.

2207. La discussion du mobilier n'est pas requise avant l'expropriation des immeubles possédés par indivis entre un majeur et un mineur ou interdit, si la dette leur est commune, ni dans le cas où les poursuites ont été commencées contre un majeur, ou avant l'interdiction. — C. 2206.

2208. L'expropriation des immeubles qui font partie de la communauté se poursuit contre le mari débiteur, seul, quoique la femme soit obligée à la dette.

Celle des immeubles de la femme qui ne sont point entrés en communauté, se poursuit contre le mari et la femme, laquelle, au refus du mari de procéder avec elle, ou si le mari est mineur, peut être autorisée en justice.

En cas de minorité du mari et de la femme, ou de la minorité de la femme seule, si son mari majeur refuse de procéder avec elle, il est nommé par le tribunal un tuteur à la femme, contre lequel la poursuite est exercée. — C. 217 s., 476, 482, 1421, 1428 s., 1431, 1449, 1555 s., 1576; Pr. 861 s.; Co. 5, 7.

2209. Le créancier ne peut poursuivre la vente des immeubles qui ne lui sont pas hypothéqués, que dans le cas d'insuffisance des biens qui lui sont hypothéqués.

2210. La vente forcée des biens situés dans différents arrondissements ne peut être provoquée que successivement, à moins qu'ils ne fassent partie d'une seule et même exploitation.

Elle est suivie dans le tribunal dans le ressort duquel se trouve le chef-lieu de l'exploitation, ou, à défaut de chef-lieu, la partie de biens qui présente le plus grand revenu d'après la matrice du rôle. — C. 2211; *Modifié L. 14 novembre 1808.*

2211. Si les biens hypothéqués au créancier, et les biens non hypothéqués, ou les biens situés dans divers arrondissements, font partie d'une seule et même exploitation, la vente des uns et des autres est poursuivie ensemble, si le débiteur le requiert ; et ventilation se fait du prix de l'adjudication, s'il y a lieu. — C. 1601, 2166, 2192, 2210; Pr. 707.

2212. Si le débiteur justifie, par baux authentiques, que le revenu net et libre de ses immeubles pendant une année, suffit pour le paiement de la dette en capital, intérêts et frais, et s'il en offre la délégation au créancier, la poursuite peut être suspendue par les juges, sauf à être reprise s'il survient quelque opposition ou obstacle au paiement. — C. 1244, 1275 s., 1317, 1744.

2213. La vente forcée des immeubles ne peut être poursuivie qu'en vertu d'un titre authentique et exécutoire, pour une dette certaine et liquide. Si la dette est en espèces non liquidées, la poursuite est valable ; mais l'adjudication ne pourra être faite qu'après la liquidation. — C. 1317; Pr. 545, 551.

2214. Le cessionnaire d'un titre exécutoire ne peut poursuivre l'expropriation qu'après que la signification du transport a été faite au débiteur. — C. 877, 1689 s., 2112.

2215. La poursuite peut avoir lieu en vertu d'un jugement provisoire ou définitif, exécutoire par provision, nonobstant appel ; mais l'adjudication ne peut se faire qu'après un jugement définitif en dernier ressort, ou passé en force de chose jugée.

La poursuite ne peut s'exercer en vertu de jugements rendus par défaut durant le délai de l'opposition. — C. 1351; Pr. 20, 135, 155 s., 156, 447, 458 s., 548, 647; Co. 643.

2216. La poursuite ne peut être annulée sous prétexte que le créancier l'aurait commencée pour une somme plus forte que celle qui lui est due.

2217. Toute poursuite en expropriation d'immeubles doit être précédée d'un commandement de payer, fait, à la diligence et requête du créancier, à la personne du débiteur ou à son domicile, par le ministère d'un huissier.

Les formes du commandement et celles de la poursuite sur l'expropriation sont réglées par les lois sur la procédure. — Pr. 551, 673 s.

CHAPITRE II

De l'ordre et de la distribution du prix entre les créanciers.

2218. L'ordre et la distribution du prix des immeubles, et la manière d'y procéder, sont réglés par les lois sur la procédure. — Pr. 656 s., 749 s., 775 s.

TITRE VINGTIÈME

DE LA PRESCRIPTION

Décrété le 24 ventôse an XII, promulgué le 4 germinal (15-25 mars 1804).

CHAPITRE PREMIER

Dispositions générales.

2219. La prescription est un moyen d'acquérir ou de se libérer par un certain laps de temps, et sous les conditions déterminées par la loi. — C. 617, 625, 712, 1234, 2180, 2228 s.

2220. On ne peut, d'avance, renoncer à la prescription : on peut renoncer à la prescription acquise. — C. 6, 1130, 1133, 1131, 2222, 2224.

2221. La renonciation à la prescription est expresse ou tacite : la renonciation tacite résulte d'un fait qui suppose l'abandon du droit acquis. — C. 778, 2225.

2222. Celui qui ne peut aliéner, ne peut renoncer à la prescription acquise. — C. 128, 217, 457, 484, 509, 513, 1124, 1125, 1305 s., 1421, 1428, 1449, 1507 s., 1535, 1538, 1554 s., 1861, 1988, 1989 s., 2220, 2224; Co. 446 s.

2223. Les juges ne peuvent pas suppléer d'office le moyen résultant de la prescription.

2224. La prescription peut être opposée en tout état de cause, même devant la cour royale, à moins que la partie qui n'aurait pas opposé le moyen de la prescription ne doive, par les circonstances, être présumée y avoir renoncé. — C. 2221, 2272, 2275; Pr. 464, 465.

2225. Les créanciers, ou toute autre personne ayant intérêt à ce que la prescription soit acquise, peuvent l'opposer, encore que le débiteur ou le propriétaire y renonce. — C. 622, 788, 1053, 1166, 1167, 1180, 1464, 1705, 2221.

2226. On ne peut prescrire le domaine des choses qui ne sont point dans le commerce. — C. 538, 539, 540, 714, 1128, 1598, 2227 s., 2262; L. 21 mai 1836, *vicinalité des chemins vicinaux.*

2227. L'État, les établissements publics et les communes sont soumis aux mêmes prescriptions que les particuliers, et peuvent également les opposer. — C. 537, 539, 541, 542, 560, 713, 723, 2265; Pr. 398.

CHAPITRE II

De la possession.

2228. La possession est la détention ou la jouissance d'une chose ou d'un droit que nous tenons ou que nous exerçons par nous-mêmes, ou par un autre qui la tient ou qui l'exerce en notre nom. — C. 614, 2235, 2180, 2229 s., 2236, 2250, 2262; Pr. 3, 23; L. 25 mai 1838, *sur la compétence des juges de paix.* Suppl.

2229. Pour pouvoir prescrire, il faut une possession continue et non interrompue, paisible, publique, non équivoque, et à titre de propriétaire. — C. 668, 690 s., 2230 s., 2236, 2242 s.; Pr. 23.

2230. On est toujours présumé posséder pour soi, et à titre de propriétaire, s'il n'est prouvé qu'on a commencé à posséder pour un autre. — C. 1350, 1352, 2229, 2231, 2239, 2242 s.

2231. Quand on a commencé à posséder pour autrui, on est toujours présumé posséder au même titre, s'il n'y a preuve du contraire. — C. 1350, 1352, 2229, 2236-2240.

2232. Les actes de pure faculté et ceux de simple tolérance ne peuvent fonder ni possession, ni prescription. — C. 688, 691, 2229.

2233. Les actes de violence ne peuvent fonder non plus une possession capable d'opérer la prescription.

La possession utile ne commence que lorsque la violence a cessé. — C. 1111 s., 1304, 2229.

2234. Le possesseur actuel qui prouve avoir possédé anciennement, est présumé avoir possédé dans le temps intermédiaire, sauf la preuve contraire. — C. 1350, 1352, 2229 s.

2235. Pour compléter la prescription, on peut joindre à sa possession celle de son auteur, de quelque manière qu'on lui ait succédé, soit à titre universel ou particulier, soit à titre lucratif ou onéreux. — C. 724, 1122, 2237, 2239, 2264, 2265.

CHAPITRE III

Des causes qui empêchent la prescription.

2236. Ceux qui possèdent pour autrui, ne prescrivent jamais, par quelque laps de temps que ce soit.

Ainsi, le fermier, le dépositaire, l'usufruitier, et tous autres qui détiennent précairement la chose du propriétaire, ne peuvent la prescrire. — C. 131, 132, 578, 1709, 1917, 2071, 2231, 2234, 2237 s., 2252; Co. 430.

2237. Les héritiers de ceux qui tenaient la chose à quelqu'un des titres désignés par l'article précédent, ne peuvent non plus prescrire. — C. 724, 1122, 2236.

2238. Néanmoins les personnes énoncées dans les articles 2236 et 2237 peuvent prescrire, si le titre de leur possession se trouve interverti, soit par une cause venant d'un tiers, soit par la contradiction qu'elles ont opposée au droit du propriétaire.

2239. Ceux à qui les fermiers, dépositaires et autres détenteurs précaires ont transmis la chose par un titre translatif de propriété, peuvent la prescrire. — C. 2236, 2265 s.

2240. On ne peut pas prescrire contre son titre, en ce sens que l'on ne peut point se changer à soi-même la cause et le principe de sa possession. — C. 691, 2229, 2231, 2236, 2238, 2241.

2241. On peut prescrire contre son titre, en ce sens que l'on prescrit la libération de l'obligation que l'on a contractée. — C. 1234, 2236, 2240.

CHAPITRE IV

Des causes qui interrompent ou qui suspendent le cours de la prescription.

SECTION PREMIÈRE

Des causes qui interrompent la prescription.

2242. La prescription peut être interrompue ou naturellement ou civilement. — C. 2243, 2244 s.

2243. Il y a interruption naturelle, lorsque le possesseur est privé, pendant plus d'un an, de la jouissance de la chose, soit par l'ancien propriétaire, soit même par un tiers. — C. 2242; Pr. 3, 23 s.

2244. Une citation en justice, un commandement ou une saisie, signifiés à celui qu'on veut empêcher de prescrire, forment l'interruption civile. — C. 1351, 1576, 2098, 2114, 2169, 2176, 2183, 2229, 2242, 2245 s., 2274; Pr. 1, 59, 583, 626, 636, 673, 675, 780, 819; Co. 189.

2245. La citation en conciliation devant le bureau de paix, interrompt la prescription, du jour de sa date, lorsqu'elle est suivie d'une assignation en justice donnée dans les délais de droit. — C. 2244, 2256 s.; Pr. 48, 49, 50, 57.

2246. La citation en justice, donnée même devant un juge incompétent, interrompt la prescription. — C. 2233; Pr. 168-171; I. C. 637, 638, 640.

2247. Si l'assignation est nulle par défaut de forme,

Si le demandeur se désiste de sa demande,

S'il laisse périmer l'instance,

Ou si sa demande est rejetée,

L'interruption est regardée comme non avenue. — C. 1350, 1351, 2237, 2246, 2262; Pr. 59, 173, 397, 401, 1029.

2248. La prescription est interrompue par la reconnaissance que le débiteur ou le possesseur fait du droit de celui contre lequel il prescrivait. — C. 862, 1165, 1900, 1337, 1338, 1350 s., 1912, 2262, 2263.

2249. L'interpellation, faite, conformément aux articles ci-dessus, à l'un des débiteurs solidaires, ou sa reconnaissance, interrompt la prescription contre tous les autres, même contre leurs héritiers.

L'interpellation faite à l'un des héritiers d'un débiteur solidaire, ou la reconnaissance de cet héritier, n'interrompt pas la prescription à l'égard des autres cohéritiers, quand même la créance serait hypothécaire, si l'obligation n'est indivisible.

Cette interpellation ou cette reconnaissance n'interrompt la prescription à l'égard des autres codébiteurs, que pour la part dont cet héritier est tenu.

Pour interrompre la prescription pour le tout, à l'égard des autres codébiteurs, il faut l'interpellation faite à tous les héritiers du débiteur décédé ou la reconnaissance de tous ces héritiers. — C. 724, 1200, 1206, 1213, 1222 s.

2250. L'interpellation faite au débiteur principal, ou sa reconnaissance, interrompt la prescription contre la caution. — C. 2011, 2034 s.

SECTION IV

Des causes qui suspendent le cours de la prescription.

2251. La prescription court contre toutes personnes, à moins qu'elles ne soient dans quelque exception établie par une loi. — C. 709 s., 2227, 2251 s., 2261.

2252. La prescription ne court pas contre les mineurs et les interdits, sauf ce qui est dit à l'article 2278, et à l'exception des autres cas déterminés par la loi. — C. 388, 389, 509 s., 880, 1663, 1676; Pr. 398, 444.

2253. Elle ne court point entre époux. — C. 1096, 1595, 2254 s.

2254. La prescription court contre la femme mariée, encore qu'elle ne soit point séparée par contrat de mariage ou en justice, à l'égard des biens dont le mari a l'administration, sauf son recours contre le mari. — C. 311, 1421, 1428, 1443 s., 1531, 1536, 1549, 1562, 2255 s.

2255. Néanmoins elle ne court point, pendant le mariage, à l'égard de l'aliénation d'un fonds constitué selon le régime dotal, conformément à l'article 1561, au titre *du contrat de mariage et des droits respectifs des époux*. — C. 1391, 1560, 2254, 2256.

2256. La prescription est pareillement suspendue pendant le mariage,

1° Dans le cas où l'action de la femme ne pourrait être exercée qu'après une option à faire sur l'acceptation ou la renonciation à la communauté;

2° Dans le cas où le mari, ayant vendu le bien propre de la femme sans son consentement, est garant de la vente, et dans tous les autres cas où l'action de la femme réfléchirait contre le mari. — C. 1428, 1453, 1432, 1506, 1524 s., 1298, 1559, 1636 s., 2257.

2257. La prescription ne court point : à l'égard d'une créance qui dépend d'une condition, jusqu'à ce que la condition arrive; — à l'égard d'une action en garantie, jusqu'à ce que l'éviction ait lieu; — à l'égard d'une créance à jour fixe, jusqu'à ce que ce jour soit arrivé. — C. 706, 707, 1180 s., 1382, 1626 s., 1736, 2180, 2267, 2265.

2258. La prescription ne court pas contre l'héritier bénéficiaire, à l'égard des créances qu'il a contre la succession.

Elle court contre une succession vacante, quoique non pourvue de curateur. — C. 802, 793, 793, 802, 811 s.; Pr. 996 s.

2259. Elle court encore pendant les trois mois pour faire inventaire, et les quarante jours pour délibérer. — C. 779, 795 s., 1457; Pr. 174, 187.

CHAPITRE V

Du temps requis pour prescrire.

SECTION PREMIÈRE

Dispositions générales.

2260. La prescription se compte par jours, et non par heures. — C. 2147, 2261; Co. 186.

2261. Elle est acquise lorsque le dernier jour du terme est accompli.

SECTION II

De la prescription trentenaire.

2262. Toutes les actions, tant réelles que personnelles, sont prescrites par trente ans, sans que celui qui allègue cette prescription soit obligé d'en rapporter un titre, ou qu'on puisse lui opposer l'exception déduite de la mauvaise foi. — C. 617, 622, 706, 712, 789, 960, 1304, 2229 s., 2236, 2253, 2251 s., 2265, 2268, 2271, 2281, except. 328.

2263. Après vingt-huit ans de la date du dernier titre, le débiteur d'une rente peut être contraint à fournir à ses frais un titre nouvel à son créancier ou à ses ayants cause. — C. 1258, 1337, 1909, 1356, 2257, 2262.

2264. Les règles de la prescription sur d'autres objets que ceux mentionnés dans le présent titre, sont expliquées dans les titres qui leur sont propres. — C. 137, 181, 183, 185, 316 s., 328, 330, 475, 541, 552, 559, 617, 642, 690 s., 706 s., 789, 809, 880, 957, 966, 1047, 1109, 1206, 1304, 1468, 1520 s., 1622, 1648, 1660, 1676, 1854, 2180; Co. 64, 108, 175, 189, 430-433; I. Cr. 2, 635 s., 642.

SECTION III

De la prescription par dix et vingt ans.

2265. Celui qui acquiert de bonne foi et par juste titre un immeuble, en prescrit la propriété par dix ans, si le véritable propriétaire habite dans le ressort de la cour royale dans l'étendue de laquelle l'immeuble est situé; et par vingt ans, s'il est domicilié hors dudit ressort. — C. 547 s., 550, 550, 617, 706, 707, 959, 966, 2180, 2266-2270.

2266. Si le véritable propriétaire a eu son domicile en différents temps, dans le ressort et hors du ressort, il faut, pour compléter la prescription, ajouter à ce qui manque aux dix ans de présence, un nombre d'années d'absence double de celui qui manque, pour compléter les dix ans de présence. — C. 2265.

2267. Le titre nul par défaut de forme, ne peut servir de base à la prescription de dix et vingt ans. — C. 550, 2265.

2268. La bonne foi est toujours présumée, et c'est à celui qui allègue la mauvaise foi à la prouver. — C. 1116, 2269.

2269. Il suffit que la bonne foi ait existé au moment de l'acquisition. — C. 2231, 2268.

2270. Après dix ans, l'architecte et les entrepreneurs sont déchargés de la garantie des gros ouvrages qu'ils ont faits ou dirigés. — C. 1792.

SECTION IV

De quelques prescriptions particulières.

2271. L'action des maîtres et instituteurs des sciences et arts, pour les leçons qu'ils donnent au mois;

Celle des hôteliers et traiteurs, à raison du logement et de la nourriture qu'ils fournissent;

Celle des ouvriers et gens de travail, pour le paiement de leurs journées, fournitures et salaires,

Se prescrivent par six mois. — C. 1710, 1458, 1779, 1781, 1799, 2101, 2102, 2260 s., 2274, 2275, 2278.

2272. (*L. 30 novembre 1892.*) L'action des huissiers, pour le salaire des actes qu'ils signifient et des commissions qu'ils exécutent;

Celle des marchands, pour les marchandises qu'ils vendent aux particuliers non marchands;

Celle des maîtres de pension, pour le prix de pension de leurs élèves; et des autres maîtres, pour le prix de l'apprentissage;

Celle des domestiques qui se louent à l'année, pour le payement de leur salaire,

Se prescrivent par un an.

L'action des médecins, chirurgiens, chirurgiens-dentistes, sages-femmes et pharmaciens, pour leurs visites, opérations et médicaments, se prescrit par deux ans. — C. 329, 1781, 2060, 2101, 2260 s., 2271, 2274, 2275, 2278; Pr. 69.

2273. L'action des avoués, pour le paiement de leurs frais et salaires, se prescrit par deux ans, à compter du jugement des procès, ou de la conciliation des parties, ou depuis la révocation desdits avoués. A l'égard des affaires non terminées, ils ne peuvent former de demandes pour leurs frais et salaires qui remonteraient à plus de cinq ans. — C. 2260 s., 2274-2278; Pr. 49, 60.

2274. La prescription, dans les cas ci-dessus, a lieu, quoiqu'il y ait eu continuation de fournitures, livraisons, services et travaux.

Elle ne cesse de courir que lorsqu'il y a eu compte arrêté, cédule ou obligation, ou citation en justice non périmée. — C. 1853, 2244, 2271-2273, 2275, 2278; Pr. 15, 156, 397 s., 469.

2275. Néanmoins ceux auxquels ces prescriptions seront opposées, peuvent déférer le serment à ceux qui les opposent, sur la question de savoir si la chose a été réellement payée.

Le serment pourra être déféré aux veuves et héritiers, ou aux tuteurs de ces derniers, s'ils sont mineurs, pour qu'ils aient à déclarer s'ils ne savent pas que la chose soit due. — C. 1358 s., 1374 s., 2276; Co. 189, 508.

2276. Les juges et avoués sont déchargés des pièces cinq ans après le jugement des procès.

Les huissiers, après deux ans, depuis l'exécution de la commission, ou la signification des actes dont ils étaient chargés, en sont pareillement déchargés. — C. 2060, 2272, 2273, 2278.

2277. Les arrérages de rentes perpétuelles et viagères;

Ceux des pensions alimentaires;

Les loyers des maisons, et le prix de ferme des biens ruraux;

Les intérêts des sommes prêtées, et généralement tout ce qui est payable par année, ou à des termes périodiques plus courts,

Se prescrivent par cinq ans. — C. 528, 588, 584, 1015, 1283, 1728, 1905, 1909, 1968, 1906, 2001, 2060 s., 2220, 2251, 2258, 2254, 2278; Pr. 361 s.

2278. Les prescriptions dont il s'agit dans les articles de la présente section, courent contre les mineurs et les interdits, sauf leur recours contre leurs tuteurs. — C. 388, 450, 470 s., 509, 1382, 2252, 2271 s.

2279. En fait de meubles, la possession vaut titre.

Néanmoins celui qui a perdu ou auquel il a été volé une chose, peut la revendiquer pendant trois ans, à compter du jour de la perte ou du vol, contre celui dans les mains duquel il la trouve; sauf à celui-ci son recours contre celui duquel il la tient. — C. 527 s., 550, 1141, 1302, 1325, 1382, 1152, 1923, 1953, 2064, 2012, 2119, 2280; Pr. 826 s.; Co. 574 s.; P. 379, 408; L. 15 juin 1872 sur les titres au porteur perdus ou volés.

2280. Si le possesseur actuel de la chose volée ou perdue l'a achetée dans une foire ou dans un marché, ou dans une vente publique, ou d'un marchand vendant des choses pareilles, le propriétaire originaire ne peut se la faire rendre qu'en remboursant au possesseur le prix qu'elle lui a coûté. — C. 2279.

(*L. 11 juillet 1892.*) Le bailleur qui revendique, en vertu de l'article 2102, les meubles déplacés sans son consentement et qui ont été achetés dans les mêmes conditions, doit également rembourser à l'acheteur le prix qu'ils lui ont coûté.

2281. Les prescriptions commencées à l'époque de la publication du présent titre seront réglées conformément aux lois anciennes.

Néanmoins les prescriptions alors commencées, et pour lesquelles il faudrait encore, suivant les anciennes lois, plus de trente ans à compter de la même époque, seront accomplies par ce laps de trente ans. — C. 2, 691, 2227, 2262 s.

FIN DU CODE CIVIL

MODIFICATIONS AU CODE CIVIL

SURVENUES PENDANT L'IMPRESSION

ARTICLE **37**. (L. 7 décembre 1897.) Les témoins produits aux actes de l'état civil devront être âgés de vingt et un ans au moins, parents ou autres, sans distinction de sexe; ils seront choisis par les personnes intéressées. Toutefois, le mari et la femme ne pourront être témoins dans le même acte.

563. (L. 8 avril 1898.) Si un fleuve ou une rivière navigable, flottable ou non, se forme un nouveau cours en abandonnant son ancien lit, les propriétaires riverains peuvent acquérir la propriété de cet ancien lit, chacun en droit soi, jusqu'à une ligne qu'on suppose tracée au milieu de la rivière. Le prix de l'ancien lit est fixé par des experts nommés par le président du tribunal de la situation des lieux, à la requête du préfet du département.

À défaut, par les propriétaires riverains, de déclarer, dans les trois mois de la notification qui leur sera faite par le préfet, l'intention de faire l'acquisition aux prix fixés par les experts, il est procédé à l'aliénation de l'ancien lit selon les règles qui président aux aliénations du domaine de l'État.

Le prix provenant de la vente est distribué aux propriétaires des fonds occupés par le nouveau cours, à titre d'indemnité, dans la proportion de la valeur du terrain enlevé à chacun d'eux.

641. (L. 8 avril 1898.) Tout propriétaire a le droit d'user et de disposer des eaux pluviales qui tombent sur son fonds.

Si l'usage de ces eaux ou la direction qui leur est donnée aggrave la servitude naturelle d'écoulement établie par l'article 640, une indemnité est due au propriétaire du fonds inférieur.

La même disposition est applicable aux eaux de sources nées sur un fonds.

Lorsque, par des sondages ou des travaux souterrains, un propriétaire fait surgir des eaux dans son fonds, les propriétaires des fonds inférieurs doivent les recevoir; mais ils ont droit à une indemnité en cas de dommages résultant de leur écoulement.

Les maisons, cours, jardins, parcs et enclos attenant aux habitations ne peuvent être assujettis à aucune aggravation de la servitude d'écoulement dans les cas prévus par les paragraphes précédents.

Les contestations auxquelles peuvent donner lieu l'établissement et l'exercice des servitudes prévues par ces paragraphes et le règlement, s'il y a lieu, des indemnités dues aux propriétaires des fonds inférieurs sont portées, en premier ressort, devant le juge de paix du canton qui, en prononçant, doit concilier les intérêts de l'agriculture et de l'industrie avec le respect dû à la propriété.

S'il y a lieu à expertise, il peut n'être nommé qu'un seul expert.

642. (L. 8 avril 1898.) Celui qui a une source dans son fonds peut toujours user des eaux à sa volonté dans les limites et pour les besoins de son héritage.

Le propriétaire d'une source ne peut plus en user au préjudice des propriétaires des fonds inférieurs qui, depuis plus de trente ans, ont fait et terminé, sur le fonds où jaillit la source, des ouvrages apparents et permanents destinés à utiliser les eaux ou à en faciliter le passage dans leur propriété.

Il ne peut pas non plus en user de manière à enlever aux habitants d'une commune, village ou hameau, l'eau qui leur est nécessaire; mais si les habitants n'en ont pas acquis ou prescrit l'usage, le propriétaire peut réclamer une indemnité, laquelle est réglée par experts.

643. (L. 8 avril 1898.) Si, dès la sortie du fonds où elles surgissent, les eaux de source forment un cours d'eau offrant le caractère d'eaux publiques et courantes, le propriétaire ne peut les détourner de leur cours naturel au préjudice des usagers inférieurs.

843. (L. 24 mars 1898.) Tout héritier, même bénéficiaire, venant à une succession, doit rapporter à ses cohéritiers tout ce qu'il a reçu du défunt, par donations entre vifs, directement ou indirectement; il ne peut retenir les dons à lui faits par le défunt, à moins qu'ils ne lui aient été faits expressément par préciput et hors part, ou avec dispense du rapport.

Les legs faits à un héritier sont réputés faits par préciput et hors part, à moins que le testateur n'ait exprimé la volonté contraire, auquel cas le légataire ne peut réclamer son legs qu'en moins prenant.

844. (L. 24 mars 1898.) Les dons faits par préciput ou avec dispense de rapport ne peuvent être retenus ni les legs réclamés par l'héritier venant à partage que jusqu'à concurrence de la quotité disponible; l'excédent est sujet à rapport.

919. (L. 24 mars 1898.) La quotité disponible pourra être donnée en tout ou en partie, soit par acte entre vifs, soit par testament, aux enfants ou autres successibles du donateur, sans être sujette au rapport par le donataire ou le légataire venant à la succession, pourvu qu'en ce qui touche les dons la disposition ait été faite expressément à titre de préciput et hors part.

La déclaration que le don est à titre de préciput et hors part pourra être faite, soit par l'acte qui contiendra la disposition, soit postérieurement, dans la forme des dispositions entre vifs ou testamentaires.

980. (L. 7 décembre 1897.) Les témoins appelés pour être présents aux testaments devront être majeurs, Français, sans distinction de sexe. Toutefois, le mari et la femme ne pourront être témoins dans le même acte.

CODE DE PROCÉDURE CIVILE

PREMIÈRE PARTIE

Procédure devant les tribunaux

LIVRE PREMIER

DE LA JUSTICE DE PAIX

[illegible]

TITRE PREMIER

Des citations.

[illegible]

TITRE DEUXIÈME

Des audiences du juge de paix et de la comparution des parties.

[illegible]

TITRE TROISIÈME

Des jugements par défaut, et des oppositions à ces jugements.

[illegible]

TITRE QUATRIÈME

Des jugements sur les actions possessoires.

[illegible]

TITRE CINQUIÈME

Des jugements qui ne sont pas définitifs et de leur exécution.

[illegible]

TITRE SIXIÈME

De la mise en cause des garants.

[illegible]

jugement qui ordonne la mise en cause. — Pr. 1, 5, 33, 175 s., 181, 1033.

33. Si la mise en cause n'a pas été demandée à la première comparution, ou si la citation n'a pas été faite dans le délai fixé, il sera procédé, sans délai, au jugement de l'action principale, sauf à statuer séparément sur la demande en garantie. — Pr. 32, 179, 183.

TITRE SEPTIÈME

Des enquêtes.

34. Si les parties sont contraires en faits de nature à être constatés par témoins, et dont le juge de paix trouve la vérification utile et admissible, il ordonnera la preuve et en fixera précisément l'objet. — Pr. 28 s., 35 s., 252-294, 407; C. 1341 s.

35. Au jour indiqué, les témoins, après avoir dit leurs noms, profession, âge et demeure, feront le serment de dire vérité, et déclareront s'ils sont parents ou alliés des parties et à quel degré, et s'ils sont leurs serviteurs ou domestiques. — Pr. 36 s., 262 s.

36. Ils seront entendus séparément, en présence des parties, si elles comparaissent; elles seront tenues de fournir leurs reproches avant la déposition, et de les signer; si elles ne le savent ou ne le peuvent, il en sera fait mention: les reproches ne pourront être reçus après la déposition commencée, qu'autant qu'ils seront justifiés par écrit. — Pr. 35, 40, 270, 282, 283 s.; I. C. 156 s., 322.

37. Les parties n'interrompront point les témoins: après la déposition, le juge pourra, sur la réquisition des parties, et même d'office, faire aux témoins les interpellations convenables. — Pr. 273 s., 276.

38. Dans tous les cas où la vue du lieu peut être utile pour l'intelligence des dépositions, et spécialement dans les actions pour déplacement de bornes, usurpations de terres, arbres, haies, fossés ou autres clôtures, et pour entreprises sur les cours d'eau, le juge de paix se transportera, s'il le croit nécessaire, sur le lieu, et ordonnera que les témoins y seront entendus. — Pr. 3, 28, 29, 35 s., 41 s.; L. 21 juin 1845, et tarif 8 déc. 1862, sur l'indemnité de transport des juges de paix.

39. Dans les causes sujettes à appel, le greffier dressera procès-verbal de l'audition des témoins; cet acte contiendra leurs noms, âge, profession et demeure, leur serment de dire vérité, leur déclaration s'ils sont parents, alliés, serviteurs ou domestiques des parties, et les reproches qui auraient été fournis contre eux. Lecture de ce procès-verbal sera faite à chaque témoin pour la partie qui le concerne; il signera sa déposition, ou mention sera faite qu'il ne sait ou ne peut signer. Le procès-verbal sera, en outre, signé par le juge et le greffier. Il sera procédé immédiatement au jugement, ou au plus tard à la première audience. — Pr. 15-17, 35, 42, 273 s., 275, 411, 412.

40. Dans les causes de nature à être jugées en dernier ressort, il ne sera point dressé de procès-verbal; mais le jugement énoncera les noms, âge, profession et demeure des témoins, leur serment, leur déclaration s'ils sont parents, alliés, serviteurs ou domestiques des parties, les reproches et le résultat des dépositions. — Pr. 35, 39, 410, 412, 433, 451.

TITRE HUITIÈME

Des visites des lieux, et des appréciations.

41. Lorsqu'il s'agira, soit de constater l'état des lieux, soit d'apprécier la valeur des indemnités et dédommagements demandés, le juge de paix ordonnera que le lieu contentieux sera visité par lui, en présence des parties. — Pr. 28 s., 38, 42, 295 s.; L. 21 juin 1845 et tarif 8 déc. 1862, sur l'indemnité de transport des juges de paix.

42. Si l'objet de la visite ou de l'appréciation exige des connaissances qui soient étrangères au juge, il ordonnera que les gens de l'art, qu'il nommera par le même jugement, feront la visite avec lui et donneront leur avis; il pourra juger sur le lieu même, sans désemparer. Dans les causes sujettes à l'appel, procès-verbal de la visite sera dressé par le greffier, qui constatera le serment prêté par les experts. Le procès-verbal sera signé par le juge, par le greffier et par les experts; et si les experts ne savent ou ne peuvent signer, il en sera fait mention. — Pr. 29 s., 39, 302 s., 322, 1034, 1035.

43. Dans les causes non sujettes à l'appel, il ne sera point dressé de procès-verbal; mais le jugement énoncera les noms des experts, la prestation de leur serment, et le résultat de leur avis. — Pr. 40, 42.

TITRE NEUVIÈME

De la récusation des juges de paix.

44. Les juges de paix pourront être récusés: 1° quand ils auront intérêt personnel à la contestation; 2° quand ils seront parents ou alliés d'une des parties, jusqu'au degré de cousin germain inclusivement; 3° si, dans l'année qui a précédé la récusation, il y a eu procès criminel entre eux et l'une des parties, ou son conjoint, ou ses parents et alliés en ligne directe; 4° s'il y a procès civil existant entre eux et l'une des parties ou son conjoint; 5° s'ils ont donné un avis écrit dans l'affaire. — Pr. 45 s., 378 s.; I. C. 542 s.

45. La partie qui voudra récuser un juge de paix sera tenue de former la récusation et d'en exposer les motifs par un acte qu'elle fera signifier, par le premier huissier requis, au greffier de la justice de paix, qui visera l'original. L'exploit sera signé, sur l'original et la copie, par la partie ou son fondé de pouvoir spécial. La copie sera déposée au greffe, et communiquée immédiatement au juge par le greffier. — Pr. 290, 384, 385, 1030; C. 1984, 1987.

46. Le juge sera tenu de donner au bas de cet acte, dans le délai de deux jours, sa déclaration par écrit, portant, ou son acquiescement à la récusation, ou son refus de s'abstenir, avec ses réponses aux moyens de récusation. — Pr. 47, 386; I. C. 542; L. 16 ventôse an XII, relative au remplacement des juges de paix en cas d'empêchement.

47. Dans les trois jours de la réponse du juge qui refuse de s'abstenir, ou faute par lui de répondre, expédition de l'acte de récusation et de la déclaration du juge, s'il y en a, sera envoyée par le greffier, sur la réquisition de la partie la plus diligente, au procureur du roi près le tribunal de première instance dans le ressort duquel la justice de paix est située: la récusation y sera jugée en dernier ressort dans la huitaine, sur les conclusions du procureur du roi, sans qu'il soit besoin d'appeler les parties. — Pr. 46, 83, 311, 393.

LIVRE DEUXIÈME

DES TRIBUNAUX INFÉRIEURS

(Suite du décret du 24 avril 1806.)

TITRE PREMIER

De la conciliation.

48. Aucune demande principale introductive d'instance entre parties capables de transiger, et sur des objets qui peuvent être la matière d'une transaction, ne sera reçue dans les tribunaux de première instance, que le défendeur n'ait été préalablement appelé en conciliation devant le juge de paix, ou que les parties n'y aient volontairement comparu. — Pr. 49 s., 59, 68, 173, 1002 s.; C. 1123, 2045.

49. Sont dispensées du préliminaire de conciliation:

1° Les demandes qui intéressent l'État et le domaine, les communes, les établissements publics, les mineurs, les interdits, les curateurs aux successions vacantes (1); — Pr. 83, 1032; C. 388, 475, 489, 811 s.

2° Les demandes qui requièrent célérité; — Pr. 405.

3° Les demandes en intervention ou en garantie; — Pr. 175 s., 339 s.

4° Les demandes en matière de commerce; — Pr. 415 s.; Co. 631 s.

5° Les demandes de mise en liberté, celles en mainlevée de saisie ou opposition, en paiement de loyers, fermages ou arrérages de rentes ou pensions; celles des avoués en paiement de frais; — Pr. 60, 104, 557, 567, 793 s.

6° Les demandes formées contre plus de deux parties, encore qu'elles aient le même intérêt; — Pr. 59.

7° Les demandes en vérification d'écritures, en désaveu, en règlement de juges, en renvoi, en prise à partie; les demandes contre un tiers saisi, et en général sur les saisies, sur les offres réelles, sur la remise des titres, sur leur communication, sur les séparations de biens, sur les tutelles et curatelles; et enfin toutes les causes exceptées par les lois. — Pr. 193 s., 352 s., 363 s., 368 s., 505 s., 557 s., 812 s., 839 s., 865, 883 s., 906 s.

50. Le défendeur sera cité en conciliation:

1° En matière personnelle et réelle, devant le juge de paix de son domicile; s'il y a deux défendeurs, devant le juge de l'un d'eux, au choix du demandeur; — Pr. 2, 59; C. 102.

2° En matière de société autre que celle de commerce, tant qu'elle existe, devant le juge du lieu où elle est établie; — Pr. 49, 59; C. 1832 s.

3° En matière de succession, sur les demandes entre héritiers, jusqu'au partage inclusivement; sur les demandes qui seraient intentées par les créanciers du défunt, avant le partage; sur les demandes relatives à l'exécution des dispositions à cause de mort, jusqu'au jugement définitif, devant le juge de paix du lieu où la succession est ouverte. — C. 110, 718 s., 815, 822.

51. Le délai de la citation sera de trois jours au moins. — Pr. 5, 72, 1033.

52. La citation sera donnée par un huissier de la justice de paix du défendeur; elle énoncera sommairement l'objet de la conciliation. — Pr. 1, 4 s., 61 s.; Modifié, L. 25 mai 1838, art. 16 et 18; Suppl.

(1) Aucune action contre l'État, un département, une commune ou un hospice, ne peut être intentée, à peine de nullité, sans présentation au Préfet du mémoire qui interrompt la prescription. — L. 28 octobre 1790, 5 novembre 1790, 18 juillet 1837, 5 brumaire an X. En ce qui concerne plus particulièrement les communes, consulter les articles 124 et suivants de la L. du 5 avril 1884.

53. Les parties comparaîtront en personne; en cas d'empêchement, par un fondé de pouvoir. — Pr. 9; L. 25 mai 1838; Suppl.

54. Lors de la comparution, le demandeur pourra expliquer, même augmenter sa demande, et le défendeur former celles qu'il jugera convenables: le procès-verbal qui en sera dressé contiendra les conditions de l'arrangement, s'il y en a; dans le cas contraire, il fera sommairement mention que les parties n'ont pu s'accorder.

Les conventions des parties, insérées au procès-verbal, ont force d'obligation privée. — Pr. 58, 65, 1035; C. 1317 s., 1322 s., 2127.

55. Si l'une des parties défère le serment à l'autre, le juge de paix le recevra, ou fera mention du refus de le prêter. — C. 1357 s.

56. Celle des parties qui ne comparaîtra pas sera condamnée à une amende de dix francs; et toute audience lui sera refusée jusqu'à ce qu'elle ait justifié de la quittance. — Pr. 58, 173, 193.

57. La citation en conciliation interrompra la prescription, et fera courir les intérêts; le tout, pourvu que la demande soit formée dans le mois, à dater du jour de la non-comparution ou de la non-conciliation. — Pr. 49; C. 1153 s., 2244, 2274.

58. En cas de non-comparution de l'une des parties, il en sera fait mention sur le registre du greffe de la justice de paix, et sur l'original ou la copie de la citation, sans qu'il soit besoin de dresser procès-verbal. — Pr. 54, 65.

TITRE DEUXIÈME

Des ajournements.

59. En matière personnelle, le défendeur sera assigné devant le tribunal de son domicile; s'il n'a pas de domicile, devant le tribunal de sa résidence; — Pr. 2, 50, 64, 68, 69; C. 3, 14, 102.

S'il y a plusieurs défendeurs, devant le tribunal du domicile de l'un d'eux, au choix du demandeur; — Pr. 49, 50.

En matière réelle, devant le tribunal de la situation de l'objet litigieux; — Pr. 50, 64.

En matière mixte, devant le juge de la situation, ou devant le juge du domicile du défendeur;

En matière de société, tant qu'elle existe, devant le juge du lieu où elle est établie; — Pr. 50, 69; C. 1832 s.; Co. 18 s., 48 s.

En matière de succession, 1° sur les demandes entre héritiers, jusqu'au partage inclusivement; 2° sur les demandes qui seraient intentées par des créanciers du défunt, avant le partage; 3° sur les demandes relatives à l'exécution des dispositions à cause de mort, jusqu'au jugement définitif, devant le tribunal du lieu où la succession est ouverte; — Pr. 50; C. 110, 822.

En matière de faillite, devant le juge du domicile du failli; — Co. 437 s.

En matière de garantie, devant le juge où la demande originaire sera pendante; — Pr. 49, 175 s., 181; C. 1625 s., 1640.

Enfin, en cas d'élection de domicile pour l'exécution d'un acte, devant le tribunal du domicile élu, ou devant le tribunal du domicile réel du défendeur, conformément à l'article 111 du Code civil. — Pr. 150, 392, 420, 527, 797.

60. Les demandes formées pour frais par les officiers ministériels, seront portées au tribunal où les frais

[illegible] (1). — Pr. [illegible]

61. L'exploit d'ajournement contiendra: 1° La date des jour, mois et an, les noms, profession et domicile du demandeur, la constitution de l'avoué qui occupera pour lui, et chez lequel l'élection de domicile sera de droit, à moins d'une élection contraire par le même exploit;

2° Les noms, demeure et immatricule de l'huissier, les noms et demeure du défendeur, et mention de la personne à laquelle copie de l'exploit sera laissée;

3° L'objet de la demande, l'exposé sommaire des moyens;

4° L'indication du tribunal qui doit connaître de la demande, et du délai pour comparaître: le tout à peine de nullité. — Pr. [illegible] C. 102.

62. Dans le cas du transport d'un huissier, il ne lui sera payé pour tout frais de déplacement qu'une journée au plus. — Pr. [illegible]

63. Aucun exploit ne sera donné un jour de fête légale, si ce n'est en vertu de permission du président du tribunal. — Pr. [illegible]

64. En matière réelle ou mixte, les exploits énonceront la nature de l'héritage, la commune, et, autant qu'il est possible, la partie de la commune où il est situé, et deux au moins des tenants et aboutissants: s'il s'agit d'un domaine, corps de ferme ou métairie, il suffira d'en désigner le nom et la situation: le tout à peine de nullité. — Pr. [illegible]

65. Il sera donné, avec l'exploit, copie du procès-verbal de non-conciliation ou copie de la mention de non-comparution, à peine de nullité; sera aussi donnée copie des pièces ou de la partie des pièces sur lesquelles la demande est fondée: à défaut de ces copies, celles que le demandeur sera tenu de donner dans le cours de l'instance n'entreront point en taxe. — Pr. [illegible]

66. L'huissier ne pourra instrumenter pour ses parents et alliés, et ceux de sa femme, en ligne directe à l'infini, ni pour ses parents et alliés collatéraux, jusqu'au degré de cousin issu de germain inclusivement; le tout à peine de nullité. — Pr. [illegible]

67. Les huissiers seront tenus de mettre à la fin de l'original et de la copie de l'exploit, le coût d'icelui, à peine de cinq francs d'amende, payables à l'instant de l'enregistrement. — Pr. [illegible]

68. Tous exploits seront faits à personne ou domicile; mais si l'huissier ne trouve au domicile ni la partie, ni aucun de ses parents ou serviteurs, il remettra de suite la copie à un voisin, qui signera l'original; si ce voisin ne peut ou ne veut signer, l'huissier remettra la copie au maire ou adjoint de la commune, lequel visera l'original sans frais. L'huissier fera mention du tout, tant sur l'original que sur la copie. — Pr. [illegible]

Art. Modifié
Voir 2e suppt

69. Seront assignés:

1° L'État, lorsqu'il s'agit de domaines et droits domaniaux, en la personne ou au domicile du préfet du département où siège le tribunal devant lequel doit être portée la demande en première instance;

2° Le trésor public, en la personne ou au bureau de l'agent;

3° Les administrations ou établissements publics, en leurs bureaux, dans le lieu où réside le siège de l'administration; dans les autres lieux, en la personne et au bureau de leur préposé;

4° Le Roi, pour ses domaines, en la personne du procureur du Roi de l'arrondissement;

5° Les communes, en la personne ou au domicile du maire; et à Paris, en la personne ou au domicile du préfet.

Dans les cas ci-dessus, l'original sera visé de celui à qui copie de l'exploit sera laissée; en cas d'absence ou de refus, le visa sera donné, soit par le juge de paix, soit par le procureur du Roi près le tribunal de première instance, auquel, en ce cas, la copie sera laissée;

6° Les sociétés de commerce, tant qu'elles existent, en leur maison sociale; et, s'il n'y en a pas, en la personne ou au domicile de l'un des associés;

7° Les unions et directions de créanciers, en la personne ou au domicile de l'un des syndics ou directeurs;

8° Ceux qui n'ont aucun domicile connu en France, au lieu de leur résidence actuelle: si le lieu n'est pas connu, l'exploit sera affiché à la principale porte de l'auditoire du tribunal où la demande est portée; une seconde copie sera donnée au procureur du Roi, lequel visera l'original;

9° (L. 8 mars 1882). Ceux qui habitent le territoire français hors de l'Europe et de l'Algérie, et ceux qui sont établis à l'étranger, au parquet du procureur de la République près le tribunal où la demande est portée, lequel visera l'original et enverra directement la copie au ministre compétent ou à toute autre autorité déterminée par les conventions diplomatiques. — Pr. [illegible]

70. Ce qui est prescrit par les deux articles précédents sera observé à peine de nullité. — Pr. [illegible]

71. Si un exploit est déclaré nul par le fait de l'huissier, il pourra être condamné aux frais de l'exploit et de la procédure annulée, sans préjudice des dommages et intérêts de la partie, suivant les circonstances. — Pr. [illegible]

72. Le délai ordinaire des ajournements, pour ceux qui sont domiciliés en France, sera de huitaine.

Dans les cas qui requerront célérité, le président pourra, par ordonnance rendue sur requête, permettre d'assigner à bref délai. — Pr. [illegible]

73. (L. 3 mai 1862). Si celui qui est assigné demeure hors de la France continentale, le délai sera:

1° Pour ceux qui demeurent en Corse, en Algérie, dans les îles Britanniques, en Italie, dans le royaume des Pays-Bas et dans les États ou confédérations limitrophes de la France, d'un mois;

2° Pour ceux qui demeurent dans les autres États, soit de l'Europe, soit du littoral de la Méditerranée et de celui de la mer Noire, de deux mois;

3° Pour ceux qui demeurent hors d'Europe, en deçà des détroits de Malacca et de la Sonde et en deçà du cap Horn, de cinq mois;

4° Pour ceux qui demeurent au delà des détroits de Malacca et de la Sonde et au delà du cap Horn, de huit mois.

Les délais ci-dessus seront doublés pour les pays d'outre-mer, en cas de guerre maritime. — Pr. [illegible]

(1) [illegible]

74. Lorsqu'une assignation à une partie domiciliée hors de la France sera donnée à sa personne en France, elle n'emportera que les délais ordinaires, sauf au tribunal à les prolonger s'il y a lieu. — Pr. 73.

TITRE TROISIÈME

Constitution d'avoués, et défenses.

75. Le défendeur sera tenu, dans les délais de l'ajournement, de constituer avoué; ce qui se fera par acte signifié d'avoué à avoué. Le défendeur et le demandeur ne pourront révoquer leur avoué sans en constituer un autre. Les procédures faites et jugements obtenus contre l'avoué révoqué et non remplacé seront valables. — Pr. [illegible]

76. Si la demande a été formée à bref délai, le défendeur pourra, au jour de l'échéance, faire présenter à l'audience un avoué, auquel il sera donné acte de sa constitution; ce jugement ne sera point levé: l'avoué sera tenu de réitérer, dans le jour, sa constitution par acte: faute par lui de le faire, le jugement sera levé à ses frais. — Pr. [illegible]

77. Dans la quinzaine du jour de la constitution, le défendeur fera signifier ses défenses signées de son avoué; elles contiendront offre de communiquer les pièces à l'appui, ou à l'amiable, d'avoué à avoué, ou par la voie du greffe. — Pr. [illegible]

78. Dans la huitaine suivante, le demandeur fera signifier sa réponse aux défenses. — Pr. [illegible]

79. Si le défendeur n'a point fourni ses défenses dans le délai de quinzaine, le demandeur poursuivra l'audience sur un simple acte d'avoué à avoué. — Pr. 77, 80.

80. Après l'expiration du délai accordé au demandeur pour fournir sa réponse, la partie la plus diligente pourra poursuivre l'audience sur un simple acte d'avoué à avoué; pourra même le défendeur poursuivre l'audience, après la signification des défenses, et sans y répondre. — Pr. [illegible] Décr. 30 mars 1808.

81. Aucunes autres écritures ni significations n'entreront en taxe. — Pr. [illegible]

82. Dans tous les cas où l'audience peut être poursuivie sur un acte d'avoué à avoué, il n'en sera admis en taxe qu'un seul pour chaque partie. — Pr. [illegible]

TITRE QUATRIÈME

De la communication au ministère public.

83. Seront communiquées au procureur du Roi les causes suivantes:

1° Celles qui concernent l'ordre public, l'État, le domaine, les communes, les établissements publics, les dons et legs au profit des pauvres;

2° Celles qui concernent l'état des personnes et les tutelles;

3° Les déclinatoires sur incompétence;

4° Les règlements de juges, les récusations et renvois pour parenté et alliance;

5° Les prises à partie;

6° Les causes des femmes non autorisées par leurs maris, ou même autorisées, lorsqu'il s'agit de leur dot, et qu'elles sont mariées sous le régime dotal; les causes des mineurs, et généralement toutes celles où l'une des parties est défendue par un curateur; — L. 30 juin 1838, sur les aliénés.

7° Les causes concernant ou intéressant les personnes présumées absentes. — C. 114.

Le procureur du Roi pourra néanmoins prendre communication de toutes les autres causes dans lesquelles il croira son ministère nécessaire; le tribunal pourra même l'ordonner d'office. — Pr. [illegible] L. 20 avril 1810.

84. En cas d'absence ou empêchement des procureurs du Roi et de leurs substituts, ils seront remplacés par l'un des juges ou suppléants. — Pr. [illegible]

TITRE CINQUIÈME

Des audiences, de leur publicité et de leur police.

85. Pourront les parties, assistées de leurs avoués, se défendre elles-mêmes: le tribunal cependant aura la faculté de leur interdire ce droit, s'il reconnaît que la passion, ou l'inexpérience, les empêche de discuter leur cause avec la décence convenable ou la clarté nécessaire pour l'instruction des juges. — Pr. [illegible] Décr. 30 mars 1808.

86. Les parties ne pourront charger de leur défense, soit verbale, soit par écrit, même à titre de consultation, les juges en activité de service, procureurs généraux, avocats généraux, procureurs du Roi, substituts des procureurs généraux et du Roi, même dans les tribunaux autres que ceux près desquels ils exercent leurs fonctions: pourront néanmoins les juges, procureurs généraux, avocats généraux, procureurs du Roi, et substituts des procureurs généraux et du Roi, plaider, dans tous les tribunaux, leurs causes personnelles, et celles de leurs femmes, parents ou alliés en ligne directe, et de leurs pupilles. — Pr. [illegible]

87. Les plaidoiries seront publiques, excepté dans les cas où la loi ordonne qu'elles seront secrètes. Pourra cependant le tribunal ordonner qu'elles se feront à huis clos, si la discussion publique devait entraîner ou scandale ou des inconvénients graves; mais, dans ce cas, le tribunal sera tenu d'en délibérer, et de rendre compte de sa délibération au procureur général près la cour royale; et si la cause est pendante dans une cour royale, au Ministre de la justice. — Pr. [illegible] Décr. 30 mars 1808; L. 20 avril 1810.

88. Ceux qui assisteront aux audiences se tiendront découverts, dans le respect et le silence: tout ce que le président ordonnera pour le maintien de l'ordre sera exécuté ponctuellement et à l'instant.

La même disposition sera observée dans les lieux où, soit les juges, soit les procureurs du Roi, exerceront les fonctions de leur état. — Pr. [illegible]

89. Si un ou plusieurs individus, quels qu'ils soient, interrompent le silence, donnent des signes d'approbation ou d'improbation, soit à la défense des parties, soit aux discours des juges ou du ministère public, soit aux interpellations, avertissements ou ordres des président, juge-commissaire, ou procureur du Roi, soit aux jugements ou ordonnances, causent ou excitent du tumulte de quelque manière que ce soit, et si, après l'avertissement des huissiers, ils ne rentrent pas dans l'ordre sur-le-champ, il leur sera enjoint de se retirer, et les résistants

TITRE SIXIÈME

Des délibérés et instructions par écrit.

TITRE SEPTIÈME

Des jugements.

[illegible]

131. Pourront néanmoins les dépens être compensés en tout ou en partie, entre conjoints, ascendants, descendants, frères et sœurs, ou alliés au même degré; les juges pourront aussi compenser les dépens en tout ou en partie, si les parties succombent respectivement sur quelques chefs. — [illegible]

132. Les avoués et huissiers qui auront excédé les bornes de leur ministère, les tuteurs, curateurs, héritiers bénéficiaires ou autres administrateurs qui auront compromis les intérêts de leur administration, pourront être condamnés aux dépens, en leur nom et sans répétition, même aux dommages et intérêts, s'il y a lieu, sans préjudice de l'interdiction contre les avoués et huissiers, et de la destitution contre les tuteurs et autres, suivant la gravité des circonstances. — [illegible]

133. Les avoués pourront demander la distraction des dépens à leur profit, en affirmant, lors de la prononciation du jugement, qu'ils ont fait la plus grande partie des avances. La distraction des dépens ne pourra être prononcée que par le jugement qui en portera la condamnation : dans ce cas, la taxe sera poursuivie et l'exécutoire délivré au nom de l'avoué, sans préjudice de l'action contre sa partie. — [illegible]

134. S'il y a été formé une demande provisoire, et que la cause soit en état sur le provisoire et sur le fond, les juges seront tenus de prononcer sur le tout par un seul jugement. — [illegible]

135. L'exécution provisoire sans caution sera ordonnée, s'il y a titre authentique, promesse reconnue, ou condamnation précédente par jugement dont il n'y ait point d'appel. — [illegible]

L'exécution provisoire pourra être ordonnée avec ou sans caution, lorsqu'il s'agira, — [illegible]

1° D'apposition et levée de scellés, ou confection d'inventaire. — [illegible]

2° De réparations urgentes. — [illegible]

3° D'expulsion des lieux, lorsqu'il n'y a pas de bail, ou que le bail est expiré. — [illegible]

4° De séquestres, commissaires et gardiens. — [illegible]

5° De réception de caution et certificateurs. — [illegible]

6° De nomination de tuteurs, curateurs et autres administrateurs, et de reddition de compte. — [illegible]

7° De pensions ou provisions alimentaires. — [illegible]

136. Si les juges ont omis de prononcer l'exécution provisoire, ils ne pourront l'ordonner par un second jugement, sauf aux parties à la demander sur l'appel. — [illegible]

137. L'exécution provisoire ne pourra être ordonnée pour les dépens, quand même ils seraient adjugés pour tenir lieu de dommages et intérêts. — [illegible]

138. Le président et le greffier signeront la minute de chaque jugement aussitôt qu'il sera rendu; il sera fait mention, en marge de la feuille d'audience, des juges et du procureur du [illegible] qui y auront assisté; cette mention sera également signée par le président et le greffier. — [illegible]

139. Les greffiers qui délivreront expédition d'un jugement avant qu'il ait été signé, seront poursuivis comme faussaires. — [illegible]

140. Les procureurs du [illegible] et généraux se feront représenter tous les mois les minutes des jugements, et vérifieront s'il a été satisfait aux dispositions ci-dessus; en cas de contravention, ils en dresseront procès-verbal, pour être procédé ainsi qu'il appartiendra. — [illegible]

141. La rédaction des jugements contiendra les noms des juges, du procureur du [illegible], s'il a été entendu, ainsi que des avoués; les noms, professions et demeures des parties, leurs conclusions, l'exposition sommaire des points de fait et de droit, les motifs et le dispositif des jugements. — [illegible]

142. La rédaction sera faite sur les qualités signifiées entre les parties; en conséquence, celle qui voudra lever un jugement contradictoire sera tenue de signifier à l'avoué de son adversaire les qualités contenant les noms, professions et demeures des parties, les conclusions, et les points de fait et de droit. — [illegible]

143. L'original de cette signification restera pendant vingt-quatre heures entre les mains des huissiers audienciers. — [illegible]

144. L'avoué qui voudra s'opposer soit aux qualités, soit à l'exposé des points de fait et de droit, le déclarera à l'huissier, qui sera tenu d'en faire mention.

145. Sur un simple acte d'avoué à avoué, les parties seront réglées sur cette opposition par le juge qui aura présidé; en cas d'empêchement, par le plus ancien, suivant l'ordre du tableau. — [illegible]

146. Les expéditions des jugements seront intitulées et terminées au nom du [illegible], conformément à l'article [illegible] (Modifié, décr. 2 septembre 1871.) — [illegible]

147. S'il y a avoué en cause, le jugement ne pourra être exécuté qu'après avoir été signifié à avoué, à peine de nullité. Les jugements provisoires et définitifs qui prononceront des condamnations seront en outre signifiés à la partie, à personne ou domicile, et il sera fait mention de la signification à l'avoué. — [illegible]

148. Si l'avoué est décédé ou a cessé de postuler, la signification à partie suffira; mais il y sera fait mention du décès ou de la cessation des fonctions de l'avoué. — [illegible]

TITRE HUITIÈME

Des jugements par défaut et oppositions.

149. Si le défendeur ne constitue pas avoué, ou si l'avoué constitué ne se présente pas au jour indiqué pour l'audience, il sera donné défaut. — [illegible]

150. Le défaut sera prononcé à l'audience, sur l'appel de la cause; et les conclusions de la partie qui le requiert seront adjugées, si elles se trouvent justes et bien vérifiées; pourront néanmoins les juges faire mettre les pièces sur le bureau, pour prononcer le jugement à l'audience suivante. — [illegible]

151. Lorsque plusieurs parties auront été citées pour le même objet, à différents délais, il ne sera pris défaut contre aucune d'elles qu'après l'échéance du plus long délai. — [illegible]

152. Toutes les parties appelées et défaillantes seront comprises dans le même défaut; et s'il en est pris contre chacune d'elles séparément, les frais de ces défauts n'entreront point en taxe, et resteront à la charge de l'avoué, sans qu'il puisse les répéter contre la partie. — [illegible]

153. Si de deux ou de plusieurs parties assignées l'une fait défaut et l'autre comparaît, le profit du défaut sera joint, et le jugement de jonction sera signifié à la partie défaillante par un huissier commis; la signification contiendra assignation au jour auquel la cause sera appelée; il sera statué par un seul jugement, qui ne sera pas susceptible d'opposition. — [illegible]

154. Le défendeur qui aura constitué avoué pourra, sans avoir fourni de défenses, suivre l'audience par un seul acte, et prendre défaut contre le demandeur qui ne comparaîtrait pas. — [illegible]

155. Les jugements par défaut ne seront pas exécutés avant l'échéance de la huitaine de la signification à avoué, s'il y a eu constitution d'avoué, et de la signification à personne ou domicile, s'il n'y a pas eu constitution d'avoué; à moins qu'en cas d'urgence l'exécution n'en ait été ordonnée avant l'expiration de ce délai, dans les cas prévus par l'article 135.

Pourront aussi les juges, dans le cas seulement où il y aurait péril en la demeure, ordonner l'exécution nonobstant l'opposition, avec ou sans caution; ce qui ne pourra se faire que par le même jugement. — [illegible]

156. Tous jugements par défaut contre une partie qui n'a pas constitué d'avoué seront signifiés par un huissier commis, soit par le tribunal, soit par le juge du domicile du défaillant que le tribunal aura désigné; ils seront exécutés dans les six mois de leur obtention, sinon seront réputés non avenus. — [illegible]

157. Si le jugement est rendu contre une partie ayant un avoué, l'opposition ne sera recevable que pendant huitaine, à compter du jour de la signification à avoué. — [illegible]

158. S'il est rendu contre une partie qui n'a pas d'avoué, l'opposition sera recevable jusqu'à l'exécution du jugement. — [illegible]

159. Le jugement est réputé exécuté lorsque les meubles saisis ont été vendus, ou que le condamné a été emprisonné ou recommandé, ou que la saisie d'un ou de plusieurs de ses immeubles lui a été notifiée, ou que les frais ont été payés, ou enfin lorsqu'il y a quelque acte duquel il résulte nécessairement que l'exécution du jugement a été connue de la partie défaillante; l'opposition formée dans les délais ci-dessus, et dans les formes ci-après prescrites, suspend l'exécution, si elle n'a pas été ordonnée nonobstant opposition. — [illegible]

160. Lorsque le jugement aura été rendu contre une partie ayant un avoué, l'opposition ne sera recevable qu'autant qu'elle aura été formée par requête d'avoué à avoué. — [illegible]

161. La requête contiendra les moyens d'opposition, à moins que des moyens de défense n'aient été signifiés avant le jugement, auquel cas il suffira de déclarer qu'on les emploie comme moyens d'opposition : l'opposition qui ne sera pas ainsi formée n'arrêtera pas l'exécution; elle sera rejetée sur un simple acte, et sans qu'il soit besoin d'aucune autre instruction. — [illegible]

162. Lorsque le jugement aura été rendu contre une partie n'ayant pas d'avoué, l'opposition pourra être formée, soit par acte extrajudiciaire, soit par déclaration sur les commandements, procès-verbaux de saisie ou d'emprisonnement, ou tout autre acte d'exécution, à la charge par l'opposant de la réitérer avec constitution d'avoué, par requête, dans la huitaine; passé lequel temps elle ne sera plus recevable, et l'exécution sera continuée, sans qu'il soit besoin de la faire ordonner. — [illegible]

Si l'avoué de la partie qui a obtenu le jugement est décédé, ou ne peut plus postuler, elle sera tenue de faire notifier une nouvelle constitution d'avoué au défaillant, lequel sera tenu, dans les délais ci-dessus, de réitérer son opposition par requête, avec constitution d'avoué. — [illegible]

Dans aucun cas, les moyens d'opposition fournis postérieurement à la requête n'entreront en taxe. — [illegible]

163. Il sera tenu au greffe un registre sur lequel l'avoué de l'opposant fera mention sommaire de l'opposition, énonçant les noms des parties et de leurs avoués, les dates du jugement et de l'opposition; il ne sera dû de droit d'enregistrement que dans le cas où il en serait délivré expédition. — [illegible]

164. Aucun jugement par défaut ne sera exécuté à l'égard d'un tiers que sur un certificat du greffier, constatant qu'il n'y a aucune opposition portée sur le registre. — [illegible]

165. L'opposition ne pourra jamais être reçue contre un jugement qui aurait débouté d'une première opposition. — [illegible]

TITRE NEUVIÈME

Des exceptions.

§ Ier. — *De la caution à fournir par les étrangers.*

166. Tous étrangers, demandeurs principaux ou intervenants, seront tenus, si le défendeur le requiert, avant toute exception, de fournir caution de payer les frais et dommages-intérêts auxquels ils pourraient être condamnés. — [illegible]

167. Le jugement qui ordonnera la caution, fixera la somme jusqu'à concurrence de laquelle elle sera fournie; le demandeur qui consignera cette somme, ou qui justifiera que ses immeubles situés en France sont suffisants pour en répondre, sera dispensé de fournir caution. — [illegible]

§ II. — *Des renvois.*

168. La partie qui aura été appelée devant un tribunal autre que celui qui doit connaître de la contestation, pourra demander son renvoi devant les juges compétents. — [illegible]

169. Elle sera tenue de former cette demande préalablement à toutes autres exceptions et défenses. — [illegible]

170. Si néanmoins le tribunal était incompétent à raison de la matière, le renvoi pourra être demandé en tout état de cause; et si le renvoi n'est pas demandé, le tribunal sera tenu de renvoyer d'office devant qui de droit.

de droit. — Pr. 84, 168, 425, 432, 454; I. C. 529; Co. 631, 632, 636.

171. S'il a été formé précédemment, en un autre tribunal, une demande pour le même objet, ou si la contestation est connexe à une cause déjà pendante en un autre tribunal, le renvoi pourra être demandé et ordonné. — Pr. 60, 363 s., 704; C. 1351; I. C. 3.

172. Toute demande en renvoi sera jugée sommairement, sans qu'elle puisse être réservée ni jointe au principal. — Pr. 168 s., 171, 175, 186, 404 s., 425, 473.

§ III. — *Des nullités.*

173. Toute nullité d'exploit ou d'acte de procédure est couverte, si elle n'est proposée avant toute défense ou exception autre que les exceptions d'incompétence. — Pr. 61, 432, 456, 169, 173, 186, 188, 1030.

§ IV. — *Des exceptions dilatoires.*

174. L'héritier, la veuve, la femme divorcée ou séparée de biens, assignés comme commune, auront trois mois, du jour de l'ouverture de la succession ou dissolution de la communauté, pour faire inventaire, et quarante jours pour délibérer : si l'inventaire a été fait avant les trois mois, le délai de quarante jours commencera du jour qu'il aura été parachevé.

S'ils justifient que l'inventaire n'a pu être fait dans les trois mois, il leur sera accordé un délai convenable pour le faire, et quarante jours pour délibérer ; ce qui sera réglé sommairement.

L'héritier conserve néanmoins, après l'expiration des délais ci-dessus accordés, la faculté de faire encore inventaire et de se porter héritier bénéficiaire, s'il n'a pas fait d'ailleurs acte d'héritier, ou s'il n'existe pas contre lui de jugement passé en force de chose jugée qui le condamne en qualité d'héritier pur et simple. — Pr. 177, 186, 187, 1033; C. 795, 798, 800, 1456, 1458.

175. Celui qui prétendra avoir droit d'appeler en garantie, sera tenu de le faire dans la huitaine du jour de la demande originaire, outre un jour pour trois myriamètres (cinq myriamètres, L. 3 mai 1862). S'il y a plusieurs garants intéressés en la même garantie, il n'y aura qu'un seul délai pour tous, qui sera réglé selon la distance du lieu de la demeure du garant le plus éloigné. — Pr. 32 s., 59, 72, 164 s., 177, 181, 188, 337 s., 1033; C. 884 s., 1625 s., 1640.

176. Si le garant prétend avoir droit d'en appeler un autre en sous-garantie, il sera tenu de le faire dans le délai ci-dessus, à compter du jour de la demande en garantie formée contre lui ; ce qui sera successivement observé à l'égard du sous-garant ultérieur. — Pr. 175, 1033.

177. Si néanmoins le défendeur originaire est assigné dans les délais pour faire inventaire et délibérer, le délai pour appeler garant ne commencera que du jour où ceux pour faire inventaire et délibérer seront expirés. — Pr. 174, 187.

178. Il n'y aura pas d'autre délai pour appeler garant, en quelque matière que ce soit, sous prétexte de minorité ou autre cause privilégiée ; sauf à poursuivre les garants, mais sans que le jugement de la demande principale en soit retardé. — Pr. 49, 175 s., 181, 1029.

179. Si les délais des assignations en garantie ne sont échus en même temps que celui de la demande originaire, il ne sera pris aucun défaut contre le défendeur originaire, lorsque, avant l'expiration du délai, il aura déclaré, par acte d'avoué à avoué, qu'il a formé sa demande en garantie ; sauf, si le défendeur, après l'échéance du délai pour appeler le garant, ne justifie pas de la demande en garantie, à faire droit sur la demande originaire, même à le condamner à des dommages-intérêts, si la demande en garantie par lui alléguée se trouve n'avoir pas été formée. — Pr. 5, 175 s., 337 s.; C. 1142, 1382.

180. Si le demandeur originaire soutient qu'il n'y a lieu au délai pour appeler garant, l'incident sera jugé sommairement. — Pr. 337 s., 404 s.

181. Ceux qui seront assignés en garantie seront tenus de procéder devant le tribunal où la demande originaire sera pendante, encore qu'ils dénient être garants ; mais s'il paraît par écrit, ou par l'évidence du fait, que la demande originaire n'a été formée que pour les traduire hors de leur tribunal, ils y seront renvoyés. — Pr. 59, 168 s.; C. 424, 1383; Co. 173, 631 s.

182. En garantie formelle, pour les matières réelles ou hypothécaires, le garant pourra toujours prendre le fait et cause du garanti, qui sera mis hors de cause, s'il le requiert avant le premier jugement.

Cependant le garanti, quoique mis hors de cause, pourra y assister pour la conservation de ses droits, et le demandeur originaire pourra demander qu'il y reste pour la conservation des siens. — Pr. 183, 185, 339 s.; C. 1625 s., 2114, 2178.

183. En garantie simple, le garant pourra seulement intervenir, sans prendre le fait et cause du garanti. — Pr. 182, 339 s.; C. 2011 s.

184. Si les demandes originaires et en garantie sont en état d'être jugées en même temps, il y sera fait droit conjointement ; sinon le demandeur originaire pourra faire juger sa demande séparément : le même jugement prononcera sur la disjonction, si les deux instances ont été jointes ; sauf, après le jugement du principal, à faire droit sur la garantie, s'il y échet. — Pr. 134, 173, 174, 338, 1033.

185. Les jugements rendus contre les garants formels seront exécutoires contre les garantis.

Il suffira de signifier le jugement aux garantis, soit qu'ils aient été mis hors de cause, ou qu'ils y aient assisté, sans qu'il soit besoin d'autre demande ni procédure. A l'égard des dépens, dommages et intérêts, la liquidation et l'exécution ne pourront en être faites que contre les garants.

Néanmoins, en cas d'insolvabilité du garant, le garanti sera passible des dépens, à moins qu'il n'ait été mis hors de cause ; il le sera aussi des dommages et intérêts, si le tribunal juge qu'il y a lieu. — Pr. 128, 130, 253 s., 543 s.; C. 1149.

186. Les exceptions dilatoires seront proposées conjointement et avant toutes défenses au fond. — Pr. 166, 169, 173; 174 s., 187, 338.

187. L'héritier, la veuve et la femme divorcée ou séparée, pourront ne proposer leurs exceptions dilatoires qu'après l'échéance des délais pour faire inventaire et délibérer. — Pr. 174, 186; C. 1461.

§ V. — *De la communication des pièces.*

188. Les parties pourront respectivement demander, par un simple acte, communication des pièces employées contre elles, dans les trois jours où lesdites pièces auront été signifiées ou employées. — Pr. 77, 97, 189 s., 1031.

189. La communication sera faite entre avoués, sur récépissé, ou par dépôt au greffe : les pièces ne pourront être déplacées, si ce n'est qu'il y en ait minute, ou que la partie y consente. — Pr. 97 s., 190, 224.

190. Le délai de la communication sera fixé, ou par le récépissé de l'avoué, ou par le jugement qui l'aura ordonnée : s'il n'était pas fixé, il sera de trois jours.

191. Si, après l'expiration du délai, l'avoué n'a pas rétabli les pièces, il sera, sur simple requête, et même sur simple mémoire de la partie, rendu ordonnance portant qu'il sera contraint à ladite remise, incontinent et par corps (1) ; même à payer trois francs de dommages-intérêts à l'autre partie par chaque jour de retard, du jour de la signification de ladite ordonnance, outre les frais desdites requête et ordonnance, qu'il ne pourra répéter contre son constituant. — Pr. 107, 126, 152, 192, 1029, 1031; C. 1153, 2060.

192. En cas d'opposition, l'incident sera réglé sommairement : si l'avoué succombe, il sera condamné personnellement aux dépens de l'incident, même en tels autres dommages-intérêts et peines qu'il appartiendra, suivant la nature des circonstances. — Pr. 126, 191, 405 s., 529.

TITRE DIXIÈME

De la vérification des écritures.

193. Lorsqu'il s'agira de reconnaissance et vérification d'écritures privées, le demandeur pourra, sans permission du juge, faire assigner à trois jours pour avoir acte de la reconnaissance, ou pour faire tenir l'écrit pour reconnu.

Si le défendeur ne dénie pas la signature, tous les frais relatifs à la reconnaissance ou à la vérification, même ceux de l'enregistrement de l'écrit, seront à la charge du demandeur. — Pr. 14, 48, 70, 83, 130, 128 s., 1003; C. 869, 1860 s., 1315, 1322-1324, 2123; *L. 3 septembre 1807, relative aux effets de la vérification d'écritures intervenue avant l'échéance de la dette.*

194. Si le défendeur ne comparaît pas, il sera donné défaut, et l'écrit sera tenu pour reconnu : si le défendeur reconnaît l'écrit, le jugement en donnera acte au demandeur. — Pr. 19, 149, 150, 193, 214, 324; C. 1322 s.

195. Si le défendeur dénie la signature à lui attribuée, ou déclare ne pas reconnaître celle attribuée à un tiers, la vérification en pourra être ordonnée tant par titres que par experts et par témoins. — Pr. 14, 193, 194, 212, 232 s., 323; C. 1408, 1323 s.

196. Le jugement qui autorisera la vérification ordonnera qu'elle sera faite par trois experts, et les nommera d'office, à moins que les parties ne se soient accordées pour les nommer. Le même jugement commettra le juge devant qui la vérification se fera ; il portera aussi que la pièce à vérifier sera déposée au greffe, après que son état aura été constaté, et qu'elle aura été signée et paraphée par le demandeur ou son avoué, et par le greffier, lequel dressera du tout un procès-verbal. — Pr. 195, 200, 210 s., 225, 227, 302 s., 1003; I. C. 448.

197. En cas de récusation contre le juge-commissaire ou les experts, il sera procédé ainsi qu'il est prescrit aux titres XIV et XXI du présent livre. — Pr. 237, 308-314, 378, 380 s.

198. Dans les trois jours du dépôt de la pièce, le défendeur pourra en prendre communication au greffe sans déplacement : lors de ladite communication, la pièce sera paraphée par lui, ou par son avoué, ou par son fondé de pouvoir spécial ; et le greffier en dressera procès-verbal. — Pr. 189, 196, 226, 308 s., 378 s., 1031.

199. Au jour indiqué par l'ordonnance du juge-commissaire, et sur la sommation de la partie la plus diligente, signifiée à avoué, s'il en a été constitué, sinon à domicile, par un huissier commis par ladite ordonnance, les parties seront tenues de comparaître devant ledit commissaire, pour convenir de pièces de comparaison : si le demandeur en vérification ne comparaît pas, la pièce sera rejetée ; si c'est le défendeur, le juge pourra tenir la pièce pour reconnue. Dans les deux cas, le jugement sera rendu à la prochaine audience, sur le rapport du juge-commissaire, sans acte à venir plaider ; il sera susceptible d'opposition. — Pr. 193, 198, 217.

200. Si les parties ne s'accordent pas sur les pièces de comparaison, le juge ne pourra recevoir comme telles,

1° Que les signatures apposées aux actes par-devant notaires, ou celles apposées aux actes judiciaires, en présence du juge et du greffier, ou enfin les pièces écrites et signées par celui dont il s'agit de comparer l'écriture, en qualité de juge, greffier, notaire, avoué, huissier, ou comme faisant, à tout autre titre, fonction de personne publique ;

2° Les écritures et signatures privées, reconnues par celui à qui est attribuée la pièce à vérifier, mais non celles déniées ou non reconnues par lui, encore qu'elles eussent été précédemment vérifiées et reconnues être de lui.

Si la dénégation ou méconnaissance ne porte que sur partie de la pièce à vérifier, le juge pourra ordonner que le surplus de ladite pièce servira de pièce de comparaison. — Pr. 99, 206; C. 1317, 1322; I. C. 458 s.

201. Si les pièces de comparaison sont entre les mains de dépositaires publics ou autres, le juge-commissaire ordonnera qu'aux jour et heure par lui indiqués, les détenteurs desdites pièces les apporteront au lieu où se fera la vérification, à peine, contre les dépositaires publics, d'être contraints par corps, et les autres par les voies ordinaires, sauf même à prononcer contre ces derniers la contrainte par corps, s'il y échet. — L. 22 juillet 1867, *abolissant la contrainte par corps.* Pr. 202, 206, 221, 236; C. 2060, 2063; I. C. 454.

202. Si les pièces de comparaison ne peuvent être déplacées, ou si les détenteurs sont trop éloignés, il est laissé à la prudence du tribunal d'ordonner, sur le rapport du juge-commissaire, et après avoir entendu le procureur du Roi, que la vérification se fera dans le lieu de la demeure des dépositaires, ou dans le lieu le plus proche, ou que, dans un délai déterminé, les pièces seront envoyées au greffe par les voies que le tribunal indiquera par son jugement. — Pr. 201, 203 s., 232.

203. Dans ce dernier cas, si le dépositaire est personne publique, il fera préalablement expédition ou copie collationnée des pièces, laquelle sera vérifiée sur la minute ou original par le président du tribunal de son arrondissement, qui en dressera procès-verbal ; ladite expédition ou copie sera mise par le dépositaire au rang de ses minutes, pour en tenir lieu jusqu'au renvoi des pièces, et il pourra en délivrer des grosses ou expéditions, en faisant mention du procès-verbal qui aura été dressé.

Le dépositaire sera remboursé de ses frais par le demandeur en vérification, sur la taxe qui en sera faite par le juge qui aura dressé le procès-verbal, d'après lequel sera délivré exécutoire. — Pr. 136, 202, 205, 207, 242, 245; C. 1335; I. C. 455.

204. La partie la plus diligente fera sommer par exploit les experts et les dépositaires de se trouver aux

(1) L. 22 juillet 1867, supprimant la contrainte par corps.

[illegible]

205. [illegible]

206. [illegible]

207. [illegible]

208. [illegible]

209. [illegible]

210. [illegible]

211. [illegible]

212. [illegible]

213. [illegible]

TITRE ONZIÈME

Du faux incident civil

214. [illegible]

215. [illegible]

216. [illegible]

217. [illegible]

218. [illegible]

219. [illegible]

220. [illegible]

221. [illegible]

222. [illegible]

223. [illegible]

224. [illegible]

225. [illegible]

226. [illegible]

227. [illegible]

228. [illegible]

229. [illegible]

230. [illegible]

231. [illegible]

232. [illegible]

233. [illegible]

234. [illegible]

235. [illegible]

236. [illegible]

[illegible]

TITRE DOUZIÈME

Des enquêtes.

252. Les faits dont une partie demandera à faire preuve seront articulés succinctement par un simple acte de conclusion, sans écritures ni requête.

[illegible]

[illegible]

273. [illegible]

274. [illegible]

275. [illegible]

276. [illegible]

277. [illegible]

278. [illegible]

279. [illegible]

280. [illegible]

281. [illegible]

282. [illegible]

283. [illegible]

284. [illegible]

285. [illegible]

286. [illegible]

287. [illegible]

288. [illegible]

289. [illegible]

290. [illegible]

291. [illegible]

292. [illegible]

293. [illegible]

294. [illegible]

TITRE TREIZIÈME

Des descentes sur les lieux.

295. [illegible]

296. [illegible]

297. [illegible]

298. [illegible]

299. [illegible]

300. [illegible]

301. [illegible]

TITRE QUATORZIÈME

Des rapports d'experts.

302. [illegible]

303. [illegible]

304. [illegible]

305. [illegible]

306. [illegible]

307. [illegible]

308. [illegible]

309. [illegible]

310. [illegible]

311. [illegible]

312. [illegible]

313. [illegible]

314. [illegible]

315. [illegible]

316. [illegible]

317. [illegible]

318. [illegible]

319. [illegible]

sera requis l'expertise, ou qui l'aura poursuivie si elle a été ordonnée d'office. — Pr. 130, 167, 263, 277, 301, 531, 957; C. 2002.

320. En cas de retard ou de refus de la part des experts de déposer leur rapport, ils pourront être assignés à trois jours, sans préliminaire de conciliation, par-devant le tribunal qui les aura commis, pour se voir condamner, même par corps, s'il y échet, à faire ledit dépôt; il y sera statué sommairement et sans instruction. — Pr. 48, 51, 75, 316, 404 s.; L. 22 juillet 1867, supprimant la contrainte par corps.

321. Le rapport sera levé et signifié à avoué par la partie la plus diligente; l'audience sera poursuivie sur un simple acte. — Pr. 82, 286, 299.

322. Si les juges ne trouvent point dans le rapport les éclaircissements suffisants, ils pourront ordonner d'office une nouvelle expertise, par un ou plusieurs experts, qu'ils nommeront également d'office, et qui pourront demander aux précédents experts les renseignements qu'ils trouveront convenables. — Pr. 328.

323. Les juges ne sont point astreints à suivre l'avis des experts, si leur conviction s'y oppose. — Pr. 324; C. 1678, 1679.

TITRE QUINZIÈME

De l'interrogatoire sur faits et articles.

324. Les parties peuvent, en toutes matières et en tout état de cause, demander de se faire interroger respectivement sur faits et articles pertinents concernant seulement la matière dont est question, sans retard de l'instruction ni du jugement. — Pr. 9, 10, 119, 325, 336.

325. L'interrogatoire ne pourra être ordonné que sur requête contenant les faits, et par jugement rendu à l'audience : il y sera procédé, soit devant le président, soit devant un juge par lui commis. — Pr. 324, 326.

326. En cas d'éloignement, le président pourra commettre le président du tribunal dans le ressort duquel la partie réside, ou le juge de paix du canton de cette résidence. — Pr. 255, 1035.

327. Le juge commis indiquera, au bas de l'ordonnance qui l'aura nommé, les jour et heure de l'interrogatoire; le tout sans qu'il soit besoin de procès-verbal contenant réquisition ou délivrance de son ordonnance.

328. En cas d'empêchement légitime de la partie, le juge se transportera au lieu où elle est retenue. — Pr. 532.

329. Vingt-quatre heures au moins avant l'interrogatoire, seront signifiés par le même exploit, à personne ou domicile, la requête et les ordonnances du tribunal, du président ou du juge qui devra procéder à l'interrogatoire, avec assignation donnée par un huissier qu'il aura commis à cet effet. — Pr. 255.

330. Si l'assigné ne comparaît pas ou refuse de répondre après avoir comparu, il en sera dressé procès-verbal sommaire, et les faits pourront être tenus pour avérés. — Pr. 124, 238.

331. Si, ayant fait défaut sur l'assignation, il se présente avant le jugement, il sera interrogé, en payant les frais du premier procès-verbal et de la signification, sans répétition. — Pr. 330.

332. Si au jour de l'interrogatoire, la partie assignée justifie d'empêchement légitime, le juge indiquera un autre jour pour l'interrogatoire, sans nouvelle assignation. — Pr. 331.

333. La partie répondra en personne, sans pouvoir lire aucun projet de réponse par écrit, et sans assistance de conseil, aux faits contenus en la requête, et même à ceux sur lesquels le juge l'interrogera d'office; les réponses seront précises et pertinentes sur chaque fait, et sans aucun terme calomnieux ni injurieux : celui qui aura requis l'interrogatoire ne pourra y assister. — Pr. 334, 274, 328.

334. L'interrogatoire achevé sera lu à la partie, avec interpellation de déclarer si elle a dit vérité et persiste : si elle ajoute, l'addition sera rédigée en marge ou à la suite de l'interrogatoire; elle lui sera lue, et il lui sera fait la même interpellation : elle signera l'interrogatoire et les additions; et si elle ne sait ou ne veut signer, il en sera fait mention. — Pr. 272.

335. La partie qui voudra faire usage de l'interrogatoire le fera signifier, sans qu'il puisse être un sujet d'écritures de part ni d'autre. — Pr. 1031.

336. Seront tenues les administrations d'établissements publics de nommer un administrateur ou agent pour répondre sur les faits et articles qui leur auront été communiqués : elles donneront, à cet effet, un pouvoir spécial dans lequel les réponses seront expliquées et affirmées véritables, sinon les faits pourront être tenus pour avérés; sans préjudice de faire interroger les administrateurs et agents sur les faits qui leur seront personnels, pour y avoir, par le tribunal, tel égard que de raison. — Pr. 324, 1032.

TITRE SEIZIÈME

Des incidents.

§ Ier. — *Des demandes incidentes.*

337. Les demandes incidentes seront formées par un simple acte contenant les moyens et les conclusions, avec offre de communiquer les pièces justificatives sur récépissé, ou par dépôt au greffe.

Le défendeur à l'incident donnera sa réponse par un simple acte. — Pr. 77, 82, 188, 189 s., 406, 443, 453, 464, 718, 1034.

338. Toutes demandes incidentes seront formées en même temps; les frais de celles qui seraient proposées postérieurement, et dont les causes auraient existé à l'époque des premières, ne pourront être répétés.

Les demandes incidentes seront jugées par préalable, s'il y a lieu; et, dans les affaires sur lesquelles il aura été ordonné une instruction par écrit, l'incident sera porté à l'audience, pour être statué ce qu'il appartiendra. — Pr. 134, 186, 288, 327, 341, 178, 1031.

§ II. — *De l'intervention.*

339. L'intervention sera formée par requête qui contiendra les moyens et conclusions, dont il sera donné copie ainsi que des pièces justificatives. — Pr. 33, 75, 183, 340 s., 466, 406, 556, 871; C. 1447.

340. L'intervention ne pourra retarder le jugement de la cause principale, quand elle sera en état. — Pr. 343.

341. Dans les affaires sur lesquelles il aura été ordonné une instruction par écrit, si l'intervention est contestée par l'une des parties, l'incident sera porté à l'audience. — Pr. 95 s., 338.

TITRE DIX-SEPTIÈME

Des reprises d'instances, et constitution de nouvel avoué.

342. Le jugement de l'affaire qui sera en état ne sera différé, ni par le changement d'état des parties, ni par la cessation des fonctions dans lesquelles elles procédaient, ni par leur mort, ni par les décès, démissions, interdictions ou destitutions de leurs avoués. — Pr. 75, 93, 119, 148, 162, 343, 344, 351, 397, 426, 1038.

343. L'affaire sera en état lorsque la plaidoirie sera commencée; la plaidoirie sera réputée commencée, quand les conclusions auront été contradictoirement prises à l'audience.

Dans les affaires qui s'instruisent par écrit, la cause sera en état quand l'instruction sera complète, ou quand les délais pour les productions et réponses seront expirés. — Pr. 95-103, 342, 389, 397, 457, 461; Décr. 30 mars 1808, sur les cours et tribunaux.

344. Dans les affaires qui ne seront pas en état, toutes procédures faites postérieurement à la notification de la mort de l'une des parties seront nulles : il ne sera pas besoin de signifier les décès, démissions, interdictions ni destitutions des avoués; les poursuites faites et les jugements obtenus depuis seront nuls, s'il n'y a constitution de nouvel avoué. — Pr. 75, 148, 162, 346 s., 397, 1029, 1038.

345. Ni le changement d'état des parties, ni la cessation des fonctions dans lesquelles elles procédaient, n'empêcheront la continuation des procédures.

Néanmoins le défendeur qui n'aurait pas constitué avoué avant le changement d'état ou le décès du demandeur, sera assigné de nouveau à un délai de huitaine, pour voir adjuger les conclusions, et sans qu'il soit besoin de conciliation préalable. — Pr. 48, 49, 72 s., 75, 175, 1033, 1038; C. 217.

346. L'assignation en reprise ou en constitution sera donnée aux délais fixés au titre des *ajournements*, avec indication des noms des avoués qui occupaient et du rapporteur, s'il y en a. — Pr. 72 s., 93, 95, 355.

347. L'instance sera reprise par acte d'avoué à avoué.

348. Si la partie assignée en reprise conteste, l'incident sera jugé sommairement. — Pr. 349, 404 s.

349. Si, à l'expiration du délai, la partie assignée en reprise ou en constitution ne comparaît pas, il sera rendu jugement qui tiendra la cause pour reprise, et ordonnera qu'il sera procédé suivant les derniers errements, et sans qu'il puisse y avoir d'autres délais que ceux qui restaient à courir. — Pr. 149 s., 396, 399 s., 979.

350. Le jugement rendu par défaut contre une partie, sur la demande en reprise d'instance ou en constitution de nouvel avoué, sera signifié par un huissier commis; si l'affaire est en rapport, la signification énoncera le nom du rapporteur. — Pr. 93, 156, 351.

351. L'opposition à ce jugement sera portée à l'audience, même dans les affaires en rapport. — Pr. 93, 157 s., 165, 350.

TITRE DIX-HUITIÈME

Du désaveu.

352. Aucunes offres, aucun aveu ou consentement, ne pourront être faits, donnés ou acceptés sans un pouvoir spécial, à peine de désaveu. — Pr. 49, 132, 353 s., 360, 402, 517 s.; C. 1408, 1120, 1354 s., 1338, 1356, 1987.

353. Le désaveu sera fait au greffe du tribunal qui devra en connaître, par un acte signé de la partie, ou du porteur de sa procuration spéciale et authentique : l'acte contiendra les moyens, conclusions, et constitution d'avoué. — Pr. 49, 352, 354 s.; C. 1317, 1987.

354. Si le désaveu est formé dans le cours d'une instance encore pendante, il sera signifié, sans autre demande, par acte d'avoué, tant à l'avoué contre lequel le désaveu est dirigé, qu'aux autres avoués de la cause; et ladite signification vaudra sommation de défendre au désaveu. — Pr. 355 s.

355. Si l'avoué n'exerce plus ses fonctions, le désaveu sera signifié par exploit à son domicile : s'il est mort, le désaveu sera signifié à ses héritiers, avec assignation au tribunal où l'instance est pendante, et notifié aux parties de l'instance, par acte d'avoué à avoué. — Pr. 354.

356. Le désaveu sera toujours porté au tribunal devant lequel la procédure désavouée aura été instruite, encore que l'instance dans le cours de laquelle il est formé soit pendante en un autre tribunal; le désaveu sera dénoncé aux parties de l'instance principale, qui seront appelées dans celle de désaveu. — Pr. 49, 59, 358.

357. Il sera sursis à toute procédure et au jugement de l'instance principale, jusqu'à celui du désaveu, à peine de nullité; sauf cependant à ordonner que le désaveu sera jugé dans un délai fixe, sinon qu'il sera fait droit. — Pr. 362, 1029.

358. Lorsque le désaveu concernera un acte sur lequel il n'y a point d'instance, la demande sera portée au tribunal du défendeur. — Pr. 59, 352, 356.

359. Toute demande en désaveu sera communiquée au ministère public. — Pr. 83 s., 360.

360. Si le désaveu est déclaré valable, le jugement, ou les dispositions du jugement relatives aux chefs qui ont donné lieu au désaveu, demeureront annulés et comme non avenus : le désavoué sera condamné, envers le demandeur et les autres parties, en tous dommages-intérêts, même puni d'interdiction, ou poursuivi extraordinairement, suivant la gravité du cas et la nature des circonstances. — Pr. 126, 132, 352, 359, 361, 1029, 1031; C. 1149, 1382, 1997.

361. Si le désaveu est rejeté, il sera fait mention du jugement de rejet en marge de l'acte de désaveu, et le demandeur pourra être condamné, envers le désavoué et les autres parties, en tels dommages et réparations qu'il appartiendra. — Pr. 130, 360; C. 1149 s., 1149, 1382.

362. Si le désaveu est formé à l'occasion d'un jugement qui aura acquis force de chose jugée, il ne pourra être reçu après la huitaine, à dater du jour où le jugement devra être réputé exécuté, aux termes de l'article 159 ci-dessus. — Pr. 356.

TITRE DIX-NEUVIÈME

Des règlements de juges.

363. Si un différend est porté à deux ou à plusieurs tribunaux de paix ressortissant au même tribunal, le règlement de juges sera porté à ce tribunal.

Si les tribunaux de paix relèvent de tribunaux différents, le règlement de juges sera porté à la cour royale.

Si ces tribunaux ne ressortissent pas à la même cour royale, le règlement sera porté à la cour de cassation.

Si un différend est porté à deux ou à plusieurs tribunaux de première instance ressortissant à la même cour royale, le règlement de juges sera porté à cette cour : il sera porté à la cour de cassation, si les tribunaux ne ressortissent pas tous à la même cour royale, ou si le conflit existe entre une ou plusieurs cours. — Pr. 36, 59, 171, 368 s., 490, 504; I. C. 525; Cn. 438; Ord. du 1er juin 1828, sur les conflits.

364. Sur le vu des demandes formées dans différents tribunaux, il sera rendu, sur requête, jugement portant permission d'assigner en règlement, et les juges pourront ordonner qu'il sera sursis à toutes procédures dans lesdits tribunaux. — Pr. 59, 363, 365 s.; I. C. 526 s.

365. Le demandeur signifiera le jugement et assignera les parties au domicile de leurs avoués.

Le délai pour signifier le jugement et pour assigner sera de quinzaine, à compter du jour du jugement.

Le délai pour comparaître sera celui des ajournements, en comptant les distances d'après le domicile respectif des avoués. — Pr. 72, 75, 364, 366, 1033.

366. Si le demandeur n'a pas assigné dans les délais ci-dessus, il demeurera déchu du règlement de juges, sans qu'il soit besoin de le faire ordonner; et les poursuites pourront être continuées dans le tribunal saisi par le défendeur en règlement. — Pr. 365, 1033.

367. Le demandeur qui succombera pourra être condamné aux dommages-intérêts envers les autres parties. — Pr. 126; C. 1149 s., 1382; I. C. 541.

TITRE VINGTIÈME

Du renvoi à un autre tribunal pour parenté ou alliance.

368. Lorsqu'une partie aura deux parents ou alliés, jusqu'au degré de cousin issu de germain inclusivement, parmi les juges d'un tribunal de première instance, ou trois parents ou alliés au même degré dans une cour royale, ou lorsqu'elle aura un parent audit degré parmi les juges du tribunal de première instance, ou deux parents dans la cour royale, ou qu'elle-même sera membre du tribunal ou de ladite cour, l'autre partie pourra demander le renvoi. — Pr. 49, 80, 369, 372, 378 s.; C. 736 s.; I. C. 542 s.; L. 20 avril 1810, sur les cours et tribunaux.

369. Le renvoi sera demandé avant le commencement de la plaidoirie; et, si l'affaire est en rapport, avant que l'instruction soit achevée ou que les délais soient expirés; sinon il ne sera plus reçu. — Pr. 93, 105, 343, 382, 1033; I. C. 543.

370. Le renvoi sera proposé par acte au greffe, lequel contiendra les moyens, et sera signé de la partie ou de son fondé de procuration spéciale et authentique. — Pr. 95, 353, 384, 392; C. 1317, 1987.

371. Sur l'expédition dudit acte, présentée avec les pièces justificatives, il sera rendu jugement qui ordonnera, 1° la communication aux juges à raison desquels le renvoi est demandé, pour faire, dans un délai fixe, leur déclaration au bas de l'expédition du jugement; 2° la communication au ministère public; 3° le rapport, à jour indiqué, par l'un des juges nommés par ledit jugement. — Pr. 83, 385 s.; I. C. 536 s.; Décr. 30 mars 1808, sur les cours et tribunaux.

372. L'expédition de l'acte à fin de renvoi, les pièces y annexées, et le jugement mentionné en l'article précédent, seront signifiés aux autres parties. — Pr. 370.

373. Si les causes de la demande en renvoi sont avouées ou justifiées dans un tribunal de première instance, le renvoi sera fait à l'un des autres tribunaux ressortissant en la même cour royale; et, si c'est dans une cour royale, le renvoi sera fait à l'une des trois cours les plus voisines. — Pr. 377.

374. Celui qui succombera sur sa demande en renvoi, sera condamné à une amende qui ne pourra être moindre de cinquante francs, sans préjudice des dommages-intérêts de la partie, s'il y a lieu. — Pr. 128, 390, 1029; C. 1149.

375. Si le renvoi est prononcé, et qu'il n'y ait pas d'appel, ou que l'appelant ait succombé, la contestation sera portée devant le tribunal qui devra en connaître, sur simple assignation, et la procédure y sera continuée suivant ses derniers errements. — Pr. 373, 396.

376. Dans tous les cas, l'appel du jugement de renvoi sera suspensif. — Pr. 377, 393 s., 457.

377. Sont applicables audit appel les dispositions des articles 392, 393, 394, 395, titre de la récusation, ci-après.

TITRE VINGT-UNIÈME

De la récusation.

378. Tout juge peut être récusé pour les causes ci-après :

1° S'il est parent ou allié des parties, ou de l'une d'elles, jusqu'au degré de cousin issu de germain inclusivement;

2° Si la femme du juge est parente ou alliée de l'une des parties, ou si le juge est parent ou allié de la femme de l'une des parties, au degré ci-dessus, lorsque la femme est vivante, ou qu'étant décédée, il en existe des enfants; si elle est décédée et qu'il n'y ait point d'enfants, le beau-père, le gendre ni les beaux-frères ne pourront être juges;

La disposition relative à la femme décédée s'appliquera à la femme divorcée s'il existe des enfants du mariage dissous;

3° Si le juge, sa femme, leurs ascendants et descendants, ou alliés dans la même ligne, ont un différend sur pareille question que celle dont il s'agit entre les parties;

4° S'ils ont un procès en leur nom dans un tribunal où l'une des parties sera juge; s'ils sont créanciers ou débiteurs d'une des parties;

5° Si, dans les cinq ans qui ont précédé la récusation, il y a eu procès criminel entre eux et l'une des parties, ou son conjoint, ou ses parents ou alliés en ligne directe;

6° S'il y a procès civil entre le juge, sa femme, leurs ascendants et descendants, ou alliés dans la même ligne, et l'une des parties, et que ce procès, s'il a été intenté par la partie, l'ait été avant l'instance dans laquelle la récusation est proposée; si, ce procès étant terminé, il ne l'a été que dans les six mois précédant la récusation;

7° Si le juge est tuteur, subrogé tuteur ou curateur, héritier présomptif, ou donataire, maître ou commensal de l'une des parties; s'il est administrateur de quelque établissement, société ou direction, partie dans la cause; si l'une des parties est sa présomptive héritière;

8° Si le juge a donné conseil, plaidé ou écrit sur le différend; s'il en a précédemment connu comme juge ou comme arbitre; s'il a sollicité, recommandé ou fourni aux frais du procès; s'il a déposé comme témoin; si, depuis le commencement du procès, il a bu ou mangé avec l'une ou l'autre des parties dans leur maison, ou reçu d'elle des présents;

9° S'il y a inimitié capitale entre lui et l'une des parties; s'il y a eu, de sa part, agressions, injures ou menaces, verbalement ou par écrit, depuis l'instance, ou dans les six mois précédant la récusation proposée. — Pr. 44, 197, 283 s., 308 s., 470, 512, 1014; C. 206, 434, 450, 480, 496, 500, 513, 725.

379. Il n'y aura pas lieu à récusation, dans les cas où le juge serait parent du tuteur ou du curateur de l'une des parties, ou des membres ou administrateurs d'un établissement, société, direction ou union, partie dans la cause, à moins que lesdits tuteurs, administrateurs ou intéressés, n'aient un intérêt distinct et personnel. — Pr. 378.

380. Tout juge qui saura cause de récusation en sa personne sera tenu de la déclarer à la chambre, qui décidera s'il doit s'abstenir. — Pr. 35 s., 378, 386.

381. Les causes de récusation relatives aux juges sont applicables au ministère public lorsqu'il est partie jointe; mais il n'est pas récusable lorsqu'il est partie principale. — Pr. 83 s.; C. 114, 200; I. C. 22.

382. Celui qui voudra récuser devra le faire avant le commencement de la plaidoirie; et, si l'affaire est en rapport, avant que l'instruction soit achevée, ou que les délais soient expirés, à moins que les causes de la récusation ne soient survenues postérieurement. — Pr. 93 s., 343, 369.

383. La récusation contre les juges commis aux descentes, enquêtes et autres opérations, ne pourra être proposée que dans les trois jours qui courront, 1° si le jugement est contradictoire, du jour du jugement; 2° si le jugement est par défaut et qu'il n'y ait pas d'opposition, du jour de l'expiration de la huitaine de l'opposition; 3° si le jugement a été rendu par défaut et qu'il y ait eu opposition, du jour du débouté d'opposition, même par défaut. — Pr. 155, 165, 1033; C. 583.

384. La récusation sera proposée par un acte au greffe, qui en contiendra les moyens, et sera signé de la partie, ou du fondé de sa procuration authentique et spéciale, laquelle sera annexée à l'acte. — Pr. 353, 370, 399 s.; C. 1317, 1987.

385. Sur l'expédition de l'acte de récusation, remise dans les vingt-quatre heures par le greffier au président du tribunal, il sera, sur le rapport du président et les conclusions du ministère public, rendu jugement qui, si la récusation est inadmissible, la rejettera; et, si elle est admissible, ordonnera, 1° la communication au juge récusé, pour s'expliquer en termes précis sur les faits, dans le délai qui sera fixé par le jugement; 2° la communication au ministère public, et indiquera le jour où le rapport sera fait par l'un des juges nommés par ledit jugement. — Pr. 47, 371, 386, 390.

386. Le juge récusé fera sa déclaration au greffe, à la suite de la minute de l'acte de récusation. — Pr. 36, 385.

387. A compter du jour du jugement qui ordonnera la communication, tous jugements et opérations seront suspendus : si néanmoins l'une des parties prétend que l'opération est urgente et qu'il y a péril dans le retard, l'incident sera porté à l'audience sur un simple acte, et le tribunal pourra ordonner qu'il sera procédé par un autre juge. — Pr. 82, 156, 391.

388. Si le juge récusé convient des faits qui ont motivé sa récusation, ou si ces faits sont prouvés, il sera ordonné qu'il s'abstiendra. — Pr. 130, 390.

389. Si le récusant n'apporte preuve par écrit ni commencement de preuve des causes de la récusation, il est laissé à la prudence du tribunal de rejeter la récusation sur la simple déclaration du juge, ou d'ordonner la preuve testimoniale. — Pr. 368; C. 1347 s.

390. Celui dont la récusation aura été déclarée non admissible, ou non recevable, sera condamné à telle amende qu'il plaira au tribunal, laquelle ne pourra être moindre de cent francs, et sans préjudice, s'il y a lieu, de l'action du juge en réparation et dommages et intérêts, auquel cas il ne pourra demeurer juge. — Pr. 128, 374, 391 s., 1029; C. 1146 s.

391. Tout jugement sur récusation, même dans les matières où le tribunal de première instance juge en dernier ressort, sera susceptible d'appel; si néanmoins la partie soutient qu'attendu l'urgence, il est nécessaire de procéder à une opération sans attendre que l'appel soit jugé, l'incident sera porté à l'audience sur un simple acte, et le tribunal qui aura rejeté la récusation, pourra ordonner qu'il sera procédé à l'opération par un autre juge. — Pr. 82, 387, 390, 395, 397, 443.

392. Celui qui voudra appeler sera tenu de le faire dans les cinq jours du jugement, par un acte au greffe, lequel sera motivé et contiendra énonciation du dépôt au greffe des pièces au soutien. — Pr. 337, 372, 393 s., 395, 1033.

393. L'expédition de l'acte de récusation, de la déclaration du juge, du jugement, de l'appel, et les pièces jointes, seront envoyées sous trois jours par le greffier, à la requête et aux frais de l'appelant, au greffier du tribunal d'appel. — Pr. 372.

394. Dans les trois jours de la remise au greffier du tribunal d'appel, il présentera lesdites pièces au tribunal, lequel indiquera le jour du jugement, et commettra l'un des juges; sur son rapport et les conclusions du ministère public, il sera rendu à l'audience jugement, sans qu'il soit nécessaire d'appeler les parties. — Pr. 377.

395. Dans les vingt-quatre heures de l'expédition du jugement, le greffier du tribunal d'appel renverra les pièces à lui adressées au greffier du tribunal de première instance. — Pr. 377, 393, 1033.

396. L'appelant sera tenu, dans le mois du jour du jugement de première instance qui aura rejeté la récusation, de signifier aux parties le jugement sur l'appel, ou certificat du greffier du tribunal d'appel, contenant que l'appel n'est pas jugé, et indication du jour déterminé par le tribunal; sinon le jugement qui aura rejeté la récusation, sera exécuté par provision; et ce qui sera fait en conséquence, sera valable, encore que la récusation fût admise sur l'appel. — Pr. 376.

TITRE VINGT-DEUXIÈME

De la péremption.

397. Toute instance, encore qu'il n'y ait pas eu constitution d'avoué, sera éteinte par discontinuation de poursuites pendant trois ans.

Ce délai sera augmenté de six mois, dans tous les cas où il y aura lieu à demande en reprise d'instance, ou constitution de nouvel avoué. — Pr. 15, 156, 342 s., 344, 469, 1029, 1033; C. 2244, 2246, 2247, 2276.

398. La péremption courra contre l'État, les établissements publics et toutes personnes, même mineures, sauf leur recours contre les administrateurs et tuteurs. — C. 2227, 2252, 2278.

399. La péremption n'aura pas lieu de droit; elle se couvrira par les actes valables faits par l'une ou l'autre des parties avant la demande en péremption. — Pr. 15, 156, 173, 337, 469; C. 1338, 2220.

400. Elle sera demandée par requête d'avoué à avoué, à moins que l'avoué ne soit décédé, ou interdit, ou suspendu, depuis le moment où elle a été acquise. — Pr. 342.

401. La péremption n'éteint pas l'action; elle emporte seulement extinction de la procédure, sans qu'on puisse, dans aucun cas, opposer aucun des actes de la procédure éteinte, ni s'en prévaloir.

En cas de péremption, le demandeur principal est condamné à tous les frais de la procédure périmée. — Pr. 130, 322, 403, 543 s.; C. 2247.

TITRE VINGT-TROISIÈME

Du désistement.

402. Le désistement peut être fait et accepté par de simples actes signés des parties ou de leurs mandataires, et signifiés d'avoué à avoué. — Pr. 352 s., 403; C. 403, 1320 s., 1987 s., 2247.

403. Le désistement, lorsqu'il aura été accepté, emportera de plein droit consentement que les choses soient remises de part et d'autre au même état qu'elles étaient avant la demande.

Il emportera également soumission de payer les frais, au paiement desquels la partie qui se sera désistée sera contrainte, sur simple ordonnance du président mise au bas de la taxe, parties présentes, ou appelées par acte d'avoué à avoué.

Cette ordonnance, si elle émane d'un tribunal de première instance, sera exécutée nonobstant opposition ou appel; elle sera exécutée nonobstant opposition, si elle émane d'une cour royale. — Pr. 130, 402, 543 s.

TITRE VINGT-QUATRIÈME

Des matières sommaires.

404. Seront réputés matières sommaires et instruits comme tels :

Les appels des juges de paix. — Pr. 16, 23.

Les demandes pures personnelles, à quelque somme qu'elles puissent monter, quand il y a titre, pourvu qu'il ne soit pas contesté; — C. 1317 s., 1322.

Les demandes formées sans titre, lorsqu'elles n'excèdent pas mille francs, (quinze cents francs, L. 11 avril 1838.)

Les demandes provisoires, ou qui requièrent célérité; — Pr. 49, 72.

Les demandes en paiement de loyers et fermages et arrérages de rentes. — Pr. 12, 24, 49, 72, 253 s., 311, 320, 327, 405, 521, 663, 668, 669, 761, 775, 799, 817, 823, 832, 883, 1071; C. 449, 824, 1217 s.

405. Les matières sommaires seront jugées à l'audience, après les délais de la citation échus, sur un simple acte, sans autres procédures ni formalités. — Pr. 82, 83 s., 404, 407.

406. Les demandes incidentes et les interventions seront formées par requête d'avoué, qui ne pourra contenir que des conclusions motivées. — Pr. 43, 75, 337 s., 339 s., 1061.

407. S'il y a lieu à enquête, le jugement qui l'ordonnera contiendra les faits sans qu'il soit besoin de les articuler préalablement, et fixera les jour et heure où les témoins seront entendus à l'audience. — Pr. 34 s., 252, 260 s., 432.

408. Les témoins seront assignés au moins un jour avant celui de l'audition. — Pr. 260, 410 s., 432, 1033.

409. Si l'une des parties demande prorogation, l'incident sera jugé sur-le-champ. — Pr. 279 s., 397 s., 408.

410. Lorsque le jugement ne sera pas susceptible d'appel, il ne sera point dressé procès-verbal de l'enquête; il sera seulement fait mention, dans le jugement, des noms des témoins, et du résultat de leurs dépositions. — Pr. 40, 269 s., 412, 432.

411. Si le jugement est susceptible d'appel, il sera dressé procès-verbal, qui contiendra les serments des témoins, leur déclaration s'ils sont parents, alliés, serviteurs ou domestiques des parties, les reproches qui auraient été formés contre eux, et le résultat de leurs dépositions. — Pr. 39, 262, 269 s., 273, 412, 432; F. 263.

412. Si les témoins sont éloignés ou empêchés, le tribunal pourra commettre le tribunal ou le juge de paix de leur résidence : dans ce cas, l'enquête sera rédigée par écrit; il en sera dressé procès-verbal. — Pr. 266, 410, 411, 1035.

413. Seront observées en la confection des enquêtes sommaires, les dispositions du titre XII des *enquêtes*, relatives aux formalités ci-après :

La copie aux témoins du dispositif du jugement par lequel ils sont appelés; — Pr. 260.

Copie à la partie, des noms des témoins; — Pr. 261.

L'amende et les peines contre les témoins défaillants; — Pr. 263-265.

La prohibition d'entendre les conjoints des parties, les parents et alliés en ligne directe; — Pr. 268.

Les reproches par la partie présente, la manière de les juger, les interpellations aux témoins, la taxe; — Pr. 270-273, 276 s., 284 s., 287 s.

Le nombre des témoins dont les voyages passent en taxe; — Pr. 281.

La faculté d'entendre les individus âgés de moins de quinze ans révolus. — Pr. 260 s., 263 s., 268, 270, 273, 276 s., 281, 283 s., 287 s., 432.

TITRE VINGT-CINQUIÈME

Procédure devant les tribunaux de commerce.

414. La procédure devant les tribunaux de commerce se fait sans le ministère d'avoués. — Pr. 59, 415 s.; Co. 627, 642 s.

415. Toute demande doit y être formée par exploit d'ajournement, suivant les formalités ci-dessus prescrites au titre des *ajournements*. — Pr. 61, 68, 69.

416. Le délai sera au moins d'un jour. — Pr. 72, 1033.

417. Dans les cas qui requerront célérité, le président du tribunal pourra permettre d'assigner, même de jour à jour et d'heure à heure, et de saisir les effets mobiliers : il pourra, suivant l'exigence des cas, assujettir le demandeur à donner caution, ou à justifier de solvabilité suffisante. Ses ordonnances seront exécutoires nonobstant opposition ou appel. — Pr. 49, 72, 416, 418, 809; C. 2040 s.

418. Dans les affaires maritimes où il existe des parties non domiciliées, et dans celles où il s'agit d'agrès, victuailles, équipages et radoubs de vaisseaux prêts à mettre à la voile, et autres matières urgentes et provisoires, l'assignation de jour à jour, ou d'heure à heure pourra être donnée sans ordonnance, et le défaut pourra être jugé sur-le-champ. — Pr. 417, 419 s., 808.

419. Toutes assignations données à bord à la personne assignée seront valables. — Pr. 68.

420. Le demandeur pourra assigner, à son choix :

Devant le tribunal du domicile du défendeur; — C. 102 s.

Devant celui dans l'arrondissement duquel la promesse a été faite et la marchandise livrée; — C. 1606.

Devant celui dans l'arrondissement duquel le paiement devait être effectué. — Pr. 59; C. 1247, 1651; Co. 187, 636.

421. Les parties seront tenues de comparaître en personne, ou par le ministère d'un fondé de procuration spéciale. — Pr. 9, 422, 429; C. 1987; Co. 627.

422. Si les parties comparaissent, et qu'à la première audience il n'intervienne pas jugement définitif, les parties non domiciliées dans le lieu où siège le tribunal seront tenues d'y faire élection d'un domicile.

L'élection de domicile doit être mentionnée sur le plumitif de l'audience; à défaut de cette élection, toute signification, même celle du jugement définitif, sera faite valablement au greffe du tribunal. — Pr. 435, 440; C. 111.

423. Abrogé. (L. 5 mars 1895.)

424. Si le tribunal est incompétent à raison de la matière, il renverra les parties, encore que le déclinatoire n'ait pas été proposé.

Le déclinatoire pour toute autre cause ne pourra être proposé que préalablement à toute autre défense. — Pr. 168 s., 425, 426, 442.

425. Le même jugement pourra, en rejetant le déclinatoire, statuer sur le fond, mais par deux dispositions distinctes, l'une sur la compétence, l'autre sur le fond; les dispositions sur la compétence pourront toujours être attaquées par la voie de l'appel. — Pr. 136, 172, 338, 424, 443, 454.

426. Les veuves et héritiers des justiciables du tribunal de commerce y seront assignés en reprise, ou par action nouvelle; sauf, si les qualités sont contestées, à les renvoyer aux tribunaux ordinaires pour y être réglés, et ensuite être jugés sur le fond au tribunal de commerce. — Pr. 174, 187, 342 s.

427. Si une pièce produite est méconnue, déniée ou arguée de faux, et que la partie persiste à s'en servir, le tribunal renverra devant les juges qui doivent en connaître, et il sera sursis au jugement de la demande principale.

Néanmoins, si la pièce n'est relative qu'à un des chefs de la demande, il pourra être passé outre au jugement des autres chefs. — Pr. 14, 193, 214 s., 250 s., 250.

428. Le tribunal pourra, dans tous les cas, ordonner, même d'office, que les parties seront entendues en personne, à l'audience ou dans la chambre, et s'il y a empêchement légitime, commettre un des juges, ou même un juge de paix pour les entendre, lequel dressera procès-verbal de leurs déclarations. — Pr. 119, 324 s., 329, 421 s., 1035.

429. S'il y a lieu à renvoyer les parties devant des arbitres, pour examen de comptes, pièces et registres, il sera nommé un ou trois arbitres pour entendre les parties, et les concilier, si faire se peut, sinon donner leur avis.

S'il y a lieu à visite ou estimation d'ouvrages ou marchandises, il sera nommé un ou trois experts.

Les arbitres et les experts seront nommés d'office par le tribunal, à moins que les parties n'en conviennent à l'audience. — Pr. 302 s., 305, 430, 431; Co. 52 s.

430. La récusation ne pourra être proposée que dans les trois jours de la nomination. — Pr. 308 s., 378 s., 429, 1029, 1033.

431. Le rapport des arbitres et experts sera déposé au greffe du tribunal. — Pr. 319; Co. 99.

432. Si le tribunal ordonne la preuve par témoins, il y sera procédé dans les formes ci-dessus prescrites pour les enquêtes sommaires. Néanmoins, dans les causes sujettes à appel, les dépositions seront rédigées par écrit par le greffier, et signées par le témoin; en cas de refus, mention en sera faite. — Pr. 407, 413, 582; C. 1341; Co. 109, 339, 638.

433. Seront observées, dans la rédaction et l'expédition des jugements, les formes prescrites dans les articles 141 et 146 pour les tribunaux de première instance. — P. 650 s.

434. Si le demandeur ne se présente pas, le tribunal donnera défaut, et renverra le défendeur de la demande.

Si le défendeur ne comparaît pas, il sera donné défaut, et les conclusions du demandeur seront adjugées si elles se trouvent justes et bien vérifiées. — Pr. 19, 149 s., 150, 153, 154, 437 s.; Co. 642 s.

435. Aucun jugement par défaut ne pourra être signifié que par un huissier commis à cet effet par le tribunal; la signification contiendra, à peine de nullité, élection de domicile dans la commune où elle se fait, si le demandeur n'y est domicilié.

Le jugement sera exécutoire un jour après la signification et jusqu'à l'opposition. — Pr. 20, 156, 436, 156, 434, 436 s., 1030; C. 102, 111.

436. L'opposition ne sera plus recevable après la huitaine du jour de la signification. — Pr. 157 s., 437 s.; Mod. Co. 643.

437. L'opposition contiendra les moyens de l'opposant, et assignation dans le délai de la loi; elle sera signifiée au domicile élu. — Pr. 20, 161 s., 416, 435, 438, 1033; C. 111.

438. L'opposition faite à l'instant de l'exécution, par déclaration sur le procès-verbal de l'huissier, arrêtera l'exécution; à la charge, par l'opposant, de la réitérer dans les trois jours, par exploit contenant assignation; passé lequel délai, elle sera censée non avenue. — Pr. 156, 162, 1029.

439. Les tribunaux de commerce pourront ordonner l'exécution provisoire de leurs jugements, nonobstant l'appel, et sans caution, lorsqu'il y aura titre non attaqué, ou condamnation précédente dont il n'y aura pas d'appel : dans les autres cas, l'exécution provisoire n'aura lieu qu'à la charge de donner caution, ou de justifier de solvabilité suffisante. — Pr. 135 s., 417 s., 440, 442, 459 s.; C. 2041, 2040 s.

440. La caution sera présentée par acte signifié au domicile de l'appelant, s'il demeure dans le lieu où siège le tribunal, sinon au domicile par lui élu en exécution de l'article 422, avec sommation à jour et heure fixes de se présenter au greffe pour prendre communication, sans déplacement, des titres de la caution, s'il est ordonné qu'elle en fournira, et à l'audience, pour voir prononcer sur l'admission, en cas de contestation. — Pr. 441, 518 s.; C. 102, 111, 2018 s., 2040 s.

441. Si l'appelant ne comparaît pas, ou ne conteste point la caution, elle fera sa soumission au greffe; s'il conteste, il sera statué au jour indiqué par la sommation : dans tous les cas, le jugement sera exécutoire nonobstant opposition ou appel. — Pr. 440, 519 s.

442. Les tribunaux de commerce ne connaîtront point de l'exécution de leurs jugements. — Pr. 135, 424, 553; Co. 208, 631 s.

LIVRE TROISIÈME

DES TRIBUNAUX D'APPEL

[illegible]

TITRE UNIQUE

De l'appel, et de l'instruction sur l'appel

443. [illegible]

444. [illegible]

445. [illegible]

446. [illegible]

447. [illegible]

448. [illegible]

449. [illegible]

450. [illegible]

451. [illegible]

452. [illegible]

453. [illegible]

454. [illegible]

455. [illegible]

456. [illegible]

457. [illegible]

458. [illegible]

459. [illegible]

460. [illegible]

461. [illegible]

462. [illegible]

463. [illegible]

464. [illegible]

465. [illegible]

466. [illegible]

467. [illegible]

468. [illegible]

469. [illegible]

470. [illegible]

471. [illegible]

472. [illegible]

473. [illegible]

LIVRE QUATRIÈME

DES VOIES EXTRAORDINAIRES POUR ATTAQUER LES JUGEMENTS

(Décrété le … avril 1806 …)

TITRE PREMIER

De la tierce opposition

474. [illegible]

475. [illegible]

476. [illegible]

477. [illegible]

478. [illegible]

479. [illegible]

TITRE DEUXIÈME

De la requête civile.

480. Les jugements contradictoires rendus en dernier ressort par les tribunaux de première instance et d'appel, et les jugements par défaut rendus aussi en dernier ressort, et qui ne sont plus susceptibles d'opposition, pourront être rétractés, sur la requête de ceux qui y auront été parties ou dûment appelés, pour les causes ci-après : — [illegible]

1° S'il y a eu dol personnel ; — [illegible]

2° Si les formes prescrites à peine de nullité ont été violées, soit avant, soit lors des jugements, pourvu que la nullité n'ait pas été couverte par les parties ; — [illegible]

3° S'il a été prononcé sur choses non demandées ; — [illegible]

4° S'il a été adjugé plus qu'il n'a été demandé ;

5° S'il a été omis de prononcer sur l'un des chefs de demande ;

6° S'il y a contrariété de jugements en dernier ressort, entre les mêmes parties et sur les mêmes moyens, dans les mêmes cours ou tribunaux ; — [illegible]

7° Si, dans un même jugement, il y a des dispositions contraires ;

8° Si, dans les cas où la loi exige la communication au ministère public, cette communication n'a pas eu lieu, et que le jugement ait été rendu contre celui pour qui elle était ordonnée ; — [illegible]

9° Si l'on a jugé sur pièces reconnues ou déclarées fausses depuis le jugement ; — [illegible]

10° Si, depuis le jugement, il a été recouvré des pièces décisives, et qui avaient été retenues par le fait de la partie. — [illegible]

481. L'État, les communes, les établissements publics et les mineurs, seront encore reçus à se pourvoir, s'ils n'ont été défendus, ou s'ils ne l'ont été valablement. — [illegible]

482. S'il n'y a ouverture que contre un chef de jugement, il sera seul rétracté, à moins que les autres n'en soient dépendants.

483. (L. 2 mai 1862.) La requête civile sera signifiée avec assignation, dans le délai de deux mois, à l'égard des majeurs, à compter du jour de la signification du jugement attaqué à personne ou domicile. — [illegible]

484. (L. 2 mai 1862.) Le délai de deux mois ne courra contre les mineurs que du jour de la signification du jugement faite depuis leur majorité, à personne ou domicile. — [illegible]

485. (L. 2 mai 1862.) Lorsque le demandeur sera absent du territoire européen de l'Empire pour cause de service public, il aura, outre le délai ordinaire de deux mois depuis la signification du jugement, le délai de huit mois.

Il en sera de même en faveur des gens de mer absents pour cause de navigation. — [illegible]

486. (L. 2 mai 1862.) Ceux qui demeurent hors de la France continentale auront, outre le délai de deux mois depuis la signification du jugement, le délai des ajournements réglé par l'article 73 ci-dessus. — [illegible]

487. Si la partie condamnée est décédée dans les délais ci-dessus fixés pour se pourvoir, ce qui en restera à courir ne commencera, contre la succession, que dans les délais et de la manière prescrits en l'article 447 ci-dessus. — [illegible]

488. Lorsque les ouvertures de requête civile seront le faux, le dol, ou la découverte de pièces nouvelles, les délais ne courront que du jour où, soit le faux, soit le dol, auront été reconnus, ou les pièces découvertes ; pourvu que, dans ces deux derniers cas, il y ait preuve par écrit du jour, et non autrement. — [illegible]

489. S'il y a contrariété de jugements, le délai courra du jour de la signification du dernier jugement. — [illegible]

490. La requête civile sera portée au même tribunal où le jugement attaqué aura été rendu ; il pourra y être statué par les mêmes juges. — [illegible]

491. Si une partie veut attaquer par la requête civile un jugement produit dans une cause pendante en un tribunal autre que celui qui l'a rendu, elle se pourvoira devant le tribunal qui a rendu le jugement attaqué ; et le tribunal saisi de la cause dans laquelle il est produit pourra, suivant les circonstances, passer outre ou surseoir. — [illegible]

492. La requête civile sera formée par assignation au domicile de l'avoué de la partie qui a obtenu le jugement attaqué, si elle est formée dans les six mois de la date du jugement ; après ce délai, l'assignation sera donnée au domicile de la partie. — [illegible]

493. Si la requête civile est formée incidemment devant un tribunal compétent pour en connaître, elle le sera par requête d'avoué à avoué ; mais si elle est incidente à une contestation portée dans un autre tribunal que celui qui a rendu le jugement, elle sera formée par assignation devant les juges qui ont rendu le jugement. — [illegible]

494. La requête civile d'aucune partie autre que celles qui stipulent les intérêts de l'État ne sera reçue, si, avant que cette requête ait été présentée, il n'a été consigné une somme de trois cents francs pour amende, et cent cinquante francs pour les dommages-intérêts de la partie, sans préjudice de plus amples dommages-intérêts, s'il y a lieu : la consignation sera de moitié, si le jugement est par défaut ou par forclusion, et du quart s'il s'agit de jugements rendus par les tribunaux de première instance. — [illegible]

495. La quittance du receveur sera signifiée en tête de la demande, ainsi qu'une consultation de trois avocats exerçant depuis dix ans au moins près un des tribunaux du ressort de la cour royale dans lequel le jugement a été rendu.

La consultation contiendra déclaration qu'ils sont d'avis de la requête civile, et elle en énoncera aussi les ouvertures ; sinon la requête ne sera pas reçue. — [illegible]

496. Si la requête civile est signifiée dans les six mois de la date du jugement, l'avoué de la partie qui a obtenu le jugement sera constitué de droit sans nouveau pouvoir. — [illegible]

497. La requête civile n'empêchera pas l'exécution du jugement attaqué ; nulles défenses ne pourront être accordées : celui qui aura été condamné à délaisser un héritage ne sera reçu à plaider sur la requête civile qu'en rapportant la preuve de l'exécution du jugement au principal. — [illegible]

498. Toute requête civile sera communiquée au ministère public. — [illegible]

499. Aucun moyen autre que les ouvertures de requête civile énoncées en la consultation ne sera discuté à l'audience ni par écrit. — [illegible]

500. Le jugement qui rejettera la requête civile condamnera le demandeur à l'amende et aux dommages-intérêts ci-dessus fixés, sans préjudice de plus amples dommages-intérêts, s'il y a lieu. — [illegible]

501. Si la requête civile est admise, le jugement sera rétracté, et les parties seront remises au même état où elles étaient avant ce jugement ; les sommes consignées seront rendues, et les objets des condamnations qui auront été perçus en vertu du jugement rétracté seront restitués.

Lorsque la requête civile aura été entérinée pour raison de contrariété de jugements, le jugement qui entérinera la requête civile ordonnera que le premier jugement sera exécuté selon sa forme et teneur. — [illegible]

502. Le fond de la contestation sur laquelle le jugement rétracté aura été rendu sera porté au même tribunal qui aura statué sur la requête civile. — [illegible]

503. Aucune partie ne pourra se pourvoir en requête civile, soit contre le jugement déjà attaqué par cette voie, soit contre le jugement qui l'aura rejetée, soit contre celui rendu sur le rescindant, à peine de nullité et de dommages-intérêts, même contre l'avoué qui, ayant occupé sur la première demande, occuperait sur la seconde. — [illegible]

504. La contrariété de jugements rendus en dernier ressort entre les mêmes parties et sur les mêmes moyens en différents tribunaux, donne ouverture à cassation ; et l'instance est formée et jugée conformément aux lois qui sont particulières à la cour de cassation. — [illegible]

TITRE TROISIÈME

De la prise à partie.

505. Les juges peuvent être pris à partie dans les cas suivants : — [illegible]

1° S'il y a dol, fraude ou concussion, qu'on prétendrait avoir été commis, soit dans le cours de l'instruction, soit lors des jugements ; — [illegible]

2° Si la prise à partie est expressément prononcée par la loi ; — [illegible]

3° Si la loi déclare les juges responsables, à peine de dommages et intérêts ; — [illegible]

4° S'il y a déni de justice. — [illegible]

506. Il y a déni de justice, lorsque les juges refusent de répondre les requêtes, ou négligent de juger les affaires en état et en tour d'être jugées. — [illegible]

507. Le déni de justice sera constaté par deux réquisitions faites aux juges en la personne des greffiers, et signifiées de trois en trois jours au moins pour les juges de paix et de commerce, et de huitaine en huitaine au moins pour les autres juges : tout huissier requis sera tenu de faire ces réquisitions, à peine d'interdiction. — [illegible]

508. Après les deux réquisitions, le juge pourra être pris à partie. — [illegible]

509. La prise à partie contre les juges de paix, contre les tribunaux de commerce ou de première instance, ou contre quelqu'un de leurs membres, et la prise à partie contre un conseiller à une cour royale ou à une cour d'assises, seront portées à la cour royale du ressort.

La prise à partie contre les cours d'assises, contre les cours royales ou l'une de leurs sections, sera portée à la haute cour, conformément à l'article 101 de l'acte du 18 mai 1804 (1). — [illegible]

510. Néanmoins aucun juge ne pourra être pris à partie, sans permission préalable du tribunal devant lequel la prise à partie sera portée. — [illegible]

511. Il sera présenté, à cet effet, une requête signée de la partie, ou de son fondé de procuration authentique et spéciale, laquelle procuration sera annexée à la requête, ainsi que les pièces justificatives, s'il y en a, à peine de nullité. — [illegible]

512. Il ne pourra être employé aucuns termes injurieux contre les juges, à peine, contre la partie, de telle amende, et contre son avoué, de telle injonction ou suspension qu'il appartiendra. — [illegible]

513. Si la requête est rejetée, la partie sera condamnée à une amende qui ne pourra être moindre de trois cents francs, sans préjudice des dommages et intérêts envers les parties, s'il y a lieu. — [illegible]

514. Si la requête est admise, elle sera signifiée dans trois jours au juge pris à partie, qui sera tenu de fournir ses défenses dans la huitaine.

Il s'abstiendra de la connaissance du différend ; il s'abstiendra même, jusqu'au jugement définitif de la prise à partie, de toutes les causes que la partie, ou ses parents en ligne directe, ou son conjoint, pourront avoir dans son tribunal, à peine de nullité des jugements. — [illegible]

515. La prise à partie sera portée à l'audience sur un simple acte, et sera jugée par une autre section que celle qui l'aura admise : si la cour royale n'est composée que d'une section, le jugement de la prise à partie sera renvoyé à la cour royale la plus voisine par la cour de cassation. — [illegible]

516. Si le demandeur est débouté, il sera condamné à une amende qui ne pourra être moindre de trois cents francs, sans préjudice des dommages-intérêts envers les parties, s'il y a lieu. — [illegible]

LIVRE CINQUIÈME

DE L'EXÉCUTION DES JUGEMENTS

(Décrété le 21 avril 1806, promulgué le 1er mai 1806.)

TITRE PREMIER

Des réceptions de cautions.

517. Le jugement qui ordonnera de fournir caution fixera le délai dans lequel elle sera présentée, et celui dans lequel elle sera acceptée ou contestée. — [illegible]

(1) [illegible]

[illegible]

518. La caution sera présentée par exploit signifié à la partie, si elle n'a point d'avoué, et par acte d'avoué, si elle en a constitué, avec copie de l'acte de dépôt qui sera fait au greffe, des titres qui constatent la solvabilité de la caution, sauf le cas où la loi n'exige pas que la solvabilité soit établie par titres. — [illegible]

519. La partie pourra prendre au greffe communication des titres; si elle accepte la caution, elle le déclarera par un simple acte : dans ce cas, ou si la partie ne conteste pas dans le délai, la caution fera au greffe sa soumission, qui sera exécutoire sans jugement, même pour la contrainte par corps, s'il y a lieu à contrainte. — [illegible]

520. Si la partie conteste la caution dans le délai fixé par le jugement, l'audience sera poursuivie sur un simple acte. — [illegible]

521. Les réceptions de caution seront jugées sommairement, sans requête ni écritures; le jugement sera exécuté nonobstant appel. — [illegible]

522. Si la caution est admise, elle fera sa soumission, conformément à l'article 519 ci-dessus. — [illegible]

TITRE DEUXIÈME

De la liquidation des dommages-intérêts.

523. Lorsque l'arrêt ou le jugement n'aura pas fixé les dommages-intérêts, la déclaration en sera signifiée à l'avoué du défendeur, s'il en a été constitué; et les pièces seront communiquées sur récépissé de l'avoué, ou par la voie du greffe. — [illegible]

524. Le défendeur sera tenu, dans le délai fixé par les articles 97 et 98, et sous les peines y portées, de remettre lesdites pièces, et, huitaine après l'expiration desdits délais, de faire ses offres au demandeur, de la somme qu'il avisera pour les dommages-intérêts; sinon, la cause sera portée sur un simple acte à l'audience, et il sera condamné à payer le montant de la déclaration, si elle est trouvée juste et bien vérifiée. — [illegible]

525. Si les offres contestées sont jugées suffisantes, le demandeur sera condamné aux dépens, du jour des offres. — [illegible]

TITRE TROISIÈME

De la liquidation des fruits.

526. Celui qui sera condamné à restituer des fruits, en rendra compte dans la forme ci-après; et il sera procédé comme sur les autres comptes rendus en justice. — [illegible]

TITRE QUATRIÈME

Des redditions de comptes.

527. Les comptables commis par justice seront poursuivis devant les juges qui les auront commis; les tuteurs, devant les juges du lieu où la tutelle a été déférée; tous autres comptables, devant les juges de leur domicile. — [illegible]

528. En cas d'appel d'un jugement qui aurait rejeté une demande en reddition de compte, l'arrêt infirmatif renverra, pour la reddition et le jugement du compte, au tribunal où la demande avait été formée, ou à tout autre tribunal de première instance que l'arrêt indiquera.

Si le compte a été rendu et jugé en première instance, l'exécution de l'arrêt infirmatif appartiendra à la cour qui l'aura rendu, ou à un autre tribunal qu'elle aura indiqué par le même arrêt. — Pr. 472 s.

529. Les oyants qui auront le même intérêt nommeront un seul avoué : faute de s'accorder sur le choix, le plus ancien occupera, et néanmoins chacun des oyants pourra en constituer un; mais les frais occasionnés par cette constitution particulière, et faits tant activement que passivement, seront supportés par l'oyant. — [illegible]

530. Tout jugement portant condamnation de rendre compte, fixera le délai dans lequel le compte sera rendu, et commettra un juge. — [illegible]

531. Si le préambule du compte, en y comprenant la mention de l'acte ou du jugement qui aura commis le rendant, et du jugement qui aura ordonné le compte, excède six rôles, l'excédant ne passera point en taxe. — [illegible]

532. Le rendant n'emploiera pour dépenses communes que les frais de voyage, s'il y a lieu, les vacations de l'avoué qui aura mis en ordre les pièces du compte, les grosses et copies, les frais de présentation et affirmation. — [illegible]

533. Le compte contiendra les recette et dépense effectives; il sera terminé par la récapitulation de la balance desdites recette et dépense, sauf à faire un chapitre particulier des objets à recouvrer. — [illegible]

534. Le rendant présentera et affirmera son compte en personne ou par procureur spécial, dans le délai fixé, et au jour indiqué par le juge-commissaire, les oyants présents, ou appelés à personne ou domicile, s'ils n'ont avoué, et par acte d'avoué, s'ils en ont constitué. — [illegible]

Le délai passé, le rendant y sera contraint par saisie et vente de ses biens jusqu'à concurrence d'une somme que le tribunal arbitrera; il pourra même y être contraint par corps, si le tribunal l'estime convenable. — [illegible]

535. Le compte présenté et affirmé, si la recette excède la dépense, l'oyant pourra requérir du juge-commissaire exécutoire de cet excédant, sans approbation du compte. — [illegible]

536. Après la présentation et affirmation, le compte sera signifié à l'avoué de l'oyant : les pièces justificatives seront cotées et paraphées par l'avoué du rendant; si elles sont communiquées sur récépissé, elles seront rétablies dans le délai qui sera fixé par le juge-commissaire, sous les peines portées par l'article 107.

Si les oyants ont constitué avoués différents, la copie et la communication ci-dessus seront données à l'avoué plus ancien seulement, s'ils ont le même intérêt, et à chaque avoué, s'ils ont des intérêts différents.

S'il y a des créanciers intervenants, ils n'auront tous ensemble qu'une seule communication, tant du compte que des pièces justificatives, par les mains du plus ancien des avoués qu'ils auront constitués. — [illegible]

537. Les quittances de fournisseurs, ouvriers, maîtres de pension et autres de même nature, produites comme pièces justificatives du compte, sont dispensées de l'enregistrement.

538. Aux jour et heure indiqués par le commissaire, les parties se présenteront devant lui pour fournir débats, soutènements et réponses sur son procès-verbal. Si les parties ne se présentent pas, l'affaire sera portée à l'audience sur un simple acte. — [illegible]

539. Si les parties ne s'accordent pas, le commissaire ordonnera qu'il en sera par lui fait rapport à l'audience, au jour qu'il indiquera; elles seront tenues de s'y trouver, sans aucune sommation. — [illegible]

540. Le jugement qui interviendra sur l'instance de compte contiendra le calcul de la recette et des dépenses, et fixera le reliquat précis, s'il y en a aucun. — [illegible]

541. Il ne sera procédé à la révision d'aucun compte, sauf aux parties, s'il y a erreurs, omissions, faux ou doubles emplois, à en former leurs demandes devant les mêmes juges. — [illegible]

542. Si l'oyant est défaillant, le commissaire fera son rapport au jour par lui indiqué : les articles seront alloués, s'ils sont justifiés; le rendant, s'il est reliquataire, gardera les fonds sans intérêts; et s'il ne s'agit point d'un compte de tutelle, le comptable donnera caution, si mieux il n'aime consigner. — [illegible]

TITRE CINQUIÈME

De la liquidation des dépens et frais.

543. La liquidation des dépens et frais sera faite, en matière sommaire, par le jugement qui les adjugera. — [illegible]

544. La manière de procéder à la liquidation des dépens et frais dans les autres matières, sera déterminée par un ou plusieurs règlements d'administration publique, qui seront exécutoires le même jour que le présent Code, et qui, après trois ans au plus tard, seront présentés en forme de loi au Corps Législatif, avec les changements dont ils auront paru susceptibles.

TITRE SIXIÈME

Règles générales sur l'exécution forcée des jugements et actes.

545. Nul jugement ni acte ne pourront être mis à exécution, s'ils ne portent le même intitulé que les lois, et ne sont terminés par un mandement aux officiers de justice, ainsi qu'il est dit article 146. — [illegible]

546. Les jugements rendus par les tribunaux étrangers, et les actes reçus par les officiers étrangers, ne seront susceptibles d'exécution en France que de la manière et dans les cas prévus par les articles 2123 et 2128 du code civil. — [illegible]

547. Les jugements rendus et les actes passés en France seront exécutoires dans tout le Royaume, sans visa ni pareatis, encore que l'exécution ait lieu hors du ressort du tribunal par lequel les jugements ont été rendus, ou dans le territoire duquel les actes ont été passés. — [illegible]

548. Les jugements qui prononceront une main-levée, une radiation d'inscription hypothécaire, un paiement, ou quelque autre chose à faire par un tiers ou à sa charge, ne seront exécutoires par les tiers ou contre eux, même après les délais de l'opposition ou de l'appel, que sur le certificat de l'avoué de la partie poursuivante, contenant la date de la signification du jugement faite au domicile de la partie condamnée, et sur l'attestation du greffier constatant qu'il n'existe contre le jugement ni opposition ni appel. — [illegible]

549. A cet effet, l'avoué de l'appelant fera mention de l'appel, dans la forme et sur le registre prescrits par l'article 163.

550. Sur le certificat qu'il n'existe aucune opposition ni appel sur ce registre, les séquestres, conservateurs et tous autres seront tenus de satisfaire au jugement. — [illegible]

551. Il ne sera procédé à aucune saisie mobilière ou immobilière qu'en vertu d'un titre exécutoire, et pour choses liquides et certaines : si la dette exigible n'est pas d'une somme en argent, il sera sursis, après la saisie, à toutes poursuites ultérieures, jusqu'à ce que l'appréciation en ait été faite. — [illegible]

552. La contrainte par corps, pour objet susceptible de liquidation, ne pourra être exécutée qu'après que la liquidation aura été faite en argent. — [illegible]

553. Les contestations élevées sur l'exécution des jugements des tribunaux de commerce seront portées au tribunal de première instance du lieu où l'exécution se poursuivra. — [illegible]

554. Si les difficultés élevées sur l'exécution des jugements ou actes requièrent célérité, le tribunal du lieu y statuera provisoirement, et renverra la connaissance du fond au tribunal d'exécution. — [illegible]

555. L'officier insulté dans l'exercice de ses fonctions dressera procès-verbal de rébellion; et il sera procédé suivant les règles établies par le Code d'instruction criminelle. — [illegible]

556. La remise de l'acte ou du jugement à l'huissier vaudra pouvoir pour toutes exécutions autres que la saisie immobilière et l'emprisonnement, pour lesquels il sera besoin d'un pouvoir spécial. — [illegible]

TITRE SEPTIÈME

Des saisies-arrêts ou oppositions (1).

557. Tout créancier peut, en vertu de titres authentiques ou privés, saisir-arrêter entre les mains d'un tiers les sommes et effets appartenant à son débiteur, ou s'opposer à leur remise. — [illegible]

558. S'il n'y a pas de titre, le juge du domicile du débiteur, et même celui du domicile du tiers saisi, pourront, sur requête, permettre la saisie-arrêt et opposition. — [illegible]

559. Tout exploit de saisie-arrêt ou opposition, fait en vertu d'un titre, contiendra l'énonciation du titre et de la somme pour laquelle elle est faite : si l'exploit est fait en vertu de la permission du juge, l'ordonnance

(1) [illegible]

TITRE HUITIÈME

Des saisies-exécutions.

604. Si les objets saisis ont produit quelques profits ou revenus, il est tenu d'en compter, même par corps. — Pr. 126, 597 s.; C. 1936, 1961, 2060; L. 22 juillet 1867.

605. Il peut demander sa décharge, si la vente n'a pas été faite au jour indiqué par le procès-verbal, sans qu'elle ait été empêchée par quelque obstacle; et, en cas d'empêchement, la décharge peut être demandée deux mois après la saisie, sauf au saisissant à faire nommer un autre gardien. — Pr. 596, 606, 613 s.

606. La décharge sera demandée contre le saisissant et le saisi, par une assignation en référé devant le juge du lieu de la saisie; si elle est accordée, il sera préalablement procédé au récolement des effets saisis, parties appelées. — Pr. 605, 607 s., 806 s.

607. Il sera passé outre, nonobstant toutes réclamations de la part de la partie saisie, sur lesquelles il sera statué en référé. — Pr. 806 s.

608. Celui qui se prétendra propriétaire des objets saisis, ou de partie d'iceux, pourra s'opposer à la vente par exploit signifié au gardien, et dénoncé au saisissant et au saisi, contenant assignation libellée et l'énonciation des preuves de propriété, à peine de nullité: il y sera statué par le tribunal du lieu de la saisie, comme en matière sommaire.

Le réclamant qui succombera sera condamné, s'il y échet, aux dommages et intérêts du saisissant. — Pr. 61, 126, 129, 404 s., 474, 606, 727, 826 s., 1029; C. 549 s., 1149 s., 2102.

609. Les créanciers du saisi, pour quelque cause que ce soit, même pour loyers, ne pourront former opposition que sur le prix de la vente: leurs oppositions en contiendront les causes; elles seront signifiées au saisissant et à l'huissier ou autre officier chargé de la vente, avec élection de domicile dans le lieu où la saisie est faite, si l'opposant n'y est pas domicilié: le tout à peine de nullité des oppositions, et des dommages-intérêts contre l'huissier, s'il y a lieu. — Pr. 31, 129, 610, 615, 622, 1029, 1031; C. 102, 111, 1149 s., 2101.

610. Le créancier opposant ne pourra faire aucune poursuite, si ce n'est contre la partie saisie, et pour obtenir condamnation: il n'en sera fait aucune contre lui, sauf à discuter les causes de son opposition lors de la distribution des deniers. — Pr. 560, 567, 656, 1031.

611. L'huissier qui, se présentant pour saisir, trouverait une saisie déjà faite et un gardien établi, ne pourra pas saisir de nouveau; mais il pourra procéder au récolement des meubles et effets sur le procès-verbal, que le gardien sera tenu de lui représenter: il saisira les effets omis, et fera sommation au premier saisissant de vendre le tout dans la huitaine; le procès-verbal de récolement vaudra opposition sur les deniers de la vente. — Pr. 612, 616, 622, 659, 660, 819, 823.

612. Faute par le saisissant de faire vendre dans le délai ci-après fixé, tout opposant ayant titre exécutoire pourra, sommation préalablement faite au saisissant, et sans former aucune demande en subrogation, faire procéder au récolement des effets saisis, sur la copie du procès-verbal de saisie, que le gardien sera tenu de représenter, et de suite à la vente. — Pr. 540, 605 s., 611, 699, 721 s.; C. 1317 s.

613. Il y aura au moins huit jours entre la signification de la saisie au débiteur et la vente. — Pr. 583, 682, 614, 647, 1033.

614. Si la vente se fait à un jour autre que celui indiqué par la signification, la partie saisie sera appelée, avec un jour d'intervalle, outre un jour pour cinq (L. 3 mai 1862) myriamètres en raison de la distance du domicile du saisi, et du lieu où les effets seront vendus. — Pr. 595, 602, 617, 1033.

615. Les opposants ne seront point appelés. — Pr. 609 s., 617.

616. Le procès-verbal de récolement qui précédera la vente ne contiendra aucune énonciation des effets saisis, mais seulement de ceux en déficit, s'il y en a. — Pr. 606, 612.

617. La vente sera faite au plus prochain marché public, aux jour et heure ordinaires des marchés, ou un jour de dimanche: pourra néanmoins le tribunal permettre de vendre les effets en un autre lieu plus avantageux. Dans tous les cas, elle sera annoncée un jour auparavant par quatre placards au moins, affichés, l'un au lieu où sont les effets, l'autre à la porte de la maison commune, le troisième au marché du lieu, et s'il n'y en a pas, au marché voisin, le quatrième à la porte de l'auditoire de la justice de paix; et si la vente se fait dans un lieu autre que le marché ou le lieu où sont les effets, un cinquième placard sera apposé au lieu où se fera la vente. La vente sera en outre annoncée par la voie des journaux, dans les villes où il y en a. — Pr. 598 s., 945, 946, 949.

618. Les placards indiqueront les lieu, jour et heure de la vente, et la nature des objets, sans détail particulier. — Pr. 619, 620.

619. L'apposition sera constatée par exploit, auquel sera annexé un exemplaire du placard. — Pr. 617 s., 631.

620. S'il s'agit de barques, chaloupes et autres bâtiments de mer du port de dix tonneaux et au-dessous, bacs, galiotes, bateaux et autres bâtiments de rivière, moulins et autres édifices mobiles, assis sur bateaux ou autrement, il sera procédé à leur adjudication sur les ports, gares ou quais où ils se trouvent: il sera affiché quatre placards au moins, conformément à l'article précédent; et il sera fait, à trois divers jours consécutifs, trois publications au lieu où sont lesdits objets: la première publication ne sera faite que huit jours au moins après la signification de la saisie. Dans les villes où il s'imprime des journaux, il sera suppléé à ces trois publications par l'insertion qui sera faite au journal, de l'annonce de ladite vente, laquelle annonce sera répétée trois fois dans le cours du mois précédant la vente. — Pr. 613, 617 s., 1034; C. 531; Co. 202 s., 207 s.

621. La vaisselle d'argent, les bagues et joyaux de la valeur de trois cents francs au moins, ne pourront être vendus qu'après placards apposés en la forme ci-dessus, et trois expositions, soit au marché, soit dans l'endroit où sont lesdits effets; sans que néanmoins, dans aucun cas, lesdits objets puissent être vendus au-dessous de leur valeur réelle, s'il s'agit de vaisselle d'argent, ni au-dessous de l'estimation qui en aura été faite par des gens de l'art, s'il s'agit de bagues et joyaux.

Dans les villes où il s'imprime des journaux, les trois publications seront suppléées, comme il est dit en l'article précédent. — Pr. 589, 620.

622. Lorsque la valeur des effets saisis excédera le montant des causes de la saisie et des oppositions, il ne sera procédé qu'à la vente des objets suffisant à fournir la somme nécessaire pour le paiement des créances et frais. — Pr. 130; C. 2101.

623. Le procès-verbal constatera la présence ou le défaut de comparution de la partie saisie. — Pr. 599, 596 s., 766.

624. L'adjudication sera faite au plus offrant, en payant comptant: faute de paiement, l'effet sera revendu sur-le-champ à la folle enchère de l'adjudicataire. — Pr. 625, 739, 733, 740, 1031; C. 1650; P. 412.

625. Les commissaires-priseurs et huissiers seront personnellement responsables du prix des adjudications, et feront mention, dans leurs procès-verbaux, des noms et domiciles des adjudicataires: ils ne pourront recevoir d'eux aucune somme au-dessus de l'enchère, à peine de concussion. — Pr. 126, 624, 1037; C. 2060; P. 169 s.; L. 22 pluviôse an VII, sur les ventes mobilières; L. 25 juin 1841, sur les ventes aux enchères de marchandises neuves.

TITRE NEUVIÈME

De la saisie des fruits pendants par racines, ou de la saisie-brandon.

626. La saisie-brandon ne pourra être faite que dans les six semaines qui précéderont l'époque ordinaire de la maturité des fruits; elle sera précédée d'un commandement, avec un jour d'intervalle. — Pr. 19, 68, 551, 583, 636, 673, 780, 819, 820; C. 520, 1234.

627. Le procès-verbal de saisie contiendra l'indication de chaque pièce, sa contenance et sa situation, et deux au moins de ses tenants et aboutissants, et la nature des fruits. — Pr. 68, 588, 675.

628. Le garde champêtre sera établi gardien, à moins qu'il ne soit compris dans l'exclusion portée par l'article 598; s'il n'est présent, la saisie lui sera signifiée. Il sera aussi laissé copie au maire de la commune de la situation, et l'original sera visé par lui.

Si les communes sur lesquelles les biens sont situés sont contiguës ou voisines, il sera établi un seul gardien, autre néanmoins qu'un garde champêtre: le visa sera donné par le maire de la commune du chef-lieu de l'exploitation; et s'il n'y en a pas, par le maire de la commune où est située la majeure partie des biens. — Pr. 598 s., 596, 1039; C. 2060.

629. La vente sera annoncée par placards affichés, huitaine au moins avant la vente, à la porte du saisi, à celle de la maison commune, et, s'il n'y en a pas, au lieu où s'apposent les actes de l'autorité publique; au principal marché du lieu, et, s'il n'y en a pas, au marché le plus voisin, et à la porte de l'auditoire de la justice de paix. — Pr. 617 s., 630 s.

630. Les placards désigneront les jour, heure et lieu de la vente, les noms et demeures du saisi et du saisissant, la quantité d'hectares et la nature de chaque espèce de fruits, la commune où ils sont situés, sans autre désignation. — Pr. 618, 627.

631. L'apposition des placards sera constatée ainsi qu'il est dit au titre des *Saisies-exécutions*. — Pr. 616, 619.

632. La vente sera faite un jour de dimanche ou de marché. — Pr. 617, 633.

633. Elle pourra être faite sur les lieux ou sur la place de la commune où est située la majeure partie des objets saisis.

La vente pourra aussi être faite sur le marché du lieu, et, s'il n'y en a pas, sur le marché le plus voisin. — Pr. 617, 635.

634. Seront, au surplus, observées les formalités prescrites au titre des *Saisies-exécutions*. — Pr. 583 s., 625.

635. Il sera procédé à la distribution du prix de la vente, ainsi qu'il sera dit au titre de la *Distribution par contribution*. — Pr. 656 s.; C. 2093.

TITRE DIXIÈME

De la saisie des rentes constituées sur particuliers.

(Loi du 24 mai 1842.)

636. La saisie d'une rente constituée en perpétuel ou en viager, moyennant un capital déterminé, ou pour prix de la vente d'un immeuble, ou de la cession de fonds immobiliers, ou à tout autre titre onéreux ou gratuit, ne peut avoir lieu qu'en vertu d'un titre authentique et exécutoire. Elle sera précédée d'un commandement fait à la personne ou au domicile de la partie obligée ou condamnée, au moins un jour avant la saisie, et contenant notification du titre, si elle n'a déjà été faite. — Pr. 58, 146, 551, 583, 626, 637 s., 673, 1033, 1037; C. 1909 s., 1968 s., 2104, 2208.

637. La rente sera saisie entre les mains de celui qui la doit, par exploit contenant, outre les formalités ordinaires, l'énonciation du titre constitutif de la rente, de sa quotité, de son capital, s'il y en a un, et du titre de la créance du saisissant; les noms, profession et demeure de la partie saisie, élection de domicile chez un avoué près le tribunal devant lequel la vente sera poursuivie, et assignation au tiers saisi en déclaration devant le même tribunal. — Pr. 59, 61, 68, 559, 570, 640, 643, 675.

638. Les dispositions contenues aux articles 570, 571, 572, 573, 574, 575 et 576, relatives aux formalités que doit remplir le tiers saisi, seront observées par le débiteur de la rente.

Si ce débiteur ne fait pas sa déclaration, s'il la fait tardivement, ou s'il ne fait pas les justifications ordonnées, il pourra, selon les cas, être condamné à servir la rente faute d'avoir justifié de sa libération, ou à des dommages-intérêts résultant, soit de son silence, soit du retard apporté à faire sa déclaration, soit de la procédure à laquelle il aura donné lieu. — Pr. 126, 128, 577; C. 1149.

639. La saisie entre les mains de personnes non demeurant en France sur le continent sera signifiée à personne ou domicile, et seront observés, pour la citation, les délais prescrits par l'article 73. — Pr. 69, 560, 612, 733.

640. L'exploit de saisie vaudra toujours saisie-arrêt des arrérages échus et à échoir jusqu'à la distribution. — Pr. 557 s., 657.

641. Dans les trois jours de la saisie, outre un jour par cinq myriamètres de distance entre le domicile du débiteur de la rente et celui du saisissant, et pareil délai en raison de la distance entre le domicile de ce dernier et celui de la partie saisie, le saisissant sera tenu de la dénoncer à la partie saisie, et de lui notifier le jour de la publication du cahier des charges.

Lorsque le débiteur de la rente sera domicilié hors du continent de la France, le délai pour la dénonciation ne courra que du jour de l'échéance de la citation au tiers saisi. — Pr. 66, 73, 563, 639, 642 s., 653, 677, 682, 1133.

642. Dix jours au plus tôt, quinze jours au plus tard, après la dénonciation à la partie saisie, outre le délai des distances, tel qu'il est réglé par l'article 641, le saisissant déposera au greffe du tribunal devant lequel se poursuivra la vente le cahier des charges contenant les noms, professions et demeures du saisissant, de la partie saisie et du débiteur de la rente, la nature de cette rente, sa quotité, celle du capital, s'il y en a un, la date et l'énonciation du titre en vertu duquel elle est constituée, l'énonciation de l'inscription, si le titre contient hypothèque et si cette hypothèque a été

[illegible]

TITRE ONZIÈME

De la distribution par contribution.

[illegible]

TITRE DOUZIÈME

De la saisie immobilière.

[illegible]

[illegible]

680. [illegible]

681. [illegible]

682. [illegible]

683. [illegible]

684. [illegible]

685. [illegible]

686. [illegible]

687. [illegible]

688. [illegible]

689. [illegible]

690. [illegible]

691. [illegible]

692. [illegible]

693. [illegible]

694. [illegible]

695. [illegible]

696. [illegible]

697. [illegible]

698. [illegible]

699. [illegible]

700. [illegible]

701. [illegible]

702. [illegible]

703. [illegible]

704. [illegible]

705. [illegible]

706. L'adjudication ne pourra être faite qu'après l'extinction de trois bougies allumées successivement.

S'il ne survient pas d'enchères pendant la durée de ces bougies, le poursuivant sera déclaré adjudicataire pour la mise à prix.

Si, pendant la durée d'une des trois premières bougies, il survient des enchères, l'adjudication ne pourra être faite qu'après l'extinction de deux bougies sans nouvelle enchère survenue pendant leur durée. — Pr. 693, 705, 707, 711, 716, 722, 928, 988; P. 412.

707. L'avoué dernier enchérisseur sera tenu, dans les trois jours de l'adjudication, de déclarer l'adjudicataire et de fournir son acceptation, sinon de représenter son pouvoir, lequel demeurera annexé à la minute de sa déclaration; faute de ce faire, il sera réputé adjudicataire en son nom, sans préjudice des dispositions de l'article 711. — Pr. 705, 732 s., 739, 838, 965, 988, 1031, 1034; C. 1984 s., 1596 s., 1997.

708. Toute personne pourra, dans les huit jours qui suivront l'adjudication, faire, par le ministère d'un avoué, une surenchère, pourvu qu'elle soit du sixième au moins du prix principal de la vente. — Pr. 709, 711, 713, 732, 743, 838, 965, 973; C. 1596 s., 2185.

709. La surenchère sera faite au greffe du tribunal qui a prononcé l'adjudication; elle contiendra constitution d'avoué et ne pourra être rétractée; elle devra être dénoncée par le surenchérisseur, dans les trois jours, aux avoués de l'adjudicataire, du poursuivant, et de la partie saisie, si elle a constitué avoué, sans néanmoins qu'il soit nécessaire de faire cette dénonciation à la personne ou au domicile de la partie saisie qui n'aurait pas d'avoué.

La dénonciation sera faite par un simple acte, contenant avenir pour l'audience qui suivra l'expiration de la quinzaine, sans autre procédure.

L'indication du jour de cette adjudication sera faite de la manière prescrite par les articles 696 et 699.

Si le surenchérisseur ne dénonce pas la surenchère dans le délai ci-dessus fixé, le poursuivant ou tout créancier inscrit, ou le saisi, pourra le faire dans les trois jours qui suivent l'expiration de ce délai; faute de quoi la surenchère sera nulle de droit, et sans qu'il soit besoin de faire prononcer la nullité. — Pr. 75, 82, 696 s., 708, 710 s., 715, 722, 733, 739, 965, 973, 1033; C. 2185.

710. Au jour indiqué, il sera ouvert de nouvelles enchères, auxquelles toute personne pourra concourir; s'il ne se présente pas d'enchérisseurs, le surenchérisseur sera déclaré adjudicataire; en cas de folle enchère, il sera tenu par corps de la différence entre son prix et celui de la vente. — *L. 22 juillet 1867, abolissant la contrainte par corps.*

Lorsqu'une seconde adjudication aura eu lieu, après la surenchère ci-dessus, aucune autre surenchère des mêmes biens ne pourra être reçue. — Pr. 688, 708 s., 711, 733 s., 739, 743, 741, 965, 973.

711. Les avoués ne pourront enchérir pour les membres du tribunal devant lequel se poursuit la vente, à peine de nullité de l'adjudication ou de la surenchère, et de dommages-intérêts.

Ils ne pourront, sous les mêmes peines, enchérir pour le saisi ni pour les personnes notoirement insolvables. L'avoué poursuivant ne pourra se rendre personnellement adjudicataire ni surenchérisseur, à peine de nullité de l'adjudication ou de la surenchère, et de dommages-intérêts envers toutes les parties. — Pr. 128, 132, 702, 705, 707, 715, 838, 964, 965, 1029, 1031; C. 1149, 1596 s.

712. Le jugement d'adjudication ne sera autre que la copie du cahier des charges rédigé ainsi qu'il est dit en l'article 690; il sera revêtu de l'intitulé des jugements et du mandement qui les termine, avec injonction à la partie saisie de délaisser la possession aussitôt après la signification du jugement, sous peine d'y être contrainte même par corps. — Pr. 146 s., 545 s., 146, 690 s., 701 s., 713, 838, 965, 966; C. 2061 s.

713. Le jugement d'adjudication ne sera délivré à l'adjudicataire qu'à la charge, par lui, de rapporter au greffier quittance des frais ordinaires de poursuite, et la preuve qu'il a satisfait aux conditions du cahier des charges qui doivent être exécutées avant cette délivrance. La quittance et les pièces justificatives demeureront annexées à la minute du jugement, et seront copiées à la suite de l'adjudication. Faute par l'adjudicataire de faire ces justifications dans les vingt jours de l'adjudication, il y sera contraint par la voie de la folle enchère, ainsi qu'il sera dit ci-après, sans préjudice des autres voies de droit. — Pr. 702, 712, 733 s., 838, 965, 988.

714. Les frais extraordinaires de poursuite seront payés par privilège sur le prix, lorsqu'il en aura été ainsi ordonné par jugement. — Pr. 692, 701, 712 s., 733; C. 2101.

715. Les formalités et délais prescrits par les articles 673, 674, 675, 676, 677, 678, 690, 691, 692, 693, 694, 696, 698, 699, 704, 705, 706, 709, paragraphes 1 et 2, seront observés à peine de nullité.

La nullité prononcée pour défaut de désignation de l'un ou de plusieurs des immeubles compris dans la saisie n'entraînera pas nécessairement la nullité de la poursuite en ce qui concerne les autres immeubles.

Les nullités prononcées par le présent article pourront être proposées par tous ceux qui y auront intérêt. — Pr. 728 s., 739, 838, 1030.

716. Le jugement d'adjudication ne sera signifié qu'à la personne ou au domicile de la partie saisie.

Mention sommaire du jugement d'adjudication sera faite en marge de la transcription de la saisie, à la diligence de l'adjudicataire. — Pr. 68, 678, 685, 702, 712.

717. (L. 21 mai 1858.) L'adjudication ne transmet à l'adjudicataire d'autres droits à la propriété que ceux appartenant au saisi. — Néanmoins, l'adjudicataire ne pourra être troublé dans sa propriété par aucune demande en résolution fondée sur le défaut de payement du prix des anciennes aliénations, à moins qu'avant l'adjudication la demande n'ait été notifiée au greffe du tribunal où se poursuit la vente. — Si la demande a été notifiée en temps utile, il sera sursis à l'adjudication, et le tribunal, sur la réclamation du poursuivant ou de tout créancier inscrit, fixera le délai dans lequel le vendeur sera tenu de mettre à fin l'instance en résolution. — Le poursuivant pourra intervenir dans cette instance. — Ce délai expiré sans que la demande en résolution ait été définitivement jugée, il sera passé outre à l'adjudication, à moins que, pour des causes graves et dûment justifiées, le tribunal n'ait accordé un nouveau délai pour le jugement de l'action en résolution. — Si, faute par le vendeur de se conformer aux prescriptions du tribunal, l'adjudication avait eu lieu avant le jugement de la demande en résolution, l'adjudicataire ne pourrait pas être poursuivi à raison des droits des anciens vendeurs, sauf à ceux-ci à faire valoir, s'il y avait lieu, leurs titres de créances, dans l'ordre et distribution du prix de l'adjudication. — Le jugement d'adjudication dûment transcrit purge toutes les hypothèques, et les créanciers n'ont plus d'action que sur le prix. Les créanciers à hypothèques légales qui n'ont pas fait inscrire leur hypothèque avant la transcription du jugement d'adjudication ne conservent de droit de préférence sur le prix qu'à la condition de produire, avant l'expiration du délai fixé par l'article 754, dans le cas où l'ordre se règle judiciairement, et de faire valoir leurs droits avant la clôture, si l'ordre se règle amiablement, conformément aux articles 751 et 752. — Pr. 692 s., 693, 702, 772, 838.

TITRE TREIZIÈME

Des incidents de la saisie immobilière.

(Suite de la Loi du 2 juin 1841.)

718. Toute demande incidente à une poursuite en saisie immobilière sera formée par un simple acte d'avoué à avoué, contenant les moyens et conclusions. Cette demande sera formée contre toute partie n'ayant pas d'avoué en cause, par exploit d'ajournement à huit jours, sans augmentation de délai à raison des distances, si ce n'est dans le cas de l'article 726, et sans préliminaire de conciliation. Ces demandes seront instruites et jugées comme affaires sommaires. Tout jugement qui interviendra ne pourra être rendu que sur les conclusions du ministère public. — Pr. 49, 61, 72, 82, 83 s., 337, 404 s., 722, 725, 739, 743.

719. Si deux saisissants ont fait transcrire deux saisies de biens différents, poursuivies devant le même tribunal, elles seront réunies sur la requête de la partie la plus diligente, et seront continuées par le premier saisissant. La jonction sera ordonnée, encore que l'une des saisies soit plus ample que l'autre; mais elle ne pourra, en aucun cas, être demandée après le dépôt du cahier des charges; en cas de concurrence, la poursuite appartiendra à l'avoué porteur du titre plus ancien, et, si les titres sont de la même date, à l'avoué le plus ancien. — Pr. 611, 652, 678 s., 718, 720 s.

720. Si une seconde saisie, présentée à la transcription, est plus ample que la première, elle sera transcrite pour les objets non compris dans la première saisie, et le second saisissant sera tenu de dénoncer la saisie au premier saisissant, qui poursuivra sur les deux, si elles sont au même état; sinon, il sursoira à la première et suivra sur la deuxième jusqu'à ce qu'elle soit au même degré; elles seront alors réunies en une seule poursuite, qui sera portée devant le tribunal de la première saisie. — Pr. 678 s., 718 s., 721.

721. Faute par le premier saisissant d'avoir poursuivi sur la seconde saisie à lui dénoncée, conformément à l'article ci-dessus, le second saisissant pourra, par un simple acte, demander la subrogation. — Pr. 75, 82, 612, 720, 722 s., 776, 833.

722. La subrogation pourra être également demandée s'il y a collusion, fraude ou négligence, sous la réserve, en cas de collusion ou fraude, des dommages-intérêts envers qui il appartiendra.

Il y a négligence lorsque le poursuivant n'a pas rempli une formalité ou n'a pas fait un acte de procédure dans les délais prescrits. — Pr. 128, 721, 723, 724, 776, 833; C. 1116 s.

723. La partie qui succombera sur la demande en subrogation sera condamnée personnellement aux dépens.

Le poursuivant contre lequel la subrogation aura été prononcée sera tenu de remettre les pièces de la poursuite au subrogé, sur son récépissé; il ne sera payé de ses frais de poursuite qu'après l'adjudication, soit sur le prix, soit par l'adjudicataire. — Pr. 130, 714, 721 s., 776.

724. Lorsqu'une saisie immobilière aura été rayée, le plus diligent des saisissants postérieurs pourra poursuivre sur sa saisie, encore qu'il ne se soit pas présenté le premier à la transcription. — Pr. 678 s., 719 s.

725. La demande en distraction de tout ou partie des objets saisis sera formée, tant contre le saisissant que contre la partie saisie; elle sera formée aussi contre le créancier premier inscrit et au domicile élu dans l'inscription.

Si le saisi n'a pas constitué avoué durant la poursuite, le délai prescrit pour la comparution sera augmenté d'un jour par cinq myriamètres de distance entre son domicile et le lieu où siège le tribunal, sans que ce délai puisse être augmenté à l'égard de la partie qui serait domiciliée hors du territoire continental du royaume. — Pr. 608, 717, 726 s., 1033.

726. La demande en distraction contiendra l'énonciation des titres justificatifs qui seront déposés au greffe, et la copie de l'acte de dépôt. — Pr. 725, 727, 826 s.

727. Si la distraction demandée n'est que d'une partie des objets saisis, il sera passé outre, nonobstant cette demande, à l'adjudication du surplus des objets saisis. Pourront néanmoins les juges, sur la demande des parties intéressées, ordonner le sursis pour le tout.

Si la distraction partielle est ordonnée, le poursuivant sera admis à changer la mise à prix portée au cahier des charges. — Pr. 725 s., 741.

728. Les moyens de nullité, tant en la forme qu'au fond, contre la procédure qui précède la publication du cahier des charges, devront être proposés, à peine de déchéance, trois jours au plus tard avant cette publication.

S'ils sont admis, la poursuite pourra être reprise à partir du dernier acte valable, et les délais pour accomplir les actes suivants courront à dater du jugement ou arrêt qui aura définitivement prononcé sur la nullité.

S'ils sont rejetés, il sera donné acte, par le même jugement, de la lecture et publication du cahier des charges, conformément à l'article 695. — Pr. 673 s., 690 s., 729 s., 1029; C. 1338, 1358, 1560.

729. Les moyens de nullité contre la procédure postérieure à la publication du cahier des charges seront proposés, sous la même peine de déchéance, au plus tard, trois jours avant l'adjudication.

Au jour fixé pour l'adjudication, et immédiatement avant l'ouverture des enchères, il sera statué sur les moyens de nullité.

S'ils sont admis, le tribunal annulera la poursuite, à partir du jugement de publication, ou autorisera la reprise à partir de ce jugement, et fixera de nouveau le jour de l'adjudication.

S'ils sont rejetés, il sera passé outre aux enchères et à l'adjudication. — Pr. 125, 695, 694, 717, 728, 730, 739, 831 s.

730. Ne pourront être attaqués par la voie de l'appel, 1° les jugements qui statueront sur la demande en subrogation contre le poursuivant, à moins qu'elle n'ait été intentée pour collusion ou fraude; 2° ceux qui, sans statuer sur des incidents, donneront

TITRE QUATORZIÈME

De l'Ordre.

(… du 21 mai 1858.)

réquisition des parties ou d'office, par ordonnance inscrite sur le procès-verbal, nomme un ou trois experts, fixe le jour où il recevra leur serment et le délai dans lequel ils devront déposer leur rapport.

Cette ordonnance est dénoncée aux experts par le poursuivant; la prestation de serment est mentionnée sur le procès-verbal d'ordre, auquel est annexé le rapport des experts, qui ne peut être levé ni signifié.

En établissant l'état de collocation provisoire, le juge prononce sur la ventilation. — Pr. 302 s.

758. Tout contestant doit motiver son dire et produire toutes pièces à l'appui; le juge renvoie les contestants à l'audience qu'il désigne, et commet en même temps l'avoué chargé de suivre l'audience.

Néanmoins il arrête l'ordre et ordonne la délivrance des bordereaux de collocation pour les créances antérieures à celles contestées; il peut même arrêter l'ordre pour les créances postérieures, en réservant somme suffisante pour désintéresser les créanciers contestés. — Pr. 166 s., 759, 761, 776.

759. S'il ne s'élève aucune contestation, le juge est tenu, dans les quinze jours qui suivent l'expiration du délai pour prendre communication et contredire, de faire la clôture de l'ordre; il liquide les frais de radiation et de poursuite d'ordre, qui sont colloqués par préférence à toutes autres créances; il liquide, en outre, les frais de chaque créancier colloqué en rang utile, et ordonne la délivrance des bordereaux de collocation aux créanciers utilement colloqués, et la radiation des inscriptions de ceux non utilement colloqués. Il est fait distraction, en faveur de l'adjudicataire, sur le montant de chaque bordereau, des frais de radiation de l'inscription. — Pr. 130, 667, 749, 751, 758, 765, 771, 773, 777, 779, 1039; C. 1251, 1252, 2218.

760. Les créanciers postérieurs en ordre d'hypothèque aux collocations contestées sont tenus, dans la huitaine après les quinze jours accordés pour contredire, de s'entendre entre eux sur le choix d'un avoué; sinon ils sont représentés par l'avoué du dernier créancier colloqué. L'avoué poursuivant ne peut, en cette qualité, être appelé dans la contestation. — Pr. 130, 667, 758, 761.

761. L'audience est poursuivie, à la diligence de l'avoué commis, sur un simple acte contenant avenir pour l'audience fixée conformément à l'article 758. L'affaire est jugée comme sommaire, sans autre procédure que des conclusions motivées de la part des contestés, et le jugement contient liquidation des frais. S'il est produit de nouvelles pièces, toute partie contestante ou contestée est tenue de les remettre au greffe trois jours au moins avant cette audience; il en est fait mention sur le procès-verbal. Le tribunal statue sur les pièces produites; néanmoins il peut, mais seulement pour causes graves et dûment justifiées, accorder un délai pour en produire d'autres; le jugement qui prononce la remise fixe le jour de l'audience; il n'est ni levé ni signifié. La disposition du jugement qui accorde ou refuse un délai n'est susceptible d'aucun recours. — Pr. 82, 405, 666, 760, 763, 767, 776, 778.

762. Les jugements sur les incidents et sur le fond sont rendus sur le rapport du juge et sur les conclusions du ministère public.

Le jugement sur le fond est signifié dans les trente jours de sa date à avoué seulement et n'est pas susceptible d'opposition. La signification à avoué fait courir le délai d'appel contre toutes les parties à l'égard les unes des autres.

L'appel est interjeté dans les dix jours de la signification du jugement à avoué, outre un jour par cinq myriamètres de distance entre le siège du tribunal et le domicile réel de l'appelant; l'acte d'appel est signifié au domicile de l'avoué, et au domicile réel du saisi, s'il n'a pas d'avoué. Il contient assignation et l'énonciation des griefs, à peine de nullité.

L'appel n'est recevable que si la somme contestée excède celle de quinze cents francs, quel que soit d'ailleurs le montant des créances des contestants et des sommes à distribuer. — Pr. 58, 443 s., 456, 666, 669, 763 s., 764 s., 767, 1033.

763. L'avoué du créancier dernier colloqué peut être intimé s'il y a lieu.

L'audience est poursuivie et l'affaire instruite conformément à l'article 761, sans autre procédure que des conclusions motivées de la part des intimés. — Pr. 462, 669, 760, 762, 773, 778.

764. La cour statue sur les conclusions du ministère public. L'arrêt contient liquidation des frais; il est signifié dans les quinze jours de sa date à avoué seulement et n'est pas susceptible d'opposition. La signification à avoué fait courir les délais du pourvoi en cassation. — Pr. 83, 762, 767, 773, 778.

765. Dans les huit jours qui suivent l'expiration du délai d'appel, et, en cas d'appel, dans les huit jours de la signification de l'arrêt, le juge arrête définitivement l'ordre des créances contestées et des créances postérieures, conformément à l'article 759.

Les intérêts et arrérages des créanciers utilement colloqués cessent à l'égard de la partie saisie. — Pr. 759, 772, 766, 771.

766. Les dépens des contestations ne peuvent être pris sur les deniers provenant de l'adjudication.

Toutefois, le créancier dont la collocation, rejetée d'office, malgré une production suffisante, a été admise par le tribunal sans être contestée par aucun créancier, peut employer ses dépens sur le prix au rang de sa créance.

Les frais de l'avoué qui a représenté les créanciers postérieurs en ordre d'hypothèque aux collocations contestées peuvent être prélevés sur ce qui reste de deniers à distribuer, déduction faite de ceux qui ont été employés à payer les créanciers antérieurs. Le jugement qui autorise l'emploi des frais prononce la subrogation au profit du créancier sur lequel les fonds manquent ou de la partie saisie. L'exécutoire énonce cette disposition et indique la partie qui doit en profiter.

Le contestant ou le contesté qui a mis de la négligence dans la production des pièces peut être condamné aux dépens, même en obtenant gain de cause.

Lorsqu'un créancier condamné aux dépens des contestations a été colloqué en rang utile, les frais mis à sa charge sont, par une disposition spéciale du règlement d'ordre, prélevés sur le montant de sa collocation au profit de la partie qui a obtenu la condamnation. — Pr. 774; C. 1251, 2101.

767. Dans les trois jours de l'ordonnance de clôture, l'avoué poursuivant la dénonce par un simple acte d'avoué à avoué.

En cas d'opposition à cette ordonnance par un créancier, par l'adjudicataire ou la partie saisie, cette opposition est formée, à peine de nullité, dans la huitaine de la dénonciation, et portée dans la huitaine suivante à l'audience du tribunal, même en vacation, par un simple acte d'avoué contenant moyens et conclusions, et, à l'égard de la partie saisie n'ayant pas d'avoué en cause, par exploit d'ajournement à huit jours. La cause est instruite et jugée conformément aux articles 761, 762 et 764, même en ce qui concerne l'appel du jugement. — Pr. 50 s., 82, 1029, 1030.

768. Le créancier sur lequel les fonds manquent et la partie saisie ont leur recours contre ceux qui ont succombé, pour les intérêts et arrérages qui ont couru pendant les contestations. — Pr. 761 s., 791.

769. Dans les dix jours, à partir de celui où l'ordonnance de clôture ne peut plus être attaquée, le greffier délivre un extrait de l'ordonnance du juge pour être déposé par l'avoué poursuivant au bureau des hypothèques. Le conservateur, sur la présentation de cet extrait, fait la radiation des inscriptions des créances non colloquées. — Pr. 759, 770, 776.

770. Dans le même délai, le greffier délivre à chaque créancier colloqué un bordereau de collocation exécutoire contre l'adjudicataire ou contre la caisse des consignations.

Le bordereau des frais de l'avoué poursuivant ne peut être délivré que sur la remise des certificats de radiation des inscriptions des créanciers non colloqués. Ces certificats demeurent annexés au procès-verbal. — Pr. 548, 769, 771 s.

771. Le créancier colloqué, en donnant quittance du montant de sa collocation, consent la radiation de son inscription. Au fur et à mesure du payement des collocations, le conservateur des hypothèques, sur la représentation du bordereau et de la quittance du créancier, décharge d'office l'inscription jusqu'à concurrence de la somme acquittée.

L'inscription d'office est rayée définitivement, sur la justification faite par l'adjudicataire du payement de la totalité de son prix, soit aux créanciers colloqués, soit à la partie saisie. — Pr. 692, 750; C. 2158, 2157 s.

772. Lorsque l'aliénation n'a pas lieu sur expropriation forcée, l'ordre est provoqué par le créancier le plus diligent ou par l'acquéreur.

Il peut être aussi provoqué par le vendeur, mais seulement lorsque le prix est exigible.

Dans tous les cas, l'ordre n'est ouvert qu'après l'accomplissement des formalités prescrites pour la purge des hypothèques.

Il est introduit et réglé dans les formes établies par le présent titre.

Les créanciers à hypothèques légales qui n'ont pas fait inscrire leurs hypothèques dans le délai fixé par l'article 2195 du Code Napoléon, ne peuvent exercer de droit de préférence sur le prix qu'autant qu'un ordre est ouvert dans les trois mois qui suivent l'expiration de ce délai et sous les conditions déterminées par la dernière disposition de l'article 717. — Pr. 695, 750 s., 775, 838 s., 995 s.; C. 2218.

773. Quel que soit le mode d'aliénation, l'ordre ne peut être provoqué, s'il y a moins de quatre créanciers inscrits.

Après l'expiration des délais établis par les articles 750 et 772, la partie qui veut poursuivre l'ordre présente requête au juge spécial, et, s'il n'y en a pas, au président du tribunal, à l'effet de faire procéder au préliminaire de règlement amiable dans les formes et délais établis en l'article 751.

A défaut de règlement amiable, la distribution du prix est réglée par le tribunal, jugeant comme en matière sommaire, sur assignation signifiée à personne ou à domicile, à la requête de la partie la plus diligente, sans autre procédure que des conclusions motivées. Le jugement est signifié à avoué seulement, s'il y a avoué constitué.

En cas d'appel, il est procédé comme aux articles 763 et 764. — C. 2218.

774. L'acquéreur est employé par préférence pour le coût de l'extrait des inscriptions et des dénonciations aux créanciers inscrits. — Pr. 750, 752; C. 2101, 2183.

775. Tout créancier peut prendre inscription pour conserver les droits de son débiteur; mais le montant de la collocation du débiteur est distribué, comme chose mobilière, entre tous les créanciers inscrits ou opposants avant la clôture de l'ordre. — Pr. 656 s., 673; C. 1166, 2092, 2156 s., 2166.

776. En cas d'inobservation des formalités et délais prescrits par les articles 753, 755, § 2, et 769, l'avoué poursuivant est déchu de la poursuite, sans sommation ni jugement. Le juge pourvoit à son remplacement, d'office ou sur la réquisition d'une partie, par ordonnance inscrite sur le procès-verbal; cette ordonnance n'est susceptible d'aucun recours.

Il en est de même à l'égard de l'avoué commis qui n'a pas rempli les obligations à lui imposées par les articles 758 et 761.

L'avoué déchu de la poursuite est tenu de remettre immédiatement les pièces sur le récépissé de l'avoué qui le remplace, et n'est payé de ses frais qu'après la clôture de l'ordre. — Pr. 751-753, 759.

777. L'adjudicataire sur expropriation forcée qui veut faire prononcer la radiation des inscriptions avant la clôture de l'ordre doit consigner son prix et les intérêts échus, sans offres réelles préalables.

Si l'ordre n'est pas ouvert, il doit en requérir l'ouverture après l'expiration du délai fixé par l'article 750. Il dépose à l'appui de sa réquisition le récépissé de la caisse des consignations, et déclare qu'il entend faire prononcer la validité de la consignation et la radiation des inscriptions.

Dans les huit jours qui suivent l'expiration du délai pour produire, fixé par l'article 754, il fait sommation par acte d'avoué à avoué, et par exploit à la partie saisie, si elle n'a pas avoué constitué, de prendre communication de sa déclaration, et de la contester dans les quinze jours, s'il y a lieu. A défaut de contestation dans ce délai, le juge, par ordonnance sur le procès-verbal, déclare la consignation valable et prononce la radiation de toutes les inscriptions existantes, avec maintien de leur effet sur le prix. En cas de contestation, il est statué par le tribunal sans retard des opérations de l'ordre.

Si l'ordre est ouvert, l'adjudicataire, après la consignation, fait sa déclaration sur le procès-verbal par un dire signé de son avoué, en y joignant le récépissé de la caisse des consignations. Il est procédé comme il est dit ci-dessus, après l'échéance du délai des productions.

En cas d'aliénation autre que celle sur expropriation forcée, l'acquéreur qui, après avoir rempli les formalités de la purge, veut obtenir la libération définitive de tous privilèges et hypothèques par la voie de la consignation, opère cette consignation sans offres réelles préalables. A cet effet, il somme le vendeur de lui rapporter dans la quinzaine mainlevée des inscriptions existantes, et lui fait connaître le montant des sommes en capital et intérêts qu'il se propose de consigner. Ce délai expiré, la consignation est réalisée, et, dans les trois jours suivants, l'acquéreur ou adjudicataire requiert l'ouverture de l'ordre, en déposant le

[illegible]

778. [illegible]

779. [illegible]

TITRE QUINZIÈME

De l'emprisonnement (1).

780. [illegible]

781. [illegible]

782. [illegible]

783. [illegible]

784. [illegible]

785. [illegible]

786. [illegible]

787. [illegible]

788. [illegible]

789. [illegible]

790. [illegible]

791. [illegible]

792. [illegible]

793. [illegible]

794. [illegible]

795. [illegible]

796. [illegible]

797. [illegible]

798. [illegible]

799. [illegible]

800. [illegible]

801. [illegible]

802. [illegible]

803. [illegible]

804. [illegible]

805. [illegible]

TITRE SEIZIÈME

Des référés.

806. [illegible]

807. [illegible]

808. [illegible]

809. [illegible]

810. [illegible]

811. [illegible]

(1) [illegible]

DEUXIÈME PARTIE

Procédures diverses

LIVRE PREMIER

TITRE PREMIER

[illegible]

TITRE DEUXIÈME

[illegible]

TITRE TROISIÈME

[illegible]

TITRE QUATRIÈME

[illegible]

TITRE CINQUIÈME

[illegible]

840. L'affaire sera jugée sommairement, et le jugement exécuté nonobstant opposition ou appel. — Pr. 135, 404 s., 839, 807 s.

841. La partie qui voudra obtenir copie d'un acte non enregistré ou même resté imparfait, présentera sa requête au président du tribunal de première instance, sauf l'exécution des lois et règlements relatifs à l'enregistrement. — Pr. 839, 844.

842. La délivrance sera faite, s'il y a lieu, en exécution de l'ordonnance mise ensuite de la requête, et il en sera fait mention au bas de la copie délivrée. — Pr. 841, 843.

843. En cas de refus de la part du notaire ou dépositaire, il en sera référé au président du tribunal de première instance. — Pr. 806 s., 841 s.

844. La partie qui voudra se faire délivrer une seconde grosse, soit d'une minute d'acte, soit par forme d'ampliation sur une grosse déposée, présentera, à cet effet, requête au président du tribunal de première instance; en vertu de l'ordonnance qui interviendra, elle fera sommation au notaire pour faire la délivrance à jour et heure indiqués, et aux parties intéressées pour y être présentes; mention sera faite de cette ordonnance au bas de la seconde grosse, ainsi que de la somme pour laquelle on pourra exécuter, si la créance est acquittée ou cédée en partie. — Pr. 850, 854; C. 44.

845. En cas de contestation, les parties se pourvoiront en référé. — Pr. 806 s., 844.

846. Celui qui, dans le cours d'une instance, voudra se faire délivrer expédition ou extrait d'un acte dans lequel il n'aura pas été partie, se pourvoira ainsi qu'il va être réglé. — Pr. 847 s., 853; C. 45.

847. La demande à fin de compulsoire sera formée par requête d'avoué à avoué: elle sera portée à l'audience sur un simple acte, et jugée sommairement sans aucune procédure. — Pr. 75, 82, 404 s., 846 s.

848. Le jugement sera exécutoire nonobstant appel ou opposition. — Pr. 135 s., 139, 840.

849. Les procès-verbaux de compulsoire ou collation seront dressés et l'expédition ou copie délivrée par le notaire ou dépositaire, à moins que le tribunal qui l'aura ordonné n'ait commis un de ses membres, ou tout autre juge du tribunal de première instance, ou un autre notaire. — Pr. 850, 1035, 1040.

850. Dans tous les cas, les parties pourront assister au procès-verbal et y insérer tels dires qu'elles aviseront. — Pr. 849.

851. Si les frais et déboursés de la minute de l'acte sont dus au dépositaire, il pourra refuser expédition tant qu'il ne sera pas payé desdits frais, outre ceux d'expédition.

852. Les parties pourront collationner l'expédition ou copie à la minute, dont lecture sera faite par le dépositaire: si elles prétendent qu'elles ne sont pas conformes, il en sera référé, à jour indiqué par le procès-verbal, au président du tribunal, lequel fera la collation; à cet effet, le dépositaire sera tenu d'apporter la minute.

Les frais du procès-verbal, ainsi que ceux du transport du dépositaire, seront avancés par le requérant. — Pr. 301, 819.

853. Les greffiers et dépositaires des registres publics en délivreront, sans ordonnance de justice, expédition, copie ou extrait, à tous requérants, à la charge de leurs droits, à peine de dépens, dommages et intérêts. — Pr. 128, 130; C. 45, 1317, 1282, 2060.

854. Une seconde expédition exécutoire d'un jugement ne sera délivrée à la même partie qu'en vertu d'ordonnance du président du tribunal où il aura été rendu.

Seront observées les formalités prescrites pour la délivrance des secondes grosses des actes devant notaires. — Pr. 844, 845.

855. Celui qui voudra faire ordonner la rectification d'un acte de l'état civil présentera requête au président du tribunal de première instance. — Pr. 856 s.; C. 99, 100.

856. Il y sera statué sur rapport, et sur les conclusions du ministère public. Les juges ordonneront, s'ils l'estiment convenable, que les parties intéressées seront appelées, et que le conseil de famille sera préalablement convoqué.

S'il y a lieu d'appeler les parties intéressées, la demande sera formée par exploit, sans préliminaire de conciliation.

Elle le sera par acte d'avoué, si les parties sont en instance. — Pr. 59, 61; 75, 83 s., 93, 855, 857 s., 882 s.; C. 54, 405.

857. Aucune rectification, aucun changement, ne pourront être faits sur l'acte; mais les jugements de rectification seront inscrits sur les registres par l'officier de l'état civil, aussitôt qu'ils lui auront été remis; mention en sera faite en marge de l'acte réformé; et l'acte ne sera plus délivré qu'avec les rectifications ordonnées, à peine de tous dommages-intérêts contre l'officier qui l'aurait délivré. — Pr. 128; C. 50, 99, 101, 1149, 1382.

858. Dans le cas où il n'y aurait d'autre partie que le demandeur en rectification, et où il croirait avoir à se plaindre du jugement, il pourra, dans les trois mois depuis la date de ce jugement, se pourvoir à la cour, en présentant au président une requête sur laquelle sera indiqué un jour auquel il sera statué à l'audience sur les conclusions du ministère public. — Pr. 85 s., 443 s., 857, 1033; C. 54, 99.

TITRE SIXIÈME

De quelques dispositions relatives à l'envoi en possession des biens d'un absent.

859. Dans le cas prévu par l'article 112 du Code civil, et pour y faire statuer, il sera présenté requête au président du tribunal. Sur cette requête, à laquelle seront joints les pièces et documents, le président commettra un juge pour faire le rapport au jour indiqué; et le jugement sera prononcé après avoir entendu le procureur de la République. — Pr. 83 s., 93, 111, 860; C. 112.

860. Il sera procédé de même dans le cas où il s'agirait de l'envoi en possession provisoire autorisé par l'article 120 du Code civil. — Pr. 859.

TITRE SEPTIÈME

Autorisation de la femme mariée.

861. La femme qui voudra se faire autoriser à la poursuite de ses droits, après avoir fait une sommation à son mari, et sur le refus par lui fait, présentera requête au président, qui rendra ordonnance portant permission de citer le mari, à jour indiqué, à la chambre du conseil, pour déduire les causes de son refus. — Pr. 862 s., 875 s., 878; C. 215 s., 218 s., 1427, 1535, 1538, 1555 s., 1576.

862. Le mari entendu, ou faute par lui de se présenter, il sera rendu, sur les conclusions du ministère public, jugement qui statuera sur la demande de la femme. — Pr. 83, 861.

863. Dans le cas de l'absence présumée du mari, ou lorsqu'elle aura été déclarée, la femme qui voudra se faire autoriser à la poursuite de ses droits, présentera également requête au président du tribunal, qui ordonnera la communication au ministère public, et commettra un juge pour faire son rapport à jour indiqué. — Pr. 83, 93, 861, 864; C. 112, 115, 222.

864. La femme de l'interdit se fera autoriser en la forme prescrite par l'article précédent: elle joindra à sa requête le jugement d'interdiction. — Pr. 83, 863; C. 222, 223, 501.

TITRE HUITIÈME

Des séparations de biens.

865. Aucune demande en séparation de biens ne pourra être formée sans une autorisation préalable, que le président du tribunal devra donner sur la requête qui lui sera présentée à cet effet. Pourra néanmoins le président, avant de donner l'autorisation, faire les observations qui lui paraîtront convenables. — Pr. 49, 866 s., 869, 872; C. 311, 1443 s.; Co. 65 s.

866. Le greffier du tribunal inscrira, sans délai, dans un tableau placé à cet effet dans l'auditoire, un extrait de la demande en séparation, lequel contiendra:

1° La date de la demande;

2° Les noms, prénoms, profession et demeure des époux;

3° Les noms et demeure de l'avoué constitué, qui sera tenu de remettre, à cet effet, ledit extrait au greffier, dans les trois jours de la demande. — Pr. 867 s., 869; Co. 65 s.

867. Pareil extrait sera inséré dans les tableaux placés, à cet effet, dans l'auditoire du tribunal de commerce, dans les chambres d'avoués de première instance et dans celles des notaires, le tout dans les lieux où il y en a: lesdites insertions seront certifiées par les greffiers et par les secrétaires des chambres. — Pr. 866, 868 s.; Co. 67.

868. Le même extrait sera inséré, à la poursuite de la femme, dans l'un des journaux qui s'impriment dans le lieu où siège le tribunal; et s'il n'y en a pas, dans l'un de ceux établis dans le département, s'il y en a.

Ladite insertion sera justifiée ainsi qu'il est dit au titre de la saisie immobilière, article 696. — Pr. 696, 869 s.; Co. 65.

869. Il ne pourra être, sauf les actes conservatoires, prononcé, sur la demande en séparation, aucun jugement qu'un mois après l'observation des formalités ci-dessus prescrites, et qui seront observées à peine de nullité, laquelle pourra être opposée par le mari ou par ses créanciers. — Pr. 866 s., 871, 1029; C. 1447; Co. 65.

870. L'aveu du mari ne fera pas preuve, lors même qu'il n'y aurait pas de créanciers. — C. 1354 s., 1443, 1447; Co. 65.

871. Les créanciers du mari pourront, jusqu'au jugement définitif, sommer l'avoué de la femme, par acte d'avoué à avoué, de leur communiquer la demande en séparation et les pièces justificatives, même intervenir pour la conservation de leurs droits, sans préliminaire de conciliation. — Pr. 48, 75, 188, 339 s., 872, 873; C. 1166 s., 1447; Co. 65.

872. Le jugement de séparation sera lu publiquement, l'audience tenante, au tribunal de commerce du lieu, s'il y en a: extrait de ce jugement, contenant la date, la désignation du tribunal où il a été rendu, les noms, prénoms, profession et demeure des époux, sera inséré sur un tableau à ce destiné et exposé pendant un an dans l'auditoire des tribunaux de première instance et de commerce du domicile du mari, même lorsqu'il ne sera pas négociant; et s'il n'y a pas de tribunal de commerce, dans la principale salle de la maison commune du domicile du mari. Pareil extrait sera inséré au tableau exposé en la chambre des avoués et notaires, s'il y en a. La femme ne pourra commencer l'exécution du jugement que du jour où les formalités ci-dessus auront été remplies, sans que néanmoins il soit nécessaire d'attendre l'expiration du susdit délai d'un an.

Le tout sans préjudice des dispositions portées en l'article 1445 du Code civil. — Pr. 866, 880; C. 1445 s.; Co. 65 s.

873. Si les formalités prescrites au présent titre ont été observées, les créanciers du mari ne seront plus reçus, après l'expiration du délai dont il s'agit dans l'article précédent, à se pourvoir par tierce opposition contre le jugement de séparation. — Pr. 474 s., 871, 1029; C. 1167, 1447; Co. 65, 67.

874. La renonciation de la femme à la communauté sera faite au greffe du tribunal saisi de la demande en séparation. — Pr. 997; C. 784, 1453, 1463 s., 1457, 1492; Co. 65, 67.

TITRE NEUVIÈME

De la séparation de corps et du divorce.

875. L'époux qui voudra se pourvoir en séparation de corps sera tenu de présenter au président du tribunal de son domicile, requête contenant sommairement les faits; il y joindra les pièces à l'appui, s'il y en a. — Pr. 49, 82 s., 865, 876 s.; C. 230, 306 s., 311.

876. La requête sera répondue d'une ordonnance portant que les parties comparaîtront devant le président au jour qui sera indiqué par ladite ordonnance. — Pr. 877 s.; C. 236.

877. Les parties seront tenues de comparaître en personne, sans pouvoir se faire assister d'avoués ni de conseils. — C. 238.

878. Le président fera aux deux époux les représentations qu'il croira propres à opérer un rapprochement; s'il ne peut y parvenir, il rendra, ensuite de la première ordonnance, une seconde, portant qu'attendu qu'il n'a pu concilier les parties, il les renvoie à se pourvoir, sans citation préalable, au bureau de conciliation; il autorisera par la même ordonnance la femme à procéder sur la demande, et à se retirer provisoirement dans telle maison dont les parties seront convenues, ou qu'il indiquera d'office; il ordonnera que les effets à l'usage journalier de la femme lui seront remis. Les demandes en provision seront portées à l'audience. — Pr. 49, 807, 879 s.; C. 230, 236, 268, 1422.

879. La cause sera instruite dans les formes établies pour les autres demandes, et jugée sur les conclusions du ministère public. — Pr. 75 s., 83; C. 307.

880. Extrait du jugement qui prononcera la séparation sera inséré aux tableaux exposés tant dans l'auditoire des tribunaux que dans les chambres d'avoués et notaires, ainsi qu'il est dit article 872. — C. 311; Co. 66.

881. (Abrogé. L. 18 avril 1886, art. 5.)

TITRE DIXIÈME

Des avis de parents.

882. Lorsque la nomination d'un tuteur n'aura pas été faite en sa présence, elle lui sera notifiée, à la diligence du membre du conseil qui aura été désigné par elle : ladite notification sera faite dans les trois jours de la délibération, outre un jour par trois jours (L. 3 mai 1862) myriamètres de distance entre le lieu où s'est tenu l'assemblée et le domicile du tuteur. — Pr. 68, 883 s., 926, 968, 1033 ; C. 102, 406 s., 528 s.

883. Toutes les fois que les délibérations du conseil de famille ne seront pas unanimes, l'avis de chacun des membres qui le composent sera mentionné dans le procès-verbal.

Les tuteur, subrogé-tuteur ou curateur, même les membres de l'assemblée, pourront se pourvoir contre la délibération ; ils formeront leur demande contre les membres qui auront été d'avis de la délibération, sans qu'il soit nécessaire d'appeler en conciliation. — Pr. 48, 404, 883, 888 s., 945 s.

884. La cause sera jugée sommairement. — Pr. 404 s., 883.

885. Dans tous les cas où il s'agit d'une délibération sujette à homologation, une expédition de la délibération sera présentée au président, lequel, par ordonnance au bas de ladite délibération, ordonnera la communication au ministère public, et commettra un juge pour en faire le rapport à jour indiqué. — Pr. 83, 93, 886 s. ; C. 458, 467.

886. Le procureur du Roi donnera ses conclusions au bas de ladite ordonnance ; la minute du jugement d'homologation sera mise à la suite desdites conclusions, sur le même cahier. — Pr. 141, 885 ; C. 458, 457, 458, 983.

887. Si le tuteur, ou autre chargé de poursuivre l'homologation, ne le fait dans le délai fixé par la délibération, ou, à défaut de fixation, dans le délai de quinzaine, un des membres de l'assemblée pourra poursuivre l'homologation contre le tuteur, et aux frais de celui-ci, sans répétition.

888. Ceux des membres de l'assemblée qui croiront devoir s'opposer à l'homologation, le déclareront, par acte extrajudiciaire, à celui qui est chargé de la poursuivre ; et s'ils n'ont pas été appelés, ils pourront former opposition au jugement. — Pr. 158 s., 883, 889.

889. Les jugements rendus sur délibération du conseil de famille seront sujets à l'appel. — Pr. 443 s. ; C. 448.

TITRE ONZIÈME

De l'interdiction.

890. Dans toute poursuite d'interdiction, les faits d'imbécillité, de démence ou de fureur, seront énoncés en la requête présentée au président du tribunal ; on y joindra les pièces justificatives, et l'on indiquera les témoins. — Pr. 59, 252 s. ; C. 489-494.

891. Le président du tribunal ordonnera la communication de la requête au ministère public, et commettra un juge pour faire rapport à jour indiqué. — Pr. 83, 93, 886, 892 s. ; C. 515.

892. Sur le rapport du juge et les conclusions du procureur du Roi, le tribunal ordonnera que le conseil de famille, formé selon le mode déterminé par le Code civil, section IV du chapitre II, au titre *de la minorité, de la tutelle et de l'émancipation*, donnera son avis sur l'état de la personne dont l'interdiction est demandée. — Pr. 882 s. ; C. 494 s.

893. La requête et l'avis du conseil de famille seront signifiés au défendeur avant qu'il soit procédé à son interrogatoire.

Si l'interrogatoire et les pièces produites sont insuffisants, et si les faits peuvent être justifiés par témoins, le tribunal ordonnera, s'il y a lieu, l'enquête, qui se fera en la forme ordinaire.

Il pourra ordonner, si les circonstances l'exigent, que l'enquête sera faite hors de la présence du défendeur, mais, dans ce cas, son conseil pourra le représenter. — Pr. 252 s., 890 s. ; C. 496.

894. L'appel interjeté par celui dont l'interdiction aura été prononcée sera dirigé contre le provoquant.

L'appel interjeté par le provoquant, ou par un des membres de l'assemblée, le sera contre celui dont l'interdiction aura été provoquée.

En cas de nomination de conseil, l'appel de celui auquel il aura été donné sera dirigé contre le provoquant. — Pr. 443 s. ; C. 489-491, 499, 500, 512.

895. S'il n'y a pas d'appel du jugement d'interdiction, ou s'il est confirmé sur l'appel, il sera pourvu à la nomination d'un tuteur et d'un subrogé-tuteur à l'interdit, suivant les règles prescrites au titre *des avis de parents*.

L'administrateur provisoire nommé en exécution de l'article 497 du Code civil cessera ses fonctions et rendra compte au tuteur, s'il ne l'est pas lui-même. — Pr. 527 s., 882 s., 905 ; C. 405 s., 505 s., 505.

896. (*L. 16 mars 1893.*) Le jugement qui prononcera défense de plaider, transiger, emprunter, recevoir un capital mobilier ou en donner décharge, aliéner ou hypothéquer sans assistance de conseil, sera affiché et inscrit au greffe dans la forme prescrite par l'article 501 du Code civil.

897. (*L. 16 mars 1893.*) Les demandes en mainlevée d'interdiction ou de conseil judiciaire seront instruites, quant à l'instruction et au jugement et quant à la publicité de la décision, par les mêmes règles que les demandes en interdiction ou nomination de conseil.

TITRE DOUZIÈME

Du bénéfice de cession.

898. Les débiteurs qui seront dans le cas de réclamer la cession judiciaire accordée par l'article 1268 du Code civil seront tenus, à cet effet, de déposer au greffe du tribunal où la demande sera portée, leur bilan, leurs livres, s'ils en ont, et leurs titres actifs. — Pr. 862, 899 s. ; C. 1265 s., 1945 ; Co. 541.

899. Le débiteur se pourvoira devant le tribunal de son domicile. — Pr. 59, 64, 900 ; C. 102.

900. La demande sera communiquée au ministère public ; elle ne suspendra l'effet d'aucune poursuite, sauf aux juges à ordonner, parties appelées, qu'il sera sursis provisoirement. — Pr. 83 s.

901. Le débiteur admis au bénéfice de cession sera tenu de réitérer sa cession en personne, et non par procureur, ses créanciers appelés, à l'audience du tribunal de commerce de son domicile ; et s'il n'y en a pas, à la maison commune, un jour de séance. La déclaration du débiteur sera constatée, dans ce dernier cas, par procès-verbal de l'huissier, qui sera signé par le maire. — Pr. 903, 905, 1030.

902. Si le débiteur est détenu, le jugement qui l'admettra au bénéfice de cession ordonnera son extraction, avec les précautions en tel cas requises et accoutumées, à l'effet de faire sa déclaration conformément à l'article précédent. — Pr. 801, 901 ; C. 1270 ; *L. 22 juillet 1867 abolissant la contrainte par corps.*

903. Les nom, prénoms, profession et demeure du débiteur, seront insérés dans un tableau public à ce destiné, placé dans l'auditoire du tribunal de commerce de son domicile, ou du tribunal de première instance qui en fait les fonctions, et dans le lieu des séances de la maison commune. — Pr. 867, 872, 901.

904. Le jugement qui admettra au bénéfice de cession vaudra pouvoir aux créanciers, à l'effet de faire vendre les biens meubles et immeubles du débiteur ; et il sera procédé à cette vente dans les formes prescrites pour les héritiers sous bénéfice d'inventaire. — Pr. 617 s., 945 s., 953 s., 987 s. ; C. 1269, 1987 s.

905. Ne pourront être admis au bénéfice de cession les étrangers, les stellionataires, les banqueroutiers frauduleux, les personnes condamnées pour cause de vol ou d'escroquerie, ni les personnes comptables, tuteurs, administrateurs et dépositaires. — C. 11, 13, 450, 1268, 1925, 2059 ; Co. 531, 591, 612 ; P. 379, 401 s., 405.

906. Il n'est au surplus rien préjugé, par les dispositions du présent titre, à l'égard du commerce, aux usages duquel il n'est, quant à présent, rien innové. — Co. 541.

LIVRE DEUXIÈME

PROCÉDURES RELATIVES À L'OUVERTURE D'UNE SUCCESSION

(Décrété le 24 avril 1806, promulgué le 4 mai suivant.)

TITRE PREMIER

De l'apposition des scellés après décès.

907. Lorsqu'il y aura lieu à l'apposition des scellés après décès, elle sera faite par les juges de paix, et, à leur défaut, par leurs suppléants. — Pr. 98, 133, 591, 908 s. ; C. 415, 270, 451, 800, 769, 779, 819, 820, 1031, 1094 ; Co. 455 s. ; P. 249.

908. Les juges de paix et leurs suppléants se serviront d'un sceau particulier, qui restera entre leurs mains, et dont l'empreinte sera déposée au greffe du tribunal de première instance.

909. L'apposition des scellés pourra être requise :

1° Par tous ceux qui prétendront droit dans la succession ou dans la communauté ;

2° Par tous créanciers fondés en titre exécutoire, ou autorisés par une permission soit du président du tribunal de première instance, soit du juge de paix du canton où le scellé doit être apposé ;

3° Et en cas d'absence, soit du conjoint, soit des héritiers ou de l'un d'eux, par les personnes qui demeuraient avec le défunt, et par ses serviteurs et domestiques. — Pr. 907, 930 ; C. 819, 820, 1165.

910. Les prétendants droit et les créanciers mineurs émancipés pourront requérir l'apposition des scellés sans l'assistance de leur curateur.

S'ils sont mineurs non émancipés, et s'ils n'ont pas de tuteur, ou s'il est absent, elle pourra être requise par un de leurs parents. — Pr. 909, 930 s., 288, 470 s., 481, 490, 881, 1105.

911. Le scellé sera apposé, soit à la diligence du ministère public, soit sur la déclaration du maire ou adjoint de la commune, et même d'office par le juge de paix :

1° Si le mineur est sans tuteur, et que le scellé ne soit pas requis par un parent ;

2° Si le conjoint ou si les héritiers ou l'un d'eux, sont absents ; — *LL. 11 ventôse et 16 fructidor an II, s'il y a un militaire parmi les héritiers.*

3° Si le défunt était dépositaire public ; auquel cas le scellé ne sera apposé que pour raison de ce dépôt et sur les objets qui le composent. — Pr. 84, 907, 912, 914, 930 ; C. 451, 819 ; *L. 19 nivôse an X, prescrivant d'apposer les scellés au décès des officiers généraux.*

912. Le scellé ne pourra être apposé que par le juge de paix des lieux ou par ses suppléants. — Pr. 907, 911.

913. Si le scellé n'a pas été apposé avant l'inhumation, le juge constatera, par son procès-verbal, le moment où il a été requis de l'apposer, et les causes qui ont retardé soit la réquisition, soit l'apposition. — Pr. 914.

914. Le procès-verbal d'apposition contiendra :

1° La date des an, mois, jour et heure ;

2° Les motifs de l'apposition ;

3° Les noms, profession et demeure du requérant, s'il y en a, et son élection de domicile dans la commune où le scellé est apposé, s'il n'y demeure. — Pr. 910 ; C. 102, 111.

4° S'il n'y a pas de partie requérante, le procès-verbal énoncera que le scellé a été apposé d'office ou sur le réquisitoire, ou sur la déclaration de l'un des fonctionnaires dénommés dans l'article 911 ;

5° L'ordonnance qui permet le scellé, s'il en a été rendu ;

6° Les comparution et dires des parties ;

7° La désignation des lieux, bureaux, coffres, armoires, sur les ouvertures desquels le scellé a été apposé ;

8° Une description sommaire des effets qui ne sont pas mis sous les scellés ; — Pr. 924.

9° Le serment, lors de la clôture de l'apposition, par ceux qui demeurent dans le lieu, qu'ils n'ont rien détourné, vu ni su qu'il en ait été rien détourné directement ni indirectement ; — Pr. 943.

10° L'établissement du gardien présenté, s'il a les qualités requises ; sauf, s'il ne les a pas, ou s'il n'en est pas présenté, à en établir un d'office par le juge de paix. — Pr. 596 s., 915 s., 936, 943 ; C. 2060.

915. Les clefs des serrures sur lesquelles le scellé a été apposé resteront, jusqu'à sa levée, entre les mains du greffier de la justice de paix, lequel fera mention, sur le procès-verbal, de la remise qui lui en aura été faite ; et ne pourront le juge ni le greffier, aller, jusqu'à la levée, dans la maison où est le scellé, à peine d'interdiction, à moins qu'ils n'en soient requis, ou que leur transport n'ait été précédé d'une ordonnance motivée. — Pr. 914, 1029.

916. Si, lors de l'apposition, il est trouvé un testament ou autres papiers cachetés, le juge de paix en constatera la forme extérieure, le sceau et la suscription, s'il y en a, paraphera l'enveloppe avec les parties présentes, si elles le savent ou le peuvent, et indiquera les jour et heure où le paquet sera par lui présenté au président du tribunal de première instance : il fera mention du tout sur son procès-verbal, lequel sera signé des parties, sinon mention sera faite de leur refus. — Pr. 914, 917 s., 920 ; C. 970, 976, 1007.

917. Sur la réquisition de toute partie intéressée, le juge de paix fera, avant l'apposition du scellé, la perquisition du testament dont l'existence sera annoncée ; et s'il le trouve, il procédera ainsi qu'il est dit ci-dessus. — Pr. 916, 920, 926.

918. [illegible]

919. [illegible]

920. [illegible]

921. [illegible]

922. [illegible]

923. [illegible]

924. [illegible]

925. [illegible]

TITRE DEUXIÈME

Des oppositions aux scellés.

926. [illegible]

927. [illegible]

TITRE TROISIÈME

De la levée du scellé.

928. [illegible]

929. [illegible]

930. [illegible]

931. [illegible]

932. [illegible]

933. [illegible]

934. [illegible]

935. [illegible]

936. [illegible]

937. [illegible]

938. [illegible]

939. [illegible]

940. [illegible]

TITRE QUATRIÈME

De l'inventaire.

941. [illegible]

942. [illegible]

943. [illegible]

944. [illegible]

TITRE CINQUIÈME

De la vente du mobilier.

945. [illegible]

946. [illegible]

947. [illegible]

948. S'il s'élève des difficultés, il pourra être statué provisoirement en référé par le président du tribunal de première instance. — *Pr.* 806 s.

949. La vente se fera dans le lieu où sont les effets, s'il n'en est autrement ordonné. — *Pr.* 617, 620 s., 945.

950. La vente sera faite tant en absence que présence, sans appeler personne pour les non-comparants. — *Pr.* 947, 951.

951. Le procès-verbal fera mention de la présence ou de l'absence du requérant. — *Pr.* 622, 950.

952. Si toutes les parties sont majeures, présentes et d'accord, et qu'il n'y ait aucun tiers intéressé, elles ne seront obligées à aucune des formalités ci-dessus. — *Pr.* 985 s.

TITRE SIXIÈME

De la vente des biens immeubles appartenant à des mineurs.

(Loi 2 juin 1841.)

953. La vente des immeubles appartenant à des mineurs ne pourra être ordonnée que d'après un avis de parents énonçant la nature des biens et leur valeur approximative.

Cet avis ne sera pas nécessaire si les biens appartiennent en même temps à des majeurs, et si la vente est poursuivie par eux. Il sera procédé alors conformément au titre *des Partages et Licitations.* — *Pr.* 882 s., 944, 966 s., 986. C. 460 s., 457-460, 985, 806, 827.

954. Lorsque le tribunal homologuera cet avis, il déclarera, par le même jugement, que la vente aura lieu soit devant l'un des juges du tribunal à l'audience des criées, soit devant un notaire à cet effet commis.

Si les immeubles sont situés dans plusieurs arrondissements, le tribunal pourra commettre un notaire dans chacun de ces arrondissements, et donner commission rogatoire à chacun des tribunaux de la situation de ces biens. — *Pr.* 885, 969, 985 s., 1003; C. 457.

955. Le jugement qui ordonnera la vente déterminera la mise à prix de chacun des immeubles à vendre et les conditions de la vente. Cette mise à prix sera réglée, soit d'après l'avis des parents, soit d'après les titres de propriété, soit d'après les baux authentiques ou sous seing privé ayant date certaine, et, à défaut de baux, d'après le rôle de la contribution foncière.

Néanmoins le tribunal pourra, suivant les circonstances, faire procéder à l'estimation totale ou partielle des immeubles.

Cette estimation aura lieu, selon l'importance et la nature des biens, par un ou trois experts que le tribunal commettra à cet effet. — *Pr.* 302 s., 954, 956, 970, 997; C. 457, 1317, 1322, 1328.

956. Si l'estimation a été ordonnée, l'expert ou les experts, après avoir prêté serment, soit devant le président du tribunal, soit devant un juge de paix commis par lui, rédigeront leur rapport qui indiquera sommairement les bases de l'estimation, sans entrer dans le détail descriptif des biens à vendre.

La minute du rapport sera déposée au greffe du tribunal. Il n'en sera pas délivré d'expédition. — *Pr.* 307, 315 s., 318 s., 955; C. 824.

957. Les enchères seront ouvertes sur un cahier des charges déposé par l'avoué au greffe du tribunal, ou dressé par le notaire commis, et déposé dans son étude, si la vente doit avoir lieu devant notaire.

Ce cahier contiendra :

1° L'énonciation du jugement qui a autorisé la vente ;

2° Celle des titres qui établissent la propriété ;

3° L'indication de la nature ainsi que de la situation des biens à vendre, celle des corps d'héritage, de leur contenance approximative, et de deux des tenants et aboutissants ;

4° L'énonciation du prix auquel les enchères seront ouvertes, et les conditions de la vente. — *Pr.* 675, 690, 955; C. 459.

958. Après le dépôt du cahier des charges, il sera rédigé et imprimé des placards qui contiendront :

1° L'énonciation du jugement qui aura autorisé la vente ;

2° Les noms, professions et domiciles du mineur, de son tuteur et de son subrogé-tuteur ;

3° La désignation des biens, telle qu'elle a été insérée dans le cahier des charges ;

4° Le prix auquel seront ouvertes les enchères sur chacun des biens à vendre ;

5° Les jour, lieu et heure de l'adjudication, ainsi que l'indication soit du notaire et de sa demeure, soit du tribunal devant lequel l'adjudication aura lieu, et, dans tous les cas, de l'avoué du vendeur. — *Pr.* 699 s., 745, 955 s., 982; C. 462, 458, 459.

959. Les placards seront affichés quinze jours au moins, trente jours au plus avant l'adjudication, aux lieux désignés dans l'article 699, et, en outre, à la porte du notaire qui procédera à la vente ; ce dont il sera justifié conformément au même article. — *Pr.* 743, 960.

960. Copie de ces placards sera insérée, dans le même délai, au journal indiqué par l'article 696, et dans celui qui aura été désigné pour l'arrondissement où se poursuit la vente, si ce n'est pas l'arrondissement de la situation des biens.

Il en sera justifié conformément à l'article 698. — *Pr.* 739, 958 s.

961. Selon la nature et l'importance des biens, il pourra être donné à la vente une plus grande publicité, conformément aux articles 697 et 700.

962. Le subrogé-tuteur du mineur sera appelé à la vente, ainsi que le prescrit l'article 459 du Code civil ; à cet effet, le jour, le lieu et l'heure de l'adjudication lui seront notifiés un mois d'avance, avec avertissement qu'il y sera procédé tant en son absence qu'en sa présence. — *Pr.* 958, 1033.

963. Si, au jour indiqué pour l'adjudication, les enchères ne s'élèvent pas à la mise à prix, le tribunal pourra ordonner, sur simple requête en la chambre du conseil, que les biens seront adjugés au-dessous de l'estimation ; l'adjudication sera remise à un délai fixé par le jugement, et qui ne pourra être moindre de quinzaine.

Cette adjudication sera encore indiquée par des placards et des insertions dans les journaux, comme il est dit ci-dessus, huit jours au moins avant l'adjudication. — *Pr.* 708, 959 s., 993; *P.* 112.

964. Sont déclarés communs au présent titre les articles 701, 705, 706, 707, 711, 712, 713, 733, 734, 735, 736, 737, 738, 739, 740, 741 et 742.

Néanmoins, si les enchères sont reçues par un notaire, elles pourront être faites par toutes personnes sans ministère d'avoué.

Dans le cas de vente devant notaire, s'il y a lieu à folle enchère, la poursuite sera portée devant le tribunal. Le certificat constatant que l'adjudicataire n'a pas justifié de l'acquit des conditions sera délivré par le notaire. Le procès-verbal d'adjudication sera déposé au greffe pour servir d'enchère. — *Pr.* 701.

965. Dans les huit jours qui suivront l'adjudication, toute personne pourra faire une surenchère du sixième, en se conformant aux formalités et délais réglés par les articles 708, 709 et 710 ci-dessus.

Lorsqu'une seconde adjudication aura eu lieu après la surenchère ci-dessus, aucune autre surenchère des mêmes biens ne pourra être reçue. — *Pr.* 838, 985; C. 2185.

TITRE SEPTIÈME

Des partages et licitations.

966. Dans les cas des articles 823 et 838 du Code civil, lorsque le partage doit être fait en justice, la partie la plus diligente se pourvoira. — *Pr.* 59, 59, 60, 969; C. 465, 815, 817, 822, 885, 1686 s., 1872, 2205.

967. Entre deux demandeurs, la poursuite appartiendra à celui qui aura fait viser le premier l'original de son exploit par le greffier du tribunal : ce visa sera daté du jour et de l'heure. — *Pr.* 731, 968, 1029.

968. Le tuteur spécial et particulier qui doit être donné à chaque mineur ayant des intérêts opposés sera nommé suivant les règles contenues au titre *des avis de parents.* — *Pr.* 882 s.; C. 466 s., 838.

969. (*L.* 2 *juin* 1841.) Le jugement qui prononcera sur la demande en partage commettra, s'il y a lieu, un juge, conformément à l'article 823 du Code civil, et en même temps un notaire.

Si, dans le cours des opérations, le juge ou le notaire est empêché, le président du tribunal pourvoira au remplacement par une ordonnance sur requête, laquelle ne sera susceptible ni d'opposition ni d'appel. — *Pr.* 809, 954, 970 s.; C. 882.

970. (*L.* 2 *juin* 1841.) En prononçant sur cette demande, le tribunal ordonnera par le même jugement le partage, s'il peut avoir lieu, ou la vente par licitation, qui sera faite devant un membre du tribunal ou devant un notaire, conformément à l'article 955.

Le tribunal pourra, soit qu'il ordonne le partage, soit qu'il ordonne la licitation, déclarer qu'il y sera immédiatement procédé sans expertise préalable, même lorsqu'il y aura des mineurs en cause ; dans le cas de licitation, le tribunal déterminera la mise à prix, conformément à l'article 955. — *Pr.* 969, 971 s.; C. 824 s., 1686.

971. (*L.* 2 *juin* 1841.) Lorsque le tribunal ordonnera l'expertise, il pourra commettre un ou trois experts, qui prêteront serment comme il est dit en l'article 956.

Les nominations et rapports d'experts seront faits suivant les formalités prescrites au titre *des rapports d'experts.*

Les rapports d'experts présenteront sommairement les bases de l'estimation, sans entrer dans le détail descriptif des biens à partager ou à liciter.

Le poursuivant demandera l'entérinement du rapport par un simple acte de conclusions d'avoué à avoué. — *Pr.* 302 s., 318 s., 956 s.; C. 824.

972. (*L.* 2 *juin* 1841.) On se conformera, pour la vente, aux formalités prescrites dans le titre *de la vente des biens immeubles appartenant à des mineurs,* en ajoutant dans le cahier des charges :

Les noms, demeure et profession du poursuivant, les noms et demeure de son avoué ;

Les noms, demeures et professions des colicitants et de leurs avoués. — *Pr.* 953 s., 957 s., 973.

973. (*L.* 2 *juin* 1841.) Dans la huitaine du dépôt du cahier des charges au greffe ou chez le notaire, sommation sera faite, par un simple acte, aux colicitants, en l'étude de leurs avoués, d'en prendre communication.

S'il s'élève des difficultés sur le cahier des charges, elles seront vidées à l'audience, sans aucune requête, et sur un simple acte d'avoué à avoué.

Le jugement qui interviendra ne pourra être attaqué que par la voie de l'appel, dans les formes et délais prescrits par les articles 731 et 732 du présent Code.

Tout autre jugement sur les difficultés relatives aux formalités postérieures à la sommation de prendre communication du cahier des charges ne pourra être attaqué ni par opposition, ni par appel.

Si, au jour indiqué pour l'adjudication, les enchères ne couvrent pas la mise à prix, il sera procédé comme il est dit en l'article 963.

Dans les huit jours de l'adjudication, toute personne pourra surenchérir d'un sixième du prix principal, en se conformant aux conditions et aux formalités prescrites par les articles 708, 709 et 710. Cette surenchère produira le même effet que dans les ventes de biens de mineurs. — *Pr.* 82, 436, 765, 958, 963, 971, 977, 1029; C. 822 s.

974. Lorsque la situation des immeubles aura exigé plusieurs expertises distinctes, et que chaque immeuble aura été déclaré impartageable, il n'y aura cependant pas lieu à licitation, s'il résulte du rapprochement des rapports que la totalité des immeubles peut se partager commodément. — C. 826, 832, 835, 853, 882.

975. (*L.* 2 *juin* 1841.) Si la demande en partage n'a pour objet que la division d'un ou plusieurs immeubles sur lesquels les droits des intéressés soient déjà liquidés, les experts, en procédant à l'estimation, composeront les lots ainsi qu'il est prescrit par l'article 466 du Code civil, et, après que leur rapport aura été entériné, les lots seront tirés au sort, soit devant le juge-commissaire, soit devant le notaire déjà commis par le tribunal, aux termes de l'article 969. — *Pr.* 976 s.; C. 828 s., 834 s.

976. (*L.* 2 *juin* 1841.) Dans les autres cas, et notamment lorsque le tribunal aura ordonné le partage sans faire procéder à un rapport d'experts, le poursuivant fera sommer les copartageants de comparaître, au jour indiqué, devant le notaire commis, à l'effet de procéder aux compte, rapport, formation de masse, prélèvements, composition des lots et fournissements, ainsi qu'il est ordonné par le Code civil, article 828.

Il en sera de même lorsqu'il y aura lieu de procéder à la licitation, si le prix de l'adjudication doit être confondu avec d'autres objets dans une masse commune de partage pour former la balance entre les divers lots. — *Pr.* 969 s., 975, 977 s.

977. Le notaire commis procédera seul et sans l'assistance d'un second notaire ou de témoins ; si les parties se font assister auprès de lui d'un conseil, les honoraires de ce conseil n'entreront point dans les frais de partage, et seront à leur charge.

Au cas de l'article 837 du Code civil, le notaire rédigera en un procès-verbal séparé les difficultés et dires des parties : ce procès-verbal sera, par lui, remis au greffe, et y sera retenu.

Si le juge-commissaire renvoie les parties à l'audience, l'indication du jour où elles devront comparaître leur tiendra lieu d'ajournement.

Il ne sera fait aucune sommation pour comparaître, soit devant le juge, soit à l'audience. — *Pr.* 953, 976, 980 s.

978. Lorsque la masse du partage, les rapports et prélèvements à faire par chacune des parties intéressées, auront été établis par le notaire, suivant les articles 829, 830 et 831 du Code civil, les lots seront faits par l'un des

979 [illegible]

980 [illegible]

981 [illegible]

982 [illegible]

983 [illegible]

984 [illegible]

985 [illegible]

TITRE HUITIÈME

Du bénéfice d'inventaire.

986 [illegible]

987 [illegible]

988 [illegible]

989 [illegible]

990 [illegible]

991 [illegible]

992 [illegible]

993 [illegible]

994 [illegible]

995 [illegible]

996 [illegible]

TITRE NEUVIÈME

[illegible]

997 [illegible]

TITRE DIXIÈME

[illegible]

998 [illegible]

999 [illegible]

1000 [illegible]

1001 [illegible]

1002 [illegible]

LIVRE TROISIÈME

[illegible]

TITRE UNIQUE

Des arbitrages.

1003 [illegible]

1004 [illegible]

1005 [illegible]

1006 [illegible]

1007 [illegible]

1008 [illegible]

1009 [illegible]

1010 [illegible]

1011 [illegible]

1012 [illegible]

1013 [illegible]

1014 [illegible]

1015 [illegible]

1016 [illegible]

1017 [illegible]

1018. [illegible]

1019. [illegible]

1020. [illegible]

1021. [illegible]

1022. [illegible]

1023. [illegible]

1024. [illegible]

1025. [illegible]

1026. [illegible]

1027. [illegible]

1028. [illegible]

Dispositions générales.

1029. [illegible]

1030. [illegible]

1031. [illegible]

1032. [illegible]

1033. [illegible]

1034. [illegible]

1035. [illegible]

1036. [illegible]

1037. [illegible]

1038. [illegible]

1039. [illegible]

1040. [illegible]

1041. [illegible]

1042. [illegible]

FIN DU CODE DE PROCÉDURE CIVILE

CODE DE COMMERCE

LIVRE PREMIER

Du commerce en général.

[illegible]

TITRE PREMIER

Des commerçants.

ARTICLE 1er. Sont commerçants ceux qui exercent des actes de commerce, et en font leur profession habituelle. — [illegible]

2. [illegible]

3. [illegible]

4. [illegible]

5. [illegible]

6. [illegible]

7. [illegible]

TITRE DEUXIÈME

Des livres de commerce.

8. Tout commerçant est tenu d'avoir un livre-journal qui présente [illegible]

9. [illegible]

10. [illegible]

11. [illegible]

12. [illegible]

13. [illegible]

14. [illegible]

15. [illegible]

16. [illegible]

17. [illegible]

TITRE TROISIÈME

Des sociétés (1).

SECTION PREMIÈRE

Des diverses sociétés et de leurs règles.

18. Le contrat de société se règle par le droit civil, par les lois particulières au commerce et par les conventions des parties. — [illegible]

19. [illegible]

20. [illegible]

21. [illegible]

22. [illegible]

23. [illegible]

24. [illegible]

25. [illegible]

26. [illegible]

27. [illegible]

28. [illegible]

29. La société anonyme n'existe point sous un nom social ; elle n'est désignée par le nom d'aucun des associés (1). — [illegible]

30. Elle est qualifiée par la désignation de l'objet de son entreprise.

31. (Abrogé, L. 24 juillet 1867.)

32. Les administrateurs ne sont responsables que de l'exécution du mandat qu'ils ont reçu. [illegible]

33. [illegible]

34. [illegible]

35. [illegible]

36. [illegible]

37. (Abrogé, L. 24 juillet 1867.)

38. [illegible]

39. [illegible]

40. (Abrogé, L. 24 juillet 1867.)

41. [illegible]

42 à 46. (Abrogés, L. 24 juillet 1867.)

47. [illegible]

48. [illegible]

49. [illegible]

50. [illegible]

SECTION II

Des contestations entre associés, et de la manière de les décider.

51 à 63. (Abrogés, L. 17 juillet 1856.)

(1) [illegible]

(1) [illegible]

64. Toutes actions contre les associés non liquidateurs et leurs veuves, héritiers ou ayants-cause, sont prescrites cinq ans après la fin ou la dissolution de la société, si l'acte de société qui en énonce la durée, ou l'acte de dissolution, a été affiché et enregistré conformément aux articles 42, 43, 44 et 46, et si, depuis cette formalité remplie, la prescription n'a été interrompue à leur égard par aucune poursuite judiciaire. — *Co.* 25; *C.* 2219, 2244 s., 2264.

TITRE QUATRIÈME

Des séparations de biens.

65. Toute demande en séparation de biens sera poursuivie, instruite et jugée conformément à ce qui est prescrit au Code civil, livre III, titre V, chapitre II, section III, et au Code de procédure civile, deuxième partie, livre I, titre VIII. — *Co.* 66; *C.* 1443 s.; *Pr.* 49, 865 s.

66. Tout jugement qui prononcera une séparation de corps ou un divorce entre mari et femme, dont l'un serait commerçant, sera soumis aux formalités prescrites par l'article 872 du Code de procédure civile; à défaut de quoi, les créanciers seront toujours admis à s'y opposer, pour ce qui touche leurs intérêts, et à contredire toute liquidation qui en aurait été la suite. — *C.* 311, 1167, 1445-1447; *Pr.* 872.

67. Tout contrat de mariage entre époux dont l'un sera commerçant sera transmis par extrait, dans le mois de sa date, aux greffes et chambres désignés par l'article 872 du Code de procédure civile, pour être exposé au tableau, conformément au même article.

Cet extrait annoncera si les époux sont mariés en communauté, s'ils sont séparés de biens, ou s'ils ont contracté sous le régime dotal. — *Co.* 1, 68 s.; *C.* 1394, 1391, 1399 s., 1530 s., 1536 s., 1540 s.

68. Le notaire qui aura reçu le contrat de mariage sera tenu de faire la remise ordonnée par l'article précédent, sous peine de cent francs d'amende(1), et même de destitution et de responsabilité envers les créanciers, s'il est prouvé que l'omission soit la suite d'une collusion. — *C.* 1149, 1382, 1383, 2102; *Pr.* 126-128.

69. (*L.* 28 *mai* 1838.) L'époux séparé de biens, ou marié sous le régime dotal, qui embrasserait la profession de commerçant postérieurement à son mariage, sera tenu de faire pareille remise dans le mois du jour où il aura ouvert son commerce; à défaut de cette remise, il pourra être, en cas de faillite, condamné comme banqueroutier simple. — *Co.* 67, 437, 586; *C.* 1529 s., 1540 s.; *P.* 402.

70. La même remise sera faite, sous les mêmes peines, dans l'année de la publication de la présente loi, par tout époux séparé de biens, ou marié sous le régime dotal, qui, au moment de ladite publication, exercerait la profession de commerçant. — *Co.* 1, 67, 69; *Pr.* 872 s.

TITRE CINQUIÈME

Des bourses de commerce, agents de change et courtiers.

SECTION PREMIÈRE

Des bourses de commerce.

71. La bourse de commerce est la réunion qui a lieu, sous l'autorité du Roi, des commerçants, capitaines de navire, agents de change et courtiers. — *Co.* 1, 72 s., 613.

(1) Aujourd'hui vingt francs (*L.* 16 *juin* 1824, art. 10).

72. Le résultat des négociations et des transactions qui s'opèrent dans la bourse détermine le cours du change, des marchandises, des assurances, du fret ou nolis, du prix des transports par terre ou par eau, des effets publics et autres dont le cours est susceptible d'être coté. — *Co.* 73, 76, 78; *P.* 419.

73. Ces divers cours sont constatés par les agents de change et courtiers, dans la forme prescrite par les règlements de police généraux ou particuliers. — *Co.* 76, 78.

SECTION II

Des agents de change et courtiers.

74. (*L.* 2 *juillet* 1862.) La loi reconnaît, pour les actes de commerce, des agents intermédiaires, savoir: les agents de change et les courtiers.

Il y en a dans toutes les villes qui ont une bourse de commerce.

Ils sont nommés par l'Empereur. — *C.* 71 s., 75 s., 81, 83, 85, 632; *Pr.* 101; *Décr.* 13 *septembre* 1862.

75. (*L.* 2 *juillet* 1862.) Les agents de change près des bourses pourvues d'un parquet pourront s'adjoindre des bailleurs de fonds intéressés, participant aux bénéfices et aux pertes résultant de l'exploitation de l'office et de la liquidation de sa valeur. Ces bailleurs de fonds ne seront passibles des pertes que jusqu'à concurrence des capitaux qu'ils auront engagés.

Le titulaire de l'office doit toujours être propriétaire en son nom personnel du quart au moins de la somme représentant le prix de l'office et le montant du cautionnement.

L'extrait de l'acte et les modifications qui pourront intervenir seront publiés, à peine de nullité, à l'égard des intéressés, sans que ceux-ci puissent opposer aux tiers le défaut de publication. — *Co.* 235; *Décr.* 1er *octobre* 1862.

76. Les agents de change, constitués de la manière prescrite par la loi, ont seuls le droit de faire les négociations des effets publics et autres susceptibles d'être cotés, de faire, pour le compte d'autrui, les négociations des lettres de change ou billets, et de tous papiers commerçables, et d'en constater le cours.

Les agents de change pourront faire, concurremment avec les courtiers de marchandises, les négociations et le courtage des ventes ou achats des matières métalliques. Ils ont seuls le droit d'en constater le cours. — *Co.* 72, 73, 84, 85 s., 109, 181, 186.

77. Il y a des courtiers de marchandises;

Des courtiers d'assurances;

Des courtiers interprètes et conducteurs de navires;

Des courtiers de transport par terre et par eau. — *Co.* 73, 78 s., 85 s.

78. Les courtiers de marchandises, constitués de la manière prescrite par la loi, ont seuls le droit de faire le courtage des marchandises, d'en constater le cours; ils exercent, concurremment avec les agents de change, le courtage des matières métalliques. — *Co.* 73 s., 76, 85 s., 109; *L.* 18 *juillet* 1866, *supprimant le monopole des courtiers de marchandises.*

79. Les courtiers d'assurances rédigent les contrats ou polices d'assurances, concurremment avec les notaires; ils en attestent la vérité par leur signature, certifient le taux des primes pour tous les voyages de mer ou de rivière. — *Co.* 72 s., 77, 85 s., 332 s.

80. Les courtiers interprètes et conducteurs de navires font le courtage des affrètements; ils ont, en outre, seuls le droit de traduire, en cas de contestations portées devant les tribunaux, les déclarations, chartes-parties, connaissements, contrats et tous actes de commerce dont la traduction serait nécessaire; enfin, de constater le cours du fret ou du nolis.

Dans les affaires contentieuses de commerce, et pour le service des douanes, ils serviront seuls de truchement à tous étrangers, maîtres de navires, marchands, équipages de vaisseau et autres personnes de mer. — *C.* 78, 79, 81, 85 s., 273 s.

81. Le même individu peut, si l'acte du gouvernement qui l'institue l'y autorise, cumuler les fonctions d'agent de change, de courtier de marchandises ou d'assurances, et de courtier interprète et conducteur de navires. — *Co.* 78 s.

82. Les courtiers de transport par terre et par eau, constitués selon la loi, ont seuls, dans les lieux où ils sont établis, le droit de faire le courtage des transports par terre et par eau: ils ne peuvent cumuler, dans aucun cas et sous aucun prétexte, les fonctions de courtiers de marchandises, d'assurances, ou de courtiers conducteurs de navires, désignées aux articles 78, 79 et 80. — *Co.* 96 s.

83. Ceux qui ont fait faillite ne peuvent être agents de change ni courtiers, s'ils n'ont été réhabilités. — *Co.* 89, 437, 604 s.

84. Les agents de change et courtiers sont tenus d'avoir un livre revêtu des formes prescrites par l'article 11.

Ils sont tenus de consigner dans ce livre, jour par jour, et par ordre de dates, sans ratures, interlignes ni transpositions, et sans abréviations ni chiffres, toutes les conditions des ventes, achats, assurances, négociations, et en général de toutes les opérations faites par leur ministère.

85. (*L.* 28 *mars* 1885.) Un agent de change ou courtier ne peut, dans aucun cas et sous aucun prétexte, faire des opérations de commerce ou de banque pour son compte. — *L.* 18 *juillet* 1866.

Il ne peut s'intéresser directement ni indirectement, sous son nom ou sous un nom interposé, dans aucune entreprise commerciale.

86. (*Abrogé L.* 28 *mars* 1885.)

87. Toute contravention aux dispositions énoncées dans les deux articles précédents entraîne la peine de destitution, et une condamnation d'amende qui sera prononcée par le tribunal de police correctionnelle, et qui ne peut être au-dessus de trois mille francs, sans préjudice de l'action des parties en dommages et intérêts. — *Co.* 88; *C.* 1149, 1382; *Pr.* 126, 128.

88. Tout agent de change ou courtier destitué en vertu de l'article précédent ne peut être réintégré dans ses fonctions.

89. En cas de faillite, tout agent de change ou courtier est poursuivi comme banqueroutier. — *Co.* 83, 85, 437, 584 s., 591 s.; *P.* 404.

90. (*L.* 2 *juillet* 1862.) Il sera pourvu par des règlements d'administration publique à ce qui est relatif: 1° aux taux des cautionnements, sans que le maximum puisse dépasser deux cent cinquante mille francs; 2° à la négociation et à la transmission de la propriété des effets publics, et généralement à l'exécution des dispositions contenues au présent titre. — *Pr.* 419, 422.

TITRE SIXIÈME

Du gage et des commissionnaires.

(Loi du 23 mai 1863, promulguée le 28 mai.)

SECTION PREMIÈRE

Du gage.

91. Le gage constitué, soit par un commerçant, soit par un individu non commerçant, pour un acte de commerce, se constate, à l'égard des tiers comme à l'égard des parties contractantes, conformément aux dispositions de l'article 109 du Code de commerce.

Le gage, à l'égard des valeurs négociables, peut aussi être établi par un endossement régulier, indiquant que les valeurs ont été remises en garantie.

A l'égard des actions, des parts d'intérêt et des obligations nominatives des sociétés financières, industrielles, commerciales ou civiles, dont la transmission s'opère par un transfert sur les registres de la société, le gage peut également être établi par un transfert à titre de garantie inscrit sur lesdits registres.

Il n'est pas dérogé aux dispositions de l'article 2075 du Code Napoléon en ce qui concerne les créances mobilières, dont le cessionnaire ne peut être saisi à l'égard des tiers que par la signification du transport faite au débiteur.

Les effets de commerce donnés en gage sont recouvrables par le créancier gagiste. — *Co.* 92, 93, 436 s.; *C.* 2073 s., 2102, 2615.

92. Dans tous les cas, le privilège ne subsiste sur le gage qu'autant que ce gage a été mis et est resté en la possession du créancier ou d'un tiers convenu entre les parties.

Le créancier est réputé avoir les marchandises en sa possession, lorsqu'elles sont à sa disposition dans ses magasins ou navires, à la douane ou dans un dépôt public, ou si, avant qu'elles soient arrivées, il en est saisi par un connaissement ou par une lettre de voiture. — *Co.* 95, 576; *C.* 1606, 2076, 2102.

93. A défaut de paiement à l'échéance, le créancier peut, huit jours après une simple signification faite au débiteur et au tiers bailleur de gage, s'il y en a un, faire procéder à la vente publique des objets donnés en gage.

Les ventes autres que celles dont les agents de change peuvent seuls être chargés sont faites par le ministère des courtiers. Toutefois, sur la requête des parties, le président du tribunal de commerce peut désigner, pour y procéder, une autre classe d'officiers publics. Dans ce cas, l'officier public, quel qu'il soit, chargé de la vente, est soumis aux dispositions qui régissent les courtiers, relativement aux formes, aux tarifs et à la responsabilité.

Les dispositions des articles 2 à 7 inclusivement de la loi du 28 mai 1858, sur les ventes publiques, sont applicables aux ventes prévues par le paragraphe précédent.

Toute clause qui autoriserait le créancier à s'approprier le gage ou à en disposer sans les formalités ci-dessus prescrites est nulle. — *C.* 2078 s.; *LL.* 28 *mai* 1858 et 31 *août* 1870.

SECTION II

Des commissionnaires en général.

94. Le commissionnaire est celui qui agit en son propre nom ou sous un nom social pour le compte d'un commettant.

Les devoirs et les droits du commissionnaire qui agit au nom d'un commettant sont déterminés par le Code Napoléon, livre III, titre XIII. — *Co.* 95, 332, 376; *C.* 1419, 1984, 1372, 1991, 2102.

95. Tout commissionnaire a privilège sur la valeur des marchandises à lui expédiées, déposées ou consignées, par le fait seul de l'expédition, du dépôt ou de la consignation, pour tous les prêts, avances ou paiements faits par lui, soit avant la réception des marchandises, soit pendant le temps qu'elles sont en sa possession.

Ce privilège ne subsiste que sous la condition prescrite par l'article 92 qui précède.

Dans la créance privilégiée du commissionnaire sont compris, avec le principal, les intérêts, commissions et frais.

Si les marchandises ont été vendues et livrées pour le compte du commettant, le commissionnaire se rembourse, sur le produit de la vente, du montant de sa créance, par préférence aux créanciers du commettant. — Co. 92, 102, 576; C. 1947 s., 2095, 2102.

SECTION III

Des commissionnaires pour les transports par terre et par eau.

96. Le commissionnaire qui se charge d'un transport par terre ou par eau est tenu d'inscrire, sur son livre-journal, la déclaration de la nature et de la quantité des marchandises, et, s'il en est requis, de leur valeur. — Co. 86, 91 s.; C. 1785; P. 386, 387.

97. Il est garant de l'arrivée des marchandises et effets dans le délai déterminé par la lettre de voiture, hors les cas de la force majeure légalement constatée. — Co. 99, 104-108; C. 1302, 1315, 1785.

98. Il est garant des avaries ou pertes de marchandises et effets, s'il n'y a stipulation contraire dans la lettre de voiture, ou force majeure. — Co. 99, 101 s., 103, 108; C. 1137, 1302 s., 1784.

99. Il est garant des faits du commissionnaire intermédiaire auquel il adresse les marchandises. — Co. 97 s., 108; C. 1315, 1384, 1994.

100. La marchandise sortie du magasin du vendeur ou de l'expéditeur voyage, s'il n'y a convention contraire, aux risques et périls de celui à qui elle appartient, sauf son recours contre le commissionnaire et le voiturier chargés du transport. — Co. 97 s., 103, 108; C. 1138, 1139, 1302, 1585, 1586, 1607, 1624.

101. La lettre de voiture forme un contrat entre l'expéditeur et le voiturier, ou entre l'expéditeur, le commissionnaire et le voiturier. — Co. 102; C. 1101, 1102, 1134, 1325.

102. La lettre de voiture doit être datée.

Elle doit exprimer :

La nature et le poids ou la contenance des objets à transporter,

Le délai dans lequel le transport doit être effectué.

Elle indique :

Le nom et le domicile du commissionnaire par l'entremise duquel le transport s'opère, s'il y en a un,

Le nom de celui à qui la marchandise est adressée,

Le nom et le domicile du voiturier.

Elle énonce :

Le prix de la voiture,

L'indemnité due pour cause de retard.

Elle est signée par l'expéditeur ou le commissionnaire.

Elle présente en marge les marques et numéros des objets à transporter.

La lettre de voiture est copiée par le commissionnaire sur un registre coté et paraphé, sans intervalle et de suite. — Co. 8, 96, 101, 225, 281 s.; C. 1785.

SECTION IV

Du voiturier.

103. Le voiturier est garant de la perte des objets à transporter, hors les cas de la force majeure.

Il est garant des avaries autres que celles qui proviennent du vice propre de la chose ou de la force majeure. — Co. 97 s., 105, 108, 356, 632; C. 1137, 1315, 1784, 2102; P. 386, 387.

104. Si, par l'effet de la force majeure, le transport n'est pas effectué dans le délai convenu, il n'y a pas lieu à indemnité contre le voiturier pour cause de retard. — Co. 97, 103; C. 1315.

105. (*L. 11 avril 1888.*) La réception des objets transportés et le paiement du prix de la voiture éteignent toute action contre le voiturier pour avarie ou perte partielle, si, dans les trois jours, non compris les jours fériés, qui suivent celui de cette réception et de ce paiement, le destinataire n'a pas notifié au voiturier par acte extrajudiciaire ou par lettre recommandée sa protestation motivée.

Toutes stipulations contraires sont nulles et de nul effet. Cette dernière disposition n'est pas applicable aux transports internationaux.

106. En cas de refus ou contestation pour la réception des objets transportés, leur état est vérifié et constaté par des experts nommés par le président du tribunal de commerce, ou, à son défaut, par le juge de paix, et par ordonnance au pied d'une requête.

Le dépôt ou séquestre, et ensuite le transport dans un dépôt public, peut en être ordonné.

La vente peut en être ordonnée en faveur du voiturier, jusqu'à concurrence du prix de la voiture. — Co. 93 s.; C. 1961, 1963 s., 2078, 2102 s.; Pr. 302 s., 917 s., 1034, 1035.

107. Les dispositions contenues dans le présent titre sont communes aux maîtres de bateaux, entrepreneurs de diligences et voitures publiques. — Co. 91-106, 107; C. 1782 s., 1786.

108. (*L. 11 avril 1888.*) Les actions pour avaries, pertes ou retards, auxquelles peut donner lieu contre le voiturier le contrat de transport, sont prescrites dans le délai d'un an, sans préjudice des cas de fraude ou d'infidélité.

Toutes les autres actions auxquelles ce contrat peut donner lieu, tant contre le voiturier ou le commissionnaire que contre l'expéditeur ou le destinataire, aussi bien que celles qui naissent des dispositions de l'article 541 du Code de procédure civile, sont prescrites dans le délai de cinq ans.

Le délai de ces prescriptions est compté, dans le cas de perte totale, du jour où la remise de la marchandise aurait dû être effectuée, et, dans tous les autres cas, du jour où la marchandise aura été remise ou offerte au destinataire.

Le délai pour intenter chaque action récursoire est d'un mois. Cette prescription ne court que du jour de l'exercice de l'action contre le garanti.

Dans le cas de transports faits pour le compte de l'État, la prescription ne commence à courir que du jour de la notification de la décision ministérielle emportant liquidation ou ordonnancement définitif. — Co. 97, 98, 103; C. 2219, 2229.

TITRE SEPTIÈME

Des achats et ventes.

109. Les achats et ventes se constatent,

Par actes publics,

Par actes sous signature privée,

Par le bordereau ou arrêté d'un agent de change ou courtier, dûment signé par les parties,

Par une facture acceptée,

Par la correspondance,

Par les livres des parties,

Par la preuve testimoniale, dans le cas où le tribunal croira devoir l'admettre. — Co. 8 s., 12, 13, 76, 78, 80, 82, 84, 91, 153, 236, 273, 286, 339, 435, 632, 633; C. 1317 s., 1322 s., 1325, 1341, 1328, 1353 s., 1357 s.; Pr. 252; Co. 14, 195, 273, 282, 311, 332.

TITRE HUITIÈME

De la lettre de change, du billet à ordre et de la prescription (1).

SECTION PREMIÈRE

De la lettre de change.

§ Ier. — *De la forme de la lettre de change.*

110. (*L. 7 juin 1894.*) La lettre de change est tirée, soit d'un lieu sur l'autre, soit d'un lieu sur le même lieu. — Co. 112.

Elle est datée. — Co. 113 s., 139, 636; P. 147.

Elle énonce :

La somme à payer,

Le nom de celui qui doit payer,

L'époque et le lieu où le paiement doit s'effectuer. — Co. 111, 123, 129-135.

La valeur fournie en espèces, en marchandises, en compte, ou de toute autre manière. — Co. 137; C. 1132.

Elle est à l'ordre d'un tiers, ou à l'ordre du tireur lui-même. — Co. 137.

Si elle est par 1re, 2e, 3e, 4e, etc., elle l'exprime (2). — Co. 112, 126 s., 132, 137 s., 188 s., 583, 585, 636, 637; C. 1108, 1131, 1134.

111. Une lettre de change peut être tirée sur un individu, et payable au domicile d'un tiers.

Elle peut être tirée par ordre et pour le compte d'un tiers.

112. (*L. 7 juin 1894.*) Sont réputées simples promesses toutes lettres de change contenant supposition, soit de nom, soit de qualité. — Co. 112, 168, 189, 636, 637; P. 147, 148.

113. La signature des femmes et des filles non négociantes ou marchandes publiques sur lettres de change ne vaut, à leur égard, que comme simple promesse. — Co. 1, 4, 5, 7, 637; C. 217, 220, 1426, 2066.

114. Les lettres de change souscrites par des mineurs non négociants sont nulles à leur égard, sauf les droits respectifs des parties, conformément à l'article 1312 du Code civil. — Co. 2-3, 6; C. 1308, 1312, 2063.

§ II. — *De la provision.*

115. (*L. 19 mars 1817.*) La provision doit être faite par le tireur, ou par celui pour le compte de qui la lettre de change sera tirée, sans que le tireur pour compte d'autrui cesse d'être personnellement obligé envers les endosseurs et le porteur seulement. — Co. 111, 116 s., 146.

116. Il y a provision, si, à l'échéance de la lettre de change, celui sur qui elle est fournie est redevable au tireur, ou à celui pour compte de qui elle est tirée, d'une somme au moins égale au montant de la lettre de change. — Co. 117.

117. L'acceptation suppose la provision.

Elle en établit la preuve à l'égard des endosseurs. — Co. 126 s.; C. 1350, 1352.

Soit qu'il y ait ou non acceptation, le tireur seul est tenu de prouver, en cas de dénégation, que ceux sur qui la lettre était tirée avaient provision à l'échéance ; sinon il est tenu de la garantir, quoique le protêt ait été fait après les délais fixés. — Co. 115 s., 118 s., 170, 173 s., 185, 189.

§ III. — *De l'acceptation.*

118. Le tireur et les endosseurs d'une lettre de change sont garants solidaires de l'acceptation et du paiement à l'échéance. — Co. 115 s., 136 s., 140, 143 s., 160 s., 167, 444; C. 1200, 1251.

119. Le refus d'acceptation est constaté par un acte que l'on nomme protêt faute d'acceptation. — Co. 120, 126, 163, 173 s.

120. Sur la notification du protêt faute d'acceptation, les endosseurs et le tireur sont respectivement tenus de donner caution pour assurer le paiement de la lettre de change à son échéance, ou d'en effectuer le remboursement avec les frais de protêt et de rechange.

La caution, soit du tireur, soit de l'endosseur, n'est solidaire qu'avec celui qu'elle a cautionné. — C. 1200 s., 2011, 2040, 2041; Pr. 517 s.

121. Celui qui accepte une lettre de change contracte l'obligation d'en payer le montant.

L'accepteur n'est pas restituable contre son acceptation, quand même le tireur aurait failli à son insu avant qu'il eût accepté. — Co. 118, 130, 140, 149; C. 1134, 1294.

122. L'acceptation d'une lettre de change doit être signée.

L'acceptation est exprimée par le mot accepté.

Elle est datée, si la lettre est à un ou plusieurs jours ou mois de vue. — Co. 129, 131.

Et, dans ce dernier cas, le défaut de date de l'acceptation rend la lettre exigible au terme y exprimé, à compter de sa date. — Co. 124 s., 131 s.; C. 1139.

123. L'acceptation d'une lettre de change payable dans un autre lieu que celui de la résidence de l'accepteur, indique le domicile où le paiement doit être effectué ou les diligences faites. — Co. 173; C. 111.

124. L'acceptation ne peut être conditionnelle, mais elle peut être restreinte quant à la somme acceptée.

Dans ce cas, le porteur est tenu de faire protester la lettre de change pour le surplus. — Co. 122, 156, 173 s.; C. 1168.

125. Une lettre de change doit être acceptée à sa présentation, ou, au plus tard, dans les vingt-quatre heures de la présentation.

Après les vingt-quatre heures, si elle n'est pas rendue acceptée ou non acceptée, celui qui l'a retenue est passible de dommages-intérêts envers le porteur. — C. 1139, 1382.

§ IV. — *De l'acceptation par intervention.*

126. Lors du protêt faute d'acceptation, la lettre de change peut être acceptée par un tiers intervenant pour le tireur ou pour l'un des endosseurs.

L'intervention est mentionnée dans l'acte du protêt ; elle est signée par l'intervenant. — Co. 119, 127 s., 158 s., 173; C. 1236.

127. L'intervenant est tenu de notifier sans délai son intervention à celui pour qui il est intervenu.

128. Le porteur de la lettre de change conserve tous ses droits contre le tireur et les endosseurs, à raison du défaut d'acceptation par celui sur qui la lettre était tirée, nonobstant toutes acceptations par intervention. — Co. 118, 160 s.

§ V. — *De l'échéance.*

129. Une lettre de change peut être tirée

à vue, — Co. 122, 130.

à un ou plusieurs jours } de vue.
à un ou plusieurs mois }
à une ou plusieurs usances }

— Co. 131, 132, 134 s.

(1) V. pour les chèques, L. 14 juin 1865 et 19 février 1874.

(2) Les lettres de change et billets à ordre doivent être inscrits sur papier timbré, sous peine d'amende et perte de l'action contre les endosseurs. V. L. 5 juin 1850.

à un ou plusieurs jours } de date,
à un ou plusieurs mois }
à une ou plusieurs usances }
— Co. 132, 131 s.
à jour fixe ou à jour déterminé,
en foire. — Co. 133.

130. La lettre de change à vue est payable à sa présentation. — Co. 129, 160 s.

131. L'échéance d'une lettre de change

à un ou plusieurs jours } de vue,
à un ou plusieurs mois }
à une ou plusieurs usances }

est fixée par la date de l'acceptation, ou par celle du protêt faute d'acceptation. — Co. 110, 122, 129, 132, 136, 174.

132. L'usance est de trente jours, qui courent du lendemain de la date de la lettre de change.

Les mois sont tels qu'ils sont fixés par le calendrier grégorien. — Co. 129.

133. Une lettre de change payable en foire est échue la veille du jour fixé pour la clôture de la foire, ou le jour de la foire si elle ne dure qu'un jour. — Co. 129, 161 s.

134. Si l'échéance d'une lettre de change est à un jour férié légal, elle est payable la veille. — Co. 162; Pr. 1037.

135. Tous les délais de grâce, de faveur, d'usage ou d'habitude locale, pour le paiement des lettres de change, sont abrogés. — Co. 157, 194.

§ VI. — *De l'endossement.*

136. La propriété d'une lettre de change se transmet par la voie de l'endossement. — Co. 110, 137 s., 187, 188, 281, 313, 511; C. 1690, 1121, 1126, 1693, 1692.

137. L'endossement est daté.

Il exprime la valeur fournie.

Il énonce le nom de celui à l'ordre de qui il est passé. — Co. 138 s.; C. 2009.

138. Si l'endossement n'est pas conforme aux dispositions de l'article précédent, il n'opère pas le transport; il n'est qu'une procuration. — Co. 110, 187, 511; C. 1328, 1341, 1356, 2009.

139. Il est défendu d'antidater les ordres, à peine de faux. — P. 147.

§ VII. — *De la solidarité.*

140. Tous ceux qui ont signé, accepté ou endossé une lettre de change, sont tenus à la garantie solidaire envers le porteur. — Co. 118, 121, 136, 152, 160 s., 164, 187, 542; C. 1200 s., 1862, 2021, 1359, 1693.

§ VIII. — *De l'aval.*

141. Le paiement d'une lettre de change, indépendamment de l'acceptation et de l'endossement, peut être garanti par un aval. — Co. 142, 187.

142. Cette garantie est fournie, par un tiers, sur la lettre même ou par acte séparé.

Le donneur d'aval est tenu solidairement et par les mêmes voies que les tireur et endosseurs, sauf les conventions différentes des parties. — Co. 140, 160 s.; C. 1134, 1200 s., 2011, 2014, 2021.

§ IX. — *Du paiement.*

143. Une lettre de change doit être payée dans la monnaie qu'elle indique (1). — Co. 192, 187, 338; C. 1243.

144. Celui qui paie une lettre de change avant son échéance est responsable de la validité du paiement. — Co. 146, 161; C. 1186 s.

145. Celui qui paie une lettre de change à son échéance et sans opposition, est présumé valablement libéré. — Co. 149, 161.

146. Le porteur d'une lettre de change ne peut être contraint d'en recevoir le paiement avant l'échéance. — Co. 144; C. 1187, 1258.

147. Le paiement d'une lettre de change fait sur une seconde, troisième, quatrième, etc., est valable, lorsque la seconde, troisième, quatrième, etc., porte que ce paiement annule l'effet des autres. — Co. 110, 148, 150 s.

148. Celui qui paie une lettre de change sur une seconde, troisième, quatrième, etc., sans retirer celle sur laquelle se trouve son acceptation, n'opère point sa libération à l'égard du tiers porteur de son acceptation. — Co. 124, 151 s.

149. Il n'est admis d'opposition au paiement qu'en cas de perte de la lettre de change, ou de la faillite du porteur. — Co. 145, 150 s., 437.

150. En cas de perte d'une lettre de change non acceptée, celui à qui elle appartient peut en poursuivre le paiement sur une seconde, troisième, quatrième, etc. — Co. 147, 151 s., 175.

151. Si la lettre de change perdue est revêtue de l'acceptation, le paiement ne peut en être exigé sur une seconde, troisième, quatrième, etc., que par ordonnance du juge, et en donnant caution. — Co. 148, 152, 155; C. 2040, 2041; Pr. 517 s.

152. Si celui qui a perdu la lettre de change, qu'elle soit acceptée ou non, ne peut représenter la seconde, troisième, quatrième, etc., il peut demander le paiement de la lettre de change perdue, et l'obtenir par l'ordonnance du juge, en justifiant de sa propriété par ses livres, et en donnant caution. — Co. 8 s., 12, 103, 153 s.; C. 2040, 2041; Pr. 517 s.

153. En cas de refus de paiement, sur la demande formée en vertu des deux articles précédents, le propriétaire de la lettre de change perdue conserve tous ses droits par un acte de protestation.

Cet acte doit être fait le lendemain de l'échéance de la lettre de change perdue.

Il doit être notifié aux tireur et endosseurs, dans les formes et délais prescrits ci-après pour la notification du protêt. — Co. 161 s.; Pr. 68.

154. Le propriétaire de la lettre de change égarée doit, pour s'en procurer la seconde, s'adresser à son endosseur immédiat, qui est tenu de lui prêter son nom et ses soins pour agir envers son propre endosseur; et ainsi en remontant d'endosseur en endosseur jusqu'au tireur de la lettre. Le propriétaire de la lettre de change égarée supportera les frais.

155. L'engagement de la caution, mentionné dans les articles 151 et 152, est éteint après trois ans, si, pendant ce temps, il n'y a eu ni demandes ni poursuites juridiques. — Co. 189; C. 2219, 2244.

156. Les paiements faits à compte sur le montant d'une lettre de change sont à la décharge des tireur et endosseurs.

Le porteur est tenu de faire protester la lettre de change pour le surplus. — Co. 124, 173 s.; C. 1244.

157. Les juges ne peuvent accorder aucun délai pour le paiement d'une lettre de change. — Co. 135, 161; C. 1244.

§ X. — *Du paiement par intervention.*

158. Une lettre de change protestée peut être payée par tout intervenant pour le tireur ou pour l'un des endosseurs.

L'intervention et le paiement seront constatés dans l'acte de protêt ou à la suite de l'acte. — Co. 126 s., 159, 174; C. 1236, 1377.

159. Celui qui paie une lettre de change par intervention est subrogé aux droits du porteur, et tenu des mêmes devoirs pour les formalités à remplir. — Co. 160 s.; C. 1251.

Si le paiement par intervention est fait pour le compte du tireur, tous les endosseurs sont libérés.

S'il est fait pour un endosseur, les endosseurs subséquents sont libérés.

S'il y a concurrence pour le paiement d'une lettre de change par intervention, celui qui opère le plus de libérations est préféré.

Si celui sur qui la lettre était originairement tirée, et sur qui a été fait le protêt faute d'acceptation, se présente pour la payer, il sera préféré à tous autres. — Co. 119, 158, 160 s.; C. 1236.

§ XI. — *Des droits et devoirs du porteur.*

160. (L. 3 mai 1862.) Le porteur d'une lettre de change tirée du continent et des îles de l'Europe ou de l'Algérie, et payable dans les possessions européennes de la France ou dans l'Algérie, soit à vue, soit à un ou plusieurs jours, mois ou usances de vue, doit en exiger le paiement ou l'acceptation dans les trois mois de sa date, sous peine de perdre son recours sur les endosseurs et même sur le tireur, si celui-ci a fait provision.

Le délai est de quatre mois pour les lettres de change tirées des États du littoral de la Méditerranée et du littoral de la mer Noire sur les possessions européennes de la France, et réciproquement du continent et des îles de l'Europe sur les établissements français de la Méditerranée et de la mer Noire.

Le délai est de six mois pour les lettres de change tirées des États d'Afrique en deçà du cap de Bonne-Espérance, et des États d'Amérique en deçà du cap Horn, sur les possessions européennes de la France, et réciproquement du continent et des îles de l'Europe sur les possessions françaises ou établissements français dans les États d'Afrique en deçà du cap de Bonne-Espérance, et dans les États d'Amérique en deçà du cap Horn.

Le délai est d'un an pour les lettres de change tirées de toute autre partie du monde sur les possessions européennes de la France, et réciproquement du continent et des îles de l'Europe sur les possessions françaises et les établissements français dans toute autre partie du monde.

La même déchéance aura lieu contre le porteur d'une lettre de change à vue, à un ou plusieurs jours, mois ou usances de vue, tirée de la France, des possessions ou établissements français et payable dans les pays étrangers, qui n'en exigera pas le paiement ou l'acceptation dans les délais ci-dessus prescrits pour chacune des distances respectives. Les délais ci-dessus seront doublés en temps de guerre maritime pour les pays d'outre-mer.

Les dispositions ci-dessus ne préjudicieront pas néanmoins aux stipulations contraires qui pourraient intervenir entre le preneur, le tireur et même les endosseurs. — Co. 118 s., 129 s., 119 s., 158 s., 173.

161. Le porteur d'une lettre de change doit en exiger le paiement le jour de son échéance (1). — Co. 130 s., 143 s., 158 s.

162. Le refus de paiement doit être constaté, le lendemain du jour de l'échéance, par un acte que l'on nomme *protêt faute de paiement*.

Si ce jour est un jour férié légal, le protêt est fait le jour suivant (1). — Co. 130 s., 161, 168, 173 s., 184; Pr. 1033, 1037.

163. Le porteur n'est dispensé du protêt faute de paiement, ni par le protêt faute d'acceptation, ni par la mort ou faillite de celui sur qui la lettre de change est tirée. — Dans le cas de faillite de l'accepteur avant l'échéance, le porteur peut faire protester et exercer son recours. — Co. 163 s., 173 s., 437, 444; C. 1188, 1693; Pr. 124.

164. Le porteur d'une lettre de change protestée faute de paiement, peut exercer son action en garantie, — ou individuellement contre le tireur et chacun des endosseurs, — ou collectivement contre les endosseurs et le tireur. — La même faculté existe pour chacun des endosseurs, à l'égard du tireur et des endosseurs qui le précèdent. — Co. 140, 165 s.; C. 1203, 1377; Pr. 59, 181, 184, 420.

165. Si le porteur exerce le recours individuellement contre son cédant, il doit lui faire notifier le protêt, et, à défaut de remboursement, le faire citer en jugement dans les quinze jours qui suivent la date du protêt, si celui-ci réside dans la distance de cinq myriamètres.

Ce délai, à l'égard du cédant domicilié à plus de cinq myriamètres de l'endroit où la lettre de change était payable, sera augmenté d'un jour par deux myriamètres et demi excédant les cinq myriamètres. (L. 3 mai 1862) excédant les cinq myriamètres. — Co. 167 s.; Pr. 59, 61, 68-70, 420, 1033.

166. (L. 3 mai 1862.) Les lettres de change tirées de France et payables hors du territoire continental de la France en Europe étant protestées, les tireurs et endosseurs résidant en France seront poursuivis dans les délais ci-après : — D'un mois pour celles qui étaient payables en Corse, en Algérie, dans les îles Britanniques, en Italie, dans le royaume des Pays-Bas et dans les États ou Confédérations limitrophes de la France. — De deux mois pour celles qui étaient payables dans les autres États, soit de l'Europe, soit du littoral de la Méditerranée et de celui de la mer Noire. — De cinq mois pour celles qui étaient payables hors d'Europe, en deçà des détroits de Malacca et de la Sonde et en deçà du cap Horn. — De huit mois pour celles qui étaient payables au delà des détroits de Malacca et de la Sonde et au delà du cap Horn. Ces délais seront observés dans les mêmes proportions pour le recours à exercer contre les tireurs et endosseurs résidant dans les possessions françaises hors de la France continentale.

Les délais ci-dessus seront doublés dans les pays d'outre-mer, en cas de guerre maritime. — Co. 160 s., 167 s.

167. Si le porteur exerce son recours collectivement contre les endosseurs et le tireur, il jouit, à l'égard de chacun d'eux, du délai déterminé par les articles précédents.

Chacun des endosseurs a le droit d'exercer le même recours, ou individuellement, ou collectivement, dans le même délai.

A leur égard, le délai court du lendemain de la date de la citation en justice. — Co. 165 s., 168 s., 189, 631.

168. Après l'expiration des délais ci-dessus,

Pour la présentation de la lettre de change à vue, ou à un ou plusieurs jours ou mois ou usances de vue,

Pour le protêt faute de paiement,

Pour l'exercice de l'action en garantie,

(1) Avis du conseil d'État du 1er juillet 1808, sur la [illegible] — [illegible] — L. 22 mai 1863, relative [illegible] — L. 12 août 1870, [illegible] de la Banque de France.

(1) La loi du 6 thermidor an III [illegible] le dépôt du montant de l'effet, si le porteur ne s'est pas présenté dans les trois jours de l'échéance.

(1) Avis du conseil d'État du 20 mars 1810, déclarant le lendemain [illegible] — L. [illegible] juillet 1880, [illegible] — L. [illegible] mars 1886, [illegible]

Le porteur de la lettre de change est déchu de ses droits contre les endosseurs. — Co. 160-162, 165 s., 189 s.; C. 1792.

169. Les endosseurs sont également déchus de toute action en garantie contre leurs cédants, après les délais ci-dessus prescrits, chacun en ce qui le concerne. — Co. 164 s., 168.

170. La même déchéance a lieu contre le porteur et les endosseurs, à l'égard du tireur lui-même, si ce dernier justifie qu'il y avait provision à l'échéance de la lettre de change.

Le porteur, en ce cas, ne conserve d'action que contre celui sur qui la lettre était tirée. — Co. 115 s., 163 s., 168.

171. Les effets de la déchéance prononcée par les trois articles précédents cessent en faveur du porteur, contre le tireur, ou contre celui des endosseurs qui, après l'expiration des délais fixés pour le protêt, la notification du protêt ou la citation en jugement, a reçu par compte, compensation ou autrement, les fonds destinés au payement de la lettre de change. — Co. 168; C. 1289 s.

172. Indépendamment des formalités prescrites pour l'exercice de l'action en garantie, le porteur d'une lettre de change protestée faute de payement peut, en obtenant la permission du juge, saisir conservatoirement les effets mobiliers des tireurs, accepteurs et endosseurs. — Co. 64 s.; Pr. 417, 557 s.

§ XII. — *Des protêts.*

173. Les protêts faute d'acceptation ou de payement sont faits par deux notaires, ou par un notaire et deux témoins, ou par un huissier et deux témoins.

Le protêt doit être fait :

Au domicile de celui sur qui la lettre de change était payable, ou à son dernier domicile connu,

Au domicile des personnes indiquées par la lettre de change pour la payer au besoin,

Au domicile du tiers qui a accepté par intervention;

Le tout par un seul et même acte.

En cas de fausse indication de domicile, le protêt est précédé d'un acte de perquisition. — Co. 119, 126, 162, 175, 184, 187, 189; C. 102 s., 1258, 1260; Pr. 68, 1033; L. 21 juin 1843, *concernant la forme des actes notariés.*

174. L'acte de protêt contient :

La transcription littérale de la lettre de change, de l'acceptation, des endossements, et des recommandations qui y sont indiquées,

La sommation de payer le montant de la lettre de change.

Il énonce :

La présence ou l'absence de celui qui doit payer,

Les motifs du refus de payer, et l'impuissance ou le refus de signer. — Co. 175; C. 1982.

175. Nul acte de la part du porteur de la lettre de change ne peut suppléer l'acte de protêt, hors le cas prévu par les articles 150 et suivants, touchant la perte de la lettre de change.

176. Les notaires et les huissiers sont tenus, à peine de destitution, dépens, dommages-intérêts envers les parties, de laisser copie exacte des protêts, et de les inscrire en entier, jour par jour et par ordre de dates, dans un registre particulier, coté, paraphé, et tenu dans les formes prescrites pour les répertoires. — Co. 173, 174; C. 1149, 1382; Pr. 71, 1031.

§ XIII. — *Du rechange.*

177. Le rechange s'effectue par une retraite. — Co. 178 s.

178. La retraite est une nouvelle lettre de change, au moyen de laquelle le porteur se rembourse sur le tireur, ou sur l'un des endosseurs, du principal de la lettre protestée, de ses frais, et du nouveau change qu'il paie. — Co. 110, 140, 179 s.; L.L. 5 juin 1850, 23 août 1871 et 19 février 1874, *sur le timbre des retraites.*

179. Le rechange se règle, à l'égard du tireur, par le cours du change du lieu où la lettre de change était payable, sur le lieu d'où elle a été tirée.

Il se règle, à l'égard des endosseurs, par le cours du change du lieu où la lettre de change a été remise ou négociée par eux, sur le lieu où le remboursement s'effectue.

180. La retraite est accompagnée d'un compte de retour. — Co. 178, 186.

181. Le compte de retour comprend :

Le principal de la lettre de change protestée,

Les frais de protêt et autres frais légitimes, tels que commission de banque, courtage, timbre et ports de lettres.

Il énonce le nom de celui sur qui la retraite est faite, et le prix du change auquel elle est négociée.

Il est certifié par un agent de change.

Dans les lieux où il n'y a pas d'agent de change, il est certifié par deux commerçants.

Il est accompagné de la lettre de change protestée, du protêt, ou d'une expédition de l'acte de protêt.

Dans le cas où la retraite est faite sur l'un des endosseurs, elle est accompagnée, en outre, d'un certificat qui constate le cours du change du lieu où la lettre de change était payable, sur le lieu d'où elle a été tirée. — Co. 72, 76, 180, 182.

182. Il ne peut être fait plusieurs comptes de retour sur une même lettre de change.

Ce compte de retour est remboursé d'endosseur à endosseur respectivement, et définitivement par le tireur.

183. Les rechanges ne peuvent être cumulés. Chaque endosseur n'en supporte qu'un seul, ainsi que le tireur. — Co. 179.

184. L'intérêt du principal de la lettre de change protestée faute de payement est dû à compter du jour du protêt. — Co. 162, 173, 185; C. 1153, 1907, 2277.

185. L'intérêt des frais de protêt, rechange et autres frais légitimes, n'est dû qu'à compter du jour de la demande en justice. — Co. 162, 173, 177, 181, 184, 631; C. 1153.

186. Il n'est point dû de rechange, si le compte de retour n'est pas accompagné des certificats d'agents de change ou de commerçants, prescrits par l'article 181.

SECTION II

Du billet à ordre.

187. Toutes les dispositions relatives aux lettres de change, et concernant :

l'échéance, — Co. 129 s.

l'endossement, — Co. 136 s.

la solidarité, — Co. 140.

l'aval, — Co. 141 s.

le payement, — Co. 143 s.

le payement par intervention, — Co. 158 s.

le protêt, — Co. 173 s.

les devoirs et droits du porteur, — Co. 160 s.

le rechange ou les intérêts, — Co. 177 s.

sont applicables aux billets à ordre, sans préjudice des dispositions relatives aux cas prévus par les articles 636, 637 et 638. — Co. 129, 136 s., 140 s., 158 s., 160 s., 173 s., 177, 189; C. 1326.

188. Le billet à ordre est daté.

Il énonce :

La somme à payer,

Le nom de celui à l'ordre de qui il est souscrit,

L'époque à laquelle le paiement doit s'effectuer,

La valeur qui a été fournie en espèces, en marchandises, en compte, ou de toute autre manière. — Co. 110; L. 5 juin 1850.

SECTION III

De la prescription.

189. Toutes actions relatives aux lettres de change, et à ceux des billets à ordre souscrits par des négociants, marchands ou banquiers, ou pour faits de commerce, se prescrivent par cinq ans, à compter du jour du protêt, ou de la dernière poursuite juridique, s'il n'y a eu condamnation, ou si la dette n'a été reconnue par acte séparé.

Néanmoins les prétendus débiteurs seront tenus, s'ils en sont requis, d'affirmer, sous serment, qu'ils ne sont plus redevables; et leurs veuves, héritiers ou ayants-cause, qu'ils estiment de bonne foi qu'il n'est plus rien dû. — Co. 1, 137, 162, 173; C. 1357 s., 2242 s., 2275, 2279; Pr. 120, 121; I. 366.

LIVRE DEUXIEME

Du commerce maritime

(Titres I-VIII-IX-X-XI-XIV, mis en vigueur le 15 septembre 1807, promulgués le 25.)

TITRE PREMIER

Des navires et autres bâtiments de mer

190. Les navires et autres bâtiments de mer sont meubles. — C. 531.

Néanmoins ils sont affectés aux dettes du vendeur, et spécialement à celles que la loi déclare privilégiées. — Co. 191 s., 280; C. 2093 s., 2120; Pr. 620.

191. Sont privilégiées, et dans l'ordre où elles sont rangées, les dettes ci-après désignées :

1° Les frais de justice et autres, faits pour parvenir à la vente et à la distribution du prix;

2° Les droits de pilotage, tonnage, cale, amarrage et bassin ou avant-bassin;

3° Les gages du gardien, et frais de garde du bâtiment, depuis son entrée dans le port jusqu'à la vente;

4° Le loyer des magasins où se trouvent déposés les agrès et les apparaux;

5° Les frais d'entretien du bâtiment et de ses agrès et apparaux, depuis son dernier voyage et son entrée dans le port;

6° Les gages et loyers du capitaine et autres gens de l'équipage employés au dernier voyage;

7° Les sommes prêtées au capitaine pour les besoins du bâtiment pendant le dernier voyage, et le remboursement du prix des marchandises par lui vendues pour le même objet;

8° Les sommes dues aux vendeurs, aux fournisseurs et ouvriers employés à la construction, si le navire n'a point encore fait de voyage; et les sommes dues aux créanciers pour fournitures, travaux, main-d'œuvre pour radoub, victuailles, armement et équipement, avant le départ du navire, s'il a déjà navigué;

9° (*Abrogé, L. 10 juillet 1885.*)

10° Le montant des primes d'assurances faites sur le corps, quille, agrès, apparaux, et sur armement et équipement du navire, dues pour le dernier voyage;

11° Les dommages-intérêts dus aux affréteurs, pour le défaut de délivrance des marchandises qu'ils ont chargées, ou pour remboursement des avaries souffertes par lesdites marchandises par la faute du capitaine ou de l'équipage.

Les créanciers compris dans chacun des numéros du présent article viendront en concurrence, et au marc le franc, en cas d'insuffisance du prix.

(*L. 10 juillet 1885.*) Les créanciers hypothécaires sur le navire viennent, dans leur ordre d'inscription, après les créanciers privilégiés.

192. Le privilège accordé aux dettes énoncées dans le précédent article ne peut être exercé qu'autant qu'elles seront justifiées dans les formes suivantes :

1° Les frais de justice seront constatés par les états de frais arrêtés par les tribunaux compétents;

2° Les droits de tonnage et autres, par les quittances légales des receveurs;

3° Les dettes désignées par les numéros 1, 3, 4 et 5 de l'article 191 seront constatées par des états arrêtés par le président du tribunal de commerce;

4° Les gages et loyers de l'équipage, par les rôles d'armement et désarmement arrêtés dans les bureaux de l'inscription maritime;

5° Les sommes prêtées et la valeur des marchandises vendues pour les besoins du navire pendant le dernier voyage, par des états arrêtés par le capitaine, appuyés de procès-verbaux signés par le capitaine et les principaux de l'équipage, constatant la nécessité des emprunts;

6° La vente du navire par un acte ayant date certaine, et les fournitures pour l'armement, équipement et victuailles du navire, seront constatées par les mémoires, factures ou états visés par le capitaine et arrêtés par l'armateur, dont un double sera déposé au greffe du tribunal de commerce avant le départ du navire, ou, au plus tard, dans les dix jours après son départ;

7° (*Abrogé, L. 10 juillet 1885.*)

8° Les primes d'assurances seront constatées par les polices ou par les extraits des livres des courtiers d'assurances;

9° Les dommages-intérêts dus aux affréteurs seront constatés par les jugements, ou par les décisions arbitrales qui seront intervenues.

193. Les privilèges des créanciers seront éteints,

Indépendamment des moyens généraux d'extinction des obligations,

Par la vente en justice faite dans les formes établies par le titre suivant;

Ou lorsqu'après une vente volontaire, le navire aura fait un voyage en mer sous le nom et aux risques de l'acquéreur, et sans opposition de la part des créanciers du vendeur. — Co. 191, 194, 197, 215, 250 s., 311 s.; C. 1198, 1234, 1315, 1317, 1328, 1382.

194. Un navire est censé avoir fait un voyage en mer,

Lorsque son départ et son arrivée auront été constatés dans deux ports différents et trente jours après le départ;

Lorsque, sans être arrivé dans un autre port, il s'est écoulé plus de soixante jours entre le départ et le retour dans le même port, ou lorsque le navire, parti pour un voyage au long cours, a été plus de soixante jours en voyage, sans réclamation de la part des créanciers du vendeur.

195. La vente volontaire d'un navire doit être faite par écrit, et peut avoir lieu par acte public, ou par acte sous signature privée.

Elle peut être faite pour le navire entier, ou pour une portion du navire.

Le navire étant dans le port ou en voyage. — *Co.* 196, 633 ; *C.* 1317 s., 1322 s., 1582.

196. La vente volontaire d'un navire en voyage ne préjudicie pas aux créanciers du vendeur.

En conséquence, nonobstant la vente, le navire ou son prix continue d'être le gage desdits créanciers, qui peuvent même, s'ils le jugent convenable, attaquer la vente pour cause de fraude. — *Co.* 190 s. ; *C.* 1167 ; *Décr.* 8 mai 1861.

TITRE DEUXIÈME

De la saisie et vente des navires.

197. Tous bâtiments de mer peuvent être saisis et vendus par autorité de justice ; et le privilège des créanciers sera purgé par les formalités suivantes. — *Co.* 191, 198 s., 215 ; *C.* 531, 2190 ; *Pr.* 583 s., 620.

198. Il ne pourra être procédé à la saisie que vingt-quatre heures après le commandement de payer. — *Co.* 199 ; *Pr.* 68, 583, 1033.

199. Le commandement devra être fait à la personne du propriétaire ou à son domicile, s'il s'agit d'une action générale à exercer contre lui.

Le commandement pourra être fait au capitaine du navire, si la créance est du nombre de celles qui sont susceptibles de privilège sur le navire, aux termes de l'article 191. — *Pr.* 68, 583.

200. L'huissier énonce dans le procès-verbal :

Les nom, profession et demeure du créancier pour qui il agit ;

Le titre en vertu duquel il procède ;

La somme dont il poursuit le paiement ;

L'élection de domicile faite par le créancier dans le lieu où siège le tribunal devant lequel la vente doit être poursuivie, et dans le lieu où le navire saisi est amarré. — *C.* 111, 1862 ; *Pr.* 142, 586 s.

Les noms du propriétaire et du capitaine ;

Le nom, l'espèce et le tonnage du bâtiment.

Il fait l'énonciation et la description des chaloupes, canots, agrès, ustensiles, armes, munitions et provisions. — *Pr.* 588.

Il établit un gardien. — *Co.* 198 ; *C.* 1962 ; *Pr.* 596 ; *P.* 400.

201 à 207. (*Abrogés, L. 10 juillet 1885.*)

208. L'adjudication du navire fait cesser les fonctions du capitaine, sauf à lui à se pourvoir en dédommagement contre qui de droit. — *Co.* 218, 219 ; *C.* 1149, 1382.

209. Les adjudicataires des navires de tout tonnage seront tenus de payer le prix de leur adjudication dans le délai de vingt-quatre heures, ou de le consigner, sans frais, au greffe du tribunal de commerce, à peine d'y être *contraints par corps*.

A défaut de paiement ou de consignation, le bâtiment sera remis en vente, et adjugé trois jours après une nouvelle publication et affiche unique, à la folle enchère des adjudicataires qui seront également *contraints par corps* pour le paiement du déficit, des dommages, des intérêts et des frais. — *Pr.* 126, 624 ; *L.* 22 *juillet* 1867, *abolissant la contrainte par corps*.

210. Les demandes en distraction seront formées et notifiées au greffe du tribunal avant l'adjudication.

Si les demandes en distraction ne sont formées qu'après l'adjudication, elles seront converties, de plein droit, en oppositions à la délivrance des sommes provenant de la vente. — *Co.* 211 s. ; *Pr.* 557 s., 577 s., 608, 656 s., 725 s.

211. Le demandeur ou l'opposant aura trois jours pour fournir ses moyens.

Le défendeur aura trois jours pour contredire.

La cause sera portée à l'audience sur une simple citation. — *Co.* 210 ; *Pr.* 82, 608.

212. Pendant trois jours après celui de l'adjudication, les oppositions à la délivrance du prix seront reçues ; passé ce temps, elles ne seront plus admises. — *Co.* 210 ; *Pr.* 557 s.

213. Les créanciers opposants sont tenus de produire au greffe leurs titres de créance dans les trois jours qui suivent la sommation qui leur en est faite par le créancier poursuivant ou par le tiers saisi ; faute de quoi, il sera procédé à la distribution du prix de la vente, sans qu'ils y soient compris. — *Co.* 214 ; *Pr.* 656 s.

214. La collocation des créanciers et la distribution de deniers sont faites entre les créanciers privilégiés, dans l'ordre prescrit par l'article 191 ; et entre les autres créanciers, au marc le franc de leurs créances.

Tout créancier colloqué l'est tant pour son principal que pour les intérêts et frais.

215. Le bâtiment prêt à faire voile n'est pas saisissable, si ce n'est à raison de dettes contractées pour le voyage qu'il va faire ; et, même dans ce dernier cas, le cautionnement de ces dettes empêche la saisie. — *Co.* 231.

Le bâtiment est censé prêt à faire voile lorsque le capitaine est muni de ses expéditions pour son voyage.

TITRE TROISIÈME

Des propriétaires de navires.

216. (*L.* 14 *juin* 1841.) Tout propriétaire de navire est civilement responsable des faits du capitaine, et tenu des engagements contractés par ce dernier, pour ce qui est relatif au navire et à l'expédition.

Il peut, dans tous les cas, s'affranchir des obligations ci-dessus par l'abandon du navire et du fret.

Toutefois, la faculté de faire abandon n'est point accordée à celui qui est en même temps capitaine et propriétaire ou copropriétaire du navire. Lorsque le capitaine ne sera que copropriétaire, il ne sera responsable des engagements contractés par lui, pour ce qui est relatif au navire et à l'expédition, que dans la proportion de son intérêt. — *Co.* 191, 208, 221 s., 234, 252, 298, 353, 369 s., 405, 407 ; *C.* 1384, 1998, 2092.

(*L.* 12 *août* 1885.) En cas de naufrage du navire dans un port de mer ou havre, dans un port maritime ou dans les eaux qui leur servent d'accès, comme aussi en cas d'avaries causées par le navire aux ouvrages d'un port, le propriétaire du navire peut se libérer, même envers l'État, de toute dépense d'extraction ou de réparation, ainsi que de tous dommages-intérêts, par l'abandon du navire et du fret des marchandises à bord.

La même faculté appartient au capitaine qui est propriétaire ou copropriétaire du navire, à moins qu'il ne soit prouvé que l'accident a été occasionné par sa faute.

217. Les propriétaires des navires équipés en guerre ne seront toutefois responsables des délits et déprédations commis en mer par les gens de guerre qui sont sur leurs navires, ou par les équipages, que jusqu'à concurrence de la somme pour laquelle ils auront donné caution, à moins qu'ils n'en soient participants ou complices. — *Co.* 225 ; *Décr.* 28 *avril* 1856, *abolissant la course*.

218. Le propriétaire peut congédier le capitaine.

Il n'y a pas lieu à indemnité, s'il n'y a convention par écrit. — *Co.* 208, 219 ; *C.* 1134.

219. Si le capitaine congédié est copropriétaire du navire, il peut renoncer à la copropriété, et exiger le remboursement du capital qui la représente.

Le montant de ce capital est déterminé par des experts convenus ou nommés d'office. — *Co.* 218, 414 ; *Pr.* 302 s.

220. En tout ce qui concerne l'intérêt commun des propriétaires d'un navire, l'avis de la majorité est suivi. — *Co.* 410.

La majorité se détermine par une portion d'intérêt dans le navire, excédant la moitié de sa valeur.

La licitation du navire ne peut être accordée que sur la demande des propriétaires, formant ensemble la moitié de l'intérêt total dans le navire, s'il n'y a, par écrit, convention contraire. — *C.* 815, 1134, 1686 s.

TITRE QUATRIÈME

Du capitaine.

221. Tout capitaine, maître ou patron, chargé de la conduite d'un navire ou autre bâtiment, est garant de ses fautes, même légères, dans l'exercice de ses fonctions. — *Co.* 208, 216, 218, 219, 230, 250 s., 293, 405, 407, 433-436 ; *C.* 1382 s., 1992.

222. Il est responsable des marchandises dont il se charge.

Il en fournit une reconnaissance.

Cette reconnaissance se nomme *connaissement*. — *Co.* 226, 228 s., 281 s., 293, 420 ; *C.* 1782 s.

223. Il appartient au capitaine de former l'équipage du vaisseau, et de choisir et louer les matelots et autres gens de l'équipage ; ce qu'il fera néanmoins de concert avec les propriétaires, lorsqu'il sera dans le lieu de leur demeure. — *Co.* 221, 250 s. ; *C.* 6, 1134.

224. Le capitaine tient un registre coté et paraphé par l'un des juges du tribunal de commerce, ou par le maire ou son adjoint dans les lieux où il n'y a pas de tribunal de commerce.

Ce registre contient :

Les résolutions prises pendant le voyage,

La recette et la dépense concernant le navire, et généralement tout ce qui concerne le fait de sa charge, et tout ce qui peut donner lieu à un compte à rendre, à une demande à former. — *Co.* 228, 242.

225. Le capitaine est tenu, avant de prendre charge, de faire visiter son navire, aux termes et dans les formes prescrits par les règlements.

Le procès-verbal de visite est déposé au greffe du tribunal de commerce, il en est délivré extrait au capitaine. — *Co.* 226, 228, 230, 297, 377.

226. Le capitaine est tenu d'avoir à bord :

L'acte de propriété du navire,

L'acte de francisation,

Le rôle d'équipage (*Décr.* 19 *mars* 1852),

Les connaissements et chartes-parties,

Les procès-verbaux de visite,

Les acquits de paiement ou à caution des douanes. — *Co.* 225, 228, 250, 273 s., 281 s., 286 s.

227. Le capitaine est tenu d'être en personne dans son navire, à l'entrée et à la sortie des ports, havres ou rivières. — *Co.* 228, 241.

228. En cas de contravention aux obligations imposées par les quatre articles précédents, le capitaine est responsable de tous les événements envers les intéressés au navire et au chargement. — *Co.* 230, 257.

229. Le capitaine répond également de tout le dommage qui peut arriver aux marchandises qu'il aurait chargées sur le tillac de son vaisseau sans le consentement par écrit du chargeur.

Cette disposition n'est point applicable au petit cabotage. — *Co.* 222, 230, 411, 421.

230. La responsabilité du capitaine ne cesse que par la preuve d'obstacles de force majeure. — *C.* 1148, 1302, 1784.

231. Le capitaine et les gens de l'équipage qui sont à bord, ou qui sur les chaloupes se rendent à bord pour faire voile, ne peuvent être arrêtés pour dettes civiles, si ce n'est à raison de celles qu'ils auront contractées pour le voyage ; et même, dans ce dernier cas, ils ne peuvent être arrêtés s'ils donnent caution. — *Co.* 215 ; *C.* 2040, 2041, 2059 ; *Pr.* 547 s.

232. Le capitaine, dans le lieu de la demeure des propriétaires ou de leurs fondés de pouvoirs, ne peut, sans leur autorisation spéciale, faire travailler au radoub du bâtiment, acheter des voiles, cordages et autres choses pour le bâtiment, prendre à cet effet de l'argent sur le corps du navire, ni fréter le navire. — *Co.* 236, 321.

233. (*L.* 10 *décembre* 1874.) Si le bâtiment est frété du consentement des propriétaires et que quelques-uns fassent refus de contribuer aux frais nécessaires pour l'expédition, le capitaine peut, en ce cas, vingt-quatre heures après sommation faite aux refusants de fournir leur contingent, emprunter hypothécairement pour leur compte sur leur part dans le navire, avec l'autorisation du juge.

(*L.* 10 *juillet* 1885.) Au cas où la part serait déjà hypothéquée, la saisie pourra être autorisée par le juge et la vente poursuivie devant le tribunal civil, comme il est dit ci-dessus.

234. (*L.* 14 *juin* 1841.) Si, pendant le cours du voyage, il y a nécessité de radoub, ou d'achat de victuailles, le capitaine, après l'avoir constaté par un procès-verbal signé des principaux de l'équipage, pourra, en se faisant autoriser en France par le tribunal de commerce, ou, à défaut, par le juge de paix, chez l'étranger par le consul français, ou, à défaut, par le magistrat des lieux, emprunter sur le corps et quille du vaisseau, mettre en gage ou vendre des marchandises jusqu'à concurrence de la somme que les besoins constatés exigent.

Les propriétaires, ou le capitaine qui les représente, tiendront compte des marchandises vendues, d'après le cours des marchandises de même nature et qualité dans le lieu de la décharge du navire, à l'époque de son arrivée. — *Co.* 72.

L'affréteur unique ou les chargeurs divers, qui seront tous d'accord, pourront s'opposer à la vente ou à la mise en gage de leurs marchandises, en les déchargeant et en payant le fret en proportion de ce que le voyage est avancé. A défaut du consentement d'une partie des chargeurs, celui qui voudra user de la faculté de déchargement sera tenu du fret entier sur ses marchandises. — *Co.* 72, 191, 236, 249, 298, 312, 400.

235. Le capitaine, avant son départ d'un port étranger ou des colonies françaises pour revenir en France, sera tenu d'envoyer à ses propriétaires, ou à leurs fondés de pouvoir, un compte signé de lui, contenant l'état de son chargement, le prix des marchandises de sa cargaison, les sommes par lui empruntées, les noms et demeures des prêteurs.

236. Le capitaine qui aura, sans nécessité, pris de l'argent sur le corps, avitaillement ou équipement du navire, engagé ou vendu des marchandises ou des victuailles, ou qui aura employé dans ses comptes des avaries et des dépenses supposées, sera responsable envers l'armement, et personnellement tenu du remboursement de l'argent ou du paiement des objets, sans préjudice de la poursuite criminelle, s'il y a lieu. — Co. 233.

237. Hors le cas d'innavigabilité légalement constatée, le capitaine ne peut, à peine de nullité de la vente, vendre le navire sans un pouvoir spécial des propriétaires. — Co. 219, 231, 277, 389, 390 s.; C. 1986 s.; Décr. 22 septembre 1854.

238. Tout capitaine de navire, engagé pour un voyage, est tenu de l'achever, à peine de tous dépens, dommages et intérêts envers les propriétaires et les affréteurs. — Co. 231, 252 s.; C. 1142, 1794.

239. Le capitaine qui navigue à profit commun sur le chargement, ne peut faire aucun trafic ni commerce pour son compte particulier, s'il n'y a convention contraire. — Co. 240, 251.

240. En cas de contravention aux dispositions mentionnées dans l'article précédent, les marchandises embarquées par le capitaine pour son compte particulier sont confisquées au profit des autres intéressés. — Co. 251.

241. Le capitaine ne peut abandonner son navire pendant le voyage, pour quelque danger que ce soit, sans l'avis des officiers et principaux de l'équipage; et, en ce cas, il est tenu de sauver avec lui l'argent et ce qu'il pourra des marchandises les plus précieuses de son chargement, sous peine d'en répondre en son propre nom. — Co. 227, 237, 246 s., 410 s.

Si les objets ainsi tirés du navire sont perdus par quelque cas fortuit, le capitaine en demeure déchargé. — C. 1148, 1302.

242. Le capitaine est tenu, dans les vingt-quatre heures de son arrivée, de faire viser son registre, et de faire son rapport.

Le rapport doit énoncer :

Le lieu et le temps de son départ,

La route qu'il a tenue,

Les hasards qu'il a courus,

Les désordres arrivés dans le navire et toutes les circonstances remarquables de son voyage. — Co. 224, 243 s.

243. Le rapport est fait au greffe devant le président du tribunal de commerce.

Dans les lieux où il n'y a pas de tribunal de commerce, le rapport est fait au juge de paix de l'arrondissement.

Le juge de paix qui a reçu le rapport est tenu de l'envoyer, sans délai, au président du tribunal de commerce le plus voisin.

Dans l'un et l'autre cas, le dépôt en est fait au greffe du tribunal de commerce.

244. Si le capitaine aborde dans un port étranger, il est tenu de se présenter au consul de France, de lui faire un rapport, et de prendre un certificat constatant l'époque de son arrivée et de son départ, l'état et la nature de son chargement. — Décr. 22 septembre 1854.

245. Si, pendant le cours du voyage, le capitaine est obligé de relâcher dans un port français, il est tenu de déclarer au président du tribunal de commerce du lieu les causes de sa relâche.

Dans les lieux où il n'y a pas de tribunal de commerce, la déclaration est faite au juge de paix du canton.

Si la relâche forcée a lieu dans un port étranger, la déclaration est faite au consul de France, ou, à son défaut, au magistrat du lieu.

246. Le capitaine qui a fait naufrage, et qui s'est sauvé seul ou avec partie de son équipage, est tenu de se présenter devant le juge du lieu, ou, à défaut de juge, devant toute autre autorité civile, d'y faire son rapport, de le faire vérifier par ceux de son équipage qui se seraient sauvés et se trouveraient avec lui, et d'en lever expédition. — Co. 236, 235, 247 s., 258, 298, 302, 327, 350, 369; P. 362; Décr. 22 septembre 1854.

247. Pour vérifier le rapport du capitaine, le juge reçoit l'interrogatoire des gens de l'équipage, et, s'il est possible, des passagers, sans préjudice des autres preuves.

Les rapports non vérifiés ne sont point admis à la décharge du capitaine, et ne font point foi en justice, excepté dans le cas où le capitaine naufragé s'est sauvé seul dans le lieu où il a fait son rapport.

La preuve des faits contraires est réservée aux parties. — Co. 246; Pr. 256 s.

248. Hors les cas de péril imminent, le capitaine ne peut décharger aucune marchandise avant d'avoir fait son rapport, à peine de poursuites extraordinaires contre lui. — Co. 242.

249. Si les victuailles du bâtiment manquent pendant le voyage, le capitaine, en prenant l'avis des principaux de l'équipage, pourra contraindre ceux qui auront des vivres en particulier de les mettre en commun, à la charge de leur en payer la valeur. — C. 545, 231.

TITRE CINQUIÈME

De l'engagement et des loyers des matelots et gens de l'équipage.

250. Les conditions d'engagement du capitaine et des hommes d'équipage d'un navire sont constatées par le rôle d'équipage, ou par les conventions des parties. — Co. 191, 192, 226, 433 s., 633.

251. Le capitaine et les gens de l'équipage ne peuvent, sous aucun prétexte, charger dans le navire aucune marchandise pour leur compte, sans la permission des propriétaires et sans en payer le fret, s'ils n'y sont autorisés par l'engagement. — Co. 239, 240; C. 1134.

252. Si le voyage est rompu par le fait des propriétaires, capitaine ou affréteurs, avant le départ du navire, les matelots loués au voyage ou au mois sont payés des journées par eux employées à l'équipement du navire. Ils retiennent pour indemnité les avances reçues.

Si les avances ne sont pas encore payées, ils reçoivent pour indemnité un mois de leurs gages convenus.

Si la rupture arrive après le voyage commencé, les matelots loués au voyage sont payés en entier aux termes de leur convention.

Les matelots loués au mois reçoivent leurs loyers stipulés pour le temps qu'ils ont servi, et en outre, pour indemnité, la moitié de leurs gages pour le reste de la durée présumée du voyage pour lequel ils étaient engagés.

Les matelots loués au voyage ou au mois reçoivent, en outre, leur conduite de retour jusqu'au lieu du départ du navire, à moins que le capitaine, les propriétaires ou affréteurs, ou l'officier d'administration, ne leur procurent leur embarquement sur quelque autre navire revenant audit lieu de leur départ. — Co. 238, 257 s., 270, 271 s., 304, 310, 388.

253. S'il y a interdiction de commerce avec le lieu de la destination du navire, ou si le navire est arrêté par ordre du gouvernement avant le voyage commencé,

Il n'est dû aux matelots que les journées employées à équiper le bâtiment. — Co. 254, 272, 276 s., 299, 300, 350, 369, 387; C. 1148.

254. Si l'interdiction de commerce ou l'arrêt du navire arrive pendant le cours du voyage,

Dans le cas d'interdiction, les matelots sont payés à proportion du temps qu'ils auront servi;

Dans le cas de l'arrêt, le loyer des matelots engagés au mois court pour moitié pendant le temps de l'arrêt;

Le loyer des matelots engagés au voyage est payé aux termes de leur engagement. — Co. 299, 272.

255. Si le voyage est prolongé, le prix des loyers des matelots engagés au voyage est augmenté en proportion de la prolongation. — Co. 257, 272.

256. Si la décharge du navire se fait volontairement dans un lieu plus rapproché que celui qui est désigné par l'affrètement, il ne leur est fait aucune diminution. — Co. 252.

257. Si les matelots sont engagés au profit ou au fret, il ne leur est dû aucun dédommagement ni journées pour la rupture, le retardement ou la prolongation de voyage occasionnés par force majeure. — C. 1148, 1302.

Si la rupture, le retardement ou la prolongation arrivent par le fait des chargeurs, les gens de l'équipage ont part aux indemnités qui sont adjugées au navire.

Ces indemnités sont partagées entre les propriétaires du navire et les gens de l'équipage dans la même proportion que l'aurait été le fret.

Si l'empêchement arrive par le fait du capitaine ou des propriétaires, ils sont tenus des indemnités dues aux gens de l'équipage. — Co. 252.

258. (*L. 12 août 1885.*) En cas de prise, naufrage ou déclaration d'innavigabilité, les matelots engagés au voyage ou au mois sont payés de leurs loyers jusqu'au jour de la cessation de leurs services, à moins qu'il ne soit prouvé, soit que la perte du navire est le résultat de leur faute ou de leur négligence, soit qu'ils n'ont pas fait tout ce qui était en leur pouvoir pour sauver le navire, les passagers et les marchandises, ou pour recueillir les débris.

Dans ce cas, il appartient aux tribunaux de statuer sur la suppression ou la réduction du loyer qu'ils ont encouru.

Ils ne sont jamais tenus de rembourser ce qui leur a été avancé sur leurs loyers.

En cas de perte sans nouvelles, les héritiers ou représentants des matelots engagés au mois ont droit aux loyers échus jusqu'aux dernières nouvelles et à un mois en sus. Dans le cas d'engagement au voyage, il sera dû à la succession des matelots moitié des loyers du voyage.

Si l'engagement avait pour objet un voyage d'aller et retour, il sera payé un quart de l'engagement total si le navire a péri en allant, trois quarts s'il a péri dans le retour; le tout sans préjudice des conventions contraires.

Dans tous les cas, le rapatriement des gens de l'équipage est à la charge de l'armement, mais seulement jusqu'à concurrence de la valeur du navire ou des débris, et du montant du fret des marchandises sauvées, sans préjudice du droit de préférence qui appartient à l'équipage pour le payement de ses loyers.

259. (*Abrogé, L. 12 août 1885.*)

260. Les matelots engagés au fret sont payés de leurs loyers seulement sur le fret, à proportion de celui que reçoit le capitaine. — Co. 254, 259, 286.

261. De quelque manière que les matelots soient loués, ils sont payés des journées par eux employées à sauver les débris et les effets naufragés. — Co. 258, 259, 260.

262. Le matelot est payé de ses loyers, traité et pansé aux dépens du navire, s'il tombe malade pendant le voyage, ou s'il est blessé au service du navire. — Co. 263 s., 270, 360.

(*L. 12 août 1885.*) Si le matelot a été laissé à terre, il est rapatrié aux dépens du navire; toutefois le capitaine peut se libérer de tous frais de traitement ou de rapatriement en versant entre les mains de l'autorité française une somme à déterminer d'après un tarif qui sera arrêté par un règlement d'administration publique, lequel devra être révisé tous les trois ans.

Les loyers du matelot laissé à terre lui seront payés jusqu'à ce qu'il ait contracté un engagement nouveau ou qu'il ait été rapatrié. S'il a été rapatrié avant son rétablissement, il est payé de ses loyers jusqu'à ce qu'il soit rétabli. Toutefois, la période durant laquelle les loyers du matelot lui sont alloués ne pourra dépasser, en aucun cas, quatre mois à dater du jour où il a été laissé à terre.

263. (*L. 12 août 1885.*) Le matelot est traité, pansé et rapatrié de la manière indiquée en l'article précédent, aux dépens du navire et du chargement, s'il est blessé en combattant contre les ennemis et les pirates.

264. Si le matelot, sorti du navire sans autorisation, est blessé à terre, les frais de ses pansement et traitement sont à sa charge; il pourra même être congédié par le capitaine.

Ses loyers, en ce cas, ne lui seront payés qu'à proportion du temps qu'il aura servi. — Co. 272.

265. (*L. 12 août 1885.*) En cas de mort d'un matelot pendant le voyage, si le matelot est engagé au mois, ses loyers sont dus à sa succession jusqu'au jour de son décès.

Si le matelot est engagé au voyage, au profit ou au fret, et pour un voyage d'aller seulement, le total de ses loyers ou de sa part est dû, s'il meurt après le voyage commencé; si l'engagement avait pour objet un voyage d'aller et retour, la moitié des loyers et de la part du matelot est due s'il meurt en allant ou au port d'arrivée; la totalité est due s'il meurt en revenant.

Pour les opérations de la grande pêche, la moitié de ses loyers ou de sa part est due s'il meurt pendant la première moitié de la campagne; la totalité est due s'il meurt pendant la seconde moitié.

Les loyers du matelot tué en défendant le navire sont dus en entier pour tout le voyage si le navire arrive à bon port, et, en cas de prise, naufrage ou déclaration d'innavigabilité, jusqu'au jour de la cessation des services de l'équipage.

266. Le matelot pris dans le navire et fait esclave ne peut rien prétendre contre le capitaine, les propriétaires ni les affréteurs, pour le paiement de son rachat.

Il est payé de ses loyers jusqu'au jour où il est pris et fait esclave. — Co. 267 s.

267. Le matelot pris et fait esclave, s'il a été envoyé en mer ou à terre pour le service du navire, a droit à l'entier paiement de ses loyers.

Il a droit au paiement d'une indemnité pour son rachat si le navire arrive à bon port. — Co. 268, 269, 272.

268. L'indemnité est due par les propriétaires du navire, si le matelot a été envoyé en mer ou à terre pour le service du navire.

L'indemnité est due par les propriétaires du navire et du chargement, si le matelot a été envoyé en mer ou à terre pour le service du navire et du chargement. — Co. 267, 269.

269. Le montant de l'indemnité est fixé à six cents francs.

Le recouvrement et l'emploi en seront faits suivant les formes déterminées par le gouvernement, dans un règlement relatif au rachat des captifs. — Co. 267, 268.

270. Tout matelot qui justifie qu'il est congédié sans cause valable, a droit à une indemnité contre le capitaine.

L'indemnité est fixée au tiers des loyers, si le congé a lieu avant le voyage commencé.

L'indemnité est fixée à la totalité des loyers et aux frais du retour, si le congé a lieu pendant le cours du voyage.

Le capitaine ne peut, dans aucun des cas ci-dessus, répéter le montant de l'indemnité contre les propriétaires du navire.

Il n'y a pas lieu à indemnité, si le matelot est congédié avant la clôture du rôle d'équipage.

Dans aucun cas, le capitaine ne peut congédier un matelot dans les pays étrangers. — Co. 223, 225, 252 s.; Décr. 4 mars 1852.

271. Le navire et le fret sont spécialement affectés aux loyers des matelots. — Co. 191, 192, 259, 280, 317, 428, 433 s.

272. Toutes les dispositions concernant les loyers, pansement et rachat des matelots, sont communes aux officiers et à tous autres gens de l'équipage.

TITRE SIXIÈME

Des chartes-parties, affrètements ou nolissements.

273. Toute convention pour louage d'un vaisseau, appelée *charte-partie*, *affrètement* ou *nolissement*, doit être rédigée par écrit.

Elle énonce :

Le nom et le tonnage du navire,

Le nom du capitaine,

Les noms du fréteur et de l'affréteur,

Le lieu et le temps convenus pour la charge et pour la décharge,

Le prix du fret ou nolis,

Si l'affrètement est total ou partiel,

L'indemnité convenue pour les cas de retard. — Co. 80, 109, 226, 274 s., 286 s., 633; C. 1317, 1322.

274. Si le temps de la charge et de la décharge du navire n'est point fixé par les conventions des parties, il est réglé suivant l'usage des lieux. — C. 1159.

275. Si le navire est frété au mois, et s'il n'y a convention contraire, le fret court du jour où le navire a fait voile. — Co. 300; C. 1134.

276. Si, avant le départ du navire, il y a interdiction de commerce avec le pays pour lequel il est destiné, les conventions sont résolues sans dommages-intérêts de part ni d'autre.

Le chargeur est tenu des frais de la charge et de la décharge de ses marchandises. — Co. 253, 277 s., 299; C. 1148, 1722, 1758.

277. S'il existe une force majeure qui n'empêche que pour un temps la sortie du navire, les conventions subsistent, et il n'y a pas lieu à dommages-intérêts à raison du retard.

Elles subsistent également, et il n'y a lieu à aucune augmentation de fret, si la force majeure arrive pendant le voyage. — Co. 276, 300; C. 1148.

278. Le chargeur peut, pendant l'arrêt du navire, faire décharger ses marchandises à ses frais, à condition de les recharger ou d'indemniser le capitaine. — Co. 276 s.

279. Dans le cas de blocus du port pour lequel le navire est destiné, le capitaine est tenu, s'il n'a des ordres contraires, de se rendre dans un des ports voisins de la même puissance où il lui sera permis d'aborder.

280. Le navire, les agrès et apparaux, le fret et les marchandises chargées, sont respectivement affectés à l'exécution des conventions des parties. — Co. 191, 271, 315.

TITRE SEPTIÈME

Du connaissement.

281. Le connaissement doit exprimer la nature et la quantité, ainsi que les espèces ou qualités des objets à transporter.

Il indique :

Le nom du chargeur,

Le nom et l'adresse de celui à qui l'expédition est faite,

Le nom et le domicile du capitaine, — C. 102.

Le nom et le tonnage du navire,

Le lieu du départ et celui de la destination.

Il énonce le prix du fret. — Co. 286.

Il présente en marge les marques et numéros des objets à transporter.

Le connaissement peut être à ordre ou au porteur, ou à personne dénommée. — Co. 136 s., 222, 226, 228; 282 s., 313, 344, 419, 420.

282. Chaque connaissement est fait en quatre originaux au moins :

Un pour le chargeur,

Un pour celui à qui les marchandises sont adressées,

Un pour le capitaine,

Un pour l'armateur du bâtiment.

Les quatre originaux sont signés par le chargeur et par le capitaine, dans les vingt-quatre heures après le chargement.

Le chargeur est tenu de fournir au capitaine, dans le même délai, les acquits des marchandises chargées. — Co. 226, 234; C. 1325.

283. Le connaissement rédigé dans la forme ci-dessus prescrite fait foi entre toutes les parties intéressées au chargement, et entre elles et les assureurs. — Co. 281 s.

284. En cas de diversité entre les connaissements d'un même chargement, celui qui sera entre les mains du capitaine fera foi, s'il est rempli de la main du chargeur, ou de celle de son commissionnaire; et celui qui est présenté par le chargeur ou le consignataire sera suivi, s'il est rempli de la main du capitaine.

285. Tout commissionnaire ou consignataire qui aura reçu les marchandises mentionnées dans les connaissements ou chartes-parties sera tenu d'en donner reçu au capitaine qui le demandera, à peine de tous dépens, dommages-intérêts, même de ceux de retardement. — Co. 91 s., 93-108, 305; C. 1149, 1382; Pr. 126.

TITRE HUITIÈME

Du fret ou nolis.

286. Le prix du loyer d'un navire ou autre bâtiment de mer est appelé *fret* ou *nolis*.

Il est réglé par les conventions des parties.

Il est constaté par la charte-partie ou par le connaissement.

Il a lieu pour la totalité ou pour partie du bâtiment, pour un voyage entier ou pour un temps limité, au tonneau, au quintal, à forfait, ou à cueillette, avec désignation du tonnage du vaisseau. — Co. 73, 80, 273 s., 281 s., 287 s., 433 s., 632.

287. Si le navire est loué en totalité, et que l'affréteur ne lui donne pas toute sa charge, le capitaine ne peut prendre d'autres marchandises sans le consentement de l'affréteur.

L'affréteur profite du fret des marchandises qui complètent le chargement du navire qu'il a entièrement affrété. — Co. 291.

288. L'affréteur qui n'a pas chargé la quantité de marchandises portée par la charte-partie est tenu de payer le fret en entier, et pour le chargement complet auquel il s'est engagé.

S'il en charge davantage, il paie le fret de l'excédant sur le prix réglé par la charte-partie.

Si cependant l'affréteur, sans avoir rien chargé, rompt le voyage avant le départ, il paiera en indemnité, au capitaine, la moitié du fret convenu par la charte-partie pour la totalité du chargement qu'il devait faire.

Si le navire a reçu une partie de son chargement, et qu'il parte à non-charge, le fret entier sera dû au capitaine. — Co. 237, 273, 294, 295, 297; C. 1152.

289. Le capitaine qui a déclaré le navire d'un plus grand port qu'il n'est, est tenu des dommages-intérêts envers l'affréteur. — Co. 221, 273, 290; C. 1149, 1382.

290. N'est réputé y avoir erreur en la déclaration du tonnage d'un navire, si l'erreur n'excède un quarantième, ou si la déclaration est conforme au certificat de jauge. — Co. 289.

291. Si le navire est chargé à cueillette, soit au quintal, au tonneau ou à forfait, le chargeur peut retirer ses marchandises, avant le départ du navire, en payant le demi-fret.

Il supportera les frais de charge, ainsi que ceux de décharge et de rechargement des autres marchandises qu'il faudrait déplacer, et ceux du retardement. — Co. 287; C. 1382.

292. Le capitaine peut faire mettre à terre, dans le lieu du chargement, les marchandises trouvées dans son navire, si elles ne lui ont point été déclarées, ou en prendre le fret au plus haut prix qui sera payé dans le même lieu pour les marchandises de même nature. — Co. 72, 80.

293. Le chargeur qui retire ses marchandises pendant le voyage, est tenu de payer le fret en entier et tous les frais de déplacement occasionnés par le déchargement : si les marchandises sont retirées pour cause des faits ou des fautes du capitaine, celui-ci est responsable de tous les frais. — Co. 216, 221, 295.

294. Si le navire est arrêté au départ, pendant la route, ou au lieu de sa décharge, par le fait de l'affréteur, les frais du retardement sont dus par l'affréteur.

Si, ayant été frété pour l'aller et le retour, le navire fait son retour sans chargement ou avec un chargement incomplet, le fret entier est dû au capitaine, ainsi que l'intérêt du retardement.

295. Le capitaine est tenu des dommages-intérêts envers l'affréteur, si, par son fait, le navire a été arrêté ou retardé au départ, pendant sa route, ou au lieu de sa décharge.

Ces dommages-intérêts sont réglés par des experts. — Co. 106, 221, 414; C. 1149, 1382; Pr. 302 s.

296. Si le capitaine est contraint de faire radouber le navire pendant le voyage, l'affréteur est tenu d'attendre, ou de payer le fret en entier.

Dans le cas où le navire ne pourrait être radoubé, le capitaine est tenu d'en louer un autre.

Si le capitaine n'a pu louer un autre navire, le fret n'est dû qu'à proportion de ce que le voyage est avancé. — Co. 241, 297, 391.

297. Le capitaine perd son fret, et répond des dommages-intérêts de l'affréteur, si celui-ci prouve que, lorsque le navire a fait voile, il était hors d'état de naviguer.

La preuve est admissible nonobstant et contre les certificats de visite au départ. — Co. 100, 225, 226, 360; C. 1149, 1382.

298. *(L. 14 juin 1841.)* Le fret est dû pour les marchandises que le capitaine a été contraint de vendre pour subvenir aux victuailles, radoub et autres nécessités pressantes du navire, en tenant par lui compte de leur valeur, au prix que le reste, ou autre pareille marchandise de même qualité, sera vendu au lieu de la décharge, si le navire arrive à bon port.

Si le navire se perd, le capitaine tiendra compte des marchandises sur le pied qu'il les aura vendues, en retenant également le fret porté aux connaissements;

Sauf, dans ces deux cas, le droit réservé aux propriétaires de navire par le paragraphe 2 de l'article 216.

Lorsque de l'exercice de ce droit résultera une perte pour ceux dont les marchandises auront été vendues ou mises en gage, elle sera répartie au marc le franc sur la valeur de ces marchandises et de toutes celles qui sont arrivées à leur destination ou qui ont été sauvées du naufrage postérieurement aux événements de mer qui ont nécessité la vente ou la mise en gage. — Co. 234, 236, 246.

299. S'il arrive interdiction de commerce avec le pays pour lequel le navire est en route, et qu'il soit obligé de revenir avec son chargement, il n'est dû au capitaine que le fret de l'aller, quoique le vaisseau ait été affrété pour l'aller et le retour. — Co. 253, 276, 300.

300. Si le vaisseau est arrêté dans le cours de son voyage par l'ordre d'une puissance,

Il n'est dû aucun fret pour le temps de sa détention, si le navire est affrété au mois; ni augmentation de fret, s'il est loué au voyage.

La nourriture et les loyers de l'équipage pendant la détention du navire sont réputés avaries. — Co. 256, 275, 397 s.

301. Le capitaine est payé du fret des marchandises jetées à la mer pour le salut commun, à la charge de contribution. — Co. 300, 410 s.

302. Il n'est dû aucun fret pour les marchandises perdues par naufrage ou échouement, pillées par des pirates ou prises par les ennemis.

Le capitaine est tenu de restituer le fret qui lui aura été avancé, s'il n'y a convention contraire. — Co. 236, 258 s., 303 s.; C. 1134, 1498.

303. Si le navire et les marchandises sont rachetés, ou si les marchandises sont sauvées du naufrage, le capitaine est payé du fret jusqu'au lieu de la prise ou du naufrage.

Il est payé du fret entier en contribuant au rachat, s'il conduit les marchandises au lieu de leur destination. — Co. 302, 304.

304. La contribution pour le rachat se fait sur le prix courant des marchandises, au lieu de leur décharge, déduction faite des frais, et sur la moitié du navire et du fret.

Les loyers des matelots n'entrent point en contribution. — C. 258.

305. Si le consignataire refuse de recevoir les marchandises, le capitaine peut, par autorité de justice, en faire vendre pour le paiement de son fret, et faire ordonner le dépôt du surplus.

S'il y a insuffisance, il conserve son recours contre le chargeur. — Co. 106, 285, 306 s.; C. 1961.

306. Le capitaine ne peut retenir les marchandises dans son navire, faute de paiement de son fret;

Il peut, dans le temps de la décharge, demander le dépôt en mains tierces jusqu'au payement de son fret. — C. 1961.

307. Le capitaine est préféré, pour son fret, sur les marchandises de son chargement, pendant quinzaine après leur délivrance, si elles n'ont passé en mains tierces. — Co. 280, 308; C. 2076, 2102.

308. En cas de faillite des chargeurs ou réclamateurs avant l'expiration de la quinzaine, le capitaine est privilégié sur tous les créanciers pour le payement de son fret et des avaries qui lui sont dues. — Co. 307, 397, 437, 550.

309. En aucun cas le chargeur ne peut demander de diminution sur le prix du fret.

310. Le chargeur ne peut abandonner pour le fret les marchandises diminuées de prix, ou détériorées par leur vice propre ou par cas fortuit. — C. 1148.

Si toutefois des futailles contenant vin, huile, miel et autres liquides, ont tellement coulé qu'elles soient vides ou presque vides, lesdites futailles pourront être abandonnées pour le fret. — Co. 283 s.

TITRE NEUVIÈME

Des contrats à la grosse.

311. Le contrat à la grosse est fait devant notaire, ou sous signature privée.

Il énonce :

Le capital prêté et la somme convenue pour le profit maritime,

Les objets sur lesquels le prêt est affecté, — Co. 315 s.

Les noms du navire et du capitaine,

Ceux du prêteur et de l'emprunteur,

Si le prêt a lieu pour un voyage,

Pour quel voyage et pour quel temps ;

L'époque du remboursement. — Co. 191, 192, 312 s., 432, 633; C. 1108, 1317, 1322, 1905.

312. Tout prêteur à la grosse, en France, est tenu de faire enregistrer son contrat au greffe du tribunal de commerce, dans les dix jours de la date, à peine de perdre son privilège. — Co. 191, 192.

Et si le contrat est fait à l'étranger, il est soumis aux formalités prescrites à l'article 234.

313. Tout acte de prêt à la grosse peut être négocié par la voie de l'endossement, s'il est à ordre.

En ce cas, la négociation de cet acte a les mêmes effets et produit les mêmes actions en garantie que celle des autres effets de commerce. — Co. 136 s., 314.

314. La garantie de payement ne s'étend pas au profit maritime, à moins que le contraire n'ait été expressément stipulé. — Co. 313, 318; C. 1693.

315. (L. 12 août 1885.) Les emprunts à la grosse peuvent être affectés : sur le navire et ses accessoires, sur l'armement et les victuailles, sur le fret, sur le chargement, sur le profit espéré du chargement, sur la totalité de ces objets conjointement ou sur une partie déterminée de chacun d'eux. — Co. 191, 233, 280, 321.

316. Tout emprunt à la grosse, fait pour une somme excédant la valeur des objets sur lesquels il est affecté, peut être déclaré nul, à la demande du prêteur, s'il est prouvé qu'il y a fraude de la part de l'emprunteur. — Co. 317, 329, 336; C. 1116, 1117.

317. S'il n'y a fraude, le contrat est valable jusqu'à la concurrence de la valeur des effets affectés à l'emprunt, d'après l'estimation qui en est faite ou convenue.

Le surplus de la somme empruntée est remboursé avec intérêt au cours de la place. — Co. 316; C. 1907.

318. (Abrogé, L. 12 août 1885.)

319. Nul prêt à la grosse ne peut être fait aux matelots ou gens de mer sur leurs loyers ou voyages.

320. Le navire, les agrès et les apparaux, l'armement et les victuailles, même le fret acquis, sont affectés par privilège au capital et intérêts de l'argent donné à la grosse sur le corps et quille du vaisseau.

Le chargement est également affecté au capital et intérêts de l'argent donné à la grosse sur le chargement.

Si l'emprunt a été fait sur un objet particulier du navire ou du chargement, le privilège n'a lieu que sur l'objet, et dans la proportion de la quotité affectée à l'emprunt. — C. 191, 192, 315.

321. Un emprunt à la grosse fait par le capitaine dans le lieu de la demeure des propriétaires du navire, sans leur autorisation authentique ou leur intervention dans l'acte, ne donne action et privilège que sur la portion que le capitaine peut avoir au navire et au fret. — Co. 232, 236, 323; C. 1317.

322. Sont affectées aux sommes empruntées, même dans le lieu de la demeure des intéressés, pour radoub et victuailles, les parts et portions des propriétaires qui n'auraient pas fourni leur contingent pour mettre le bâtiment en état, dans les vingt-quatre heures de la sommation qui leur en sera faite. — Co. 233, 323.

323. Les emprunts faits pour le dernier voyage du navire sont remboursés par préférence aux sommes prêtées pour un précédent voyage, quand même il serait déclaré qu'elles sont laissées par continuation ou renouvellement.

Les sommes empruntées pendant le voyage sont préférées à celles qui auraient été empruntées avant le départ du navire ; et s'il y a plusieurs emprunts faits pendant le même voyage, le dernier emprunt sera toujours préféré à celui qui l'aura précédé.

324. Le prêteur à la grosse sur marchandises chargées dans un navire désigné au contrat ne supporte pas la perte des marchandises, même par naufrage, si elles ont été chargées sur un autre navire, à moins qu'il ne soit légalement constaté que ce chargement a eu lieu par force majeure. — Co. 241, 238, 296; C. 1148, 1302.

325. Si les effets sur lesquels le prêt à la grosse a eu lieu sont entièrement perdus, et que la perte soit arrivée par cas fortuit, dans le temps et dans le lieu des risques, la somme prêtée ne peut être réclamée. — Co. 327; C. 1148, 1964.

326. Les déchets, diminutions et pertes qui arrivent par le vice propre de la chose, et les dommages causés par le fait de l'emprunteur, ne sont point à la charge du prêteur. — Co. 352; C. 1382.

327. En cas de naufrage, le payement des sommes empruntées à la grosse est réduit à la valeur des effets sauvés et affectés au contrat, déduction faite des frais de sauvetage. — Co. 259, 252, 259, 381, 386, 417.

328. Si le temps des risques n'est point déterminé par le contrat, il court, à l'égard du navire, des agrès, apparaux, armement et victuailles, du jour que le navire a fait voile, jusqu'au jour où il est ancré ou amarré au port ou lieu de sa destination.

A l'égard des marchandises, le temps des risques court du jour qu'elles ont été chargées dans le navire, ou dans les gabares pour les y porter, jusqu'au jour où elles sont délivrées à terre. — Co. 245, 341, 363.

329. Celui qui emprunte à la grosse sur des marchandises n'est point libéré par la perte du navire et du chargement, s'il ne justifie qu'il y avait, pour son compte, des effets jusqu'à la concurrence de la somme empruntée. — Co. 316, 325 s.

330. Les prêteurs à la grosse contribuent, à la décharge des emprunteurs, aux avaries communes.

Les avaries simples sont aussi à la charge des prêteurs, s'il n'y a convention contraire. — Co. 397, 400.

331. S'il y a contrat à la grosse et assurance sur le même navire ou sur le même chargement, le produit des effets sauvés du naufrage est partagé entre le prêteur à la grosse, pour son capital seulement, et l'assureur, pour les sommes assurées, au marc le franc de leur intérêt respectif, sans préjudice des privilèges établis à l'article 191. — Co. 259, 325, 327, 362, 387, 417.

TITRE DIXIÈME

Des assurances.

SECTION PREMIÈRE

Du contrat d'assurance, de sa forme et de son objet.

332. Le contrat d'assurance est rédigé par écrit.

Il est daté du jour auquel il est souscrit.

Il y est énoncé si c'est avant ou après midi.

Il peut être fait sous signature privée.

Il ne peut contenir aucun blanc.

Il exprime :

Le nom et le domicile de celui qui fait assurer, sa qualité de propriétaire ou de commissionnaire,

Le nom et la désignation du navire,

Le nom du capitaine,

Le lieu où les marchandises ont été ou doivent être chargées,

Le port d'où ce navire a dû ou doit partir,

Les ports ou rades dans lesquels il doit charger ou décharger,

Ceux dans lesquels il doit entrer,

La nature et la valeur ou l'estimation des marchandises ou objets que l'on fait assurer,

Les temps auxquels les risques doivent commencer et finir,

La somme assurée,

La prime ou le coût de l'assurance,

La soumission des parties à des arbitres, en cas de contestation, si elle a été convenue,

Et généralement toutes les autres conditions dont les parties sont convenues. — Co. 74, 77, 79, 81, 86, 92, 191, 403 s., 433, 435 s., 630; C. 1108, 1322, 1325, 1317, 1328, 1341, 1961, 2043. — L.L. 5 juin 1850, 2 juillet 1862 et 23 août 1871, sur le timbre et la taxe des assurances.

333. La même police peut contenir plusieurs assurances, soit à raison des marchandises, soit à raison du taux de la prime, soit à raison de différents assureurs. — Co. 352.

334. (L. 12 août 1885.) Toute personne intéressée peut faire assurer le navire et ses accessoires, les frais d'armement, les victuailles, les loyers des gens de mer, le fret net, les sommes prêtées à la grosse et le profit maritime, les marchandises chargées à bord et le profit espéré de ces marchandises, le coût de l'assurance et généralement toutes choses estimables à prix d'argent sujettes aux risques de la navigation.

Toute assurance cumulative est interdite.

Dans tous les cas d'assurances cumulatives, s'il y a eu dol ou fraude de la part de l'assuré, l'assurance est nulle à l'égard de l'assuré seulement ; s'il n'y a eu ni dol ni fraude, l'assurance sera réduite de toute la valeur de l'objet deux fois assuré. S'il y a eu deux ou plusieurs assurances successives, la réduction portera sur la plus récente. — Co. 191, 192, 280, 315, 342, 347.

335. L'assurance peut être faite sur le tout ou sur une partie desdits objets, conjointement ou séparément. — Co. 334, 357 s.

Elle peut être faite en temps de paix ou en temps de guerre, avant ou pendant le voyage du vaisseau.

Elle peut être faite pour l'aller et le retour, ou seulement pour l'un des deux, pour le voyage entier, ou pour un temps limité. — Co. 356.

Pour tous voyages et transports par mer, rivières et canaux navigables.

336. En cas de fraude dans l'estimation des effets assurés, en cas de supposition ou de falsification, l'assureur peut faire procéder à la vérification et estimation des objets, sans préjudice de toutes autres poursuites, soit civiles, soit criminelles. — Co. 307, 339, 348, 357 s., 380; C. 1116 s.; Pr. 302 s.

337. Les chargements faits aux Échelles du Levant, aux côtes d'Afrique et autres parties du monde, pour l'Europe, peuvent être assurés, sur quelque navire qu'ils aient lieu, sans désignation du navire ni du capitaine.

Les marchandises elles-mêmes peuvent, en ce cas, être assurées sans désignation de leur nature et espèce.

Mais la police doit indiquer celui à qui l'expédition est faite ou doit être consignée, s'il n'y a convention contraire dans la police d'assurance. — Co. 332; C. 1134.

338. Tout effet dont le prix est stipulé dans le contrat en monnaie étrangère est évalué au prix que la monnaie stipulée vaut en monnaie de France, suivant le cours à l'époque de la signature de la police. — Co. 72.

339. Si la valeur des marchandises n'est point fixée par le contrat, elle peut être justifiée par les factures ou par les livres ; à défaut, l'estimation en est faite suivant le prix courant au temps et au lieu du chargement, y compris tous les droits payés et les frais faits jusqu'à bord. — Co. 109.

340. Si l'assurance est faite sur le retour d'un pays où le commerce ne se fait que par troc, et que l'estimation des marchandises ne soit pas faite par la police, elle sera réglée sur le pied de la valeur de celles qui ont été données en échange, en y joignant les frais de transport. — Co. 342.

341. Si le contrat d'assurance ne règle point le temps des risques, les risques commencent et finissent dans le temps réglé par l'article 328 pour les contrats à la grosse. — Co. 362.

342. L'assureur peut faire réassurer par d'autres les effets qu'il a assurés.

L'assuré peut faire assurer le coût de l'assurance.

La prime de réassurance peut être moindre ou plus forte que celle de l'assurance. — Co. 334, 357.

343. L'augmentation de prime qui aura été stipulée en temps de paix pour le temps de guerre qui pourrait survenir, et dont la quotité n'aura pas été déterminée par les contrats d'assurance, est réglée par les tribunaux, en ayant égard aux risques, aux circonstances et aux stipulations de chaque police d'assurance.

344. En cas de perte des marchandises assurées et chargées pour le compte du capitaine sur le vaisseau qu'il commande, le capitaine est tenu de justifier aux assureurs l'achat des marchandises, et d'en fournir un connaissement signé par deux des principaux de l'équipage.

345. Tout homme de l'équipage et tout passager qui apportent des pays étrangers des marchandises assurées en France sont tenus d'en laisser un connaissement dans les lieux où le chargement s'effectue, entre les mains du consul de France, et, à défaut, entre les mains d'un Français notable négociant, ou du magistrat du lieu. — Co. 281 s.

346. Si l'assureur tombe en faillite lorsque le risque n'est pas encore fini, l'assuré peut demander caution, ou la résiliation du contrat.

L'assureur a le même droit en cas de faillite de l'assuré. — Co. 437 s., 443 s.; C. 1184, 1188, 2040, 2041; Pr. 517 s.

347 (L. 12 août 1885). Le contrat d'assurance est nul, s'il a pour objet les sommes empruntées à la grosse. — Co. 311, 312, 335; C. 6, 1133, 1172.

348. Toute réticence, toute fausse déclaration de la part de l'assuré, toute différence entre le contrat d'assurance et le connaissement, qui diminueraient l'opinion du risque ou en changeraient le sujet, annulent l'assurance.

L'assurance est nulle, même dans le cas où la réticence, la fausse déclaration ou la différence n'auraient pas influé sur le dommage ou la perte de l'objet assuré. — Co. 336, 357 s., 365, 380; P. 405.

SECTION II

Des obligations de l'assureur et de l'assuré.

349. Si le voyage est rompu avant le départ du vaisseau, même par le fait de l'assuré, l'assurance est annulée; l'assureur reçoit, à titre d'indemnité, demi pour cent de la somme assurée. — Co. 252, 288, 332.

350. Sont aux risques des assureurs, toutes pertes et dommages qui arrivent aux objets assurés, par tempête, naufrage, échouement, abordage fortuit, changements forcés de route, de voyage ou de vaisseau, par jet, feu, prise, pillage, arrêt par ordre de puissance, déclaration de guerre, représailles, et généralement par toutes les autres fortunes de mer. — Co. 328, 361 s., 369, 397.

351. Tout changement de route, de voyage ou de vaisseau, et toutes pertes et dommages provenant du fait de l'assuré, ne sont point à la charge de l'assureur, et même la prime lui est acquise, s'il a commencé à courir les risques. — Co. 332 s., 361, 365, 391 s.

352. Les déchets, diminutions et pertes qui arrivent par le vice propre de la chose, et les dommages causés par le fait et faute des propriétaires, affréteurs ou chargeurs, ne sont point à la charge des assureurs. — Co. 316, 326, 330.

353. L'assureur n'est point tenu des prévarications et fautes du capitaine et de l'équipage, connues sous le nom de baraterie de patron, s'il n'y a convention contraire. — Co. 216, 323.

354. L'assureur n'est point tenu du pilotage, touage et lamanage, ni d'aucune espèce de droits imposés sur le navire et les marchandises.

355. Il sera fait désignation dans la police, des marchandises sujettes, par leur nature, à détérioration particulière ou diminution, comme blés ou sels, ou marchandises susceptibles de coulage; sinon les assureurs ne répondront point des dommages ou pertes qui pourraient arriver à ces mêmes denrées, si ce n'est toutefois que l'assuré eût ignoré la nature du chargement lors de la signature de la police. — Co. 332, 352.

356. Si l'assurance a pour objet des marchandises pour l'aller et le retour, et si, le vaisseau étant parvenu à sa première destination, il ne se fait point de chargement en retour, ou si le chargement en retour n'est pas complet, l'assureur reçoit seulement les deux tiers proportionnels de la prime convenue, s'il n'y a stipulation contraire.

357. Un contrat d'assurance ou de réassurance consenti pour une somme excédant la valeur des effets chargés est nul à l'égard de l'assuré seulement, s'il est prouvé qu'il y a dol ou fraude de sa part. — Co. 348, 336, 358, 380; C. 1116.

358. S'il n'y a ni dol ni fraude, le contrat est valable jusqu'à concurrence de la valeur des effets chargés, d'après l'estimation qui en est faite ou convenue.

En cas de pertes, les assureurs sont tenus d'y contribuer chacun à proportion des sommes par eux assurées. — Co. 361.

Ils ne reçoivent pas la prime de cet excédant de valeur, mais seulement l'indemnité de demi pour cent. — Co. 349.

359. S'il existe plusieurs contrats d'assurance faits sans fraude sur le même chargement, et que le premier contrat assure l'entière valeur des effets chargés, il subsistera seul.

Les assureurs qui ont signé les contrats subséquents sont libérés; ils ne reçoivent que demi pour cent de la somme assurée.

Si l'entière valeur des effets chargés n'est pas assurée par le premier contrat, les assureurs qui ont signé les contrats subséquents, répondent de l'excédant en suivant l'ordre de la date des contrats. — Co. 335, 379.

360. S'il y a des effets chargés pour le montant des sommes assurées, en cas de perte d'une partie, elle sera payée par tous les assureurs de ces effets, au marc le franc de leur intérêt. — Co. 328, 401.

361. Si l'assurance a lieu divisément pour des marchandises qui doivent être chargées sur plusieurs vaisseaux désignés, avec énonciation de la somme assurée sur chacun, et si le chargement entier est mis sur un seul vaisseau, ou sur un moindre nombre qu'il n'en est désigné dans le contrat, l'assureur n'est tenu que de la somme qu'il a assurée sur le vaisseau ou sur les vaisseaux qui ont reçu le chargement, nonobstant la perte de tous les vaisseaux désignés; et il recevra néanmoins demi pour cent des sommes dont les assurances se trouvent annulées. — Co. 324, 335, 391 s.

362. Si le capitaine a la liberté d'entrer dans différents ports pour compléter ou échanger son chargement, l'assureur ne court les risques des effets assurés que lorsqu'ils sont à bord, s'il n'y a convention contraire.

363. Si l'assurance est faite pour un temps limité, l'assureur est libre après l'expiration du temps, et l'assuré peut faire assurer les nouveaux risques.

364. L'assureur est déchargé des risques, et la prime lui est acquise, si l'assuré envoie le vaisseau en un lieu plus éloigné que celui qui est désigné par le contrat, quoique sur la même route.

L'assurance a son entier effet, si le voyage est raccourci. — Co. 351, 364 s.

365. Toute assurance faite après la perte ou l'arrivée des objets assurés est nulle, s'il y a présomption qu'avant la signature du contrat l'assuré a pu être informé de la perte, ou l'assureur de l'arrivée des objets assurés. — Co. 348, 366 s.; C. 1131.

366. La présomption existe, si, en comptant trois quarts de myriamètre par heure, sans préjudice des autres preuves, il est établi que de l'endroit de l'arrivée ou de la perte du vaisseau, ou du lieu où la première nouvelle en est arrivée, elle a pu être portée dans le lieu où le contrat d'assurance a été passé, avant la signature du contrat. — Co. 365; C. 1350, 1352.

367. Si cependant l'assurance est faite sur bonnes ou mauvaises nouvelles, la présomption mentionnée dans les articles précédents n'est point admise.

Le contrat n'est annulé que sur la preuve que l'assuré savait la perte, ou l'assureur l'arrivée du navire, avant la signature du contrat.

368. En cas de preuve contre l'assuré, celui-ci paie à l'assureur une double prime.

En cas de preuve contre l'assureur, celui-ci paie à l'assuré une somme double de la prime convenue.

Celui d'entre eux contre qui la preuve est faite, est poursuivi correctionnellement. — Co. 367; C. 1349, 1353; P. 401.

SECTION III

Du délaissement.

369. Le délaissement des objets assurés peut être fait,

En cas de prise,

De naufrage,

D'échouement avec bris,

D'innavigabilité par fortune de mer, — en cas d'arrêt d'une puissance étrangère, — en cas de perte ou détérioration des effets assurés, si la détérioration ou la perte va au moins à trois quarts. — Il peut être fait, en cas d'arrêt de la part du gouvernement, après le voyage commencé. — Co. 370, 374 s.

370. Il ne peut être fait avant le voyage commencé. — Co. 369.

371. Tous les autres dommages sont réputés avaries, et se règlent, entre les assureurs et les assurés, à raison de leurs intérêts. — Co. 237, 243, 362, 351, 389, 393, 394, 397 s., 409 s.

372. Le délaissement des objets assurés ne peut être partiel ni conditionnel. — Il ne s'étend qu'aux effets qui sont l'objet de l'assurance et du risque. — Co. 332, 334.

373. (L. 3 mai 1862.) Le délaissement doit être fait aux assureurs dans le terme de six mois à partir du jour de la réception de la nouvelle de la perte arrivée aux ports ou côtes d'Europe, ou sur celles d'Asie et d'Afrique, dans la Méditerranée, ou bien, en cas de prise, de la réception de celle de la conduite du capitaine du navire dans l'un des ports ou lieux situés aux côtes ci-dessus mentionnées; — dans le délai d'un an après la réception de la nouvelle ou de la perte arrivée, ou de la prise conduite en Afrique en deçà du cap de Bonne-Espérance, ou en Amérique en deçà du cap Horn; — dans le délai de dix-huit mois après la nouvelle des pertes arrivées ou des prises conduites dans toutes les autres parties du monde; — Et, ces délais passés, les assurés ne seront plus recevables à faire le délaissement. — Co. 375, 431.

374. Dans le cas où le délaissement peut être fait, et dans le cas de tous autres accidents au risque des assureurs, l'assuré est tenu de signifier à l'assureur les avis qu'il a reçus. — La signification doit être faite dans les trois jours de la réception de l'avis. — Co. 378; Pr. 68, 1033.

375. (L. 3 mai 1862.) Si, après six mois expirés, à compter du jour du départ du navire ou du jour auquel se rapportent les dernières nouvelles reçues, pour les voyages ordinaires; — après un an, pour les voyages de long cours, l'assuré déclare n'avoir reçu aucune nouvelle de son navire, il peut faire le délaissement à l'assureur et demander le paiement de l'assurance, sans qu'il soit besoin d'attestation de la perte. Après l'expiration des six mois ou de l'an, l'assuré a, pour agir, les délais établis par l'article 373. — Co. 377.

376. Dans le cas d'une assurance pour temps limité, après l'expiration des délais établis, comme ci-dessus, pour les voyages ordinaires et pour ceux de long cours, la perte du navire est présumée arrivée dans le temps de l'assurance. — Co. 373, 335; C. 1350, 1352.

377. (L. 14 juin 1854.) Sont réputés voyages de long cours ceux qui se font au delà des limites ci-après déterminées:

Au sud, le 30e degré de latitude nord;

Au nord, le 72e degré de latitude nord;

A l'ouest, le 15e degré de longitude du méridien de Paris;

A l'est, le 44e degré de longitude du méridien de Paris. — Co. 375.

378. L'assuré peut, par la signification mentionnée en l'article 374, ou faire le délaissement avec sommation à l'assureur de payer la somme assurée dans le délai fixé par le contrat, ou se réserver de faire le délaissement dans les délais fixés par la loi. — Co. 373.

379. L'assuré est tenu, en faisant le délaissement, de déclarer toutes les assurances qu'il a faites ou fait faire, même celles qu'il a ordonnées, et l'argent qu'il a pris à la grosse, soit sur le navire, soit sur les marchandises; faute de quoi, le délai du paiement, qui doit commencer à courir du jour du délaissement, sera suspendu jusqu'au jour où il fera notifier ladite déclaration, sans qu'il en résulte aucune prolongation du délai établi pour former l'action en délaissement. — Co. 359, 373, 380.

380. En cas de déclaration frauduleuse, l'assuré est privé des effets de l'assurance; il est tenu de payer les sommes empruntées, nonobstant la perte ou la prise du navire. — Co. 348, 358, 357.

381. En cas de naufrage ou d'échouement avec bris, l'assuré doit, sans préjudice du délaissement à faire en temps et lieu, travailler au recouvrement des effets naufragés.

Sur son affirmation, les frais de recouvrement lui sont alloués jusqu'à concurrence de la valeur des effets recouvrés. — Co. 325; C. 2102.

382. Si l'époque du paiement n'est point fixée par le contrat, l'assureur est tenu de payer l'assurance trois mois après la signification du délaissement. — Co. 373; Pr. 68, 1033.

383. Les actes justificatifs du chargement et de la perte sont signifiés à l'assureur avant qu'il puisse être poursuivi pour le paiement des sommes assurées. — Co. 282, 286 s.

384. L'assureur est admis à la preuve des faits contraires à ceux qui sont consignés dans les attestations. — Co. 283.

L'admission à la preuve ne suspend pas les condamnations de l'assureur au paiement provisoire de la somme assurée, à la charge par l'assuré de donner caution. — C. 2040, 2041; Pr. 517 s.

L'engagement de la caution est éteint après quatre années révolues, s'il n'y a pas eu de poursuite. — C. 2244.

385. Le délaissement signifié et accepté ou jugé valable, les effets assurés appartiennent à l'assureur, à partir de l'époque du délaissement.

L'assureur ne peut, sous prétexte du retour du navire, se dispenser de payer la somme assurée.

386 (Abrogé, L. 12 août 1885.)

387. En cas d'arrêt de la part d'une puissance, l'assuré est tenu de faire la signification à l'assureur, dans les trois jours de la réception de la nouvelle. — Co. 373, 390; Pr. 18, 1033.

Le délaissement des objets arrêtés ne peut être fait qu'après un délai de six mois de la signification, si l'arrêt a eu lieu dans les mers d'Europe, dans la Méditerranée ou dans la Baltique;

Qu'après le délai d'un an, si l'arrêt a eu lieu en pays plus éloigné.

Ces délais ne courent que du jour de la signification de l'arrêt.

Dans le cas où les marchandises arrêtées seraient périssables, les délais ci-dessus mentionnés sont réduits à un mois et demi pour le premier cas, et à trois mois pour le second cas. — Co. 373.

388. Pendant les délais portés par l'article précédent, les assurés sont tenus de faire toutes diligences qui peuvent dépendre d'eux, à l'effet d'obtenir la main-levée des effets arrêtés.

Pourront, de leur côté, les assureurs, ou de concert avec les assurés, ou séparément, faire toutes démarches à même fin.

389. Le délaissement à titre d'innavigabilité ne peut être fait, si le navire échoué peut être relevé, réparé et mis en état de continuer sa route pour le lieu de sa destination.

Dans ce cas, l'assuré conserve son recours sur les assureurs, pour les frais et avaries occasionnés par l'échouement. — Co. 237, 371, 390 s., 409.

390. Si le navire a été déclaré innavigable, l'assuré sur le chargement est tenu d'en faire la notification dans le délai de trois jours de la réception de la nouvelle. — Co. 237, 369, 374, 391; Pr. 18, 1033.

391. Le capitaine est tenu, dans ce cas, de faire toutes diligences pour se procurer un autre navire à l'effet de transporter les marchandises au lieu de leur destination. — Co. 237, 238, 241, 296, 390, 392 s.

392. L'assureur court les risques des marchandises chargées sur un autre navire, dans le cas prévu par l'article précédent, jusqu'à leur arrivée et leur déchargement. — Co. 350, 361, 381, 393.

393. L'assureur est tenu, en outre, des avaries, frais de déchargement, magasinage, rembarquement, de l'excédent du fret, et de tous autres frais qui auront été faits pour sauver les marchandises, jusqu'à concurrence de la somme assurée. — Co. 350, 381, 392, 397, 403.

394. Si, dans les délais prescrits par l'article 387, le capitaine n'a pu trouver de navire pour recharger les marchandises et les conduire au lieu de leur destination, l'assuré peut en faire le délaissement. — Co. 369, 387, 391.

395. En cas de prise, si l'assuré n'a pu en donner avis à l'assureur, il peut racheter les effets sans attendre son ordre.

L'assuré est tenu de signifier à l'assureur la composition qu'il aura faite, aussitôt qu'il en aura les moyens. — Co. 369, 374, 396.

396. L'assureur a le choix de prendre la composition à son compte, ou d'y renoncer; il est tenu de notifier son choix à l'assuré, dans les vingt-quatre heures qui suivent la signification de la composition.

S'il déclare prendre la composition à son profit, il est tenu de contribuer, sans délai, au paiement du rachat dans les termes de la convention, et à proportion de son intérêt; et il continue de courir les risques du voyage, conformément au contrat d'assurance. — Co. 332.

S'il déclare renoncer au profit de la composition, il est tenu au paiement de la somme assurée, sans pouvoir rien prétendre aux effets rachetés.

Lorsque l'assureur n'a pas notifié son choix dans le délai susdit, il est censé avoir renoncé au profit de la composition. — Co. 395.

TITRE ONZIÈME

Des avaries.

397. Toutes dépenses extraordinaires faites pour le navire et les marchandises, conjointement ou séparément,

Tout dommage qui arrive au navire et aux marchandises, depuis leur chargement et départ jusqu'à leur retour et déchargement,

Sont réputés avaries. — Co. 350, 390, 393, 398 s., 403, 409 s., 435 s.

398. A défaut de conventions spéciales entre toutes les parties, les avaries sont réglées conformément aux dispositions ci-après.

399. Les avaries sont de deux classes, avaries grosses ou communes et avaries simples ou particulières. — Co. 400, 403.

400. Sont avaries communes:

1° Les choses données par composition et à titre de rachat du navire et des marchandises;

2° Celles qui sont jetées à la mer;

3° Les câbles ou mâts rompus ou coupés;

4° Les ancres et autres effets abandonnés pour le salut commun;

5° Les dommages occasionnés par le jet aux marchandises restées dans le navire;

6° Les pansement et nourriture des matelots blessés en défendant le navire, les loyer et nourriture des matelots pendant la détention, quand le navire est arrêté en voyage par ordre d'une puissance, et pendant les réparations des dommages volontairement soufferts pour le salut commun, si le navire est affrété au mois;

7° Les frais du déchargement pour alléger le navire et entrer dans un havre ou dans une rivière, quand le navire est contraint de le faire par tempête ou par la poursuite de l'ennemi;

8° Les frais faits pour remettre à flot le navire échoué dans l'intention d'éviter la perte totale ou la prise;

Et, en général, les dommages soufferts volontairement, et les dépenses faites d'après délibérations motivées, pour le bien et salut commun du navire et des marchandises, depuis leur chargement et départ jusqu'à leur retour et déchargement. — Co. 209, 234, 263 s., 303, 370, 395 s., 399, 403, 410 s.; C. 1134, 2102.

401. Les avaries communes sont supportées par les marchandises et par la moitié du navire et du fret, au marc le franc de la valeur. — Co. 374, 402, 408.

402. Le prix des marchandises est établi par leur valeur au lieu du déchargement. — Co. 72, 100, 102, 415.

403. Sont avaries particulières:

1° Le dommage arrivé aux marchandises par leur vice propre, par tempête, prise, naufrage ou échouement;

2° Les frais faits pour les sauver; — C. 2102.

3° La perte des câbles, ancres, voiles, mâts, cordages, causée par tempête ou autre accident de mer;

Les dépenses résultant de toutes relâches occasionnées soit par la perte fortuite de ces objets, soit par le besoin d'avitaillement, soit par la voie d'eau à réparer;

4° La nourriture et le loyer des matelots pendant la détention, quand le navire est arrêté en voyage par ordre d'une puissance, et pendant les réparations qu'on est obligé d'y faire, si le navire est affrété au voyage;

5° La nourriture et le loyer des matelots pendant la quarantaine, que le navire soit loué au voyage ou au mois;

Et, en général, les dépenses faites et le dommage souffert pour le navire seul, ou pour les marchandises seules, depuis leur chargement et départ jusqu'à leur retour et déchargement. — Co. 250, 399, 404.

404. Les avaries particulières sont supportées et payées par le propriétaire de la chose qui a essuyé le dommage ou occasionné la dépense. — Co. 101, 400.

405. Les dommages arrivés aux marchandises, faute par le capitaine d'avoir bien fermé les écoutilles, amarré le navire, fourni de bons guindages, et par tous autres accidents provenant de la négligence du capitaine ou de l'équipage, sont également des avaries particulières supportées par le propriétaire des marchandises, mais pour lesquelles il a son recours contre le capitaine, le navire et le fret. — Co. 216, 221, 222, 408, 435 s.

406. Les lamanages, touages, pilotages, pour entrer dans les havres ou rivières, ou pour en sortir, les droits de congés, visites, rapports, tonnes, balises, ancrages et autres droits de navigation, ne sont point avaries; mais ils sont de simples frais à la charge du navire.

407. En cas d'abordage de navires, si l'événement a été purement fortuit, le dommage est supporté, sans répétition, par celui des navires qui l'a éprouvé.

Si l'abordage a été fait par la faute de l'un des capitaines, le dommage est payé par celui qui l'a causé.

S'il y a doute dans les causes de l'abordage, le dommage est réparé à frais communs, et par égale portion, par les navires qui l'ont fait et souffert.

Dans ces deux derniers cas, l'estimation du dommage est faite par experts.

(*L. 14 décembre 1897.*) En cas d'abordage, le demandeur pourra, à son choix, assigner devant le tribunal du domicile du défendeur ou devant celui du port français dans lequel, en premier lieu, soit l'un, soit l'autre des deux navires s'est réfugié.

Si l'abordage est survenu dans la limite des eaux soumises à la juridiction française, l'assignation pourra également être donnée devant le tribunal dans le ressort duquel la collision s'est produite.

408. Une demande pour avaries n'est point recevable, si l'avarie commune n'excède pas un pour cent de la valeur cumulée du navire et des marchandises, et si l'avarie particulière n'excède pas aussi un pour cent de la valeur de la chose endommagée. — Co. 409, 435.

409. La clause *franc d'avaries* affranchit les assureurs de toutes avaries, soit communes, soit particulières, excepté dans les cas qui donnent ouverture au délaissement; et, dans ces cas, les assurés ont l'option entre le délaissement et l'exercice d'action d'avarie. — Co. 369, 371.

TITRE DOUZIÈME

Du jet et de la contribution.

410. Si, par tempête ou par la chasse de l'ennemi, le capitaine se croit obligé, pour le salut du navire, de jeter en mer une partie de son chargement, de couper ses mâts ou d'abandonner ses ancres, il prend l'avis des intéressés au chargement qui se trouvent dans le vaisseau, et des principaux de l'équipage.

S'il y a diversité d'avis, celui du capitaine et des principaux de l'équipage est suivi. — Co. 220, 241, 301, 410.

411. Les choses les moins nécessaires, les plus pesantes et de moindre prix, sont jetées les premières, et ensuite les marchandises du premier pont, au choix du capitaine, et par l'avis des principaux de l'équipage. — Co. 241, 412 s.

412. Le capitaine est tenu de rédiger par écrit la délibération, aussitôt qu'il en a les moyens.

La délibération exprime:

Les motifs qui ont déterminé le jet,

Les objets jetés ou endommagés.

Elle présente la signature des délibérants, ou les motifs de leur refus de signer.

Elle est transcrite sur le registre. — Co. 224, 242, 246 s., 429.

413. Au premier port où le navire abordera, le capitaine est tenu, dans les vingt-quatre heures de son arrivée, d'affirmer les faits contenus dans la délibération transcrite sur le registre. — Co. 246 s., 291 s., 412.

414. L'état des pertes et dommages est fait dans le lieu du déchargement du navire, à la diligence du capitaine et par experts.

Les experts sont nommés par le tribunal de commerce, si le déchargement se fait dans un port français.

Dans les lieux où il n'y a pas de tribunal de commerce, les experts sont nommés par le juge de paix.

Ils sont nommés par le consul de France, et, à son défaut, par le magistrat du lieu, si la décharge se fait dans un port étranger.

Les experts prêtent serment avant d'opérer. — Co. 106; Pr. 302 s.

415. Les marchandises jetées sont estimées suivant le prix courant du lieu du déchargement; leur qualité est constatée par la production des connaissements, et des factures, s'il y en a. — Co. 105, 281, 414, 418, 420.

416. Les experts nommés en vertu de l'article précédent font la répartition des pertes et dommages.

La répartition est rendue exécutoire par l'homologation du tribunal.

Dans les ports étrangers, la répartition est rendue exécutoire par le consul de France, ou, à son défaut, par tout tribunal compétent sur les lieux. — Co. 414, 417 s.

417. La répartition pour le paiement des pertes et dommages est faite sur les effets jetés et sauvés, et sur moitié du navire et du fret, à proportion de leur valeur au lieu du déchargement. — Co. 327, 331, 401, 419 s.

418. Si la qualité des marchandises a été déguisée par le connaissement, et qu'elles se trouvent d'une plus grande valeur, elles contribuent sur le pied de leur estimation, si elles sont sauvées;

Elles sont payées d'après la qualité désignée par le connaissement, si elles sont perdues.

Si les marchandises déclarées sont d'une qualité inférieure à celle qui est indiquée par le connaissement, elles contribuent d'après la qualité indiquée par le connaissement, si elles sont sauvées;

Elles sont payées sur le pied de leur valeur, si elles sont jetées ou endommagées. — Co. 222, 281, 415.

419. Les munitions de guerre et de bouche, et les hardes des gens de l'équipage, ne contribuent point au jet; la valeur de celles qui auront été jetées sera payée par contribution sur tous les autres effets.

420. Les effets dont il n'y a pas de connaissement ou déclaration du capitaine ne sont pas payés s'ils sont jetés; ils contribuent s'ils sont sauvés. — Co. 222, 281.

421. Les effets chargés sur le tillac du navire contribuent s'ils sont sauvés.

S'ils sont jetés, ou endommagés par le jet, le propriétaire n'est point admis à former une demande en contribution : il ne peut exercer son recours que contre le capitaine. — Co. 229.

422. Il n'y a lieu à contribution pour raison du dommage arrivé au navire que dans le cas où le dommage a été fait pour faciliter le jet.

423. Si le jet ne sauve le navire, il n'y a lieu à aucune contribution.

Les marchandises sauvées ne sont point tenues du paiement ni du dédommagement de celles qui ont été jetées ou endommagées.

424. Si le jet sauve le navire, et si le navire, en continuant sa route, vient à se perdre,

Les effets sauvés contribuent au jet sur le pied de leur valeur en l'état où ils se trouvent, déduction faite des frais de sauvetage. — C. 2102.

425. Les effets jetés ne contribuent en aucun cas au paiement des dommages arrivés depuis le jet aux marchandises sauvées.

Les marchandises ne contribuent point au paiement du navire perdu, ou réduit à l'état d'innavigabilité.

426. Si, en vertu d'une délibération, le navire a été ouvert pour en extraire les marchandises, elles contribuent à la réparation du dommage causé au navire. — Co. 229, 271, 410.

427. En cas de perte des marchandises mises dans des barques pour alléger le navire entrant dans un port ou une rivière, la répartition en est faite sur le navire et son chargement en entier.

Si le navire périt avec le reste de son chargement, il n'est fait aucune répartition sur les marchandises mises dans les allèges, quoiqu'elles arrivent à bon port. — Co. 425.

428. Dans tous les cas ci-dessus exprimés, le capitaine et l'équipage sont privilégiés sur les marchandises ou le prix en provenant pour le montant de la contribution. — Co. 216, 271, 429; C. 2085 s.

429. Si, depuis la répartition, les effets jetés sont recouvrés par les propriétaires, ils sont tenus de rapporter au capitaine et aux intéressés ce qu'ils ont reçu dans la contribution, déduction faite des dommages causés par le jet et des frais de recouvrement.

TITRE TREIZIÈME

Des prescriptions.

430. Le capitaine ne peut acquérir la propriété du navire par voie de prescription. — C. 2228, 2236.

431. L'action en délaissement est prescrite dans les délais exprimés par l'article 373.

432. Toute action dérivant d'un contrat à la grosse, ou d'une police d'assurance, est prescrite après cinq ans, à compter de la date du contrat. — Co. 311 s., 332 s., 350, 373, 434.

433. Sont prescrites :

Toutes actions en paiement pour fret de navire, gages et loyers des officiers, matelots et autres gens de l'équipage, un an après le voyage fini;

Pour nourriture fournie aux matelots par l'ordre du capitaine, un an après la livraison;

Pour fournitures de bois et autres choses nécessaires aux constructions, équipement et avitaillement du navire, un an après ces fournitures faites;

Pour salaires d'ouvriers et pour ouvrages faits, un an après la réception des ouvrages;

(L. 13 décembre 1897.) Toute demande en délivrance de marchandises ou en dommages-intérêts pour avaries ou retard dans leur transport, un an après l'arrivée du navire.

La même prescription est applicable à l'action des passagers contre le capitaine et les propriétaires du navire, ayant pour cause un dommage ou retard éprouvé pendant le voyage.

434. La prescription ne peut avoir lieu, s'il y a cédule, obligation, arrêté de compte ou interpellation judiciaire. — C. 2244, 2248, 2274.

TITRE QUATORZIÈME

Fins de non-recevoir.

435. Sont non recevables :

Toutes actions contre le capitaine et les assureurs, pour dommage arrivé à la marchandise, si elle a été reçue sans protestation. — Co. 221 s., 350 s.

Toutes actions contre l'affréteur, pour avaries, si le capitaine a livré les marchandises et reçu son fret sans avoir protesté. — Co. 286, 397 s.

(L. 24 mars 1891.) Ces protestations sont nulles si elles ne sont faites et signifiées dans les vingt-quatre heures et si, dans le mois de leur date, elles ne sont suivies d'une demande en justice.

436. (L. 24 mars 1891.) Toutes actions en indemnité pour dommage provenant d'abordage sont non recevables si elles n'ont été intentées dans le délai d'un an à compter du jour de l'abordage.

LIVRE TROISIÈME

Des faillites et banqueroutes

(Loi du 28 mai 1838, promulguée le 8 juin.)

TITRE PREMIER

De la faillite.

Dispositions générales.

437. Tout commerçant qui cesse ses paiements est en état de faillite. — Co. 1, 440 s., 478, 481, 632, 633.

La faillite d'un commerçant peut être déclarée après son décès, lorsqu'il est mort en état de cessation de paiements. — Co. 614.

La déclaration de la faillite ne pourra être, soit prononcée d'office, soit demandée par les créanciers, que dans l'année qui suivra le décès. — Co. 440 s., 625; C. 1985.

CHAPITRE PREMIER

De la déclaration de faillite et de ses effets.

438. (L. 24 mars 1893.) Tout failli sera tenu, dans les quinze jours de la cessation de ses paiements, d'en faire la déclaration au greffe du tribunal de commerce de son domicile. Le jour de la cessation de paiements sera compris dans les quinze jours.

En cas de faillite d'une société en nom collectif, la déclaration contiendra le nom et l'indication du domicile de chacun des associés solidaires. Elle sera faite au greffe du tribunal dans le ressort duquel se trouve le siège du principal établissement de la société. — Co. 18 s., 439, 443, 456, 458, 462, 586; C. 102; P. 59.

439. La déclaration du failli devra être accompagnée du dépôt du bilan, ou contenir l'indication des motifs qui empêcheraient le failli de le déposer. Le bilan contiendra l'énumération et l'évaluation de tous les biens mobiliers et immobiliers du débiteur, l'état des dettes actives et passives, le tableau des profits et pertes, le tableau des dépenses; il devra être certifié véritable, daté et signé par le débiteur. — Co. 438, 456, 476 s., 586, 591; Pr. 898.

440. La faillite est déclarée par jugement du tribunal de commerce, rendu, soit sur la déclaration du failli, soit à la requête d'un ou de plusieurs créanciers, soit d'office. Ce jugement sera exécutoire provisoirement. — Co. 441 s., 451, 455, 462, 491, 580 s.

441. Par le jugement déclaratif de la faillite, ou par jugement ultérieur rendu sur le rapport du juge-commissaire, le tribunal déterminera, soit d'office, soit sur la poursuite de toute partie intéressée, l'époque à laquelle a eu lieu la cessation de paiements. A défaut de détermination spéciale, la cessation de paiements sera réputée avoir eu lieu à partir du jugement déclaratif de la faillite. — Co. 437, 446 s., 580 s., 585, 586; C. 1351.

442. Les jugements rendus en vertu des deux articles précédents seront affichés et insérés par extrait dans les journaux, tant du lieu où la faillite aura été déclarée que de tous les lieux où le failli aura des établissements commerciaux, suivant le mode établi par l'article 42 du présent Code. — Co. 461, 504, 580, 600.

443. Le jugement déclaratif de la faillite emporte de plein droit, à partir de sa date, dessaisissement pour le failli de l'administration de tous ses biens, même de ceux qui peuvent lui échoir tant qu'il est en état de faillite.

A partir de ce jugement, toute action mobilière ou immobilière ne pourra être suivie ou intentée que contre les syndics.

Il en sera de même de toute voie d'exécution tant sur les meubles que sur les immeubles.

Le tribunal, lorsqu'il le jugera convenable, pourra recevoir le failli partie intervenante. — Co. 453, 455, 462, 474, 479 s., 481, 487, 490, 494, 512, 528, 532, 580; C. 1166, 1167, 1322, 1328, 2098; Pr. 69, 339.

444. Le jugement déclaratif de faillite rend exigibles, à l'égard du failli, les dettes passives non échues.

En cas de faillite du souscripteur d'un billet à ordre, de l'accepteur d'une lettre de change ou du tireur à défaut d'acceptation, les autres obligés seront tenus de donner caution pour le paiement à l'échéance, s'ils n'aiment mieux payer immédiatement. — Co. 120, 163, 171, 542; C. 1184, 1188, 1741, 1908, 1978 s., 2040, 2041, 2162; Pr. 125, 547 s.

445. Le jugement déclaratif de faillite arrête, à l'égard de la masse seulement, le cours des intérêts de toute créance non garantie par un privilège, par un nantissement ou par une hypothèque.

Les intérêts des créances garanties ne pourront être réclamés que sur les sommes provenant des biens affectés au privilège, à l'hypothèque ou au nantissement. — Co. 446, 448, 546 s., 552 s., 604; C. 1254, 2071, 2085, 2114.

446. Sont nuls et sans effet, relativement à la masse, lorsqu'ils auront été faits par le débiteur depuis l'époque déterminée par le tribunal comme étant celle de la cessation de ses paiements, ou dans les dix jours qui auront précédé cette époque :

Tous actes translatifs de propriétés mobilières ou immobilières à titre gratuit;

Tous paiements, soit en espèces, soit par transport, vente, compensation ou autrement, pour dettes non échues, et pour dettes échues, tous paiements faits autrement qu'en espèces ou effets de commerce;

Toute hypothèque conventionnelle ou judiciaire, et tous droits d'antichrèse ou de nantissement constitués sur les biens du débiteur pour dettes antérieurement contractées. — Co. 441, 447 s.; C. 939, 1167, 1289, 1291, 1350, 1690, 2071 s., 2123 s., 2135, 2146.

447. Tous autres paiements faits par le débiteur pour dettes échues, et tous autres actes à titre onéreux par lui passés après la cessation de ses paiements et avant le jugement déclaratif de faillite, pourront être annulés si, de la part de ceux qui ont reçu du débiteur ou qui ont traité avec lui, ils ont eu lieu avec connaissance de la cessation de ses paiements. — Co. 449; C. 1167.

448. Les droits d'hypothèque et de privilège valablement acquis pourront être inscrits jusqu'au jour du jugement déclaratif de la faillite.

Néanmoins, les inscriptions prises après l'époque de la cessation de paiements, ou dans les dix jours qui précèdent, pourront être déclarées nulles, s'il s'est écoulé plus de quinze jours entre la date de l'acte constitutif de l'hypothèque ou du privilège et celle de l'inscription.

Ce délai sera augmenté d'un jour à raison de cinq myriamètres de distance entre le lieu où le droit d'hypothèque aura été acquis et le lieu où l'inscription sera prise. — Co. 440, 441, 445, 446; C. 2106, 2111, 1167, 2146, 2151; Pr. 1033.

449. Dans le cas où des lettres de change auraient été payées après l'époque fixée comme étant celle de la cessation de paiements et avant le jugement déclaratif de faillite, l'action en rapport ne pourra être intentée que contre celui pour compte duquel la lettre de change aura été fournie.

S'il s'agit d'un billet à ordre, l'action ne pourra être exercée que contre le premier endosseur.

Dans l'un et l'autre cas, la preuve que celui à qui on demande le rapport avait connaissance de la cessation de paiements à l'époque de l'émission du titre devra être fournie. — C. 444, 447; C. 1167.

450. (L. 12 février 1872.) Les syndics auront pour les baux des immeubles affectés à l'industrie ou au commerce du failli, y compris les locaux dépendant de ces immeubles et servant à l'habitation du failli et de sa famille, huit jours, à partir de l'expiration du délai accordé par l'article 492 du Code de commerce aux créanciers domiciliés en France pour la vérification de leurs créances, pendant lesquels ils pourront notifier au propriétaire leur intention de continuer le bail, à la charge de satisfaire à toutes les obligations du locataire. — Cette notification ne pourra avoir lieu qu'avec l'autorisation du juge-commissaire et le failli entendu. — Jusqu'à l'expiration de ces huit jours, toutes voies d'exécution sur les effets mobiliers servant à l'exploitation du commerce ou de l'industrie du failli, et toutes actions en résiliation du bail seront suspendues, sans préjudice de toutes mesures conservatoires et du droit qui serait acquis au propriétaire de reprendre possession des lieux loués. — Dans ce cas, la suspension des voies d'exécution établie au présent article cessera de plein droit. — Le bailleur devra, dans les quinze jours qui suivront la notification qui lui serait faite par les syndics, former sa demande en résiliation. — Faute par lui de l'avoir formée dans ledit actes, il sera réputé avoir renoncé à se prévaloir des causes de résolution déjà existantes à son profit. — Co. 441, 452; C. 1726, 1741, 1751, 2102; Pr. 819 s.

CHAPITRE II

De la nomination du juge-commissaire.

451. Par le jugement qui déclarera la faillite, le tribunal de commerce désignera l'un de ses membres pour juge-commissaire. — Co. 449, 452 s., 466, 546, 583, 585.

452. Le juge-commissaire sera chargé spécialement d'accélérer et de surveiller les opérations et la gestion de la faillite.

Il fera au tribunal de commerce le rapport de toutes les contestations que la faillite pourra faire naître, et qui seront de la compétence de ce tribunal. — Co. 614, 583.

453. Les ordonnances du juge-commissaire ne seront susceptibles de recours que dans les cas prévus par la loi. Ces recours seront portés devant le tribunal de commerce. — Co. 466, 474, 530, 567, 583.

454. Le tribunal de commerce pourra, à toutes les époques, remplacer le juge-commissaire de la faillite par un autre de ses membres. — Co. 583.

CHAPITRE III

De l'apposition des scellés, et des premières dispositions à l'égard de la personne du failli.

455. Par le jugement qui déclarera la faillite, le tribunal ordonnera l'apposition des scellés et le dépôt de la personne du failli dans la maison d'arrêt pour dettes, ou la garde de sa personne par un officier de police ou de justice, ou par un gendarme.

Néanmoins, si le juge-commissaire estime que l'actif du failli peut être inventorié en un seul jour, il ne sera point apposé de scellés, et il devra être immédiatement procédé à l'inventaire.

Il ne pourra, en cet état, être reçu, contre le failli, d'écrou ou recommandation pour aucune espèce de dettes. — Co. 440, 456 s., 468, 472, 480, 505, 535; Pr. 780, 907 s., 943 s.

456. Lorsque le failli se sera conformé aux articles 438 et 439, et ne sera point, au moment de la déclaration, incarcéré pour dettes ou pour autre cause, le tribunal pourra l'affranchir du dépôt ou de la garde de sa personne.

La disposition du jugement qui affranchirait le failli du dépôt ou de la garde de sa personne pourra toujours, suivant les circonstances, être ultérieurement rapportée par le tribunal de commerce, même d'office. — Co. 455, 472 s., 488, 605.

457. Le greffier du tribunal de commerce adressera, sur-le-champ, au juge de paix, avis de la disposition du jugement qui aura ordonné l'apposition des scellés.

Le juge de paix pourra, même avant ce jugement, apposer les scellés, soit d'office, soit sur la réquisition d'un ou plusieurs créanciers, mais seulement dans le cas de disparition du débiteur ou de détournement de tout ou partie de son actif. — Co. 455, 458, 468 s., 480 s.; Pr. 912.

458. Les scellés seront apposés sur les magasins, comptoirs, caisses, portefeuilles, livres, papiers, meubles et effets du failli.

En cas de faillite d'une société en nom collectif, les scellés seront apposés, non seulement dans le siège principal de la société, mais encore dans le domicile séparé de chacun des associés solidaires.

Dans tous les cas, le juge de paix donnera, sans délai, au président du tribunal de commerce, avis de l'apposition des scellés. — Co. 22 s., 455, 468, 471, 480, 531, 603.

459. Le greffier du tribunal de commerce adressera, dans les vingt-quatre heures, au procureur du Roi du ressort, extrait des jugements déclaratifs de faillite, mentionnant les principales indications et dispositions qu'ils contiennent. — Co. 438, 442, 460, 482 s., 586, 600 s.

460. Les dispositions qui ordonneront le dépôt de la personne du failli dans une maison d'arrêt pour dettes, ou la garde de sa personne, seront exécutées à la diligence, soit du ministère public, soit des syndics de la faillite. — Co. 455, 462.

461. Lorsque les deniers appartenant à la faillite ne pourront suffire immédiatement aux frais du jugement de déclaration de la faillite, d'affiche et d'insertion de ce jugement dans les journaux, d'apposition des scellés, d'arrestation et d'incarcération du failli, l'avance de ces frais sera faite, sur ordonnance du juge-commissaire, par le trésor public, qui en sera remboursé par privilège sur les premiers recouvrements, sans préjudice du privilège du propriétaire. — Co. 440, 442, 455, 522, 560, 587 s., 592; C. 2101, 2102.

CHAPITRE IV

De la nomination et du remplacement des syndics provisoires.

462. Par le jugement qui déclarera la faillite, le tribunal de commerce nommera un ou plusieurs syndics provisoires.

Le juge-commissaire convoquera immédiatement les créanciers présumés à se réunir dans un délai qui n'excédera pas quinze jours. Il consultera les créanciers présents à cette réunion, tant sur la composition de l'état des créanciers présumés que sur la nomination de nouveaux syndics. Il sera dressé procès-verbal de leurs dires et observations, lequel sera représenté au tribunal.

Sur le vu de ce procès-verbal et de l'état des créanciers présumés, et sur le rapport du juge-commissaire, le tribunal nommera de nouveaux syndics, ou continuera les premiers dans leurs fonctions.

Les syndics ainsi institués sont définitifs; cependant ils peuvent être remplacés par le tribunal de commerce, dans les cas et suivant les formes qui seront déterminés.

Le nombre des syndics pourra être, à toute époque, porté jusqu'à trois; ils pourront être choisis parmi les personnes étrangères à la masse, et recevoir, quelle que soit leur qualité, après avoir rendu compte de leur gestion, une indemnité que le tribunal arbitrera sur le rapport du juge-commissaire. — Co. 460, 463, 492, 513, 525, 529, 530, 566, 583; Pr. 997 s.

463. Aucun parent ou allié du failli, jusqu'au quatrième degré inclusivement, ne pourra être nommé syndic. — C. 735 s.

464. Lorsqu'il y aura lieu de procéder à l'adjonction ou au remplacement d'un ou plusieurs syndics, il en sera référé par le juge-commissaire au tribunal de commerce, qui procèdera à la nomination suivant les formes établies par l'article 462. — Co. 583.

465. S'il a été nommé plusieurs syndics, ils ne pourront agir que collectivement; néanmoins le juge-commissaire peut donner à un ou plusieurs d'entre eux des autorisations spéciales à l'effet de faire séparément certains actes d'administration. Dans ce dernier cas, les syndics autorisés seront seuls responsables. — C. 1382, 1383, 1384, 1995.

466. S'il s'élève des réclamations contre quelqu'une des opérations des syndics, le juge-commissaire statuera, dans le délai de trois jours, sauf recours devant le tribunal de commerce.

Les décisions du juge-commissaire sont exécutoires par provision. — Co. 453, 583.

467. Le juge-commissaire pourra, soit sur les réclamations à lui adressées par le failli ou par des créanciers, soit même d'office, proposer la révocation d'un ou plusieurs des syndics.

Si, dans les huit jours, le juge-commissaire n'a pas fait droit aux réclamations qui lui ont été adressées, ces réclamations pourront être portées devant le tribunal.

Le tribunal, en chambre du conseil, entendra le rapport du juge-commissaire et les explications des syndics, et prononcera à l'audience sur la révocation. — Co. 462, 583.

CHAPITRE V

Des fonctions des syndics.

SECTION PREMIÈRE

Dispositions générales.

468. Si l'apposition des scellés n'avait point eu lieu avant la nomination des syndics, ils requerront le juge de paix d'y procéder. — Co. 455, 458; Pr. 907 s., 912.

469. Le juge-commissaire pourra également, sur la demande des syndics, les dispenser de faire placer sous les scellés, ou les autoriser à en faire extraire :

1° Les vêtements, hardes, meubles et effets nécessaires au failli et à sa famille, et dont la délivrance sera autorisée par le juge-commissaire sur l'état que lui en soumettront les syndics;

2° Les objets sujets à dépérissement prochain ou à dépréciation imminente; — Co. 470; C. 796.

3° Les objets servant à l'exploitation du fonds de commerce, lorsque cette exploitation ne pourrait être interrompue sans préjudice pour les créanciers. — Co. 450, 470.

Les objets compris dans les deux paragraphes précédents seront de suite inventoriés avec prisée par les syndics, en présence du juge de paix, qui signera le procès-verbal. — Co. 458, 479, 480; Pr. 924, 943.

470. La vente des objets sujets à dépérissement ou à dépréciation imminente, ou dispendieux à conserver, et l'exploitation du fonds de commerce, auront lieu à la diligence des syndics, sur l'autorisation du juge-commissaire. — Co. 453, 469, 486.

471. Les livres seront extraits des scellés et remis par le juge de paix aux syndics, après avoir été arrêtés par lui; il constatera sommairement, par son procès-verbal, l'état dans lequel ils se trouveront. — Co. 448, 458.

Les effets de portefeuille à courte échéance ou susceptibles d'acceptation, ou pour lesquels il faudra faire des actes conservatoires, seront aussi extraits des scellés par le juge de paix, décrits et remis aux syndics pour en faire le recouvrement. Le bordereau en sera remis au juge-commissaire. — Co. 490.

Les autres créances seront recouvrées par les syndics sur leurs quittances. Les lettres adressées au failli seront remises aux syndics, qui les ouvriront; il pourra, s'il est présent, assister à l'ouverture. — Co. 453.

472. Le juge-commissaire, d'après l'état apparent des affaires du failli, pourra proposer sa mise en liberté avec sauf-conduit provisoire de sa personne. Si le tribunal accorde le sauf-conduit, il pourra obliger le failli à fournir caution de se représenter, sous peine de paiement d'une somme que le tribunal arbitrera, et qui sera dévolue à la masse. — Co. 455, 473, 583, 586; C. 2040, 2041; Pr. 517 s.

473. A défaut, par le juge-commissaire, de proposer un sauf-conduit pour le failli, ce dernier pourra présenter sa demande au tribunal de commerce, qui statuera, en audience publique, après avoir entendu le juge-commissaire. — Co. 472, 583.

474. — Le failli pourra obtenir pour lui et sa famille, sur l'actif de sa faillite, des secours alimentaires, qui seront fixés, sur la proposition des syndics, par le juge-commissaire, sauf appel au tribunal, en cas de contestation. — Co. 453, 452, 469, 530, 583.

475. Les syndics appelleront le failli auprès d'eux pour clore et arrêter les livres en sa présence.

S'il ne se rend pas à l'invitation, il sera sommé de comparaître dans les quarante-huit heures au plus tard. — Pr. 68.

Soit qu'il ait ou non obtenu un sauf-conduit, il pourra comparaître par fondé de pouvoirs, s'il justifie de causes d'empêchement reconnues valables par le juge-commissaire. — Co. 471, 586.

476. — Dans le cas où le bilan n'aurait pas été déposé par le failli, les syndics le dresseront immédiatement à l'aide des livres et papiers du failli, et des renseignements qu'ils se procureront, et ils le déposeront au greffe du tribunal de commerce. — Co. 439, 477 s., 522.

477. Le juge-commissaire est autorisé à entendre le failli, ses commis et employés, et toute autre personne, tant sur ce qui concerne la formation du bilan que sur les causes et les circonstances de la faillite.

478. Lorsqu'un commerçant aura été déclaré en faillite après son décès, ou lorsque le failli viendra à décéder après la déclaration de la faillite, sa veuve, ses enfants et ses héritiers pourront se présenter ou se faire représenter pour le suppléer dans la formation du bilan, ainsi que dans toutes les autres opérations de la faillite. — Co. 437, 461, 614.

SECTION II

De la levée des scellés et de l'inventaire.

479. Dans les trois jours, les syndics requerront la levée des scellés, et procéderont à l'inventaire des biens du failli, lequel sera présent ou dûment appelé. — Co. 445, 455, 462, 468, 469, 523; Pr. 928 s., 941.

480. L'inventaire sera dressé en double minute par les syndics, à mesure que les scellés seront levés, et en présence du juge de paix, qui le signera à chaque vacation. L'une de ces minutes sera déposée au greffe du tribunal de commerce, dans les vingt-quatre heures; l'autre restera entre les mains des syndics.

Les syndics seront libres de se faire aider, pour sa rédaction comme pour l'estimation des objets, par qui ils jugeront convenable.

Il sera fait récolement des objets qui, conformément à l'article 469, n'auraient pas été mis sous les scellés, et auraient déjà été inventoriés et prisés. — Co. 581, 489, 588; Pr. 937, 943.

481. En cas de déclaration de faillite après décès, lorsqu'il n'aura point été fait d'inventaire antérieurement à cette déclaration, ou en cas de décès du failli avant l'ouverture de l'inventaire, il y sera procédé immédiatement, dans les formes du précédent article, et en présence des héritiers, ou eux dûment appelés. — Co. 437, 478, 614; Pr. 942.

482. En toute faillite, les syndics, dans la quinzaine de leur entrée ou de leur maintien en fonctions, seront tenus de remettre au juge-commissaire un mémoire ou compte sommaire de l'état apparent de la faillite, de ses principales causes et circonstances, et des caractères qu'elle paraît avoir.

Le juge-commissaire transmettra immédiatement les mémoires, avec ses observations, au procureur du Roi. S'ils ne lui ont pas été remis dans les délais prescrits, il devra en prévenir le procureur du Roi et lui indiquer les causes du retard. — Co. 459, 583, 584 s.

483. Les officiers du ministère public pourront se transporter au domicile du failli et assister à l'inventaire.

Ils auront, à toute époque, le droit de requérir communication de tous les actes, livres ou papiers relatifs à la faillite. — Co. 459, 480, 602 s.; C. 102.

SECTION III

De la vente des marchandises et meubles, et des recouvrements.

484. L'inventaire terminé, les marchandises, l'argent, les titres actifs, les livres et papiers, meubles et effets du débiteur, seront remis aux syndics, qui s'en chargeront au bas dudit inventaire. — Co. 453, 471; Pr. 943.

485. Les syndics continueront de procéder, sous la surveillance du juge-commissaire, au recouvrement des dettes actives. — Co. 443, 489.

486. Le juge-commissaire pourra, le failli entendu ou dûment appelé, autoriser les syndics à procéder à la vente des effets mobiliers ou marchandises.

Il décidera si la vente se fera soit à l'amiable, soit aux enchères publiques, par l'entremise de courtiers ou de tous autres officiers publics préposés à cet effet.

Les syndics choisiront dans la classe d'officiers publics déterminée par le juge-commissaire celui dont ils voudront employer le ministère. — Co. 74, 470, 489, 534, 551 s., 565, 571, 583; Pr. 617 s., 946.

487. Les syndics pourront, avec l'autorisation du juge-commissaire, et le failli dûment appelé, transiger sur toutes contestations qui intéressent la masse, même sur celles qui sont relatives à des droits et actions immobiliers.

Si l'objet de la transaction est d'une valeur indéterminée ou qui excède trois cents francs, la transaction ne sera obligatoire qu'après avoir été homologuée, savoir : par le tribunal de commerce pour les transactions relatives à des droits mobiliers, et par le tribunal civil pour les transactions relatives à des droits immobiliers.

Le failli sera appelé à l'homologation; il aura, dans tous les cas, la faculté de s'y opposer. Son opposition suffira pour empêcher la transaction, si elle a pour objet des biens immobiliers. — Co. 443, 535; C. 2044 s.

488. Si le failli a été affranchi du dépôt, ou s'il a obtenu un sauf-conduit, les syndics pourront l'employer pour faciliter et éclairer leur gestion; le juge-commissaire fixera les conditions de son travail. — Co. 456, 472 s.

489. Les deniers provenant des ventes et des recouvrements seront, sous la déduction des sommes arbitrées par le juge-commissaire pour le montant des dépenses et frais, versés immédiatement à la caisse des dépôts et consignations. Dans les trois jours des recettes, il sera justifié au juge-commissaire desdits versements; en cas de retard, les syndics devront les intérêts des sommes qu'ils n'auront point versées. — C. 1153, 1907.

Les deniers versés par les syndics, et tous autres consignés par des tiers, pour compte de la faillite, ne pourront être retirés qu'en vertu d'une ordonnance du juge-commissaire. S'il existe des oppositions, les syndics devront préalablement en obtenir la mainlevée.

Le juge-commissaire pourra ordonner que le versement sera fait par la caisse directement entre les mains des créanciers de la faillite, sur un état de répartition dressé par les syndics et ordonnancé par lui. — Co. 566, 568.

SECTION IV

Des actes conservatoires.

490. A compter de leur entrée en fonctions, les syndics seront tenus de faire tous actes pour la conservation des droits du failli contre ses débiteurs. — Co. 462, 471, 485, 517.

Ils seront aussi tenus de requérir l'inscription aux hypothèques sur les immeubles des débiteurs du failli, si elle n'a pas été requise par lui; l'inscription sera prise au nom de la masse par les syndics, qui joindront à leurs bordereaux un certificat constatant leur nomination. — C. 2106, 2146, 2148.

Ils seront tenus aussi de prendre inscription, au nom de la masse des créanciers, sur les immeubles du failli, dont ils connaîtront l'existence. L'inscription sera reçue sur un simple bordereau énonçant qu'il y a faillite, et relatant la date du jugement par lequel ils auront été nommés.

SECTION V

De la vérification des créances.

491. A partir du jugement déclaratif de la faillite, les créanciers pourront remettre au greffier leurs titres, avec un bordereau indicatif des sommes par eux réclamées. Le greffier devra en tenir état et en donner récépissé.

Il ne sera responsable des titres que pendant cinq années, à partir du jour de l'ouverture du procès-verbal de vérification. — Co. 440, 441, 492 s., 608; C. 2276.

492. Les créanciers qui, à l'époque du maintien ou du remplacement des syndics, en exécution du troisième paragraphe de l'article 462, n'auront pas remis leurs titres, seront immédiatement avertis, par des insertions dans les journaux et par lettres du greffier, qu'ils doivent se présenter en personne ou par fondés de pouvoirs, dans le délai de vingt jours, à partir desdites insertions, aux syndics de la faillite, et leur remettre leurs titres accompagnés d'un bordereau indicatif des sommes par eux réclamées, si mieux ils n'aiment en faire le dépôt au greffe du tribunal de commerce; il leur en sera donné récépissé. — Co. 442, 491, 502, 568.

A l'égard des créanciers domiciliés en France, hors du lieu où siège le tribunal saisi de l'instruction de la faillite, ce délai sera augmenté d'un jour par cinq myriamètres de distance entre le lieu où siège le tribunal et le domicile du créancier. — C. 102; Pr. 1033.

A l'égard des créanciers domiciliés hors du territoire continental de la France, ce délai sera augmenté conformément aux règles de l'article 73 du Code de procédure civile.

493. La vérification des créances commencera dans les trois jours de l'expiration des délais déterminés par les premier et deuxième paragraphes de l'article 492. Elle sera continuée sans interruption. Elle se fera aux lieu, jour et heure indiqués par le juge-commissaire. L'avertissement aux créanciers ordonné par l'article précédent contiendra mention de cette indication. Néanmoins les créanciers seront de nouveau convoqués à cet effet, tant par lettres du greffier que par insertions dans les journaux.

Les créances des syndics seront vérifiées par le juge-commissaire; les autres le seront contradictoirement entre le créancier ou son fondé de pouvoirs et les syndics, en présence du juge-commissaire, qui en dressera procès-verbal.

494. Tout créancier vérifié ou porté au bilan pourra assister à la vérification des créances, et fournir des contredits aux vérifications faites et à faire. Le failli aura le même droit. — Co. 439, 476, 501; C. 1165, 1322, 1328.

495. Le procès-verbal de vérification indiquera le domicile des créanciers et de leurs fondés de pouvoirs.

Il contiendra la description sommaire des titres, mentionnera les surcharges, ratures et interlignes, et exprimera si la créance est admise ou contestée. — Co. 497 s., 608.

496. Dans tous les cas, le juge-commissaire pourra, même d'office, ordonner la représentation des livres du créancier, ou demander, en vertu d'un compulsoire, qu'il en soit rapporté un extrait fait par les juges du lieu. — Co. 15-16; Pr. 846 s.

497. Si la créance est admise, les syndics signeront, sur chacun des titres, la déclaration suivante :

Admis au passif de la faillite de..., pour la somme de...., le....

Le juge-commissaire visera la déclaration.

Chaque créancier, dans la huitaine au plus tard, après que sa créance aura été vérifiée, sera tenu d'affirmer, entre les mains du juge-commissaire, que ladite créance est sincère et véritable. — Co. 493, 495, 499, 502, 503, 504 s., 508.

498. Si la créance est contestée, le juge-commissaire pourra, sans qu'il soit besoin de citation, renvoyer à bref délai devant le tribunal de commerce, qui jugera sur son rapport.

Le tribunal de commerce pourra ordonner qu'il soit fait, devant le juge-commissaire, enquête sur les faits, et que les personnes qui pourront fournir des renseignements soient, à cet effet, citées par devant lui. — Co. 499 s.; Pr. 254 s., 407 s., 432 s., 432.

499. Lorsque la contestation sur l'admission d'une créance aura été portée devant le tribunal de commerce, ce tribunal, si la cause n'est point en état de recevoir jugement définitif avant l'expiration des délais fixés, à l'égard des personnes domiciliées en France, par les articles 492 et 497, ordonnera, selon les circonstances, qu'il sera sursis ou passé outre à la convocation de l'assemblée pour la formation du concordat.

Si le tribunal ordonne qu'il sera passé outre, il pourra décider par provision que le créancier contesté sera admis dans les délibérations pour une somme que le même jugement déterminera. — 472, 500 s., 504, 516, 583.

500. Lorsque la contestation sera portée devant un tribunal civil, le tribunal de commerce décidera s'il sera sursis ou passé outre; dans ce dernier cas, le tribunal civil saisi de la contestation jugera, à bref délai, sur requête des syndics, signifiée au créancier contesté, et sans autre procédure, si la créance sera admise par provision, et pour quelle somme.

Dans le cas où une créance serait l'objet d'une instruction criminelle ou correctionnelle, le tribunal de commerce pourra également prononcer le sursis; s'il ordonne de passer outre, il ne pourra accorder l'admission par provision, et le créancier contesté ne pourra prendre part aux opérations de la faillite tant que les tribunaux compétents n'auront pas statué. — Co. 499, 512, 516, 583, 586 s., 591.

501. Le créancier dont le privilège ou l'hypothèque seulement serait contesté sera admis dans les délibérations de la faillite comme créancier ordinaire. — Co. 495 s., 508.

502. A l'expiration des délais déterminés par les articles 492 et 497, à l'égard des personnes domiciliées en France, il sera passé outre à la formation du concordat et à toutes les opérations de la faillite, sous l'exception portée aux articles 567 et 568 en faveur des créanciers domiciliés hors du territoire continental de la France.

503. A défaut de comparution et affirmation dans les délais qui leur sont applicables, les défaillants connus ou inconnus ne seront pas compris dans les répartitions à faire; toutefois, la voie de l'opposition leur sera ouverte jusqu'à la distribution des deniers inclusivement; les frais de l'opposition demeureront toujours à leur charge. — Co. 492, 497, 532 s., 565; Pr. 668.

Leur opposition ne pourra suspendre l'exécution des répartitions ordonnancées par le juge-commissaire; mais s'il est procédé à des répartitions nouvelles, avant qu'il ait été statué sur leur opposition, ils seront compris pour la somme qui sera provisoirement déterminée par le tribunal, et qui sera tenue en réserve jusqu'au jugement de leur opposition.

S'ils se font ultérieurement reconnaître créanciers, ils ne pourront rien réclamer sur les répartitions ordonnancées par le juge-commissaire; mais ils auront le droit de prélever, sur l'actif non encore réparti, les dividendes afférents à leurs créances dans les premières répartitions.

CHAPITRE VI

Du concordat et de l'union.

SECTION PREMIÈRE

De la convocation et de l'assemblée des créanciers.

504. Dans les trois jours qui suivront les délais prescrits pour l'affirmation, le juge-commissaire fera convoquer par le greffier, à l'effet de délibérer sur la formation du concordat, les créanciers dont les créances auront été vérifiées et affirmées, ou admises par provision. Les insertions dans les journaux et les lettres de convocation indiqueront l'objet de l'assemblée. — Co. 497, 499, 509.

505. Aux lieu, jour et heure qui seront fixés par le juge-commissaire, l'assemblée se formera sous la présidence du juge-commissaire; les créanciers vérifiés et affirmés, ou admis par provision, s'y présenteront en personne ou par fondés de pouvoirs.

Le failli sera appelé à cette assemblée; il devra s'y présenter en personne, s'il a été dispensé de la mise en dépôt, ou s'il a obtenu un sauf-conduit, et il ne pourra s'y faire représenter que pour des motifs valables et approuvés par le juge-commissaire. — Co. 456, 473, 472, 497, 499, 500; C. 1987.

506. Les syndics feront à l'assemblée un rapport sur l'état de la faillite, sur les formalités qui auront été remplies et les opérations qui auront eu lieu; le failli sera entendu.

Le rapport des syndics sera remis, signé d'eux, au juge-commissaire, qui dressera procès-verbal de ce qui aura été dit et décidé dans l'assemblée. — Co. 509, 527.

SECTION II

Du concordat.

§ Ier. — *De la formation du concordat.*

507. Il ne pourra être consenti de traité entre les créanciers délibérants et le débiteur failli qu'après l'accomplissement des formalités ci-dessus prescrites.

Ce traité ne s'établira que par le concours d'un nombre de créanciers formant la majorité, et représentant en outre les trois quarts de la totalité des créances vérifiées et affirmées, ou admises par provision, conformément à la section V du chapitre V, le tout à peine de nullité. — Co. 497, 500, 501, 503 s., 508, 529.

508. Les créanciers hypothécaires inscrits ou dispensés d'inscription, et les créanciers privilégiés ou nantis d'un gage, n'auront pas voix dans les opérations relatives au concordat pour lesdites créances, et elles n'y seront comptées que s'ils renoncent à leurs hypothèques, gages ou privilèges.

Le vote au concordat emportera de plein droit cette renonciation. — Co. 445, 546, 548, 550, 552 s.; C. 2071 s., 2095 s., 2114, 2134, 2135.

509. Le concordat sera, à peine de nullité, signé séance tenante. S'il est consenti seulement par la majorité en nombre, ou par la majorité des trois quarts en somme, la délibération sera remise à huitaine pour tout délai; dans ce cas, les résolutions prises et les adhésions données lors de la première assemblée demeureront sans effet. — Co. 507, 512.

510. Si le failli a été condamné comme banqueroutier frauduleux, le concordat ne pourra être formé.

Lorsqu'une instruction en banqueroute frauduleuse aura été commencée, les créanciers seront convoqués à l'effet de décider s'ils se réservent de délibérer sur un concordat, en cas d'acquittement, et si, en conséquence, ils surseoient à statuer jusqu'à l'issue des poursuites.

Ce sursis ne pourra être prononcé qu'à la majorité en nombre et en somme déterminée par l'article 507. Si, à l'expiration du sursis, il y a lieu à délibérer sur le concordat, les règles établies par le précédent article seront applicables aux nouvelles délibérations. — Co. 504, 507, 509, 591 s., 612.

511. Si le failli a été condamné comme banqueroutier simple, le concordat pourra être formé. Néanmoins, en cas de poursuites commencées, les créanciers pourront surseoir à délibérer jusqu'après l'issue des poursuites, en se conformant aux dispositions de l'article précédent. — Co. 585 s., 612.

512. Tous les créanciers ayant eu droit de concourir au concordat, ou dont les droits auront été reconnus depuis, pourront y former opposition. — Co. 505.

L'opposition sera motivée, et devra être signifiée aux syndics et au failli, à peine de nullité, dans les huit jours qui suivront le concordat; elle contiendra assignation à la première audience du tribunal de commerce. — Co. 514, 518.

S'il n'a été nommé qu'un seul syndic, et s'il se rend opposant au concordat, il devra provoquer la nomination d'un nouveau syndic, vis-à-vis duquel il sera tenu de remplir les formes prescrites au présent article.

Si le jugement de l'opposition est subordonné à la solution de questions étrangères, à raison de la matière, à la compétence du tribunal de commerce, ce tribunal surseoira à prononcer jusqu'après la décision de ces questions.

Il fixera un bref délai dans lequel le créancier opposant devra saisir les juges compétents et justifier de ses diligences. — Co. 438, 500, 631 s.; Pr. 170, 171, 427.

513. L'homologation du concordat sera poursuivie devant le tribunal de commerce, à la requête de la partie la plus diligente; le tribunal ne pourra statuer avant l'expiration du délai de huitaine, fixé par l'article précédent.

Si, pendant ce délai, il a été formé des oppositions, le tribunal statuera sur ces oppositions et sur l'homologation par un seul et même jugement.

Si l'opposition est admise, l'annulation du concordat sera prononcée à l'égard de tous les intéressés. — Co. 514 s., 518.

514. Dans tous les cas, avant qu'il soit statué sur l'homologation, le juge-commissaire fera au tribunal de commerce un rapport sur les caractères de la faillite et sur l'admissibilité du concordat. — Co. 452, 508; Pr. 427.

515. En cas d'inobservation des règles ci-dessus prescrites, ou lorsque des motifs tirés, soit de l'intérêt public, soit de l'intérêt des créanciers, paraîtront de nature à empêcher le concordat, le tribunal en refusera l'homologation. — C. 1351.

§ II. — *Des effets du concordat.*

516. L'homologation du concordat le rendra obligatoire pour tous les créanciers portés ou non portés au bilan, vérifiés ou non vérifiés, et même pour les créanciers domiciliés hors du territoire continental de la France, ainsi que pour ceux qui, en vertu des articles 499 et 500, auraient été admis par provision à délibérer, quelle que soit la somme que le jugement définitif leur attribuerait ultérieurement. — Co. 440, 503, 504, 497, 522; C. 823, 883, 1216, 1351, 2012, 2078.

517. L'homologation conservera à chacun des créanciers, sur les immeubles du failli, l'hypothèque inscrite en vertu du troisième paragraphe de l'article 490. A cet effet, les syndics feront inscrire aux hypothèques le jugement d'homologation, à moins qu'il n'en ait été décidé autrement par le concordat. — Co. 508, 540; C. 2134.

518. Aucune action en nullité du concordat ne sera recevable, après l'homologation, que pour cause de dol découvert depuis cette homologation, et résultant, soit de la dissimulation de l'actif, soit de l'exagération du passif. — Co. 512, 522 s., 593, 594; C. 1116, 1117.

519. Aussitôt après que le jugement d'homologation sera passé en force de chose jugée, les fonctions des syndics cesseront. — Co. 462, 511, 526, 537, 570; C. 1351.

Les syndics rendront au failli leur compte définitif, en présence du juge-commissaire; ce compte sera débattu et arrêté. Ils remettront au failli l'universalité de ses biens, livres, papiers et effets. Le failli en donnera décharge. — Pr. 527 s.

Il sera dressé du tout procès-verbal par le juge-commissaire, dont les fonctions cesseront. — Co. 452.

En cas de contestation, le tribunal de commerce prononcera. — Co. 635.

§ III. — *De l'annulation ou de la résolution du concordat.*

520. L'annulation du concordat, soit pour dol, soit par suite de condamnation pour banqueroute frauduleuse intervenue après son homologation, libère de plein droit les cautions.

En cas d'inexécution, par le failli, des conditions de son concordat, la résolution de ce traité pourra être poursuivie contre lui devant le tribunal de commerce, en présence des cautions, s'il en existe, ou elles dûment appelées. — Co. 518, 522, 548, 591, 612; C. 1116, 1184.

La résolution du concordat ne libérera pas les cautions qui y seront intervenues pour en garantir l'exécution totale ou partielle. — C. 2011.

521. Lorsque, après l'homologation du concordat, le failli sera poursuivi pour banqueroute frauduleuse, et placé sous mandat de dépôt ou d'arrêt, le tribunal de commerce pourra prescrire telles mesures conservatoires qu'il appartiendra. Ces mesures cesseront de plein droit du jour de la déclaration qu'il n'y a lieu à suivre, de l'ordonnance d'acquittement ou de l'arrêt d'absolution. — Co. 510, 512, 591; I. Cr. 91 s., 128 s., 229, 358.

522. Sur le vu de l'arrêt de condamnation pour banqueroute frauduleuse, ou par le jugement qui prononcera soit l'annulation, soit la résolution du concordat, le tribunal de commerce nommera un juge-commissaire et un ou plusieurs syndics.

Ces syndics pourront faire apposer les scellés.

Ils procéderont, sans retard, avec l'assistance du juge de paix, sur l'ancien inventaire, au récolement des valeurs, actions et des papiers, et procéderont, s'il y a lieu, à un supplément d'inventaire.

Ils dresseront un bilan supplémentaire.

Ils feront immédiatement afficher et insérer dans les journaux à ce destinés, avec un extrait du jugement qui les nomme, invitation aux créanciers nouveaux, s'il en existe, de produire, dans le délai de vingt jours, leurs titres de créances à la vérification. Cette invitation sera faite aussi par lettres du greffier, conformément aux articles 492 et 493. — Co. 439, 451, 454, 455 s., 476, 479, 480, 492, 497, 519, 523, 580.

523. Il sera procédé, sans retard, à la vérification des titres de créances produits en vertu de l'article précédent.

Il n'y aura pas lieu à nouvelle vérification des créances antérieurement admises et affirmées, sans préjudice néanmoins du rejet ou de la réduction de celles qui depuis auraient été payées en tout ou en partie. — Co. 491 s., 497 s.

524. Ces opérations mises à fin, s'il n'intervient pas de nouveau concordat, les créanciers seront convoqués à l'effet de donner leur avis sur le maintien ou le remplacement des syndics.

Il ne sera procédé aux répartitions qu'après l'expiration, à l'égard des créanciers nouveaux, des délais accordés aux personnes domiciliées en France, par les articles 492 et 497. — Co. 523 s., 565 s.

525. Les actes faits par le failli postérieurement au jugement d'homologation et antérieurement à l'annulation ou à la résolution du concordat ne seront annulés qu'en cas de fraude aux droits des créanciers. — Co. 511, 549; C. 1167.

526. Les créanciers antérieurs au concordat rentreront dans l'intégralité de leurs droits à l'égard du failli seulement; mais ils ne pourront figurer dans la masse que pour les proportions suivantes, savoir:

S'ils n'ont touché aucune part du dividende, pour l'intégralité de leurs créances; s'ils ont reçu une partie du dividende, pour la portion de leurs créances primitives correspondante à la portion du dividende promis qu'ils n'auront pas touchée.

Les dispositions du présent article seront applicables au cas où une seconde faillite viendra à s'ouvrir sans qu'il y ait eu préalablement annulation ou résolution du concordat. — Co. 447, 539.

SECTION III

De la clôture en cas d'insuffisance de l'actif.

527. Si, à quelque époque que ce soit, avant l'homologation du concordat ou la formation de l'union, le cours des opérations de la faillite se trouve arrêté par insuffisance de l'actif, le tribunal de commerce pourra, sur le rapport du juge-commissaire, prononcer, même d'office, la clôture des opérations de la faillite.

Ce jugement fera rentrer chaque créancier dans l'exercice de ses actions individuelles, tant contre les biens que contre la personne du failli.

Pendant un mois, à partir de sa date, l'exécution de ce jugement sera suspendue. — Co. 443, 494, 512, 539, 580.

528. Le failli, ou tout autre intéressé, pourra, à toute époque, le faire rapporter par le tribunal, en justifiant qu'il existe des fonds pour faire face aux frais des opérations de la faillite, ou en faisant consigner entre les mains des syndics, somme suffisante pour y pourvoir.

Dans tous les cas, les frais des poursuites exercées en vertu de l'article précédent devront être préalablement acquittés. — Co. 527; C. 2101.

SECTION IV

De l'union des créanciers.

529. S'il n'intervient point de concordat, les créanciers seront de plein droit en état d'union.

Le juge-commissaire les consultera immédiatement, tant sur les faits de la gestion que sur l'utilité du maintien ou du remplacement des syndics. Les créanciers privilégiés, hypothécaires ou nantis d'un gage, seront admis à cette délibération.

Il sera dressé procès-verbal des dires et observations des créanciers, et, sur le vu de cette pièce, le tribunal de commerce statuera comme il est dit à l'article 462.

Les syndics qui ne seraient pas maintenus devront rendre leur compte aux nouveaux syndics, en présence du juge-commissaire, le failli dûment appelé. — Co. 443, 462, 503, 508, 579; Pr. 527 s.

530. Les créanciers seront consultés sur la question de savoir si un secours pourra être accordé au failli sur l'actif de la faillite.

Lorsque la majorité des créanciers présents y aura consenti, une somme pourra être accordée au failli, à titre de secours, sur l'actif de la faillite. Les syndics en proposeront la quotité, qui sera fixée par le juge-commissaire, sauf recours au tribunal de commerce, de la part des syndics seulement. — Co. 462, 474, 583.

531. Lorsqu'une société de commerce sera en faillite, les créanciers pourront ne consentir de concordat qu'en faveur d'un ou de plusieurs des associés.

En ce cas, tout l'actif social demeurera sous le régime de l'union. Les biens personnels de ceux avec lesquels le concordat aura été consenti en seront exclus, et le traité particulier passé avec eux ne pourra contenir l'engagement de payer un dividende que sur des valeurs étrangères à l'actif social.

L'associé qui aura obtenu un concordat particulier sera déchargé de toute solidarité. — Co. 19 s., 438, 458, 507 s., 604; C. 1200 s.

532. Les syndics représentent la masse des créanciers et sont chargés de procéder à la liquidation.

Néanmoins les créanciers pourront leur donner mandat pour continuer l'exploitation de l'actif.

La délibération qui leur conférera ce mandat en déterminera la durée et l'étendue, et fixera les sommes qu'ils pourront garder entre leurs mains, à l'effet de pourvoir aux frais et dépenses. Elle ne pourra être prise qu'en présence du juge-commissaire, et à la majorité des trois quarts des créanciers en nombre et en somme.

La voie de l'opposition sera ouverte contre cette délibération au failli et aux créanciers dissidents.

Cette opposition ne sera pas suspensive de l'exécution. — Co. 462, 507, 533; C. 1351, 1991, 2103; P. 442.

533. Lorsque les opérations des syndics entraîneront des engagements qui excéderaient l'actif de l'union, les créanciers qui auront autorisé ces opérations seront seuls tenus personnellement au delà de leur part dans l'actif, mais seulement dans les limites du mandat qu'ils auront donné; ils contribueront au prorata de leurs créances. — Co. 532; C. 1997, 1998.

534. Les syndics sont chargés de poursuivre la vente des immeubles, marchandises et effets mobiliers du failli, et la liquidation de ses dettes actives et passives; le tout sous la surveillance du juge-commissaire, et sans qu'il soit besoin d'appeler le failli. — Co. 452, 486, 487, 532, 570, 572.

535. Les syndics pourront, en se conformant aux règles prescrites par l'article 487, transiger sur toute espèce de droits appartenant au failli, nonobstant toute opposition de sa part. — Co. 532, 570; C. 2044 s.

536. Les créanciers en état d'union seront convoqués au moins une fois dans la première année, et, s'il y a lieu, dans les années suivantes, par le juge-commissaire. — Co. 452.

Dans ces assemblées, les syndics devront rendre compte de leur gestion. — Pr. 527 s.

Ils seront continués ou remplacés dans l'exercice de leurs fonctions, suivant les formes prescrites par les articles 462 et 529.

537. Lorsque la liquidation de la faillite sera terminée, les créanciers seront convoqués par le juge-commissaire.

Dans cette dernière assemblée, les syndics rendront leur compte. Le failli sera présent ou dûment appelé.

Les créanciers donneront leur avis sur l'excusabilité du failli. Il sera dressé, à cet effet, un procès-verbal dans lequel chacun des créanciers pourra consigner ses dires et observations. — Co. 452, 532 s.; Pr. 527.

Après la clôture de cette assemblée, l'union sera dissoute de plein droit.

538. Le juge-commissaire présentera au tribunal la délibération des créanciers relative à l'excusabilité du failli, et un rapport sur les caractères et les circonstances de la faillite. — Le tribunal prononcera si le failli est ou non excusable. — Co. 452, 532.

539. Si le failli n'est pas déclaré excusable, les créanciers rentreront dans l'exercice de leurs actions individuelles, tant contre sa personne que sur ses biens.

S'il est déclaré excusable, il demeurera affranchi de la contrainte par corps à l'égard des créanciers de sa faillite, et ne pourra plus être poursuivi par eux que sur ses biens, sauf les exceptions prononcées par les lois spéciales. — Co. 455, 527, 541; L. 22 juillet 1867, abolissant la contrainte par corps.

540. Ne pourront être déclarés excusables : les banqueroutiers frauduleux, les stellionataires, les personnes condamnées pour vol, escroquerie ou abus de confiance, les comptables de deniers publics. — Co. 591, 612; C. 2059; P. 379 s., 401, 405, 406 s.

541. (L. 17 juillet 1856.) Aucun débiteur commerçant n'est recevable à demander son admission au bénéfice de cession de biens.

Néanmoins, un concordat par abandon total ou partiel de l'actif du failli peut être formé, suivant les règles prescrites par la section II du présent chapitre. — Ce concordat produit les mêmes effets que les autres concordats; il est annulé ou résolu de la même manière.

La liquidation de l'actif abandonné est faite conformément aux paragraphes 2, 3 et 4 de l'article 529, aux articles 532, 533, 534, 535 et 536 et aux paragraphes 1er et 2 de l'article 537.

Le concordat par abandon est assimilé à l'union pour la perception des droits d'enregistrement. — Co. 507, 526, 537 s.; C. 1265 s.

CHAPITRE VII

Des différentes espèces de créanciers et de leurs droits en cas de faillite.

SECTION PREMIÈRE

Des coobligés et des cautions.

542. Le créancier porteur d'engagements souscrits, endossés ou garantis solidairement par le failli et d'autres coobligés qui sont en faillite, participera aux distributions dans toutes les masses, et y figurera pour la valeur nominale de son titre jusqu'à parfait paiement. — Co. 136, 140, 142, 187, 444, 543 s.; C. 1200 s.

543. Aucun recours, pour raison des dividendes payés, n'est ouvert aux faillites des coobligés les unes contre les autres, si ce n'est lorsque la réunion des dividendes que donneraient ces faillites excéderait le montant total de la créance, en principal et accessoires, auquel cas cet excédant sera dévolu, suivant l'ordre des engagements, à ceux des coobligés qui auraient les autres pour garants. — Co. 542.

544. Si le créancier porteur d'engagements solidaires entre le failli et d'autres coobligés a reçu, avant la faillite, un à-compte sur sa créance, il ne sera compris dans la masse que sous la déduction de cet à-compte et conservera, pour ce qui lui restera dû, ses droits contre le coobligé ou la caution.

Le coobligé ou la caution qui aura fait le paiement partiel sera compris dans la même masse pour tout ce qu'il aura payé à la décharge du failli. — Co. 542 s.; C. 1210, 1251, 2011 s.

545. Nonobstant le concordat, les créanciers conservent leur action pour la totalité de leur créance contre les coobligés du failli.

SECTION II

Des créanciers nantis de gage, et des créanciers privilégiés sur les biens meubles.

546. Les créanciers du failli qui seront valablement nantis de gage ne seront inscrits dans la masse que pour mémoire. — Co. 446, 508; C. 2071 s.

547. Les syndics pourront, à toute époque, avec l'autorisation du juge-commissaire, retirer les gages au profit de la faillite, en remboursant la dette. — C. 2082 s., 2087, 2102.

548. Dans le cas où le gage ne sera pas retiré par les syndics, s'il est vendu par le créancier moyennant un prix qui excède la créance, le surplus sera recouvré par les syndics; si le prix est moindre que la créance, le créancier nanti viendra à contribution pour le surplus, dans la masse, comme créancier ordinaire. — Co. 547; C. 2078, 2088.

549. (L. 4 mars 1889.) Le salaire acquis aux ouvriers directement employés par le débiteur, pendant les trois mois qui ont précédé l'ouverture de la liquidation judiciaire ou la faillite, est admis au nombre des créances privilégiées, au même rang que le privilège établi par l'article 2101 du Code civil pour le salaire des gens de service.

(L. 6 février 1895.) Le même privilège est accordé aux commis attachés à une ou plusieurs maisons de commerce, sédentaires ou voyageurs, savoir :

S'il s'agit d'appointements fixes, pour les salaires qui leur sont dus durant les six mois antérieurs à la déclaration de la liquidation judiciaire ou de la faillite;

Et, s'il s'agit de remises proportionnelles allouées à titre d'appointements ou de suppléments d'appointements, pour toutes les commissions qui leur sont définitivement acquises dans les trois derniers mois précédant le jugement déclaratif, alors même que la cause de ces créances remonterait à une époque antérieure. — Co. 438 s.

550. (L. 12 février 1872.) L'article 2102 du Code civil est ainsi modifié à l'égard de la faillite : — Si le bail est résilié, le propriétaire d'immeubles affectés à l'industrie ou au commerce du failli aura privilège pour les deux dernières années de location échues avant le jugement déclaratif de faillite, pour l'année courante, pour tout ce qui concerne l'exécution du bail et pour les dommages-intérêts qui pourront lui être alloués par les tribunaux. — Au cas de non-résiliation, le bailleur, une fois payé de tous les loyers échus, ne pourra pas exiger le paiement des loyers en cours ou à échoir, si les sûretés qui lui ont été données lors du contrat sont maintenues, ou si celles qui lui ont été fournies depuis la faillite sont jugées suffisantes. — Lorsqu'il y aura vente et enlèvement des meubles garnissant les lieux loués, le bailleur pourra exercer son privilège comme au cas de résiliation ci-dessus, et, en outre, pour une année à échoir à partir de l'expiration de l'année courante, que le bail ait ou non date certaine. — Les syndics pourront continuer ou céder le bail pour tout le temps restant à courir, à la charge par eux ou leurs cessionnaires de maintenir dans l'immeuble gage suffisant, et d'exécuter, au fur et à mesure des échéances, toutes les obligations résultant du droit ou de la convention, mais sans que la destination des lieux loués puisse être changée. — Dans le cas où le bail contiendrait interdiction de céder le bail ou de sous-louer, les créanciers ne pourront faire leur profit de la location que pour le temps à raison duquel le bailleur aurait touché ses loyers par anticipation et toujours sans que la destination des lieux puisse être changée. — Le privilège et le droit de revendication établis par le n° 4 de l'article 2102 du Code civil, au profit du vendeur d'effets mobiliers, ne peuvent être exercés contre la faillite. — Co. 635.

551. Les syndics présenteront au juge-commissaire l'état des créanciers se prétendant privilégiés sur les biens meubles, et le juge-commissaire autorisera, s'il y a lieu, le paiement de ces créanciers sur les premiers deniers rentrés.

Si le privilège est contesté, le tribunal prononcera.

SECTION III

Des droits des créanciers hypothécaires et privilégiés sur les immeubles.

552. Lorsque la distribution du prix des immeubles sera faite antérieurement à celle du prix des biens meubles, ou simultanément, les créanciers privilégiés ou hypothécaires, non remplis sur le prix des immeubles, concourront, à proportion de ce qui leur restera dû, avec les créanciers chirographaires, sur les deniers appartenant à la masse chirographaire, pourvu toutefois que leurs créances aient été vérifiées et affirmées suivant les formes ci-dessus établies. — Co. 491 s., 597, 571 s.

553. Si une ou plusieurs distributions de deniers mobiliers précèdent la distribution du prix des immeubles, les créanciers privilégiés et hypothécaires, vérifiés et affirmés, concourront aux répartitions dans la proportion de leurs créances totales, et sauf, le cas échéant, les distractions dont il sera parlé ci-après. — Co. 491 s., 497, 552, 565 s.

554. Après la vente des immeubles et le règlement définitif de l'ordre entre les créanciers hypothécaires et privilégiés, ceux d'entre eux qui viendront en ordre utile sur le prix des immeubles pour la totalité de leur créance ne toucheront le montant de leur collocation hypothécaire que sous la déduction des sommes par eux perçues dans la masse chirographaire.

Les sommes ainsi déduites ne resteront point dans la masse hypothécaire, mais retourneront à la masse chirographaire, au profit de laquelle il en sera fait distraction. — Co. 552 s., 555 s.; C. 1251.

555. A l'égard des créanciers hypothécaires qui ne seront colloqués que partiellement dans la distribution du prix des immeubles, il sera procédé comme il suit : leurs droits sur la masse chirographaire seront définitivement réglés d'après les sommes dont ils resteront créanciers après leur collocation immobilière, et les deniers qu'ils auront touchés au delà de cette proportion, dans la distribution antérieure, leur seront retenus sur le montant de leur collocation hypothécaire, et reversés dans la masse chirographaire. — Co. 552 s., 556.

556. Les créanciers qui ne viennent point en ordre utile seront considérés comme chirographaires, et soumis comme tels aux effets du concordat et de toutes les opérations de la masse chirographaire. — Co. 516 s., 565 s.

SECTION IV.

Des droits des femmes.

557. En cas de faillite du mari, la femme dont les apports en immeubles ne se trouveraient pas mis en communauté, reprendra en nature lesdits immeubles et ceux qui lui seront survenus par succession ou par donation entre-vifs ou testamentaire. — [illegible]

558. La femme reprendra pareillement les immeubles acquis par elle et en son nom des deniers provenant desdites successions et donations, pourvu que la déclaration d'emploi soit expressément stipulée au contrat d'acquisition, et que l'origine des deniers soit constatée par inventaire ou par tout autre acte authentique. — [illegible]

559. Sous quelque régime qu'ait été formé le contrat de mariage, hors le cas prévu par l'article précédent, la présomption légale est que les biens acquis par la femme du failli appartiennent à son mari, ont été payés de ses deniers, et doivent être réunis à la masse de son actif, sauf à la femme à fournir la preuve du contraire. — [illegible]

560. La femme pourra reprendre en nature les effets mobiliers qu'elle s'est constitués par contrat de mariage, ou qui lui sont advenus par succession, donation entre-vifs ou testamentaire, et qui ne seront pas entrés en communauté, toutes les fois que l'identité en sera prouvée par inventaire ou tout autre acte authentique.

A défaut, par la femme, de faire cette preuve, tous les effets mobiliers tant à l'usage du mari qu'à celui de la femme, sous quelque régime qu'ait été contracté le mariage, seront acquis aux créanciers, sauf aux syndics à lui remettre, avec l'autorisation du juge-commissaire, les habits et linge nécessaires à son usage. — [illegible]

561. L'action en reprise résultant des dispositions des articles 557 et 558 ne sera exercée par la femme qu'à la charge des dettes et hypothèques dont les biens sont légalement grevés, soit que la femme s'y soit obligée volontairement, soit qu'elle y ait été condamnée. — [illegible]

562. Si la femme a payé des dettes pour son mari, la présomption légale est qu'elle l'a fait des deniers de celui-ci, et elle ne pourra, en conséquence, exercer aucune action dans la faillite, sauf la preuve contraire, comme il est dit à l'article 559. — [illegible]

563. Lorsque le mari sera commerçant au moment de la célébration du mariage, ou lorsque, n'ayant pas alors d'autre profession déterminée, il sera devenu commerçant dans l'année, les immeubles qui lui appartiendraient à l'époque de la célébration du mariage, ou qui lui seraient advenus depuis, soit par succession, soit par donation entre-vifs ou testamentaire, seront seuls soumis à l'hypothèque de la femme :

1° Pour les deniers et effets mobiliers qu'elle aura apportés en dot, ou qui lui seront advenus depuis le mariage par succession ou donation entre-vifs ou testamentaire, et dont elle prouvera la délivrance ou le paiement par acte ayant date certaine ; 2° pour le remploi de ses biens aliénés pendant le mariage ; 3° pour l'indemnité des dettes par elle contractées avec son mari. — [illegible]

564. La femme dont le mari était commerçant à l'époque de la célébration du mariage, ou dont le mari, n'ayant pas alors d'autre profession déterminée, sera devenu commerçant dans l'année qui suivra cette célébration, ne pourra exercer dans la faillite aucune action à raison des avantages portés au contrat de mariage, et, dans ce cas, les créanciers ne pourront, de leur côté, se prévaloir des avantages faits par la femme au mari dans ce même contrat. — [illegible]

CHAPITRE VIII

De la répartition entre les créanciers et de la liquidation du mobilier.

565. Le montant de l'actif mobilier, distraction faite des frais et dépenses de l'administration de la faillite, des secours qui auraient été accordés au failli ou à sa famille, et des sommes payées aux créanciers privilégiés, sera réparti entre tous les créanciers au marc le franc de leurs créances vérifiées et affirmées. — [illegible]

566. A cet effet, les syndics remettront tous les mois, au juge-commissaire, un état de situation de la faillite et des deniers déposés à la caisse des dépôts et consignations ; le juge-commissaire ordonnera, s'il y a lieu, une répartition entre les créanciers, en fixera la quotité, et veillera à ce que tous les créanciers en soient avertis. — [illegible]

567. Il ne sera procédé à aucune répartition entre les créanciers domiciliés en France, qu'après la mise en réserve de la part correspondante aux créances pour lesquelles les créanciers domiciliés hors du territoire continental de la France seront portés sur le bilan.

Lorsque ces créances ne paraîtront pas portées sur le bilan d'une manière exacte, le juge-commissaire pourra décider que la réserve sera augmentée, sauf aux syndics à se pourvoir contre cette décision devant le tribunal de commerce. — [illegible]

568. Cette part sera mise en réserve et demeurera à la caisse des dépôts et consignations jusqu'à l'expiration du délai déterminé par le dernier paragraphe de l'article 492 ; elle sera répartie entre les créanciers reconnus, si les créanciers domiciliés en pays étranger n'ont pas fait vérifier leurs créances, conformément aux dispositions de la présente loi.

Une pareille réserve sera faite pour raison de créances sur l'admission desquelles il n'aurait pas été statué définitivement. — [illegible]

569. Nul paiement ne sera fait par les syndics que sur la représentation du titre constitutif de la créance.

Les syndics mentionneront sur le titre la somme payée par eux ou ordonnancée conformément à l'article 489.

Néanmoins, en cas d'impossibilité de représenter le titre, le juge-commissaire pourra autoriser le paiement sur le vu du procès-verbal de vérification. — [illegible]

Dans tous les cas, le créancier donnera la quittance en marge de l'état de répartition.

570. L'union pourra se faire autoriser par le tribunal de commerce, le failli dûment appelé, à traiter à forfait de tout ou partie des droits et actions dont le recouvrement n'aurait pas été opéré, et à les aliéner ; en ce cas, les syndics feront tous les actes nécessaires.

Tout créancier pourra s'adresser au juge-commissaire pour provoquer une délibération de l'union à cet égard. — [illegible]

CHAPITRE IX

De la vente des immeubles du failli.

571. A partir du jugement qui déclarera la faillite, les créanciers ne pourront poursuivre l'expropriation des immeubles sur lesquels ils n'auront pas d'hypothèques. — [illegible]

572. S'il n'y a pas de poursuite en expropriation des immeubles commencée avant l'époque de l'union, les syndics seuls seront admis à poursuivre la vente ; ils seront tenus d'y procéder dans la huitaine, sous l'autorisation du juge-commissaire, suivant les formes prescrites pour la vente des biens des mineurs. — [illegible]

573. La surenchère, après adjudication des immeubles du failli sur la poursuite des syndics, n'aura lieu qu'aux conditions et dans les formes suivantes :

La surenchère devra être faite dans la quinzaine.

Elle ne pourra être au-dessous du dixième du prix principal de l'adjudication. Elle sera faite au greffe du tribunal civil, suivant les formes prescrites par les articles 710 et 711 du Code de procédure civile (1) ; toute personne sera admise à surenchérir.

Toute personne sera également admise à concourir à l'adjudication par suite de surenchère. Cette adjudication demeurera définitive et ne pourra être suivie d'aucune autre surenchère. — [illegible]

CHAPITRE X

De la revendication.

574. Pourront être revendiquées, en cas de faillite, les remises en effets de commerce ou autres titres non encore payés, et qui se trouveront en nature dans le portefeuille du failli à l'époque de sa faillite, lorsque ces remises auront été faites par le propriétaire, avec le simple mandat d'en faire le recouvrement et d'en garder la valeur à sa disposition, ou lorsqu'elles auront été, de sa part, spécialement affectées à des paiements déterminés. — [illegible]

575. Pourront être également revendiquées, aussi longtemps qu'elles existeront en nature, en tout ou en partie, les marchandises consignées au failli à titre de dépôt, ou pour être vendues pour le compte du propriétaire.

Pourra même être revendiqué le prix ou la partie du prix desdites marchandises qui n'aura été ni payé, ni réglé en valeur, ni compensé en compte courant entre le failli et l'acheteur. — [illegible]

576. Pourront être revendiquées les marchandises expédiées au failli, tant que la tradition n'en aura point été effectuée dans ses magasins, ou dans ceux du commissionnaire chargé de les vendre pour le compte du failli.

Néanmoins, la revendication ne sera pas recevable si, avant leur arrivée, les marchandises ont été vendues sans fraude, sur factures et connaissements ou lettres de voiture signées par l'expéditeur.

Le revendiquant sera tenu de rembourser à la masse les à-comptes par lui reçus, ainsi que toutes avances faites pour fret ou voiture, commission, assurances ou autres frais, et de payer les sommes qui seraient dues pour mêmes causes. — [illegible]

577. Pourront être retenues par le vendeur les marchandises, par lui vendues, qui ne seront pas délivrées au failli, ou qui n'auront pas encore été expédiées, soit à lui, soit à un tiers pour son compte. — [illegible]

578. Dans le cas prévu par les deux articles précédents, et sous l'autorisation du juge-commissaire, les syndics auront la faculté d'exiger la livraison des marchandises, en payant au vendeur le prix convenu entre lui et le failli. — [illegible]

579. Les syndics pourront, avec l'approbation du juge-commissaire, admettre les demandes en revendication ; s'il y a contestation, le tribunal prononcera après avoir entendu le juge-commissaire. — [illegible]

CHAPITRE XI

Des voies de recours contre les jugements rendus en matière de faillite.

580. Le jugement déclaratif de la faillite, et celui qui fixera à une date antérieure l'époque de la cessation de paiements, seront susceptibles d'opposition, de la part du failli, dans la huitaine, et de la part de toute autre partie intéressée, pendant un mois. Ces délais courront à partir des jours où les formalités de l'affiche et de l'insertion énoncées dans l'article 442 auront été accomplies. — [illegible]

581. Aucune demande des créanciers tendant à faire fixer la date de la cessation des paiements à une époque autre que celle qui résulterait du jugement déclaratif de faillite, ou d'un jugement postérieur, ne sera recevable après l'expiration des délais pour la vérification et l'affirmation des créances. Ces délais expirés, l'époque de la cessation de paiements demeurera irrévocablement déterminée à l'égard des créanciers. — [illegible]

582. Le délai d'appel, pour tout jugement rendu en matière de faillite, sera de quinze jours seulement à compter de la signification.

Ce délai sera augmenté à raison d'un jour par cinq myriamètres pour les parties qui seront domiciliées à une distance excédant cinq myriamètres du lieu où siège le tribunal. — [illegible]

583. Ne seront susceptibles ni d'opposition, ni d'appel, ni de recours en cassation :

1° Les jugements relatifs à la nomination ou au remplacement du juge-commissaire, à la nomination ou à la révocation des syndics ; — [illegible]

2° Les jugements qui statuent sur les demandes de sauf-conduit et sur celles de secours pour le failli et sa famille ; — [illegible]

3° Les jugements qui autorisent à vendre les effets ou marchandises appartenant à la faillite ; — [illegible]

4° Les jugements qui prononcent sursis au concordat, ou admission provisionnelle de créanciers contestés ; — [illegible]

5° Les jugements par lesquels le tribunal de commerce statue sur les recours formés contre les ordonnances rendues par le juge-commissaire dans les limites de ses attributions. — [illegible]

(1) Depuis la loi du 2 juin 1841, c'est aux articles 708 et 709 [illegible]

TITRE DEUXIÈME

Des banqueroutes.

CHAPITRE PREMIER

De la banqueroute simple.

584. Les cas de banqueroute simple seront punis des peines portées au Code pénal, et jugés par les tribunaux de police correctionnelle, sur la poursuite des syndics, de tout créancier, ou du ministère public. — Co. 89, 511, 585 s., 589, 591, 612; I. Cr. 179 s.; P. 402, 405.

585. Sera déclaré banqueroutier simple tout commerçant failli qui se trouvera dans un des cas suivants :

1° Si ses dépenses personnelles ou les dépenses de sa maison sont jugées excessives;

2° S'il a consommé de fortes sommes, soit à des opérations de pur hasard, soit à des opérations fictives de bourse ou sur marchandises; — P. 419, 421 s.

3° Si, dans l'intention de retarder sa faillite, il a fait des achats pour revendre au-dessous du cours; si, dans la même intention, il s'est livré à des emprunts, circulation d'effets, ou autres moyens ruineux de se procurer des fonds;

4° Si, après cessation de ses paiements, il a payé un créancier au préjudice de la masse. — Co. 89, 584, 586.

586. Pourra être déclaré banqueroutier simple tout commerçant failli qui se trouvera dans un des cas suivants :

1° S'il a contracté, pour le compte d'autrui, sans recevoir des valeurs en échange, des engagements jugés trop considérables eu égard à sa situation lorsqu'il les a contractés;

2° S'il est de nouveau déclaré en faillite sans avoir satisfait aux obligations d'un précédent concordat; — Co. 537, 539 s.

3° Si, étant marié sous le régime dotal, ou séparé de biens, il ne s'est pas conformé aux articles 69 et 70; — C. 1536, 1540 s.

4° (L. 4 mars 1889). Si, dans les quinze jours de la cessation de ses paiements, il n'a pas fait au greffe la déclaration exigée par les articles 438 et 439, ou si cette déclaration ne contient pas les noms de tous les associés solidaires;

5° Si, sans empêchement légitime, il ne s'est pas présenté en personne aux syndics dans les cas et dans les délais fixés, ou si, après avoir obtenu un sauf-conduit, il ne s'est pas représenté à justice; — Co. 472 s., 585;

6° S'il n'a pas tenu de livres et fait exactement inventaire; si ses livres ou inventaires sont incomplets ou irrégulièrement tenus, ou s'ils n'offrent pas sa véritable situation active ou passive, sans néanmoins qu'il y ait fraude. — Co. 8 s.

587. Les frais de poursuite en banqueroute simple intentée par le ministère public ne pourront, en aucun cas, être mis à la charge de la masse.

En cas de concordat, le recours du trésor public contre le failli pour ces frais ne pourra être exercé qu'après l'expiration des termes accordés par ce traité. — Co. 503, 588, 590, 592; I. Cr. 135.

588. Les frais de poursuite intentée par les syndics, au nom des créanciers, seront supportés, s'il y a acquittement, par la masse, et s'il y a condamnation, par le trésor public, sauf son recours contre le failli, conformément à l'article précédent. — Co. 587, 590.

589. Les syndics ne pourront intenter de poursuite en banqueroute simple ni se porter partie civile au nom de la masse, qu'après y avoir été autorisés par une délibération prise à la majorité individuelle des créanciers présents. — Co. 584; I. Cr. 63.

590. Les frais de poursuite intentée par un créancier seront supportés, s'il y a condamnation, par le trésor public; s'il y a acquittement, par le créancier poursuivant. — Co. 587, 588.

CHAPITRE II

De la banqueroute frauduleuse.

591. Sera déclaré banqueroutier frauduleux, et puni des peines portées au Code pénal, tout commerçant failli qui aura soustrait ses livres, détourné ou dissimulé une partie de son actif, ou qui, soit dans ses écritures, soit par des actes publics ou des engagements sous signature privée, soit par son bilan, se sera frauduleusement reconnu débiteur de sommes qu'il ne devait pas. — Co. 89, 437, 510, 586, 593, 612; C. 230; P. 402, 403, 463.

592. Les frais de poursuite en banqueroute frauduleuse ne pourront, en aucun cas, être mis à la charge de la masse.

Si un ou plusieurs créanciers se sont rendus parties civiles en leur nom personnel, les frais, en cas d'acquittement, demeureront à leur charge. — Co. 587 s., 590; I. Cr. 63, 368.

CHAPITRE III

Des crimes et des délits commis dans les faillites par d'autres que par les faillis.

593. Seront condamnés aux peines de la banqueroute frauduleuse :

1° Les individus convaincus d'avoir, dans l'intérêt du failli, soustrait, recélé ou dissimulé tout ou partie de ses biens, meubles ou immeubles; le tout sans préjudice des autres cas prévus par l'article 60 du Code pénal;

2° Les individus convaincus d'avoir frauduleusement présenté dans la faillite et affirmé, soit en leur nom, soit par interposition de personnes, des créances supposées;

3° Les individus qui, faisant le commerce sous le nom d'autrui ou sous un nom supposé, se seront rendus coupables de faits prévus en l'article 591. — Co. 437, 594 s.; P. 60, 402, 403, 463.

594. Le conjoint, les descendants ou les ascendants du failli, ou ses alliés aux mêmes degrés, qui auraient détourné, diverti ou recélé des effets appartenant à la faillite, sans avoir agi de complicité avec le failli, seront punis des peines du vol. — Co. 595; C. 735 s.; P. 401, 380.

595. Dans les cas prévus par les articles précédents, la cour ou le tribunal saisis statueront, lors même qu'il y aurait acquittement, 1° d'office sur la réintégration à la masse des créanciers de tous biens, droits ou actions frauduleusement soustraits; 2° sur les dommages-intérêts qui seraient demandés, et que le jugement ou l'arrêt arbitrera. — C. 1149, 1382; Pr. 126, 128; I. Cr. 161, 230, 358, 366; P. 52.

596. Tout syndic qui se sera rendu coupable de malversation dans sa gestion sera puni correctionnellement des peines portées en l'article 406 du Code pénal. — P. 463.

597. Le créancier qui aura stipulé, soit avec le failli, soit avec toutes autres personnes, des avantages particuliers à raison de son vote dans les délibérations de la faillite, ou qui aura fait un traité particulier duquel résulterait en sa faveur un avantage à la charge de l'actif du failli, sera puni correctionnellement d'un emprisonnement qui ne pourra excéder une année, et d'une amende qui ne pourra être au-dessus de deux mille francs.

L'emprisonnement pourra être porté à deux ans si le créancier est syndic de la faillite. — Co. 598 s.; I. Cr. 638.

598. Les conventions seront, en outre, déclarées nulles à l'égard de toutes personnes, et même à l'égard du failli.

Le créancier sera tenu de rapporter à qui de droit les sommes ou valeurs qu'il aura reçues en vertu des conventions annulées. — Co. 597, 635.

599. Dans le cas où l'annulation des conventions serait poursuivie par la voie civile, l'action sera portée devant les tribunaux de commerce. — Co. 635.

600. Tous arrêts et jugements de condamnation rendus, tant en vertu du présent chapitre que des deux chapitres précédents, seront affichés et publiés suivant les formes établies par l'article 42 du Code de commerce, aux frais des condamnés.

CHAPITRE IV

De l'administration des biens en cas de banqueroute.

601. Dans tous les cas de poursuite et de condamnation pour banqueroute simple ou frauduleuse, les actions civiles autres que celles dont il est parlé dans l'article 595 resteront séparées, et toutes les dispositions relatives aux biens, prescrites pour la faillite, seront exécutées sans qu'elles puissent être attribuées ni évoquées aux tribunaux de police correctionnelle, ni aux cours d'assises. — Co. 584 s., 591, 635.

602. Seront cependant tenus, les syndics de la faillite, de remettre au ministère public les pièces, titres, papiers et renseignements qui leur seront demandés. — Co. 458, 483, 603.

603. Les pièces, titres et papiers délivrés par les syndics seront, pendant le cours de l'instruction, tenus en état de communication par la voie du greffe; cette communication aura lieu sur la réquisition des syndics, qui pourront y prendre des extraits privés, ou en requérir d'authentiques, qui leur seront expédiés par le greffier.

Les pièces, titres et papiers dont le dépôt judiciaire n'aurait pas été ordonné seront, après l'arrêt ou le jugement, remis aux syndics, qui en donneront décharge. — Co. 491, 602; Pr. 480, 853.

TITRE TROISIÈME

De la réhabilitation.

604. Le failli qui aura intégralement acquitté, en principal, intérêts et frais, toutes les sommes par lui dues, pourra obtenir sa réhabilitation.

Il ne pourra l'obtenir, s'il est l'associé d'une maison de commerce tombée en faillite, qu'après avoir justifié que toutes les dettes de la société ont été intégralement acquittées en principal, intérêts et frais, lors même qu'un concordat particulier lui aurait été consenti. — Co. 83, 438, 458, 531, 605 s.; I. Cr. 619.

605. Toute demande en réhabilitation sera adressée à la cour royale dans le ressort de laquelle le failli sera domicilié. Le demandeur devra joindre à sa requête les quittances et autres pièces justificatives. — C. 102.

606. Le procureur général près la cour royale, sur la communication qui lui aura été faite de la requête, en adressera des expéditions certifiées de lui au procureur du Roi et au président du tribunal de commerce du domicile du demandeur, et si celui-ci a changé de domicile depuis la faillite, au procureur du Roi et au président du tribunal de commerce de l'arrondissement où elle a eu lieu, en les chargeant de recueillir tous les renseignements qu'ils pourront se procurer sur les faits exposés. — Co. 605, 607 s.

607. A cet effet, à la diligence tant du procureur du Roi que du président du tribunal de commerce, copie de ladite requête restera affichée pendant un délai de deux mois, tant dans les salles d'audience de chaque tribunal qu'à la bourse et à la maison commune, et sera insérée par extrait dans les papiers publics. — Co. 605 s., 608 s.

608. Tout créancier qui n'aura pas été payé intégralement de sa créance en principal, intérêts et frais, et toute autre partie intéressée, pourra, pendant la durée de l'affiche, former opposition à la réhabilitation par simple acte au greffe, appuyé des pièces justificatives. Le créancier opposant ne pourra jamais être partie dans la procédure de réhabilitation. — Co. 607, 609 s.

609. Après l'expiration de deux mois, le procureur du Roi et le président du tribunal de commerce transmettront, chacun séparément, au procureur général près la cour royale, les renseignements qu'ils auront recueillis et les oppositions qui auront pu être formées. Ils y joindront leur avis sur la demande. — Co. 607 s.

610. Le procureur général près la cour royale fera rendre arrêt portant admission ou rejet de la demande en réhabilitation. Si la demande est rejetée, elle ne pourra être reproduite qu'après une année d'intervalle. — Co. 606 s., 614.

611. L'arrêt portant réhabilitation sera transmis aux procureurs du Roi et aux présidents des tribunaux auxquels la demande aura été adressée. Ces tribunaux en feront faire la lecture publique et la transcription sur leurs registres. — Co. 606.

612. Ne seront point admis à la réhabilitation les banqueroutiers frauduleux, les personnes condamnées pour vol, escroquerie ou abus de confiance, les stellionataires, ni les tuteurs, administrateurs ou autres comptables qui n'auront pas rendu et soldé leurs comptes.

Pourra être admis à la réhabilitation le banqueroutier simple qui aura subi la peine à laquelle il aura été condamné. — Co. 583, 585-590, 591; C. 2059; P. 379-401, 405-408.

613. Nul commerçant failli ne pourra se présenter à la bourse, à moins qu'il n'ait obtenu sa réhabilitation. — Co. 71, 83.

614. Le failli pourra être réhabilité après sa mort. — Co. 605.

LIVRE QUATRIÈME

De la juridiction commerciale

(Loi décrétée le 11 septembre 1807, promulguée le 21. — Nota. Le décret du 28 août 1848, qui avait modifié les articles 618, 619, 620, 621 et 629 de ce Code a été abrogé par le Décret du 2 mars 1852.)

TITRE PREMIER

De l'organisation des tribunaux de commerce.

615. Un règlement d'administration publique déterminera le nombre

[illegible]

616. [illegible]

617. [illegible]

618. [illegible]

619. [illegible]

620. [illegible]

621. [illegible]

622. [illegible]

623. [illegible]

624. [illegible]

625. [illegible]

626. [illegible]

627. [illegible]

628. [illegible]

629. [illegible]

630. [illegible]

TITRE DEUXIÈME

De la compétence des tribunaux de commerce.

631. (*L. 17 juillet 1856.*) Les tribunaux de commerce connaîtront : 1° des contestations relatives aux engagements et transactions entre négociants, marchands et banquiers ; 2° des contestations entre associés, pour raison d'une société de commerce ; 3° de celles relatives aux actes de commerce entre toutes personnes. — [illegible]

632. La loi répute actes de commerce :

[illegible]

633. [illegible]

634. [illegible]

635. [illegible]

les faillites, conformément à ce qui est prescrit au livre troisième du présent Code. — C. 437 s.; Pr. 59.

636. Lorsque les lettres de change ne seront réputées que simples promesses, aux termes de l'article 112, ou lorsque les billets à ordre ne porteront que des signatures d'individus non négociants, et n'auront pas pour occasion des opérations de commerce, trafic, change, banque ou courtage, le tribunal de commerce sera tenu de renvoyer au tribunal civil, s'il en est requis par le défendeur. — Co. 112, 173, 187, 637; Pr. 168 s.

637. Lorsque ces lettres de change et ces billets à ordre porteront en même temps des signatures d'individus négociants et d'individus non négociants, le tribunal de commerce en connaîtra; mais il ne pourra prononcer la contrainte par corps contre les individus non négociants, à moins qu'ils ne se soient engagés à l'occasion d'opérations de commerce, trafic, change, banque ou courtage. — Co. 632 s., 636; C. 2063; L. 22 juillet 1867, *abolissant la contrainte par corps*.

638. Ne seront point de la compétence des tribunaux de commerce, les actions intentées contre un propriétaire, cultivateur ou vigneron, pour vente de denrées provenant de son cru, les actions intentées contre un commerçant, pour paiement de denrées et marchandises achetées pour son usage particulier.

Néanmoins les billets souscrits par un commerçant seront censés faits pour son commerce, et ceux des receveurs, payeurs, percepteurs ou autres comptables de deniers publics, seront censés faits pour leur gestion, lorsqu'une autre cause n'y sera point énoncée. — C. 1330, 1832.

639. Les tribunaux de commerce jugeront en dernier ressort :

1° Toutes les demandes dans lesquelles les parties justiciables de ces tribunaux, et usant de leurs droits, auront déclaré vouloir être jugées définitivement et sans appel;

2° Toutes les demandes dont le principal n'excédera pas la valeur de quinze cents francs;

3° Les demandes reconventionnelles ou en compensation, lors même que, réunies à la demande principale, elles excéderaient quinze cents francs.

Si l'une des demandes principale ou reconventionnelle s'élève au-dessus des limites ci-dessus indiquées, le tribunal ne prononcera sur toutes qu'en premier ressort.

Néanmoins il sera statué en dernier ressort sur les demandes en dommages-intérêts, lorsqu'elles seront fondées exclusivement sur la demande principale elle-même. — C. 646; Pr. 7, 453.

640. Dans les arrondissements où il n'y aura pas de tribunaux de commerce, les juges du tribunal civil exerceront les fonctions et connaîtront des matières attribuées aux juges de commerce par la présente loi. — Co. 641 s.; Pr. 83.

641. L'instruction, dans ce cas, aura lieu dans la même forme que devant les tribunaux de commerce, et les jugements produiront les mêmes effets. — Co. 640.

TITRE TROISIÈME

De la forme de procéder devant les tribunaux de commerce.

642. La forme de procéder devant les tribunaux de commerce sera suivie telle qu'elle a été réglée par le titre XXV du livre II de la première partie du Code de procédure civile. — Pr. 414-442.

643. Néanmoins les articles 156, 158 et 159 du même Code, relatifs aux jugements par défaut rendus par les tribunaux inférieurs, seront applicables aux jugements par défaut rendus par les tribunaux de commerce.

644. Les appels des jugements des tribunaux de commerce seront portés par-devant les cours dans le ressort desquelles ces tribunaux sont situés. — Co. 645 s.; Pr. 443 s.

TITRE QUATRIÈME

De la forme de procéder devant les cours royales.

645. (*L. 3 mai 1862.*) Le délai pour interjeter appel des jugements des tribunaux de commerce sera de deux mois, à compter du jour de la signification du jugement, pour ceux qui auront été rendus contradictoirement, et du jour de l'expiration du délai de l'opposition, pour ceux qui auront été rendus par défaut : l'appel pourra être interjeté le jour même du jugement. — Co. 643, 646; Pr. 443 s.

646. (*L. 3 mars 1840.*) Dans les limites de la compétence fixée par l'article 639 pour le dernier ressort, l'appel ne sera pas reçu, encore que le jugement n'énonce pas qu'il est rendu en dernier ressort, et même quand il énoncerait qu'il est rendu à la charge d'appel. — Pr. 453.

647. Les cours royales ne pourront, en aucun cas, à peine de nullité, et même des dommages et intérêts des parties, s'il y a lieu, accorder des défenses ni surseoir à l'exécution des jugements des tribunaux de commerce, quand même ils seraient attaqués d'incompétence; mais elles pourront, suivant l'exigence des cas, accorder la permission de citer extraordinairement à jour et heure fixes, pour plaider sur l'appel. — C. 1149, 1382; Pr. 126, 128, 439, 459, 460, 505.

648. Les appels des jugements des tribunaux de commerce seront instruits et jugés dans les cours, comme appels de jugements rendus en matière sommaire. La procédure, jusques et y compris l'arrêt définitif, sera conforme à celle qui est prescrite, pour les causes d'appel en matière civile, au livre III de la première partie du Code de procédure civile. — Pr. 404 s., 463 s.

FIN DU CODE DE COMMERCE.

CODE D'INSTRUCTION CRIMINELLE

DISPOSITIONS PRÉLIMINAIRES

(Loi décrétée le 17 novembre 1808, promulguée le 27 du même mois.)

ARTICLE 1er. L'action pour l'application des peines n'appartient qu'aux fonctionnaires auxquels elle est confiée par la loi. — L. 20 avril 1810, sur l'organisation judiciaire.

L'action en réparation du dommage causé par un crime, par un délit ou par une contravention, peut être exercée par tous ceux qui ont souffert de ce dommage. — I. Cr. [illegible]

2. L'action publique pour l'application de la peine s'éteint par la mort du prévenu.

L'action civile pour la réparation du dommage peut être exercée contre le prévenu et contre ses représentants.

L'une et l'autre action s'éteignent par la prescription, ainsi qu'il est réglé au livre II, titre VII, chapitre V, de la prescription. — I. Cr. 635-643; [illegible]

3. L'action civile peut être poursuivie en même temps et devant les mêmes juges que l'action publique.

Elle peut aussi l'être séparément; dans ce cas, l'exercice en est suspendu tant qu'il n'a pas été prononcé définitivement sur l'action publique intentée avant ou pendant la poursuite de l'action civile. — I. Cr. [illegible]

4. La renonciation à l'action civile ne peut arrêter ni suspendre l'exercice de l'action publique. — [illegible]

5. (L. 27 juin 1866.) Tout Français qui, hors du territoire de la France, s'est rendu coupable d'un crime puni par la loi française, peut être poursuivi et jugé en France.

Tout Français qui, hors du territoire de France, s'est rendu coupable d'un fait qualifié délit par la loi française, peut être poursuivi et jugé en France, si le fait est puni par la législation du pays où il a été commis.

Toutefois, qu'il s'agisse d'un crime ou d'un délit, aucune poursuite n'a lieu si l'inculpé prouve qu'il a été jugé définitivement à l'étranger.

En cas de délit commis contre un particulier français ou étranger, la poursuite ne peut être intentée qu'à la requête du ministère public; elle doit être précédée d'une plainte de la partie offensée ou d'une dénonciation officielle à l'autorité française par l'autorité du pays où le délit a été commis.

Aucune poursuite n'a lieu avant le retour de l'inculpé en France, si ce n'est pour les crimes énoncés en l'article 7 ci-après. — I. Cr. 6, 7; P. 1 s.

6. (L. 27 juin 1866.) La poursuite est intentée à la requête du ministère public du lieu où réside le prévenu ou du lieu où il peut être trouvé.

Néanmoins, la cour de cassation peut, sur la demande du ministère public ou des parties, renvoyer la connaissance de l'affaire devant une cour ou un tribunal plus voisin du lieu du crime ou du délit. — I. Cr. 5, 542 s.

7. (L. 27 juin 1866.) Tout étranger qui, hors du territoire de la France, se sera rendu coupable, soit comme auteur, soit comme complice, d'un crime attentatoire à la sûreté de l'État, ou de contrefaçon du sceau de l'État, de monnaies nationales ayant cours, de papiers nationaux, de billets de banque autorisés par la loi, pourra être poursuivi et jugé d'après les dispositions des lois françaises, s'il est arrêté en France ou si le Gouvernement obtient son extradition. — I. Cr. 5; P. 75 s., 132 s.

LIVRE PREMIER

De la police judiciaire et des officiers de police qui l'exercent.

(Décrété le [illegible] novembre 1808.)

CHAPITRE PREMIER

De la police judiciaire.

8. La police judiciaire recherche les crimes, les délits et les contraventions, en rassemble les preuves, et en livre les auteurs aux tribunaux chargés de les punir. — I. Cr. 9 s.

9. La police judiciaire sera exercée sous l'autorité des cours royales, et suivant les distinctions qui vont être établies,

Par les gardes champêtres et les gardes forestiers,

Par les commissaires de police, — Décr. 28 mars 1852.

Par les maires et les adjoints de maire,

Par les procureurs du Roi et leurs substituts,

Par les juges de paix,

Par les officiers de gendarmerie, — Décr. 1er mars 1854.

Par les commissaires généraux de police (1),

Et par les juges d'instruction. — I. Cr. 10, 11 s., 16 s., 22 s., 48 s., 50 s., 55 s., 166 s., 279, 484.

10. Les préfets des départements, et le préfet de police à Paris, pourront faire personnellement, ou requérir les officiers de police judiciaire, chacun en ce qui le concerne, de faire tous actes nécessaires à l'effet de constater les crimes, délits et contraventions, et d'en livrer les auteurs aux tribunaux chargés de les punir, conformément à l'article 8 ci-dessus.

CHAPITRE II

Des maires, des adjoints de maire et des commissaires de police.

11. Les commissaires de police, et, dans les communes où il n'y en a point, les maires, au défaut de ceux-ci les adjoints de maire, rechercheront les contraventions de police, même celles qui sont sous la surveillance spéciale des gardes forestiers et champêtres, à l'égard desquels ils auront concurrence et même prévention.

Ils recevront les rapports, dénonciations et plaintes qui seront relatifs aux contraventions de police.

Ils consigneront, dans les procès-verbaux qu'ils rédigeront à cet effet, la nature et les circonstances des contraventions, le temps et le lieu où elles auront été commises, les preuves ou indices à la charge de ceux qui en seront présumés coupables. — I. Cr. 9, 16, 20, 48 s., 279; P. 1, 464 s.

(1) Ces commissaires [illegible]

12. Dans les communes divisées en plusieurs arrondissements, les commissaires de police exerceront ces fonctions dans toute l'étendue de la commune où ils sont établis, sans pouvoir alléguer que les contraventions ont été commises hors de l'arrondissement particulier auquel ils sont préposés.

Ces arrondissements ne limitent ni ne circonscrivent leurs pouvoirs respectifs, mais indiquent seulement les termes dans lesquels chacun d'eux est plus spécialement astreint à un exercice constant et régulier de ses fonctions.

13. Lorsque l'un des commissaires de police d'une même commune se trouvera légitimement empêché, celui de l'arrondissement voisin est tenu de le suppléer, sans qu'il puisse retarder le service pour lequel il sera requis, sous prétexte qu'il n'est pas le plus voisin du commissaire empêché, ou que l'empêchement n'est pas légitime ou n'est pas prouvé. — I. Cr. 14.

14. Dans les communes où il n'y a qu'un commissaire de police, s'il se trouve légitimement empêché, le maire, ou, au défaut de celui-ci, l'adjoint de maire, le remplacera tant que durera l'empêchement. — I. Cr. 9, 13.

15. Les maires ou adjoints de maire remettront à l'officier par qui sera rempli le ministère public près le tribunal de police, toutes les pièces et renseignements, dans les trois jours au plus tard, y compris celui où ils auront reconnu le fait sur lequel ils ont procédé. — I. Cr. 18, 20, 144, 167.

CHAPITRE III

Des gardes champêtres et forestiers.

16. Les gardes champêtres et les gardes forestiers, considérés comme officiers de police judiciaire, sont chargés de rechercher, chacun dans le territoire pour lequel ils auront été assermentés, les délits et les contraventions de police qui auront porté atteinte aux propriétés rurales et forestières.

Ils dresseront des procès-verbaux à l'effet de constater la nature, les circonstances, le temps, le lieu des délits et des contraventions, ainsi que les preuves et les indices qu'ils auront pu en recueillir.

Ils suivront les choses enlevées dans les lieux où elles auront été transportées, et les mettront en séquestre; ils ne pourront néanmoins s'introduire dans les maisons, ateliers, bâtiments, cours adjacentes et enclos, si ce n'est en présence, soit du juge de paix, soit de son suppléant, soit du commissaire de police, soit du maire du lieu, soit de son adjoint; et le procès-verbal qui devra en être dressé sera signé par celui en présence duquel il aura été fait.

Ils arrêteront et conduiront devant le juge de paix ou devant le maire tout individu qu'ils auront surpris en flagrant délit ou qui sera dénoncé par la clameur publique, lorsque ce délit emportera la peine d'emprisonnement ou une peine plus grave. — L. 20 mai 1863 (?), sur les flagrants délits.

Ils se feront donner, pour cet effet, main-forte par le maire ou par l'adjoint du maire du lieu, qui ne pourra s'y refuser. — I. Cr. 7, 9, 11, 17 s., 41, 106, 154; P. 184; L. 28 septembre 1791 et 20 messidor an III, pour les fonctions des gardes champêtres.

17. Les gardes champêtres et forestiers sont, comme officiers de police judiciaire, sous la surveillance du procureur du Roi, sans préjudice de leur subordination à l'égard de leurs supérieurs dans l'administration. — I. Cr. 9, 22, 279.

18. Les gardes forestiers de l'administration, des communes et des établissements publics, remettront leurs procès-verbaux au conservateur, inspecteur ou sous-inspecteur forestier, dans le délai fixé par l'article 15.

L'officier qui aura reçu l'affirmation sera tenu, dans la huitaine, d'en donner avis au procureur du Roi. — I. Cr. 20, 22, 182.

19. Le conservateur, inspecteur ou sous-inspecteur, fera citer les prévenus ou les personnes civilement responsables devant le tribunal correctionnel. — I. Cr. 179, 182; [illegible]; P. 73, 74.

20. Les procès-verbaux des gardes champêtres des communes, et ceux des gardes champêtres et forestiers des particuliers, seront, lorsqu'il s'agira de simples contraventions, remis par eux, dans le délai fixé par l'article 15, au commissaire de police de la commune chef-lieu de la justice de paix, ou au maire dans les communes où il n'y a point de commissaire de police; et lorsqu'il s'agira d'un délit de nature à mériter une peine correctionnelle, la remise sera faite au procureur du Roi. — I. Cr. 11, 16, 21, 22, 137, 185, 279.

21. Si le procès-verbal a pour objet une contravention de police, il sera procédé par le commissaire de police de la commune chef-lieu de la justice de paix, par le maire, ou, à son défaut, par l'adjoint de maire, dans les communes où il n'y a point de commissaire de police, ainsi qu'il sera réglé au chapitre Ier, titre Ier, du livre II du présent Code. — I. Cr. 137-178.

CHAPITRE IV

Des procureurs du Roi et de leurs substituts.

SECTION PREMIÈRE

De la compétence des procureurs du Roi relativement à la police judiciaire.

22. Les procureurs du Roi sont chargés de la recherche et de la poursuite de tous les délits dont la connaissance appartient aux tribunaux de police correctionnelle ou aux cours d'assises. — I. Cr. 23-47, 51 s.

23. Sont également compétents pour remplir les fonctions déléguées par l'article précédent, le procureur du Roi du lieu du crime ou délit, celui de la résidence du prévenu, et celui du lieu où le prévenu pourra être trouvé. — I. Cr. 63, 69.

24. Ces fonctions, lorsqu'il s'agira de crimes ou de délits commis hors du territoire français, dans les cas énoncés aux articles 5, 6 et 7, seront remplies par le procureur du Roi du lieu où résidera le prévenu, ou par celui du lieu où il pourra être trouvé, ou par celui de sa dernière résidence connue. — I. Cr. 23 s.

25. Les procureurs du Roi et tous autres officiers de police judiciaire, dans l'exercice de leurs fonctions, le droit de requérir directement la force publique. — I. Cr. 9, 99, 108, 376; P. 234. Décr. 1er mars 1854, sur la gendarmerie.

26. Le procureur du Roi sera, en cas d'empêchement, remplacé par son substitut, ou, s'il y a plusieurs substituts, par le plus ancien. S'il n'a pas de substitut, il sera remplacé par un juge commis à cet effet par le président. — I. Cr. 58; Pr. 84; Décr. 18 août 1810, sur l'organisation judiciaire.

27. Les procureurs du Roi seront tenus, aussitôt que les délits parviendront à leur connaissance, d'en donner avis au procureur général près la cour royale, et d'exécuter ses ordres relativement à tous actes de police judiciaire. — I. Cr. 249, 250, 274-276; L. 20 avril 1810, sur l'organisation judiciaire, art. 45 s.

28. Ils pourvoiront à l'envoi, à la notification et à l'exécution des ordonnances qui seront rendues par le juge d'instruction, d'après les règles qui seront ci-après établies au chapitre *des juges d'instruction*. — I. Cr. 55 s.

SECTION II

Mode de procéder des procureurs du Roi dans l'exercice de leurs fonctions.

29. Toute autorité constituée, tout fonctionnaire ou officier public, qui, dans l'exercice de ses fonctions, acquerra la connaissance d'un crime ou d'un délit, sera tenu d'en donner avis sur-le-champ au procureur du Roi près le tribunal dans le ressort duquel ce crime ou délit aura été commis ou dans lequel le prévenu pourrait être trouvé, et de transmettre à ce magistrat tous les renseignements, procès-verbaux et actes qui y sont relatifs. — I. Cr. 22 s., 30 s., 63, 167.

30. Toute personne qui aura été témoin d'un attentat, soit contre la sûreté publique, soit contre la vie ou la propriété d'un individu, sera pareillement tenue d'en donner avis au procureur du Roi, soit du lieu du crime ou délit, soit du lieu où le prévenu pourra être trouvé. — I. Cr. 22, 29, 108, 109, 358, 358 s.; P. 358.

31. Les dénonciations seront rédigées par les dénonciateurs, ou par leurs fondés de procuration spéciale, ou par le procureur du Roi s'il en est requis; elles seront toujours signées par le procureur du Roi à chaque feuillet, et par les dénonciateurs ou par leurs fondés de pouvoir.

Si les dénonciateurs ou leurs fondés de pouvoir ne savent ou ne veulent pas signer, il en sera fait mention.

La procuration demeurera toujours annexée à la dénonciation; et le dénonciateur pourra se faire délivrer, mais à ses frais, une copie de sa dénonciation. — I. Cr. 65, 358 s.; C. 1985.

32. Dans tous les cas de flagrant délit, lorsque le fait sera de nature à entraîner une peine afflictive ou infamante, le procureur du Roi se transportera sur le lieu, sans aucun retard, pour y dresser les procès-verbaux nécessaires à l'effet de constater le corps du délit, son état, l'état des lieux, et pour recevoir les déclarations des personnes qui auraient été présentes ou qui auraient des renseignements à donner.

Le procureur du Roi donnera avis de son transport au juge d'instruction, sans être toutefois tenu de l'attendre pour procéder, ainsi qu'il est dit au présent chapitre. — I. Cr. 41 s., 46 s.; Pr. P. 7, 8; L. 20 mai 1863, sur les flagrants délits; suppl.

33. Le procureur du Roi pourra aussi, dans le cas de l'article précédent, appeler à son procès-verbal les parents, voisins ou domestiques, présumés en état de donner des éclaircissements sur le fait; il recevra leurs déclarations, qu'ils signeront: les déclarations reçues en conséquence du présent article et de l'article précédent seront signées par les parties, ou, en cas de refus, il en sera fait mention. — I. Cr. 31, 42, 60.

34. Il pourra défendre que qui que ce soit sorte de la maison, ou s'éloigne du lieu, jusqu'après la clôture de son procès-verbal.

Tout contrevenant à cette défense sera, s'il peut être saisi, déposé dans la maison d'arrêt: la peine encourue pour la contravention sera prononcée par le juge d'instruction, sur les conclusions du procureur du Roi, après que le contrevenant aura été cité et entendu, ou par défaut s'il ne comparaît pas, sans autre formalité ni délai, et sans opposition ni appel.

La peine ne pourra excéder dix jours d'emprisonnement et cent francs d'amende. — I. Cr. 92 s., 36, 504 s.

35. Le procureur du Roi se saisira des armes et de tout ce qui paraîtra avoir servi ou avoir été destiné à commettre le crime ou le délit, ainsi que de tout ce qui paraîtra en avoir été le produit, enfin de tout ce qui pourra servir à la manifestation de la vérité; il interpellera le prévenu de s'expliquer sur les choses saisies qui lui seront représentées; il dressera du tout un procès-verbal, qui sera signé par le prévenu, ou mention sera faite de son refus. — I. Cr. 38 s., 40, 89.

36. Si la nature du crime ou du délit est telle, que la preuve puisse vraisemblablement être acquise par les papiers ou autres pièces et effets en la possession du prévenu, le procureur du Roi se transportera de suite dans le domicile du prévenu, pour y faire la perquisition des objets qu'il jugera utiles à la manifestation de la vérité. — I. Cr. 87 s., 89; P. 184.

37. S'il existe, dans le domicile du prévenu, des papiers ou effets qui puissent servir à conviction ou à décharge, le procureur du Roi en dressera procès-verbal et se saisira desdits effets ou papiers. — I. Cr. 38 s., 88, 181, 329, 174.

38. Les objets saisis seront clos et cachetés, si faire se peut; ou s'ils ne sont pas susceptibles de recevoir des caractères d'écriture, ils seront mis dans un vase ou dans un sac, sur lequel le procureur du Roi attachera une bande de papier qu'il scellera de son sceau. — I. Cr. 35 s., 39, 89.

39. Les opérations prescrites par les articles précédents seront faites en présence du prévenu, s'il a été arrêté; et s'il ne veut ou ne peut y assister, en présence d'un fondé de pouvoir qu'il pourra nommer. Les objets lui seront présentés à l'effet de les reconnaître et de les parapher, s'il y a lieu, et, au cas de refus, il en sera fait mention au procès-verbal. — I. Cr. 35 s., 89.

40. Le procureur du Roi, audit cas de flagrant délit, et lorsque le fait sera de nature à entraîner peine afflictive ou infamante, fera saisir les prévenus présents contre lesquels il existerait des indices graves.

Si le prévenu n'est pas présent, le procureur du Roi rendra une ordonnance à l'effet de le faire comparaître; cette ordonnance s'appelle *mandat d'amener*.

La dénonciation seule ne constitue pas une présomption suffisante pour décerner cette ordonnance contre un individu ayant domicile.

Le procureur du Roi interrogera sur-le-champ le prévenu amené devant lui. — I. Cr. 30, 31, 41, 46, 91 s., 97 s., 106; C. 102; P. 121.

41. Le délit qui se commet actuellement, ou qui vient de se commettre, est un flagrant délit.

Seront aussi réputés flagrant délit, le cas où le prévenu est poursuivi par la clameur publique, et celui où le prévenu est trouvé saisi d'effets, armes, instruments ou papiers faisant présumer qu'il est auteur ou complice, pourvu que ce soit dans un temps voisin du délit. — I. Cr. 46, 32 s., 40, 106 s.; C. 1350, 1352; L. 20 mai 1863, *sur les flagrants délits*; Suppl.

42. Les procès-verbaux du procureur du Roi, en exécution des articles précédents, seront faits et rédigés en la présence et revêtus de la signature du commissaire de police de la commune dans laquelle le crime ou le délit aura été commis, ou du maire, ou de l'adjoint du maire, ou de deux citoyens domiciliés dans la même commune.

Pourra néanmoins le procureur du Roi dresser les procès-verbaux sans assistance de témoins, lorsqu'il n'y aura pas possibilité de s'en procurer tout de suite.

Chaque feuillet du procès-verbal sera signé par le procureur du Roi et par les personnes qui y auront assisté; en cas de refus ou d'impossibilité de signer de la part de celles-ci, il en sera fait mention. — I. Cr. 33 s.

43. Le procureur du Roi se fera accompagner, au besoin, d'une ou de deux personnes présumées, par leur art ou profession, capables d'apprécier la nature et les circonstances du crime ou délit. — I. Cr. 44.

44. S'il s'agit d'une mort violente, ou d'une mort dont la cause soit inconnue et suspecte, le procureur du Roi se fera assister d'un ou de deux officiers de santé, qui feront leur rapport sur les causes de la mort et sur l'état du cadavre.

Les personnes appelées, dans le cas du présent article et de l'article précédent, prêteront, devant le procureur du Roi, le serment de faire leur rapport et de donner leur avis en leur honneur et conscience. — I. Cr. 41, 46; C. 81, 82.

45. Le procureur du Roi transmettra sans délai au juge d'instruction les procès-verbaux, actes, pièces et instruments dressés ou saisis en conséquence des articles précédents, pour être procédé ainsi qu'il sera dit au chapitre *des juges d'instruction*; et cependant le prévenu restera sous la main de la justice en état de mandat d'amener. — I. Cr. 53, 60, 61.

46. Les attributions faites ci-dessus au procureur du Roi pour les cas de flagrant délit auront lieu aussi toutes les fois que, s'agissant d'un crime ou délit, même non flagrant, commis dans l'intérieur d'une maison, le chef de cette maison requerra le procureur du Roi de le constater. — I. Cr. 32 s., 47, 49, 72; P. 184.

47. Hors les cas énoncés dans les articles 32 et 46, le procureur du Roi instruit, soit par une dénonciation, soit par toute autre voie, qu'il a été commis dans son arrondissement un crime ou un délit, ou qu'une personne qui en est prévenue se trouve dans son arrondissement, sera tenu de requérir le juge d'instruction d'ordonner qu'il en soit informé, même de se transporter, s'il est besoin, sur les lieux, à l'effet d'y dresser tous les procès-verbaux nécessaires, ainsi qu'il sera dit au chapitre *des juges d'instruction*. — I. Cr. 22 s., 61 s.

CHAPITRE V

Des officiers de police auxiliaires du procureur du Roi.

48. Les juges de paix, les officiers de gendarmerie, les commissaires généraux de police, recevront les dénonciations de crimes ou délits commis dans les lieux où ils exercent leurs fonctions habituelles (1). — I. Cr. 9, 16, 50, 31, 49 s.

49. Dans le cas de flagrant délit, ou dans le cas de réquisition de la part d'un chef de maison, ils dresseront les procès-verbaux, recevront les déclarations des témoins, feront les visites et les autres actes qui sont, auxdits cas, de la compétence des procureurs du Roi, le tout dans les formes et suivant les règles établies au chapitre *des procureurs du Roi*. — I. Cr. 32-46, 50 s.; L. 20 mai 1863, *sur les flagrants délits*; Suppl.

50. Les maires, adjoints de maire, et les commissaires de police, recevront également les dénonciations, et feront les actes énoncés en l'article précédent, en se conformant aux mêmes règles. — I. Cr. 9, 11, 15, 30-46, 51 s.

51. Dans les cas de concurrence entre les procureurs du Roi et les officiers de police énoncés aux articles précédents, le procureur du Roi fera les actes attribués à la police judiciaire; s'il a été prévenu, il pourra continuer la procédure, ou autoriser l'officier qui l'aura commencée à la suivre. — I. Cr. 22 s., 48 s., 52.

52. Le procureur du Roi, exerçant son ministère dans les cas des articles 32 et 46, pourra, s'il le juge utile et nécessaire, charger un officier de police auxiliaire de partie des actes de sa compétence. — I. Cr. 180.

53. Les officiers de police auxiliaire renverront, sans délai, les dénonciations, procès-verbaux et autres actes par eux faits dans les cas de leur compétence, au procureur du Roi, qui sera tenu d'examiner sans retard les procédures, et de les transmettre, avec les réquisitions qu'il jugera convenables, au juge d'instruction. — I. Cr. 45, 48, 50, 54, 55, 64.

54. Dans les cas de dénonciation de crimes ou délits autres que ceux qu'ils sont directement chargés de constater, les officiers de police judiciaire transmettront aussi, sans délai, au procureur du Roi les dénonciations qui leur auront été faites; et le procureur du Roi les remettra au juge d'instruction, avec son réquisitoire. — I. Cr. 30 s., 48-53, 63.

CHAPITRE VI

Des juges d'instruction.

SECTION PREMIÈRE

Du juge d'instruction.

55. (*L. 17 juillet 1856.*) Il y aura, dans chaque arrondissement, un juge d'instruction nommé, pour trois ans, par décret impérial; il pourra être continué plus longtemps, et conservera séance au jugement des affaires civiles suivant le rang de sa réception.

Il pourra être établi plusieurs juges d'instruction dans les arrondissements où les besoins du service l'exigeront. — I. Cr. 53 s., 59 s., 257.

56. (*L. 17 juillet 1856.*) Les juges d'instruction seront pris parmi les juges titulaires; ils pourront aussi être pris parmi les juges suppléants.

Dans les tribunaux où le service l'exigera, un juge suppléant pourra, par décret impérial, être temporairement chargé de l'instruction, concurremment avec le juge d'instruction titulaire.

57. Les juges d'instruction seront, quant aux fonctions de police judiciaire, sous la surveillance du procureur général près la cour impériale.

58. Dans les villes où il n'y a qu'un juge d'instruction, s'il est absent,

(1) La loi du 17 juillet 1856 dispense les procès-verbaux dressés par la gendarmerie de la formalité de l'affirmation.

malade ou autrement empêché, le tribunal de première instance désignera l'un des juges de ce tribunal pour le remplacer. — I. Cr. 28; Pr. 85.

SECTION II

Fonctions du juge d'instruction.

DISTINCTION PREMIÈRE.

Des cas de flagrant délit.

59. Le juge d'instruction, dans tous les cas réputés flagrant délit, peut faire directement et par lui-même tous les actes attribués au procureur du roi, en se conformant aux règles établies au chapitre des *procureurs du roi et de leurs substituts*. Le juge d'instruction peut requérir la présence du procureur du roi, sans aucun retard néanmoins des opérations prescrites dans ledit chapitre. — I. Cr. 32 s., 36, 41, 49, 60 s., 92; L. 20 mai 1863, sur les *flagrants délits*; Suppl.

60. Lorsque le flagrant délit aura déjà été constaté, et que le procureur du roi transmettra les actes et pièces au juge d'instruction, celui-ci sera tenu de faire sans délai l'examen de la procédure.

Il peut refaire les actes ou ceux des actes qui ne lui paraîtraient pas complets. — I. Cr. 32 s.

DISTINCTION II

De l'instruction.

§ Ier. — *Dispositions générales.*

61. (L. 17 juillet 1856.) Hors les cas de flagrant délit, le juge d'instruction ne fait aucun acte d'instruction ou de poursuite qu'il n'ait donné communication de la procédure au procureur impérial, qui pourra, en outre, requérir cette communication à toutes les époques de l'information, à la charge de rendre les pièces dans les vingt-quatre heures.

Néanmoins, le juge d'instruction délivrera, s'il y a lieu, le mandat d'amener et même le mandat de dépôt, sans que ces mandats doivent être précédés des conclusions du procureur impérial. — I. Cr. 47, 53, 54, 70, 91, 289 s.; L. 8 septembre 18[illegible], art. 3 s.

62. Lorsque le juge d'instruction se transportera sur les lieux, il sera toujours accompagné du procureur du Roi et du greffier du tribunal. — I. Cr. 32, 59, 87.

§ II. — *Des plaintes.*

63. Toute personne qui se prétendra lésée par un crime ou délit, pourra en rendre plainte et se constituer partie civile devant le juge d'instruction, soit du lieu du crime ou délit, soit du lieu de la résidence du prévenu, soit du lieu où il pourra être trouvé. — I. Cr. 3, 7, 11, 64 s., 69, 182, 358 s.

64. Les plaintes qui auraient été adressées au procureur du Roi seront par lui transmises au juge d'instruction, avec son réquisitoire; celles qui auraient été présentées aux officiers auxiliaires de police, seront par eux envoyées au procureur du Roi, et transmises par lui au juge d'instruction, aussi avec son réquisitoire.

Dans les matières du ressort de la police correctionnelle, la partie lésée pourra s'adresser directement au tribunal correctionnel dans la forme qui sera ci-après réglée. — I. Cr. 47, 53, 54, 145, 179, 182 s., 279.

65. Les dispositions de l'article 31 concernant les dénonciations seront communes aux plaintes.

66. Les plaignants ne seront réputés partie civile s'ils ne le déclarent formellement, soit par la plainte, soit par acte subséquent, ou s'ils ne prennent, par l'un ou par l'autre, des conclusions en dommages-intérêts; ils pourront se départir dans les vingt-quatre heures; dans le cas du désistement, ils ne sont pas tenus des frais depuis qu'il aura été signifié, sans préjudice néanmoins des dommages-intérêts des prévenus, s'il y a lieu. — I. Cr. 1, 3, 63, 67 s., 358, 359; P. 373.

67. Les plaignants pourront se porter partie civile en tout état de cause jusqu'à la clôture des débats; mais en aucun cas leur désistement après le jugement ne peut être valable, quoiqu'il ait été donné dans les vingt-quatre heures de leur déclaration qu'ils se portent partie civile. — I. Cr. 66, 335.

68. Toute partie civile qui ne demeurera pas dans l'arrondissement communal où se fait l'instruction, sera tenue d'y élire domicile, par acte passé au greffe du tribunal.

A défaut d'élection de domicile par la partie civile, elle ne pourra opposer le défaut de signification contre les actes qui auraient dû lui être signifiés aux termes de la loi. — I. Cr. 116, 167, 235; C. 111.

69. Dans le cas où le juge d'instruction ne serait ni celui du lieu du crime ou délit, ni celui de la résidence du prévenu, ni celui du lieu où il pourra être trouvé, il renverra la plainte devant le juge d'instruction qui pourrait en connaître. — I. Cr. 23, 63.

70. Le juge d'instruction compétent pour connaître de la plainte en ordonnera la communication au procureur du Roi, pour être par lui requis ce qu'il appartiendra. — I. Cr. 47, 61, 69.

§ III. — *De l'audition des témoins.*

71. Le juge d'instruction fera citer devant lui les personnes qui auront été indiquées par la dénonciation, par la plainte, par le procureur du Roi ou autrement, comme ayant connaissance, soit du crime ou délit, soit de ses circonstances. — I. Cr. 72 s., 510 s.

72. Les témoins seront cités par un huissier, ou par un agent de la force publique, à la requête du procureur du Roi. — I. Cr. 74, 176, 324, 514.

73. Ils seront entendus séparément, et hors de la présence du prévenu, par le juge d'instruction, assisté de son greffier. — I. Cr. 62, 75, 317, 332 s., 544.

74. Ils représenteront, avant d'être entendus, la citation qui leur aura été donnée pour déposer, et il en sera fait mention dans le procès-verbal. — I. Cr. 72, 77, 324.

75. Les témoins prêteront serment de dire toute la vérité, rien que la vérité; le juge d'instruction leur demandera leurs noms, prénoms, âge, état, profession, demeure, s'ils sont domestiques, parents ou alliés des parties, et à quel degré; il sera fait mention de la demande et des réponses des témoins. — I. Cr. 77, 79, 155, 317, 322; C. 25; P. 34, 42.

76. Les dépositions seront signées du juge, du greffier, et du témoin, après que lecture lui en aura été faite et qu'il aura déclaré y persister: si le témoin ne veut ou ne peut signer, il en sera fait mention.

Chaque page du cahier d'information sera signée par le juge et par le greffier. — I. Cr. 77; Pr. 273.

77. Les formalités prescrites par les trois articles précédents seront remplies, à peine de cinquante francs d'amende contre le greffier, même, s'il y a lieu, de prise à partie contre le juge d'instruction. — Pr. 505 s.

78. Aucune interligne ne pourra être fait: les ratures et les renvois seront approuvés et signés par le juge d'instruction, par le greffier et par le témoin, sous les peines portées en l'article précédent. Les interlignes, ratures et renvois non approuvés, seront réputés non avenus.

79. Les enfants de l'un et de l'autre sexe, au-dessous de l'âge de quinze ans, pourront être entendus, par forme de déclaration et sans prestation de serment. — I. Cr. 285.

80. Toute personne citée pour être entendue en témoignage sera tenue de comparaître et de satisfaire à la citation; sinon, elle pourra y être contrainte par le juge d'instruction, qui, à cet effet, sur les conclusions du procureur du Roi, sans autre formalité ni délai, et sans appel, prononcera une amende qui n'excédera pas cent francs, et pourra ordonner que la personne citée sera contrainte par corps (1) à venir donner son témoignage. — I. 17, 81, 86, 92, 157, 189, 304, 355; P. 236.

81. Le témoin ainsi condamné à l'amende sur le premier défaut, et qui, sur la seconde citation, produira devant le juge d'instruction des excuses légitimes, pourra, sur les conclusions du procureur du Roi, être déchargé de l'amende. — I. Cr. 158, 189, 356.

82. Chaque témoin qui demandera une indemnité sera taxé par le juge d'instruction. — I. Cr. [illegible]

83. Lorsqu'il sera constaté, par le certificat d'un officier de santé, que des témoins se trouvent dans l'impossibilité de comparaître sur la citation qui leur aura été donnée, le juge d'instruction se transportera en leur demeure, quand ils habiteront dans le canton de la justice de paix du domicile du juge d'instruction.

Si les témoins habitent hors du canton, le juge d'instruction pourra commettre le juge de paix de leur habitation à l'effet de recevoir leur déposition, et il enverra au juge de paix des notes et instructions qui feront connaître les faits sur lesquels les témoins devront déposer. — I. Cr. 85 s.

84. Si les témoins résident hors de l'arrondissement du juge d'instruction, celui-ci requerra le juge d'instruction de l'arrondissement dans lequel les témoins sont résidants, de se transporter auprès d'eux pour recevoir leurs dépositions.

Dans le cas où les témoins n'habiteraient pas le canton du juge d'instruction ainsi requis, il pourra commettre le juge de paix de leur habitation, à l'effet de recevoir leurs dépositions, ainsi qu'il est dit dans l'article précédent. — I. Cr. 83, 85 s., 90, 303, 431.

85. Le juge qui aura reçu les dépositions en conséquence des articles 83 et 84 ci-dessus, les enverra closes et cachetées au juge d'instruction du tribunal saisi de l'affaire. — I. Cr. 86, 162.

86. Si le témoin auprès duquel le juge se sera transporté dans les cas prévus par les trois articles précédents, n'était pas dans l'impossibilité de comparaître sur la citation qui lui avait été donnée, le juge décernera un mandat de dépôt contre le témoin et l'officier de santé qui aura délivré le certificat ci-dessus mentionné.

La peine portée en pareil cas sera prononcée par le juge d'instruction du même lieu, et sur la réquisition du procureur du Roi, en la forme prescrite par l'article 80. — P. 159, 160, 236.

(1) Supprimée par l'article 18 de la loi du 22 juillet 1867.

§ IV. — *Des preuves par écrit et des pièces de conviction.*

87. Le juge d'instruction se transportera, s'il en est requis, et pourra même se transporter d'office dans le domicile du prévenu, pour y faire la perquisition des papiers, effets, et généralement de tous les objets qui seront jugés utiles à la manifestation de la vérité. — I. Cr. 36, 62, 89 s.

88. Le juge d'instruction pourra pareillement se transporter dans les autres lieux où il présumerait qu'on aurait caché les objets dont il est parlé dans l'article précédent.

89. Les dispositions des articles 35, 36, 37, 38 et 39 concernant la saisie des objets dont la perquisition peut être faite par le procureur du Roi, dans les cas de flagrant délit, sont communes au juge d'instruction. — I. Cr. 51, 90.

90. Si les papiers ou les effets dont il y aura lieu de faire la perquisition, sont hors de l'arrondissement du juge d'instruction, il requerra le juge d'instruction du lieu où on peut les trouver, de procéder aux opérations prescrites par les articles précédents. — I. Cr. 83, 283, 303.

CHAPITRE VII

Des mandats de comparution, de dépôt, d'amener et d'arrêt.

91. (L. 14 juillet 1865.) En matière criminelle ou correctionnelle, le juge d'instruction pourra ne décerner qu'un mandat de comparution, sauf à convertir ce mandat, après l'interrogatoire, en tel autre mandat qu'il appartiendra. — Si l'inculpé fait défaut, le juge d'instruction décernera contre lui un mandat d'amener. — I. Cr. 40, 92, 93 s., 129 s.; P. 7, 8, 121, 123 s.

92. Il peut aussi décerner des mandats d'amener contre les témoins qui refusent de comparaître sur la citation à eux donnée, conformément à l'article 80, et sans préjudice de l'amende portée en cet article.

93. (L. 8 décembre 1897.) Dans le cas de mandat de comparution, il interrogera de suite; dans le cas de mandat d'amener, dans les vingt-quatre heures au plus tard de l'entrée de l'inculpé dans la maison de dépôt ou d'arrêt.

A l'expiration de ce délai, l'inculpé sera conduit d'office et sans aucun nouveau délai, par les soins du gardien-chef, devant le procureur de la République, qui requerra du juge d'instruction l'interrogatoire immédiat. En cas de refus, d'absence ou d'empêchement dûment constaté du juge d'instruction, l'inculpé sera interrogé sans retard, sur les réquisitions du ministère public, par le président du tribunal ou par le juge qu'il désignera; à défaut de quoi le procureur de la République ordonnera la mise en liberté immédiate de l'inculpé.

Tout inculpé arrêté en vertu d'un mandat d'amener qui, au mépris du paragraphe précédent, aura été maintenu pendant plus de vingt-quatre heures dans la maison de dépôt ou d'arrêt sans avoir été interrogé par le juge d'instruction ou conduit, comme il vient d'être dit, devant le procureur de la République, sera considéré comme arbitrairement détenu.

Tous gardiens-chefs des maisons de dépôt ou d'arrêt, tous procureurs de la République qui ne se seront pas conformés aux dispositions du paragraphe précédent, seront poursuivis comme coupables d'attentats à la liberté et punis, savoir: les procureurs de la République ou autres officiers du ministère public, des peines portées en l'article 119 du Code pénal, et les gardiens-chefs des prisons portées en l'article 120 du même Code. Le tout sans préjudice des sanctions édictées par l'article 112 contre le greffier, le juge d'instruction et le procureur de la République.

94 (L. 14 juillet 1865). Après l'interrogatoire, ou en cas de fuite de l'inculpé, le juge pourra décerner un mandat de dépôt ou d'arrêt, si le fait emporte la peine de l'emprisonnement ou une autre peine plus grave. — Il ne pourra décerner le mandat d'arrêt qu'après avoir entendu le procureur impérial. — Dans le cours de l'instruction, il pourra, sur les conclusions conformes du procureur impérial, et quelle que soit la nature de l'inculpation, donner mainlevée de tout mandat de dépôt ou d'arrêt, à la charge, par l'inculpé, de se représenter à tous les actes de la procédure et pour l'exécution du jugement aussitôt qu'il en sera requis. — L'ordonnance de mainlevée ne pourra être attaquée par voie d'opposition. — P. 7, 8, 9.

95. Les mandats de comparution, d'amener et de dépôt, seront signés par celui qui les aura décernés, et munis de son sceau.

Le prévenu y sera nommé ou désigné le plus clairement qu'il sera possible. — I. Cr. 112.

96. Les mêmes formalités seront observées dans le mandat d'arrêt; ce mandat contiendra de plus l'énonciation du fait pour lequel il est décerné, et la citation de la loi qui déclare que ce fait est un crime ou délit. — I. Cr. 95, 112.

97. Les mandats de comparution, d'amener, de dépôt et d'arrêt, seront notifiés par un huissier, ou par un agent de la force publique, lequel en fera l'exhibition au prévenu, et lui en délivrera copie.

Le mandat d'arrêt sera exhibé au prévenu, lors même qu'il serait déjà détenu, et il lui en sera délivré copie. — I. Cr. 105, 109, 112; P. 209 s.

98. Les mandats d'amener, de comparution, de dépôt et d'arrêt, seront exécutoires dans toute l'étendue du royaume.

Si le prévenu est trouvé hors de l'arrondissement de l'officier qui aura délivré le mandat de dépôt ou d'arrêt, il sera conduit devant le juge de paix ou son suppléant, et, à leur défaut, devant le maire ou l'adjoint du maire, ou le commissaire de police du lieu, lequel visera le mandat, sans pouvoir en empêcher l'exécution. — I. Cr. 28, 103, 112.

99. Le prévenu qui refusera d'obéir au mandat d'amener, ou qui, après avoir déclaré qu'il est prêt à obéir, tentera de s'évader, devra être contraint.

Le porteur du mandat d'amener emploiera, au besoin, la force publique du lieu le plus voisin: elle sera tenue de marcher, sur la réquisition contenue dans le mandat d'amener. — I. Cr. 16, 25, 108; P. 209.

100. Néanmoins, lorsque après plus de deux jours depuis la date du mandat d'amener, le prévenu aura été trouvé hors de l'arrondissement de l'officier qui a délivré ce mandat, et à une distance de plus de cinq myriamètres du domicile de cet officier, ce prévenu pourra n'être pas contraint de se rendre au mandat; mais alors le procureur du Roi de l'arrondissement où il aura été trouvé, et devant lequel il sera conduit, décernera un mandat de dépôt en vertu duquel il sera retenu dans la maison d'arrêt.

Le mandat d'amener devra être pleinement exécuté, si le prévenu a été trouvé muni d'effets, de papiers ou d'instruments qui feront présumer qu'il est l'auteur ou complice du délit pour raison duquel il est recherché, quels que soient le délai et la distance dans lesquels il aura été trouvé. — I. Cr. 95, 98, 101 s., 110.

101. Dans les vingt-quatre heures de l'exécution du mandat de dépôt, le procureur du Roi qui l'aura délivré, en donnera avis, et transmettra les pièces saisies, s'il en a été dressé, à l'officier qui a décerné le mandat d'amener. — I. Cr. 100, 102.

102. L'officier qui a délivré le mandat d'amener, et auquel les pièces sont ainsi transmises, communiquera le tout dans un pareil délai au juge d'instruction près duquel il exerce; ce juge se conformera aux dispositions de l'article 90.

103. Le juge d'instruction saisi de l'affaire directement ou par renvoi en exécution de l'article 90, transmettra, sous cachet, au juge d'instruction du lieu où le prévenu a été trouvé, les pièces, notes et renseignements relatifs au délit, afin de faire subir interrogatoire à ce prévenu.

Toutes les pièces seront ensuite pareillement renvoyées, avec l'interrogatoire, au juge saisi de l'affaire. — I. Cr. 85.

104 (L. 17 juillet 1856.) Si, dans le cours de l'instruction, le juge saisi de l'affaire décerne un mandat d'arrêt, il pourra ordonner, par ce mandat, que le prévenu sera transféré dans la maison d'arrêt du lieu où se fait l'instruction. — S'il n'est pas exprimé dans le mandat d'arrêt que le prévenu sera ainsi transféré, il restera en la maison d'arrêt de l'arrondissement dans lequel il aura été trouvé, jusqu'à ce qu'il ait été statué par le juge d'instruction, conformément aux articles 127, 128, 129, 130, 131, 132 et 133 ci-après. — I. Cr. 94, 100, 110, 603 s., 608 s.

105. Si le prévenu contre lequel il a été décerné un mandat d'amener ne peut être trouvé, ce mandat sera exhibé au maire ou à l'adjoint, ou au commissaire de police de la commune de la résidence du prévenu.

Le maire, l'adjoint ou le commissaire de police, mettra son visa sur l'original de l'acte de notification. — I. Cr. 16, 22, 97, 98, 109.

106. Tout dépositaire de la force publique, et même toute personne, sera tenu de saisir le prévenu surpris en flagrant délit, ou poursuivi, soit par la clameur publique, soit dans les cas assimilés au flagrant délit, et de le conduire devant le procureur du Roi, sans qu'il soit besoin de mandat d'amener, si le crime ou délit emporte peine afflictive ou infamante. — I. Cr. 16, 20, 40, 41; P. 7, 8, 475.

107. Sur l'exhibition du mandat de dépôt, le prévenu sera reçu et gardé dans la maison d'arrêt établie près le tribunal correctionnel; et le gardien remettra à l'huissier ou à l'agent de la force publique chargé de l'exécution du mandat une reconnaissance de la remise du prévenu. — I. Cr. 110, 111, 603, 608 s., 613.

108. L'officier chargé de l'exécution d'un mandat de dépôt ou d'arrêt se fera accompagner d'une force suffisante pour que le prévenu ne puisse se soustraire à la loi.

Cette force sera prise dans le lieu le plus à portée de celui où le mandat d'arrêt ou de dépôt devra s'exécuter, et elle est tenue de marcher, sur la réquisition directement faite au commandant et contenue dans le mandat. — I. Cr. 16, 25, 99, 617.

109. Si le prévenu ne peut être saisi, le mandat d'arrêt sera notifié à sa dernière habitation, et il sera dressé procès-verbal de perquisition.

Ce procès-verbal sera dressé en présence des deux plus proches voisins du prévenu que le porteur du mandat d'arrêt pourra trouver: ils le signeront; ou s'ils ne savent ou ne veulent pas signer, il en sera fait mention, ainsi que de l'interpellation qui en aura été faite.

Le porteur du mandat d'arrêt fera ensuite viser son procès-verbal par le juge de paix ou son suppléant, ou, à son défaut, par le maire, l'adjoint ou le commissaire de police du lieu, et lui en laissera copie.

Le mandat d'arrêt et le procès-verbal seront ensuite remis au greffe du tribunal. — I. Cr. 105.

110. Le prévenu saisi en vertu d'un mandat d'arrêt ou de dépôt sera conduit sans délai dans la maison d'arrêt indiquée par le mandat. — I. Cr. 104, 107, 603 s., 608 s.

111. L'officier chargé de l'exécution du mandat d'arrêt ou de dépôt remettra le prévenu au gardien de la maison d'arrêt, qui lui en donnera décharge; le tout dans la forme prescrite par l'article 107.

Il portera ensuite au greffe du tribunal correctionnel les pièces relatives à l'arrestation, et en prendra une reconnaissance.

Il exhibera ces décharge et reconnaissance dans les vingt-quatre heures au juge d'instruction: celui-ci mettra sur l'une et sur l'autre son vu, qu'il datera et signera. — I. Cr. 107, 608, 609.

112. L'inobservation des formalités prescrites pour les mandats de comparution, de dépôt, d'amener et d'arrêt, sera toujours punie d'une amende de cinquante francs au moins contre le greffier, et, s'il y a lieu, d'injonctions au juge d'instruction et au procureur du Roi, même de prise à partie s'il y échet. — I. Cr. 95 s.; P. 505 s.

CHAPITRE VIII

De la liberté provisoire et du cautionnement.

(Loi du 14 juillet 1865.)

113. En toute matière, le juge d'instruction pourra, sur la demande de l'inculpé et sur les conclusions du procureur impérial, ordonner que l'inculpé sera mis provisoirement en liberté, à charge, par celui-ci, de prendre l'engagement de se représenter à tous les actes de la procédure et pour l'exécution du jugement aussitôt qu'il en sera requis.

En matière correctionnelle, la mise en liberté sera de droit, cinq jours après l'interrogatoire, en faveur du prévenu domicilié, quand le maximum de la peine prononcée par la loi sera inférieur à deux ans d'emprisonnement.

La disposition qui précède ne s'appliquera ni aux prévenus déjà condamnés pour crimes, ni à ceux déjà condamnés à un emprisonnement de plus d'une année. — P. 7, 8, 9, 114 s.

114. La mise en liberté provisoire pourra, dans tous les cas où elle n'est pas de droit, être subordonnée à l'obligation de fournir un cautionnement dans les termes prévus par l'article 120.

Ce cautionnement garantit:

1° La représentation de l'inculpé à tous les actes de la procédure et pour l'exécution du jugement;

2° Le payement dans l'ordre suivant:

1° Des frais faits par la partie publique;

2° De ceux avancés par la partie civile;

3° Des amendes.

L'ordonnance de mise en liberté détermine la somme affectée à chacune des deux parties du cautionnement. — P. 115 s., 120 s.

115. La mise en liberté aura lieu sans préjudice du droit que conserve le juge d'instruction, dans la suite de l'information, de décerner un nouveau mandat d'amener, d'arrêt ou de dépôt, si des circonstances nouvelles et graves rendent cette mesure nécessaire.

Toutefois, si la liberté provisoire avait été accordée par la chambre des mises en accusation réformant l'ordonnance du juge d'instruction, le juge d'instruction ne pourrait décerner un nouveau mandat qu'autant que la cour, sur les réquisitions du ministère public, aurait retiré à l'inculpé le bénéfice de sa décision. — P. 116 s., 126.

116. La mise en liberté provisoire peut être demandée en tout état de cause: à la chambre des mises en accusation, depuis l'ordonnance du juge d'instruction jusqu'à l'arrêt de renvoi devant la cour d'assises; au tribunal correctionnel, si l'affaire y a été renvoyée; à la cour impériale (chambre des appels correctionnels), si appel a été interjeté du jugement sur le fond.

Lorsque le condamné, pour rendre son pourvoi admissible, conformément à l'article 421, voudra réclamer sa mise en liberté, il portera sa demande devant la cour ou devant le tribunal qui aura prononcé la peine. — P. 117, 126.

117. Dans tous les cas prévus par l'article précédent, il sera statué sur simple requête, en chambre du conseil, le ministère public entendu.

L'inculpé pourra fournir à l'appui de sa requête des observations écrites.

118. La demande en liberté provisoire sera notifiée à la partie civile, à son domicile ou à celui qu'elle aura élu. Elle pourra, dans le délai de vingt-quatre heures, à partir du jour de la notification, présenter des observations écrites. — I. Cr. 68, 119 s.; C. 102, 111.

119. L'opposition ou appel devra être formé dans un délai de vingt-quatre heures, qui courra, contre le procureur impérial, à compter du jour de l'ordonnance ou du jugement, et contre l'inculpé ou la partie civile, à compter du jour de la notification.

L'opposition ou appel sera consigné sur un registre tenu au greffe à cet effet.

Le procureur général aura le droit d'opposition dans les formes et les délais prescrits par les trois derniers paragraphes de l'article 135.

120. Dans le cas où la liberté provisoire aura été subordonnée au cautionnement, il sera fourni en espèces, soit par un tiers, soit par l'inculpé, et le montant en sera, suivant la nature de l'affaire, déterminé par le juge d'instruction, le tribunal ou la cour.

Tout tiers, personne solvable pourra également être admis à prendre l'engagement de faire représenter l'inculpé à toute réquisition de justice, ou, à défaut, de verser au trésor la somme déterminée. — I. Cr. 121 s.

121. Si le cautionnement consiste en espèces, il sera versé entre les mains du receveur de l'enregistrement, et le ministère public, sur le vu du récépissé, fera exécuter l'ordonnance de mise en liberté.

S'il résulte de l'engagement d'un tiers, la mise en liberté sera ordonnée sur le vu de l'acte de soumission reçu au greffe.

Préalablement à la mise en liberté avec ou sans cautionnement, le demandeur devra, par acte reçu au greffe, élire domicile, s'il est inculpé, dans le lieu où siège le juge d'instruction; s'il est prévenu ou accusé, dans celui où siège la juridiction saisie du fond de l'affaire. — I. Cr. 127 s.; C. 102, 111, 2018.

122. Les obligations résultant du cautionnement cessent si l'inculpé se présente à tous les actes de la procédure et pour l'exécution du jugement.

La première partie du cautionnement est acquise à l'État, du moment que l'inculpé, sans motif légitime d'excuse, est constitué en défaut de se présenter à quelque acte de la procédure ou pour l'exécution du jugement.

Néanmoins, en cas de renvoi des poursuites, d'absolution ou d'acquittement, le jugement ou l'arrêt pourra ordonner la restitution de cette partie du cautionnement. — I. Cr. 121 s.

123. La seconde partie du cautionnement est toujours restituée en cas d'acquittement, d'absolution ou de renvoi des poursuites.

En cas de condamnation, elle est affectée aux frais et à l'amende dans l'ordre énoncé dans l'article 114 ; le surplus, s'il y en a, est restitué. — I. Cr. 124 s.

124. Le ministère public, soit d'office, soit sur la provocation de la partie civile, est chargé de produire à l'administration de l'enregistrement, soit un certificat du greffe constatant, d'après les pièces officielles, la responsabilité encourue dans le cas de l'article 122, soit l'extrait du jugement dans le cas prévu par l'article 123, paragraphe 2.

Si les sommes dues ne sont pas déposées, l'administration de l'enregistrement en poursuit le recouvrement par voie de contrainte.

La caisse des dépôts et consignations est chargée de faire, sans délai, aux ayants droit la distribution des sommes déposées ou recouvrées.

Toute contestation sur ces divers points est vidée sur requête, en chambre du conseil, comme incident de l'exécution du jugement.

125. Si, après avoir obtenu sa liberté provisoire, l'inculpé cité ou ajourné ne comparaît pas, le juge d'instruction, le tribunal ou la cour, selon les cas, pourront décerner contre lui un mandat d'arrêt ou de dépôt, ou une ordonnance de prise de corps.

126. — L'inculpé renvoyé devant la cour d'assises sera mis en état d'arrestation, en vertu de l'ordonnance de prise de corps contenue dans l'arrêt de la chambre des mises en accusation, nonobstant la mise en liberté provisoire. — I. Cr. 231, 233.

CHAPITRE IX

Des ordonnances du juge d'instruction quand la procédure est complète.

127. (L. 17 juillet 1856.) Aussitôt que la procédure sera terminée, le juge d'instruction la communiquera au procureur impérial, qui devra lui adresser ses réquisitions dans les trois jours au plus tard. — I. Cr. 22, 101, 128 s.

128. (L. 17 juillet 1856.) Si le juge d'instruction est d'avis que le fait ne présente ni crime, ni délit, ni contravention, ou qu'il n'existe aucune charge contre l'inculpé, il déclarera, par une ordonnance, qu'il n'y a pas lieu à poursuivre, et, si l'inculpé avait été arrêté, il sera mis en liberté. — I. Cr. 101, 129, 135 s.; P. 1.

129. (L. 17 juillet 1856.) S'il est d'avis que le fait n'est qu'une simple contravention de police, il renverra l'inculpé devant le tribunal de police, et ordonnera sa mise en liberté s'il est arrêté.

Les dispositions du présent article et de l'article précédent ne pourront préjudicier aux droits de la partie civile ou de la partie publique, ainsi qu'il sera expliqué ci-après. — I. Cr. 65 s., 128, 140 s., 137 s., 230.

130. (L. 17 juillet 1856.) Si le délit est reconnu de nature à être puni par des peines correctionnelles, le juge d'instruction renverra le prévenu au tribunal de police correctionnelle.

Si, dans ce cas, le délit peut entraîner la peine d'emprisonnement, le prévenu, s'il est en arrestation, y demeurera provisoirement. — I. Cr. 131, 179 s., 230.

131. Si le délit ne doit pas entraîner la peine de l'emprisonnement, le prévenu sera mis en liberté, à la charge de se représenter, à jour fixe, devant le tribunal compétent. — I. Cr. 130, 125 s.

132. (L. 17 juillet 1856.) Dans tous les cas de renvoi, soit à la police municipale, soit à la police correctionnelle, le procureur impérial est tenu d'envoyer, dans les quarante-huit heures au plus tard, au greffe du tribunal qui doit prononcer, toutes les pièces, après les avoir cotées.

Dans les cas de renvoi à la police correctionnelle, il est tenu, dans le même délai, de faire donner assignation au prévenu pour l'une des plus prochaines audiences, en observant les délais prescrits par l'article 184. — I. Cr. 128 s.

133. (L. 17 juillet 1856.) Si le juge d'instruction estime que le fait est de nature à être puni de peines afflictives ou infamantes, et que la prévention contre l'inculpé est suffisamment établie, il ordonnera que les pièces d'instruction, le procès-verbal constatant le corps du délit, et un état des pièces servant à conviction, soient transmis sans délai par le procureur impérial au procureur général près la cour impériale, pour être procédé ainsi qu'il sera dit au chapitre des mises en accusation.

Les pièces de conviction resteront au tribunal d'instruction, sauf ce qui sera dit aux articles 228 et 291. — I. Cr. 217, 228, 291; P. 7, 8.

134. (L. 17 juillet 1856.) Dans le cas de l'article 133, le mandat d'arrêt ou de dépôt décerné contre le prévenu conservera sa force exécutoire jusqu'à ce qu'il ait été statué par la cour impériale.

Les ordonnances rendues par le juge d'instruction en vertu des dispositions des articles 128, 129, 130, 131 et 133, seront inscrites à la suite du réquisitoire du procureur impérial. Elles contiendront les nom, prénoms, âge, lieu de naissance, domicile et profession du prévenu, l'exposé sommaire et la qualification légale du fait qui lui sera imputé, et la déclaration qu'il existe ou qu'il n'existe pas de charges suffisantes. — I. Cr. 96 s., 231 s.

135. (L. 17 juillet 1856.) Le procureur impérial pourra former opposition, dans tous les cas, aux ordonnances du juge d'instruction. — La partie civile pourra former opposition aux ordonnances rendues dans les cas prévus par les articles 114, 128, 129, 131 et 539 du présent Code, et à toute ordonnance faisant grief à ses intérêts civils. Le prévenu ne pourra former opposition qu'aux ordonnances rendues en vertu de l'article 114 et dans le cas prévu par l'article 539. — L'opposition devra être formée dans un délai de vingt-quatre heures, qui courra : contre le procureur impérial, à compter du jour de l'ordonnance; contre la partie civile et contre le prévenu non détenu, à compter de la signification qui leur est faite de l'ordonnance au domicile par eux élu dans le lieu où siège le tribunal ; contre le prévenu détenu, à compter de la communication qui lui est donnée de l'ordonnance par le greffier. La signification et la communication prescrites par le paragraphe précédent seront faites dans les vingt-quatre heures de la date de l'ordonnance. — L'opposition sera portée devant la chambre des mises en accusation de la cour impériale, qui statuera toute affaire cessante. — Les pièces seront transmises ainsi qu'il est dit à l'article 133. — Le prévenu détenu gardera prison jusqu'à ce qu'il ait été statué sur l'opposition, et, dans tous les cas, jusqu'à l'expiration du délai d'opposition. — Dans tous les cas, le droit d'opposition appartiendra au procureur général près la cour impériale. — Il devra notifier son opposition dans les dix jours qui suivront l'ordonnance du juge d'instruction. — Néanmoins la disposition de l'ordonnance qui prononce la mise en liberté du prévenu sera provisoirement exécutée. — I. Cr. 98, 116, 126, 217, 229.

136. La partie civile qui succombera dans son opposition sera condamnée aux dommages-intérêts envers le prévenu. — I. Cr. 66, 368; C. 1142, 1382; Pr. 128.

LIVRE DEUXIÈME

De la justice

(Loi décrétée le 10 décembre 1808, promulguée le 20 du même mois.)

TITRE PREMIER

Des tribunaux de police.

CHAPITRE PREMIER

Des tribunaux de simple police.

137. Sont considérés comme contraventions de police simple, les faits qui, d'après les dispositions du quatrième livre du Code pénal, peuvent donner lieu, soit à quinze francs d'amende ou au-dessous, soit à cinq jours d'emprisonnement ou au-dessous, qu'il y ait ou non confiscation des choses saisies, et quelle qu'en soit la valeur. — I. Cr. 138 s., 121; P. 1, 464-482.

138. (L. 27 janvier 1873.) La connaissance des contraventions de police est attribuée exclusivement au juge de paix du canton dans l'étendue duquel elles ont été commises. — I. Cr. 139 s., 166 s., 192.

§ Ier. — *Du tribunal du juge de paix comme juge de police.*

139-140. (Abrogés, L. 27 janvier 1873.)

141. Dans les communes dans lesquelles il n'y a qu'un juge de paix, il connaîtra seul des affaires attribuées à son tribunal ; les greffiers et les huissiers de la justice de paix feront le service pour les affaires de police. — L. 25 mai 1838, sur la compétence des juges de paix ; Suppl.

142. Dans les communes divisées en deux justices de paix ou plus, le service au tribunal de police sera fait successivement par chaque juge de paix, en commençant par le plus ancien ; il y aura dans ce cas un greffier particulier pour le tribunal de police. — I. Cr. 143.

143. Il pourra aussi, dans le cas de l'article précédent, y avoir deux sections pour la police ; chaque section sera tenue par un juge de paix, et le greffier aura un commis assermenté pour le suppléer.

144. (L. 27 janvier 1873.) Les fonctions du ministère public, pour les faits de police, seront remplies par le commissaire du lieu où siégera le tribunal. S'il y a plusieurs commissaires de police au lieu où siège le tribunal, le procureur général près la cour d'appel nommera celui ou ceux d'entre eux qui feront le service. En cas d'empêchement du commissaire de police du chef-lieu, ou, s'il n'en existe point, les fonctions du ministère public seront remplies, soit par un commissaire résidant ailleurs qu'au chef-lieu, soit par un suppléant du juge de paix, soit par le maire ou l'adjoint du chef-lieu, soit par un des maires ou adjoints d'une autre commune du canton, lequel sera désigné à cet effet par le procureur général pour une année entière, et sera, en cas d'empêchement, remplacé par le maire, par l'adjoint ou par un conseiller municipal du chef-lieu de canton. — I. Cr. 15, 167.

145. Les citations pour contraventions de police seront faites à la requête du ministère public, ou de la partie qui réclame.

Elles seront notifiées par un huissier ; il en sera laissé copie au prévenu, ou à la personne civilement responsable. — I. Cr. 1, 144, 146 s., 169, 182; C. 1384, 1797; Pr. 1; P. 74.

146. La citation ne pourra être donnée à un délai moindre que vingt-quatre heures, outre un jour par trois myriamètres, à peine de nullité tant de la citation que du jugement qui serait rendu par défaut. Néanmoins cette nullité ne pourra être proposée qu'à la première audience, avant toute exception et défense.

Dans les cas urgents, les délais pourront être abrégés et les parties citées à comparaître même dans le jour, et à heure indiquée, en vertu d'une cédule délivrée par le juge de paix. — I. Cr. 145, 169; Pr. 5, 6, 1033.

147. Les parties pourront comparaître volontairement et sur un simple avertissement, sans qu'il soit besoin de citation. — I. Cr. 169.

148. Avant le jour de l'audience, le juge de paix pourra, sur la réquisition du ministère public ou de la partie civile, estimer ou faire estimer les dommages, dresser ou faire dresser des procès-verbaux, faire ou ordonner tous actes requérant célérité. — I. Cr. 1, 66.

149. Si la personne citée ne comparaît pas au jour et à l'heure fixés par la citation, elle sera jugée par défaut. — I. Cr. 146, 150 s.

150. La personne condamnée par défaut ne sera plus recevable à s'opposer à l'exécution du jugement, si elle ne se présente à l'audience indiquée par l'article suivant ; sauf ce qui sera ci-après réglé sur l'appel et le recours en cassation. — I. Cr. 149, 151, 172 s., 177.

151. L'opposition au jugement par défaut pourra être faite par déclaration en réponse au bas de l'acte de signification, ou par acte notifié dans les trois jours de la signification, outre un jour par trois myriamètres.

L'opposition emportera de droit citation à la première audience après l'expiration des délais, et sera réputée non avenue si l'opposant ne comparaît pas. — I. Cr. 150, 188; Pr. 1033.

152. La personne citée comparaîtra par elle-même, ou par un fondé de procuration spéciale. — I. Cr. 185, 185; C. 1984, 1987.

153. L'instruction de chaque affaire sera publique, à peine de nullité.

Elle se fera dans l'ordre suivant :

Les procès-verbaux, s'il y en a, seront lus par le greffier ;

Les témoins, s'il en a été appelé par le ministère public ou la partie civile, seront entendus s'il y a lieu ; la partie civile prendra ses conclusions ;

La personne citée proposera sa défense, et fera entendre ses témoins, si elle en a amené ou fait citer, et si, aux termes de l'article suivant, elle est recevable à les produire;

Le ministère public résumera l'affaire et donnera ses conclusions; la partie citée pourra proposer ses observations;

Le tribunal de police prononcera le jugement dans l'audience où l'instruction aura été terminée, et, au plus tard, dans l'audience suivante. — *I. Cr.* 153, 190, 447, 368, 210 s., 343.

154. Les contraventions seront prouvées, soit par procès-verbaux ou rapports, soit par témoins, à défaut de rapports et procès-verbaux, ou à leur appui.

Nul ne sera admis, à peine de nullité, à faire preuve par témoins outre ou contre le contenu aux procès-verbaux ou rapports des officiers de police ayant reçu de la loi le pouvoir de constater les délits ou les contraventions jusqu'à inscription de faux. Quant aux procès-verbaux et rapports faits par des agents, préposés ou officiers auxquels la loi n'a pas accordé le droit d'en être crus jusqu'à inscription de faux, ils pourront être débattus par des preuves contraires, soit écrites, soit testimoniales, si le tribunal juge à propos de les admettre. — *I. Cr.* 9, 11, 16, 20, 171, 189.

155. Les témoins feront à l'audience, sous peine de nullité, le serment de dire toute la vérité, rien que la vérité; et le greffier en tiendra note, ainsi que de leurs noms, prénoms, âge, profession et demeure, et de leurs principales déclarations. — *I. Cr.* 75, 189 s., 189, 317 s.

156. Les ascendants ou descendants de la personne prévenue, ses frères et sœurs ou alliés en pareil degré, la femme ou son mari, même après le divorce prononcé, ne seront ni appelés ni reçus en témoignage, sans néanmoins que l'audition des personnes ci-dessus désignées puisse opérer une nullité, lorsque, soit le ministère public, soit la partie civile, soit le prévenu, ne se sont pas opposés à ce qu'elles soient entendues. — *I. Cr.* 75, 317, 322; *C.* 739 s.

157. Les témoins qui ne satisferont pas à la citation pourront y être contraints par le tribunal qui, à cet effet, et sur la réquisition du ministère public, prononcera dans la même audience, sur le premier défaut, l'amende, et, en cas d'un second défaut, la contrainte par corps[1]. — *I. Cr.* 80, 81, 158, 175, 189, 355 s.; *Pr.* 263, 264; *P.* 236.

158. Le témoin ainsi condamné à l'amende sur le premier défaut, et qui, sur la seconde citation, produira devant le tribunal des excuses légitimes, pourra, sur les conclusions du ministère public, être déchargé de l'amende.

Si le témoin n'est pas cité de nouveau, il pourra volontairement comparaître, par lui ou par un fondé de procuration spéciale, à l'audience suivante, pour présenter ses excuses, et obtenir, s'il y a lieu, décharge de l'amende. — *I. Cr.* 81, 157, 189, 355; *C.* 1984, 1987.

159. Si le fait ne présente ni délit ni contravention de police, le tribunal annulera la citation et tout ce qui aura suivi, et statuera par le même jugement sur les demandes en dommages-intérêts. — *I. Cr.* 68 s., 191, 212, 229, 358; *C.* 1149, 1382; *Pr.* 128.

160. Si le fait est un délit qui emporte une peine correctionnelle ou plus grave, le tribunal renverra les parties devant le procureur du Roi. — *I. Cr.* 22 s., 69, 54, 179 s.; *P.* 7, 8, 9.

161. Si le prévenu est convaincu de contravention de police, le tribunal prononcera la peine, et statuera par le même jugement sur les demandes en restitution et en dommages-intérêts. — *I. Cr.* 1, 2, 66, 137, 145, 189; *C.* 1149, 1382.

162. La partie qui succombera sera condamnée aux frais, même envers la partie publique.

Les dépens seront liquidés par le jugement. — *I. Cr.* 66, 145, 194, 368; *Pr.* 130; *P.* 52, 469.

163. Tout jugement définitif de condamnation sera motivé, et les termes de la loi appliquée y seront insérés, à peine de nullité.

Il y sera fait mention s'il est rendu en dernier ressort ou en première instance. — *I. Cr.* 153, 164, 172, 195, 369, 408, 413, 414.

164. La minute du jugement sera signée par le juge qui aura tenu l'audience, dans les vingt-quatre heures au plus tard, à peine de vingt-cinq francs d'amende contre le greffier, et de prise à partie, s'il y a lieu, tant contre le greffier que contre le président. — *I. Cr.* 196, 234, 370; *Pr.* 138, 505 s.

165. Le ministère public et la partie civile poursuivront l'exécution du jugement, chacun en ce qui le concerne. — *I. Cr.* 1, 145, 197.

§ II. — *De la juridiction des maires comme juges de police.*

166-171 (*Abrogés, L.* 27 *janvier* 1873.)

§ III. — *De l'appel des jugements de police.*

172. Les jugements rendus en matière de police pourront être attaqués par la voie de l'appel lorsqu'ils prononceront un emprisonnement, ou lorsque les amendes, restitutions et autres réparations civiles excéderont la somme de cinq francs, outre les dépens. — *I. Cr.* 137, 145, 174 s., 199 s., 205.

173. L'appel sera suspensif. — *I. Cr.* 203; *Pr.* 457.

174. (*L.* 6 *mars* 1867.) L'appel des jugements de simple police sera porté au tribunal correctionnel : cet appel sera interjeté par déclaration au greffe du tribunal qui a rendu le jugement dans les dix jours, au plus tard, après celui où il a été prononcé, et, si le jugement est par défaut, dans les dix jours au plus tard de la signification de la sentence à personne ou à domicile. Il sera suivi et jugé dans la même forme que les appels des sentences des justices de paix.

175. Lorsque, sur l'appel, le procureur du Roi ou l'une des parties le requerra, les témoins pourront être entendus de nouveau, et il pourra même en être entendu d'autres. — *I. Cr.* 153 s.

176. Les dispositions des articles précédents sur les solennités de l'instruction, la nature des preuves, la forme, l'authenticité et la signature du jugement définitif, la condamnation aux frais, ainsi que les peines que ces articles prononcent, seront communes aux jugements rendus, sur l'appel, par les tribunaux correctionnels. — *I. Cr.* 153, 154 s.

177. Le ministère public et les parties pourront, s'il y a lieu, se pourvoir en cassation contre les jugements rendus en dernier ressort par le tribunal de police, ou contre les jugements rendus par le tribunal correctionnel, sur l'appel des jugements de police.

Le recours aura lieu dans la forme et dans les délais qui seront prescrits. — *I. Cr.* 163, 172, 216, 373, 413 s., 416 s., 427.

178. (*L.* 27 *janvier* 1873.) Au commencement de chaque trimestre, les juges de paix transmettront au procureur du Roi l'extrait des jugements de police qui auront été rendus dans le trimestre précédent et qui auront prononcé la peine d'emprisonnement. Cet extrait sera délivré sans frais par le greffier.

Le procureur du Roi le déposera au greffe du tribunal correctionnel.

Il en rendra un compte sommaire au procureur général près la cour royale. — *I. Cr.* 27, 139 s., 166, 172, 198.

CHAPITRE II

Des tribunaux en matière correctionnelle.

179. Les tribunaux de première instance en matière civile connaîtront en outre, sous le titre de tribunaux correctionnels, de tous les délits forestiers poursuivis à la requête de l'administration et de tous les délits dont la peine excède cinq jours d'emprisonnement et quinze francs d'amende. — *I. Cr.* 130, 137, 174, 180 s., 502; *P.* 68.

180. Ces tribunaux pourront, en matière correctionnelle, prononcer au nombre de trois juges.

181. S'il se commet un délit correctionnel dans l'enceinte et pendant la durée de l'audience, le président dressera procès-verbal du fait, entendra le prévenu et les témoins, et le tribunal appliquera, sans désemparer, les peines prononcées par la loi.

Cette disposition aura son exécution pour les délits correctionnels commis dans l'enceinte et pendant la durée des audiences de nos cours, et même des audiences du tribunal civil, sans préjudice de l'appel de droit des jugements rendus dans ces cas par les tribunaux civils ou correctionnels. — *I. Cr.* 504 s.; *Pr.* 10 s., 88 s.; *P.* 222 s.

182. Le tribunal sera saisi, en matière correctionnelle, de la connaissance des délits de sa compétence, soit par le renvoi qui lui en sera fait d'après les articles 130 et 160 ci-dessus, soit par la citation donnée directement au prévenu et aux personnes civilement responsables du délit par la partie civile, et, à l'égard des délits forestiers, par le conservateur, inspecteur ou sous-inspecteur forestier, ou par les gardes généraux, et, dans tous les cas, par le procureur du Roi. — *I. Cr.* 64, 130, 145, 230; *L.* 20 *avril* 1863, sur *les flagrants délits*. Suppl.

183. La partie civile fera, par l'acte de citation, élection de domicile dans la ville où siège le tribunal : la citation énoncera les faits, et tiendra lieu de plainte. — *I. Cr.* 66, 68, 145, 182; *C.* 111.

184. Il y aura au moins un délai de trois jours, outre un jour par trois myriamètres, entre la citation et le jugement, à peine de nullité de la condamnation qui serait prononcée par défaut contre la personne citée.

Néanmoins cette nullité ne pourra être proposée qu'à la première audience, et avant toute exception ou défense. — *I. Cr.* 146, 186; *Pr.* 173, 1033.

185. Dans les affaires relatives à des délits qui n'entraîneront pas la peine d'emprisonnement, le prévenu pourra se faire représenter par un avoué; le tribunal pourra néanmoins ordonner sa comparution en personne. — *I. Cr.* 152.

186. Si le prévenu ne comparaît pas, il sera jugé par défaut. — *I. Cr.* 149, 187 s.; *L.* 9 *septembre* 1835.

187. (*L.* 27 *juin* 1866.) La condamnation par défaut sera comme non avenue si, dans les cinq jours de la signification qui en aura été faite au prévenu ou à son domicile, outre un jour par cinq myriamètres, celui-ci forme opposition à l'exécution du jugement et notifie son opposition tant au ministère public qu'à la partie civile.

Les frais de l'expédition, de la signification du jugement par défaut, et de l'opposition pourront être laissés à la charge du prévenu.

Toutefois, si la signification n'a pas été faite à personne ou s'il ne résulte pas d'actes d'exécution du jugement que le prévenu en a eu connaissance, l'opposition sera recevable jusqu'à l'expiration des délais de la prescription de la peine. — *I. Cr.* 68, 150, 151, 183, 188, 636; *C.* 1383.

188. L'opposition emportera de droit citation à la première audience; elle sera non avenue, si l'opposant n'y comparaît pas; et le jugement que le tribunal aura rendu sur l'opposition ne pourra être attaqué par la partie qui l'aura formée, si ce n'est par appel, ainsi qu'il sera dit ci-après.

Le tribunal pourra, s'il y échet, accorder une provision; et cette disposition sera exécutoire nonobstant l'appel. — *I. Cr.* 151, 199 s.

189. (*L.* 15 *juin* 1866.) La preuve des délits correctionnels se fera de la manière prescrite aux articles 154, 155 et 156 ci-dessus, concernant les contraventions de police. Le greffier tiendra note des déclarations des témoins et des réponses du prévenu. Les notes du greffier seront visées par le président, dans les trois jours de la prononciation du jugement. Les dispositions des articles 157, 158, 159, 160 et 161 sont communes aux tribunaux en matière correctionnelle.

190. L'instruction sera publique, à peine de nullité.

Le procureur du Roi, la partie civile ou son défenseur, et, à l'égard des délits forestiers, le conservateur, inspecteur ou sous-inspecteur forestier, ou, à leur défaut, le garde général, exposeront l'affaire; les procès-verbaux ou rapports, s'il en a été dressé, seront lus par le greffier; les témoins pour et contre seront entendus, s'il y a lieu, et les reproches proposés et jugés; les pièces pouvant servir à conviction ou à décharge seront représentées aux témoins et aux parties; le prévenu sera interrogé; le prévenu et les personnes civilement responsables proposeront leur défense; le procureur du Roi résumera l'affaire et donnera ses conclusions; le prévenu et les personnes civilement responsables du délit pourront répliquer.

Le jugement sera prononcé de suite, ou, au plus tard, à l'audience qui suivra celle où l'instruction aura été terminée. — *I. Cr.* 153 s., 171, 189.

191. Si le fait n'est réputé ni délit, ni contravention de police, le tribunal annulera l'instruction, la citation et tout ce qui aura suivi, renverra le prévenu, et statuera sur les demandes en dommages-intérêts. — *I. Cr.* 159, 212, 366; *C.* 1149, 1382.

192. Si le fait n'est qu'une contravention de police, et si la partie publique ou la partie civile n'a pas demandé le renvoi, le tribunal appliquera la peine, et statuera, s'il y a lieu, sur les dommages-intérêts.

Dans ce cas, son jugement sera en dernier ressort. — *I. Cr.* 137 s., 171, 213, 365.

193. Si le fait est de nature à mériter une peine afflictive ou infamante, le tribunal pourra décerner de suite le mandat de dépôt ou le mandat d'arrêt; et il renverra le prévenu

(1) Supprimée par l'article 28, L. 27 juillet 1867.

devant le juge d'instruction compétent. — I. Cr. 55, 63, 95 s., 160, 213; P. 7, 8.

194. Tout jugement de condamnation rendu contre le prévenu et contre les personnes civilement responsables du délit, ou contre la partie civile, les condamnera aux frais, même envers la partie publique.

Les frais seront liquidés par le même jugement. — I. Cr. 66, 145, 162, 368, 436; Pr. 130; C. 1384; P. 52, 73, 74.

195. Dans le dispositif de tout jugement de condamnation seront énoncés les faits dont les personnes citées seront jugées coupables ou responsables, la peine et les condamnations civiles.

Le texte de la loi dont on fera l'application sera lu à l'audience par le président; il sera fait mention de cette lecture dans le jugement, et le texte de la loi y sera inséré, sous peine de cinquante francs d'amende contre le greffier. — I. Cr. 163, 369, 408.

196. La minute du jugement sera signée au plus tard dans les vingt-quatre heures par les juges qui l'auront rendu.

Les greffiers qui délivreront expédition d'un jugement avant qu'il ait été signé seront poursuivis comme faussaires.

Les procureurs du Roi se feront représenter, tous les mois, les minutes des jugements; et, en cas de contravention au présent article, ils en dresseront procès-verbal pour être procédé ainsi qu'il appartiendra. — I. Cr. 164, 370; Pr. 138, 140; P. 145 s.

197. Le jugement sera exécuté à la requête du procureur du Roi et de la partie civile, chacun en ce qui le concerne.

Néanmoins les poursuites pour le recouvrement des amendes et confiscations seront faites, au nom du procureur du Roi, par le directeur de la régie des droits d'enregistrement et domaines (1). — I. Cr. 1, 165, 376.

198. Le procureur du Roi sera tenu, dans les quinze jours qui suivront la prononciation du jugement, d'en envoyer un extrait au procureur général près la cour impériale. — I. Cr. 27, 178.

199. Les jugements rendus en matière correctionnelle pourront être attaqués par la voie de l'appel. — I. Cr. 172, 192, 200 s., 501.

200. (Abrogé, L. 13 juin 1856.)

201. (L. 13 juin 1856.) L'appel sera porté à la cour impériale.

202. (L. 13 juin 1856.) La faculté d'appeler appartiendra:

1° Aux parties prévenues ou responsables;

2° A la partie civile, quant à ses intérêts civils seulement;

3° A l'administration forestière;

4° Au procureur impérial près le tribunal de première instance;

5° Au procureur général près la cour impériale. — I. Cr. 1, 19, 66, 176, 204, 205; C. 1384; P. 73, 74.

203. Il y aura, sauf l'exception portée en l'article 205 ci-après, déchéance de l'appel, si la déclaration d'appeler n'a pas été faite au greffe du tribunal qui a rendu le jugement, dix jours au plus tard après celui où il a été prononcé, et, si le jugement est rendu par défaut, dix jours au plus tard après celui de la signification qui en aura été faite à la partie condamnée ou à son domicile, outre un jour par trois myriamètres.

Pendant ce délai et pendant l'instance d'appel, il sera sursis à l'exécution du jugement. — I. Cr. 173, 178, 203 s.; Pr. 457.

204. (L. 13 juin 1856.) La requête contenant les moyens d'appel pourra être remise dans le même délai au même greffe; elle sera signée de l'appelant ou d'un avoué, ou de tout autre fondé de pouvoir spécial. — Dans ce dernier cas, le pouvoir sera annexé à la requête.

Cette requête pourra aussi être remise directement au greffe de la cour impériale. — I. Cr. 207, 417; C. 1984, 1987.

205. (L. 13 juin 1856.) Le procureur général près la cour impériale devra notifier son recours, soit au prévenu, soit à la personne civilement responsable du délit, dans les deux mois à compter du jour de la prononciation du jugement, ou, si le jugement lui a été légalement notifié par l'une des parties, dans le mois du jour de cette notification; sinon il sera déchu. — I. Cr. 186, 202; C. 1384; P. 73, 74.

206. (L. 14 juillet 1865.) En cas d'acquittement, le prévenu sera immédiatement, et nonobstant appel, mis en liberté. — I. Cr. 113, 126, 358.

207. (L. 13 juin 1856.) La requête, si elle a été remise au greffe du tribunal de première instance, et les pièces seront envoyées par le procureur impérial au greffe de la cour, dans les vingt-quatre heures après la déclaration ou la remise de la notification d'appel.

Si celui contre lequel le jugement a été rendu est en état d'arrestation, il sera, dans le même délai, et par ordre du procureur impérial, transféré dans la maison d'arrêt du lieu où siège la cour impériale. — I. Cr. 204, 233, 603, 609 s.

208. (L. 13 juin 1856.) Les arrêts rendus par défaut sur l'appel pourront être attaqués par la voie de l'opposition, dans la même forme et dans les mêmes délais que les jugements par défaut rendus par les tribunaux correctionnels.

L'opposition emportera de droit citation à la première audience; elle sera comme non avenue, si l'opposant n'y comparaît pas. L'arrêt qui interviendra sur l'opposition ne pourra être attaqué par la partie qui l'aura formée, si ce n'est devant la cour de cassation. — I. Cr. 150, 151, 177, 187 s., 216, 416 s.

209. (L. 13 juin 1856.) L'appel sera jugé à l'audience, dans le mois, sur le rapport d'un conseiller. — I. Cr. 210.

210. (L. 13 juin 1856.) A la suite du rapport, et avant que le rapporteur et les conseillers émettent leur opinion, le prévenu, soit qu'il ait été acquitté, soit qu'il ait été condamné, les personnes civilement responsables du délit, la partie civile et le procureur général, seront entendus dans la forme et dans l'ordre prescrits par l'article 190. — I. Cr. 66, 210; C. 1384; P. 73 s.

211. (L. 13 juin 1856.) Les dispositions des articles précédents sur la solennité de l'instruction, la nature des preuves, la forme, l'authenticité et la signature du jugement définitif de première instance, la condamnation aux frais, ainsi que les peines que ces articles prononcent, seront communes aux arrêts rendus sur l'appel. — I. Cr. 153-161, 189-191, 194-196.

212. (L. 13 juin 1856.) Si le jugement est réformé parce que le fait n'est réputé délit ni contravention de police par aucune loi, la cour renverra le prévenu, et statuera, s'il y a lieu, sur ses dommages-intérêts. — I. Cr. 159, 191, 358; C. 1149, 1382; Pr. 128.

213. (L. 13 juin 1856.) Si le jugement est annulé parce que le fait ne présente qu'une contravention de police, et si la partie publique et la partie civile n'ont pas demandé le renvoi, la cour prononcera la peine, et statuera également, s'il y a lieu, sur les dommages-intérêts. — I. Cr. 137 s., 192, 365; C. 1149, 1382; Pr. 128 s.

214. (L. 13 juin 1856.) Si le jugement est annulé parce que le fait est de nature à mériter une peine afflictive ou infamante, la cour décernera, s'il y a lieu, le mandat de dépôt ou même le mandat d'arrêt, et renverra le prévenu devant le fonctionnaire public compétent, autre toutefois que celui qui aura rendu le jugement ou fait l'instruction. — I. Cr. 63, 95 s., 160, 193; P. 7, 8.

215. (L. 13 juin 1856.) Si le jugement est annulé pour violation ou omission non réparée de formes prescrites par la loi à peine de nullité, la cour statuera sur le fond. — I. Cr. 174; Pr. 473.

216. (L. 13 juin 1856.) La partie civile, le prévenu, la partie publique, les personnes civilement responsables du délit, pourront se pourvoir en cassation contre l'arrêt. — I. Cr. 22, 66, 177, 373, 407, 413 s., 416 s., 427; C. 1384; P. 74 s.

TITRE DEUXIÈME

DES AFFAIRES QUI DOIVENT ÊTRE SOUMISES AU JURY

(Loi décrétée le 9 décembre 1808, promulguée le 19 du même mois.)

TITRE PREMIER

Des mises en accusation.

217. Le procureur général près la cour impériale sera tenu de mettre l'affaire en état dans les cinq jours de la réception des pièces qui lui auront été transmises en exécution de l'article 133 ou de l'article 135, et de faire son rapport dans les cinq jours suivants, au plus tard.

Pendant ce temps, la partie civile et le prévenu pourront fournir tels mémoires qu'ils estimeront convenable, sans que le rapport puisse être retardé. — I. Cr. 63 s., 218 s., 271 s.

218. (L. 17 juillet 1856.) Une section de la cour impériale, spécialement formée à cet effet, sera tenue de se réunir, sur la convocation de son président, et sur la demande du procureur général, toutes les fois qu'il sera nécessaire, pour entendre le rapport de ce magistrat et statuer sur ses réquisitions.

A défaut de demande expresse du procureur général, elle se réunira au moins une fois par semaine (1). — I. Cr. 219 s., 251.

219. (L. 17 juillet 1856.) Le président sera tenu de faire prononcer la section immédiatement après le rapport du procureur général; en cas d'impossibilité, la section devra prononcer au plus tard dans les trois jours. — I. Cr. 238.

220. Si l'affaire est de la nature de celles qui sont réservées à la haute cour (2) ou à la cour de cassation, le procureur général est tenu d'en requérir la suspension et le renvoi, et la section de l'ordonner. — I. Cr. 482 s., 485 s.

221. Hors le cas prévu par l'article précédent, les juges examineront s'il existe contre le prévenu des preuves ou des indices d'un fait qualifié crime par la loi, et si ces preuves ou indices sont assez graves pour que la mise en accusation soit prononcée. — I. Cr. 229 s.; P. 1, 2.

222. Le greffier donnera aux juges, en présence du procureur général, lecture de toutes les pièces du procès; elles seront ensuite laissées sur le bureau, ainsi que les mémoires que la partie civile et le prévenu auront fournis. — I. Cr. 217.

223. La partie civile, le prévenu, les témoins ne paraîtront point.

224. Le procureur général, après avoir déposé sur le bureau sa réquisition écrite et signée, se retirera ainsi que le greffier. — I. Cr. 276.

225. Les juges délibéreront entre eux sans désemparer, et sans communiquer avec personne. — I. Cr. 223 s.

226. La cour statuera par un seul et même arrêt sur les délits connexes dont les pièces se trouveront en même temps produites devant elle. — I. Cr. 227, 307, 308, 433, 526 s.

227. Les délits sont connexes, soit lorsqu'ils ont été commis en même temps par plusieurs personnes réunies, soit lorsqu'ils ont été commis par différentes personnes, même en différents temps et en divers lieux, mais par suite d'un concert formé à l'avance entre elles, soit lorsque les coupables ont commis les uns pour se procurer les moyens de commettre les autres, pour en faciliter, pour en consommer l'exécution, ou pour en assurer l'impunité. — I. Cr. 226, 307 s., 526 s., 536.

228. Les juges pourront ordonner, s'il y échet, des informations nouvelles.

Ils pourront également ordonner, s'il y a lieu, l'apport des pièces servant à conviction qui seront restées déposées au greffe du tribunal de première instance.

Le tout dans le plus court délai. — I. Cr. 235 s., 250.

229. (L. 17 juillet 1856.) Si la cour n'aperçoit aucune trace d'un délit prévu par la loi, ou si elle ne trouve pas des indices suffisants de culpabilité, elle ordonnera la mise en liberté du prévenu, ce qui sera exécuté sur-le-champ, s'il n'est retenu pour autre cause.

Dans le même cas, lorsque la cour statuera sur une opposition à la mise en liberté du prévenu, prononcée par ordonnance du juge d'instruction, elle confirmera cette ordonnance; ce qui sera exécuté comme il est dit au paragraphe précédent. — I. Cr. 128, 135, 191, 192, 212, 246 s., 362.

230. (L. 17 juillet 1856.) Si la cour estime que le prévenu doit être renvoyé à un tribunal de simple police ou à un tribunal de police correctionnelle, elle prononcera le renvoi devant le tribunal compétent; dans le cas de renvoi à un tribunal de simple police, le prévenu sera mis en liberté. — I. Cr. 129, 130, 131, 138 s., 179, 192, 231.

231. (L. 17 juillet 1856.) Si le fait est qualifié crime par la loi, et que la cour trouve des charges suffisantes pour motiver la mise en accusation, elle ordonnera le renvoi du prévenu aux assises.

Dans tous les cas, et quelle que soit l'ordonnance du juge d'instruction, la cour sera tenue, sur les réquisitions du procureur général, de statuer, à l'égard de chacun des prévenus renvoyés devant elle, sur tous les chefs de crimes, de délits ou de contraventions résultant de la procédure. — I. Cr. 133 s., 221, 232 s., 271; P. 1, 2.

232. (L. 17 juillet 1856.) Lorsque la cour prononcera une mise en accusation, elle décernera contre l'accusé une ordonnance de prise de corps.

Cette ordonnance contiendra les nom, prénoms, âge, lieu de naissance, domicile et profession de l'accusé; elle contiendra, en outre, à peine de nullité, l'exposé sommaire et la qualification légale du fait objet de l'accusation. — I. Cr. 233, 134.

233. (L. 17 juillet 1856.) L'ordonnance de prise de corps sera insérée dans l'arrêt de mise en accusation, lequel contiendra l'ordre de conduire

(1) Aujourd'hui la perception des contributions directes. (L. 29 décembre 1873, art. 25.)

(1) Cette section de la cour d'appel prend le nom de chambre des mises en accusation.

(2) Déc. 4 novembre 1870, art. unique. La haute cour de justice est abolie. — V. L. C. 16 juillet 1875, art. 12.

l'accusé dans la maison de justice établie près la cour où il sera renvoyé. — I. Cr. 133, 231, 292, 603 s.

234. Les arrêts seront signés par chacun des juges qui les auront rendus; il y sera fait mention, à peine de nullité, tant de la réquisition du ministère public, que du nom de chacun des juges. — I. Cr. 164, 195, 199, 299, 370, 408.

235. Dans toutes les affaires, les cours royales, tant qu'elles n'auront pas décidé s'il y a lieu de prononcer la mise en accusation, pourront d'office, soit qu'il y ait ou non une instruction commencée par les premiers juges, ordonner des poursuites, se faire apporter les pièces, informer ou faire informer, et statuer ensuite ce qu'il appartiendra. — I. Cr. 228, 236 s., 250.

236. Dans le cas du précédent article, un des membres de la section dont il est parlé en l'article 218 fera les fonctions de juge instructeur. — I. Cr. 237 s.

237. Le juge entendra les témoins, ou commettra, pour recevoir leurs dépositions, un des juges du tribunal de première instance dans le ressort duquel ils demeurent, interrogera le prévenu, fera constater par écrit toutes les preuves ou indices qui pourront être recueillis, et décernera, suivant les circonstances, les mandats d'amener, de dépôt ou d'arrêt. — I. Cr. 71 s., 87 s., 91 s., 239.

238. Le procureur général fera son rapport dans les cinq jours de la remise que le juge instructeur lui aura faite des pièces. — I. Cr. 217, 226.

239. (L. 17 juillet 1856). S'il résulte de l'examen qu'il y a lieu de renvoyer le prévenu à la cour d'assises, il sera procédé ainsi qu'il a été dit aux articles 231, 232 et 233 ci-dessus.

S'il y a lieu à renvoi en police correctionnelle, la cour se conformera aux dispositions de l'article 230.

Si, dans ce cas, le prévenu a été arrêté, et si le délit peut entraîner la peine d'emprisonnement, il gardera prison jusqu'au jugement. — I. Cr. 113.

240. Seront, au surplus, observées les autres dispositions du présent Code qui ne sont point contraires aux cinq articles précédents.

241. Dans tous les cas où le prévenu sera renvoyé à la cour d'assises, le procureur général sera tenu de rédiger un acte d'accusation.

L'acte d'accusation exposera: 1° la nature du délit qui forme la base de l'accusation; 2° le fait et toutes les circonstances qui peuvent aggraver ou diminuer la peine: le prévenu y sera dénommé et clairement désigné.

L'acte d'accusation sera terminé par le résumé suivant:

En conséquence, N... est accusé d'avoir commis tel meurtre, tel vol, ou tel autre crime, avec telle et telle circonstance. — I. Cr. 231, 239, 242 s., 271, 313.

242. L'arrêt de renvoi et l'acte d'accusation seront signifiés à l'accusé et il lui sera laissé copie du tout. — I. Cr. 231, 237, 241, 313.

243. Dans les vingt-quatre heures qui suivront cette signification, l'accusé sera transféré de la maison d'arrêt dans la maison de justice établie près la cour où il doit être jugé. — I. Cr. 207, 292, 606 s.

244. Si l'accusé ne peut être saisi ou ne se présente point, on procédera contre lui par contumace, ainsi qu'il sera réglé ci-après au chapitre II du livre IV du présent livre. — I. Cr. 193, 240, 465-478.

245. Le procureur général donnera avis de l'arrêt de renvoi à la cour d'assises tant au maire du lieu du domicile de l'accusé, s'il est connu, qu'à celui du lieu où le délit a été commis. — C. 102.

246. Le prévenu à l'égard duquel la cour royale aura décidé qu'il n'y a pas lieu au renvoi à la cour d'assises, ne pourra plus y être traduit à raison du même fait, à moins qu'il ne survienne de nouvelles charges. — I. Cr. 229, 247, 360.

247. Sont considérés comme charges nouvelles, les déclarations des témoins, pièces et procès-verbaux qui, n'ayant pu être soumis à l'examen de la cour royale, sont cependant de nature, soit à fortifier les preuves que la cour aurait trouvées trop faibles, soit à donner aux faits de nouveaux développements utiles à la manifestation de la vérité. — I. Cr. 246, 248.

248. En ce cas, l'officier de police judiciaire, ou le juge d'instruction, adressera sans délai copie des pièces et charges au procureur général près la cour royale; et sur la réquisition du procureur général, le président de la section criminelle indiquera le juge devant lequel il sera, à la poursuite de l'officier du ministère public, procédé à une nouvelle instruction, conformément à ce qui a été prescrit.

Pourra toutefois le juge d'instruction décerner, s'il y a lieu, sur les nouvelles charges, et avant leur envoi au procureur général, un mandat de dépôt contre le prévenu qui aurait été déjà mis en liberté d'après les dispositions de l'article 229. — I. Cr. 13, 71 s., 95, 97 s.

249. Le procureur du Roi enverra, tous les huit jours, au procureur général, une notice de toutes les affaires criminelles, de police correctionnelle ou de simple police, qui seront survenues. — I. Cr. 27, 250, 274 s.

250. Lorsque, dans la notice des causes de police correctionnelle ou de simple police, le procureur général trouvera qu'elles présentent des caractères plus graves, il pourra ordonner l'apport des pièces dans la quinzaine seulement de la réception de la notice, pour ensuite être par lui fait, dans un autre délai de quinzaine du jour de la réception des pièces, telles réquisitions qu'il estimera convenables, et par la cour être ordonné, dans le délai de trois jours, ce qu'il appartiendra. — I. Cr. 218, 235, 238, 249, 360.

CHAPITRE II

De la formation des cours d'assises (1).

251. Il sera tenu des assises dans chaque département, pour juger les individus que la cour royale y aura renvoyés. — I. Cr. 133, 231, 259, 259 s., 560.

252. Dans les départements où siègent les cours royales, les assises seront tenues par trois des membres de la cour, dont l'un sera président.

Les fonctions du ministère public seront remplies soit par le procureur général, soit par un des avocats généraux, soit par un des substituts du procureur général.

Le greffier de la cour y exercera ses fonctions par lui-même ou par l'un de ses commis assermentés. — I. Cr. 253, 257 s., 263, 264, 271.

253. (L. 21 mars 1855) Dans les autres départements, la cour d'assises sera composée: 1° d'un conseiller de la cour impériale, délégué à cet effet, et qui sera président de la cour d'assises; 2° de deux juges, pris soit parmi les conseillers de la cour impériale, lorsque celle-ci jugera convenable de les déléguer à cet effet, soit parmi les présidents ou juges du tribunal de première instance du lieu de la tenue des assises; 3° du procureur impérial près le tribunal ou de l'un de ses substituts, sans préjudice des dispositions contenues dans les articles 265, 271 et 284; 4° du greffier du tribunal ou de l'un de ses commis assermentés. — Les présidents ou juges du tribunal de première instance du lieu de la tenue des assises appelés à faire partie de la cour, seront désignés par le premier président, qui prendra préalablement l'avis du procureur général. — Ces désignations seront faites et publiées selon la forme et dans les délais déterminés par les articles 79 et 80 du décret du 6 juillet 1810. A partir du jour de l'ouverture de la session, le président des assises pourvoira au remplacement des assesseurs régulièrement empêchés, et désignera, s'il y a lieu, les assesseurs supplémentaires. — I. Cr. 252, 257 s., 263 s.

254, **255**, **256**. (Abrogés, L. 10 décembre 1830 et 4 mars 1831.)

257. Les membres de la cour royale qui auront voté sur la mise en accusation, ne pourront, dans la même affaire, ni présider les assises, ni assister le président, à peine de nullité.

Il en sera de même à l'égard du juge d'instruction. — I. Cr. 55, 252.

258. Les assises se tiendront ordinairement dans le chef-lieu de chaque département. — La cour royale pourra néanmoins désigner un tribunal autre que celui du chef-lieu. — I. Cr. 251.

259. La tenue des assises aura lieu tous les trois mois.

Elles pourront se tenir plus souvent si le besoin l'exige. — I. Cr. 260.

260. Le jour où les assises doivent s'ouvrir sera fixé par le président de la cour d'assises (1). — Les assises ne seront closes qu'après que toutes les affaires criminelles qui étaient en état lors de leur ouverture y auront été portées. — I. Cr. 261, 272.

261. Les accusés qui ne seront arrivés dans la maison de justice qu'après l'ouverture des assises, ne pourront y être jugés que lorsque le procureur général l'aura requis, lorsque les accusés y auront consenti, et lorsque le président l'aura ordonné. En ce cas, le procureur général et les accusés seront considérés comme ayant renoncé à la faculté de se pourvoir en nullité contre l'arrêt portant renvoi à la cour d'assises. — I. Cr. 296 s.

262. Les arrêts de la cour d'assises ne pourront être attaqués que par la voie de la cassation et dans les formes déterminées par la loi. — I. Cr. 299 s., 373, 407, 408, 416 s.

263. Si, depuis la notification faite aux jurés en exécution de l'article 389 du présent Code, le président de la cour d'assises se trouve dans l'impossibilité de remplir ses fonctions, il sera remplacé par le plus ancien des autres juges de la cour royale nommés ou délégués pour l'assister; et s'il n'a point d'assesseur autre juge de la cour royale, par le président du tribunal de première instance. — I. Cr. 253, 264.

264. Les juges de la cour royale seront, en cas d'absence ou de tout autre empêchement, remplacés par d'autres juges de la même cour, et, à leur défaut, par des juges de première instance; ceux de première instance le seront par des suppléants. — I. Cr. 263.

Les juges auditeurs qui seront présents et auront l'âge requis concourront pour le remplacement avec les juges de première instance, suivant l'ordre de leur réception (2).

265. Le procureur général pourra, même étant présent, déléguer ses fonctions à l'un de ses substituts.

Cette disposition est commune à la cour royale et à la cour d'assises. — I. Cr. 252, 274 s.; *Décr. 6 juillet 1810, sur les cours et tribunaux, art. 49 s.*

§ Ier. *Fonctions du président.*

266. Le président est chargé: 1° d'entendre l'accusé lors de son arrivée dans la maison de justice; 2° de convoquer les jurés, et de les tirer au sort.

Il pourra déléguer ces fonctions à l'un des juges. — I. Cr. 267 s., 293, 391.

267. Il sera de plus chargé personnellement de diriger les jurés dans l'exercice de leurs fonctions, de leur exposer l'affaire sur laquelle ils auront à délibérer, même de leur rappeler leur devoir, de présider à toute l'instruction, et de déterminer l'ordre entre ceux qui demanderont à parler.

Il aura la police de l'audience. — I. Cr. 181, 268, 319, 337, 504 s.; Pr. 10 s., 88 s.; P. 222 s.

268. Le président est investi d'un pouvoir discrétionnaire, en vertu duquel il pourra prendre sur lui tout ce qu'il croira utile pour découvrir la vérité; et la loi charge son honneur et sa conscience d'employer tous ses efforts pour en favoriser la manifestation. — I. Cr. 269, 477.

269. Il pourra, dans le cours des débats, appeler, même par mandat d'amener, et entendre toutes personnes, ou se faire apporter toutes nouvelles pièces qui lui paraîtraient, d'après les nouveaux développements donnés à l'audience, soit par les accusés, soit par les témoins, pouvoir répandre un jour utile sur le fait contesté.

Les témoins ainsi appelés ne prêteront point serment, et leurs déclarations ne seront considérées que comme renseignements. — I. Cr. 79, 97 s., 328, 31.

270. Le président devra rejeter tout ce qui tendrait à prolonger les débats sans donner lieu d'espérer plus de certitude dans les résultats.

§ II. — *Fonctions du procureur général près la cour royale.*

271. Le procureur général près la cour royale poursuivra, soit par lui-même, soit par son substitut, toute personne mise en accusation suivant les formes prescrites au chapitre Ier du présent titre. Il ne pourra porter à la cour aucune autre accusation, à peine de nullité, et, s'il y a lieu, de prise à partie. — I. Cr. 217, 231, 250; Pr. 505 s.; P. 122.

272. Aussitôt que le procureur général ou son substitut aura reçu les pièces, il apportera tous ses soins à ce que les actes préliminaires soient faits et que tout soit en état, pour que les débats puissent commencer à l'époque de l'ouverture des assises. — I. Cr. 133, 135, 242, 259, 260, 261, 353.

273. Il assistera aux débats; il requerra l'application de la peine; il sera présent à la prononciation de l'arrêt. — I. Cr. 1, 153, 190, 252, 265, 276, 362.

274. Le procureur général, soit d'office, soit par les ordres du ministre de la justice, charge le procureur du Roi de poursuivre les délits dont il a connaissance. — I. Cr. 25, 27, 249, 250, 275.

275. Il reçoit les dénonciations et les plaintes qui lui sont adressées directement, soit par la cour royale, soit par un fonctionnaire public, soit par un simple citoyen, et il en tient registre.

(1) L. 4 septembre 1830 [illegible].

(1) Actuellement par le premier président de la cour d'appel. (Décr. 6 juillet 1810, art. 90.)

(2) L. 10 décembre 1830. [illegible]

Il les transmet au procureur du Roi. — I. Cr. 30 s., 63 s.

276. Il fait, au nom de la loi, toutes les réquisitions qu'il juge utiles; la cour est tenue de lui en donner acte et d'en délibérer. — I. Cr. 23, 277, 278, 408.

277. Les réquisitions du procureur général doivent être, de lui signées; celles faites dans le cours d'un débat seront retenues par le greffier sur son procès-verbal, et elles seront aussi signées par le procureur général; toutes les décisions auxquelles auront donné lieu ces réquisitions seront signées par le juge qui aura présidé et par le greffier. — I. Cr. 276, 370, 408, 410.

278. Lorsque la cour ne déférera pas à la réquisition du procureur général, l'instruction ni le jugement ne seront arrêtés ni suspendus, sauf, après l'arrêt, s'il y a lieu, le recours en cassation par le procureur général. — I. Cr. 276 s., 408, 416 s.

279. Tous les officiers de police judiciaire, même les juges d'instruction, sont soumis à la surveillance du procureur général.

Tous ceux qui, d'après l'article 9 du présent Code, sont, à raison de fonctions, même administratives, appelés par la loi à faire quelques actes de la police judiciaire, sont, sous ce rapport seulement, soumis à la même surveillance. — I. Cr. 9, 22, 57, 249, 280 s.

280. En cas de négligence des officiers de police judiciaire et des juges d'instruction, le procureur général les avertira; cet avertissement sera consigné par lui sur un registre tenu à cet effet. — I. Cr. 281, 282.

281. En cas de récidive, le procureur général les dénoncera à la cour.

Sur l'autorisation de la cour, le procureur général les fera citer à la chambre du conseil.

La cour leur enjoindra d'être plus exacts à l'avenir, et les condamnera aux frais tant de la citation que de l'expédition et de la signification de l'arrêt. — I. Cr. 280, 282, 413, 483 s.

282. Il y aura récidive lorsque le fonctionnaire sera repris, pour quelque affaire que ce soit, avant l'expiration d'une année, à compter du jour de l'avertissement consigné sur le registre. — I. Cr. 280 s.

283. Dans tous les cas où les procureurs du Roi et les présidents sont autorisés à remplir les fonctions d'officier de police judiciaire ou de juge d'instruction, ils pourront déléguer au procureur du Roi, au juge d'instruction, et au juge de paix, même d'un arrondissement communal voisin du lieu du délit, les fonctions qui leur sont respectivement attribuées, autres que le pouvoir de délivrer des mandats d'amener, de dépôt et d'arrêt contre les prévenus. — I. Cr. 52, 56, 83, 84, 85, 303, 430, 484, 489.

§ III. — *Fonctions du procureur du Roi au criminel* (1).

284. Le procureur du Roi au criminel, dont il est parlé en l'article 253, remplacera près la cour d'assises le procureur général dans les départements autres que celui où siège la cour royale, sans préjudice de la faculté que le procureur général aura toujours de s'y rendre lui-même pour y exercer ses fonctions. — I. Cr. 274.

285. Ce substitut résidera dans le chef-lieu du département.

(1) Ces diverses dispositions ne sont plus en vigueur depuis la loi du 25 décembre 1815, qui supprime les procureurs au criminel.

286. Si les assises se tiennent dans une autre ville que le chef-lieu, il s'y transportera.

287. Le procureur du Roi au criminel remplira aussi les fonctions du ministère public dans l'instruction et dans le jugement des appels de police correctionnelle. — I. Cr. 202, 249, 274.

288. En cas d'empêchement momentané, il sera remplacé par le procureur du Roi près le tribunal de première instance du chef-lieu. — I. Cr. 26.

289. Il surveillera les officiers de police judiciaire du département. — I. Cr. 17, 279.

290. Il rendra compte au procureur général, une fois tous les trois mois et plus souvent s'il en est requis, de l'état de la justice du département, en matière criminelle, de police correctionnelle et de simple police. — I. Cr. 27, 249.

CHAPITRE III

De la procédure devant la cour d'assises.

291. Quand l'accusation aura été prononcée, si l'affaire ne doit pas être jugée dans le lieu où siège la cour royale, le procès sera, par les ordres du procureur général, envoyé, dans les vingt-quatre heures, au greffe du tribunal de première instance du chef-lieu du département, ou au greffe du tribunal qui pourrait avoir été désigné.

Dans tous les cas, les pièces servant à conviction qui seront restées déposées au greffe du tribunal d'instruction ou qui auront été apportées à celui de la cour royale, seront réunies dans le même délai au greffe où doivent être remises les pièces du procès. — I. Cr. 132, 292 s.

292. Les vingt-quatre heures courront du moment de la signification faite à l'accusé, de l'arrêt de renvoi devant la cour d'assises.

L'accusé, s'il est détenu, sera, dans le même délai, envoyé dans la maison de justice du lieu où doivent se tenir les assises. — I. Cr. 242, 291, 603 s.

293. Vingt-quatre heures au plus tard après la remise des pièces au greffe et l'arrivée de l'accusé dans la maison de justice, celui-ci sera interrogé par le président de la cour d'assises, ou par le juge qu'il aura délégué. — I. Cr. 93, 266; Décr. 6 juillet 1810 sur les cours et tribunaux, art. 91.

294. L'accusé sera interpellé de déclarer le choix qu'il aura fait d'un conseil pour l'aider dans sa défense; sinon le juge lui en désignera un sur-le-champ, à peine de nullité de tout ce qui suivra.

Cette désignation sera comme non avenue, et la nullité ne sera pas prononcée, si l'accusé choisit un conseil. — I. Cr. 295 s., 302, 305, 311, 312, 335, 337, 408, 468.

295. Le conseil de l'accusé ne pourra être choisi par lui ou désigné par le juge que parmi les avocats ou avoués de la cour royale ou de son ressort, à moins que l'accusé n'obtienne du président de la cour d'assises la permission de prendre pour conseil un de ses parents ou amis. — I. Cr. 294; Déc. 27 août 1830.

296. Le juge avertira de plus l'accusé que, dans le cas où il se croirait fondé à former une demande en nullité, il doit faire sa déclaration dans les cinq jours suivants, et qu'après l'expiration de ce délai il n'y sera plus recevable.

L'exécution du présent article et des deux précédents sera constatée par un procès-verbal, que signeront l'accusé, le juge et le greffier : si l'accusé ne sait ou ne veut pas signer, le procès-verbal en fera mention. — I. Cr. 261, 297 s.

297. Si l'accusé n'a point été averti, conformément au précédent article, la nullité ne sera pas couverte par son silence : ses droits seront conservés, sauf à les faire valoir après l'arrêt définitif. — I. Cr. 408, 416 s.

298. Le procureur général est tenu de faire sa déclaration dans le même délai, à compter de l'interrogatoire, et sous la même peine de déchéance portée en l'article 296. — I. Cr. 293 s.

299. (L. 10 juin 1853.) La demande en nullité ne peut être formée que contre l'arrêt de renvoi et dans les quatre cas suivants : — 1° Pour cause d'incompétence ; — 2° Si le fait n'est pas qualifié crime par la loi ; — 3° Si le ministère public n'a pas été entendu ; — 4° Si l'arrêt n'a pas été rendu par le nombre de juges fixé par la loi. — I. Cr. 231, 235, 252, 416, 429.

300. La déclaration doit être faite au greffe.

Aussitôt qu'elle aura été reçue par le greffier, l'expédition de l'arrêt sera transmise par le procureur général près la cour royale au procureur général près la cour de cassation, laquelle sera tenue de prononcer, toutes affaires cessantes. — I. Cr. 301, 417, 425 s., 428 s.

301. (L. 10 juin 1853.) Nonobstant la demande en nullité, l'instruction est continuée jusqu'aux débats exclusivement. — Mais, si la demande est faite après l'accomplissement des formalités et l'expiration du délai qui sont prescrits par l'article 296, il est procédé à l'ouverture des débats et au jugement. La demande en nullité et les moyens sur lesquels elle est fondée ne sont soumis à la cour de cassation qu'après l'arrêt définitif de la cour d'assises.

Il en est de même à l'égard de tout pourvoi formé, soit après l'expiration du délai légal, soit pendant le cours du délai après le tirage du jury, pour quelque cause que ce soit. — I. Cr. 296 s., 416 s.

302. Le conseil pourra communiquer avec l'accusé après son interrogatoire.

Il pourra aussi prendre communication de toutes les pièces, sans déplacement et sans retarder l'instruction. — I. Cr. 305.

303. S'il y a de nouveaux témoins à entendre, et qu'ils résident hors du lieu où se tient la cour d'assises, le président, ou le juge qui le remplace, pourra commettre, pour recevoir leurs dépositions, le juge d'instruction de l'arrondissement où ils résident, ou même d'un autre arrondissement ; celui-ci, après les avoir reçues, les enverra closes et cachetées au greffier qui doit exercer ses fonctions à la cour d'assises. — I. Cr. 83 s., 283, 431.

304. Les témoins qui n'auront pas comparu sur la citation du président ou du juge commis par lui, et qui n'auront pas justifié qu'ils en étaient légitimement empêchés, ou qui refuseront de faire leurs dépositions, seront jugés par la cour d'assises, et punis conformément à l'article 80.

305. Les conseils des accusés pourront prendre ou faire prendre, à leurs frais, copie de telles pièces du procès qu'ils jugeront utiles à leur défense.

Il ne sera délivré gratuitement aux accusés, en quelque nombre qu'ils puissent être, et dans tous les cas, qu'une seule copie des procès-verbaux constatant le délit, et des déclarations écrites des témoins.

Les présidents, les juges et le procureur général, sont tenus de veiller à l'exécution du présent article. — I. Cr. 294 s., 302.

306. Si le procureur général ou l'accusé ont des motifs pour demander que l'affaire ne soit pas portée à la première assemblée du jury, ils présenteront au président de la cour d'assises une requête en prorogation de délai.

Le président décidera si cette prorogation doit être accordée ; il pourra aussi, d'office, proroger le délai. — I. Cr. 256 s., 258, 353.

307. Lorsqu'il aura été formé à raison du même délit plusieurs actes d'accusation contre différents accusés, le procureur général pourra en requérir la jonction, et le président pourra l'ordonner, même d'office. — I. Cr. 226, 227, 234, 308.

308. Lorsque l'acte d'accusation contiendra plusieurs délits non connexes, le procureur général pourra requérir que les accusés ne soient mis en jugement, quant à présent, que sur l'un ou quelques-uns de ces délits, et le président pourra l'ordonner d'office. — I. Cr. 226, 227, 271 s.

309. Au jour fixé pour l'ouverture des assises, la cour ayant pris séance, douze jurés se placeront, dans l'ordre désigné par le sort, sur des sièges séparés du public, des parties et des témoins, en face de celui qui est destiné à l'accusé. — I. Cr. 393, 399 s., 405.

CHAPITRE IV

De l'examen, du jugement et de l'exécution.

SECTION PREMIÈRE.

De l'examen.

310. L'accusé comparaîtra libre, et seulement accompagné de gardes pour l'empêcher de s'évader. Le président lui demandera son nom, ses prénoms, son âge, sa profession, sa demeure et le lieu de sa naissance. — L. 9 septembre 1835, sur les cours d'assises.

311. Le président avertira le conseil de l'accusé qu'il ne peut rien dire contre sa conscience ou contre le respect dû aux lois, et qu'il doit s'exprimer avec décence et modération. — I. Cr. 294 s., 335.

312. Le président adressera aux jurés, debout et découverts, le discours suivant :

« Vous jurez et promettez devant Dieu et devant les hommes d'examiner avec l'attention la plus scrupuleuse les charges qui seront portées contre N., de ne trahir ni les intérêts de l'accusé, ni ceux de la société qui l'accuse ; de ne communiquer avec personne jusqu'après votre déclaration ; de n'écouter ni la haine ou la méchanceté, ni la crainte ou l'affection ; de vous décider d'après les charges et les moyens de défense, suivant votre conscience et votre intime conviction, avec l'impartialité et la fermeté qui conviennent à un homme probe et libre. »

Chacun des jurés, appelé individuellement par le président, répondra, en levant la main : *Je le jure*, à peine de nullité. — I. Cr. 408.

313. Immédiatement après, le président avertira l'accusé d'être attentif à ce qu'il va entendre.

Il ordonnera au greffier de lire l'arrêt de la cour royale portant renvoi à la cour d'assises, et l'acte d'accusation.

Le greffier fera cette lecture à haute voix. — I. Cr. 241, 314.

314. Après cette lecture, le président rappellera à l'accusé ce qui est contenu en l'acte d'accusation, et lui dira : « Voilà de quoi vous êtes accusé ; vous allez entendre les charges qui seront produites contre vous. »

315. Le procureur général exposera le sujet de l'accusation ; il présentera ensuite la liste des témoins qui devront être entendus, soit à sa requête, soit à la requête de la partie civile, soit à celle de l'accusé.

Cette liste sera lue à haute voix par le greffier.

Elle ne pourra contenir que les témoins dont les noms, profession et résidence auront été notifiés, vingt-quatre heures au moins avant l'examen de ces témoins, à l'accusé, par le procureur général ou la partie civile, et au procureur général par l'accusé ; sans préjudice de la faculté accordée au président par l'article 269.

L'accusé et le procureur général pourront, en conséquence, s'opposer à l'audition d'un témoin qui n'aurait pas été indiqué ou qui n'aurait pas été clairement désigné dans l'acte de notification.

La cour statuera de suite sur cette opposition. — I. Cr. 69 s., 80 s., 323, 349 s.

316. Le président ordonnera aux témoins de se retirer dans la chambre qui leur sera destinée. Ils n'en sortiront que pour déposer. Le président prendra des précautions, s'il en est besoin, pour empêcher les témoins de conférer entre eux du délit et de l'accusé, avant leur déposition. — I. Cr. 317 s.

317. Les témoins déposeront séparément l'un de l'autre, dans l'ordre établi par le procureur général. Avant de déposer, ils prêteront, à peine de nullité, le serment de parler sans haine et sans crainte, de dire toute la vérité et rien que la vérité.

Le président leur demandera leurs noms, prénoms, âge, profession, leur domicile ou résidence, s'ils connaissaient l'accusé avant le fait mentionné dans l'acte d'accusation, s'ils sont parents ou alliés, soit de l'accusé, soit de la partie civile, et à quel degré ; il leur demandera encore s'ils ne sont pas attachés au service de l'un ou de l'autre ; cela fait, les témoins déposeront oralement. — I. Cr. 75, 79, 80, 156 s., 189, 316, 318 s., 395, [illegible] ; C. 322 s.

318. Le président fera tenir note, par le greffier, des additions, changements ou variations qui pourraient exister entre la déposition d'un témoin et ses précédentes déclarations.

Le procureur général et l'accusé pourront requérir le président de faire tenir les notes de ces changements, additions et variations. — I. Cr. 372 s.

319. Après chaque déposition, le président demandera au témoin si c'est de l'accusé présent qu'il a entendu parler ; il demandera ensuite à l'accusé s'il veut répondre à ce qui vient d'être dit contre lui.

Le témoin ne pourra être interrompu : l'accusé ou son conseil pourront le questionner par l'organe du président, après sa déposition, et dire, tant contre lui que contre son témoignage, tout ce qui pourra être utile à la défense de l'accusé.

Le président pourra également demander au témoin et à l'accusé, tous les éclaircissements qu'il croira nécessaires à la manifestation de la vérité.

Les juges, le procureur général et les jurés auront la même faculté, en demandant la parole au président. La partie civile ne pourra faire de questions, soit au témoin, soit à l'accusé, que par l'organe du président. — I. Cr. 335.

320. Chaque témoin, après sa déposition, restera dans l'auditoire, si le président n'en a ordonné autrement, jusqu'à ce que les jurés se soient retirés pour donner leur déclaration. — I. Cr. 326.

321. Après l'audition des témoins produits par le procureur général et par la partie civile, l'accusé fera entendre ceux dont il aura notifié la liste, soit sur les faits mentionnés dans l'acte d'accusation, soit pour attester qu'il est homme d'honneur, de probité, et d'une conduite irréprochable.

Les citations faites à la requête des accusés seront à leurs frais, ainsi que les salaires des témoins cités, s'ils en requièrent ; sauf au procureur général à faire citer à sa requête, les témoins qui lui seront indiqués par l'accusé, dans le cas où il jugerait que leur déclaration pût être utile pour la découverte de la vérité. — I. Cr. 315, 324.

322. Ne pourront être reçues les dépositions,

1° Du père, de la mère, de l'aïeul, de l'aïeule, ou de tout autre ascendant de l'accusé, ou de l'un des accusés présents et soumis au même débat ;

2° Du fils, fille, petit-fils, petite-fille, ou de tout autre descendant ;

3° Des frères et sœurs ;

4° Des alliés aux mêmes degrés ;

5° Du mari et de la femme, même après le divorce prononcé ;

6° Des dénonciateurs dont la dénonciation est récompensée pécuniairement par la loi ;

Sans néanmoins que l'audition des personnes ci-dessus désignées puisse opérer une nullité, lorsque, soit le procureur général, soit la partie civile, soit les accusés, ne se sont pas opposés à ce qu'elles soient entendues. — I. Cr. 30 s., 79, 156, 323, 358, 369 s. ; C. [illegible] ; P. 23, [illegible].

323. Les dénonciateurs, autres que ceux récompensés pécuniairement par la loi, pourront être entendus en témoignage ; mais le jury sera averti de leur qualité de dénonciateurs. — I. Cr. 30 s., 322.

324. Les témoins produits par le procureur général ou par l'accusé seront entendus dans le débat, même lorsqu'ils n'auraient pas préalablement déposé par écrit, lorsqu'ils n'auraient reçu aucune assignation, pourvu, dans tous les cas, que ces témoins soient portés sur la liste mentionnée dans l'article 315. — I. Cr. 316 s.

325. Les témoins, par quelque partie qu'ils soient produits, ne pourront jamais s'interpeller entre eux. — I. Cr. 319.

326. L'accusé pourra demander, après qu'ils auront déposé, que ceux qu'il désignera se retirent de l'auditoire, et qu'un ou plusieurs d'entre eux soient introduits et entendus de nouveau, soit séparément, soit en présence les uns des autres.

Le procureur général aura la même faculté.

Le président pourra aussi l'ordonner d'office. — I. Cr. 316, 320.

327. Le président pourra, avant, pendant ou après l'audition d'un témoin, faire retirer un ou plusieurs accusés, et les examiner séparément sur quelques circonstances du procès ; mais il aura soin de ne reprendre la suite des débats généraux qu'après avoir instruit chaque accusé de ce qui se sera fait en son absence, et de ce qui en sera résulté. — I. Cr. 267 s.

328. Pendant l'examen, les jurés, le procureur général et les juges pourront prendre note de ce qui leur paraîtra important, soit dans les dépositions des témoins, soit dans la défense de l'accusé, pourvu que la discussion n'en soit pas interrompue. — I. Cr. 318, 372.

329. Dans le cours ou à la suite des dépositions, le président fera représenter à l'accusé toutes les pièces relatives au délit et pouvant servir à conviction ; il l'interpellera de répondre personnellement s'il les reconnaît : le président les fera aussi représenter aux témoins, s'il y a lieu. — I. Cr. 35, 87, 89.

330. Si, d'après les débats, la déposition d'un témoin paraît fausse, le président pourra, sur la réquisition soit du procureur général, soit de la partie civile, soit de l'accusé, et même d'office, faire sur-le-champ mettre le témoin en état d'arrestation. Le procureur général, et le président ou l'un des juges par lui commis, rempliront à son égard, le premier, les fonctions d'officier de police judiciaire ; le second, les fonctions attribuées aux juges d'instruction dans les autres cas.

Les pièces d'instruction seront ensuite transmises à la cour royale, pour y être statué sur la mise en accusation. — I. Cr. 40 s., 71 s., 217 s., 331, 335, 446 ; P. 361 s.

331. Dans le cas de l'article précédent, le procureur général, la partie civile ou l'accusé, pourront immédiatement requérir, et la cour ordonner, même d'office, le renvoi de l'affaire à la prochaine session. — I. Cr. 306, 351, 406.

332. Dans le cas où l'accusé, les témoins, ou l'un d'eux, ne parleraient pas la même langue ou le même idiome, le président nommera d'office, à peine de nullité, un interprète âgé de vingt-un ans au moins, et lui fera, sous la même peine, prêter serment de traduire fidèlement les discours à transmettre entre ceux qui parlent des langages différents.

L'accusé et le procureur général pourront récuser l'interprète, en motivant leur récusation.

La cour prononcera.

L'interprète ne pourra, à peine de nullité, même du consentement de l'accusé ni du procureur général, être pris parmi les témoins, les juges et les jurés. — I. Cr. 73, 300, 408 ; Pr. 753 s.

333. Si l'accusé est sourd-muet et ne sait pas écrire, le président nommera d'office pour son interprète la personne qui aura le plus d'habitude de converser avec lui.

Il en sera de même à l'égard du témoin sourd-muet.

Le surplus des dispositions du précédent article sera exécuté.

Dans le cas où le sourd-muet saurait écrire, le greffier écrira les questions et observations qui lui seront faites ; elles seront remises à l'accusé ou au témoin, qui donneront par écrit leurs réponses ou déclarations. Il sera fait lecture du tout par le greffier. — I. Cr. 332.

334. Le président déterminera celui des accusés qui devra être soumis le premier aux débats, en commençant par le principal accusé, s'il y en a un.

Il se fera ensuite un débat particulier sur chacun des autres accusés. — I. Cr. 267 s.

335. A la suite des dépositions des témoins, et des dires respectifs auxquels elles auront donné lieu, la partie civile ou son conseil et le procureur général seront entendus, et développeront les moyens qui appuient l'accusation.

L'accusé et son conseil pourront leur répondre. La réplique sera permise à la partie civile et au procureur général ; mais l'accusé ou son conseil auront toujours la parole les derniers.

Le président déclarera ensuite que les débats sont terminés. — I. Cr. 153, 190, 311, 319.

336. (*L. 19 juin 1881.*) Le président, après la clôture des débats, ne pourra, à peine de nullité, résumer les moyens de l'accusation et de la défense.

Il rappellera aux jurés les fonctions qu'ils auront à remplir et il posera les questions ainsi qu'il sera dit ci-après. — I. Cr. 314, 337 s., 342.

337. La question résultant de l'acte d'accusation sera posée en ces termes :

« L'accusé est-il coupable d'avoir commis tel meurtre, tel vol ou tel autre crime, avec toutes les circonstances comprises dans le résumé de l'acte d'accusation ? » — I. Cr. 241.

338. S'il résulte des débats une ou plusieurs circonstances aggravantes non mentionnées dans l'acte d'accusation, le président ajoutera la question suivante :

« L'accusé a-t-il commis le crime avec telle ou telle circonstance ? » — I. Cr. 337, 348.

339. Lorsque l'accusé aura proposé pour excuse un fait admis comme tel par la loi, le président devra, à peine de nullité, poser la question ainsi qu'il suit :

« Tel fait est-il constant ? » — I. Cr. 316, 337, 408 ; P. 321 s.

340. Si l'accusé a moins de seize ans, le président posera, à peine de nullité, cette question :

« L'accusé a-t-il agi avec discernement ? » — I. Cr. 368 ; P. 66 s.

341. (*L. 9 juin 1853.*) En toute matière criminelle, même en cas de récidive, le président, après avoir posé les questions résultant de l'acte d'accusation et des débats, avertit le jury, à peine de nullité, que s'il pense, à la majorité, qu'il existe, en faveur d'un ou de plusieurs accusés reconnus coupables, des circonstances atténuantes, il doit en faire la déclaration en ces termes : « A la majorité, il y a des circonstances atténuantes en faveur de l'accusé. » Ensuite le président remet les questions écrites aux jurés, dans la personne du chef du jury ; il y joint l'acte d'accusation, les procès-verbaux qui constatent les délits, et les pièces du procès autres que les déclarations écrites des témoins.

Le président avertit le jury que tout vote doit avoir lieu au scrutin secret.

Il fait retirer l'accusé de l'auditoire. — I. Cr. 341 s., 350.

342. Les questions étant posées et remises aux jurés, ils se rendront dans leur chambre pour y délibérer.

Leur chef sera le premier juré sorti par le sort, ou celui qui sera désigné par eux et du consentement de ce dernier.

Avant de commencer la délibération, le chef des jurés leur fera lecture de l'instruction suivante, qui sera, en outre, affichée en gros caractères dans le lieu le plus apparent de leur chambre :

« La loi ne demande pas compte aux jurés des moyens par lesquels ils se sont convaincus ; elle ne leur prescrit point de règles desquelles ils doivent faire particulièrement dépendre la plénitude et la suffisance d'une preuve ; elle leur prescrit de s'interroger eux-mêmes dans le silence et le recueillement, et de chercher, dans la sincérité de leur conscience, quelle impression ont faite sur leur raison les preuves rapportées contre l'accusé, et les moyens de sa défense. La loi ne leur dit point : *Vous tiendrez pour vrai tout fait attesté par tel ou tel nombre de témoins* ; elle ne leur dit pas non plus : *Vous ne regarderez pas comme suffisamment établie toute preuve qui ne sera pas formée de tel procès-verbal, de telles pièces, de tant de témoins ou de tant d'indices* ;

mise en leur fait que cette seule question, qui renferme toute la mesure de leurs devoirs : *Avez-vous une intime conviction ?*

« Ce qu'il est bien essentiel de ne pas perdre de vue, c'est que toute la délibération du jury porte sur l'acte d'accusation ; c'est aux faits qui le constituent et qui en dépendent qu'ils doivent uniquement s'attacher ; et ils manquent à leur premier devoir, lorsque, pensant aux dispositions des lois pénales, ils considèrent les suites que pourra avoir, par rapport à l'accusé, la déclaration qu'ils ont à faire. Leur mission n'a pas pour objet la poursuite ni la punition des délits ; ils ne sont appelés que pour décider si l'accusé est, ou non, coupable du crime qu'on lui impute. »

343. Les jurés ne pourront sortir de leur chambre qu'après avoir formé leur déclaration.

L'entrée n'en pourra être permise pendant leur délibération, pour quelque cause que ce soit, que par le président et par écrit.

Le président est tenu de donner au chef de la gendarmerie de service l'ordre spécial et par écrit de faire garder les issues de leur chambre : ce chef sera dénommé et qualifié dans l'ordre.

La cour pourra punir le juré contrevenant, d'une amende de cinq cents francs au plus. Tout autre qui aura enfreint l'ordre, ou celui qui ne l'aura pas fait exécuter, pourra être puni d'un emprisonnement de vingt-quatre heures. — *I. Cr.* 353.

344. Les jurés délibéreront sur le fait principal, et ensuite sur chacune des circonstances. — *I. Cr.* 337 s., 345 s.

345. (*L. 9 septembre 1835.*) Le chef du jury lira successivement chacune des questions posées comme il est dit en l'article 336, et le vote aura lieu ensuite au scrutin secret, tant sur le fait principal et les circonstances aggravantes que sur l'existence des circonstances atténuantes (1). — *I. Cr.* 337 s., 341.

346. (*L. 9 septembre 1835.*) Il sera procédé de même et au scrutin secret, sur les questions qui seraient posées dans les cas prévus par les articles 339 et 340.

347. (*L. 9 juin 1853.*) La décision du jury, tant contre l'accusé que sur les circonstances atténuantes, se forme à la majorité. La déclaration du jury constate cette majorité, sans que le nombre des voix puisse y être exprimé ; le tout à peine de nullité.

348. Les jurés rentreront ensuite dans l'auditoire, et reprendront leur place.

Le président leur demandera quel est le résultat de leur délibération.

Le chef du jury se lèvera, et, la main placée sur son cœur, il dira : « Sur mon honneur et ma conscience, devant Dieu et devant les hommes, la déclaration du jury est : Oui, l'accusé, etc. Non, l'accusé, etc. »

349. La déclaration du jury sera signée par le chef et remise par lui au président, le tout en présence des jurés.

Le président la signera et la fera signer par le greffier.

350. La déclaration du jury ne pourra jamais être soumise à aucun recours. — *I. Cr.* 352, 360.

351. (*Abrogé, L. 4 mars 1831.*)

352. (*L. 9 juin 1853.*) Dans le cas où l'accusé est reconnu coupable, et si la cour est convaincue que les jurés, tout en observant les formes, se sont trompés au fond, elle déclare qu'il est sursis au jugement et renvoie l'affaire à la session suivante, pour y être soumise à un nouveau jury, dont ne peut faire partie aucun des jurés qui ont pris part à la déclaration annulée.

Nul n'a le droit de provoquer cette mesure. La cour ne peut l'ordonner que d'office, immédiatement après que la déclaration du jury a été prononcée publiquement.

Après la déclaration du second jury, la cour ne peut ordonner un nouveau renvoi, même quand cette déclaration serait conforme à la première. — *I. Cr.* 350, 360 ; *P.* 121 s.

353. L'examen et les débats, une fois entamés, devront être continués sans interruption, et sans aucune espèce de communication au dehors, jusqu'après la déclaration du jury inclusivement. Le président ne pourra les suspendre que pendant les intervalles nécessaires pour le repos des juges, des jurés, des témoins et des accusés. — *I. Cr.* 312, 343, 354.

354. Lorsqu'un témoin qui aura été cité ne comparaîtra pas, la cour pourra, sur la réquisition du procureur général, et avant que les débats soient ouverts par la déposition du premier témoin inscrit sur la liste, renvoyer l'affaire à la prochaine session. — *I. Cr.* 406.

355. Si, à raison de la non-comparution du témoin, l'affaire est renvoyée à la session suivante, tous les frais de citation, actes, voyages de témoins, et autres ayant pour objet de faire juger l'affaire, seront à la charge de ce témoin, et il y sera contraint, même par corps, sur la réquisition du procureur général, par l'arrêt qui renverra les débats à la session suivante.

Le même arrêt ordonnera, de plus, que ce témoin sera amené par la force publique devant la cour pour y être entendu.

Et néanmoins, dans tous les cas, le témoin qui ne comparaîtra pas, ou qui refusera soit de prêter serment, soit de faire sa déposition, sera condamné à la peine portée en l'article 80. — *I. Cr.* 80, 157 s., 189, 304.

356. La voie de l'opposition sera ouverte contre ces condamnations, dans les dix jours de la signification qui en aura été faite au témoin condamné ou à son domicile, outre un jour par cinq myriamètres ; et l'opposition sera reçue s'il prouve qu'il a été légitimement empêché, ou que l'amende contre lui prononcée doit être modérée. — *Pr.* 1033.

SECTION II

Du jugement et de l'exécution.

357. Le président fera comparaître l'accusé, et le greffier lira en sa présence la déclaration du jury. — *I. Cr.* 349.

358. Lorsque l'accusé aura été déclaré non coupable, le président prononcera qu'il est acquitté de l'accusation, et ordonnera qu'il soit mis en liberté, s'il n'est retenu pour autre cause.

La cour statuera ensuite sur les dommages-intérêts respectivement prétendus, après que les parties auront proposé leurs fins de non-recevoir ou leurs défenses, et que le procureur général aura été entendu.

La cour pourra néanmoins, si elle le juge convenable, commettre l'un des juges pour entendre les parties, prendre connaissance des pièces, et faire son rapport à l'audience, où les parties pourront encore présenter leurs observations, et où le ministère public sera entendu de nouveau.

L'accusé acquitté pourra aussi obtenir des dommages-intérêts contre ses dénonciateurs pour fait de calomnie ; sans néanmoins que les membres des autorités constituées puissent être ainsi poursuivis à raison des avis qu'ils sont tenus de donner, concernant les délits dont ils ont cru acquérir la connaissance dans l'exercice de leurs fonctions, et sauf contre eux la demande en prise à partie, s'il y a lieu.

Le procureur général sera tenu, sur la réquisition de l'accusé, de lui faire connaître ses dénonciateurs. — *I. Cr.* 30 s., 66 s., 161, 191, 193, 206, 361, 366, 409, 412 ; *C.* 727, 1149, 1382 s. ; *P.* 10, 51, 373.

359. Les demandes en dommages-intérêts, formées soit par l'accusé contre ses dénonciateurs ou la partie civile, soit par la partie civile contre l'accusé ou le condamné, seront portées à la cour d'assises.

La partie civile est tenue de former sa demande en dommages-intérêts avant le jugement ; plus tard, elle sera non recevable.

Il en est de même de l'accusé, s'il a connu son dénonciateur.

Dans le cas où l'accusé n'aurait connu son dénonciateur que depuis le jugement, mais avant la fin de la session, il sera tenu, sous peine de déchéance, de porter sa demande à la cour d'assises ; s'il ne l'a connu qu'après la clôture de la session, sa demande sera portée au tribunal civil.

A l'égard des tiers qui n'auraient pas été parties au procès, ils s'adresseront au tribunal civil. — *I. Cr.* 30 s., 66 s., 358, 366 ; *C.* 1149, 1382 s.

360. Toute personne acquittée légalement ne pourra plus être reprise ni accusée à raison du même fait. — *I. Cr.* 246, 350, 409.

361. Lorsque, dans le cours des débats, l'accusé aura été inculpé sur un autre fait, soit par des pièces, soit par les dépositions des témoins, le président, après avoir prononcé qu'il est acquitté de l'accusation, ordonnera qu'il soit poursuivi à raison du nouveau fait ; en conséquence, il le renverra en état de mandat de comparution ou d'amener, suivant les distinctions établies par l'article 91, et même en état de mandat d'arrêt, s'il y échet, devant le juge d'instruction de l'arrondissement où siège la cour, pour être procédé à une nouvelle instruction.

Cette disposition ne sera toutefois exécutée que dans le cas où, avant la clôture des débats, le ministère public aura fait des réserves à fin de poursuite. — *I. Cr.* 338, 379.

362. Lorsque l'accusé aura été déclaré coupable, le procureur général fera sa réquisition à la cour pour l'application de la loi.

La partie civile fera la sienne pour restitution et dommages-intérêts. — *I. Cr.* 1, 66 s., 358.

363. Le président demandera à l'accusé s'il n'a rien à dire pour sa défense.

L'accusé ni son conseil ne pourront plus plaider que le fait est faux, mais seulement qu'il n'est pas défendu ou qualifié délit par la loi, ou qu'il ne mérite pas la peine dont le procureur général a requis l'application, ou qu'il n'emporte pas de dommages-intérêts au profit de la partie civile, ou enfin que celle-ci élève trop haut les dommages-intérêts qui lui sont dus. — *I. Cr.* 362.

364. La cour prononcera l'absolution de l'accusé, si le fait dont il est déclaré coupable n'est pas défendu par une loi pénale. — *I. Cr.* 229, 299, 366, 409, 410, 429.

365. Si ce fait est défendu, la cour prononcera la peine établie par la loi, même dans le cas où, d'après les débats, il se trouverait n'être plus de la compétence de la cour d'assises.

En cas de conviction de plusieurs crimes ou délits, la peine la plus forte sera seule prononcée. — *I. Cr.* 192, 364 ; *P.* 235, 193.

366. Dans le cas d'absolution comme dans celui d'acquittement ou de condamnation, la cour statuera sur les dommages-intérêts prétendus par la partie civile ou par l'accusé ; elle les liquidera par le même arrêt, ou commettra l'un des juges pour entendre les parties, prendre connaissance des pièces, et faire du tout son rapport, ainsi qu'il est dit article 358.

La cour ordonnera aussi que les effets pris seront restitués au propriétaire.

Néanmoins, s'il y a eu condamnation, cette restitution ne sera faite qu'en justifiant, par le propriétaire, que le condamné a laissé passer les délais sans se pourvoir en cassation, ou, s'il s'est pourvu, que l'affaire est définitivement terminée. — *I. Cr.* 159, 191, 212, 358, 364 s., 373 s., 412, 474 ; *C.* 1149, 1382 s. ; *P.* 10, 51.

367. Lorsque l'accusé aura été déclaré excusable, la cour prononcera conformément au Code pénal. — *I. Cr.* 339 ; *P.* 65, 321 s.

368. L'accusé ou la partie civile qui succombera, sera condamné aux frais envers l'État et envers l'autre partie.

Dans les affaires soumises au jury, la partie civile qui n'aura pas succombé, ne sera jamais tenue des frais.

Dans le cas où elle en aura consigné, en exécution du décret du 18 juin 1811, ils lui seront restitués. — *I. Cr.* 162, 194, 211, 478.

369. Les juges délibéreront et opineront à voix basse ; ils pourront, pour cet effet, se retirer dans la chambre du conseil ; mais l'arrêt sera prononcé à haute voix par le président, en présence du public et de l'accusé.

Avant de le prononcer, le président est tenu de lire le texte de la loi sur laquelle il est fondé.

Le greffier écrira l'arrêt ; il y insérera le texte de la loi appliquée, sous peine de cent francs d'amende (1). — *I. Cr.* 163, 195, 411 ; *Pr.* 116.

370. La minute de l'arrêt sera signée par les juges qui l'auront rendu, à peine de cent francs d'amende contre le greffier, et, s'il y a lieu, de prise à partie, tant contre le greffier que contre les juges.

(1) L. 13 mai 1836, sur le mode de vote du jury au scrutin secret.

Art. 1er. Le jury votera par bulletins écrits et par scrutins distincts et successifs, sur le fait principal d'abord, et, s'il y a lieu, sur chacune des circonstances aggravantes, sur chacun des faits d'excuse légale, sur la question de discernement, et enfin sur la question des circonstances atténuantes, que le chef du jury sera tenu de poser toutes les fois que la culpabilité de l'accusé aura été reconnue.

Art. 2. A cet effet, chacun des jurés, appelé par le chef du jury, recevra de lui un bulletin ouvert, marqué du timbre de la cour d'assises et portant ces mots : *Sur mon honneur et ma conscience, ma déclaration est....* Il écrira à la suite, ou fera écrire secrètement par un juré de son choix, le mot *oui* ou le mot *non*, sur une table disposée de manière que personne ne puisse voir le vote inscrit au bulletin. Il remettra le bulletin écrit et fermé au chef du jury, qui le déposera dans une boîte destinée à cet usage.

Art. 3. Le chef du jury dépouillera chaque scrutin en présence des jurés, qui pourront vérifier les bulletins. Il constatera sur-le-champ le résultat en marge ou à la suite de la question résolue, [illegible].

Art. 4. S'il arrivait que dans le nombre des bulletins, il s'en trouvât sur lesquels aucun vote ne fût exprimé, ils seraient comptés comme favorables à l'accusé. [illegible]

Art. 5. Immédiatement après le dépouillement de chaque scrutin, les bulletins seront brûlés en présence du jury.

Art. 6. La présente loi sera affichée, en gros caractères, dans la chambre des délibérations du jury.

(1) Le président doit prononcer la [illegible] des membres de la [illegible]. — [illegible] art. [illegible] ; [illegible] — [illegible] 1852.

Elle sera signée dans les vingt-quatre heures de la prononciation de l'arrêt. — I. Cr. 195, 196, 301; Pr. 365 s.

371. Après avoir prononcé l'arrêt, le président pourra, selon les circonstances, exhorter l'accusé à la fermeté, à la résignation, ou à réformer sa conduite.

Il l'avertira de la faculté qui lui est accordée de se pourvoir en cassation, et du terme dans lequel l'exercice de cette faculté est circonscrit. — I. Cr. 373 s., 408, 416 s.

372. Le greffier dressera un procès-verbal de la séance, à l'effet de constater que les formalités prescrites ont été observées.

Il ne sera fait mention au procès-verbal, ni des réponses des accusés, ni du contenu aux dépositions, sans préjudice toutefois de l'exécution de l'article 318 concernant les changements, variations et contradictions dans les déclarations des témoins.

Le procès-verbal sera signé par le président et le greffier, et ne pourra être imprimé à l'avance.

Les dispositions du présent article seront exécutées à peine de nullité.

Le défaut de procès-verbal et l'inexécution des dispositions du troisième paragraphe qui précède seront punis de cinq cents francs d'amende contre le greffier. — I. Cr. 277, 368, 456.

373. Le condamné aura trois jours francs après celui où son arrêt lui aura été prononcé, pour déclarer au greffe qu'il se pourvoit en cassation.

Le procureur général pourra, dans le même délai, déclarer au greffe qu'il demande la cassation de l'arrêt.

La partie civile aura aussi le même délai; mais elle ne pourra se pourvoir que quant aux dispositions relatives à ses intérêts civils. — I. Cr. 1, 66.

Pendant ces trois jours, et, s'il y a eu recours en cassation, jusqu'à la réception de l'arrêt de la cour de cassation, il sera sursis à l'exécution de l'arrêt de la cour. — I. Cr. 177, 296, 371, 374 s., 407 s., 423, 442.

374. Dans les cas prévus par les articles 409 et 412 du présent Code, le procureur général ou la partie civile n'auront que vingt-quatre heures pour se pourvoir. — I. Cr. 373, 442.

375. La condamnation sera exécutée dans les vingt-quatre heures qui suivront les délais mentionnés en l'article 373, s'il n'y a point de recours en cassation; ou, en cas de recours, dans les vingt-quatre heures de la réception de l'arrêt de la Cour de cassation qui aura rejeté la demande. — I. Cr. 376 s., 380; P. 25 s.

376. La condamnation sera exécutée par les ordres du procureur général; il aura le droit de requérir directement, pour cet effet, l'assistance de la force publique. Cr. — I. Cr. 25, 99, 108, 197; P. 25, 26, 289, 473.

377. Si le condamné veut faire une déclaration, elle sera reçue par un des juges du lieu de l'exécution, assisté du greffier.

378. Le procès-verbal d'exécution sera, sous peine de cent francs d'amende, dressé par le greffier, et transcrit par lui, dans les vingt-quatre heures, au pied de la minute de l'arrêt. La transcription sera signée par lui; et il fera mention du tout, sous la même peine, en marge du procès-verbal. Cette mention sera également signée, et la transcription fera preuve comme le procès-verbal même. — 41, 83.

379. Lorsque, pendant les débats qui auront précédé l'arrêt de condamnation, l'accusé aura été inculpé, soit par des pièces, soit par des dépositions de témoins, sur d'autres crimes que ceux dont il était accusé, si ces crimes nouvellement manifestés méritent une peine plus grave que les premiers, ou si l'accusé a des complices en état d'arrestation, la cour ordonnera qu'il soit poursuivi, à raison de ces nouveaux faits, suivant les formes prescrites par le présent Code.

Dans ces deux cas, le procureur général sursoira à l'exécution de l'arrêt qui a prononcé la première condamnation, jusqu'à ce qu'il ait été statué sur le second procès. — I. Cr. 361, 365, 435.

380. Toutes les minutes des arrêts rendus aux assises seront réunies et déposées au greffe du tribunal de première instance du chef-lieu du département.

Sont exceptées les minutes des arrêts rendus par la cour d'assises du département où siège la cour royale, lesquelles resteront déposées au greffe de ladite cour.

CHAPITRE V

Du jury et de la manière de le former.

SECTION PREMIÈRE

Du jury (1).

381. Nul ne peut remplir les fonctions de juré, s'il n'a trente ans accomplis et s'il ne jouit des droits politiques et civils, à peine de nullité. — I. Cr. 396, 398; C. 7, 8 s., 17 s., 22 s.; P. 18, 28, 34, 42.

(1) [illegible]

[illegible]

Les jurés seront pris parmi les membres des collèges électoraux et parmi les personnes désignées dans les paragraphes 3 et suivants de l'article 382. — Remplacé, L. 21 novembre 1872.

382. Le 1er août de chaque année, le préfet de chaque département dressera une liste qui sera divisée en deux parties.

La première partie sera rédigée conformément à l'article 3 de la loi du 29 juin 1820, et comprendra toutes les personnes qui rempliront les conditions requises pour faire partie des collèges électoraux du département.

La seconde partie comprendra :

1° Les électeurs qui, ayant leur domicile réel dans le département, exerceraient leurs droits électoraux dans un autre département ;

2° Les fonctionnaires publics nommés par le Roi et exerçant des fonctions gratuites ;

3° Les officiers des armées de terre et de mer en retraite ;

4° Les docteurs et licenciés de l'une ou de plusieurs des facultés de droit, des sciences et des lettres; les docteurs en médecine; les membres et correspondants de l'Institut; les membres des autres sociétés savantes reconnues par le Roi;

5° Les notaires après trois ans d'exercice de leurs fonctions.

Les officiers des armées de terre et de mer en retraite ne seront portés dans la liste générale qu'après qu'il aura été justifié qu'ils jouissent d'une pension de retraite de douze cents francs au moins, et qu'ils ont depuis cinq ans un domicile réel dans le département.

Les licenciés de l'une des facultés de droit, des sciences et des lettres, qui ne seraient pas inscrits sur le tableau des avocats et des avoués près les cours et tribunaux, ou qui ne seraient pas chargés de l'enseignement de quelqu'une des matières appartenant à la faculté où ils auront pris leur licence, ne seront portés sur la liste générale qu'après qu'il aura été justifié qu'ils ont depuis dix ans

[illegible]

un domicile réel dans le département.

Dans les départements où les deux parties de la liste ne comprendraient pas huit cents individus, ce nombre sera complété par une liste supplémentaire, formée des individus les plus imposés parmi ceux qui n'auront pas été inscrits sur la première. — *Remplacé*, L. 21 novembre 1872, art. 6.

383. Les fonctions de juré sont incompatibles avec celles de ministre, de préfet, de sous-préfet, de juge, de procureur général, de procureur du Roi, et de leurs substituts.

Elles sont également incompatibles avec celles de ministre d'un culte quelconque.

Les conseillers d'État chargés d'une partie d'administration, les commissaires du Roi près les administrations ou régies, les septuagénaires seront dispensés, s'ils le requièrent. — *Remplacé*, L. 21 novembre 1872, articles 2 et 3.

384. Les listes dressées en exécution de l'article 382 seront affichées au chef-lieu de chaque commune au plus tard le 15 août, et seront arrêtées et closes le 30 septembre.

Un exemplaire en sera déposé et conservé au secrétariat des mairies, des sous-préfectures et des préfectures pour être donné en communication à toutes les personnes qui le requerront.

Il sera statué, suivant le mode établi par les articles 5 et 6 de la loi du 5 février 1817, sur les réclamations qui seraient formées contre la rédaction des listes.

Les réclamations seront inscrites au secrétariat général de la préfecture, selon l'ordre et la date de leur réception.

Elles seront formées par simple mémoire et sans frais. — L. 21 novembre 1872.

[illegible]

TITRE III

De la composition de la liste du jury pour chaque session

[illegible]

TITRE IV

Dispositions générales.

[illegible]

385. Nul ne pourra refuser de faire partie des listes prescrites par l'article 382 qu'en vertu d'une décision motivée ou d'un jugement rendu lorsque le recours ou l'appel auront un effet suspensif. — L. 21 novembre 1872.

386. Lorsque les collèges électoraux seront convoqués, la première partie de la dernière liste qui aura été arrêtée le 30 septembre précédent en exécution de l'article 384, tiendra lieu de la liste prescrite par l'article 5 de la loi du 5 février 1817 et par l'article 3 de la loi du 29 juin 1820.

Les préfets feront imprimer et afficher, dans ce cas, un tableau de rectification contenant l'indication des individus qui auront acquis ou perdu, depuis la publication de la liste générale, les qualités exigées pour exercer les droits électoraux. S'il s'est écoulé plus de deux mois depuis la clôture de la liste, les préfets feront publier et afficher de nouveau la première partie avec le tableau de rectification.

Les réclamations de ceux qui auraient été omis dans la première partie de la liste arrêtée et close le 30 septembre, et qui auraient acquis les droits électoraux antérieurement à sa publication, ne seront admises qu'autant qu'elles auront été formées avant le 1er octobre. — L. 21 novembre 1872.

387. Après le 30 septembre, les préfets extrairont, sous leur responsabilité, des listes générales dressées en exécution de l'article 382, une liste pour le service du jury de l'année suivante.

Cette liste sera composée du quart des listes générales, sans pouvoir excéder le nombre de trois cents noms, si ce n'est dans le département de la Seine, où elle sera composée de quinze cents.

Elle sera transmise immédiatement par le préfet au ministre de la justice, au premier président de la cour royale et au procureur général.

Nul ne sera porté deux ans de suite sur la liste prescrite par le présent article. — *Remplacé*, L. 21 novembre 1872, art. 11.

388. Dix jours au moins avant l'ouverture des assises, le premier président de la cour royale tirera au sort, sur la liste transmise par le préfet, trente-six noms qui formeront la liste des jurés pour toute la durée de la session.

Il tirera, en outre, quatre jurés supplémentaires pris parmi les individus mentionnés au troisième paragraphe de l'article 393.

Le tirage sera fait en audience publique de la première chambre de la cour, ou de la chambre des vacations. — *Remplacé*, L. 21 novembre 1872, art. 18.

389. La liste entière ne sera point envoyée aux citoyens qui la composent; mais le préfet notifiera à chacun d'eux l'extrait de la liste qui constate que son nom y est porté. Cette notification leur sera faite huit jours au moins avant celui où la liste doit servir.

Ce jour sera mentionné dans la notification, laquelle contiendra aussi une sommation de se trouver au jour indiqué, sous les peines portées au présent Code.

A défaut de notification à la personne, elle sera faite à son domicile, ainsi qu'à celui du maire ou de l'adjoint du lieu; celui-ci est tenu de lui en donner connaissance. — I. Cr. 396 s.; Pr. 68. C. 102.

390. Si parmi les quarante individus désignés par le sort il s'en trouve un ou plusieurs qui, depuis la formation de la liste arrêtée en exécution de l'article 387, soient décédés, ou aient été légalement privés des capacités exigées pour exercer les fonctions de juré, ou aient accepté un emploi incompatible avec ces fonctions, la cour, après avoir entendu le procureur général, procédera, séance tenante, à leur remplacement. — L. 21 novembre 1872, art. 19.

Ce remplacement aura lieu dans la forme déterminée par l'article 388.

391. La liste des jurés sera comme non avenue après le service pour lequel elle aura été formée.

Hors le cas d'assises extraordinaires, les jurés qui auront satisfait aux réquisitions prescrites par l'article 389, ne pourront être placés plus d'une fois dans la même année sur la liste formée en exécution de l'article 387.

Dans les cas d'assises extraordinaires, ils ne pourront être placés sur cette liste plus de deux fois dans la même année.

Ne seront pas considérés comme ayant satisfait auxdites réquisitions ceux qui auront, avant l'ouverture de la session, fait admettre des excuses dont la cour d'assises aura jugé les causes temporaires.

Leurs noms, et ceux des jurés condamnés à l'amende pour la première ou deuxième fois, seront, immédiatement après la session, adressés au premier président de la cour royale, qui les reportera sur la liste formée en exécution de l'article 387; et s'il ne reste plus de tirage à faire pour la même année, ils seront ajoutés à la liste de l'année suivante.

392. Nul ne peut être juré dans la même affaire où il aura été officier de police judiciaire, témoin, interprète, expert ou partie, à peine de nullité.

SECTION II

De la manière de former et de convoquer le jury.

393. Au jour indiqué pour le jugement de chaque affaire, s'il y a moins de trente jurés présents, ce nombre sera complété par les jurés supplémentaires mentionnés en l'article 388, lesquels seront appelés dans l'ordre de leur inscription sur la liste formée en vertu dudit article.

En cas d'insuffisance, le président désignera, en audience publique, et par la voie du sort, les jurés qui devront remplacer le nombre de trente.

Ils seront pris parmi ceux des individus inscrits sur la liste dressée en exécution de l'article 387 qui résideront dans la ville où se tiendront les assises, et subsidiairement parmi les autres habitants de cette ville qui seront compris dans les listes prescrites par l'article 382.

Les dispositions de l'article 391 ne s'appliquent pas aux remplacements opérés en vertu du présent article. — *Remplacé*, L. 21 novembre 1872, art. 15-19.

394. Le nombre de douze jurés est nécessaire pour former un jury.

Lorsqu'un procès criminel paraîtra de nature à entraîner de longs débats, la cour d'assises pourra ordonner, avant le tirage de la liste des jurés, qu'indépendamment de douze jurés, il en sera tiré au sort un ou deux autres qui assisteront aux débats.

Dans le cas où l'un ou deux des douze jurés seraient empêchés de suivre les débats jusqu'à la déclaration définitive du jury, ils seront remplacés par les jurés suppléants.

Le remplacement se fera suivant l'ordre dans lequel les jurés suppléants auront été appelés par le sort. — I. Cr. 399, 399 s.

395. La liste des jurés sera notifiée à chaque accusé la veille du jour déterminé pour la formation du tableau; cette notification sera nulle, ainsi que tout ce qui aura suivi, si elle est faite plus tôt ou plus tard. — I. Cr. 387, 408, 449.

396. Tout juré qui ne se sera pas rendu à son poste sur la citation qui lui aura été notifiée, sera condamné par la cour d'assises à une amende, laquelle sera,

Pour la première fois, de cinq cents francs; — L. 22 novembre 1871, art. 20.

Pour la seconde, de mille francs;

Et pour la troisième, de quinze cents francs.

Cette dernière fois, il sera de plus déclaré incapable d'exercer à l'avenir les fonctions de juré. L'arrêt sera imprimé et affiché à ses frais. — I. Cr. 397 s.

397. Seront exceptés ceux qui justifieront qu'ils étaient dans l'impossibilité de se rendre au jour indiqué.

La cour prononcera sur la validité de l'excuse. — I. Cr. 396, 398; P. 159, 160, 236.

398. Les peines portées en l'article 396 sont applicables à tout juré qui, même s'étant rendu à son poste, se retirerait avant l'expiration de ses fonctions, sans une excuse valable qui sera également jugée par la cour. — P. 159, 160, 236.

399. Au jour indiqué, et pour chaque affaire, l'appel des jurés non excusés et non dispensés sera fait avant l'ouverture de l'audience, en leur présence, en présence de l'accusé et du procureur général.

Le nom de chaque juré répondant à l'appel sera déposé dans une urne.

L'accusé premièrement ou son conseil, et le procureur général, récuseront tels jurés qu'ils jugeront à propos, à mesure que leurs noms sortiront de l'urne, sauf la limitation exprimée ci-après.

L'accusé, son conseil, ni le procureur général, ne pourront exposer leurs motifs de récusation.

Le jury de jugement sera formé à l'instant où il sera sorti de l'urne douze noms de jurés non récusés. — I. Cr. 393, 395, 399, 399 s., 400 s.

400. Les récusations que pourront faire l'accusé et le procureur général s'arrêteront lorsqu'il ne restera que douze jurés. — I. Cr. 399, 401 s.

401. L'accusé et le procureur général pourront exercer un égal nombre de récusations; et cependant, si les jurés sont en nombre impair, les accusés pourront exercer une récusation de plus que le procureur général. — I. Cr. 399 s., 402 s.

402. S'il y a plusieurs accusés, ils pourront se concerter pour exercer leurs récusations; ils pourront les exercer séparément.

Dans l'un et l'autre cas, ils ne pourront excéder le nombre de récusations déterminé pour un seul accusé par les articles précédents. — I. Cr. 399 s., 403 s.

403. Si les accusés ne se concertent pas pour récuser, le sort réglera entre eux le rang dans lequel ils feront les récusations. Dans ce cas, les jurés récusés par un seul, et dans cet ordre, le seront pour tous, jusqu'à ce que le nombre des récusations soit épuisé. — I. Cr. 399 s., 404.

404. Les accusés pourront se concerter pour exercer une partie des récusations, sauf à exercer le surplus suivant le rang fixé par le sort. — I. Cr. 402 s.

405. L'examen de l'accusé commencera immédiatement après la formation du tableau. — I. Cr. 399, 310 s.

406. Si, par quelque événement, l'examen des accusés sur les délits ou sur quelques-uns des délits compris dans l'acte ou dans les actes d'accusation, est renvoyé à la session suivante, il sera fait une autre liste; il sera procédé à de nouvelles récusations, et à la formation d'un nouveau tableau de douze jurés, d'après les règles prescrites ci-dessus, à peine de nullité. — I. Cr. 306, 331, 352 s., 357 s., 394, 399 s., 408.

TITRE TROISIÈME

DES MANIÈRES DE SE POURVOIR CONTRE LES ARRÊTS OU JUGEMENTS.

(Loi décrétée le 16 décembre 1808, promulguée le 26.)

CHAPITRE PREMIER

Des nullités de l'instruction et du jugement.

407. Les arrêts et jugements rendus en dernier ressort, en matière criminelle, correctionnelle ou de police, ainsi que l'instruction et les poursuites qui les auront précédés, pourront être annulés dans les cas suivants (1), et sur des recours dirigés d'après les distinctions qui vont être établies (2). — I. Cr. 177, 216, 408-417, 373.

§ Ier. — *Matières criminelles.*

408. Lorsque l'accusé aura subi une condamnation, et que, soit dans l'arrêt de la cour royale qui aura ordonné son renvoi devant une cour d'assises, soit dans l'instruction et la procédure qui auront été faites devant cette dernière cour, soit dans l'arrêt même de condamnation, il y aura eu violation ou omission de quelques-unes des formalités que le présent Code prescrit sous peine de nullité, cette omission ou violation donnera lieu, sur la poursuite de la partie condamnée ou du ministère public, à l'annulation de l'arrêt de condamnation et de ce qui l'a précédé, à partir du plus ancien acte nul.

Il en sera de même, tant dans les cas d'incompétence que lorsqu'il aura été omis ou refusé de prononcer, soit sur une ou plusieurs demandes de l'accusé, soit sur une ou plusieurs réquisitions du ministère public, tendant à user d'une faculté ou d'un droit accordé par la loi, bien que la peine de nullité ne fût pas textuellement attachée à l'absence de la formalité dont l'exécution aura été demandée ou requise. — I. Cr. 220, 231, 276, 278, 415, 416, 422, 435, 470, 539. — L. 20 avril 1810, *sur l'organisation judiciaire.*

409. Dans le cas d'acquittement de l'accusé, l'annulation de l'ordonnance qui l'aura prononcé et de ce qui l'aura précédé, ne pourra être poursuivie par le ministère public que dans l'intérêt de la loi et sans préjudicier à la partie acquittée. — I. Cr. 358, 360, 374, 412, 441, 442.

410. Lorsque la nullité procédera de ce que l'arrêt aura prononcé une peine autre que celle appliquée par la loi à la nature du crime, l'annulation de l'arrêt pourra être poursuivie tant par le ministère public que par la partie condamnée.

La même action appartiendra au ministère public contre les arrêts d'absolution mentionnés en l'article 364, si l'absolution a été prononcée sur le fondement de la non-existence d'une loi pénale qui pourtant aurait existé. — I. Cr. 365, 434.

411. Lorsque la peine prononcée sera la même que celle portée par la loi qui s'applique au crime, nul ne pourra demander l'annulation de l'arrêt, sous le prétexte qu'il y aurait erreur dans la citation du texte de la loi. — I. Cr. 163, 195, 369, 414.

412. Dans aucun cas la partie civile ne pourra poursuivre l'annulation d'une ordonnance d'acquittement ou d'un arrêt d'absolution; mais, si l'arrêt a prononcé contre elle des condamnations civiles, supérieures aux demandes de la partie acquittée ou absoute, cette disposition de l'arrêt pourra être annulée sur la demande de la partie civile. — I. Cr. 358, 366, 374, 409, 436.

§ II. — *Matières correctionnelles et de police.*

413. Les voies d'annulation exprimées en l'article 408 sont, en matière correctionnelle et de police, respectivement ouvertes à la partie poursuivie pour un délit ou une contravention, au ministère public, et à la partie civile, s'il y en a une, contre tous arrêts ou jugements en dernier ressort, sans distinction de ceux qui ont prononcé le renvoi de la partie ou sa condamnation.

Néanmoins, lorsque le renvoi de cette partie aura été prononcé, nul ne pourra se prévaloir contre elle de la violation ou omission des formes prescrites pour assurer sa défense. — I. Cr. 16, 145, 177, 182, 216, 408, 414, 416, 426, 427.

414. La disposition de l'article 411 est applicable aux arrêts et jugements en dernier ressort rendus en matière correctionnelle et de police.

§ III. — *Dispositions communes aux deux paragraphes précédents.*

415. Dans le cas où, soit la cour de cassation, soit une cour royale, annulera une instruction, elle pourra ordonner que les frais de la procédure à recommencer seront à la charge de l'officier ou juge instructeur qui aura commis la nullité.

Néanmoins la présente disposition n'aura lieu que pour des fautes très graves, et à l'égard seulement des nullités qui seront commises deux ans après la mise en activité du présent Code. — I. Cr. 280, 281, 408; Pr. 1031.

CHAPITRE II

Des demandes en cassation.

416. Le recours en cassation contre les arrêts préparatoires et d'instruction, ou les jugements en dernier ressort de cette qualité, ne sera ouvert qu'après l'arrêt ou jugement définitif; l'exécution volontaire de tels arrêts ou jugements préparatoires ne pourra, en aucun cas, être opposée comme fin de non-recevoir.

La présente disposition ne s'applique point aux arrêts ou jugements rendus sur la compétence. — I. Cr. 177, 276, 299-301, 408, 413, 539.

417. La déclaration du recours sera faite au greffier par la partie condamnée, et signée d'elle et du greffier; et si le déclarant ne peut ou ne veut signer, le greffier en fera mention.

Cette déclaration pourra être faite, dans la même forme, par l'avoué de la partie condamnée, ou par un fondé de pouvoir spécial; dans ce dernier cas, le pouvoir demeurera annexé à la déclaration.

Elle sera inscrite sur un registre à ce destiné; ce registre sera public, et toute personne aura le droit de s'en faire délivrer des extraits. — I. Cr. 177, 216, 373 s.; [illegible].

418. Lorsque le recours en cassation contre un arrêt ou jugement en dernier ressort, rendu en matière criminelle, correctionnelle ou de police, sera exercé soit par la partie civile, s'il y en a une, soit par le ministère public, ce recours, outre l'inscription énoncée dans l'article précédent, sera notifié à la partie contre laquelle il sera dirigé, dans le délai de trois jours.

Lorsque cette partie sera actuellement détenue, l'acte contenant la déclaration de recours lui sera lu par le greffier; elle le signera; et si elle ne le peut ou ne le veut, le greffier en fera mention.

Lorsqu'elle sera en liberté, le demandeur en cassation lui notifiera son recours par le ministère d'un huissier, soit à sa personne, soit au domicile par elle élu: le délai sera, en ce cas, augmenté d'un jour par chaque distance de trois myriamètres. — I. Cr. 417; Pr. 68, 1033.

419. La partie civile qui se sera pourvue en cassation est tenue de joindre aux pièces une expédition authentique de l'arrêt.

Elle est tenue, à peine de déchéance, de consigner une amende de cent cinquante francs, ou de la moitié de cette somme si l'arrêt est rendu par contumace ou par défaut. — I. Cr. 66, 240 s., 436, 437.

420. (L. 28 juin 1877.) Sont dispensés de l'amende: 1° les condamnés en matière criminelle; 2° les agents publics pour affaires qui concernent directement l'administration et les domaines de l'État. — A l'égard de toutes autres personnes, l'amende sera encourue par celles qui succomberont dans leur recours. Seront néanmoins dispensés de la consigner: 1° les condamnés en matière correctionnelle et de police emportant privation de la liberté; 2° les personnes qui joindront à leur demande en cassation: premièrement, un extrait du rôle des contributions constatant qu'elles payent moins de six francs ou un certificat du percepteur de leur commune, portant qu'elles ne sont point imposées, et deuxièmement, un certificat constatant qu'elles sont, à raison de leur indigence, dans l'impossibilité de consigner l'amende. Ce certificat leur sera délivré par le maire de la commune de leur domicile ou par son adjoint, approuvé par le sous-préfet de l'arrondissement ou dans l'arrondissement du chef-lieu du département, par le préfet.

421. (L. 28 juin 1877.) Seront déclarés déchus de leur pourvoi en cassation, les condamnés à une peine emportant privation de la liberté, pour une durée de plus de six mois qui ne seront pas en état, ou qui n'auront pas été mis en liberté provisoire avec ou sans caution. L'acte de leur écrou ou de leur mise en liberté sera produit devant la Cour de cassation, au plus tard au moment où l'affaire y sera appelée. Il suffira au demandeur, pour que son recours soit reçu, de justifier qu'il s'est actuellement constitué dans la maison de justice du lieu où siège la Cour de cassation; le gardien de cette maison pourra l'y recevoir sur la représentation de sa demande adressée au procureur général près cette cour, visée par ce magistrat.

422. Le condamné ou la partie civile, soit en faisant sa déclaration, soit dans les dix jours suivants, pourra déposer au greffe de la cour ou du tribunal qui aura rendu l'arrêt ou le jugement attaqué, une requête contenant ses moyens de cassation. Le greffier lui en donnera reconnaissance et remettra sur-le-champ cette requête au magistrat chargé du ministère public (1). — I. Cr. 419 s., 424.

423. Après les dix jours qui suivront la déclaration, ce magistrat fera passer au ministre de la justice les pièces du procès et les requêtes des parties, si elles en ont déposé.

Le greffier de la cour ou du tribunal qui aura rendu l'arrêt ou le jugement attaqué rédigera sans frais et joindra un inventaire des pièces, sous peine de cent francs d'amende, laquelle sera prononcée par la cour de cassation. — I. Cr. 424.

424. Dans les vingt-quatre heures de la réception de ces pièces, le ministre de la justice les adressera à la cour de cassation, et il en donnera avis au magistrat qui les lui aura transmises.

Les condamnés pourront aussi transmettre directement au greffe de la cour de cassation, soit leurs requêtes, soit les expéditions ou copies signifiées tant de l'arrêt ou du jugement que de leurs demandes en cassation; néanmoins la partie civile ne pourra user du bénéfice de la présente disposition sans le ministère d'un avocat à la cour de cassation.

425. La cour de cassation, en toute affaire criminelle, correctionnelle ou de police, pourra statuer sur le recours en cassation aussitôt après l'expiration des délais portés au présent chapitre, et devra y statuer dans le mois au plus tard, à compter du jour où ces délais seront expirés. — I. Cr. 426 s.

426. La cour de cassation rejettera la demande ou annulera l'arrêt ou le jugement, sans qu'il soit besoin d'un arrêt préalable d'admission. — I. Cr. 408, 413, 427 s.

427. Lorsque la cour de cassation annulera un arrêt ou un jugement rendu, soit en matière correctionnelle, soit en matière de police, elle renverra le procès et les parties devant une cour ou un tribunal de même qualité que celui qui aura rendu l'arrêt ou le jugement annulé. — I. Cr. 413, 426, 429.

428. Lorsque la cour de cassation annulera un arrêt rendu en matière criminelle, il sera procédé comme il est dit aux sept articles suivants. — I. Cr. 429 s.

429. La cour de cassation prononcera le renvoi du procès, savoir:

Devant une cour royale autre que celle qui aura réglé la compétence et prononcé la mise en accusation, si l'arrêt est annulé pour l'une des causes exprimées en l'article 299;

Devant une cour d'assises autre que celle qui aura rendu l'arrêt, si l'arrêt et l'instruction sont annulés pour cause de nullités commises à la cour d'assises;

Devant un tribunal de première instance autre que celui auquel aura appartenu le juge d'instruction, si l'arrêt et l'instruction sont annulés aux chefs seulement qui concernent les intérêts civils: dans ce cas, le tribunal sera saisi sans citation préalable en conciliation.

Si l'arrêt et la procédure sont annulés pour cause d'incompétence, la cour de cassation renverra le procès devant les juges qui doivent en connaître, et les désignera; toutefois, si la compétence se trouvait appartenir

(1) Voir divers cas de nullité aux articles [illegible] du Code d'instruction criminelle.

(2) Les articles [illegible] de la loi du [illegible] et les articles [illegible] de la loi du [illegible] règlent l'exercice du pourvoi en cassation [illegible] sur les [illegible].

(1) L. 29 avril 1806, art. 2: Le prévenu en police correctionnelle ne sera pas recevable à présenter, comme moyen de cassation, les nullités commises en première instance, et qu'il n'aurait pas opposées devant la cour d'appel, en exceptant seulement la nullité pour cause d'incompétence.

au tribunal de première instance où siège le juge qui aurait fait la première instruction, le renvoi sera fait à un autre tribunal de première instance. [illegible]

430. Dans tous les cas où la cour de cassation est autorisée à choisir une cour ou un tribunal pour le jugement d'une affaire renvoyée, ce choix ne pourra résulter que d'une délibération spéciale prise en la chambre du conseil [illegible]

431. Les nouveaux juges d'instruction [illegible]

432. Lorsque le renvoi sera fait à une cour royale, [illegible]

433. Lorsque le renvoi sera fait [illegible]

434. Si l'arrêt a été annulé pour avoir prononcé une peine autre que celle que la loi applique à la nature du crime, [illegible]

435. L'accusé dont la condamnation aura été annulée, [illegible]

436. La partie civile qui succombera dans son recours, [illegible]

437. Lorsque l'arrêt ou le jugement aura été annulé, l'amende consignée sera rendue [illegible]

438. Lorsqu'une demande en cassation aura été rejetée, la partie qui l'avait formée ne pourra plus se pourvoir en cassation contre le même arrêt ou jugement, [illegible]

439. L'arrêt qui aura rejeté la demande en cassation [illegible]

440. Lorsque, après une première cassation, [illegible]

441. Lorsque, sur l'exhibition d'un ordre formel à lui donné par le ministre de la justice, le procureur général près la cour de cassation [illegible]

442. Lorsqu'il aura été rendu par une cour royale ou d'assises, ou par un tribunal correctionnel ou de police, un arrêt ou jugement en dernier ressort, [illegible]

CHAPITRE III

Des demandes en revision et des indemnités aux victimes d'erreurs judiciaires.

443 (*L. 8 juin 1895.*) La revision pourra être demandée en matière criminelle ou correctionnelle, [illegible]

444 (*L. 8 juin 1895.*) Le droit de demander la revision appartiendra dans les trois premiers cas : [illegible]

445 (*L. 8 juin 1895.*) En cas de recevabilité, [illegible]

Art. Modifié
voir 2e supp.

446 (*L. 8 juin 1895.*) L'arrêt ou le jugement de revision [illegible]

447. (*L. 8 juin 1895.*) [illegible]

TITRE QUATRIÈME

DE QUELQUES PROCÉDURES PARTICULIÈRES

[illegible]

CHAPITRE PREMIER

Du faux.

448. Dans tous les procès pour faux en écriture, [illegible]

449. Si la pièce arguée de faux est tirée d'un dépôt public, [illegible] et le paraphera, comme il vient d'être dit, sous peine d'une pareille amende. — *I. Cr.* 448.

450. La pièce arguée de faux sera de plus signée par l'officier de police judiciaire, et par la partie civile ou son avoué, si ceux-ci se présentent.

Elle le sera également par le prévenu, au moment de sa comparution.

Si les comparants, ou quelques-uns d'entre eux, ne peuvent pas ou ne veulent pas signer, le procès-verbal en fera mention.

En cas de négligence ou d'omission, le greffier sera puni de cinquante francs d'amende. — *I. Cr.* 448.

451. Les plaintes et dénonciations en faux pourront toujours être suivies, lors même que les pièces qui en sont l'objet auraient servi de fondement à des actes judiciaires ou civils. — *I. Cr.* 31, 63; *Pr.* 214, 226.

452. Tout dépositaire public ou particulier de pièces arguées de faux est tenu, sous peine d'y être contraint par corps, de les remettre, sur l'ordonnance donnée par l'officier du ministère public ou par le juge d'instruction.

Cette ordonnance et l'acte de dépôt lui serviront de décharge envers tous ceux qui auront intérêt à la pièce. — *I. Cr.* [illegible]

453. Les pièces qui seront fournies pour servir de comparaison seront signées et paraphées, comme il est dit aux trois premiers articles du présent chapitre pour la pièce arguée de faux, et sous les mêmes peines. — *I. Cr.* [illegible]

454. Tous dépositaires publics pourront être contraints, même par corps, à fournir les pièces de comparaison qui seront en leur possession : l'ordonnance par écrit et l'acte de dépôt leur serviront de décharge envers ceux qui pourraient avoir intérêt à ces pièces. — *I. Cr.* [illegible]

455. S'il est nécessaire de déplacer une pièce authentique, il en sera laissé au dépositaire une copie collationnée, laquelle sera vérifiée sur la minute ou l'original par le président du tribunal de son arrondissement, qui en dressera procès-verbal; et si le dépositaire est une personne publique, cette copie sera par lui mise au rang de ses minutes pour en tenir lieu jusqu'au renvoi de la pièce, et il pourra en délivrer des grosses ou expéditions, en faisant mention du procès-verbal.

Néanmoins, si la pièce se trouve faire partie d'un registre, de manière à ne pouvoir en être momentanément distraite, le tribunal pourra, en ordonnant l'apport du registre, dispenser de la formalité établie par le présent article. — *C.* [illegible]

456. Les écritures privées peuvent aussi être produites pour pièces de comparaison, et être admises à ce titre, si les parties intéressées les reconnaissent.

Néanmoins, les particuliers qui, même de leur aveu, en sont possesseurs, ne peuvent être immédiatement contraints à les remettre; mais si, après avoir été cités devant le tribunal saisi pour faire cette remise ou déduire les motifs de leur refus, ils succombent, l'arrêt ou le jugement pourra ordonner qu'ils y seront contraints par corps. — *Pr.* 200.

457. Lorsque les témoins s'expliqueront sur une pièce du procès, ils la parapheront et la signeront; et s'ils ne peuvent signer, le procès-verbal en fera mention. — *Pr.* 212, 235.

458. Si, dans le cours d'une instruction ou d'une procédure, une pièce produite est arguée de faux par l'une des parties, elle sommera l'autre de déclarer si elle entend se servir de la pièce. — *I. Cr.* 459 s.; *Pr.* 214, 215, 216, 427.

459. La pièce sera rejetée du procès, si la partie déclare qu'elle ne veut pas s'en servir, ou si, dans le délai de huit jours, elle ne fait aucune déclaration; et il sera passé outre à l'instruction et au jugement.

Si la partie déclare qu'elle entend se servir de la pièce, l'instruction sur le faux sera suivie incidemment devant la cour ou le tribunal saisi de l'affaire principale. — *C.* 1319; *Pr.* 215, 217 s.

460. Si la partie qui a argué de faux la pièce soutient que celui qui l'a produite est l'auteur ou le complice du faux, ou s'il résulte de la procédure que l'auteur ou le complice du faux soit vivant, et la poursuite du crime non éteinte par la prescription, l'accusation sera suivie criminellement dans les formes ci-dessus prescrites.

Si le procès est engagé au civil, il sera sursis au jugement jusqu'à ce qu'il ait été prononcé sur le faux.

S'il s'agit de crimes, délits ou contraventions, la cour ou le tribunal saisi est tenu de décider préalablement, et après avoir entendu l'officier chargé du ministère public, s'il y a lieu ou non à surseoir. — *I. Cr.* 448 s., 637; *Pr.* [illegible]

461. Le prévenu ou l'accusé pourra être requis de produire et de former un corps d'écriture; en cas de refus ou de silence, le procès-verbal en fera mention. — *Pr.* 206.

462. Si une cour ou un tribunal trouve dans la vue d'un procès, même civil, des indices sur un faux et sur la personne qui l'a commis, l'officier chargé du ministère public ou le président transmettra les pièces au substitut du procureur général près le juge d'instruction, soit du lieu où le délit paraîtra avoir été commis, soit du lieu où le prévenu pourra être saisi, et il pourra même délivrer le mandat d'amener. — *I. Cr.* [illegible]

463. Lorsque des actes authentiques auront été déclarés faux en tout ou en partie, la cour ou le tribunal qui aura connu du faux ordonnera qu'ils soient rétablis, rayés ou réformés, et du tout il sera dressé procès-verbal.

Les pièces de comparaison seront renvoyées dans les dépôts d'où elles auront été tirées, ou seront remises aux personnes qui les auront communiquées, le tout dans le délai de quinzaine à compter du jour de l'arrêt ou du jugement, à peine d'une amende de cinquante francs contre le greffier. — *I. Cr.* [illegible]

464. Le surplus de l'instruction sur le faux se fera comme sur les autres délits, sauf l'exception suivante.

Les présidents des cours d'assises, les procureurs généraux ou leurs substituts, les juges d'instruction et les juges de paix, pourront continuer, hors de leur ressort, les visites nécessaires chez les personnes soupçonnées d'avoir fabriqué, introduit, distribué de faux papiers royaux, de faux billets de la banque de France ou des banques de départements.

La présente disposition a lieu également pour le crime de fausse monnaie, ou de contrefaçon du sceau de l'État. — *I. Cr.* 3, 4.

CHAPITRE II

Des contumaces.

465. Lorsqu'après un arrêt de mise en accusation, l'accusé n'aura pu être saisi, ou ne se présentera pas dans les dix jours de la notification qui en aura été faite à son domicile,

Ou lorsqu'après s'être présenté ou avoir été saisi, il se sera évadé,

Le président de la cour d'assises, ou, en son absence, le président du tribunal de première instance, et, à défaut de l'un et de l'autre, le plus ancien juge de ce tribunal, rendra une ordonnance portant qu'il sera tenu de se représenter dans un nouveau délai de dix jours, sinon, qu'il sera déclaré rebelle à la loi, qu'il sera suspendu de l'exercice des droits de citoyen, que ses biens seront séquestrés pendant l'instruction de la contumace, que toute action en justice lui sera interdite pendant le même temps, qu'il sera procédé contre lui, et que toute personne est tenue d'indiquer le lieu où il se trouve.

Cette ordonnance fera de plus mention du crime et de l'ordonnance de prise de corps. — *I. Cr.* 231, 241, [illegible]

466. Cette ordonnance sera publiée à son de trompe ou de caisse, le dimanche suivant, et affichée à la porte du domicile de l'accusé, à celle du maire, et à celle de l'auditoire de la cour d'assises.

Le procureur général ou son substitut adressera aussi cette ordonnance au directeur des domaines et droits d'enregistrement du domicile du contumax. — *I. Cr.* [illegible]

467. Après un délai de dix jours, il sera procédé au jugement de la contumace. — *I. Cr.* 468.

468. Aucun conseil, aucun avoué, ne pourra se présenter pour défendre l'accusé contumax.

Si l'accusé est absent du territoire européen de la France, ou s'il est dans l'impossibilité absolue de se rendre, ses parents ou ses amis pourront présenter son excuse et en plaider la légitimité. — *I. Cr.* [illegible]

469. Si la cour trouve l'excuse légitime, elle ordonnera qu'il sera sursis au jugement de l'accusé et au séquestre de ses biens pendant un temps qui sera fixé, eu égard à la nature de l'excuse et à la distance des lieux. — *I. Cr.* [illegible]

470. Hors ce cas, il sera procédé de suite à la lecture de l'arrêt de renvoi à la cour d'assises, de l'acte de notification de l'ordonnance ayant pour objet la représentation du contumax, et des procès-verbaux dressés pour en constater la publication et l'affiche.

Après cette lecture, la cour, sur les conclusions du procureur général ou de son substitut, prononcera sur la contumace.

Si l'instruction n'est pas conforme à la loi, la cour la déclarera nulle, et ordonnera qu'elle sera recommencée, à partir du plus ancien acte illégal.

Si l'instruction est régulière, la cour prononcera sur l'accusation et statuera sur les intérêts civils, le tout sans assistance ni intervention de jurés. — *I. Cr.* [illegible]

471. Si le contumax est condamné, ses biens seront, à partir de l'exécution de l'arrêt, considérés et régis comme biens d'absent; et le compte du séquestre sera rendu à qui il appartiendra, après que la condamnation sera devenue irrévocable par l'expiration du délai donné pour purger la contumace. — *I. Cr.* [illegible]

472. (*L.* 2 *janvier* 1850.) Extrait du jugement de condamnation sera, dans les huit jours de la prononciation, à la diligence du procureur général ou de son substitut, inséré dans l'un des journaux du département du dernier domicile du condamné.

Il sera affiché, en outre, à la porte : 1° de ce dernier domicile; 2° de la maison commune du chef-lieu d'arrondissement où le crime a été commis; 3° du prétoire de la cour d'assises.

Pareil extrait sera, dans le même délai, adressé au directeur de l'administration de l'enregistrement et des domaines du domicile du contumax.

Les effets que la loi attache à l'exécution par effigie seront produits à partir de la date du dernier procès-verbal constatant l'accomplissement de la formalité de l'affiche prescrite par le présent article. — *I. Cr.* 466; *C.* 27.

473. Le recours en cassation ne sera ouvert contre les jugements de contumace qu'au procureur général et à la partie civile en ce qui la regarde. — *I. Cr.* 373 s., 416 s.

474. En aucun cas la contumace d'un accusé ne suspendra ni ne retardera de plein droit l'instruction à l'égard de ses coaccusés présents.

La cour pourra ordonner, après le jugement de ceux-ci, la remise des effets déposés au greffe comme pièces de conviction, lorsqu'ils seront réclamés par les propriétaires ou ayants droit. Elle pourra aussi ne l'ordonner qu'à charge de représenter, s'il y a lieu.

Cette remise sera précédée d'un procès-verbal de description dressé par le greffier, à peine de cent francs d'amende. — *I. Cr.* [illegible]

475. Durant le séquestre, il peut être accordé des secours à la femme, aux enfants, au père ou à la mère de l'accusé, s'ils sont dans le besoin.

Ces secours sont réglés par l'autorité administrative. — *I. Cr.* 465, 471.

476. Si l'accusé se constitue prisonnier, ou s'il est arrêté avant que la peine soit éteinte par prescription, le jugement rendu par contumace et les procédures faites contre lui depuis l'ordonnance de prise de corps ou de se représenter, seront anéantis de plein droit, et il sera procédé à son égard dans la forme ordinaire.

Si cependant la condamnation par contumace était de nature à emporter la mort civile (1), et si l'accusé n'a été arrêté ou ne s'est représenté qu'après les cinq ans qui ont suivi l'exécution du jugement de contumace, ce jugement, conformément à l'article 30 du Code civil, conservera, pour le passé, les effets que la mort civile aurait produits dans l'intervalle écoulé depuis l'expiration des cinq ans jusqu'au jour de la comparution de l'accusé en justice. — *I. Cr.* [illegible]

477. Dans les cas prévus par l'article précédent, si, pour quelque cause que ce soit, des témoins ne peuvent être produits aux débats, leurs dépositions écrites et les réponses écrites des autres accusés du même délit seront lues à l'audience; il en sera de même de toutes les autres pièces qui seront jugées, par le président, être de nature à répandre la lumière sur le délit et les coupables.

478. Le contumax qui, après s'être représenté, obtiendrait son renvoi de l'accusation, sera toujours condamné aux frais occasionnés par sa contumace. — *I. Cr.* 368, 377, 512.

CHAPITRE III

Des crimes commis par des juges, hors de leurs fonctions et dans l'exercice de leurs fonctions.

SECTION PREMIÈRE

De la poursuite et instruction contre des juges pour crimes et délits par eux commis hors de leurs fonctions.

479. Lorsqu'un juge de paix, un membre de tribunal correctionnel ou de première instance, ou un officier chargé du ministère public près l'un de ces tribunaux, sera prévenu d'avoir commis hors de ses fonctions, un délit emportant une peine correctionnelle,

(1) [illegible]

CHAPITRE IV

Des droits conférés au respect de ses auxiliaires particuliers.

CHAPITRE V

De la manière dont seront faites, en matière criminelle, correctionnelle et de police, les dénonciations des crimes et des délits par toutes fonctions publiques de l'État.

Il sera, à cet effet, adressé par la cour ou le juge d'instruction saisi de l'affaire, au président ci-dessus nommé, un état des faits, demandes et questions sur lesquels le témoignage est requis.

Ce président se transportera aux demeures des personnes dont il s'agit, pour recevoir leurs dépositions. — I. Cr. 83, 488, 514.

512. Les dépositions ainsi reçues seront immédiatement remises au greffe, ou envoyées closes et cachetées à celui de la cour ou du juge requérant, et communiquées sans délai à l'officier chargé du ministère public.

Dans l'examen devant le jury, elles seront lues publiquement aux jurés et soumises aux débats, sous peine de nullité. — I. Cr. 280, 514, 516.

513. Dans le cas où le Roi aurait ordonné ou autorisé la comparution de quelques-unes des personnes ci-dessus désignées devant le jury, l'ordonnance désignera le cérémonial à observer à leur égard. — I. Cr. 516.

514. A l'égard des ministres autres que le ministre de la justice, des grands officiers de la couronne, conseillers d'État chargés d'une partie dans l'administration publique, généraux en chef actuellement en service, ambassadeurs ou autres agents du Roi accrédités près les cours étrangères, il sera procédé comme il suit :

Si leur déposition est requise devant la cour d'assises, ou devant le juge d'instruction du lieu de leur résidence ou de celui où ils se trouveraient accidentellement, ils devront la fournir dans les formes ordinaires.

S'il s'agit d'une déposition relative à une affaire poursuivie hors du lieu où ils résident pour l'exercice de leurs fonctions et de celui où ils se trouveraient accidentellement, et si cette déposition n'est pas requise devant le jury, le président ou le juge d'instruction saisi de l'affaire adressera à celui du lieu où résident ces fonctionnaires à raison de leurs fonctions un état des faits, demandes et questions sur lesquels leur témoignage est requis.

S'il s'agit du témoignage d'un agent résidant auprès d'un gouvernement étranger, cet état sera adressé au ministre de la justice, qui en fera le renvoi sur les lieux, et désignera la personne qui recevra la déposition. — I. Cr. 511, 515 s.; Décr. du 4 mai 1812, relatif au mode de citation en témoignage des ministres et fonctionnaires.

515. Le président ou le juge d'instruction auquel sera adressé l'état mentionné en l'article précédent, fera assigner le fonctionnaire devant lui, et recevra sa déposition par écrit. — I. Cr. 514.

516. Cette déposition sera envoyée close et cachetée au greffe de la cour ou du juge requérant, communiquée et lue, comme il est dit en l'article 512, et sous les mêmes peines. — I. Cr. 480, 511, 513.

517. Si les fonctionnaires de la qualité exprimée dans l'article 514 sont cités à comparaître comme témoins devant un jury assemblé hors du lieu où ils résident pour l'exercice de leurs fonctions, ou de celui où ils se trouveraient accidentellement, ils pourront en être dispensés par une ordonnance du Roi.

Dans ce cas, ils déposeront par écrit, et l'on observera les dispositions prescrites par les articles 514, 515 et 516.

CHAPITRE VI

De la reconnaissance de l'identité des individus condamnés, évadés et repris.

518. La reconnaissance de l'identité d'un individu condamné, évadé et repris, sera faite par la cour qui aura prononcé sa condamnation.

Il en sera de même de l'identité d'un individu condamné à la déportation ou au bannissement, qui aura enfreint son ban et sera repris ; et la cour, en prononçant l'identité, lui appliquera de plus la peine attachée par la loi à son infraction. — I. Cr. 519 s.; P. 7, 8, 17, 32, 33.

519. Tous ces jugements seront rendus sans assistance de jurés, après que la cour aura entendu les témoins appelés tant à la requête du procureur général qu'à celle de l'individu repris, si ce dernier en a fait citer.

L'audience sera publique, et l'individu repris sera présent, à peine de nullité. — I. Cr. 153, 190, 310 s.

520. Le procureur général et l'individu repris pourront se pourvoir en cassation, dans la forme et dans le délai déterminés par le présent Code, contre l'arrêt rendu sur la poursuite en reconnaissance d'identité. — I. Cr. 373 s., 398 s.

CHAPITRE VII

Manière de procéder en cas de destruction ou d'enlèvement des pièces ou du jugement d'une affaire.

521. Lorsque, par l'effet d'un incendie, d'une inondation ou de toute autre cause extraordinaire, des minutes d'arrêts rendus en matière criminelle ou correctionnelle et non encore exécutés, ou des procédures encore indécises, auront été détruites, enlevées, ou se trouveront égarées, et qu'il n'aura pas été possible de les rétablir, il sera procédé ainsi qu'il suit. — I. Cr. 532 s.; P. 254 s.

522. S'il existe une expédition ou copie authentique de l'arrêt, elle sera considérée comme minute, et en conséquence remise dans le dépôt destiné à la conservation des arrêts.

A cet effet, tout officier public ou tout individu dépositaire d'une expédition ou d'une copie authentique de l'arrêt est tenu, sous peine d'y être contraint par corps, de la remettre au greffe de la cour qui l'a rendu, sur l'ordre qui en sera donné par le président de cette cour. — I. Cr. 402, 523, 524; C. 1334 s.

Cet ordre lui servira de décharge envers ceux qui auront intérêt à la pièce.

Le dépositaire de l'expédition ou copie authentique de la minute détruite, enlevée ou égarée, aura la liberté, en la remettant dans le dépôt public, de s'en faire délivrer une expédition sans frais. — C. 1335.

523. Lorsqu'il n'existera plus, en matière criminelle, d'expédition ni de copie authentique de l'arrêt, si la déclaration du jury existe encore en minute ou en copie authentique, on procédera, d'après cette déclaration, à un nouveau jugement. — I. Cr. 524.

524. Lorsque la déclaration du jury ne pourra plus être représentée, ou lorsque l'affaire aura été jugée sans jurés, et qu'il n'en existera aucun acte par écrit, l'instruction sera recommencée, à partir du point où les pièces se trouveront manquer, tant en minute qu'en expédition ou copie authentique. — I. Cr. 523.

TITRE CINQUIÈME

DES RÈGLEMENTS DE JUGES, ET DES RENVOIS D'UN TRIBUNAL A UN AUTRE.

(Loi décrétée le 11 décembre 1808, promulguée le 21 du même mois.)

CHAPITRE PREMIER

Des règlements de juges.

525. Toutes demandes en règlement de juges seront instruites et jugées sommairement et sur simples mémoires. — I. Cr. 526; Pr. 363 s.

526. Il y aura lieu à être réglé de juges par la cour de cassation, en matière criminelle, correctionnelle ou de police, lorsque des cours, tribunaux, ou juges d'instruction, ne ressortissant point les uns aux autres, seront saisis de la connaissance du même délit ou de délits connexes, ou de la même contravention. — I. Cr. 226, 227, 526, 527, 540; Pr. 363.

527. Il y aura lieu également à être réglé de juges par la cour de cassation, lorsqu'un tribunal militaire ou maritime, ou un officier de police militaire, ou tout autre tribunal d'exception, d'une part, une cour royale, une cour d'assises, un tribunal jugeant correctionnellement, un tribunal de police ou un juge d'instruction, d'autre part, seront saisis de la connaissance du même délit ou de délits connexes, ou de la même contravention. — I. Cr. 525; Pr. 363.

528. Sur le vu de la requête et des pièces, la cour de cassation, section criminelle, ordonnera que le tout soit communiqué aux parties, ou statuera définitivement, sauf l'opposition. — I. Cr. 529 s.; Pr. 363.

529. Dans le cas où la communication serait ordonnée sur le pourvoi en conflit du prévenu, de l'accusé ou de la partie civile, l'arrêt enjoindra à l'un et à l'autre des officiers chargés du ministère public près les autorités judiciaires concurremment saisies, de transmettre les pièces du procès et leur avis motivé sur le conflit. — I. Cr. 528, 530.

530. Lorsque la communication sera ordonnée sur le pourvoi de l'un de ces officiers, l'arrêt ordonnera à l'autre de transmettre les pièces et son avis motivé. — I. Cr. 528.

531. L'arrêt de *soit communiqué* fera mention sommaire des actes d'où naîtra le conflit, et fixera, selon la distance des lieux, le délai dans lequel les pièces et les avis motivés seront apportés au greffe.

La notification qui sera faite de cet arrêt aux parties emportera de plein droit sursis au jugement du procès, et, en matière criminelle, à la mise en accusation, ou, si elle a déjà été prononcée, à la formation du jury dans les cours d'assises, mais non aux actes et aux procédures conservatoires ou d'instruction.

Le prévenu ou l'accusé, et la partie civile pourront présenter leurs moyens sur le conflit, dans la forme réglée par le chapitre II du titre III du présent livre pour le recours en cassation. — I. Cr. 146 s., 529, 530; Pr. 364 s.

532. Lorsque, sur la simple requête, il sera intervenu arrêt qui aura statué sur la demande en règlement de juges, cet arrêt sera, à la diligence du procureur général près la cour de cassation et par l'intermédiaire du ministre de la justice, notifié à l'officier chargé du ministère public près la cour, le tribunal ou le magistrat dessaisi.

Il sera notifié de même au prévenu ou à l'accusé, et à la partie civile, s'il y en a une. — I. Cr. 528, 533, 558.

533. Le prévenu ou l'accusé et la partie civile pourront former opposition à l'arrêt dans le délai de trois jours, et dans les formes prescrites par le chapitre II du titre III du présent livre pour le recours en cassation. — I. Cr. 146 s., 531 s.

534. L'opposition dont il est parlé au précédent article entraînera de plein droit sursis au jugement du procès, comme il est dit en l'article 531.

535. Le prévenu qui ne sera pas en arrestation, l'accusé qui ne sera pas retenu dans la maison de justice, et la partie civile, ne seront point admis au bénéfice de l'opposition, s'ils n'ont antérieurement, ou dans le délai fixé par l'article 533, élu domicile dans le lieu où siège l'une des autorités judiciaires en conflit.

A défaut de cette élection, ils ne pourront non plus exciper de ce qu'il ne leur aurait été fait aucune communication, dont le poursuivant sera dispensé à leur égard. — I. Cr. 68; C. 111.

536. La cour de cassation, en jugeant le conflit, statuera sur tous les actes qui pourraient avoir été faits par la cour, le tribunal ou le magistrat qu'elle dessaisira.

537. Les arrêts rendus sur des conflits ne pourront pas être attaqués par la voie de l'opposition, lorsqu'ils auront été précédés d'un arrêt de *soit communiqué*, dûment exécuté. — I. Cr. 528 s.

538. L'arrêt rendu, ou après un *soit communiqué*, ou sur une opposition, sera notifié aux mêmes parties et dans la même forme que l'arrêt qui l'aura précédé. — I. Cr. 532, 537.

539. Lorsque le prévenu ou l'accusé, l'officier chargé du ministère public, ou la partie civile, aura excipé de l'incompétence d'un tribunal de première instance ou d'un juge d'instruction, ou proposé un déclinatoire, soit que l'exception ait été admise ou rejetée, nul ne pourra recourir à la cour de cassation pour être réglé de juges ; sauf à se pourvoir devant la cour royale contre la décision portée par le tribunal de première instance ou le juge d'instruction, et à se pourvoir en cassation, s'il y a lieu, contre l'arrêt rendu par la cour royale. — I. Cr. 135, 199, 416.

540. Lorsque deux juges d'instruction ou deux tribunaux de première instance, établis dans le ressort de la même cour royale, seront saisis de la connaissance du même délit ou de délits connexes, les parties seront réglées de juges par cette cour, suivant la forme prescrite au présent chapitre, sauf le recours, s'il y a lieu, à la cour de cassation.

Lorsque deux tribunaux de police simple seront saisis de la connaissance de la même contravention ou de contraventions connexes, les parties seront réglées de juges par le tribunal auquel ils ressortissent l'un et l'autre ; et s'ils ressortissent à différents tribunaux, elles seront réglées par la cour royale, sauf le recours, s'il y a lieu, à la cour de cassation. — I. Cr. 226, 227, 526 s.

541. La partie civile, le prévenu ou l'accusé qui succombera dans la demande en règlement de juges qu'il aura introduite, pourra être condamné à une amende qui toutefois n'excédera point la somme de trois cents francs, dont la moitié sera pour la partie. — I. Cr. 533; Pr. 367.

CHAPITRE II

Des renvois d'un tribunal à un autre.

542. En matière criminelle, correctionnelle et de police, la cour de cassation peut, sur la réquisition du procureur général, près cette cour, renvoyer la connaissance d'une affaire, d'une cour royale ou d'assises à une autre, d'un tribunal correctionnel ou de police à un autre tribunal de même qualité, d'un juge d'instruction à un autre juge d'instruction, pour cause de sûreté publique ou de suspicion légitime.

Ce renvoi peut aussi être ordonné sur la réquisition des parties intéressées, mais seulement pour cause de suspicion légitime. — I. Cr. 543 s.; Pr. 368.

543. La partie intéressée qui aura procédé volontairement devant une cour, un tribunal ou un juge d'instruction, ne sera reçue à demander le renvoi qu'à raison des circonstances survenues depuis, lorsqu'elles seront de nature à faire naître une suspicion légitime. — I. Cr. 261, 545, 552; Pr. 368.

544. Les officiers chargés du ministère public pourront se pourvoir immédiatement devant la cour de cassation, pour demander le renvoi pour cause de suspicion légitime; mais, lorsqu'il s'agira d'une demande en renvoi pour cause de sûreté publique, ils seront tenus d'adresser leurs réclamations, leurs motifs et les pièces à l'appui, au ministre de la justice, qui les transmettra, s'il y a lieu, à la cour de cassation.

545. Sur le vu de la requête et des pièces, la cour de cassation, section criminelle, statuera définitivement, sauf l'opposition, ou ordonnera que le tout soit communiqué. — I. Cr. 549 s.

546. Lorsque le renvoi sera demandé par le prévenu, l'accusé, ou la partie civile, et que la cour de cassation ne jugera à propos ni d'accueillir ni de rejeter cette demande sur-le-champ, l'arrêt en ordonnera la communication à l'officier chargé du ministère public près la cour, le tribunal ou le juge d'instruction saisi de la connaissance du délit, et enjoindra à cet officier de transmettre les pièces avec son avis motivé sur la demande en renvoi; l'arrêt ordonnera de plus, s'il y a lieu, que la communication sera faite à l'autre partie. — I. Cr. 551.

547. Lorsque la demande en renvoi sera formée par l'officier chargé du ministère public, et que la cour de cassation n'y statuera point définitivement, elle ordonnera, s'il y a lieu, que la communication sera faite aux parties, ou prononcera telle autre disposition préparatoire qu'elle jugera nécessaire.

548. Tout arrêt qui, sur le vu de la requête et des pièces, aura définitivement statué sur une demande en renvoi, sera, à la diligence du procureur général près la cour de cassation et par l'intermédiaire du ministre de la justice, notifié, soit à l'officier chargé du ministère public près la cour, le tribunal ou le juge d'instruction dessaisi, soit à la partie civile, au prévenu ou à l'accusé en personne ou au domicile élu. — I. Cr. 532, 551.

549. L'opposition ne sera pas reçue, si elle n'est pas formée d'après les règles et dans le délai fixé au chapitre Ier du présent titre. — I. Cr. 533 s., 550.

550. L'opposition reçue emporte de plein droit sursis au jugement du procès, comme il est dit en l'article 531.

551. Les articles 525, 530, 531, 532, 533, 534, 535, 536 et 541 seront communs aux demandes en renvoi d'un tribunal à un autre.

552. L'arrêt qui aura rejeté une demande en renvoi n'exclura pas une nouvelle demande en renvoi fondée sur des faits survenus depuis. — I. Cr. 542, 543.

TITRE SIXIÈME

DES COURS SPÉCIALES

(Loi décrétée le 16 décembre 1808, promulguée le 26 du même mois.)

553-599. (Abrogés, art. 54 de la Charte.)

TITRE SEPTIÈME

DE QUELQUES OBJETS D'INTÉRÊT PUBLIC ET DE SÛRETÉ GÉNÉRALE

(Loi décrétée le 16 décembre 1808, promulguée le 26 du même mois.)

CHAPITRE PREMIER

Du dépôt général de la notice des jugements.

600. Les greffiers des tribunaux correctionnels et des cours d'assises seront tenus de consigner, par ordre alphabétique, sur un registre particulier, les noms, prénoms, professions, âge et résidence de tous les individus condamnés à un emprisonnement correctionnel ou à une plus forte peine: ce registre contiendra une notice sommaire de chaque affaire, et de la condamnation, à peine de cinquante francs d'amende pour chaque omission.

601. Tous les trois mois, les greffiers enverront, sous peine de cent francs d'amende, copie de ces registres au ministre de la justice, et à celui de la police générale.

602. Ces deux ministres feront tenir dans la même forme un registre général composé de ces diverses copies.

CHAPITRE II

Des prisons, maisons d'arrêt et de justice (1).

603. Indépendamment des prisons établies pour peines, il y aura dans chaque arrondissement, près du tribunal de première instance, une maison d'arrêt pour y retenir les prévenus; et près de chaque cour d'assises, une maison de justice pour y retenir ceux contre lesquels il aura été rendu une ordonnance de prise de corps. — I. Cr. 106, 134, 193, 176 s., 194, 242, 290, 390, 606 s.; P. 122, 237 s.

604. Les maisons d'arrêt et de justice seront entièrement distinctes des prisons établies pour peines. — I. Cr. 603, 605 s.

605. Les préfets veilleront à ce que ces différentes maisons soient non seulement sûres, mais propres, et telles que la santé des prisonniers ne puisse être aucunement altérée. — I. Cr. 611 s.

606. Les gardiens de ces maisons seront nommés par les préfets.

607. Les gardiens des maisons d'arrêt, des maisons de justice et des prisons, seront tenus d'avoir un registre.

Ce registre sera signé et paraphé, à toutes les pages, par le juge d'instruction, pour les maisons d'arrêt; par le président de la cour d'assises, ou, en son absence, par le président du tribunal de première instance, pour les maisons de justice; et par le préfet, pour les prisons pour peines. — I. Cr. 608, 609 s., 612; P. 120.

608. Tout exécuteur de mandat d'arrêt, d'ordonnance de prise de corps, d'arrêt ou de jugement de condamnation, est tenu, avant de remettre au gardien la personne qu'il conduira, de faire inscrire sur le registre l'acte dont il sera porteur; l'acte de remise sera écrit devant lui.

Le tout sera signé tant par lui que par le gardien.

Le gardien lui en remettra une copie signée de lui, pour sa décharge. — I. Cr. 106, 134, 107, 110, 607, 609 s.

609. Nul gardien ne pourra, à peine d'être poursuivi et puni comme coupable de détention arbitraire, recevoir ni retenir aucune personne qu'en vertu soit d'un mandat de dépôt, soit d'un mandat d'arrêt décerné selon les formes prescrites par la loi, soit d'un arrêt de renvoi devant une cour d'assises, d'un décret d'accusation ou d'un arrêt ou jugement de condamnation à une peine afflictive ou à un emprisonnement, et sans que la transcription en ait été faite sur son registre. — I. Cr. 91 s., 607 s., 610, 618; P. 119, 120, 122.

610. Le registre ci-dessus mentionné contiendra également, en marge de l'acte de remise, la date de la sortie du prisonnier, ainsi que l'ordonnance, l'arrêt ou le jugement en vertu duquel elle aura lieu.

611. Le juge d'instruction est tenu de visiter, au moins une fois par mois, les personnes retenues dans la maison d'arrêt de l'arrondissement.

Une fois au moins dans le cours de chaque session de la cour d'assises, le président de cette cour est tenu de visiter les personnes retenues dans la maison de justice.

Le préfet est tenu de visiter, au moins une fois par an, toutes les maisons de justice et prisons, et tous les prisonniers du département. — I. Cr. 605, 612, 613.

612. Indépendamment des visites ordonnées par l'article précédent, le maire de chaque commune où il y aura soit une maison d'arrêt, soit une maison de justice, soit une prison, et, dans les communes où il y aura plusieurs maires, le préfet de police ou le commissaire général de police, est tenu de faire, au moins une fois par mois, la visite de ces maisons. — I. Cr. 613.

613. (L. 14 juillet 1865.) Le préfet de police à Paris, le préfet dans les villes où il remplit les fonctions de préfet de police, et le maire dans les autres villes ou communes, veilleront à ce que la nourriture des prisonniers soit suffisante et saine: la police de ces maisons leur appartiendra. — Le juge d'instruction et le président des assises pourront néanmoins donner respectivement tous les ordres qui devront être exécutés dans les maisons d'arrêt et de justice, et qu'ils croiront nécessaires, soit pour l'instruction, soit pour le jugement. — Lorsque le juge d'instruction croira devoir prescrire, à l'égard d'un inculpé, une interdiction de communiquer, il ne pourra le faire que par une ordonnance qui sera transcrite sur le registre de la prison. Cette interdiction ne pourra s'étendre au delà de dix jours; elle pourra toutefois être renouvelée. Il en sera rendu compte au procureur général (1). — I. Cr. 605, 614.

614. Si quelque prisonnier use de menaces, injures ou violences, soit à l'égard du gardien ou de ses préposés, soit à l'égard des autres prisonniers, il sera, sur les ordres de qui il appartiendra, resserré plus étroitement, enfermé seul, même mis aux fers en cas de fureur ou de violence grave, sans préjudice des poursuites auxquelles il pourrait avoir donné lieu. — P. 209 s., 219 s.

CHAPITRE III

Des moyens d'assurer la liberté individuelle contre les détentions illégales ou d'autres actes arbitraires.

615. En exécution des articles 77, 78, 79, 80, 81 et 82 de l'acte des constitutions du 22 frimaire an VIII, quiconque aura connaissance qu'un individu est détenu dans un lieu qui n'a pas été destiné à servir de maison d'arrêt, de justice ou de prison, est tenu d'en donner avis au juge de paix, au procureur du Roi ou à son substitut, ou au juge d'instruction, ou au procureur général près la cour royale. — P. 114 s., 120, 341 s.

616. Tout juge de paix, tout officier chargé du ministère public, tout juge d'instruction, est tenu d'office, ou sur l'avis qu'il en aura reçu, sous peine d'être poursuivi comme complice de détention arbitraire, de s'y transporter aussitôt, et de faire mettre en liberté la personne détenue, ou, s'il est allégué quelque cause légale de détention, de la faire conduire sur-le-champ devant le magistrat compétent.

Il dressera du tout procès-verbal. — P. 119 s.

617. Il rendra, au besoin, une ordonnance, dans la forme prescrite par l'article 95 du présent Code.

En cas de résistance, il pourra se faire assister de la force nécessaire; et toute personne requise est tenue de prêter main-forte. — I. Cr. 108, 616.

618. Tout gardien qui aura refusé, ou de montrer au porteur de l'ordre de l'officier civil ayant la police de la maison d'arrêt, de justice, ou de la prison, la personne du détenu, sur la réquisition qui en sera faite, ou de montrer l'ordre qui le lui défend, ou de faire au juge de paix l'exhibition de ses registres, ou de laisser prendre telle copie que celui-ci croira nécessaire de partie de ses registres, sera poursuivi comme coupable ou complice de détention arbitraire. — I. Cr. 607, 609; P. 120, 341.

CHAPITRE IV

De la réhabilitation des condamnés.

([illegible])

619. (L. 19 mars 1864.) Tout condamné à une peine afflictive ou infamante, ou à une peine correctionnelle, peut être réhabilité.

620. La demande en réhabilitation pour les condamnés à une peine afflictive ou infamante ne peut être formée que cinq ans après le jour de leur libération.

Néanmoins ce délai court, au profit des condamnés à la dégradation civique, du jour où la condamnation est devenue irrévocable, ou de celui de l'expiration de la peine de l'emprisonnement, si elle a été prononcée.

Il court, au profit du condamné à la surveillance de la haute police prononcée comme peine principale, du jour où la condamnation est devenue irrévocable (1).

Le délai est réduit à trois ans pour les condamnés à une peine correctionnelle. — P. 7, 8, 9, 34, 35, 44 s.

621. Le condamné à une peine afflictive ou infamante ne peut être admis à demander sa réhabilitation s'il n'a résidé dans le même arrondissement depuis cinq années, et pendant les deux dernières dans la même commune. — P. 7, 8.

(1) La loi du 5 juin 1875, sur le régime des prisons départementales, [illegible]

(1) L'article 8 de la loi du 8 décembre 1897 [illegible]

(1) La peine de la surveillance de la haute police a été supprimée par la loi du 27 mai 1885.

Le condamné à une peine correctionnelle ne peut être admis à demander sa réhabilitation s'il n'a résidé dans le même arrondissement depuis trois années, et pendant les deux dernières dans la même commune. — P. 9.

(L. 14 août 1885.) Les condamnés qui ont passé tout ou partie de ce temps sous les drapeaux, ceux que leur profession oblige à des déplacements inconciliables avec une résidence fixe pourront être affranchis de cette condition s'ils justifient, les premiers, d'attestations suffisantes de leurs chefs militaires, les seconds, de certificats de leurs patrons ou chefs d'administration constatant leur bonne conduite. — Ces attestations ou certificats sont délivrés dans les conditions de l'article 624.

622. Le condamné adresse la demande en réhabilitation au procureur impérial de l'arrondissement, en faisant connaître :

1° La date de sa condamnation ;

2° Les lieux où il a résidé depuis sa libération, s'il s'est écoulé, après cette époque, un temps plus long que celui fixé par l'article 620.

623. (L. 14 août 1885.) Il doit, sauf le cas de prescription, justifier du paiement des frais de justice, de l'amende et des dommages-intérêts, ou de la remise qui lui en a été faite. — A défaut de cette justification, il doit établir qu'il a subi le temps de contrainte par corps déterminé par la loi, ou que la partie lésée a renoncé à ce moyen d'exécution. — S'il est condamné pour banqueroute frauduleuse, il doit justifier du paiement du passif de la faillite, en capital, intérêts et frais, ou de la remise qui lui en a été faite. — Néanmoins si le demandeur justifie qu'il est hors d'état de se libérer des frais de justice, la cour peut accorder la réhabilitation, même dans le cas où ces frais n'auraient pas été payés ou ne l'auraient été qu'en partie. — En cas de condamnation solidaire, la cour fixe la part des frais de justice, des dommages-intérêts ou du passif qui doit être payée par le demandeur. — Si la partie lésée ne peut être retrouvée, ou si elle refuse de recevoir, il est fait dépôt de la somme due à la caisse des dépôts et consignations dans la forme des articles 812 et suivants du Code de procédure civile ; si la partie ne se présente pas dans un délai de cinq ans, pour se faire attribuer la somme consignée, cette somme est restituée au déposant sur sa simple demande.

624. (L. 14 août 1885.) Le procureur de la République provoque des attestations des maires des communes où le condamné a résidé, faisant connaître : — 1° la durée de sa résidence dans chaque commune, avec indication du jour où elle a commencé et de celui auquel elle a fini ; — 2° sa conduite pendant la durée de son séjour ; — 3° ses moyens d'existence pendant le même temps. — Ces attestations doivent contenir la mention expresse qu'elles ont été rédigées pour servir à l'appréciation de la demande en réhabilitation. — Le procureur de la République prend, en outre, l'avis des juges de paix des cantons et celui des sous-préfets des arrondissements où le condamné a résidé.

625. Le procureur impérial se fait délivrer :

1° Une expédition de l'arrêt de condamnation ;

2° Un extrait des registres des lieux de détention où la peine a été subie, constatant quelle a été la conduite du condamné.

Il transmet les pièces avec son avis au procureur général.

626. La cour dans le ressort de laquelle réside le condamné est saisie de la demande. Les pièces sont déposées au greffe de cette cour par les soins du procureur général.

627. Dans les deux mois du dépôt, l'affaire est rapportée à la chambre d'accusation ; le procureur général donne ses conclusions motivées et par écrit.

Il peut requérir en tout état de cause, et la cour peut ordonner, même d'office, de nouvelles informations, sans qu'il puisse en résulter un retard de plus de six mois.

628. (L. 14 août 1885.) La cour, le procureur général et la partie ou son conseil entendus, statue sur la demande.

629. (L. 14 août 1885.) En cas de rejet, une nouvelle demande ne peut être formée avant l'expiration d'un délai de deux années.

630. (Abrogé, L. 14 août 1885.)

631. (Abrogé, L. 14 août 1885.)

632. (Abrogé, L. 14 août 1885.)

633. (L. 14 août 1885.) Si la réhabilitation est prononcée, un extrait de l'arrêt est adressé par le procureur général à la cour ou au tribunal qui a prononcé la condamnation, pour être transcrit en marge de la minute de l'arrêt ou du jugement. Mention en est faite au casier judiciaire. Les extraits délivrés aux parties ne doivent pas relever la condamnation. — Le réhabilité peut se faire délivrer une expédition de la réhabilitation et un extrait du casier judiciaire sans frais.

634. (L. 10 mars 1898.) La réhabilitation efface la condamnation, et fait cesser pour l'avenir toutes les incapacités qui en résultaient.

Les interdictions prononcées par l'article 612 du Code de commerce sont maintenues, nonobstant la réhabilitation obtenue en vertu des dispositions qui précèdent.

Les individus qui sont en état de récidive légale, ceux qui, après avoir obtenu la réhabilitation, auront encouru une nouvelle condamnation, ceux qui, condamnés contradictoirement ou par contumace à une peine afflictive ou infamante, ont prescrit contre l'exécution de la peine, ne seront admis au bénéfice des dispositions qui précèdent qu'après un délai de dix années écoulées depuis leur libération ou depuis la prescription.

Néanmoins les récidivistes qui n'auront subi aucune peine afflictive ou infamante et les réhabilités qui n'auront encouru qu'une condamnation à une peine correctionnelle seront admis au bénéfice des dispositions qui précèdent après un délai de six années écoulées depuis leur libération.

Seront également admis au bénéfice des dispositions qui précèdent, après un délai de six années écoulées depuis la prescription, les condamnés contradictoirement ou par défaut à une peine correctionnelle qui auront prescrit contre l'exécution de la peine.

Les condamnés contradictoirement, les condamnés par contumace ou par défaut, qui ont prescrit contre l'exécution de la peine, sont tenus, outre les conditions ci-dessus énoncées, de justifier qu'ils n'ont encouru, pendant les délais de la prescription, aucune condamnation pour faits qualifiés crimes ou délits, et qu'ils ont eu une conduite irréprochable.

CHAPITRE V

De la prescription.

635. Les peines portées par les arrêts ou jugements rendus en matière criminelle se prescriront par vingt années révolues à compter de la date des arrêts ou jugements.

Néanmoins le condamné ne pourra résider dans le département où demeureraient, soit celui sur lequel ou contre la propriété duquel le crime aurait été commis, soit ses héritiers directs.

Le gouvernement pourra assigner au condamné le lieu de son domicile. — *I. Cr.* 642 ; *C.* 32, 2230 ; *P.* 9-8.

636. Les peines portées par les arrêts ou jugements rendus en matière correctionnelle se prescriront par cinq années révolues à compter de la date de l'arrêt ou du jugement rendu en dernier ressort ; et à l'égard des peines prononcées par les tribunaux de première instance, à compter du jour où ils ne pourront plus être attaqués par la voie de l'appel. — *I. Cr.* 200, 203, 642 ; *P.* 9.

637. L'action publique et l'action civile résultant d'un crime de nature à entraîner la peine de mort ou des peines afflictives perpétuelles, ou de tout autre crime emportant peine afflictive ou infamante, se prescriront après dix années révolues à compter du jour où le crime aura été commis, si dans cet intervalle il n'a été fait aucun acte d'instruction ni de poursuite.

S'il a été fait, dans cet intervalle, des actes d'instruction ou de poursuite non suivis de jugement, l'action publique et l'action civile ne se prescriront qu'après dix années révolues, à compter du dernier acte, à l'égard même des personnes qui ne seraient pas impliquées dans cet acte d'instruction ou de poursuite. — *I. Cr.* 2, 642 ; *C.* 2244, 2262, 2264 ; *P.* 7, 8.

638. Dans les deux cas exprimés en l'article précédent, et suivant les distinctions d'époques qui y sont établies, la durée de la prescription sera réduite à trois années révolues, s'il s'agit d'un délit de nature à être puni correctionnellement. — *I. Cr.* 642 s. ; *P.* 9.

639. Les peines portées par les jugements rendus pour contraventions de police seront prescrites après deux années révolues, savoir : pour les peines prononcées par arrêt ou jugement en dernier ressort, à compter du jour de l'arrêt ; et, à l'égard des peines prononcées par les tribunaux de première instance, à compter du jour où ils ne pourront plus être attaqués par la voie de l'appel. — *I. Cr.* 137, 172, 174, 642 s. ; *P.* 464 s.

640. L'action publique et l'action civile pour une contravention de police seront prescrites après une année révolue, à compter du jour où elle aura été commise, même lorsqu'il y aura eu procès-verbal, saisie, instruction ou poursuite, si dans cet intervalle il n'est point intervenu de condamnation ; s'il y a eu un jugement définitif de première instance, de nature à être attaqué par la voie de l'appel, l'action publique et l'action civile se prescriront après une année révolue, à compter de la notification de l'appel qui en aura été interjeté. — *I. Cr.* 2, 137.

641. En aucun cas, les condamnés par défaut ou par contumace, dont la peine est prescrite, ne pourront être admis à se présenter pour purger le défaut ou la contumace. — *I. Cr.* 149, 186, 465, 476 s. ; *C.* 32.

642. Les condamnations civiles portées par les arrêts ou par les jugements rendus en matière criminelle, correctionnelle ou de police, et devenues irrévocables, se prescriront d'après les règles établies par le Code civil. — *C.* 2244 s., 2251 s., 2262.

643. Les dispositions du présent chapitre ne dérogent point aux lois particulières relatives à la prescription des actions résultant de certains délits ou de certaines contraventions (1). — *P.* 484.

(1) L. 6 octobre 1791, tit. I, sect. 7, art. 8 ; L. 15 avril 1829, sur la pêche fluviale, art. 62 ; Suppl.

L. 3 mai 1844, sur la chasse, art. 29. — Suppl.

L. 9 juin 1857, C. just. milit., art. 184.

L. 4 juin 1858, C. maritime, art. 276.

L. 29 juillet 1881, sur la presse, art. 65 ; Suppl.

FIN DU CODE D'INSTRUCTION CRIMINELLE

CODE PÉNAL

DISPOSITIONS PRÉLIMINAIRES

(Loi décrétée le 12 février 1810, promulguée le 22 du même mois.)

ARTICLE 1er. L'infraction que les lois punissent des peines de police est une contravention. — P. 465 s.; I. Cr. 137 s.

L'infraction que les lois punissent de peines correctionnelles est un délit. — P. 9, 40 s.; I. Cr. 179 s.

L'infraction que les lois punissent d'une peine afflictive ou infamante est un crime. — P. 2, 6-7.

2. Toute tentative de crime qui aura été manifestée par un commencement d'exécution, si elle n'a été suspendue ou si elle n'a manqué son effet que par des circonstances indépendantes de la volonté de son auteur, est considérée comme le crime même. — P. 70, 88 s., 179, 317, 321, 365.

3. Les tentatives de délits ne sont considérées comme délits que dans les cas déterminés par une disposition spéciale de la loi. — P. 179, 241, 245, 388, 400, 401, 405, 414, 415.

4. Nulle contravention, nul délit, nul crime, ne peuvent être punis de peines qui n'étaient pas prononcées par la loi avant qu'ils fussent commis. — P. 43, 50; C. 2.

5. Les dispositions du présent Code ne s'appliquent pas aux contraventions, délits et crimes militaires. — P. 56.

LIVRE PREMIER

DES PEINES EN MATIÈRE CRIMINELLE ET CORRECTIONNELLE ET DE LEURS EFFETS

(Texte de la loi du 28 avril 1832.)

6. Les peines en matière criminelle sont ou afflictives et infamantes, ou seulement infamantes. — P. 7, 8, 11.

7. Les peines afflictives et infamantes sont :

1° La mort; — P. 12-14, 25-27, 36; C. 23, 25 s.; Const. 5.

2° Les travaux forcés à perpétuité; — P. 15, 16, 18, 22, 36.

3° La déportation; — P. 17, 18, 36.

4° Les travaux forcés à temps; — P. 15, 16, 19, 21 s., 28-31, 33, 36, 47.

5° La détention; — P. 20, 23, 28-31, 33, 36, 47.

6° La réclusion. — P. 21 s., 28-31, 34, 36, 47, 56, 70 s.

8. Les peines infamantes sont :

1° Le bannissement; — P. 28, 32-34, 36, 48.

2° La dégradation civique. — P. 28, 32, 34-36, 38, 56.

9. Les peines en matière correctionnelle sont :

1° L'emprisonnement à temps dans un lieu de correction; — P. 40 s., 58.

2° L'interdiction à temps de certains droits civiques, civils ou de famille; — P. 42 s.

3° L'amende. — P. 11, 40, 52, 52-55, 56.

10. La condamnation aux peines établies par la loi est toujours prononcée sans préjudice des restitutions et dommages-intérêts qui peuvent être dus aux parties. — P. 51 s., 117, 251, 366; C. 1149, 1382 s.; I. Cr. 1 s., 66, 161, 191, 358, 366.

11. Le renvoi sous la surveillance spéciale de la haute police, l'amende et la confiscation spéciale, soit du corps du délit, quand la propriété en appartient au condamné, soit des choses produites par le délit, soit de celles qui ont servi ou qui ont été destinées à le commettre, sont des peines communes aux matières criminelle et correctionnelle. — P. 44 s., 47, 176, 180, 464, 470, 477, 481; I. Cr. 194.

CHAPITRE PREMIER

Des peines en matière criminelle.

12. Tout condamné à mort aura la tête tranchée. — P. 13, 18, 36; I. Cr. 377 s.

13. Le coupable condamné à mort pour parricide sera conduit sur le lieu de l'exécution, en chemise, nu-pieds, et la tête couverte d'un voile noir.

Il sera exposé sur l'échafaud pendant qu'un huissier fera au peuple lecture de l'arrêt de condamnation, et il sera immédiatement exécuté à mort. — P. 86, 299, 302.

14. Les corps des suppliciés seront délivrés à leurs familles, si elles les réclament, à la charge par elles de les faire inhumer sans aucun appareil.

15. Les hommes condamnés aux travaux forcés seront employés aux travaux les plus pénibles; ils traîneront à leurs pieds un boulet, ou seront attachés deux à deux avec une chaîne, lorsque la nature du travail auquel ils seront employés le permettra. — P. 7, 16, 70; L. 30 mai 1854, *sur l'exécution de la peine des travaux forcés.*

16. Les femmes et les filles condamnées aux travaux forcés n'y seront employées que dans l'intérieur d'une maison de force. — P. 15; L. 30 mai 1854.

17. (L. 8 *septembre* 1835.) La peine de la déportation consistera à être transporté et à demeurer à perpétuité dans un lieu déterminé par la loi, hors du territoire continental du Royaume.

Si le déporté rentre sur le territoire du Royaume, il sera, sur la seule preuve de son identité, condamné aux travaux forcés à perpétuité.

Le déporté qui ne sera pas rentré sur le territoire du Royaume, mais qui sera saisi dans des pays occupés par les armées françaises, sera conduit dans le lieu de sa déportation.

Tant qu'il n'aura pas été établi un lieu de déportation, le condamné subira à perpétuité la peine de la détention, soit dans une prison du Royaume, soit dans une prison située hors du territoire continental, dans l'une des possessions françaises, qui sera déterminée par la loi, selon que les juges l'auront expressément décidé par l'arrêt de condamnation.

Lorsque les communications seront interrompues entre la métropole et le lieu de l'exécution de la peine, l'exécution aura lieu provisoirement en France. — P. 7, 18, 20, 25, 70; LL. 8 juin 1850, 23 mars 1872 et 25 mars 1873, *sur la déportation.*

18. Les condamnations aux travaux forcés à perpétuité et à la déportation emporteront la mort civile. — *Abrogé, L. 31 mai 1854.*

Néanmoins, le gouvernement pourra accorder au condamné à la déportation l'exercice des droits civils ou de quelques-uns de ces droits. — P. 7; C. 25 s.; *Modifié, L. 8 juin 1850*, art. 3; L. 25 mars 1873.

19. La condamnation à la peine des travaux forcés à temps sera prononcée pour cinq ans au moins et vingt ans au plus. — P. 7, 15, 16, 47, 23, 47, 56, 71, 72.

20. Quiconque aura été condamné à la détention sera renfermé dans l'une des forteresses situées sur le territoire continental du Royaume, qui auront été déterminées par une ordonnance du Roi rendue dans la forme des règlements d'administration publique. — Décr. 29 juillet 1850.

Il communiquera avec les personnes placées dans l'intérieur du lieu de la détention ou avec celles du dehors, conformément aux règlements de police établis par une ordonnance du Roi.

La détention ne peut être prononcée pour moins de cinq ans, ni pour plus de vingt ans, sauf le cas prévu par l'article 33. — P. 7, 17, 23, 47, 56, 71.

21. Tout individu de l'un ou de l'autre sexe, condamné à la peine de la réclusion, sera renfermé dans une maison de force, et employé à des travaux dont le produit pourra être en partie appliqué à son profit, ainsi qu'il sera réglé par le gouvernement.

La durée de cette peine sera au moins de cinq années, et de dix ans au plus. — P. 7, 22 s., 47, 71 s.

22. (*Abrogé, Décr.* 12 *avril* 1848.)

23. (L. 15 *novembre* 1892.) La durée de toute peine privative de la liberté compte du jour où le condamné est détenu en vertu de la condamnation, devenue irrévocable, qui prononce la peine. — P. 24, 40, 228; I. Cr. 373.

24. (L. 15 *novembre* 1892.) Quand il y aura eu détention préventive, cette détention sera intégralement déduite de la durée de la peine qu'aura prononcée le jugement ou l'arrêt de condamnation, à moins que le juge n'ait ordonné, par disposition spéciale et motivée, que cette imputation n'aura pas lieu ou qu'elle n'aura lieu que pour partie.

En ce qui concerne la détention préventive comprise entre la date du jugement ou de l'arrêt et le moment où la condamnation devient irrévocable, elle sera toujours imputée dans les deux cas suivants :

1° Si le condamné n'a point exercé de recours contre le jugement ou l'arrêt;

2° Si, ayant exercé un recours, sa peine a été réduite sur son appel ou à la suite de son pourvoi. — P. 23.

25. Aucune condamnation ne pourra être exécutée les jours de fêtes nationales ou religieuses, ni les dimanches. — P. 260; Pr. 63, 781, 828, 1037; I. Cr. 375.

26. L'exécution se fera sur l'une des places publiques du lieu qui sera indiqué par l'arrêt de condamnation. — P. 22, 375; I. Cr. 376, 472.

27. Si une femme condamnée à mort se déclare et s'il est vérifié qu'elle est enceinte, elle ne subira la peine qu'après sa délivrance.

28. La condamnation à la peine des travaux forcés à temps, de la détention, de la réclusion ou du bannissement, emportera la dégradation civique. La dégradation civique sera encourue du jour où la condamnation sera devenue irrévocable, et, en cas de condamnation par contumace, du jour de l'exécution par effigie. — P. 7, 8, 34; I. Cr. 472.

29. Quiconque aura été condamné à la peine des travaux forcés à temps, de la détention ou de la réclusion, sera, de plus, pendant la durée de sa peine, en état d'interdiction légale; il lui sera nommé un tuteur et un subrogé tuteur pour gérer et administrer ses biens, dans les formes prescrites pour les nominations des tuteurs et subrogés tuteurs aux interdits. — P. 30, 31; C. 505 s., 420, 422 s., 509; — L. 8 juin 1850, *sur la déportation.*

30. Les biens du condamné lui seront remis après qu'il aura subi sa peine, et le tuteur lui rendra compte de son administration. — C. 469; Pr. 527 s.

31. Pendant la durée de la peine, il ne pourra lui être remis aucune somme, aucune provision, aucune portion de ses revenus. — L. 30 mai 1854.

32. Quiconque aura été condamné au bannissement sera transporté, par ordre du gouvernement, hors du territoire du Royaume.

La durée du bannissement sera au moins de cinq années, et de dix ans au plus. — P. 8, 28, 28 s., 33 s., 36, 48, 57.

33. Si le banni, avant l'expiration de sa peine, rentre sur le territoire du Royaume, il sera, sur la seule preuve de son identité, condamné à la détention pour un temps au moins égal à celui qui restait à courir jusqu'à l'expiration du bannissement, et qui ne pourra excéder le double de ce temps. — P. 8, 20; I. Cr. 518 s.

34. La dégradation civique consiste :

1° Dans la destitution et l'exclusion des condamnés de toutes fonctions, emplois ou offices publics;

2° Dans la privation du droit de vote, d'élection, d'éligibilité, et en général de tous les droits civiques et politiques, et du droit de porter aucune décoration;

3° Dans l'incapacité d'être juré, expert, d'être employé comme témoin dans des actes, et de déposer en justice autrement que pour y donner de simples renseignements; — L. 30 mai 1854.

4° Dans l'incapacité de faire partie d'aucun conseil de famille, et d'être tuteur, curateur, subrogé-tuteur, ou conseil judiciaire, si ce n'est de ses propres enfants, et sur l'avis conforme de la famille; — L. 30 mai 1854.

5° Dans la privation du droit de port d'armes, du droit de faire partie de la garde nationale, de servir dans les armées françaises, de tenir école, ou d'enseigner et d'être employé dans aucun établissement d'instruction, à titre de professeur, maître ou surveillant. — P. 8, 23, 28, 35 s., 42; I. Cr. 633.

35. Toutes les fois que la dégradation civique sera prononcée comme peine principale, elle pourra être accompagnée d'un emprisonnement dont la durée, fixée par l'arrêt de condamnation, n'excédera pas cinq ans.

Si le coupable est un étranger ou un Français ayant perdu la qualité de citoyen, la peine de l'emprisonnement devra toujours être prononcée. — P. 40 s., 177; C. 7.

36. Tous arrêts qui porteront la peine de mort, des travaux forcés à perpétuité et à temps, la déportation, la détention, la réclusion, la dégradation civique et le bannissement, seront imprimés par extrait.

Ils seront affichés dans la ville centrale du département, dans celle où l'arrêt aura été rendu, dans la commune du lieu où le délit aura été commis, dans celle où se fera l'exécution, et dans celle du domicile du condamné. — P. 7.

37, **38** et **39**. (*Abrogés, Charte de* 1830, *article* 57, *et L.* 28 *avril* 1832.)

CHAPITRE II

Des peines en matière correctionnelle.

40. Quiconque aura été condamné à la peine d'emprisonnement sera renfermé dans une maison de correction : il y sera employé à l'un des travaux établis dans cette maison, selon son choix.

La durée de cette peine sera au moins de six jours et de cinq années au plus ; sauf les cas de récidive ou autres où la loi aura déterminé d'autres limites.

La peine à un jour d'emprisonnement est de vingt-quatre heures ;

Celle à un mois est de 30 jours (1). — P. 9, 57 s., 463.

41. Les produits du travail de chaque détenu pour délit correctionnel seront appliqués partie aux dépenses communes de la maison, partie à lui procurer quelques adoucissements, s'il les mérite, partie à former pour lui, au temps de sa sortie, un fonds de réserve ; le tout ainsi qu'il sera ordonné par des règlements d'administration publique.

42. Les tribunaux jugeant correctionnellement pourront, dans certains cas, interdire, en tout ou en partie, l'exercice des droits civiques, civils et de famille suivants :

1° De vote et d'élection ;

2° D'éligibilité ;

3° D'être appelé ou nommé aux fonctions de juré ou autres fonctions publiques, ou aux emplois de l'administration, ou d'exercer ces fonctions ou emplois ;

4° Du port d'armes ;

5° De vote et de suffrage dans les délibérations de famille ;

6° D'être tuteur, curateur, si ce n'est de ses enfants et sur l'avis seulement de la famille ;

7° D'être expert ou employé comme témoin dans les actes ;

8° De témoignage en justice, autrement que pour y faire de simples déclarations. — P. 9, 28, 34.

43. Les tribunaux ne prononceront l'interdiction mentionnée dans l'article précédent, que lorsqu'elle aura été autorisée ou ordonnée par une disposition particulière de la loi. — P. 4.

CHAPITRE III

Des peines et des autres condamnations qui peuvent être prononcées pour crimes ou délits.

44. (*L. 23 janvier 1874.*) L'effet du renvoi sous la surveillance de la haute police sera de donner au Gouvernement le droit de déterminer certains lieux dans lesquels il sera interdit au condamné de paraître après qu'il aura subi sa peine. Le condamné devra déclarer, au moins quinze jours avant sa mise en liberté, le lieu où il veut fixer sa résidence ; à défaut de cette déclaration, le Gouvernement la fixera lui-même. — Le condamné à la surveillance ne pourra quitter la résidence qu'il aura choisie ou qui lui aura été assignée, avant l'expiration d'un délai de six mois, sans l'autorisation du ministre de l'intérieur. — Néanmoins, les préfets pourront donner cette autorisation : 1° dans les cas de simples déplacements dans les limites mêmes de leur département ; 2° dans les cas d'urgence, mais à titre provisoire seulement. — Après l'expiration du délai de six mois, ou avant même l'expiration de ce délai, si l'autorisation nécessaire a été obtenue, le condamné pourra se transporter dans toute résidence non interdite, à la charge de prévenir le maire huit jours à l'avance. — Le séjour de six mois est obligatoire pour le condamné dans chacune des résidences qu'il choisira successivement pendant tout le temps qu'il sera soumis à la surveillance, à moins d'autorisation spéciale, donnée conformément aux dispositions précédentes, soit par le ministre de l'intérieur, soit par les préfets. — Tout condamné qui se rendra à sa résidence recevra une feuille de route réglant l'itinéraire dont il ne pourra s'écarter et la durée de son séjour dans chaque lieu de passage. — Il sera tenu de se présenter, dans les vingt-quatre heures de son arrivée, devant le maire de la commune qu'il devra habiter. — P. 11, 41, 47; *Décr.* 30 août 1875.

45. En cas de désobéissance aux dispositions prescrites par l'article précédent, l'individu mis sous la surveillance de la haute police sera condamné, par les tribunaux correctionnels, à un emprisonnement qui ne pourra excéder cinq ans. — P. 44 s., 58 (1).

46. (*L. 23 janvier 1874.*) En aucun cas, la durée de la surveillance ne pourra excéder vingt années. — Les coupables condamnés aux travaux forcés à temps, à la détention et à la réclusion seront de plein droit, après qu'ils auront subi leur peine et pendant vingt années, sous la surveillance de la haute police. — Néanmoins, l'arrêt ou le jugement de condamnation pourra réduire la durée de la surveillance ou même déclarer que les condamnés n'y seront pas soumis. — Tout condamné à des peines perpétuelles qui obtiendra commutation ou remise de sa peine, sera, s'il n'en est autrement disposé par la décision gracieuse, de plein droit sous la surveillance de la haute police pendant vingt ans (1).

47. (*L. 23 janvier 1874.*) Les coupables condamnés au bannissement seront de plein droit sous la même surveillance pendant un temps égal à la durée de la peine qu'ils auront subie, à moins qu'il n'en ait été disposé autrement par l'arrêt ou le jugement de condamnation. — Dans les cas prévus par le présent article et par les paragraphes 2 et 3 de l'article précédent, si l'arrêt ou le jugement ne contient pas dispense ou réduction de la surveillance, mention sera faite, à peine de nullité, qu'il en a été délibéré. — P. 7, 11, 19 (1).

48. (*L. 23 janvier 1874.*) La surveillance pourra être remise ou réduite par voie de grâce. — Elle pourra être suspendue par mesure administrative. — La prescription de la peine ne relève pas le condamné de la surveillance à laquelle il est soumis. En cas de prescription d'une peine perpétuelle, le condamné sera de plein droit sous la surveillance de la haute police pendant vingt années. — La surveillance ne produit son effet que du jour où la prescription est accomplie. — P. 8, 32, 44 s. (1).

49. Devront être renvoyés sous la même surveillance ceux qui auront été condamnés pour crimes ou délits qui intéressent la sûreté intérieure ou extérieure de l'État. — P. 11, 75 s. (1).

50. Hors les cas déterminés par les articles précédents, les condamnés ne seront placés sous la surveillance de la haute police de l'État que dans le cas où une disposition particulière de la loi l'aura permis. — P. 4, 47 s., 58, 67, 100, 108, 138, 139, 142, 144, 150, 174, 221, 229, 246, 261, 271, 282, 305 s., 309 s., 315, 317, 326, 335, 343, 362 s., 387, 388, 399, 400, 401, 415 s., 418, 419 s., 444, 452, 463 (1).

51. Quand il y aura lieu à restitution, le coupable pourra être condamné, en outre, envers la partie lésée, si elle le requiert, à des indemnités dont la détermination est laissée à la justice de la cour ou du tribunal, lorsque la loi ne les aura pas réglées, sans que la cour ou le tribunal puisse, du consentement même de ladite partie, en prononcer l'application à une œuvre quelconque. — P. 10, 52, 55 s., 73, 123; C. 1180, 1382 s.; I. Cr. 1 s., 66, 161, 191, 358 s., 366.

52. L'exécution des condamnations à l'amende, aux restitutions, aux dommages-intérêts et aux frais, pourra être poursuivie par la voie de la contrainte par corps. — P. 467, 469; *L. 22 juillet 1867; L. 19 décembre 1871, sur la contrainte par corps.*

53. Lorsque des amendes et des frais seront prononcés au profit de l'État, si, après l'expiration de la peine afflictive ou infamante, l'emprisonnement du condamné, pour l'acquit de ces condamnations pécuniaires, a duré une année complète, il pourra, sur la preuve acquise par les voies de droit, de son absolue insolvabilité, obtenir sa liberté provisoire.

La durée de l'emprisonnement sera réduite à six mois s'il s'agit d'un délit, sauf dans tous les cas, à reprendre la contrainte par corps, s'il survient au condamné quelque moyen de solvabilité. — *Modifié, L. 22 juillet 1867*; P. 467, 469.

54. En cas de concurrence de l'amende avec les restitutions et les dommages-intérêts, sur les biens insuffisants du condamné, ces dernières condamnations obtiendront la préférence. — P. 468; I. Cr. 121.

55. Tous les individus condamnés pour un même crime ou pour un même délit seront tenus solidairement des amendes, des restitutions, des dommages-intérêts et des frais. — C. 1202 s.

CHAPITRE IV

Des peines de la récidive pour crimes et délits.

56. Quiconque, ayant été condamné à une peine afflictive ou infamante, aura commis un second crime emportant, comme peine principale, la dégradation civique, sera condamné à la peine du bannissement.

Si le second crime emporte la peine du bannissement, il sera condamné à la peine de la détention.

Si le second crime emporte la peine de la réclusion, il sera condamné à la peine des travaux forcés à temps.

Si le second crime emporte la peine de la détention, il sera condamné au maximum de la même peine, laquelle pourra être élevée jusqu'au double.

Si le second crime emporte la peine des travaux forcés à temps, il sera condamné au maximum de la même peine, laquelle pourra être élevée jusqu'au double.

Si le second crime emporte la peine de la déportation, il sera condamné aux travaux forcés à perpétuité.

Quiconque, ayant été condamné aux travaux forcés à perpétuité, aura commis un second crime emportant la même peine, sera condamné à la peine de mort.

Toutefois l'individu condamné par un tribunal militaire ou maritime ne sera, en cas de crime ou délit postérieur, passible des peines de la récidive qu'autant que la première condamnation aurait été prononcée pour des crimes ou délits punissables d'après les lois pénales ordinaires. — P. 1, 7, 8, 12, 15, 18 s., 28, 32, 33, 36, 47, 463; C. 21.

57. (*L. 26 mars 1891.*) Quiconque, ayant été condamné pour crime à une peine supérieure à une année d'emprisonnement, aura, dans un délai de cinq années après l'expiration de cette peine ou sa prescription, commis un délit ou un crime qui devra être puni de la peine de l'emprisonnement, sera condamné au maximum de la peine portée par la loi, et cette peine pourra être élevée jusqu'au double.

Défense pourra être faite, en outre, au condamné de paraître pendant cinq ans au moins et dix ans au plus dans les lieux dont l'interdiction lui sera signifiée par le Gouvernement avant sa libération. — P. 9, 9 s., 44, 45, 200; I. Cr. 179.

58. (*L. 26 mars 1891.*) Il en sera de même pour les condamnés à un emprisonnement de plus d'une année pour délit qui, dans le même délai, seraient reconnus coupables du même délit ou d'un crime devant être puni de l'emprisonnement.

Ceux qui, ayant été antérieurement condamnés à une peine d'emprisonnement de moindre durée, commettraient le même délit dans les mêmes conditions de temps, seront condamnés à une peine d'emprisonnement qui ne pourra être inférieure au double de celle précédemment prononcée, sans toutefois qu'elle puisse dépasser le double du maximum de la peine encourue.

Les délits de vol, escroquerie et abus de confiance seront considérés comme étant, au point de vue de la récidive, un même délit.

Il en sera de même des délits de vagabondage et de mendicité. — P. 9 s., 33, 45, 200, 463, 478, 482, 484; I. Cr. 179.

LIVRE DEUXIÈME

DES PERSONNES PUNISSABLES, EXCUSABLES OU RESPONSABLES, POUR CRIMES OU POUR DÉLITS.

(Loi décrétée le 13 février 1810, promulguée le 23 du même mois.)

CHAPITRE UNIQUE

59. Les complices d'un crime ou d'un délit seront punis de la même peine que les auteurs mêmes de ce crime ou de ce délit, sauf les cas où la loi en aurait disposé autrement. —

(1) *L. du 5 juin 1875 sur le régime des prisons départementales.*

ART. 2. Seront soumis à l'emprisonnement individuel les condamnés à un emprisonnement d'un an et un jour et au-dessous. — Ils subiront leur peine dans les maisons de correction départementales.

3. Les condamnés à un emprisonnement de plus d'un an et un jour pourront, sur leur demande, être soumis au régime de l'emprisonnement individuel. Ils seront, dans ce cas, maintenus dans les maisons de correction départementales jusqu'à l'expiration de leur peine, sauf décision contraire prise par l'administration, sur l'avis de la commission de surveillance de la prison.

4. La durée des peines subies sous le régime de l'emprisonnement individuel sera de plein droit, réduite d'un quart. — La réduction ne s'opérera pas sur les peines de trois mois et au-dessous. — Elle ne profitera, dans le cas prévu par l'article 3, qu'aux condamnés ayant passé trois mois consécutifs dans l'isolement, et dans la proportion du temps qu'ils y auront passé.

(1) La peine de la surveillance de la haute police a été supprimée par la loi du 27 mai 1885, art. 19, et remplacée par la défense faite au condamné de paraître dans les lieux dont l'interdiction lui est signifiée par le Gouvernement, avant sa libération.

(1) La peine de la surveillance de la haute police a été supprimée par la loi du 27 mai 1885, art. 19, et remplacée par la défense faite au condamné de paraître dans les lieux dont l'interdiction lui est signifiée par le Gouvernement, avant sa libération.

P. [illegible] — [illegible]

60. Seront punis comme complices d'une action qualifiée crime ou délit, ceux qui, par dons, promesses, menaces, abus d'autorité ou de pouvoir, machinations ou artifices coupables, auront provoqué à cette action ou donné des instructions pour la commettre;

Ceux qui auront procuré des armes, des instruments, ou tout autre moyen qui aura servi à l'action, sachant qu'ils devaient y servir;

Ceux qui auront, avec connaissance, aidé ou assisté l'auteur ou les auteurs de l'action, dans les faits qui l'auront préparée ou facilitée, ou dans ceux qui l'auront consommée; sans préjudice des peines qui seront spécialement portées par le présent Code contre les auteurs de complots ou de provocations attentatoires à la sûreté intérieure ou extérieure de l'État, même dans le cas où le crime qui était l'objet des conspirateurs ou des provocateurs n'aurait pas été commis. — [illegible]

61. Ceux qui, connaissant la conduite criminelle des malfaiteurs exerçant des brigandages ou des violences contre la sûreté de l'État, la paix publique, les personnes ou les propriétés, leur fournissent habituellement logement, lieu de retraite ou de réunion, seront punis comme leurs complices. — [illegible]

62. Ceux qui sciemment auront recélé, en tout ou en partie, des choses enlevées, détournées ou obtenues à l'aide d'un crime ou d'un délit, seront aussi punis comme complices de ce crime ou délit. — [illegible]

63. Néanmoins la peine de mort, lorsqu'elle sera applicable aux auteurs des crimes, sera remplacée, à l'égard des receleurs, par celle des travaux forcés à perpétuité.

Dans tous les cas, les peines des travaux forcés à perpétuité ou de la déportation, lorsqu'il y aura lieu, ne pourront être prononcées contre les receleurs qu'autant qu'ils seront convaincus d'avoir eu, au temps du recélé, connaissance des circonstances auxquelles la loi attache les peines de mort, des travaux forcés à perpétuité et de la déportation; sinon ils ne subiront que la peine des travaux forcés à temps. — [illegible]

64. Il n'y a ni crime ni délit, lorsque le prévenu était en état de démence au temps de l'action, ou lorsqu'il a été contraint par une force à laquelle il n'a pu résister. — [illegible]

65. Nul crime ou délit ne peut être excusé, ni la peine mitigée, que dans les cas et dans les circonstances où la loi déclare le fait excusable, ou permet de lui appliquer une peine moins rigoureuse. — [illegible]

66. Lorsque l'accusé aura moins de seize ans, s'il est décidé qu'il a agi sans discernement, il sera acquitté; mais il sera, selon les circonstances, remis à ses parents, ou conduit dans une maison de correction, pour y être élevé et détenu pendant tel nombre d'années que le jugement déterminera, et qui toutefois ne pourra excéder l'époque où il aura accompli sa vingtième année. — [illegible]

67. S'il est décidé qu'il a agi avec discernement, les peines seront prononcées ainsi qu'il suit:

S'il a encouru la peine de mort, des travaux forcés à perpétuité, de la déportation, il sera condamné à la peine de dix à vingt ans d'emprisonnement dans une maison de correction.

S'il a encouru la peine des travaux forcés à temps, de la détention ou de la réclusion, il sera condamné à être renfermé dans une maison de correction, pour un temps égal au tiers au moins et à la moitié au plus de celui pour lequel il aurait pu être condamné à l'une de ces peines.

Dans tous les cas, il pourra être mis, par l'arrêt ou le jugement, sous la surveillance de la haute police pendant cinq ans au moins et dix ans au plus.

S'il a encouru la peine de la dégradation civique ou du bannissement, il sera condamné à être enfermé, d'un an à cinq ans, dans une maison de correction. — [illegible]

68. L'individu, âgé de moins de seize ans, qui n'aura pas de complices présents au-dessus de cet âge, et qui sera prévenu de crimes autres que ceux que la loi punit de la peine de mort, de celle des travaux forcés à perpétuité, de la peine de la déportation ou de celle de la détention, sera jugé par les tribunaux correctionnels, qui se conformeront aux deux articles ci-dessus. — [illegible]

69. Dans tous les cas où le mineur de seize ans n'aura commis qu'un simple délit, la peine qui sera prononcée contre lui ne pourra s'élever au-dessus de la moitié de celle à laquelle il aurait pu être condamné s'il avait eu seize ans. — [illegible]

70. Les peines des travaux forcés à perpétuité, de la déportation et des travaux forcés à temps, ne seront prononcées contre aucun individu âgé de soixante-dix ans accomplis au moment du jugement. — [illegible]

71. Ces peines seront remplacées, à leur égard, savoir : celle de la déportation par la détention à perpétuité, et les autres, par celle de la réclusion, soit à perpétuité, soit à temps selon la durée de la peine qu'elle remplacera. — [illegible]; L. 30 mai 1854, *sur l'exécution de la peine des travaux forcés*.

72. (*Abrogé*, L. 30 mai 1854.)

73. Les aubergistes et hôteliers convaincus d'avoir logé, plus de vingt-quatre heures, quelqu'un qui, pendant son séjour, aurait commis un crime ou un délit, seront civilement responsables des restitutions, des indemnités et des frais adjugés à ceux à qui ce crime ou ce délit aurait causé quelque dommage, faute par eux d'avoir inscrit sur leur registre le nom, la profession et le domicile du coupable; sans préjudice de leur responsabilité dans le cas des articles 1952 et 1953 du Code civil. — [illegible]

74. Dans les autres cas de responsabilité civile qui pourront se présenter dans les affaires criminelles, correctionnelles ou de police, les cours et tribunaux devant qui ces affaires seront portées se conformeront aux dispositions du Code civil, livre III, titre IV, chapitre II. — [illegible]

(1) [illegible]

LIVRE TROISIÈME

DES CRIMES, DES DÉLITS, ET DE LEUR PUNITION

TITRE PREMIER

Crimes et délits contre la chose publique.

(Chap. I-II. Loi décrétée le [illegible] février 1810, promulguée le [illegible] du même mois; chap. III. Loi décrétée le [illegible], promulguée le [illegible].)

CHAPITRE PREMIER

Crimes et délits contre la sûreté de l'État.

SECTION PREMIÈRE

Des crimes et délits contre la sûreté extérieure de l'État (1).

75. Tout Français qui aura porté les armes contre la France sera puni de mort. — [illegible]

76. Quiconque aura pratiqué des machinations ou entretenu des intelligences avec les puissances étrangères ou leurs agents, pour les engager à commettre des hostilités ou à entreprendre la guerre contre la France, ou pour leur en procurer les moyens, sera puni de mort.

Cette disposition aura lieu dans le cas même où lesdites machinations ou intelligences n'auraient pas été suivies d'hostilités. — [illegible]

77. Sera également puni de mort, quiconque aura pratiqué des manœuvres ou entretenu des intelligences avec les ennemis de l'État, à l'effet de faciliter leur entrée sur le territoire et dépendances du royaume, ou de leur livrer des villes, forteresses, places, postes, ports, magasins, arsenaux, vaisseaux ou bâtiments appartenant à la France, ou de fournir aux ennemis des secours en soldats, hommes, argent, vivres, armes ou munitions, ou de seconder les progrès de leurs armes sur les possessions ou contre les forces françaises de terre ou de mer, soit en ébranlant la fidélité des officiers, soldats, matelots ou autres, envers le Roi et l'État, soit de toute autre manière. — [illegible]

78. Si la correspondance avec les sujets d'une puissance ennemie, sans avoir pour objet l'un des crimes énoncés en l'article précédent, a néanmoins eu pour résultat de fournir aux ennemis des instructions nuisibles à la situation militaire ou politique de la France ou de ses alliés, ceux qui auront entretenu cette correspondance seront punis de la détention, sans préjudice de plus forte peine, dans le cas où ces instructions auraient été la suite d'un concert constituant un fait d'espionnage. — [illegible]

79. Les peines exprimées aux articles 76 et 77 seront les mêmes, soit que les machinations ou manœuvres énoncées en ces articles aient été commises envers la France, soit qu'elles l'aient été envers les alliés de la France, agissant contre l'ennemi commun.

80. Sera puni des peines exprimées en l'article 76, tout fonctionnaire public, tout agent du gouvernement, ou toute autre personne qui, chargée ou instruite officiellement, ou à raison de son état, du secret d'une négociation ou d'une expédition, l'aura livré aux agents d'une puissance étrangère ou de l'ennemi. — [illegible]

(1) [illegible]

81. Tout fonctionnaire public, tout agent, tout préposé du gouvernement, chargé, à raison de ses fonctions, du dépôt des plans de fortifications, arsenaux, ports ou rades, qui aura livré ces plans ou l'un de ces plans à l'ennemi ou aux agents de l'ennemi, sera puni de mort.

Il sera puni de la détention, s'il a livré ces plans aux agents d'une puissance étrangère neutre ou alliée. — [illegible]

82. Toute autre personne qui, étant parvenue, par corruption, fraude ou violence, à soustraire lesdits plans, les aura livrés à l'ennemi ou aux agents d'une puissance étrangère, sera punie comme le fonctionnaire ou agent mentionné dans l'article précédent, et selon les distinctions qui y sont établies.

Si lesdits plans se trouvaient, sans le préalable emploi de mauvaises voies, entre les mains de la personne qui les a livrés, la peine sera, au premier cas mentionné dans l'article 81, la déportation. — [illegible]

Et au second cas du même article, un emprisonnement de deux à cinq ans.

83. Quiconque aura recélé ou aura fait recéler les espions ou les soldats ennemis envoyés à la découverte et qu'il aura connus pour tels, sera condamné à la peine de mort. — [illegible]

84. Quiconque aura, par des actions hostiles non approuvées par le gouvernement, exposé l'État à une déclaration de guerre, sera puni du bannissement; et si la guerre s'en est suivie, de la déportation. — [illegible]

85. Quiconque aura, par des actions non approuvées par le gouvernement, exposé des Français à éprouver des représailles, sera puni du bannissement. — [illegible]

SECTION II

Des crimes contre la sûreté intérieure de l'État.

§ 1er. — *Des attentats et complots dirigés contre l'Empereur et sa famille.*

86. (L. 10 juin 1853.) L'attentat contre la vie ou contre la personne de l'Empereur est puni de la peine du parricide. — [illegible]

L'attentat contre la vie des membres de la famille impériale est puni de la peine de mort. — [illegible]

L'attentat contre la personne des membres de la famille impériale est puni de la peine de la déportation dans une enceinte fortifiée. — [illegible]

Toute offense commise publiquement envers la personne de l'Empereur est punie d'un emprisonnement de six mois à cinq ans et d'une amende de cinq cents francs à dix mille francs. Le coupable peut, en outre, être interdit de tout ou partie des droits mentionnés en l'article 42 pendant un temps égal à celui de l'emprisonnement auquel il a été condamné. Ce temps court à compter du jour où il a subi sa peine. — [illegible]

Toute offense commise publiquement envers les membres de la famille impériale est punie d'un emprisonnement d'un mois à trois ans et d'une amende de cent francs à cinq mille francs. — [illegible]

87. (L. 10 juin 1853.) L'attentat dont le but est, soit de détruire ou de changer le gouvernement ou l'ordre de successibilité au trône, soit d'exciter les citoyens ou habitants à s'armer contre l'autorité impériale, est puni de la peine de la déportation dans une enceinte fortifiée. — P. 82.

88. L'exécution ou la tentative constitueront seules l'attentat. — P. 2, 86 s.

89. Le complot ayant pour but les crimes mentionnés aux articles 86 et 87, s'il a été suivi d'un acte commis ou commencé pour en préparer l'exécution, sera puni de la déportation.

S'il n'a été suivi d'aucun acte commis ou commencé pour en préparer l'exécution, la peine sera celle de la détention.

Il y a complot dès que la résolution d'agir est concertée et arrêtée entre deux ou plusieurs personnes.

S'il y a eu proposition faite et non agréée de former un complot pour arriver aux crimes mentionnés dans les articles 86 et 87, celui qui aura fait une telle proposition sera puni d'un emprisonnement d'un an à cinq ans. Le coupable pourra de plus être interdit, en tout ou en partie, des droits mentionnés en l'article 42. — P. 7, 8, 17, 18, 20, 28 s., 34, 36, 40, 47; I. Cr. 179.

90. Lorsqu'un individu aura formé seul la résolution de commettre l'un des crimes prévus par l'article 86, et qu'un acte pour en préparer l'exécution aura été commis ou commencé par lui seul et sans assistance, la peine sera celle de la détention. — P. 7, 20, 21, 28 s., 34, 36, 47, 49.

§ II. — *Des crimes tendant à troubler l'État par la guerre civile, l'illégal emploi de la force armée, la dévastation et le pillage publics* (1).

91. L'attentat dont le but sera, soit d'exciter la guerre civile en armant ou en portant les citoyens ou habitants à s'armer les uns contre les autres, soit de porter la dévastation, le massacre et le pillage dans une ou plusieurs communes, sera puni de mort. — P. 7, 12, 36; C. 23; L. 8 juin 1850.

Le complot ayant pour but l'un des crimes prévus au présent article, et la proposition de former ce complot, seront punis des peines portées en l'article 89, suivant les distinctions qui y sont établies. — P. 97.

92. Seront punis de mort, ceux qui auront levé ou fait lever des troupes armées, engagé ou enrôlé, fait engager ou enrôler des soldats, ou leur auront fourni ou procuré des armes ou munitions, sans ordre ou autorisation du pouvoir légitime. — P. 7, 12, 36; C. 23.

93. Ceux qui, sans droit ou motif légitime, auront pris le commandement d'un corps d'armée, d'une troupe, d'une flotte, d'une escadre, d'un bâtiment de guerre, d'une place forte, d'un poste, d'un port, d'une ville;

Ceux qui auront retenu, contre l'ordre du gouvernement, un commandement militaire quelconque;

Les commandants qui auront tenu leur armée ou troupe rassemblée, après que le licenciement ou la séparation en auront été ordonnés,

Seront punis de la peine de mort. — P. 7, 12, 36, 94; C. 23.

94. Toute personne qui, pouvant disposer de la force publique, en aura requis ou ordonné, fait requérir ou ordonner l'action ou l'emploi contre la levée des gens de guerre légalement établie, sera punie de la déportation.

Si cette réquisition ou cet ordre ont été suivis de leur effet, le coupable sera puni de mort. — P. 7, 12, 36; C. 23.

95. Tout individu qui aura incendié ou détruit, par l'explosion d'une mine, des édifices, magasins, arsenaux, vaisseaux, ou autres propriétés appartenant à l'État, sera puni de mort. — P. 7, 12, 36, 434 s.; C. 23.

96. Quiconque, soit pour envahir des domaines, propriétés ou deniers publics, places, villes, forteresses, postes, magasins, arsenaux, ports, vaisseaux ou bâtiments appartenant à l'État, soit pour piller ou partager des propriétés publiques ou nationales, ou celles d'une généralité de citoyens, soit enfin pour faire attaque ou résistance envers la force publique agissant contre les auteurs de ces crimes, se sera mis à la tête de bandes armées, ou y aura exercé une fonction ou commandement quelconque, sera puni de mort.

Les mêmes peines seront appliquées à ceux qui auront dirigé l'association, levé ou fait lever, organisé ou fait organiser les bandes, ou leur auront, sciemment et volontairement, fourni ou procuré des armes, munitions et instruments de crime, ou envoyé des convois de subsistances, ou qui auront de toute autre manière pratiqué des intelligences avec les directeurs ou commandants des bandes. — P. 7, 12, 36, 92, 265, 267, 313, 440 s.; C. 23; L. 8 juin 1850.

97. Dans le cas où l'un ou plusieurs des crimes mentionnés aux articles 86, 87 et 91 auront été exécutés ou simplement tentés par une bande, la peine de mort sera appliquée, sans distinction de grades, à tous les individus faisant partie de la bande et qui auront été saisis sur le lieu de la réunion séditieuse.

Sera puni des mêmes peines, quoique non saisi sur le lieu, quiconque aura dirigé la sédition, ou aura exercé dans la bande un emploi ou commandement quelconque. — P. 7, 12, 36, 82; C. 23; L. 8 juin 1850.

98. Hors le cas où la réunion séditieuse aurait eu pour objet ou résultat l'un ou plusieurs des crimes énoncés aux articles 86, 87 et 91, les individus faisant partie des bandes dont il est parlé ci-dessus, sans y exercer aucun commandement ni emploi, et qui auront été saisis sur les lieux, seront punis de la déportation. — P. 7, 17, 18, 36.

99. Ceux qui, connaissant le but et le caractère desdites bandes, leur auront, sans contrainte, fourni des logements, lieux de retraite ou de réunion, seront condamnés à la peine des travaux forcés à temps. — P. 7, 15, 16, 19, 22 s., 28 s., 34, 36, 47, 61, 73, 268.

100. Il ne sera prononcé aucune peine, pour le fait de sédition, contre ceux qui, ayant fait partie de ces bandes sans y exercer aucun commandement et sans y remplir aucun emploi ni fonctions, se seront retirés au premier avertissement des autorités civiles ou militaires, ou même depuis, lorsqu'ils n'auront été saisis que hors des lieux de la réunion séditieuse, sans opposer de résistance et sans armes.

Ils ne seront punis, dans ces cas, que des crimes particuliers qu'ils auraient personnellement commis; et néanmoins ils pourront être renvoyés, pour cinq ans ou au plus jusqu'à dix, sous la surveillance spéciale de la haute police (1). — P. 11, 44, 45, 49, 65, 213, 438, 441.

101. Sont compris dans le mot armes, toutes machines, tous instruments ou ustensiles tranchants, perçants ou contondants.

Les couteaux et ciseaux de poche, les cannes simples, ne seront réputés armes qu'autant qu'il en aura été fait usage pour tuer, blesser ou frapper. — P. 60, 212, 314, 315, 381, 385, 386.

Disposition commune aux deux paragraphes de la présente section.

102. (*Abrogé*, L. 17 mai 1819.)

SECTION III

De la révélation et de la non-révélation des crimes qui compromettent la sûreté intérieure ou extérieure de l'État.

103 à 107. (*Abrogés*, L. 28 avril 1832, art. 12.)

108. Seront exemptés des peines prononcées contre les auteurs de complots ou d'autres crimes attentatoires à la sûreté intérieure ou extérieure de l'État, ceux des coupables qui, avant toute exécution ou tentative de ces complots ou de ces crimes, et avant toutes poursuites commencées, auront les premiers donné au gouvernement ou aux autorités administratives ou de police judiciaire, connaissance de ces complots ou crimes, et de leurs auteurs ou complices, ou qui, même depuis le commencement des poursuites, auront procuré l'arrestation desdits auteurs ou complices.

Les coupables qui auront donné ces connaissances ou procuré ces arrestations, pourront néanmoins être condamnés à rester pour la vie ou à temps sous la surveillance de la haute police. — P. 11, 44, 45, 50, 58, 59 s., 86 s., 91 s., 138, 144.

CHAPITRE II

Crimes et délits contre la charte constitutionnelle.

SECTION PREMIÈRE

Des crimes et délits relatifs à l'exercice des droits civiques.

109. Lorsque, par attroupement, voies de fait ou menaces, on aura empêché un ou plusieurs citoyens d'exercer leurs droits civiques, chacun des coupables sera puni d'un emprisonnement de six mois au moins et de deux ans au plus, et de l'interdiction du droit de voter et d'être éligible pendant cinq ans au moins et dix ans au plus. — P. 2, 40 s.; I. Cr. 179.

110. Si ce crime a été commis par suite d'un plan concerté pour être exécuté soit dans tout le royaume, soit dans un ou plusieurs départements, soit dans un ou plusieurs arrondissements communaux, la peine sera le bannissement. — P. 8, 28, 32-34, 36, 48, 109.

111. Tout citoyen qui, étant chargé, dans un scrutin, du dépouillement des billets contenant les suffrages des citoyens, sera surpris falsifiant ces billets, ou en soustrayant de la masse, ou y en ajoutant, ou inscrivant sur les billets des votants non lettrés des noms autres que ceux qui lui auraient été déclarés, sera puni de la peine de la dégradation civique. — P. 8, 34-36.

112. Toutes autres personnes coupables des faits énoncés dans l'article précédent seront punies d'un emprisonnement de six mois au moins et de deux ans au plus, et de l'interdiction du droit de voter et d'être éligibles pendant cinq ans au moins et dix ans au plus. — P. 9, 40 s., 42.

113. Tout citoyen qui aura, dans les élections, acheté ou vendu un suffrage à un prix quelconque, sera puni d'interdiction des droits de citoyen et de toute fonction ou emploi public pendant cinq ans au moins et dix ans au plus.

Seront en outre, le vendeur et l'acheteur du suffrage, condamnés chacun à une amende double de la valeur des choses reçues ou promises. — P. 34, 42, 52 s., 177.

SECTION II

Attentats à la liberté.

114. Lorsqu'un fonctionnaire public, un agent ou un préposé du gouvernement, aura ordonné ou fait quelque acte arbitraire, ou attentatoire soit à la liberté individuelle, soit aux droits civiques d'un ou de plusieurs citoyens, soit à la Charte, il sera condamné à la peine de la dégradation civique.

Si néanmoins il justifie qu'il a agi par ordre de ses supérieurs pour des objets du ressort de ceux-ci, sur lesquels il leur était dû obéissance hiérarchique, il sera exempt de la peine, laquelle sera, dans ce cas, appliquée seulement aux supérieurs qui auront donné l'ordre. — P. 8, 34 s., 64, 190, 341.

115. Si c'est un ministre qui a ordonné ou fait les actes ou l'un des actes mentionnés en l'article précédent, et si, après les invitations mentionnées dans les articles 63 et 67 du sénatus-consulte du 28 floréal an XII (1), il a refusé ou négligé de faire réparer ces actes dans les délais fixés par ledit acte, il sera puni du bannissement. — P. 8, 28, 32-34, 36, 48, 109.

116. Si les ministres prévenus d'avoir ordonné ou autorisé l'acte contraire à la Charte, prétendent que la signature à eux imputée leur a été surprise, ils seront tenus, en faisant cesser l'acte, de dénoncer celui qu'ils déclareront auteur de la surprise; sinon ils seront poursuivis personnellement.

117. Les dommages-intérêts qui pourraient être prononcés à raison des attentats exprimés dans l'article 114 seront demandés, soit sur la poursuite criminelle, soit par la voie civile, et seront réglés, eu égard aux personnes, aux circonstances et au préjudice souffert, sans qu'en aucun cas, et quel que soit l'individu lésé, lesdits dommages-intérêts puissent être au-dessous de vingt-cinq francs pour chaque jour de détention illégale et arbitraire et pour chaque individu. — P. 10, 51 s.; C. 1149, 1839, 1382; P. 128, I. Cr. 1 s., 66.

118. Si l'acte contraire à la Charte a été fait d'après une fausse signature du nom d'un ministre ou d'un fonctionnaire public, les auteurs du faux et ceux qui en auront sciemment fait usage, seront punis des travaux forcés à temps, dont le maximum sera toujours appliqué dans ce cas. — P. 7, 19, 22, 23, 28-31, 36, 47, 145 s., 147, 148.

119. Les fonctionnaires publics chargés de la police administrative ou judiciaire, qui auront refusé ou négligé de déférer à une réclamation légale tendant à constater les détentions illégales et arbitraires, soit dans les maisons destinées à la garde des détenus, soit partout ailleurs, et qui ne justifieront pas les avoir dénoncées à l'autorité supérieure, seront punis de la dégradation civique, et tenus des dommages-intérêts, lesquels seront réglés comme il est dit dans l'article 117. — P. 8, 34-36, 120, 341; I. Cr. 9, 609, 615, 616.

120. Les gardiens et concierges des maisons de dépôt, d'arrêt, de justice ou de peine, qui auront reçu un prisonnier sans mandat ou jugement, ou sans ordre provisoire du gouvernement; ceux qui l'auront retenu, ou auront refusé de le représenter à l'officier de police ou au porteur de ses ordres, sans justifier de la défense du procureur du Roi ou du juge; ceux qui auront refusé d'exhiber leurs registres à l'officier de police, seront,

(1) *Constitution de la République française du 4 novembre 1848.*

ART. 5. La peine de mort est abolie en matière politique.

(1) La peine de la surveillance de la haute police est supprimée. (L. 27 mai 1885, art. 19.)

(1) Les articles 63 et 67 du sénatus-consulte du 28 floréal an XII se rattachaient à l'institution, aujourd'hui abolie, d'une commission sénatoriale de la liberté individuelle et d'une commission sénatoriale de la liberté de la presse.

[illegible]

121. [illegible]

122. [illegible]

SECTION III

Coalition des fonctionnaires.

123. [illegible]

124. [illegible]

125. [illegible]

126. [illegible]

SECTION IV

Empiétement des autorités administratives et judiciaires.

127. [illegible]

128. [illegible]

129. [illegible]

130. [illegible]

131. [illegible]

CHAPITRE III

Crimes et délits contre la paix publique.

SECTION PREMIÈRE

Du faux.

§ Ier. — *Fausse monnaie.*

132. [illegible]

133. [illegible]

134. [illegible]

135. [illegible]

136 et **137.** [illegible]

138. [illegible]

§ II. — *Contrefaçon des sceaux de l'État, des billets de banque, des effets publics et des poinçons, timbres et marques.*

139. [illegible]

140. [illegible]

141. [illegible]

142. [illegible]

143. [illegible]

144. [illegible]

§ III. — *Des faux en écritures publiques ou authentiques, et de commerce ou de banque.*

145. [illegible]

(1) [illegible]

146. Sera aussi puni des travaux forcés à perpétuité, tout fonctionnaire ou officier public qui, en rédigeant des actes de son ministère, en aura frauduleusement dénaturé la substance et les circonstances, soit en écrivant des conventions autres que celles qui auraient été tracées ou dictées par les parties, soit en constatant comme vrais des faits faux, ou comme avoués des faits qui ne l'étaient pas. — *P.* 7, 15, 16, 18, 19, 22, 36, 47, 59, 162, 164 s.; *I. Cr.* 448.

147. Seront punies des travaux forcés à temps toutes autres personnes qui auront commis un faux en écriture authentique et publique, ou en écriture de commerce ou de banque,

Soit par contrefaçon ou altération d'écritures ou de signatures,

Soit par fabrication de conventions, dispositions, obligations ou décharges, ou par leur insertion après coup dans ces actes,

Soit par addition ou altération de clauses, de déclarations ou de faits que ces actes avaient pour objet de recevoir et de constater. — *P.* 7, 15, 16, 19, 22, 23, 29 s., 34, 36, 47, 118, 163 s.; *I. Cr.* 448.

148. Dans tous les cas exprimés au présent paragraphe, celui qui aura fait usage des actes faux sera puni des travaux forcés à temps. — *P.* 7, 15, 16, 19, 22, 23, 29 s., 34, 36, 47, 145 s., 147, 163 s.; *I. Cr.* 458, 460.

149. Sont exceptés des dispositions ci-dessus, les faux commis dans les passe-ports, feuilles de route et permis de chasse, sur lesquels il sera particulièrement statué ci-après. — *P.* 153.

§ IV. — *Du faux en écriture privée.*

150. Tout individu qui aura, de l'une des manières exprimées en l'article 147, commis un faux en écriture privée, sera puni de la réclusion. — *P.* 7, 21 s., 28 s., 34, 36, 47, 163, 164 s., 176, 407; *I. Cr.* 448.

151. Sera puni de la même peine celui qui aura fait usage de la pièce fausse. — *P.* 7, 21 s., 28 s., 34, 36, 47, 148, 163.

152. Sont exceptés des dispositions ci-dessus, les faux certificats de l'espèce dont il sera ci-après parlé. — *P.* 159 s.

§ V. — *Des faux commis dans les passe-ports, permis de chasse, feuilles de route et certificats.*

153. (*L.* 13 *mai* 1863.) Quiconque fabriquera un faux passe-port ou un faux permis de chasse, ou falsifiera un passe-port ou un permis de chasse originairement véritable, ou fera usage d'un passe-port ou d'un permis de chasse fabriqué ou falsifié, sera puni d'un emprisonnement de six mois au moins, et de trois ans au plus. — *P.* 9, 40 s., 163, 281; *I. Cr.* 179.

154. (*L.* 13 *mai* 1863.) Quiconque prendra, dans un passe-port ou dans un permis de chasse, un nom supposé, ou aura concouru comme témoin à faire délivrer le passe-port sous le nom supposé, sera puni d'un emprisonnement de trois mois à un an.

La même peine sera applicable à tout individu qui aura fait usage d'un passe-port ou d'un permis de chasse délivré sous un autre nom que le sien.

Les logeurs et aubergistes qui, sciemment, inscriront sur leurs registres, sous des noms faux ou supposés, les personnes logées chez eux, ou qui, de connivence avec elles, auront omis de les inscrire, seront punis d'un emprisonnement de six jours au moins et de trois mois au plus. — *P.* 9, 40 s., 73, 281, 475; *I. Cr.* 179.

155. (*L.* 13 *mai* 1863.) Les officiers publics qui délivreront ou feront délivrer un passe-port à une personne qu'ils ne connaîtront pas personnellement, sans avoir fait attester ses noms et qualités par deux citoyens à eux connus, seront punis d'un emprisonnement d'un mois à six mois.

Si l'officier public, instruit de la supposition du nom, a néanmoins délivré ou fait délivrer le passe-port sous le nom supposé, il sera puni d'un emprisonnement d'une année au moins et de quatre ans au plus.

Le coupable pourra, en outre, être privé des droits mentionnés en l'article 42 du présent Code pendant cinq ans au moins et dix ans au plus, à compter du jour où il aura subi sa peine. — *P.* 9, 40 s., 154, 163; *I. Cr.* 179.

156. (*L.* 13 *mai* 1863.) Quiconque fabriquera une fausse feuille de route, ou falsifiera une feuille de route originairement véritable ou fera usage d'une feuille de route fabriquée ou falsifiée, sera puni, savoir : — D'un emprisonnement de six mois au moins et de trois ans au plus, si la fausse feuille de route n'a eu pour objet que de tromper la surveillance de l'autorité publique;

D'un emprisonnement d'une année au moins, et de quatre ans au plus, si le trésor public a payé au porteur de la fausse feuille des frais de route qui ne lui étaient pas dus ou qui excédaient ceux auxquels il pouvait avoir droit, le tout néanmoins au-dessous de cent francs;

Et d'un emprisonnement de deux ans au moins, et de cinq ans au plus, si les sommes indûment perçues par le porteur de la feuille s'élèvent à cent francs et au delà.

Dans ces deux derniers cas, les coupables pourront, en outre, être privés des droits mentionnés en l'article 42 du présent Code pendant cinq ans au moins, et dix ans au plus, à compter du jour où ils auront subi leur peine.

Ils pourront aussi être mis, par l'arrêt ou le jugement, sous la surveillance de la haute police pendant le même nombre d'années (1). — *P.* 9, 40 s., 157 s., 163, 164; *I. Cr.* 179.

157. (*L.* 13 *mai* 1863.) Les peines portées en l'article précédent seront appliquées, selon les distinctions qui y sont établies, à toute personne qui se sera fait délivrer par l'officier public une feuille de route sous un nom supposé ou qui aura fait usage d'une feuille de route délivrée sous un autre nom que le sien. — *P.* 156.

158. (*L.* 13 *mai* 1863.) Si l'officier public était instruit de la supposition de nom lorsqu'il a délivré la feuille de route, il sera puni, savoir :

Dans le premier cas posé par l'article 156, d'un emprisonnement d'une année au moins, et de quatre ans au plus.

Dans le second cas du même article, d'un emprisonnement de deux ans au moins et de cinq ans au plus.

Dans le troisième cas, de la réclusion.

Dans les deux premiers cas, il pourra, en outre, être privé des droits mentionnés en l'article 42 du présent Code pendant cinq ans au moins, et dix ans au plus, à compter du jour où il aura subi sa peine. — *P.* 7, 9, 21, 28, 34, 36, 40, 42, 47; *I. Cr.* 179.

159. (*L.* 13 *mai* 1863.) Toute personne qui, pour se rédimer elle-même ou affranchir une autre d'un service public quelconque, fabriquera, sous le nom d'un médecin, chirurgien ou autre officier de santé, un certificat de maladie ou d'infirmité, sera punie d'un emprisonnement d'une année au moins, et de trois ans au plus. — *P.* 9, 21, 40 s., 162, 163; *I. Cr.* 179.

160. (*L.* 13 *mai* 1863.) Tout médecin, chirurgien ou autre officier de santé qui, pour favoriser quelqu'un, certifiera faussement des maladies ou infirmités propres à dispenser d'un service public, sera puni d'un emprisonnement d'une année au moins et de trois ans au plus.

S'il y a été mû par dons ou promesses, la peine de l'emprisonnement sera d'une année au moins et de quatre ans au plus.

Dans les deux cas, le coupable pourra, en outre, être privé des droits mentionnés en l'article 42 du présent Code, pendant cinq ans au moins, et dix ans au plus, à compter du jour où il aura subi sa peine.

Dans le deuxième cas, les corrupteurs seront punis des mêmes peines que le médecin, chirurgien ou officier de santé qui aura délivré le faux certificat. — *P.* 9, 40 s., 59 s., 163, 177, 179; *I. Cr.* 179.

161. (*L.* 13 *mai* 1863.) Quiconque fabriquera, sous le nom d'un fonctionnaire ou officier public, un certificat de bonne conduite, indigence ou autres circonstances propres à appeler la bienveillance du gouvernement ou des particuliers sur la personne y désignée, et à lui procurer places, crédit ou secours, sera puni d'un emprisonnement de six mois à deux ans.

La même peine sera appliquée : 1° à celui qui falsifiera un certificat de cette espèce, originairement véritable, pour l'approprier à une personne autre que celle à laquelle il a été primitivement délivré; 2° à tout individu qui se sera servi du certificat ainsi fabriqué ou falsifié.

Si ce certificat est fabriqué sous le nom d'un simple particulier, la fabrication et l'usage seront punis de quinze jours à six mois d'emprisonnement. — *P.* 9, 40 s., 148, 151, 162, 163 s., 181; *I. Cr.* 179.

162. Les faux certificats de toute autre nature, et d'où il pourrait résulter soit lésion envers des tiers, soit préjudice envers le trésor royal, seront punis, selon qu'il y aura lieu, d'après les dispositions des paragraphes 3 et 4 de la présente section.

Dispositions communes.

163. L'application des peines portées contre ceux qui ont fait usage de monnaies, billets, sceaux, timbres, marteaux, poinçons, marques et écrits faux, contrefaits, fabriqués ou falsifiés, cessera toutes les fois que le faux n'aura pas été connu de la personne qui aura fait usage de la chose fausse. — *P.* 40, 135, 148, 153, 155, 161, 462.

164. (*L.* 13 *mai* 1863.) Il sera prononcé contre les coupables une amende dont le minimum sera de cent francs, et le maximum de trois mille francs; l'amende pourra cependant être portée jusqu'au quart du bénéfice illégitime que le faux aura procuré ou était destiné à procurer aux auteurs du crime ou du délit, à leurs complices ou à ceux qui ont fait usage de la pièce fausse. — *P.* 9, 52 s.; *I. Cr.* 179.

165. (*Abrogé, décr.* 12 *avril* 1848.)

SECTION II

De la forfaiture et des crimes et délits des fonctionnaires publics dans l'exercice de leurs fonctions.

166. Tout crime commis par un fonctionnaire public dans l'exercice de ses fonctions est une forfaiture. — *P.* 121, 126, 127, 167 s., 183; *I. Cr.* 48 s., 483.

167. Toute forfaiture pour laquelle la loi ne prononce pas de peines plus graves est punie de la dégradation civique. — *P.* 8, 34, 35, 198, 462.

168. Les simples délits ne constituent pas les fonctionnaires en forfaiture. — *P.* 1; *I. Cr.* 179.

§ Ier. — *Des soustractions commises par les dépositaires publics.*

169. Tout percepteur, tout commis à une perception, dépositaire ou comptable public, qui aura détourné ou soustrait des deniers publics ou privés, ou effets actifs en tenant lieu, ou des pièces, titres, actes, effets mobiliers qui étaient entre ses mains en vertu de ses fonctions, sera puni des travaux forcés à temps, si les choses détournées ou soustraites sont d'une valeur au-dessus de trois mille francs. — *P.* 7, 15, 16, 19, 22, 23, 28 s., 34, 36, 47, 172, 198.

170. La peine des travaux forcés à temps aura lieu également, quelle que soit la valeur des deniers ou des effets détournés ou soustraits, si cette valeur égale ou excède soit le tiers de la recette ou du dépôt, s'il s'agit de deniers ou effets une fois reçus ou déposés, soit le cautionnement, s'il s'agit d'une recette ou d'un dépôt attaché à une place sujette à cautionnement, soit enfin le tiers du produit commun de la recette pendant un mois, s'il s'agit d'une recette composée de rentrées successives et non sujette à cautionnement. — *P.* 7, 9, 15, 16, 19, 22, 23, 28 s., 34, 36, 47, 172, 198.

171. Si les valeurs détournées ou soustraites sont au-dessous de trois mille francs, et, en outre, inférieures aux mesures exprimées en l'article précédent, la peine sera un emprisonnement de deux ans au moins, et de cinq ans au plus, et le condamné sera de plus déclaré à jamais incapable d'exercer aucune fonction publique. — *P.* 9, 10, 40 s., 42, 172; *I. Cr.* 179.

172. Dans les cas exprimés aux trois articles précédents, il sera toujours prononcé contre le condamné une amende dont le maximum sera le quart des restitutions et indemnités, et le minimum le douzième. — *P.* 9, 10, 52 s.

173. Tout juge, administrateur, fonctionnaire ou officier public qui aura détruit, supprimé, soustrait ou détourné les actes et titres dont il était dépositaire en cette qualité, ou qui lui auront été remis ou communiqués à raison de ses fonctions, sera puni des travaux forcés à temps.

Tous agents, préposés ou commis soit du gouvernement, soit des dépositaires publics, qui se seront rendus coupables des mêmes soustractions, seront soumis à la même peine. — *P.* 7, 15, 19, 22, 23, 28 s., 34, 36, 47; *I. Cr.* 483 s.

§ II. — *Des concussions commises par des fonctionnaires publics.*

174. (*L.* 3 *mai* 1863.) Tous fonctionnaires, tous officiers publics, leurs commis ou préposés, tous percepteurs des droits, taxes, contributions, deniers, revenus publics ou communaux, et leurs commis ou préposés, qui se seront rendus coupables du crime de concussion, en ordonnant de percevoir ou en exigeant ou en recevant ce qu'ils savaient n'être pas dû ou excéder ce qui était dû pour droits, taxes, contributions, deniers ou revenus, ou pour salaires ou traitements, seront punis, savoir : les fonctionnaires ou les officiers publics, de la peine de la réclusion, et leurs commis ou préposés d'un emprisonnement de deux ans au moins, et de cinq ans au plus, lorsque la totalité des sommes indûment exigées ou

(1) La peine de la surveillance de la haute police est supprimée. (*L.* 27 *mai* 1885, art. 19.)

reçues, ou dont la perception a été ordonnée, a été supérieure à trois cents francs.

Toutes les fois que la totalité de ces sommes n'excédera pas trois cents francs, les fonctionnaires ou les officiers publics ci-dessus désignés seront punis d'un emprisonnement de deux à cinq ans, et leurs commis ou préposés d'un emprisonnement d'une année au moins et de quatre ans au plus.

La tentative de ce délit sera punie comme le délit lui-même.

Dans tous les cas où la peine d'emprisonnement sera prononcée, les coupables pourront, en outre, être privés des droits mentionnés en l'article 42 du présent Code, pendant cinq ans au moins, et dix ans au plus, à compter du jour où ils auront subi leur peine. Ils pourront aussi être mis, par l'arrêt ou le jugement, sous la surveillance de la haute police (1) pendant le même nombre d'années.

Dans tous les cas prévus par le présent article, les coupables seront condamnés à une amende dont le maximum sera le quart des restitutions et des dommages-intérêts, et le minimum le douzième.

Les dispositions du présent article sont applicables aux greffiers et officiers ministériels, lorsque le fait a été commis à l'occasion des recettes dont ils sont chargés par la loi. — P. 2, 3, 7, 9, 11, 21 s., 28 s., 35, 36, 40 s., 45 s., 47, 174 s.

§ III. — *Des délits de fonctionnaires qui se sont ingérés dans des affaires ou commerces incompatibles avec leur qualité.*

175. Tout fonctionnaire, tout officier public, tout agent du gouvernement, qui, soit ouvertement, soit par des actes simulés, soit par interposition de personnes, aura pris ou reçu quelque intérêt que ce soit dans les actes, adjudications, entreprises ou régies dont il a ou avait, au temps de l'acte, en tout ou en partie, l'administration ou la surveillance, sera puni d'un emprisonnement de six mois au moins, et de deux ans au plus, et sera condamné à une amende qui ne pourra excéder le quart des restitutions et des dommages-intérêts, ni être au-dessous du douzième.

Il sera de plus déclaré à jamais incapable d'exercer aucune fonction publique.

La présente disposition est applicable à tout fonctionnaire ou agent du gouvernement qui aura pris un intérêt quelconque dans une affaire dont il était chargé d'ordonnancer le payement ou de faire la liquidation. — P. 9, 40-42, 52 s.; C. 1596, 2103; Co. 85 s.; I. Cr. 179.

176. Tout commandant des divisions militaires, des départements ou des places et villes, tout préfet ou sous-préfet, qui aura, dans l'étendue des lieux où il a le droit d'exercer son autorité, fait ouvertement, ou par des actes simulés, ou par interposition de personnes, le commerce de grains, grenailles, farines, substances farineuses, vins ou boissons, autres que ceux provenant de ses propriétés, sera puni d'une amende de cinq cents francs au moins, de dix mille francs au plus, et de la confiscation des denrées appartenant à ce commerce. — P. 9, 11, 52 s.; I. Cr. 179.

§ IV. — *De la corruption des fonctionnaires publics.*

177. (*L. 13 mai 1863.*) Tout fonctionnaire public de l'ordre administratif ou judiciaire, tout agent ou préposé d'une administration publique, qui aura agréé des offres ou promesses, ou reçu des dons ou présents, pour faire un acte de sa fonction ou de son emploi, même juste, mais non sujet à salaire, sera puni de la dégradation civique, et condamné à une amende double de la valeur des promesses agréées ou des choses reçues, sans que ladite amende puisse être inférieure à deux cents francs.

La présente disposition est applicable à tout fonctionnaire, agent ou préposé de la qualité ci-dessus exprimée, qui, par offres ou promesses agréées, dons ou présents reçus, se sera abstenu de faire un acte qui entrait dans l'ordre de ses devoirs.

Sera puni de la même peine tout arbitre ou expert nommé soit par le tribunal, soit par les parties, qui aura agréé des offres ou promesses, ou reçu des dons ou présents, pour rendre une décision ou donner une opinion favorable à l'une des parties.

(*L. 4 juillet 1889.*) Sera puni des mêmes peines toute personne investie d'un mandat électif qui aura agréé des offres ou promesses, reçu des dons ou présents pour faire obtenir des décorations, médailles, distinctions ou récompenses, des places, fonctions ou emplois, des faveurs quelconques, accordées par l'autorité publique, des marchés, entreprises ou autres bénéfices résultant des traités conclus également avec l'autorité publique, et aura ainsi abusé de l'influence, réelle ou supposée, que lui donne son mandat.

Toute autre personne qui se sera rendue coupable de faits semblables sera punie d'un emprisonnement d'un an au moins et de cinq ans au plus, et d'une amende égale à celle prononcée par le 1er paragraphe du présent article.

Les coupables pourront en outre être interdits des droits mentionnés dans l'article 42 du présent Code, pendant cinq ans au moins et dix ans au plus, à compter du jour où ils auront subi leur peine. — P. 8, 11, 34-36, 52 s., 143, 174, 178 s., 181; I. Cr. 483 s.

178. Dans le cas où la corruption aurait pour objet un fait criminel emportant une peine plus forte que celle de la dégradation civique, cette peine plus forte sera appliquée aux coupables.

179. (*L. 13 mai 1863.*) Quiconque aura contraint ou tenté de contraindre par voies de fait ou menaces, corrompu ou tenté de corrompre par promesses, offres, dons ou présents, l'une des personnes de la qualité exprimée en l'article 177, pour obtenir soit une opinion favorable, soit des procès-verbaux, états, certificats ou estimations contraires à la vérité, soit des places, emplois, adjudications, entreprises ou autres bénéfices quelconques, soit tout autre acte du ministère du fonctionnaire, agent ou préposé, soit enfin l'abstention d'un acte qui rentrait dans l'exercice de ses devoirs, sera puni des mêmes peines que la personne corrompue.

Toutefois, si les tentatives de contrainte ou corruption n'ont eu aucun effet, les auteurs de ces tentatives seront simplement punis d'un emprisonnement de trois mois au moins et de six mois au plus, et d'une amende de cent francs à trois cents francs. — P. 2 s., 8, 9, 24, 40, 49 s., 52 s., 177.

180. Il ne sera jamais fait au corrupteur restitution des choses par lui livrées, ni de leur valeur : elles seront confisquées au profit des hospices des lieux où la corruption a été commise. — P. 11, 177 s.

181. Si c'est un juge prononçant en matière criminelle, ou un juré qui s'est laissé corrompre, soit en faveur, soit au préjudice de l'accusé, il sera puni de la réclusion, outre l'amende ordonnée par l'article 177. — P. 7, 9, 21 s., 28 s., 34, 36, 47, 52 s., 182; Pr. 505 s.; I. Cr. 483 s.

182. Si, par l'effet de la corruption, il y a eu condamnation à une peine supérieure à celle de la réclusion, cette peine, quelle qu'elle soit, sera appliquée au juge ou juré coupable de corruption. — P. 181; I. Cr. 483 s.

183. Tout juge ou administrateur qui se sera décidé par faveur pour une partie ou par inimitié contre elle, sera coupable de forfaiture et puni de la dégradation civique. — P. 8, 34, 166 s.; I. Cr. 483.

§ V. — *Des abus d'autorité.*

PREMIÈRE CLASSE

Des abus d'autorité contre les particuliers.

184. Tout fonctionnaire de l'ordre administratif ou judiciaire, tout officier de justice ou de police, tout commandant ou agent de la force publique, qui, agissant en sa dite qualité, se sera introduit dans le domicile d'un citoyen contre le gré de celui-ci, hors les cas prévus par la loi, et sans les formalités qu'elle a prescrites, sera puni d'un emprisonnement de six jours à un an, et d'une amende de seize francs à cinq cents francs, sans préjudice de l'application du second paragraphe de l'article 114.

Tout individu qui se sera introduit à l'aide de menaces ou de violences dans le domicile d'un citoyen sera puni d'un emprisonnement de six jours à trois mois, et d'une amende de seize francs à deux cents francs. — P. 9, 40 s., 52 s., 175; Pr. 587, 781; I. Cr. 9, 16, 36, 40, 87, 179, 483 s.

185. Tout juge ou tribunal, tout administrateur ou autorité administrative, qui, sous quelque prétexte que ce soit, même du silence ou de l'obscurité de la loi, aura dénié de rendre la justice qu'il doit aux parties, après en avoir été requis, et qui aura persévéré dans son déni, après avertissement ou injonction de ses supérieurs, pourra être poursuivi, et sera puni d'une amende de deux cents francs au moins et de cinq cents francs au plus, et de l'interdiction de l'exercice des fonctions publiques depuis cinq ans jusqu'à vingt. — P. 9, 42, 52 s., 127; I. Cr. 483; C. 4; Pr. 505 s., 506.

186. Lorsqu'un fonctionnaire ou un officier public, un administrateur, un agent ou un préposé du gouvernement ou de la police, un exécuteur des mandats de justice ou jugements, un commandant en chef ou en sous-ordre de la force publique, aura, sans motif légitime, usé ou fait user de violences envers les personnes, dans l'exercice ou à l'occasion de l'exercice de ses fonctions, il sera puni selon la nature et la gravité de ces violences, et en élevant la peine suivant la règle posée par l'article 198 ci-après. — P. 309 s.

187. Toute suppression, toute ouverture de lettres confiées à la poste, commise ou facilitée par un fonctionnaire ou un agent du gouvernement ou de l'administration des postes, sera punie d'une amende de seize francs à cinq cents francs, et d'un emprisonnement de trois mois à cinq ans. Le coupable sera de plus, interdit de toute fonction ou emploi public pendant cinq ans au moins et dix ans au plus. — P. 9, 40 s., 52 s., 166, 318; I. Cr. 179.

DEUXIÈME CLASSE

Des abus d'autorité contre la chose publique.

188. Tout fonctionnaire public, agent ou préposé du gouvernement, de quelque état et grade qu'il soit, qui aura requis ou ordonné, fait requérir ou ordonner l'action ou l'emploi de la force publique contre l'exécution d'une loi ou contre la perception d'une contribution légale, ou contre l'exécution soit d'une ordonnance ou mandat de justice, soit de tout autre ordre émané de l'autorité légitime, sera puni de la réclusion. — P. 7, 21 s., 28 s., 35, 36, 47, 123, 189 s., 209.

189. Si cette réquisition ou cet ordre ont été suivis de leur effet, la peine sera le *maximum* de la réclusion. — P. 21, 188, 190 s.

190. — Les peines énoncées aux articles 188 et 189 ne cesseront d'être applicables aux fonctionnaires ou préposés qui auraient agi par ordre de leurs supérieurs, qu'autant que cet ordre aura été donné par ceux-ci pour des objets de leur ressort, et sur lesquels il leur était dû obéissance hiérarchique ; dans ce cas, les peines portées ci-dessus ne seront appliquées qu'aux supérieurs qui les premiers auront donné cet ordre. — P. 64, 114 s.

191. Si, par suite desdits ordres ou réquisitions, il survient d'autres crimes punissables de peines plus fortes que celles exprimées aux articles 188 et 189, ces peines plus fortes seront appliquées aux fonctionnaires, agents ou préposés coupables d'avoir donné lesdits ordres ou fait lesdites réquisitions. — P. 186, 364.

§ VI. — *De quelques délits relatifs à la tenue des actes de l'état civil.*

192. Les officiers de l'état civil qui auront inscrit leurs actes sur de simples feuilles volantes seront punis d'un emprisonnement d'un mois au moins et de trois mois au plus, et d'une amende de seize francs à deux cents francs. — P. 9, 40 s., 52 s., 195; C. 40, 52; I. Cr. 179.

193. Lorsque, pour la validité d'un mariage, la loi prescrit le consentement des père, mère, ou autres personnes, et que l'officier de l'état civil ne se sera point assuré de l'existence de ce consentement, il sera puni d'une amende de seize francs à trois cents francs, et d'un emprisonnement de six mois au moins et d'un an au plus. — P. 9, 40 s., 52 s., 195; C. 73, 75, 148-150, 156, 157, 158-160; I. Cr. 179.

194. L'officier de l'état civil sera aussi puni de seize francs à trois cents francs d'amende, lorsqu'il aura reçu, avant le temps prescrit par l'article 228 du Code civil, l'acte de mariage d'une femme ayant déjà été mariée. — P. 9, 52 s., 145, 146, 157, 195, 340; I. Cr. 179.

195. Les peines portées aux articles précédents contre les officiers de l'état civil leur seront appliquées, lors même que la nullité de leurs actes n'aurait pas été demandée ou aurait été couverte, le tout sans préjudice des peines plus fortes prononcées en cas de collusion, et sans préjudice aussi des autres dispositions pénales du titre V du livre Ier du Code civil. — C. 156 s., 157, 192, 193.

§ VII. — *De l'exercice de l'autorité publique illégalement anticipé ou prolongé.*

196. Tout fonctionnaire public qui sera entré en exercice de ses fonctions sans avoir prêté le serment pourra être poursuivi, et sera puni d'une amende de seize francs à cent cinquante francs (1). — P. 9, 52 s., 206; I. Cr. 179.

197. Tout fonctionnaire public révoqué, destitué, suspendu ou interdit

(1) La peine de la surveillance de la haute police est supprimée (L. 27 mai 1885, art. 19).

(1) Un décret du 5 septembre 1870 abolit le serment politique, et un décret du 11 septembre 1870 prescrit que le serment professionnel des nouveaux fonctionnaires doit être prêté dans la première séance du corps auquel ils appartiennent.

légalement, qui, après en avoir eu la connaissance officielle, aura continué l'exercice de ses fonctions, ou qui, étant électif ou temporaire, les aura exercées après avoir été remplacé, sera puni d'un emprisonnement de six mois au moins et de deux ans au plus, et d'une amende de cent francs à cinq cents francs. Il sera interdit de l'exercice de toute fonction publique pour cinq ans au moins et dix ans au plus, à compter du jour où il aura subi sa peine : le tout sans préjudice des plus fortes peines portées contre les officiers ou les commandants militaires par l'article 93 du présent Code. — P. 9, 40, 42, 52 s., 258 s.; I. Cr. 179.

Dispositions particulières.

198. Hors les cas où la loi règle spécialement les peines encourues pour crimes ou délits commis par les fonctionnaires ou officiers publics, ceux d'entre eux qui auront participé à d'autres crimes ou délits qu'ils étaient chargés de surveiller ou de réprimer, seront punis comme il suit : — P. 7, 19, 21, 28, 186, 243, 462.

S'il s'agit d'un délit de police correctionnelle, ils subiront toujours le *maximum* de la peine attachée à cette espèce de délit ;

Et s'il s'agit de crime, ils seront condamnés, savoir : à la réclusion, si le crime emporte contre tout autre coupable la peine du bannissement ou de la dégradation civique ;

Aux travaux forcés à temps, si le crime emporte contre tout autre coupable la peine de la réclusion ou de la détention ;

Et aux travaux forcés à perpétuité, lorsque le crime emportera contre tout autre coupable la peine de la déportation ou celle des travaux forcés à temps.

Au delà des cas qui viennent d'être exprimés, la peine commune sera appliquée sans aggravation.

SECTION III

Des troubles apportés à l'ordre public par les ministres des cultes dans l'exercice de leur ministère.

§ Ier. — *Des contraventions propres à compromettre l'état civil des personnes.*

199. Tout ministre d'un culte qui procédera aux cérémonies religieuses d'un mariage, sans qu'il lui ait été justifié d'un acte de mariage préalablement reçu par les officiers de l'état civil, sera, pour la première fois, puni d'une amende de seize francs à cent francs. — P. 9, 52 s., 200; C. 75, 165; I. Cr. 179.

200. En cas de nouvelles contraventions de l'espèce exprimée en l'article précédent, le ministre du culte qui les aura commises sera puni, savoir :

Pour la première récidive, d'un emprisonnement de deux à cinq ans ;

Et pour la seconde, de la détention. — P. 7, 9, 20, 28 s., 33, 36, 40, 47, 56 s.; I. Cr. 179.

§ II. — *Des critiques, censures ou provocations dirigées contre l'autorité publique dans un discours pastoral prononcé publiquement.*

201. Les ministres des cultes qui prononceront, dans l'exercice de leur ministère, et en assemblée publique, un discours contenant la critique ou censure du gouvernement, d'une loi, d'une ordonnance royale ou de tout autre acte de l'autorité publique, seront punis d'un emprisonnement de trois mois à deux ans. — P. 9, 40 s., 202 s.; I. Cr. 179.

202. Si le discours contient une provocation directe à la désobéissance aux lois ou autres actes de l'autorité publique, ou s'il tend à soulever ou armer une partie des citoyens contre les autres, le ministre du culte qui l'aura prononcé, sera puni d'un emprisonnement de deux à cinq ans, si la provocation n'a été suivie d'aucun effet; et du bannissement, si elle a donné lieu à la désobéissance, autre toutefois que celle qui aurait dégénéré en sédition ou révolte. — P. 8, 9, 28, 32, 38, 40, 48, 191, 201, 203, 208, 313.

203. Lorsque la provocation aura été suivie d'une sédition ou révolte dont la nature donnera lieu contre l'un ou plusieurs des coupables à une peine plus forte que celle du bannissement, cette peine, quelle qu'elle soit, sera appliquée au ministre coupable de la provocation. — P. 206, 313.

§ III. — *Des critiques, censures ou provocations dirigées contre l'autorité publique dans un écrit pastoral.*

204. Tout écrit contenant des instructions pastorales, en quelque forme que ce soit, et dans lequel un ministre du culte se sera ingéré de critiquer ou censurer, soit le gouvernement, soit tout acte de l'autorité publique, emportera la peine du bannissement contre le ministre qui l'aura publié. — P. 8, 28, 32 s., 33, 48, 201.

205. Si l'écrit mentionné en l'article précédent contient une provocation directe à la désobéissance aux lois ou autres actes de l'autorité publique, ou s'il tend à soulever ou armer une partie des citoyens contre les autres, le ministre qui l'aura publié sera puni de la détention. — P. 7, 20, 28 s., 34, 36, 47, 202.

206. Lorsque la provocation contenue dans l'écrit pastoral aura été suivie d'une sédition ou révolte dont la nature donnera lieu contre l'un ou plusieurs des coupables à une peine plus forte que celle de la déportation, cette peine, quelle qu'elle soit, sera appliquée au ministre coupable de la provocation. — P. 7, 203, 313.

§ IV. — *De la correspondance des ministres des cultes avec des cours ou puissances étrangères, sur des matières de religion.*

207. Tout ministre d'un culte qui aura, sur des questions ou matières religieuses, entretenu une correspondance avec une cour ou puissance étrangère, sans en avoir préalablement informé le ministre du Roi chargé de la surveillance des cultes, et sans avoir obtenu son autorisation, sera, pour ce seul fait, puni d'une amende de cent francs à cinq cents francs, et d'un emprisonnement d'un mois à deux ans. — P. 9, 40 s., 52 s., 208; I. Cr. 179.

208. Si la correspondance mentionnée en l'article précédent a été accompagnée ou suivie d'autres faits contraires aux dispositions formelles d'une loi ou d'une ordonnance du Roi, le coupable sera puni du bannissement, à moins que la peine résultant de la nature de ces faits ne soit plus forte, auquel cas cette peine plus forte sera seule appliquée. — P. 8, 28, 32 s., 36, 48.

SECTION IV

Résistance, désobéissance, et autres manquements envers l'autorité publique.

§ Ier. — *Rébellion* (1).

209. Toute attaque, toute résistance avec violence et voies de fait envers les officiers ministériels, les gardes champêtres ou forestiers, la force publique, les préposés à la perception des taxes et des contributions, les porteurs de contraintes, les préposés des douanes, les séquestres, les officiers ou agents de la police administrative ou judiciaire, agissant pour l'exécution des lois, des ordres ou ordonnances de l'autorité publique, des mandats de justice ou jugements, est qualifiée, selon les circonstances, crime ou délit de rébellion. — P. 96, 98, 186, 230, 231.

210. Si elle a été commise par plus de vingt personnes armées, les coupables seront punis des travaux forcés à temps; et s'il n'y a pas eu port d'armes, ils seront punis de la réclusion. — P. 7, 15, 19, 21 s.; 28 s., 31, 36, 47, 101.

211. Si la rébellion a été commise par une réunion armée de trois personnes ou plus jusqu'à vingt inclusivement, la peine sera la réclusion; s'il n'y a pas eu port d'armes, la peine sera un emprisonnement de six mois au moins et de deux ans au plus. — P. 7, 9, 21 s., 28 s., 34, 36, 40 s., 47, 218.

212. Si la rébellion n'a été commise que par une ou deux personnes, avec armes, elle sera punie d'un emprisonnement de six mois à deux ans, et si elle a eu lieu sans armes, d'un emprisonnement de six jours à six mois. — P. 9, 40 s., 101, 202, 218; I. Cr. 179.

213. En cas de rébellion avec bande ou attroupement, l'article 100 du présent Code sera applicable aux rebelles sans fonctions ni emplois dans la bande, qui se seront retirés au premier avertissement de l'autorité publique, ou même depuis, s'ils n'ont été saisis que hors du lieu de la rébellion, et sans nouvelle résistance et sans armes. — P. 91, 100, 440; I. Cr. 231; LL. 10 avril 1831 et 7 juin 1848, sur les attroupements.

214. Toute réunion d'individus pour un crime ou un délit, est réputée réunion armée, lorsque plus de deux personnes portent des armes ostensibles. — P. 101, 215 s.

215. Les personnes qui se trouveraient munies d'armes cachées, et qui auraient fait partie d'une troupe ou réunion non réputée armée, seront individuellement punies comme si elles avaient fait partie d'une troupe ou réunion armée. — P. 101, 210 s.; L. 24 mai 1834, sur les détenteurs d'armes ou de munitions de guerre.

216. Les auteurs des crimes et délits commis pendant le cours et à l'occasion d'une rébellion seront punis des peines prononcées contre chacun de ces crimes, si elles sont plus fortes que celles de la rébellion. — P. 210 s.; I. Cr. 365.

217. (Abrogé, L. 17 mai 1819.)

218. Dans tous les cas où il sera prononcé, pour fait de rébellion, une simple peine d'emprisonnement, les coupables pourront être condamnés en outre à une amende de seize francs à deux cents francs. — P. 9, 40 s., 52 s., 211, 212; I. Cr. 179.

219. Seront punies comme réunions de rebelles celles qui auront été formées avec ou sans armes, et accompagnées de violences ou de menaces contre l'autorité administrative, les officiers et les agents de police, ou contre la force publique :

1° Par les ouvriers ou journaliers dans les ateliers publics ou manufactures ;

2° Par les individus admis dans les hospices ;

3° Par les prisonniers prévenus, accusés ou condamnés. — P. 210 s., 220 s., 415 s.; I. Cr. 614.

220. La peine appliquée pour rébellion à des prisonniers prévenus, accusés ou condamnés relativement à d'autres crimes ou délits, sera par eux subie, savoir :

Par ceux qui, à raison des crimes ou délits qui ont causé leur détention, sont ou seraient condamnés à une peine non capitale ni perpétuelle, immédiatement après l'expiration de cette peine ;

Et par les autres, immédiatement après l'arrêt ou jugement en dernier ressort qui les aura acquittés ou renvoyés absous du fait pour lequel ils étaient détenus. — P. 219, 236; I. Cr. 358, 364, 365, 365, 614.

221. Les chefs d'une rébellion, et ceux qui l'auront provoquée, pourront être condamnés à rester, après l'expiration de leur peine, sous la surveillance spéciale de la haute police pendant cinq ans au moins et dix ans au plus (1). — P. 11, 44 s.

§ II. — *Outrages et violences envers les dépositaires de l'autorité et de la force publique* (2).

222. (L. 13 mai 1863.) Lorsqu'un ou plusieurs magistrats de l'ordre administratif ou judiciaire, lorsqu'un ou plusieurs jurés auront reçu, dans l'exercice de leurs fonctions, ou à l'occasion de cet exercice, quelque outrage par paroles, par écrit ou dessin non rendus publics, tendant, dans ces divers cas, à inculper leur honneur ou leur délicatesse, celui qui leur aura adressé cet outrage sera puni d'un emprisonnement de quinze jours à deux ans.

Si l'outrage par paroles a eu lieu à l'audience d'une cour ou d'un tribunal, l'emprisonnement sera de deux à cinq ans. — P. 9, 11, 40 s., 226; Pr. 10, 11, 88, 91 s.; I. Cr. 129, 181, 505 s.

223. (L. 13 mai 1863.) L'outrage fait par gestes ou menaces à un magistrat ou à un juré, dans l'exercice ou à l'occasion de l'exercice de ses fonctions, sera puni d'un mois à six mois d'emprisonnement; et si l'outrage a eu lieu à l'audience d'une cour ou d'un tribunal, il sera puni d'un emprisonnement d'un mois à deux ans. — P. 9, 11, 40 s., 91, 226; I. Cr. 179, 181, 505.

224. (L. 13 mai 1863.) L'outrage fait par paroles, gestes ou menaces à tout officier ministériel ou agent dépositaire de la force publique, et à tout citoyen chargé d'un ministère de service public, dans l'exercice ou à l'occasion de l'exercice de ses fonctions, sera puni d'un emprisonnement de six jours à un mois et d'une amende de seize francs à deux cents francs, ou de l'une de ces deux peines seulement. — P. 9, 40 s., 52 s., 58, 209, 222, 223, 225, 227; I. Cr. 179.

225. (L. 13 mai 1863.) L'outrage mentionné en l'article précédent, lorsqu'il aura été dirigé contre un commandant de la force publique, sera puni d'un emprisonnement de quinze jours à trois mois, et pourra l'être aussi d'une amende de seize francs à cinq cents francs. — P. 9, 40 s., 52 s., 226; I. Cr. 179.

226 et **227**. (Abrogés, L. 28 décembre 1894.)

228. (L. 13 mai 1863.) Tout individu qui, même sans armes et sans qu'il en soit résulté de blessures, aura frappé un magistrat dans l'exercice de ses fonctions, ou à l'occasion de cet exercice, ou commis toute autre violence ou voie de fait envers lui dans les mêmes circonstances, sera puni d'un emprisonnement de deux à cinq ans.

Le maximum de cette peine sera toujours prononcé si la voie de fait a

(1) V. L. 8 septembre 1835, art. 1) Suppl.

(1) La peine de la surveillance de la haute police est supprimée. (L. 27 mai 1885, art. 19.)
(2) V. L. 29 juillet 1881 sur la Presse, Suppl.

ou lieu à l'audience d'une cour ou d'un tribunal.

Le coupable pourra, en outre, dans les deux cas, être privé des droits mentionnés en l'article 42 du présent Code pendant cinq ans au moins et dix ans au plus, à compter du jour où il aura subi sa peine, et être placé sous la surveillance de la haute police (1) pendant le même nombre d'années. — P. 9, 40 s., 42, 44 s., 229 s., 231.

229. Dans l'un et l'autre des cas exprimés en l'article précédent, le coupable pourra de plus être condamné à s'éloigner, pendant cinq à dix ans, du lieu où siège le magistrat, et d'un rayon de deux myriamètres.

Cette disposition aura son exécution à dater du jour où le condamné aura subi sa peine.

Si le condamné enfreint cet ordre avant l'expiration du temps fixé, il sera puni du bannissement. — P. 8, 28, 32-34, 36, 44 s., 48, 228; I. Cr. 635.

230. (L. 13 mai 1863.) Les violences ou voies de fait de l'espèce exprimée en l'article 228, dirigées contre un officier ministériel, un agent de la force publique, ou un citoyen chargé d'un ministère de service public, si elles ont eu lieu pendant qu'ils exerçaient leur ministère ou à cette occasion, seront punies d'un emprisonnement d'un mois au moins et de trois ans au plus, et d'une amende de seize francs à cinq cents francs. — P. 9, 11, 40 s., 52 s., 209, 224 s.; I. Cr. 179.

231. Si les violences exercées contre les fonctionnaires et agents désignés aux articles 228 et 230 ont été la cause d'effusion de sang, blessures ou maladie, la peine sera la réclusion; si la mort s'en est suivie dans les quarante jours, le coupable sera puni des travaux forcés à perpétuité. — P. 7, 15, 16, 18, 21 s., 28 s., 35, 36, 47, 209, 232 s., 309.

232. Dans le cas même où ces violences n'auraient pas causé d'effusion de sang, blessures ou maladie, les coups seront punis de la réclusion, s'ils ont été portés avec préméditation ou de guet-apens. — P. 7, 21 s., 28 s., 34, 36, 47, 297, 298.

233. Si les coups ont été portés ou les blessures faites à un des fonctionnaires ou agents désignés aux articles 228 et 230, dans l'exercice ou à l'occasion de l'exercice de leurs fonctions, avec intention de donner la mort, le coupable sera puni de mort. — P. 7, 12, 36, 295; C. 23.

§ III. — *Refus d'un service dû légalement.*

234. Tout commandant, tout officier ou sous-officier de la force publique qui, après en avoir été légalement requis par l'autorité civile, aura refusé de faire agir la force à ses ordres, sera puni d'un emprisonnement d'un mois à trois mois, sans préjudice des réparations civiles qui pourraient être dues aux termes de l'article 10 du présent Code. — P. 9, 40 s., 175; C. 1142, 1382; I. Cr. 25, 375.

235. Les lois pénales et règlements relatifs à la conscription militaire continueront de recevoir leur exécution.

236. Les témoins et jurés qui auront allégué une excuse reconnue fausse seront condamnés, outre les amendes prononcées pour la non-comparution, à un emprisonnement de six jours à deux mois. — P. 7, 9, 11, 28, 30, 37, 159, 271; I. Cr. 80, 81, 86, 157, 158, 304, 355, 396-398.

§ IV. — *Évasion de détenus, recèlement de criminels.*

237. Toutes les fois qu'une évasion de détenus aura lieu, les huissiers, les commandants en chef ou en sous-ordre, soit de la gendarmerie, soit de la force armée servant d'escorte ou garnissant les postes, les concierges, gardiens, geôliers, et tous autres préposés à la conduite, au transport ou à la garde des détenus, seront punis ainsi qu'il suit :

238. (L. 13 mai 1863.) Si l'évadé était prévenu de délits de police ou de crimes simplement infamants, ou condamné pour l'un de ces crimes, s'il était prisonnier de guerre, les préposés à sa garde ou conduite seront punis, en cas de négligence, d'un emprisonnement de six jours à deux mois, et, en cas de connivence, d'un emprisonnement de six mois à deux ans.

Ceux qui, n'étant pas chargés de la garde ou de la conduite du détenu, auront procuré ou facilité son évasion, seront punis de six jours à trois mois d'emprisonnement. — P. 8, 9, 40 s., 49, 241 s.; I. Cr. 137, 179.

239. Si les détenus évadés, ou l'un d'eux, étaient prévenus ou accusés d'un crime de nature à entraîner une peine afflictive à temps, ou condamnés pour l'un de ces crimes, la peine sera, contre les préposés à la garde ou conduite, en cas de négligence, un emprisonnement de deux mois à six mois; en cas de connivence, la réclusion.

Les individus non chargés de la garde des détenus, qui auront procuré ou facilité l'évasion, seront punis d'un emprisonnement de trois mois à deux ans. — P. 7, 9, 21 s., 28 s., 34, 36, 40 s., 47, 241 s.

240. Si les évadés, ou si l'un d'eux, sont prévenus ou accusés de crimes de nature à entraîner la peine de mort ou des peines perpétuelles, ou s'ils sont condamnés à l'une de ces peines, leurs conducteurs ou gardiens seront punis d'un an à deux ans d'emprisonnement, en cas de négligence, et des travaux forcés à temps, en cas de connivence.

Les individus non chargés de la conduite ou de la garde qui auront facilité ou procuré l'évasion seront punis d'un emprisonnement d'un an au moins et de cinq ans au plus. — P. 7, 9, 19, 22 s., 28 s., 35, 36, 40 s., 47, 239, 241 s.

241. (L. 13 mai 1863.) Si l'évasion a eu lieu ou a été tentée avec violence ou bris de prison, les peines contre ceux qui l'auront favorisée en fournissant des instruments propres à l'opérer, seront :

Si le détenu qui s'est évadé se trouve dans le cas prévu par l'article 238, trois mois à deux ans d'emprisonnement; au cas de l'article 239, un an à quatre ans d'emprisonnement; et au cas de l'article 240, deux ans à cinq ans de la même peine et une amende de cinquante francs à deux mille francs.

Dans ce dernier cas, les coupables pourront, en outre, être privés des droits mentionnés en l'article 42 du présent Code pendant cinq ans au moins et dix ans au plus, à compter du jour où ils auront subi leur peine. — P. 9, 11, 40 s., 42 s., 243.

242. Dans tous les cas ci-dessus, lorsque les tiers qui auront procuré ou facilité l'évasion y seront parvenus en corrompant les gardiens ou geôliers, ou de connivence avec eux, ils seront punis des mêmes peines que lesdits gardiens ou geôliers. — P. 59, 179, 238 s.

243. Si l'évasion avec bris ou violence a été favorisée par transmission d'armes, les gardiens et conducteurs qui y auront participé seront punis des travaux forcés à perpétuité; les autres personnes, des travaux forcés à temps. — P. 7, 15, 16, 18, 19, 22, 23, 28 s., 35, 36, 47, 101.

244. Tous ceux qui auront connivé à l'évasion d'un détenu seront solidairement condamnés, à titre de dommages-intérêts, à tout ce que la partie civile du détenu aurait eu droit d'obtenir contre lui. — P. 10, 50, 55; C. 1149, 1200 s., 1382.

245. A l'égard des détenus qui se seront évadés ou qui auront tenté de s'évader par bris de prison ou par violence, ils seront, pour ce seul fait, punis de six mois à un an d'emprisonnement, et subiront cette peine immédiatement après l'expiration de celle qu'ils auront encourue pour le crime ou délit à raison duquel ils étaient détenus, ou immédiatement après l'arrêt ou jugement qui les aura acquittés ou renvoyés absous dudit crime ou délit; le tout sans préjudice de plus fortes peines qu'ils auraient pu encourir pour d'autres crimes qu'ils auraient commis dans leurs violences. — P. 9, 40 s., 245; I. Cr. 179, 358, 361, 364, 365.

(Décr. 30 juin 1891.) Seront en outre réputés en état d'évasion, les individus transportés dans les colonies pénitentiaires pour y subir la peine de la relégation, conformément au décret du 20 mai 1885, qui seront restés pendant douze heures éloignés du lieu où ils sont détenus ou employés, ou seront parvenus à se soustraire à la surveillance des agents préposés à leur garde (1).

246. Quiconque sera condamné, pour avoir favorisé une évasion ou des tentatives d'évasion, à un emprisonnement de plus de six mois, pourra, en outre, être mis sous la surveillance spéciale de la haute police, pour un intervalle de cinq à dix ans (1). — P. 11, 44 s.

247. Les peines d'emprisonnement ci-dessus établies contre les conducteurs ou les gardiens, en cas de négligence seulement, cesseront lorsque les évadés seront repris ou représentés, pourvu que ce soit dans les quatre mois de l'évasion, et qu'ils ne soient pas arrêtés pour d'autres crimes ou délits commis postérieurement.

248. Ceux qui auront recélé ou fait recéler des personnes qu'ils savaient avoir commis des crimes emportant peine afflictive, seront punis de trois mois d'emprisonnement au moins et de deux ans au plus. — P. 7, 9, 40 s., 61; I. Cr. 179.

Sont exceptés de la présente disposition les ascendants ou descendants, époux ou épouse, même divorcés, frères ou sœurs des criminels recélés, ou leurs alliés aux mêmes degrés. — C. 735 s.

§ V. — *Bris de scellés et enlèvement de pièces dans les dépôts publics.*

249. Lorsque des scellés apposés, soit par ordre du gouvernement, soit par suite d'une ordonnance de justice rendue en quelque matière que ce soit, auront été brisés, les gardiens seront punis, pour simple négligence, de six jours à six mois d'emprisonnement. — P. 9, 40 s.; Pr. 906 s.; I. Cr. 179.

250. Si le bris des scellés s'applique à des papiers et effets d'un individu prévenu ou accusé d'un crime emportant la peine de mort, des travaux forcés à perpétuité, ou de la déportation, ou qui soit condamné à l'une de ces peines, le gardien négligent sera puni de six mois à deux ans d'emprisonnement. — P. 9, 40 s., 251; I. Cr. 179.

251. (L. 13 mai 1863.) Quiconque aura, à dessein, brisé ou tenté de briser des scellés apposés sur des papiers ou effets de la qualité énoncée en l'article précédent, ou participé au bris des scellés ou à la tentative de bris de scellés, sera puni d'un emprisonnement d'un an à trois ans.

Si c'est le gardien lui-même qui a brisé les scellés ou participé au bris des scellés, il sera puni d'un emprisonnement de deux à cinq ans.

Dans l'un et l'autre cas, le coupable sera condamné à une amende de cinquante francs à deux mille francs.

Il pourra, en outre, être privé des droits mentionnés en l'article 42 du présent Code pendant cinq ans au moins et dix ans au plus, à compter du jour où il aura subi sa peine; il pourra aussi être placé, pendant le même nombre d'années, sous la surveillance de la haute police (1). — P. 9, 11, 40 s., 44 s., 52 s.; I. Cr. 179.

252. A l'égard de tous autres bris de scellés, les coupables seront punis de six mois à deux ans d'emprisonnement; et, si c'est le gardien lui-même, il sera puni de deux à cinq ans de la même peine. — P. 9, 40 s., 249; I. Cr. 179.

253. Tout vol commis à l'aide d'un bris de scellés sera puni comme vol commis à l'aide d'effraction. — P. 384.

254. Quant aux soustractions, destructions et enlèvements de pièces ou de procédures criminelles, ou d'autres papiers, registres, actes et effets contenus dans des archives, greffes ou dépôts publics, ou remis à un dépositaire public en cette qualité, les peines seront, contre les greffiers, archivistes, notaires ou autres dépositaires négligents, de trois mois à un an d'emprisonnement, et d'une amende de cent francs à trois cents francs. — P. 9, 40 s., 52 s., 173, 255, 408; I. Cr. 179.

255. Quiconque se sera rendu coupable des soustractions, enlèvements ou destructions mentionnés en l'article précédent, sera puni de la réclusion.

Si le crime est l'ouvrage du dépositaire lui-même, il sera puni des travaux forcés à temps. — P. 7, 15, 16, 19, 21, 22, 23, 28 s., 34, 36, 47, 173, 408, 439.

256. Si le bris de scellés, les soustractions, enlèvements ou destructions de pièces ont été commis avec violences envers les personnes, la peine sera, contre toute personne, celle des travaux forcés à temps, sans préjudice de peines plus fortes, s'il y a lieu, d'après la nature des violences et des autres crimes qui y seraient joints. — P. 7, 15, 16, 19, 22, 23, 28 s., 34, 36, 47, 309.

§ VI. — *Dégradation de monuments.*

257. Quiconque aura détruit, abattu, mutilé ou dégradé des monuments, statues et autres objets destinés à l'utilité ou à la décoration publique, et élevés par l'autorité publique ou avec son autorisation, sera puni d'un emprisonnement d'un mois à deux ans, et d'une amende de cent francs à cinq cents francs. — P. 7, 40 s., 52 s., 440, 448; I. Cr. 179.

§ VII. — *Usurpation de titres ou fonctions.*

258. Quiconque, sans titre, se sera immiscé dans des fonctions publiques, civiles ou militaires, ou aura fait les actes d'une de ces fonctions, sera puni d'un emprisonnement de deux à cinq ans, sans préjudice de la peine de faux, si l'acte porte le caractère de ce crime. — P. 9, 40 s., 93, 127, 130, 145 s., 196, 197, 344; Co. 80.

259. (L. 28 mai 1858.) Toute personne qui aura publiquement porté un

(1) La peine de la surveillance de la haute police est supprimée. (L. 27 mai 1885, art. 19.)

(1) Un décret du 13 avril 1892 a étendu les dispositions du décret du 30 juin 1891, qui complète l'article 245, aux transportés libérés des travaux forcés ayant à subir des peines de réclusion et d'emprisonnement.

(1) La peine de la surveillance de la haute police est supprimée. (L. 27 mai 1885, art. 19.)

costume, un uniforme ou une décoration qui ne lui appartiendrait pas, sera puni d'un emprisonnement de six mois à deux ans. — *C. de justice militaire et maritime, LL. 9 juin* 1857, art. 266 et 4 *juin* 1858, art. 299.

Sera puni d'une amende de cinq cents francs à dix mille francs, quiconque, sans droit et en vue de s'attribuer une distinction honorifique, aura publiquement pris un titre, changé, altéré ou modifié le nom que lui assignent les actes de l'état civil.

Le tribunal ordonnera la mention du jugement en marge des actes authentiques ou des actes de l'état civil dans lesquels le titre aura été pris indûment ou le nom altéré.

Dans tous les cas prévus par le présent article, le tribunal pourra ordonner l'insertion intégrale ou par extrait du jugement dans les journaux qu'il désignera. — Le tout aux frais du condamné. — *P.* 9, 40 s., 344, 281.

§ VIII. — *Entraves au libre exercice des cultes.*

260. Tout particulier qui, par des voies de fait ou des menaces, aura contraint ou empêché une ou plusieurs personnes d'exercer l'un des cultes autorisés, d'assister à l'exercice de ce culte, de célébrer certaines fêtes, d'observer certains jours de repos, et, en conséquence, d'ouvrir ou de fermer leurs ateliers, boutiques ou magasins, et de faire ou quitter certains travaux, sera puni, pour ce seul fait, d'une amende de seize francs à deux cents francs, et d'un emprisonnement de six jours à deux mois. — *P.* 9, 40 s., 52 s., 263; *I. Cr.* 179.

261. Ceux qui auront empêché, retardé ou interrompu les exercices d'un culte par des troubles ou désordres causés dans le temple ou autre lieu destiné ou servant actuellement à ces exercices, seront punis d'une amende de seize francs à trois cents francs, et d'un emprisonnement de six jours à trois mois. — *P.* 9, 40 s., 52 s., 264; *I. Cr.* 179.

262. Toute personne qui aura, par paroles ou gestes, outragé les objets d'un culte dans les lieux destinés ou servant actuellement à son exercice, ou les ministres de ce culte dans leurs fonctions, sera punie d'une amende de seize francs à cinq cents francs, et d'un emprisonnement de quinze jours à six mois. — *P.* 9, 40 s., 52 s., 226, 261, 264; *I. Cr.* 179.

263. Quiconque aura frappé le ministre d'un culte dans ses fonctions sera puni de la dégradation civique. — *P.* 8, 34-36, 228, 264.

264. Les dispositions du présent paragraphe ne s'appliquent qu'aux troubles, outrages ou voies de fait dont la nature ou les circonstances ne donneront pas lieu à de plus fortes peines, d'après les autres dispositions du présent Code.

SECTION V

Association de malfaiteurs, vagabondage et mendicité.

§ Ier. — *Associations de malfaiteurs.*

265. (*L.* 18 *décembre* 1893.) Toute association formée, quelle que soit sa durée ou le nombre de ses membres, toute entente établie dans le but de préparer ou de commettre des crimes contre les personnes ou les propriétés, constituent un crime contre la paix publique.

266. (*L.* 18 *décembre* 1893.) Sera puni de la peine des travaux forcés à temps quiconque se sera affilié à une association formée ou aura participé à une entente établie dans le but spécifié à l'article précédent.

La peine de la relégation pourra en outre être prononcée, sans préjudice de l'application des dispositions de la loi du 30 mai 1854 sur l'exécution de la peine des travaux forcés.

Les personnes qui se seront rendues coupables du crime mentionné dans le présent article seront exemptes de peines si, avant toute poursuite, elles ont révélé aux autorités constituées l'entente établie ou fait connaître l'existence de l'association.

267. (*L.* 18 *décembre* 1893.) Sera puni de la réclusion quiconque aura sciemment et volontairement favorisé les auteurs des crimes prévus à l'article 265 en leur fournissant des instruments de crime, moyens de correspondance, logement ou lieu de réunion.

Le coupable pourra en outre être frappé, pour la vie ou à temps, de l'interdiction de séjour établie par l'article 19 de la loi du 27 mai 1885.

Seront, toutefois, applicables au coupable des faits prévus par le présent article les dispositions contenues dans le paragraphe 3 de l'article 266.

268. (*Abrogé. L.* 18 *décembre* 1893.)

§ II. — *Vagabondage.*

269. Le vagabondage est un délit. — *P.* 1, 270 s.

270. Les vagabonds ou gens sans aveu sont ceux qui n'ont ni domicile certain, ni moyens de subsistance, et qui n'exercent habituellement ni métier ni profession. — *P.* 271 s.; *C.* 102 s.

271. Les vagabonds ou gens sans aveu qui auront été légalement déclarés tels seront, pour ce seul fait, punis de trois à six mois d'emprisonnement. Ils seront renvoyés, après avoir subi leur peine, sous la surveillance de la haute police pendant cinq ans au moins et dix ans au plus. — *P.* 9, 11, 40 s., 44 s., 66, 463; *I. Cr.* 179.

Néanmoins les vagabonds âgés de moins de seize ans ne pourront être condamnés à la peine d'emprisonnement; mais, sur la preuve des faits de vagabondage, ils seront renvoyés sous la surveillance de la haute police jusqu'à l'âge de vingt ans accomplis, à moins qu'avant cet âge ils n'aient contracté un engagement régulier dans les armées de terre ou de mer. — *P.* 44 s.; *C.* 374.

272. Les individus déclarés vagabonds par jugement pourront, s'ils sont étrangers, être conduits, par les ordres du gouvernement, hors du territoire du royaume.

273. Les vagabonds nés en France pourront, après un jugement même passé en force de chose jugée, être réclamés par délibération du conseil municipal de la commune où ils sont nés, ou cautionnés par un citoyen solvable.

Si le gouvernement accueille la réclamation ou agrée la caution, les individus ainsi réclamés ou cautionnés seront, par ses ordres, renvoyés ou conduits dans la commune qui les aura réclamés, ou dans celle qui leur sera assignée pour résidence, sur la demande de la caution. — *C.* 2018, 2019, 2040.

§ III. — *Mendicité.*

274. Toute personne qui aura été trouvée mendiant dans un lieu pour lequel il existera un établissement public organisé afin d'obvier à la mendicité sera punie de trois à six mois d'emprisonnement, et sera, après l'expiration de sa peine, conduite au dépôt de mendicité. — *P.* 9, 40 s., 271, 282; *I. Cr.* 179.

275. Dans les lieux où il n'existe point encore de tels établissements, les mendiants d'habitude valides seront punis d'un mois à trois mois d'emprisonnement.

S'ils ont été arrêtés hors du canton de leur résidence, ils seront punis d'un emprisonnement de six mois à deux ans. — *P.* 9, 40 s.; *I. Cr.* 179.

276. Tous mendiants, même invalides, qui auront usé de menaces, ou seront entrés, sans permission du propriétaire ou des personnes de sa maison, soit dans une habitation, soit dans un enclos en dépendant,

Ou qui feindront des plaies ou infirmités,

Ou qui mendieront en réunion, à moins que ce ne soient le mari et la femme, le père ou la mère et leurs jeunes enfants, l'aveugle et son conducteur (1),

Seront punis d'un emprisonnement de six mois à deux ans. — *P.* 9, 40 s., 275, 278; *I. Cr.* 179.

Dispositions communes aux vagabonds et mendiants.

277. Tout mendiant ou vagabond qui aura été saisi travesti d'une manière quelconque,

Ou porteur d'armes, bien qu'il n'en ait usé ni menacé, — *P.* 101,

Ou muni de limes, crochets ou autres instruments propres soit à commettre des vols ou d'autres délits, soit à lui procurer les moyens de pénétrer dans les maisons,

Sera puni de deux ans à cinq ans d'emprisonnement. — *P.* 9, 40 s., 101, 275, 282; *I. Cr.* 179.

278. Tout mendiant ou vagabond qui sera trouvé porteur d'un ou de plusieurs effets d'une valeur supérieure à cent francs, et qui ne justifiera point d'où ils lui proviennent, sera puni de la peine portée en l'article 276.

279. (*L.* 13 *mai* 1863.) Tout mendiant ou vagabond qui aura exercé ou tenté d'exercer quelque acte de violence que ce soit envers les personnes, sera puni d'un emprisonnement de deux à cinq ans, sans préjudice de peines plus fortes, s'il y a lieu, à raison du genre et des circonstances de la violence. — *P.* 9, 40 s.; *I. Cr.* 179.

Si le mendiant ou le vagabond qui a exercé ou tenté d'exercer des violences se trouvait, en outre, dans l'une des circonstances exprimées par l'article 277, il sera puni de la réclusion. — *P.* 7, 8, 21 s., 28-31, 35, 36, 40, 47, 282.

280. (*Abrogé. L.* 28 *avril* 1832, *art.* 72.)

281. Les peines établies par le présent Code contre les individus porteurs de faux certificats, faux passeports ou fausses feuilles de route, seront toujours, dans leur espèce, portées au *maximum*, quand elles seront appliquées à des vagabonds ou mendiants. — *P.* 153 s., 164, 282.

282. Les mendiants qui auront été condamnés aux peines portées par les articles précédents seront renvoyés, après l'expiration de leur peine, sous la surveillance de la haute police pour cinq ans au moins et dix ans au plus. — *P.* 271, 463. *L.* 27 *mai* 1875, art. 9.

SECTION VI

Délits commis par la voie d'écrits, images ou gravures distribués sans noms d'auteur, imprimeur ou graveur (2).

283. Toute publication ou distribution d'ouvrages, écrits, avis, bulletins, affiches, journaux, feuilles périodiques ou autres imprimés, dans lesquels ne se trouvera pas l'indication vraie des noms, profession et demeure de l'auteur ou de l'imprimeur, sera, pour ce seul fait, punie d'un emprisonnement de six jours à six mois, contre toute personne qui aura sciemment contribué à la publication ou distribution. — *P.* 9, 40 s., 285 s.; *I. Cr.* 179.

284. Cette disposition sera réduite à des peines de simple police,

1° A l'égard des crieurs, afficheurs, vendeurs ou distributeurs, qui auront fait connaître la personne de laquelle ils tiennent l'écrit imprimé;

2° A l'égard de quiconque aura fait connaître l'imprimeur;

3° A l'égard même de l'imprimeur qui aura fait connaître l'auteur. — *P.* 286, 289, 317, 463 s., 475, 477.

285. Si l'écrit imprimé contient quelques provocations à des crimes ou délits, les crieurs, afficheurs, vendeurs ou distributeurs seront punis comme complices des provocateurs, à moins qu'ils n'aient fait connaître ceux dont ils tiennent l'écrit contenant la provocation.

En cas de révélation, ils n'encourront qu'un emprisonnement de six jours à trois mois; et la peine de complicité ne restera applicable qu'à ceux qui n'auront point fait connaître les personnes dont ils auront reçu l'écrit imprimé, et à l'imprimeur, s'il est connu. — *P.* 9, 40 s., 59 s., 286, 289, 293, 313.

286. Dans tous les cas ci-dessus, il y aura confiscation des exemplaires saisis. — *P.* 11.

287. Toute exposition ou distribution de chansons, pamphlets, figures ou images contraires aux bonnes mœurs, sera punie d'une amende de seize francs à cinq cents francs, d'un emprisonnement d'un mois à un an, et de la confiscation des planches et des exemplaires imprimés ou gravés de chansons, figures ou autres objets du délit. — *P.* 9, 11, 40 s., 52 s., 288, 477 s.; *I. Cr.* 179; *L.* 2 *août* 1881.

288. La peine d'emprisonnement et l'amende prononcées par l'article précédent seront réduites à des peines de simple police,

1° A l'égard des crieurs, vendeurs ou distributeurs qui auront fait connaître la personne qui leur a remis l'objet du délit;

2° A l'égard de quiconque aura fait connaître l'imprimeur ou le graveur;

3° A l'égard même de l'imprimeur ou du graveur qui auront fait connaître l'auteur ou la personne qui les aura chargés de l'impression ou de la gravure. — *P.* 284, 289, 463 s., 473, 475, 477.

289. Dans tous les cas exprimés en la présente section, et où l'auteur sera connu, il subira le maximum de la peine attachée à l'espèce du délit.

Disposition particulière.

290. (*Abrogé. L.* 10 *décembre* 1830.)

SECTION VII

Des associations ou réunions illicites.

291. Nulle association de plus de vingt personnes, dont le but sera de se réunir tous les jours ou à certains jours marqués pour s'occuper d'objets religieux, littéraires, politiques ou autres, ne pourra se former qu'avec l'agrément du gouvernement, et sous les conditions qu'il plaira à l'autorité publique d'imposer à la société.

Dans le nombre des personnes indiqué par le présent article ne sont pas comprises celles domiciliées dans la maison où l'association se réunit (1). — *P.* 292 s.

(1) V. *L.* 7 *décembre* 1874, art. 3, relative à la protection des enfants employés dans les professions ambulantes.

(2) V. *L.* 29 *juillet* 1881, *sur la liberté de la Presse*, suppl.

(1) *L.* 10 *avril* 1834, *sur les associations.*

Art. 1er. Les dispositions de l'article 291 du Code pénal sont applicables aux associations de plus de vingt personnes, alors même que ces associations seraient partagées en sections d'un nombre moindre, et qu'elles ne

292. Toute association de la nature ci-dessus exprimée qui se sera formée sans autorisation, ou qui, après l'avoir obtenue, aura enfreint les conditions à elle imposées, sera dissoute.

Les chefs, directeurs ou administrateurs de l'association seront en outre punis d'une amende de seize francs à deux cents francs. — P. 9, 52 s. 291; I. Cr. 179.

293. Si, par discours, exhortations, invocations ou prières, en quelque langue que ce soit, ou par lecture, affiche, publication ou distribution d'écrits quelconques, il a été fait, dans ces assemblées, quelque provocation à des crimes ou à des délits, la peine sera de cent francs à trois cents francs d'amende, et de trois mois à deux ans d'emprisonnement, contre les chefs, directeurs ou administrateurs de ces associations ; sans préjudice des peines plus fortes qui seraient portées par la loi contre les individus personnellement coupables de la provocation, lesquels, en aucun cas, ne pourront être punis d'une peine moindre que celle infligée aux chefs, directeurs ou administrateurs de l'association. — P. 9, 40 s., 52 s., 61.

294. Tout individu qui, sans la permission de l'autorité municipale, aura accordé ou consenti l'usage de sa maison ou de son appartement, en tout ou en partie, pour la réunion des membres d'une association même autorisée, ou pour l'exercice d'un culte, sera puni d'une amende de seize francs à deux cents francs. — P. 9, 52 s.; I. Cr. 179 (1).

TITRE DEUXIÈME

CRIMES ET DÉLITS CONTRE LES PARTICULIERS

(Loi décrétée le 17 février 1810, promulguée le 27 du même mois.)

CHAPITRE PREMIER

Crimes et délits contre les personnes.

SECTION PREMIÈRE

Meurtre et autres crimes capitaux, menaces d'attentat contre les personnes.

§ Ier. — *Meurtre, assassinat, parricide, infanticide, empoisonnement.*

295. L'homicide commis volontairement est qualifié meurtre. — P. 304, 319 s., 321 s., 324 s., 327 s., 463.

296. Tout meurtre commis avec préméditation ou guet-apens est qualifié assassinat. — P. 297, 298, 302 s.

297. La préméditation consiste dans le dessein formé, avant l'action, d'attenter à la personne d'un individu déterminé, ou même de celui qui sera trouvé ou rencontré, quand même ce dessein serait dépendant de quelque circonstance ou de quelque condition. — P. 296.

298. Le guet-apens consiste à attendre, plus ou moins de temps, dans un ou divers lieux, un individu, soit pour lui donner la mort, soit pour exercer sur lui des actes de violence. — P. 296, 310 s.

299. Est qualifié parricide le meurtre des père ou mère légitimes, naturels ou adoptifs, ou de tout autre ascendant légitime. — P. 13, 86, 295, 302, 323.

300. Est qualifié infanticide le meurtre d'un enfant nouveau-né. — P. 295, 302; I. Cr. 360.

301. Est qualifié empoisonnement tout attentat à la vie d'une personne, par l'effet de substances qui peuvent donner la mort plus ou moins promptement, de quelque manière que ces substances aient été employées ou administrées, et quelles qu'en aient été les suites. — P. 302, 317, 318, 452; Décr. 8 juillet 1850 sur la vente des substances vénéneuses.

302. Tout coupable d'assassinat, de parricide, d'infanticide et d'empoisonnement, sera puni de mort, sans préjudice de la disposition particulière contenue en l'article 13 relativement au parricide. — P. 7, 12, 13, 86, 296-301, 303; C. 23.

303. Seront punis comme coupables d'assassinat tous malfaiteurs, quelle que soit leur dénomination, qui, pour l'exécution de leurs crimes, emploient des tortures ou commettent des actes de barbarie. — P. 302, 344.

304. Le meurtre emportera la peine de mort, lorsqu'il aura précédé, accompagné ou suivi un autre crime.

Le meurtre emportera également la peine de mort, lorsqu'il aura eu pour objet, soit de préparer, faciliter ou exécuter un délit, soit de favoriser la fuite ou d'assurer l'impunité des auteurs ou complices de ce délit. — P. 7, 12, 16, 36, 295; C. 23.

En tout autre cas, le coupable de meurtre sera puni des travaux forcés à perpétuité. — P. 7, 15, 16, 19, 22, 36, 295.

§ II. — *Menaces.*

305. (L. 13 mai 1863.) Quiconque aura menacé, par écrit anonyme ou signé, d'assassinat, d'empoisonnement ou de tout autre attentat contre les personnes, qui serait punissable de la peine de mort, des travaux forcés à perpétuité ou de la déportation, sera, dans le cas où la menace aurait été faite avec ordre de déposer une somme d'argent dans un lieu indiqué, ou de remplir toute autre condition, puni d'un emprisonnement de deux ans à cinq ans et d'une amende de cent cinquante francs à mille francs.

Le coupable pourra, en outre, être privé des droits mentionnés en l'article 42 du présent Code pendant cinq ans au moins et dix ans au plus, à compter du jour où il aura subi sa peine.

Le coupable pourra être mis sous la surveillance de la haute police pendant cinq ans au moins et dix ans au plus, à dater du jour où il aura subi sa peine. — P. 9, 11, 40 s., 44 s., 52 s., 306 s., 313, 344, 436; I. Cr. 179.

306. (L. 13 mai 1863.) Si cette menace n'a été accompagnée d'aucun ordre ou condition, la peine sera d'un emprisonnement d'une année au moins et de trois ans au plus, et d'une amende de cent francs à six cents francs.

Dans ce cas, comme dans celui de l'article précédent, la peine de la surveillance pourra être prononcée contre le coupable. — P. 9, 11, 40 s., 44 s., 52 s., 305, 307 s., 436; I. Cr. 179.

307. (L. 13 mai 1863.) Si la menace faite avec ordre ou sous condition a été verbale, le coupable sera puni d'un emprisonnement de six mois à deux ans, et d'une amende de vingt-cinq francs à trois cents francs.

Dans ce cas, comme dans celui des précédents articles, la peine de la surveillance pourra être prononcée contre le coupable. — P. 9, 11, 40 s., 44 s., 52 s., 308, 436; I. Cr. 179.

308. (L. 13 mai 1863.) Quiconque aura menacé verbalement ou par écrit de voies de fait ou violences non prévues par l'article 305, si la menace a été faite avec ordre ou sous condition, sera puni d'un emprisonnement de six jours à trois mois et d'une amende de seize francs à cent francs, ou de l'une de ces deux peines seulement. — P. 9, 11, 40 s., 52 s.; I. Cr. 179; L. 15 juillet 1845 sur la police des chemins de fer, art. 18.

SECTION II

Blessures et coups volontaires non qualifiés meurtre, et autres crimes et délits volontaires.

309. (L. 13 mai 1863.) Tout individu qui, volontairement, aura fait des blessures ou porté des coups, ou commis toute autre violence ou voie de fait, s'il est résulté de ces sortes de violence une maladie ou incapacité de travail personnel pendant plus de vingt jours, sera puni d'un emprisonnement de deux ans à cinq ans et d'une amende de seize francs à deux mille francs. — P. 7, 9, 28, 40, 52 s., 186, 231, 437; I. Cr. 179.

Il pourra, en outre, être privé des droits mentionnés en l'article 42 du présent Code pendant cinq ans au moins et dix ans au plus, à compter du jour où il aura subi sa peine.

Quand les violences ci-dessus exprimées auront été suivies de mutilation, amputation ou privation de l'usage d'un membre, cécité, perte d'un œil, ou autres infirmités permanentes, le coupable sera puni de la réclusion. — P. 21 s., 28-31, 34, 36, 47.

Si les coups portés ou les blessures faites volontairement, mais sans intention de donner la mort, l'ont pourtant occasionnée, le coupable sera puni de la peine des travaux forcés à temps. — P. 7, 15, 16, 19, 22 s., 28-31, 34, 36, 47, 310 s., 321 s.

310. (L. 13 mai 1863.) Lorsqu'il y aura eu préméditation ou guet-apens, la peine sera, si la mort s'en est suivie, celle des travaux forcés à perpétuité; si les violences ont été suivies de mutilation, amputation ou privation de l'usage d'un membre, cécité, perte d'un œil ou autres infirmités permanentes, la peine sera celle des travaux forcés à temps; dans le cas prévu par le premier paragraphe de l'article 309, la peine sera celle de la réclusion. — P. 7, 15, 16, 18, 19, 21 s., 28-31, 34, 36, 47, 297, 298, 311, 321 s.

311. (L. 13 mai 1863.) Lorsque les blessures ou les coups, ou autres violences ou voies de fait, n'auront occasionné aucune maladie ou incapacité de travail personnel de l'espèce mentionnée en l'article 309, le coupable sera puni d'un emprisonnement de six jours à deux ans, et d'une amende de seize francs à deux cents francs, ou de l'une de ces deux peines seulement.

S'il y a eu préméditation ou guet-apens, l'emprisonnement sera de deux ans à cinq ans, et l'amende de cinquante francs à cinq cents francs. — P. 9, 40 s., 52 s., 186, 228, 231, 228, 312 s., 315, 321, 327; I. Cr. 179 (1).

(1) V. en outre, pour les violences légères, la loi du 3 brumaire an IV, art. 605.

312. (L. 13 mai 1863.) L'individu qui aura volontairement fait des blessures ou porté des coups à ses père ou mère légitimes, naturels ou adoptifs, ou autres ascendants légitimes, sera puni ainsi qu'il suit :

De la réclusion, si les blessures ou les coups n'ont occasionné aucune maladie ou incapacité de travail personnel de l'espèce mentionnée en l'article 309 ;

Du maximum de la réclusion, s'il y a eu incapacité de travail pendant plus de vingt jours, ou préméditation, ou guet-apens ;

Des travaux forcés à temps, lorsque le cas auquel l'article se référera prononcera la peine de la réclusion ;

Des travaux forcés à perpétuité, si l'article prononce la peine des travaux forcés à temps ;

(L. 19 avril 1898.) Quiconque aura volontairement fait des blessures ou porté des coups à un enfant au-dessous de l'âge de quinze ans accomplis, ou qui l'aura volontairement privé d'aliments ou de soins au point de compromettre sa santé, sera puni d'un emprisonnement de un an à trois ans et d'une amende de seize à mille francs (16 à 1,000 fr.).

S'il est résulté des blessures, des coups ou de la privation d'aliments ou de soins une maladie ou incapacité de travail de plus de vingt jours, ou s'il y a eu préméditation ou guet-apens, la peine sera de deux à cinq ans d'emprisonnement et de seize à deux mille francs (16 à 2,000 fr.) d'amende, et le coupable pourra être privé des droits mentionnés en l'article 42 du présent Code pendant cinq ans au moins et dix ans au plus à compter du jour où il aura subi sa peine.

Si les coupables sont les père et mère légitimes, naturels ou adoptifs, ou autres ascendants légitimes ou toutes autres personnes ayant autorité sur l'enfant ou ayant sa garde, les peines seront celles portées au paragraphe précédent, s'il n'y a eu ni maladie ou incapacité de travail de plus de vingt jours ni préméditation ou guet-apens, et celle de la réclusion dans le cas contraire.

Si les blessures, les coups ou la privation d'aliments ou de soins ont été suivis de mutilation, d'amputation ou de privation de l'usage d'un membre, de cécité, perte d'un œil ou autres infirmités permanentes, ou s'ils ont occasionné la mort sans intention de la donner, la peine sera celle des travaux forcés à temps et, si les coupables sont les personnes désignées dans le paragraphe précédent, celle des travaux forcés à perpétuité.

Si des sévices ont été habituellement pratiqués avec intention de provoquer la mort, les auteurs seront punis comme coupables d'assassinat ou de tentative de ce crime.

313. Les crimes et les délits prévus dans la présente section et dans la section précédente, s'ils sont commis en réunion séditieuse, avec rébellion ou pillage, sont imputables aux chefs, auteurs, instigateurs et provocateurs de ces réunions, rébellions ou pillages, qui sont punis comme coupables de ces crimes ou de ces délits, et condamnés aux mêmes peines que ceux qui les ont personnellement commis. — P. 96, 100, 209, 213, 217, 440.

314. Tout individu qui aura fabriqué ou débité des stylets, tromblons, ou quelque espèce que ce soit d'armes prohibées par la loi ou par des règlements d'administration publique, sera puni d'un emprisonnement de six jours à six mois.

Celui qui sera porteur desdites armes sera puni d'une amende de seize francs à deux cents francs.

---

ce réunissent pas tous les jours ou à des jours marqués. — L'autorisation donnée par le Gouvernement est toujours révocable.

2. Quiconque fait partie d'une association non autorisée sera puni de deux mois à un an d'emprisonnement et de cinquante francs à mille francs d'amende. — En cas de récidive, les peines pourront être portées au double. — Le condamné pourra, dans ce dernier cas, être placé sous la surveillance de la haute police pendant un temps qui n'excèdera pas le double du maximum de la peine. L'article 463 du Code pénal pourra être appliqué dans tous les cas.

3. Seront considérés comme complices et punis comme tels, ceux qui auront prêté ou loué sciemment leur maison ou appartement pour une ou plusieurs réunions d'une association non autorisée.

(Voir sur les sociétés secrètes, l'article 13 du décret du 28 juillet 1848; sur l'association internationale des travailleurs, la loi du 14 mars 1872; sur les réunions publiques, la loi du 30 juin 1881.)

(1) Les articles 291, 292, 293, 294 du Code pénal et la loi du 10 avril 1834, ne sont pas applicables aux syndicats professionnels. (L. 21 mars 1884.)

Dans l'un et l'autre cas, les armes seront confisquées. — P. 9, 11, 40 s., 52 s., 101, 315; I. Cr. 179.

Le tout sans préjudice de plus forte peine, s'il y échet, en cas de complicité de crime. — P. 59 s.; L. 24 mai 1834, *sur les détenteurs d'armes ou de munitions de guerre*; L. 14 août 1885.

315. Outre les peines correctionnelles mentionnées dans les articles précédents, les tribunaux pourront prononcer le renvoi sous la surveillance de la haute police depuis deux ans jusqu'à dix ans. — P. 11, 44 s., 311, 344.

316. Toute personne coupable du crime de castration, subira la peine des travaux forcés à perpétuité.

Si la mort en est résultée avant l'expiration des quarante jours qui auront suivi le crime, le coupable subira la peine de mort. — P. 7, 12, 15, 46, 18, 22, 36, 325; C. 23.

317. Quiconque, par aliments, breuvages, médicaments, violences, ou par tout autre moyen, aura procuré l'avortement d'une femme enceinte, soit qu'elle y ait consenti ou non, sera puni de la réclusion.

La même peine sera prononcée contre la femme qui se sera procuré l'avortement à elle-même, ou qui aura consenti à faire usage des moyens à elle indiqués ou administrés à cet effet, si l'avortement s'en est suivi.

Les médecins, chirurgiens et autres officiers de santé, ainsi que les pharmaciens qui auront indiqué ou administré ces moyens, seront condamnés à la peine des travaux forcés à temps, dans le cas où l'avortement aurait eu lieu.

Celui qui aura occasionné à autrui une maladie ou incapacité de travail personnel, en lui administrant volontairement, de quelque manière que ce soit, des substances qui, sans être de nature à donner la mort, sont nuisibles à la santé, sera puni d'un emprisonnement d'un mois à cinq ans, et d'une amende de seize francs à cinq cents francs; il pourra de plus être renvoyé sous la surveillance de la haute police pendant deux ans au moins et dix ans au plus.

Si la maladie ou incapacité de travail personnel a duré plus de vingt jours, la peine sera celle de la réclusion.

Si le coupable a commis, soit le délit, soit le crime, spécifiés aux deux paragraphes ci-dessus, envers un de ses ascendants, tels qu'ils sont désignés en l'article 312, il sera puni, au premier cas, de la réclusion, et, au second cas, des travaux forcés à temps. — P. 7, 9, 14, 15, 16, 19, 21 s., 22, 28 s., 34, 36, 40, 44, 47, 52, 180, 301, 452.

318. (*Abrogé*, L. 5 mai 1855.)

SECTION III

Homicide, blessures et coups involontaires; crimes et délits excusables, et cas où ils ne peuvent être excusés; homicides, blessures et coups qui ne sont ni crimes ni délits.

§ 1er. — *Homicide, blessures et coups involontaires.*

319. Quiconque, par maladresse, imprudence, inattention, négligence ou inobservation des règlements, aura commis involontairement un homicide ou en aura involontairement été la cause, sera puni d'un emprisonnement de trois mois à deux ans, et d'une amende de cinquante francs à six cents francs. — P. 9, 40 s., 52 s., 295, 320, 327, 328; C. 1383; I. Cr. 179.

320. (L. 13 mai 1863.) S'il n'est résulté du défaut d'adresse ou de précaution que des blessures ou coups, le coupable sera puni de six jours à deux mois d'emprisonnement et d'une amende de seize francs à cent francs, ou de l'une de ces peines seulement. — P. 9, 40 s., 52 s.; I. Cr. 179.

§ II. — *Crimes et délits excusables, et cas où ils ne peuvent être excusés.*

321. Le meurtre ainsi que les blessures et les coups sont excusables, s'ils ont été provoqués par des coups ou violences graves envers les personnes. — P. 12, 186, 295 s., 309, 322, 326; I. Cr. 339 s., 367.

322. Les crimes et délits mentionnés au précédent article sont également excusables, s'ils ont été commis en repoussant pendant le jour l'escalade ou l'effraction des clôtures, murs ou entrée d'une maison ou d'un appartement habité ou de leurs dépendances.

Si le fait est arrivé pendant la nuit, ce cas est réglé par l'article 329. — P. 326, 329, 393 s., 397; I. Cr. 339 s., 367.

323. Le parricide n'est jamais excusable. — P. 13, 65, 66, 86, 299, 302.

324. Le meurtre commis par l'époux sur l'épouse, ou par celle-ci sur son époux, n'est pas excusable, si la vie de l'époux ou de l'épouse qui a commis le meurtre n'a pas été mise en péril dans le moment même où le meurtre a eu lieu.

Néanmoins, dans le cas d'adultère prévu par l'article 336, le meurtre commis par l'époux sur son épouse, ainsi que sur le complice, à l'instant où il les surprend en flagrant délit dans la maison conjugale, est excusable. — P. 65, 295, 337 s., 339, 387; I. Cr. 41.

325. Le crime de castration, s'il a été immédiatement provoqué par un outrage violent à la pudeur, sera considéré comme meurtre ou blessures excusables. — P. 316, 326.

326. Lorsque le fait d'excuse sera prouvé,

S'il s'agit d'un crime emportant la peine de mort, ou celle des travaux forcés à perpétuité, ou celle de la déportation, la peine sera réduite à un emprisonnement d'un an à cinq ans;

S'il s'agit de tout autre crime, elle sera réduite à un emprisonnement de six mois à deux ans;

Dans ces deux premiers cas, les coupables pourront de plus être mis par l'arrêt ou le jugement sous la surveillance de la haute police pendant cinq ans au moins et dix ans au plus.

S'il s'agit d'un délit, la peine sera réduite à un emprisonnement de six jours à six mois. — P. 9, 14, 40 s., 44 s.; I. Cr. 179, 327, 339.

§ III. — *Homicide, blessures et coups non qualifiés crimes ni délits.*

327. Il n'y a ni crime ni délit, lorsque l'homicide, les blessures et les coups étaient ordonnés par la loi et commandés par l'autorité légitime. — P. 64, 295, 309, 328.

328. Il n'y a ni crime ni délit, lorsque l'homicide, les blessures et les coups étaient commandés par la nécessité actuelle de la légitime défense de soi-même ou d'autrui. — P. 295, 309, 329.

329. Sont compris dans les cas de nécessité actuelle de défense les deux cas suivants :

1° Si l'homicide a été commis, si les blessures ont été faites, ou si les coups ont été portés en repoussant pendant la nuit l'escalade ou l'effraction des clôtures, murs ou entrée d'une maison ou d'un appartement habité ou de leurs dépendances;

2° Si le fait a eu lieu en se défendant contre les auteurs de vols ou de pillages exécutés avec violence. — P. 295, 309, 322, 328, 390, 393 s., 397, 440.

SECTION IV

Attentats aux mœurs (1).

330. (L. 13 mai 1863.) Toute personne qui aura commis un outrage public à la pudeur sera punie d'un emprisonnement de trois mois à deux ans, et d'une amende de seize francs à deux cents francs. — P. 9, 40 s., 52 s., 287.

331. (L. 13 mai 1863.) Tout attentat à la pudeur consommé ou tenté sans violence sur la personne d'un enfant de l'un ou de l'autre sexe, âgé de moins de treize ans, sera puni de la réclusion.

Sera puni de la même peine, l'attentat à la pudeur commis par tout ascendant sur la personne d'un mineur, même âgé de plus de treize ans, mais non émancipé par mariage. — P. 7, 21 s., 28-31, 34, 36, 47, 333.

332. Quiconque aura commis le crime de viol sera puni des travaux forcés à temps.

Si le crime a été commis sur la personne d'un enfant au-dessous de l'âge de quinze ans accomplis, le coupable subira le *maximum* de la peine des travaux forcés à temps.

Quiconque aura commis un attentat à la pudeur consommé ou tenté avec violence contre des individus de l'un ou de l'autre sexe, sera puni de la réclusion.

Si le crime a été commis sur la personne d'un enfant au-dessous de l'âge de quinze ans accomplis, le coupable subira la peine des travaux forcés à temps. — P. 7, 15, 16, 19, 21, 22 s., 28 s., 34, 36, 47.

333. (L. 13 mai 1863.) Si les coupables sont les ascendants de la personne sur laquelle a été commis l'attentat, s'ils sont de la classe de ceux qui ont autorité sur elle, s'ils sont ses instituteurs ou ses serviteurs à gages, ou serviteurs à gages des personnes ci-dessus désignées, s'ils sont fonctionnaires ou ministres d'un culte, ou si le coupable, quel qu'il soit, a été aidé dans son crime par une ou plusieurs personnes, la peine sera celle des travaux forcés à temps, dans le cas prévu par le paragraphe 1er de l'article 331, et des travaux forcés à perpétuité, dans les cas prévus par l'article précédent. — P. 7, 15, 16, 18, 19, 22 s., 28-31, 34, 36, 47, 332.

334. Quiconque aura attenté aux mœurs, en excitant, favorisant ou facilitant habituellement la débauche ou la corruption de la jeunesse de l'un ou de l'autre sexe au-dessous de l'âge de vingt et un ans, sera puni d'un emprisonnement de six mois à deux ans, et d'une amende de cinquante francs à cinq cents francs.

Si la prostitution ou la corruption a été excitée, favorisée ou facilitée par leurs pères, mères, tuteurs ou autres personnes chargées de leur surveillance, la peine sera de deux ans à cinq ans d'emprisonnement, et de trois cents francs à mille francs d'amende. — P. 9, 40 s., 52 s., 287, 335; I. Cr. 179; L. 24 juillet 1889.

335. Les coupables du délit mentionné au précédent article seront interdits de toute tutelle ou curatelle, et de toute participation aux conseils de famille, savoir : les individus auxquels s'applique le premier paragraphe de cet article, pendant deux ans au moins et cinq ans au plus, et ceux dont il est parlé au second paragraphe pendant dix ans au moins et vingt ans au plus.

Si le délit a été commis par le père ou la mère, le coupable sera de plus privé des droits et avantages à lui accordés sur la personne et les biens de l'enfant par le Code civil, livre Ier, titre IX, *de la puissance paternelle*.

Dans tous les cas, les coupables pourront de plus être mis, par l'arrêt ou le jugement, sous la surveillance de la haute police, en observant, pour la durée de la surveillance, ce qui vient d'être établi pour la durée de l'interdiction mentionnée au présent article. — P. 11, 42, 44 s.; C. 371 s., 383 s., 450 s.

336. L'adultère de la femme ne pourra être dénoncé que par le mari; cette faculté même cessera s'il est dans le cas prévu par l'article 339. — P. 324, 337 s.; C. 229, 306, 308; I. Cr. 1, 3.

337. La femme convaincue d'adultère subira la peine de l'emprisonnement pendant trois mois au moins et deux ans au plus.

Le mari restera le maître d'arrêter l'effet de cette condamnation, en consentant à reprendre sa femme. — P. 9, 40 s.; C. 308, 309; I. Cr. 179.

338. Le complice de la femme adultère sera puni de l'emprisonnement pendant le même espace de temps, et, en outre, d'une amende de cent francs à deux mille francs. — P. 9, 40 s., 51 s.; I. Cr. 41, 179.

Les seules preuves qui pourront être admises contre le prévenu de complicité seront, outre le flagrant délit, celles résultant de lettres ou autres pièces écrites par le prévenu.

339. Le mari qui aura entretenu une concubine dans la maison conjugale, et qui aura été convaincu sur la plainte de la femme, sera puni d'une amende de cent francs à deux mille francs. — P. 9, 52 s., 336 s.; C. 229, 230.

340. Quiconque étant engagé dans les liens du mariage en aura contracté un autre avant la dissolution du précédent sera puni de la peine des travaux forcés à temps.

L'officier public qui aura prêté son ministère à ce mariage, connaissant l'existence du précédent, sera condamné à la même peine. — P. 7, 15, 19, 22 s., 28 s., 34, 36, 47, 434; C. 139, 147, 188, 189.

SECTION V

Arrestations illégales et séquestrations de personnes.

341. Seront punis de la peine des travaux forcés à temps, ceux qui, sans ordre des autorités constituées et hors les cas où la loi ordonne de saisir des prévenus, auront arrêté, détenu ou séquestré des personnes quelconques.

Quiconque aura prêté un lieu pour exécuter la détention ou séquestration subira la même peine. — P. 7, 15, 16, 19, 22 s., 28 s., 34, 36, 47, 114, 122, 342 s.; I. Cr. 615 s.

342. Si la détention ou séquestration a duré plus d'un mois, la peine sera celle des travaux forcés à perpétuité. — P. 7, 15, 16, 18, 22, 36.

343. La peine sera réduite à l'emprisonnement de deux ans à cinq ans, si les coupables des délits mentionnés en l'article 341, non encore poursuivis de fait, ont rendu la liberté à la personne arrêtée, séquestrée ou détenue, avant le dixième jour accompli depuis celui de l'arrestation, détention ou séquestration. Ils pourront néanmoins être renvoyés sous la surveillance de la haute police, depuis cinq ans jusqu'à dix ans. — P. 9, 11, 40 s., 44 s.; I. Cr. 179.

(1) V. L. 2 août 1882, relative à la répression des outrages aux bonnes mœurs; suppl.

344. Dans chacun des cas suivants :

1° Si l'arrestation a été exécutée avec le faux costume, sous un faux nom, ou sur un faux ordre de l'autorité publique ;

2° Si l'individu arrêté, détenu ou séquestré, a été menacé de la mort,

Les coupables seront punis des travaux forcés à perpétuité.

Mais la peine sera celle de la mort, si les personnes arrêtées, détenues ou séquestrées, ont été soumises à des tortures corporelles. — P. 7, 12, 15, 16, 18, 22, 36, 229, 303, 305 ; C. 23.

SECTION VI

Crimes et délits tendant à empêcher ou détruire la preuve de l'état civil d'un enfant, ou à compromettre son existence ; enlèvement de mineurs ; infraction aux lois sur les inhumations.

§ Ier. — *Crimes et délits envers l'enfant.*

345. (*L. 13 mai 1863.*) Les coupables d'enlèvement, de recelé ou de suppression d'un enfant, de substitution d'un enfant à un autre, ou de supposition d'un enfant à une femme qui ne sera pas accouchée, seront punis de la réclusion.

S'il n'est pas établi que l'enfant ait vécu, la peine sera d'un mois à cinq ans d'emprisonnement.

S'il est établi que l'enfant n'a pas vécu, la peine sera de six jours à deux mois d'emprisonnement.

Seront punis de la réclusion ceux qui, étant chargés d'un enfant, ne le représenteront point aux personnes qui ont droit de le réclamer. — P. 7, 9, 21 s., 28-31, 34, 36, 40 s., 47, 58, 354 s. ; C. 319, 3 s., 327 s.

346. Toute personne qui, ayant assisté à un accouchement, n'aura pas fait la déclaration à elle prescrite par l'article 56 du Code civil, et dans les délais fixés par l'article 55 du même Code, sera punie d'un emprisonnement de six jours à six mois, et d'une amende de seize francs à trois cents francs. — P. 9, 40 s., 52 s., 347 ; C. 56 ; I. Cr. 179.

347. Toute personne qui, ayant trouvé un enfant nouveau-né, ne l'aura pas remis à l'officier de l'état civil, ainsi qu'il est prescrit par l'article 58 du Code civil, sera punie des peines portées au précédent article.

La présente disposition n'est point applicable à celui qui aurait consenti à se charger de l'enfant, et qui aurait fait sa déclaration à cet égard devant la municipalité du lieu où l'enfant a été trouvé. — P. 346.

348. Ceux qui auront porté à un hospice un enfant au-dessous de l'âge de sept ans accomplis, qui leur aurait été confié afin qu'ils en prissent soin ou pour toute autre cause, seront punis d'un emprisonnement de six semaines à six mois, et d'une amende de seize francs à cinquante francs.

Toutefois, aucune peine ne sera prononcée, s'ils n'étaient pas tenus ou ne s'étaient pas obligés de pourvoir gratuitement à la nourriture et à l'entretien de l'enfant, et si personne n'y avait pourvu. — P. 9, 12, 40 s., 52 s., 353 ; I. Cr. 179.

349. (*L. 19 avril 1898.*) Ceux qui auront exposé ou fait exposer, délaissé ou fait délaisser, en un lieu solitaire, un enfant ou un incapable, hors d'état de se protéger eux-mêmes, à raison de leur état physique ou mental, seront, pour ce seul fait, condamnés à un emprisonnement d'un an à trois ans et d'une amende de seize à mille francs (16 à 1000 fr.).

350. (*L. 19 avril 1898.*) La peine portée au précédent article sera de deux ans à cinq ans et l'amende de cinquante à deux mille francs (50 à 2000 fr.), contre les ascendants ou toutes autres personnes ayant autorité sur l'enfant ou l'incapable, ou en ayant la garde.

351. (*L. 19 avril 1898.*) S'il est résulté de l'exposition ou du délaissement une maladie ou incapacité de plus de vingt jours, le maximum de la peine sera appliqué.

Si l'enfant ou l'incapable est demeuré mutilé ou estropié, ou s'il est resté atteint d'une infirmité permanente, les coupables subiront la peine de la réclusion.

Si les coupables sont les personnes mentionnées à l'article 350, la peine sera celle de la réclusion dans le cas prévu au paragraphe 1er du présent article, et celle des travaux forcés à temps dans le cas prévu au paragraphe 2 ci-dessus dudit article.

Lorsque l'exposition ou le délaissement dans un lieu solitaire aura occasionné la mort, l'action sera considérée comme meurtre.

352. (*L. 19 avril 1898.*) Ceux qui auront exposé ou fait exposer, délaissé ou fait délaisser en un lieu non solitaire un enfant ou un incapable hors d'état de se protéger eux-mêmes à raison de leur état physique ou mental, seront, pour ce seul fait, condamnés à un emprisonnement de trois mois à un an et à une amende de seize à mille francs (16 à 1000 fr.).

Si les coupables sont les personnes mentionnées à l'article 350, la peine sera de six mois à deux ans d'emprisonnement et de vingt-cinq à deux cents francs (25 à 200 fr.) d'amende.

353. (*L. 19 avril 1898.*) S'il est résulté de l'exposition ou du délaissement une maladie ou incapacité de plus de vingt jours, ou une des infirmités prévues par l'article 309, paragraphe 2, les coupables subiront un emprisonnement de un an à cinq ans et une amende de seize à deux mille francs (16 à 2000 fr.).

Si la mort a été occasionnée sans intention de la donner, la peine sera celle des travaux forcés à temps.

Si les coupables sont les personnes mentionnées à l'article 350, la peine sera, dans le premier cas, celle de la réclusion, et dans le second, celle des travaux forcés à perpétuité.

§ II. — *Enlèvement de mineurs.*

354. Quiconque aura, par fraude ou par violence, enlevé ou fait enlever des mineurs, ou les aura entraînés, détournés ou déplacés, ou les aura fait entraîner, détourner ou déplacer des lieux où ils étaient mis par ceux à l'autorité ou à la direction desquels ils étaient soumis ou confiés, subira la peine de la réclusion. — P. 7, 21 s., 28 s., 34, 36, 47, 355 s. ; C. 388 ; I. Cr. 366.

355. Si la personne ainsi enlevée ou détournée est une fille au-dessous de seize ans accomplis, la peine sera celle des travaux forcés à temps. — P. 7, 15, 19, 22 s., 28 s., 34, 36, 47, 354.

356. Quand la fille au-dessous de seize ans aurait consenti à son enlèvement ou suivi volontairement le ravisseur, si celui-ci était majeur de vingt-un ans ou au-dessus, il sera condamné aux travaux forcés à temps. — P. 7, 9, 15, 19, 22 s., 28 s., 34, 36, 47, 70 s.

Si le ravisseur n'avait pas encore vingt-un ans, il sera puni d'un emprisonnement de deux à cinq ans. — P. 9, 40 s.

357. Dans le cas où le ravisseur aurait épousé la fille qu'il a enlevée, il ne pourra être poursuivi que sur la plainte des personnes qui, d'après le Code civil, ont le droit de demander la nullité du mariage, ni condamné qu'après que la nullité du mariage aura été prononcée. — C. 180 s., 340.

§ III. — *Infraction aux lois sur les inhumations.*

358. Ceux qui, sans l'autorisation préalable de l'officier public, dans le cas où elle est prescrite, auront fait inhumer un individu décédé, seront punis de six jours à deux mois d'emprisonnement, et d'une amende de seize francs à cinquante francs ; sans préjudice de la poursuite des crimes dont les auteurs de ce délit pourraient être prévenus dans cette circonstance.

La même peine aura lieu contre ceux qui auront contrevenu, de quelque manière que ce soit, à la loi et aux règlements relatifs aux inhumations précipitées. — P. 9, 40 s., 52 s., 471 ; C. 77 s. ; I. Cr. 161, 178, 194, 195, 364 ; *Décr. 4 thermidor an XIII, sur les permis d'inhumation ; Décr. 3 janvier 1813, sur les mines.*

359. Quiconque aura recélé ou caché le cadavre d'une personne homicidée ou morte des suites de coups ou blessures, sera puni d'un emprisonnement de six mois à deux ans, et d'une amende de cinquante francs à quatre cents francs ; sans préjudice de peines plus graves, s'il a participé au crime. — P. 9, 40 s., 52 s., 59 s., 62 s. ; I. Cr. 179, 358, 360.

360. Sera puni d'un emprisonnement de trois mois à un an, et de seize francs à deux cents francs d'amende, quiconque se sera rendu coupable de violation de tombeaux ou de sépultures ; sans préjudice des peines contre les crimes ou délits qui seraient joints à celui-ci. — P. 9, 40 s., 52 s. ; C. 77 ; I. Cr. 179 ; *Décr. 23 prairial an XII, sur les sépultures.*

SECTION VII

Faux témoignages, calomnies, injures, révélations de secrets.

§ Ier. — *Faux témoignage.*

361. (*L. 13 mai 1863.*) Quiconque sera coupable de faux témoignage en matière criminelle, soit contre l'accusé, soit en sa faveur, sera puni de la peine de la réclusion.

Si néanmoins l'accusé a été condamné à une peine plus forte que celle de la réclusion, le faux témoin qui a déposé contre lui subira la même peine. — P. 7, 21 s., 28, 34, 36, 47 ; I. Cr. 317, 330 s., 445.

362. (*L. 13 mai 1863.*) Quiconque sera coupable de faux témoignage en matière correctionnelle, soit contre le prévenu, soit en sa faveur, sera puni d'un emprisonnement de deux ans au moins et de cinq ans au plus, et d'une amende de cinquante francs à deux mille francs.

Si néanmoins le prévenu a été condamné à plus de cinq années d'emprisonnement, le faux témoin qui a déposé contre lui subira la même peine.

Quiconque sera coupable de faux témoignage en matière de police, soit contre le prévenu, soit en sa faveur, sera puni d'un emprisonnement d'un an au moins et de trois ans au plus, et d'une amende de seize francs à cinq cents francs.

Dans ces deux cas, les coupables pourront, en outre, être privés des droits mentionnés en l'article 42 du présent Code, pendant cinq ans au moins et dix ans au plus, à compter du jour où ils auront subi leur peine, et être placés sous la surveillance de la haute police pendant le même nombre d'années. — P. 9, 11, 40 s., 52 s., 363 s. ; I. Cr. 179.

363. (*L. 13 mai 1863.*) Le coupable de faux témoignage, en matière civile, sera puni d'un emprisonnement de deux à cinq ans, et d'une amende de cinquante francs à deux mille francs. Il pourra l'être aussi des peines accessoires mentionnées dans l'article précédent. — P. 9, 11, 40 s., 52 s., 362, 364 s. ; Pr. 262 ; I. Cr. 179.

364. (*L. 13 mai 1863.*) Le faux témoin, en matière criminelle, qui aura reçu de l'argent, une récompense quelconque ou des promesses, sera puni des travaux forcés à temps, sans préjudice de l'application du deuxième paragraphe de l'article 361.

Le faux témoin, en matière correctionnelle ou civile, qui aura reçu de l'argent, une récompense quelconque ou des promesses, sera puni de la réclusion.

Le faux témoin, en matière de police, qui aura reçu de l'argent, une récompense quelconque ou des promesses, sera puni d'un emprisonnement de deux à cinq ans, et d'une amende de cinquante francs à deux mille francs.

Il pourra l'être aussi des peines accessoires mentionnées en l'article 362.

Dans tous les cas, ce que le faux témoin aura reçu sera confisqué. — P. 7, 9, 11 s., 15, 16, 19, 22 s., 28-31, 34, 36, 47, 52 s., 58.

365. Le coupable de subornation de témoins sera passible des mêmes peines que le faux témoin, selon les distinctions contenues dans les articles 361, 362, 363 et 364.

366. (*L. 13 mai 1863.*) Celui à qui le serment aura été déféré ou référé en matière civile, et qui aura fait un faux serment, sera puni d'un emprisonnement d'une année au moins et de cinq ans au plus, et d'une amende de cent francs à trois mille francs.

Il pourra en outre, être privé des droits mentionnés en l'article 42 du présent Code, pendant cinq ans au moins et dix ans au plus, à compter du jour où il aura subi sa peine, et être placé sous la surveillance de la haute police pendant le même nombre d'années. — P. 9, 11, 40 s., 44 s., 52 s. ; C. 1357 s., 1363 ; Pr. 120.

§ II. — *Calomnies, injures, révélation de secrets.*

367 à 372. (*Abrogés, L. 17 mai 1819.*)

373. Quiconque aura fait par écrit une dénonciation calomnieuse contre un ou plusieurs individus, aux officiers de justice ou de police administrative ou judiciaire, sera puni d'un emprisonnement d'un mois à un an, et d'une amende de cent francs à trois mille francs. — P. 9, 40 s., 52 s. ; C. 727 ; I. Cr. 31, 179, 358, 359.

374 à 375. (*Abrogés, L. 17 mai 1819.*)

376. Toutes autres injures ou expressions outrageantes qui n'auront pas eu ce double caractère de gravité et de publicité ne donneront lieu qu'à des peines de simple police. — P. 222, 364 s., 471 ; I. Cr. 137 s. ; *L. 29 juillet 1881 sur la presse, Supp.*

377. (*Abrogé, L. 17 mai 1819.*)

378. Les médecins, chirurgiens et autres officiers de santé, ainsi que les pharmaciens, les sages-femmes et toutes autres personnes dépositaires, par état ou profession, des secrets qu'on leur confie, qui, *hors le cas où la loi les oblige à se porter dénonciateurs* (1) auront révélé ces secrets, seront punis d'un emprisonnement d'un mois à six mois, et d'une amende de cent francs à cinq cents francs. — P. 9, 40 s., 52 s., 137, 418 ; I. Cr. 179.

CHAPITRE II

Crimes et délits contre les propriétés.

(Loi décrétée le 19 février 1810, promulguée le 1er mars suivant.)

SECTION PREMIÈRE

Vols.

379. Quiconque a soustrait frauduleusement une chose qui ne lui

(1) Les mots en italiques se rapportaient aux articles 103 et suivants, abrogés par la loi du 28 avril 1832.

appartient pas est coupable de vol. — P. 259, 380, 401; C. 1235, 1302, 2279, 2280; Pr. 905; Co. 612.

380. Les soustractions commises par des maris au préjudice de leurs femmes, par des femmes au préjudice de leurs maris, par un veuf ou une veuve quant aux choses qui avaient appartenu à l'époux décédé, par des enfants ou autres descendants au préjudice de leurs pères ou mères ou autres ascendants, par des pères et mères ou autres ascendants au préjudice de leurs enfants ou autres descendants, ou par des alliés aux mêmes degrés, ne pourront donner lieu qu'à des réparations civiles.

A l'égard de tous autres individus qui auraient recélé ou appliqué à leur profit tout ou partie des objets volés, ils seront punis comme coupables de vol. — P. 59 s., 62 s., 363 s.; C. 735 s., 781, 801, 1133, 1382, 1394, 1477; Co. 591.

381. Seront punis des travaux forcés à perpétuité les individus coupables de vols commis avec la réunion des cinq circonstances suivantes :

1° Si le vol a été commis la nuit;

2° S'il a été commis par deux ou plusieurs personnes;

3° Si les coupables ou l'un deux étaient porteurs d'armes apparentes ou cachées;

4° S'ils ont commis le crime, soit à l'aide d'effraction extérieure, ou d'escalade, ou de fausses clefs, dans une maison, appartement, chambre ou logement habités ou servant à l'habitation, ou leurs dépendances, soit en prenant le titre d'un fonctionnaire public ou d'un officier civil ou militaire, ou après s'être revêtus de l'uniforme ou du costume du fonctionnaire ou de l'officier, ou en alléguant un faux ordre de l'autorité civile ou militaire;

5° S'ils ont commis le crime avec violence ou menace de faire usage de leurs armes. — P. 7, 15, 16, 19, 22, 36, 101, 258, 259, 344 s., 382, 390, 393 s., 398.

382. (L. 13 mai 1863.) Sera puni de la peine des travaux forcés à temps tout individu coupable de vol commis à l'aide de violence. Si la violence à l'aide de laquelle le vol a été commis a laissé des traces de blessures ou de contusions, cette circonstance suffira pour que la peine des travaux forcés à perpétuité soit prononcée. — P. 7, 15, 16, 19, 22 s., 28 s., 34, 36, 47, 70 s., 382 s.

383. Les vols commis sur les chemins publics emporteront la peine des travaux forcés à perpétuité, lorsqu'ils auront été commis avec deux des circonstances prévues dans l'article 381.

Ils emporteront la peine des travaux forcés à temps, lorsqu'ils auront été commis avec une seule de ces circonstances.

Dans les autres cas, la peine sera celle de la réclusion. — P. 7, 15, 16, 19, 19, 21, 22, 28, 34, 36, 47, 70 s.

384. Sera puni de la peine des travaux forcés à temps tout individu coupable de vol commis à l'aide d'un des moyens énoncés dans le n° 4 de l'article 381, même quoique l'effraction, l'escalade et l'usage des fausses clefs aient eu lieu dans des édifices, parcs ou enclos non servant à l'habitation et non dépendants des maisons habitées, et lors même que l'effraction n'aurait été qu'intérieure. — P. 7, 15, 16, 19, 22 s., 28 s., 34, 36, 47, 70 s., 390, 391, 393 s., 398.

385. (L. 13 mai 1863.) Sera également puni de la peine des travaux forcés à temps tout individu coupable de vol commis avec deux des trois circonstances suivantes :

1° Si le vol a été commis la nuit;

2° S'il a été commis dans une maison habitée, ou dans un des édifices consacrés aux cultes légalement établis en France;

3° S'il a été commis par deux ou plusieurs personnes;

Et si, en outre, le coupable, ou l'un des coupables, était porteur d'armes apparentes ou cachées. — P. 7, 15, 16, 19, 22 s., 28 s., 34, 36, 47, 70 s., 101, 381, 386.

386. Sera puni de la peine de la réclusion tout individu coupable de vols commis dans l'un des cas ci-après :

1° Si le vol a été commis la nuit et par deux ou plusieurs personnes, ou s'il a été commis avec une de ces deux circonstances seulement, mais en même temps dans un lieu habité ou servant à l'habitation, ou dans les édifices consacrés aux cultes légalement établis en France;

2° Si le coupable ou l'un des coupables était porteur d'armes apparentes ou cachées, même quoique le lieu où le vol a été commis ne fût ni habité ni servant à l'habitation, et encore quoique le vol ait été commis le jour et par une seule personne;

3° Si le voleur est un domestique ou un homme de service à gages, même lorsqu'il aura commis le vol envers des personnes qu'il ne servait pas, mais qui se trouvaient, soit dans la maison de son maître, soit dans celle où il l'accompagnait; ou si c'est un ouvrier, compagnon ou apprenti, dans la maison, l'atelier ou le magasin de son maître, ou un individu travaillant habituellement dans l'habitation où il aura volé;

4° Si le vol a été commis par un aubergiste, un hôtelier, un voiturier, un batelier, ou un de leurs préposés, lorsqu'ils auront volé tout ou partie des choses qui leur étaient confiées à ce titre. — P. 7, 21 s., 28 s., 34, 36, 47, 381, 387, 399.

387. (L. 13 mai 1863.) Les voituriers, bateliers ou leurs préposés qui auront altéré ou tenté d'altérer des vins ou toute autre espèce de liquides ou marchandises dont le transport leur avait été confié, et qui auront commis ou tenté de commettre cette altération par le mélange de substances malfaisantes, seront punis d'un emprisonnement de deux à cinq ans et d'une amende de vingt-cinq francs à cinq cents francs.

Ils pourront, en outre, être privés des droits mentionnés en l'article 42 du présent Code pendant cinq ans au moins et dix ans au plus; ils pourront aussi être mis, par l'arrêt ou le jugement, sous la surveillance de la haute police pendant le même nombre d'années.

S'il n'y a pas eu mélange de substances malfaisantes, la peine sera un emprisonnement d'un mois à un an, et une amende de seize francs à cent francs. — P. 9, 41, 40 s., 44 s., 52 s., 58, 318; I. Cr. 179.

388. Quiconque aura volé ou tenté de voler dans les champs des chevaux ou bêtes de charge, de voiture ou de monture, gros et menus bestiaux, ou des instruments d'agriculture, sera puni d'un emprisonnement d'un an au moins et de cinq ans au plus, et d'une amende de seize francs à cinq cents francs.

Il en sera de même à l'égard des vols de bois dans les ventes, et de pierres dans les carrières, ainsi qu'à l'égard du vol de poisson en étang, vivier et réservoir.

Quiconque aura volé ou tenté de voler dans les champs des récoltes ou autres productions utiles de la terre, déjà détachées du sol, ou des meules de grains faisant partie de récoltes, sera puni d'un emprisonnement de quinze jours à deux ans, et d'une amende de seize francs à deux cents francs.

Si le vol a été commis, soit la nuit, soit par plusieurs personnes, soit à l'aide de voitures ou d'animaux de charge, l'emprisonnement sera d'un an à cinq ans, et l'amende de seize francs à cinq cents francs.

Lorsque le vol ou la tentative de vol de récoltes ou autres productions utiles de la terre, qui, avant d'être soustraites, n'étaient pas encore détachées du sol, aura eu lieu, soit avec des paniers ou des sacs ou autres objets équivalents, soit la nuit, soit à l'aide de voitures ou d'animaux de charge, soit par plusieurs personnes, la peine sera d'un emprisonnement de quinze jours à deux ans, et d'une amende de seize francs à deux cents francs.

Dans tous les cas spécifiés au présent article, les coupables pourront, indépendamment de la peine principale, être interdits de tout ou partie des droits mentionnés en l'article 42, pendant cinq ans au moins et dix ans au plus, à compter du jour où ils auront subi leur peine. Ils pourront aussi être mis par l'arrêt ou le jugement sous la surveillance de la haute police, pendant le même nombre d'années. — P. 9, 11, 40 s., 44 s., 52 s., 444, 449, 457, 471, 475; Fo. 464.

389. (L. 13 mai 1863.) Tout individu qui, pour commettre un vol, aura enlevé ou tenté d'enlever des bornes servant de séparation aux propriétés, sera puni d'un emprisonnement de deux à cinq ans et d'une amende de seize francs à cinq cents francs.

Le coupable pourra, en outre, être privé des droits mentionnés en l'article 42 pendant cinq ans au moins et dix ans au plus, à compter du jour où il aura subi sa peine; il pourra aussi être mis, par l'arrêt ou le jugement, sous la surveillance de la haute police, pendant le même nombre d'années. — P. 9, 11, 40 s., 44 s., 52 s., 58, 456; I. Cr. 179.

390. Est réputé *maison habitée*, tout bâtiment, logement, loge, cabane, même mobile, qui, sans être actuellement habité, est destiné à l'habitation, et tout ce qui en dépend, comme cours, basses-cours, granges, écuries, édifices qui y sont enfermés, quel qu'en soit l'usage, et quand même ils auraient une clôture particulière dans la clôture ou enceinte générale. — P. 381, 382, 386, 392.

391. Est réputé *parc* ou *enclos*, tout terrain environné de fossés, de pieux, de claies, de planches, de haies vives ou sèches, ou de murs de quelque espèce de matériaux que ce soit, quelles que soient la hauteur, la profondeur, la vétusté, la dégradation de ces diverses clôtures, quand il n'y aurait pas de porte fermant à clef ou autrement, ou quand la porte serait à claire-voie et ouverte habituellement. — P. 384, 392, 451.

392. Les parcs mobiles destinés à contenir du bétail dans la campagne, de quelque matière qu'ils soient faits, sont aussi réputés enclos; et lorsqu'ils tiennent aux cabanes mobiles ou autres abris destinés aux gardiens, ils sont réputés dépendants de maison habitée. — P. 390 s., 451.

393. Est qualifié *effraction*, tout forcement, rupture, dégradation, démolition, enlèvement de murs, toits, planchers, portes, fenêtres, serrures, cadenas, ou autres ustensiles ou instruments servant à fermer ou à empêcher le passage, et de toute espèce de clôture, quelle qu'elle soit. — P. 382, 383, 381, 384, 394 s.

394. Les effractions sont extérieures ou intérieures. — P. 395 s.

395. Les effractions extérieures sont celles à l'aide desquelles on peut s'introduire dans les maisons, cours, basses-cours, enclos ou dépendances, ou dans les appartements ou logements particuliers.

396. Les effractions intérieures sont celles qui, après l'introduction dans les lieux mentionnés en l'article précédent, sont faites aux portes ou clôtures du dedans, ainsi qu'aux armoires ou autres meubles fermés.

Est compris dans la classe des effractions intérieures, le simple enlèvement des caisses, boîtes, ballots sous toile et corde, et autres meubles fermés, qui contiennent des effets quelconques, bien que l'effraction n'ait pas été faite sur le lieu.

397. Est qualifié *escalade*, toute entrée dans les maisons, bâtiments, cours, basses-cours, édifices quelconques, jardins, parcs et enclos, exécutée par-dessus les murs, portes, toitures ou toute autre clôture.

L'entrée par une ouverture souterraine, autre que celle qui a été établie pour servir d'entrée, est une circonstance de même gravité que l'escalade. — P. 382, 229, 384, 391.

398. Sont qualifiés *fausses clefs*, tous crochets, rossignols, passe-partout, clefs imitées, contrefaites, altérées, ou qui n'ont pas été destinées par le propriétaire, locataire, aubergiste ou logeur, aux serrures, cadenas, ou aux fermetures quelconques auxquelles le coupable les aura employées. — P. 381, 384, 399.

399. (L. 13 mai 1863.) Quiconque aura contrefait ou altéré des clefs sera condamné à un emprisonnement de trois mois à deux ans et à une amende de vingt-cinq francs à cent cinquante francs.

Si le coupable est un serrurier de profession, il sera puni d'un emprisonnement de deux ans à cinq ans et d'une amende de cinquante francs à cinq cents francs.

Il pourra en outre, être privé de tout ou partie des droits mentionnés en l'article 42, pendant cinq ans au moins et dix ans au plus, à compter du jour où il aura subi sa peine; il pourra aussi être mis, par l'arrêt ou le jugement, sous la surveillance de la haute police pendant le même nombre d'années.

Le tout, sans préjudice de plus fortes peines, s'il y échet, en cas de complicité de crime. — P. 9, 11, 40 s., 44 s., 52 s., 58, 59 s.; I. Cr. 179.

400. (L. 13 mai 1863.) Quiconque aura extorqué par force, violence ou contrainte, la signature ou la remise d'un écrit, d'un acte, d'un titre, d'une pièce quelconque contenant ou opérant obligation, disposition ou décharge, sera puni de la peine des travaux forcés à temps.

Quiconque, à l'aide de la menace écrite ou verbale, de révélations ou d'imputations diffamatoires, aura extorqué ou tenté d'extorquer, soit la remise de fonds ou valeurs, soit la signature ou remise des écrits énumérés ci-dessus, sera puni d'un emprisonnement d'un an à cinq ans et d'une amende de cinquante francs à trois mille francs.

Le saisi qui aura détruit, détourné ou tenté de détruire ou de détourner des objets saisis sur lui et confiés à sa garde, sera puni des peines portées en l'article 406.

Il sera puni des peines portées en l'article 401, si la garde des objets saisis et qu'il aura détruits ou détournés ou tenté de détruire ou de détourner a été confiée à un tiers.

Les peines de l'article 401 seront également applicables à tout débiteur, emprunteur ou tiers donneur de gage qui aura détruit, détourné ou tenté de détruire ou de détourner des objets par lui donnés à titre de gages.

Celui qui aura recélé sciemment

les objets détournés, le conjoint, les ascendants et descendants du saisi, du débiteur, de l'emprunteur ou tiers donneur de gage qui l'auront aidé dans la destruction, le détournement ou dans la tentative de destruction ou de détournement de ces objets, seront punis d'une peine égale à celle qu'il aura encourue. — P. 7, 9, 11, 15, 16, 19, 22 s., 28 s., 34, 40, 47, 52, 58, 59, 62, 69, 70 s.; I. Cr. 179.

401. Les autres vols non spécifiés dans la présente section, les larcins et filouteries, ainsi que les tentatives de ces mêmes délits, seront punis d'un emprisonnement d'un an au moins et de cinq ans au plus, et pourront même l'être d'une amende qui sera de seize francs au moins et de cinq cents francs au plus.

Les coupables pourront encore être interdits des droits mentionnés en l'article 42 du présent Code, pendant cinq ans au moins et dix ans au plus, à compter du jour où ils auront subi leur peine.

Ils pourront aussi être mis, par l'arrêt ou le jugement, sous la surveillance de la haute police pendant le même nombre d'années.

(L. 26 juillet 1873.) Quiconque, sachant qu'il est dans l'impossibilité absolue de payer, se sera fait servir des boissons ou des aliments qu'il aura consommés en tout ou partie, dans des établissements à ce destinés, sera puni d'un emprisonnement de six jours au moins et de six mois au plus, et d'une amende de seize francs au moins et de deux cents francs au plus. — P. 3, 9, 11, 40, 41 s., 52 s., 379 s., 388, 463; I. Cr. 179.

SECTION II

Banqueroutes, escroqueries, et autres espèces de fraude.

§ Ier. — *Banqueroute et escroquerie.*

402. Ceux qui, dans les cas prévus par le Code de commerce, seront déclarés coupables de banqueroute, seront punis ainsi qu'il suit:

Les banqueroutiers frauduleux seront punis de la peine des travaux forcés à temps.

Les banqueroutiers simples seront punis d'un emprisonnement d'un mois au moins et de deux ans au plus. — P. 7, 9, 15, 16, 19, 22 s., 28 s., 31, 36, 44, 47, 70 s., 403; Co. 584, 585 s., 591 s.; I. Cr. 179.

403. Ceux qui, conformément au Code de commerce, seront déclarés complices de banqueroute frauduleuse, seront punis de la même peine que les banqueroutiers frauduleux. — P. 59 s., 402; Co. 593 s.

404. Les agents de change et courtiers qui auront fait faillite seront punis de la peine des travaux forcés à temps; s'ils sont convaincus de banqueroute frauduleuse, la peine sera celle des travaux forcés à perpétuité. — P. 7, 15, 16, 18, 19, 22 s., 28 s., 34, 36, 47, 70 s.; Co. 74 s., 89, 591.

405. *(L. 13 mai 1863.)* Quiconque, soit en faisant usage de faux noms ou de fausses qualités, soit en employant des manœuvres frauduleuses pour persuader l'existence de fausses entreprises, d'un pouvoir ou d'un crédit imaginaire, ou pour faire naître l'espérance ou la crainte d'un succès, d'un accident ou de tout autre événement chimérique, se sera fait remettre ou délivrer, ou aura tenté de se faire remettre ou délivrer des fonds, des meubles ou des obligations, dispositions, billets, promesses, quittances ou décharges, et aura, par un de ces moyens, escroqué ou tenté d'escroquer la totalité ou partie de la fortune d'autrui, sera puni d'un emprisonnement d'un an au moins et de cinq ans au plus, et d'une amende de cinquante francs au moins et de trois mille francs au plus.

Le coupable pourra être, en outre, à compter du jour où il aura subi sa peine, interdit, pendant cinq ans au moins et dix ans au plus, des droits mentionnés en l'article 42 du présent Code: le tout, sauf les peines plus graves, s'il y a crime de faux. — P. 9, 40 s., 52 s., 145, 147 s., 463; I. Cr. 179.

§ II. — *Abus de confiance.*

406. Quiconque aura abusé des besoins, des faiblesses ou des passions d'un mineur, pour lui faire souscrire, à son préjudice, des obligations, quittances ou décharges, pour prêt d'argent ou de choses mobilières, ou d'effets de commerce, ou de tous autres effets obligatoires, sous quelque forme que cette négociation ait été faite ou déguisée, sera puni d'un emprisonnement de deux mois au moins, de deux ans au plus, et d'une amende qui ne pourra excéder le quart des restitutions et des dommages-intérêts qui seront dus aux parties lésées, ni être moindre de vingt-cinq francs.

La disposition portée au second paragraphe du précédent article pourra de plus être appliquée. — P. 9, 40 s., 42, 52 s., 463; C. 1153.

407. Quiconque, abusant d'un blanc-seing qui lui aura été confié, aura frauduleusement écrit au-dessus une obligation ou décharge, ou tout autre acte pouvant compromettre la personne ou la fortune du signataire, sera puni des peines portées en l'article 405.

Dans le cas où le blanc-seing ne lui aurait pas été confié, il sera poursuivi comme faussaire et puni comme tel. — P. 145-151.

408. *(L. 13 mai 1863.)* Quiconque aura détourné ou dissipé, au préjudice des propriétaires, possesseurs ou détenteurs, des effets, deniers, marchandises, billets, quittances ou tous autres écrits contenant ou opérant obligation ou décharge, qui ne lui auraient été remis qu'à titre de louage, de dépôt, de mandat, de nantissement, de prêt à usage, ou pour un travail salarié ou non salarié, à la charge de les rendre ou représenter, ou d'en faire un usage ou un emploi déterminé, sera puni des peines portées en l'article 406.

Si l'abus de confiance prévu et puni par le précédent paragraphe a été commis par un officier public ou ministériel, ou par un domestique, homme de service à gages, élève, clerc, commis, ouvrier, compagnon ou apprenti, au préjudice de son maître, la peine sera celle de la réclusion. — P. 7, 21 s., 28 s., 34, 36, 40, 47, 254 s., 386.

Le tout sans préjudice de ce qui est dit aux articles 254, 255 et 256, relativement aux soustractions et enlèvements de deniers, effets ou pièces, commis dans les dépôts publics.

409. Quiconque, après avoir produit, dans une contestation judiciaire, quelque titre, pièce ou mémoire, l'aura soustrait de quelque manière que ce soit, sera puni d'une amende de vingt-cinq francs à trois cents francs.

Cette peine sera prononcée par le tribunal saisi de la contestation. — P. 9, 52 s.; Pr. 108 s.; I. Cr. 505, 506.

§ III. — *Contraventions aux règlements sur les maisons de jeu, les loteries et les maisons de prêt sur gage.*

410. Ceux qui auront tenu une maison de jeux de hasard, et y auront admis le public, soit librement, soit sur la présentation des intéressés ou affiliés, les banquiers de cette maison, tous ceux qui auront établi ou tenu des loteries non autorisées par la loi (1), tous administrateurs, préposés ou agents de ces établissements, seront punis d'un emprisonnement de deux mois au moins et de six mois au plus, et d'une amende de cent francs à six mille francs.

Les coupables pourront être de plus, à compter du jour où ils auront subi leur peine, interdits, pendant cinq ans au moins et dix ans au plus, des droits mentionnés en l'article 42 du présent Code.

Dans tous les cas, seront confisqués tous les fonds et effets qui seront trouvés exposés au jeu ou mis à la loterie, les meubles, instruments, ustensiles, appareils employés ou destinés au service des jeux ou des loteries, les meubles et les effets mobiliers dont les lieux seront garnis ou décorés. — P. 9, 11, 40 s., 52 s., 475, 477; I. Cr. 179.

411. Ceux qui auront établi ou tenu des maisons de prêt sur gages ou nantissement, sans autorisation légale, ou qui, ayant une autorisation, n'auront pas tenu un registre conforme aux règlements, contenant de suite, sans aucun blanc ni interligne, les sommes ou les objets prêtés, les noms, domicile et profession des emprunteurs, la nature, la qualité, la valeur des objets mis en nantissement, seront punis d'un emprisonnement de quinze jours au moins, de trois mois au plus, et d'une amende de cent francs à deux mille francs. — P. 9, 40 s., 52 s.; C. 2084; I. Cr. 179.

§ IV. — *Entraves apportées à la liberté des enchères.*

412. Ceux qui, dans les adjudications de la propriété, de l'usufruit ou de la location des choses mobilières ou immobilières, d'une entreprise, d'une fourniture, d'une exploitation ou d'un service quelconque, auront entravé ou troublé la liberté des enchères ou des soumissions, par voies de fait, violences ou menaces, soit avant, soit pendant les enchères ou les soumissions, seront punis d'un emprisonnement de quinze jours au moins, de trois mois au plus, et d'une amende de cent francs au moins et de cinq mille francs au plus.

La même peine aura lieu contre ceux qui, par dons ou promesses, auront écarté les enchérisseurs. — P. 9, 40 s., 52 s., 59, 60; Pr. 624, 707, 964; I. Cr. 179.

§ V. — *Violation des règlements relatifs aux manufactures, au commerce et aux arts.*

413. Toute violation des règlements d'administration publique relatifs aux produits des manufactures françaises qui s'exporteront à l'étranger, et qui ont pour objet de garantir la bonne qualité, les dimensions et la nature de la fabrication, sera punie d'une amende de deux cents francs au moins, de trois mille francs au plus, et de la confiscation des marchandises. Ces deux peines pourront être prononcées cumulativement ou séparément, selon les circonstances. — P. 9, 11, 52 s.; I. Cr. 179.

414. *(L. 25 mai 1864.)* Sera puni d'un emprisonnement de six jours à trois ans et d'une amende de seize francs à trois mille francs, ou de l'une de ces deux peines seulement, quiconque, à l'aide de violences, voies de fait, menaces ou manœuvres frauduleuses, aura amené ou maintenu, tenté d'amener ou de maintenir une cessation concertée de travail, dans le but de forcer la hausse ou la baisse des salaires ou de porter atteinte au libre exercice de l'industrie ou du travail. — P. 9, 40 s., 463; I. Cr. 179.

415. *(L. 25 mai 1864.)* Lorsque les faits punis par l'article précédent auront été commis par suite d'un plan concerté, les coupables pourront être mis, par l'arrêt ou le jugement, sous la surveillance de la haute police pendant deux ans au moins et cinq ans au plus. — P. 11, 40, 44 s.

416. *(Abrogé, L. 21 mars 1884.)*

417. Quiconque, dans la vue de nuire à l'industrie française, aura fait passer en pays étranger des directeurs, commis, ou des ouvriers d'un établissement, sera puni d'un emprisonnement de six mois à deux ans, et d'une amende de cinquante francs à trois cents francs. — P. 9, 40 s., 52 s.; I. Cr. 179.

418. *(L. 13 mai 1863.)* Tout directeur, commis, ouvrier de fabrique, qui aura communiqué ou tenté de communiquer à des étrangers ou à des Français résidant en pays étranger des secrets de la fabrique où il est employé, sera puni d'un emprisonnement de deux ans à cinq ans et d'une amende de cinq cents francs à vingt mille francs.

Il pourra, en outre, être privé des droits mentionnés en l'article 42 du présent Code, pendant cinq ans au moins et dix ans au plus, à compter du jour où il aura subi sa peine. Il pourra être mis sous la surveillance de la haute police pendant le même nombre d'années.

Si ces secrets ont été communiqués à des Français résidant en France, la peine sera d'un emprisonnement de trois mois à deux ans et d'une amende de seize francs à deux cents francs.

Le maximum de la peine prononcée par les paragraphes 1er et 3 du présent article sera nécessairement appliqué, s'il s'agit de secrets de fabriques d'armes et munitions de guerre appartenant à l'État. — P. 9, 40 s., 44 s., 52 s., 58, 318; I. Cr. 179.

419 (1). Tous ceux qui, par des faits faux ou calomnieux semés à dessein

---

(1) *L. 21 mai 1836, portant prohibition des loteries.*

ART. 1er. Les loteries de toute espèce sont prohibées.

2. Sont réputées loteries et interdites comme telles: — Les ventes d'immeubles, de meubles ou de marchandises effectuées par la voie du sort, ou auxquelles auraient été réunies des primes ou autres bénéfices dus au hasard, et généralement toutes opérations offertes au public pour faire naître l'espérance d'un gain qui serait acquis par la voie du sort.

3. La contravention à ces prohibitions sera punie des peines portées à l'article 410 du Code pénal. — S'il s'agit de loteries d'immeubles, la confiscation prononcée par ledit article sera remplacée, à l'égard du propriétaire de l'immeuble mis en loterie, par une amende qui pourra s'élever jusqu'à la valeur estimative de cet immeuble. — En cas de seconde ou ultérieure condamnation, l'emprisonnement et l'amende portés en l'article 410 pourront être élevés au double du maximum. — Il pourra, dans tous les cas, être fait application de l'article 463 du Code pénal.

4. Ces peines seront encourues par les auteurs, entrepreneurs ou agents des loteries françaises ou étrangères, ou des opérations qui leur sont assimilées. — Ceux qui auront colporté ou distribué les billets, ceux qui, par des avis, annonces, affiches, ou par tout autre moyen de publication, auront fait connaître l'existence de ces loteries ou facilité l'émission des billets, seront punis des peines portées en l'article 411 du Code pénal; il sera fait application, s'il y a lieu, des deux dernières dispositions de l'article précédent.

5. Sont exceptées des dispositions des articles 1 et 2 ci-dessus, les loteries d'objets mobiliers exclusivement destinés à des actes de bienfaisance ou à l'encouragement des arts, lorsqu'elles auront été autorisées dans les formes qui seront déterminées par des règlements d'administration publique.

(1) *L. 3 février 1893, tendant à compléter les articles 419 et 420 du Code pénal.*

ART. 1er. — Sera puni des peines prévues par l'article 420 du Code pénal, quiconque, par des faits faux ou calomnieux semés à dessein dans le public ou par des moyens frauduleux quelconques, aura provoqué ou tenté de provoquer des retraits de fonds des caisses publiques ou des établissements obligés par la loi à effectuer leurs versements dans les caisses publiques.

ART. 2. — L'article 463 est applicable aux délits prévus et punis par la présente loi.

dans le public, par des sur-offres faites au prix que demandaient les vendeurs eux-mêmes, par réunion ou coalition entre les principaux détenteurs d'une même marchandise ou denrée, tendant à ne la pas vendre ou ne la vendre qu'à un certain prix, ou qui, par des voies ou des moyens frauduleux quelconques, auront opéré la hausse ou la baisse du prix des denrées ou marchandises ou des papiers et effets publics au-dessus ou au-dessous des prix qu'aurait déterminés la concurrence naturelle et libre du commerce, seront punis d'un emprisonnement d'un mois au moins, d'un an au plus, et d'une amende de cinq cents francs à dix mille francs. Les coupables pourront de plus être mis, par l'arrêt ou le jugement, sous la surveillance de la haute police pendant deux ans au moins et cinq ans au plus. — *P.* 9, 11, 40 s., 44 s., 52 s., 420 s.; *I. Cr.* 179.

420. La peine sera d'un emprisonnement de deux mois au moins et de deux ans au plus, et d'une amende de mille francs à vingt mille francs, si ces manœuvres ont été pratiquées sur grains, grenailles, farines, substances farineuses, pain, vin ou toute autre boisson.

La mise en surveillance qui pourra être prononcée sera de cinq ans au moins et de dix ans au plus. — *P.* 9, 11, 40 s., 44 s., 52 s.; *I. Cr.* 179.

421 et **422**. (*Abrogés*, *L.* 28 *mars* 1885.)

423. (*L.* 13 *mai* 1863.) Quiconque aura trompé l'acheteur sur le titre des matières d'or ou d'argent, sur la qualité d'une pierre fausse vendue pour fine, sur la nature de toute marchandise; quiconque, par usage de faux poids ou de fausses mesures, aura trompé sur la quantité des choses vendues, sera puni de l'emprisonnement pendant trois mois au moins, un an au plus, et d'une amende qui ne pourra excéder le quart des restitutions et dommages-intérêts, ni être au-dessous de cinquante francs.

Les objets du délit, ou leur valeur, s'ils appartiennent encore au vendeur, seront confisqués; les faux poids et les fausses mesures seront aussi confisqués, et de plus seront brisés.

Le tribunal pourra ordonner l'affiche du jugement dans les lieux qu'il désignera, et son insertion intégrale ou par extrait dans tous les journaux qu'il désignera, le tout aux frais du condamné. — *P.* 9, 11, 40 s., 52 s., 424, 479, 480, 481; *I. Cr.* 179; *L.* 19 *brumaire an* VI, *sur le titre et la garantie des matières d'or et d'argent*; *LL.* 27 *mars* 1851, 5 *mai* 1855 *et* 27 *juillet* 1867, *sur la répression de la fraude en matière de vente*; *L.* 19 *juillet* 1845, *sur la vente de substances vénéneuses*.

424. Si le vendeur et l'acheteur se sont servis, dans leurs marchés, d'autres poids ou d'autres mesures que ceux qui ont été établis par les lois de l'État, l'acheteur sera privé de toute action contre le vendeur qui l'aura trompé par l'usage de poids ou de mesures prohibés, sans préjudice de l'action publique pour la punition tant de cette fraude que de l'emploi même des poids et des mesures prohibés.

La peine, en cas de fraude, sera celle portée par l'article précédent.

La peine pour l'emploi de mesures et poids prohibés sera déterminée par le livre IV du présent Code, contenant les peines de simple police. — *P.* 479, 480, 481.

425. Toute édition d'écrits, de composition musicale, de dessin, de peinture ou de toute autre production, imprimée ou gravée en entier ou en partie, au mépris des lois et règlements relatifs à la propriété des auteurs, est une contrefaçon; et toute contrefaçon est un délit. — *P.* 426, 429; *Décr.* 19 *juillet* 1793, 1 *germinal an* XIII, 5 *février* 1810 *et* 28 *mars* 1852; *L.* 8 *avril* 1854, 10 *mai et* 14 *juillet* 1866, *sur la propriété littéraire et artistique*; Suppl.

426. Le débit d'ouvrages contrefaits, l'introduction sur le territoire français d'ouvrages qui, après avoir été imprimés en France, ont été contrefaits chez l'étranger, sont un délit de la même espèce. — *P.* 425, 427, 429.

427. La peine contre le contrefacteur ou contre l'introducteur sera une amende de cent francs au moins et de deux mille francs au plus; et contre le débitant, une amende de vingt-cinq francs au moins et de cinq cents francs au plus.

La confiscation de l'édition contrefaite sera prononcée tant contre le contrefacteur que contre l'introducteur et le débitant.

Les planches, moules ou matrices des objets contrefaits, seront aussi confisqués. — *P.* 9, 11, 52 s., 429; *I. Cr.* 179.

428. Tout directeur, tout entrepreneur de spectacle, toute association d'artistes, qui aura fait représenter sur son théâtre des ouvrages dramatiques au mépris des lois et règlements relatifs à la propriété des auteurs, sera puni d'une amende de cinquante francs au moins, de cinq cents francs au plus, et de la confiscation des recettes. — *P.* 9, 11, 52 s., 429; *I. Cr.* 179.

429. Dans les cas prévus par les quatre articles précédents, le produit des confiscations, ou les recettes confisquées, seront remis au propriétaire, pour l'indemniser d'autant du préjudice qu'il aura souffert; le surplus de son indemnité, ou l'entière indemnité, s'il n'y a eu ni vente d'objets confisqués, ni saisie de recettes, sera réglé par les voies ordinaires.

§ VI. — *Délits des fournisseurs.*

430. Tous individus chargés, comme membres de compagnie ou individuellement, de fournitures, d'entreprises ou régies pour le compte des armées de terre et de mer, qui, sans y avoir été contraints par une force majeure, auront fait manquer le service dont ils sont chargés, seront punis de la peine de la réclusion et d'une amende qui ne pourra excéder le quart des dommages-intérêts, ni être au-dessous de cinq cents francs; le tout sans préjudice de peines plus fortes en cas d'intelligence avec l'ennemi. — *P.* 7, 11, 21 s., 28 s., 34, 36, 47, 52 s., 77 s., 431 s.

431. Lorsque la cessation du service proviendra du fait des agents des fournisseurs, les agents seront condamnés aux peines portées par le précédent article.

Les fournisseurs et leurs agents seront également condamnés, lorsque les uns et les autres auront participé au crime. — *P.* 59 s., 430.

432. Si des fonctionnaires publics ou des agents préposés ou salariés du gouvernement ont aidé les coupables à faire manquer le service, ils seront punis de la peine des travaux forcés à temps; sans préjudice de peines plus fortes en cas d'intelligence avec l'ennemi. — *P.* 7, 15, 19, 22 s., 28 s., 34, 36, 47, 77 s.

433. Quoique le service n'ait pas manqué, si, par négligence, les livraisons et les travaux ont été retardés, ou s'il y a eu fraude sur la nature, la qualité ou la quantité des travaux ou main-d'œuvre ou des choses fournies, les coupables seront punis d'un emprisonnement de six mois au moins et de cinq ans au plus, et d'une amende qui ne pourra excéder le quart des dommages-intérêts, ni être moindre de cent francs. — *P.* 9, 24, 40 s., 52 s.; *I. Cr.* 179.

Dans les divers cas prévus par les articles composant le présent paragraphe, la poursuite ne pourra être faite que sur la dénonciation du gouvernement.

SECTION III

Destructions, dégradations, dommages.

434. (*L.* 13 *mai* 1863.) Quiconque aura volontairement mis le feu à des édifices, navires, bateaux, magasins, chantiers, quand ils sont habités ou servent à l'habitation, et généralement aux lieux habités ou servant à l'habitation, qu'ils appartiennent ou n'appartiennent pas à l'auteur du crime, sera puni de mort.

Sera puni de la même peine quiconque aura volontairement mis le feu, soit à des voitures ou wagons contenant des personnes, soit à des voitures ou wagons ne contenant pas des personnes, mais faisant partie d'un convoi qui en contient.

Quiconque aura volontairement mis le feu à des édifices, navires, bateaux, magasins, chantiers, lorsqu'ils ne sont ni habités, ni servant à l'habitation, ou à des forêts, bois, taillis ou récoltes sur pied, lorsque ces objets ne lui appartiennent pas, sera puni de la peine des travaux forcés à perpétuité.

Celui qui, en mettant ou en faisant mettre le feu à l'un des objets énumérés dans le paragraphe précédent et à lui-même appartenant, aura volontairement causé un préjudice quelconque à autrui, sera puni des travaux forcés à temps; sera puni de la même peine celui qui aura mis le feu sur l'ordre du propriétaire.

Quiconque aura volontairement mis le feu, soit à des pailles ou récoltes en tas ou en meules, soit à des bois disposés en tas ou en stères, soit à des voitures ou wagons chargés ou non chargés de marchandises, ou autres objets mobiliers et ne faisant point partie d'un convoi contenant des personnes, si ces objets ne lui appartiennent pas, sera puni des travaux forcés à temps.

Celui qui, en mettant ou faisant mettre le feu à l'un des objets énumérés dans le paragraphe précédent et à lui-même appartenant, aura volontairement causé un préjudice quelconque à autrui, sera puni de la réclusion; sera puni de la même peine celui qui aura mis le feu sur l'ordre du propriétaire.

Celui qui aura communiqué l'incendie à l'un des objets énumérés dans les précédents paragraphes, en mettant le feu à des objets quelconques appartenant soit à lui, soit à autrui, et placés de manière à communiquer ledit incendie, sera puni de la même peine que s'il avait directement mis le feu à l'un desdits objets.

Dans tous les cas, si l'incendie a occasionné la mort d'une ou de plusieurs personnes se trouvant dans les lieux incendiés au moment où il a éclaté, la peine sera la mort. — *P.* 7, 12, 15, 16, 18, 19, 21 s., 22 s., 28 s., 34, 36, 47, 70 s.; *C.* 23; *L.* 10 *avril* 1825 *sur la sûreté du commerce maritime*.

435. (*L.* 2 *avril* 1892.) La peine sera la même, d'après les distinctions faites en l'article précédent, contre ceux qui auront détruit volontairement en tout ou en partie, ou tenté de détruire par l'effet d'une mine ou de toute substance explosible les édifices, habitations, digues, chaussées, navires, bateaux, véhicules de toutes sortes, magasins ou chantiers, ou leurs dépendances, ponts, voies publiques ou privées, et généralement tous objets mobiliers ou immobiliers, de quelque nature qu'ils soient.

Le dépôt, dans une intention criminelle, sur une voie publique ou privée, d'un engin explosif sera assimilé à la tentative de meurtre prémédité.

Les personnes coupables des crimes mentionnés dans le présent article seront exemptes de peine si, avant la consommation de ces crimes et avant toutes poursuites, elles en ont donné connaissance et révélé les auteurs aux autorités constituées ou si, même après les poursuites commencées, elles ont procuré l'arrestation des autres coupables.

Elles pourront néanmoins être frappées, pour la vie ou à temps, de l'interdiction de séjour établie par l'article 19 de la loi du 27 mai 1885.

436. (*L.* 2 *avril* 1892.) La menace d'incendier ou de détruire, par l'effet d'une mine ou de toute substance explosible, les objets compris dans l'énumération de l'article 435 du Code pénal, sera punie de la peine portée contre la menace d'assassinat, et d'après les distinctions établies par les articles 305, 306 et 307.

437. (*L.* 13 *mai* 1863.) Quiconque volontairement, aura détruit ou renversé par quelque moyen que ce soit, en tout ou en partie, des édifices, des ponts, digues ou chaussées ou autres constructions qu'il savait appartenir à autrui, ou causé l'explosion d'une machine à vapeur, sera puni de la réclusion et d'une amende qui ne pourra excéder le quart des restitutions et indemnités ni être au-dessous de cent francs.

S'il y a eu homicide ou blessures, le coupable sera dans le premier cas, puni de mort, et, dans le second, puni de la peine des travaux forcés à temps. — *P.* 7, 11, 12, 15, 16, 19, 22 s., 28 s., 34, 36, 47, 52 s., 70 s., 297, 361, 468.

438. Quiconque, par voies de fait, se sera opposé à la confection de travaux autorisés par le gouvernement, sera puni d'un emprisonnement de trois mois à deux ans, et d'une amende qui ne pourra excéder le quart des dommages-intérêts ni être au-dessous de seize francs.

Les moteurs subiront le maximum de la peine. — *P.* 9, 24, 40 s., 52 s.; *I. Cr.* 179.

439. Quiconque aura volontairement brûlé ou détruit, d'une manière quelconque, des registres, minutes ou actes originaux de l'autorité publique, des titres, billets, lettres de change, effets de commerce ou de banque, contenant ou opérant obligation, disposition ou décharge, sera puni ainsi qu'il suit :

Si les pièces détruites sont des actes de l'autorité publique, ou des effets de commerce ou de banque, la peine sera la réclusion. — *P.* 7, 9, 21 s., 28 s., 34, 36, 40, 47, 173, 255, 463.

S'il s'agit de toute autre pièce, le coupable sera puni d'un emprisonnement de deux ans à cinq ans, et d'une amende de cent francs à trois cents francs. — *P.* 9, 40 s., 52 s.; *I. Cr.* 179.

440. Tout pillage, tout dégât de denrées ou marchandises, effets, propriétés mobilières, commis en réunion ou bande et à force ouverte, sera puni des travaux forcés à temps; chacun des coupables sera de plus condamné à une amende de deux cents francs à cinq mille francs. — *P.* 7, 15, 16, 19, 22 s., 28 s., 34, 36, 47, 52 s., 70 s., 237, 441 s., 475.

441. Néanmoins ceux qui prouveront avoir été entraînés par des provocations ou sollicitations à prendre part à ces violences pourront n'être punis que de la peine de la réclusion. — *P.* 7, 21 s., 28 s., 34, 36, 47.

442. Si les denrées pillées ou détruites sont des grains, grenailles ou farines, substances farineuses, pain, vin ou autre boisson, la peine que subiront les chefs, instigateurs ou provocateurs seulement, sera le *maximum* des travaux forcés à temps, et celui de l'amende prononcée par l'article 440. — *P.* 7, 15, 16, 19, 22 s., 28 s., 34, 36, 47, 52 s. 70 s.; *L.* 10 *vendémiaire an* IV, *sur la responsabilité des communes en cas de pillage.*

443. (*L.* 13 *mai* 1863.) Quiconque, à l'aide d'une liqueur corrosive ou par tout autre moyen, aura volontairement détérioré des marchandises, matières ou instruments quelconques servant à la fabrication, sera puni d'un emprisonnement d'un mois à deux ans, et d'une amende qui ne pourra excéder le quart des dommages-intérêts ni être moindre de seize francs.

Si le délit a été commis par un ouvrier de la fabrique ou par un commis de la maison de commerce, l'emprisonnement sera de deux à cinq ans, sans préjudice de l'amende, ainsi qu'il vient d'être dit. — *P.* 9, 24, 40 s., 52 s.; *I. Cr.* 179.

444. Quiconque aura dévasté des récoltes sur pied ou des plants venus naturellement ou faits de main d'homme, sera puni d'un emprisonnement de deux ans au moins, de cinq au plus.

Les coupables pourront de plus être mis par l'arrêt ou le jugement, sous la surveillance de la haute police pendant cinq ans au moins et dix ans au plus. — *P.* 9, 11, 40 s., 44 s., 386, 445, 462; *I. Cr.* 179.

445. Quiconque aura abattu un ou plusieurs arbres qu'il savait appartenir à autrui sera puni d'un emprisonnement qui ne sera pas au-dessous de six jours ni au-dessus de six mois, à raison de chaque arbre, sans que la totalité puisse excéder cinq ans. — *P.* 9, 40 s., 52 s., 448, 455; *I. Cr.* 179.

446. Les peines seront les mêmes à raison de chaque arbre mutilé, coupé ou écorcé de manière à le faire périr. — *P.* 41, 450, 455; *C.* 445, 448.

447. S'il y a eu destruction d'une ou de plusieurs greffes, l'emprisonnement sera de six jours à deux mois, à raison de chaque greffe, sans que la totalité puisse excéder deux ans. — *P.* 9, 24, 40 s., 52 s., 445, 448, 455; *I. Cr.* 179.

448. Le *minimum* de la peine sera de vingt jours dans les cas prévus par les articles 445 et 446, et de dix jours dans le cas prévu par l'article 447, si les arbres étaient plantés sur les places, routes, chemins, rues ou voies publiques ou vicinales ou de traverse. — *P.* 9, 24, 40 s., 52 s., 456; *I. Cr.* 179.

449. Quiconque aura coupé des grains ou des fourrages qu'il savait appartenir à autrui sera puni d'un emprisonnement qui ne sera pas au-dessous de six jours ni au-dessus de deux mois. — *P.* 9, 24, 40 s., 52 s., 388, 444, 450, 455; *I. Cr.* 179.

450. L'emprisonnement sera de vingt jours au moins et de quatre mois au plus, s'il a été coupé du grain en vert.

Dans les cas prévus par le présent article et les six précédents, si le fait a été commis en haine d'un fonctionnaire public et à raison de ses fonctions, le coupable sera puni du *maximum* de la peine établie par l'article auquel le cas se référera.

Il en sera de même, quoique cette circonstance n'existe point, si le fait a été commis pendant la nuit. — *P.* 9, 24, 40, 52, 449, 455, 462; *I. Cr.* 179.

451. Toute rupture, toute destruction d'instruments d'agriculture, de parcs de bestiaux, de cabanes de gardiens, sera punie d'un emprisonnement d'un mois au moins, d'un an au plus. — *P.* 9, 40 s., 52 s., 455; *I. Cr.* 179.

452. Quiconque aura empoisonné des chevaux ou autres bêtes de voiture, de monture ou de charge, des bestiaux à cornes, des moutons, chèvres ou porcs, ou des poissons dans des étangs, viviers ou réservoirs, sera puni d'un emprisonnement d'un an à cinq ans, et d'une amende de seize francs à trois cents francs. Les coupables pourront être mis, par l'arrêt ou le jugement, sous la surveillance de la haute police pendant deux ans au moins et cinq ans au plus. — *P.* 9, 11, 24, 40 s., 44 s., 52 s., 301, 387, 455, 479; *I. Cr.* 179; *L.* 15 *avril* 1829 *sur la pêche, art.* 25.

453. Ceux qui, sans nécessité, auront tué l'un des animaux mentionnés au précédent article, seront punis ainsi qu'il suit :

Si le délit a été commis dans les bâtiments, enclos et dépendances, ou sur les terres dont le maître de l'animal tué était propriétaire, locataire, colon ou fermier, la peine sera un emprisonnement de deux mois à six mois ;

S'il a été commis dans les lieux dont le coupable était propriétaire, locataire, colon ou fermier, l'emprisonnement sera de six jours à un mois ;

S'il a été commis dans tout autre lieu, l'emprisonnement sera de quinze jours à six semaines.

Le *maximum* de la peine sera toujours prononcé en cas de violation de clôture. — *P.* 9, 24, 40 s., 52 s., 455, 479; *I. Cr.* 179.

454. Quiconque aura, sans nécessité, tué un animal domestique dans un lieu dont celui à qui cet animal appartient est propriétaire, locataire, colon ou fermier, sera puni d'un emprisonnement de six jours au moins et de six mois au plus.

S'il y a eu violation de clôture, le *maximum* de la peine sera prononcé. — *P.* 9, 40 s., 52 s., 453, 455; *I. Cr.* 179; *L.* 2 *juillet* 1850; Suppl.

455. Dans les cas prévus par les articles 444 et suivants jusqu'au présent article inclusivement, il sera prononcé une amende qui ne pourra excéder le quart des restitutions et dommages-intérêts, ni être au-dessous de seize francs. — *P.* 9, 52 s.; *I. Cr.* 179.

456. Quiconque aura, en tout ou en partie, comblé des fossés, détruit des clôtures, de quelques matériaux qu'elles soient faites, coupé ou arraché des haies vives ou sèches; quiconque aura déplacé ou supprimé des bornes ou pieds corniers, ou autres arbres plantés ou reconnus pour établir les limites entre différents héritages, sera puni d'un emprisonnement qui ne pourra être au-dessous d'un mois ni excéder une année, et d'une amende égale au quart des restitutions et des dommages-intérêts, qui, dans aucun cas, ne pourra être au-dessous de cinquante francs. — *P.* 9, 24, 40 s., 52 s., 389, 462; *I. Cr.* 179.

457. Seront punis d'une amende qui ne pourra excéder le quart des restitutions et des dommages-intérêts, ni être au-dessous de cinquante francs, les propriétaires ou fermiers, ou toute personne jouissant de moulins, usines ou étangs, qui, par l'élévation du déversoir de leurs eaux au-dessus de la hauteur déterminée par l'autorité compétente, auront inondé les chemins ou les propriétés d'autrui.

S'il est résulté du fait quelques dégradations, la peine sera, outre l'amende, un emprisonnement de six jours à un mois. — *P.* 9, 24, 40 s., 52 s., 462; *I. Cr.* 179.

458. L'incendie des propriétés mobilières ou immobilières d'autrui, qui aura été causé par la vétusté ou le défaut soit de réparation, soit de nettoyage des fours, cheminées, forges, maisons ou usines prochaines, ou par des feux allumés dans les champs à moins de cent mètres des maisons, édifices, forêts, bruyères, bois, vergers, plantations, haies, meules, tas de grains, pailles, foins, fourrages, ou tout autre dépôt de matières combustibles, ou par des feux ou lumières portés ou laissés sans précaution suffisante, ou par des pièces d'artifice allumées ou tirées par négligence ou imprudence, sera puni d'une amende de cinquante francs au moins et de cinq cents francs au plus. — *P.* 9, 52 s., 471, 370, 475, 479; *I. Cr.* 179.

459 à **461.** (Abrogés, *L.* 21 *juillet* 1881.)

462. Si les délits de police correctionnelle dont il est parlé au présent chapitre ont été commis par des gardes champêtres ou forestiers, ou des officiers de police, à quelque titre que ce soit, la peine d'emprisonnement sera d'un mois au moins, et d'un tiers au plus en sus de la peine la plus forte qui serait appliquée à un autre coupable du même délit. — *P.* 198.

DISPOSITIONS GÉNÉRALES

463. (*L.* 13 *mai* 1863.) Les peines prononcées par la loi contre celui ou ceux des accusés reconnus coupables, en faveur de qui le jury aura déclaré les circonstances atténuantes, seront modifiées ainsi qu'il suit :

Si la peine prononcée par la loi est la mort, la cour appliquera la peine des travaux forcés à perpétuité ou celle des travaux forcés à temps.

Si la peine est celle des travaux forcés à perpétuité, la cour appliquera la peine des travaux forcés à temps ou celle de la réclusion.

Si la peine est celle de la déportation dans une enceinte fortifiée, la cour appliquera celle de la déportation simple ou celle de la détention; mais, dans les cas prévus par les articles 96 et 97, la peine de la déportation simple sera seule appliquée.

Si la peine est celle de la déportation, la cour appliquera la peine de la détention ou celle du bannissement.

Si la peine est celle des travaux forcés à temps, la cour appliquera la peine de la réclusion ou les dispositions de l'article 401, sans toutefois pouvoir réduire la durée de l'emprisonnement au-dessous de deux ans.

Si la peine est celle de la réclusion, de la détention, du bannissement ou de la dégradation civique, la cour appliquera les dispositions de l'article 401, sans toutefois pouvoir réduire la durée de l'emprisonnement au-dessous d'un an.

Dans le cas où le Code prononce le maximum d'une peine afflictive, s'il existe des circonstances atténuantes, la cour appliquera le minimum de la peine ou même la peine inférieure.

(*Décr.* 27 *novembre* 1870.) Dans tous les cas où la peine de l'emprisonnement et celle de l'amende sont prononcées par le Code pénal, si les circonstances paraissent atténuantes, les tribunaux correctionnels sont autorisés, *même en cas de récidive*, à réduire l'emprisonnement, même au-dessous de six jours et l'amende *même* au-dessous de seize francs; ils pourront aussi prononcer séparément l'une ou l'autre de ces peines et même substituer l'amende à l'emprisonnement, sans qu'en aucun cas elle puisse être au-dessous des peines de simple police.

(*L.* 26 *octobre* 1888.) Dans le cas où l'amende est substituée à l'emprisonnement, si la peine de l'emprisonnement est seule prononcée par l'article dont il est fait application, le maximum de cette amende sera de trois mille francs (1). — *P.* 40, 43, 465, 485; *I. Cr.* 341.

LIVRE QUATRIÈME

CONTRAVENTIONS DE POLICE ET PEINES

(Loi décrétée le 20 février 1810, promulguée le 2 mars suivant.)

CHAPITRE PREMIER

Des peines.

464. Les peines de police sont (2) :

L'emprisonnement;

L'amende;

Et la confiscation de certains objets saisis. — *P.* 11, 465, 466, 470; *I. Cr.* 137.

465. L'emprisonnement, pour contravention de police, ne pourra être moindre d'un jour, ni excéder *cinq jours*, selon les classes, distinctions et cas ci-après spécifiés.

Les jours d'emprisonnement sont des jours complets de vingt-quatre heures. — *P.* 40, 471 s., 473 s., 475, 479 s.

466. Les amendes pour contravention pourront être prononcées depuis un franc jusqu'à quinze francs inclusivement, selon les distinctions et classes ci-après spécifiées, et seront appliquées au profit de la commune où la contravention aura été commise. — *P.* 467 s., 471 s., 475 s., 479 s.; *L.* 18 *avril* 1831, *art.* 86; *L.* 26 *juillet* 1893, *art.* 32.

467. La contrainte par corps a lieu pour le paiement de l'amende.

Néanmoins, le condamné ne pourra être, pour cet objet, détenu plus de quinze jours, s'il justifie de son insolvabilité. — *P.* 52, 53; *I. Cr.* 120; *L.* 22 *juillet* 1867, *sur la contrainte par corps.*

468. En cas d'insuffisance des biens, les restitutions et les indemnités dues à la partie lésée sont préférées à l'amende. — *P.* 10, 55, 469; *I. Cr.* 161.

469. Les restitutions, indemnités et frais entraîneront la contrainte par corps, et le condamné gardera prison jusqu'à parfait paiement; néanmoins, si ces condamnations sont prononcées au profit de l'État, les condamnés pourront jouir de la faculté accordée par l'article 467, dans le cas d'insolvabilité prévu par cet article. — *L.* 22 *juillet* 1867 *sur la contrainte par corps*; *P.* 52, 53.

470. Les tribunaux de police pourront aussi, dans les cas déterminés par la loi, prononcer la confiscation, soit des choses saisies en contravention, soit des choses produites par la contravention, soit des matières ou des instruments qui ont servi ou étaient destinés à la commettre. — *P.* 11, 52, 411, 464, 472, 477, 481.

CHAPITRE II

Contraventions et peines.

SECTION PREMIÈRE

Première classe.

471. Seront punis d'amende, depuis un franc jusqu'à cinq francs inclusivement :

1° Ceux qui auront négligé d'entretenir, réparer ou nettoyer les fours,

(1) V. L. du 30 mars 1887, portant fixation du budget général des dépenses et des recettes, art. 26, pour l'application, dans certains cas déterminés, de l'article 463 du Code pénal, en matière de contributions indirectes.

(2) La répression des contraventions de police commises par les militaires et marins est attribuée par les Codes de justice militaire et maritime. (L. 9 juin 1857, art. 271; L. 4 juin 1858, art. 369.)

cheminées ou usines où l'on fait usage du feu ;

2° Ceux qui auront violé la défense de tirer, en certains lieux, des pièces d'artifice ;

3° Les aubergistes et autres qui, obligés à l'éclairage, l'auront négligé ; ceux qui auront négligé de nettoyer les rues ou passages, dans les communes où ce soin est laissé à la charge des habitants ;

4° Ceux qui auront embarrassé la voie publique, en y déposant ou y laissant sans nécessité, des matériaux ou des choses quelconques qui empêchent ou diminuent la liberté ou la sûreté du passage ; ceux qui, en contravention aux lois et règlements, auront négligé d'éclairer les matériaux par eux entreposés ou les excavations par eux faites dans les rues et places ;

5° Ceux qui auront négligé ou refusé d'exécuter les règlements ou arrêtés concernant la petite voirie, ou d'obéir à la sommation émanée de l'autorité administrative, de réparer ou démolir les édifices menaçant ruine ;

6° Ceux qui auront jeté ou exposé au-devant de leurs édifices des choses de nature à nuire par leur chute ou par des exhalaisons insalubres ;

7° Ceux qui auront laissé dans les rues, chemins, places, lieux publics, ou dans les champs, des coutres de charrue, pinces, barres, barreaux, ou autres machines, ou instruments, ou armes, dont puissent abuser les voleurs et autres malfaiteurs ;

8° Ceux qui auront négligé d'écheniller dans les campagnes ou jardins où ce soin est prescrit par la loi ou les règlements ;

9° Ceux qui, sans autre circonstance prévue par les lois, auront cueilli ou mangé, sur le lieu même, des fruits appartenant à autrui ;

10° Ceux qui, sans autre circonstance, auront glané, râtelé ou grappillé dans les champs non encore entièrement dépouillés et vidés de leurs récoltes, ou avant le moment du lever ou après celui du coucher du soleil ;

11° Ceux qui, sans avoir été provoqués, auront proféré contre quelqu'un des injures, autres que celles prévues depuis l'article 367 jusques et y compris l'article 378 ;

12° Ceux qui imprudemment, auront jeté des immondices sur quelque personne ;

13° Ceux qui, n'étant ni propriétaires, ni usufruitiers, ni locataires, ni fermiers, ni jouissant d'un terrain ou d'un droit de passage, ou qui, n'étant agents ni préposés d'aucune de ces personnes, seront entrés et auront passé sur ce terrain, ou sur partie de ce terrain, s'il est préparé ou ensemencé ;

14° Ceux qui auront laissé passer leurs bestiaux ou leurs bêtes de trait, de charge ou de monture, sur le terrain d'autrui, avant l'enlèvement de la récolte ;

15° Ceux qui auront contrevenu aux règlements légalement faits par l'autorité administrative, et ceux qui ne se seront pas conformés aux règlements ou arrêtés publiés par l'autorité municipale, en vertu des articles 3 et 4, titre XI de la loi du 16-24 août 1790, et de l'article 46, titre Ier de la loi du 19-22 juillet 1791. — P. 319, 320, 388, 458, 461, 466, 468, 472 s., 479, 480 ; C. 682, 701, 1386 ; I. Cr. 137 s. ; L. 5 avril 1884 *sur l'organisation municipale*.

472. Seront en outre confisqués les pièces d'artifice saisies dans le cas n° 2 de l'article 471, les coutres, les instruments et les armes mentionnés dans le n° 7 du même article. — P. 11, 464, 470, 477, 481.

473. La peine d'emprisonnement pendant trois jours au plus pourra de plus être prononcée, selon les circonstances, contre ceux qui auront tiré des pièces d'artifice, ceux qui auront glané, râtelé ou grappillé en contravention au n° 10 de l'article 471. — P. 465, 464, 476, 480 ; I. Cr. 137 s.

474. La peine d'emprisonnement contre toutes les personnes mentionnées en l'article 471 aura toujours lieu, en cas de récidive, pendant trois jours au plus. — P. 465, 478, 483 ; I. Cr. 137 s.

SECTION II

Deuxième classe.

475. Seront punis d'amende, depuis six francs jusqu'à dix francs inclusivement,

1° Ceux qui auront contrevenu aux bans des vendanges ou autres bans autorisés par les règlements ;

2° Les aubergistes, hôteliers, logeurs ou loueurs de maisons garnies, qui auront négligé d'inscrire de suite et sans aucun blanc, sur un registre tenu régulièrement, les noms, qualités, domicile habituel, dates d'entrée et de sortie de toute personne qui aurait couché ou passé une nuit dans leurs maisons ; ceux d'entre eux qui auraient manqué à représenter ce registre aux époques déterminées par les règlements, ou lorsqu'ils en auraient été requis, aux maires, adjoints, officiers ou commissaires de police, ou aux citoyens commis à cet effet, le tout sans préjudice des cas de responsabilité mentionnés en l'article 73 du présent Code, relativement aux crimes ou aux délits de ceux qui, ayant logé ou séjourné chez eux, n'auraient pas été régulièrement inscrits ; — *Ord. des 6 novembre 1778 et 10 juin 1820.*

3° Les rouliers, charretiers, conducteurs de voitures quelconques ou de bêtes de charge, qui auraient contrevenu aux règlements par lesquels ils sont obligés de se tenir constamment à portée de leurs chevaux, bêtes de trait ou de charge et de leurs voitures, et en état de les guider et conduire ; d'occuper un seul côté des rues, chemins ou voies publiques ; de se détourner ou ranger devant toutes autres voitures, et, à leur approche, de leur laisser libre au moins la moitié des rues, chaussées, routes et chemins ;

4° Ceux qui auront fait ou laissé courir les chevaux, bêtes de trait, de charge ou de monture, dans l'intérieur d'un lieu habité, ou violé les règlements contre le chargement, la rapidité ou la mauvaise direction des voitures ;

Ceux qui contreviendront aux dispositions des ordonnances et règlements ayant pour objet :

La solidité des voitures publiques ;

Leur poids ;

Le mode de leur chargement ;

Le nombre et la sûreté des voyageurs ;

L'indication, dans l'intérieur des voitures, des places qu'elles contiennent et du prix des places ;

L'indication, à l'extérieur, du nom du propriétaire ;

5° Ceux qui auront établi ou tenu dans les rues, chemins, places ou lieux publics, des jeux de loterie ou d'autres jeux de hasard ;

6° Ceux qui auront vendu ou débité des boissons falsifiées ; sans préjudice des peines plus sévères qui seront prononcées par les tribunaux de police correctionnelle, dans le cas où elles contiendraient des mixtions nuisibles à la santé. — *Abrogé L. 5 mai 1855 et 27 mars 1851, sur la vente des boissons et denrées falsifiées.*

7° Ceux qui auraient laissé divaguer des fous ou des furieux étant sous leur garde, ou des animaux malfaisants ou féroces ; ceux qui auront excité ou n'auront pas retenu leurs chiens, lorsqu'ils attaquent ou poursuivent les passants, quand même il n'en serait résulté aucun mal ni dommage ;

8° Ceux qui auraient jeté des pierres ou d'autres corps durs ou des immondices contre les maisons, édifices et clôtures d'autrui, ou dans les jardins ou enclos, et ceux aussi qui auraient volontairement jeté des corps durs ou des immondices sur quelqu'un ;

9° Ceux qui, n'étant propriétaires, usufruitiers, ni jouissant d'un terrain ou d'un droit de passage, y sont entrés et y ont passé dans le temps où ce terrain était chargé de grains en tuyau, de raisins ou autres fruits mûrs ou voisins de la maturité ;

10° Ceux qui auraient fait ou laissé passer des bestiaux, animaux de trait, de charge ou de monture, sur le terrain d'autrui, ensemencé ou chargé d'une récolte, en quelque saison que ce soit, ou dans un bois taillis appartenant à autrui ;

11° Ceux qui auraient refusé de recevoir les espèces et monnaies nationales, non fausses ni altérées, selon la valeur pour laquelle elles ont cours ;

12° Ceux qui, le pouvant, auront refusé ou négligé de faire les travaux, le service, ou de prêter le secours dont ils auront été requis, dans les circonstances d'accidents, tumultes, naufrage, inondation, incendie ou autres calamités, ainsi que dans les cas de brigandages, pillages, flagrant délit, clameur publique ou d'exécution judiciaire ;

13° Les personnes désignées aux articles 284 et 288 du présent Code ;

(14° Ceux qui exposent en vente des comestibles gâtés, corrompus ou nuisibles. — *Abrogé, L. 27 mars 1851.*)

15° Ceux qui déroberont, sans aucune des circonstances prévues en l'article 388, des récoltes ou autres productions utiles de la terre, qui, avant d'être soustraites, n'étaient pas encore détachées du sol. — P. 61, 132, 154, 234, 318, 143, 456, 458, 459, 466, 468, 471, 476 s., 483 ; Pr. 71, 137, 491 ; I. Cr. 41, 106, 137 s., 376.

476. Pourra, suivant les circonstances, être prononcé, outre l'amende portée en l'article précédent, l'emprisonnement pendant trois jours au plus, contre les rouliers, charretiers, voituriers et conducteurs en contravention ; contre ceux qui auront contrevenu aux règlements ayant pour objet, soit la rapidité, la mauvaise direction ou le chargement des voitures ou des animaux, soit la solidité des voitures publiques, leur poids, le mode de leur chargement, le nombre et la sûreté des voyageurs ; contre les vendeurs et débitants de boissons falsifiées, contre ceux qui auraient jeté des corps durs ou des immondices. — P. 465, 475, 477, 478, 483 ; I. Cr. 137 s.

477. Seront saisis et confisqués : 1° les tables, instruments, appareils des jeux ou des loteries établis dans les rues, chemins et voies publiques, ainsi que les enjeux, les fonds, denrées, objets ou lots proposés aux joueurs, dans le cas de l'article 475 ; 2° les boissons falsifiées, trouvées appartenir au vendeur et débitant : ces boissons seront répandues ; 3° les écrits ou gravures contraires aux mœurs : ces objets seront mis sous le pilon ; 4° les comestibles gâtés, corrompus ou nuisibles : ces comestibles seront détruits. — P. 170, 284, 287, 288, 470, 475, 481.

478. La peine de l'emprisonnement pendant cinq jours au plus sera toujours prononcée, en cas de récidive, contre toutes les personnes mentionnées dans l'article 475.

(L. 28 avril 1832.) Les individus mentionnés au n° 5 du même article qui seraient repris pour le même fait en état de récidive, seront traduits devant le tribunal de police correctionnelle, et punis d'un emprisonnement de six jours à un mois, et d'une amende de seize francs à deux cents francs. — P. 9, 40, 52 ; I. Cr. 137 s., 179.

SECTION III

Troisième classe.

479. Seront punis d'une amende de onze à quinze francs inclusivement,

1° Ceux qui, hors les cas prévus depuis l'article 434 jusques et y compris l'article 462, auront volontairement causé du dommage aux propriétés mobilières d'autrui ; — C. 1382 s.

2° Ceux qui auront occasionné la mort ou la blessure des animaux ou bestiaux appartenant à autrui, par l'effet de la divagation des fous ou furieux, ou d'animaux malfaisants ou féroces, ou par la rapidité ou la mauvaise direction ou le chargement excessif des voitures, chevaux, bêtes de trait, de charge ou de monture ; — *L. 2 juillet 1850, sur les mauvais traitements infligés aux animaux.*

3° Ceux qui auront occasionné les mêmes dommages par l'emploi ou l'usage d'armes sans précaution ou avec maladresse, ou par jet de pierres ou d'autres corps durs ;

4° Ceux qui auront causé les mêmes accidents par la vétusté, la dégradation, le défaut de réparation ou d'entretien des maisons ou édifices, ou par l'encombrement ou l'excavation, ou telles autres œuvres, dans ou près les rues, chemins, places ou voies publiques, sans les précautions ou signaux ordonnés ou d'usage ;

(5° Ceux qui auront de faux poids ou de fausses mesures dans leurs magasins, boutiques, ateliers ou maisons de commerce, ou dans les halles, foires ou marchés, sans préjudice des peines qui seront prononcées par les tribunaux de police correctionnelle contre ceux qui auraient fait usage de ces faux poids ou de ces fausses mesures. — *Abrogé, L. 27 mars 1851, sur les fraudes en matière de vente.*)

6° Ceux qui emploieront des poids ou des mesures différents de ceux qui sont établis par les lois en vigueur ;

Les boulangers et bouchers qui vendront le pain ou la viande au delà du prix fixé par la taxe légalement faite et publiée ;

7° Les gens qui font métier de deviner et pronostiquer, ou d'expliquer les songes ;

8° Les auteurs ou complices de bruits ou tapages injurieux ou nocturnes, troublant la tranquillité des habitants ;

9° Ceux qui auront méchamment enlevé ou déchiré les affiches apposées par ordre de l'administration ;

10° Ceux qui mèneront sur le terrain d'autrui des bestiaux, de quelque nature qu'ils soient, et notamment dans les prairies artificielles, dans les vignes, oseraies, dans les plants de câpriers, dans ceux d'oliviers, de mûriers, de grenadiers, d'orangers, et d'arbres du même genre, dans tous les plants ou pépinières d'arbres fruitiers ou autres, faits de main d'homme ;

11° Ceux qui auront dégradé ou détérioré, de quelque manière que ce soit, les chemins publics, ou usurpé sur leur largeur ;

12° Ceux qui, sans y être dûment autorisés, auront enlevé des chemins publics les gazons, terres ou pierres, ou qui, dans les lieux appartenant aux communes, auraient enlevé les terres et matériaux, à moins qu'il n'existe un usage général qui l'autorise. — P. 11, 420, 424, 452, 458, 465, 466, 468, 470, 471 s., 475, 479 s. ; C. 1382 s. ; I. Cr. 137 s.

480. Pourra, selon les circonstances, être prononcée la peine d'emprisonnement pendant cinq jours au plus,

1° Contre ceux qui auront occasionné la mort ou la blessure des animaux ou bestiaux appartenant à autrui, dans les cas prévus par le n° 3 du précédent article; 2° contre les possesseurs de faux poids et de fausses mesures; 3° contre ceux qui emploient des poids ou des mesures différents de ceux que la loi en vigueur a établis; 4° contre les boulangers et bouchers, dans les cas prévus par le paragraphe 6 de l'article précédent; 5° contre les interprètes de songes; 6° contre les auteurs ou complices de bruits ou tapages injurieux ou nocturnes. — *P.* 479, 424, 463, 475, 477, 478; *I. Cr.* 137 s.

481. Seront, de plus, saisis et confisqués: 1° les faux poids, les fausses mesures, ainsi que les poids et les mesures différents de ceux que la loi a établis; 2° les instruments, ustensiles et costumes servant ou destinés à l'exercice du métier de devin, pronostiqueur, ou interprète de songes. — *P.* 11, 425, 470, 472, 477, 479.

482. La peine d'emprisonnement pendant cinq jours aura toujours lieu, pour récidive, contre les personnes et dans les cas mentionnés en l'article 479. — *P.* 465, 474, 478, 483; *I. Cr.* 137 s.

Disposition commune aux trois sections ci-dessus.

483. Il y a récidive dans tous les cas prévus par le présent livre, lorsqu'il a été rendu contre le contrevenant, dans les douze mois précédents, un premier jugement pour contravention de police commise dans le ressort du même tribunal.

(*L.* 28 avril 1832.) L'article 463 du présent Code sera applicable à toutes les contraventions ci-dessus indiquées. — *P.* 56 s., 58, 474, 478, 482.

Disposition générale.

484. Dans toutes les matières qui n'ont pas été réglées par le présent Code et qui sont régies par des lois et règlements particuliers, les cours et les tribunaux continueront de les observer.

FIN DU CODE PÉNAL

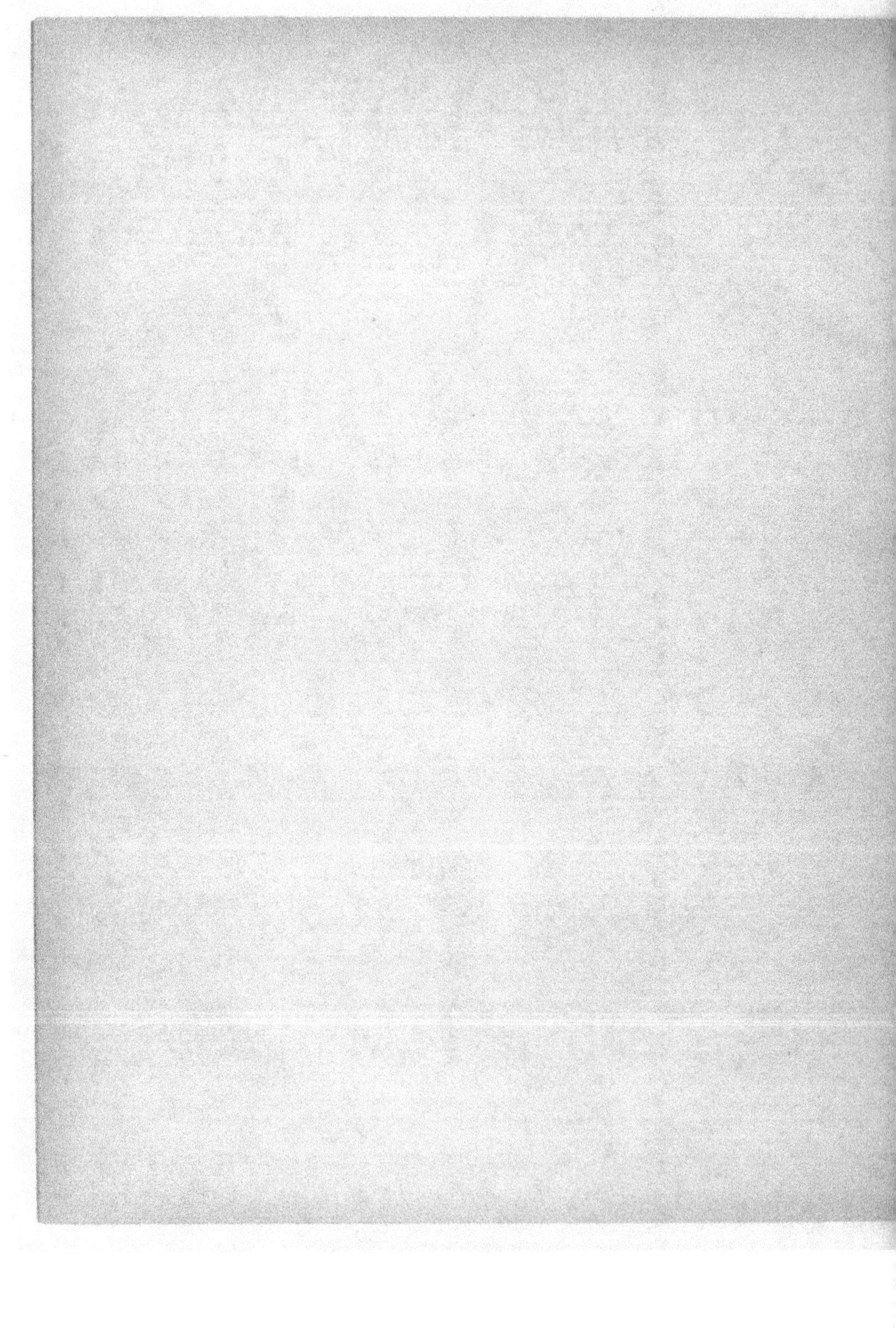

CODE FORESTIER

TITRE PREMIER

DU RÉGIME FORESTIER

[illegible]

ARTICLE 1. Sont soumis au régime forestier, et seront administrés conformément aux dispositions de la présente loi,

1° Les bois et forêts qui font partie du domaine de l'État;

2° Ceux qui font partie du domaine de la Couronne;

3° Ceux qui sont possédés à titre d'apanage et de majorats réversibles à l'État;

4° Les bois et forêts des communes et des sections de communes;

5° Ceux des établissements publics;

6° Les bois et forêts dans lesquels l'État, la Couronne, les communes ou les établissements publics ont des droits de propriété indivis avec des particuliers. — [illegible]

2. [illegible]

TITRE DEUXIÈME

DE L'ADMINISTRATION FORESTIÈRE

3. [illegible]

4. [illegible]

5. [illegible]

6. [illegible]

7. [illegible]

TITRE TROISIÈME

DES BOIS ET FORÊTS QUI FONT PARTIE DU DOMAINE DE L'ÉTAT

SECTION PREMIÈRE

De la délimitation et du bornage.

8. [illegible]

9. [illegible]

10. [illegible]

11. [illegible]

12. [illegible]

13. [illegible]

14. [illegible]

SECTION II

De l'aménagement.

15. [illegible]

16. [illegible]

SECTION III

Des adjudications des coupes.

17. [illegible]

18. [illegible]

19. [illegible]

20. [illegible]

21. [illegible]

22. [illegible]

23. [illegible]

24. [illegible]

25. [illegible]

26. [illegible]

27. [illegible]

28. [illegible]

[illegible]

[illegible] — *For.* 45.

SECTION IV

Des adjudications.

29. Après l'adjudication, il ne pourra être fait aucun changement à l'assiette des coupes [illegible]

[illegible]

30. [illegible]

31. [illegible]

32. [illegible]

33. [illegible]

34. [illegible]

35. Les adjudicataires ne pourront effectuer aucune coupe ni enlèvement de bois avant le lever ni après le coucher du soleil, à peine de cent francs d'amende. — *For.* 28.

36. Il leur est interdit, à moins que le procès-verbal d'adjudication n'en contienne l'autorisation expresse, de peler ou d'écorcer sur pied aucun des bois de leurs ventes, sous peine de cinquante à cinq cents francs d'amende [illegible]

37. Toute contravention aux clauses et conditions du cahier des charges, relativement au mode d'abatage des arbres et au nettoiement des coupes, sera punie d'une amende [illegible] — *For.* 25, 202 s.

38. Les agents forestiers indiqueront, par écrit, aux adjudicataires, les lieux où il pourra être établi des fosses ou fourneaux pour charbon, des loges ou des ateliers [illegible]

39. [illegible]

40. [illegible]

41. [illegible]

42. [illegible]

43. [illegible]

44. [illegible]

45. [illegible]

46. [illegible] — *For.* 28, 34; *O. for.* 97.

SECTION V

Des réarpentages et récolements.

47. Il sera procédé au réarpentage et au récolement de chaque vente, dans les trois mois qui suivront le jour de l'expiration des délais accordés pour la vidange des coupes.

Ces trois mois écoulés, les adjudicataires pourront mettre en demeure l'administration par acte extrajudiciaire signifié à l'agent forestier local; et si, dans le mois après la signification de cet acte, l'administration n'a pas procédé au réarpentage et au récolement, l'adjudicataire demeurera libéré. — *For.* [illegible]; *O. for.* 97.

48. [illegible] — *For.* 27; *O. for.* 97.

49. Les adjudicataires auront le droit d'appeler un arpenteur de leur choix pour assister aux opérations du réarpentage [illegible]

50. [illegible]

51. [illegible]

52. [illegible]

Sans préjudice de l'application, s'il y a lieu, des dispositions de l'article 205. — *O. for.* 19.

SECTION VI

Des adjudications de glandée, panage et paisson.

53. Les formalités prescrites par la section III du présent titre, pour les adjudications des coupes de bois, seront observées pour les adjudications de glandée, panage et paisson. [illegible]

54. [illegible]

55. Les adjudicataires seront tenus de faire marquer les porcs d'un fer chaud, sous peine d'une amende de trois francs par chaque porc qui ne serait point marqué. — Ils devront déposer l'empreinte de cette marque au greffe du tribunal, et le fer servant à la marque au bureau de l'agent forestier local, sous peine de cinquante francs d'amende. — *For.* 73, 75.

56. Si les porcs sont trouvés hors des cantons désignés par l'acte d'adjudication, ou des chemins indiqués pour s'y rendre, il y aura lieu, contre l'adjudicataire, aux peines prononcées par l'article 199. En cas de récidive, outre l'amende encourue par l'adjudicataire, le pâtre sera condamné à un emprisonnement de cinq à quinze jours. — *For.* 76.

57. (L. 18 juin 1859.) Il est défendu aux adjudicataires d'abattre, de ramasser ou d'emporter des glands, faînes ou autres fruits, semences ou productions des forêts, sous peine d'une amende double de celle qui est prononcée par l'article 144. — Il pourra, en outre, être prononcé un emprisonnement de trois jours au plus. — *For.* 85.

SECTION VII

Des affectations à titre particulier dans les bois de l'État.

58. Les affectations de coupes de bois ou délivrances, soit par stères, soit par pieds d'arbres qui ont été concédées à des communes, à des établissements industriels ou à des particuliers [illegible]

[illegible]

Dans le cas où leur titre serait reconnu valable par les tribunaux, le Gouvernement, quelles que soient la nature et la durée de l'affectation, aura la faculté d'en affranchir les forêts de l'État, moyennant un cantonnement qui sera réglé de gré à gré, ou en cas de contestation, par les tribunaux, pour tout le temps que devait durer la concession. L'action en cantonnement ne pourra pas être exercée par les concessionnaires. — *For.* 13; *O. for.* 109, 111, 112.

59. Les affectations faites pour le service d'une usine cesseront en entier, de plein droit et sans retour, si le roulement de l'usine est arrêté pendant deux années consécutives, sauf les cas d'une force majeure dûment constatée.

60. A l'avenir, il ne sera fait dans les bois de l'État aucune affectation ou concession de la nature de celles dont il est question dans les deux articles précédents. — For. 58.

SECTION VIII

Des droits d'usage dans les bois de l'État.

61. Ne seront admis à exercer un droit d'usage quelconque dans les bois de l'État, que ceux dont les droits auront été, au jour de la promulgation de la présente loi, reconnus fondés, soit par des actes du gouvernement, soit par des jugements ou arrêts définitifs, ou seront reconnus tels par suite d'instances administratives ou judiciaires actuellement engagées, ou qui seraient intentées devant les tribunaux, dans le délai de deux ans, à dater du jour de la promulgation de la présente loi, par des usagers actuellement en jouissance. — For. 82 s., 108, 109, 112, 118, 149.

62. Il ne sera plus fait, à l'avenir, dans les forêts de l'État, aucune concession de droits d'usage, de quelque nature et sous quelque prétexte que ce puisse être. — For. 112.

63. Le gouvernement pourra affranchir les forêts de l'État de tout droit d'usage en bois, moyennant un cantonnement qui sera réglé de gré à gré, et, en cas de contestation, par les tribunaux.

L'action en affranchissement d'usage par voie de cantonnement n'appartiendra qu'au gouvernement, et non aux usagers. — For. 111, 118; O. for. 112-115.

64. Quant aux autres droits d'usage quelconques, et aux pâturage, panage et glandée dans les mêmes forêts, ils ne pourront être convertis en cantonnement; mais ils pourront être rachetés moyennant des indemnités qui seront réglées de gré à gré, ou, en cas de contestation, par les tribunaux.

Néanmoins le rachat ne pourra être requis par l'administration dans les lieux où l'exercice du droit de pâturage est devenu d'une absolue nécessité pour les habitants d'une ou de plusieurs communes. Si cette nécessité est contestée par l'administration forestière, les parties se pourvoiront devant le conseil de préfecture, qui, après une enquête de commodo et incommodo, statuera, sauf le recours au conseil d'État. — For. 112, 120; O. for. 116.

65. Dans toutes les forêts de l'État qui ne seront point affranchies au moyen du cantonnement ou de l'indemnité, conformément aux articles 63 et 64 ci-dessus, l'exercice des droits d'usage pourra toujours être réduit par l'administration, suivant l'état et la possibilité des forêts, et n'aura lieu que conformément aux dispositions contenues aux articles suivants.

En cas de contestation sur la possibilité et l'état des forêts, il y aura lieu à recours au conseil de préfecture. — O. for. 117, 119.

66. La durée de la glandée et du panage ne pourra excéder trois mois.

L'époque de l'ouverture en sera fixée chaque année par l'administration forestière. — For. 120; O. for. 119.

67. Quels que soient l'âge ou l'essence des bois, les usagers ne pourront exercer leurs droits de pâturage et de panage que dans les cantons qui auront été déclarés défensables par l'administration forestière, sauf le recours au conseil de préfecture; et ce, nonobstant toutes possessions contraires. — O. for. 119.

68. L'administration forestière fixera, d'après les droits des usagers, le nombre des porcs qui pourront être mis en panage et des bestiaux qui pourront être admis au pâturage. — For. 77; O. for. 118.

69. Chaque année, avant le 1er mars pour le pâturage, et un mois avant l'époque fixée par l'administration forestière pour l'ouverture de la glandée et du panage, les agents forestiers feront connaître aux communes et aux particuliers jouissant des droits d'usage, les cantons déclarés défensables, et le nombre des bestiaux qui seront admis au pâturage et au panage.

Les maires seront tenus d'en faire la publication dans les communes usagères. — O. for. 118, 119.

70. Les usagers ne pourront jouir de leurs droits de pâturage et de panage que pour les bestiaux à leur propre usage, et non pour ceux dont ils font commerce, à peine d'une amende double de celle qui est prononcée par l'article 199. — For. 61 s., 131; O. for. 118.

71. Les chemins par lesquels les bestiaux devront passer pour aller au pâturage ou au panage et en revenir, seront désignés par les agents forestiers.

Si ces chemins traversent des taillis ou des recrus de futaies non défensables, il pourra être fait, à frais communs entre les usagers et l'administration, et d'après l'indication des agents forestiers, des fossés suffisamment larges et profonds, ou toute autre clôture, pour empêcher les bestiaux de s'introduire dans les bois. — For. 120.

72. Le troupeau de chaque commune ou section de commune devra être conduit par un ou plusieurs pâtres communs, choisis par l'autorité municipale; en conséquence, les habitants des communes usagères ne pourront ni conduire eux-mêmes ni faire conduire leurs bestiaux à garde séparée, sous peine de deux francs d'amende par tête de bétail.

Les porcs ou bestiaux de chaque commune ou section de commune usagère formeront un troupeau particulier et sans mélange de bestiaux d'une autre commune ou section, sous peine d'une amende de cinq à dix francs contre le pâtre, et d'un emprisonnement de cinq à dix jours en cas de récidive.

Les communes et sections de commune seront responsables des condamnations pécuniaires qui pourront être prononcées contre lesdits pâtres ou gardiens, tant pour les délits et contraventions prévus par le présent titre, que pour tous autres délits forestiers commis par eux pendant le temps de leur service et dans les limites du parcours. — For. 72, 125, 206; O. for. 120; C. 1384.

73. Les porcs et bestiaux seront marqués d'une marque spéciale.

Cette marque devra être différente pour chaque commune ou section de commune usagère.

Il y aura lieu, par chaque tête de porc ou de bétail non marqué, à une amende de trois francs. — For. 121.

74. L'usager sera tenu de déposer l'empreinte de la marque au greffe du tribunal de première instance, et le fer servant à la marque, au bureau de l'agent forestier local; le tout sous peine de cinquante francs d'amende. — For. 86, 120; O. for. 121.

75. Les usagers mettront des clochettes au cou de tous les animaux admis au pâturage, sous peine de deux francs d'amende par chaque bête qui serait trouvée sans clochette dans les forêts. — For. 120.

76. Lorsque les porcs et bestiaux des usagers seront trouvés hors des cantons déclarés défensables ou désignés pour le panage, ou hors des chemins indiqués pour s'y rendre, il y aura lieu contre le pâtre à une amende de trois à trente francs. En cas de récidive, le pâtre pourra être condamné en outre à un emprisonnement de cinq à quinze jours. — For. 56, 120, 112, 203.

77. Si les usagers introduisent au pâturage un plus grand nombre de bestiaux, ou au panage un plus grand nombre de porcs que celui qui aura été fixé par l'administration, conformément à l'article 68, il y aura lieu, pour l'excédant, à l'application des peines prononcées par l'article 199. — For. 211.

78. Il est défendu à tous usagers, nonobstant tous titres et possessions contraires, de conduire ou faire conduire des chèvres, brebis ou moutons dans les forêts ou sur les terrains qui en dépendent, à peine, contre les propriétaires, d'une amende qui sera double de celle qui est prononcée par l'article 199, et, contre les pâtres ou bergers, de quinze francs d'amende. En cas de récidive, le pâtre sera condamné, outre l'amende, à un emprisonnement de cinq à quinze jours.

Ceux qui prétendraient avoir joui du pâturage ci-dessus en vertu de titres valables ou d'une possession équivalente à titre, pourront, s'il y a lieu, réclamer une indemnité qui sera réglée de gré à gré, ou, en cas de contestation, par les tribunaux.

Le pacage des moutons pourra néanmoins être autorisé, dans certaines localités, par des ordonnances du Roi. — For. 110, 120, 211.

79. Les usagers qui ont droit à des livraisons de bois, de quelque nature que ce soit, ne pourront prendre ces bois qu'après que la délivrance leur en aura été faite par les agents forestiers, sous les peines portées par le titre XII pour les bois coupés en délit. — For. 120; O. for. 122, 123.

80. Ceux qui n'ont d'autre droit que celui de prendre le bois mort, sec et gisant, ne pourront, pour l'exercice de ce droit, se servir de crochets ou ferrements d'aucune espèce, sous peine de trois francs d'amende. — For. 120.

81. Si les bois de chauffage se délivrent par coupe, l'exploitation en sera faite, aux frais des usagers, par un entrepreneur spécial nommé par eux et agréé par l'administration forestière.

Aucun bois ne sera partagé sur pied ni abattu par les usagers individuellement, et les lots ne pourront être faits qu'après l'entière exploitation de la coupe, à peine de confiscation de la portion de bois abattu afférente à chacun des contrevenants.

Les fonctionnaires ou agents qui auraient permis ou toléré la contravention, seront passibles d'une amende de cinquante francs, et demeureront en outre personnellement responsables, et sans aucun recours, de la mauvaise exploitation et de tous les délits qui pourraient avoir été commis. — For. 103; O. for. 117 s., 122.

82. Les entrepreneurs de l'exploitation des coupes délivrées aux usagers se conformeront à tout ce qui est prescrit aux adjudicataires pour l'usance et la vidange des ventes; ils seront soumis à la même responsabilité et passibles des mêmes peines en cas de délits ou contraventions.

Les usagers ou communes usagères seront garants solidaires des condamnations prononcées contre lesdits entrepreneurs. — For. 105; O. for. 122.

83. Il est interdit aux usagers de vendre ou d'échanger les bois qui leur sont délivrés, et de les employer à aucune autre destination que celle pour laquelle le droit d'usage a été accordé.

S'il s'agit de bois de chauffage, la contravention donnera lieu à une amende de dix à cent francs.

S'il s'agit de bois à bâtir ou de tout autre bois non destiné au chauffage, il y aura lieu à une amende double de la valeur des bois, sans que cette amende puisse être au-dessous de cinquante francs. — For. 120; O. for. 123.

84. L'emploi des bois de construction devra être fait dans un délai de deux ans, lequel néanmoins pourra être prorogé par l'administration forestière. Ce délai expiré, elle pourra disposer des arbres non employés. — For. 83, 112.

85. Les défenses prononcées par l'article 37 sont applicables à tous usagers, sous les mêmes peines. — For. 121.

TITRE QUATRIÈME

DES BOIS ET FORÊTS QUI FONT PARTIE DU DOMAINE DE LA COURONNE

86. Les bois et forêts qui font partie du domaine de la Couronne sont exclusivement régis et administrés par le ministre de la maison du Roi, conformément aux dispositions de la loi du 8 novembre 1814. — O. for. 126.

87. Les agents et gardes des forêts de la Couronne sont en tout assimilés aux agents et gardes de l'administration forestière, tant pour l'exercice de leurs fonctions que pour la poursuite des délits et contraventions. — For. 5; O. for. 126.

88. Toutes les dispositions de la présente loi qui sont applicables aux bois et forêts du domaine de l'État, le sont également aux bois et forêts qui font partie du domaine de la Couronne, sauf les exceptions qui résultent de l'article 86 ci-dessus.

TITRE CINQUIÈME

DES BOIS ET FORÊTS QUI SONT POSSÉDÉS A TITRE D'APANAGE OU DE MAJORATS RÉVERSIBLES A L'ÉTAT

89. Les bois et forêts qui sont possédés par des princes à titre d'apanage, ou par des particuliers à titre de majorats réversibles à l'État, sont soumis au régime forestier, quant à la propriété du sol et à l'aménagement des bois. En conséquence, les agents de l'administration forestière seront chargés de toutes les opérations relatives à la délimitation, au bornage et à l'aménagement, conformément aux dispositions des sections 1re, 2e et 3e du titre III de la présente loi. Les délimitations et aménagements seront soumis à l'approbation du Roi.

L'administration forestière y fera faire les visites et reconnaissances nécessaires pour s'assurer que l'exploitation est conforme à l'aménagement, et que les autres dispositions du présent titre sont observées. — For. 1, 8 à 14; O. for. 128.

TITRE SIXIÈME

DES BOIS DES COMMUNES ET DES ÉTABLISSEMENTS PUBLICS

90. Sont soumis au régime forestier, d'après l'article 1er de la présente loi, les bois taillis ou futaies appartenant aux communes et aux établissements publics, qui auront été reconnus susceptibles d'aménagement ou d'une exploitation régulière, par l'autorité administrative, sur la proposition de l'administration forestière, et d'après l'avis des conseils municipaux ou des administrateurs des établissements publics.

Il sera procédé dans les mêmes formes à tout changement qui pourrait être demandé, soit de l'aménagement, soit du mode d'exploitation.

En conséquence, toutes les dispositions des six premières sections du titre III leur sont applicables, sauf les modifications et exceptions portées au présent titre.

Lorsqu'il s'agira de la conversion en bois et de l'aménagement de terrains en pâturages, la proposition de l'administration forestière sera communiquée au maire ou aux administrateurs des établissements publics. Le Conseil municipal ou ces administrateurs seront appelés à en délibérer ; en cas de contestation, il sera statué par le conseil de préfecture, sauf le pourvoi au Conseil d'État. — O. for. 128 s.

91. Les communes et établissements publics ne peuvent faire aucun défrichement de leurs bois sans une autorisation expresse et spéciale du Gouvernement ; ceux qui l'auraient ordonné ou effectué sans cette autorisation, seront passibles des peines portées au titre XV contre les particuliers pour les contraventions de même nature. — For. 220.

92. La propriété des bois communaux ne peut jamais donner lieu à partage entre les habitants.

Mais lorsque deux ou plusieurs communes possèdent un bois par indivis, chacune conserve le droit d'en provoquer le partage.

93. Un quart des bois appartenant aux communes et aux établissements publics sera toujours mis en réserve, lorsque ces communes ou établissements posséderont au moins dix hectares de bois réunis ou divisés.

Cette disposition n'est pas applicable aux bois peuplés totalement en arbres résineux. — O. for. 137, 140.

94. Les communes et établissements publics entretiendront, pour la conservation de leurs bois, le nombre de gardes particuliers qui sera déterminé par le maire et les administrateurs des établissements, sauf l'approbation du préfet, sur l'avis de l'administration forestière. — For. 108.

95. *Le choix de ces gardes sera fait, pour les communes, par le maire, sauf l'approbation du conseil municipal ; et pour les établissements publics, par les administrateurs de ces établissements.*

Ces choix doivent être agréés par l'administration forestière, qui délivre aux gardes leurs commissions.

En cas de dissentiment, le préfet prononcera (1).

96. *À défaut, par les communes ou établissements publics, de faire choix d'un garde dans le mois de la vacance de l'emploi, le préfet y pourvoira, sur la demande de l'administration forestière (2).*

97. Si l'administration forestière et les communes ou établissements publics jugent convenable de confier à un même individu la garde d'un canton de bois appartenant à des communes ou établissements publics, et d'un canton de bois de l'État, la nomination du garde appartient à cette administration seule. Son salaire sera payé proportionnellement par chacune des parties intéressées.

98. L'administration forestière peut suspendre de leurs fonctions les gardes des bois des communes et des établissements publics : s'il y a lieu à destitution, le préfet la prononcera, après avoir pris l'avis du conseil municipal ou des administrateurs des établissements propriétaires, ainsi que de l'administration forestière.

Le salaire de ces gardes est réglé par le préfet, sur la proposition du conseil municipal ou des établissements propriétaires. — O. for. 98.

99. Les gardes des bois des communes et des établissements publics sont en tout assimilés aux gardes des bois de l'État, et soumis à l'autorité des mêmes agents ; ils prêtent serment dans les mêmes formes, et leurs procès-verbaux font également foi en justice pour constater les délits et contraventions commis même dans les bois soumis au régime forestier autres que ceux dont la garde leur est confiée.

100. Les ventes des coupes, tant ordinaires qu'extraordinaires, seront faites à la diligence des agents forestiers, dans les mêmes formes que pour les bois de l'État, et en présence du maire ou d'un adjoint pour les bois des communes, et d'un des administrateurs pour ceux des établissements publics, sans toutefois que l'absence des maires ou administrateurs, dûment appelés, entraîne la nullité des opérations.

Toute vente ou coupe effectuée par ordre des maires des communes ou des administrateurs des établissements publics, en contravention au présent article, donnera lieu contre eux à une amende qui ne pourra être au-dessous de trois cents francs, ni excéder six mille francs, sans préjudice des dommages-intérêts qui pourraient être dus aux communes ou établissements propriétaires.

Les ventes ainsi effectuées seront déclarées nulles. — For. 17, 19, 20. — O. for. 83 s., 134, 136, 143.

101. Les incapacités et défenses prononcées par l'article 21 sont applicables aux maires, adjoints et receveurs des communes, ainsi qu'aux administrateurs et receveurs des établissements publics, pour les ventes des bois des communes et établissements dont l'administration leur est confiée.

En cas de contravention, ils seront passibles des peines prononcées par le paragraphe 1er de l'article précité, sans préjudice des dommages-intérêts, s'il y a lieu ; et les ventes seront déclarées nulles. — For. 21.

102. Lors des adjudications des coupes ordinaires et extraordinaires des bois des établissements publics, il sera fait réserve, en faveur de ces établissements, et suivant les formes qui seront prescrites par l'autorité administrative, de la quantité de bois tant de chauffage que de construction, nécessaire pour leur propre usage.

Les bois ainsi délivrés ne pourront être employés qu'à la destination pour laquelle ils auront été réservés, et ne pourront être vendus ni échangés sans l'autorisation du préfet. Les administrateurs qui auraient consenti de pareilles ventes ou échanges, seront passibles d'une amende égale à la valeur de ces bois, et de la restitution, au profit de l'établissement public, de ces mêmes bois ou de leur valeur. Les ventes ou échanges seront en outre déclarés nuls. — For. 83, 84, 112. — O. for. 142.

103. (L. 24 juin 1898.) Les coupes des bois communaux destinées à être partagées en nature pour l'affouage des habitants ne pourront avoir lieu qu'après que la délivrance en aura été préalablement faite par les agents forestiers.

L'exploitation sera effectuée par un entrepreneur spécial nommé par le Conseil municipal et agréé par l'administration forestière, et en suivant les formes prescrites par l'article 81, le tout sous les peines portées par ledit article.

Toutefois le Préfet pourra, sur la demande du Conseil municipal et l'avis conforme du Conservateur des forêts, autoriser le partage sur pied des coupes. S'il y a désaccord entre le Conservateur et le Préfet, il en sera référé au Ministre de l'agriculture, qui statuera définitivement. Lorsque le partage sur pied aura été autorisé, l'exploitation aura lieu sous la garantie de trois habitants solvables choisis par le conseil municipal, agréés par l'administration forestière et soumis solidairement à la responsabilité déterminée par l'article 82 du Code forestier.

104. Les actes relatifs aux coupes et arbres délivrés en nature, en exécution des deux articles précédents, seront visés pour timbre et enregistrés en débet, et il n'y aura lieu à la perception des droits que dans le cas de poursuites devant les tribunaux.

105. (L. 23 novembre 1883.) S'il n'y a titre contraire, le partage de l'affouage, en ce qui concerne les bois de chauffage, se fera par feu, c'est-à-dire par chef de famille ou de maison ayant domicile réel et fixe dans la commune avant la publication du rôle. Sera considéré comme chef de famille ou de maison tout individu possédant un ménage ou une habitation à feu distincte, soit qu'il y prépare sa nourriture pour lui et les siens, soit que, vivant avec d'autres à une table commune, il possède des propriétés divisées, qu'il exerce une industrie distincte ou qu'il ait des intérêts séparés.

En ce qui concerne les bois de construction, chaque année le conseil municipal, dans sa session de mai, décidera s'ils doivent être, en tout ou en partie, vendus au profit de la caisse communale ou s'ils doivent être délivrés en nature.

Dans le premier cas, la vente aura lieu aux enchères publiques par les soins de l'administration forestière ; dans le second, le partage aura lieu suivant les formes et le mode indiqués pour le partage des bois de chauffage.

Les usages contraires à ce mode de partage sont et demeurent abolis.

Les étrangers qui rempliront les conditions ci-dessus indiquées ne pourront être appelés au partage qu'après avoir été autorisés, conformément à l'article 13 du Code civil, à établir leur domicile en France.

106. Pour indemniser le Gouvernement des frais d'administration des bois des communes ou établissements publics, il sera ajouté annuellement à la contribution foncière établie sur ces bois, une somme équivalente à ces frais. Le montant de cette somme sera réglé chaque année par la loi de finances ; elle sera répartie au marc le franc de ladite contribution et perçue de la même manière (1).

107. Moyennant les perceptions ordonnées par l'article précédent, toutes les opérations de conservation et de régie dans les bois des communes et des établissements publics seront faites par les agents et préposés de l'administration forestière, sans aucuns frais.

Les poursuites, dans l'intérêt des communes et des établissements publics, pour délits ou contraventions commis dans leurs bois, et la perception des restitutions et dommages-intérêts prononcés en leur faveur, seront effectuées sans frais par les agents du Gouvernement, en même temps que celles qui ont pour objet le recouvrement des amendes dans l'intérêt de l'État.

En conséquence, il n'y aura lieu à exiger à l'avenir des communes et établissements publics, ni aucun droit de vacation, d'arpentage, de réarpentage, de décime, de prélèvement quelconque, pour les agents et préposés de l'administration forestière, ni le remboursement soit des frais des instances dans lesquelles l'administration succomberait, soit de ceux qui tomberaient en non-valeur par l'insolvabilité des condamnés. — For. 90, 159, 171.

108. Le salaire des gardes particuliers restera à la charge des communes et des établissements publics. — For. 94, 109.

109. Les coupes ordinaires et extraordinaires sont principalement affectées au paiement des frais de garde, de la contribution foncière et des sommes qui reviennent au Trésor en exécution de l'article 106.

Si les coupes sont délivrées en nature pour l'affouage, et que les communes n'aient pas d'autres ressources, il sera distrait une portion suffisante des coupes, pour être vendue aux enchères avant toute distribution, et le prix en être employé au paiement desdites charges. — O. for. 145. — V. Ord. 13 octobre 1831 ; L. 18 juillet 1837, art. 17, 18, 20, 39, 44 ; Ord. 16 juin 1840.

110. Dans aucun cas et sous aucun prétexte, les habitants des communes et les administrateurs ou employés des établissements publics ne peuvent introduire ni faire introduire dans les bois appartenant à ces communes ou établissements publics, des chèvres, brebis ou moutons, sous les peines prononcées par l'article 199 contre ceux qui auraient introduit ou permis d'introduire ces animaux, et par l'article 78 contre les pâtres ou gardiens.

Cette prohibition n'aura son exécution que dans deux ans, à compter du jour de la publication de la présente loi, dans les bois où, nonobstant les dispositions de l'ordonnance de 1669, le pâturage des moutons a été toléré jusqu'à présent.

Toutefois le pacage des brebis ou moutons pourra être autorisé, dans certaines localités, par des ordonnances spéciales de Sa Majesté. — For. 78.

111. La faculté accordée au Gouvernement par l'article 63, d'affranchir les forêts de l'État de tous droits d'usage en bois, est applicable, sous les mêmes conditions, aux communes et aux établissements publics, pour les bois qui leur appartiennent. — O. for. 147.

112. Toutes les dispositions de la huitième section du titre III sur l'exercice des droits d'usage dans les bois de l'État, sont applicables à la jouissance des communes et des établissements publics dans leurs propres bois, ainsi qu'aux droits d'usage dont ces mêmes bois pourraient être grevés, sauf les modifications résultant du présent titre, et à l'exception des articles 61, 73, 74, 83 et 84. — For. 62 s.

(1, 2) Ces articles ont été abrogés par l'article 5, [illegible] du décret du 25 mars 1852, [illegible] pouvoir de nommer les gardes forestiers des communes et des établissements publics.

(1) Cet article a été modifié par l'article 5 de la loi du 25 juin 1841 et par les lois du 19 juillet 1845, article 6, et du 14 juillet 1856, article 14. — V. également le décret du 19 août 1859 sur le mode de paiement des frais des opérations d'aménagement des bois des communes et des établissements publics.

TITRE SEPTIÈME

DES BOIS ET FORÊTS INDIVIS QUI SONT SOUMIS AU RÉGIME FORESTIER

113. Toutes les dispositions de la présente loi relatives à la conservation et à la régie des bois qui font partie du domaine de l'État, ainsi qu'à la poursuite des délits et contraventions commis dans ces bois, sont applicables aux bois indivis mentionnés à l'article 1er, paragraphe 5, de la présente loi, sauf les modifications portées par le titre VI pour les bois des communes et des établissements publics. — O. for. 147.

114. Aucune coupe ordinaire ou extraordinaire, exploitation ou vente, ne pourra être faite par les possesseurs copropriétaires, sous peine d'une amende égale à la valeur de la totalité des bois abattus ou vendus ; toutes ventes ainsi faites seront déclarées nulles. — Voy. 205.

115. Les frais de délimitation, d'arpentage et de garde, seront supportés par le domaine et les copropriétaires, chacun dans la proportion de ses droits.

L'administration forestière nommera les gardes, réglera leur salaire, et aura seule le droit de les révoquer. — Voy. 8 à 12; O. for. 138, 140.

116. Les copropriétaires auront dans les restitutions et dommages-intérêts la même part que dans le produit des ventes, chacun dans la proportion de ses droits.

TITRE HUITIÈME

DES BOIS DES PARTICULIERS

117. Les propriétaires qui voudront avoir, pour la conservation de leurs bois, des gardes particuliers, devront les faire agréer par le sous-préfet de l'arrondissement ; sauf le recours au préfet, en cas de refus.

Ces gardes ne pourront exercer leurs fonctions qu'après avoir prêté serment devant le tribunal de première instance. — Voy. 5; O. for. Déc. 1, 15 avril 1862.

118. Les particuliers jouiront, de la même manière que le Gouvernement et sous les conditions déterminées par l'article 63, de la faculté d'affranchir leurs forêts de tous droits d'usage en bois.

119. Les droits de pâturage, parcours, panage et glandée dans les bois des particuliers, ne pourront être exercés que dans les parties de bois déclarées défensables par l'administration forestière, et suivant l'état et la possibilité des forêts, reconnus et constatés par la même administration.

Les chemins par lesquels les bestiaux devront passer pour aller au pâturage et pour en revenir, seront désignés par le propriétaire. — Voy. 65, 67, 71; O. for. 30, 151.

120. Toutes les dispositions contenues dans les articles 64, 66, paragraphe 1er, 70, 72, 73, 75, 76, 78, paragraphes 1 et 2, 79, 80, 83 et 85 de la présente loi, sont applicables à l'exercice des droits d'usage dans les bois des particuliers, lesquels y exerceront, à cet effet, les mêmes droits et la même surveillance que les agents du Gouvernement dans les forêts soumises au régime forestier.

121. En cas de contestation entre le propriétaire et l'usager, il sera statué par les tribunaux.

TITRE NEUVIÈME

AFFECTATIONS SPÉCIALES DES BOIS A DES SERVICES PUBLICS (1)

SECTION PREMIÈRE

Des bois destinés au service de la marine.

122. Dans tous les bois soumis au régime forestier, lorsque des coupes devront y avoir lieu, le département de la marine pourra faire choisir et marteler par ses agents, les arbres propres aux constructions navales, parmi ceux qui n'auront pas été marqués en réserve par les agents forestiers.

123. Les arbres ainsi marqués seront compris dans les adjudications, et livrés par les adjudicataires à la marine, aux conditions qui seront indiquées ci-après.

124. Pendant dix ans, à compter de la promulgation de la présente loi, le département de la marine exercera le droit de choix et de martelage sur les bois des particuliers, futaies, arbres de réserve, avenues, lisières et arbres épars.

Ce droit ne pourra être exercé que sur les arbres en essence de chêne, qui seront destinés à être coupés, et dont la circonférence, mesurée à un mètre du sol, sera de quinze décimètres au moins.

Les arbres qui existent dans les lieux clos attenant aux habitations, et qui ne sont point aménagés en coupes réglées, ne seront point assujettis au martelage.

125. Tous les propriétaires seront tenus, sauf l'exception énoncée en l'article précédent, et hors le cas de besoins personnels pour réparations et constructions, de faire, six mois d'avance, à la sous-préfecture, la déclaration des arbres qu'ils ont l'intention d'abattre, et des lieux où ils sont situés.

Le défaut de déclaration sera puni d'une amende de dix-huit francs par mètre de tour pour chaque arbre susceptible d'être déclaré.

126. Les particuliers pourront disposer librement des arbres déclarés, si la marine ne les a pas fait marquer pour son service dans les six mois à compter du jour de l'enregistrement de la déclaration à la sous-préfecture.

Les agents de la marine seront tenus, à peine de nullité de leur opération, de dresser des procès-verbaux de martelage des arbres dans les bois de l'État, des communes, des établissements publics et des particuliers, de faire viser ces procès-verbaux par le maire, dans la huitaine, et d'en déposer immédiatement une expédition à la mairie de la commune où le martelage aura eu lieu.

Aussitôt après ce dépôt, les adjudicataires, communes, établissements ou propriétaires, pourront disposer des bois qui n'auront pas été marqués.

127. Les adjudicataires des bois soumis au régime forestier, les maires des communes, ainsi que les administrateurs des établissements publics, pour les exploitations faites sans adjudication, et les particuliers, traiteront de gré à gré du prix de leurs bois avec la marine.

En cas de contestation, le prix sera réglé par experts nommés contradictoirement, et, s'il y a partage entre les experts, il en sera nommé un d'office par le président du tribunal de première instance, à la requête de la partie la plus diligente; les frais de l'expertise seront supportés en commun.

(1) Le titre IX est aujourd'hui sans objet, l'exercice du droit de martelage dans les bois des particuliers pour le service de la marine ayant cessé depuis le 1er mai 1837. [illegible]

128. Les adjudicataires des bois soumis au régime forestier, les maires des communes, ainsi que les administrateurs des établissements publics, pour les exploitations faites sans adjudication, et les particuliers, pourront disposer librement des arbres marqués pour la marine, si, dans les trois mois après qu'ils en auront fait notifier à la sous-préfecture l'abatage, la marine n'en a pas pris livraison, ou si elle n'en a pas acquitté le prix.

129. La marine aura, jusqu'à l'abatage des arbres, la faculté d'annuler les martelages opérés pour son service; mais, conformément à l'article précédent, elle devra prendre tous les arbres marqués qui auront été abattus, ou les abandonner en totalité.

130. Lorsque les propriétaires de bois n'auront pas fait abattre les arbres déclarés, dans le délai d'un an, à dater du jour de leur déclaration, elle sera considérée comme non avenue, et ils seront tenus d'en faire une nouvelle.

131. Ceux qui, dans les cas de besoins personnels pour réparations ou constructions, voudront faire abattre des arbres sujets à déclaration, ne pourront procéder à l'abatage qu'après avoir fait préalablement constater ces besoins par le maire de la commune.

Tout propriétaire convaincu d'avoir, sans motifs valables, donné, en tout ou en partie, à ses arbres, une destination autre que celle qui aura été énoncée dans le procès-verbal constatant les besoins personnels, sera passible de l'amende portée par l'article 125 pour défaut de déclaration.

132. Le Gouvernement déterminera les formalités à remplir, tant pour les déclarations de volonté d'abattre, que pour constater, soit les besoins, dans le cas prévu par l'article précédent, soit les martelages et les abatages; ces formalités seront remplies sans frais.

133. Les arbres qui auront été marqués pour le service de la marine, dans les bois soumis au régime forestier, comme sur toute propriété privée, ne pourront être distraits de leur destination, sous peine d'une amende de quarante-cinq francs par mètre de tour de chaque arbre, sauf néanmoins les cas prévus par les articles 128 et 129. Les arbres marqués pour le service de la marine ne pourront être équarris avant la livraison, ni détériorés par des opérations autres que des écorcements, écimes ou autres retranchements, à peine de la même amende.

134. Les délits et contraventions concernant le service de la marine seront constatés, dans tous les bois, par procès-verbaux, soit des agents et gardes forestiers, soit des maîtres, contre-maîtres et aides-contre-maîtres sous-ordres de la marine; ces commis, les procès-verbaux de ces maîtres, contre-maîtres et aides-contre-maîtres feront foi, en justice, comme ceux des gardes forestiers, pourvu qu'ils soient dressés et affirmés dans les mêmes formes et dans les mêmes délais.

135. Les dispositions du présent titre ne sont applicables qu'aux localités où le droit de martelage sera jugé indispensable pour le service de la marine, et pourra être utilement exercé par elle.

Le Gouvernement fera dresser et publier l'état des départements, arrondissements et cantons qui ne seront pas soumis à l'exercice de ce droit.

La même publicité sera donnée au rétablissement de cet exercice dans les localités exceptées, lorsque le Gouvernement jugera ce rétablissement nécessaire.

SECTION II

Des bois destinés au service des ponts et chaussées pour les travaux du Rhin.

136. Dans tous les cas où les travaux d'endiguage ou de fascinage sur le Rhin exigeront une prompte fourniture de bois ou oseraies, le préfet, en constatant l'urgence, pourra en requérir la délivrance, d'abord dans les bois de l'État; en cas d'insuffisance de ces bois, dans ceux des communes et des établissements publics, et subsidiairement enfin dans ceux des particuliers, le tout à la distance de cinq kilomètres des bords du fleuve.

137. Les communes, établissements publics et particuliers propriétaires de bois, taillis ou autres dans les îles, sur les rives et à une distance de cinq kilomètres des bords du fleuve, seront tenus de faire, trois mois d'avance, à la sous-préfecture, une déclaration des coupes qu'ils se proposeront d'exploiter.

Si, dans le délai de trois mois, les bois ne sont pas requis, le propriétaire pourra en disposer librement.

138. Tout propriétaire qui, hors le cas d'urgence, effectuerait la coupe de ses bois sans avoir fait la déclaration prescrite par l'article précédent, sera condamné à une amende de un franc par are de bois ainsi exploité.

L'amende sera de quatre francs par are contre tout propriétaire qui, après que la réquisition de ses bois lui aura été notifiée, les détournerait de la destination pour laquelle ils auraient été requis.

139. Dans les bois soumis au régime forestier, l'exploitation des bois requis sera faite par les entrepreneurs des travaux des ponts et chaussées, d'après les indications et sous la surveillance des agents forestiers. Ces entrepreneurs seront, dans ce cas, soumis aux mêmes obligations et à la même responsabilité que les adjudicataires des coupes des bois de l'État.

140. Dans les bois des particuliers, l'exploitation des bois requis sera faite également, et sous la même responsabilité, par les entrepreneurs des travaux, si mieux n'aime le propriétaire faire exploiter lui-même; ce qu'il devra déclarer aussitôt que la réquisition lui sera notifiée.

A défaut par le propriétaire d'effectuer l'exploitation dans le délai fixé par la réquisition, il y sera procédé à ses frais, sur l'autorisation du préfet.

141. Le prix des bois et oseraies requis en exécution de l'article 136, sera payé, par les entrepreneurs des travaux, à l'État et aux communes ou établissements publics, ainsi qu'aux particuliers, dans le délai de trois mois, après l'abatage constaté, et d'après le mode d'expertise déterminé par l'article 127 de la présente loi pour les arbres marqués par la marine.

Les communes et les particuliers seront indemnisés, de gré à gré ou à dire d'experts, du tort qui pourrait leur avoir été causé par l'exploitation prématurée de leurs bois.

142. Le Gouvernement déterminera les formalités qui devront être observées pour la réquisition des bois, les déclarations et notifications, en conséquence de ce qui est prescrit par les articles précédents.

143. Les contraventions et délits en cette matière seront constatés par procès-verbaux des agents et gardes forestiers, des conducteurs des ponts et chaussées et des officiers de police, qui devront observer à cet égard les formalités et délais prescrits au titre XI, section 1re, pour les procès-verbaux dressés par les gardes de l'administration forestière.

TITRE DIXIÈME

POLICE ET CONSERVATION DES BOIS ET FORÊTS

SECTION PREMIÈRE

Dispositions applicables à tous les bois et forêts en général.

144. [illegible]

145. [illegible]

146. [illegible]

147. [illegible]

148. [illegible]

149. [illegible]

150. [illegible]

SECTION II

Dispositions spéciales applicables seulement aux bois et forêts soumis au régime forestier.

151. [illegible]

152. [illegible]

153. [illegible]

154. [illegible]

155. [illegible]

156. [illegible]

157. [illegible]

158. [illegible]

TITRE ONZIÈME

DES POURSUITES EN RÉPARATION DE DÉLITS ET CONTRAVENTIONS

SECTION PREMIÈRE

De la poursuite des délits et contraventions commis dans les bois soumis au régime forestier.

159. [illegible]

160. [illegible]

161. [illegible]

162. [illegible]

163. [illegible]

164. [illegible]

165. [illegible]

166. [illegible]

167. [illegible]

168. [illegible]

169. [illegible]

170. [illegible]

171. [illegible]

172. [illegible]

173. [illegible]

tions, faire toutes citations et significations d'exploits, sans pouvoir procéder aux saisies-exécutions.

Leurs rétributions, pour les actes de ce genre, seront taxées comme pour les actes faits par les huissiers des juges de paix. — O. for. 80, 186.

174. Les agents forestiers ont le droit d'exposer l'affaire devant le tribunal, et sont entendus à l'appui de leurs conclusions. — O. for. 11, 185.

175. Les délits et contraventions en matière forestière seront prouvés soit par procès-verbaux, soit par témoins, à défaut de procès-verbaux, ou en cas d'insuffisance de ces actes. — For. 189; I. Cr. 154.

176. Les procès-verbaux revêtus de toutes les formalités prescrites par les articles 165 et 170, et qui sont dressés et signés par deux agents ou gardes forestiers, font preuve, jusqu'à inscription de faux, des faits matériels relatifs aux délits et contraventions qu'ils constatent, quelles que soient les condamnations auxquelles ces délits et contraventions peuvent donner lieu.

Il ne sera, en conséquence, admis aucune preuve outre ou contre le contenu de ces procès-verbaux, à moins qu'il n'existe une cause légale de récusation contre l'un des signataires. — For. 177, 178, 188; O. for. 11, 181; I. Cr. 154.

177. Les procès-verbaux revêtus de toutes les formalités prescrites, mais qui ne seront dressés et signés que par un seul agent ou garde, feront de même preuve suffisante jusqu'à inscription de faux, mais seulement lorsque le délit ou la contravention n'entraînera pas une condamnation de plus de cent francs, tant pour amende que pour dommages-intérêts.

Lorsqu'un de ces procès-verbaux constatera à la fois contre divers individus des délits ou contraventions distincts et séparés, il n'en fera pas moins foi aux termes du présent article, pour chaque délit ou contravention qui n'entraînerait pas une condamnation de plus de cent francs, tant pour amende que pour dommages-intérêts, quelle que soit la quotité à laquelle pourraient s'élever toutes les condamnations réunies. — For. 176.

178. Les procès-verbaux qui, d'après les dispositions qui précèdent, ne font point foi et preuve suffisante jusqu'à inscription de faux, peuvent être corroborés et combattus par toutes les preuves légales, conformément à l'article 154 du Code d'instruction criminelle. — For. 176 s.

179. Le prévenu qui voudra s'inscrire en faux contre le procès-verbal sera tenu d'en faire, par écrit et en personne, ou par un fondé de pouvoir spécial par acte notarié, la déclaration au greffe du tribunal, avant l'audience indiquée par la citation.

Cette déclaration sera reçue par le greffier du tribunal; elle sera signée par le prévenu ou son fondé de pouvoir, et dans le cas où il ne saurait ou ne pourrait signer, il en sera fait mention expresse.

Au jour indiqué pour l'audience, le tribunal donnera acte de la déclaration, et fixera un délai de trois jours au moins et de huit jours au plus, pendant lequel le prévenu sera tenu de faire au greffe le dépôt des moyens de faux, et des noms, qualités et demeures des témoins qu'il voudra faire entendre.

A l'expiration de ce délai, et sans qu'il soit besoin d'une citation nouvelle, le tribunal admettra les moyens de faux, s'ils sont de nature à détruire l'effet du procès-verbal, et il sera procédé sur le faux conformément aux lois.

Dans le cas contraire, ou faute par le prévenu d'avoir rempli toutes les formalités ci-dessus prescrites, le tribunal déclarera qu'il n'y a lieu à admettre les moyens de faux, et ordonnera qu'il soit passé outre au jugement. — For. 180; I. Cr. 448 s., P. 145 s.

180. Le prévenu contre lequel aura été rendu un jugement par défaut sera encore admissible à faire sa déclaration d'inscription de faux pendant le délai qui lui est accordé par la loi pour se présenter à l'audience sur l'opposition par lui formée. — I. Cr. 187.

181. Lorsqu'un procès-verbal sera rédigé contre plusieurs prévenus, et qu'un ou quelques-uns d'entre eux seulement s'inscriront en faux, le procès-verbal continuera de faire foi à l'égard des autres, à moins que le fait sur lequel portera l'inscription de faux ne soit indivisible et commun aux autres prévenus.

182. Si, dans une instance en réparation de délit ou contravention, le prévenu excipe d'un droit de propriété ou autre droit réel, le tribunal saisi de la plainte statuera sur l'incident en se conformant aux règles suivantes:

L'exception préjudicielle ne sera admise qu'autant qu'elle sera fondée, soit sur un titre apparent, soit sur des faits de possession équivalents, personnels au prévenu et par lui articulés avec précision, et si le titre produit ou les faits articulés sont de nature, dans le cas où ils seraient reconnus par l'autorité compétente, à ôter au fait qui sert de base aux poursuites tout caractère de délit ou de contravention.

Dans le cas de renvoi à fins civiles, le jugement fixera un bref délai dans lequel la partie qui aura élevé la question préjudicielle devra saisir les juges compétents de la connaissance du litige et justifier de ses diligences; sinon, il sera passé outre. Toutefois, en cas de condamnation, il sera sursis à l'exécution du jugement, sous le rapport de l'emprisonnement, s'il était prononcé, et le montant des amendes, restitutions et dommages-intérêts, sera versé à la Caisse des dépôts et consignations, pour être remis à qui il sera ordonné par le tribunal qui statuera sur le fond du droit. — For. 189.

183. Les agents de l'administration des forêts peuvent, en son nom, interjeter appel des jugements, et se pourvoir contre les arrêts et jugements en dernier ressort; mais ils ne peuvent se désister de leurs appels sans son autorisation spéciale. — For. 187; O. for. 11; I. Cr. 199 s.

184. Le droit attribué à l'administration des forêts et à ses agents de se pourvoir contre les jugements et arrêts par appel ou par recours en cassation, est indépendant de la même faculté qui est accordée par la loi au ministère public, lequel peut toujours en user, même lorsque l'administration ou ses agents auraient acquiescé aux jugements et arrêts. — I. Cr. 202, 216.

185. Les actions en réparation de délits et contraventions en matière forestière se prescrivent par trois mois, à compter du jour où les délits et contraventions ont été constatés, lorsque les prévenus sont désignés dans les procès-verbaux. Dans le cas contraire, le délai de prescription est de six mois, à compter du même jour.

Sans préjudice, à l'égard des adjudicataires et entrepreneurs des coupes, des dispositions contenues aux articles 45, 47, 50, 51 et 82 de la présente loi. — For. 186, 189; I. Cr. 638.

186. Les dispositions de l'article précédent ne sont point applicables aux contraventions, délits et malversations commis par des agents, préposés ou gardes de l'administration forestière dans l'exercice de leurs fonctions; les délais de prescription, à l'égard de ces préposés et de leurs complices, seront les mêmes que ceux qui sont déterminés par le Code d'instruction criminelle. — I. Cr. 637, 638, 640.

187. Les dispositions du Code d'instruction criminelle sur la poursuite des délits et contraventions, sur les citations et délais, sur les défauts, oppositions, jugements, appels et recours en cassation, sont et demeurent applicables à la poursuite des délits et contraventions spécifiés par la présente loi, sauf les modifications qui résultent du présent titre. — For. 172, 189; I. Cr. 145, 182 s., 186, 199, 216.

SECTION II.

De la poursuite des délits et contraventions commis dans les bois non soumis au régime forestier.

188. (*L. 18 juin 1859.*) Les délits et contraventions commis dans les bois non soumis au régime forestier sont recherchés et constatés tant par les gardes des bois et forêts des particuliers que par les gardes champêtres des communes, les gendarmes, et, en général, par tous officiers de police judiciaire chargés de rechercher et de constater les délits ruraux.

Les procès-verbaux feront foi jusqu'à preuve contraire.

Ces procès-verbaux, à l'exception de ceux dressés par les gardes particuliers, sont enregistrés en débet. — I. Cr. 154.

189. (*L. 18 juin 1859.*) Les dispositions contenues aux articles 161, 162, 163, 167, 168, 169, 170, paragraphe 1er, 182, 185 et 187 ci-dessus, sont applicables à la poursuite des délits et contraventions commis dans les bois non soumis au régime forestier.

Toutefois, dans les cas prévus par l'article 169, lorsqu'il y aura lieu à effectuer la vente des bestiaux saisis, le produit net de la vente sera versé à la Caisse des dépôts et consignations.

Les dispositions de l'article 165 sont applicables à la rédaction des procès-verbaux dressés par les gardes des bois et forêts des particuliers.

190. Il n'est rien changé aux dispositions du Code d'instruction criminelle relativement à la compétence des tribunaux, pour statuer sur les délits et contraventions commis dans les bois et forêts qui appartiennent aux particuliers. — I. Cr. 137, 179.

191. Les procès-verbaux dressés par les gardes des bois des particuliers seront, dans le délai d'un mois, à dater de l'affirmation, remis au procureur du Roi ou au juge de paix, suivant leur compétence respective. — I. Cr. 15, 20.

TITRE DOUZIÈME

DES PEINES ET CONDAMNATIONS POUR TOUS LES BOIS ET FORÊTS EN GÉNÉRAL.

192. (*L. 18 juin 1859.*) La coupe ou l'enlèvement d'arbres ayant deux décimètres de tour et au-dessus donnera lieu à des amendes qui seront déterminées dans les proportions suivantes, d'après l'essence et la circonférence des arbres.

Les arbres sont divisés en deux classes.

La première comprend les chênes, hêtres, charmes, ormes, frênes, érables, platanes, pins, sapins, mélèzes, châtaigniers, noyers, aliziers, sorbiers, cormiers, merisiers et autres arbres fruitiers.

La seconde se compose des aunes, tilleuls, bouleaux, trembles, peupliers, saules, et de toutes les espèces non comprises dans la première classe.

Si les arbres de la première classe ont deux décimètres de tour, l'amende sera de un franc par chacun de ces deux décimètres, et s'accroîtra ensuite progressivement de dix centimes par chacun des autres décimètres.

Si les arbres de la seconde classe ont deux décimètres de tour, l'amende sera de cinquante centimes par chacun de ces deux décimètres, et s'accroîtra ensuite progressivement de cinq centimes par chacun des autres décimètres.

Le tout conformément au tableau annexé à la présente loi (1).

La circonférence sera mesurée à un mètre du sol.

Il pourra, en outre, être prononcé un emprisonnement de cinq jours au plus, si l'amende n'excède pas quinze francs, et de deux mois au plus, si l'amende est supérieure à cette somme.

(1) TARIF des amendes à prononcer par arbre, d'après sa grosseur et son essence.

ARBRES DE PREMIÈRE CLASSE.			ARBRES DE DEUXIÈME CLASSE.		
CIRCONFÉRENCE.	AMENDE par décimètre.	AMENDE par arbre.	CIRCONFÉRENCE.	AMENDE par décimètre.	AMENDE par arbre.
Décimètres.	fr. c.	fr. c.	Décimètres.	fr. c.	fr. c.
[illegible]	[illegible]	[illegible]	[illegible]	[illegible]	[illegible]

193. Si les arbres auxquels s'applique le tarif établi par l'article précédent ont été enlevés et façonnés, le tour en sera mesuré sur la souche; et si la souche a été également enlevée, le tour sera calculé dans la proportion d'un cinquième en sus de la dimension totale des quatre faces de l'arbre équarri.

Lorsque l'arbre et la souche auront disparu, l'amende sera calculée suivant la grosseur de l'arbre, arbitrée par le tribunal, d'après les documents du procès.

194. (L. 18 juin 1859.) L'amende, pour coupe ou enlèvement de bois qui n'auront pas deux décimètres de tour, sera, pour chaque charretée, de dix francs par bête attelée, de cinq francs par chaque charge de bête de somme, et de deux francs par fagot, fouée ou charge d'homme.

Il pourra, en outre, être prononcé un emprisonnement de cinq jours au plus.

S'il s'agit d'arbres semés ou plantés dans les forêts depuis moins de cinq ans, la peine sera d'une amende de trois francs par chaque arbre, quelle qu'en soit la grosseur, et, en outre, d'un emprisonnement d'un mois au plus.

195. (L. 18 juin 1859.) Quiconque arrachera des plants dans les bois et forêts sera puni d'une amende qui ne pourra être moindre de dix francs, ni excéder trois cents francs.

Il pourra, en outre, être prononcé un emprisonnement de cinq jours au plus.

Si le délit a été commis dans un semis ou plantation exécutés de main d'homme, il sera prononcé, outre l'amende, un emprisonnement de quinze jours à un mois.

196. Ceux qui, dans les bois et forêts, auront éhouppé, écorcé ou mutilé des arbres, ou qui en auront coupé les principales branches, seront punis comme s'ils les avaient abattus par le pied. — P. 445.

197. Quiconque enlèvera des chablis et bois de délit sera condamné aux mêmes amendes et restitutions que s'il les avait abattus sur pied. — O. for. 26, 101 s.

198. Dans les cas d'enlèvement frauduleux de bois et d'autres productions du sol des forêts, il y aura toujours lieu, outre les amendes, à la restitution des objets enlevés ou de leur valeur, et de plus, selon les circonstances, à des dommages-intérêts.

Les scies, haches, serpes, cognées et autres instruments de même nature dont les délinquants et leurs complices seront trouvés munis, seront confisqués. — For. 79, 151 s.

199. Les propriétaires d'animaux trouvés de jour en délit dans les bois de dix ans et au-dessus, seront condamnés à une amende de :

Un franc pour un cochon;

Deux francs pour une bête à laine;

Trois francs pour un cheval ou autre bête de somme;

Quatre francs pour une chèvre;

Cinq francs pour un bœuf, une vache ou un veau.

L'amende sera double si les bois ont moins de dix ans, sans préjudice, s'il y a lieu, des dommages-intérêts. — For. 147.

200. (L. 18 juin 1859.) Ceux qui auront contrefait ou falsifié les marteaux des particuliers servant aux marques forestières, ou qui auront fait usage de marteaux contrefaits ou falsifiés, ceux qui, s'étant indûment procuré les vrais marteaux, en auront fait une application ou un usage préjudiciable aux intérêts ou aux droits des particuliers, seront punis d'un emprisonnement de trois mois à deux ans.

201. (L. 18 juin 1859.) Dans les cas de récidive, la peine sera toujours doublée. Il y a récidive lorsque, dans les douze mois précédents, il a été rendu, contre le délinquant ou contrevenant, un premier jugement pour délit ou contravention en matière forestière.

Les peines seront également doublées lorsque les délits ou contraventions auront été commis la nuit, ou que les délinquants auront fait usage de la scie pour couper les arbres sur pied. — P. 483.

202. Dans tous les cas où il y aura lieu d'adjuger des dommages-intérêts, ils ne pourront être inférieurs à l'amende simple prononcée par le jugement. — For. 35.

203. Les tribunaux ne pourront appliquer aux matières réglées par le présent Code les dispositions de l'article 463 du Code pénal.

204. Les restitutions et dommages-intérêts appartiennent au propriétaire; les amendes et confiscations appartiennent toujours à l'État. — For. 211; Pén. 51.

205. Dans tous les cas où les ventes et adjudications seront déclarées nulles pour cause de fraude ou collusion, l'acquéreur ou l'adjudicataire, indépendamment des amendes et dommages-intérêts prononcés contre lui, sera condamné à restituer les bois déjà exploités, ou à en payer la valeur sur le pied du prix d'adjudication ou de vente. — For. 17-21, 38, 103.

206. Les maris, pères, mères et tuteurs, et en général tous maîtres et commettants, seront civilement responsables des délits et contraventions commis par leurs femmes, enfants mineurs et pupilles, demeurant avec eux et non mariés, ouvriers, voituriers, et autres subordonnés, sauf tout recours de droit.

Cette responsabilité sera réglée conformément au paragraphe dernier de l'article 1384 du Code civil, et s'étendra aux restitutions, dommages-intérêts et frais, sans pouvoir toutefois donner lieu à la contrainte par corps, si ce n'est dans le cas prévu par l'article 46. — C. 1384; P. 52, 74.

207. Les peines que la présente loi prononce dans certains cas spéciaux contre des fonctionnaires ou contre des agents et préposés de l'administration forestière, sont indépendantes des poursuites et peines dont ces fonctionnaires, agents ou préposés seraient passibles d'ailleurs pour malversation, concussion ou abus de pouvoir.

Il en est de même quant aux poursuites qui pourraient être dirigées aux termes des articles 179 et 180 du Code pénal, contre tout délinquant ou contrevenant, pour fait de tentative de corruption envers des fonctionnaires publics, et des agents et préposés de l'administration forestière. — For. 32, 166; P. 169, 177, 184, 188, 198; O. for. 11, 39.

208. Il y aura lieu à l'application des dispositions du même Code dans tous les cas non spécifiés par la présente loi.

TITRE TREIZIÈME

DE L'EXÉCUTION DES JUGEMENTS

SECTION PREMIÈRE

De l'exécution des jugements concernant les délits et contraventions commis dans les bois soumis au régime forestier.

209. Les jugements rendus à la requête de l'administration forestière, ou sur la poursuite du ministère public, seront signifiés par simple extrait, qui contiendra le nom des parties et le dispositif du jugement.

Cette signification fera courir les délais de l'opposition et de l'appel des jugements par défaut. — For. 150, 191; O. for. 186.

210. (L. 18 juin 1859.) Le recouvrement de toutes les amendes forestières est confié aux receveurs de l'enregistrement et des domaines.

Ces receveurs sont également chargés du recouvrement des restitutions, frais et dommages et intérêts résultant des jugements rendus pour délits et contraventions dans les bois soumis au régime forestier.

L'administration pourra admettre les délinquants insolvables à se libérer des amendes, réparations civiles et frais, au moyen de prestations en nature consistant en travaux d'entretien et d'amélioration dans les forêts ou sur les chemins vicinaux.

Le conseil général fixe, par commune, la valeur de la journée de prestation.

La prestation pourra être fournie à la tâche.

Si les prestations ne sont pas fournies dans le délai fixé par les agents forestiers, il sera passé outre à l'exécution des poursuites.

Un règlement d'administration publique déterminera l'attribution aux communes des prestations autorisées par le présent article. — For. 204; O. for. 186; I. Cr. 197; V. art. 25, L. 20 décembre 1879.

211. Les jugements portant condamnation à des amendes, restitutions, dommages-intérêts et frais, sont exécutoires par la voie de la contrainte par corps (1), et l'exécution pourra en être poursuivie cinq jours après un simple commandement fait aux condamnés.

En conséquence, et sur la demande du receveur de l'enregistrement et des domaines, le procureur du roi adressera les réquisitions nécessaires aux agents de la force publique chargés de l'exécution des mandements de justice. — For. 46; O. for. 188; P. 567. — V. art. 25, L. 20 décembre 1879.

212. Les individus contre lesquels la contrainte par corps aura été prononcée pour raison des amendes et autres condamnations et réparations pécuniaires, subiront l'effet de cette contrainte, jusqu'à ce qu'ils aient payé le montant desdites condamnations, ou fourni une caution admise par le receveur des domaines, ou, en cas de contestation de sa part, déclarée bonne et valable par le tribunal de l'arrondissement (2).

213. Néanmoins, les condamnés qui justifieront de leur insolvabilité, suivant le mode prescrit par l'article 420 du Code d'instruction criminelle, seront mis en liberté après avoir subi quinze jours de détention, lorsque l'amende et les autres condamnations pécuniaires n'excéderont pas quinze francs.

La détention ne cessera qu'au bout d'un mois, lorsque ces condamnations s'élèveront ensemble de quinze à cinquante francs.

Elle ne durera que deux mois, quelle que soit la quotité desdites condamnations (3).

En cas de récidive, la durée de la détention sera double de ce qu'elle eût été sans cette circonstance. — O. for. 191; P. 420.

214. Dans tous les cas, la détention employée comme moyen de contrainte est indépendante de la peine d'emprisonnement prononcée contre les condamnés pour tous les cas où la loi l'inflige.

(1) V. L. 22 juillet 1867, art. 18 sur la contrainte par corps.

(2) V. L. 22 juillet 1867, art. 9, 10 et 11 sur la contrainte par corps.

(3) V. L. 22 juillet 1867, art. 10.

SECTION II

De l'exécution des jugements concernant les délits et contraventions commis dans les bois non soumis au régime forestier.

215. (L. 18 juin 1859.) Les jugements contenant des condamnations en faveur des particuliers pour réparation des délits ou contraventions commis dans leurs bois, seront, à leur diligence, signifiés et exécutés suivant les mêmes formes et voies de contrainte que les jugements rendus à la requête de l'administration des forêts.

Le recouvrement des amendes prononcées par les mêmes jugements sera opéré par les receveurs de l'enregistrement et des domaines.

Les délinquants insolvables pourront être admis à se libérer comme il est dit au paragraphe 3 de l'article 210, mais seulement en ce qui concerne les amendes et les frais qui auront été avancés par l'État.

En ce cas, les prestations en nature devront être exécutées sur les chemins vicinaux dépendant de la commune sur le territoire de laquelle le délit aura été commis. — For. 189, 202, 209.

216. Toutefois, les propriétaires seront tenus de pourvoir à la consignation d'aliments prescrite par le Code de procédure civile, lorsque la détention aura lieu à leur requête et dans leur intérêt.

217. La mise en liberté des condamnés ainsi détenus à la requête et dans l'intérêt des particuliers ne pourra être accordée, en vertu des articles 212 et 213, qu'autant que la validité des cautions ou l'insolvabilité des condamnés aura été, en cas de contestation de la part desdits propriétaires, jugée contradictoirement entre eux.

TITRE QUATORZIÈME

DISPOSITION GÉNÉRALE

218. Sont et demeurent abrogés, pour l'avenir, toutes lois, ordonnances, édits et déclarations, arrêts du conseil, arrêtés et décrets, et tous règlements intervenus, à quelque époque que ce soit, sur les matières réglées par le présent Code, en tout ce qui concerne les forêts.

Mais les droits acquis antérieurement au présent Code seront jugés, en cas de contestation, d'après les lois, ordonnances, édits et déclarations, arrêts du conseil, arrêtés, décrets et règlements ci-dessus mentionnés.

TITRE QUINZIÈME

DÉFRICHEMENT DES BOIS DES PARTICULIERS

(Loi du 18 juin 1859)

219. Aucun particulier ne peut user du droit d'arracher ou défricher ses bois qu'après en avoir fait la déclaration à la sous-préfecture, au moins quatre mois d'avance, durant lesquels l'administration peut faire signifier au propriétaire son opposition au défrichement. Cette déclaration contient élection de domicile dans le canton de la situation des bois. — Avant la signification de l'opposition, et huit jours au moins après avertissement donné à la partie intéressée, l'inspecteur ou le sous-inspecteur, ou un des gardes généraux de la circonscription, procède à la reconnaissance de l'état et de la situation des bois, et en dresse un procès-verbal détaillé, lequel est notifié à la partie, avec invitation de présenter ses observations. — Le préfet, en conseil de préfecture, donne son avis sur cette opposition. — L'avis est notifié à l'agent forestier du département, ainsi qu'au propriétaire des bois, et transmis au ministre des finances, qui prononce administrativement, la section des finances du conseil d'État préalablement entendue. — Si, dans les six mois qui suivent la signification de l'opposition, la décision du ministre n'est pas rendue et signifiée au propriétaire des bois, le défrichement peut être effectué. — [illegible]

220. L'opposition au défrichement ne peut être formée que pour les bois dont la conservation est reconnue nécessaire :

1° Au maintien des terres sur les montagnes ou sur les pentes ;

2° A la défense du sol contre les érosions et les envahissements des fleuves, rivières ou torrents ;

3° A l'existence des sources et cours d'eau ;

4° A la protection des dunes et des côtes contre les érosions de la mer et l'envahissement des sables ;

5° A la défense du territoire dans la partie de la zone frontière qui sera déterminée par un règlement d'administration publique ;

6° A la salubrité publique.

221. En cas de contravention à l'article 219, le propriétaire est condamné à une amende calculée à raison de cinq cents francs au moins et de quinze cents francs au plus par hectare de bois défriché. Il doit, en outre, s'il en est ainsi ordonné par le ministre des finances, rétablir les lieux défrichés en nature de bois, dans un délai qui ne peut excéder trois années.

222. Faute par le propriétaire d'effectuer la plantation ou le semis dans le délai prescrit par la décision ministérielle, il y est pourvu à ses frais par l'administration forestière, sur l'autorisation préalable du préfet, qui arrête le mémoire des travaux faits et le rend exécutoire contre le propriétaire.

223. Les dispositions des quatre articles qui précèdent sont applicables aux semis et plantations exécutés, par suite de la décision ministérielle, en remplacement des bois défrichés.

224. Sont exceptés des dispositions de l'article 219 :

1° Les jeunes bois pendant les vingt premières années après leur semis ou plantation, sauf le cas prévu par l'article précédent ;

2° Les parcs ou jardins clos et attenant aux habitations ;

3° Les bois non clos, d'une étendue au-dessous de dix hectares, lorsqu'ils ne font point partie d'un autre bois qui compléterait une contenance de dix hectares, ou qu'ils ne sont pas situés sur le sommet ou la pente d'une montagne.

225. Les actions ayant pour objet des défrichements commis en contravention à l'article 219 se prescrivent par deux ans à dater de l'époque où le défrichement aura été consommé. — For. 185, 190.

226. Les semis et plantations de bois sur le sommet et le penchant des montagnes, sur les dunes et dans les landes, seront exempts de tout impôt pendant trente ans.

FIN DU CODE FORESTIER

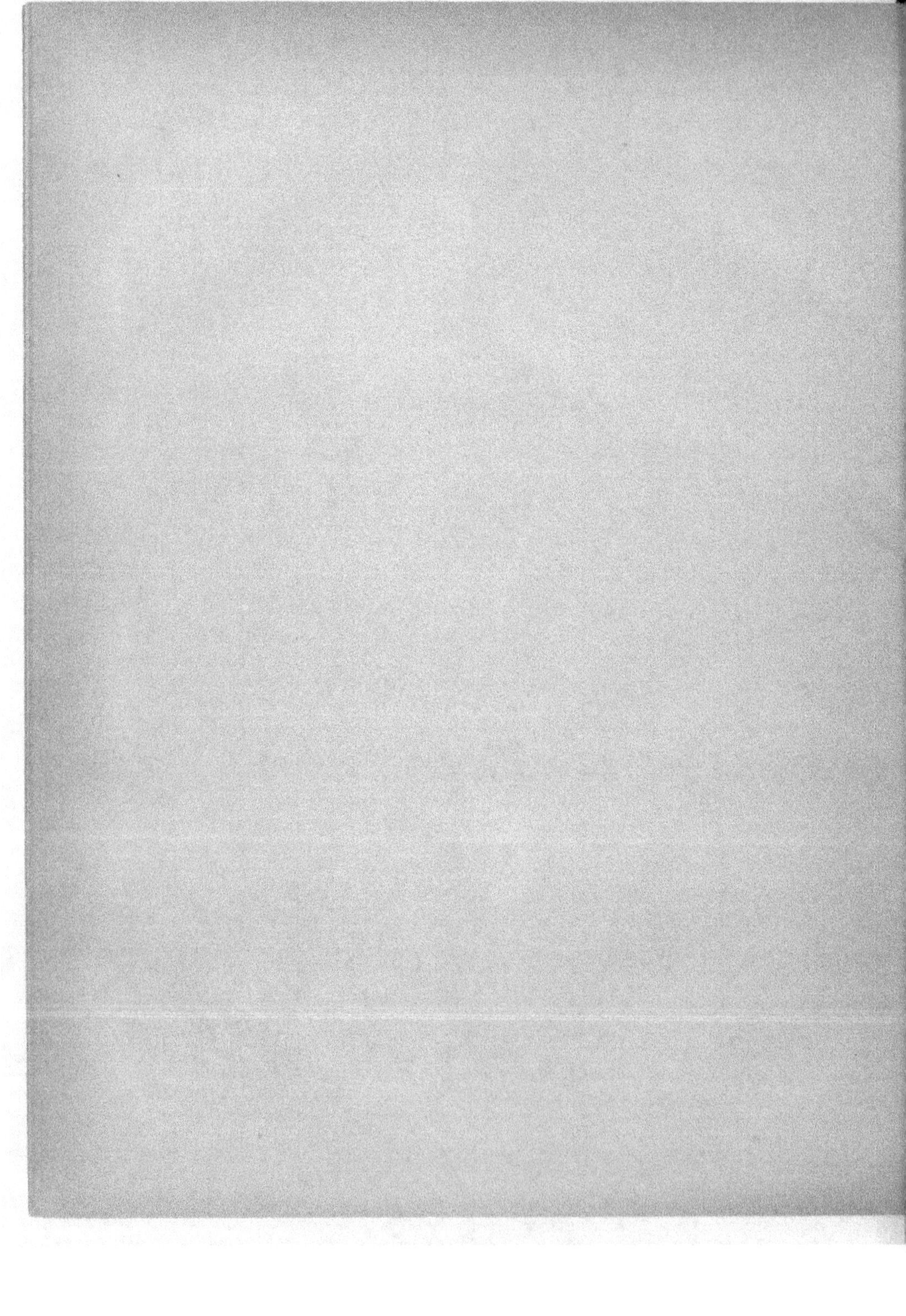

SUPPLÉMENT

LOIS, ORDONNANCES & DÉCRETS

LES PLUS USUELS

19-24 juillet 1793

LOI *relative aux droits de propriété des auteurs, compositeurs de musique, peintres et dessinateurs.*

ARTICLE **1er**. Les auteurs d'écrits en tout genre, les compositeurs de musique, les peintres et dessinateurs qui feront graver des tableaux ou dessins, jouiront durant leur vie entière du droit exclusif de vendre, faire vendre, distribuer leurs ouvrages dans le territoire de la République, et d'en céder la propriété en tout ou en partie.

2. Leurs héritiers ou cessionnaires jouiront du même droit durant l'espace de dix ans après la mort des auteurs. — *LL. 8 avril 1854 et 14 juillet 1866.*

3. Les officiers de paix seront tenus de faire confisquer, à la réquisition et au profit des auteurs, compositeurs, peintres ou dessinateurs et autres, leurs héritiers ou cessionnaires, tous les exemplaires des éditions imprimées ou gravées sans la permission formelle et par écrit des auteurs. — *L. 25 prairial an III.*

4. Tout contrefacteur sera tenu de payer au véritable propriétaire une somme équivalente au prix de 3,000 exemplaires de l'édition originale.

5. Tout débitant d'édition contrefaite, s'il n'est pas reconnu contrefacteur, sera tenu de payer au véritable propriétaire une somme équivalente au prix de 500 exemplaires de l'édition originale.

6. Tout citoyen qui mettra au jour un ouvrage, soit de littérature ou de gravure, dans quelque genre que ce soit, sera obligé d'en déposer deux exemplaires à la bibliothèque nationale ou au cabinet des estampes de la République, dont il recevra un reçu signé par le bibliothécaire; faute de quoi il ne pourra être admis en justice pour la poursuite des contrefacteurs.

7. Les héritiers de l'auteur d'un ouvrage de littérature ou de gravure, ou de toute autre production de l'esprit ou du génie, qui appartient aux beaux-arts, en auront la propriété exclusive pendant dix années. — *LL. 8 avril 1854 et 14 juillet 1866.*

25 prairial an III (13 juin 1795)

LOI *interprétative de celle du 19 juillet 1793, qui assure aux auteurs et artistes la propriété de leurs ouvrages.*

ARTICLE **1er**. Les fonctions attribuées aux officiers de paix par l'article 3 de la loi du 19 juillet 1793 seront à l'avenir exercées par les commissaires de police, et par les juges de paix dans les lieux où il n'y a pas de commissaire de police.

3 brumaire an IV

CODE *des délits et des peines.*

ARTICLE **600**. Les peines de simple police sont celles qui consistent dans une amende de la valeur de trois journées de travail ou au-dessous, ou dans un emprisonnement qui n'excède pas trois jours.....

605. Seront punis des peines de simple police..... : nº 8, les auteurs de rixes, attroupements injurieux ou nocturnes, voies de fait et violences légères, pourvu qu'ils n'aient blessé ni frappé personne, et qu'ils ne soient pas notés, d'après les dispositions de la loi du 19 juillet 1791, comme gens sans aveu, suspects ou malintentionnés, auxquels cas ils ne peuvent être jugés que par le tribunal correctionnel.

606. Le tribunal de police gradue, selon les circonstances et le plus ou moins de gravité du délit, les peines qu'il est chargé de prononcer, sans néanmoins qu'elles puissent, en aucun cas, ni être au-dessous d'une amende de la valeur d'une journée de travail ou d'un jour d'emprisonnement, ni s'élever au-dessus de trois journées de travail ou de trois jours d'emprisonnement.

607. En cas de récidive, les peines suivent la proportion réglée par les lois des 19 juillet et 28 septembre 1791, et ne peuvent, en conséquence, être prononcées que par le tribunal correctionnel.

608. Pour qu'il y ait lieu à une augmentation de peines pour cause de récidive, il faut qu'il y ait eu un premier jugement rendu contre le prévenu pour pareil délit, dans les douze mois précédents, et dans le ressort du même tribunal de police.

1er germinal an XIII (22 mars 1805)

DÉCRET *concernant les droits des propriétaires d'ouvrages posthumes.*

ARTICLE UNIQUE. Les propriétaires, par succession ou à autre titre, d'un ouvrage posthume, ont les mêmes droits que l'auteur, et les dispositions des lois sur la propriété exclusive des auteurs et sur sa durée leur sont applicables, toutefois à la charge d'imprimer séparément les œuvres posthumes, et sans les joindre à une nouvelle édition des ouvrages déjà publiés et devenus propriété publique.

3 septembre 1807

LOI *sur le taux de l'intérêt de l'argent.*

ARTICLE **1er**. L'intérêt conventionnel ne pourra excéder, en matière civile, cinq pour cent, ni en matière de commerce, six pour cent, le tout sans retenue.

2. L'intérêt légal sera, en matière civile, de cinq pour cent, et en matière de commerce, six pour cent, aussi sans retenue.

3. Lorsqu'il sera prouvé que le prêt conventionnel a été fait à un taux excédant celui qui est fixé par l'article 1er, le prêteur sera condamné par le tribunal saisi de la contestation à restituer cet excédent, s'il l'a reçu, ou à souffrir la réduction sur le capital de la créance, et pourra même être renvoyé, s'il y a lieu, devant le tribunal correctionnel pour y être jugé conformément à l'article suivant. — (Modifié par la loi du 19 décembre 1850. — V. *infra* à sa date.)

4. Tout individu qui sera prévenu de se livrer habituellement à l'usure sera traduit devant le tribunal correctionnel, et, en cas de conviction, condamné à une amende qui ne pourra excéder la moitié des capitaux qu'il aura prêtés à usure. — S'il résulte de la procédure qu'il y a eu escroquerie de la part du prêteur, il sera condamné, outre l'amende ci-dessus, à un emprisonnement qui ne pourra excéder deux ans. — (Modifié par la loi du 19 décembre 1850. — V. *infra* à sa date.)

5. Il n'est rien innové aux stipulations d'intérêts par contrats ou autres actes faits jusqu'au jour de la présente loi.

3 septembre 1807

LOI *relative aux inscriptions hypothécaires en vertu de jugements rendus sur des demandes en reconnaissance d'obligations sous seing privé.*

ARTICLE **1er**. Lorsqu'il aura été rendu un jugement sur une demande en reconnaissance d'obligation sous seing privé, formée avant l'échéance ou l'exigibilité de ladite obligation, il ne pourra être pris aucune inscription hypothécaire en vertu de ce jugement, qu'à défaut de payement de l'obligation après son échéance ou son exigibilité, à moins qu'il n'y ait eu stipulation contraire.

2. Les frais relatifs à ce jugement ne pourront être répétés contre le débiteur que dans le cas où il aura dénié sa signature. — Les frais d'enregistrement seront à la charge du débiteur, tant dans le cas dont il vient d'être parlé, que lorsqu'il aura refusé de se libérer après l'échéance ou l'exigibilité de la dette.

3 août 1810

DÉCRET *concernant la juridiction des prud'hommes.*

TITRE PREMIER

De la juridiction des prud'hommes pour les intérêts civils.

ARTICLE **1er**. Les conseils de prud'hommes sont autorisés à juger toutes les contestations qui naîtront entre les marchands-fabricants, chefs d'ateliers, contremaîtres, ouvriers, compagnons et apprentis, quelle que soit la quotité de la somme dont elles seraient l'objet, aux termes de l'article 23 de notre décret du 11 juin 1809.

2. Leurs jugements seront définitifs et sans appel, si la condamnation n'excède pas cent francs en capital et accessoires. — Au-dessus de cent francs, ils seront sujets à l'appel devant le tribunal de commerce de l'arrondissement; et, à défaut du tribunal de commerce, devant le tribunal de première instance. — *L. 1er juin 1853, art. 13 et 14.*

3. Les jugements des conseils de prud'hommes, jusqu'à concurrence de trois cents francs, seront exécutoires par provision nonobstant appel, aux termes de l'article 39 du décret du 11 juin 1809, et sans qu'il soit besoin, pour la partie qui aura obtenu gain de cause, de fournir caution. — Au-dessus de trois cents francs, ils seront exécutoires par provision, en fournissant caution. — *L. 1er juin 1853, art. 14.*

TITRE II

Attributions des prud'hommes en matière de police.

4. Tout délit tendant à troubler l'ordre et la discipline de l'atelier, tout manquement grave des apprentis envers leurs maîtres, pourront être punis, par les prud'hommes, d'un emprisonnement qui n'excédera pas trois jours, sans préjudice de l'exécution de l'article 19, titre V, de la loi du 22 germinal an XI, et de la concurrence des officiers de police et des tribunaux. — L'expédition du jugement des prud'hommes certifiée par leur secrétaire, sera mise à exécution par le premier agent de police ou de la force publique sur ce requis.

15 avril 1829

LOI *relative à la pêche fluviale.*

TITRE PREMIER

Du droit de pêche.

ARTICLE **1er**. Le droit de pêche sera exercé au profit de l'État, — 1° Dans tous les fleuves, rivières, canaux et contre-fossés navigables ou flottables avec bateaux, trains ou radeaux, et dont l'entretien est à la charge de l'État ou de ses ayants cause; — Dans les bras, noues, boires et fossés qui tirent leurs eaux des fleuves et rivières navigables ou flottables dans lesquels on peut en tout temps passer ou pénétrer librement en bateau de pêcheur, et dont l'entretien est également à la charge de l'État. — Sont toutefois exceptés les canaux et fossés existants, ou qui seraient creusés dans les propriétés particulières et entretenus aux frais des propriétaires.

2. Dans toutes les rivières et canaux autres que ceux qui sont désignés dans l'article précédent, les propriétaires riverains auront, chacun de son côté, le droit de pêche jusqu'au milieu du cours de l'eau, sans préjudice des droits contraires établis par possession ou titre.

3. Des ordonnances royales, insérées au *Bulletin des Lois*, détermineront, après une enquête de *commodo et incommodo*, quelles sont les parties des fleuves et rivières et quels sont les canaux désignés dans les deux premiers paragraphes de l'article 1er, où le droit de pêche sera exercé au profit de l'État. — De semblables ordonnances fixeront les limites entre la pêche fluviale et la pêche maritime, dans les fleuves et rivières affluant à la mer. Ces limites seront les mêmes que celles de l'inscription maritime; mais la pêche qui se fera au-dessus du point où les eaux cesseront d'être salées sera soumise aux règles de police et de conservation établies pour la pêche fluviale. — Dans le cas où des cours d'eau seraient rendus ou déclarés navigables ou flottables, les propriétaires qui seront privés du droit de pêche auront droit à une indemnité préalable qui sera réglée selon les formes prescrites par les articles 16, 17 et 18 de la loi du 18 mars 1810, compensation faite des avantages qu'ils pourraient retirer de la disposition prescrite par le gouvernement. — *L. 3 avril 1841.*

4. Les contestations entre l'administration et les adjudicataires relatives à l'interprétation et à l'exécution des conditions des baux et adjudications, et toutes celles qui s'élèveraient entre l'administration ou ses ayants-cause et des tiers intéressés, à raison de leurs droits ou leurs propriétés, seront portées devant les tribunaux.

5. Tout individu qui se livrera à la pêche sur les fleuves et rivières navigables ou flottables, canaux, ruisseaux ou cours d'eau quelconques, sans la permission de celui à qui le droit de pêche appartient, sera condamné à une amende de vingt francs au moins, et de cent francs au plus, indépendamment des dommages-intérêts. — Il y aura lieu, en outre, à la restitution du prix du poisson qui aura été pêché en délit, et la confiscation des filets et engins de pêche pourra être prononcée. — Néanmoins, il est permis à tout individu de pêcher à la ligne flottante, tenue à la main, dans les fleuves, rivières et canaux désignés dans les deux premiers paragraphes de l'article 1er de la présente loi, le temps du frai excepté.

TITRE II

De l'administration et de la régie de la pêche.

6. (*F.* 3.) Nul ne peut exercer l'emploi de garde-pêche s'il n'est âgé de vingt-cinq ans accomplis.

7. (*F.* 5.) Les préposés chargés de la surveillance de la pêche ne pourront entrer en fonctions qu'après avoir prêté serment devant le tribunal de première instance de leur résidence, et avoir fait enregistrer leur commission et l'acte de prestation de leur serment au greffe des tribunaux dans le ressort desquels ils devront exercer leurs fonctions. Dans le cas d'un changement de résidence qui les placerait dans le même ressort en la même qualité, il n'y aura pas lieu à une nouvelle prestation de serment.

8. Les gardes-pêche pourront être déclarés responsables des délits commis dans leurs cantonnements, et passibles des amendes et indemnités encourues par les délinquants, lorsqu'ils n'auront pas dûment constaté les délits.

9. L'empreinte des fers dont les gardes-pêche font usage pour la marque des filets sera déposée au greffe des tribunaux de première instance.

TITRE III

Des adjudications des cantonnements de pêche.

10. (*L. 6 juin 1840.*) La pêche au profit de l'État sera exploitée, soit par voie d'adjudication publique, soit par concession de licences à prix d'argent. — Le mode de concession par licences ne sera employé que lorsque l'adjudication aura été tentée sans succès. — Toutes les fois que l'adjudication d'un cantonnement de pêche n'aura pu avoir lieu, il sera fait mention dans le procès-verbal de la séance des mesures qui auront été prises pour donner toute la publicité possible à la mise en adjudication, et des circonstances qui se seront opposées à la location.

11. L'adjudication publique devra être annoncée au moins quinze jours à l'avance par des affiches apposées dans le chef-lieu du département, dans les communes riveraines du cantonnement, et dans les communes environnantes.

12. (*F.* 18.) Toute location faite autrement que par adjudication publique sera considérée comme clandestine et déclarée nulle. Les fonctionnaires et agents qui l'auraient ordonnée ou effectuée seront condamnés solidairement à une amende égale au double du fermage annuel du cantonnement de pêche. — Sont exceptées les concessions par voie de licence.

13. (*F.* 19.) Sera de même annulée toute adjudication qui n'aura point été précédée des publications et affiches prescrites par l'article 11, ou qui aura été effectuée dans d'autres lieux, à autres jour et heure que ceux qui auront été indiqués par les affiches ou les procès-verbaux de remise en location. — Les fonctionnaires ou agents qui auraient contrevenu à ces dispositions seront condamnés solidairement à une amende égale à la valeur annuelle du cantonnement de pêche, et une amende pareille sera prononcée contre les adjudicataires en cas de complicité.

14. (*L. 6 juin 1840.*) Toutes les contestations qui pourront s'élever pendant les opérations d'adjudication, soit sur la validité desdites opérations, soit sur la solvabilité de ceux qui auront fait des offres et de leurs cautions, seront décidées immédiatement par le fonctionnaire qui présidera la séance d'adjudication.

15. (*F.* 21.) Ne pourront prendre part aux adjudications, ni par eux-mêmes ni par personnes interposées, directement ou indirectement, soit comme parties principales, soit comme associés ou cautions : — 1° Les agents et gardes forestiers et les gardes-pêche, dans toute l'étendue du royaume; les fonctionnaires chargés de présider ou de concourir aux adjudications, et les receveurs du produit de la pêche, dans toute l'étendue du territoire où ils exercent leurs fonctions; — En cas de contravention, ils seront punis d'une amende qui ne pourra excéder le quart ni être moindre du douzième du montant de l'adjudication; et ils seront, en outre, passibles de l'emprisonnement et de l'interdiction qui sont prononcés par l'article 175 du Code pénal; — 2° Les parents et alliés en ligne directe, les frères et beaux-frères, oncles et neveux des agents et gardes forestiers et gardes-pêche, dans toute l'étendue du territoire pour lequel ces agents ou gardes sont commissionnés; — En cas de contravention, ils seront punis d'une amende égale à celle qui est prononcée par le paragraphe précédent; 3° Les conseillers de préfecture, les juges, officiers du ministère public et greffiers des tribunaux de première instance, dans tout l'arrondissement de leur ressort; — En cas de contravention, ils seront passibles de tous dommages et intérêts, s'il y a lieu. — Toute adjudication qui sera faite en contravention aux dispositions du présent article sera déclarée nulle.

16. (*L. 16 juin 1840.*) Toute association secrète, toute manœuvre entre les pêcheurs ou autres, tendant à nuire aux adjudications, à les troubler ou à obtenir les cantonnements de pêche à plus bas prix, donnera lieu à l'application des peines portées par l'article 412 du Code pénal, indépendamment de tous dommages-intérêts; et si l'adjudication a été faite au profit de l'association secrète ou des auteurs desdites manœuvres, elle sera déclarée nulle.

17. (Reproduction littérale de l'article 23 du Code forestier.)

18. (Reproduction littérale de l'article 25 du Code forestier.)

19. (*L. 16 juin 1840.*) Toute adjudication sera définitive du moment où elle sera prononcée, sans que, dans aucun cas, il puisse y avoir lieu à surenchère.

20. (*L. 16 juin 1840.*) Les divers modes d'adjudication seront déterminés par une ordonnance royale. — Les adjudications auront toujours lieu avec publicité et concurrence.

21. (*L. 16 juin 1840.*) Les adjudicataires seront tenus d'élire domicile dans le lieu où l'adjudication aura été faite; à défaut de quoi, tous actes postérieurs leur seront valablement signifiés au secrétariat de la sous-préfecture.

22. (Reproduction littérale de l'article 28 du Code forestier.)

TITRE IV

Conservation et police de la pêche.

23. Nul ne pourra exercer le droit de pêche dans les fleuves et rivières navigables ou flottables, les canaux, ruisseaux ou cours d'eau quelconques, qu'en se conformant aux dispositions suivantes.

24. Il est interdit de placer dans les rivières navigables ou flottables, canaux et ruisseaux, aucun barrage, appareil ou établissement quelconque de pêcherie, ayant pour objet d'empêcher entièrement le passage du poisson. — Les délinquants seront condamnés à une amende de cinquante francs à cinq cents francs et, en outre, aux dommages-intérêts; et les appareils ou établissements de pêche seront saisis et détruits.

25. Quiconque aura jeté dans les eaux des drogues ou appâts qui sont de nature à enivrer le poisson ou à le détruire, sera puni d'une amende de trente francs à trois cents francs, et d'un emprisonnement d'un mois à trois mois.

Art. Modifié
Voir Suppt

26. Des ordonnances royales détermineront : — 1° Les temps, saisons et heures pendant lesquels la pêche sera interdite dans les rivières et cours d'eau quelconques; — 2° Les procédés et modes de pêche qui, étant de nature à nuire au repeuplement des rivières, devront être prohibés; — 3° Les filets, engins et instruments de pêche qui seront défendus comme étant aussi de nature à nuire au repeuplement des rivières; — 4° Les dimensions de ceux dont l'usage sera permis dans les divers départements pour la pêche des différentes espèces de poissons; — 5° Les dimensions au-dessous desquelles les poissons de certaines espèces qui seront désignées ne pourront être pêchés et devront être rejetés en rivière; — 6° Les espèces de poissons avec lesquelles il sera défendu d'appâter les hameçons, nasses, filets ou autres engins.

27. Quiconque se livrera à la pêche pendant les temps, saisons et heures prohibés par les ordonnances, sera puni d'une amende de trente à deux cents francs.

28. Une amende de trente à cent francs sera prononcée contre ceux qui feront usage, en quelque temps et en quelque fleuve, rivière, canal ou ruisseau que ce soit, de l'un des procédés ou modes de pêche ou de l'un des instruments ou engins de pêche prohibés par les ordonnances. — Si le délit a eu lieu pendant le temps du frai, l'amende sera de soixante à deux cents francs.

29. Les mêmes peines seront prononcées contre ceux qui se serviront, pour une autre pêche, de filets permis seulement pour celle du poisson de petite espèce. — Ceux qui seront trouvés porteurs ou munis, hors de leur domicile, d'engins ou instruments de pêche prohibés, pourront être condamnés à une amende qui n'excédera pas vingt francs, et à la confiscation des engins ou instruments de pêche, à moins que ces engins ou instruments ne soient destinés à la pêche dans des étangs ou réservoirs.

30. Quiconque pêchera, colportera ou débitera des poissons qui n'auront point les dimensions déterminées par les ordonnances sera puni d'une amende de vingt à cinquante francs, et de la confiscation desdits poissons. — Sont néanmoins exceptées de cette disposition les ventes de poissons provenant des étangs ou réservoirs. — Sont considérés comme des étangs ou réservoirs les fossés et canaux appartenant à des particuliers, dès que leurs eaux cessent naturellement de communiquer avec les rivières.

31. La même peine sera prononcée contre les pêcheurs qui appâteront leurs hameçons, nasses, filets ou autres engins avec des poissons des espèces prohibées, qui seront désignées par les ordonnances.

32. Les fermiers de la pêche et porteurs de licences, leurs associés, compagnons et gens à gages, ne pourront faire usage d'aucun filet ou engin quelconque qu'après qu'il aura été plombé ou marqué par les agents de l'administration de la police de la pêche. — La même obligation s'étendra à tous autres pêcheurs compris dans les limites de l'inscription maritime, pour les engins et filets dont ils feront usage dans les cours d'eau désignés par les paragraphes 1er et 2 de l'article 1er de la présente loi. — Les délinquants seront punis d'une amende de vingt francs pour chaque filet ou engin non plombé ou marqué. (*Abrogé, L. 31 mai 1865, art. 9, en ce qui concerne la marque ou le plombage des filets.*)

33. Les contremaîtres, les employés du balisage et les mariniers qui fréquentent les fleuves, rivières et canaux navigables ou flottables, ne pourront avoir dans leurs bateaux ou équipages aucun filet ou engin de pêche, même non prohibé, sous peine d'une amende de cinquante francs et de la confiscation des filets. — A cet effet, ils seront tenus de souffrir la visite, sur leurs bateaux et équipages, des agents chargés de la police de la pêche, aux lieux où ils aborderont. — La même amende sera prononcée contre ceux qui s'opposeront à cette visite.

34. Les fermiers de la pêche et les porteurs de licences, et tous pêcheurs en général, dans les rivières et canaux désignés par les deux premiers paragraphes de l'article 1er de la présente loi, seront tenus d'amener leurs bateaux, et de faire l'ouverture de leurs loges et hangars, bannetons, huches et autres réservoirs ou boutiques à poisson, sur leurs cantonnements, à toute réquisition des agents et préposés de l'administration de la pêche, à l'effet de constater les contraventions qui pourraient être par eux commises aux dispositions de la présente loi. — Ceux qui s'opposeront à la visite ou refuseront l'ouverture de leurs boutiques à poisson, seront, pour ce seul fait, punis d'une amende de cinquante francs.

35. Les fermiers et porteurs de licences ne pourront user, sur les fleuves, rivières et canaux navigables, que du chemin de halage; sur les rivières et cours d'eau flottables, que du marchepied. Ils traiteront de gré à gré avec les propriétaires riverains pour l'usage des terrains dont ils auront besoin pour retirer et asséner leurs filets.

TITRE V

Des poursuites en réparation de délits

SECTION PREMIÈRE

Des poursuites exercées au nom de l'administration

36. Le Gouvernement exerce la surveillance et la police de la pêche dans l'intérêt général. — En conséquence, les agents spéciaux par lui institués à cet effet, ainsi que les gardes champêtres, éclusiers des canaux et autres officiers de police judiciaire, sont tenus de constater les délits qui sont spécifiés au titre IV de la présente loi, en quelques lieux qu'ils soient commis; et lesdits agents spéciaux exerceront, conjointement avec les officiers du ministère public, toutes les poursuites et actions en réparation de ces délits. Les mêmes agents et gardes de l'administration, les gardes champêtres, les éclusiers, les officiers de police judiciaire, pourront constater également le délit spécifié en l'article 5, et ils transmettront leurs procès-verbaux au procureur du Roi.

37. Les gardes-pêche nommés par l'administration sont assimilés aux gardes forestiers royaux.

38. Ils recherchent et constatent par procès-verbaux les délits dans l'arrondissement du tribunal près duquel ils sont assermentés.

39. (F. 161.) Ils sont autorisés à saisir les *filets et autres instruments de pêche prohibés, ainsi que le poisson pêché en délit.*

40. Les gardes-pêche ne pourront, sous aucun prétexte, s'introduire dans les maisons et enclos y attenant pour la recherche des engins prohibés.

41. Les filets et engins de pêche qui auront été saisis comme prohibés ne pourront, dans aucun cas, être remis sous caution : ils seront déposés au greffe, et y demeureront jusqu'après le jugement pour être ensuite détruits. — Les filets non prohibés dont la confiscation aurait été prononcée en exécution de l'article 5 seront vendus au profit du Trésor. — En cas de refus, de la part des délinquants, de remettre immédiatement le filet déclaré prohibé après la sommation du garde-pêche, ils seront condamnés à une amende de cinquante francs.

42. Quant au poisson saisi pour cause de délit, il sera vendu sans délai dans la commune la plus voisine du lieu de la saisie, à son de trompe et aux enchères publiques, en vertu d'ordonnance du juge de paix ou de ses suppléants, si la vente a lieu dans un chef-lieu de canton, ou, dans le cas contraire, d'après l'autorisation du maire de la commune : ces ordonnances ou autorisations seront délivrées sur la requête des agents ou gardes qui auront opéré la saisie, et sur la présentation du procès-verbal régulièrement dressé et affirmé par eux. — Dans tous les cas, la vente aura lieu en présence du receveur des domaines, et, à défaut, du maire ou adjoint de la commune ou du commissaire de police.

43. Les gardes-pêche ont le droit de requérir directement la force publique pour la répression des délits en matière de pêche, ainsi que pour la saisie des filets prohibés et du poisson pêché en délit.

44. (Reproduction littérale de l'article 165 du Code forestier.)

45. (F. 166.) Les procès-verbaux dressés par les agents *forestiers*, les gardes généraux et les gardes à cheval, soit isolément, soit avec le concours des gardes-pêche royaux et des gardes champêtres, ne sont point soumis à l'affirmation.

46. Dans le cas où le procès-verbal portera saisie, il en sera fait une expédition qui sera déposée dans les vingt-quatre heures au greffe de la justice de paix, pour qu'il en puisse être donné communication à ceux qui réclameraient les objets saisis. — Le délai ne courra que du moment de l'affirmation pour les procès-verbaux qui sont soumis à cette formalité.

47. (F. 170.) Les procès-verbaux seront, sous peine de nullité, enregistrés dans les quatre jours qui suivront celui de l'affirmation, ou celui de la clôture du procès-verbal, s'il n'est pas sujet à l'affirmation. — L'enregistrement s'en fera en débet.

48. Toutes les poursuites exercées en réparation de délits pour faits de pêche seront portées devant les tribunaux correctionnels.

49. (F. 172.) L'acte de citation doit, à peine de nullité, contenir la copie du procès-verbal et de l'acte d'affirmation.

50. (F. 173.) Les gardes de l'administration *chargés de la surveillance de la pêche* pourront, dans les actions et poursuites exercées en son nom, faire toutes citations et significations d'exploits, sans pouvoir procéder aux saisies-exécutions. — Leurs rétributions pour les actes de ce genre seront taxées comme pour les actes faits par les huissiers des juges de paix.

51. (F. 175.) Les agents de cette administration ont le droit d'exposer l'affaire devant le tribunal, et sont entendus à l'appui de leurs conclusions.

52. Les délits en matière de pêche seront prouvés, soit par procès-verbaux, soit par témoins à défaut de procès-verbaux ou en cas d'insuffisance de ces actes.

53. Les procès-verbaux revêtus de toutes les formes prescrites par les articles 44 et 47 ci-dessus, et qui sont dressés et signés par deux agents ou gardes-pêche, font preuve, jusqu'à inscription de faux, des faits matériels relatifs aux délits qu'ils constatent, quelles que soient les condamnations auxquelles ces délits peuvent donner lieu. — Il ne sera, en conséquence, admis aucune preuve outre ou contre le contenu de ces procès-verbaux, à moins qu'il n'existe une cause légale de récusation contre l'un des signataires.

54. Les procès-verbaux revêtus de toutes les formalités prescrites, mais qui ne seront dressés et signés que par un seul agent ou *garde-pêche*, feront de même preuve suffisante jusqu'à inscription de faux, mais seulement lorsque le délit n'entraînera pas une condamnation de plus de cinquante francs, tant pour amende que pour dommages-intérêts.

55. (Reproduction littérale de l'article 178 du Code forestier.)

56. Le prévenu qui voudra s'inscrire en faux contre le procès-verbal sera tenu d'en faire par écrit et en personne, ou par un fondé de pouvoir spécial par acte notarié, la déclaration au greffe du tribunal avant l'audience indiquée par la citation. — Cette déclaration sera reçue par le greffier du tribunal ; elle sera signée par le prévenu ou son fondé de pouvoir; et dans le cas où il ne saurait ou ne pourrait signer, il en sera fait mention expresse. — Au jour indiqué pour l'audience, le tribunal donnera acte de la déclaration, et fixera un délai de huit jours au moins et de quinze jours au plus, pendant lequel le prévenu sera tenu de faire au greffe le dépôt des moyens de faux, et des noms, qualités et demeures des témoins qu'il voudra faire entendre. A l'expiration de ce délai, et sans qu'il soit besoin d'une citation nouvelle, le tribunal admettra les moyens de faux, s'ils sont de nature à détruire l'effet du procès-verbal, et il sera procédé sur le faux conformément aux lois. — Dans le cas contraire, et faute par le prévenu d'avoir rempli toutes les formalités ci-dessus prescrites, le tribunal déclarera qu'il n'y a lieu à admettre les moyens de faux, et ordonnera qu'il soit passé outre au jugement.

57. (Reproduction littérale de l'article 180 du Code forestier.)

58. (Reproduction littérale de l'article 181 du Code forestier.)

59. Si, dans une instance en réparation de délit, le prévenu excipe d'un droit de propriété ou de tout autre droit réel, le tribunal saisi de la plainte statuera sur l'incident. — L'exception préjudicielle ne sera admise qu'autant qu'elle sera fondée, soit sur un titre apparent, soit sur des faits de possession équivalents, articulés avec précision, et si le titre produit ou les faits articulés sont de nature, dans le cas où ils seraient reconnus par l'autorité compétente, à ôter au fait qui sert de base aux poursuites tout caractère de délit. — *Dans le cas de renvoi à fins civiles*, le jugement fixera un bref délai dans lequel la partie qui aura élevé la question préjudicielle devra saisir les juges compétents de la connaissance du litige et justifier de ses diligences; sinon il sera passé outre. Toutefois, en cas de condamnation, il sera sursis à l'exécution du jugement sous le rapport de l'emprisonnement, s'il était prononcé, et le montant des amendes, restitutions et dommages-intérêts, sera versé à la caisse des dépôts et consignations, pour être remis à qui il sera ordonné par le tribunal qui statuera sur le fond du droit.

60. (F. 183.) Les agents de l'administration *chargés de la surveillance de la pêche* peuvent, en son nom, interjeter appel des jugements et se pourvoir contre les arrêts et jugements en dernier ressort; mais ils ne peuvent se désister de leurs appels sans son autorisation spéciale.

61. (Reproduction littérale de l'article 184 du Code forestier.)

62. Les actions en réparation de délits en matière de pêche se prescrivent par un mois, à compter du jour où les délits ont été constatés, lorsque les prévenus sont désignés dans les procès-verbaux. Dans le cas contraire, le délai de prescription est de trois mois à compter du même jour.

Art. Modifié
voir 2e suppt

63. Les dispositions de l'article précédent ne sont pas applicables aux délits et malversations commis par les agents préposés ou gardes de l'administration dans l'exercice de leurs fonctions; les délais de prescription à l'égard de ces préposés et de leurs complices seront les mêmes que ceux qui sont déterminés par le Code d'instruction criminelle.

64. Les dispositions du Code d'instruction criminelle sur les poursuites des délits, sur défauts, oppositions, jugements, appels et recours en cassation, sont et demeurent applicables à la poursuite des délits spécifiés par la présente loi, sauf les modifications qui résultent du présent titre.

SECTION II

Des poursuites exercées au nom et dans l'intérêt des fermiers de la pêche et des particuliers

65. Les délits qui portent préjudice aux fermiers de la pêche, aux porteurs de licences et aux propriétaires riverains, seront constatés par leurs gardes, lesquels seront assimilés aux gardes-bois des particuliers.

66. (F. 188.) Les procès-verbaux dressés par ces gardes feront foi jusqu'à preuve contraire.

67. Les poursuites et actions seront exercées au nom et à la diligence des parties intéressées.

68. Les dispositions contenues aux articles 38, 39, 40, 41, 42, 43, 44, 45, 46, 47, paragraphe 1er, 48, 52, 59, 62 et 64 de la présente loi, sont applicables aux poursuites exercées au nom et dans l'intérêt des particuliers et des fermiers de la pêche, pour les délits commis à leur préjudice.

TITRE VI

Des peines et condamnations

69. Dans le cas de récidive, la peine sera toujours doublée. — Il y a récidive, lorsque, dans les douze mois précédents, il a été rendu contre le délinquant un premier jugement pour délit de pêche.

70. Les peines seront également doublées, lorsque les délits auront été commis la nuit.

71. (Reproduction littérale de l'article 202 du Code forestier.)

72. Dans tous les cas prévus par la présente loi, si le préjudice causé n'excède pas vingt-cinq francs, et si les circonstances paraissent atténuantes, les tribunaux sont autorisés à réduire l'emprisonnement même au-dessous de six jours, et l'amende même au-dessous de seize francs; ils pourront aussi prononcer séparément l'une ou l'autre de ces peines, sans qu'en aucun cas elle puisse être au-dessous des peines de simple police.

73. (F. 204.) Les restitutions et dommages-intérêts appartiennent aux fermiers, porteurs de licences et propriétaires riverains, si le délit est commis à leur préjudice; mais, lorsque le délit a été commis par eux-mêmes au détriment de l'intérêt général, ces dommages-intérêts appartiennent à l'État. — Appartiennent également à l'État toutes les amendes et confiscations.

74. Les maris, pères, mères, tuteurs, fermiers et porteurs de licences, ainsi que tous propriétaires, maîtres et commettants, seront civilement responsables des délits en matière de pêche commis par leurs femmes, enfants mineurs, pupilles, bateliers et compagnons, et tous autres subordonnés, sauf tout recours de droit. — Cette responsabilité sera réglée conformément à l'article 1384 du Code civil.

TITRE VII

De l'exécution des jugements.

SECTION PREMIÈRE

De l'exécution des jugements rendus à la requête de l'administration ou du ministère public.

75. (F. 209.) Les jugements rendus à la requête de l'administration chargée de la police de la pêche, ou sur la poursuite du ministère public, seront signifiés par simple extrait qui contiendra les noms des parties et le dispositif du jugement. — Cette signification fera courir les délais de l'opposition et de l'appel des jugements par défaut.

76. Le recouvrement de toutes les amendes pour délits de pêche est confié aux receveurs de l'enregistrement et des domaines. Ces receveurs sont également chargés du recouvrement des restitutions, frais et dommages-intérêts résultant des jugements rendus en matière de pêche.

77, 78, 79, 80. (Reproduction littérale des articles 211, 212, 213 et 214 du Code forestier.)

SECTION II

De l'exécution des jugements rendus dans l'intérêt des fermiers de la pêche et des particuliers.

81. Les jugements contenant des condamnations en faveur des fermiers de la pêche, des porteurs de licences et des particuliers, pour réparation des délits commis à leur préjudice, seront, à leur diligence, signifiés et exécutés suivant les mêmes formes et voies de contrainte que les jugements rendus à la requête de l'administration chargée de la surveillance de la pêche. — Le recouvrement des amendes prononcées par les mêmes jugements sera opéré par les receveurs de l'enregistrement et des domaines.

82. La mise en liberté des condamnés détenus par la voie de contrainte par corps à la requête et dans l'intérêt des particuliers ne pourra être accordée en vertu des articles 78 et 79, qu'autant que la validité des cautions ou la solvabilité des condamnés aura été, en cas de contestation de la part desdits propriétaires, jugée contradictoirement entre eux.

TITRE VIII

Dispositions générales.

83. Sont et demeurent abrogés toutes lois, ordonnances, édits et déclarations, arrêts du conseil, arrêtés et décrets et tous règlements intervenus, à quelque époque que ce soit, sur les matières réglées par la présente loi, en tout ce qui concerne la pêche. — Mais les droits acquis antérieurement à la présente loi seront jugés, en cas de contestation, d'après les lois existant avant sa promulgation.

24 mai 1834

LOI *sur les détenteurs d'armes ou de munitions de guerre.*

ARTICLE **1er**. Tout individu qui aura fabriqué, débité ou distribué des armes prohibées par la loi ou par des règlements d'administration publique, sera puni d'un emprisonnement d'un mois à un an, et d'une amende de seize francs à cinq cents francs. — Celui qui sera porteur desdites armes sera puni d'un emprisonnement de six jours à six mois, et d'une amende de seize francs à deux cents francs.

2. Tout individu qui, sans y être légalement autorisé, aura fabriqué, débité ou distribué de la poudre, ou sera détenteur d'une quantité quelconque de poudre de guerre, ou de plus de deux kilogrammes de toute autre poudre, sera puni d'un emprisonnement d'un mois à deux ans, sans préjudice des autres peines portées par les lois.

3. Tout individu qui, sans y être légalement autorisé, aura fabriqué ou confectionné, débité ou distribué des armes de guerre, des cartouches et autres munitions de guerre, ou sera détenteur d'armes de guerre, cartouches ou munitions de guerre, ou d'un dépôt d'armes quelconques, sera puni d'un emprisonnement d'un mois à deux ans, et d'une amende de seize francs à mille francs. — La présente disposition n'est point applicable aux professions d'armurier et de fabricant d'armes de commerce, lesquelles resteront seulement assujetties aux lois et règlements particuliers qui les concernent.

4. Les infractions prévues par les articles précédents seront jugées par les tribunaux de police correctionnelle. — Les armes et munitions fabriquées, débitées, distribuées ou possédées sans autorisation, seront confisquées. Les condamnés pourront, en outre, être placés sous la surveillance de la haute police pendant un temps qui ne pourra excéder deux ans. — En cas de récidive, les peines pourront être élevées jusqu'au double.

5. Seront punis de la détention les individus qui, dans un mouvement insurrectionnel, auront porté soit des armes apparentes ou cachées, ou des munitions, soit un uniforme ou costume, ou autres insignes civils ou militaires. — Si les individus porteurs d'armes apparentes ou cachées, ou de munitions, étaient revêtus d'un uniforme, d'un costume ou d'autres insignes civils ou militaires, ils seront punis de la déportation. — Les individus qui auront fait usage de leurs armes seront punis de mort.

6. Seront punis des travaux forcés à temps les individus qui, dans un mouvement insurrectionnel, se seront emparés d'armes ou de munitions de toutes espèces, soit à l'aide de violences ou de menaces, soit par le pillage de boutiques, postes, magasins, arsenaux et autres établissements publics, soit par le désarmement des agents de la force publique ; chacun des coupables sera, de plus, condamné à une amende de deux cents francs à cinq mille francs.

7. Seront punis de la même peine les individus qui, dans un mouvement insurrectionnel, auront envahi, à l'aide de violences ou de menaces, une maison habitée ou servant à l'habitation.

8. Seront punis de la détention les individus qui, dans un mouvement insurrectionnel, auront, pour faire attaque ou résistance envers la force publique, envahi ou occupé des édifices, postes et autres établissements publics. — La peine sera la même à l'égard de ceux qui, dans le même but, auront occupé une maison habitée ou non habitée, avec le consentement du propriétaire ou du locataire, et à l'égard du propriétaire ou du locataire qui, connaissant le but des insurgés, leur aura procuré sans contrainte l'entrée de ladite maison.

9. Seront punis de la détention les individus qui, dans un mouvement insurrectionnel, auront fait ou aidé à faire des barricades, des retranchements ou tous autres travaux ayant pour objet d'entraver ou d'arrêter l'exercice de la force publique ; — Ceux qui auront empêché, à l'aide de violences ou de menaces, la convocation ou la réunion de la force publique, ou qui auront provoqué ou facilité le rassemblement des insurgés, soit par la distribution d'ordres ou de proclamations, soit par le port de drapeaux ou autres signes de ralliement, soit par tout autre moyen d'appel ; — Ceux qui auront brisé ou détruit un ou plusieurs télégraphes, ou qui auront envahi, à l'aide de violences ou de menaces, un ou plusieurs postes télégraphiques, ou qui auront intercepté, par tout autre moyen, avec violences ou menaces, les communications ou la correspondance entre les divers dépositaires de l'autorité publique.

10. Les peines portées par la présente loi seront prononcées sans préjudice de celles que les coupables auraient pu encourir comme auteurs ou complices de tous autres crimes. Dans le cas du concours de deux peines, la plus grave sera appliquée.

11. Dans tous les cas prévus par la présente loi, s'il existe des circonstances atténuantes, il sera fait application de l'article 463 du Code pénal. — Néanmoins les condamnés pourront toujours être placés sous la surveillance de la haute police pendant un temps qui ne pourra excéder le maximum de la durée de l'emprisonnement prononcé par la loi.

9 septembre 1835

LOI *sur les cours d'assises.*

ARTICLE **1er**. — Les crimes prévus dans le paragraphe 1er de la section IV du chapitre III du titre Ier du livre III du Code pénal, ou dans la loi du 24 mai 1834, seront jugés selon les formes déterminées dans la présente loi.

2. Le ministre de la justice pourra ordonner qu'il soit formé autant de sections de cours d'assises que le besoin du service l'exigera, pour procéder simultanément au jugement des prévenus.

3. Lorsque, sur le vu de la procédure communiquée conformément à l'article 61 du Code d'instruction criminelle, le procureur général estimera que la prévention est suffisamment établie contre un ou plusieurs inculpés, il se fera remettre les pièces d'instruction, le procès-verbal constatant le corps du délit, et l'état des pièces de conviction qui seront apportées au greffe de la cour royale.

4 et **5**. (*Abrogés, Décr.* 6 mars 1848, art. 3.)

6. Le réquisitoire et l'ordonnance contenant indication du jour de l'audience, seront signifiés aux prévenus dix jours au moins avant l'ouverture des débats, par un huissier que le président de la cour d'assises commettra. Il leur en sera laissé copie.

7. (*Abrogé, Décr.* 6 mars 1848, art. 3.)

8. Au jour indiqué pour la comparution à l'audience, si les prévenus ou quelques-uns d'entre eux refusent de comparaître, sommation d'obéir à justice leur sera faite au nom de la loi par un huissier commis à cet effet par le président de la cour d'assises, et assisté de la force publique. L'huissier dressera procès-verbal de la sommation et de la réponse des prévenus.

9. Si les prévenus n'obtempèrent point à la sommation, le président pourra ordonner qu'ils soient amenés par la force devant la cour ; il pourra également, après lecture faite à l'audience, du procès-verbal constatant leur résistance, ordonner que, nonobstant leur absence, il soit passé outre aux débats. — Après chaque audience, il sera, par le greffier de la cour d'assises, donné lecture aux prévenus qui n'auront point comparu du procès-verbal des débats, et il leur sera signifié copie des réquisitoires du ministère public ainsi que des arrêts rendus par la cour, qui seront tous réputés contradictoires.

10. La cour pourra faire retirer de l'audience et reconduire en prison tout prévenu qui, par des clameurs ou tout autre moyen propre à causer du tumulte, mettrait obstacle au libre cours de la justice, et, dans ce cas, il sera procédé aux débats et au jugement comme il est dit aux deux articles précédents.

11. Tout prévenu ou toute personne présente à l'audience d'une cour d'assises, qui causerait du tumulte pour empêcher le cours de la justice, sera, audience tenante, déclaré coupable de rébellion et puni d'un emprisonnement qui n'excédera pas deux ans, sans préjudice des peines portées au Code pénal contre les outrages et violences envers les magistrats.

12. Les dispositions des articles 8, 9, 10 et 11 s'appliquent au jugement de tous les crimes et délits devant toutes les juridictions.

21 mai 1836

LOI *sur les chemins vicinaux.*

SECTION PREMIÈRE

Chemins vicinaux.

ARTICLE **1er**. Les chemins vicinaux légalement reconnus sont à la charge des communes, sauf les dispositions de l'article 7 ci-après.

2. En cas d'insuffisance des ressources ordinaires des communes, il sera pourvu à l'entretien des chemins vicinaux à l'aide soit de prestations en nature dont le maximum est fixé à trois journées de travail, soit de centimes spéciaux en addition au principal des quatre contributions directes, et dont le maximum est fixé à cinq. — Le conseil municipal pourra voter l'une ou l'autre de ces ressources, ou toutes les deux concurremment. — Le concours des plus imposés ne sera pas nécessaire dans les délibérations prises pour l'exécution du présent article.

3. Tout habitant chef de famille ou d'établissement, à titre de propriétaire, de régisseur, de fermier ou de colon partiaire, porté au rôle des contributions directes, pourra être appelé à fournir, chaque année, une prestation de trois jours : 1° Pour sa personne et pour chaque individu mâle, valide, âgé de dix-huit ans au moins et de soixante ans au plus, membre ou serviteur de la famille et résidant dans la commune ; — 2° Pour chacune des charrettes ou voitures attelées et, en outre, pour chacune des bêtes de somme, de trait, de selle, au service de la famille ou de l'établissement dans la commune.

4. La prestation sera appréciée en argent, conformément à la valeur qui aura été attribuée annuellement pour la commune à chaque espèce de journée par le conseil général, sur les propositions des conseils d'arrondissement. — La prestation pourra être acquittée en nature ou en argent, au gré du contribuable. Toutes les fois que le contribuable n'aura pas opté dans les délais prescrits, la prestation sera de droit exigible en argent. — La prestation non rachetée en argent pourra être convertie en tâches, d'après les bases et évaluations de travaux préalablement fixées par le conseil municipal.

5. Si le conseil municipal, mis en demeure, n'a pas voté, dans la session désignée à cet effet, les prestations et centimes nécessaires, ou si la commune n'en a pas fait emploi dans les délais prescrits, le préfet pourra, d'office, soit imposer la commune dans les limites du maximum, soit faire exécuter les travaux. — Chaque année, le préfet communiquera au conseil général l'état des impositions établies d'office en vertu du présent article.

6. Lorsqu'un chemin vicinal intéressera plusieurs communes, le préfet, sur l'avis des conseils municipaux, désignera les communes qui devront concourir à sa construction ou à son entretien, et fixera la proportion dans laquelle chacune d'elles y contribuera.

SECTION II

Chemins vicinaux de grande communication.

7. Les chemins vicinaux peuvent, selon leur importance, être déclarés chemins vicinaux de grande communication par le conseil général, sur l'avis des conseils municipaux, des conseils d'arrondissement, et sur la proposition du préfet. — Sur les mêmes avis et proposition, le conseil général détermine la direction de chaque chemin vicinal de grande communication et désigne les communes qui doivent contribuer à sa construction ou à son entretien. — Le préfet fixe la largeur et les limites du chemin, et détermine annuellement la proportion dans laquelle chaque commune doit concourir à l'entretien de la ligne vicinale dont elle dépend ; il statue sur les offres faites par les particuliers, associations de particuliers ou de communes.

8. Les chemins vicinaux de grande communication et, dans des cas extraordinaires, les autres chemins vicinaux pourront recevoir des subventions sur les fonds départementaux. — Il sera pourvu à ces subventions au moyen des centimes facultatifs ordinaires du département, et de centimes spéciaux votés annuellement par le conseil général. — La distribution des subventions sera faite en ayant égard aux ressources, aux sacrifices et aux besoins des communes, par le préfet, qui en rendra compte, chaque année, au conseil général. — Les communes acquitteront la portion des dépenses mises à leur charge au moyen de leurs revenus ordinaires et, en cas d'insuffisance, au moyen de deux journées de prestation sur les trois journées autorisées par l'article 2, et des deux tiers des centimes votés par le conseil municipal en vertu du même article.

9. Les chemins vicinaux de grande communication sont placés sous l'autorité du préfet. Les dispositions des articles 4 et 5 de la présente loi leur seront applicables.

DISPOSITIONS GÉNÉRALES

10. Les chemins vicinaux reconnus et maintenus comme tels sont imprescriptibles.

11. Le préfet pourra nommer des agents voyers. — Leur traitement sera fixé par le conseil général. — Ce traitement sera prélevé sur les fonds affectés aux travaux. — Les agents voyers prêteront serment ; ils auront le droit de constater les contraventions et délits, et d'en dresser des procès-verbaux.

12. Le maximum des centimes spéciaux qui pourront être votés par les conseils généraux, en vertu de la présente loi, sera déterminé annuellement par la loi de finances.

13. Les propriétés de l'État, productives de revenus, contribueront aux dépenses des chemins vicinaux dans les mêmes proportions que les propriétés privées, et d'après un rôle spécial. — Les propriétés de la Couronne contribueront aux mêmes dépenses, conformément à l'article 13 de la loi du 2 mars 1832 (1).

(1) Les biens de la Couronne ont fait retour au domaine de l'État. Décr. 6 septembre 1870.

14. Toutes les fois qu'un chemin vicinal, entretenu à l'état de viabilité par une commune, sera habituellement ou temporairement dégradé par des exploitations de mines, de carrières, de forêts ou de toute entreprise industrielle appartenant à des particuliers, à des établissements publics, à la Couronne ou à l'État, il pourra y avoir lieu à imposer aux entrepreneurs ou propriétaires, suivant que l'exploitation ou les transports auront eu lieu pour les uns ou les autres, des subventions spéciales dont la quotité sera proportionnée à la dégradation extraordinaire qui devra être attribuée aux exploitations. — Ces subventions pourront, au choix des subventionnaires, être acquittées en argent ou en prestation en nature, et seront exclusivement affectées à ceux des chemins qui y auront donné lieu. — Elles seront réglées annuellement, sur la demande des communes, par les conseils de préfecture, après des expertises contradictoires, et recouvrées comme en matière de contributions directes. — Les experts seront nommés suivant le mode déterminé par l'article 17 ci-après. — Ces subventions pourront aussi être déterminées par abonnement ; elles seront réglées, dans ce cas, par le préfet en conseil de préfecture (1).

15. Les arrêtés du préfet portant reconnaissance et fixation de la largeur d'un chemin vicinal attribuent définitivement au chemin le sol compris dans les limites qu'ils déterminent. — Le droit des propriétaires riverains se résout en une indemnité, qui sera réglée à l'amiable ou par le juge de paix du canton, sur le rapport d'experts nommés conformément à l'article 17.

16. Les travaux d'ouverture et de redressement des chemins vicinaux seront autorisés par arrêté du préfet. — Lorsque, pour l'exécution du présent article, il y aura lieu de recourir à l'expropriation, le jury spécial chargé de régler les indemnités ne sera composé que de quatre jurés. Le tribunal d'arrondissement, en prononçant l'expropriation, désignera, pour présider et diriger le jury, l'un de ses membres ou le juge de paix du canton. Ce magistrat aura voix délibérative en cas de partage. — Le tribunal choisira, sur la liste générale prescrite par l'article 29 de la loi du 7 juillet 1833 (2), quatre personnes pour former le jury spécial, et trois jurés supplémentaires. L'administration et la partie intéressée auront respectivement le droit d'exercer une récusation péremptoire. — Le juge recevra les acquiescements des parties. — Son procès-verbal emportera translation définitive de propriété. — Le recours en cassation, soit contre le jugement qui prononcera l'expropriation, soit contre la déclaration du jury qui réglera l'indemnité, n'aura lieu que dans les cas prévus et selon les formes déterminées par la loi du 7 juillet 1833 (2).

17. Les extractions de matériaux, les dépôts ou enlèvements de terres, les occupations temporaires de terrains, seront autorisés par arrêté du préfet, lequel désignera les lieux ; cet arrêté sera notifié aux parties intéressées au moins dix jours avant que son exécution puisse être commencée. — Si l'indemnité ne peut être fixée à l'amiable, elle sera réglée par le conseil de préfecture, sur le rapport d'experts nommés, l'un par le sous-préfet, et l'autre par le propriétaire. — En cas de discord, le tiers expert sera nommé par le conseil de préfecture (1).

(1) Cet article a été modifié par l'article 86 de la loi du 10 août 1871, d'où il résulte que la Commission départementale [illegible] attributions sont aujourd'hui dévolues.

(2) Cette loi a été abrogée et remplacée par la loi du 3 mai 1841 (V. infra).

18. L'action en indemnité des propriétaires pour les terrains qui auront servi à la confection des chemins vicinaux et pour extraction de matériaux sera prescrite par le laps de deux ans.

19. En cas de changement de direction ou d'abandon d'un chemin vicinal, en tout ou partie, les propriétaires riverains de la partie de ce chemin qui cessera de servir de voie de communication pourront faire leur soumission de s'en rendre acquéreurs, et d'en payer la valeur, qui sera fixée par des experts nommés dans la forme déterminée par l'article 17.

20. Les plans, procès-verbaux, certificats, significations, jugements, contrats, marchés, adjudications de travaux, quittances et autres actes ayant pour objet exclusif la construction, l'entretien et la réparation des chemins vicinaux, seront enregistrés moyennant le droit fixe de un franc. — Les actions civiles intentées par les communes ou dirigées contre elles, relativement à leurs chemins, seront jugées comme affaires sommaires et urgentes, conformément à l'article 405 du Code de procédure civile.

21. Dans l'année qui suivra la promulgation de la présente loi, chaque préfet fera, pour en assurer l'exécution, un règlement qui sera communiqué au conseil général, et transmis, avec ses observations, au ministre de l'intérieur, pour être approuvé, s'il y a lieu. — Ce règlement fixera, dans chaque département, le maximum de la largeur des chemins vicinaux ; il fixera, en outre, les délais nécessaires à l'exécution de chaque mesure, les époques auxquelles les prestations en nature devront être faites, le mode de leur emploi ou de leur conversion en tâches, et statuera en même temps sur tout ce qui est relatif à la confection des rôles, à la comptabilité, aux adjudications et à leur forme, aux alignements, aux autorisations de construire le long des chemins, à l'écoulement des eaux, aux plantations, à l'élagage, aux fossés, à leur curage, et à tous autres détails de surveillance et de conservation.

22. Toutes les dispositions de lois antérieures demeurent abrogées en ce qu'elles auraient de contraire à la présente loi.

23 février 1837

ORDONNANCE *portant prohibition des pistolets de poche.*

ARTICLE UNIQUE. Les pistolets de poche sont prohibés.

1er avril 1837

LOI *relative à l'autorité des arrêts rendus par la cour de cassation après deux pourvois.*

ARTICLE 1er. Lorsque, après la cassation d'un premier arrêt ou jugement rendu en dernier ressort, le deuxième arrêt ou jugement rendu dans la même affaire, entre les mêmes parties, procédant en la même qualité, sera attaqué par les mêmes moyens que le premier, la cour de cassation prononcera toutes les chambres réunies.

2. Si le deuxième arrêt ou jugement est cassé pour les mêmes motifs que le premier, la cour royale ou le tribunal auquel l'affaire est renvoyée se conformera à la décision de la cour de cassation sur le point de droit jugé par cette cour.

(1) V. L. 29 décembre 1892.

3. La cour royale statuera en audience ordinaire, à moins que la nature de l'affaire n'exige qu'elle soit jugée en audience solennelle.

4. La loi du 30 juillet 1828 est abrogée.

11 avril 1838

LOI *sur les tribunaux civils de première instance.*

ARTICLE 1er. Les tribunaux civils de première instance connaîtront, en dernier ressort, des actions personnelles et mobilières, jusqu'à la valeur de quinze cents francs de principal, et des actions immobilières jusqu'à soixante francs de revenu, déterminé soit en rentes, soit par prix de bail. Ces actions seront instruites et jugées comme matières sommaires.

2. Lorsqu'une demande reconventionnelle ou en compensation aura été formée dans les limites de la compétence des tribunaux civils de première instance en dernier ressort, il sera statué sur le tout sans qu'il y ait lieu à appel. — Si l'une des demandes s'élève au-dessus des limites ci-dessus indiquées, le tribunal ne prononcera, sur toutes les demandes, qu'en premier ressort. Néanmoins, il sera statué en dernier ressort sur les demandes en dommages-intérêts, lorsqu'elles seront fondées exclusivement sur la demande principale elle-même.

3 à 6. (Abrogés, L. 30 août 1883, art. 11).

7. Le nombre, la durée des audiences et leur affectation aux différentes natures d'affaires seront fixés dans chaque tribunal par un règlement qui sera soumis à l'approbation du garde des sceaux.

8. Dans les tribunaux où il sera formé une chambre temporaire, les juges suppléants qui feront partie de cette chambre, comme juges ou substituts, recevront, pendant toute sa durée, le même traitement que les juges.

9. Dans le cas où la peine de la suspension aura été prononcée contre un juge pour plus d'un mois, un des juges suppléants sera appelé à le remplacer, et il recevra le traitement de juge.

10. Tout juge suppléant qui, sans motifs légitimes, refuserait de faire le service auquel il serait appelé pourra, après procès-verbal constatant sa mise en demeure et son refus, être considéré comme démissionnaire.

11. Dans tous les cas où les tribunaux de première instance siégeront en assemblée générale, l'assemblée devra être composée, au moins, de la majorité des juges en titre. — Les juges suppléants n'auront voix délibérative que lorsqu'ils remplaceront un juge. — Dans tous les autres cas, ils auront voix consultative.

12. L'article 5, titre IV, de la loi du 24 août 1790, sur la compétence des tribunaux civils de première instance, est abrogé.

25 mai 1838

LOI *sur les justices de paix.*

ARTICLE 1er. Les juges de paix connaissent de toutes actions purement personnelles ou mobilières, en dernier ressort, jusqu'à la valeur de cent francs, et, à charge d'appel, jusqu'à la valeur de deux cents francs.

2. Les juges de paix prononcent, sans appel, jusqu'à la valeur de cent francs, et, à charge d'appel, jusqu'au taux de la compétence en dernier ressort des tribunaux de première instance : — Sur les contestations entre les hôteliers, aubergistes ou logeurs, et les voyageurs ou locataires en garni, pour dépenses d'hôtellerie et perte ou avarie d'effets déposés dans l'auberge ou dans l'hôtel; — Entre les voyageurs et les voituriers ou bateliers, pour retards, frais de route et perte ou avarie d'effets accompagnant les voyageurs; — Entre les voyageurs et les carrossiers ou autres ouvriers, pour fournitures, salaires et réparations faites aux voitures de voyage.

3. (*L. 2 mai 1855.*) Les juges de paix connaissent, sans appel, jusqu'à la valeur de cent francs, et, à charge d'appel, à quelque valeur que la demande puisse s'élever : — Des actions en paiement de loyers ou fermages, des congés, des demandes en résiliation de baux, fondées sur le seul défaut de paiement des loyers ou fermages; des expulsions de lieux et des demandes en validité de saisie-gagerie : le tout lorsque les locations verbales ou par écrit n'excèdent pas annuellement quatre cents francs. — Si le prix principal du bail consiste en denrées ou prestations en nature, appréciables d'après les mercuriales, l'évaluation sera faite sur celle du jour de l'échéance, lorsqu'il s'agira du paiement des fermages; dans tous les autres cas, elle aura lieu suivant les mercuriales du mois qui aura précédé la demande. Si le prix principal du bail consiste en prestations non appréciables d'après les mercuriales, ou s'il s'agit de baux à colons partiaires, le juge de paix déterminera la compétence, en prenant pour base du revenu de la propriété le principal de la contribution foncière de l'année courante, multiplié par cinq.

4. Les juges de paix connaissent, sans appel, jusqu'à la valeur de cent francs, et, à charge d'appel, jusqu'au taux de la compétence en dernier ressort des tribunaux de première instance : — 1° Des indemnités réclamées par le locataire ou fermier pour non-jouissance provenant du fait du propriétaire, lorsque le droit à une indemnité n'est pas contesté; — 2° Des dégradations et pertes, dans les cas prévus par les articles 1732 et 1735 du Code civil. — Néanmoins, le juge de paix ne connaît des pertes causées par incendie ou inondation que dans les limites posées par l'article 1er de la présente loi.

5. Les juges de paix connaissent également, sans appel, jusqu'à la valeur de cent francs, et, à charge d'appel, à quelque valeur que la demande puisse s'élever : — 1° Des actions pour dommages faits aux champs, fruits et récoltes, soit par l'homme, soit par les animaux, et de celles relatives à l'élagage des arbres ou haies, et au curage, soit des fossés, soit des canaux servant à l'irrigation des propriétés ou au mouvement des usines, lorsque les droits de propriété ou de servitude ne sont pas contestés; — 2° Des réparations locatives des maisons ou fermes, mises par la loi à la charge du locataire; — 3° Des contestations relatives aux engagements respectifs des gens de travail au jour, au mois et à l'année, et de ceux qui les emploient; des maîtres et des domestiques ou gens de service à gages; des maîtres et de leurs ouvriers ou apprentis, sans néanmoins qu'il soit dérogé aux lois et règlements relatifs à la juridiction des prud'hommes; — 4° Des contestations relatives au paiement des nourrices, sauf ce qui est prescrit par les lois et règlements d'administration publique à l'égard des bureaux de nourrices de la ville de Paris et de toutes les autres villes; — 5° Des actions civiles pour diffamation verbale et pour injures publiques ou non publiques, verbales ou par écrit, autrement que par la voie de la presse; des mêmes actions pour rixes ou voies de fait; le tout lorsque les parties ne se sont pas pourvues par la voie criminelle.

6. Les juges de paix connaissent, en outre, à charge d'appel : — 1° Des entreprises commises, dans l'année, sur les cours d'eau servant à l'irrigation des propriétés et au mouvement des usines et moulins, sans préjudice des attributions de l'autorité administrative dans les cas déterminés par les lois et par les règlements; des dénonciations de nouvel œuvre, complaintes, actions en réintégrande et autres actions possessoires fondées sur des faits également commis dans l'année; — 2° Des actions en bornage et de celles relatives à la distance prescrite par la loi, les règlements particuliers et l'usage des lieux, pour les plantations d'arbres ou de haies, lorsque la propriété ou les titres qui l'établissent ne sont pas contestés; — 3° Des actions relatives aux constructions et travaux énoncés dans l'article 674 du Code civil, lorsque la propriété ou la mitoyenneté du mur ne sont pas contestées; — 4° Des demandes en pension alimentaire n'excédant pas cent cinquante francs par an, et seulement lorsqu'elles seront formées en vertu des articles 205, 206 et 207 du Code civil.

7. Les juges de paix connaissent de toutes les demandes reconventionnelles ou en compensation qui, par leur nature ou leur valeur, sont dans les limites de leur compétence, alors même que, dans les cas prévus par l'article 1er, ces demandes, réunies à la demande principale, s'élèveraient au-dessus de deux cents francs. Ils connaissent, en outre, à quelques sommes qu'elles puissent monter, des demandes reconventionnelles en dommages-intérêts fondées exclusivement sur la demande principale elle-même.

8. Lorsque chacune des demandes principales, reconventionnelles ou en compensation, sera dans les limites de la compétence du juge de paix en dernier ressort, il prononcera sans qu'il y ait lieu à appel. — Si l'une de ces demandes n'est susceptible d'être jugée qu'à charge d'appel, le juge de paix ne prononcera sur toutes qu'en premier ressort. — Si la demande reconventionnelle ou en compensation excède les limites de sa compétence, il pourra, soit retenir le jugement de la demande principale, soit renvoyer, sur le tout, les parties à se pourvoir devant le tribunal de première instance, sans préliminaire de conciliation.

9. Lorsque plusieurs demandes formées par la même partie seront réunies dans une même instance, le juge de paix ne prononcera qu'en premier ressort, si leur valeur totale s'élève au-dessus de cent francs, lors même que quelqu'une de ces demandes serait inférieure à cette somme. Il sera incompétent sur le tout, si ces demandes excèdent, par leur réunion, les limites de sa juridiction.

10. Dans les cas où la saisie-gagerie ne peut avoir lieu qu'en vertu de permission de justice, cette permission sera accordée par le juge de paix du lieu où la saisie devra être faite, toutes les fois que les causes rentreront dans sa compétence. — S'il y a opposition de la part des tiers, pour des causes et pour des sommes qui, réunies, excéderaient cette compétence, le jugement en sera déféré aux tribunaux de première instance.

11. L'exécution provisoire des jugements sera ordonnée dans tous les cas où il y a titre authentique, promesse reconnue, ou condamnation précédente dont il n'y a point eu appel. — Dans tous les autres cas, le juge pourra ordonner l'exécution provisoire, nonobstant appel, sans caution, lorsqu'il s'agira de pension alimentaire, ou lorsque la somme n'excédera pas trois cents francs, et avec caution, au-dessus de cette somme. — La caution sera reçue par le juge de paix.

12. S'il y a péril en la demeure, l'exécution provisoire pourra être ordonnée sur la minute du jugement avec ou sans caution, conformément aux dispositions de l'article précédent.

13. L'appel des jugements des juges de paix ne sera recevable ni avant les trois jours qui suivront celui de la prononciation des jugements, à moins qu'il n'y ait lieu à l'exécution provisoire, ni après les trente jours qui suivront la signification à l'égard des personnes domiciliées dans le canton. Les personnes domiciliées hors du canton auront, pour interjeter appel, outre le délai de trente jours, le délai réglé par les articles 73 et 1033 du Code de procédure civile.

14. Ne sera pas recevable l'appel des jugements mal à propos qualifiés en premier ressort, ou qui, étant en dernier ressort, n'auraient point été qualifiés. — Seront sujets à l'appel les jugements qualifiés en dernier ressort, s'ils ont statué, soit sur des questions de compétence, soit sur des matières dont le juge de paix ne pouvait connaître qu'en premier ressort. — Néanmoins, si le juge de paix s'est déclaré compétent, l'appel ne pourra être interjeté qu'après le jugement définitif.

15. Les jugements rendus par les juges de paix ne pourront être attaqués par la voie du recours en cassation que pour excès de pouvoir.

16. Tous les huissiers d'un même canton auront le droit de donner toutes les citations et de faire tous les actes devant la justice de paix. Dans les villes où il y a plusieurs justices de paix, les huissiers exploiteront concurremment dans le ressort de la juridiction assignée à leur résidence. Tous les huissiers du même canton seront tenus de faire le service des audiences, et d'assister le juge de paix toutes les fois qu'ils en seront requis; les juges de paix choisiront leurs huissiers audienciers.

17. (*L. 2 mai 1855.*) Dans toutes les causes, excepté celles qui requièrent célérité, et celles dans lesquelles le défendeur serait domicilié hors du canton ou des cantons de la même ville, il est interdit aux huissiers de donner aucune citation en justice, sans qu'au préalable le juge de paix ait appelé les parties devant lui, au moyen d'un avertissement sur papier non timbré, rédigé et délivré par le greffier, au nom et sous la surveillance du juge de paix, et expédié par la poste, sous bande simple, scellée du sceau de la justice de paix, avec affranchissement. — A cet effet, il sera tenu par le greffier un registre sur papier non timbré, constatant l'envoi et le résultat des avertissements; ce registre sera coté et paraphé par le juge de paix. Le greffier recevra, pour tout droit et par chaque avertissement, une rétribution de vingt-cinq centimes, y compris l'affranchissement, qui sera, dans tous les cas, de dix centimes. — S'il y a conciliation, le juge de paix, sur la demande de l'une des parties, peut dresser procès-verbal des conditions de l'arrangement; ce procès-verbal aura force d'obligation privée. — Dans les cas qui requièrent célérité, il ne sera remis de citation non précédée d'avertissement qu'en vertu d'une permission donnée, sans frais, par le juge de paix, sur l'original de l'exploit. — En cas d'infraction aux dispositions ci-dessus de la part de l'huissier, il supportera, sans répétition, les frais de l'exploit.

18. Dans les causes portées devant la justice de paix, aucun huissier ne pourra ni assister comme conseil, ni représenter les parties en qualité de procureur fondé, à peine d'une amende de vingt-cinq à cinquante francs, qui sera prononcée sans appel par le juge de paix. — Ces dispositions ne seront pas applicables aux huissiers qui se trouveront dans l'un des cas prévus par l'article 86 du Code de procédure civile.

19. En cas d'infraction aux dispositions des articles 16, 17 et 18, le juge de paix pourra défendre aux huissiers du canton de citer devant lui, pendant un délai de quinze jours à trois mois, sans appel et sans préjudice de l'action disciplinaire des tribunaux et des dommages-intérêts des parties, s'il y a lieu.

20. Les actions concernant les brevets d'invention seront portées, s'il s'agit de nullité ou de déchéance des brevets, devant les tribunaux civils de première instance; s'il s'agit de contrefaçon, devant les tribunaux correctionnels.

21. Toutes les dispositions des lois antérieures contraires à la présente loi sont abrogées.

22. Les dispositions de la présente loi ne s'appliqueront pas aux demandes introduites avant sa promulgation.

30 juin 1838

LOI *sur les aliénés.*

TITRE PREMIER

Des établissements d'aliénés.

ARTICLE **1er**. — Chaque département est tenu d'avoir un établissement public, spécialement destiné à recevoir et soigner les aliénés, ou de traiter, à cet effet, avec un établissement public ou privé, soit de ce département, soit d'un autre département. — Les traités passés avec les établissements publics ou privés devront être approuvés par le ministre de l'intérieur.

2. Les établissements publics consacrés aux aliénés sont placés sous la direction de l'autorité publique.

3. Les établissements privés consacrés aux aliénés sont placés sous la surveillance de l'autorité publique.

4. Le préfet et les personnes spécialement déléguées à cet effet par lui ou par le ministre de l'intérieur, le président du tribunal, le procureur du roi, le juge de paix, le maire de la commune, sont chargés de visiter les établissements publics ou privés consacrés aux aliénés. — Ils recevront les réclamations des personnes qui y seront placées, et prendront, à leur égard, tous renseignements propres à faire connaître leur position. — Les établissements privés seront visités, à des jours indéterminés, une fois au moins chaque trimestre, par le procureur du roi de l'arrondissement. Les établissements publics le seront de la même manière, une fois au moins par semestre.

5. Nul ne pourra diriger ni former un établissement privé consacré aux aliénés sans l'autorisation du Gouvernement. — Les établissements privés consacrés au traitement d'autres maladies ne pourront recevoir les personnes atteintes d'aliénation mentale, à moins qu'elles ne soient placées dans un local entièrement séparé. — Ces établissements devront être, à cet effet, spécialement autorisés par le gouvernement et seront soumis, en ce qui concerne les aliénés, à toutes les obligations prescrites par la présente loi.

6. Des règlements d'administration publique détermineront les conditions auxquelles seront accordées les autorisations énoncées en l'article précédent, les cas où elles pourront être retirées, et les obligations auxquelles seront soumis les établissements autorisés.

7. Les règlements intérieurs des établissements publics consacrés, en tout ou en partie, au service des aliénés, seront, dans les dispositions relatives à ce service, soumis à l'approbation du ministre de l'intérieur.

TITRE II

Des placements faits dans les établissements d'aliénés.

SECTION PREMIÈRE

Des placements volontaires.

8. Les chefs ou préposés responsables des établissements publics et les directeurs des établissements privés et consacrés aux aliénés ne pourront recevoir une personne atteinte d'aliénation mentale, s'il ne leur est remis : — 1° Une demande d'admission contenant les noms, profession, âge et domicile, tant de la personne qui la formera, que de celle dont le placement sera réclamé, et l'indication du degré de parenté ou, à défaut, de la nature des relations qui existent entre elles. — La demande sera écrite et signée par celui qui la formera, et, s'il ne sait pas écrire, elle sera reçue par le maire ou le commissaire de police, qui en donnera acte. — Les chefs, préposés ou directeurs, devront s'assurer, sous leur responsabilité, de l'individualité de la personne qui aura formé la demande, lorsque cette demande n'aura pas été reçue par le maire ou le commissaire de police. — Si la demande d'admission est formée par le tuteur d'un interdit, il devra fournir, à l'appui, un extrait du jugement d'interdiction ; — 2° Un certificat de médecin constatant l'état mental de la personne à placer, et indiquant les particularités de sa maladie et la nécessité de faire traiter la personne désignée dans un établissement d'aliénés et de l'y tenir renfermée. — Ce certificat ne pourra être admis, s'il a été délivré plus de quinze jours avant sa remise au chef ou directeur ; s'il est signé d'un médecin attaché à l'établissement, ou si le médecin signataire est parent ou allié, au second degré inclusivement, des chefs ou propriétaires de l'établissement, ou de la personne qui fera effectuer le placement. — En cas d'urgence, les chefs des établissements publics pourront se dispenser d'exiger le certificat du médecin ; — 3° Le passeport ou toute autre pièce propre à constater l'individualité de la personne à placer. — Il sera fait mention de toutes les pièces produites dans un bulletin d'entrée, qui sera renvoyé, dans les vingt-quatre heures, avec un certificat du médecin de l'établissement, et la copie de celui ci-dessus mentionné, au préfet de police à Paris, au préfet ou au sous-préfet dans les communes chefs-lieux de département ou d'arrondissement, et aux maires dans les autres communes. Le sous-préfet, ou le maire, en fera immédiatement l'envoi au préfet.

9. Si le placement est fait dans un établissement privé, le préfet, dans les trois jours de la réception du bulletin, chargera un ou plusieurs hommes de l'art de visiter la personne désignée dans ce bulletin, à l'effet de constater son état mental et d'en faire rapport sur-le-champ. Il pourra leur adjoindre telle autre personne qu'il désignera.

10. Dans le même délai, le préfet notifiera administrativement les noms, profession et domicile, tant de la personne placée que de celle qui aura demandé le placement, et les causes du placement : 1° au procureur du roi de l'arrondissement du domicile de la personne placée ; 2° au procureur du roi de l'arrondissement de la situation de l'établissement : ces dispositions seront communes aux établissements publics et privés.

11. Quinze jours après le placement d'une personne dans un établissement public ou privé, il sera adressé au préfet, conformément au dernier paragraphe de l'article 8, un nouveau certificat du médecin de l'établissement ; ce certificat confirmera ou rectifiera, s'il y a lieu, les observations contenues dans le premier certificat, en indiquant le retour plus ou moins fréquent des accès ou des actes de démence.

12. Il y aura, dans chaque établissement, un registre coté et paraphé par le maire, sur lequel seront immédiatement inscrits les noms, profession, âge et domicile des personnes placées dans les établissements, la mention du jugement d'interdiction, si elle a été prononcée, et le nom de leur tuteur ; la date de leur placement, les noms, profession et demeure de la personne, parente ou non parente, qui l'aura demandé. Seront également transcrits sur ce registre : 1° le certificat du médecin, joint à la demande d'admission ; 2° ceux que le médecin de l'établissement devra adresser à l'autorité, conformément aux articles 8 et 11. — Le médecin sera tenu de consigner sur ce registre, au moins tous les mois, les changements survenus dans l'état mental de chaque malade. Ce registre constatera également les sorties et les décès. Ce registre sera soumis aux personnes qui, d'après l'article 4, auront le droit de visiter l'établissement, lorsqu'elles se présenteront pour en faire la visite ; après l'avoir terminée, elles apposeront sur le registre leur visa, leur signature et leurs observations, s'il y a lieu.

13. Toute personne placée dans un établissement d'aliénés cessera d'y être retenue aussitôt que les médecins de l'établissement auront déclaré sur le registre énoncé en l'article précédent, que la guérison est obtenue. — S'il s'agit d'un mineur ou d'un interdit, il sera donné immédiatement avis de la déclaration des médecins aux personnes auxquelles il devra être remis, et au procureur du roi.

14. Avant même que les médecins aient déclaré la guérison, toute personne placée dans un établissement d'aliénés cessera également d'y être retenue, dès que la sortie sera requise par l'une des personnes ci-après désignées, savoir : — 1° Le curateur nommé en exécution de l'article 38 de la présente loi ; — 2° L'époux ou l'épouse ; — 3° S'il n'y a pas d'époux ou d'épouse, les ascendants ; — 4° S'il n'y a pas d'ascendants, les descendants ; — 5° La personne qui aura signé la demande d'admission, à moins qu'un parent n'ait déclaré s'opposer à ce qu'elle use de cette faculté sans l'assentiment du conseil de famille ; — 6° Toute personne à ce autorisée par le conseil de famille. — S'il résulte d'une opposition notifiée au chef de l'établissement par un ayant-droit qu'il y a dissentiment, soit entre les ascendants, soit entre les descendants, le conseil de famille prononcera. — Néanmoins, si le médecin de l'établissement est d'avis que l'état mental du malade pourrait compromettre l'ordre public ou la sûreté des personnes, il en sera donné préalablement connaissance au maire, qui pourra ordonner immédiatement un sursis provisoire à la sortie, à la charge d'en référer, dans les vingt-quatre heures, au préfet. Ce sursis provisoire cessera de plein droit à l'expiration de la quinzaine, si le préfet n'a pas, dans ce délai, donné d'ordres contraires, conformément à l'article 21 ci-après. L'ordre du maire sera transcrit sur le registre tenu en exécution de l'article 12. — En cas de minorité ou d'interdiction, le tuteur pourra seul requérir la sortie.

15. Dans les vingt-quatre heures de la sortie, les chefs, préposés ou directeurs, en donneront avis aux fonctionnaires désignés dans le dernier paragraphe de l'article 8, et leur feront connaître le nom et la résidence des personnes qui auront retiré le malade, son état mental au moment de sa sortie, et, autant que possible, l'indication du lieu où il aura été conduit.

16. Le préfet pourra toujours ordonner la sortie immédiate des personnes placées volontairement dans les établissements d'aliénés.

17. En aucun cas, l'interdit ne pourra être remis qu'à son tuteur, et le mineur, qu'à ceux sous l'autorité desquels il est placé par la loi.

SECTION II

Des placements ordonnés par l'autorité publique.

18. A Paris, le préfet de police, et, dans les départements, les préfets ordonneront d'office le placement, dans un établissement d'aliénés, de toute personne interdite, ou non interdite, dont l'état d'aliénation compromettrait l'ordre public ou la sûreté des personnes. — Les ordres des préfets seront motivés et devront énoncer les circonstances qui les auront rendus nécessaires. Ces ordres, ainsi que ceux qui seront donnés conformément aux articles 19, 20, 21 et 23, seront inscrits sur un registre semblable à celui qui est prescrit par l'article 12 ci-dessus, dont toutes les dispositions seront applicables aux individus placés d'office.

19. En cas de danger imminent, attesté par le certificat d'un médecin ou par la notoriété publique, les commissaires de police à Paris, et les maires dans les autres communes, ordonneront, à l'égard des personnes atteintes d'aliénation mentale, toutes les mesures provisoires nécessaires, à la charge d'en référer dans les vingt-quatre heures au préfet, qui statuera sans délai.

20. Les chefs, directeurs ou préposés responsables des établissements, seront tenus d'adresser aux préfets, dans le premier mois de chaque semestre, un rapport rédigé par le médecin de l'établissement sur l'état de chaque personne qui y sera retenue, sur la nature de sa maladie et les résultats du traitement. — Le préfet prononcera sur chacune individuellement, ordonnera sa maintenue dans l'établissement ou sa sortie.

21. A l'égard des personnes dont le placement aura été volontaire, et dans le cas où leur état mental pourrait compromettre l'ordre public ou la sûreté des personnes, le préfet pourra, dans les formes tracées par le deuxième paragraphe de l'article 18, décerner un ordre spécial, à l'effet d'empêcher qu'elles ne sortent de l'établissement sans son autorisation, si ce n'est pour être placées dans un autre établissement. — Les chefs, directeurs ou préposés responsables, seront tenus de se conformer à cet ordre.

22. Les procureurs du roi seront informés de tous les ordres donnés en vertu des articles 18, 19, 20 et 21. — Ces ordres seront notifiés au maire du domicile des personnes soumises au placement, qui en donnera immédiatement avis aux familles. — Il en sera rendu compte au ministre de l'intérieur. — Les diverses notifications prescrites par le présent article seront faites dans les formes et délais énoncés en l'article 10.

23. Si, dans l'intervalle qui s'écoulera entre les rapports ordonnés par l'article 20, les médecins déclarent, sur le registre tenu en exécution de l'article 12, que la sortie peut être ordonnée, les chefs, directeurs ou préposés responsables des établissements, seront tenus, sous peine d'être poursuivis, conformément à l'article 30 ci-après, d'en référer aussitôt au préfet, qui statuera sans délai.

24. Les hospices et hôpitaux civils seront tenus de recevoir provisoirement les personnes qui leur seront adressées en vertu des articles 18 et 19, jusqu'à ce qu'elles soient dirigées sur l'établissement spécial destiné à les recevoir, aux termes de l'article 1er, ou pendant le trajet qu'elles feront pour s'y rendre. — Dans toutes les communes où il existe des hospices ou hôpitaux, les aliénés ne pourront être déposés ailleurs que dans ces hospices ou hôpitaux. Dans les lieux où il n'en existe pas, les maires devront pourvoir à leur logement, soit dans une hôtellerie, soit dans un local loué à cet effet. — Dans aucun cas, les aliénés ne pourront être ni conduits avec les condamnés ou les prévenus, ni déposés dans une prison. — Ces dispositions sont applicables à tous les aliénés dirigés par l'administration sur un établissement public ou privé.

SECTION III

Dépenses du service des aliénés.

25. Les aliénés dont le placement aura été ordonné par le préfet, et dont les familles n'auront pas demandé l'admission dans un établissement privé, seront conduits dans l'établissement appartenant au département, ou avec lequel il aura traité. — Les aliénés dont l'état mental ne compromettrait point l'ordre public ou la sûreté des personnes y seront également admis, dans les formes, dans les circonstances et aux conditions qui seront réglées par le conseil général, sur la proposition du préfet, et approuvées par le ministre.

26. La dépense du transport des personnes dirigées par l'administration sur les établissements d'aliénés sera arrêtée par le préfet, sur le mémoire des agents préposés à ce transport. — La dépense de l'entretien, du séjour et du traitement des personnes placées dans les hospices ou établissements publics d'aliénés sera réglée d'après un tarif arrêté par le préfet. — La dépense de l'entretien, du séjour et du traitement des personnes placées par les départements dans les établissements privés sera fixée par les traités passés par le département conformément à l'article 1er.

27. Les dépenses énoncées en l'article précédent seront à la charge des personnes placées ; à défaut, à la charge de ceux auxquels il peut être demandé des aliments, aux termes des articles 205 et suivants du Code civil. — S'il y a contestation sur l'obligation de fournir des aliments, ou sur leur quotité, il sera statué par le tribunal compétent, à la diligence de l'administrateur désigné en exécution des articles 31 et 32. — Le recouvrement des sommes dues sera poursuivi et opéré à la diligence de l'administration de l'enregistrement et des domaines.

28. A défaut, ou en cas d'insuffisance des ressources énoncées en l'article précédent, il y sera pourvu sur les centimes affectés, par la loi des finances, aux dépenses ordinaires du département auquel l'aliéné appartient, sans préjudice du concours de la commune du domicile de l'aliéné, d'après les bases proposées par le conseil général sur l'avis du préfet, et approuvées par le gouvernement. — Les hospices seront tenus à une indemnité proportionnée au nombre des aliénés dont le traitement ou l'entretien était à leur charge, et qui seraient placés dans un établissement spécial d'aliénés. — En cas de contestation, il sera statué par le conseil de préfecture.

SECTION IV

Dispositions communes à toutes les personnes placées dans les établissements d'aliénés.

29. Toute personne placée ou retenue dans un établissement d'aliénés, son tuteur, si elle est mineure, son curateur, tout parent ou ami, pourront, à quelque époque que ce soit, se pourvoir devant le tribunal du lieu de la situation de l'établissement, qui, après les vérifications nécessaires, ordonnera, s'il y a lieu, la sortie immédiate. — Les personnes qui auront demandé le placement, et le procureur du roi, d'office, pourront se pourvoir aux mêmes fins. — Dans le cas d'interdiction, cette demande ne pourra être formée que par le tuteur de l'interdit. — La décision sera rendue, sur simple requête, en chambre du conseil et sans délai; elle ne sera point motivée. — La requête, le jugement et les autres actes auxquels la réclamation pourrait donner lieu, seront visés pour timbre et enregistrés en débet. — Aucunes requêtes, aucunes réclamations adressées, soit à l'autorité judiciaire, soit à l'autorité administrative, ne pourront être supprimées ou retenues par les chefs d'établissements, sous les peines portées au titre III ci-après.

30. Les chefs, directeurs ou préposés responsables, ne pourront, sous les peines portées par l'article 120 du Code pénal, retenir une personne placée dans un établissement d'aliénés, dès que sa sortie aura été ordonnée par le préfet, aux termes des articles 16, 20 et 23, ou par le tribunal, aux termes de l'article 29, ni lorsque cette personne se trouvera dans les cas énoncés aux articles 13 et 14.

31. Les commissions administratives ou de surveillance des hospices ou établissements publics d'aliénés exerceront, à l'égard des personnes non interdites qui y seront placées, les fonctions d'administrateurs provisoires. Elles désigneront un de leurs membres pour les remplir; l'administrateur, ainsi désigné, procédera au recouvrement des sommes dues à la personne placée dans l'établissement, et à l'acquittement de ses dettes; passera des baux qui ne pourront excéder trois ans, et pourra même, en vertu d'une autorisation spéciale accordée par le président du tribunal civil, faire vendre le mobilier. — Les sommes provenant, soit de la vente, soit des autres recouvrements, seront versées directement dans la caisse de l'établissement, et seront employées, s'il y a lieu, au profit de la personne placée dans l'établissement. — Le cautionnement du receveur sera affecté à la garantie desdits deniers, par privilége aux créances de toute autre nature. — Néanmoins, les parents, l'époux ou l'épouse des personnes placées dans des établissements d'aliénés dirigés ou surveillés par des commissions administratives, ces commissions elles-mêmes, ainsi que le procureur du roi, pourront toujours recourir aux dispositions des articles suivants.

32. Sur la demande des parents, de l'époux ou de l'épouse, sur celle de la commission administrative ou sur la provocation, d'office, du procureur du roi, le tribunal civil du lieu du domicile pourra, conformément à l'article 497 du Code civil, nommer, en chambre du conseil, un administrateur provisoire aux biens de toute personne non interdite placée dans un établissement d'aliénés. Cette nomination n'aura lieu qu'après délibération du conseil de famille, et sur les conclusions du procureur du Roi. Elle ne sera pas sujette à l'appel.

33. Le tribunal, sur la demande de l'administrateur provisoire, ou à la diligence du procureur du roi, désignera un mandataire spécial à l'effet de représenter en justice tout individu non interdit et placé ou retenu dans un établissement d'aliénés, qui serait engagé dans une contestation judiciaire au moment du placement, ou contre lequel une action serait intentée postérieurement. — Le tribunal pourra aussi, dans le cas d'urgence, désigner un mandataire spécial à l'effet d'intenter, au nom des mêmes individus, une action mobilière ou immobilière. L'administrateur provisoire pourra, dans les deux cas, être désigné pour mandataire spécial.

34. Les dispositions du Code civil, sur les causes qui dispensent de la tutelle, sur les incapacités, les exclusions ou les destitutions des tuteurs, sont applicables aux administrateurs provisoires nommés par le tribunal. — Sur la demande des parties intéressées, ou sur celle du procureur du roi, le jugement qui nommera l'administrateur provisoire pourra en même temps constituer sur ses biens une hypothèque générale ou spéciale, jusqu'à concurrence d'une somme déterminée par ledit jugement. — Le procureur du roi devra, dans le délai de quinzaine, faire inscrire cette hypothèque au bureau de la conservation; elle ne datera que du jour de l'inscription.

35. Dans le cas où un administrateur provisoire aura été nommé par jugement, les significations à faire à la personne placée dans un établissement d'aliénés seront faites à cet administrateur. — Les significations faites au domicile pourront, suivant les circonstances, être annulées par les tribunaux. — Il n'est point dérogé aux dispositions de l'article 173 du Code de commerce.

36. A défaut d'administrateur provisoire, le président, à la requête de la partie la plus diligente, commettra un notaire pour représenter les personnes non interdites placées dans les établissements d'aliénés, dans les inventaires, comptes, partages et liquidations dans lesquels elles seraient intéressées.

37. Les pouvoirs conférés en vertu des articles précédents cesseront de plein droit dès que la personne placée dans un établissement d'aliénés n'y sera plus retenue. — Les pouvoirs conférés par le tribunal en vertu de l'article 32 cesseront de plein droit à l'expiration d'un délai de trois ans; ils pourront être renouvelés. — Cette disposition n'est pas applicable aux administrateurs provisoires qui seront donnés aux personnes entretenues par l'administration dans des établissements privés.

38. Sur la demande de l'intéressé, de l'un de ses parents, de l'époux ou de l'épouse, d'un ami, ou sur la provocation d'office du procureur du roi, le tribunal pourra nommer, en chambre du conseil, par jugement non susceptible d'appel, en outre de l'administrateur provisoire, un curateur à la personne de tout individu non interdit placé dans un établissement d'aliénés, lequel devra veiller: 1° à ce que ses revenus soient employés à adoucir son sort et à accélérer sa guérison; 2° à ce que ledit individu soit rendu au libre exercice de ses droits aussitôt que sa situation le permettra. — Ce curateur ne pourra pas être choisi parmi les héritiers présomptifs de la personne placée dans un établissement d'aliénés.

39. Les actes faits par une personne placée dans un établissement d'aliénés, pendant le temps qu'elle y aura été retenue, sans que son interdiction ait été prononcée ni provoquée, pourront être attaqués pour cause de démence, conformément à l'article 1304 du Code civil. — Les dix ans de l'action en nullité courront, à l'égard de la personne retenue qui aura souscrit les actes, à dater de la signification qui lui en aura été faite, ou de la connaissance qu'elle en aura eue après sa sortie définitive de la maison d'aliénés; — Et, à l'égard de ses héritiers, à dater de la signification qui leur en aura été faite, ou de la connaissance qu'ils en auront eue, depuis la mort de leur auteur. Lorsque les dix ans auront commencé de courir contre celui-ci, ils continueront de courir contre les héritiers.

40. Le ministère public sera entendu dans toutes les affaires qui intéresseront les personnes placées dans un établissement d'aliénés, lors même qu'elles ne seraient pas interdites.

TITRE III

Dispositions générales.

41. Les contraventions aux dispositions des articles 5, 8, 11, 12 du second paragraphe de l'article 13, des articles 15, 17, 20, 21, et du dernier paragraphe de l'article 29 de la présente loi, et aux règlements rendus en vertu de l'article 6, qui seront commises par les chefs, directeurs ou préposés responsables des établissements publics ou privés d'aliénés, et par les médecins employés dans ces établissements, seront punies d'un emprisonnement de cinq jours à un an, et d'une amende de cinquante francs à trois mille francs, ou de l'une ou l'autre de ces peines. — Il pourra être fait application de l'article 463 du Code pénal.

3 mai 1841

LOI *sur l'expropriation pour cause d'utilité publique.*

TITRE PREMIER

Dispositions préliminaires.

ARTICLE **1er**. L'expropriation pour cause d'utilité publique s'opère par autorité de justice.

2. Les tribunaux ne peuvent prononcer l'expropriation qu'autant que l'utilité en a été constatée et déclarée dans les formes prescrites par la présente loi. — Ces formes consistent: — 1° Dans la loi ou l'ordonnance royale qui autorise l'exécution des travaux pour lesquels l'expropriation est requise; — 2° Dans l'acte du préfet qui désigne les localités ou territoires sur lesquels les travaux doivent avoir lieu, lorsque cette désignation ne résulte pas de la loi ou de l'ordonnance royale; — 3° Dans l'arrêté ultérieur par lequel le préfet détermine les propriétés particulières auxquelles l'expropriation est applicable. — Cette application ne peut être faite à aucune propriété particulière qu'après que les parties intéressées ont été mises en état d'y fournir leurs contredits, selon les règles exprimées au titre II.

3. Tous grands travaux publics, routes royales, canaux, chemins de fer, canalisation des rivières, bassins et docks, entrepris par l'État, les départements, les communes, ou par compagnies particulières, avec ou sans péage, avec ou sans subside du trésor, avec ou sans aliénation du domaine public, ne pourront être exécutés qu'en vertu d'une loi, qui ne sera rendue qu'après une enquête administrative. — Une ordonnance royale suffira pour autoriser l'exécution des routes départementales, celle des canaux et chemins de fer d'embranchement de moins de vingt mille mètres de longueur, des ponts et de tous autres travaux de moindre importance. — Cette ordonnance devra également être précédée d'une enquête. — Ces enquêtes auront lieu dans les formes déterminées par un règlement d'administration publique.

TITRE II

Des mesures d'administration relatives à l'expropriation.

4. Les ingénieurs ou autres gens de l'art chargés de l'exécution des travaux lèvent, pour la partie qui s'étend sur chaque commune, le plan parcellaire des terrains ou des édifices dont la cession leur paraît nécessaire.

5. Le plan desdites propriétés particulières, indicatif des noms de chaque propriétaire, tels qu'ils sont inscrits sur la matrice des rôles, reste déposé, pendant huit jours, à la mairie de la commune où les propriétés sont situées, afin que chacun puisse en prendre connaissance.

6. Le délai fixé à l'article précédent ne court qu'à dater de l'avertissement, qui est donné collectivement aux parties intéressées, de prendre communication du plan déposé à la mairie. — Cet avertissement est publié à son de trompe ou de caisse dans la commune, et affiché tant à la principale porte de l'église du lieu qu'à celle de la maison commune. — Il est en outre inséré dans l'un des journaux publiés dans l'arrondissement, ou, s'il n'en existe aucun, dans l'un des journaux du département.

7. Le maire certifie ces publications et affiches; il mentionne sur un procès-verbal qu'il ouvre à cet effet, et que les parties qui comparaissent sont requises de signer, les déclarations et réclamations qui lui ont été faites verbalement, et y annexe celles qui lui sont transmises par écrit.

8. A l'expiration du délai de huitaine prescrit par l'article 5, une commission se réunit au chef-lieu de la sous-préfecture. — Cette commission, présidée par le sous-préfet de l'arrondissement, sera composée de quatre membres du conseil général du département ou du conseil de l'arrondissement désignés par le préfet, du maire de la commune où les propriétés sont situées, et de l'un des ingénieurs chargés de l'exécution des travaux. — La commission ne peut délibérer valablement qu'autant que cinq de ses membres au moins sont présents. — Dans le cas où le nombre des membres présents serait de six, et où il y aurait partage d'opinions, la voix du président sera prépondérante. — Les propriétaires qu'il s'agit d'exproprier ne peuvent être appelés à faire partie de la commission.

9. La commission reçoit, pendant huit jours, les observations des propriétaires. — Elle les appelle toutes les fois qu'elle le juge convenable. — Elle donne son avis. — Ses opérations doivent être terminées dans le délai de dix jours; après quoi le procès-verbal est adressé immédiatement par le sous-préfet au préfet. — Dans le cas où lesdites opérations n'auraient pas été mises à fin dans le délai ci-dessus, le sous-préfet devra, dans les trois jours, transmettre au préfet son procès-verbal et les documents recueillis.

10. Si la commission propose quelque changement au tracé indiqué par les ingénieurs, le sous-préfet devra, dans la forme indiquée par l'article 6, en donner immédiatement avis aux propriétaires que ces changements pourront intéresser. Pendant huitaine, à dater de cet avertissement, le procès-verbal et les pièces resteront déposés à la sous-préfecture; les parties intéressées pourront en prendre communication sans déplacement et sans frais, et fournir leurs observations écrites. — Dans les trois jours suivants, le sous-préfet transmettra toutes les pièces à la préfecture.

11. Sur le vu du procès-verbal et des documents y annexés, le préfet détermine, par un arrêté motivé, les propriétés qui doivent être cédées, et indique l'époque à laquelle il sera nécessaire d'en prendre possession. Toutefois, dans le cas où il résulterait de l'avis de la commission qu'il y aurait lieu de modifier le tracé des travaux ordonnés, le préfet surseoira jusqu'à ce qu'il ait été prononcé par l'administration supérieure. — L'administration supérieure pourra, suivant les circonstances, ou statuer définitivement, ou ordonner qu'il soit procédé de nouveau à tout ou partie des formalités prescrites par les articles précédents.

12. Les dispositions des articles 8, 9 et 10 ne sont point applicables au cas où l'expropriation serait demandée par une commune, et dans un intérêt purement communal, non plus qu'aux travaux d'ouverture ou de redressement des chemins vicinaux. — Dans ce cas, le procès-verbal prescrit par l'article 7 est transmis, avec l'avis du conseil municipal, par le maire au sous-préfet, qui l'adressera au préfet avec ses observations. — Le préfet, en conseil de préfecture, sur le vu de ce procès-verbal, et sauf l'approbation de l'administration supérieure, prononcera comme il est dit en l'article précédent.

TITRE III

De l'expropriation et de ses suites, quant aux privilèges, hypothèques et autres droits réels.

13. Si des biens de mineurs, d'interdits, d'absents ou autres incapables, sont compris dans les plans déposés en vertu de l'article 5, ou dans les modifications admises par l'administration supérieure, aux termes de l'article 11 de la présente loi, les tuteurs, ceux qui ont été envoyés en possession provisoire, et tous représentants des incapables, peuvent, après autorisation du tribunal donnée sur simple requête, en la chambre du conseil, le ministère public entendu, consentir amiablement à l'aliénation desdits biens. — Le tribunal ordonne les mesures de conservation ou de remploi qu'il juge nécessaires. — Ces dispositions sont applicables aux immeubles dotaux et aux majorats. — Les préfets pourront, dans le même cas, aliéner les biens des départements, s'ils y sont autorisés par délibération du conseil général; les maires ou administrateurs pourront aliéner les biens des communes ou établissements publics, s'ils y sont autorisés par délibération du conseil municipal ou du conseil d'administration, approuvée par le préfet en conseil de préfecture. — Le ministre des finances peut consentir à l'aliénation des biens de l'État, ou de ceux qui font partie de la dotation de la Couronne, sur la proposition de l'intendant de la liste civile. — A défaut de conventions amiables, soit avec les propriétaires des terrains ou bâtiments dont la cession est reconnue nécessaire, soit avec ceux qui les représentent, le préfet transmet au procureur du Roi, dans le ressort duquel les biens sont situés, la loi ou l'ordonnance qui autorise l'exécution des travaux, et l'arrêté mentionné en l'article 11.

14. Dans les trois jours, et sur la production des pièces constatant que les formalités prescrites par l'article 2 du titre Ier, et par le titre II de la présente loi, ont été remplies, le procureur du Roi requiert et le tribunal prononce l'expropriation pour cause d'utilité publique des terrains ou bâtiments indiqués dans l'arrêté du préfet. — Si, dans l'année de l'arrêté du préfet, l'administration n'a pas poursuivi l'expropriation, tout propriétaire dont les terrains sont compris audit arrêté peut présenter requête au tribunal. Cette requête sera communiquée par le procureur du Roi au préfet, qui devra, dans le plus bref délai, envoyer les pièces, et le tribunal statuera dans les trois jours. — Le même jugement commet un des membres du tribunal pour remplir les fonctions attribuées par le titre IV, chapitre II, au magistrat directeur du jury chargé de fixer l'indemnité, et désigne un autre membre pour le remplacer au besoin. — En cas d'absence ou d'empêchement de ces deux magistrats, il sera pourvu à leur remplacement par une ordonnance sur requête du président du tribunal civil. Dans le cas où les propriétaires à exproprier consentiraient à la cession, mais où il n'y aurait point accord sur le prix, le tribunal donnera acte du consentement, et désignera le magistrat directeur du jury, sans qu'il soit besoin de rendre le jugement d'expropriation, ni de s'assurer que les formalités prescrites par le titre II ont été remplies.

15. Le jugement est publié et affiché, par extrait, dans la commune de la situation des biens, de la manière indiquée en l'article 6. Il est en outre inséré dans l'un des journaux publiés dans l'arrondissement, ou, s'il n'en existe aucun, dans l'un de ceux du département. — Cet extrait, contenant les noms des propriétaires, les motifs et le dispositif du jugement, leur est notifié au domicile qu'ils auront élu dans l'arrondissement de la situation des biens, par une déclaration faite à la mairie de la commune où les biens sont situés; et, dans le cas où cette élection de domicile n'aurait pas eu lieu, la notification de l'extrait sera faite en double copie au maire et au fermier, locataire, gardien ou régisseur de la propriété. — Toutes les autres notifications prescrites par la présente loi seront faites dans la forme ci-dessus indiquée.

16. Le jugement sera, immédiatement après l'accomplissement des formalités prescrites par l'article 15 de la présente loi, transcrit au bureau de la conservation des hypothèques de l'arrondissement, conformément à l'article 2181 du Code civil.

17. Dans la quinzaine de la transcription, les privilèges et les hypothèques conventionnelles, judiciaires ou légales, seront inscrits. — A défaut d'inscription dans ce délai, l'immeuble exproprié sera affranchi de tous privilèges et hypothèques, de quelque nature qu'ils soient, sans préjudice des droits des femmes, mineurs et interdits, sur le montant de l'indemnité, tant qu'elle n'a pas été payée ou que l'ordre n'a pas été réglé définitivement entre les créanciers. — Les créanciers inscrits n'auront, dans aucun cas, la faculté de surenchérir; mais ils pourront exiger que l'indemnité soit fixée conformément au titre IV.

18. Les actions en résolution, en revendication, et toutes autres actions réelles, ne pourront arrêter l'expropriation ni en empêcher l'effet. Le droit des réclamants sera transporté sur le prix, et l'immeuble en demeurera affranchi.

19. Les règles posées dans le premier paragraphe de l'article 15 et dans les articles 16, 17 et 18, sont applicables dans le cas de conventions amiables passées entre l'administration et les propriétaires. — Cependant, l'administration peut, sauf les droits des tiers, et sans accomplir les formalités ci-dessus tracées, payer le prix des acquisitions dont la valeur ne s'élèverait pas au-dessus de cinq cents francs. — Le défaut d'accomplissement des formalités de la purge des hypothèques n'empêche pas l'expropriation d'avoir son cours; sauf pour les parties intéressées à faire valoir leurs droits ultérieurement dans les formes déterminées par le titre IV de la présente loi.

20. Le jugement ne pourra être attaqué que par la voie du recours en cassation, et seulement pour incompétence, excès de pouvoir ou vices de forme du jugement. — Le pourvoi aura lieu, au plus tard, dans les trois jours, à dater de la notification du jugement, par déclaration au greffe du tribunal. Il sera notifié dans la huitaine, soit à la partie, au domicile indiqué par l'article 15, soit au préfet ou au maire, suivant la nature des travaux; le tout à peine de déchéance. — Dans la quinzaine de la notification du pourvoi, les pièces seront adressées à la chambre civile de la cour de cassation, qui statuera dans le mois suivant. — L'arrêt, s'il est rendu par défaut, à l'expiration de ce délai, ne sera pas susceptible d'opposition.

TITRE IV

Du règlement des indemnités.

CHAPITRE PREMIER

Mesures préparatoires.

21. Dans la huitaine qui suit la notification prescrite par l'article 15, le propriétaire est tenu d'appeler et de faire connaître à l'administration les fermiers, locataires, ceux qui ont des droits d'usufruit, d'habitation ou d'usage, tels qu'ils sont réglés par le Code civil, et ceux qui peuvent réclamer des servitudes résultant des titres mêmes du propriétaire ou d'autres actes dans lesquels il serait intervenu; sinon il restera seul chargé envers eux des indemnités que ces derniers pourront réclamer. — Les autres intéressés seront en demeure de faire valoir leurs droits par l'avertissement énoncé en l'article 6, et tenus de se faire connaître à l'administration dans le même délai de huitaine, à défaut de quoi ils seront déchus de tous droits à l'indemnité.

22. Les dispositions de la présente loi relatives aux propriétaires et à leurs créanciers sont applicables à l'usufruitier et à ses créanciers.

23. L'administration notifie aux propriétaires et à tous autres intéressés qui auront été désignés ou qui seront intervenus dans le délai fixé par l'article 21 les sommes qu'elle offre pour indemnités. — Ces offres sont, en outre, affichées et publiées conformément à l'article 6 de la présente loi.

24. Dans la quinzaine suivante, les propriétaires et autres intéressés sont tenus de déclarer leur acceptation, ou, s'ils n'acceptent pas les offres qui leur sont faites, d'indiquer le montant de leurs prétentions.

25. Les femmes mariées sous le régime dotal, assistées de leurs maris, les tuteurs, ceux qui ont été envoyés en possession provisoire des biens d'un absent, et autres personnes qui représentent les incapables, peuvent valablement accepter les offres énoncées en l'article 23, s'ils y sont autorisés dans les formes prescrites par l'article 13.

26. Le ministre des finances, les préfets, maires ou administrateurs, peuvent accepter les offres d'indemnité pour expropriation des biens appartenant à l'État, à la Couronne, aux départements, communes ou établissements publics, dans les formes et avec les autorisations prescrites par l'article 13.

27. Le délai de quinzaine, fixé par l'article 24, sera d'un mois dans les cas prévus par les articles 25 et 26.

28. Si les offres de l'administration ne sont pas acceptées dans les délais prescrits par les articles 24 et 27, l'administration citera devant le jury, qui sera convoqué à cet effet, les propriétaires et tous les autres intéressés qui auront été désignés, ou qui seront intervenus, pour qu'il soit procédé au règlement des indemnités de la manière indiquée au chapitre suivant. La citation contiendra l'énonciation des offres qui auront été refusées.

CHAPITRE II

Du jury spécial chargé de régler les indemnités.

29. Dans sa session annuelle, le conseil général du département désigne, pour chaque arrondissement de sous-préfecture, tant sur la liste des électeurs que sur la seconde partie de la liste du jury, trente-six personnes au moins et soixante-douze au plus, qui ont leur domicile réel dans l'arrondissement, parmi lesquelles sont choisis, jusqu'à la session suivante ordinaire du conseil général, les membres du jury spécial appelé, le cas échéant, à régler les indemnités dues par suite d'expropriation pour cause d'utilité publique. — Le nombre des jurés désignés pour le département de la Seine sera de 600. (*Modifié, L. 2 juillet 1880.*)

30. Toutes les fois qu'il y aura lieu de recourir à un jury spécial, la première chambre de la cour royale, dans les départements qui sont le siège d'une cour royale, et, dans les autres départements, la première chambre du tribunal du chef-lieu judiciaire, choisit en la chambre du conseil, sur la liste dressée en vertu de l'article précédent pour l'arrondissement dans lequel ont lieu les expropriations, seize personnes qui formeront le jury spécial chargé de fixer définitivement le montant de l'indemnité, et, en outre, quatre jurés supplémentaires; pendant les vacances, ce choix est déféré à la chambre de la cour ou du tribunal chargée du service des vacations. En cas d'abstention ou de récusation des membres du tribunal, le choix du jury est déféré à la cour royale. — Ne peuvent être choisis: — 1° Les propriétaires, fermiers, locataires des terrains et bâtiments désignés en l'arrêté du préfet pris en vertu de l'article 11, et qui restent à acquérir; — 2° Les créanciers ayant inscription sur lesdits immeubles; — 3° Tous autres intéressés désignés ou intervenants en vertu des articles 21 et 22. — Les septuagénaires seront dispensés, s'ils le requièrent, des fonctions de juré.

31. La liste des seize jurés et des quatre jurés supplémentaires est transmise par le préfet au sous-préfet, qui, après s'être concerté avec le magistrat directeur du jury, convoque les jurés et les parties, en leur indiquant, au moins huit jours à l'avance, le lieu et le jour de la réunion. La notification aux parties leur fait connaître les noms des jurés.

32. Tout juré qui, sans motifs légitimes, manque à l'une des séances ou refuse de prendre part à la délibération, encourt une amende de 100 francs au moins et de 300 francs au plus. — L'amende est prononcée par le magistrat directeur du jury. Il statue en dernier ressort sur l'opposition qui serait formée par le juré condamné. — Il prononce également sur les causes d'empêchement que les jurés proposent, ainsi que sur les exclusions ou incompatibilités dont les causes ne seraient survenues ou n'auraient été connues que postérieurement à la désignation faite en vertu de l'article 30.

33. Ceux des jurés qui se trouvent rayés de la liste par suite des empêchements, exclusions ou incompatibilités prévus à l'article précédent, sont immédiatement remplacés par les jurés supplémentaires, que le magistrat directeur du jury appelle dans l'ordre de leur inscription. — En cas d'insuffisance, le magistrat directeur du jury choisit, sur la liste dressée en vertu de l'article 29, les personnes nécessaires pour compléter le nombre des seize jurés.

34. Le magistrat directeur du jury est assisté, auprès du jury spécial, du greffier ou commis-greffier du tribunal, qui appelle successivement les causes sur lesquelles le jury doit statuer, et tient procès-verbal des opérations. — Lors de l'appel, l'administration a le droit d'exercer deux récusations péremptoires; la partie adverse a le même droit. — Dans le cas où plusieurs intéressés figurent dans la même affaire, ils s'entendent pour l'exercice du droit de récusation, sinon le sort désigne ceux qui doivent en user. — Si le droit de récusation n'est point exercé, ou s'il ne l'est que partiellement, le magistrat directeur du jury procède à la réduction des jurés au nombre de douze, en retranchant les derniers noms inscrits sur la liste.

35. Le jury spécial n'est constitué que lorsque les douze jurés sont présents. — Les jurés ne peuvent délibérer valablement qu'au nombre de neuf au moins.

36. Lorsque le jury est constitué, chaque juré prête serment de remplir ses fonctions avec impartialité.

37. Le magistrat directeur met sous les yeux du jury : — 1° Le tableau des offres et demandes notifiées en exécution des articles 23 et 24; — 2° Les plans parcellaires et les titres ou autres documents produits par les parties à l'appui de leurs offres et demandes. — Les parties ou leurs fondés de pouvoir peuvent présenter sommairement leurs observations. — Le jury pourra entendre toutes les personnes qu'il croira pouvoir l'éclairer. Il pourra également se transporter sur les lieux, ou déléguer à cet effet un ou plusieurs de ses membres. La discussion est publique, elle peut être continuée à une autre séance.

38. La clôture de l'instruction est prononcée par le magistrat directeur du jury. — Les jurés se retirent immédiatement dans leur chambre pour délibérer, sans désemparer, sous la présidence de l'un d'eux, qu'ils désignent à l'instant même. — La décision du jury fixe le montant de l'indemnité; elle est prise à la majorité des voix. — En cas de partage, la voix du président du jury est prépondérante.

39. Le jury prononce des indemnités distinctes en faveur des parties qui les réclament à des titres différents, comme propriétaires, fermiers, locataires, usagers et autres intéressés dont il est parlé à l'article 21. — Dans le cas d'usufruit, une seule indemnité est fixée par le jury, eu égard à la valeur totale de l'immeuble; le nu-propriétaire et l'usufruitier exercent leurs droits sur le montant de l'indemnité au lieu de l'exercer sur la chose. — L'usufruitier sera tenu de donner caution; les père et mère ayant l'usufruit légal des biens de leurs enfants en seront seuls dispensés. — Lorsqu'il y a litige sur le fond du droit ou sur la qualité des réclamants, et toutes les fois qu'il s'élève des difficultés étrangères à la fixation du montant de l'indemnité, le jury règle l'indemnité indépendamment de ces litiges et difficultés, sur lesquels les parties sont renvoyées à se pourvoir devant qui de droit. — L'indemnité allouée par le jury ne peut, en aucun cas, être inférieure aux offres de l'administration, ni supérieure à la demande de la partie intéressée.

40. Si l'indemnité réglée par le jury ne dépasse pas l'offre de l'administration, les parties qui l'auront refusée seront condamnées aux dépens. — Si l'indemnité est égale à la demande des parties, l'administration sera condamnée aux dépens. — Si l'indemnité est à la fois supérieure à l'offre de l'administration et inférieure à la demande des parties, les dépens seront compensés de manière à être supportés par les parties et l'administration, dans les proportions de leur offre ou de leur demande avec la décision du jury. — Tout indemnitaire qui ne se trouvera pas dans le cas des articles 25 et 26 sera condamné aux dépens, quelle que soit l'estimation ultérieure du jury, s'il a omis de se conformer aux dispositions de l'article 24.

41. La décision du jury, signée des membres qui y ont concouru, est remise par le président au magistrat directeur, qui la déclare exécutoire, statue sur les dépens et envoie l'administration en possession de la propriété, à la charge par elle de se conformer aux dispositions des articles 53, 54 et suivants. — Ce magistrat taxe les dépens, dont le tarif est déterminé par un règlement d'administration publique. La taxe ne comprendra que les actes faits postérieurement à l'offre de l'administration; les frais des actes antérieurs demeurent, dans tous les cas, à la charge de l'administration.

42. La décision du jury et l'ordonnance du magistrat directeur ne peuvent être attaquées que par la voie du recours en cassation, et seulement pour violation du premier paragraphe de l'article 30, de l'article 31, des deuxième et quatrième paragraphes de l'article 34, et des articles 35, 36, 37, 38, 39 et 40. — Le délai sera de quinze jours pour ce recours, qui sera d'ailleurs formé, notifié et jugé comme il est dit en l'article 20; il courra à partir du jour de la décision.

43. Lorsqu'une décision du jury aura été cassée, l'affaire sera renvoyée devant un nouveau jury, choisi dans le même arrondissement. — Néanmoins la cour de cassation pourra, suivant les circonstances, renvoyer l'appréciation de l'indemnité à un jury choisi dans un des arrondissements voisins, quand même il appartiendrait à un autre département. — Il sera procédé, à cet effet, conformément à l'article 30.

44. Le jury ne connaît que des affaires dont il a été saisi au moment de sa convocation, et statue successivement et sans interruption sur chacune de ces affaires. Il ne peut se séparer qu'après avoir réglé toutes les indemnités dont la fixation lui a été ainsi déférée.

45. Les opérations commencées par un jury, et qui ne sont pas encore terminées au moment du renouvellement annuel de la liste générale mentionnée en l'article 29, sont continuées, jusqu'à conclusion définitive, par le même jury.

46. Après la clôture des opérations du jury, les minutes de ses décisions et les autres pièces qui se rattachent auxdites opérations sont déposées au greffe du tribunal civil de l'arrondissement.

47. Les noms des jurés qui auront fait le service d'une session ne pourront être portés sur le tableau dressé par le conseil général pour l'année suivante.

CHAPITRE III

Des règles à suivre pour la fixation des indemnités.

48. Le jury est juge de la sincérité des titres et de l'effet des actes qui seraient de nature à modifier l'évaluation de l'indemnité.

49. Dans le cas où l'administration contesterait au détenteur exproprié le droit à une indemnité, le jury, sans s'arrêter à la contestation, dont il renvoie le jugement devant qui de droit, fixe l'indemnité comme si elle était due, et le magistrat directeur du jury en ordonne la consignation, pour ladite indemnité rester déposée jusqu'à ce que les parties se soient entendues ou que le litige soit vidé.

50. Les bâtiments dont il est nécessaire d'acquérir une portion pour cause d'utilité publique seront achetés en entier, si les propriétaires le requièrent par une déclaration formelle adressée au magistrat directeur du jury, dans les délais énoncés aux articles 24 et 27. — Il en sera de même de toute parcelle de terrain qui, par suite du morcellement, se trouvera réduite au quart de la contenance totale, si toutefois le propriétaire ne possède aucun terrain immédiatement contigu, et si la parcelle ainsi réduite est inférieure à dix ares.

51. Si l'exécution des travaux doit procurer une augmentation de valeur immédiate et spéciale au restant de la propriété, cette augmentation sera prise en considération dans l'évaluation du montant de l'indemnité.

52. Les constructions, plantations et améliorations ne donneront lieu à aucune indemnité lorsque, à raison de l'époque où elles auront été faites ou de toutes autres circonstances dont l'appréciation lui est abandonnée, le jury acquiert la conviction qu'elles ont été faites dans la vue d'obtenir une indemnité plus élevée.

TITRE V

Du payement des indemnités.

53. Les indemnités réglées par le jury seront, préalablement à la prise de possession, acquittées entre les mains des ayants-droit. — S'ils se refusent à les recevoir, la prise de possession aura lieu après offres réelles et consignation. — S'il s'agit de travaux exécutés par l'État ou les départements, les offres réelles pourront s'effectuer au moyen d'un mandat égal au montant de l'indemnité réglée par le jury : ce mandat, délivré par l'ordonnateur compétent, visé par le payeur, sera payable sur la caisse publique qui s'y trouvera désignée. — Si les ayants-droit refusent de recevoir le mandat, la prise de possession aura lieu après consignation en espèces.

54. Il ne sera pas fait d'offres réelles toutes les fois qu'il existera des inscriptions sur l'immeuble exproprié ou d'autres obstacles au versement des deniers entre les mains des ayants-droit; dans ce cas, il suffira que les sommes dues par l'administration soient consignées, pour être ultérieurement distribuées ou remises, selon les règles du droit commun.

55. Si, dans les six mois du jugement d'expropriation, l'administration ne poursuit pas la fixation de l'indemnité, les parties pourront exiger qu'il soit procédé à ladite fixation. — Quand l'indemnité aura été réglée, si elle n'est ni acquittée ni consignée dans les six mois de la décision du jury, les intérêts courront de plein droit à l'expiration de ce délai.

TITRE VI

Dispositions diverses.

56. Les contrats de vente, quittances et autres actes relatifs à l'acquisition des terrains, peuvent être passés dans la forme des actes administratifs; la minute restera déposée au secrétariat de la préfecture; expédition en sera transmise à l'administration des domaines.

57. Les significations et notifications mentionnées en la présente loi sont faites à la diligence du préfet du département de la situation des biens. — Elles peuvent être faites tant par huissier que par tout agent de l'administration dont les procès-verbaux font foi en justice.

58. Les plans, procès-verbaux, certificats, significations, jugements, contrats, quittances et autres actes faits en vertu de la présente loi seront visés pour timbre et enregistrés gratis, lorsqu'il y aura lieu à la formalité de l'enregistrement. — Il ne sera perçu aucuns droits pour la transcription des actes au bureau des hypothèques. — Les droits perçus sur les acquisitions amiables faites antérieurement aux arrêtés de préfet seront restitués, lorsque, dans le délai de deux ans, à partir de la perception, il sera justifié que les immeubles acquis sont compris dans ces arrêtés. La restitution des droits ne pourra s'appliquer qu'à la portion des immeubles qui aura été reconnue nécessaire à l'exécution des travaux.

59. Lorsqu'un propriétaire aura accepté les offres de l'administration, le montant de l'indemnité devra, s'il l'exige, et s'il n'y a pas eu contestation de la part des tiers dans les délais prescrits par les articles 24 et 27, être versé à la Caisse des dépôts et consignations, pour être remis ou distribué à qui de droit, selon les règles du droit commun.

60. Si les terrains acquis pour des travaux d'utilité publique ne reçoivent pas cette destination, les anciens propriétaires ou leurs ayants-droit peuvent en demander la remise. — Le prix des terrains rétrocédés est fixé à l'amiable, et, s'il n'y a pas accord, par le jury, dans les formes ci-dessus prescrites. La fixation par le jury ne peut, en aucun cas, excéder la somme moyennant laquelle les terrains ont été acquis.

61. Un avis, publié de la manière indiquée en l'article 6, fait connaître les terrains que l'administration est dans le cas de revendre. Dans les trois mois de cette publication, les anciens propriétaires qui veulent réacquérir la propriété desdits terrains sont tenus de le déclarer ; et, dans le mois de la fixation du prix, soit amiable, soit judiciaire, ils doivent passer le contrat de rachat et payer le prix ; le tout à peine de déchéance du privilège que leur accorde l'article précédent.

62. Les dispositions des articles 60 et 61 ne sont pas applicables aux terrains qui auront été acquis sur la réquisition du propriétaire, en vertu de l'article 50, et qui resteraient disponibles après l'exécution des travaux.

63. Les concessionnaires des travaux publics exerceront tous les droits conférés à l'administration, et seront soumis à toutes les obligations qui lui sont imposées par la présente loi.

64. Les contributions de la portion d'immeuble qu'un propriétaire aura cédée, ou dont il aura été exproprié pour cause d'utilité publique, continueront à lui être comptées pendant un an, à partir de la remise de la propriété, pour former son cens électoral.

TITRE VII

Dispositions exceptionnelles.

CHAPITRE PREMIER

65. Lorsqu'il y aura urgence de prendre possession des terrains non bâtis qui seront soumis à l'expropriation, l'urgence sera spécialement déclarée par une ordonnance royale.

66. En ce cas, après le jugement d'expropriation, l'ordonnance qui déclare l'urgence et le jugement seront notifiés, conformément à l'article 15, aux propriétaires et aux détenteurs, avec assignation devant le tribunal civil. L'assignation sera donnée à trois jours au moins ; elle énoncera la somme offerte par l'administration.

67. Au jour fixé, le propriétaire et les détenteurs seront tenus de déclarer la somme dont ils demandent la consignation avant l'envoi en possession. — Faute par eux de comparaître, il sera procédé en leur absence.

68. Le tribunal fixe le montant de la somme à consigner. — Le tribunal peut se transporter sur les lieux, ou commettre un juge pour visiter les terrains, recueillir tous les renseignements propres à en déterminer la valeur, et en dresser, s'il y a lieu, un procès-verbal descriptif. Cette opération devra être terminée dans les cinq jours, à dater du jugement qui l'aura ordonnée. — Dans les trois jours de la remise de ce procès-verbal au greffe, le tribunal déterminera la somme à consigner.

69. La consignation doit comprendre, outre le principal, la somme nécessaire pour assurer, pendant deux ans, le payement des intérêts à 5 pour 100.

70. Sur le vu du procès-verbal de consignation et sur une nouvelle assignation à deux jours de délai au moins, le président ordonne la prise de possession.

71. Le jugement du tribunal et l'ordonnance du président sont exécutoires sur minute et ne peuvent être attaqués par opposition ni par appel.

72. Le président taxera les dépens, qui seront supportés par l'administration.

73. Après la prise de possession, il sera, à la poursuite de la partie la plus diligente, procédé à la fixation définitive de l'indemnité, en exécution du titre IV de la présente loi.

74. Si cette fixation est supérieure à la somme qui a été déterminée par le tribunal, le supplément doit être consigné dans la quinzaine de la notification de la décision du jury, et, à défaut, le propriétaire peut s'opposer à la continuation des travaux.

CHAPITRE II

75. Les formalités prescrites par les titres I et II de la présente loi ne sont applicables ni aux travaux militaires ni aux travaux de la marine royale. — Pour ces travaux, une ordonnance royale détermine les terrains qui sont soumis à l'expropriation.

76. L'expropriation ou l'occupation temporaire, en cas d'urgence, des propriétés privées qui seront jugées nécessaires pour des travaux de fortification, continueront d'avoir lieu conformément aux dispositions prescrites par la loi du 30 mars 1831. — Toutefois, lorsque les propriétaires ou autres intéressés n'auront pas accepté les offres de l'administration, le règlement définitif des indemnités aura lieu conformément aux dispositions du titre IV ci-dessus. — Seront également applicables aux expropriations poursuivies en vertu de la loi du 30 mars 1831, les articles 16, 17, 18, 19 et 20, ainsi que le titre VI de la présente loi.

TITRE VIII

Dispositions finales.

77. Les lois des 8 mars 1810 et 7 juillet 1833 sont abrogées.

25 juin 1841

LOI *sur les ventes aux enchères de marchandises neuves.*

ARTICLE **1er**. Sont interdites les ventes en détail des marchandises neuves, à cri public, soit aux enchères, soit au rabais, soit à prix fixe proclamé avec ou sans l'assistance des officiers ministériels.

2. Ne sont pas comprises dans cette défense les ventes prescrites par la loi, ou faites par autorité de justice, non plus que les ventes après décès, faillite ou cessation de commerce, ou dans tous les autres cas de nécessité dont l'appréciation sera soumise au tribunal de commerce. — Sont également exceptées les ventes à cri public de comestibles et objets de peu de valeur, connus dans le commerce sous le nom de menue mercerie.

3. Les ventes publiques et en détail de marchandises neuves qui auront lieu après décès ou par autorité de justice, seront faites selon les formes prescrites et par les officiers ministériels préposés pour la vente forcée du mobilier, conformément aux articles 625 et 945 du Code de procédure civile.

4. Les ventes de marchandises après faillite seront faites, conformément à l'article 486 du Code de commerce, par un officier public de la classe que le juge-commissaire aura déterminée. — Quant au mobilier du failli, il ne pourra être vendu aux enchères que par le ministère des commissaires-priseurs, notaires, huissiers ou greffiers de la justice de paix, conformément aux lois et règlements qui déterminent les attributions de ces différents officiers.

5. Les ventes publiques et par enchères après cessation de commerce, ou dans les autres cas de nécessité prévus par l'article 2 de la présente loi, ne pourront avoir lieu qu'autant qu'elles auront été préalablement autorisées par le tribunal de commerce, sur la requête du commerçant propriétaire, à laquelle sera joint un état détaillé des marchandises. — Le tribunal constatera, par son jugement, le fait qui donnera lieu à la vente ; il indiquera le lieu de son arrondissement où se fera la vente ; il pourra même ordonner que les adjudications n'auront lieu que par lots dont il fixera l'importance. — Il décidera, d'après les lois et règlements d'attribution, qui, des courtiers ou des commissaires-priseurs et autres officiers publics, sera chargé de la réception des enchères. — L'autorisation ne pourra être accordée pour cause de nécessité qu'au marchand sédentaire, ayant au moins depuis un an son domicile réel dans l'arrondissement où la vente doit être opérée. — Des affiches apposées à la porte du lieu où se fera la vente énonceront le jugement qui l'aura autorisée.

6. Les ventes publiques aux enchères de marchandises en gros continueront à être faites par le ministère des courtiers, dans les cas, aux conditions et selon les formes indiquées par les décrets des 22 novembre 1811, 17 avril 1812, la loi du 15 mai 1818 et les ordonnances des 1er juillet 1818 et 9 avril 1819.

7. Toute contravention aux dispositions ci-dessus sera punie de la confiscation des marchandises mises en vente, et, en outre, d'une amende de cinquante à trois mille francs, qui sera prononcée solidairement, tant contre le vendeur que contre l'officier public qui l'aura assisté, sans préjudice des dommages-intérêts, s'il y a lieu. — Ces condamnations seront prononcées par les tribunaux correctionnels.

8. Seront passibles des mêmes peines les vendeurs ou officiers publics qui comprendraient sciemment dans les ventes faites par autorité de justice, sur saisie, après décès, faillite, cessation de commerce ou dans les autres cas de nécessité prévus par l'article 2 de la présente loi, des marchandises neuves ne faisant pas partie du fonds ou mobilier mis en vente.

9. Dans tous les cas ci-dessus, où les ventes publiques seront faites par le ministère des courtiers, ils se conformeront aux lois qui les régissent, tant pour les formes de la vente que pour les droits de courtage.

10. Dans les lieux où il n'y aura point de courtiers de commerce, les commissaires-priseurs, les notaires, huissiers et greffiers de justice de paix feront les ventes ci-dessus, selon les droits qui leur sont respectivement attribués par les lois et règlements. — Ils seront, pour lesdites ventes, soumis aux formes, conditions et tarifs imposés aux courtiers.

3 mai 1844

LOI *sur la police de la chasse.*

SECTION PREMIÈRE

De l'exercice du droit de chasse.

ARTICLE **1er**. Nul ne pourra chasser, sauf les exceptions ci-après, si la chasse n'est pas ouverte, et s'il ne lui a pas été délivré un permis de chasse par l'autorité compétente. — Nul n'aura la faculté de chasser sur la propriété d'autrui sans le consentement du propriétaire ou de ses ayants droit.

2. Le propriétaire ou possesseur peut chasser ou faire chasser en tout temps, sans permis de chasse, dans ses possessions attenant à une habitation et entourées d'une clôture continue faisant obstacle à toute communication avec les héritages voisins.

3. (*L. 22 janvier 1874.*) Les préfets détermineront, par des arrêtés publiés au moins dix jours à l'avance, les époques des ouvertures et celles des clôtures des chasses, soit à tir, soit à courre, à cor et à cris, dans chaque département.

(*L. 16 février 1898.*) Ils pourront, dans le même délai, sur l'avis du conseil général, retarder la date de l'ouverture de la chasse et avancer la date de la clôture de la chasse à l'égard d'une espèce de gibier déterminée.

4. Dans chaque département, il est interdit de mettre en vente, de vendre, d'acheter, de transporter et de colporter du gibier pendant le temps où la chasse n'y est pas permise. — En cas d'infraction à cette disposition, le gibier sera saisi et immédiatement livré à l'établissement de bienfaisance le plus voisin, en vertu soit d'une ordonnance du juge de paix, si la saisie a eu lieu au chef-lieu de canton, soit d'une autorisation du maire, si le juge de paix est absent, ou si la saisie a été faite dans une commune autre que celle du chef-lieu. Cette ordonnance ou cette autorisation sera délivrée sur la requête des agents ou gardes qui auront opéré la saisie, et sur la présentation du procès-verbal régulièrement dressé. — La recherche du gibier ne pourra être faite à domicile que chez les aubergistes, chez les marchands de comestibles et dans les lieux ouverts au public. — Il est interdit de prendre ou de détruire, sur le terrain d'autrui, des œufs et des couvées de faisans, de perdrix et de cailles.

5. Les permis de chasse seront délivrés, sur l'avis du maire et du sous-préfet, par le préfet du département dans lequel celui qui en fera la demande aura sa résidence ou son domicile. — La délivrance des permis de chasse donnera lieu au payement d'un droit de quinze francs au profit de l'État, et de dix francs au profit de la commune dont le maire aura donné l'avis énoncé au paragraphe précédent. — Les permis de chasse seront personnels ; ils seront valables pour tout le royaume, et pour un an seulement.

6. Le préfet pourra refuser le permis de chasse : — 1° A tout individu majeur qui ne sera point personnellement inscrit, ou dont le père ou la mère ne serait pas inscrit au rôle des contributions ; — 2° A tout individu qui, par une condamnation judiciaire, a été privé de l'un ou de plusieurs des droits énumérés dans l'article 42 du Code pénal, autres que le droit de port d'armes ; — 3° A tout condamné à un emprisonnement de plus de six mois pour rébellion ou violence envers les agents de l'autorité publique ; — 4° A tout condamné pour délit d'association illicite, de fabrication, débit, distribution de poudre, armes ou autres munitions de guerre ; de menaces écrites ou de menaces verbales avec ordre ou sous condition ; d'entraves à la circulation des grains ; de dévastations d'arbres ou de récoltes sur pied, de plants venus naturellement ou faits de main d'homme ; — 5° A ceux qui ont été condamnés pour vagabondage, mendicité, vol, escroquerie ou abus de confiance. — La faculté de refuser le permis de chasse aux condamnés dont il est question dans les paragraphes 3, 4 et 5 cessera cinq ans après l'expiration de la peine.

7. Le permis de chasse ne sera pas délivré : — 1° Aux mineurs qui n'auront pas seize ans accomplis ; — 2° Aux mineurs de seize à vingt et un ans, à moins que le permis ne soit demandé pour eux par leur père, mère, tuteur ou curateur, porté au rôle des contributions ; — 3° Aux interdits ; — 4° Aux gardes champêtres ou forestiers des communes et établissements publics, ainsi qu'aux gardes forestiers de l'État et aux gardes-pêche.

8. Le permis de chasse ne sera pas accordé : — 1° A ceux qui, par suite de condamnation, sont privés du droit de port d'armes ; — 2° A ceux qui n'auront pas exécuté les condamnations prononcées contre eux pour l'un des délits prévus par la présente loi ; — 3° A tout condamné placé sous la surveillance de la haute police.

9. (*L. 22 janvier 1874.*) Dans le temps où la chasse est ouverte, le permis donne à celui qui l'a obtenu le droit de chasser de jour, soit à tir, soit à courre, à cor et à cris, suivant les distinctions établies par les arrêtés préfectoraux, sur ses propres terres et sur les terres d'autrui, avec le consentement de celui à qui le droit de chasse appartient. — Tous les autres moyens de chasse, à l'exception des furets et des bourses destinées à prendre les lapins, sont formellement prohibés. — Néanmoins, les préfets des départements, sur l'avis des conseils généraux, prendront des arrêtés pour déterminer : — 1° L'époque de la chasse des oiseaux de passage autres que la caille, la nomenclature des oiseaux et les modes et procédés de chaque chasse pour les diverses espèces ; — 2° Le temps pendant lequel il sera permis de chasser le gibier d'eau dans les marais, sur les étangs, fleuves et rivières ; — 3° Les espèces d'animaux malfaisants ou nuisibles que le propriétaire, possesseur ou fermier pourra en tout temps détruire sur ses terres, et les conditions de l'exercice de ce droit, sans préjudice du droit appartenant au propriétaire ou au fermier de repousser ou de détruire, même avec des armes à feu, les bêtes fauves qui porteraient dommage à ses propriétés. — Ils pourront prendre également des arrêtés : — 1° Pour prévenir la destruction des oiseaux ou pour favoriser leur repeuplement ; — 2° Pour autoriser l'emploi des chiens lévriers pour la destruction des animaux malfaisants ou nuisibles ; — 3° Pour interdire la chasse pendant les temps de neige.

10. Des ordonnances royales détermineront la gratification qui sera accordée aux gardes et gendarmes rédacteurs des procès-verbaux ayant pour objet de constater les délits. — *Ord. 5 mai 1845 et Décr. 4 août 1852.*

SECTION II

Des peines.

11. Seront punis d'une amende de seize à cent francs : — 1° Ceux qui auront chassé sans permis de chasse ; — 2° Ceux qui auront chassé sur le terrain d'autrui sans le consentement du propriétaire. — L'amende pourra être portée au double si le délit a été commis sur des terres non dépouillées de leurs fruits, ou s'il a été commis sur un terrain entouré d'une clôture continue faisant obstacle à toute communication avec les héritages voisins, mais non attenant à une habitation. — Pourra ne pas être considéré comme délit de chasse le fait du passage des chiens courants sur l'héritage d'autrui, lorsque ces chiens seront à la suite d'un gibier lancé sur la propriété de leurs maîtres, sauf l'action civile, s'il y a lieu, en cas de dommage ; — 3° Ceux qui auront contrevenu aux arrêtés des préfets concernant les oiseaux de passage, le gibier d'eau, la chasse en temps de neige, l'emploi des chiens lévriers, ou aux arrêtés concernant la destruction des oiseaux et celle des animaux nuisibles et malfaisants ; — 4° Ceux qui auront pris ou détruit, sur le terrain d'autrui, des œufs ou couvées de faisans, de perdrix ou de cailles ; — 5° Les fermiers de la chasse, soit dans les bois soumis au régime forestier, soit sur les propriétés dont la chasse est louée au profit des communes ou établissements publics, qui auront contrevenu aux clauses et conditions de leurs cahiers de charges relatives à la chasse.

12. Seront punis d'une amende de cinquante à deux cents francs, et pourront en outre l'être d'un emprisonnement de six jours à deux mois : — 1° Ceux qui auront chassé en temps prohibé ; — 2° Ceux qui auront chassé pendant la nuit ou à l'aide d'engins et instruments prohibés, ou par d'autres moyens que ceux qui sont autorisés par l'article 9 ; — 3° Ceux qui seront détenteurs ou ceux qui seront trouvés munis ou porteurs, hors de leur domicile, de filets, engins ou autres instruments de chasse prohibés ; — 4° Ceux qui, en temps où la chasse est prohibée, auront mis en vente, vendu, acheté, transporté ou colporté du gibier ; — 5° Ceux qui auront employé des drogues ou appâts qui sont de nature à enivrer le gibier ou à le détruire ; — 6° Ceux qui auront chassé avec appeaux, appelants ou chanterelles. — Les peines déterminées par le présent article pourront être portées au double contre ceux qui auront chassé pendant la nuit sur le terrain d'autrui et par l'un des moyens spécifiés au paragraphe 2, si les chasseurs étaient munis d'une arme apparente ou cachée. — Les peines déterminées par l'article 11 et par le présent article seront toujours portées au maximum, lorsque les délits auront été commis par les gardes champêtres ou forestiers des communes, ainsi que par les gardes forestiers de l'État et des établissements publics.

13. Celui qui aura chassé sur le terrain d'autrui sans son consentement, si ce terrain est attenant à une maison habitée ou servant à l'habitation, et s'il est entouré d'une clôture continue faisant obstacle à toute communication avec les héritages voisins, sera puni d'une amende de cinquante à trois cents francs, et pourra l'être d'un emprisonnement de six jours à trois mois. — Si le délit a été commis pendant la nuit, le délinquant sera puni d'une amende de cent francs à mille francs, et pourra l'être d'un emprisonnement de trois mois à deux ans, sans préjudice, dans l'un et l'autre cas, s'il y a lieu, de plus fortes peines prononcées par le Code pénal.

14. Les peines déterminées par les trois articles qui précèdent pourront être portées au double si le délinquant était en état de récidive, s'il était déguisé ou masqué, s'il a pris un faux nom, s'il a usé de violence envers les personnes, ou s'il a fait des menaces, sans préjudice, s'il y a lieu, de plus fortes peines prononcées par la loi. — Lorsqu'il y aura récidive, dans les cas prévus en l'article 11, la peine de l'emprisonnement de six jours à trois mois pourra être appliquée si le délinquant n'a pas satisfait aux condamnations précédentes.

15. Il y a récidive lorsque, dans les douze mois qui ont précédé l'infraction, le délinquant a été condamné en vertu de la présente loi.

16. Tout jugement de condamnation prononcera la confiscation des filets, engins et autres instruments de chasse. Il ordonnera, en outre, la destruction des instruments de chasse prohibés. — Il prononcera également la confiscation des armes, excepté dans le cas où le délit aura été commis par un individu muni d'un permis de chasse, dans le temps où la chasse est autorisée. — Si les armes, filets, engins ou autres instruments de chasse n'ont pas été saisis, le délinquant sera condamné à les représenter ou à en payer la valeur suivant la fixation qui en sera faite par le jugement, sans qu'elle puisse être au-dessous de cinquante francs. — Les armes, engins ou autres instruments de chasse, abandonnés par les délinquants restés inconnus, seront saisis et déposés au greffe du tribunal compétent. La confiscation et, s'il y a lieu, la destruction en seront ordonnées sur le vu du procès-verbal. — Dans tous les cas, la quotité des dommages-intérêts est laissée à l'appréciation des tribunaux.

17. En cas de conviction de plusieurs délits prévus par la présente loi, par le Code pénal ordinaire ou par les lois spéciales, la peine la plus forte sera seule prononcée. — Les peines encourues pour des faits postérieurs à la déclaration du procès-verbal de contravention pourront être cumulées, s'il y a lieu, sans préjudice des peines de la récidive.

18. En cas de condamnation pour délits prévus par la présente loi, les tribunaux pourront priver le délinquant du droit d'obtenir un permis de chasse pour un temps qui n'excédera pas cinq ans.

19. La gratification mentionnée à l'article 10 sera prélevée sur le produit des amendes. — Le surplus desdites amendes sera attribué aux communes sur le territoire desquelles les infractions auront été commises.

20. L'article 463 du Code pénal ne sera pas applicable aux délits prévus par la présente loi.

SECTION III

De la poursuite et du jugement.

21. Les délits prévus par la présente loi seront prouvés, soit par procès-verbaux ou rapports, soit par témoins, à défaut de rapports et procès-verbaux, ou à leur appui.

22. Les procès-verbaux des maires et adjoints, commissaires de police, officier, maréchal des logis ou brigadier de gendarmerie, gendarmes, gardes forestiers, gardes-pêche, gardes champêtres ou gardes assermentés des particuliers, feront foi jusqu'à preuve contraire.

23. Les procès-verbaux des employés des contributions indirectes et des octrois feront également foi jusqu'à preuve contraire, lorsque, dans la limite de leurs attributions respectives, ces agents rechercheront et constateront les délits prévus par le paragraphe 1er de l'article 4.

24. Dans les vingt-quatre heures du délit, les procès-verbaux des gardes seront, à peine de nullité, affirmés par les rédacteurs devant le juge de paix ou l'un de ses suppléants, ou devant le maire ou l'adjoint, soit de la commune de leur résidence, soit de celle où le délit aura été commis.

25. Les délinquants ne pourront être saisis ni désarmés ; néanmoins, s'ils sont déguisés ou masqués, s'ils refusent de faire connaître leurs noms, ou s'ils n'ont pas de domicile connu, ils seront conduits immédiatement devant le maire ou le juge de paix, lequel s'assurera de leur individualité.

26. Tous les délits prévus par la présente loi seront poursuivis d'office par le ministère public, sans préjudice du droit conféré aux parties lésées par l'article 182 du Code d'instruction criminelle. — Néanmoins, dans le cas de chasse sur le terrain d'autrui sans le consentement du propriétaire, la poursuite d'office ne pourra être exercée par le ministère public, sans une plainte de la partie intéressée, qu'autant que le délit aura été commis dans un terrain clos, suivant les termes de l'article 2, et attenant à une habitation, ou sur des terres non encore dépouillées de leurs fruits.

27. Ceux qui auront commis conjointement les délits de chasse seront condamnés solidairement aux amendes, dommages-intérêts et frais.

28. Le père, la mère, le tuteur, les maîtres et commettants, sont civilement responsables des délits de chasse commis par leurs enfants mineurs non mariés, pupilles demeurant avec eux, domestiques ou préposés, sauf tout recours de droit. — Cette responsabilité sera réglée conformément à l'article 1384 du Code civil, et ne s'appliquera qu'aux dommages-intérêts et frais, sans pouvoir toutefois donner lieu à la contrainte par corps.

29. Toute action relative aux délits prévus par la présente loi sera prescrite par le laps de trois mois, à compter du jour du délit.

SECTION IV

Dispositions générales.

30. Les dispositions de la présente loi relatives à l'exercice du droit de chasse ne sont pas applicables aux propriétés de la couronne. Ceux qui commettraient des délits de chasse dans ces propriétés seront poursuivis et punis conformément aux sections II et III (1).

31. Le décret du 4 mai 1812 et la loi du 30 avril 1790 sont abrogés. — Sont et demeurent également abrogés les lois, arrêtés, décrets et ordonnances intervenus sur les matières réglées par la présente loi, en tout ce qui est contraire à ses dispositions.

5 juillet 1844

LOI *sur les brevets d'invention.*

TITRE PREMIER

Dispositions générales.

ARTICLE **1er**. Toute nouvelle découverte ou invention, dans tous les genres d'industrie, confère à son auteur, sous les conditions et pour le temps ci-après déterminés, le droit exclusif d'exploiter à son profit ladite découverte ou invention. — Ce droit est constaté par des titres délivrés par le Gouvernement, sous le nom de *brevets d'invention*.

2. Seront considérées comme inventions ou découvertes nouvelles : — L'invention de nouveaux produits industriels ; — L'invention de nouveaux moyens ou l'application nouvelle de moyens connus, pour l'obtention d'un résultat ou d'un produit industriel.

3. Ne sont pas *susceptibles d'être brevetés* : — 1° Les compositions pharmaceutiques ou remèdes de toute espèce, lesdits objets demeurant soumis aux lois et règlements spéciaux sur la matière, et notamment au décret du 18 août 1810, relatif aux remèdes secrets ; — 2° Les plans et combinaisons de crédit ou de finances.

4. La durée des brevets sera de cinq, dix ou quinze années. — Chaque brevet donnera lieu au payement d'une taxe qui est fixée ainsi qu'il suit, savoir : cinq cents francs pour un brevet de cinq ans ; — mille francs pour un brevet de dix ans ; — quinze cents francs pour un brevet de quinze ans. — Cette taxe sera payée par annuités de cent francs, sous peine de déchéance, si le breveté laisse écouler un terme sans l'acquitter.

TITRE II

Des formalités relatives à la délivrance des brevets.

SECTION PREMIÈRE

Des demandes de brevets.

5. Quiconque voudra prendre un brevet d'invention devra déposer, sous cachet, au secrétariat de la préfecture, dans le département où il est domicilié, ou dans tout autre département, en y élisant domicile : — 1° Sa demande au ministre de l'agriculture et du commerce ; — 2° Une description de la découverte, invention ou application faisant l'objet du brevet demandé ; —

(1) Les biens de la couronne ont fait retour à l'État. (Décr. du 6 septembre 1870.)

3° Les dessins ou échantillons qui seraient nécessaires pour l'intelligence de la description; — Et 4° un bordereau des pièces déposées.

6. La demande sera limitée à un seul objet principal, avec les objets de détail qui le constituent, et les applications qui auront été indiquées. — Elle mentionnera la durée que les demandeurs entendent assigner à leur brevet dans les limites fixées par l'article 4, et ne contiendra ni restrictions, ni conditions, ni réserves. — Elle indiquera un titre renfermant la désignation sommaire et précise de l'objet de l'invention. — La description ne pourra être écrite en langue étrangère. Elle devra être sans altération ni surcharges. Les mots rayés comme nuls seront comptés et constatés, les pages et les renvois paraphés. Elle ne devra contenir aucune dénomination de poids ou de mesures autres que celles qui sont portées au tableau annexé à la loi du 4 juillet 1837. — Les dessins seront tracés à l'encre et d'après une échelle métrique. — Un duplicata de la description et des dessins sera joint à la demande. — Toutes les pièces seront signées par le demandeur ou par un mandataire, dont le pouvoir restera annexé à la demande.

7. Aucun dépôt ne sera reçu que sur la production d'un récépissé constatant le versement d'une somme de cent francs à valoir sur le montant de la taxe du brevet. — Un procès-verbal, dressé sans frais par le secrétaire général de la préfecture, sur un registre à ce destiné, et signé par le demandeur, constatera chaque dépôt, en énonçant le jour et l'heure de la remise des pièces. — Une expédition dudit procès-verbal sera remise au déposant, moyennant le remboursement des frais de timbre.

8. La durée du brevet courra du jour du dépôt prescrit par l'article 5.

SECTION II

De la délivrance des brevets.

9. Aussitôt après l'enregistrement des demandes, et dans les cinq jours de la date du dépôt, les préfets transmettront les pièces, sous le cachet de l'inventeur, au ministre de l'agriculture et du commerce, en y joignant une copie certifiée du procès-verbal de dépôt, le récépissé constatant le versement de la taxe, et, s'il y a lieu, le pouvoir mentionné dans l'article 6.

10. A l'arrivée des pièces au ministère de l'agriculture et du commerce, il sera procédé à l'ouverture, à l'enregistrement des demandes et à l'expédition des brevets, dans l'ordre de la réception desdites demandes.

11. Les brevets dont la demande aura été régulièrement formée seront délivrés, sans examen préalable, aux risques et périls des demandeurs, et sans garantie, soit de la réalité, de la nouveauté ou du mérite de l'invention, soit de la fidélité ou de l'exactitude de la description. — Un arrêté du ministre, constatant la régularité de la demande, sera délivré au demandeur, et constituera le brevet d'invention. — A cet arrêté sera joint le duplicata certifié de la description et des dessins, mentionné dans l'article 6, après que la conformité avec l'expédition originale en aura été reconnue et établie au besoin. — La première expédition des brevets sera délivrée sans frais. — Toute expédition ultérieure, demandée par le breveté ou ses ayants-cause, donnera lieu au paiement d'une taxe de vingt-cinq francs. — Les frais de dessin, s'il y a lieu, demeureront à la charge de l'impétrant.

12. Toute demande dans laquelle n'auraient pas été observées les formalités prescrites par les numéros 2 et 3 de l'article 5, et par l'article 6, sera rejetée. La moitié de la somme versée restera acquise au Trésor; mais il sera tenu compte de la totalité de cette somme au demandeur s'il reproduit sa demande dans un délai de trois mois, à compter de la date de la notification du rejet de sa requête.

13. Lorsque, par application de l'article 3, il n'y aura pas lieu à délivrer un brevet, la taxe sera restituée.

14. Une ordonnance royale, insérée au *Bulletin des Lois*, proclamera, tous les trois mois, les brevets délivrés.

15. La durée des brevets ne pourra être prolongée que par une loi.

SECTION III

Des certificats d'addition.

16. Le breveté ou les ayants-droit au brevet auront, pendant toute la durée du brevet, le droit d'apporter à l'invention des changements, perfectionnements ou additions, en remplissant, pour le dépôt de la demande, les formalités déterminées par les articles 5, 6 et 7. — Ces changements, perfectionnements ou additions, seront constatés par des certificats délivrés dans la même forme que le brevet principal, et qui produiront, à partir des dates respectives des demandes et de leur expédition, les mêmes effets que ledit brevet principal, avec lequel ils prendront fin. — Chaque demande de certificat d'addition donnera lieu au paiement d'une taxe de vingt francs. — Les certificats d'addition, pris par un des ayants-droit, profiteront à tous les autres.

17. Tout breveté qui, pour un changement, perfectionnement ou addition, voudra prendre un brevet principal de cinq, dix ou quinze années, au lieu d'un certificat d'addition expirant avec le brevet primitif, devra remplir les formalités prescrites par les articles 5, 6 et 7, et acquitter la taxe mentionnée dans l'article 4.

18. Nul autre que le breveté ou ses ayants-droit, agissant comme il est dit ci-dessus, ne pourra, pendant une année, prendre valablement un brevet pour un changement, perfectionnement ou addition à l'invention qui fait l'objet du brevet primitif. — Néanmoins, toute personne qui voudra prendre un brevet pour changement, addition ou perfectionnement à une découverte déjà brevetée, pourra, dans le cours de ladite année, former une demande qui sera transmise, et restera déposée sous cachet, au ministère de l'agriculture et du commerce. — L'année expirée, le cachet sera brisé et le brevet délivré. — Toutefois, le breveté principal aura la préférence pour les changements, perfectionnements et additions pour lesquels il aurait lui-même, pendant l'année, demandé un certificat d'addition ou un brevet.

19. Quiconque aura pris un brevet pour une découverte, invention ou application se rattachant à l'objet d'un autre brevet, n'aura aucun droit d'exploiter l'invention déjà brevetée, et réciproquement le titulaire du brevet primitif ne pourra exploiter l'invention, objet du nouveau brevet.

SECTION IV

De la transmission et de la cession des brevets.

20. Tout breveté pourra céder la totalité ou partie de son brevet. — La cession totale ou partielle d'un brevet, soit à titre gratuit, soit à titre onéreux, ne pourra être faite que par acte notarié, et après le paiement de la totalité de la taxe déterminée par l'article 4. — Aucune cession ne sera valable, à l'égard des tiers, qu'après avoir été enregistrée au secrétariat de la préfecture du département dans lequel l'acte aura été passé. — L'enregistrement des cessions et de tous autres actes emportant mutation sera fait sur la production et le dépôt d'un extrait authentique de l'acte de cession ou de mutation. — Une expédition de chaque procès-verbal d'enregistrement, accompagnée de l'extrait de l'acte ci-dessus mentionné, sera transmise, par les préfets, au ministre de l'agriculture et du commerce, dans les cinq jours de la date du procès-verbal.

21. Il sera tenu, au ministère de l'agriculture et du commerce, un registre sur lequel seront inscrites les mutations intervenues sur chaque brevet, et, tous les trois mois, une ordonnance royale proclamera, dans la forme déterminée par l'article 14, les mutations enregistrées pendant le trimestre expiré.

22. Les cessionnaires d'un brevet et ceux qui auront acquis d'un breveté ou de ses ayants-droit la faculté d'exploiter la découverte ou l'invention, profiteront, de plein droit, des certificats d'addition qui seront ultérieurement délivrés au breveté ou à ses ayants-droit. Réciproquement, le breveté ou ses ayants-droit profiteront des certificats d'addition qui seront ultérieurement délivrés aux cessionnaires. — Tous ceux qui auront droit de profiter des certificats d'addition pourront en lever une expédition au ministère de l'agriculture et du commerce, moyennant un droit de vingt francs.

SECTION V

De la communication et de la publication des descriptions et dessins de brevets.

23. Les descriptions, dessins, échantillons et modèles des brevets délivrés, resteront, jusqu'à l'expiration des brevets, déposés au ministère de l'agriculture et du commerce, où ils seront communiqués sans frais, à toute réquisition. — Toute personne pourra obtenir, à ses frais, copie desdites descriptions et dessins, suivant les formes qui seront déterminées dans le règlement rendu en exécution de l'article 50.

24. Après le paiement de la deuxième annuité, les descriptions et dessins seront publiés, soit textuellement, soit par extrait. — Il sera en outre publié, au commencement de chaque année, un catalogue contenant les titres des brevets délivrés dans le courant de l'année précédente.

25. Le recueil des descriptions et dessins et le catalogue publiés en exécution de l'article précédent seront déposés au ministère de l'agriculture et du commerce, et au secrétariat de la préfecture de chaque département, où ils pourront être consultés sans frais.

26. A l'expiration des brevets, les originaux des descriptions et dessins seront déposés au Conservatoire royal des arts et métiers.

TITRE III

Des droits des étrangers.

27. Les étrangers pourront obtenir en France des brevets d'invention.

28. Les formalités et conditions déterminées par la présente loi seront applicables aux brevets demandés ou délivrés en exécution de l'article précédent.

29. L'auteur d'une invention ou découverte déjà brevetée à l'étranger pourra obtenir un brevet en France; mais la durée de ce brevet ne pourra excéder celle des brevets antérieurement pris à l'étranger.

TITRE IV

Des nullités et déchéances, et des actions y relatives.

SECTION PREMIÈRE

Des nullités et déchéances.

30. Seront nuls, et de nul effet, les brevets délivrés dans les cas suivants, savoir : — 1° Si la découverte, invention ou application n'est pas nouvelle; — 2° Si la découverte, invention ou application n'est pas, aux termes de l'article 3, susceptible d'être brevetée; — 3° Si les brevets portent sur des principes, méthodes, systèmes, découvertes et conceptions théoriques ou purement scientifiques, dont on n'a pas indiqué les applications industrielles; — 4° Si la découverte, invention ou application est reconnue contraire à l'ordre ou à la sûreté publique, aux bonnes mœurs ou aux lois du royaume, sans préjudice, dans ce cas et dans celui du paragraphe précédent, des peines qui pourraient être encourues pour la fabrication ou le débit d'objets prohibés; — 5° Si le titre sous lequel le brevet a été demandé indique frauduleusement un objet autre que le véritable objet de l'invention; — 6° Si la description jointe au brevet n'est pas suffisante pour l'exécution de l'invention, ou si elle n'indique pas, d'une manière complète et loyale, les véritables moyens de l'inventeur; — 7° Si le brevet a été obtenu contrairement aux dispositions de l'article 18. — Seront également nuls et de nul effet, les certificats comprenant des changements, perfectionnements ou additions qui ne se rattacheraient pas au brevet principal.

31. Ne sera pas réputée nouvelle toute découverte, invention ou application qui, en France ou à l'étranger, et antérieurement à la date du dépôt de la demande, aura reçu une publicité suffisante pour pouvoir être exécutée.

32. (L. 31 mai 1856.) Sera déchu de tous ses droits : — 1° Le breveté qui n'aura pas acquitté son annuité avant le commencement de chacune des années de la durée de son brevet; — 2° Le breveté qui n'aura pas mis en exploitation sa découverte ou invention en France dans le délai de deux ans, à dater du jour de la signature du brevet, ou qui aura cessé de l'exploiter pendant deux années consécutives, à moins que, dans l'un ou l'autre cas, il ne justifie des causes de son inaction; — 3° Le breveté qui aura introduit en France des objets fabriqués en pays étranger et semblables à ceux qui sont garantis par son brevet. — Néanmoins, le ministre de l'agriculture, du commerce et des travaux publics, pourra autoriser l'introduction : — 1° Des modèles de machines; — 2° Des objets fabriqués à l'étranger, destinés à des expositions publiques ou à des essais faits avec l'assentiment du Gouvernement.

33. Quiconque, dans des enseignes, annonces, prospectus, affiches, marques ou estampilles, prendra la qualité de breveté sans posséder un brevet délivré conformément aux lois, ou après l'expiration d'un brevet antérieur; ou qui, étant breveté, mentionnera sa qualité de breveté ou son brevet sans y ajouter ces mots, *sans garantie du gouvernement*, sera puni d'une amende de cinquante francs à mille francs. — En cas de récidive, l'amende pourra être portée au double.

SECTION II

Des actions en nullité et en déchéance.

34. L'action en nullité et l'action en déchéance pourront être exercées par toute personne y ayant intérêt. —

Ces actions, ainsi que toutes contestations relatives à la propriété des brevets, seront portées devant les tribunaux civils de première instance.

35. Si la demande est dirigée en même temps contre le titulaire du brevet et contre un ou plusieurs cessionnaires partiels, elle sera portée devant le tribunal du domicile du titulaire du brevet.

36. L'affaire sera instruite et jugée dans la forme prescrite pour les matières sommaires, par les articles 405 et suivants du Code de procédure civile. Elle sera communiquée au procureur du roi.

37. Dans toute instance tendant à faire prononcer la nullité ou la déchéance d'un brevet, le ministère public pourra se rendre partie intervenante et prendre des réquisitions pour faire prononcer la nullité ou la déchéance absolue du brevet. — Il pourra même se pourvoir directement par action principale pour faire prononcer la nullité, dans les cas prévus aux nos 2, 4 et 5 de l'article 30.

38. Dans les cas prévus par l'article 37, tous les ayants-droit au brevet dont les titres auront été enregistrés au ministère de l'agriculture et du commerce, conformément à l'article 21, devront être mis en cause.

39. Lorsque la nullité ou la déchéance absolue d'un brevet aura été prononcée par jugement ou arrêt ayant acquis force de chose jugée, il en sera donné avis au ministère de l'agriculture et du commerce, et la nullité ou la déchéance sera publiée dans la forme déterminée par l'article 14 pour la proclamation des brevets.

TITRE V

De la contrefaçon, des poursuites et des peines.

40. Toute atteinte portée aux droits du breveté, soit par la fabrication de produits, soit par l'emploi de moyens faisant l'objet de son brevet, constitue le délit de contrefaçon. — Ce délit sera puni d'une amende de cent à deux mille francs.

41. Ceux qui auront sciemment recélé, vendu ou exposé en vente, ou introduit sur le territoire français, un ou plusieurs objets contrefaits, seront punis des mêmes peines que les contrefacteurs.

42. Les peines établies par la présente loi ne pourront être cumulées. — La peine la plus forte sera seule prononcée pour tous les faits antérieurs au premier acte de poursuite.

43. Dans le cas de récidive, il sera prononcé, outre l'amende portée aux articles 40 et 41, un emprisonnement d'un mois à six mois. — Il y a récidive lorsqu'il a été rendu contre le prévenu, dans les cinq années antérieures, une première condamnation pour un des délits prévus par la présente loi. — Un emprisonnement d'un mois à six mois pourra aussi être prononcé, si le contrefacteur est un ouvrier ou un employé ayant travaillé dans les ateliers ou dans l'établissement du breveté, ou si le contrefacteur, s'étant associé avec un ouvrier ou un employé du breveté, a eu connaissance, par ce dernier, des procédés décrits au brevet. — Dans ce dernier cas, l'ouvrier ou l'employé pourra être poursuivi comme complice.

44. L'article 463 du Code pénal pourra être appliqué aux délits prévus par les dispositions qui précèdent.

45. L'action correctionnelle, pour l'application des peines ci-dessus, ne pourra être exercée par le ministère public que sur la plainte de la partie lésée.

46. Le tribunal correctionnel, saisi d'une action pour délit de contrefaçon, statuera sur les exceptions qui seraient tirées par le prévenu, soit de la nullité ou de la déchéance du brevet, soit des questions relatives à la propriété dudit brevet.

47. Les propriétaires du brevet pourront, en vertu d'une ordonnance du président du tribunal de première instance, faire procéder, par tous huissiers, à la désignation et description détaillées, avec ou sans saisie, des objets prétendus contrefaits. — L'ordonnance sera rendue sur simple requête et sur la représentation du brevet; elle contiendra, s'il y a lieu, la nomination d'un expert pour aider l'huissier dans sa description. — Lorsqu'il y aura lieu à la saisie, ladite ordonnance pourra imposer au requérant un cautionnement qu'il sera tenu de consigner avant d'y faire procéder. — Le cautionnement sera toujours imposé à l'étranger breveté qui requerra la saisie. — Il sera laissé copie au détenteur des objets décrits ou saisis, tant de l'ordonnance que de l'acte constatant le dépôt du cautionnement, le cas échéant; le tout à peine de nullité et de dommages-intérêts contre l'huissier.

48. A défaut par le requérant de s'être pourvu, soit par la voie civile, soit par la voie correctionnelle, dans le délai de huitaine, outre un jour par trois myriamètres de distance, entre le lieu où se trouvent les objets saisis ou décrits, et le domicile du contrefacteur, recéleur, introducteur ou débitant, la saisie ou description sera nulle de plein droit, sans préjudice des dommages-intérêts qui pourront être réclamés, s'il y a lieu, dans la forme prescrite par l'article 36.

49. La confiscation des objets reconnus contrefaits, et, le cas échéant, celle des instruments ou ustensiles destinés spécialement à leur fabrication, seront, même en cas d'acquittement, prononcées contre le contrefacteur, le recéleur, l'introducteur ou le débitant. — Les objets confisqués seront remis au propriétaire du brevet, sans préjudice de plus amples dommages-intérêts et de l'affiche du jugement, s'il y a lieu.

TITRE VI

Dispositions particulières et transitoires.

50. Des ordonnances royales, portant règlement d'administration publique, arrêteront les dispositions nécessaires pour l'exécution de la présente loi, qui n'aura effet que trois mois après sa promulgation.

51. Des ordonnances rendues dans la même forme pourront régler l'application de la présente loi dans les colonies, avec les modifications qui seront jugées nécessaires.

52. Seront abrogés, à compter du jour où la présente loi sera devenue exécutoire, les lois des 7 janvier et 25 mai 1791, celle du 20 septembre 1792, l'arrêté du 17 vendémiaire an VII, l'arrêté du 5 vendémiaire an IX, les décrets des 25 novembre 1806 et 25 janvier 1807, et toutes dispositions antérieures à la présente loi, relatives aux brevets d'invention, d'importation et de perfectionnement.

53. Les brevets d'invention, d'importation et de perfectionnement actuellement en exercice, délivrés conformément aux lois antérieures à la présente, ou prorogés par ordonnance royale, conserveront leur effet pendant tout le temps qui aura été assigné à leur durée.

54. Les procédures commencées avant la promulgation de la présente loi seront mises à fin conformément aux lois antérieures. — Toute action, soit en contrefaçon, soit en nullité ou déchéance de brevet, non encore intentée, sera suivie conformément aux dispositions de la présente loi, alors même qu'il s'agirait de brevets délivrés antérieurement.

29 avril 1845

LOI *sur les irrigations.*

ARTICLE **1er**. — Tout propriétaire qui voudra se servir, pour l'irrigation de ses propriétés, des eaux naturelles ou artificielles dont il a le droit de disposer, pourra obtenir le passage de ces eaux sur les fonds intermédiaires, à la charge d'une juste et préalable indemnité. — Sont exceptés de cette servitude, les maisons, cours, jardins, parcs et enclos attenant aux habitations.

2. Les propriétaires des fonds inférieurs devront recevoir les eaux qui s'écouleront des terrains ainsi arrosés, sauf l'indemnité qui pourra leur être due. — Seront également exceptés de cette servitude, les maisons, cours, jardins, parcs et enclos attenant aux habitations.

3. La même faculté de passage sur les fonds intermédiaires pourra être accordée au propriétaire d'un terrain submergé en tout ou en partie, à l'effet de procurer aux eaux nuisibles leur écoulement.

4. Les contestations auxquelles pourront donner lieu l'établissement de la servitude, la fixation du parcours de la conduite d'eau, de ses dimensions et de sa forme, et les indemnités dues soit au propriétaire du fonds traversé, soit à celui du fonds qui recevra l'écoulement des eaux, seront portées devant les tribunaux, qui, en prononçant, devront concilier l'intérêt de l'opération avec le respect dû à la propriété. — Il sera procédé devant les tribunaux, comme en matière sommaire, et, s'il y a lieu à expertise, il pourra n'être nommé qu'un seul expert.

5. Il n'est aucunement dérogé, par les présentes dispositions, aux lois qui règlent la police des eaux.

15 juillet 1845

LOI *sur la police des chemins de fer.*

TITRE PREMIER

Mesures relatives à la conservation des chemins de fer.

ARTICLE **1er**. Les chemins de fer construits ou concédés par l'État font partie de la grande voirie.

2. Sont applicables aux chemins de fer les lois et règlements sur la grande voirie qui ont pour objet d'assurer la conservation des fossés, talus, levées et ouvrages d'art dépendant des routes, et d'interdire sur toute leur étendue le pacage des bestiaux et les dépôts de terre et autres objets quelconques.

3. Sont applicables aux propriétés riveraines des chemins de fer les servitudes imposées par les lois et règlements sur la grande voirie, et qui concernent : — L'alignement ; — L'écoulement des eaux ; — L'occupation temporaire des terrains en cas de réparation ; — La distance à observer pour les plantations et l'élagage des arbres plantés ; — Le mode d'exploitation des mines, minières, tourbières, carrières et sablières, dans la zone déterminée à cet effet. — Sont également applicables à la confection et à l'entretien des chemins de fer, les lois et règlements sur l'extraction des matériaux nécessaires aux travaux publics.

4. Tout chemin de fer sera clos des deux côtés et sur toute l'étendue de la voie. — L'administration déterminera, pour chaque ligne, le mode de cette clôture, et, pour ceux des chemins qui n'y ont pas été assujettis, l'époque à laquelle elle devra être effectuée. — Partout où les chemins de fer croiseront de niveau les routes de terre, des barrières seront établies et tenues fermées, conformément aux règlements.

5. A l'avenir, aucune construction autre qu'un mur de clôture ne pourra être établie dans une distance de deux mètres d'un chemin de fer. — Cette distance sera mesurée soit de l'arête supérieure du déblai, soit de l'arête inférieure du talus du remblai, soit du bord extérieur des fossés du chemin, et, à défaut d'une ligne tracée, à un mètre cinquante centimètres à partir des rails extérieurs de la voie de fer. — Les constructions existantes au moment de la promulgation de la présente loi, ou lors de l'établissement d'un nouveau chemin de fer, pourront être entretenues dans l'état où elles se trouveront à cette époque. — Un règlement d'administration publique déterminera les formalités à remplir par les propriétaires pour faire constater l'état desdites constructions, et fixera le délai dans lequel ces formalités devront être remplies.

6. Dans les localités où le chemin de fer se trouvera en remblai de plus de trois mètres au-dessus du terrain naturel, il est interdit aux riverains de pratiquer, sans autorisation préalable, des excavations dans une zone de largeur égale à la hauteur verticale du remblai, mesurée à partir du pied du talus. — Cette autorisation ne pourra être accordée sans que les concessionnaires ou fermiers de l'exploitation du chemin de fer aient été entendus ou dûment appelés.

7. Il est défendu d'établir, à une distance de moins de vingt mètres d'un chemin de fer desservi par des machines à feu, des couvertures en chaume, des meules de paille, de foin, et aucun autre dépôt de matières inflammables. — Cette prohibition ne s'étend pas aux dépôts de récoltes faits seulement pour le temps de la moisson.

8. Dans une distance de moins de cinq mètres d'un chemin de fer, aucun dépôt de pierres ou objets non inflammables ne peut être établi sans l'autorisation préalable du préfet. — Cette autorisation sera toujours révocable. — L'autorisation n'est pas nécessaire : — 1° Pour former, dans les localités où le chemin de fer est en remblai, des dépôts de matières non inflammables dont la hauteur n'excède pas celle du remblai du chemin ; — 2° Pour former des dépôts temporaires d'engrais et autres objets nécessaires à la culture des terres.

9. Lorsque la sûreté publique, la conservation du chemin et la disposition des lieux le permettront, les distances déterminées par les articles précédents pourront être diminuées en vertu d'ordonnances royales rendues après enquêtes.

10. Si, hors des cas d'urgence prévus par la loi des 16-24 août 1790, la sûreté publique ou la conservation du chemin de fer l'exige, l'administration pourra faire supprimer, moyennant une juste indemnité, les constructions, plantations, excavations, couvertures en chaume, amas de matériaux combustibles ou autres, existant, dans les zones ci-dessus spécifiées, au moment de la promulgation de la présente loi, et, pour l'avenir, lors de l'établissement du chemin de fer. — L'indemnité sera réglée, pour la suppression des constructions, conformément aux titres IV et suivants de la loi du 3 mai 1841, et, pour tous les autres cas, conformément à la loi du 16 septembre 1807.

11. Les contraventions aux dispositions du présent titre seront constatées, poursuivies et réprimées comme en matière de grande voirie. — Elles seront punies d'une amende de seize à trois cents francs, sans préjudice, s'il y a lieu, des peines portées au Code pénal et au titre III de la présente loi. Les contrevenants seront, en outre, condamnés à supprimer, dans le délai déterminé par l'arrêté du conseil de préfecture, les excavations, couvertures, meules ou dépôts faits contrairement aux dispositions précédentes. — A défaut, par eux, de satisfaire à cette condamnation dans le délai fixé, la suppression aura lieu d'office, et le montant de la dépense sera recouvré contre eux par voie de contrainte, comme en matière de contributions publiques.

TITRE II

Des contraventions de voirie commises par les concessionnaires ou fermiers des chemins de fer.

12. Lorsque le concessionnaire ou le fermier de l'exploitation d'un chemin de fer contreviendra aux clauses du cahier des charges ou aux décisions rendues en exécution de ces clauses, en ce qui concerne le service de la navigation, la viabilité des routes royales, départementales et vicinales, ou le libre écoulement des eaux, procès-verbal sera dressé de la contravention, soit par les ingénieurs des ponts et chaussées ou des mines, soit par les conducteurs, gardes-mines et piqueurs, dûment assermentés.

13. Les procès-verbaux, dans les quinze jours de leur date, seront notifiés administrativement au domicile élu par le concessionnaire ou le fermier, à la diligence du préfet, et transmis dans le même délai au conseil de préfecture du lieu de la contravention.

14. Les contraventions prévues à l'article 12 seront punies d'une amende de trois cents francs à trois mille francs.

15. L'administration pourra, d'ailleurs, prendre immédiatement toutes mesures provisoires pour faire cesser le dommage, ainsi qu'il est procédé en matière de grande voirie. — Les frais qu'entraînera l'exécution de ces mesures seront recouvrés, contre le concessionnaire ou fermier, par voie de contrainte, comme en matière de contributions publiques.

TITRE III

Des mesures relatives à la sûreté de la circulation sur les chemins de fer.

16. Quiconque aura volontairement détruit ou dérangé la voie de fer, placé sur la voie un objet faisant obstacle à la circulation, ou employé un moyen quelconque pour entraver la marche des convois ou les faire sortir des rails, sera puni de la réclusion. — S'il y a eu homicide ou blessures, le coupable sera, dans le premier cas, puni de mort, et, dans le second, de la peine des travaux forcés à temps.

17. Si le crime prévu par l'article 16 a été commis en réunion séditieuse, avec rébellion ou pillage, il sera imputable aux chefs, auteurs, instigateurs et provocateurs de ces réunions, qui seront punis comme coupables du crime et condamnés aux mêmes peines que ceux qui l'auront personnellement commis, lors même que la réunion séditieuse n'aurait pas eu pour but direct et principal la destruction de la voie de fer. — Toutefois, dans ce dernier cas, lorsque la peine de mort sera applicable aux auteurs du crime, elle sera remplacée, à l'égard des chefs, auteurs, instigateurs et provocateurs de ces réunions, par la peine des travaux forcés à perpétuité.

18. Quiconque aura menacé, par écrit anonyme ou signé, de commettre un des crimes prévus en l'article 16, sera puni d'un emprisonnement de trois à cinq ans, dans le cas où la menace aurait été faite avec ordre de déposer une somme d'argent dans un lieu indiqué, ou de remplir toute autre condition. — Si la menace n'a été accompagnée d'aucun ordre ou condition, la peine sera d'un emprisonnement de trois mois à deux ans, et d'une amende de cent à cinq cents francs. — Si la menace avec ordre ou condition a été verbale, le coupable sera puni d'un emprisonnement de quinze jours à six mois, et d'une amende de vingt-cinq à trois cents francs. — Dans tous les cas, le coupable pourra être mis par le jugement sous la surveillance de la haute police, pour un temps qui ne pourra être moindre de deux ans ni excéder cinq ans.

19. Quiconque, par maladresse, imprudence, inattention, négligence ou inobservation des lois ou règlements, aura involontairement causé sur un chemin de fer, ou dans les gares ou stations, un accident qui aura occasionné des blessures, sera puni de huit jours à six mois d'emprisonnement, et d'une amende de cinquante à mille francs. — Si l'accident a occasionné la mort d'une ou plusieurs personnes, l'emprisonnement sera de six mois à cinq ans, et l'amende de trois cents à trois mille francs.

20. Sera puni d'un emprisonnement de six mois à deux ans tout mécanicien ou conducteur garde-frein qui aura abandonné son poste pendant la marche du convoi.

21. Toute contravention aux ordonnances royales portant règlement d'administration publique sur la police, la sûreté et l'exploitation du chemin de fer, et aux arrêtés pris par les préfets, sous l'approbation du ministre des travaux publics, pour l'exécution desdites ordonnances, sera punie d'une amende de seize à trois mille francs. — En cas de récidive dans l'année, l'amende sera portée au double, et le tribunal pourra, selon les circonstances, prononcer, en outre, un emprisonnement de trois jours à un mois.

22. Les concessionnaires ou fermiers d'un chemin de fer seront responsables, soit envers l'État, soit envers les particuliers, du dommage causé par les administrateurs, directeurs ou employés à un titre quelconque au service de l'exploitation du chemin de fer. — L'État sera soumis à la même responsabilité envers les particuliers, si le chemin de fer est exploité à ses frais et pour son compte.

23. Les crimes, délits ou contraventions prévus dans les titres Ier et III de la présente loi pourront être constatés par des procès-verbaux dressés concurremment par les officiers de police judiciaire, les ingénieurs des ponts et chaussées et des mines, les conducteurs, gardes-mines, agents de surveillance et gardes nommés ou agréés par l'administration et dûment assermentés. — Les procès-verbaux des délits et contraventions feront foi jusqu'à preuve contraire. — Au moyen du serment prêté devant le tribunal de première instance de leur domicile, les agents de surveillance de l'administration et des concessionnaires ou fermiers pourront verbaliser sur toute la ligne du chemin de fer auquel ils seront attachés.

24. Les procès-verbaux dressés en vertu de l'article précédent seront visés pour timbre et enregistrés en débet. Ceux qui auront été dressés par des agents de surveillance et gardes assermentés devront être affirmés dans les trois jours, à peine de nullité, devant le juge de paix ou le maire, soit du lieu du délit ou de la contravention, soit de la résidence de l'agent.

25. Toute attaque, toute résistance avec violence et voies de fait envers les agents des chemins de fer, dans l'exercice de leurs fonctions, sera punie des peines appliquées à la rébellion, suivant les distinctions faites par le Code pénal.

26. L'article 463 du Code pénal est applicable aux condamnations qui seront prononcées en exécution de la présente loi.

27. En cas de conviction de plusieurs crimes ou délits prévus par la présente loi ou par le Code pénal, la peine la plus forte sera seule prononcée. — Les peines encourues pour des faits postérieurs à la poursuite pourront être cumulées, sans préjudice des peines de la récidive.

15 novembre 1846

ORDONNANCE *portant règlement sur la police, la sûreté et l'exploitation des chemins de fer.*

TITRE PREMIER

Des stations et de la voie des chemins de fer.

SECTION PREMIÈRE

Des stations.

ARTICLE **1er**. L'entrée, le stationnement et la circulation des voitures publiques ou particulières destinées soit au transport des personnes, soit au transport des marchandises, dans les cours dépendant des stations de chemins de fer, seront réglés par des arrêtés du préfet du département. Ces arrêtés ne seront exécutoires qu'en vertu de l'approbation du ministre des travaux publics.

SECTION II

De la voie.

2. Le chemin de fer et les ouvrages qui en dépendent seront constamment entretenus en bon état. — La compagnie devra faire connaître au ministre des travaux publics les mesures qu'elle aura prises pour cet entretien. — Dans le cas où ces mesures seraient insuffisantes, le ministre des travaux publics, après avoir entendu la compagnie, prescrira celles qu'il jugera nécessaires.

3. Il sera placé, partout où besoin sera, des gardiens en nombre suffisant pour assurer la surveillance et la manœuvre des aiguilles des croisements et changements de voie; en cas d'insuffisance, le nombre de ces gardiens sera fixé par le ministre des travaux publics, la compagnie entendue.

4. Partout où un chemin de fer est traversé à niveau, soit par une route à voitures, soit par un chemin destiné au passage des piétons, il sera établi des barrières. — Le mode, la garde et les conditions de service des barrières seront réglés par le ministre des travaux publics, sur la proposition de la compagnie. — (V. L. 27 décembre 1880.)

5. Si l'établissement de contre-rails est jugé nécessaire dans l'intérêt de la sûreté publique, la compagnie sera tenue d'en placer sur les points qui seront désignés par le ministre des travaux publics.

6. Aussitôt après le coucher du soleil et jusqu'après le passage du dernier train, les stations et leurs abords devront être éclairés. — Il en sera de même des passages à niveau pour lesquels l'administration jugera cette mesure nécessaire.

TITRE II

Du matériel employé à l'exploitation.

7. Les machines locomotives ne pourront être mises en service qu'en vertu de l'autorisation de l'administration et après avoir été soumises à toutes les épreuves prescrites par les règlements en vigueur. — Lorsque, par suite de détérioration ou pour toute autre cause, l'interdiction d'une machine aura été prononcée, cette machine ne pourra être remise en service qu'en vertu d'une nouvelle autorisation.

8. Les essieux des locomotives, des tenders et des voitures de toute espèce, entrant dans la composition des convois de voyageurs ou des trains mixtes de voyageurs et de marchandises, allant à grande vitesse, devront être en fer martelé de premier choix.

9. Il sera tenu des états de service pour toutes les locomotives. Ces états seront inscrits sur des registres qui devront être constamment à jour, et indiquer, à l'article de chaque machine, la date de sa mise en service, le travail qu'elle a accompli, les réparations ou modifications qu'elle a reçues, et le renouvellement de ses diverses pièces. — Il sera tenu, en outre, pour les essieux de locomotives, tenders et voitures de toute espèce, des registres spéciaux sur lesquels, à côté du numéro d'ordre de chaque essieu, seront inscrits sa provenance, la date de sa mise en service, l'épreuve qu'il peut avoir subie, son travail, ses accidents et ses réparations; à cet effet, le numéro d'ordre sera poinçonné sur chaque essieu. — Les registres mentionnés aux deux paragraphes ci-dessus seront représentés à toute réquisition aux ingénieurs et agents chargés de la surveillance du matériel de l'exploitation.

10. Il est interdit de placer, dans un convoi comprenant des voitures de voyageurs, aucune locomotive, tender ou autre voiture d'une nature quelconque montés sur des roues en fonte. — Toutefois, le ministre des travaux publics pourra, par exception, autoriser l'emploi des roues en fonte, cerclées en fer, dans les trains mixtes de voyageurs et de marchandises et marchant à la vitesse d'au plus vingt-cinq kilomètres à l'heure.

11. Les locomotives devront être pourvues d'appareils ayant pour objet d'arrêter les fragments de coke tombant de la grille et d'empêcher la sortie des flammèches par la cheminée.

12. Les voitures destinées au transport des voyageurs seront d'une construction solide; elles devront être commodes et pourvues de ce qui est nécessaire à la sûreté des voyageurs. — Les dimensions de la place affectée à chaque voyageur devront être d'au moins quarante-cinq centimètres en largeur, soixante-cinq centimètres en profondeur et un mètre quarante-cinq centimètres en hauteur. Cette disposition sera appliquée aux chemins de fer existants, dans un délai qui sera fixé pour chaque chemin par le ministre des travaux publics.

13. Aucune voiture pour les voyageurs ne sera mise en service sans une autorisation du préfet donnée sur le rapport d'une commission constatant que la voiture satisfait aux conditions de l'article précédent. — L'autorisation de mise en service n'aura d'effet qu'après que l'estampille, prescrite pour les voitures publiques par l'article 117 de la loi du 25 mars 1817, aura été délivrée par le directeur des contributions indirectes.

14. Toute voiture de voyageurs portera, dans l'intérieur, l'indication apparente du nombre des places.

15. Les locomotives, tenders et voitures de toute espèce devront porter : 1° le nom ou les initiales du nom du chemin de fer auquel ils appartiennent ; 2° un numéro d'ordre. Les voitures de voyageurs porteront, en outre, l'estampille délivrée par l'administration des contributions indirectes. Ces diverses indications seront placées d'une manière apparente sur la caisse ou sur les côtés des châssis.

16. Les machines locomotives, tenders et voitures de toute espèce, et tout le matériel d'exploitation, seront constamment maintenus dans un bon état d'entretien. — La compagnie devra faire connaître au ministre des travaux publics les mesures adoptées par elle à cet égard, et, en cas d'insuffisance, le ministre, après avoir entendu les observations de la compagnie, prescrira les dispositions qu'il jugera nécessaires à la sûreté de la circulation.

TITRE III

De la composition des convois.

17. Tout convoi ordinaire de voyageurs devra contenir, en nombre suffisant, des voitures de chaque classe, à moins d'une autorisation spéciale du ministre des travaux publics.

18. Chaque train de voyageurs devra être accompagné : — 1° D'un mécanicien et d'un chauffeur par machine : le chauffeur devra être capable d'arrêter la machine en cas de besoin ; — 2° Du nombre de conducteurs gardes-freins qui sera déterminé pour chaque chemin, suivant les pentes et suivant le nombre de voitures, par le ministre des travaux publics, sur la proposition de la compagnie. — Sur la dernière voiture de chaque convoi ou sur l'une des voitures placées à l'arrière, il y aura toujours un frein, et un conducteur chargé de le manœuvrer. — Lorsqu'il y aura plusieurs conducteurs dans un convoi, l'un d'entre eux devra toujours avoir autorité sur les autres. — Un train de voyageurs ne pourra se composer de plus de vingt-quatre voitures à quatre roues. S'il entre des voitures à six roues dans la composition du convoi, le maximum du nombre de voitures sera déterminé par le ministre. — Les dispositions des paragraphes précédents sont applicables aux trains mixtes de voyageurs et de marchandises, marchant à la vitesse des voyageurs. — Quant aux convois de marchandises qui transportent en même temps des voyageurs et des marchandises, et qui ne marchent pas à la vitesse ordinaire des voyageurs, les mesures spéciales et les conditions de sûreté auxquelles ils devront être assujettis seront déterminées par le ministre, sur la proposition de la compagnie.

19. Les locomotives devront être en tête des trains. — Il ne pourra être dérogé à cette disposition que pour les manœuvres à exécuter dans le voisinage des stations ou pour le cas de secours. Dans ces cas spéciaux, la vitesse ne devra pas dépasser vingt-cinq kilomètres par heure.

20. Les convois de voyageurs ne devront être remorqués que par une seule locomotive, sauf les cas où l'emploi d'une machine de renfort deviendrait nécessaire, soit pour la montée d'une rampe de forte inclinaison, soit par suite d'une affluence extraordinaire de voyageurs, de l'état de l'atmosphère, d'un accident ou d'un retard exigeant l'emploi de secours, ou de tout autre cas analogue ou spécial préalablement déterminé par le ministre des travaux publics. — Il est, dans tous les cas, interdit d'atteler simultanément plus de deux locomotives à un convoi de voyageurs. La machine placée en tête devra régler la marche du train. — Il devra toujours y avoir en tête de chaque train, entre le tender et la première voiture de voyageurs, autant de voitures ne portant pas de voyageurs qu'il y aura de locomotives attelées. — Dans tous les cas où il sera attelé plus d'une locomotive à un train, mention en sera faite sur un registre à ce destiné, avec indication du motif de la mesure, de la station où elle aura été jugée nécessaire, et de l'heure à laquelle le train aura quitté cette station. — Ce registre sera représenté à toute réquisition aux fonctionnaires et agents de l'administration publique chargés de la surveillance de l'exploitation.

21. Il est défendu d'admettre, dans les convois qui portent des voyageurs, aucune matière pouvant donner lieu soit à des explosions, soit à des incendies.

22. Les voitures entrant dans la composition des trains de voyageurs seront liées entre elles par des moyens d'attache, tels que les tampons à ressorts de ces voitures soient toujours en contact. — Les voitures des entrepreneurs de messageries ne pourront être admises dans la composition des trains qu'avec l'autorisation du ministre des travaux publics, et que moyennant les conditions indiquées dans l'acte d'autorisation.

23. Les conducteurs gardes-freins seront mis en communication avec le mécanicien, pour donner, en cas d'accident, le signal d'alarme, par tel moyen qui sera autorisé par le ministre des travaux publics, sur la proposition de la compagnie.

24. Les trains devront être éclairés extérieurement pendant la nuit. En cas d'insuffisance du système d'éclairage, le ministre des travaux publics prescrira, la compagnie entendue, les dispositions qu'il jugera nécessaires. — Les voitures fermées, destinées aux voyageurs, devront être éclairées intérieurement pendant la nuit et au passage des souterrains qui seront désignés par le ministre.

TITRE IV

Du départ, de la circulation et de l'arrivée des convois.

25. Pour chaque chemin de fer, le ministre des travaux publics déterminera, sur la proposition de la compagnie, le sens du mouvement des trains et des machines isolées sur chaque voie, quand il y a plusieurs voies, ou les points de croisement quand il n'y en a qu'une. — Il ne pourra être dérogé, sous aucun prétexte, aux dispositions qui auront été prescrites par le ministre, si ce n'est dans le cas où la voie serait interceptée ; et, dans ce cas, le changement devra être fait avec les précautions indiquées en l'article 34 ci-après.

26. Avant le départ du train, le mécanicien s'assurera si toutes les parties de la locomotive et du tender sont en bon état, si le frein de ce tender fonctionne convenablement. — La même vérification sera faite par les conducteurs gardes-freins, en ce qui concerne les voitures et les freins de ces voitures. — Le signal de départ ne sera donné que lorsque les portières seront fermées. Le train ne devra être mis en marche qu'après le signal du départ.

27. Aucun convoi ne pourra partir d'une station avant l'heure déterminée par le règlement de service. — Aucun convoi ne pourra également partir d'une station avant qu'il ne soit écoulé, depuis le départ ou le passage du convoi précédent, le laps de temps qui aura été fixé par le ministre des travaux publics, sur la proposition de la compagnie. — Des signaux seront placés à l'entrée de la station pour indiquer aux mécaniciens des trains qui pourraient survenir, si le délai déterminé en vertu du paragraphe précédent est écoulé. — Dans l'intervalle des stations, des signaux seront établis afin de donner le même avertissement au mécanicien sur les points où il ne peut pas voir devant lui à une distance suffisante. Dès que l'avertissement lui sera donné, le mécanicien devra ralentir la marche du train. En cas d'insuffisance des signaux établis par la compagnie, le ministre prescrira, la compagnie entendue, l'établissement de ceux qu'il jugera nécessaires.

28. Sauf le cas de force majeure ou de réparation de la voie, les trains ne pourront s'arrêter qu'aux gares ou lieux de stationnement autorisés pour le service des voyageurs ou des marchandises. — Les locomotives ou les voitures ne pourront stationner sur les voies du chemin de fer affectées à la circulation des trains.

29. Le ministre des travaux publics déterminera, sur la proposition de la compagnie, les mesures spéciales de précautions relatives à la circulation des trains sur les plans inclinés et dans les souterrains à une ou à deux voies, à raison de leur longueur et de leur tracé. — Il déterminera également, sur la proposition de la compagnie, la vitesse maximum que les trains de voyageurs pourront prendre sur les diverses parties de chaque ligne et la durée du trajet.

30. Le ministre des travaux publics prescrira, sur la proposition de la compagnie, les mesures spéciales de précaution à prendre pour l'expédition et la marche des convois extraordinaires. — Dès que l'expédition d'un convoi extraordinaire aura été décidée, déclaration devra en être faite immédiatement au commissaire spécial de police, avec indication du motif de l'expédition du convoi et de l'heure du départ.

31. Il sera placé le long du chemin, pendant le jour et pendant la nuit, soit pour l'entretien, soit pour la surveillance de la voie, des agents en nombre assez grand pour assurer la libre circulation des trains et la transmission des signaux ; en cas d'insuffisance, le ministre des travaux publics en réglera le nombre, la compagnie entendue. — Ces agents seront pourvus de signaux de jour et de nuit à l'aide desquels ils annonceront si la voie est libre et en bon état, si le mécanicien doit ralentir sa marche, ou s'il doit arrêter immédiatement le train. — Ils devront en outre, signaler de proche en proche l'arrivée des convois.

32. Dans le cas où, soit un train, soit une machine isolée s'arrêterait sur la voie pour cause d'accident, le signal d'arrêt indiqué en l'article précédent devra être fait à cinq cents mètres au moins à l'arrière. — Les conducteurs principaux des convois et les mécaniciens conducteurs des machines isolées devront être munis d'un signal d'arrêt.

33. Lorsque des ateliers de réparation seront établis sur une voie, des signaux devront indiquer si l'état de la voie ne permet pas le passage des trains, ou s'il suffit de ralentir la marche de la machine.

34. Lorsque, par suite d'un accident, de réparation ou de toute autre cause, la circulation devra s'effectuer momentanément sur une voie, il devra être placé un garde auprès des aiguilles de chaque changement de voie. — Les gardes ne laisseront les trains s'engager dans la voie unique réservée à la circulation, qu'après s'être assurés qu'ils ne seront pas rencontrés par un train venant dans un sens opposé. — Il sera donné connaissance au commissaire spécial de police du signal ou de l'ordre de service adopté pour assurer la circulation sur la voie unique.

35. La compagnie sera tenue de faire connaître au ministre des travaux publics le système de signaux qu'elle a adoptés ou qu'elle se propose d'adopter pour les cas prévus par le présent titre. Le ministre prescrira les modifications qu'il jugera nécessaires.

36. Le mécanicien devra porter constamment son attention sur l'état de la voie, arrêter ou ralentir la marche en cas d'obstacle, suivant les circonstances, et se conformer aux signaux qui lui seront transmis ; il surveillera toutes les parties de la machine, la tension de la vapeur et le niveau d'eau de la chaudière. Il veillera à ce que rien n'embarrasse la manœuvre du frein du tender.

37. A cinq cents mètres au moins avant d'arriver au point où une ligne d'embranchement vient croiser la ligne principale, le mécanicien devra modérer la vitesse de telle manière que le train puisse être complètement arrêté avant d'atteindre ce croisement, si les circonstances l'exigent. — Au point d'embranchement ci-dessus désigné, des signaux devront indiquer le sens dans lequel les aiguilles sont placées. — A l'approche des stations d'arrivée, le mécanicien devra faire les dispositions convenables pour que la vitesse acquise du train soit complètement amortie avant le point où les voyageurs doivent descendre, et de telle sorte qu'il soit nécessaire de remettre la machine en action pour atteindre ce point.

38. A l'approche des stations, des passages à niveau, des courbes, des tranchées et des souterrains, le mécanicien devra faire jouer le sifflet à vapeur, pour avertir de l'approche du train. — Il se servira également du sifflet comme moyen d'avertissement, toutes les fois que la voie ne lui paraîtra pas complètement libre.

39. Aucune personne autre que le mécanicien et le chauffeur ne pourra monter sur la locomotive ou sur le tender, à moins d'une permission spéciale et écrite du directeur de l'exploitation du chemin de fer. — Sont exceptés de cette interdiction les ingénieurs des ponts et chaussées, les ingénieurs des mines chargés de la surveillance, et les commissaires spéciaux de police. Toutefois, ces derniers devront remettre au chef de la station ou au conducteur principal du convoi une réquisition écrite et motivée.

40. Des machines dites de secours ou de réserve devront être entretenues constamment en feu et prêtes à partir, sur les points de chaque ligne qui seront désignés par le ministre des travaux publics, sur la proposition de la compagnie. — Les règles relatives au service de ces machines seront également déterminées par le ministre, sur la proposition de la compagnie.

41. Il y aura constamment, au lieu de dépôt des machines, un wagon chargé de tous les agrès et outils nécessaires en cas d'accident. — Chaque train devra d'ailleurs être muni des outils les plus indispensables.

42. Aux stations qui seront désignées par le ministre des travaux publics, il sera tenu des registres sur lesquels on mentionnera les retards excédant dix minutes pour les parcours dont la longueur est inférieure à cinquante kilomètres, et quinze minutes pour les parcours de cinquante kilomètres et au delà. Ces registres indiqueront la nature et la composition des trains, le nom des locomotives qui les ont remorqués, les heures de départ et d'arrivée, la cause et la durée du retard. — Ces registres seront représentés à toute réquisition aux ingénieurs, fonctionnaires et agents de l'administration publique chargés de la surveillance du matériel et de l'exploitation.

43. Des affiches placées dans les stations feront connaître au public les heures de départ des convois ordinaires de toute sorte, les stations qu'ils doivent desservir, les heures auxquelles ils doivent arriver à chacune des stations et en partir. — Quinze jours, au moins, avant d'être mis à exécution, ces ordres de service seront communiqués en même temps aux commissaires royaux, au préfet du département et au ministre des travaux publics, qui pourra prescrire les modifications nécessaires pour la sûreté de la circulation ou pour les besoins du public.

TITRE V

De la perception des taxes et des frais accessoires.

44. Aucune taxe, de quelque nature qu'elle soit, ne pourra être perçue par la compagnie qu'en vertu d'une homologation du ministre des travaux publics. — Les taxes perçues actuellement sur les chemins dont les concessions sont antérieures à 1835, et qui ne sont pas encore régularisées, devront l'être avant le 1er avril 1847.

45. Pour l'exécution du paragraphe 1er de l'article qui précède, la compagnie devra dresser un tableau des prix qu'elle a l'intention de percevoir, dans la limite du maximum autorisé par le cahier des charges, pour le transport des voyageurs, des bestiaux, marchandises et objets divers, et en transmettre en même temps des expéditions au ministre des travaux publics, aux préfets des départements traversés par le chemin de fer et aux commissaires royaux.

46. La compagnie devra, en outre, dans le plus court délai et dans les formes énoncées en l'article précédent, soumettre ses propositions au ministre des travaux publics pour les prix de transport non déterminés par le cahier des charges, et à l'égard desquels le ministre est appelé à statuer.

47. Quant aux frais accessoires, tels que ceux de chargement, de déchargement et d'entrepôt dans les gares et magasins du chemin de fer, et quant à toutes les taxes qui doivent être réglées annuellement, la compagnie devra en soumettre le règlement à l'approbation du ministre des travaux publics, dans le dernier mois de chaque année. Jusqu'à décision, les anciens tarifs continueront à être perçus.

48. Les tableaux des taxes et des frais accessoires approuvés seront constamment affichés dans les lieux les plus apparents des gares et stations des chemins de fer.

49. Lorsque la compagnie voudra apporter quelques changements aux prix autorisés, elle en donnera avis au ministre des travaux publics, aux préfets des départements traversés et aux commissaires royaux. — Le public sera en même temps informé par des affiches des changements soumis à l'approbation du ministre. — A l'expiration du mois à partir de la date de l'affiche, lesdites taxes pourront être perçues, si, dans cet intervalle, le ministre des travaux publics les a homologuées. — Si des modifications à quelques-uns des prix affichés étaient prescrites par le ministre, les prix modifiés devront être affichés de nouveau et ne pourront être mis en perception qu'un mois après la date de ces affiches.

50. La compagnie sera tenue d'effectuer avec soin, exactitude et célérité, et sans tour de faveur, les transports des marchandises, bestiaux et objets de toute nature qui lui seront confiés. — Au fur et à mesure que des colis, des bestiaux ou des objets quelconques arriveront au chemin de fer, enregistrement en sera fait immédiatement, avec mention du prix total dû pour le transport. Le transport s'effectuera dans l'ordre des inscriptions, à moins de délais demandés ou consentis par l'expéditeur, et qui seront mentionnés dans l'enregistrement. — Un récépissé devra être délivré à l'expéditeur, s'il le demande, sans préjudice, s'il y a lieu, de la lettre de voiture. Le récépissé énoncera la nature et le poids des colis, le prix total du transport et le délai dans lequel ce transport devra être effectué. — Les registres mentionnés au présent article seront représentés à toute réquisition des fonctionnaires et agents chargés de veiller à l'exécution du présent règlement.

TITRE VI

De la surveillance de l'exploitation.

51. La surveillance de l'exploitation des chemins de fer s'exercera concurremment : — par les commissaires royaux ; — par les ingénieurs des ponts et chaussées, les ingénieurs des mines, et par les conducteurs, les gardes-mines et autres agents sous leurs ordres ; — par les commissaires spéciaux de police et les agents sous leurs ordres.

52. Les commissaires royaux seront chargés : — De surveiller le mode d'application des tarifs approuvés et l'exécution des mesures prescrites pour la réception et l'enregistrement des colis, leur transport et leur remise aux destinataires ; — de veiller à l'exécution des mesures approuvées ou prescrites pour que le service des transports ne soit pas interrompu aux points extrêmes de lignes en communication l'une avec l'autre ; — de vérifier les conditions des traités qui seraient passés par les compagnies avec les entreprises de transport par terre ou par eau, en correspondance avec les chemins de fer, et de signaler toutes les infractions au principe de l'égalité des taxes ; — de constater le mouvement de la circulation des voyageurs et des marchandises sur les chemins de fer, les dépenses d'entretien et d'exploitation, et les recettes.

53. Pour l'exécution de l'article ci-dessus, les compagnies seront tenues de représenter à toute réquisition aux commissaires royaux leurs registres de dépenses et de recettes, et les registres mentionnés à l'article 50 ci-dessus.

54. A l'égard des chemins de fer pour lesquels les compagnies auraient obtenu de l'État soit un prêt avec intérêt privilégié, soit la garantie d'un minimum d'intérêt, ou pour lesquels l'État devrait entrer en partage des produits nets, les commissaires royaux exerceront toutes les autres attributions qui seront déterminées par les règlements spéciaux à intervenir dans chaque cas particulier.

55. Les ingénieurs, les conducteurs et autres agents du service des ponts et chaussées seront spécialement chargés de surveiller l'état de la voie de fer, des terrassements et des ouvrages d'art et des clôtures.

56. Les ingénieurs des mines, les gardes-mines et autres agents du service des mines seront spécialement chargés de surveiller l'état des machines fixes et locomotives employées à la traction des convois, et, en général, de tout le matériel roulant servant à l'exploitation. — Ils pourront être suppléés par les ingénieurs, conducteurs et autres agents du service des ponts et chaussées, et réciproquement.

57. Les commissaires spéciaux de police et les agents sous leurs ordres sont chargés particulièrement de surveiller la composition, le départ, l'arrivée, la marche et les stationnements des trains, l'entrée, le stationnement et la circulation des voitures dans les cours et stations, l'admission du public dans les gares et sur les quais des chemins de fer.

58. Les compagnies seront tenues de fournir des locaux convenables pour les commissaires spéciaux de police et les agents de surveillance.

59. Toutes les fois qu'il arrivera un accident sur le chemin de fer, il en sera fait immédiatement déclaration à l'autorité locale et au commissaire spécial de police, à la diligence du chef du convoi. Le préfet du département, l'ingénieur des ponts et chaussées et l'ingénieur des mines, chargés de la surveillance, et le commissaire royal, en seront immédiatement informés par les soins de la compagnie.

60. Les compagnies devront soumettre à l'approbation du ministre des travaux publics leurs règlements relatifs au service et à l'exploitation des chemins de fer.

TITRE VII

Des mesures concernant les voyageurs et les personnes étrangères au service du chemin de fer.

61. Il est défendu à toute personne étrangère au service du chemin de fer : — 1° De s'introduire dans l'enceinte du chemin de fer, d'y circuler ou stationner ; — 2° D'y jeter ou déposer aucuns matériaux ni objets quelconques ; — 3° D'y introduire des chevaux, bestiaux ou animaux d'aucune espèce ; — 4° D'y faire circuler ou stationner aucunes voitures, wagons ou machines étrangères au service.

62. Sont exceptés de la défense portée au premier paragraphe de l'article précédent, les maires et adjoints, les commissaires de police, les officiers de gendarmerie, les gendarmes et autres agents de la force publique, les préposés aux douanes, aux contributions indirectes et aux octrois, les gardes champêtres et forestiers dans l'exercice de leurs fonctions et revêtus de leurs uniformes ou de leurs insignes. — Dans tous les cas, les fonctionnaires et les agents désignés au paragraphe précédent seront tenus de se conformer aux mesures spéciales de précaution qui auront été déterminées par le ministre, la compagnie entendue.

63. Il est défendu : — 1° D'entrer dans les voitures sans avoir pris un billet, et de se placer dans une voiture d'une autre classe que celle qui est indiquée par le billet ; — 2° D'entrer dans les voitures et d'en sortir autrement que par la portière qui fait face au côté extérieur de la ligne du chemin de fer ; — 3° De passer d'une voiture dans une autre, de se pencher au dehors ; — 4° (*Décr. 11 août 1883.*) De se servir, sans motif plausible, du signal d'alarme mis à la disposition des voyageurs, pour faire appel aux agents de la compagnie. — Les voyageurs ne doivent sortir des voitures qu'aux stations, et lorsque le train est complètement arrêté. — Il est défendu de fumer dans les voitures ou sur les voitures et dans les gares ; toutefois, à la demande de la compagnie et moyennant des mesures spéciales de précaution, des dérogations à cette disposition pourront être autorisées. — Les voyageurs sont tenus d'obtempérer aux injonctions des agents de la compagnie pour l'observation des dispositions mentionnées aux paragraphes ci-dessus.

64. Il est interdit d'admettre dans les voitures plus de voyageurs que ne le comporte le nombre de places indiqué conformément à l'article 14 ci-dessus.

65. L'entrée des voitures est interdite : — 1° A toute personne en état d'ivresse ; — 2° A tous individus porteurs d'armes à feu chargées ou de paquets qui, par leur nature, leur volume ou leur odeur, pourraient gêner ou incommoder les voyageurs. — Tout individu porteur d'une arme à feu devra, avant son admission sur les quais d'embarquement, faire constater que son arme n'est point chargée.

66. Les personnes qui voudront expédier des marchandises de la nature de celles qui sont mentionnées à l'article 21 devront les déclarer au moment où elles les apporteront dans les stations du chemin de fer. — Des mesures spéciales de précaution seront prescrites, s'il y a lieu, pour le transport desdites marchandises, la compagnie entendue.

67. Aucun chien ne sera admis dans les voitures servant au transport des voyageurs ; toutefois, la compagnie pourra placer dans des caisses de voitures spéciales les voyageurs qui ne voudraient pas se séparer de leurs chiens, pourvu que ces animaux soient muselés, en quelque saison que ce soit.

68. Les cantonniers, gardes-barrières et autres agents du chemin de fer devront faire sortir immédiatement toute personne qui se serait introduite dans l'enceinte du chemin ou dans quelque portion que ce soit de ses dépendances où elle n'aurait pas le droit d'entrer. — En cas de résistance de la part des contrevenants, tout employé du chemin de fer pourra requérir l'assistance des agents de l'administration et de la force publique. — Les chevaux ou bestiaux abandonnés qui seront trouvés dans l'enceinte du chemin de fer seront saisis et mis en fourrière.

TITRE VIII

Dispositions diverses.

69. Dans tous les cas où, conformément aux dispositions du présent règlement, le ministre des travaux publics devra statuer sur la proposition d'une compagnie, la compagnie sera tenue de lui soumettre cette proposition dans le délai qui aura été déterminé, faute de quoi le ministre pourra statuer directement. — Si le ministre pense qu'il y a lieu de modifier la proposition de la compagnie, il devra, sauf le cas d'urgence, entendre la compagnie avant de prescrire les modifications.

70. Aucun crieur, vendeur ou distributeur d'objets quelconques ne pourra être admis par les compagnies à exercer sa profession dans les cours ou bâtiments des stations et dans les salles d'attente destinées aux voyageurs, qu'en vertu d'une autorisation spéciale du préfet du département.

71. Lorsqu'un chemin de fer traversera plusieurs départements, les attributions conférées aux préfets par le présent règlement pourront être centralisées en tout ou en partie dans les mains de l'un des préfets des départements traversés.

72. Les attributions données aux préfets des départements par la présente ordonnance seront, conformément à l'arrêté du 3 brumaire an IX, exercées par le préfet de police dans toute l'étendue du département de la Seine, et dans les communes de Saint-Cloud, Meudon et Sèvres, département de Seine-et-Oise.

73. Tout agent employé sur les chemins de fer sera revêtu d'un uniforme ou porteur d'un signe distinctif; les cantonniers, gardes-barrières et surveillants pourront être armés d'un sabre.

74. Nul ne pourra être employé en qualité de mécanicien conducteur de train, s'il ne produit des certificats de capacité délivrés dans les formes qui seront déterminées par le ministre des travaux publics.

75. Aux stations désignées par le ministre, les compagnies entretiendront les médicaments et moyens de secours nécessaires en cas d'accident.

76. Il sera tenu dans chaque station un registre coté et paraphé, à Paris, par le préfet de police, ailleurs, par le maire du lieu, lequel sera destiné à recevoir les réclamations des voyageurs qui auraient des plaintes à former, soit contre la compagnie, soit contre ses agents. Ce registre sera présenté à toute réquisition des voyageurs.

77. Les registres mentionnés aux articles 9, 21 et 76 ci-dessus seront cotés et paraphés par le commissaire de police.

78. Des exemplaires du présent règlement seront constamment affichés, à la diligence des compagnies, aux abords des bureaux des chemins de fer et dans les salles d'attente. — Le conducteur principal d'un train en marche devra également être muni d'un exemplaire du règlement. — Des extraits devront être délivrés, chacun pour ce qui le concerne, aux mécaniciens, chauffeurs, garde-freins, cantonniers, gardes-barrières et autres agents employés sur le chemin de fer. — Des extraits, en ce qui concerne les règles à observer par les voyageurs pendant le trajet, devront être placés dans chaque caisse de voiture.

79. Seront constatées, poursuivies et réprimées, conformément au titre III de la loi du 15 juillet 1845, sur la police des chemins de fer, les contraventions au présent règlement, aux décisions rendues par le ministre des travaux publics, et aux arrêtés pris, sous son approbation, par les préfets, pour l'exécution dudit règlement.

11 juillet 1847

LOI *sur les irrigations.*

Article **1er**. Tout propriétaire qui voudra se servir, pour l'irrigation de ses propriétés, des eaux naturelles ou artificielles dont il a le droit de disposer, pourra obtenir la faculté d'appuyer sur la propriété du riverain opposé les ouvrages d'art nécessaires à sa prise d'eau, à la charge d'une juste et préalable indemnité. — Sont exceptés de cette servitude les bâtiments, cours et jardins attenant aux habitations.

2. Le riverain sur le fonds duquel l'appui sera réclamé pourra toujours demander l'usage commun du barrage, en contribuant pour moitié aux frais d'établissement et d'entretien; aucune indemnité ne sera respectivement due dans ce cas, et celle qui aurait été payée devra être rendue. — Lorsque cet usage commun ne sera réclamé qu'après le commencement ou la confection des travaux, celui qui le demandera devra supporter seul l'excédant de dépense auquel donneront lieu les changements à faire au barrage pour le rendre propre à l'irrigation des deux rives.

3. Les contestations auxquelles pourra donner lieu l'application des deux articles ci-dessus seront portées devant les tribunaux. — Il sera procédé comme en matière sommaire, et, s'il y a lieu à expertise, le tribunal pourra ne nommer qu'un seul expert.

4. Il n'est aucunement dérogé, par les présentes dispositions, aux lois qui règlent la police des eaux.

3 décembre 1849

LOI *sur la naturalisation et le séjour des étrangers en France.*

Article **1er**. (*L. 29 juin 1867.*) L'étranger qui, après l'âge de vingt et un ans accomplis, a, conformément à l'article 13 du Code Napoléon, obtenu l'autorisation d'établir son domicile en France, et y a résidé pendant trois années, peut être admis à jouir de tous les droits de citoyen français.

Les trois années courront à partir du jour où la demande d'autorisation aura été enregistrée au ministère de la justice.

Est assimilé à la résidence en France le séjour en pays étranger pour l'exercice d'une fonction conférée par le gouvernement français.

Il est statué sur la demande en naturalisation, après enquête sur la moralité de l'étranger, par un décret de l'Empereur, rendu sur le rapport du ministre de la justice, le Conseil d'État entendu.

2. (*L. 29 juin 1867.*) Le délai de trois ans, fixé par l'article précédent, pourra être réduit à une seule année en faveur des étrangers qui auront rendu à la France des services importants, qui auront introduit en France soit une industrie, soit des inventions utiles, qui auront apporté des talents distingués, qui auront formé de grands établissements ou créé de grandes exploitations agricoles.

3. Tant que la naturalisation n'aura pas été prononcée, l'autorisation accordée à l'étranger d'établir son domicile en France pourra toujours être révoquée ou modifiée par décision du Gouvernement, qui devra prendre l'avis du conseil d'État.

4. Les dispositions de la loi du 14 octobre 1814 concernant les habitants des départements réunis à la France ne pourront plus être appliquées à l'avenir.

5. (*Abrogé, L. 29 juin 1867.*)

6. L'étranger qui aura fait, avant la promulgation de la présente loi, la déclaration prescrite par l'article 3 de la Constitution de l'an VIII, pourra, après une résidence de dix années, obtenir la naturalisation suivant la forme indiquée par l'article 1er.

7. Le ministre de l'intérieur pourra, par mesure de police, enjoindre à tout étranger voyageant ou résidant en France de sortir immédiatement du territoire français, et le faire conduire à la frontière. — Il aura le même droit à l'égard de l'étranger qui aura obtenu l'autorisation d'établir son domicile en France; mais après un délai de deux mois, la mesure cessera d'avoir effet, si l'autorisation n'a pas été révoquée suivant la forme indiquée dans l'article 3. — Dans les départements frontières, le préfet aura le même droit à l'égard de l'étranger non résidant, à la charge d'en référer immédiatement au ministre de l'intérieur.

8. Tout étranger qui se serait soustrait à l'exécution des mesures énoncées dans l'article précédent ou dans l'article 272 du Code pénal, ou qui, après être sorti de France par suite de ces mesures, y serait rentré sans la permission du Gouvernement, sera traduit devant les tribunaux et condamné à un emprisonnement d'un mois à six mois. — Après l'expiration de sa peine, il sera conduit à la frontière.

9. Les peines prononcées par la présente loi pourront être réduites conformément aux dispositions de l'article 463 du Code pénal.

2 juillet 1850

LOI *relative aux mauvais traitements exercés envers les animaux domestiques.*

Article unique. Seront punis d'une amende de cinq à quinze francs, et pourront l'être d'un à cinq jours de prison, ceux qui auront exercé publiquement et abusivement des mauvais traitements envers les animaux domestiques. — La peine de la prison sera toujours appliquée en cas de récidive. — L'article 483 du Code pénal sera toujours applicable.

19 décembre 1850

LOI *relative au délit d'usure.*

Les articles 3 et 4 de la loi du 3 septembre 1807 (V. *suppl.*) sont modifiés ainsi qu'il suit :

Article **1er**. Lorsque, dans une instance civile ou commerciale, il sera prouvé que le prêt conventionnel a été fait à un taux supérieur à celui fixé par la loi, les perceptions excessives seront imputées de plein droit, aux époques où elles auront eu lieu, sur les intérêts légaux alors échus, et subsidiairement sur le capital de la créance. — Si la créance est éteinte en capital et intérêts, le prêteur sera condamné à la restitution des sommes indûment perçues, avec intérêt du jour où elles lui auront été payées. — Tout jugement civil ou commercial constatant un fait de cette nature sera transmis par le greffier au ministère public dans le délai d'un mois, sous peine d'une amende qui ne pourra être moindre de seize francs ni excéder cent francs.

2. Le délit d'habitude d'usure sera puni d'une amende qui pourra s'élever à la moitié des capitaux prêtés à usure, et d'un emprisonnement de six jours à six mois.

3. En cas de nouveau délit d'usure, le coupable sera condamné au maximum des peines prononcées par l'article précédent, et elles pourront être élevées jusqu'au double, sans préjudice des cas généraux de récidive prévus par les articles 57 et 58 du Code pénal. — Après une première condamnation pour habitude d'usure, le nouveau délit résultera d'un fait postérieur, même unique, s'il est accompli dans les cinq ans, à partir du jugement ou de l'arrêt de condamnation.

4. S'il y a eu escroquerie de la part du prêteur, il sera passible des peines prononcées par l'article 405 du Code pénal, sauf l'amende, qui demeurera réglée par l'article 2 de la présente loi.

5. Dans tous les cas, et suivant la gravité des circonstances, les tribunaux pourront ordonner, aux frais du délinquant, l'affiche du jugement et son insertion par extrait dans un ou plusieurs journaux du département.

6. Ils pourront également appliquer dans tous les cas l'article 463 du Code pénal.

7. L'amende prévue par le dernier paragraphe de l'article premier sera prononcée, à la requête du ministère public, par le tribunal civil.

23 janvier 1851

LOI *sur l'assistance judiciaire.*

TITRE PREMIER

De l'assistance judiciaire en matière civile.

Article **1er**. L'assistance judiciaire est accordée aux indigents dans les cas prévus par la présente loi.

CHAPITRE PREMIER

Des formes dans lesquelles l'assistance judiciaire est accordée.

2. L'admission à l'assistance judiciaire devant les tribunaux civils, les tribunaux de commerce et les juges de paix, est prononcée par un bureau spécial établi au chef-lieu judiciaire de chaque arrondissement et composé : — 1° Du directeur de l'enregistrement et des domaines, ou d'un agent de cette administration délégué par lui; — 2° D'un délégué du préfet; — 3° De trois membres pris parmi les anciens magistrats, les avocats ou anciens avocats, les avoués ou anciens avoués, les notaires ou anciens notaires. Ces trois membres seront nommés par le tribunal civil. — Néanmoins, dans les arrondissements où il y aura au moins quinze avocats inscrits au tableau, un des trois membres mentionnés dans le paragraphe précédent sera nommé par le conseil de discipline de l'ordre des avocats, et un autre par la chambre des avoués près le tribunal civil; le troisième sera choisi par le tribunal, conformément au paragraphe précédent.

3. Le bureau d'assistance établi près d'une cour d'appel se compose de sept membres, savoir : — De deux délégués, nommés comme il est dit dans les nos 1 et 2 de l'article précédent; — Et de cinq autres membres choisis de la manière suivante : — Deux par la cour, en assemblée générale, parmi les citoyens des qualités énoncées dans le quatrième paragraphe de l'article précédent; — Deux par le conseil de discipline de l'ordre des avocats; — Et un par la chambre de discipline des avoués à la cour.

4. Lorsque le nombre des affaires l'exige, le bureau peut, en vertu d'une décision du ministre de la justice, prise sur l'avis du tribunal ou de la cour, être divisé en plusieurs sections. — Dans ce cas, les règles prescrites par les deux articles précédents, relativement au nombre des membres du bureau et à leur nomination, s'appliquent à chaque section.

5. Près de la cour de cassation et près du conseil d'État, le bureau est composé de sept membres, parmi lesquels deux délégués du ministre des finances. — Trois autres membres sont choisis, savoir : — Pour le bureau établi près la cour de cassation, par cette cour, en assemblée générale, parmi les anciens membres de la cour, les avocats et les anciens avocats au conseil d'État et à la cour de cassation, les professeurs et les anciens professeurs en droit; — Et, pour le bureau établi près du conseil d'État, par ce conseil, en assemblée générale, parmi les anciens conseillers d'État, les anciens maîtres des requêtes, les anciens préfets, les avocats et les anciens avocats au conseil d'État et à la cour de cassation. — Près de l'une et de l'autre de ces juridictions, les deux derniers membres sont nommés par le conseil de discipline de l'ordre des avocats au conseil d'État et à la cour de cassation.

6. Chaque bureau d'assistance ou chaque section nomme son président. — Les fonctions de secrétaire sont remplies par le greffier de la cour ou du tribunal près duquel le bureau est établi, ou par un de ses commis assermentés, et, pour le bureau établi près du conseil d'État, par le secrétaire général de ce conseil, ou par un secrétaire de comité ou de section délégué par lui. — Le bureau ne peut délibérer qu'autant que la moitié plus un de ses membres sont présents, non compris le secrétaire, qui n'a pas voix délibérative. — Les décisions sont prises à la majorité; en cas de partage, la voix du président est prépondérante.

7. Les membres du bureau, autres que les délégués de l'administration, sont soumis au renouvellement, au commencement de chaque année judiciaire et dans le mois qui suit la rentrée; les membres sortant peuvent être réélus.

8. Toute personne qui réclame l'assistance judiciaire adresse sa demande sur papier libre au procureur de la République du tribunal de son domicile. Ce magistrat en fait la remise au bureau établi près de ce tribunal. Si le tribunal n'est pas compétent pour statuer sur le litige, le bureau se borne à recueillir des renseignements, tant sur l'indigence que sur le fond de l'affaire. Il peut entendre les parties. Si elles ne sont pas accordées, il transmet, par l'intermédiaire du procureur de la République, la demande, le résultat de ses informations et les pièces au bureau établi près de la juridiction compétente.

9. Si la juridiction devant laquelle l'assistance judiciaire a été admise se déclare incompétente, et que, par suite de cette décision, l'affaire soit portée devant une autre juridiction de même nature et de même ordre, le bénéfice de l'assistance subsiste devant cette dernière juridiction. — Celui qui a été admis à l'assistance judiciaire devant une première juridiction continue à en jouir sur l'appel interjeté contre lui, dans le cas même où il se rendrait incidemment appelant. Il continue pareillement à en jouir sur le pourvoi en cassation formé contre lui. — Lorsque c'est l'assisté qui émet un appel principal ou qui forme un pourvoi en cassation, il ne peut, sur cet appel ou sur ce pourvoi, jouir de l'assistance, qu'autant qu'il est admis par une décision nouvelle. Pour y parvenir, il doit adresser sa demande, savoir : — S'il s'agit d'un appel à porter devant le tribunal civil, au procureur de la République près ce tribunal; — S'il s'agit d'un appel à porter devant la cour d'appel, au procureur général près cette cour; — S'il s'agit d'un pourvoi en cassation, au procureur général près la cour de cassation. — Le magistrat auquel la demande est adressée en fait la remise au bureau compétent.

10. Quiconque demande à être admis à l'assistance judiciaire doit fournir : — 1° Un extrait du rôle de ses contributions, ou un certificat du percepteur de son domicile, constatant qu'il n'est pas imposé; — 2° Une déclaration attestant qu'il est, à raison de son indigence, dans l'impossibilité d'exercer ses droits en justice, et contenant l'énumération détaillée de ses moyens d'existence, quels qu'ils soient. — Le réclamant affirme la sincérité de sa déclaration devant le maire de la commune de son domicile; le maire lui en donne acte au bas de la déclaration.

11. Le bureau prend toutes les informations nécessaires pour s'éclairer sur l'indigence du demandeur, si l'instruction déjà faite par le bureau du domicile du demandeur, dans le cas prévu par l'article 8, ne lui fournit pas, à cet égard, des documents suffisants. — Il donne avis à la partie adverse qu'elle peut se présenter devant lui, soit pour contester l'indigence, soit pour fournir des explications sur le fond. — Si elle comparaît, le bureau emploie ses bons offices pour opérer un arrangement amiable.

12. Les décisions du bureau ne contiennent que l'exposé sommaire des faits et des moyens, et la déclaration que l'assistance est accordée ou qu'elle est refusée, sans expression de motifs dans l'un et l'autre cas. — Les décisions du bureau ne sont susceptibles d'aucun recours. — Néanmoins, le procureur général, après avoir pris communication de la décision d'un bureau établi près d'un tribunal civil et des pièces à l'appui, peut, sans retard de l'instruction ni du jugement, déférer cette décision au bureau établi près la cour d'appel, pour être réformée s'il y a lieu. — Le procureur général près la cour de cassation et le procureur général près la cour d'appel peuvent aussi se faire envoyer les décisions des bureaux d'assistance, qui ont été rendues dans une affaire sur laquelle le bureau d'assistance établi près de l'une ou de l'autre de ces cours est appelé à statuer, si ce dernier bureau en fait la demande. — Hors les cas prévus par les deux paragraphes précédents, les décisions du bureau ne peuvent être communiquées qu'au procureur de la République, à la personne qui a demandé l'assistance et à ses conseils; le tout sans déplacement. — Elles ne peuvent être produites ni discutées en justice, si ce n'est devant la police correctionnelle, dans le cas prévu par l'article 26 de la présente loi.

CHAPITRE II

Des effets de l'assistance judiciaire.

13. Dans les trois jours de l'admission à l'assistance judiciaire, le président du bureau envoie, par l'intermédiaire du procureur de la République, au président de la cour ou du tribunal, ou au juge de paix, un extrait de la décision, portant seulement que l'assistance est accordée; il y joint les pièces de l'affaire. — Si la cause est portée devant une cour ou un tribunal civil, le président invite le bâtonnier de l'ordre des avocats, le président de la chambre des avoués et le syndic des huissiers, à désigner l'avocat, l'avoué et l'huissier qui prêteront leur ministère à l'assisté. — S'il n'existe pas de bâtonnier, ou s'il n'y a pas de chambre de discipline des avoués, la désignation est faite par le président du tribunal. — Si la cause est portée devant un tribunal de commerce ou devant un juge de paix, le président du tribunal ou le juge de paix se borne à inviter le syndic des huissiers à désigner un huissier. — Dans le même délai de trois jours, le secrétaire du bureau envoie un extrait de la décision au receveur de l'enregistrement.

14. L'assisté est dispensé provisoirement du payement des sommes dues au Trésor pour droits de timbre, d'enregistrement et de greffe, ainsi que de toute consignation d'amende. — Il est aussi dispensé provisoirement du payement des sommes dues au greffier, aux officiers ministériels et aux avocats pour droits, émoluments et honoraires. — Les actes de la procédure faite à la requête de l'assisté sont visés pour timbre et enregistrés en débet. — Le visa pour timbre est donné sur l'original au moment de son enregistrement. — Les actes et titres produits par l'assisté pour justifier de ses droits et qualités, sont pareillement visés pour timbre et enregistrés en débet. — Si ces actes et titres sont du nombre de ceux dont les lois ordonnent l'enregistrement dans un délai déterminé, les droits d'enregistrement deviennent exigibles immédiatement après le jugement définitif; il en est de même des sommes dues pour contravention aux lois sur le timbre. — Si ces actes et titres ne sont pas du nombre de ceux dont les lois ordonnent l'enregistrement dans un délai déterminé, les droits d'enregistrement de ces actes et titres sont assimilés à ceux des actes de la procédure. — Le visa pour timbre et l'enregistrement en débet doivent mentionner la date de la décision qui admet au bénéfice de l'assistance; ils n'ont d'effet, quant aux actes et titres produits par l'assisté, que pour le procès dans lequel la production a eu lieu. — Les frais de transport des juges, des officiers ministériels et des experts, les honoraires de ces derniers et les taxes des témoins dont l'audition a été autorisée par le tribunal ou le juge-commissaire, sont avancés par le Trésor, conformément à l'article 118 du décret du 18 juin 1811. Le paragraphe 6 du présent article s'applique au recouvrement de ces avances.

15. Le ministère public est entendu dans toutes les affaires dans lesquelles l'une des parties a été admise au bénéfice de l'assistance.

16. Les notaires, greffiers et tous autres dépositaires publics ne sont tenus à la délivrance gratuite des actes et expéditions réclamés par l'assisté que sur une ordonnance du juge de paix ou du président.

17. En cas de condamnation aux dépens prononcée contre l'adversaire de l'assisté, la taxe comprend tous les droits, frais de toute nature, honoraires et émoluments auxquels l'assisté aurait été tenu, s'il n'y avait pas eu assistance judiciaire.

18. Dans le cas prévu par l'article précédent, la condamnation est prononcée et l'exécutoire est délivré au nom de l'administration de l'enregistrement et des domaines, qui en poursuit le recouvrement comme en matière d'enregistrement. — Il est délivré un exécutoire séparé au nom de l'administration de l'enregistrement et des domaines pour les droits qui, n'étant pas compris dans l'exécutoire délivré contre la partie adverse, restent dus par l'assisté au Trésor, conformément au cinquième paragraphe de l'article 14. — L'administration de l'enregistrement et des domaines fait immédiatement aux divers ayants droit la distribution des sommes recouvrées. — La créance du Trésor pour les avances qu'il a faites, ainsi que pour tous droits de greffe, d'enregistrement et de timbre, a la préférence sur celle des autres ayants droit.

19. En cas de condamnation aux dépens prononcée contre l'assisté, il est procédé, conformément aux règles tracées par l'article précédent, au recouvrement des sommes dues au Trésor, en vertu des paragraphes 5 et 8 de l'article 14.

20. Les greffiers sont tenus de transmettre, dans le mois, au receveur de l'enregistrement, l'extrait du jugement de condamnation ou l'exécutoire, sous peine de dix francs d'amende pour chaque extrait de jugement ou chaque exécutoire non transmis dans ledit délai.

CHAPITRE III

Du retrait de l'assistance judiciaire.

21. Devant toutes les juridictions, le bénéfice de l'assistance peut être retiré en tout état de cause, soit avant, soit même après le jugement : — 1° s'il survient à l'assisté des ressources reconnues suffisantes; — 2° S'il a surpris la décision du bureau par une déclaration frauduleuse.

22. Le retrait de l'assistance peut être demandé, soit par le ministère public, soit par la partie adverse. — Il peut aussi être prononcé d'office par le bureau. — Dans tous les cas, il est motivé.

23. L'assistance judiciaire ne peut être retirée qu'après que l'assisté a été entendu ou mis en demeure de s'expliquer.

24. Le retrait de l'assistance judiciaire a pour effet de rendre immédiatement exigibles les droits, honoraires, émoluments et avances de toute nature dont l'assisté avait été dispensé. — Dans tous les cas où l'assistance judiciaire est retirée, le secrétaire du bureau est tenu d'en informer immédiatement le receveur de l'enregistrement, qui procédera au recouvrement et à la répartition, suivant les règles tracées en l'article 18 ci-dessus.

25. L'action tendant au recouvrement de l'exécutoire délivré à la régie de l'enregistrement et des domaines, soit contre l'assisté, soit contre la partie adverse, se prescrit par dix ans. — La prescription de l'action de l'adversaire de l'assisté contre celui-ci, pour les dépens auxquels il a été condamné envers lui, reste soumise au droit commun.

26. Si le retrait de l'assistance a pour cause une déclaration frauduleuse de l'assisté, relativement à son indigence, celui-ci peut, sur l'avis du bureau, être traduit devant le tribunal de police correctionnelle, et condamné, indépendamment du payement des droits et frais de toute nature, dont il avait été dispensé, à une amende égale au montant total de ces droits et frais, sans que cette amende puisse être au-dessous de cent francs, et à un emprisonnement de huit jours au moins et de six mois au plus. — L'article 463 du Code pénal est applicable.

27. Les dispositions de la loi du 7 août 1850 sont applicables : — 1° A toutes les causes qui sont de la compétence des conseils de prud'hommes, et dont les juges de paix sont saisis dans les lieux où ces conseils ne sont pas établis; 2° A toutes les contestations énoncées dans les numéros 3 et 4 de l'article 5 de la loi du 25 mai 1838.

TITRE II

De l'assistance judiciaire en matière criminelle et correctionnelle.

28. Il sera pourvu à la défense des accusés devant les cours d'assises, conformément aux dispositions de l'article 294 du Code d'instruction criminelle.

29. Les présidents des tribunaux correctionnels désigneront un défenseur d'office aux prévenus poursuivis à la requête du ministère public, ou détenus préventivement, lorsqu'ils en feront la demande, et que leur indigence sera constatée, soit par les pièces désignées dans l'article 10, soit par tous autres documents.

30. Les présidents des cours d'assises et les présidents des tribunaux correctionnels pourront, même avant le jour fixé pour l'audience, ordonner l'assignation des témoins qui leur seront indiqués par l'accusé ou le prévenu indigent, dans le cas où la déclaration de ces témoins serait jugée utile pour la découverte de la vérité. — Pourront être également ordonnées d'office toutes productions et vérifications de pièces. — Les mesures ainsi prescrites seront exécutées à la requête du ministère public.

31. La présente loi pourra, par des règlements d'administration publique, être appliquée aux colonies et à l'Algérie.

27 mars 1851

LOI *tendant à la répression plus efficace de certaines fraudes dans la vente des marchandises.*

ARTICLE **1**er. Seront punis des peines portées par l'article 423 du Code pénal : — 1° Ceux qui falsifieront des substances ou denrées alimentaires ou médicamenteuses destinées à être vendues ; — 2° Ceux qui vendront ou mettront en vente des substances ou denrées alimentaires ou médicamenteuses qu'ils sauront être falsifiées ou corrompues ; — 3° Ceux qui auront trompé ou tenté de tromper, sur la quantité des choses livrées, les personnes auxquelles ils vendent ou achètent, soit par l'usage de faux poids ou de fausses mesures, ou d'instruments inexacts servant au pesage ou au mesurage, soit par des manœuvres ou procédés tendant à fausser l'opération du pesage ou mesurage, ou à augmenter frauduleusement le poids ou le volume de la marchandise, même avant cette opération, soit enfin par des indications frauduleuses tendant à faire croire à un pesage ou mesurage antérieur et exact.

2. Si dans les cas prévus par l'article 423 du Code pénal ou par l'article 1er de la présente loi, il s'agit d'une marchandise contenant des mixtions nuisibles à la santé, l'amende sera de cinquante à cinq cents francs, à moins que le quart des restitutions et dommages-intérêts n'excède cette dernière somme ; l'emprisonnement sera de trois mois à deux ans. — Le présent article sera applicable même au cas où la falsification nuisible serait connue de l'acheteur ou du consommateur.

3. Sont punis d'une amende de seize francs à vingt-cinq francs, et d'un emprisonnement de six à dix jours, ou de l'une de ces deux peines seulement, suivant les circonstances, ceux qui, sans motifs légitimes, auront dans leurs magasins, boutiques, ateliers ou maisons de commerce, ou dans les halles, foires ou marchés, soit des poids ou mesures faux, ou autres appareils inexacts servant au pesage ou au mesurage, soit des substances alimentaires ou médicamenteuses qu'ils sauront être falsifiées ou corrompues. — Si la substance falsifiée est nuisible à la santé, l'amende pourra être portée à cinquante francs, et l'emprisonnement à quinze jours.

4. Lorsque le prévenu, convaincu de contravention à la présente loi ou à l'article 423 du Code pénal, aura, dans les cinq années qui ont précédé le délit, été condamné pour infraction à la présente loi ou à l'article 423, la peine pourra être élevée jusqu'au double du maximum ; l'amende prononcée par l'article 423 et par les articles 1er et 2 de la présente loi pourra même être portée jusqu'à mille francs, si la moitié des restitutions et dommages-intérêts n'excède pas cette somme ; le tout, sans préjudice de l'application, s'il y a lieu, des articles 57 et 58 du Code pénal.

5. Les objets dont la vente, usage ou possession constitue le délit seront confisqués, conformément à l'article 423 et aux articles 477 et 481 du Code pénal. — S'ils sont propres à un usage alimentaire ou médical, le tribunal pourra les mettre à la disposition de l'administration pour être attribués aux établissements de bienfaisance. — S'ils sont impropres à cet usage ou nuisibles, les objets seront détruits ou répandus aux frais du condamné. Le tribunal pourra ordonner que la destruction ou effusion aura lieu devant l'établissement ou le domicile du condamné.

6. Le tribunal pourra ordonner l'affiche du jugement dans les lieux qu'il désignera, et son insertion intégrale ou par extrait dans tous les journaux qu'il désignera, le tout aux frais du condamné.

7. L'article 463 du Code pénal sera applicable aux délits prévus par la présente loi.

8. Les deux tiers du produit des amendes sont attribués aux communes dans lesquelles les délits auront été constatés.

9. Sont abrogés les articles 475, n° 14, et 479, n° 5, du Code pénal.

2 février 1852

DÉCRET *organique pour l'élection des députés au corps législatif.*

TITRE VI

Dispositions pénales.

31. Toute personne qui se sera fait inscrire sur la liste électorale sous de faux noms ou de fausses qualités, ou aura, en se faisant inscrire, dissimulé une incapacité prévue par la loi, ou aura réclamé et obtenu une inscription sur deux ou plusieurs listes, sera punie d'un emprisonnement d'un mois à un an et d'une amende de cent francs à mille francs.

32. Celui qui, déchu du droit de voter, soit par suite d'une condamnation judiciaire, soit par suite d'une faillite non suivie de réhabilitation, aura voté, soit en vertu d'une inscription sur les listes antérieure à sa déchéance, soit en vertu d'une inscription postérieure, mais opérée sans sa participation, sera puni d'un emprisonnement de quinze jours à trois mois et d'une amende de vingt à cinq cents francs.

33. Quiconque aura voté dans une assemblée électorale, soit en vertu d'une inscription obtenue dans les deux premiers cas prévus par l'article 31, soit en prenant faussement les noms et qualités d'un électeur inscrit, sera puni d'un emprisonnement de six mois à deux ans, et d'une amende de deux cents à deux mille francs.

34. Sera puni de la même peine tout citoyen qui aura profité d'une inscription multiple pour voter plus d'une fois.

35. Quiconque, étant chargé, dans un scrutin, de recevoir, compter ou dépouiller les bulletins contenant les suffrages des citoyens, aura soustrait, ajouté ou altéré des bulletins, ou lu un nom autre que celui inscrit, sera puni d'un emprisonnement d'un an à cinq ans et d'une amende de cinq cents à cinq mille francs.

36. La même peine sera appliquée à tout individu qui, chargé par un électeur d'écrire son suffrage, aura inscrit sur le bulletin un nom autre que celui qui lui était désigné.

37. L'entrée dans l'assemblée électorale avec armes apparentes est interdite. En cas d'infraction, le contrevenant sera passible d'une amende de seize à cent francs. — La peine sera d'un emprisonnement de quinze jours à trois mois et d'une amende de cinquante à trois cents francs si les armes étaient cachées.

38. Quiconque aura donné, promis ou reçu des deniers, effets ou valeurs quelconques, sous la condition soit de donner ou de procurer un suffrage, soit de s'abstenir de voter, sera puni d'un emprisonnement de trois mois à deux ans, et d'une amende de cinq cents à cinq mille francs. — Seront punis des mêmes peines ceux qui, sous les mêmes conditions, auront fait ou accepté l'offre ou la promesse d'emplois publics ou privés. — Si le coupable est fonctionnaire public, la peine sera du double.

39. Ceux qui, soit par voies de fait, violences ou menaces contre un électeur, soit en lui faisant craindre de perdre son emploi ou d'exposer à un dommage sa personne, sa famille ou sa fortune, l'auront déterminé à s'abstenir de voter, ou auront influencé un vote, seront punis d'un emprisonnement d'un mois à un an et d'une amende de cent à mille francs ; la peine sera double si le coupable est fonctionnaire public.

40. Ceux qui, à l'aide de fausses nouvelles, bruits calomnieux, ou autres manœuvres frauduleuses, auront surpris ou détourné des suffrages, déterminé un ou plusieurs électeurs à s'abstenir de voter, seront punis d'un emprisonnement d'un mois à un an et d'une amende de cent à deux mille francs.

41. Lorsque, par attroupements, clameurs ou démonstrations menaçantes, on aura troublé les opérations d'un collège électoral, porté atteinte à l'exercice du droit électoral ou à la liberté du vote, les coupables seront punis d'un emprisonnement de trois mois à deux ans, et d'une amende de cent à deux mille francs.

42. Toute irruption dans un collège électoral, consommée ou tentée avec violence, en vue d'empêcher un choix, sera punie d'un emprisonnement d'un an à cinq ans, et d'une amende de mille à cinq mille francs.

43. Si les coupables étaient porteurs d'armes, ou si le scrutin a été violé, la peine sera la réclusion.

44. Elle sera des travaux forcés à temps si le crime a été commis par suite d'un plan concerté pour être exécuté soit dans toute la République, soit dans un ou plusieurs départements, soit dans un ou plusieurs arrondissements.

45. Les membres d'un collège électoral qui, pendant la réunion, se seront rendus coupables d'outrages ou de violences, soit envers le bureau, soit envers l'un de ses membres, ou qui, par voies de fait ou menaces, auront retardé ou empêché les opérations électorales, seront punis d'un emprisonnement d'un mois à un an, et d'une amende de cent à deux mille francs. — Si le scrutin a été violé, l'emprisonnement sera d'un an à cinq ans, et l'amende de mille à cinq mille francs.

46. L'enlèvement de l'urne contenant les suffrages émis et non encore dépouillés sera puni d'un emprisonnement d'un an à cinq ans, et d'une amende de mille à cinq mille francs. — Si cet enlèvement a été effectué en réunion ou avec violence, la peine sera la réclusion.

47. La violation du scrutin faite, soit par les membres du bureau, soit par les agents de l'autorité préposés à la garde des bulletins non encore dépouillés, sera punie de la réclusion.

48. Les crimes prévus par la présente loi seront jugés par la cour d'assises, et les délits par les tribunaux correctionnels ; l'article 463 du Code pénal pourra être appliqué.

49. En cas de conviction de plusieurs crimes ou délits prévus par la présente loi et commis antérieurement au premier acte de poursuite, la peine la plus forte sera seule appliquée.

50. L'action publique et l'action civile seront prescrites après trois mois, à partir du jour de la proclamation du résultat de l'élection.

51. La condamnation, s'il en est prononcé, ne pourra, en aucun cas, avoir pour effet d'annuler l'élection déclarée valide par les pouvoirs compétents, ou dûment définitive par l'absence de toute protestation régulière formée dans les délais voulus par les lois spéciales.

52. Les lois antérieures sont abrogées en ce qu'elles ont de contraire aux dispositions de la présente loi.

16 mars 1852

DÉCRET *organique sur la Légion d'honneur.*

TITRE IV

Discipline des membres de l'ordre.

38. La qualité de membre de la Légion d'honneur se perd par les mêmes causes que celles qui font perdre la qualité de citoyen français.

39. L'exercice des droits et des prérogatives des membres de la Légion d'honneur est suspendu par les mêmes causes que celles qui suspendent les droits de citoyen français.

40. Les ministres de la justice, de la guerre et de la marine transmettent au grand chancelier des copies de tous les jugements en matière criminelle, correctionnelle et de police, relatifs à des membres de l'ordre.

41. Toutes les fois qu'il y aura eu recours en cassation contre un jugement rendu en matière criminelle, correctionnelle ou de police, relatif à un légionnaire, le procureur général près de la cour de cassation en rend compte, sans délai, au ministre de la justice, qui en donne avis au grand chancelier de la Légion d'honneur.

42. Les procureurs généraux auprès des cours d'appel et les rapporteurs près des conseils de guerre ne peuvent faire exécuter aucune peine infamante contre un membre de la Légion qu'il n'ait été dégradé.

43. Pour cette dégradation, le président de la cour d'appel, sur le réquisitoire de l'avocat général, ou le président du conseil de guerre, sur le réquisitoire du rapporteur, prononce immédiatement après la lecture du jugement la formule suivante : « Vous avez manqué à l'honneur ; je déclare, au nom de la Légion, que vous avez cessé d'en être membre. »

44. Les chefs militaires de terre et de mer rendent aux ministres de la guerre et de la marine un compte particulier de toutes les peines graves de discipline qui ont été infligées à des légionnaires sous leurs ordres. — Ces ministres transmettent des copies de ce compte au grand chancelier.

45. La cassation d'un chevalier de la Légion, sous-officier en activité, et le renvoi d'un soldat ou d'un marin chevalier de la Légion d'honneur ne peuvent avoir lieu que d'après l'autorisation des ministres de la guerre et de la marine. Ces ministres ne peuvent donner cette autorisation qu'après en avoir informé le grand chancelier, qui prendra les ordres du Président de la République.

46. Le chef de l'État peut suspendre, en tout ou en partie, l'exercice des droits et prérogatives ainsi que le traitement attachés à la qualité de membre de la Légion d'honneur, et même exclure de la Légion, lorsque la nature du délit et la gravité de la peine prononcée correctionnellement paraissent rendre cette mesure nécessaire.

1er juin 1853

LOI *sur les conseils de prud'hommes.*

ARTICLE **1**er. Les conseils de prud'hommes sont établis par décrets rendus dans la forme des règlements d'administration publique, après avis des chambres de commerce ou des chambres consultatives des arts et manufactures. Les décrets d'institution déterminent le nombre des membres de chaque conseil. — Ce nombre est de six au moins, non compris le président et le vice-président.

2. Les membres des conseils de prud'hommes sont élus par les patrons, chefs d'atelier, contremaîtres et ouvriers appartenant aux industries dénommées dans les décrets d'institution, suivant les conditions déterminées par les articles ci-après.

3. Les présidents et les vice-présidents des conseils de prud'hommes sont nommés par l'Empereur. Ils peuvent être pris en dehors des éligibles. Leurs fonctions durent trois années. Ils peuvent être nommés de nouveau. — Les secrétaires des mêmes conseils sont nommés et révoqués par le préfet sur la proposition du président.

4. (L. 24 novembre 1883.) Sont électeurs : — 1° Les patrons âgés de vingt-cinq ans accomplis, patentés depuis cinq ans au moins, et depuis trois ans dans la circonscription du conseil ; les associés en nom collectif, patentés ou non, âgés de vingt-cinq ans accomplis, exerçant depuis cinq ans une profession assujettie à la contribution des patentes, et domiciliés depuis trois ans dans la circonscription du conseil ; — 2° Les chefs d'atelier, contremaîtres et ouvriers âgés de vingt-cinq ans accomplis, exerçant leur industrie depuis cinq ans au moins, et domiciliés depuis trois ans dans la circonscription du conseil.

5. Sont éligibles les électeurs âgés de trente ans accomplis et sachant lire et écrire.

6. Ne peuvent être éligibles ni électeurs, les étrangers ni aucun des individus désignés dans l'article 15 de la loi du 2 février 1852.

7. Dans chaque commune de la circonscription, le maire, assisté de deux assesseurs qu'il choisit, l'un parmi les électeurs patrons, l'autre parmi les électeurs ouvriers, inscrit les électeurs sur un tableau qu'il adresse au préfet. — La liste électorale est dressée et arrêtée par le préfet.

8. En cas de réclamation, le recours est ouvert devant le conseil de préfecture ou devant les tribunaux civils, suivant les distinctions établies par la loi sur les élections municipales.

9. Les patrons, réunis en assemblée particulière, nomment directement les prud'hommes patrons. — Les contremaîtres, chefs d'atelier et les ouvriers, également réunis en assemblée particulière, nomment les prud'hommes ouvriers en nombre égal à celui des patrons. — Au premier tour de scrutin, la majorité absolue des suffrages est nécessaire, la majorité relative suffit au second tour.

10. Les conseils de prud'hommes sont renouvelés par moitié tous les trois ans. Le sort désigne ceux des prud'hommes qui sont remplacés la première fois. — Les prud'hommes sont rééligibles. — Lorsque, par un motif quelconque, il y a lieu de procéder au remplacement d'un ou de plusieurs membres d'un conseil de prud'hommes, le préfet convoque les électeurs. Tout membre élu en remplacement d'un autre ne demeure en fonction que pendant la durée du mandat confié à son prédécesseur.

11. (L. 18 décembre 1884.) Le bureau général est composé, indépendamment du président ou du vice-président, d'un nombre égal de prud'hommes patrons et de prud'hommes ouvriers. Ce nombre est au moins de deux prud'hommes patrons et de deux prud'hommes ouvriers, quel que soit celui des membres dont se compose le conseil. — Par exception et dans le cas prévu par l'article 1er de la présente loi, les quatre membres seront pris, sans distinction de qualité, parmi les prud'hommes institués.

12. Les jugements des conseils de prud'hommes sont signés par le président et par le secrétaire.

13. Les jugements des conseils de prud'hommes sont définitifs et sans appel, lorsque le chiffre de la demande n'excède pas deux cents francs en capital. — Au-dessus de deux cents francs, les jugements sont sujets à l'appel devant le tribunal de commerce.

14. Lorsque le chiffre de la demande excède deux cents francs, le jugement de condamnation peut ordonner l'exécution immédiate et à titre de provision jusqu'à concurrence de cette somme, sans qu'il soit besoin de fournir caution. — Pour le surplus, l'exécution provisoire ne peut être ordonnée qu'à la charge de fournir caution.

15. Les jugements par défaut qui n'ont pas été exécutés dans le délai de six mois sont réputés non avenus.

16. Les conseils de prud'hommes peuvent être dissous par un décret de l'Empereur, sur la proposition du ministre compétent.

17. L'autorité administrative peut toujours, lorsqu'elle le juge convenable, réunir les conseils de prud'hommes, qui doivent donner leur avis sur les questions qui leur sont posées.

18. Après la promulgation de la présente loi, il sera procédé au renouvellement intégral des conseils de prud'hommes existants.

19. Sont maintenues les dispositions des lois, décrets et ordonnances qui ne sont pas contraires à la présente loi.

30 mai 1854

LOI *sur l'exécution de la peine des travaux forcés.*

ARTICLE **1er**. La peine des travaux forcés sera subie, à l'avenir, dans des établissements créés par décrets de l'Empereur, sur le territoire d'une ou plusieurs possessions françaises autres que l'Algérie. — Néanmoins, en cas d'empêchement à la translation des condamnés, et jusqu'à ce que cet empêchement ait cessé, la peine sera subie provisoirement en France.

2. Les condamnés seront employés aux travaux les plus pénibles de la colonisation et à tous autres travaux d'utilité publique.

3. Ils pourront être enchaînés deux à deux ou assujettis à traîner le boulet à titre de punition disciplinaire ou par mesure de sûreté.

4. Les femmes condamnées aux travaux forcés pourront être conduites dans un des établissements créés aux colonies ; elles seront séparées des hommes et employées à des travaux en rapport avec leur âge et avec leur sexe.

5. Les peines des travaux forcés à perpétuité et des travaux forcés à temps ne seront prononcées contre aucun individu âgé de soixante ans accomplis au moment du jugement ; elles seront remplacées par celle de la réclusion, soit à perpétuité, soit à temps, selon la durée de la peine qu'elle remplacera. — L'article 72 du Code pénal est abrogé.

6. Tout individu condamné à moins de huit années de travaux forcés sera tenu, à l'expiration de sa peine, de résider dans la colonie pendant un temps égal à la durée de sa condamnation. — Si la peine est de huit années, il sera tenu d'y résider pendant toute sa vie. — Toutefois, le libéré pourra quitter momentanément la colonie en vertu d'une autorisation expresse du gouverneur. Il ne pourra, en aucun cas, être autorisé à se rendre en France. — En cas de grâce, le libéré ne pourra être dispensé de l'obligation de la résidence que par une disposition spéciale des lettres de grâce.

7. Tout condamné à temps qui, à dater de son embarquement, se sera rendu coupable d'évasion, sera puni de deux à cinq ans de travaux forcés. — Cette peine ne se confondra pas avec celle antérieurement prononcée. — La peine pour les condamnés à perpétuité sera l'application à la double chaîne pendant deux ans au moins et cinq au plus.

8. Tout libéré, coupable d'avoir, contrairement à l'article 6 de la présente loi, quitté la colonie sans autorisation, ou d'avoir dépassé le délai fixé par l'autorisation, sera puni de la peine d'un an à trois ans de travaux forcés.

9. La reconnaissance de l'identité de l'individu évadé, ou en état d'infraction aux dispositions de l'article 6, sera faite soit par le tribunal désigné dans l'article suivant, soit par la cour qui aura prononcé la condamnation.

10. Les infractions prévues par les articles 7 et 8, et tous crimes ou délits commis par les condamnés, seront jugés par un tribunal maritime spécial établi dans la colonie. — Jusqu'à l'établissement de ce tribunal, le jugement appartiendra au premier conseil de guerre de la colonie, auquel seront adjoints deux officiers du commissariat de la marine. — Les lois concernant les crimes et délits commis par les forçats, et les peines qui leur sont applicables, continueront d'être exécutées.

11. Les condamnés des deux sexes qui se seront rendus dignes d'indulgence par leur bonne conduite, leur travail et leur repentir, pourront obtenir : — 1° L'autorisation de travailler aux conditions déterminées par l'administration, soit pour les habitants de la colonie, soit pour les administrations locales ; — 2° Une concession de terrain et la faculté de cultiver pour leur propre compte. — Cette concession ne pourra devenir définitive qu'après la libération du condamné.

12. Le Gouvernement pourra accorder aux condamnés aux travaux forcés à temps l'exercice, dans la colonie, des droits civils, ou de quelques-uns de ces droits, dont ils sont privés par leur état d'interdiction légale. — Il pourra autoriser les condamnés à jouir ou disposer de tout ou partie de leurs biens. — Les actes faits par les condamnés dans la colonie, jusqu'à leur libération, ne pourront engager les biens qu'ils possédaient au jour de leur condamnation, ou ceux qui leur seront échus par succession, donation ou testament, à l'exception des biens dont la remise aura été autorisée. — Le Gouvernement pourra accorder aux libérés l'exercice, dans la colonie, des droits dont ils sont privés par les troisième et quatrième paragraphes de l'article 34 du Code pénal.

13. Des concessions provisoires ou définitives de terrains pourront être faites aux individus qui ont subi leur peine et qui restent dans la colonie.

14. Un règlement d'administration publique déterminera tout ce qui concerne l'exécution de la présente loi, et notamment : 1° le régime disciplinaire des établissements de travaux forcés ; 2° les conditions sous lesquelles des concessions de terrains, provisoires ou définitives, pourront être faites aux condamnés ou libérés, eu égard à la durée de la peine prononcée contre eux, à leur bonne conduite, à leur travail et à leur repentir ; 3° l'étendue du droit des tiers, de l'époux survivant et des héritiers du concessionnaire sur les terrains concédés.

15. Les dispositions de la présente loi, à l'exception de celles prescrites par les articles 6 et 8, sont applicables aux condamnations antérieurement prononcées et aux crimes antérieurement commis.

10 juin 1854

LOI *sur le libre écoulement des eaux provenant du drainage.*

ARTICLE **1er**. Tout propriétaire qui veut assainir son fonds par le drainage, ou un autre mode d'asséchement, peut, moyennant une juste et préalable indemnité, en conduire les eaux souterrainement ou à ciel ouvert, à travers les propriétés qui séparent ce fonds d'un cours d'eau ou de toute autre voie d'écoulement. — Sont exceptés de cette servitude, les maisons, cours, jardins, parcs et enclos attenant aux habitations.

2. Les propriétaires de fonds voisins ou traversés ont la faculté de se servir des travaux faits en vertu de l'article précédent, pour l'écoulement des eaux de leurs fonds. — Ils supportent dans ce cas : 1° une part proportionnelle dans la valeur des travaux dont ils profitent ; 2° les dépenses résultant des modifications que l'exercice de cette faculté peut rendre nécessaires ; et 3° pour l'avenir, une part contributive dans l'entretien des travaux devenus communs.

3. Les associations de propriétaires qui veulent, au moyen de travaux d'ensemble, assainir leurs héritages par le drainage ou tout autre mode d'asséchement, jouissent des droits et supportent les obligations qui résultent des articles précédents. Ces associations peuvent, sur leur demande, être constituées, par arrêtés préfectoraux, en syndicats auxquels sont applicables les articles 3 et 4 de la loi du 14 floréal an XI.

4. Les travaux que voudraient exécuter les associations syndicales, les communes ou les départements, pour faciliter le drainage ou tout autre mode d'asséchement, peuvent être déclarés d'utilité publique par décret rendu en Conseil d'État. — Le règlement des indemnités dues pour expropriation est fait conformément aux paragraphes 2 et suivants de l'article 16 de la loi du 21 mai 1836.

5. Les contestations auxquelles peuvent donner lieu l'établissement et l'exercice de la servitude, la fixation du parcours des eaux, l'exécution des travaux de drainage ou d'asséchement, les indemnités et les frais d'entretien, sont portées en premier ressort devant le juge de paix du canton, qui, en prononçant, doit concilier les intérêts de l'opération avec le respect dû à la propriété. S'il y a lieu à expertise, il pourra n'être nommé qu'un seul expert.

6. La destruction totale ou partielle des conduits d'eau ou fossés évacuateurs est punie des peines portées à l'article 456 du Code pénal. — Tout obstacle apporté volontairement au libre écoulement des eaux est puni des peines portées par l'article 457 du même code. — L'article 463 du Code pénal peut être appliqué.

7. Il n'est aucunement dérogé aux lois qui règlent la police des eaux.

23 mars 1855

LOI *sur la transcription en matière hypothécaire.*

ARTICLE **1**er. Sont transcrits au bureau des hypothèques de la situation des biens :

1° Tout acte entre vifs, translatif de propriété immobilière ou de droits réels susceptibles d'hypothèque ;

2° Tout acte portant renonciation à ces mêmes droits ;

3° Tout jugement qui déclare l'existence d'une convention verbale de la nature ci-dessus exprimée ;

4° Tout jugement d'adjudication, autre que celui rendu sur licitation au profit d'un cohéritier ou d'un copartageant.

2. Sont également transcrits :

1° Tout acte constitutif d'antichrèse, de servitude, d'usage et d'habitation ;

2° Tout acte portant renonciation à ces mêmes droits ;

3° Tout jugement qui en déclare l'existence en vertu d'une convention verbale ;

4° Les baux d'une durée de plus de dix-huit années ;

5° Tout acte ou jugement constatant, même pour bail de moindre durée, quittance ou cession d'une somme équivalente à trois années de loyers ou fermages non échus.

3. Jusqu'à la transcription, les droits résultant des actes et jugements énoncés aux articles précédents ne peuvent être opposés aux tiers qui ont des droits sur l'immeuble et qui les ont conservés en se conformant aux lois.

Les baux qui n'ont point été transcrits ne peuvent jamais leur être opposés pour une durée de plus de dix-huit ans.

4. Tout jugement prononçant la résolution, nullité ou rescision d'un acte transcrit, doit, dans le mois, à dater du jour où il a acquis l'autorité de la chose jugée, être mentionné en marge de la transcription faite sur le registre.

L'avoué qui a obtenu ce jugement est tenu, sous peine de cent francs d'amende, de faire opérer cette mention, en remettant un bordereau rédigé et signé par lui au conservateur, qui lui en donne récépissé.

5. Le conservateur, lorsqu'il en est requis, délivre, sous sa responsabilité, l'état spécial ou général des transcriptions et mentions prescrites par les articles précédents.

6. A partir de la transcription, les créanciers privilégiés ou ayant hypothèque, aux termes des articles 2123, 2127 et 2128 du Code Napoléon, ne peuvent prendre utilement inscription sur le précédent propriétaire.

Néanmoins, le vendeur ou le copartageant peuvent utilement inscrire les privilèges à eux conférés par les articles 2108 et 2109 du Code Napoléon, dans les quarante-cinq jours de l'acte de vente ou de partage, nonobstant toute transcription d'actes faits dans ce délai.

Les articles 834 et 835 du Code de procédure civile sont abrogés.

7. L'action résolutoire établie par l'article 1654 du Code Napoléon ne peut être exercée après l'extinction du privilège du vendeur, au préjudice des tiers qui ont acquis des droits sur l'immeuble du chef de l'acquéreur, et qui se sont conformés aux lois pour les conserver.

8. Si la veuve, le mineur devenu majeur, l'interdit relevé de l'interdiction, leurs héritiers ou ayants-cause, n'ont pas pris inscription dans l'année qui suit la dissolution du mariage ou la cessation de la tutelle, leur hypothèque ne date, à l'égard des tiers, que du jour des inscriptions prises ultérieurement.

9. Dans le cas où les femmes peuvent céder leur hypothèque légale ou y renoncer, cette cession ou cette renonciation doit être faite par acte authentique, et les cessionnaires n'en sont saisis à l'égard des tiers que par l'inscription de cette hypothèque prise à leur profit, ou par la mention de la subrogation en marge de l'inscription préexistante.

Les dates des inscriptions ou mentions déterminent l'ordre dans lequel ceux qui ont obtenu des cessions ou renonciations exercent les droits hypothécaires de la femme.

(*L. 13 février 1889.*) La renonciation par la femme à son hypothèque légale au profit de l'acquéreur d'immeubles grevés de cette hypothèque en emporte l'extinction et vaut purge à partir, soit de la transcription de l'acte d'aliénation, si la renonciation y est contenue, soit de la mention faite en marge de la transcription de l'acte d'aliénation, si la renonciation a été consentie par acte authentique distinct.

Dans tous les cas, cette renonciation n'est valable et ne produit les effets ci-dessus que si elle est contenue dans un acte authentique.

En l'absence de stipulation expresse, la renonciation par la femme à son hypothèque légale ne pourra résulter de son concours à l'acte d'aliénation que si elle stipule, soit comme covenderesse, soit comme garante ou caution du mari.

Toutefois, la femme conserve son droit de préférence sur le prix, mais sans pouvoir répéter contre l'acquéreur le prix ou la partie du prix par lui payé de son consentement et sans préjudice du droit des autres créanciers hypothécaires.

Le concours ou le consentement donné par la femme, soit à un acte d'aliénation contenant quittance totale ou partielle du prix, soit à l'acte ultérieur de quittance totale ou partielle, emporte subrogation à l'hypothèque légale sur l'immeuble vendu, au profit de l'acquéreur, vis-à-vis des créanciers hypothécaires postérieurs en rang ; mais cette subrogation ne pourra préjudicier aux tiers qui deviendraient cessionnaires de l'hypothèque légale de la femme sur d'autres immeubles du mari, à moins que l'acquéreur ne se soit conformé aux prescriptions du paragraphe 1er du présent article.

10. La présente loi est exécutoire à partir du 1er janvier 1856.

11. Les articles 1, 2, 3, 4 et 9 ci-dessus ne sont pas applicables aux actes ayant acquis date certaine et aux jugements rendus avant le 1er janvier 1856.

Leur effet est réglé par la législation sous l'empire de laquelle ils sont intervenus.

Les jugements prononçant la résolution, nullité ou rescision d'un acte non transcrit, mais ayant date certaine avant la même époque, doivent être transcrits conformément à l'article 4 de la présente loi.

Le vendeur dont le privilège serait éteint au moment où la présente loi deviendra exécutoire pourra conserver vis-à-vis des tiers l'action résolutoire qui lui appartient, aux termes de l'article 1654 du Code Napoléon, en faisant inscrire son action au bureau des hypothèques, dans le délai de six mois à partir de la même époque.

L'inscription exigée par l'article 8 doit être prise dans l'année à compter du jour où la loi est exécutoire ; à défaut d'inscription dans ce délai, l'hypothèque légale ne prend rang que du jour où elle est ultérieurement inscrite.

Il n'est point dérogé aux dispositions du Code Napoléon relatives à la transcription des actes portant donation ou contenant des dispositions à charge de rendre ; elles continueront à recevoir leur exécution.

12. Jusqu'à ce qu'une loi spéciale détermine les droits à percevoir, la transcription des actes ou jugements qui n'étaient pas soumis à cette formalité avant la présente loi est faite moyennant le droit fixe d'un franc.

5 mai 1855

LOI *qui déclare applicables aux boissons les dispositions de la loi du 27 mars 1851.*

ARTICLE **1**er. Les dispositions de la loi du 27 mars 1851 sont applicables aux boissons.

(*L. 24 juillet 1894.*) Si, dans les cas prévus par les paragraphes 1er et 2 de l'article 1er de la loi du 27 mars 1851, il s'agit de vin additionné d'eau, les pénalités édictées par l'article 423 du Code pénal et de la loi du 27 mars 1851, seront applicables même dans le cas où la falsification par addition d'eau serait connue de l'acheteur ou du consommateur.

2. L'article 318 et le n° 6 de l'article 475 du Code pénal sont et demeurent abrogés.

21 juillet 1856

LOI *concernant les contraventions aux règlements sur les appareils et bateaux à vapeur.*

TITRE PREMIER

Des contraventions relatives à la vente des appareils à vapeur.

ARTICLE **1**er. — Est puni d'une amende de cent à mille francs tout fabricant qui livre une chaudière fermée, ou toute autre pièce destinée à produire de la vapeur, sans qu'elle ait été soumise aux épreuves exigées par les règlements d'administration publique. — Est puni de la même peine, le fabricant qui, après avoir fait dans ses ateliers des changements ou des réparations notables à une chaudière, ou à toute autre pièce destinée à produire de la vapeur, l'a rendue au propriétaire sans qu'elle ait été de nouveau soumise aux dites épreuves.

2. Est puni d'une amende de vingt-cinq à deux cents francs, tout fabricant qui a livré un cylindre, une enveloppe de cylindre, ou une pièce quelconque destinée à contenir de la vapeur, sans que cette pièce ait été soumise aux épreuves prescrites par lesdits règlements.

TITRE II

Des contraventions relatives à l'usage des appareils à vapeur établis ailleurs que sur les bateaux.

3. Est puni d'une amende de vingt-cinq à cinq cents francs, quiconque a fait usage d'une machine ou chaudière à vapeur sur laquelle ne seraient pas appliqués les timbres constatant qu'elle a été soumise aux épreuves et vérifications prescrites par les règlements d'administration publique. — Est puni de la même peine quiconque, après avoir fait faire à une chaudière ou partie de chaudière des changements ou réparations notables, a fait usage de la chaudière modifiée ou réparée sans en avoir donné avis au préfet ou sans qu'elle ait été soumise de nouveau, dans le cas où le préfet l'aurait ordonné, à la pression d'épreuve correspondante au numéro du timbre dont elle est frappée.

4. Est puni d'une amende de vingt-cinq à cinq cents francs, quiconque a fait usage d'un appareil à vapeur sans être muni de l'autorisation exigée par les règlements d'administration publique. — L'amende est de cent à mille francs, si l'appareil à vapeur dont il a été fait usage sans autorisation n'est pas revêtu des timbres mentionnés en l'article précédent. — Néanmoins, l'amende n'est point encourue si, dans le délai de deux mois pour les appareils à placer dans l'intérieur des établissements et de trois mois pour les appareils placés en dehors, il n'a pas été statué par l'administration sur l'autorisation demandée.

5. Celui qui continue à se servir d'un appareil à vapeur pour lequel l'autorisation a été retirée ou suspendue en vertu des règlements d'administration publique est puni d'une amende de cent à deux mille francs, et peut être condamné, en outre, à un emprisonnement de trois jours à un mois.

6. Quiconque fait usage d'un appareil à vapeur autorisé sans s'être conformé aux prescriptions qui lui ont été imposées en vertu desdits règlements, en ce qui concerne les appareils de sûreté dont les chaudières doivent être pourvues et l'emplacement de ces chaudières, ou qui continue à en faire usage alors que les appareils de sûreté et les dispositions de local ont cessé de satisfaire à ces prescriptions, est puni d'une amende de vingt-cinq à deux cents francs.

7. Le chauffeur ou mécanicien qui a fait fonctionner une machine ou chaudière à une pression supérieure au degré déterminé dans l'acte d'autorisation, ou qui a surchargé les soupapes d'une chaudière, faussé ou paralysé les autres appareils de sûreté, est puni d'une amende de vingt-cinq à cinq cents francs, et peut être, en outre, condamné à un emprisonnement de trois jours à un mois. — Le propriétaire, le chef de l'entreprise, le directeur, le gérant ou le préposé par les ordres duquel a eu lieu la contravention prévue au présent article, est puni d'une amende de cent à deux mille francs, et peut être condamné à un emprisonnement de six jours à deux mois.

TITRE III

Des contraventions relatives aux bateaux à vapeur et aux appareils à vapeur placés sur ces bateaux.

8. Est puni d'une amende de cent à deux mille francs, tout propriétaire ou chef d'entreprise qui a fait naviguer un bateau à vapeur sans un permis de navigation délivré par l'autorité administrative, conformément aux règlements d'administration publique.

9. Le propriétaire ou chef d'entreprise qui a continué de faire naviguer un bateau à vapeur dont le permis a été suspendu ou retiré, en vertu desdits règlements, encourt une amende de quatre cents à quatre mille francs, et peut être condamné, en outre, à un emprisonnement d'un mois à un an.

10. Est puni d'une amende de quatre cents à quatre mille francs, tout propriétaire d'un bateau à vapeur ou chef d'entreprise qui fait usage d'une chaudière non revêtue des timbres constatant qu'elle a été soumise aux épreuves prescrites par les règlements d'administration publique ; ou qui, après avoir fait faire à une chaudière ou partie de chaudière des changements ou réparations notables, a fait usage, hors le cas de force majeure, de la chaudière réparée ou modifiée sans qu'elle ait été soumise à la pression d'épreuve correspondante au numéro du timbre dont elle est frappée.

11. Est puni d'une amende de deux cents à quatre mille francs, tout propriétaire de bateau à vapeur ou chef d'entreprise qui, après avoir obtenu un permis de navigation, fait naviguer ce bateau sans se conformer aux prescriptions qui lui ont été imposées en vertu des règlements d'administration publique en ce qui concerne les appareils de sûreté dont les chaudières doivent être pourvues, l'emplacement des chaudières et machines, et les séparations entre cet emplacement et les salles destinées aux passagers. — La même peine est applicable dans le cas où le bateau a continué à naviguer après que les appareils de sûreté ou les dispositions du local ont cessé de satisfaire à ces prescriptions.

12. Est puni d'une amende de deux cents à deux mille francs, tout propriétaire de bateau à vapeur ou chef d'entreprise qui a confié la conduite du bateau ou de l'appareil moteur à un capitaine ou à un mécanicien non pourvu des certificats de capacité exigés par les règlements d'administration publique.

13. Est puni d'une amende de cinquante à cinq cents francs le capitaine d'un bateau à vapeur, si, par suite de sa négligence : — 1° La pression de vapeur dans les chaudières a été portée au-dessus de la limite fixée par le permis de navigation ; — 2° Les appareils prescrits, soit pour limiter ou indiquer cette pression, soit pour indiquer le niveau de l'eau dans l'intérieur des chaudières, soit pour alimenter d'eau les chaudières, ont été laissés en mauvais état.

14. Est puni d'une amende de cinquante à cinq cents francs, et, en outre, d'un emprisonnement de trois jours à trois mois, le mécanicien ou chauffeur qui, sans ordre, a surchargé les soupapes, faussé ou paralysé les autres appareils de sûreté. Lorsque la surcharge des soupapes a eu lieu, hors le cas de force majeure, par l'ordre du capitaine ou du chef de manœuvre qui le remplace, le capitaine ou le chef de manœuvre qui a donné l'ordre est puni d'une amende de deux cents à deux mille francs, et peut être condamné à un emprisonnement de six jours à deux mois.

15. Est puni d'une amende de vingt-cinq à deux cent cinquante francs et d'un emprisonnement de trois jours à un mois, le mécanicien d'un bateau à vapeur qui aura laissé descendre l'eau dans la chaudière au-dessous des conduits de la flamme et de la fumée.

16. Est puni d'une amende de cinquante à cinq cents francs, le capitaine d'un bateau à vapeur qui a contrevenu aux dispositions des règlements d'administration publique, ou des arrêtés des préfets rendus en vertu de ces règlements, en ce qui concerne : — 1° Le nombre des passagers qui peuvent être reçus à bord ; — 2° La nature et le poids des embarcations, agrès et apparaux dont le bateau doit être pourvu ; — 3° Les prescriptions relatives aux embarquements et débarquements, et à celles qui ont pour objet d'éviter les accidents au départ, au passage sous les ponts ou à l'arrivée des bateaux, ou de prévenir les abordages.

17. Dans le cas où, par inobservation des règlements, le capitaine d'un bateau à vapeur a heurté, endommagé ou mis en péril un autre bateau, il est puni d'une amende de cinquante à cinq cents francs, et peut être condamné, en outre, à un emprisonnement de six jours à trois mois.

18. Le propriétaire du bateau à vapeur, le chef d'entreprise ou le gérant, par les ordres de qui a lieu l'un des faits prévus par les articles 13, 14 et 16 de la présente loi, est passible de peines doubles de celles qui, conformément auxdits articles, seront appliquées aux auteurs de la contravention.

TITRE IV

Dispositions générales.

19. En cas de récidive, l'amende et la durée de l'emprisonnement peuvent être élevées au double du maximum porté dans les articles précédents. — Il y a récidive lorsque le contrevenant a subi, dans les douze mois qui précèdent, une condamnation en vertu de la présente loi.

20. Si les contraventions prévues dans les titres II et III de la présente loi ont occasionné des blessures, la peine sera de huit jours à six mois d'emprisonnement et l'amende de cinquante à mille francs ; si elles ont occasionné la mort d'une ou plusieurs personnes, l'emprisonnement sera de six mois à cinq ans, et l'amende de trois cents à trois mille francs.

21. Les contraventions prévues par la présente loi sont constatées par les ingénieurs des mines, les ingénieurs des ponts et chaussées, les gardes-mines, les conducteurs et autres employés des ponts et chaussées et des mines, commissionnés à cet effet, les maires et adjoints, les commissaires de police, et, en outre, pour les bateaux à vapeur, les officiers de port, les inspecteurs et gardes de la navigation, les membres des commissions de surveillance instituées en exécution des règlements, et les hommes de l'art qui, dans les ports étrangers, auront, en vertu de l'article 40 de l'ordonnance du 17 janvier 1846, été chargés par les consuls ou agents consulaires français de procéder aux visites des bateaux à vapeur.

22. Les procès-verbaux dressés en exécution de l'article précédent sont visés pour timbre et enregistrés en débet. — Ceux qui ont été dressés par des agents de surveillance et gardes assermentés doivent, à peine de nullité, être affirmés dans les trois jours devant le juge de paix ou le maire, soit du lieu du délit, soit de la résidence de l'agent. — Lesdits procès-verbaux font foi jusqu'à preuve contraire. — Les procès-verbaux qui ont été dressés dans les ports étrangers par les hommes de l'art désignés en l'article 21 ci-dessus sont enregistrés à la chancellerie du consulat et envoyés en originaux au ministre de l'agriculture, du commerce et des travaux publics, afin que les poursuites soient exercées devant les tribunaux compétents.

23. L'article 463 du Code pénal est applicable aux condamnations prononcées en exécution de la présente loi.

23 juin 1857

LOI *sur les marques de fabrique et de commerce.*

TITRE PREMIER

Du droit de propriété des marques.

ARTICLE **1er**. La marque de fabrique ou de commerce est facultative. — Toutefois, des décrets, rendus en la forme des règlements d'administration publique, peuvent exceptionnellement la déclarer obligatoire pour les produits qu'ils déterminent. — Sont considérés comme marques de fabrique et de commerce les noms sous une forme distinctive, les dénominations, emblèmes, empreintes, timbres, cachets, vignettes, reliefs, lettres, chiffres, enveloppes et tous autres signes servant à distinguer les produits d'une fabrique ou les objets d'un commerce.

2. (L. 3 mai 1890.) Nul ne peut revendiquer la propriété exclusive d'une marque s'il n'a déposé au greffe du tribunal de commerce de son domicile : — 1° Trois exemplaires du modèle de cette marque ; — 2° Le cliché typographique de cette marque. — En cas de dépôt de plusieurs marques appartenant à une même personne, il n'est dressé qu'un procès-verbal, mais il doit être déposé autant de modèles en triple exemplaire et autant de clichés qu'il y a de marques distinctes. — L'un des exemplaires déposés sera remis au déposant revêtu du visa du greffier et portant l'indication du jour et de l'heure du dépôt. — Les dimensions des clichés ne devront pas dépasser douze centimètres de côté. — Les clichés seront rendus aux intéressés après la publication officielle des marques par le département du commerce, de l'industrie et des colonies.

3. Le dépôt n'a d'effet que pour quinze années. — La propriété de la marque peut toujours être conservée pour un nouveau terme de quinze années au moyen d'un nouveau dépôt.

4. Il est perçu un droit fixe d'un franc pour la rédaction du procès-verbal de dépôt de chaque marque et pour le coût de l'expédition, non compris les frais de timbre et d'enregistrement.

TITRE II

Dispositions relatives aux étrangers.

5. Les étrangers qui possèdent en France des établissements d'industrie ou de commerce jouissent, pour les produits de leurs établissements, du bénéfice de la présente loi, en remplissant les formalités qu'elle prescrit.

6. Les étrangers et les Français dont les établissements sont situés hors de France jouissent également du bénéfice de la présente loi pour les produits de ces établissements, si, dans les pays où ils sont situés, des conventions diplomatiques ont établi la réciprocité pour les marques françaises. — Dans ce cas, le dépôt des marques étrangères a lieu au greffe du tribunal de commerce du département de la Seine.

TITRE III

Pénalités.

7. Sont punis d'une amende de cinquante francs à trois mille francs et d'un emprisonnement de trois mois à trois ans, ou de l'une de ces peines seulement : — 1° Ceux qui ont contrefait une marque ou fait usage d'une marque contrefaite ; — 2° Ceux qui ont frauduleusement apposé sur leurs produits ou les objets de leur commerce une marque appartenant à autrui ; — 3° Ceux qui ont sciemment vendu ou mis en vente un ou plusieurs produits revêtus d'une marque contrefaite ou frauduleusement apposée.

8. Sont punis d'une amende de cinquante francs à deux mille francs et d'un emprisonnement d'un mois à un an, ou de l'une de ces peines seulement : — 1° Ceux qui, sans contrefaire une marque, en ont fait une imitation frauduleuse de nature à tromper l'acheteur, ou ont fait usage d'une marque frauduleusement imitée ; — 2° Ceux qui ont fait usage d'une marque portant des indications propres à tromper l'acheteur sur la nature du produit ; — 3° Ceux qui ont sciemment vendu ou mis en vente un ou plusieurs produits revêtus d'une marque frauduleusement imitée ou portant des indications propres à tromper l'acheteur sur la nature du produit.

9. Sont punis d'une amende de cinquante francs à mille francs et d'un emprisonnement de quinze jours à six mois, ou de l'une de ces peines seulement : — 1° Ceux qui n'ont pas apposé sur leurs produits une marque déclarée obligatoire ; — 2° Ceux qui ont vendu ou mis en vente un ou plusieurs produits ne portant pas la marque déclarée obligatoire pour cette espèce de produits ; — 3° Ceux qui ont contrevenu aux dispositions des décrets rendus en exécution de l'article 1er de la présente loi.

10. Les peines établies par la présente loi ne peuvent être cumulées. — La peine la plus forte est seule prononcée pour tous les faits antérieurs au premier acte de poursuite.

11. Les peines portées aux articles 7, 8 et 9 peuvent être élevées au double en cas de récidive. — Il y a récidive lorsqu'il a été prononcé contre le prévenu, dans les cinq années antérieures, une condamnation pour un des délits prévus par la présente loi.

12. L'article 463 du Code pénal peut être appliqué aux délits prévus par la présente loi.

13. Les délinquants peuvent, en outre, être privés du droit de participer aux élections des tribunaux et des chambres de commerce, des chambres consultatives des arts et manufactures, et des conseils de prud'hommes, pendant un temps qui n'excédera pas dix ans. — Le tribunal peut ordonner l'affiche du jugement dans les lieux qu'il détermine, et son insertion intégrale ou par extrait dans les journaux qu'il désigne, le tout aux frais du condamné.

14. La confiscation des produits dont la marque serait reconnue contraire aux dispositions des articles 7 et 8 peut, même en cas d'acquittement, être prononcée par le tribunal, ainsi que celle des instruments et ustensiles ayant spécialement servi à commettre le délit. — Le tribunal peut ordonner que les produits confisqués soient remis au propriétaire de la marque contrefaite ou frauduleusement apposée ou imitée, indépendamment de plus amples dommages-intérêts, s'il y a lieu. — Il prescrit, dans tous les cas, la destruction des marques reconnues contraires aux dispositions des articles 7 et 8.

15. Dans les cas prévus par les deux premiers paragraphes de l'article 9, le tribunal prescrit toujours que les marques déclarées obligatoires soient apposées sur les produits qui y sont assujettis. — Le tribunal peut prononcer la confiscation des produits, si le prévenu a encouru, dans les cinq années antérieures, une condamnation pour un des délits prévus par les deux premiers paragraphes de l'article 9.

TITRE IV

Juridictions.

16. Les actions civiles relatives aux marques sont portées devant les tribunaux civils et jugées comme matières sommaires. — En cas d'action intentée par la voie correctionnelle, si le prévenu soulève pour sa défense des questions relatives à la propriété de la marque, le tribunal de police correctionnelle statue sur l'exception.

17. Le propriétaire d'une marque peut faire procéder par tous huissiers à la description détaillée, avec ou sans saisie, des produits qu'il prétend marqués à son préjudice en contravention aux dispositions de la présente loi, en vertu d'une ordonnance du président du tribunal civil de première instance, ou du juge de paix du canton, à défaut de tribunal dans le lieu où se trouvent les produits à décrire ou à saisir. — L'ordonnance est rendue sur simple requête et sur la présentation du procès-verbal constatant le dépôt de la marque. Elle contient, s'il y a lieu, la nomination d'un expert pour aider l'huissier dans sa description. — Lorsque la saisie est requise, le juge peut exiger du requérant un cautionnement qu'il est tenu de consigner avant de faire procéder à la saisie. — Il est laissé copie, aux détenteurs des objets décrits ou saisis, de l'ordonnance et de l'acte constatant le dépôt du cautionnement, le cas échéant; le tout à peine de nullité et de dommages-intérêts contre l'huissier.

18. A défaut par le requérant de s'être pourvu, soit par la voie civile, soit par la voie correctionnelle, dans le délai de quinzaine, outre un jour par cinq myriamètres de distance entre le lieu où se trouvent les objets décrits ou saisis et le domicile de la partie contre laquelle l'action doit être dirigée, la description ou saisie est nulle de plein droit, sans préjudice des dommages-intérêts qui peuvent être réclamés, s'il y a lieu.

TITRE V

Dispositions générales ou transitoires.

19. Tous produits étrangers, portant, soit la marque, soit le nom d'un fabricant résidant en France, soit l'indication du nom ou du lieu d'une fabrique française, sont prohibés à l'entrée et exclus du transit et de l'entrepôt, et peuvent être saisis, en quelque lieu que ce soit, soit à la diligence de l'administration des douanes, soit à la requête du ministère public ou de la partie lésée. — Dans le cas où la saisie est faite à la diligence de l'administration des douanes, le procès-verbal de saisie est immédiatement adressé au ministère public. — Le délai dans lequel l'action prévue par l'article 18 devra être intentée, sous peine de nullité de la saisie, soit par la partie lésée, soit par le ministère public, est porté à deux mois. — Les dispositions de l'article 14 sont applicables aux produits saisis en vertu du présent article.

20. Toutes les dispositions de la présente loi sont applicables aux vins, eaux-de-vie et autres boissons, aux bestiaux, grains, farines, et généralement à tous les produits de l'agriculture.

21. Tout dépôt de marques opéré au greffe du tribunal de commerce antérieurement à la présente loi aura effet pour quinze années, à dater de l'époque où ladite loi sera exécutoire.

22. La présente loi ne sera exécutoire que six mois après sa promulgation. Un règlement d'administration publique déterminera les formalités à remplir pour le dépôt et la publicité des marques, et toutes les autres mesures nécessaires pour l'exécution de la loi.

23. Il n'est pas dérogé aux dispositions antérieures qui n'ont rien de contraire à la présente loi.

2 juin 1862

LOI *concernant les délais des pourvois devant la cour de cassation, en matière civile.*

ARTICLE **1**er. Le délai pour se pourvoir en cassation sera de deux mois, à compter du jour où la signification de la décision, objet du pourvoi, aura été faite à personne ou à domicile.

A l'égard des jugements et arrêts par défaut qui pourront être déférés à la cour de cassation, ce délai ne courra qu'à compter du jour où l'opposition ne sera plus recevable.

2. Le demandeur en cassation est tenu de signifier l'arrêt d'admission à personne ou à domicile, dans les deux mois après sa date; sinon, il est déchu de son pourvoi envers ceux des défendeurs à qui la signification aurait dû être faite.

3. Le délai pour comparaître sera d'un mois, à partir de la signification de l'arrêt d'admission faite à la personne ou au domicile des défendeurs.

4. Les délais fixés par les articles 1 et 3, relativement au pourvoi en cassation et à la comparution des défendeurs, seront augmentés de huit mois en faveur des demandeurs ou défendeurs absents du territoire français de l'Europe ou de l'Algérie, pour cause de service public, et en faveur des gens de mer absents de ce même territoire pour cause de navigation.

5. Il est ajouté au délai ordinaire du pourvoi, lorsque le demandeur sera domicilié en Corse, en Algérie, dans les Iles-Britanniques, en Italie, dans le Royaume des Pays-Bas et dans les États ou Confédérations limitrophes de la France continentale, un mois; — S'il est domicilié dans les autres États, soit de l'Europe, soit du littoral de la Méditerranée et de celui de la mer Noire, deux mois; — S'il est domicilié hors d'Europe, en deçà des détroits de Malacca et de la Sonde ou en deçà du cap Horn, cinq mois; — S'il est domicilié au delà des détroits de Malacca et de la Sonde ou au delà du cap Horn, huit mois; — Les délais ci-dessus seront doublés pour les pays d'outre-mer, en cas de guerre maritime.

6. Les mêmes délais sont ajoutés : — 1° Au délai ordinaire accordé au demandeur lorsqu'il devra signifier l'arrêt d'admission dans l'un des pays désignés en l'article précédent; — 2° Au délai ordinaire réglé par l'article 3, lorsque les défendeurs domiciliés dans l'un de ces pays devront comparaître sur la signification de l'arrêt d'admission.

7. Lorsque le délai pour la comparution sera expiré sans que le défendeur se soit fait représenter devant la cour, l'audience ne pourra être poursuivie que sur un certificat du greffier constatant la non-comparution du défendeur.

8. Les arrêts de la chambre des requêtes, contenant autorisation d'assigner en matière de règlement de juges ou de renvoi pour suspicion légitime, seront signifiés dans le délai fixé par l'article 3. Néanmoins, ces délais pourront être réduits ou augmentés, suivant les circonstances, par l'arrêt portant permission d'assigner.

9. Tous les délais ci-dessus énoncés seront francs; si le dernier jour du délai est un jour férié, le délai sera prorogé au lendemain. Les mois seront comptés suivant le calendrier grégorien.

10. Il n'est pas dérogé aux lois spéciales qui règlent les pourvois en matière électorale et d'expropriation pour cause d'utilité publique.

11. Sont abrogés, dans leurs dispositions contraires à la présente loi, l'ordonnance d'août 1737, le règlement du 28 juin 1738, les lois des 27 novembre 1790, 2 septembre 1793, 1er frimaire an II, 11 juin 1859, et autres lois relatives à la procédure en matière civile devant la cour de cassation.

20 mai 1863

LOI *sur l'instruction des flagrants délits devant les tribunaux correctionnels.*

ARTICLE **1**er. Tout inculpé arrêté en état de flagrant délit pour un fait puni de peines correctionnelles est immédiatement conduit devant le procureur impérial, qui l'interroge et, s'il y a lieu, le traduit sur-le-champ à l'audience du tribunal.

Dans ce cas, le procureur impérial peut mettre l'inculpé sous mandat de dépôt.

2. S'il n'y a point d'audience, le procureur impérial est tenu de faire citer l'inculpé pour l'audience du lendemain. Le tribunal est, au besoin, spécialement convoqué.

3. Les témoins peuvent être verbalement requis par tout officier de police judiciaire ou agent de la force publique. Ils sont tenus de comparaître sous les peines portées par l'article 157 du Code d'instruction criminelle.

4. Si l'inculpé le demande, le tribunal lui accorde un délai de trois jours au moins pour préparer sa défense.

5. Si l'affaire n'est pas en état de recevoir jugement, le tribunal en ordonne le renvoi, pour plus ample information, à l'une des plus prochaines audiences et, s'il y a lieu, met l'inculpé provisoirement en liberté, avec ou sans caution.

6. L'inculpé, s'il est acquitté, est immédiatement, et nonobstant appel, mis en liberté.

7. La présente loi n'est point applicable aux délits de presse, aux délits politiques, ni aux matières dont la procédure est réglée par des lois spéciales.

14 juillet 1866

LOI *sur les droits des héritiers et des ayants-cause des auteurs.*

ARTICLE **1**er. La durée des droits accordés par les lois antérieures aux héritiers, successeurs irréguliers, donataires ou légataires des auteurs, compositeurs ou artistes, est portée à cinquante ans à partir du décès de l'auteur.

Pendant cette période de cinquante ans, le conjoint survivant, quel que soit le régime matrimonial, et indépendamment des droits qui peuvent résulter en faveur de ce conjoint du régime de la communauté, a la simple jouissance des droits dont l'auteur prédécédé n'a pas disposé par acte entre vifs ou par testament.

Toutefois, si l'auteur laisse des héritiers à réserve, cette jouissance est réduite, au profit de ces héritiers, suivant les proportions et distinctions établies par les articles 913 et 915 du Code Napoléon.

Cette jouissance n'a pas lieu lorsqu'il existe, au moment du décès, une séparation de corps prononcée contre ce conjoint; elle cesse au cas où le conjoint contracte un nouveau mariage.

Les droits des héritiers à réserve et des autres héritiers ou successeurs, pendant cette période de cinquante ans, restent d'ailleurs réglés conformément aux prescriptions du Code Napoléon.

Lorsque la succession est dévolue à l'État, le droit exclusif s'éteint sans préjudice des droits des créanciers et de l'exécution des traités de cession qui ont pu être consentis par l'auteur ou par ses représentants.

2. Toutes les dispositions des lois antérieures contraires à celles de la loi nouvelle sont et demeurent abrogées.

22 juillet 1867

LOI *relative à la contrainte par corps.*

ARTICLE **1**er. La contrainte par corps est supprimée en matière commerciale, civile et contre les étrangers.

2. Elle est maintenue en matière criminelle, correctionnelle et de simple police.

3. Les arrêts, jugements et exécutoires portant condamnation, au profit de l'État, à des amendes, restitutions et dommages-intérêts en matière criminelle, correctionnelle et de police, ne peuvent être exécutés par la voie de la contrainte par corps que cinq jours après le commandement qui est fait aux condamnés, à la requête du receveur de l'enregistrement et des domaines. — La contrainte par corps n'aura jamais lieu pour le paiement des frais au profit de l'État (1). — Dans le cas où le jugement de condamnation n'a pas été précédemment signifié au débiteur, le commandement porte en tête un extrait de ce jugement, lequel contient le nom des parties et le dispositif. — Sur le vu du commandement et sur la demande du receveur de l'enregistrement et des domaines, le procureur impérial adresse les réquisitions nécessaires aux agents de la force publique et aux autres fonctionnaires chargés de l'exécution des mandements de justice. — Si le débiteur est détenu, la recommandation peut être ordonnée immédiatement après la notification du commandement.

4. Les arrêts et jugements contenant des condamnations en faveur des particuliers pour réparations de crimes, délits ou contraventions commis à leur préjudice sont, à leur diligence, signifiés et exécutés suivant les mêmes formes et voies de contrainte que les jugements portant des condamnations au profit de l'État.

5. Les dispositions des articles qui précèdent s'étendent au cas où les condamnations ont été prononcées par les tribunaux civils au profit d'une partie lésée, pour réparation d'un crime, d'un délit ou d'une contravention reconnus par la juridiction criminelle.

6. Lorsque la contrainte a lieu à la requête et dans l'intérêt des particuliers, ils sont obligés de pourvoir aux aliments des détenus; faute de provision, le condamné est mis en liberté. — La consignation d'aliments doit être effectuée d'avance pour trente jours au moins; elle ne vaut que pour des périodes entières de trente jours. — Elle est, pour chaque période, de quarante-cinq francs à Paris, de quarante francs dans les villes de cent mille âmes et de trente-cinq francs dans les autres villes.

7. Lorsqu'il y a lieu à élargissement faute de consignation d'aliments, il suffit que la requête présentée au président du tribunal civil soit signée par le débiteur détenu et par le gardien de la maison d'arrêt pour dettes, ou même certifiée véritable par le gardien si le détenu ne sait pas signer. — Cette requête est présentée en duplicata : l'ordonnance du président, aussi rendue par duplicata, est exécutée sur l'une des minutes qui reste entre les mains du gardien; l'autre minute est déposée au greffe du tribunal et enregistrée gratis.

8. Le débiteur élargi faute de consignation d'aliments ne peut plus être incarcéré pour la même dette.

9. La durée de la contrainte par corps est réglée ainsi qu'il suit : — De

(1) Le deuxième paragraphe de l'article 3 a été abrogé par la loi du 19 décembre 1871.

deux à vingt jours, lorsque l'amende et les autres condamnations n'excèdent pas cinquante francs ; — De vingt jours à quarante jours, lorsqu'elles sont supérieures à cinquante francs et qu'elles n'excèdent pas cent francs ; — De quarante jours à soixante jours, lorsqu'elles sont supérieures à cent francs et qu'elles n'excèdent pas deux cents francs ; — De deux mois à quatre mois, lorsqu'elles sont supérieures à deux cents francs et qu'elles n'excèdent pas cinq cents francs ; — De quatre mois à huit mois, lorsqu'elles sont supérieures à cinq cents francs et qu'elles n'excèdent pas deux mille francs ; — D'un an à deux ans, lorsqu'elles s'élèvent à plus de deux mille francs. — En matière de simple police, la durée de la contrainte par corps ne pourra excéder cinq jours.

10. Les condamnés qui justifient de leur insolvabilité, suivant l'article 420 du Code d'instruction criminelle, sont mis en liberté après avoir subi la contrainte pendant la moitié de la durée fixée par le jugement.

11. Les individus contre lesquels la contrainte a été prononcée peuvent en prévenir ou en faire cesser l'effet, en fournissant une caution reconnue bonne et valable. — La caution est admise, pour l'État, par le receveur des domaines ; pour les particuliers, par la partie intéressée ; en cas de contestation, elle est déclarée, s'il y a lieu, bonne et valable par le tribunal civil de l'arrondissement. — La caution doit s'exécuter dans le mois, à peine de poursuites.

12. Les individus qui ont obtenu leur élargissement ne peuvent plus être détenus ou arrêtés pour condamnations pécuniaires antérieures, à moins que ces condamnations n'entraînent, par leur quotité, une contrainte plus longue que celle qu'ils ont subie et qui, dans ce dernier cas, leur est toujours comptée pour la durée de la nouvelle incarcération.

13. Les tribunaux ne peuvent prononcer la contrainte par corps contre les individus âgés de moins de seize ans accomplis à l'époque des faits qui ont motivé la poursuite.

14. Si le débiteur a commencé sa soixantième année, la contrainte par corps est réduite à la moitié de la durée fixée par le jugement, sans préjudice des dispositions de l'article 10.

15. Elle ne peut être prononcée ni exercée contre le débiteur au profit : 1° de son conjoint ; 2° de ses ascendants, descendants, frères ou sœurs ; 3° de son oncle ou de sa tante, de son grand-oncle ou de sa grand'tante, de son neveu ou de sa nièce, de son petit-neveu ou de sa petite-nièce, ni de ses alliés au même degré.

16. La contrainte par corps ne peut être exercée simultanément contre le mari et la femme, même pour des dettes différentes.

17. Les tribunaux peuvent, dans l'intérêt des enfants mineurs du débiteur et par le jugement de condamnation, surseoir, pendant une année au plus, à l'exécution de la contrainte par corps.

18. Les articles 120 et 335, paragraphe 1er, du Code d'instruction criminelle, 174 et 175 du décret du 18 juin 1811 sur les frais de justice criminelle, sont abrogés en ce qui concerne la contrainte par corps (1). — Sont également abrogées, en ce qu'elles ont de contraire à la présente loi, toutes les dispositions des lois antérieures ; néanmoins, il n'est point dérogé aux articles 80, 157, 171, 189, 304, 355, paragraphes 2 et 3, 396, 454, 456 et 552 du Code d'instruction criminelle. — Le titre XIII du Code forestier et le titre VII de la loi sur la pêche fluviale sont aussi maintenus et continuent d'être exécutés en ce qui n'est pas contraire à la présente loi. — En matière forestière et de pêche fluviale, lorsque le débiteur ne fait pas les justifications de l'article 420 du Code d'instruction criminelle, la durée de la contrainte par corps est fixée par le jugement, dans les limites de huit jours à six mois.

19. Les dispositions précédentes sont applicables à tous jugements et cas de contrainte par corps antérieurs à la présente loi.

(1) Ces articles ont été remis en vigueur par la loi du 19 décembre 1871.

24 juillet 1867

LOI *sur les sociétés.*

TITRE PREMIER

Des sociétés en commandite par actions.

ARTICLE **1er**. (*L. 1er août 1893.*) Les sociétés en commandite ne peuvent diviser leur capital en actions ou coupures d'actions de moins de vingt-cinq francs lorsque le capital n'excède pas deux cent mille francs, de moins de cent francs lorsque le capital est supérieur à deux cent mille francs. — Elles ne peuvent être définitivement constituées qu'après la souscription de la totalité du capital et le versement en espèces, par chaque actionnaire, du montant des actions ou coupures d'actions souscrites par lui, lorsqu'elles n'excèdent pas vingt-cinq francs, et du quart au moins des actions lorsqu'elles sont de cent francs et au-dessus. — Cette souscription et ces versements sont constatés par une déclaration du gérant dans un acte notarié. — A cette déclaration sont annexés la liste des souscripteurs, l'état des versements effectués, l'un des doubles de l'acte de société, s'il est sous seing privé, et une expédition, s'il est notarié et s'il a été passé devant un notaire autre que celui qui a reçu la déclaration. — L'acte sous seing privé, quel que soit le nombre des associés, sera fait en double original, dont l'un sera annexé, comme il est dit au paragraphe qui précède, à la déclaration de souscription du capital et de versement du quart, et l'autre restera déposé au siège social.

2. Les actions ou coupons d'actions sont négociables après le versement du quart.

3. (*L. 1er août 1893.*) Les actions sont nominatives jusqu'à leur entière libération. Les actions représentant des apports devront toujours être intégralement libérées au moment de la constitution de la société. — Ces actions ne peuvent être détachées de la souche et ne sont négociables que deux ans après la constitution définitive de la société. — Pendant ce temps, elles devront, à la diligence des administrateurs, être frappées d'un timbre indiquant leur nature et la date de cette constitution. — Les titulaires, les cessionnaires intermédiaires et les souscripteurs sont tenus solidairement du montant de l'action. — Tout souscripteur ou actionnaire qui a cédé son titre cesse, deux ans après la cession, d'être responsable des versements non encore appelés.

4. Lorsqu'un associé fait un apport qui ne consiste pas en numéraire, ou stipule à son profit des avantages particuliers, la première assemblée générale fait apprécier la valeur de l'apport ou la cause des avantages stipulés. — La société n'est définitivement constituée qu'après l'approbation de l'apport ou des avantages, donnée par une autre assemblée générale, après une nouvelle convocation. — La seconde assemblée générale ne pourra statuer sur l'approbation de l'apport ou des avantages qu'après un rapport qui sera imprimé et tenu à la disposition des actionnaires, cinq jours au moins avant la réunion de cette assemblée. — Les délibérations sont prises par la majorité des actionnaires présents. Cette majorité doit comprendre le quart des actionnaires et représenter le quart du capital social en numéraire. — Les associés qui ont fait l'apport ou stipulé des avantages particuliers soumis à l'appréciation de l'assemblée n'ont pas voix délibérative. — A défaut d'approbation, la société reste sans effet à l'égard de toutes les parties. — L'approbation ne fait pas obstacle à l'exercice ultérieur de l'action qui peut être intentée pour cause de dol ou de fraude. — Les dispositions du présent article relatives à la vérification de l'apport qui ne consiste pas en numéraire ne sont pas applicables au cas où la société à laquelle est fait ledit apport est formée entre ceux seulement qui en étaient propriétaires par indivis.

5. Un conseil de surveillance, composé de trois actionnaires au moins, est établi dans chaque société en commandite par actions. — Ce conseil est nommé par l'assemblée générale des actionnaires immédiatement après la constitution définitive de la société et avant toute opération sociale. — Il est soumis à la réélection aux époques et suivant les conditions déterminées par les statuts. — Toutefois le premier conseil n'est nommé que pour une année.

6. Ce premier conseil doit, immédiatement après sa nomination, vérifier si toutes les dispositions contenues dans les articles qui précèdent ont été observées.

7. Est nulle et de nul effet à l'égard des intéressés toute société en commandite par actions constituée contrairement aux prescriptions des articles 1er, 2, 3, 4 et 5 de la présente loi. — Cette nullité ne peut être opposée aux tiers par les associés.

8. Lorsque la société est annulée, aux termes de l'article précédent, les membres du premier conseil de surveillance peuvent être déclarés responsables, avec le gérant, du dommage résultant, pour la société ou pour les tiers, de l'annulation de la société. — La même responsabilité peut être prononcée contre ceux des associés dont les apports ou les avantages n'auraient pas été vérifiés et approuvés conformément à l'article 4 ci-dessus.

(*L. 1er août 1893.*) L'action en nullité de la société ou des actes et délibérations postérieurs à sa constitution n'est plus recevable lorsque, avant l'introduction de la demande, la cause de nullité a cessé d'exister. L'action en responsabilité, pour les faits dont la nullité résultait, cesse également d'être recevable lorsque, avant l'introduction de la demande, la nullité a cessé d'exister, et en outre que trois ans se sont écoulés depuis le jour où la nullité était encourue. — Si, pour couvrir la nullité, une assemblée générale devait être convoquée, l'action en nullité ne sera plus recevable à partir de la date de la convocation régulière de cette assemblée. — Les actions en nullité contre les actes constitutifs des sociétés sont prescrites par dix ans. — Cette prescription ne pourra, toutefois, être opposée avant l'expiration des dix années qui suivront la promulgation de la présente loi.

9. Les membres du conseil de surveillance n'encourent aucune responsabilité en raison des actes de la gestion et de leurs résultats. — Chaque membre du conseil de surveillance est responsable de ses fautes personnelles dans l'exécution de son mandat, conformément aux règles du droit commun.

10. Les membres du conseil de surveillance vérifient les livres, la caisse, le portefeuille et les valeurs de la société. — Ils font, chaque année, à l'assemblée générale, un rapport dans lequel ils doivent signaler les irrégularités et inexactitudes qu'ils ont reconnues dans les inventaires, et constater, s'il y a lieu, les motifs qui s'opposent aux distributions des dividendes proposés par le gérant. — Aucune répétition de dividendes ne peut être exercée contre les actionnaires, si ce n'est dans le cas où la distribution en aura été faite en l'absence de tout inventaire ou en dehors des résultats constatés par l'inventaire. — L'action en répétition, dans le cas où elle est ouverte, se prescrit par cinq ans, à partir du jour fixé pour la distribution des dividendes. — Les prescriptions commencées à l'époque de la promulgation de la présente loi, et pour lesquelles il faudrait encore, suivant les lois anciennes, plus de cinq ans, à partir de la même époque, seront accomplies par ce laps de temps.

11. Le conseil de surveillance peut convoquer l'assemblée générale et, conformément à son avis, provoquer la dissolution de la société.

12. Quinze jours au moins avant la réunion de l'assemblée générale, tout actionnaire peut prendre par lui ou par un fondé de pouvoir, au siège social, communication du bilan, des inventaires et du rapport du conseil de surveillance.

13. L'émission d'actions ou de coupons d'actions d'une société constituée contrairement aux prescriptions des articles 1er, 2 et 3 de la présente loi, est punie d'une amende de cinq cents à dix mille francs. — Sont punis de la même peine : — Le gérant qui commence les opérations sociales avant l'entrée en fonctions du conseil de surveillance ; — Ceux qui, en se présentant comme propriétaires d'actions ou de coupons d'actions qui ne leur appartiennent pas, ont créé frauduleusement une majorité factice dans une assemblée générale, sans préjudice de tous dommages-intérêts, s'il y a lieu, envers la société ou envers les tiers ; — Ceux qui ont remis les actions pour en faire l'usage frauduleux. — Dans les cas prévus par les deux paragraphes précédents, la peine de l'emprisonnement de quinze jours à six mois peut, en outre, être prononcée.

14. La négociation d'actions ou de coupons d'actions dont la valeur ou la forme serait contraire aux dispositions des articles 1er, 2 et 3 de la présente loi, ou pour lesquels le versement du quart n'aurait pas été effectué conformément à l'article 2 ci-dessus, est punie d'une amende de cinq cents à dix mille francs. — Sont punies de la même peine toute participation à ces négociations et toute publication de la valeur desdites actions.

15. Sont punis des peines portées par l'article 405 du Code pénal, sans préjudice de l'application de cet article à tous les faits constitutifs du délit d'escroquerie : — 1° Ceux qui, par simulation de souscriptions ou de versements, ou par publication faite de mauvaise foi de souscriptions ou de versements qui n'existent pas, ou de tous autres faits faux, ont obtenu ou tenté d'obtenir des souscriptions ou des versements ; 2° Ceux qui, pour provoquer des souscriptions ou des versements ont, de mauvaise foi, publié les noms de personnes désignées, contrairement à la vérité, comme étant ou devant être attachées à la société à un titre quelconque; — 3° Les gérants qui, en l'absence d'inventaires ou au moyen d'inventaires frauduleux, ont opéré entre les actionnaires la répartition de dividendes fictifs. — Les membres du conseil de surveillance ne sont pas civilement responsables des délits commis par le gérant.

16. L'article 463 du Code pénal est applicable aux faits prévus par les trois articles qui précèdent.

17. Des actionnaires représentant le vingtième au moins du capital social peuvent, dans un intérêt commun, charger à leurs frais un ou plusieurs mandataires de soutenir, tant en demandant qu'en défendant, une action contre les gérants ou contre les membres du conseil de surveillance, et de les représenter, en ce cas, en justice, sans préjudice de l'action que chaque actionnaire peut intenter individuellement en son nom personnel.

18. Les sociétés antérieures à la loi du 17 juillet 1856, et qui ne se seraient pas conformées à l'article 15 de cette loi, seront tenues, dans un délai de six mois, de constituer un conseil de surveillance, conformément aux dispositions qui précèdent. — A défaut de constitution du conseil de surveillance dans le délai ci-dessus fixé, chaque actionnaire a le droit de faire prononcer la dissolution de la société.

19. Les sociétés en commandite par actions antérieures à la présente loi, dont les statuts permettent la transformation en société anonyme autorisée par le gouvernement, pourront se convertir en société anonyme dans les termes déterminés par le titre II de la présente loi, en se conformant aux conditions stipulées dans les statuts pour la transformation.

20. Est abrogée la loi du 17 juillet 1856.

TITRE DEUXIÈME

Des sociétés anonymes.

21. A l'avenir, les sociétés anonymes pourront se former sans l'autorisation du gouvernement. — Elles pourront, quel que soit le nombre des associés, être formées par un acte sous seing privé fait en double original. — Elles seront soumises aux dispositions des articles 29, 30, 32, 33, 34 et 36 du Code de commerce et aux dispositions contenues dans le présent titre.

22. Les sociétés anonymes sont administrées par un ou plusieurs mandataires à temps, révocables, salariés ou gratuits, pris parmi les associés. — Ces mandataires peuvent choisir parmi eux un directeur, ou, si les statuts le permettent, se substituer un mandataire étranger à la société et dont ils sont responsables envers elle.

23. La société ne peut être constituée si le nombre des associés est inférieur à sept.

24. Les dispositions des articles 1er, 2, 3 et 4 de la présente loi sont applicables aux sociétés anonymes. — La déclaration imposée au gérant par l'article 1er est faite par les fondateurs de la société anonyme; elle est soumise, avec les pièces à l'appui, à la première assemblée générale qui en vérifie la sincérité.

25. Une assemblée générale est, dans tous les cas, convoquée, à la diligence des fondateurs, postérieurement à l'acte qui constate la souscription du capital social et le versement du quart du capital, qui consiste en numéraire. Cette assemblée nomme les premiers administrateurs; elle nomme également, pour la première année, les commissaires institués par l'article 32 ci-après. — Ces administrateurs ne peuvent être nommés pour plus de six ans; ils sont rééligibles, sauf stipulation contraire. — Toutefois, ils peuvent être désignés par les statuts, avec stipulation formelle que leur nomination ne sera point soumise à l'approbation de l'assemblée générale. En ce cas, ils ne peuvent être nommés pour plus de trois ans. — Le procès-verbal de la séance constate l'acceptation des administrateurs et des commissaires présents à la réunion. — La société est constituée à partir de cette acceptation.

26. Les administrateurs doivent être propriétaires d'un nombre d'actions déterminé par les statuts. — Ces actions sont affectées en totalité à la garantie de tous les actes de la gestion, même de ceux qui seraient exclusivement personnels à l'un des administrateurs. — Elles sont nominatives, inaliénables, frappées d'un timbre indiquant l'inaliénabilité et déposées dans la caisse sociale.

27. Il est tenu, chaque année au moins, une assemblée générale à l'époque fixée par les statuts. Les statuts déterminent le nombre d'actions qu'il est nécessaire de posséder, soit à titre de propriétaire, soit à titre de mandataire, pour être admis dans l'assemblée, et le nombre de voix appartenant à chaque actionnaire, eu égard au nombre d'actions dont il est porteur.

(L. 1er août 1893.) Tous propriétaires d'un nombre d'actions inférieur à celui déterminé pour être admis dans l'assemblée pourront se réunir pour former le nombre nécessaire et se faire représenter par l'un d'eux. — Néanmoins, dans les assemblées générales appelées à vérifier les apports, à nommer les premiers administrateurs et à vérifier la sincérité de la déclaration des fondateurs de la société, prescrite par le deuxième paragraphe de l'article 24, tout actionnaire, quel que soit le nombre des actions dont il est porteur, peut prendre part aux délibérations avec le nombre de voix déterminé par les statuts, sans qu'il puisse être supérieur à dix.

28. Dans toutes les assemblées générales, les délibérations sont prises à la majorité des voix. — Il est tenu une feuille de présence; elle contient les noms et domiciles des actionnaires et le nombre d'actions dont chacun d'eux est porteur. — Cette feuille, certifiée par le bureau de l'assemblée, est déposée au siège social et doit être communiquée à tout requérant.

29. Les assemblées générales qui ont à délibérer dans des cas autres que ceux qui sont prévus par les deux articles qui suivent, doivent être composées d'un nombre d'actionnaires représentant le quart au moins du capital social. — Si l'assemblée générale ne réunit pas ce nombre, une nouvelle assemblée est convoquée dans les formes et avec les délais prescrits par les statuts, et elle délibère valablement, quelle que soit la portion du capital représenté par les actionnaires présents.

30. Les assemblées qui ont à délibérer sur la vérification des apports, sur la nomination des premiers administrateurs, sur la sincérité de la déclaration faite par les fondateurs aux termes du paragraphe 2 de l'article 24, doivent être composées d'un nombre d'actionnaires représentant la moitié au moins du capital social. — Le capital social, dont la moitié doit être représentée pour la vérification de l'apport, se compose seulement des apports non soumis à vérification. — Si l'assemblée générale ne réunit pas un nombre d'actionnaires représentant la moitié du capital social, elle ne peut prendre qu'une délibération provisoire. Dans ce cas, une nouvelle assemblée générale est convoquée. Deux avis, publiés à huit jours d'intervalle, au moins un mois à l'avance, dans l'un des journaux désignés pour recevoir les annonces légales, font connaître aux actionnaires les résolutions provisoires adoptées par la première assemblée, et ces résolutions deviennent définitives si elles sont approuvées par la nouvelle assemblée, composée d'un nombre d'actionnaires représentant le cinquième au moins du capital social.

31. Les assemblées qui ont à délibérer sur des modifications aux statuts ou sur des propositions de continuation de la société au delà du terme fixé pour sa durée, ou de dissolution avant ce terme, ne sont régulièrement constituées et ne délibèrent valablement qu'autant qu'elles sont composées d'un nombre d'actionnaires représentant la moitié au moins du capital social.

32. L'assemblée générale annuelle désigne un ou plusieurs commissaires, associés ou non, chargés de faire un rapport à l'assemblée générale de l'année suivante, sur la situation de la société, sur le bilan et sur les comptes présentés par les administrateurs. — La délibération contenant approbation du bilan et des comptes est nulle, si elle n'a été précédée du rapport des commissaires. — A défaut de nomination des commissaires par l'assemblée générale, ou en cas d'empêchement ou de refus d'un ou de plusieurs des commissaires nommés, il est procédé à leur nomination ou à leur remplacement par ordonnance du président du tribunal de commerce du siège de la société, à la requête de tout intéressé, les administrateurs dûment appelés.

33. Pendant le trimestre qui précède l'époque fixée par les statuts pour la réunion de l'assemblée générale, les commissaires ont droit, toutes les fois qu'ils le jugent convenable dans l'intérêt social, de prendre communication des livres et d'examiner les opérations de la société. — Ils peuvent toujours, en cas d'urgence, convoquer l'assemblée générale.

34. Toute société anonyme doit dresser, chaque semestre, un état sommaire de sa situation active et passive. Cet état est mis à la disposition des commissaires. — Il est, en outre, établi chaque année, conformément à l'article 9 du Code de commerce, un inventaire contenant l'indication des valeurs mobilières et immobilières et de toutes les dettes actives et passives de la société. — L'inventaire, le bilan et le compte des profits et pertes sont mis à la disposition des commissaires le quarantième jour, au plus tard, avant l'assemblée générale. Ils sont présentés à cette assemblée.

35. Quinze jours au moins avant la réunion de l'assemblée générale, tout actionnaire peut prendre, au siège social, communication de l'inventaire et de la liste des actionnaires, et se faire délivrer copie du bilan résumant l'inventaire et du rapport des commissaires.

36. Il est fait annuellement, sur les bénéfices nets, un prélèvement d'un vingtième au moins, affecté à la formation d'un fonds de réserve. — Ce prélèvement cesse d'être obligatoire lorsque le fonds de réserve a atteint le dixième du capital social.

37. En cas de perte des trois quarts du capital social, les administrateurs sont tenus de provoquer la réunion de l'assemblée générale de tous les actionnaires, à l'effet de statuer sur la question de savoir s'il y a lieu de prononcer la dissolution de la société. — La résolution de l'assemblée est, dans tous les cas, rendue publique. — A défaut par les administrateurs de réunir l'assemblée générale, comme dans le cas où cette assemblée n'aurait pu se constituer régulièrement, tout intéressé peut demander la dissolution de la société devant les tribunaux.

38. La dissolution peut être prononcée sur la demande de toute partie intéressée, lorsqu'un an s'est écoulé depuis l'époque où le nombre des associés est réduit à moins de sept.

39. L'article 17 est applicable aux sociétés anonymes.

40. Il est interdit aux administrateurs de prendre ou de conserver un intérêt direct ou indirect dans une entreprise ou dans un marché fait avec la société ou pour son compte, à moins qu'ils n'y soient autorisés par l'assemblée générale. — Il est, chaque année, rendu à l'assemblée générale un compte spécial de l'exécution des marchés ou entreprises par elle autorisés, aux termes du paragraphe précédent.

41. Est nulle et de nul effet à l'égard des intéressés toute société anonyme pour laquelle n'ont pas été observées les dispositions des articles 22, 23, 24 et 25 ci-dessus.

42 (L. 1er août 1893.) Lorsque la nullité de la société ou des actes et délibérations a été prononcée aux termes de l'article précédent, les fondateurs auxquels la nullité est imputable et les administrateurs en fonctions au moment où elle a été encourue sont responsables solidairement envers les tiers et les actionnaires du dommage résultant de cette annulation. — La même responsabilité solidaire peut être prononcée contre ceux des associés dont les apports ou les avantages n'auraient pas été vérifiés et approuvés conformément à l'article 24. — L'action en nullité et celle en responsabilité en résultant sont soumises aux dispositions de l'article 8 ci-dessus.

43. L'étendue et les effets de la responsabilité des commissaires envers la société sont déterminés d'après les règles générales du mandat.

44. Les administrateurs sont responsables, conformément aux règles du droit commun, individuellement ou solidairement, suivant les cas, envers la société ou envers les tiers, soit des infractions aux dispositions de la présente loi, soit des fautes qu'ils auraient commises dans leur gestion, notamment en distribuant ou en laissant distribuer sans opposition des dividendes fictifs.

45. Les dispositions des articles 13, 14, 15 et 16 de la présente loi sont applicables en matière de sociétés anonymes, sans distinction entre celles qui sont actuellement existantes et celles qui se constitueront sous l'empire de la présente loi. Les administrateurs qui, en l'absence d'inventaire ou au moyen d'inventaire frauduleux, auront opéré des dividendes fictifs, seront punis de la peine qui est prononcée dans ce cas par le n° 3 de l'article 15 contre les gérants des sociétés en commandite. — Sont également applicables en matière de sociétés anonymes les dispositions des trois derniers paragraphes de l'article 10.

46. Les sociétés anonymes actuellement existantes continueront à être soumises, pendant toute leur durée, aux dispositions qui les régissent. — Elles pourront se transformer en sociétés anonymes dans les termes de la présente loi, en obtenant l'autorisation du gouvernement et en observant les formes prescrites pour la modification de leurs statuts.

47. Les sociétés à responsabilité limitée pourront se convertir en sociétés anonymes dans les termes de la présente loi, en se conformant aux conditions stipulées pour la modification de leurs statuts. — Sont abrogés les articles 31, 37 et 40 du Code de commerce et la loi du 23 mai 1863 sur les sociétés à responsabilité limitée.

TITRE TROISIÈME

Dispositions particulières aux sociétés à capital variable.

48. Il peut être stipulé, dans les statuts de toute société, que le capital social sera susceptible d'augmentation par des versements successifs faits par les associés ou l'admission d'associés nouveaux, et de diminution par la reprise totale ou partielle des apports effectués. — Les sociétés dont les statuts contiendront la stipulation ci-dessus seront soumises, indépendamment des règles générales qui leur sont propres suivant leur forme spéciale, aux dispositions des articles suivants.

49. Le capital social ne pourra être porté par les statuts constitutifs de la société au-dessus de la somme de deux cent mille francs. — Il pourra être augmenté par des délibérations de l'assemblée générale, prises d'année en année; chacune des augmentations ne pourra être supérieure à deux cent mille francs.

50. Les actions ou coupons d'actions seront nominatifs, même après leur entière libération. Ils ne pourront être inférieurs à cinquante francs (1). Ils ne seront négociables qu'après la constitution définitive de la société. — La négociation ne pourra avoir lieu que par voie de transfert sur les registres de la société, et les statuts pourront donner, soit au conseil d'administration, soit à l'assemblée générale, le droit de s'opposer au transfert.

51. Les statuts détermineront une somme au-dessous de laquelle le capital ne pourra être réduit par les reprises des apports autorisées par l'article 48. — Cette somme ne pourra être inférieure au dixième du capital social. — La société ne sera définitivement constituée qu'après le versement du dixième.

52. Chaque associé pourra se retirer de la société lorsqu'il le jugera convenable, à moins de conventions contraires et sauf l'application du paragraphe 1er de l'article précédent. — Il pourra être stipulé que l'assemblée générale aura le droit de décider, à la majorité fixée pour la modification des statuts, que l'un ou plusieurs des associés cesseront de faire partie de la société. — L'associé qui cessera de faire partie de la société, soit par l'effet de sa volonté, soit par suite de la décision de l'assemblée générale, restera tenu, pendant cinq ans, envers les associés et envers les tiers, de toutes les obligations existant au moment de sa retraite.

53. La société, quelle que soit sa forme, sera valablement représentée en justice par ses administrateurs.

54. La société ne sera point dissoute par la mort, la retraite, l'interdiction, la faillite ou la déconfiture de l'un des associés; elle continuera de plein droit entre les autres associés.

TITRE QUATRIÈME

Dispositions relatives à la publication des actes de société.

55. Dans le mois de la constitution de toute société commerciale, un double de l'acte constitutif, s'il est sous seing privé, ou une expédition, s'il est notarié, est déposé au greffe de la justice de paix et du tribunal de commerce du lieu dans lequel est établie la société. — A l'acte constitutif des sociétés en commandite par actions et des sociétés anonymes, sont annexées: 1° une expédition de l'acte notarié constatant la souscription du capital social et le versement du quart; 2° une copie certifiée des délibérations prises par l'assemblée générale dans les cas prévus par les articles 4 et 24. — En outre, lorsque la société est anonyme, on doit annexer à l'acte constitutif la liste nominative, dûment certifiée, des souscripteurs, contenant les noms, prénoms, qualités, demeure et le nombre d'actions de chacun d'eux.

56. Dans le même délai d'un mois, un extrait de l'acte constitutif et des pièces annexées est publié dans l'un des journaux désignés pour recevoir les annonces légales. — Il sera justifié de l'insertion par un exemplaire du journal certifié par l'imprimeur, légalisé par le maire et enregistré dans les trois mois de sa date. — Les formalités prescrites par l'article précédent et par le présent article seront observées, à peine de nullité, à l'égard des intéressés; mais le défaut d'aucune d'elles ne pourra être opposé aux tiers par les associés.

57. L'extrait doit contenir les noms des associés autres que les actionnaires ou commanditaires; la raison de commerce ou la dénomination adoptée par la société et l'indication du siège social; la désignation des associés autorisés à gérer, administrer et signer pour la société; le montant du capital social et le montant des valeurs fournies ou à fournir par les actionnaires ou commanditaires; l'époque où la société commence, celle où elle doit finir, et la date du dépôt fait aux greffes de la justice de paix et du tribunal de commerce.

58. L'extrait doit énoncer que la société est en nom collectif ou en commandite simple, ou en commandite par actions, ou anonyme, ou à capital variable. — Si la société est anonyme, l'extrait doit énoncer le montant du capital social en numéraire et en autres objets, la quotité à prélever sur les bénéfices pour composer le fonds de réserve. — Enfin, si la société est à capital variable, l'extrait doit contenir l'indication de la somme au-dessous de laquelle le capital social ne peut être réduit.

59. Si la société a plusieurs maisons de commerce situées dans divers arrondissements, le dépôt prescrit par l'article 55 et la publication prescrite par l'article 56 ont lieu dans chacun des arrondissements où existent les maisons de commerce. — Dans les villes divisées en plusieurs arrondissements, le dépôt sera fait seulement au greffe de la justice de paix du principal établissement.

60. L'extrait des actes et pièces déposés est signé, pour les actes publics, par le notaire, et, pour les actes sous seing privé, par les associés en nom collectif, par les gérants des sociétés en commandite ou par les administrateurs des sociétés anonymes.

61. Sont soumis aux formalités et aux pénalités prescrites par les articles 55 et 56. — Tous actes et délibérations ayant pour objet la modification des statuts, la continuation de la société au delà du terme fixé pour sa durée, la dissolution avant ce terme et le mode de liquidation, tout changement ou retraite d'associés et tout changement à la raison sociale. — Sont également soumises aux dispositions des articles 55 et 56 les délibérations prises dans les cas prévus par les articles 19, 37, 46, 47 et 49 ci-dessus.

62. Ne sont pas assujettis aux formalités de dépôt et de publication les actes constatant les augmentations ou les diminutions du capital social opérées dans les termes de l'article 48, ou les retraites d'associés, autres que les gérants ou administrateurs, qui auraient lieu conformément à l'article 52.

63. Lorsqu'il s'agit d'une société en commandite par actions ou d'une société anonyme, toute personne a le droit de prendre communication des pièces déposées aux greffes de la justice de paix et du tribunal de commerce, ou même de s'en faire délivrer à ses frais expédition ou extrait par le greffier ou par le notaire détenteur de la minute. — Toute personne peut également exiger qu'il lui soit délivré, au siège de la société, une copie certifiée des statuts, moyennant paiement d'une somme qui ne pourra excéder un franc. — Enfin, les pièces déposées doivent être affichées d'une manière apparente dans les bureaux de la société.

64. Dans tous les actes, factures, annonces, publications et autres documents imprimés ou autographiés, émanés des sociétés anonymes ou des sociétés en commandite par actions, la dénomination sociale doit toujours être précédée ou suivie immédiatement de ces mots, écrits lisiblement en toutes lettres: *société anonyme* ou *société en commandite par actions*, et de l'énonciation du montant du capital social. — Si la société a usé de la faculté accordée par l'article 48, cette circonstance doit être mentionnée par l'addition de ces mots: *à capital variable*. — Toute contravention aux dispositions qui précèdent est punie d'une amende de cinquante francs à mille francs.

65. Sont abrogées les dispositions des articles 42, 43, 44, 45 et 46 du Code de commerce.

TITRE CINQUIÈME

Des tontines et des sociétés d'assurances.

66. Les associations de la nature des tontines et les sociétés d'assurances sur la vie, mutuelles ou à primes, restent soumises à l'autorisation et à la surveillance du gouvernement. — Les autres sociétés d'assurances pourront se former sans autorisation. — Un règlement d'administration publique déterminera les conditions sous lesquelles elles pourront être constituées. — *Décr. 22 janvier 1868.*

67. Les sociétés d'assurances désignées dans le paragraphe 2 de l'article précédent, qui existent actuellement, pourront se placer sous le régime qui sera établi par le règlement d'administration publique, sans l'autorisation du gouvernement, en observant les formes et les conditions prescrites pour la modification de leurs statuts.

DISPOSITIONS DIVERSES

68. (*L. 1er août 1893.*) Quel que soit leur objet, les sociétés en commandite ou anonymes qui seront constituées dans les formes du Code de commerce ou de la présente loi seront commerciales et soumises aux lois et usages du commerce.

69. (*L. 1er août 1893.*) Il pourra être consenti hypothèque au nom de toute société commerciale, en vertu des pouvoirs résultant de son acte de formation même sous seing privé, ou des délibérations ou autorisations constatées dans les formes réglées par ledit acte. L'acte d'hypothèque sera passé en forme authentique, conformément à l'article 2127 du Code civil.

70. (*L. 1er août 1893.*) Dans les cas où les sociétés ont continué à payer les intérêts ou dividendes des actions, obligations ou tous autres titres remboursables par suite d'un tirage au sort, elles ne peuvent répéter ces sommes lorsque le titre est présenté au remboursement.

71. (*L. 1er août 1893.*) Dans l'article 50, paragraphe 1er, sont supprimés ces mots: « Ils ne pourront être inférieurs à cinquante francs. »

23 mai 1868

LOI *relative à la garantie des inventions susceptibles d'être brevetées et des dessins de fabrique qui seront admis aux expositions publiques autorisées par l'administration, dans toute l'étendue de l'Empire.*

ARTICLE **1er**. Tout Français ou étranger, auteur soit d'une découverte ou invention susceptible d'être brevetée aux termes de la loi du 5 juillet 1844, soit d'un dessin de fabrique qui doive être déposé conformément à la loi du 18 mars 1806, ou ses ayants-droit, peuvent, s'ils sont admis dans une exposition publique autorisée par l'administration, se faire délivrer par le préfet ou le sous-préfet, dans le département ou l'arrondissement duquel cette exposition est ouverte, un certificat descriptif de l'objet déposé.

2. Ce certificat assure à celui qui l'obtient les mêmes droits que lui conférerait un brevet d'invention ou un dépôt légal de dessin de fabrique, à dater du jour de l'admission jusqu'à la fin du troisième mois qui suivra la clôture de l'exposition, sans préjudice du brevet que l'exposant peut prendre, ou du dépôt qu'il peut opérer avant l'expiration de ce terme.

3. La demande de ce certificat doit être faite dans le premier mois, au plus tard, de l'ouverture de l'exposition. — Elle est adressée à la préfecture ou à la sous-préfecture et accompagnée d'une description exacte de l'objet à garantir, et, s'il y a lieu, d'un plan ou d'un dessin dudit objet. — Les demandes ainsi que les décisions prises par le préfet ou le sous-préfet sont inscrites sur un registre spécial qui est ultérieurement transmis au ministère de l'agriculture, du commerce et des travaux publics, et communiqué sans frais, à toute réquisition. — La délivrance du certificat est gratuite.

19 juin 1871

LOI qui abroge *le décret du 4 septembre 1870 sur la fabrication des armes de guerre.*

ARTICLE **1er**. Le décret du 4 septembre 1870, sur le commerce et la fabrication des armes de guerre, est abrogé.

2. En attendant qu'une loi nouvelle ait statué définitivement sur la matière, les lois antérieures relatives à la fabrication, au commerce et à la détention des armes de guerre et autres armes prohibées, sont remises en vigueur.

3. (*L. 18 décembre 1893.*) Tout individu, fabricant ou détenteur, sans autorisation et sans motifs légitimes, de machines ou engins meurtriers ou incendiaires agissant par explosion ou autrement, ou d'un explosif quelconque, quelle qu'en soit la composition; — Tout individu, fabricant ou détenteur, sans motifs légitimes, de toute autre substance destinée à entrer dans la composition d'un explosif, sera puni d'un emprisonnement de six mois à cinq ans et d'une amende de cinquante à trois mille francs.

4. Les dispositions de l'article 463 du Code pénal sont et demeurent applicables aux délits prévus par la présente loi.

(1) V. article 71, ci-après, pour compléter cette disposition.

22 janvier 1872

DÉCRET *qui détermine le mode d'élection des membres des chambres de commerce et des chambres consultatives des arts et manufactures.*

ARTICLE **1**er. Les membres des chambres de commerce, lorsque la circonscription de ces chambres est la même que le ressort d'un tribunal de commerce, sont nommés par les électeurs désignés conformément aux articles 618 et 619 du Code de commerce modifiés par la loi du 21 décembre 1871. — Quand une chambre de commerce comprend dans sa circonscription plusieurs tribunaux de commerce, il est procédé à l'élection de ses membres, d'après les listes dressées pour ces tribunaux. — A défaut de tribunal de commerce dans les arrondissements ou cantons compris dans la circonscription d'une chambre, il est dressé pour lesdits arrondissements des listes d'électeurs d'après les bases déterminées par les articles 618 et 619 ci-dessus mentionnés.

2. Les assemblées électorales se tiennent dans la ville où siège la chambre de commerce, et, s'il y a lieu, dans les autres localités de la circonscription désignées par le préfet du département. Il est procédé à la convocation des électeurs et aux opérations électorales conformément aux dispositions de l'article 621 du Code de commerce modifié par la loi susvisée, relatives à l'élection des juges des tribunaux de commerce. — Le recensement général des votes a lieu dans la ville où siège la chambre de commerce. Le président de l'assemblée proclame le résultat de l'élection. Le procès-verbal est rédigé en triple original. Le président transmet immédiatement les trois originaux au préfet, qui en adresse un au ministre de l'agriculture et du commerce, et un au président de la chambre.

3. L'élection des membres des chambres consultatives des arts et manufactures est faite par les électeurs domiciliés dans la circonscription de chacune des chambres et inscrits sur les listes dressées d'après les bases indiquées ci-dessus. — Il sera procédé aux opérations électorales comme il est prescrit à l'article 2.

4. Les conditions d'éligibilité déterminées par l'article 620 du Code de commerce modifié par la loi susvisée en ce qui concerne les juges des tribunaux de commerce, sont applicables aux élections des membres des chambres de commerce et des chambres consultatives des arts et manufactures.

5. Sont abrogés le décret du 30 août 1852 et les autres dispositions contraires aux dispositions du présent décret.

15 juin 1872

LOI *relative aux titres au porteur.*

ARTICLE **1**er. Le propriétaire de titres au porteur, qui en est dépossédé par quelque événement que ce soit, peut se faire restituer contre cette perte, dans la mesure et sous les conditions déterminées dans la présente loi.

2. Le propriétaire dépossédé fera notifier par huissier à l'établissement débiteur un acte indiquant : le nombre, la nature, la valeur nominale, le numéro et, s'il y a lieu, la série des titres. — Il devra aussi, autant que possible, énoncer : — 1° L'époque et le lieu où il est devenu propriétaire, ainsi que le mode de son acquisition ; — 2° L'époque et le lieu où il a reçu les derniers intérêts ou dividendes ; — 3° Les circonstances qui ont accompagné sa dépossession. Le même acte contiendra une élection de domicile dans la commune du siège de l'établissement débiteur. — Cette notification emportera opposition au paiement tant du capital que des intérêts ou dividendes échus ou à échoir.

3. Lorsqu'il se sera écoulé une année depuis l'opposition sans qu'elle ait été contredite, et que, dans cet intervalle, deux termes au moins d'intérêts ou de dividendes auront été mis en distribution, l'opposant pourra se pourvoir auprès du président du tribunal civil du lieu de son domicile, afin d'obtenir l'autorisation de toucher les intérêts ou dividendes échus ou à échoir, au fur et à mesure de leur exigibilité, et même le capital des titres frappés d'opposition dans le cas où ledit capital serait ou deviendrait exigible.

4. Si le président accorde l'autorisation, l'opposant devra, pour toucher les intérêts ou dividendes, fournir une caution solvable dont l'engagement s'étendra au montant des annuités exigibles et de plus à une valeur double de la dernière annuité échue. Après deux ans écoulés depuis l'autorisation, sans que l'opposition ait été contredite, la caution sera de plein droit déchargée. — Si l'opposant ne veut ou ne peut fournir la caution requise, il pourra, sur le vu de l'autorisation, exiger de la compagnie le dépôt à la Caisse des dépôts et consignations des intérêts ou dividendes échus et de ceux à échoir, au fur et à mesure de leur exigibilité. Après deux ans écoulés depuis l'autorisation, sans que l'opposition ait été contredite, l'opposant pourra retirer de la Caisse des dépôts et consignations les sommes ainsi déposées, et percevoir librement les intérêts et dividendes à échoir, au fur et à mesure de leur exigibilité.

5. Si le capital des titres frappés d'opposition est devenu exigible, l'opposant qui aura obtenu l'autorisation ci-dessus pourra en toucher le montant à charge de fournir caution. Il pourra, s'il le préfère, exiger de la compagnie que le montant dudit capital soit déposé à la Caisse des dépôts et consignations. — Lorsqu'il se sera écoulé dix ans depuis l'époque de l'exigibilité et cinq ans au moins à partir de l'autorisation, sans que l'opposition ait été contredite, la caution sera déchargée, et, s'il y a eu dépôt, l'opposant pourra retirer de la Caisse des dépôts et consignations les sommes qui faisaient l'objet.

6. La solvabilité de la caution à fournir, en vertu des dispositions des articles précédents, sera appréciée comme en matière commerciale. S'il s'élève des difficultés, il sera statué en référé par le président du tribunal du domicile de l'établissement débiteur. — Il sera loisible à l'opposant de fournir un nantissement au lieu et place d'une caution. Ce nantissement pourra être constitué en titres de rente sur l'État. Il sera restitué à l'expiration des délais fixés pour la libération de la caution.

7. En cas de refus de l'autorisation dont il est parlé en l'article 3, l'opposant pourra saisir, par voie de requête, le tribunal civil de son domicile, lequel statuera après avoir entendu le ministère public. Le jugement obtenu dudit tribunal produira les effets attachés à l'ordonnance d'autorisation.

8. Quand il s'agira de coupons au porteur détachés du titre, si l'opposition n'a pas été contredite, l'opposant pourra, après trois années à compter de l'échéance et de l'opposition, réclamer le montant desdits coupons de l'établissement débiteur, sans être tenu de se pourvoir d'autorisation.

9. Les paiements faits à l'opposant, suivant les règles ci-dessus posées, libèrent l'établissement débiteur envers tout tiers porteur qui se présenterait ultérieurement. Le tiers porteur, au préjudice duquel lesdits paiements auraient été faits, conserve seulement une action personnelle contre l'opposant qui aurait formé son opposition sans cause.

10. Si, avant que la libération de l'établissement débiteur soit accomplie, il se présente un tiers porteur des titres frappés d'opposition, ledit établissement doit provisoirement retenir ces titres contre un récépissé remis au tiers porteur ; il doit de plus avertir l'opposant, par lettre chargée, de la présentation du titre, en lui faisant connaître le nom et l'adresse du tiers porteur. Les effets de l'opposition restent alors suspendus jusqu'à ce que la justice ait prononcé entre l'opposant et le tiers porteur.

11. L'opposant qui voudra prévenir la négociation ou la transmission des titres dont il a été dépossédé, devra notifier, par exploit d'huissier, au syndicat des agents de change de Paris une opposition renfermant les énonciations prescrites par l'article 2 de la présente loi ; l'exploit contiendra réquisition de faire publier les numéros des titres. — Cette publication sera faite au jour franc au plus tard par les soins et sous la responsabilité du syndicat des agents de change de Paris, dans un bulletin quotidien, établi et publié dans les formes et sous les conditions déterminées par un règlement d'administration publique. — Le même règlement fixera le coût de la rétribution annuelle due par l'opposant pour frais de publicité. Cette rétribution annuelle sera payée d'avance à la caisse du syndicat, faute de quoi la dénonciation de l'opposition ne sera pas reçue ou la publication ne sera pas continuée à l'expiration de l'année pour laquelle la rétribution aura été payée. — Décr. 10 avril 1873.

12. Toute négociation ou transmission postérieure au jour où le bulletin est parvenu ou aurait pu parvenir par la voie de la poste dans le lieu où elle a été faite sera sans effet vis-à-vis de l'opposant, sauf le recours du tiers porteur contre son vendeur et contre l'agent de change par l'intermédiaire duquel la négociation aura eu lieu. Le tiers porteur pourra également, au cas prévu par le précédent article, contester l'opposition faite irrégulièrement ou sans droit. — Sauf le cas où la mauvaise foi serait démontrée, les agents de change ne seront responsables des négociations faites par leur entremise qu'autant que les oppositions leur auront été signifiées personnellement ou qu'elles auront été publiées dans le bulletin par les soins du syndicat.

13. Les agents de change doivent inscrire sur leurs livres les numéros des titres qu'ils achètent ou qu'ils vendent. — Ils mentionneront sur les bordereaux d'achat les numéros livrés. Un règlement d'administration publique déterminera le taux de la rémunération qui sera allouée à l'agent de change pour cette inscription des numéros. — *Décr.* 10 avril 1873.

14. A l'égard des négociations ou transmissions de titres antérieures à la publication de l'opposition, il n'est pas dérogé aux dispositions des articles 2279 et 2280 du Code civil.

15. Lorsqu'il se sera écoulé dix ans depuis l'autorisation obtenue par l'opposant, conformément à l'article 3, et que pendant le même laps de temps l'opposition aura été publiée sans que personne se soit présenté pour recevoir les intérêts ou dividendes, l'opposant pourra exiger de l'établissement débiteur qu'il lui soit remis un titre semblable et subrogé au premier. Ce titre devra porter le même numéro que le titre originaire avec la mention qu'il est délivré par duplicata. — Le titre délivré en duplicata conférera les mêmes droits que le titre primitif et sera négociable dans les mêmes conditions. — Le temps pendant lequel l'établissement n'aurait pas mis en distribution de dividendes ou d'intérêts ne sera pas compté dans le délai ci-dessus. — Dans le cas du présent article, le titre primitif sera frappé de déchéance, et le tiers porteur qui le représentera après la remise du nouveau titre à l'opposant n'aura qu'une action personnelle contre celui-ci au cas où l'opposition aurait été faite sans droit. — L'opposant qui réclamera de l'établissement un duplicata paiera les frais qu'il occasionnera. Il devra de plus justifier par un dépôt ou par une caution que le numéro du titre frappé de déchéance sera publié pendant dix ans, avec une mention spéciale, au bulletin quotidien.

16. Les dispositions de la présente loi sont applicables aux titres au porteur émis par les départements, les communes et les établissements publics, mais elles ne sont pas applicables aux billets de la Banque de France, ni aux billets de même nature, émis par des établissements légalement autorisés, ni aux rentes et autres titres au porteur émis par l'État, lesquels continueront à être régis par les lois, décrets et règlements en vigueur. — Toutefois, les cautionnements exigés par l'administration des Finances pour la délivrance des titres perdus, volés ou détruits seront restitués si, dans les vingt ans qui auront suivi, il n'a été formé aucune demande de la part des tiers porteurs, soit pour les arrérages, soit pour le capital. Le Trésor sera définitivement libéré envers le porteur des titres détruits, sauf l'action personnelle de celui-ci contre la personne qui aura obtenu le duplicata.

23 janvier 1873

LOI *tendant à réprimer l'ivresse publique et à combattre les progrès de l'alcoolisme.*

ARTICLE **1**er. Seront punis d'une amende de un à cinq francs inclusivement ceux qui seront trouvés en état d'ivresse manifeste dans les rues, chemins, places, cafés, cabarets ou autres lieux publics. — Les articles 474 et 483 du Code pénal seront applicables à la contravention indiquée au paragraphe précédent.

2. En cas de nouvelle récidive, conformément à l'article 483, dans les douze mois qui auront suivi la deuxième condamnation, l'inculpé sera traduit devant le tribunal de police correctionnelle et puni d'un emprisonnement de six jours à un mois et d'une amende de seize francs à trois cents francs. — Quiconque, ayant été condamné en police correctionnelle pour ivresse depuis moins d'un an, se sera de nouveau rendu coupable du même délit, sera condamné au maximum des peines indiquées au paragraphe précédent, lesquelles pourront être élevées jusqu'au double. — L. 17 juillet 1880, abrogeant le Décret du 29 décembre 1851, sur les *cafés, cabarets et débits de boissons.*

3. Toute personne qui aura été condamnée deux fois en police correctionnelle pour délit d'ivresse manifeste, conformément à l'article précédent, sera déclarée, par le second jugement, incapable d'exercer les droits suivants : 1° de vote et d'élection ; 2° d'éligibilité ; 3° d'être appelée ou nommée aux fonctions de juré ou autres fonctions publiques, et d'exercer ces fonctions ou emplois. Cette part d'interdiction pendant deux ans à partir du jour où la condamnation sera devenue irrévocable.

4. Seront punis d'une amende de un à cinq francs inclusivement, les cafetiers, cabaretiers et autres débitants qui auront donné à boire à des gens manifestement ivres ou qui les auront reçus dans leur établissement, ou auront servi des liqueurs alcooliques à des mineurs âgés de moins de seize ans accomplis. — Toutefois dans le cas où le débitant sera prévenu d'avoir servi des liqueurs alcooliques à un mineur âgé de moins de seize ans accomplis, il pourra prouver qu'il a été induit en erreur sur l'âge du mineur ; s'il fait cette preuve, aucune peine ne lui sera applicable de ce chef. — Les articles 474 et 483 du Code pénal seront applicables aux contraventions indiquées aux paragraphes précédents.

5. Seront punis d'un emprisonnement de six jours à un mois et d'une amende de seize francs à trois cents francs, les cafetiers, cabaretiers et autres débitants qui, dans les douze mois qui auront suivi la deuxième condamnation prononcée en vertu de l'article précédent, auront commis un des faits prévus audit article. — Quiconque ayant été condamné en police correctionnelle pour l'un ou l'autre des mêmes délits, depuis moins d'un an, se rendra de nouveau coupable de l'un ou de l'autre de ces faits, sera condamné au maximum des peines indiquées au paragraphe précédent, lesquelles pourront être portées jusqu'au double.

6. Toute personne qui aura subi deux condamnations en police correctionnelle pour l'un ou l'autre des délits prévus en l'article précédent, pourra être déclarée par le second jugement incapable d'exercer tout ou partie des droits indiqués en l'article 3. Dans le même cas, le tribunal pourra ordonner la fermeture de l'établissement pour un temps qui ne pourra excéder un mois, sous les peines portées par l'article 3 du décret du 29 décembre 1851. Il pourra aussi, sous les mêmes peines, interdire au débitant la faculté de livrer les boissons à consommer sur place.

7. Sera puni d'un emprisonnement de six jours à un mois et d'une amende de seize francs à trois cents francs, quiconque aura fait boire jusqu'à l'ivresse un mineur âgé de moins de seize ans accomplis. Sera puni des peines portées aux articles 5 et 6 tout cafetier, cabaretier ou autre débitant de boissons qui, ayant subi une condamnation en vertu du paragraphe précédent, se sera de nouveau rendu coupable, soit du même fait, soit de l'un ou de l'autre des faits prévus en l'article 4, 1°, dans le délai indiqué en l'article 5, 2°.

8. Le tribunal correctionnel, dans les cas prévus par la présente loi, pourra ordonner que son jugement soit affiché à tel nombre d'exemplaires et en tels lieux qu'il indiquera.

9. L'article 463 du Code pénal sera applicable aux peines d'emprisonnement et d'amendes portées par la présente loi. L'article 58 du même Code ne sera pas applicable aux délits prévus par la présente loi.

10. Les procès-verbaux constatant les infractions prévues dans les articles précédents seront transmis au procureur de la République dans les trois jours au plus tard, y compris celui où aura été reconnu le fait sur lequel ils sont dressés.

11. Toute personne trouvée en état d'ivresse dans les rues, chemins, places, cafés, cabarets ou autres lieux publics, pourra être, par mesure de police, conduite à ses frais au poste le plus voisin, pour y être retenue jusqu'à ce qu'elle ait recouvré sa raison.

12. Le texte de la présente loi sera affiché à la porte de toutes les mairies et dans la salle principale de tous cabarets, cafés, et autres débits de boissons. Un exemplaire en sera adressé à cet effet à tous les maires, et à tous les cabaretiers, cafetiers et autres débitants de boissons. Toute personne qui aura détruit ou lacéré le texte affiché sera condamnée à une amende de cinq francs et aux frais du rétablissement de l'affiche. Sera puni de même tout cabaretier, cafetier ou débitant chez lequel ledit texte ne sera pas trouvé affiché.

13. Les gardes champêtres sont chargés de rechercher, concurremment avec les autres officiers de police judiciaire, chacun sur le territoire sur lequel il est compétent, les infractions à la présente loi. Ils dressent des procès-verbaux pour constater ces infractions.

25 mars 1873

LOI *qui règle la condition des déportés à la Nouvelle-Calédonie.*

ARTICLE 1er. — Les condamnés seront soumis, dans le lieu assigné à la déportation, aux mesures nécessaires tant pour prévenir leur évasion que pour garantir la sécurité et le bon ordre dans le sein de la colonie. — Ces mesures seront l'objet d'arrêtés pris par le gouverneur en conseil, exécutoires provisoirement et soumis à l'approbation des ministres de la marine et de la justice. — Ces arrêtés seront insérés avec mention de l'approbation ou du refus de l'approbation dans une notice spéciale qui sera annuellement distribuée aux assemblées législatives et par laquelle il sera rendu compte de l'état et des progrès de la colonisation pénale. — Toute infraction à ces arrêtés sera punie des peines disciplinaires portées par l'article 369 du Code de justice militaire pour les armées de mer, modifié par l'article 8 du décret du 21 juin 1858.

2. Tout déporté qui se sera rendu coupable d'un crime ou d'un délit sera justiciable des conseils de guerre.

3. Les articles 237 à 248 du Code pénal sont applicables à l'évasion et à la tentative d'évasion des déportés, commise même sans bris de clôture et sans violence, sans préjudice des dispositions de l'article 17, paragraphe 2 du même Code, en cas de retour sur le territoire de la France. — La peine pourra être portée au double s'il y a soustraction du bien de l'État ou si l'évasion ou la tentative d'évasion a été concertée entre plusieurs déportés. — Les individus prévenus de complicité dans l'évasion ou la tentative d'évasion des déportés seront justiciables des conseils de guerre.

4. Les peines auxquelles sont condamnés les déportés seront subies aussitôt que la condamnation sera devenue définitive.

5. Les déportés condamnés à la réclusion ou à l'emprisonnement par les conseils de guerre, seront, pendant la durée de leur peine, astreints au travail dans les ateliers de l'administration, soit dans l'intérieur de la prison, soit au dehors.

6. A défaut de payement dans la quinzaine des premières poursuites, les condamnations à l'amende et aux frais sont de droit converties en journées de travail pour le compte et sur les ateliers de la colonie, d'après le tarif et les conditions réglés par arrêtés du gouverneur en conseil. Faute de satisfaire à cette obligation, les délinquants sont contraints à acquitter leurs journées de travail sur les ateliers de discipline.

7. Les femmes et les enfants des condamnés auront la faculté d'aller les rejoindre. Dans la limite du crédit spécial ouvert annuellement au budget de la déportation, le Gouvernement se chargera du transport gratuit des femmes et des enfants de ceux qui seront en mesure, soit par l'exploitation d'une concession, soit par l'exercice d'une industrie, de subvenir aux besoins de leur famille. Dans les mêmes limites, et en outre du passage gratuit, des subsides en vivres et en vêtements et un abri temporaire pourront être accordés, à l'arrivée dans la colonie, aux femmes et aux enfants de ceux qui sont reconnus aptes à remplir l'engagement de subvenir, dans le délai de deux ans, aux besoins de leur famille.

8. Les familles seront soumises au régime du territoire sur lequel elles seront établies.

9. Les condamnés à la déportation simple, dès leur arrivée à la colonie, et les condamnés à la déportation dans une enceinte fortifiée qui auront été admis à jouir du bénéfice de l'article 15 de la présente loi pourront recevoir une concession provisoire de terres, sans préjudice du droit d'exercer une industrie pour leur compte et de travailler pour le compte des particuliers.

10. Les concessions provisoires peuvent être retirées pour inconduite, indiscipline, défaut de mise en culture des terres, évasion, tentative d'évasion et pour tout crime ou délit ayant entraîné des peines criminelles ou correctionnelles. — Les décisions seront prises par le gouverneur en conseil. — Les familles de ceux qui auront été atteints par le présent article pourront obtenir, si elles restent dans la colonie, de continuer en leur lieu et place l'exploitation de la concession, et en obtenir la propriété.

11. Les concessions provisoires de terres qui n'auront pas été retirées par application de l'article précédent, dans un délai de cinq ans, deviendront définitives, et des titres de propriété seront délivrés aux détenteurs. Les terrains concédés seront communs lorsque le déporté et son conjoint seront mariés en communauté ou avec société d'acquêts. En cas de prédécès du titulaire d'une concession provisoire avant les cinq ans, sa veuve et ses enfants pourront être autorisés à continuer la possession et devenir propriétaires à l'expiration du délai qui restait à courir, sous les conditions imposées au concessionnaire.

12. En cas d'évasion consommée, le déporté sera déchu de tout droit sur la concession. Toutefois la femme, et, en cas de décès de la femme, les enfants ou la femme concurremment avec les enfants en conserveront la jouissance tant qu'ils resteront dans la colonie, aux conditions et dans les proportions qui seront réglées par un arrêté du gouverneur. — Ils pourront aussi devenir propriétaires définitifs en vertu d'une décision rendue par le gouverneur en conseil.

13. Si le concessionnaire vient à mourir après que la concession a été rendue définitive, les biens qui en font partie seront attribués aux héritiers d'après les règles du droit commun. — Néanmoins, dans le cas où il n'existerait pas d'enfants légitimes ou autres descendants, la veuve, si elle habitait avec son mari, succédera à la moitié en propriété, tant de la concession que des autres biens que le déporté aurait acquis dans la colonie. — En cas d'existence d'enfants légitimes ou autres descendants, le droit de la femme ne sera que d'un quart en usufruit. — Par dérogation à l'article 18 de la présente loi, les condamnés pourront, dans les limites autorisées par les articles 1094 et 1098 du Code civil, disposer de leurs biens, dans quelque lieu qu'ils soient situés, soit par acte entre vifs, soit par testament, en faveur de leurs conjoints habitant avec eux. — Un règlement d'administration publique déterminera les conditions de l'envoi en possession de la femme, et de la liquidation des biens appartenant au déporté dans la colonie.

14. Les dispositions des articles 7, 11, 12 et 13 sont applicables à l'époux de la femme déportée. — Toutefois, la concession accordée à la femme ne pourra être aliénée ou hypothéquée sans le consentement des deux époux.

15. Le gouverneur a le droit d'autoriser l'établissement, en dehors du territoire affecté à la déportation, de tout condamné qui s'en sera fait remarquer par sa bonne conduite. La même faveur pourra être accordée à tout déporté dans une enceinte fortifiée, lorsque sa conduite aura été irréprochable pendant cinq ans. — Cette autorisation pourra toujours être révoquée par le gouverneur en conseil.

16. Les dispositions de la loi du 31 mai 1854 continueront à recevoir leur exécution en ce qui concerne les condamnés à la déportation. Toutefois les condamnés à la déportation simple auront de plein droit l'exercice des droits civils dans le lieu de la déportation. Il pourra leur être remis, avec l'autorisation du Gouvernement, tout ou partie de leurs biens. Sauf l'effet de cette remise, les actes faits par eux dans le lieu de la déportation ne pourront ni engager, ni affecter les biens qu'ils possédaient au jour de leur condamnation, ni ceux qui leur seraient échus à titre gratuit depuis cette époque. Le Gouvernement pourra, en outre, sur l'avis du gouverneur en conseil, accorder aux déportés l'exercice dans la colonie de tout ou partie des droits dont ils sont privés par l'article 34 du Code pénal.

17. Le domicile des déportés pour tous les droits civils sera dans la colonie où ils subissent leur peine.

18. Les dispositions du décret du 31 mars 1852 sur le mariage des Français résidant en Océanie sont applicables aux déportés.

19. Un règlement d'administration publique déterminera, aussitôt que les circonstances le permettront, les mesures d'assistance, d'instruction et d'hygiène publique propres à favoriser le développement d'une société naissante.

26 novembre 1873

LOI *relative à l'établissement d'un timbre ou signe spécial destiné à être apposé sur les marques commerciales et de fabrique.*

ARTICLE 1er. — Tout propriétaire d'une marque de fabrique ou de commerce, déposée conformément à la loi du 23 juin 1857, pourra être admis, sur sa réquisition écrite, à faire apposer par l'État, soit sur les étiquettes, bandes ou enveloppes en papier, soit sur les étiquettes ou estampilles en métal sur lesquelles figure sa marque, un timbre ou poinçon spécial, destiné à affirmer l'authenticité de cette marque. — Le poinçon pourra être apposé sur la marque faisant corps avec les objets eux-mêmes, si l'administration les en juge susceptibles.

2. Il sera perçu au profit de l'État, par chaque apposition du timbre, un droit qui pourra varier d'un centime à un franc. — Le droit dû pour chaque apposition du poinçon sur les objets eux-mêmes ne pourra être inférieur à cinq centimes ni excéder cinq francs.

3. La quotité des droits perçus au profit du Trésor sera proportionnée à la valeur des objets sur lesquels doivent être apposées les étiquettes soit en papier, soit en métal, et à la difficulté de frapper d'un poinçon les marques fixées sur les objets eux-mêmes. — Cette quotité sera établie par des règlements d'administration publique qui détermineront, en outre, les métaux sur lesquels le poinçon pourra être appliqué, les conditions à remplir pour être admis à obtenir l'apposition des timbres ou poinçons, les lieux dans lesquels cette apposition pourra être effectuée, ainsi que les autres mesures d'exécution de la présente loi.

4. La vente des objets par le propriétaire de la marque de fabrique ou de commerce à un prix supérieur à celui correspondant à la quotité du timbre ou du poinçon sera punie, par chaque contravention, d'une amende de cent francs à cinq mille francs. — Les contraventions seront constatées dans tous les lieux ouverts au public par tous les agents qui ont qualité pour verbaliser en matière de timbre et de contributions indirectes, par les agents des postes et par ceux des douanes, lors de l'exportation. — Il leur est accordé un quart de l'amende ou portion d'amende recouvrée. — Les contraventions seront constatées et les instances seront suivies et jugées, savoir : 1° comme en matière de timbre, lorsqu'il s'agira du timbre apposé sur les étiquettes, bandes ou enveloppes en papier; — 2° comme en matière de contributions indirectes, en ce qui concerne l'application du poinçon.

5. Les consuls de France à l'étranger auront qualité pour dresser les procès-verbaux des usurpations de marques, et les transmettre à l'autorité compétente.

6. Ceux qui auront contrefait ou falsifié les timbres ou poinçons établis par la présente loi; ceux qui auront fait usage des timbres ou poinçons falsifiés ou contrefaits, seront punis des peines portées en l'article 140 du Code pénal, et sans préjudice des réparations civiles. — Tout autre usage frauduleux de ces timbres ou poinçons et des étiquettes, bandes, enveloppes et estampilles qui en seraient revêtues, sera puni des peines portées en l'article 142 dudit Code. — Il pourra être fait application des dispositions de l'article 463 du Code pénal.

7. Le timbre ou poinçon de l'État apposé sur une marque de fabrique ou de commerce fait partie intégrante de cette marque. — A défaut, par l'État, de poursuivre en France ou à l'étranger la contrefaçon ou la falsification desdits timbres ou poinçons, la poursuite pourra être exercée par le propriétaire de la marque.

8. La présente loi sera applicable dans les colonies françaises et en Algérie.

9. Les dispositions des autres lois en vigueur, touchant le nom commercial, les marques, dessins ou modèles de fabrique, seront appliquées au profit des étrangers, si dans leur pays la législation ou des traités internationaux assurent aux Français les mêmes garanties.

7 décembre 1874

LOI *relative à la protection des enfants employés dans les professions ambulantes.*

ARTICLE **1er**. Tout individu qui fera exécuter par des enfants de moins de seize ans des tours de force périlleux ou des exercices de dislocation; — tout individu, autre que les père et mère, pratiquant les professions d'acrobate, saltimbanque, charlatan, montreur d'animaux ou directeur de cirque, qui emploiera, dans ses représentations, des enfants âgés de moins de seize ans, — sera puni d'un emprisonnement de six mois à deux ans et d'une amende de seize à deux cents francs. — La même peine sera applicable aux père et mère exerçant les professions ci-dessus désignées, qui emploieraient dans leurs représentations leurs enfants âgés de moins de douze ans.

2. *(L. 19 avril 1898.)* Les pères, mères, tuteurs ou patrons, et généralement toutes personnes ayant autorité sur un enfant ou en ayant la garde, qui auront livré, soit gratuitement, soit à prix d'argent, leurs enfants, pupilles ou apprentis âgés de moins de seize ans, aux individus exerçant les professions ci-dessus spécifiées, ou qui les auront placés sous la conduite de vagabonds, de gens sans aveu ou faisant métier de la mendicité, seront punis des peines portées en l'article 1er.

La même peine sera applicable aux intermédiaires ou agents qui auront livré ou fait livrer lesdits enfants et à quiconque aura déterminé des enfants, âgés de moins de seize ans, à quitter le domicile de leurs parents ou tuteurs pour suivre des individus des professions susdésignées.

La condamnation entraînera de plein droit, pour les tuteurs, la destitution de la tutelle. Les père et mère pourront être privés des droits de la puissance paternelle.

3. Quiconque emploiera des enfants âgés de moins de seize ans à la mendicité habituelle, soit ouvertement, soit sous l'apparence d'une profession, sera considéré comme auteur ou complice du délit de mendicité en réunion, prévu par l'article 276 du Code pénal, et sera puni des peines portées audit article. — Dans le cas où le délit aurait été commis par les pères, mères ou tuteurs, ils pourront être privés des droits de la puissance paternelle ou être destitués de la tutelle.

4. Tout individu exerçant l'une des professions spécifiées à l'article 1er de la présente loi devra être porteur de l'extrait des actes de naissance des enfants placés sous sa conduite, et justifier de leur origine et de leur identité par la production d'un livret ou d'un passeport. — Toute infraction à cette disposition sera punie d'un emprisonnement de un mois à six mois et d'une amende de seize à cinquante francs.

5. En cas d'infraction à l'une des dispositions de la présente loi, les autorités municipales seront tenues d'interdire toutes représentations aux individus désignés en l'article 1er. — Ces dites autorités seront également tenues de requérir la justification, conformément aux dispositions de l'article 4, de l'origine et de l'identité de tous les enfants placés sous la conduite des individus susdésignés. A défaut de cette justification, il en sera donné avis immédiat au parquet. — Toute infraction à la présente loi commise à l'étranger à l'égard de Français devra être dénoncée, dans le plus bref délai, par nos agents consulaires aux autorités françaises ou aux autorités locales, si les lois du pays en assurent la répression. — Ces agents devront, en outre, prendre les mesures nécessaires pour assurer le rapatriement en France des enfants d'origine française.

6. L'article 463 du Code pénal est applicable aux délits prévus et punis par la présente loi.

23 décembre 1874

LOI *relative à la protection des enfants du premier âge et, en particulier, des nourrissons.*

ARTICLE **1er**. Tout enfant, âgé de moins de deux ans, qui est placé, moyennant salaire, en nourrice, en sevrage ou en garde hors du domicile de ses parents, devient, par ce fait, l'objet d'une surveillance de l'autorité publique, ayant pour but de protéger sa vie et sa santé.

2. La surveillance instituée par la présente loi est confiée, dans le département de la Seine, au préfet de police, et, dans les autres départements, aux préfets. — Ces fonctionnaires sont assistés d'un comité ayant pour mission d'étudier et de proposer les mesures à prendre, et composé comme il suit : Deux membres du conseil général, désignés par ce conseil; — dans le département de la Seine, le directeur de l'Assistance publique, et, dans les autres départements, l'inspecteur du service des enfants assistés; — six autres membres nommés par le préfet, dont un pris parmi les médecins membres du conseil départemental d'hygiène publique et trois pris parmi les administrateurs des sociétés légalement reconnues qui s'occupent de l'enfance, notamment des sociétés protectrices de l'enfance, des sociétés de charité maternelle, des crèches ou des sociétés des crèches, ou, à leur défaut, parmi les membres des commissions administratives des hospices et des bureaux de bienfaisance. — Des commissions locales sont instituées par un arrêté du préfet, après avis du comité départemental, dans les parties du département où l'utilité en sera reconnue, pour concourir à l'application des mesures de protection des enfants et de surveillance des nourrices et gardeuses d'enfants. — Deux mères de famille font partie de chaque commission locale. — Les fonctions instituées par le présent article sont gratuites.

3. Il est institué près le ministère de l'Intérieur un comité supérieur de protection des enfants du premier âge, qui a pour mission de réunir et de coordonner les documents transmis par les comités départementaux, d'adresser chaque année au ministre un rapport sur les travaux de ces comités, sur la mortalité des enfants et sur les mesures les plus propres à assurer et étendre les bienfaits de la loi, et de proposer, s'il y a lieu, d'accorder des récompenses honorifiques aux personnes qui se sont distinguées par leur dévouement et leurs services. — Un membre de l'Académie de médecine, désigné par cette académie, les présidents de la Société protectrice de l'enfance de Paris, de la Société de charité maternelle et de la Société des crèches, font partie de ce comité. — Les autres membres, au nombre de sept, sont nommés par décret du président de la République. — Les fonctions de membre du comité supérieur sont gratuites.

4. Il est publié, chaque année, par les soins du ministre de l'Intérieur, une statistique détaillée de la mortalité des enfants du premier âge et, spécialement, des enfants placés en nourrice, en sevrage ou en garde. — Le ministre adresse en outre, chaque année, au président de la République un rapport officiel sur l'exécution de la présente loi.

5. Dans les départements où l'utilité d'établir une inspection médicale des enfants en nourrice, en sevrage ou en garde, est reconnue par le ministre de l'Intérieur, le comité supérieur consulté, un ou plusieurs médecins sont chargés de cette inspection. — La nomination de ces inspecteurs appartient aux préfets.

6. Sont soumis à la surveillance instituée par la présente loi : toute personne ayant un nourrisson ou un ou plusieurs enfants en sevrage ou en garde, placés chez elle moyennant salaire; les bureaux de placement et tous les intermédiaires qui s'emploient au placement des enfants en nourrice, en sevrage ou en garde. — Le refus de recevoir la visite du médecin inspecteur, du maire de la commune ou de toutes autres personnes déléguées ou autorisées en vertu de la présente loi est puni d'une amende de cinq à quinze francs. — Un emprisonnement de un à cinq jours peut être prononcé si le refus dont il s'agit est accompagné d'injures ou de violences.

7. Toute personne qui place un enfant en nourrice, en sevrage ou en garde, moyennant salaire, est tenue, sous les peines portées par l'article 346 du Code pénal, d'en faire la déclaration à la mairie de la commune où a été faite la déclaration de naissance de l'enfant, ou à la mairie de la résidence actuelle du déclarant, en indiquant, dans ce cas, le lieu de la naissance de l'enfant, et de remettre à la nourrice ou à la gardeuse un bulletin contenant un extrait de l'acte de naissance de l'enfant qui lui est confié.

8. Toute personne qui veut se procurer un nourrisson ou un ou plusieurs enfants en sevrage ou en garde est tenue de se munir préalablement des certificats exigés par les règlements pour indiquer son état civil et justifier de son aptitude à nourrir ou à recevoir des enfants en sevrage ou en garde. — Toute personne qui veut se placer comme nourrice sur lieu est tenue de se munir d'un certificat du maire de sa résidence, indiquant si son dernier enfant est vivant, et constatant qu'il est âgé de sept mois révolus, ou, s'il n'a pas atteint cet âge, qu'il est allaité par une autre femme remplissant les conditions qui seront déterminées par le règlement d'administration publique prescrit par l'article 12 de la présente loi. — Toute déclaration ou énonciation reconnue fausse dans lesdits certificats entraîne l'application au certificateur des peines portées au paragraphe 1er de l'article 155 du Code pénal.

9. Toute personne qui a reçu chez elle, moyennant salaire, un nourrisson ou un enfant en sevrage ou en garde, est tenue, sous les peines portées à l'article 346 du Code pénal : 1° D'en faire la déclaration à la mairie de la commune de son domicile dans les trois jours de l'arrivée de l'enfant, et de remettre le bulletin mentionné à l'article 7; — 2° De faire, en cas de changement de résidence, la même déclaration à la mairie de sa nouvelle résidence; — 3° De déclarer, dans le même délai, le retrait de l'enfant par ses parents ou la remise de cet enfant à une autre personne, pour quelque cause que cette remise ait lieu; — 4° En cas de décès de l'enfant, de déclarer ce décès dans les vingt-quatre heures. — Après avoir inscrit ces déclarations au registre mentionné à l'article suivant, le maire en donne avis, dans le délai de trois jours, au maire de la commune où a été faite la déclaration prescrite par l'article 7. — Le maire de cette dernière commune donne avis, dans le même délai, des déclarations prescrites par les nos 2, 3, 4 ci-dessus aux auteurs de la déclaration de mise en nourrice, en sevrage ou en garde.

10. Il est ouvert dans les mairies un registre spécial pour les déclarations ci-dessus prescrites. — Ce registre est coté, paraphé et vérifié tous les ans par le juge de paix. Ce magistrat fait un rapport annuel au procureur de la République, qui le transmet au préfet, sur les résultats de cette vérification. — En cas d'absence ou de tenue irrégulière du registre, le maire est passible de la peine édictée à l'article 50 du Code civil.

11. Nul ne peut ouvrir ou diriger un bureau de nourrices, ni exercer la profession d'intermédiaire pour le placement des enfants en nourrice, en sevrage ou en garde, et le louage des nourrices, sans en avoir obtenu l'autorisation préalable du préfet de police, dans le département de la Seine, ou du préfet, dans les autres départements. — Toute personne qui exerce sans autorisation l'une ou l'autre de ces professions, ou qui néglige de se conformer aux conditions de l'autorisation ou aux prescriptions des règlements, est punie d'une amende de seize à cent francs. En cas de récidive, la peine d'emprisonnement prévue par l'article 480 du Code pénal peut être prononcée. — Ces mêmes peines sont applicables à toute sage-femme et à tout autre intermédiaire qui entreprend, sans autorisation, de placer des enfants en nourrice, en sevrage ou en garde. — Si, par suite de la contravention ou par suite d'une négligence de la part d'une nourrice ou d'une gardeuse, il est résulté un dommage pour la santé d'un ou plusieurs enfants, la peine d'emprisonnement de un à cinq jours peut être prononcée. — En cas de décès d'un enfant, l'application des peines portées à l'article 319 du Code pénal peut être prononcée.

12. Un règlement d'administration publique déterminera : — 1° Les modes d'organisation du service de surveillance institué par la présente loi, l'organisation de l'inspection médicale, les attributions et les devoirs des médecins inspecteurs, le traitement de ces inspecteurs, les attributions et les devoirs de toutes les personnes chargées des visites ; — 2° Les obligations imposées aux nourrices, aux directeurs des bureaux de placement et à tous les intermédiaires du placement des enfants ; — 3° La forme des déclarations, registres, certificats des maires et des médecins, et autres pièces exigées par les règlements. — Le préfet peut, après avis du conseil départemental, prescrire, par un règlement particulier, des dispositions en rapport avec les circonstances et les besoins locaux.

13. En dehors des pénalités spécifiées dans les articles précédents, toute infraction aux dispositions de la présente loi et des règlements d'administration publique qui s'y rattachent est punie d'une amende de cinq à quinze francs. — Sont applicables à tous les cas prévus par la présente loi le dernier paragraphe de l'article 463 du Code pénal et les articles 482, 483 du même Code.

14. Les mois de nourrice dus par les parents ou par toute autre personne font partie des créances privilégiées et prennent rang entre les nos 3 et 4 de l'article 2101 du Code civil.

15. Les dépenses auxquelles l'exécution de la présente loi donnera lieu sont mises, par moitié, à la charge de l'État et des départements intéressés. — La portion à la charge des départements est supportée par les départements d'origine des enfants et par ceux où les enfants sont placés en nourrice, en sevrage ou en garde, proportionnellement au nombre desdits enfants. — Les bases de cette répartition sont arrêtées tous les trois ans par le ministre de l'intérieur. — Pour la première fois, la répartition sera faite d'après le nombre des enfants en nourrice, en sevrage ou en garde, existant dans chaque département au moment de la promulgation de la présente loi.

17 juillet 1880

LOI *abrogeant le décret du 29 décembre 1851, sur les cafés, cabarets et débits de boissons.*

ARTICLE **1er**. Le décret du 29 décembre 1851, sur les cafés, cabarets et débits de boissons à consommer sur place, est abrogé.

2. A l'avenir, toute personne qui voudra ouvrir un café, cabaret ou autre débit de boissons à consommer sur place, sera tenue de faire, quinze jours au moins à l'avance et par écrit, une déclaration indiquant : — 1° Ses nom, prénoms, lieu de naissance, profession et domicile ; — 2° La situation du débit ; — 3° A quel titre elle doit gérer le débit et les nom, prénoms, profession et domicile du propriétaire, s'il y a lieu. — Cette déclaration sera faite à la mairie de la commune où le débit doit être établi. — A Paris, elle sera faite à la préfecture de police. — Il en sera donné immédiatement récépissé. — Dans les trois jours de cette déclaration, le maire de la commune où elle aura été faite en transmettra copie intégrale au procureur de la République de l'arrondissement.

3. Toute mutation dans la personne du propriétaire ou du gérant devra être déclarée dans les quinze jours qui suivront. — La translation du débit d'un lieu à un autre devra être déclarée huit jours au moins à l'avance. — La transmission de ces déclarations sera faite au procureur de la République de l'arrondissement, conformément aux dispositions édictées dans le précédent article 2.

4. L'infraction aux dispositions des deux précédents articles sera punie d'une amende de seize à cent francs (16 à 100 fr.).

5. Les mineurs non émancipés et les interdits ne peuvent exercer par eux-mêmes la profession de débitant de boissons.

6. Ne peuvent, non plus, exploiter des débits de boissons à consommer sur place : — 1° Tous les individus condamnés pour crimes de droit commun ; — 2° Ceux qui auront été condamnés à un emprisonnement d'un mois au moins, pour vol, recel, escroquerie, filouterie, abus de confiance, recel de malfaiteurs, outrage public à la pudeur, excitation de mineurs à la débauche, tenue d'une maison de jeu, vente de marchandises falsifiées et nuisibles à la santé, conformément aux articles 246, 330, 334, 379, 401, 405, 406, 407, 408, 410 du Code pénal, et à l'article 2 de la loi du 27 mars 1851. — L'incapacité sera perpétuelle à l'égard de tous les individus condamnés pour crimes. Elle cessera cinq ans après l'expiration de leur peine, à l'égard des condamnés pour délits, si, pendant ces cinq années, ils n'ont encouru aucune condamnation correctionnelle à l'emprisonnement.

7. Les mêmes condamnations, lorsqu'elles seront prononcées contre un débitant de boissons à consommer sur place, entraîneront de plein droit contre lui, et pendant le même délai, l'interdiction d'exploiter un débit, à partir du jour où lesdites condamnations seront devenues définitives. — La même interdiction atteindra aussi tout débitant qui viendrait à être condamné à un mois au moins d'emprisonnement, en vertu des articles 1er et 2 de la loi du 23 janvier 1873, pour la répression de l'ivresse publique. — Le débitant interdit ne pourra être employé, à quelque titre que ce soit, dans l'établissement qu'il exploitait, comme attaché au service de celui auquel il aurait vendu ou loué, ou par qui il ferait gérer ledit établissement, ni dans l'établissement qui serait exploité par son conjoint même séparé.

8. Toute infraction aux dispositions des articles 5, 6 et 7 sera punie d'une amende de seize à deux cents francs (16 à 200 fr.). — En cas de récidive, l'amende pourra être portée jusqu'au double, et le coupable pourra, en outre, être condamné à un emprisonnement de six jours à un mois.

9. Les maires pourront, les conseils municipaux entendus, prendre des arrêtés pour déterminer, sans préjudice des droits acquis, les distances auxquelles les cafés et débits de boissons ne pourront être établis autour des édifices consacrés à un culte quelconque, des cimetières, des hospices, des écoles primaires, collèges ou autres établissements d'instruction publique.

10. Les individus qui, à l'occasion d'une foire, d'une vente ou d'une fête publique, établiraient des cafés ou débits de boissons, ne seront pas tenus à la déclaration prescrite par l'article 2, mais ils devront obtenir l'autorisation de l'autorité municipale. — En cas d'infraction à la présente disposition, le débit sera immédiatement fermé, et le contrevenant puni de la peine portée en l'article 4.

11. Les infractions ou contraventions aux règlements de police continueront à être punies des peines de simple police.

12. L'article 463 du Code pénal sera applicable à tous les délits et contraventions prévus par les articles ci-dessus.

25 décembre 1880

LOI *sur la répression des crimes commis dans l'intérieur des prisons.*

ARTICLE UNIQUE. Lorsque, à raison d'un crime commis dans une prison par un détenu, la peine des travaux forcés à temps ou à perpétuité est appliquée, la cour d'assises ordonnera que cette peine sera subie dans la prison même où le crime a été commis, à moins d'impossibilité, pendant la durée qu'elle déterminera, et qui ne pourra être inférieure au temps de réclusion ou d'emprisonnement que le détenu avait à subir au moment du crime. — L'impossibilité prévue par le paragraphe précédent sera constatée par le ministre de l'intérieur, sur l'avis de la commission de surveillance de la prison. Dans ce cas, la peine sera subie dans une maison centrale. — La cour d'assises pourra ordonner, en outre, que le condamné sera resserré plus étroitement, enfermé seul et soumis, pendant un temps qui n'excédera pas un an, à l'emprisonnement cellulaire.

30 juin 1881

LOI *sur la liberté de réunion.*

ARTICLE **1er**. Les réunions publiques sont libres. — Elles peuvent avoir lieu sans autorisation préalable, sous les conditions prescrites par les articles suivants.

2. Toute réunion publique sera précédée d'une déclaration indiquant le lieu, le jour, l'heure de la réunion. Cette déclaration sera signée par deux personnes au moins, dont l'une domiciliée dans la commune où la réunion doit avoir lieu. — Les déclarants devront jouir de leurs droits civils et politiques et la déclaration indiquera leurs noms, qualités et domiciles. — Les déclarations sont faites : à Paris, au préfet de police ; dans les chefs-lieux de département, au préfet ; dans les chefs-lieux d'arrondissement, au sous-préfet, et dans les autres communes, au maire. Il sera donné immédiatement récépissé de la déclaration. — Dans le cas où le déclarant n'aurait pu obtenir de récépissé, l'empêchement ou le refus pourra être constaté par acte extrajudiciaire ou par attestation signée de deux citoyens domiciliés dans la commune. — Le récépissé, ou l'acte qui en tiendra lieu, constatera l'heure de la déclaration. — La réunion ne peut avoir lieu qu'après un délai d'au moins vingt-quatre heures.

3. Ce délai sera réduit à deux heures pour les réunions publiques électorales prévues à l'article 5, lorsqu'elles auront lieu dans la période comprise entre le décret ou l'arrêté portant convocation du collège électoral et le jour de l'élection exclusivement. — La réunion pourra avoir lieu le jour même du vote, s'il s'agit d'élections comportant plusieurs tours de scrutin dans la même journée. — La réunion pourra suivre immédiatement la déclaration.

4. La déclaration fera connaître si la réunion a pour but une conférence, une discussion publique, ou si elle doit constituer une réunion électorale prévue par l'article suivant.

5. La réunion électorale est celle qui a pour but le choix ou l'audition de candidats à des fonctions publiques électives, et à laquelle ne peuvent assister que les électeurs de la circonscription, les candidats, les membres des deux Chambres et le mandataire de chacun des candidats.

6. Les réunions ne peuvent être tenues sur la voie publique ; elles ne peuvent se prolonger au delà de onze heures du soir ; cependant, dans les localités où la fermeture des établissements publics a lieu plus tard, elles pourront se prolonger jusqu'à l'heure fixée pour la fermeture de ces établissements.

7. Les clubs demeurent interdits.

8. Chaque réunion doit avoir un bureau composé de trois personnes au moins. Le bureau est chargé de maintenir l'ordre, d'empêcher toute infraction aux lois, de conserver à la réunion le caractère qui lui a été donné par la déclaration, d'interdire tout discours contraire à l'ordre public et aux bonnes mœurs, ou contenant provocation à un acte qualifié crime ou délit. — A défaut de désignation par les signataires de la déclaration, les membres du bureau seront élus par l'assemblée. — Les membres du bureau et, jusqu'à la formation du bureau, les signataires de la déclaration sont responsables des infractions aux prescriptions des articles 6, 7 et 8 de la présente loi.

9. Un fonctionnaire de l'ordre administratif ou judiciaire peut être délégué : à Paris, par le préfet de police, et dans les départements, par le préfet, le sous-préfet ou le maire, pour assister à la réunion. — Il désigne sa place. — Il n'est rien innové aux dispositions de l'article 3 de la loi des 16-24 août 1790, de l'article 9 de la loi des 19-22 juillet 1791 et des articles 9 et 15 de la loi du 18 juillet 1837 (1). — Toutefois le droit de dissolution ne devra être exercé par le représentant de l'autorité que s'il en est requis par le bureau, ou s'il se produit des collisions et voies de fait.

10. Toute infraction aux dispositions de la présente loi sera punie des peines de simple police, sans préjudice des poursuites pour crimes et délits qui pourraient être commis dans les réunions.

11. L'article 463 du Code pénal est applicable aux contraventions prévues par la présente loi. L'action publique et l'action privée se prescrivent par six mois.

12. Le décret du 28 juillet 1848 demeure abrogé, sauf l'article 13 qui interdit les sociétés secrètes. Sont également abrogés : le décret du 25 mars 1852, la loi des 6-10 juin 1868 et toutes les dispositions contraires à la présente loi.

13. La présente loi est applicable aux colonies représentées au Parlement.

21 juillet 1881

LOI *sur la police sanitaire des animaux.*

TITRE PREMIER

Maladies contagieuses des animaux et mesures sanitaires qui leur sont applicables.

Article **1er**. Les maladies des animaux qui sont réputées contagieuses et qui donnent lieu à l'application des dispositions de la présente loi sont : — La peste bovine dans toutes les espèces de ruminants ; — La péripneumonie contagieuse dans l'espèce bovine ; — La clavelée et la gale dans les espèces ovine et caprine. — La fièvre aphteuse dans les espèces bovine, ovine, caprine et porcine. — La morve, le farcin, la dourine dans les espèces chevaline et asine ; — La rage et le charbon dans toutes les espèces (2).

2. Un décret du Président de la République, rendu sur le rapport du ministre de l'agriculture et du commerce, après avis du comité consultatif des épizooties, pourra ajouter à la nomenclature des maladies réputées contagieuses dans chacune des espèces d'animaux énoncées ci-dessus, toutes autres maladies contagieuses, dénommées ou non, qui prendraient un caractère dangereux. — Les dispositions de la présente loi pourront être étendues, par un décret rendu dans la même forme, aux animaux d'espèces autres que celles ci-dessus désignées.

3. Tout propriétaire, toute personne ayant, à quelque titre que ce soit, la charge des soins ou la garde d'un animal atteint ou soupçonné d'être atteint d'une maladie contagieuse, dans les cas prévus par les articles 1er et 2, est tenu d'en faire sur-le-champ la déclaration au maire de la commune où se trouve cet animal. Sont également tenus de faire cette déclaration tous les vétérinaires qui seraient appelés à le soigner. — L'animal atteint ou soupçonné d'être atteint de l'une des maladies spécifiées dans l'article 1er devra être immédiatement, et avant même que l'autorité administrative ait répondu à l'avertissement, séquestré, séparé et maintenu isolé autant que possible des autres animaux susceptibles de contracter cette maladie. — Il est interdit de le transporter avant que le vétérinaire délégué par l'administration l'ait examiné. La même interdiction est applicable à l'enfouissement, à moins que le maire, en cas d'urgence, n'en ait donné l'autorisation spéciale.

4. Le maire devra, dès qu'il aura été prévenu, s'assurer de l'accomplissement des prescriptions contenues dans l'article précédent et y pourvoir d'office, s'il y a lieu. — Aussitôt que la déclaration prescrite par le paragraphe 1er de l'article précédent a été faite, ou, à défaut de déclaration, dès qu'il a connaissance de la maladie, le maire fait procéder sans retard à la visite de l'animal malade ou suspect par le vétérinaire chargé de ce service. — Ce vétérinaire constate et, au besoin, prescrit la complète exécution des dispositions du troisième alinéa de l'article 3 et les mesures de désinfection immédiatement nécessaires. — Dans le plus bref délai, il adresse son rapport au préfet.

5. Après la constatation de la maladie, le préfet statue sur les mesures à mettre à exécution dans le cas particulier. — Il prend, s'il est nécessaire, un arrêté portant déclaration d'infection. — Cette déclaration peut entraîner, dans les localités qu'elle détermine, l'application des mesures suivantes : — 1° L'isolement, la séquestration, la visite, le recensement et la marque des animaux et troupeaux dans les localités infectées ; — 2° L'interdiction de ces localités ; — 3° L'interdiction momentanée ou la réglementation des foires et marchés, du transport et de la circulation du bétail ; — 4° La désinfection des écuries, étables, voitures ou autres moyens de transport, la désinfection ou même la destruction des objets à l'usage des animaux malades ou qui ont été souillés par eux, et généralement des objets quelconques pouvant servir de véhicules à la contagion. — Un règlement d'administration publique déterminera celles de ces mesures qui seront applicables suivant la nature des maladies.

6. Lorsqu'un arrêté du préfet a constaté l'existence de la peste bovine dans une commune, les animaux qui en sont atteints et ceux de l'espèce bovine qui auraient été contaminés, alors même qu'ils ne présenteraient aucun signe apparent de maladie, sont abattus par ordre du maire, conformément à la proposition du vétérinaire délégué et après évaluation. — Il est interdit de suspendre l'exécution desdites mesures pour traiter les animaux malades, sauf les cas et sous les conditions qui seraient spécialement déterminés par le ministre de l'agriculture et du commerce, sur l'avis du comité consultatif des épizooties.

7. Dans le cas prévu par l'article précédent, les animaux malades sont abattus sur place, sauf le cas où le transport du cadavre au lieu de l'enfouissement sera déclaré par le vétérinaire plus dangereux que celui de l'animal vivant ; le transport en vue de l'abatage peut être autorisé par le maire conformément à l'avis du vétérinaire délégué, pour ceux qui ont été seulement contaminés. — Les animaux des espèces ovine et caprine qui ont été exposés à la contagion sont isolés et soumis aux mesures sanitaires déterminées par le règlement d'administration publique rendu pour l'exécution de la loi.

8. Dans le cas de morve constatée et dans le cas de farcin, de charbon, si la maladie est jugée incurable par le vétérinaire délégué, les animaux doivent être abattus sur ordre du maire. — Quand il y a contestation sur la nature ou le caractère incurable de la maladie entre le vétérinaire délégué et le vétérinaire que le propriétaire aurait fait appeler, le préfet désigne un troisième vétérinaire, conformément au rapport duquel il est statué.

9. Dans le cas de péripneumonie contagieuse, le préfet devra ordonner l'abatage, dans le délai de deux jours, des animaux reconnus atteints de cette maladie par le vétérinaire délégué, et l'inoculation des animaux d'espèce bovine, dans les localités reconnues infectées de cette maladie. — Le ministre de l'agriculture aura le droit d'ordonner l'abatage des animaux d'espèce bovine ayant été dans la même étable ou dans le même troupeau, ou en contact avec des animaux atteints de péripneumonie contagieuse.

10. La rage, lorsqu'elle est constatée chez les animaux de quelque espèce qu'ils soient, entraîne l'abatage, qui ne peut être différé sous aucun prétexte. — Les chiens et les chats suspects de rage doivent être immédiatement abattus. Le propriétaire de l'animal suspect est tenu, même en l'absence d'un ordre des agents de l'administration, de pourvoir à l'accomplissement de cette prescription.

11. Dans les épizooties de clavelée, le préfet peut, par arrêté pris sur l'avis du comité consultatif des épizooties, ordonner la clavelisation des troupeaux infectés. — La clavelisation ne devra pas être exécutée sans autorisation du préfet.

12. L'exercice de la médecine vétérinaire dans les maladies contagieuses des animaux est interdit à quiconque n'est pas pourvu du diplôme de vétérinaire. — Le Gouvernement, sur la demande des conseils généraux, pourra ajourner, par décret, dans les départements, l'exécution de cette mesure, pendant une période de six années à partir de la promulgation de la présente loi.

13. La vente ou la mise en vente des animaux atteints ou soupçonnés d'être atteints de maladies contagieuses est interdite. — Le propriétaire ne peut s'en dessaisir que dans les conditions déterminées par le règlement d'administration publique prévu à l'article 5. — Ce règlement fixera pour chaque espèce d'animaux et de maladie le temps pendant lequel l'interdiction de vente s'appliquera aux animaux qui ont été exposés à la contagion.

(*L. 31 juillet* 1895.) Si la vente a eu lieu, elle est nulle de droit, que le vendeur ait connu ou ignoré l'existence de la maladie dont son animal était atteint ou suspect.

Néanmoins aucune réclamation de la part de l'acheteur, pour raison de ladite nullité, ne sera plus recevable, lorsqu'il se sera écoulé plus de quarante-cinq jours depuis le jour de la livraison, s'il n'y a poursuite du ministère public.

Si l'animal a été abattu, le délai est réduit à dix jours à partir du jour de l'abatage, sans que toutefois l'action puisse jamais être introduite après l'expiration du délai de quarante-cinq jours. En cas de poursuite du ministère public, la prescription ne sera opposable à l'action civile, comme au paragraphe précédent, que conformément aux règles du droit commun.

Toutefois, en ce qui concerne la tuberculose dans l'espèce bovine, la vente ne sera nulle que lorsqu'il s'agira d'un animal destiné à la sequestration par les autorités compétentes.

14. La chair des animaux morts de maladies contagieuses quelles qu'elles soient, ou abattus comme atteints de la peste bovine, de la morve, du farcin, du charbon et de la rage, ne peut être livrée à la consommation. — Les cadavres ou débris des animaux morts de la peste bovine et du charbon, ou ayant été abattus comme atteints de ces maladies, devront être enfouis avec la peau tailladée, à moins qu'ils ne soient envoyés à un atelier d'équarrissage régulièrement autorisé. — Les conditions dans lesquelles devront être exécutés le transport, l'enfouissement ou la destruction des cadavres, seront déterminées par le règlement d'administration publique, prévu par l'article 5.

15. La chair des animaux abattus comme ayant été en contact avec des animaux atteints de la peste bovine peut être livrée à la consommation, mais leurs peaux, abats et issues ne peuvent être sortis du lieu de l'abatage qu'après avoir été désinfectés.

16. Tout entrepreneur de transport par terre ou par eau qui aura transporté des bestiaux devra, en tout temps, désinfecter, dans les conditions prescrites par le règlement d'administration publique, les véhicules qui auront servi à cet usage.

TITRE II

Indemnités.

17. Il est alloué aux propriétaires des animaux abattus pour cause de peste bovine, en vertu de l'article 7, une indemnité des trois quarts de leur valeur avant la maladie. — Il est alloué aux propriétaires d'animaux abattus pour cause de péripneumonie contagieuse ou morts par suite de l'inoculation, en vertu de l'article 9, une indemnité ainsi réglée : — La moitié de leur valeur avant la maladie, s'ils en sont reconnus atteints ; — Les trois quarts, s'ils ont seulement été contaminés ; — La totalité, s'ils sont morts des suites de l'inoculation de la péripneumonie contagieuse. — L'indemnité à accorder ne peut dépasser la somme de quatre cents francs, pour la moitié de la valeur de l'animal, celle de six cents francs pour les trois quarts, et celle de huit cents francs pour la totalité de sa valeur.

18. Il n'est alloué aucune indemnité aux propriétaires d'animaux importés des pays étrangers, abattus pour cause de péripneumonie contagieuse dans les trois mois qui ont suivi leur introduction en France.

19. Lorsque l'emploi des débris d'un animal abattu pour cause de peste bovine ou de péripneumonie contagieuse a été autorisé pour la consommation ou un usage industriel, le propriétaire est tenu de déclarer le produit de la vente de ces débris. — Ce produit appartient au propriétaire ; s'il est supérieur à la portion de la valeur laissée à sa charge, l'indemnité due par l'État est réduite de l'excédant.

20. Avant l'exécution de l'ordre d'abatage, il est procédé à une évaluation des animaux, par le vétérinaire délégué et un expert désigné par la partie. — A défaut, par la partie, de désigner un expert, le vétérinaire délégué opère seul. — Il est dressé un procès-verbal de l'expertise ; le maire et le juge de paix le contresignent et donnent leur avis.

21. La demande d'indemnité doit être adressée au ministre de l'agriculture et du commerce, dans le délai de trois mois, à dater du jour de l'abatage, sous peine de déchéance. —

(1) Aujourd'hui l'article 97 de la loi du 5 avril 1884.

(2) V. *infra*, Décr. 28 juillet 1888.

[illegible]

22. [illegible]

23. [illegible]

TITRE III

Importation et exportation des animaux.

24. [illegible]

25. [illegible]

26. [illegible]

27. [illegible]

28. [illegible]

29. [illegible]

TITRE IV

Pénalités.

30. [illegible]

31. [illegible]

32. [illegible]

33. [illegible]

34. [illegible]

35. [illegible]

36. [illegible]

TITRE V

Dispositions générales.

37. [illegible]

38. [illegible]

39. [illegible]

40. [illegible]

41. [illegible]

29 juillet 1881

LOI sur la liberté de la presse.

CHAPITRE PREMIER

De l'imprimerie et de la librairie.

ARTICLE 1er. — L'imprimerie et la librairie sont libres.

2. Tout imprimé rendu public, à l'exception des ouvrages dits de ville ou bilboquets, portera l'indication du nom et du domicile de l'imprimeur, à peine, contre celui-ci, d'une amende de cinq francs à quinze francs. — [illegible]

3. Au moment de la publication de tout imprimé, il en sera fait, par l'imprimeur, [illegible]

4. [illegible]

(1) [illegible]

CHAPITRE II

De la presse périodique.

§ 1er. — [illegible]

5. [illegible]

6. [illegible]

7. [illegible]

8. [illegible]

9. [illegible]

10. [illegible]

11. [illegible]

§ II. — *Des rectifications.*

12. [illegible]

cas de contravention, le gérant sera puni d'une amende de cent francs à mille francs.

13. Le gérant sera tenu d'insérer dans les trois jours de leur réception ou dans le plus prochain numéro, s'il n'en était pas publié avant l'expiration des trois jours, les réponses de toute personne nommée ou désignée dans le journal ou écrit périodique, sous peine d'une amende de cinquante à cinq cents francs, sans préjudice des autres peines et dommages-intérêts auxquels l'article pourrait donner lieu. — Cette insertion devra être faite à la même place et en mêmes caractères que l'article qui l'aura provoquée. — Elle sera gratuite, lorsque les réponses ne dépasseront pas le double de la longueur dudit article. Si elles le dépassent, le prix d'insertion sera dû pour le surplus seulement. Il sera calculé au prix des annonces judiciaires.

§ III. — *Des journaux ou écrits périodiques étrangers.*

14. La circulation en France des journaux ou écrits périodiques publiés à l'étranger ne pourra être interdite que par une décision spéciale délibérée en conseil des ministres. — La circulation d'un numéro peut être interdite par une décision du ministre de l'intérieur. — La mise en vente ou la distribution, faite sciemment au mépris de l'interdiction, sera punie d'une amende de cinquante francs à cinq cents francs(1).

CHAPITRE III

De l'affichage, du colportage et de la vente sur la voie publique.

§ Ier. — *De l'affichage.*

15. Dans chaque commune, le maire désignera, par arrêté, les lieux exclusivement destinés à recevoir les affiches des lois et autres actes de l'autorité publique. — Il est interdit d'y placarder des affiches particulières.

Les affiches des actes émanés de l'autorité seront seules imprimées sur papier blanc. — Toute contravention aux dispositions du présent article sera punie des peines portées en l'article 2.

16. Les professions de foi, circulaires et affiches électorales pourront être placardées, à l'exception des emplacements réservés par l'article précédent, sur tous les édifices publics autres que les édifices consacrés aux cultes, et particulièrement aux abords des salles de scrutin.

17. Ceux qui auront enlevé, déchiré, recouvert ou altéré par un procédé quelconque, de manière à les travestir ou à les rendre illisibles, des affiches apposées par ordre de l'administration dans les emplacements à ce réservés, seront punis d'une amende de cinq francs à quinze francs. — Si le fait a été commis par un fonctionnaire ou un agent de l'autorité publique, la peine sera d'une amende de seize francs à cent francs, et d'un emprisonnement de six jours à un mois, ou de l'une de ces deux peines seulement. — Seront punis d'une amende de cinq francs à quinze francs ceux qui auront enlevé, déchiré, recouvert ou altéré par un procédé quelconque, de manière à les travestir ou à les rendre illisibles, des affiches électorales émanant de simples particuliers, apposées ailleurs que sur les propriétés de ceux qui auront commis cette lacération ou altération. — La peine sera d'une amende de seize à cent francs et d'un emprisonnement de six jours à un mois, ou de l'une de ces deux peines seulement, si le fait a été commis par un fonctionnaire ou agent de l'autorité publique, à moins que les affiches n'aient été apposées dans les emplacements réservés par l'article 15.

(1) La loi du 22 juillet 1895 a rendu l'article 14 applicable aux journaux publiés en France, en langues étrangères.

§ II. — *Du colportage et de la vente sur la voie publique.*

18. Quiconque voudra exercer la profession de colporteur ou de distributeur sur la voie publique ou en tout autre lieu public ou privé, de livres, écrits, brochures, journaux, dessins, gravures, lithographies et photographies, sera tenu d'en faire la déclaration à la préfecture du département où il a son domicile. — Toutefois, en ce qui concerne les journaux et autres feuilles périodiques, la déclaration pourra être faite, soit à la mairie de la commune dans laquelle doit se faire la distribution, soit à la sous-préfecture. Dans ce dernier cas, la déclaration produira son effet pour toutes les communes de l'arrondissement.

19. La déclaration contiendra les nom, prénoms, profession, domicile, âge et lieu de naissance du déclarant. — Il sera délivré immédiatement et sans frais au déclarant un récépissé de sa déclaration.

20. La distribution et le colportage accidentels ne sont assujettis à aucune déclaration.

21. L'exercice de la profession de colporteur ou de distributeur sans déclaration préalable, la fausseté de la déclaration, le défaut de présentation à toute réquisition du récépissé constituent des contraventions. — Les contrevenants seront punis d'une amende de cinq francs à quinze francs et pourront l'être, en outre, d'un emprisonnement d'un à cinq jours. — En cas de récidive ou de déclaration mensongère, l'emprisonnement sera nécessairement prononcé.

22. Les colporteurs et distributeurs pourront être poursuivis conformément au droit commun, s'ils ont sciemment colporté ou distribué des livres, écrits, brochures, journaux, dessins, gravures, lithographies et photographies, présentant un caractère délictueux, sans préjudice des cas prévus à l'article 42.

CHAPITRE IV

Des crimes et délits commis par la voie de la presse ou par tout autre moyen de publication.

§ Ier. — *Provocation aux crimes et délits.*

23. Seront punis comme complices d'une action qualifiée crime ou délit ceux qui, soit par des discours, cris ou menaces proférés dans des lieux ou réunions publics, soit par des écrits, des imprimés vendus ou distribués, mis en vente ou exposés dans des lieux ou réunions publics, soit par des placards ou affiches exposés aux regards du public, auront directement provoqué l'auteur ou les auteurs à commettre ladite action, si la provocation a été suivie d'effet. — Cette disposition sera également applicable lorsque la provocation n'aura été suivie que d'une tentative de crime prévue par l'article 2 du Code pénal.

24. (*L. 12 décembre 1893.*) Ceux qui, par l'un des moyens énoncés en l'article précédent, auront directement provoqué soit au vol, soit aux crimes de meurtre, de pillage et d'incendie, soit à l'un des crimes punis par l'article 435 du Code pénal, soit à l'un des crimes et délits contre la sûreté extérieure de l'État, prévus par les articles 75 et suivants, jusques et y compris l'article 85 du même code, seront punis, dans le cas où cette provocation n'aurait pas été suivie d'effet, d'un an à cinq ans d'emprisonnement et de cent francs à trois mille francs d'amende.

Ceux qui, par les mêmes moyens, auront directement provoqué à l'un des crimes contre la sûreté intérieure de l'État prévus par les articles 86 et suivants, jusques et y compris l'article 101 du Code pénal, seront punis des mêmes peines.

Seront punis de la même peine ceux qui, par l'un des moyens énoncés en l'article 23, auront fait l'apologie des crimes de meurtre, de pillage ou d'incendie, ou de vol, ou de l'un des crimes prévus par l'article 435 du Code pénal.

— Tous cris ou chants séditieux proférés dans des lieux ou réunions publics seront punis d'un emprisonnement de six jours à un mois et d'une amende de seize francs à cinq cents francs, ou de l'une de ces deux peines seulement.

25. (*L. 12 décembre 1893.*) Toute provocation par l'un des moyens énoncés en l'article 23 adressée à des militaires des armées de terre ou de mer, dans le but de les détourner de leurs devoirs militaires et de l'obéissance qu'ils doivent à leurs chefs dans tout ce qu'ils leur commandent pour l'exécution des lois et règlements militaires, sera punie d'un emprisonnement de un à cinq ans et d'une amende de cent francs à trois mille francs.

§ II. — *Délits contre la chose publique.*

26. L'offense au Président de la République par l'un des moyens énoncés dans l'article 23 et dans l'article 28 est punie d'un emprisonnement de trois mois à un an et d'une amende de cent francs à trois mille francs, ou de l'une de ces deux peines seulement.

27. La publication ou reproduction de nouvelles fausses, de pièces fabriquées, falsifiées ou mensongèrement attribuées à des tiers, sera punie d'un emprisonnement d'un mois à un an et d'une amende de cinquante francs à mille francs, ou de l'une de ces deux peines seulement, lorsque la publication ou reproduction aura troublé la paix publique et qu'elle aura été faite de mauvaise foi.

28. L'outrage aux bonnes mœurs commis par l'un des moyens énoncés en l'article 23 sera puni d'un emprisonnement de un mois à deux ans et d'une amende de seize francs à deux mille francs. — Les mêmes peines seront applicables à la mise en vente, à la distribution ou à l'exposition de dessins, gravures, peintures, emblèmes ou images obscènes. Les exemplaires de ces dessins, gravures, peintures, emblèmes ou images obscènes exposés aux regards du public, mis en vente, colportés ou distribués, seront saisis(1).

§ III. — *Délits contre les personnes.*

29. Toute allégation ou imputation d'un fait qui porte atteinte à l'honneur ou à la considération de la personne ou du corps auquel le fait est imputé est une diffamation. — Toute expression outrageante, terme de mépris ou invective qui ne renferme l'imputation d'aucun fait est une injure.

30. La diffamation commise par l'un des moyens énoncés en l'article 23 et en l'article 28, envers les cours, les tribunaux, les armées de terre ou de mer, les corps constitués et les administrations publiques, sera punie d'un emprisonnement de huit jours à un an et d'une amende de cent francs à trois mille francs, ou de l'une de ces deux peines seulement.

(1) V. cependant L. 2 août 1882, relative à la répression des outrages aux bonnes mœurs.

31. Sera punie de la même peine la diffamation commise par les mêmes moyens, à raison de leurs fonctions ou de leur qualité, envers un ou plusieurs membres du ministère, un ou plusieurs membres de l'une ou de l'autre Chambre, un fonctionnaire public, un dépositaire ou agent de l'autorité publique, un ministre de l'un des cultes salariés par l'État, un citoyen chargé d'un service ou d'un mandat public temporaire ou permanent, un juré ou un témoin, à raison de sa déposition.

32. La diffamation commise envers les particuliers par l'un des moyens énoncés en l'article 23 et en l'article 28 sera punie d'un emprisonnement de cinq jours à six mois et d'une amende de vingt-cinq francs à deux mille francs, ou de l'une de ces deux peines seulement.

33. L'injure, commise par les mêmes moyens envers les corps ou les personnes désignés par les articles 30 et 31 de la présente loi, sera punie d'un emprisonnement de six jours à trois mois et d'une amende de seize francs à cinq cents francs, ou de l'une de ces deux peines seulement. — L'injure commise de la même manière envers les particuliers, lorsqu'elle n'aura pas été précédée de provocations, sera punie d'un emprisonnement de cinq jours à deux mois et d'une amende de seize francs à trois cents francs, ou de l'une de ces deux peines seulement. — Si l'injure n'est pas publique, elle ne sera punie que de la peine prévue par l'article 471 du Code pénal.

34. Les articles 29, 30 et 31 ne seront applicables aux diffamations ou injures dirigées contre la mémoire des morts que dans les cas où les auteurs de ces diffamations ou injures auraient eu l'intention de porter atteinte à l'honneur ou à la considération des héritiers vivants. — Ceux-ci pourront toujours user du droit de réponse prévu par l'article 13.

35. La vérité du fait diffamatoire, mais seulement quand il est relatif aux fonctions, pourra être établie par les voies ordinaires, dans le cas d'imputations contre les corps constitués, les armées de terre et de mer, les administrations publiques et contre toutes les personnes énumérées dans l'article 31. — La vérité des imputations diffamatoires et injurieuses pourra être également établie contre les directeurs ou administrateurs de toute entreprise industrielle, commerciale ou financière, faisant publiquement appel à l'épargne ou au crédit. — Dans les cas prévus aux deux paragraphes précédents, la preuve contraire est réservée. Si la preuve du fait diffamatoire est rapportée, le prévenu sera renvoyé des fins de la plainte. — Dans toute autre circonstance et envers toute autre personne non qualifiée, lorsque le fait imputé est l'objet de poursuites commencées à la requête du ministère public, ou d'une plainte de la part du prévenu, il sera, durant l'instruction qui devra avoir lieu, sursis à la poursuite et au jugement du délit de diffamation.

§ IV. — *Délits contre les chefs d'État et agents diplomatiques étrangers.*

36. L'offense commise publiquement envers les chefs d'États étrangers sera punie d'un emprisonnement de trois mois à un an et d'une amende de cent francs à trois mille francs, ou de l'une de ces deux peines seulement.

37. L'outrage commis publiquement envers les ambassadeurs et ministres plénipotentiaires, envoyés, chargés d'affaires ou autres agents diplomatiques accrédités près du Gouvernement de la République, sera puni [illegible] emprisonnement de [illegible] jours à un an et d'une amende de cinquante francs à deux mille francs, ou de l'une de ces deux peines seulement.

§ V. — *Publications interdites, immunités de la défense.*

38. Il est interdit de publier les actes d'accusation et tous autres actes de procédure criminelle ou correctionnelle avant qu'ils aient été lus en audience publique, et ce, sous peine d'une amende de cinquante francs à mille francs.

39. Il est interdit de rendre compte des procès en diffamation où la preuve des faits diffamatoires n'est pas autorisée. La plainte seule pourra être publiée par le plaignant. Dans toute affaire civile, les cours et tribunaux pourront interdire le compte rendu du procès. — Ces interdictions ne s'appliqueront pas aux jugements, qui pourront toujours être publiés. — Il est également interdit de rendre compte des délibérations intérieures, soit des jurys, soit des cours et tribunaux. — Toute infraction à ces dispositions sera punie d'une amende de cent francs à deux mille francs.

40. [illegible]

41. [illegible]

CHAPITRE V

Des poursuites et de la répression.

§ Ier. — *Des personnes responsables des crimes et délits commis par la voie de la presse.*

42. [illegible]

43. Lorsque les gérants ou les éditeurs seront en cause, les auteurs seront poursuivis comme complices. — Pourront l'être au même titre et dans tous les cas, toutes personnes auxquelles l'article 60 du Code pénal pourrait s'appliquer. Ledit article ne pourra s'appliquer aux imprimeurs pour faits d'impression, sauf dans le cas et les conditions prévus par l'article 6 de la loi du 7 juin 1848 sur les attroupements.

44. Les propriétaires des journaux ou écrits périodiques sont responsables des condamnations pécuniaires prononcées au profit des tiers contre les personnes désignées dans les deux articles précédents, conformément aux dispositions des articles 1382, 1383, 1384 du Code civil.

45. (L. 16 mars 1893.) Les crimes et délits prévus par la présente loi sont déférés à la cour d'assises. Sont exceptés et déférés au tribunal de police correctionnelle les délits et infractions prévus par les articles 3, 4, 9, 10, 11, 12, 13, 14, 17, paragraphes 2 et 4; 28, paragraphe 2; 32, 33, paragraphe 2; [illegible]

[illegible]

46. [illegible]

§ II. — *De la procédure.*

A. — [illegible]

47. [illegible]

48. [illegible]

[illegible]

49. (L. 12 décembre 1893.) Immédiatement après la réquisition, le juge d'instruction pourra, mais seulement en cas d'omission du dépôt prescrit par les articles 3 et 10 ci-dessus, ordonner la saisie de quatre exemplaires de l'écrit, du journal ou du dessin incriminé.

Toutefois, dans les cas prévus aux articles 24, paragraphes 1 et 3, et 25 de la présente loi, la saisie des écrits ou imprimés, des placards ou affiches aura lieu conformément aux règles édictées par le Code d'instruction criminelle.

[illegible]

50. [illegible]

51. [illegible]

52. [illegible]

53. [illegible]

54. [illegible]

55. [illegible]

56. [illegible]

57. [illegible]

58. [illegible]

59. [illegible]

B. — POLICE CORRECTIONNELLE ET SIMPLE POLICE.

60. [illegible]

d'arrestation préventive, relatives aux infractions prévues par les articles 23, 24 et 25. — 2° Dans le cas de diffamation envers les particuliers, prévu par l'article 32, et dans le cas d'injure prévu par l'article 33, paragraphe 2, la poursuite n'aura lieu que sur la plainte de la personne diffamée ou injuriée. — 3° En cas de diffamation ou d'injure pendant la période électorale contre un candidat à une fonction élective, le délai de la citation sera réduit à vingt-quatre heures, outre le délai de distance; — 4° La citation précisera et qualifiera le fait incriminé; elle indiquera le texte de loi applicable à la poursuite; le tout à peine de nullité de ladite poursuite. — Sont applicables au cas de poursuite et de condamnation les dispositions de l'article 18 de la présente loi. — Le désistement du plaignant arrêtera la poursuite commencée.

6. — POURVOIS EN CASSATION

61. Le droit de se pourvoir en cassation appartiendra au prévenu et à la partie civile, quant aux dispositions relatives à ses intérêts civils. L'un et l'autre seront dispensés de consigner l'amende, et le prévenu de se mettre en état.

62. Le pourvoi devra être formé dans les trois jours, au greffe de la cour ou du tribunal qui aura rendu la décision. Dans les vingt-quatre heures qui suivront, les pièces seront envoyées à la Cour de cassation, qui jugera d'urgence dans les dix jours à partir de leur réception.

§ III. — *Récidives, circonstances atténuantes, prescriptions.*

63. L'aggravation des peines résultant de la récidive ne sera pas applicable aux infractions prévues par la présente loi. — En cas de conviction de plusieurs crimes ou délits prévus par la présente loi, les peines ne se cumuleront pas, et la plus forte sera seule prononcée.

64. L'article 463 du Code pénal est applicable dans tous les cas prévus par la présente loi. Lorsqu'il y aura lieu de faire cette application, la peine prononcée ne pourra excéder la moitié de la peine édictée par la loi.

65. L'action publique et l'action civile résultant des crimes, délits et contraventions prévus par la présente loi se prescriront après trois mois révolus, à compter du jour où ils auront été commis, ou du jour du dernier acte de poursuite, s'il en a été fait. — Les prescriptions commencées à l'époque de la publication de la présente loi, et pour lesquelles il faudrait encore, suivant les lois existantes, plus de trois mois à compter de la même époque, seront, par ce laps de trois mois, définitivement accomplies.

DISPOSITIONS TRANSITOIRES

66. Les gérants et propriétaires de journaux existant au jour de la promulgation de la présente loi seront tenus de se conformer, dans un délai de quinzaine, aux prescriptions édictées par les articles 7 et 8, sous peine de tomber sous l'application de l'article 9.

67. Le montant des cautionnements versés par les journaux ou écrits périodiques actuellement soumis à cette obligation sera remboursé à chacun d'eux, par le Trésor public, dans un délai de trois mois, à partir du jour de la promulgation de la présente loi, sous préjudice des retenues qui pourront être effectuées au profit de l'État et des particuliers, pour les condamnations à l'amende et les réparations civiles auxquelles il n'aura pas été autrement satisfait à l'époque du remboursement.

68. Sont abrogés les édits, lois, décrets, ordonnances, arrêtés, règlements, déclarations généralement quelconques, relatifs à l'imprimerie, à la librairie, à la presse périodique ou non périodique, au colportage, à l'affichage, à la vente sur la voie publique et aux crimes et délits prévus par les lois sur la presse et les autres moyens de publication, sans que puissent revivre les dispositions abrogées par les lois antérieures. — Est également abrogé le second paragraphe de l'article 31 de la loi du 10 août 1871 sur les conseils généraux, relatif à l'appréciation de leurs discussions par les journaux.

69. La présente loi est applicable à l'Algérie et aux colonies.

70. Amnistie est accordée pour tous les crimes et délits commis antérieurement au 16 février 1881, par la voie de la presse ou autres moyens de publication, sauf l'outrage aux bonnes mœurs puni par l'article 28 de la présente loi, et sans préjudice du droit des tiers. — Les amendes non perçues ne seront pas exigées. Les amendes déjà perçues ne seront pas restituées, à l'exception de celles qui ont été perçues depuis le 16 février 1881.

20 août 1881

LOI *relative au Code rural. (Chemins ruraux et sentiers d'exploitation.)*

SECTION PREMIÈRE

Des chemins ruraux.

ARTICLE **1**. Les chemins ruraux sont les chemins appartenant aux communes, affectés à l'usage du public, qui n'ont pas été classés comme chemins vicinaux.

2. L'affectation à l'usage du public peut s'établir notamment par la destination du chemin, jointe soit au fait d'une circulation générale et continue, soit à des actes réitérés de surveillance et de voirie de l'autorité municipale.

3. Tout chemin affecté à l'usage du public est présumé, jusqu'à preuve contraire, appartenir à la commune sur le territoire de laquelle il est situé.

4. Le conseil municipal, sur la proposition du maire, détermine ceux des chemins ruraux qui devront être l'objet d'arrêtés de reconnaissance, dans les formes et avec les conséquences indiquées par la présente loi. — Ces arrêtés seront pris par la commission départementale, sur la proposition du préfet, après enquête publique dans les formes prescrites par l'ordonnance des 23 août, 9 septembre 1835, et sur l'avis du conseil municipal. — Ils désigneront, d'après l'état des lieux, au moment de l'opération, la direction des chemins ruraux, leur longueur sur le territoire de la commune et leur largeur sur les différents points. Ils devront être affichés dans la commune et notifiés par voie administrative à chaque riverain, en ce qui concerne sa propriété. — Un plan sera annexé à l'état de reconnaissance. — Les dispositions de l'article 88 de la loi du 10 août 1871, relatives aux droits d'appel devant le conseil général et de recours devant le conseil d'État, sont applicables aux arrêtés de reconnaissance.

5. Ces arrêtés vaudront prise de possession, sans préjudice des droits antérieurement acquis à la commune, conformément à l'article 23 du Code de procédure. Cette possession pourra être contestée dans l'année de la notification.

6. Les chemins ruraux qui ont été l'objet d'un arrêté de reconnaissance deviennent imprescriptibles.

7. Les contestations qui peuvent être élevées par toute partie intéressée sur la propriété ou sur la possession totale ou partielle des chemins ruraux sont jugées par les tribunaux ordinaires.

8. Pour assurer l'exécution de la présente loi, le préfet de chaque département fera un règlement général sur les chemins ruraux reconnus. — Ce règlement sera communiqué au conseil général et transmis, avec ses observations, au ministre de l'intérieur, pour être approuvé s'il y a lieu.

9. L'autorité municipale est chargée de la police et de la conservation des chemins ruraux.

10. Elle pourvoit à l'entretien des chemins ruraux reconnus, dans la mesure des ressources dont elle peut disposer. — En cas d'insuffisance des ressources ordinaires, les communes sont autorisées à pourvoir aux dépenses des chemins ruraux reconnus, à l'aide soit d'une journée de prestation, soit de centimes extraordinaires en addition au principal des quatre contributions directes. — Les dispositions des articles 5 et 7 de la loi du 24 juillet 1867 seront applicables lorsque l'imposition extraordinaire excédera trois centimes.

11. Toutes les fois qu'un chemin rural reconnu, entretenu à l'état de viabilité, sera habituellement ou temporairement dégradé par des exploitations de mines, de carrières, de forêts ou de toute autre entreprise industrielle appartenant à des particuliers, à des établissements publics ou à l'État, il pourra y avoir lieu à imposer aux entrepreneurs ou propriétaires, suivant que l'exploitation ou les transports auront lieu pour les uns ou les autres, des subventions spéciales, dont la quotité sera proportionnée à la dégradation extraordinaire qui devra être attribuée aux exploitations. — Ces subventions pourront, au choix des subventionnaires, être acquittées en argent ou en prestations en nature, et seront exclusivement affectées à ceux des chemins qui y auront donné lieu. — Elles seront réglées annuellement, sur la demande des communes, ou, à leur défaut, à la demande des syndicats, par les conseils de préfecture, après des expertises contradictoires, et recouvrées comme en matière de contributions directes. — Les experts seront nommés d'après l'article 17 de la loi du 21 mai 1836. — Ces subventions pourront aussi être déterminées par abonnement; les traités devront être approuvés par la commission départementale.

12. Le maire accepte les souscriptions volontaires et en dresse l'état qui est rendu exécutoire par le préfet. — Si les souscriptions ont été faites en journées de prestation, elles seront, après mise en demeure restée sans effet, converties en argent, conformément au tarif adopté pour la prestation de la commune. — Le conseil de préfecture statuera sur les réclamations des souscripteurs.

13. L'ouverture, le redressement, la fixation de la largeur et de la limite des chemins ruraux sont prononcés par la commission départementale, conformément aux dispositions des cinq derniers paragraphes de l'article 4. — A défaut de consentement des propriétaires, l'occupation des terrains nécessaires pour l'exécution des travaux d'ouverture, de redressement ou d'élargissement, ne peut avoir lieu qu'après une expropriation poursuivie conformément aux dispositions des paragraphes 2 et suivants de l'article 16 de la loi du 21 mai 1836. — Quand il y a lieu à l'occupation soit des maisons, soit de cours ou jardins y attenant, soit de terrains clos de murs ou de haies vives, la déclaration d'utilité publique devra être prononcée par un décret, le Conseil d'État entendu, et l'expropriation sera poursuivie comme il est dit dans le paragraphe précédent. — La commune ne pourra prendre possession des terrains expropriés avant le paiement de l'indemnité.

14. Lorsque des extractions de matériaux, des dépôts ou enlèvements de terres, ou des occupations temporaires de terrains sont nécessaires pour les travaux de réparation et d'entretien des chemins ruraux, effectués par les communes, il est procédé à la désignation et à la délimitation des lieux et à la fixation de l'indemnité, conformément à l'article 17 de la loi du 21 mai 1836.

15. L'action en indemnité, dans les cas prévus par les deux articles précédents, se prescrit par le laps de deux ans, conformément à l'article 18 de la même loi.

16. Les arrêtés portant reconnaissance, ouverture ou redressement, peuvent être rapportés dans les formes prescrites par l'article 4 ci-dessus. — Lorsqu'un chemin rural cesse d'être affecté à l'usage du public, la vente peut en être autorisée par un arrêté du préfet, rendu conformément à la délibération du conseil municipal, et après une enquête précédée de trois publications faites à quinze jours d'intervalle. — L'aliénation n'est point autorisée si, dans le délai de trois mois, les intéressés, formés en syndicat, conformément aux articles 19 et suivants, consentent à se charger de l'entretien.

17. Lorsque l'aliénation est ordonnée, les propriétaires riverains sont mis en demeure d'acquérir les terrains attenant à leurs propriétés, par un avertissement qui leur est notifié en la forme administrative. En ce cas, le prix est réglé à l'amiable, ou fixé par deux experts, dont un sera nommé par la commune, l'autre par le riverain. A défaut d'accord entre eux, un tiers expert sera nommé par ces deux experts. S'il n'y a pas entente pour cette désignation, le tiers expert sera nommé par le juge de paix. — Si, dans le délai d'un mois, à dater de l'avertissement, les propriétaires riverains n'ont pas fait leur soumission, il est procédé à l'aliénation des terrains selon les règles suivies pour la vente des propriétés communales.

18. Les plans, procès-verbaux, certificats, significations, jugements, contrats, marchés, adjudications de travaux, quittances et autres actes ayant pour objet exclusif la construction, l'entretien et la réparation des chemins ruraux, seront enregistrés moyennant le droit d'un franc cinquante centimes (1 fr. 50). — Les actions civiles intentées par les communes ou dirigées contre elles, relativement à leurs chemins, seront jugées comme affaires sommaires et urgentes, conformément à l'article 405 du Code de procédure civile.

SECTION II

Des syndicats pour l'ouverture, le redressement, l'élargissement, la réparation et l'entretien des chemins ruraux.

19. Lorsque l'ouverture, le redressement ou l'élargissement a été préalablement autorisé conformément à l'article 13, et que les travaux ne

[illegible]

27 août 1881

LOI *ayant pour objet de réduire de 10 à 8 pour 100 le taux de l'intérêt légal ou l'argent en Algérie.*

[illegible]

2 août 1882

LOI *sur la répression des outrages aux bonnes mœurs.*

[illegible]

30 août 1883

LOI *sur la réforme de l'organisation judiciaire.*

[illegible]

8 décembre 1883

[illegible]

21. Toutes dispositions antérieures qui seraient contraires à la présente loi sont et demeurent abrogées.

21 mars 1884

LOI *relative à la création des syndicats professionnels.*

ARTICLE **1**er. Sont abrogés la loi des 14-27 juin 1791 et l'article 416 du Code pénal. — Les articles 291, 292, 293, 294 du Code pénal et la loi du 10 avril 1834 ne sont pas applicables aux syndicats professionnels.

[illegible]

statuts. — Communication des statuts devra être donnée par le maire ou par le préfet de la Seine au procureur de la République. — Les membres de tout syndicat professionnel chargés de l'administration ou de la direction de ce syndicat devront être Français et jouir de leurs droits civils.

5. Les syndicats professionnels régulièrement constitués, d'après les prescriptions de la présente loi, pourront librement se concerter pour l'étude et la défense de leurs intérêts économiques, industriels, commerciaux et agricoles. — Ces unions devront faire connaître, conformément au deuxième paragraphe de l'article 4, les noms des syndicats qui les composent. — Elles ne pourront posséder aucun immeuble ni ester en justice.

6. Les syndicats professionnels de patrons ou d'ouvriers auront le droit d'ester en justice. — Ils pourront employer les sommes provenant des cotisations. — Toutefois, ils ne pourront acquérir d'autres immeubles que ceux qui seront nécessaires à leurs réunions, à leurs bibliothèques et à des cours d'instruction professionnelle. — Ils pourront, sans autorisation, mais en se conformant aux autres dispositions de la loi, constituer entre leurs membres des caisses spéciales de secours mutuels et de retraites. — Ils pourront librement créer et administrer des offices de renseignements pour les offres et les demandes de travail. — Ils pourront être consultés sur tous les différends et toutes les questions se rattachant à leur spécialité. — Dans les affaires contentieuses, les avis du syndicat seront tenus à la disposition des parties, qui pourront en prendre communication et copie.

7. Tout membre d'un syndicat professionnel peut se retirer à tout instant de l'association, nonobstant toute clause contraire, mais sans préjudice du droit pour le syndicat de réclamer la cotisation de l'année courante. — Toute personne qui se retire d'un syndicat conserve le droit d'être membre des sociétés de secours mutuels et de pensions de retraite pour la vieillesse à l'actif desquelles elle a contribué par des cotisations ou versements de fonds.

8. Lorsque les biens auront été acquis contrairement aux dispositions de l'article 6, la nullité de l'acquisition ou de la libéralité pourra être demandée par le procureur de la République ou par les intéressés. Dans le cas d'acquisition à titre onéreux, les immeubles seront vendus et le prix en sera déposé à la caisse de l'association. Dans le cas de libéralité, les biens feront retour aux disposants ou à leurs héritiers ou ayants cause.

9. Les infractions aux dispositions des articles 2, 3, 4, 5 et 6 de la présente loi seront poursuivies contre les directeurs ou administrateurs des syndicats et punies d'une amende de seize à deux cents francs. Les tribunaux pourront en outre, à la diligence du procureur de la République, prononcer la dissolution du syndicat et la nullité des acquisitions d'immeubles faites en violation des dispositions de l'article 6. — Au cas de fausse déclaration relative aux statuts et aux noms et qualités des administrateurs ou directeurs, l'amende pourra être portée à cinq cents francs.

10. La présente loi est applicable à l'Algérie. — Elle est également applicable aux colonies de la Martinique, de la Guadeloupe et de la Réunion. Toutefois, les travailleurs étrangers et engagés sous le nom d'immigrants ne pourront faire partie des syndicats.

2 août 1884

LOI *sur les vices rédhibitoires dans les ventes et échanges d'animaux domestiques.*

ARTICLE **1er**. L'action en garantie, dans les ventes ou échanges d'animaux domestiques, sera régie, à défaut de conventions contraires, par les dispositions suivantes, sans préjudice des dommages-intérêts qui peuvent être dus s'il y a dol.

2. (*L. 31 juillet 1895.*) Sont réputés vices rédhibitoires et donneront seuls ouverture aux actions résultant des articles 1641 et suivants du Code civil, sans distinction des localités où les ventes et échanges auront lieu, les maladies ou défauts ci-après, savoir :

Pour le cheval, l'âne et le mulet :

L'immobilité, l'emphysème pulmonaire, le cornage chronique, le tic proprement dit, avec ou sans usure des dents, les boiteries intermittentes, la fluxion périodique des yeux.

Pour l'espèce porcine :

La ladrerie.

3. L'action en réduction de prix, autorisée par l'article 1644 du Code civil, ne pourra être exercée dans les ventes et échanges d'animaux énoncés à l'article précédent lorsque le vendeur offrira de reprendre l'animal vendu, en restituant le prix et en remboursant à l'acquéreur les frais occasionnés par la vente.

4. Aucune action en garantie, même en réduction de prix, ne sera admise pour les ventes ou pour les échanges d'animaux domestiques, si le prix, en cas de vente, ou la valeur, en cas d'échange, ne dépasse pas cent francs.

5. Le délai pour intenter l'action rédhibitoire sera de neuf jours francs, non compris le jour fixé pour la livraison, excepté pour la fluxion périodique, pour laquelle ce délai sera de trente jours francs, non compris le jour fixé pour la livraison.

6. Si la livraison de l'animal a été effectuée hors du lieu du domicile du vendeur, ou si, après la livraison et dans le délai ci-dessus, l'animal a été conduit hors du lieu du domicile du vendeur, le délai pour intenter l'action sera augmenté à raison de la distance, suivant les règles de la procédure civile.

7. Quel que soit le délai pour intenter l'action, l'acheteur, à peine d'être non recevable, devra provoquer, dans les délais de l'article 5, la nomination d'experts chargés de dresser procès-verbal; la requête sera présentée, verbalement ou par écrit, au juge de paix du lieu où se trouve l'animal; ce juge constatera dans son ordonnance la date de la requête et nommera immédiatement un ou trois experts qui devront opérer dans le plus bref délai. — Ces experts vérifieront l'état de l'animal, recueilleront tous les renseignements utiles, donneront leur avis, et, à la fin de leur procès-verbal, affirmeront, par serment, la sincérité de leurs opérations.

8. Le vendeur sera appelé à l'expertise, à moins qu'il n'en soit autrement ordonné par le juge de paix, à raison de l'urgence et de l'éloignement. — La citation à l'expertise devra être donnée au vendeur dans les délais déterminés par les articles 5 et 6; elle énoncera qu'il sera procédé même en son absence. — Si le vendeur a été appelé à l'expertise, la demande pourra être signifiée dans les trois jours à compter de la clôture du procès-verbal, dont copie sera signifiée en tête de l'exploit. — Si le vendeur n'a pas été appelé à l'expertise, la demande devra être faite dans les délais fixés par les articles 5 et 6.

9. La demande est portée devant les tribunaux compétents, suivant les règles ordinaires du droit. — Elle est dispensée de tout préliminaire de conciliation et, devant les tribunaux civils, elle est instruite et jugée comme matière sommaire.

10. Si l'animal vient à périr, le vendeur ne sera pas tenu de la garantie, à moins que l'acheteur n'ait intenté une action régulière dans le délai légal et ne prouve que la perte de l'animal provient de l'une des maladies spécifiées dans l'article 2.

11. Le vendeur sera dispensé de la garantie résultant de la morve et du farcin pour le cheval, l'âne et le mulet, et de la clavelée pour l'espèce ovine, s'il prouve que l'animal, depuis la livraison, a été mis en contact avec des animaux atteints de ces maladies.

12. Sont abrogés tous règlements imposant une garantie exceptionnelle aux vendeurs d'animaux destinés à la boucherie. — Sont également abrogées la loi du 20 mai 1838, et toutes les dispositions contraires à la présente loi.

23 octobre 1884

LOI *sur les ventes judiciaires d'immeubles.*

ARTICLE **1er**, § 1er. Les ventes judiciaires d'immeubles dont le prix principal d'adjudication ne dépassera pas deux mille francs (2,000 fr.) seront l'objet des dégrèvements prévus aux articles 3 et 4 de la présente loi.

§ 2. Les lots mis en vente par le même acte seront réunis pour le calcul du prix d'adjudication, et la valeur des lots non adjugés entrera, dans ce calcul, pour leur mise à prix. — La vente ultérieure des lots non adjugés profitera du bénéfice de la loi, d'après les mêmes règles.

2. § 1er. Le bénéfice de la présente loi s'applique à toutes les ventes judiciaires d'immeubles de la valeur ci-dessus comme il est dit en l'article 1er, ainsi qu'à leurs incidents de subrogation, de surenchère et de folle enchère.

§ 2. Dans les procédures n'ayant d'autre objet que la vente sur licitation, si les immeubles à liciter, dont les mises à prix seront inférieures à deux mille francs, appartiennent indivisément à des mineurs ou incapables et à des majeurs, ces derniers pourront se réunir aux représentants de l'incapable pour que la vente ait lieu sur requête, comme si les immeubles appartenaient seulement à des mineurs. L'avis du conseil de famille ne sera pas nécessaire, lorsque la vente sera provoquée par les majeurs.

§ 3. Dans les procédures, où la licitation est incidente aux opérations de liquidation et partage, le bénéfice de la présente loi sera acquis à tous les actes nécessaires pour parvenir à l'adjudication, à partir du cahier des charges inclusivement; les frais antérieurs ne seront pas employés en frais de vente.

3. § 1er. Lorsque le prix d'adjudication, calculé comme il est dit en l'article 1er, ne dépassera pas deux mille francs (2,000 fr.) et sera devenu définitif par l'expiration du délai de la surenchère prévue par les articles 708 et 965 du Code de procédure civile, et 573 du Code de commerce, toutes les sommes payées au Trésor public pour droits de timbre, d'enregistrement, de greffe et d'hypothèques, applicables aux actes rédigés en exécution de la loi pour parvenir à l'adjudication, seront restituées ainsi qu'il est stipulé dans l'article 4 ci-après.

§ 2. Lorsque le prix d'adjudication ne dépassera pas mille francs (1,000 fr.), les divers agents de la loi subiront une réduction d'un quart sur les émoluments à eux dus et alloués en taxe, conformément au tarif du 10 octobre 1841.

§ 3. L'état des frais de poursuite sera dressé par distinction entre les droits du Trésor et ceux des agents de la loi. Il sera taxé et annexé au jugement ou au procès-verbal d'adjudication.

4. § 1er. Le jugement ou le procès-verbal d'adjudication constatera que le bénéfice de la présente loi est acquis à la vente, si le prix d'adjudication ne dépasse pas deux mille francs (2,000 fr.). Il ordonnera la restitution par le Trésor public des sommes à lui versées pour les causes énoncées en l'article 3, lesquelles devront être préalablement de l'état taxé, et de plus, il réduira d'un quart les émoluments des agents de la loi compris en l'état, si le prix d'adjudication est inférieur ou égal à mille francs (1,000 fr.). La disposition du jugement ou du procès-verbal d'adjudication relative à la fixation des droits à restituer sera susceptible d'opposition pendant trois jours, à compter de l'enregistrement de l'acte de vente, de la part des intéressés. Cette opposition sera formée et jugée comme en matière d'opposition à taxe. S'il n'y a pas eu d'opposition, il en sera justifié par un certificat du greffier; en cas de jugement rendu sur l'opposition, il sera produit un extrait de ce jugement; le tout sans frais.

§ 2. Le receveur de l'enregistrement qui procédera à l'enregistrement du jugement ou du procès-verbal d'adjudication restituera à l'avoué poursuivant, sur sa simple décharge et sur la remise d'un extrait délivré sans frais de l'ordre de restitution, le tout dans les vingt-trois jours de cette adjudication, les sommes perçues par le Trésor public et comprises en l'état taxé.

§ 3. Le greffier du tribunal ou le notaire désigné pour la vente délivrera à l'adjudicataire un extrait suffisant pour la transcription de son titre, et au vendeur, mais seulement dans le cas de non-payement du prix ou de non-exécution des conditions de l'adjudication, un extrait en la forme exécutoire.

5. Le tribunal devant lequel se poursuivra une vente d'immeubles dont la mise à prix sera inférieure à deux mille francs (2,000 fr.) pourra, par le jugement qui doit fixer les jours et les conditions de l'adjudication, ou par le jugement qui autorisera la vente, ordonner : 1° que les placards et insertions ne contiendront qu'une désignation très sommaire des immeubles, le prix des insertions sera de la moitié de celui fixé pour les autres ventes judiciaires; 2° que les placards seront même manuscrits et apposés, sans procès-verbal d'huissier, dans les lieux que le tribunal indiquera, — et ce, par dérogation à l'article 699 du Code de procédure civile.

6. Les dispositions de la présente loi ne pourront être appliquées qu'aux ventes judiciaires d'immeubles dont la poursuite ne serait pas commencée avant sa promulgation.

28 mars 1885

LOI *sur les marchés à terme.*

ARTICLE **1er**. — Tous marchés à terme sur effets publics et autres, tous marchés à livrer sur denrées et marchandises sont reconnus légaux. — Nul ne peut, pour se soustraire aux

[illegible]

27 mai 1885

LOI *sur les récidivistes.*

[illegible]

10 juillet 1885

LOI *tendant à modifier la loi du 10 décembre 1874 sur l'hypothèque maritime.*

[illegible]

ces douanes dans la circonscription duquel le navire est en construction. — Cette déclaration indiquera la longueur de la quille du navire et approximativement ses autres dimensions, ainsi que son tonnage présumé. Elle mentionnera l'emplacement de la mise en chantier du navire.

6. L'hypothèque est rendue publique par l'inscription sur un registre spécial tenu par le receveur principal du bureau des douanes dans la circonscription duquel le navire est en construction, ou du bureau dans lequel le navire est immatriculé, s'il est déjà pourvu d'un acte de francisation. — Des décrets détermineront, pour les chantiers de construction situés en dehors du rayon douanier, le bureau des douanes dans la circonscription duquel ils devront être compris.

7. Tout propriétaire d'un navire construit en France, qui demande à le faire admettre à la francisation, est tenu de joindre aux pièces requises à cet effet un état des inscriptions prises sur le navire en construction ou un certificat qu'il n'en existe aucune. — Les inscriptions non rayées sont reportées d'office à leurs dates respectives, par le receveur des douanes, sur le registre du lieu de francisation, si celui-ci est autre que celui de la construction. — Si le navire change de port d'immatricule, les inscriptions non rayées sont pareillement reportées d'office, par le receveur des douanes du nouveau port où il est immatriculé, sur son registre et avec mention de leurs dates respectives.

8. Pour opérer l'inscription, il est présenté au bureau du receveur des douanes un des originaux du titre constitutif d'hypothèque, lequel y reste déposé, s'il est sous seing privé ou reçu en brevet, ou une expédition, s'il en existe minute. — Il est joint deux bordereaux signés par le requérant, dont l'un peut être porté sur le titre présenté. Ils contiennent : 1° les noms, prénoms et domiciles du créancier et du débiteur, et leur profession, s'ils en ont une; — 2° la date et la nature du titre; — 3° le montant de la créance exprimée dans le titre; — 4° les conventions relatives aux intérêts et au remboursement; — 5° le nom et la désignation du navire hypothéqué, la date de l'acte de francisation ou de la déclaration de la mise en construction; — 6° élection de domicile par le créancier dans le lieu de la résidence du receveur des douanes.

9. Le receveur des douanes fait mention sur son registre du contenu aux bordereaux, et remet au requérant l'expédition du titre, s'il est authentique, et l'un des bordereaux, au pied duquel il certifie avoir fait l'inscription.

10. S'il y a deux ou plusieurs hypothèques sur le même navire ou sur la même part de propriété du navire, le rang est déterminé par l'ordre de priorité des dates d'inscription. — Les hypothèques inscrites le même jour viennent en concurrence, nonobstant la différence des heures de l'inscription.

11. L'inscription conserve l'hypothèque pendant dix ans à compter du jour de sa date. Son effet cesse si l'inscription n'a pas été renouvelée avant l'expiration de ce délai sur le registre tenu en douane.

12. Si le titre constitutif de l'hypothèque est à ordre, sa négociation par voie d'endossement emporte la translation du droit hypothécaire.

13. L'inscription garantit, au même rang que le capital, deux années d'intérêt en sus de l'année courante.

14. Les inscriptions sont rayées, soit du consentement des parties intéressées ayant capacité à cet effet, soit en vertu d'un jugement en dernier ressort ou passé en force de chose jugée.

15. A défaut de jugement, la radiation totale ou partielle de l'inscription ne peut être opérée par le receveur des douanes que sur le dépôt d'un acte authentique de consentement à la radiation donné par le créancier ou son cessionnaire justifiant de ses droits. — Dans le cas où l'acte constitutif de l'hypothèque est sous seing privé, ou si, étant authentique, il a été reçu en brevet, il est communiqué au receveur des douanes, qui y mentionne, séance tenante, la radiation totale ou partielle.

16. Le receveur des douanes est tenu de délivrer, à tous ceux qui le requièrent, l'état des inscriptions subsistant sur le navire, ou un certificat qu'il n'en existe aucune.

17. Les créanciers ayant hypothèque inscrite sur un navire ou portion de navire le suivent, en quelques mains qu'il passe, pour être colloqués et payés suivant l'ordre de leurs inscriptions. — Si l'hypothèque ne grève qu'une portion de navire, le créancier ne peut saisir et faire vendre que la portion qui lui est affectée. Toutefois, si plus de la moitié du navire se trouve hypothéquée, le créancier pourra, après saisie, le faire vendre en totalité, à charge d'appeler à la vente les copropriétaires. — Dans tous les cas de copropriété, par dérogation à l'article 883 du Code civil, les hypothèques consenties durant l'indivision par un ou plusieurs des copropriétaires, sur une portion du navire, continuent à subsister après le partage ou la licitation. — Toutefois, si la licitation s'est faite en justice dans les formes déterminées par les articles 23 et suivants de la présente loi, le droit des créanciers n'ayant hypothèque que sur une portion du navire sera limité au droit de préférence sur la partie du prix afférente à l'intérêt hypothéqué.

18. L'acquéreur d'un navire ou d'une portion de navire hypothéqué, qui veut se garantir des poursuites autorisées par l'article précédent, est tenu, avant la poursuite ou dans le délai de quinzaine, de notifier à tous les créanciers inscrits sur le registre du port d'immatricule, au domicile élu dans leurs inscriptions : — 1° Un extrait de son titre indiquant seulement la date et la nature de l'acte, le nom du vendeur, le nom, l'espèce et le tonnage du navire, et les charges faisant partie du prix; — 2° Un tableau sur trois colonnes, dont la première contiendra la date des inscriptions; la seconde, le nom des créanciers; la troisième, le montant des créances inscrites. — Cette notification contiendra constitution d'avoué.

19. L'acquéreur déclarera par le même acte qu'il est prêt à acquitter sur-le-champ les dettes hypothécaires jusqu'à concurrence de son prix, sans distinction des dettes exigibles ou non exigibles.

20. Tout créancier peut requérir la mise aux enchères du navire ou portion de navire, en offrant de porter le prix à un dixième en sus, et de donner caution pour le payement du prix et des charges.

21. Cette réquisition, signée du créancier, doit être signifiée à l'acquéreur dans les dix jours des notifications. Elle contiendra assignation devant le tribunal civil du lieu où se trouve le navire, ou, s'il est en cours de voyage, du lieu où il est immatriculé, pour voir ordonner qu'il sera procédé aux enchères requises.

22. La vente aux enchères aura lieu à la diligence, soit du créancier qui l'aura requise, soit de l'acquéreur, dans les formes établies pour les ventes sur saisie.

23. En cas de saisie, le saisissant devra, dans le délai de trois jours, notifier au propriétaire copie du procès-verbal de saisie et le faire citer devant le tribunal civil du lieu de la saisie, pour voir dire qu'il sera procédé à la vente des choses saisies. — Si le propriétaire n'est pas domicilié dans le ressort du tribunal, les significations et citations lui seront données en la personne du capitaine du bâtiment saisi, ou, en son absence, en la personne de celui qui représentera le propriétaire ou le capitaine, et le délai de trois jours sera augmenté d'un jour par cinq myriamètres de la distance de son domicile, sans que le délai puisse dépasser un mois. — S'il est étranger, hors de France et non représenté, les citations et significations seront données, ainsi qu'il est prescrit par l'article 69 du Code de procédure civile.

24. Le procès-verbal de saisie sera transcrit au bureau du receveur des douanes du lieu où le navire est en construction ou de celui où il est immatriculé, dans le délai fixé au paragraphe 1er de l'article précédent, avec augmentation d'un jour par cinq myriamètres de la distance du lieu où se trouve le tribunal qui doit connaître de la saisie et de ses suites. — Dans la huitaine, le receveur des douanes délivrera un état des inscriptions, et dans les trois jours qui suivront (avec augmentation du délai à raison des distances comme il est dit ci-dessus), la saisie sera dénoncée aux créanciers inscrits, aux domiciles élus dans leurs inscriptions, avec indication du jour de la comparution devant le tribunal civil. — Le délai de la comparution sera calculé à raison d'un jour par cinq myriamètres de distance entre le lieu où le navire est immatriculé et le lieu où siège le tribunal dans le ressort duquel la saisie a été pratiquée, sans que en aucun cas, et tous délais réunis, il puisse dépasser les termes fixés par les deux derniers paragraphes de l'article 23.

25. Le tribunal fixera par son jugement la mise à prix et les conditions de la vente. Si, au jour fixé pour la vente, il n'est pas fait d'offre, le tribunal déterminera par jugement le jour auquel les enchères auront lieu sur une nouvelle mise à prix inférieure à la première et qui sera déterminée par le jugement.

26. La vente se fera à l'audience des criées du tribunal civil, quinze jours après une apposition d'affiche et une insertion de cette affiche dans un des journaux imprimés au lieu où siège le tribunal, et, s'il n'y en a pas, dans l'un de ceux imprimés dans le département, sans préjudice de toutes autres publications qui seraient autorisées par le tribunal. — Néanmoins, le tribunal pourra ordonner que la vente sera faite soit devant un autre tribunal civil, soit en l'étude et par le ministère d'un notaire, soit par un courtier conducteur de navires à la bourse ou dans tout autre lieu du port où se trouve le navire saisi. — Dans ces divers cas, le jugement réglementera la publicité locale.

27. Les affiches seront apposées au grand mât ou sur la partie la plus apparente du bâtiment saisi, à la porte principale du tribunal devant lequel on procédera; dans la place publique et sur le quai du port où le bâtiment sera amarré, ainsi qu'à la bourse de commerce, s'il y en a une.

28. Les annonces et affiches devront indiquer : — les nom, profession et demeure du poursuivant; — les titres en vertu desquels il agit; — le montant de la somme qui lui est due; — l'élection de domicile par lui faite dans le lieu où siège le tribunal civil et dans le lieu où se trouve le bâtiment; — les nom, profession et domicile du propriétaire du bâtiment saisi; — le nom du bâtiment, et, s'il est armé ou en armement, celui du capitaine; — le genre de puissance motrice du navire, à voiles ou à vapeur, à hélice ou à roues; s'il est à voiles, son tonnage légal; s'il est à vapeur, les deux tonnages légaux, brut et net, ainsi que le nombre de chevaux nominaux de sa machine motrice; — le lieu où il se trouve; — la mise à prix et les conditions de la vente; — les jour, lieu et heure de l'adjudication.

29. La surenchère n'est pas admise en cas de vente judiciaire.

30. L'adjudicataire sur saisie, comme l'adjudicataire par suite de surenchère, sera tenu de verser son prix, sans frais, à la Caisse des dépôts et consignations, dans les vingt-quatre heures de l'adjudication, à peine de folle enchère. — Il devra, dans les cinq jours suivants, présenter requête au président du tribunal civil, pour faire commettre un juge devant lequel il citera les créanciers par acte signifié aux domiciles élus, à l'effet de s'entendre à l'amiable sur la distribution du prix. — L'acte de convocation sera affiché dans l'auditoire du tribunal et inséré dans l'un des journaux imprimés au lieu où siège le tribunal, et, s'il n'y en a pas, dans l'un de ceux qui seront imprimés dans le département. — Le délai de la convocation sera de quinzaine sans augmentation à raison de la distance.

31. Dans le cas où les créanciers ne s'entendraient pas sur la distribution du prix, il sera dressé procès-verbal de leurs prétentions et contredits. — Dans la huitaine, chacun des créanciers devra déposer au greffe une demande en collocation contenant constitution d'avoué avec titres à l'appui. — A la requête du plus diligent, les créanciers seront, par un simple acte d'avoué à avoué, appelés devant le tribunal qui statuera à l'égard de tous, même des créanciers privilégiés.

32. Le jugement sera signifié, dans les trente jours de sa date, à avoué seulement pour les parties présentes, et aux domiciles élus pour les parties défaillantes. Ce jugement ne sera pas susceptible d'opposition. — Le délai d'appel sera de dix jours à compter de la signification du jugement, outre un jour par cinq myriamètres de distance entre le siège du tribunal et le domicile élu dans l'inscription. — L'acte d'appel contiendra assignation et l'énonciation des griefs, à peine de nullité. — La disposition finale de l'article 762 du Code de procédure civile sera appliquée, ainsi que les articles 761, 763 et 764 du même code, relativement à la procédure devant la cour. — Dans les huit jours qui suivront l'expiration du délai d'appel, et s'il y a appel, dans les huit jours de l'arrêt, le juge déjà désigné dressera l'état des créances colloquées, en principal, intérêts et frais. Les intérêts des créances utilement colloquées cesseront de courir à l'égard de la partie saisie. Les dépens des contestations ne pourront être pris sur les deniers à distribuer, sauf les frais de l'avoué le plus ancien. — Sur ordonnance rendue par le juge-commissaire, le greffier délivrera les bordereaux de collocation exécutoires contre la Caisse des dépôts et consignations, dans les termes de l'article 770 du Code de procédure civile. La même ordonnance autorisera la radiation par le receveur des douanes des inscriptions des créanciers non colloqués. Il sera procédé à cette radiation sur la demande de toute partie intéressée.

33. La vente volontaire d'un navire grevé d'hypothèques à un étranger, soit en France, soit à l'étranger, est interdite. Tout acte fait en fraude de cette disposition est nul, et rend le vendeur passible des peines portées par l'article 408 du Code pénal. L'article 463 du même code pourra être appliqué. — Les hypothèques consenties à l'étranger n'ont d'effet à l'égard des tiers, comme celles consenties en France, que du jour de leur inscription sur les registres de la recette principale des douanes du port d'immatricule du navire. — Sont néanmoins valables les hypothèques constituées sur le navire acheté à l'étranger avant son immatriculation en France, pourvu qu'elles soient régulièrement inscrites par le consul français sur le congé provisoire de navigation, et reportées sur le registre du receveur des douanes du lieu où le navire sera immatriculé. — Ce report sera fait sur la réquisition du créancier, qui devra produire à l'appui le bordereau prescrit par l'article 8 de la présente loi. — Les dispositions du présent article seront mentionnées sur l'acte de francisation.

34. L'article 191 du Code de commerce est modifié par la disposition suivante :

(Voir cet article au Code de commerce.)

35. L'article 201 du Code de commerce est modifié ainsi qu'il suit :

(Voir cet article au Code de commerce.)

36. Les navires de vingt tonneaux et au-dessus seront seuls susceptibles de l'hypothèque créée par la présente loi.

37. Le tarif des droits à percevoir par les employés de l'administration des douanes, ainsi que le cautionnement spécial à leur imposer, à raison des actes auxquels donnera lieu la présente loi, les émoluments et honoraires dus aux notaires et aux chancelleries des consulats pour les actes dont ils pourront être chargés, seront fixés par des décrets rendus dans la forme des règlements d'administration publique. — La responsabilité de la régie des douanes du fait de ses agents ne s'applique pas aux attributions conférées aux receveurs par les dispositions qui précèdent.

38. L'intérêt conventionnel en matière de prêts hypothécaires sur navires est libre. L'intérêt légal est de six pour cent (6 p. 100), comme en matière commerciale.

39. Sont abrogés : — le paragraphe 9 de l'article 191 et le paragraphe 7 de l'article 192 du Code de commerce; — les articles 201, 202, 203, 204, 205, 206 et 207 du même code; — la loi du 10 décembre 1874 sur l'hypothèque maritime; — et généralement toutes les dispositions contraires à la présente loi.

11 juillet 1885

LOI *portant interdiction de fabriquer, vendre, colporter ou distribuer tous imprimés ou formules simulant les billets de banque et autres valeurs fiduciaires.*

ARTICLE 1er. Sont interdits la fabrication, la vente, le colportage et la distribution de tous imprimés ou formules obtenus par un procédé quelconque qui, par leur forme extérieure présenteraient avec les billets de banque, les titres de rente, vignettes et timbres du service des postes et télégraphes ou des régies de l'État, actions, obligations, parts d'intérêts, coupons de dividende ou intérêts y afférents, et généralement avec les valeurs fiduciaires émises par l'État, les départements, les communes et établissements publics ainsi que par des sociétés, compagnies ou entreprises privées, une ressemblance de nature à faciliter l'acceptation desdits imprimés ou formules, aux lieu et place des valeurs imitées.

2. Toute infraction à l'article qui précède sera punie d'un emprisonnement de cinq jours à six mois et d'une amende de seize francs à deux mille francs (16 fr. à 2,000 fr.). — L'article 463 du Code pénal sur les circonstances atténuantes pourra être appliqué.

3. Les imprimés ou formules, ainsi que les planches ou matrices ayant servi à leur confection, seront confisqués.

14 août 1885

LOI *sur les moyens de prévenir la récidive (libération conditionnelle, patronage, réhabilitation).*

TITRE PREMIER

Régime disciplinaire des établissements pénitentiaires et libération conditionnelle.

ARTICLE 1er. Un régime disciplinaire, basé sur la constatation journalière de la conduite et du travail, sera institué dans les divers établissements pénitentiaires de France et d'Algérie, en vue de favoriser l'amendement des condamnés et de les préparer à la libération conditionnelle.

2. Tous condamnés ayant à subir une ou plusieurs peines comportant privation de la liberté peuvent, après avoir accompli trois mois d'emprisonnement, si les peines sont inférieures à six mois, ou, dans le cas contraire, la moitié de leurs peines, être mis conditionnellement en liberté, s'ils ont satisfait aux dispositions réglementaires fixées en vertu de l'article 1er. — Toutefois, s'il y a récidive légale, soit aux termes des articles 56 à 58 du Code pénal, soit en vertu de la loi du 27 mai 1885, la durée de l'emprisonnement est portée à six mois, si les peines sont inférieures à neuf mois, et aux deux tiers de la peine dans le cas contraire. — La mise en liberté peut être révoquée en cas d'inconduite habituelle et publique dûment constatée, ou d'infraction aux conditions spéciales exprimées dans le permis de libération. — Si la révocation n'est pas intervenue avant l'expiration de la durée de la peine, la libération est définitive. — Au cas où la peine qui aurait fait l'objet d'une décision de libération conditionnelle devrait être suivie de la relégation, il pourra être sursis à l'exécution de cette dernière mesure, et le condamné sera, en conséquence, laissé en France, sauf droit de révocation, ainsi qu'il est dit au présent article. — Le droit de révocation prendra fin en ce cas, s'il n'en a été fait usage pendant les dix années qui auront suivi la date d'expiration de la peine principale.

3. Les arrêtés de mise en liberté sous conditions et de révocation sont pris par le ministre de l'intérieur : — S'il s'agit de la mise en liberté, après avis du préfet, du directeur de l'établissement ou de la circonscription pénitentiaire, de la commission de surveillance de la prison et du parquet près le tribunal ou la cour qui a prononcé la condamnation; — Et, s'il s'agit de la révocation, après avis du préfet et du procureur de la République de la résidence du libéré.

4. L'arrestation du libéré conditionnel peut toutefois être provisoirement ordonnée par l'autorité administrative ou judiciaire du lieu où il se trouve, à la charge d'en donner immédiatement avis au ministre de l'intérieur. — Le ministre prononce la révocation, s'il y a lieu. — L'effet de la révocation remonte au jour de l'arrestation.

5. La réintégration a lieu pour toute la durée de la peine non subie au moment de la libération. — Si l'arrestation provisoire est maintenue, le temps de sa durée compte pour l'exécution de la peine.

6. Un règlement d'administration publique déterminera la forme des permis de libération, les conditions auxquelles ils pourront être soumis et le mode de surveillance spéciale des libérés conditionnels. — L'administration peut charger les sociétés ou institutions de patronage de veiller sur la conduite des libérés qu'elle désigne spécialement et dans les conditions qu'elle détermine.

TITRE II

Patronage.

7. Les sociétés ou institutions agréées par l'administration pour le patronage des libérés reçoivent une subvention annuelle en rapport avec le nombre de libérés réellement patronnés par elles, dans les limites du crédit spécial inscrit dans la loi de finances.

8. Dans le cas du paragraphe 2 de l'article 6, l'administration alloue à la société ou institution de patronage une somme de cinquante centimes par jour pour chaque libéré pendant un temps égal à celui de la durée de la peine restant à courir, sans que cette allocation puisse dépasser cent francs.

Disposition transitoire.

9. Avant qu'il ait pu être pourvu à l'exécution des articles 1, 2 et 6, en ce qui touche la mise en pratique du régime d'amendement et le règlement d'administration publique à intervenir, la libération conditionnelle pourra être prononcée à l'égard des condamnés qui auront été reconnus dignes dans les conditions prévues par la présente loi, trois mois après sa promulgation.

TITRE III

Réhabilitation.

10. Les articles 620, 624 et 632 du Code d'instruction criminelle sont supprimés. — Les articles 621, 622, 623, 628, 629, 633 et 634 du même Code sont modifiés ainsi qu'il suit :

(Voir au Code d'instruction criminelle ces articles.)

11. La présente loi est applicable aux colonies, sous réserve des dispositions des lois et règlements spéciaux relatifs à l'exécution de la peine des travaux forcés.

12. Un rapport sur l'exécution de la présente loi, en ce qui touche la libération conditionnelle, sera présenté chaque année par le ministre de l'intérieur à M. le Président de la République.

14 août 1885

LOI *sur la fabrication et le commerce des armes et des munitions non chargées.*

TITRE PREMIER

De la fabrication et du commerce des armes et des munitions non chargées.

ARTICLE 1er. La fabrication et le commerce des armes de toutes espèces, non réglementaires en France, y compris les armes et pièces d'armes, ainsi que ceux des munitions non chargées employées pour ces armes (douilles de cartouches, projectiles, bourres, etc.) sont entièrement libres.

2. La fabrication et le commerce des armes de toutes espèces des modèles réglementaires en France, et des munitions non chargées employées pour ces armes sont libres, sous la réserve des conditions énoncées ci-après, articles 3 et 4. — Les armes de modèles réglementaires en France sont celles qui sont en service dans les armées de terre et de mer; elles sont définies par des tableaux dressés et tenus à jour approuvés par le ministre de la guerre et par le ministre de la marine.

3. Toute personne qui veut se livrer à la fabrication et au commerce des armes, pièces d'armes et munitions non chargées des modèles réglementaires en France, doit adresser au préfet du département dans lequel elle se propose de créer son établissement une déclaration dans laquelle elle indique ses nom, prénoms et domicile, — la commune et l'emplacement où elle se propose de fonder son établissement; — la nature du matériel qu'elle a l'intention de fabriquer ou dont elle veut faire le commerce. — Il lui est délivré un récépissé de cette déclaration.

4. Tout fabricant ou négociant qui a fait cette déclaration est tenu d'avoir un registre coté et paraphé à chaque feuille par le préfet ou le sous-préfet, sur lequel sont inscrits, jour par jour, dans des colonnes distinctes, l'espèce et le nombre des armes, pièces d'armes, ou munitions non chargées des modèles réglementaires en France qu'il fabrique, achète ou vend, avec indication de leur destination et des noms et domiciles des vendeurs ou acheteurs. — Le préfet ou le sous-préfet arrête et vise ce registre toutes les fois qu'il le juge convenable, et, au cas d'absence ou d'empêchement, il pourra se faire suppléer par le maire ou le commissaire de police. — Tout fabricant ou commerçant qui ferme son établissement, ou qui veut le déplacer et le transférer sur un autre point, doit en faire la déclaration à la préfecture, où il lui en est donné récépissé.

5. Les dispositions ci-dessus ne sont pas applicables aux armes blanches et aux revolvers dont la fabrication et le commerce sont complètement libres.

6. Le ministre de l'intérieur et, en cas d'urgence, les préfets sont autorisés à prescrire, après avis conforme de l'autorité militaire, relativement aux armes et aux munitions qui existent dans les magasins des fabricants ou commerçants, ou chez les personnes qui en sont dépositaires, les mesures qu'ils estiment nécessaires dans l'intérêt de la sécurité publique.

TITRE II

De l'importation, de l'exportation et du transit des armes et pièces d'armes.

7. L'importation, l'exportation et le transit des armes de toutes espèces, y compris les armes d'effet et les munitions non chargées correspondantes, sont libres, sous réserve de l'acquittement des droits de douane. — Il n'est fait d'exception que pour l'importation et l'exportation des armes réglementaires en France et leurs munitions. Cette exception ne s'applique pas aux armes blanches et aux revolvers des modèles réglementaires en France.

8. L'importation des armes des modèles réglementaires et des munitions correspondantes non chargées est tion sur la déclaration qui en est faite par le fabricant ou le commerçant à la préfecture du département où est la localité où ces objets doivent parvenir après importation. — La déclaration énonce le nombre, l'espèce et le poids des armes, pièces d'armes ou munitions non chargées qui font l'objet de l'expédition. — Le préfet délivre un récépissé sur lequel sont reproduites les énonciations de la déclaration ; un duplicata de ce récépissé sert de permis d'importation. — L'exportation des armes et des munitions non chargées des modèles réglementaires a lieu également sur la déclaration qui en est faite dans la même forme par le fabricant ou le commerçant à la préfecture du département où réside le déclarant. — Un duplicata du récépissé délivré par la préfecture en échange de cette déclaration sert de permis d'exportation.

9. En cas de doute sur la catégorie dans laquelle une arme doit être classée, il en est référé à l'autorité militaire la plus voisine. En cas de contestation, la question est soumise au ministre de la guerre ou au ministre de la marine qui statue.

10. L'importation, l'exportation et le transit des armes, pièces d'armes et munitions non chargées, peuvent avoir lieu par tous les bureaux de douane, sans exception.

11. (*Abrogé, L. 13 mars 1895.*)

TITRE III

Dispositions.

12. Quiconque, sans avoir fait la déclaration voulue par l'article 3, se livre à la fabrication ou au commerce des armes, pièces d'armes ou munitions non chargées des modèles réglementaires est puni d'une amende de seize à mille francs et d'un emprisonnement d'un mois à deux ans. — Les armes, pièces d'armes ou munitions non chargées, fabriquées ou mises en vente sont confisquées. — En cas de récidive, ces peines peuvent être portées jusqu'au double.

13. Le commerçant ou le fabricant d'armes, de pièces d'armes ou de munitions non chargées des modèles réglementaires en France, qui ne s'est pas conformé aux dispositions de l'article 4 de la présente loi, est puni d'une amende de seize francs à trois cents francs ; il peut, en outre, être puni d'un emprisonnement de six jours à trois mois. — En cas de récidive, la peine peut être portée au double.

14. Dans tous les cas prévus par la présente loi, il peut être fait application de l'article 463 du Code pénal.

TITRE IV

Dispositions générales.

15. Il n'est pas dérogé aux lois et règlements concernant les munitions confectionnées de toute espèce, et les substances explosives.

16. Sont abrogées toutes les dispositions qui seraient contraires à celles de la présente loi.

12 janvier 1886

LOI *relative au taux conventionnel de l'intérêt.*

Les lois des 3 septembre 1807 et 19 décembre 1850, dans leurs dispositions relatives à l'intérêt conventionnel, sont abrogées en matière de commerce ; elles restent en vigueur en matière civile.

8 mars 1886

LOI *sur les jours fériés.*

ARTICLE UNIQUE. Le lundi de Pâques et le lundi de la Pentecôte seront désormais jours fériés légaux.

18 avril 1886

LOI *sur la procédure en matière de divorce et de séparation de corps.*

ARTICLE **1er**. Les articles 234 à 252 et l'article 307 du Code civil sont remplacés par les dispositions suivantes :

(Voir ces articles au Code civil.)

2. Le paragraphe suivant est ajouté à l'article 310 :

(Voir cet article au Code civil.)

3. Le paragraphe ajouté à l'article 312 du Code civil par la loi du 6 décembre 1850, est modifié ainsi qu'il suit :

(Voir cet article au Code civil.)

4. Sont abrogés les articles 253 à 274 du Code civil, l'article 881 du Code de procédure civile, les articles 2, 3 et 4 de la loi du 27 juillet 1884, et toutes les dispositions contraires à la présente loi.

5. La présente loi est applicable à l'Algérie et aux colonies de la Martinique, de la Guadeloupe et de la Réunion.

DISPOSITIONS TRANSITOIRES

6. Les instances en séparation de corps, pendantes au moment de la promulgation de la loi du 27 juillet 1884, peuvent être converties, par le demandeur, en instances de divorce.

Cette conversion peut être demandée même en cause d'appel.

La procédure spéciale du divorce sera suivie, à partir du dernier acte valable de la procédure de séparation de corps.

Pourront être convertis en jugements de divorce, comme il est dit en l'article 310 du Code civil, tous jugements de séparation de corps, antérieurs à la promulgation de la présente loi, devenus définitifs depuis trois ans.

7. La présente loi s'appliquera aux instances de divorce commencées sous l'empire de la loi du 27 juillet 1884.

18 avril 1886

LOI *qui établit des pénalités contre l'espionnage.*

ARTICLE **1er**. Sera puni d'un emprisonnement de deux à cinq ans et d'une amende de mille à cinq mille francs (1,000 à 5,000 fr.) : — 1° Tout fonctionnaire public, agent ou préposé du gouvernement, qui aura livré ou communiqué à une personne non qualifiée pour en prendre connaissance ou qui aura divulgué en tout ou en partie les plans, écrits ou documents secrets intéressant la défense du territoire ou la sûreté extérieure de l'État, qui lui étaient confiés et dont il avait connaissance à raison de ses fonctions. — La révocation s'ensuivra de plein droit ; — 2° Tout individu qui aura livré ou communiqué à une personne non qualifiée pour en prendre connaissance ou qui aura divulgué en tout ou en partie les plans, écrits ou documents ci-dessus énoncés qui lui ont été confiés ou dont il aura eu connaissance soit officiellement, soit à raison de son état, de sa profession, ou d'une mission dont il aura été chargé ; — 3° Toute personne qui, se trouvant dans l'un des cas prévus dans les deux paragraphes précédents, aura communiqué ou divulgué des renseignements tirés desdits plans, écrits ou documents.

2. Toute personne, autre que celles énoncées dans l'article précédent, qui, s'étant procuré lesdits plans, écrits ou documents, les aura livrés ou communiqués en tout ou en partie à d'autres personnes, ou qui, en ayant eu connaissance, aura communiqué ou divulgué des renseignements qui y étaient contenus, sera punie d'un emprisonnement d'un an à cinq ans et d'une amende de cinq cents à trois mille francs (500 à 3,000 fr.). — La publication ou la reproduction de ces plans, écrits ou documents sera punie de la même peine.

3. La peine d'un emprisonnement de six mois à trois ans et d'une amende de trois cents francs à trois mille francs (300 à 3,000 fr.) sera appliquée à toute personne qui, sans qualité pour en prendre connaissance, se sera procuré lesdits plans, écrits ou documents.

4. Celui qui, par négligence ou par inobservation des règlements, aura laissé soustraire, enlever ou détruire les plans, écrits ou documents secrets qui lui étaient confiés à raison de ses fonctions, de son état ou de sa profession, ou d'une mission dont il était chargé, sera puni d'un emprisonnement de trois mois à deux ans et d'une amende de cent à deux mille francs (100 à 2,000 fr.).

5. Sera puni d'un emprisonnement d'un à cinq ans et d'une amende de mille à cinq mille francs (1,000 à 5,000 fr.) : — 1° Toute personne qui, à l'aide d'un déguisement ou d'un faux nom, ou en dissimulant sa qualité, sa profession ou sa nationalité, se sera introduite dans une place forte, un poste, un navire de l'État ou dans un établissement militaire ou maritime ; — 2° Toute personne qui, déguisée ou sous un faux nom ou en dissimulant sa qualité, sa profession ou sa nationalité, aura levé des plans, reconnu des voies de communication ou recueilli des renseignements intéressant la défense du territoire ou la sûreté extérieure de l'État.

6. Celui qui, sans autorisation de l'autorité militaire ou maritime, aura exécuté des levés ou opérations de topographie dans un rayon d'un myriamètre autour d'une place forte, d'un poste ou d'un établissement militaire ou maritime, à partir des ouvrages avancés, sera puni d'un emprisonnement de un mois à un an et d'une amende de cent à mille francs (100 à 1,000 fr.).

7. La peine d'un emprisonnement de six jours à six mois et d'une amende de seize à cent francs (16 à 100 fr.) sera appliquée à celui qui, pour reconnaître un ouvrage de défense, aura franchi les barrières, palissades ou autres clôtures établies sur le terrain militaire, ou qui aura escaladé les revêtements et les talus des fortifications.

8. Toute tentative de l'un des délits prévus par les articles 1, 2, 3 et 5 de la présente loi sera considérée comme le délit lui-même.

9. Sera punie comme complice toute personne qui, connaissant les intentions des auteurs des délits prévus par la présente loi, leur aura fourni logement, lieu de retraite ou de réunion, ou qui aura sciemment recélé les objets et instruments ayant servi ou devant servir à commettre ces délits.

10. Sera exempt de la peine qu'il aurait personnellement encourue le coupable qui, avant la consommation de l'un des délits prévus par la présente loi ou avant toute poursuite commencée, en aura donné connaissance aux autorités administratives ou de police judiciaire, ou qui, même après les poursuites commencées, aura procuré l'arrestation des coupables ou de quelques-uns d'entre eux.

11. La poursuite de tous les délits prévus par la présente loi aura lieu devant le tribunal correctionnel et suivant les règles édictées par le Code d'instruction criminelle. Toutefois les militaires, marins ou assimilés, demeureront soumis aux juridictions spéciales dont ils relèvent, conformément aux Codes de justice militaire des armées de terre et de mer.

12. Indépendamment des peines édictées par la présente loi, le tribunal pourra prononcer, pour une durée de cinq ans au moins et de dix ans au plus, l'interdiction de tout ou partie des droits civiques, civils et de famille énoncés en l'article 42 du Code pénal, ainsi que l'interdiction de séjour prévue par l'article 19 de la loi du 27 mai 1885.

13. L'article 463 du Code pénal est applicable aux délits prévus par la présente loi.

30 avril 1886

LOI *relative à l'usurpation des médailles et récompenses industrielles.*

ARTICLE **1er**. L'usage de médailles, diplômes, mentions, récompenses ou distinctions honorifiques quelconques décernés dans des expositions ou concours, soit en France, soit à l'étranger, n'est permis qu'à ceux qui les ont obtenus personnellement et à la maison de commerce en considération de laquelle ils ont été décernés. — Celui qui s'en sert doit faire connaître leur date et leur nature, l'exposition ou le concours où ils ont été obtenus et l'objet récompensé.

2. Seront punis d'une amende de cinquante à six mille francs et d'un emprisonnement de trois mois à deux ans, ou de l'une de ces deux peines seulement : 1° ceux qui, sans droit et frauduleusement, se sont attribué publiquement les récompenses ou distinctions mentionnées à l'article précédent ; 2° ceux qui, dans les mêmes conditions, les auront appliquées à d'autres objets que ceux pour lesquels elles avaient été obtenues ; 3° ceux qui s'en seront attribué d'imaginaires ; 4° ceux qui les auront indiquées mensongèrement sur leurs enseignes, annonces, prospectus, factures, lettres ou papiers de commerce ; 5° ceux qui s'en seront faussement prévalus auprès des jurys des expositions ou concours.

3. Seront punis des mêmes peines ceux qui, sans droit et frauduleusement, se seront prévalus publiquement de récompenses, distinctions ou approbations accordées par des corps savants ou des sociétés scientifiques.

4. L'omission des indications énumérées dans le second paragraphe de l'article 1er sera punie d'une amende de vingt-cinq à trois mille francs.

5. Les tribunaux pourront prononcer la destruction ou la confiscation, au profit des parties lésées, des objets sur lesquels les fausses indications auront été appliquées. — Ils pourront prononcer l'affichage et l'insertion de leurs jugements.

6. L'article 463 du Code pénal est applicable aux délits prévus et punis par la présente loi.

7. La présente loi est applicable à l'Algérie et aux colonies.

11 juin 1887

LOI *concernant la diffamation et l'injure commises par les correspondances postales ou télégraphiques circulant à découvert.*

ARTICLE **1er**. Quiconque aura expédié, par l'administration des postes et des télégraphes, une correspondance à

[illegible]

Les dispositions des articles [illegible] de la loi du 23 juillet 1881 leur sont applicables.

15 novembre 1887

LOI *sur la liberté des funérailles.*

ARTICLE 1er. Toutes les dispositions légales relatives aux honneurs funèbres seront appliquées, quel que soit le caractère des funérailles, civil ou religieux.

2. Il ne pourra jamais être établi, même par voie d'arrêté, des prescriptions particulières applicables aux funérailles, en raison de leur caractère civil ou religieux.

3. [illegible]

[illegible]

6. La présente loi est applicable à l'Algérie et aux colonies.

4 février 1888

LOI *concernant la répression des fraudes dans le commerce des engrais.*

ARTICLE 1er. Seront punis d'un emprisonnement de six jours à un mois et d'une amende de cinquante à deux mille francs, ou de l'une de ces deux peines seulement, [illegible]

[illegible]

6. Un règlement d'administration publique prescrira les procédés d'analyse à suivre pour la détermination des matières fertilisantes des engrais, et statuera sur les autres mesures à prendre pour assurer l'exécution de la présente loi.

7. La loi du 27 juillet 1867 est et demeure abrogée.

8. La présente loi est applicable à l'Algérie et aux colonies.

11 avril 1888

LOI *portant modification des articles 105 et 108 du Code de commerce.*

ARTICLE 1er. Les articles 105 et 108 du Code de commerce sont complétés par les articles suivants :

(Voir ces articles au Code de commerce.)

2. Dans les cas prévus par la présente loi, les prescriptions commencées au moment de la promulgation seront acquises par cinq ans à dater de cette promulgation, si, d'après la loi antérieure, il reste un temps plus long à courir.

3. La présente loi est applicable aux colonies de la Martinique, de la Guadeloupe et de la Réunion.

23 juillet 1888

DÉCRET *ajoutant de nouvelles maladies à la nomenclature des maladies des animaux qui sont réputées contagieuses.*

ARTICLE 1er. Sont ajoutées à la nomenclature des maladies des animaux qui sont réputées contagieuses et qui donnent lieu à l'application des dispositions de la loi du 21 juillet 1881, [illegible]

4 mars 1889

LOI *sur les faillites et la liquidation judiciaire.*

ARTICLE 1er. Tout commerçant qui cesse ses payements peut obtenir, en se conformant aux dispositions suivantes, le bénéfice de la liquidation judiciaire telle qu'elle est réglée par la présente loi.

2. La liquidation judiciaire ne peut être ordonnée que sur requête présentée par le débiteur au tribunal de commerce de son domicile, dans les quinze jours de la cessation de ses payements. [illegible]

[illegible]

mais les liquidateurs devront mettre le débiteur en cause. — Le débiteur peut aussi, avec l'assistance des liquidateurs et l'autorisation du juge-commissaire, continuer l'exploitation de son commerce ou de son industrie.

L'ordonnance du juge-commissaire qui autorise la continuation de l'exploitation est exécutoire par provision, et peut être déférée par toute partie intéressée, au tribunal de commerce.

Les fonds provenant des recouvrements et ventes sont remis aux liquidateurs, qui les versent à la Caisse des dépôts et consignations.

7. Le débiteur peut, après l'avis des contrôleurs qui auraient été désignés conformément à l'article 9, avec l'assistance des liquidateurs et l'autorisation du juge-commissaire, accomplir tous actes de désistement, de renonciation ou d'acquiescement.

Il peut, sous les mêmes conditions, transiger sur tout litige dont la valeur n'excède pas quinze cents francs. Si l'objet de la transaction est d'une valeur indéterminée ou excédant quinze cents francs, la transaction n'est obligatoire qu'après avoir été homologuée dans les formes de l'article 487 du Code de commerce.

L'article 1er de la loi du 11 avril 1838 sur les tribunaux civils de première instance est applicable à la détermination de la valeur des immeubles sur lesquels a porté la transaction. Tout créancier peut intervenir sur la demande en homologation de la transaction.

8. Le jugement qui déclare ouverte la liquidation judiciaire rend exigibles, à l'égard du débiteur, les dettes passives non échues; il arrête, à l'égard de la masse seulement, le cours des intérêts de toute créance non garantie par un privilège, par un nantissement ou par une hypothèque.

Les intérêts des créances garanties ne peuvent être réclamés que sur les sommes provenant des biens affectés au privilège, à l'hypothèque ou au nantissement.

9. Dans les trois jours du jugement, le greffier informe les créanciers, par lettres et par insertions dans les journaux, de l'ouverture de la liquidation judiciaire et les convoque à se réunir, dans un délai qui ne peut excéder quinze jours, dans une des salles du tribunal, pour examiner la situation du débiteur. Le jour de la réunion est fixé par le juge-commissaire.

Au jour indiqué, le débiteur, assisté des liquidateurs provisoires, présente un état de situation qu'il signe et certifie sincère et véritable et qui contient l'énumération et l'évaluation de tous ses biens mobiliers et immobiliers, le montant des dettes actives et passives, le tableau des profits et pertes et celui des dépenses.

Les créanciers donnent leur avis sur la nomination des liquidateurs définitifs. Ils sont consultés par le juge-commissaire sur l'utilité d'élire immédiatement parmi eux un ou deux contrôleurs.

Les contrôleurs peuvent être élus à toute période de la liquidation, s'ils ne l'ont été dans cette première assemblée.

Il est dressé de cette réunion et des dires et observations des créanciers un procès-verbal portant fixation par le juge-commissaire, dans un délai de quinzaine, de la date de la première assemblée de vérification des créances.

Ce procès-verbal est signé par le juge-commissaire et par le greffier.

Sur le vu de cette pièce, et le rapport du juge-commissaire, le tribunal nomme les liquidateurs définitifs.

10. Les contrôleurs sont spécialement chargés de vérifier les livres et l'état de situation présenté par le débiteur et de surveiller les opérations des liquidateurs; ils ont toujours le droit de demander compte de l'état de la liquidation judiciaire, des recettes effectuées et des versements faits.

Les liquidateurs sont tenus de prendre leur avis sur les actions à intenter ou à suivre.

Les fonctions de contrôleurs sont gratuites. Ils ne peuvent être révoqués que par le tribunal de commerce, sur l'avis conforme de la majorité des créanciers et la proposition du juge-commissaire. Ils ne peuvent être déclarés responsables qu'en cas de faute lourde et personnelle.

Les liquidateurs peuvent recevoir, quelle que soit leur qualité, une indemnité, qui est taxée par le juge-commissaire.

11. A partir du jugement d'ouverture de la liquidation judiciaire, les créanciers pourront remettre leurs titres, soit au greffe, soit entre les mains des liquidateurs. En faisant cette remise, chaque créancier sera tenu d'y joindre un bordereau énonçant ses nom, prénoms, profession et domicile, le montant et les causes de sa créance, les privilèges, hypothèques ou gages qui y sont affectés.

Cette remise n'est soumise à aucune forme spéciale.

Le greffier tient état des titres et bordereaux qui lui sont remis, et en donne récépissé. Il n'est responsable des titres que pendant cinq années, à partir du jour de l'ouverture du procès-verbal de vérification.

Les liquidateurs sont responsables des titres, livres et papiers qui leur ont été remis, pendant dix ans, à partir du jour de la reddition de leurs comptes.

12. Après la réunion dont il est parlé en l'article 9, ou le lendemain au plus tard, les créanciers sont convoqués en la forme prévue par le même article pour la première assemblée de vérification. Les lettres de convocation et les insertions dans les journaux portent que ceux d'entre eux qui n'auraient pas fait à ce moment la remise des titres et bordereaux mentionnés en l'article 11 doivent faire cette remise de la manière indiquée audit article, dans le délai fixé pour la réunion de l'assemblée de vérification. Ce délai peut être augmenté, par ordonnance du juge-commissaire, à l'égard des créanciers domiciliés hors du territoire continental de la France.

La vérification et l'affirmation des créances ont lieu dans la même réunion et dans les formes prescrites par le Code de commerce en tout ce qui n'est pas contraire à la présente loi.

13. Le lendemain de cette première assemblée de vérification, il est adressé, en la forme prescrite en l'article 9, une convocation à tous les créanciers, invitant ceux qui n'ont pas produit à faire leur production.

Les créanciers sont prévenus que l'assemblée de vérification à laquelle ils sont convoqués sera la dernière.

Si des lettres de change ou des billets à ordre souscrits ou endossés par le débiteur et non échus au moment de cette dernière assemblée sont en circulation, les liquidateurs pourront obtenir du juge-commissaire la convocation d'une nouvelle assemblée de vérification.

14. Le lendemain de la dernière assemblée, dans laquelle le juge-commissaire prononce la clôture de la vérification, tous les créanciers vérifiés ou admis par provision sont invités, en la forme prescrite par l'article 9, à se réunir pour entendre les propositions de concordat du débiteur et en délibérer.

Cette réunion a lieu quinze jours après la dernière assemblée de vérification.

Toutefois, en cas de contestation sur l'admission d'une ou plusieurs créances, le tribunal de commerce peut augmenter ce délai sans qu'il soit dérogé pour le surplus aux dispositions des articles 499 et 500 du Code de commerce.

15. Le traité entre les créanciers et le débiteur ne peut s'établir que s'il est consenti par la majorité de tous les créanciers vérifiés et affirmés ou admis par provision, représentant en outre les deux tiers de la totalité des créances vérifiées et affirmées ou admises par provision. Le tout à peine de nullité.

Si le concordat est homologué, le tribunal déclare la liquidation judiciaire terminée. Lorsque le concordat contient abandon d'un actif à réaliser, les créanciers sont consultés sur le maintien ou le remplacement des liquidateurs et des contrôleurs. Le tribunal statue sur le maintien ou le remplacement des liquidateurs. Les opérations de réalisation et de répartition de l'actif abandonné se suivent conformément aux dispositions de l'article 541 du Code de commerce.

Dans la dernière assemblée, les liquidateurs donnent communication de l'état de leurs frais et indemnités, taxés par le juge-commissaire. Cet état est déposé au greffe. Le débiteur et les créanciers peuvent former opposition à la taxe dans la huitaine. Il est statué par le tribunal en chambre du conseil.

Dans tous les cas où il y a lieu à reddition de comptes par les liquidateurs, la disposition du paragraphe précédent est applicable.

16. Sont nuls et sans effet, tant à l'égard des parties intéressées qu'à l'égard des tiers, tous traités ou concordats qui, après l'ouverture de la liquidation judiciaire, n'auraient pas été souscrits dans les formes ci-dessus prescrites.

17. Les prescriptions du décret du 18 juin 1880, concernant le tarif des droits et émoluments que les greffiers des tribunaux de commerce sont autorisés à percevoir, sont applicables au cas de liquidation judiciaire comme au cas de faillite.

18. La notification à faire, s'il y a lieu, au propriétaire, dans les termes de l'article 450 du Code de commerce, est faite par le débiteur et les liquidateurs avec l'autorisation du juge-commissaire, les contrôleurs entendus. En tout cas, cette notification, un délai de huit jours à partir de la première assemblée de vérification.

19. La faillite d'un commerçant admis au bénéfice de la liquidation judiciaire peut être déclarée par jugement du tribunal de commerce, soit d'office, soit sur la poursuite des créanciers:

1° S'il est reconnu que la requête à fin de liquidation judiciaire n'a pas été présentée dans les quinze jours de la cessation des paiements;

2° Si le débiteur n'obtient pas de concordat. Dans ce cas, si la faillite n'est pas déclarée, la liquidation judiciaire continue jusqu'à la réalisation et la répartition de l'actif, qui se feront conformément aux dispositions du deuxième alinéa de l'article 15 de la présente loi. Si la faillite est déclarée, il est procédé conformément aux articles 529 et suivants du Code de commerce.

Le tribunal déclare la faillite à toute période de la liquidation judiciaire:

1° Si, depuis la cessation de paiements ou dans les dix jours précédents, le débiteur a consenti l'un des actes mentionnés dans les articles 446, 447, 448, 449 du Code de commerce, mais dans le cas seulement où la nullité aura été prononcée par les tribunaux compétents ou reconnue par les parties;

2° Si le débiteur a dissimulé ou exagéré l'actif ou le passif, omis sciemment le nom d'un ou de plusieurs créanciers, ou commis une fraude quelconque, le tout sans préjudice des poursuites du ministère public;

3° Dans les cas d'annulation ou de résolution du concordat;

4° Si le débiteur en état de liquidation judiciaire a été condamné pour banqueroute simple ou frauduleuse.

Les opérations de la faillite sont suivies sur les derniers errements de la procédure de la liquidation.

20. L'article 11 et les dispositions des paragraphes 1, 2 et 4 de l'article 15 de la présente loi sont applicables à l'état de faillite.

Sont également applicables à l'état de faillite les dispositions de la présente loi concernant l'institution des contrôleurs.

21. A partir du jugement d'ouverture de la liquidation judiciaire, le débiteur ne peut être nommé à aucune fonction élective; s'il exerce une fonction de cette nature, il est réputé démissionnaire.

22. L'article 540 du Code de commerce est modifié ainsi qu'il suit:

(Voir cet article au Code de commerce.)

23. Le premier paragraphe de l'article 438 du Code de commerce et le n° 4 de l'énumération faite par l'article 586 sont modifiés comme il suit:

(Voir ces articles au Code de commerce.)

24. Toutes les dispositions du Code de commerce qui ne sont pas modifiées par la présente loi continuent à recevoir leur application en cas de liquidation judiciaire comme en cas de faillite.

Dispositions transitoires.

25. Le commerçant en état de cessation de paiements, dont la faillite n'aura pas été déclarée, ou dont le jugement déclaratif de faillite ne sera pas devenu définitif à la date de la promulgation de la présente loi, pourra obtenir le bénéfice de la liquidation judiciaire. Cette faculté s'exercera devant la juridiction saisie. La requête devra, dans tous les cas, être présentée dans la quinzaine de la promulgation.

Les faillites déclarées antérieurement à cette promulgation continueront à être régies par les dispositions du Code de commerce; sont toutefois applicables à ces faillites les dispositions de la présente loi concernant l'institution des contrôleurs.

Le jugement qui homologuera le concordat obtenu par le débiteur dont la faillite aura été déclarée antérieurement à la promulgation de la présente loi, ou qui déclarera celui-ci excusable, pourra décider que le failli ne sera soumis qu'aux incapacités édictées par l'article 21 contre les débiteurs admis à la liquidation judiciaire.

Cette disposition sera applicable à tout ancien failli qui aura obtenu un concordat ou qui aura été déclaré excusable. Il devra saisir par requête le tribunal de commerce qui a déclaré sa faillite, et produire son casier judiciaire. Cette requête sera affichée pendant quinze jours dans l'auditoire. Le tribunal statuera en chambre du conseil. La décision n'est susceptible d'aucun recours.

L'inscription sur les listes électorales pourra être faite, à la suite de ces formalités, jusqu'au 31 mars, date de la clôture des listes.

26. [illegible]

4 avril 1889

LOI sur le Code rural.

TITRE VI

Des animaux employés à l'exploitation des propriétés rurales.

SECTION PREMIÈRE

Des bestiaux et des volailles.

ARTICLE **1**er. [illegible]

[illegible]

26 juin 1889

LOI sur la nationalité.

ARTICLE **1**er. [illegible]

[illegible]

Dispositions transitoires.

[illegible]

9 juillet 1889

LOI sur le Code rural (livres II et III). [illegible]

ARTICLE **1**er. [illegible]

[illegible]

18 juillet 1889

LOI *sur le Code rural (titre IV). — Bail à colonat partiaire.*

ARTICLE **1er**. Le bail à colonat partiaire ou métayage est le contrat par lequel le possesseur d'un héritage rural le remet pour un certain temps à un preneur qui s'engage à le cultiver sous la condition d'en partager les produits avec le bailleur.

2. Les fruits et produits se partagent par moitié, s'il n'y a stipulation ou usage contraire.

3. Le bailleur est tenu à la délivrance et à la garantie des objets compris au bail. Il doit faire aux bâtiments toutes les réparations qui peuvent devenir nécessaires. Toutefois, les réparations locatives ou de menu entretien qui ne sont occasionnées ni par la vétusté, ni par force majeure, demeurent, à moins de stipulations ou d'usage contraire, à la charge du colon.

4. Le preneur est tenu d'user de la chose louée en bon père de famille, en suivant la destination qui lui a été donnée par le bail ; il est également tenu des obligations spécifiées pour le locataire par les articles 1730, 1731 et 1732 du Code civil. — Il répond de l'incendie, des dégradations et des pertes arrivées pendant la durée du bail, à moins qu'il ne prouve qu'il a veillé à la garde et à la conservation de la chose en bon père de famille. — Il doit se servir des bâtiments d'exploitation qui existent dans les héritages qui lui sont confiés, et résider dans ceux qui sont affectés à l'habitation.

5. Le bailleur a la surveillance des travaux et la direction générale de l'exploitation, soit pour le mode de culture, soit pour l'achat et la vente des bestiaux. L'exercice de ce droit est déterminé, quant à son étendue, par la convention ou, à défaut de convention, par l'usage des lieux. — Les droits de chasse et de pêche restent au propriétaire.

6. La mort du bailleur de la métairie ne résout pas le bail à colonat.

Ce bail est résolu par la mort du preneur ; la jouissance des héritiers cesse à l'époque consacrée par l'usage des lieux pour l'expiration des baux annuels.

7. S'il a été convenu qu'en cas de vente l'acquéreur pourrait résilier, cette résiliation ne peut avoir lieu qu'à la charge par l'acquéreur de donner congé suivant l'usage des lieux. — Dans ce cas, comme dans celui qui est prévu par le dernier paragraphe de l'article précédent, le colon a droit à une indemnité pour les impenses extraordinaires qu'il a faites, jusqu'à concurrence du profit qu'il aurait pu en tirer pendant la durée de son bail ; la résiliation en cas de vente est régie en surplus par les articles 1743, 1744, 1750 et 1751 du Code civil.

8. Si, pendant la durée du bail, les objets qui y sont compris sont détruits en totalité par cas fortuit, le bail est résilié de plein droit. S'ils ne sont détruits qu'en partie, le bailleur peut se refuser à faire les réparations et les dépenses nécessaires pour les remplacer ou les rétablir. Le preneur et le bailleur peuvent, dans ce cas, suivant les circonstances, demander la résiliation. — Si la résiliation est prononcée à la requête du bailleur, le juge appréciera l'indemnité qui pourrait être due conformément au deuxième paragraphe de l'article 7 de la présente loi.

9. Si, dans le cours de la jouissance du colon, la totalité ou une partie de la récolte est enlevée par cas fortuit, il n'y a pas d'indemnité à réclamer du bailleur. Chacun d'eux supporte sa portion correspondante dans la perte commune.

10. Le bailleur exerce le privilège de l'article 2102 du Code civil sur les meubles, effets, bestiaux et portions de récolte appartenant au colon, pour le payement du reliquat du compte à rendre par celui-ci.

11. Chacune des parties peut demander le règlement annuel du compte d'exploitation.

Le juge de paix prononce sur les difficultés relatives aux articles du compte, lorsque les obligations résultant du contrat ne sont pas contestées sans appel, lorsque l'objet de la contestation ne dépasse pas le taux de sa compétence générale en dernier ressort, et à charge d'appel à quelque somme qu'il puisse s'élever. — Le juge statue sur le vu des registres des parties ; il peut même admettre la preuve testimoniale s'il le juge convenable.

12. Toute action résultant du bail à colonat partiaire se prescrit par cinq ans, à partir de la sortie du colon.

13. Les dispositions de la section Ire du titre du louage contenues dans l'article 1718, et dans les articles 1736 à 1741 inclusivement, et celles de la section III du même titre, contenues dans les articles 1766, 1777 et 1778, sont applicables aux baux à colonat partiaire. Ces baux sont en outre régis pour le surplus par l'usage des lieux.

22 juillet 1889

LOI *sur la procédure à suivre devant les conseils de préfecture.*

TITRE PREMIER

Introduction des instances et mesures générales d'instruction.

ARTICLE **1er**. *Les requêtes introductives d'instance concernant les affaires sur lesquelles le conseil de préfecture est appelé à statuer par la voie contentieuse doivent être déposées au greffe du conseil, sauf disposition contraire contenue dans une loi spéciale.*

Ces requêtes sont inscrites, à leur arrivée, sur le registre d'ordre, qui doit être tenu par le secrétaire-greffier ; elles sont en outre marquées, ainsi que les pièces qui y sont jointes, d'un timbre indiquant la date de l'arrivée.

Le secrétaire-greffier délivre aux parties qui en font la demande un certificat qui constate l'arrivée au greffe de la réclamation et des différents mémoires produits.

2. La requête introductive d'instance doit contenir les noms, professions et domicile du demandeur, les noms et demeure du défendeur, l'objet de la demande et l'énonciation des pièces dont le requérant entend se servir et qui y sont jointes.

3. Les requêtes présentées, soit par les particuliers, soit par l'administration, doivent être accompagnées de copies certifiées conformes par le requérant, destinées à être notifiées aux parties en cause. Ces copies ne sont pas assujetties au droit de timbre.

Lorsqu'aucune copie n'est produite, ou lorsque le nombre des copies n'est pas égal à celui des parties, ayant un intérêt distinct, auxquelles le conseil de préfecture aurait ordonné la communication prévue par l'article 6, le demandeur est avisé par le secrétaire-greffier que si la production n'en est pas faite dans le délai de quinze jours, à partir de cet avertissement, le conseil de préfecture déclarera la requête non avenue.

4. Les parties peuvent faire signifier leur demande par exploit d'huissier. Dans ce cas, l'original de l'exploit est déposé au greffe. Si ce dépôt n'est pas fait dans le délai de quinze jours à dater de la signification, l'exploit est périmé.

Les frais de la signification par huissier n'entrent pas en taxe.

5. Immédiatement après l'enregistrement au greffe des requêtes introductives d'instance, le président du conseil de préfecture désigne un rapporteur, auquel le dossier est transmis dans les vingt-quatre heures.

6. Dans les huit jours qui suivent cette transmission, le conseil de préfecture, réuni en chambre du conseil, règle, le rapporteur entendu, la notification aux parties défenderesses des requêtes introductives d'instance.

Il fixe, eu égard aux circonstances de l'affaire, le délai accordé aux parties pour fournir leur défense, et désigne l'agent qui sera chargé de cette notification.

7. Les décisions prises par le conseil de préfecture pour l'instruction des affaires, dans les cas prévus par l'article précédent, sont notifiées aux parties défenderesses, dans la forme administrative et dans les délais fixés par le conseil, par l'agent qu'il a désigné, en même temps que les copies des requêtes et mémoires déposés au greffe, en exécution de l'article 3.

Il est donné récépissé de cette notification.

A défaut de récépissé, il est dressé procès-verbal de la notification par l'agent qui l'a faite.

Le récépissé ou le procès-verbal est transmis immédiatement au greffe du conseil de préfecture.

8. Les parties ou leurs mandataires peuvent prendre connaissance au greffe, mais sans déplacement, des pièces de l'affaire.

Toutefois, le président du conseil peut autoriser le déplacement des pièces, pendant un délai qu'il détermine, sur la demande des avocats ou des avoués chargés de défendre les parties.

Si le mandataire d'une partie n'est ni avoué, ni avocat, il doit justifier de son mandat par un acte sous seing privé légalisé par le maire et enregistré ou par un acte authentique.

L'individu privé du droit de témoigner en justice ne peut être admis comme mandataire d'une partie.

Lorsque la partie est domiciliée en dehors du département, elle doit faire élection de domicile au chef-lieu.

9. Les mémoires en défense et les répliques sont déposés au greffe dans les conditions fixées par les articles 1, 2, 3 et 4 de la présente loi.

La communication en est ordonnée par le conseil de préfecture comme pour les requêtes introductives d'instance.

10. Lorsqu'il s'agit de contravention, il est procédé comme il suit, à défaut de règles établies par des lois spéciales.

Dans les dix jours qui suivent la rédaction d'un procès-verbal de contravention, et son affirmation quand elle est exigée, le préfet fait faire au contrevenant notification de la copie du procès-verbal ainsi que de l'affirmation, avec citation à comparaître dans le délai d'un mois devant le conseil de préfecture. La notification et la citation sont faites dans la forme administrative.

La citation doit indiquer à l'inculpé qu'il est tenu, s'il veut fournir des défenses écrites, de les déposer dans le délai de quinzaine à partir de la notification qui lui est faite et l'invite à faire connaître s'il entend user du droit de présenter des observations orales à l'audience.

Il est dressé acte de la notification et de la citation ; cet acte doit être adressé au conseil de préfecture et y être enregistré comme il est dit en l'article 1er.

Le conseil de préfecture ordonne, s'il y a lieu, la communication à l'administration compétente du mémoire en défense produit par l'inculpé et la communication à l'inculpé de la réponse faite par l'administration.

11. Les réclamations en matière électorale et en matière de contributions directes continuent à être présentées et instruites dans les formes prescrites par les lois spéciales de la matière.

Lorsque les parties seront appelées à fournir des observations en exécution de l'article 29 de la loi du 21 avril 1832 et de l'article 37 de la loi du 5 avril 1884, elles devront être invitées à faire connaître si elles entendent user du droit de présenter des observations orales à la séance publique où l'affaire sera portée pour être jugée.

Il en sera de même des réclamations relatives aux taxes qui sont assimilées aux contributions directes pour le recouvrement, et dont l'assiette et la répartition sont confiées à l'administration des contributions directes.

Les réclamations relatives aux taxes assimilées dont l'assiette n'est pas confiée à cette administration seront instruites dans les formes prescrites par les articles 1 à 9 de la présente loi.

12. Lorsque l'affaire est en état d'être jugée, ou lorsqu'il y a lieu d'ordonner des vérifications au moyen d'expertises, d'enquêtes ou autres mesures analogues, le rapporteur prépare un rapport.

Ce rapport est remis au secrétaire-greffier, qui le transmet immédiatement au commissaire du Gouvernement.

TITRE DEUXIÈME

Des différents moyens de vérification.

§ 1er. *Des expertises.*

13. Le conseil de préfecture peut, soit d'office, soit sur la demande des parties ou de l'une d'elles, ordonner, avant faire droit, qu'il sera procédé à une expertise sur les points déterminés par sa décision.

En matière de dommages résultant de l'exécution des travaux publics, ou de subventions spéciales pour dégradations extraordinaires aux chemins vicinaux, l'expertise doit être ordonnée si elle est demandée par les parties ou par l'une d'elles pour faire vérifier les faits qui servent de base à la réclamation.

14. L'expertise sera faite par trois experts, à moins que les parties ne consentent qu'il y soit procédé par un seul.

Dans ce dernier cas, l'expert est nommé par le conseil, à moins que les parties ne s'accordent pour le désigner.

Si l'expertise est confiée à trois experts, l'un d'eux est nommé par le conseil de préfecture, et chacune des parties est appelée à nommer son expert.

15. Les parties qui ne sont pas présentes à la séance publique où l'expertise est ordonnée, ou qui n'ont pas dans leurs requêtes et mémoires désigné leur expert, sont invitées, par une notification faite conformément à l'article 7, à le désigner dans le délai de huit jours.

Si cette désignation n'est pas parvenue au greffe dans ce délai, la nomination est faite d'office par le conseil de préfecture.

16. L'arrêté du conseil de préfecture qui ordonne l'expertise en fixe l'objet, et qui nomme, s'il y a lieu, le ou les experts, désigne l'autorité devant laquelle ils doivent prêter serment, à moins que le conseil ne les en dispense, du consentement des parties.

La prestation de serment et l'expédition du procès-verbal ne donnent lieu à aucun droit d'enregistrement.

Le conseil de préfecture fixe, en outre, le délai dans lequel les experts seront tenus de déposer leur rapport au greffe.

17. Les fonctionnaires qui ont exprimé une opinion dans l'affaire litigieuse, ou qui ont pris part aux travaux qui donnent lieu à une réclamation, ne peuvent être désignés comme experts.

Les règles établies par le Code de procédure civile pour la récusation des experts sont applicables dans le cas où les experts sont désignés d'office par le conseil de préfecture.

La récusation doit être proposée dans les huit jours de la notification de l'arrêté qui a désigné l'expert. Elle est jugée d'urgence.

18. Dans le cas où un expert n'accepte pas la mission qui lui a été confiée, il en est désigné un autre à sa place.

L'expert qui, après avoir accepté sa mission, ne la remplit pas, et celui qui ne dépose pas son rapport dans le délai fixé par le conseil de préfecture, peuvent être condamnés à tous les frais frustratoires, et même à des dommages-intérêts, s'il y a lieu. L'expert est en outre remplacé, s'il y a lieu.

19. Les parties doivent être averties par le ou les experts des jours et heures auxquels il sera procédé à l'expertise; cet avis leur est adressé quatre jours au moins à l'avance, par lettre recommandée.

Les observations faites par les parties, dans le cours des opérations, doivent être consignées dans le rapport.

20. S'il y a plusieurs experts, ils procèdent ensemble à la visite des lieux et dressent un seul rapport. Dans le cas où ils sont d'avis différents, ils indiquent l'opinion de chacun d'eux et les motifs à l'appui.

21. Le rapport est déposé au greffe du conseil. Les parties sont invitées, par une notification faite conformément à l'article 7, à en prendre connaissance et à fournir leurs observations dans le délai de quinze jours; une prorogation de délai peut être accordée.

22. Si le conseil ne trouve pas dans le rapport d'expertise des éclaircissements suffisants, il peut ordonner un supplément d'instruction, ou bien ordonner que les experts comparaîtront devant lui pour fournir les explications et renseignements nécessaires.

En aucun cas, le conseil n'est obligé de suivre l'avis des experts.

23. Les experts joignent à leur rapport un état de leurs vacations, frais et honoraires.

La liquidation et la taxe en sont faites par arrêté du président du conseil de préfecture, même en matière de contributions directes ou de taxes assimilées, conformément au tarif qui sera fixé par un règlement d'administration publique; mais les experts et les parties peuvent, dans le délai de trois jours à partir de la notification qui leur est faite dudit arrêté, contester la liquidation devant le conseil de préfecture, statuant en chambre du conseil.

24. En cas d'urgence, le président du conseil de préfecture peut, sur la demande des parties, désigner un expert pour constater des faits qui seraient de nature à motiver une réclamation devant ce conseil.

Avis en est immédiatement donné au défendeur éventuel.

§ II. — *Des visites de lieux.*

25. Le conseil peut, lorsqu'il le croit nécessaire, ordonner qu'il se transportera tout entier, ou que l'un ou plusieurs de ses membres se transporteront sur les lieux pour y faire les constatations et vérifications déterminées par son arrêté.

Le conseil ou ses membres peuvent, en outre, dans le cours de la visite, entendre à titre de renseignements les personnes qu'ils désignent et faire faire en leur présence les opérations qu'ils jugent utiles.

Les parties sont averties, par une notification faite conformément à l'article 7, du jour et de l'heure auxquels la visite des lieux doit se faire.

Il est dressé procès-verbal de l'opération.

Les frais de cette visite sont compris dans les dépens de l'instance.

§ III. — *Des enquêtes et des interrogatoires.*

26. Le conseil peut, soit sur la demande des parties, soit d'office, ordonner une enquête sur les faits dont la constatation lui paraît utile à l'instruction de l'affaire.

27. L'arrêté qui ordonne l'enquête indique les faits sur lesquels elle doit porter et décide, suivant le cas, si elle aura lieu, soit devant le conseil en séance publique, soit devant un membre du conseil qui se transportera sur les lieux.

28. Les parties sont averties, par une notification faite conformément à l'article 7, qu'elles peuvent prendre communication au greffe de l'arrêté qui ordonne l'enquête, et elles sont invitées à présenter leurs témoins au jour fixé par cet arrêté.

Les parties peuvent assigner les témoins, à leurs frais, par exploit d'huissier.

29. Ne peuvent être entendus comme témoins les parents ou alliés en ligne directe de l'une des parties ou leurs conjoints.

Toutes autres personnes sont admises comme témoins, à l'exception de celles qui sont incapables de témoigner en justice.

30. Les témoins sont entendus séparément, tant en présence qu'en l'absence des parties. Chaque témoin, avant d'être entendu, déclare ses nom, prénoms, profession, âge et demeure, s'il est parent ou allié des parties et à quel degré, s'il est domestique ou serviteur de l'une d'elles. Il fait, à peine de nullité, le serment de dire la vérité.

Les individus qui n'ont pas l'âge de quinze ans révolus ne sont pas admis à prêter serment et ne peuvent être entendus qu'à titre de renseignements.

Les témoins peuvent être entendus de nouveau et confrontés les uns avec les autres.

31. Dans le cas où l'enquête a lieu à l'audience publique, le secrétaire-greffier dresse procès-verbal de l'audition des témoins.

Ce procès-verbal est visé par le président et annexé à la minute de l'arrêté.

32. Si l'enquête est confiée à un des membres du conseil, il est dressé procès-verbal contenant l'énoncé des jour, lieu et heure de l'enquête; la mention de l'absence ou de la présence des parties; les noms, prénoms, professions et demeures des témoins; les reproches proposés; le serment prêté par les témoins ou les causes qui les ont empêchés de le prêter; leurs dépositions.

Il est donné lecture à chaque témoin de sa déposition, et le témoin la signe, ou mention est faite qu'il ne sait, ne peut ou ne veut signer.

Le procès-verbal dressé par le commissaire enquêteur est déposé au greffe du conseil.

33. Si les parties n'ont pas assisté à l'enquête, elles sont averties, par une notification faite conformément à l'article 7, qu'elles peuvent prendre connaissance du procès-verbal au greffe dans le délai fixé par le conseil de préfecture.

34. Lorsque le conseil de préfecture a ordonné une enquête sur la validité des opérations électorales qui sont contestées devant lui, il doit statuer sur la réclamation dans le délai déterminé par l'article 38 de la loi du 5 avril 1884.

Les notifications prévues aux articles 28 et 33 peuvent être faites conformément aux derniers paragraphes de l'article 51.

35. Si les témoins entendus dans une enquête requièrent taxe, la taxe est faite par le président du conseil ou le commissaire enquêteur, suivant le cas, conformément au tarif qui sera fixé par un règlement d'administration publique.

Il ne sera pas accordé de taxe aux témoins en matière électorale.

36. Le conseil peut, soit d'office, soit sur la demande des parties, ordonner que les parties seront interrogées, soit à la séance publique, soit en chambre du conseil.

§ IV. — *Des vérifications d'écritures et de l'inscription de faux.*

37. Le conseil peut ordonner une vérification d'écritures par un ou plusieurs experts qu'il nomme, en présence d'un des membres du conseil désigné à cet effet.

38. Dans le cas de demande en inscription de faux contre une pièce produite, le conseil fixe le délai dans lequel la partie qui l'a produite sera tenue de déclarer si elle entend s'en servir.

Si la partie déclare qu'elle n'entend pas se servir de la pièce, ou ne fait pas de déclaration, la pièce est rejetée.

Si la partie déclare qu'elle entend se servir de la pièce, le conseil peut, soit surseoir à statuer sur l'instance principale jusqu'après le jugement du faux par le tribunal compétent, soit statuer au fond, s'il reconnaît que la décision ne dépend pas de la pièce arguée de faux.

TITRE TROISIÈME

Des incidents.

39. Sont applicables aux demandes incidentes les règles établies par les articles 1 à 9 de la présente loi.

40. L'intervention est admise de la part de ceux qui ont intérêt à la décision du litige engagé devant le conseil de préfecture.

41. Les dispositions des articles 378 à 389 du Code de procédure civile sur la récusation des juges sont applicables devant les conseils de préfecture.

42. Le désistement peut être fait et accepté par des actes signés des parties ou de leurs mandataires et déposés au greffe.

Les frais du procès sont à la charge de la partie qui se désiste.

TITRE QUATRIÈME

Du jugement.

43. Le rôle de chaque séance publique est arrêté par le président du conseil. Il est communiqué au commissaire du Gouvernement et affiché à la porte de la salle d'audience.

44. Toute partie doit être avertie, par une notification faite conformément à l'article 7, du jour où l'affaire sera portée en séance publique. Lorsqu'elle est représentée devant le conseil, la notification est faite à son mandataire ou défenseur, domicilié dans le département.

Dans les deux cas, l'avertissement est donné quatre jours au moins avant la séance.

En matière de contributions directes ou de taxes assimilées, d'élections et de contraventions, l'avertissement n'est donné qu'aux parties qui ont fait connaître, antérieurement à la fixation du rôle, leur intention de présenter des observations orales.

Il peut, dans ces mêmes affaires, être donné par lettre recommandée, exempte de toute taxe postale.

Si les réclamants en matière électorale n'ont pas de mandataire ou défenseur commun, il suffit que l'avertissement soit adressé au premier signataire de la protestation.

45. Après le rapport qui est fait sur chaque affaire par un des conseillers, les parties peuvent présenter, soit en personne, soit par mandataire, des observations orales à l'appui de leurs conclusions écrites.

Le conseil de préfecture peut également entendre les agents de l'administration compétente ou les appeler devant lui pour fournir des explications.

Si les parties présentent des conclusions nouvelles ou des moyens nouveaux, le conseil ne peut les adopter sans ordonner un supplément d'instruction.

46. Le commissaire du Gouvernement donne ses conclusions sur toutes les affaires.

47. En toute matière, les arrêtés des conseils de préfecture sont rendus par des conseillers délibérant en nombre impair.

Ils sont rendus par trois conseillers au moins, président compris.

La décision est prononcée à l'audience publique, après délibéré hors la présence des parties.

48. Les arrêtés pris par le conseil de préfecture mentionnent qu'il a été statué en séance publique.

Ils contiennent les noms et conclusions des parties, le vu des pièces et des dispositions législatives dont ils font l'application. Lorsque le conseil statue en matière électorale, les dispositions législatives ne doivent être que sommairement rapportées.

Mention y est faite que les parties ou leurs mandataires ou défenseurs et le commissaire du Gouvernement ont été entendus.

Ils sont motivés.

Les noms des membres qui ont concouru à la décision y sont mentionnés.

La minute de la décision est signée, dans les vingt-quatre heures, par le président, le rapporteur et le secrétaire-greffier.

49. La minute des décisions du conseil de préfecture est conservée au greffe pour chaque affaire, avec la correspondance et les pièces relatives à l'instruction. Les pièces qui appartiennent aux parties leur sont remises sur récépissé, à moins que le conseil de préfecture n'ait ordonné que quelques-unes de ces pièces resteraient annexées à la décision.

Les arrêtés du conseil de préfecture

sont exécutoires et emportent hypothèque.

50. Sont applicables aux conseils de préfecture les dispositions de l'article 85 et des articles 88 et suivants du titre V du Code de procédure civile, et celles de l'article 41 de la loi du 29 juillet 1881.

Néanmoins, si des dommages-intérêts sont réclamés à raison des discours et des écrits d'une partie ou de son défenseur, le conseil de préfecture réservera l'action, pour être statué ultérieurement par le tribunal compétent, conformément au dernier paragraphe de l'article 41 précité.

Il en sera de même si, outre les injonctions que le conseil peut adresser aux avocats et aux officiers ministériels en cause, il estime qu'il peut y avoir lieu à une autre peine disciplinaire.

Les dispositions de l'article 86 du Code de procédure civile sont applicables aux défenseurs des parties autres que les avocats et les avoués, aussi bien qu'aux parties elles-mêmes.

51. L'expédition des décisions est délivrée par le secrétaire-greffier dès qu'il en est requis. Toute décision est notifiée aux parties à leur domicile réel dans la forme administrative, par les soins du préfet, lorsque l'instance a été engagée par l'État ou contre lui, et lorsque le conseil de préfecture a prononcé en matière répressive, sans préjudice pour le droit de la partie de faire la notification par exploit d'huissier.

Toutefois, il n'est pas dérogé aux règles spéciales établies pour la notification des décisions en matière de contributions directes et de taxes assimilées à ces contributions, ainsi qu'en matière électorale.

TITRE CINQUIÈME

De l'opposition et du recours devant le conseil d'État.

52. Les arrêtés non contradictoires des conseils de préfecture en matière contentieuse peuvent être attaqués par voie d'opposition dans le délai d'un mois, à dater de la notification qui en est faite à la partie.

L'acte de notification doit indiquer à la partie que, après l'expiration de ce délai, elle sera déchue du droit de former opposition.

L'opposition est formée suivant les règles établies par les articles 1er à 5 de la présente loi. Les communications sont ordonnées comme pour les requêtes introductives d'instance.

53. Sont considérés comme contradictoires les arrêtés rendus sur les requêtes ou mémoires en défense des parties, alors même que les parties ou leurs mandataires n'auraient pas présenté d'observations orales à la séance publique.

Toutefois, si, après une expertise, les parties n'ont pas été appelées à prendre connaissance du rapport d'experts, elles pourront former opposition contre la décision du conseil de préfecture.

54. Lorsque la demande est formée contre deux ou plusieurs parties, et que l'une ou plusieurs d'entre elles n'ont pas présenté de défense, le conseil surseoit à statuer sur le fond, et ordonne que les parties défaillantes seront averties de se porter par une notification faite conformément à l'article 7, et invitées de nouveau à produire leur défense dans un délai qu'il fixe. Après l'expiration du délai, il est statué par une seule décision, qui n'est susceptible d'opposition de la part d'aucune des parties.

55. L'opposition suspend l'exécution, à moins qu'il n'en ait été autrement ordonné par la décision qui a statué par défaut.

56. Toute partie peut former tierce opposition à une décision qui préjudicie à ses droits, et lors de laquelle ni elle ni ceux qu'elle représente n'ont été appelés.

Il est procédé à l'instruction dans les formes établies par les articles 1 à 9 de la présente loi.

57. Les arrêtés des conseils de préfecture peuvent être attaqués devant le conseil d'État dans le délai de deux mois à dater de la notification, lorsqu'ils sont contradictoires, et à dater de l'expiration du délai d'opposition lorsqu'ils ont été rendus par défaut.

58. Ce délai de deux mois est augmenté, conformément à l'article 73 du Code de procédure civile, modifié par la loi du 3 mai 1862, lorsque le requérant est domicilié hors de la France continentale.

59. Le délai du pourvoi court contre l'État ou les administrations représentées par le préfet, soit à dater du jour où la notification de l'arrêté a été faite par les parties au préfet, soit à dater du jour où la notification a été faite aux parties par les soins du préfet.

Lorsque le conseil de préfecture a statué en matière répressive, le délai court contre l'administration à partir de la date de l'arrêté.

60. Les dispositions du Code de procédure civile relatives à l'appel des jugements préparatoires et interlocutoires sont applicables aux recours formés contre les décisions des conseils de préfecture.

61. Le recours au conseil d'État contre les arrêtés des conseils de préfecture peut avoir lieu sans frais et sans l'intervention d'un avocat au conseil d'État en matière :

1° De contributions directes ou de taxes assimilées à ces contributions pour le recouvrement;

2° D'élections;

3° De contraventions aux lois et règlements sur la grande voirie et autres contraventions dont la répression appartient au conseil de préfecture, ainsi que d'autorisation sur les chemins vicinaux.

Toutefois l'exemption du droit de timbre n'est applicable aux recours en matière de contributions directes et de taxes assimilées à ces contributions, sauf les prestations en nature pour les chemins vicinaux, que lorsque la cote est inférieure à trente francs.

Le recours peut être déposé dans les cas ci-dessus visés, soit au secrétariat général du conseil d'État, soit à la préfecture, soit à la sous-préfecture. Dans ces deux derniers cas, il est marqué d'un timbre qui indique la date de l'arrivée, et il est transmis par le préfet au secrétariat général du conseil d'État.

Il en est délivré récépissé à la partie qui le demande.

TITRE SIXIÈME

Des dépens.

62. Toute partie qui succombe est condamnée aux dépens.

Les dépens peuvent, en raison des circonstances de l'affaire, être compensés en tout ou en partie.

63. L'article qui précède est applicable à l'administration dans les contestations relatives soit au domaine de l'État, soit à l'exécution des marchés passés pour un service public, soit à la réparation des dommages sur lesquels les conseils de préfecture sont appelés à prononcer.

En matière répressive, la partie acquittée est relaxée sans dépens.

Il n'y a lieu, en matière électorale, à aucune condamnation aux dépens.

La liquidation des frais d'expertise est faite par le président du conseil de préfecture, conformément à l'article 23.

64. Les dépens ne peuvent comprendre que les frais de timbre et d'enregistrement, les frais de copie des requêtes ou mémoires, les frais d'expertise, d'enquêtes et autres mesures d'instruction, et les frais de signification de la décision.

65. La liquidation des dépens est faite, s'il y a lieu, par l'arrêté qui statue sur le litige, conformément au tarif qui sera fixé par un règlement d'administration publique.

66. Si l'état des dépens n'est pas soumis en temps utile au conseil de préfecture, la liquidation en est faite par le président du conseil, le rapporteur entendu.

Les parties peuvent former opposition à cette décision devant le conseil de préfecture, statuant en chambre du conseil, dans le délai de huit jours à dater de la notification.

67. Le règlement d'administration publique pour l'établissement du tarif des dépens sera rendu dans les six mois qui suivront la promulgation de la présente loi.

68. Sont abrogées les dispositions de la loi et des règlements contraires à la présente loi.

24 juillet 1889

LOI *sur la protection des enfants maltraités ou moralement abandonnés.*

TITRE PREMIER

CHAPITRE PREMIER

De la déchéance de la puissance paternelle.

ARTICLE **1er**. Les père et mère et ascendants sont déchus de plein droit, à l'égard de tous leurs enfants et descendants, de la puissance paternelle, ensemble de tous les droits qui s'y rattachent, notamment ceux énoncés aux articles 108, 141, 148, 150, 151, 346, 361, 372 à 387, 389, 390, 391, 397, 477 et 935 du Code civil, à l'article 3 du décret du 22 février 1851 et à l'article 46 de la loi du 27 juillet 1872 : (1)

1° S'ils sont condamnés par application du paragraphe 2 de l'article 334 du Code pénal;

2° S'ils sont condamnés, soit comme auteurs, coauteurs ou complices d'un crime commis sur la personne d'un ou plusieurs de leurs enfants, soit comme coauteurs ou complices d'un crime commis par un ou plusieurs de leurs enfants;

3° S'ils sont condamnés deux fois comme auteurs, coauteurs ou complices d'un délit commis sur la personne d'un ou plusieurs de leurs enfants;

4° S'ils sont condamnés deux fois pour excitation habituelle de mineurs à la débauche.

Cette déchéance laisse subsister entre les ascendants déchus et l'enfant les obligations énoncées aux articles 205, 206 et 207 du Code civil.

2. Peuvent être déclarés déchus des mêmes droits :

1° Les père et mère condamnés aux travaux forcés à perpétuité ou à temps ou à la réclusion comme auteurs, coauteurs ou complices d'un crime autre que ceux prévus par les articles 86 à 101 du Code pénal;

2° Les père et mère condamnés deux fois pour un des faits suivants : séquestration, suppression, exposition ou abandon d'enfants ou pour vagabondage;

3° Les père et mère condamnés par application de l'article 2, paragraphe 2, de la loi du 23 janvier 1873, ou des articles 1, 2 et 3 de la loi du 7 décembre 1874;

4° Les père et mère condamnés une première fois pour excitation habituelle de mineurs à la débauche;

5° Les père et mère dont les enfants ont été conduits dans une maison de correction, par application de l'article 66 du Code pénal;

6° En dehors de toute condamnation, les père et mère qui, par leur ivrognerie habituelle, leur inconduite notoire et scandaleuse ou par de mauvais traitements, compromettent soit la santé, soit la sécurité, soit la moralité de leurs enfants.

3. L'action en déchéance est intentée devant la chambre du conseil du tribunal du domicile ou de la résidence du père ou de la mère, par un ou plusieurs parents du mineur au degré de cousin germain ou à un degré plus rapproché, ou par le ministère public.

4. Le procureur de la République fait procéder à une enquête sommaire sur la situation de la famille du mineur et sur la moralité de ses parents connus, qui sont mis en demeure de présenter au tribunal les observations et oppositions qu'ils jugeront convenables.

Le ministère public ou la partie intéressée introduit l'action en déchéance par un mémoire présenté au président du tribunal, énonçant les faits et accompagné des pièces justificatives. Ce mémoire est notifié aux père et mère ou ascendants dont la déchéance est demandée.

Le président du tribunal commet un juge pour faire le rapport à jour indiqué.

Il est procédé dans les formes prescrites par les articles 892 et 893 du Code de procédure civile. Toutefois, la convocation du conseil de famille reste facultative pour le tribunal.

La chambre du conseil procède à l'examen de l'affaire sur le vu de la délibération du conseil de famille lorsqu'il a été convoqué, de l'avis du juge de paix du canton, après avoir appelé, s'il y a lieu, les parents ou autres personnes et entendu le ministère public dans ses réquisitions.

Le jugement est prononcé en audience publique; il peut être déclaré exécutoire nonobstant opposition ou appel.

5. Pendant l'instance en déchéance, la chambre du conseil peut ordonner, relativement à la garde et à l'éducation des enfants, telles mesures provisoires qu'elle juge utiles.

Les jugements sur cet objet sont exécutoires par provision.

6. Les jugements par défaut prononçant la déchéance de la puissance paternelle peuvent être attaqués par la voie de l'opposition dans le délai de huit jours à partir de la notification à la personne et dans le délai d'un an à partir de la notification à domicile. Si, sur l'opposition, il intervient un second jugement par défaut, ce jugement ne peut être attaqué que par la voie de l'appel.

7. L'appel des jugements appartient aux parties et au ministère public. Il doit être interjeté dans le délai de dix jours, à compter du jugement, s'il est contradictoire, et, s'il est rendu par défaut, du jour où l'opposition n'est plus recevable.

8. Tout individu déchu de la puissance paternelle est incapable d'être tuteur, subrogé-tuteur, curateur ou membre du conseil de famille.

(1) Actuellement les articles 30 et 31 de la loi du 15 juillet 1889.

9. Dans le cas de déchéance de plein droit encourue par le père, le ministère public et les parents désignés à l'article 3 saisissent sans délai la juridiction compétente, qui décide si, dans l'intérêt de l'enfant, la mère exercera les droits de la puissance paternelle tels qu'ils sont définis par le Code civil. Dans ce cas, il est procédé comme à l'article 4.

Les articles 5, 6 et 7 sont également applicables.

Toutefois, lorsque les tribunaux répressifs prononceront les condamnations prévues aux articles 1er et 2, paragraphes 1, 2, 3 et 4, ils pourront statuer sur la déchéance de la puissance paternelle dans les conditions établies par la présente loi.

Dans le cas de déchéance facultative, le tribunal qui la prononce statue par le même jugement sur les droits de la mère à l'égard des enfants nés et à naître, sans préjudice en ce qui concerne ces derniers, de toute mesure provisoire à demander à la chambre du conseil, dans les termes de l'article 5, pour la période du premier âge.

Si le père déchu de la puissance paternelle contracte un nouveau mariage, la nouvelle femme peut, en cas de survenance d'enfants, demander au tribunal l'attribution de la puissance paternelle sur ces enfants.

CHAPITRE II

De l'organisation de la tutelle en cas de déchéance de la puissance paternelle.

10. Si la mère est prédécédée, si elle a été déclarée déchue ou si l'exercice de la puissance paternelle ne lui est pas attribué, le tribunal décide si la tutelle sera constituée dans les termes du droit commun, sans qu'il y ait toutefois obligation pour la personne désignée d'accepter cette charge.

Les tuteurs institués en vertu de la présente loi remplissent leurs fonctions sans que leurs biens soient grevés de l'hypothèque légale du mineur.

Toutefois, en cas où le mineur possède ou est appelé à recueillir des biens, le tribunal peut ordonner qu'une hypothèque générale ou spéciale soit constituée jusqu'à concurrence d'une somme déterminée.

11. Si la tutelle n'a pas été constituée conformément à l'article précédent, elle est exercée par l'Assistance publique, conformément aux lois des 15 pluviôse an XIII et 10 janvier 1849, ainsi qu'à l'article 24 de la présente loi. Les dépenses sont réglées conformément à la loi du 5 mai 1869.

L'Assistance publique peut, tout en gardant la tutelle, remettre les mineurs à d'autres établissements et même à des particuliers.

12. Le tribunal, en prononçant sur la tutelle, fixe le montant de la pension qui devra être payée par les père et mère et ascendants auxquels des aliments peuvent être réclamés, ou déclare qu'à raison de l'indigence des parents il ne peut être exigé aucune pension.

13. Pendant l'instance en déchéance, toute personne peut s'adresser au tribunal par voie de requête, afin d'obtenir que l'enfant lui soit confié.

Elle doit déclarer qu'elle se soumet aux obligations prévues par le paragraphe 2 de l'article 364 du Code civil, au titre de la tutelle officieuse.

Si le tribunal, après avoir recueilli tous les renseignements et pris, s'il y a lieu, l'avis du conseil de famille, accueille la demande, les dispositions des articles 365 et 370 du même Code sont applicables.

En cas de décès du tuteur officieux avant la majorité du pupille, le tribunal est appelé à statuer de nouveau, conformément aux articles 11 et 12 de la présente loi.

Lorsque l'enfant aura été placé par les administrations hospitalières ou par le directeur de l'Assistance publique de Paris chez un particulier, ce dernier peut, après trois ans, s'adresser au tribunal et demander que l'enfant lui demeure confié dans les conditions prévues aux dispositions qui précèdent.

14. En cas de déchéance de la puissance paternelle, les droits du père et, à défaut du père, les droits de la mère, quant au consentement au mariage, à l'adoption, à la tutelle officieuse et à l'émancipation, sont exercés par les mêmes personnes que si le père et la mère étaient décédés, sauf les cas où il aura été décidé autrement en vertu de la présente loi.

CHAPITRE III

De la restitution de la puissance paternelle.

15. Les père et mère frappés de déchéance dans les cas prévus par l'article 1er et par l'article 2, paragraphes 1, 2, 3 et 4, ne peuvent être admis à se faire restituer la puissance paternelle qu'après avoir obtenu leur réhabilitation.

Dans les cas prévus aux paragraphes 5 et 6 de l'article 2, les père et mère frappés de la déchéance peuvent demander au tribunal que l'exercice de la puissance paternelle leur soit restitué. L'action ne peut être introduite que trois ans après le jour où le jugement qui a prononcé la déchéance est devenu irrévocable.

16. La demande en restitution de la puissance paternelle est introduite sur simple requête et instruite conformément aux dispositions des paragraphes 2 et suivants de l'article 4. L'avis du conseil de famille est obligatoire.

La demande est notifiée au tuteur qui peut présenter, dans l'intérêt de l'enfant, ou en son nom personnel, les observations et oppositions qu'il aurait à faire contre la demande. Les dispositions des articles 5, 6 et 7 sont également applicables à ces demandes.

Le tribunal, en prononçant la restitution de la puissance paternelle, fixe, suivant les circonstances, l'indemnité due au tuteur, ou déclare qu'à raison de l'indigence des parents il ne sera alloué aucune indemnité.

La demande qui aura été rejetée ne pourra plus être réintroduite, si ce n'est par la mère, après la dissolution du mariage.

TITRE DEUXIÈME

De la protection des mineurs placés avec ou sans l'intervention des parents.

17. Lorsque des administrations d'assistance publique, des associations de bienfaisance régulièrement autorisées à cet effet, des particuliers jouissant de leurs droits civils ont accepté la charge de mineurs de seize ans que des pères, mères ou tuteurs autorisés par le conseil de famille leur ont confiés, le tribunal du domicile de ces pères, mères ou tuteurs peut, à la requête des parties intéressées agissant conjointement, décider qu'il y a lieu, dans l'intérêt de l'enfant, de déléguer à l'assistance publique les droits de puissance paternelle abandonnés par les parents et de remettre l'exercice de ces droits à l'établissement ou au particulier gardien de l'enfant.

Si des parents ayant conservé le droit de consentement au mariage d'un de leurs enfants refusent de consentir au mariage en vertu de l'article 148 du Code civil, l'assistance publique peut les faire citer devant le tribunal, qui donne ou refuse le consentement, les parents entendus ou dûment appelés, dans la chambre du conseil.

18. La requête est visée pour timbre et enregistrée gratis.

Après avoir appelé les parents ou tuteur, en présence des particuliers ou des représentants réguliers de l'administration ou de l'établissement gardien de l'enfant, ainsi que du représentant de l'assistance publique, le tribunal procède à l'examen de l'affaire en chambre du conseil, le ministère public entendu.

Le jugement est prononcé en audience publique.

19. Lorsque des administrations d'assistance publique, des associations de bienfaisance régulièrement autorisées à cet effet, des particuliers jouissant de leurs droits civils ont recueilli des enfants mineurs de seize ans sans l'intervention des père et mère ou tuteur, une déclaration doit être faite dans les trois jours au maire de la commune sur le territoire de laquelle l'enfant a été recueilli, et à Paris au commissaire de police, à peine d'une amende de cinq à quinze francs.

En cas de nouvelle infraction dans les douze mois, l'article 482 du Code pénal est applicable.

Est également applicable aux cas prévus par le présent article le dernier paragraphe de l'article 463 du même Code.

Les maires et les commissaires de police doivent, dans le délai de quinzaine, transmettre ces déclarations au préfet, et dans le département de la Seine au préfet de police. Ces déclarations doivent être notifiées dans un nouveau délai de quinzaine aux parents de l'enfant.

20. Si, dans les trois mois à dater de la déclaration, les père et mère ou tuteur n'ont point réclamé l'enfant, ceux qui l'ont recueilli peuvent adresser au président du tribunal de leur domicile une requête afin d'obtenir que, dans l'intérêt de l'enfant, l'exercice de tout ou partie des droits de la puissance paternelle leur soit confié.

Le tribunal procède à l'examen de l'affaire en chambre du conseil, le ministère public entendu. Dans le cas où il ne confère au requérant qu'une partie des droits de la puissance paternelle, il déclare, par le même jugement, que les autres, ainsi que la puissance paternelle, sont dévolus à l'assistance publique.

21. Dans les cas visés par l'article 17 et l'article 19, les père, mère ou tuteur qui veulent obtenir que l'enfant leur soit rendu s'adressent au tribunal de la résidence de l'enfant, par voie de requête visée pour timbre et enregistrée gratis.

Après avoir appelé celui auquel l'enfant a été confié et le représentant de l'assistance publique, ainsi que toute personne qu'il juge utile, le tribunal procède à l'examen de l'affaire en chambre du conseil, le ministère public entendu.

Le jugement est prononcé en audience publique.

Si le tribunal juge qu'il n'y a pas lieu de rendre l'enfant aux père, mère ou tuteur, il peut, sur la réquisition du ministère public, prononcer la déchéance de la puissance paternelle ou confirmer à l'établissement ou au particulier gardien les droits qui lui ont été conférés en vertu des articles 17 ou 20. En cas de remise de l'enfant, il fixe l'indemnité due à celui qui en a eu la charge, ou déclare qu'à raison de l'indigence des parents il ne sera alloué aucune indemnité.

La demande qui a été rejetée ne peut plus être renouvelée que trois ans après le jour où la décision de rejet est devenue irrévocable.

22. Les enfants confiés à des particuliers ou à des associations de bienfaisance, dans les conditions de la présente loi, sont sous la surveillance de l'État, représenté par le préfet du département.

Un règlement d'administration publique déterminera le mode de fonctionnement de cette surveillance, ainsi que de celle qui sera exercée par l'assistance publique.

Les infractions audit règlement seront punies de vingt-cinq à mille francs.

En cas de récidive, la peine d'emprisonnement de huit jours à un mois pourra être prononcée.

23. Le préfet du département de la résidence de l'enfant confié à un particulier ou à une association de bienfaisance, dans les conditions de la présente loi, peut toujours se pourvoir devant le tribunal civil de cette résidence afin d'obtenir, dans l'intérêt de l'enfant, que le particulier ou l'association soit dessaisi de tout droit sur ce dernier et qu'il soit confié à l'assistance publique.

La requête du préfet est visée pour timbre et enregistrée gratis.

Le tribunal statue, les parties intéressées dûment appelées.

La décision du tribunal peut être frappée d'appel, soit par le préfet, soit par l'association ou le particulier intéressé, soit par les parents.

L'appel n'est pas suspensif.

Les droits conférés au préfet par le présent article appartiennent également à l'assistance publique.

24. Les représentants de l'assistance publique pour l'exécution de la présente loi sont les inspecteurs départementaux des enfants assistés et, à Paris, le directeur de l'administration générale de l'assistance publique.

25. Dans les départements où le conseil général se sera engagé à assimiler, pour la dépense, les enfants faisant l'objet des deux titres de la présente loi aux enfants assistés, la subvention de l'État sera portée au cinquième des dépenses tant extérieures qu'intérieures des deux services, et le contingent des communes constituera pour celles-ci une dépense obligatoire conformément à l'article 136 de la loi du 5 avril 1884.

26. La présente loi est applicable à l'Algérie ainsi qu'aux colonies de la Guadeloupe, de la Martinique et de la Réunion.

14 août 1889

LOI *ayant pour objet d'indiquer au consommateur la nature du produit livré à la consommation sous le nom de vin, et de prévenir les fraudes dans la vente de ce produit.*

ARTICLE **1er**. — Nul ne pourra expédier, vendre ou mettre en vente, sous la dénomination de vin, un produit autre que celui de la fermentation des raisins frais.

2. (*L. 11 juillet 1891*.) Le produit de la fermentation des marcs de raisins frais avec de l'eau, qu'il y ait ou non addition de sucre, le mélange de ce produit avec le vin dans quelque proportion que ce soit, ne pourra être expédié, vendu ou mis en vente que sous le nom de vin de marc ou de vin de sucre.

3. Le produit de la fermentation des raisins secs avec de l'eau ne pourra être expédié, vendu ou mis en vente que sous la dénomination de vin de raisins secs; il en sera de même du mélange de ce produit, quelles qu'en soient les proportions, avec du vin.

4. Les fûts ou récipients contenant des vins de sucre ou des vins de raisins secs devront porter en gros caractères : « Vin de sucre, vin de raisins secs. » — Les livres, factures, lettres de voitures, connaissements devront contenir les mêmes indications, suivant la nature du produit livré.

5. Les titres de mouvement accompagnant les expéditions de vins, vins de sucre, vins de raisins secs, devront être de couleurs spéciales. — Un arrêté ministériel réglera les détails d'application de cette disposition.

6. En cas de contravention aux articles ci-dessus, les délinquants seront punis d'une amende de vingt-cinq francs à cinq cents francs et d'un emprisonnement de dix jours à trois mois. — L'article 463 du Code pénal sera applicable. — En cas de récidive, la peine de l'emprisonnement sera toujours prononcée. — Les tribunaux pourront ordonner, suivant la gravité des cas, l'insertion dans les journaux et l'affichage aux lieux qu'ils indiqueront, des jugements de condamnation aux frais du condamné.

7. Toute addition au vin, au vin de sucre, au vin de raisins secs, soit au moment de la fermentation, soit après, du produit de la fermentation ou de la distillation des figues, caroubes, fleurs de mowra, clochettes, riz, orge et autres matières sucrées, constitue la falsification de denrées alimentaires prévue par la loi du 27 mars 1851. — Les dispositions de cette loi sont applicables à ceux qui falsifient, détiennent, vendent ou mettent en vente la denrée alimentaire sachant qu'elle est falsifiée. — La denrée alimentaire falsifiée sera confisquée par application de l'article 5 de ladite loi.

2 juillet 1890

LOI ayant pour objet d'abroger les dispositions relatives aux livrets d'ouvriers.

ARTICLE **1er**. Sont abrogés : la loi du 22 juin 1854, le décret du 30 avril 1855, la loi du 14 mai 1851, l'article 13 du décret du 13 février 1852 sur les obligations des travailleurs aux colonies, et toutes les autres dispositions des lois ou décrets relatifs aux livrets d'ouvriers. — Néanmoins continueront à être exécutées : les dispositions de la loi du 18 mars 1806 sur les livrets d'acquit de la fabrique de Lyon ; celles de la loi du 7 mars 1850 sur les livrets de compte pour le tissage et le bobinage, et l'article 10 de la loi du 19 mai 1874 relatif aux livrets des enfants et filles mineures employés dans l'industrie, lequel sera applicable aux enfants et aux filles mineures employés comme apprentis ou autrement.

2. Le contrat de louage d'ouvrage entre les chefs ou directeurs des établissements industriels et leurs ouvriers est soumis aux règles du droit commun et peut être constaté dans les formes qu'il convient aux parties contractantes d'adopter. — Cette nature de contrat est exempte de timbre et d'enregistrement.

3. Toute personne qui engage ses services peut, à l'expiration du contrat, exiger de celui à qui il les a loués, sous peine de dommages et intérêts, un certificat contenant exclusivement la date de son entrée, celle de sa sortie, et l'espèce de travail auquel elle a été employée. — Ce certificat est exempt de timbre et d'enregistrement.

27 février 1891

DÉCRET *portant règlement d'administration publique pour l'exécution de la loi du 23 juin 1857 modifiée par celle du 3 mai 1890 sur les marques de fabrique et de commerce.*

ARTICLE **1er**. Le dépôt que les fabricants, commerçants ou agriculteurs peuvent faire de leur marque au greffe du tribunal de commerce de leur domicile ou, à défaut de tribunal de commerce, au greffe du tribunal civil, pour jouir des droits résultant de la loi du 23 juin 1857, est soumis aux dispositions suivantes.

2. Le dépôt doit être effectué par la partie intéressée ou par son fondé de pouvoir spécial. — La procuration peut être sous seing privé ; mais elle doit être enregistrée ; elle est laissée au greffe.

3. Le déposant doit fournir en triple exemplaire, sur papier libre, le modèle de la marque dont il effectue le dépôt. — Ce modèle consiste en un dessin, une gravure ou une empreinte exécutée de manière à représenter la marque avec netteté et à ne pas s'altérer. — Le papier sur lequel ce modèle est tracé ou collé présente la forme d'un carré de 18 centimètres de côté ; la marque doit en occuper le milieu, de manière à laisser les espaces nécessaires pour inscrire les mentions dont il sera parlé ci-après.

4. Si la marque consiste en un signe unique ou dans un ensemble de signes employés simultanément, dont le modèle soit de trop grande dimension pour tenir sur une feuille de papier ayant 18 centimètres de côté, ce modèle pourra être, soit réduit dans la proportion nécessaire, soit divisé en plusieurs parties, lesquelles seront tracées ou collées sur plusieurs feuilles de papier ayant 18 centimètres de côté. — Si la marque est de petite dimension, le modèle pourra la représenter augmentée.

5. Si la marque est en creux ou en relief sur les produits, si elle a dû être réduite pour ne pas excéder les dimensions prescrites, si elle a été augmentée ou si elle présente quelque autre particularité relative à sa figuration ou à son mode d'emploi sur les produits auxquels elle est destinée, le déposant doit l'indiquer sur les trois exemplaires, soit par une ou plusieurs figures, soit au moyen d'une légende explicative. — Ces indications occupent la gauche du papier où est figurée ou collée la marque. La droite est réservée aux mentions prescrites aux articles 10 et 11. — Les exemplaires déposés ne doivent contenir aucune autre indication.

6. Le greffier vérifie si les trois exemplaires sont établis conformément aux dispositions qui précèdent. — Si ces exemplaires ne sont pas dressés sur papier de dimension ou contiennent des indications interdites par l'article 5, le greffier les rend au déposant pour être rectifiés ou remplacés et ne dresse le procès-verbal de dépôt que sur la remise des trois exemplaires régulièrement établis. — Le greffier procède de la manière suivante :

Si les trois exemplaires ne sont pas semblables ;

Si le modèle de la marque n'adhère pas complètement au papier sur lequel il est appliqué ;

Si le modèle est tracé au crayon ;

Si le modèle est en métal, en cire, ou présente un relief quelconque, de nature à détériorer les registres sur lesquels les exemplaires doivent être collés ;

Si le cliché typographique n'est pas produit avec les trois exemplaires de la marque.

7. Le cliché typographique que le déposant fournit avec les trois exemplaires de sa marque ne doit pas dépasser 12 centimètres de côté ; il doit être en métal et conforme aux clichés employés usuellement en imprimerie typographique. — Si la marque consiste en une bande d'une longueur de plus de 12 centimètres ou en un ensemble de signes, cette bande peut être divisée en plusieurs parties qui seront représentées sur le même cliché les unes sous les autres, ou il peut n'être fourni qu'un seul cliché reproduisant cet ensemble réduit. — Le déposant inscrit sur un côté du cliché son nom et son adresse.

8. Le greffier doit appliquer sur les trois exemplaires du modèle le timbre du tribunal. Lorsque ce modèle, au lieu d'être tracé sur le papier, y est seulement collé, le greffier doit apposer le timbre de manière qu'une partie de l'empreinte porte sur le modèle et l'autre sur le papier.

9. Le greffier colle un des trois exemplaires sur une feuille du registre qu'il tient à cet effet ; les modèles y sont placés à la suite des uns des autres, d'après l'ordre des présentations. Le registre est fourni par le greffier ; il doit être en papier libre du format de 24 centimètres de largeur sur 40 centimètres de hauteur. Le registre est coté et paraphé par le président du tribunal de commerce ou du tribunal civil, suivant le cas.

10. Le greffier dresse ensuite sur un registre timbré, coté et paraphé comme le registre mentionné ci-dessus, le procès-verbal du dépôt dans l'ordre des présentations. Il indique : 1° le jour et l'heure du dépôt ; 2° le nom du propriétaire de la marque et, le cas échéant, le nom du fondé de pouvoir ; 3° la profession du propriétaire, son domicile et le genre d'industrie ou de commerce pour lequel il a l'intention de se servir de la marque. Le greffier inscrit, en outre, un numéro d'ordre sur chaque procès-verbal ; il reproduit ce numéro sur chacun des trois exemplaires, ainsi que le nom, le domicile, la profession du propriétaire de la marque, et, s'il y a lieu, de son fondé de pouvoir, la date, l'heure et le lieu du dépôt et le genre d'industrie ou de commerce auquel la marque est destinée. — Le procès-verbal et les modèles sont signés par le greffier et par le déposant ou par son fondé de pouvoir.

11. Lorsque le dépôt est fait en vue de conserver pour une nouvelle période de quinze ans une marque déjà déposée, cette circonstance doit être mentionnée au procès-verbal de dépôt ainsi que sur les trois exemplaires du modèle.

12. Il est dû au greffier, outre le droit fixe d'un franc par procès-verbal de dépôt y compris le coût de l'expédition, le remboursement des droits de timbre et d'enregistrement. — Le même fabricant ou commerçant peut effectuer le dépôt de plusieurs marques dans un seul procès-verbal, mais il est dû au greffier autant de fois le droit fixe d'un franc qu'il y a de marques déposées.

13. Dans le cas où une expédition du procès-verbal est demandée ultérieurement par une personne quelconque, elle doit être délivrée moyennant l'acquittement d'un droit fixe de un franc et le remboursement du droit de timbre.

14. Un des trois exemplaires ainsi que le cliché typographique de chaque marque sont transmis dans les cinq jours de la date du procès-verbal, au ministère du commerce. — Les exemplaires transmis au ministère du commerce y restent déposés pour être communiqués sans frais au public.

15. Les étrangers et les Français dont les établissements sont situés hors de France, et qui peuvent déposer leur marque de fabrique et de commerce en France en vertu soit de l'article 6 de la loi du 23 juin 1857, soit de l'article 9 de la loi du 26 novembre 1873 relative à l'établissement du timbre ou signe spécial destiné à être apposé sur les marques commerciales et de fabrique, ne sont admis à en effectuer le dépôt qu'au greffe du tribunal de commerce du département de la Seine.

16. Lorsqu'un déposant entend renoncer à l'emploi de sa marque, il en fait la déclaration au greffe du tribunal où la marque aura été déposée. Le greffier inscrit cette déclaration en marge du procès-verbal de dépôt et en donne immédiatement avis au ministre du commerce, qui le publie dans le *Bulletin officiel* de la propriété industrielle et commerciale.

17. Au commencement de chaque année, le greffier dresse sur papier libre et d'après le modèle arrêté par le ministre du commerce un répertoire des marques dont il aura reçu le dépôt pendant le cours de l'année précédente. Le greffier est autorisé à délivrer au déposant des certificats d'identité de sa marque moyennant le droit de un franc fixé par l'article 4 du décret du 18 juin 1880.

18. Les registres, procès-verbaux et répertoires déposés dans les greffes sont communiqués sans frais.

19. Les marques déposées sont publiées après leur réception au ministère du commerce, dans le *Bulletin officiel* de la propriété industrielle et commerciale.

20. Le décret du 26 juillet 1858 est et demeure rapporté.

10 mars 1891

LOI *sur les accidents et collisions en mer.*

CHAPITRE PREMIER

Des délits et des peines.

ARTICLE **1er**. Tout capitaine, maître, patron ou officier de quart, qui se rend coupable d'une infraction aux règles prescrites par les décrets en vigueur sur les feux à allumer la nuit et les signaux à faire en temps de brume, est puni d'une amende de dix à trois cents francs et d'un emprisonnement de trois jours à un mois, ou de l'une de ces deux peines seulement.

2. Si l'infraction prévue à l'article précédent, ou toutes autres infractions aux règles prescrites sur la route à suivre ou les manœuvres à exécuter en cas de rencontre d'un bâtiment, est suivie d'un abordage, l'amende peut être portée à cinq cents francs et l'emprisonnement à trois mois. — Si l'abordage a pour conséquence la perte ou l'abandon d'un des navires abordés, ou s'il entraîne soit des blessures, soit la mort pour une ou plusieurs personnes, le coupable est puni d'une amende de cinquante à mille francs et d'un emprisonnement de quinze jours à six mois ; le retrait de la faculté de commander peut, en outre, être prononcé pour trois ans au plus.

3. Tout homme de l'équipage qui se rend coupable d'un défaut de vigilance ou de tout autre manquement aux obligations de son service, suivi d'un abordage ou d'un naufrage, est puni d'une amende de seize à cent francs et d'un emprisonnement de dix jours à quatre mois, ou de l'une de ces deux peines seulement.

4. Après un abordage, le capitaine, maître ou patron de chacun des navires abordés est tenu, autant qu'il peut le faire sans danger pour son navire, son équipage et ses passagers, d'employer tous les moyens dont il dispose pour sauver l'autre bâtiment, son équipage et ses passagers du danger créé par l'abordage. Hors le cas de force majeure, il ne doit pas s'éloigner du lieu du sinistre avant de s'être assuré qu'une plus longue assistance leur est inutile, et, si ce bâtiment a sombré, avant d'avoir fait tous ses efforts pour recueillir les naufragés. — Tout capitaine, maître ou patron qui enfreint les prescriptions précédentes, est puni d'une amende de deux cents à trois mille francs, d'un emprisonnement d'un mois à un an et du retrait temporaire ou définitif de la faculté de commander. — L'emprisonnement peut être porté à deux ans si une ou plusieurs personnes ont péri dans le naufrage.

5. Après un abordage, le capitaine, maître ou patron de chacun des navires abordés est tenu, s'il le peut sans danger pour son navire, son équipage et ses passagers, de faire connaître au capitaine de l'autre bâtiment les noms de son propre navire et des ports d'attache, de départ et de destination de celui-ci, sous peine d'une amende de cinquante à cinq cents francs et d'un emprisonnement de six jours à trois mois.

6. Tout capitaine, maître ou patron, coupable d'avoir perdu par négligence le navire qu'il était chargé de conduire, est puni du retrait temporaire ou définitif de la faculté de commander.

7. Un règlement d'administration publique fixera les moyens de sauvetage dont doivent être pourvus les navires affectés au transport des passagers, suivant leur tonnage et la nature de leurs voyages. — Tout capitaine qui prend la mer sans être pourvu de tous les moyens de sauvetage, qui ne les entretient pas en état de servir ou ne les remplace pas au besoin est puni d'une amende de cinquante à quinze cents francs.

8. Tout armateur qui n'a pas pourvu son navire des moyens d'établir et d'entretenir les feux et de faire les signaux de brume réglementaires, est puni d'une amende de cent à deux mille francs. — Dans le cas où son navire est affecté au transport des passagers, si l'armateur ne l'a pas pourvu des moyens de sauvetage fixés par le règlement d'administration publique, il est puni d'une amende de cent à trois mille francs. — Ces peines sont prononcées indépendamment de celles dont sont passibles les capitaines, maîtres ou patrons en vertu des articles précédents. — Toutefois, l'armateur est affranchi de toute responsabilité pénale s'il a fait constater par la commission de visite prescrite par l'article 225 du Code de commerce que son navire est pourvu de tous les appareils exigés par les règlements.

9. L'article 463 du Code pénal est applicable aux cas prévus par la présente loi.

CHAPITRE II

Des juridictions et de la procédure.

10. La connaissance des délits prévus par la présente loi est attribuée à la juridiction des tribunaux maritimes commerciaux, institués par le Code disciplinaire et pénal de la marine marchande du 24 mars 1852. — Dans les cas prévus par l'article 1er, il n'est en rien dérogé aux dispositions de ce Code concernant la composition de ces tribunaux et le lieu où ils se réunissent.

11. Dans les cas prévus par les articles 2, 3, 4, 5, 6, 7 et 8, le tribunal est toujours réuni dans un des ports de France chefs-lieux d'arrondissement ou de sous-arrondissement maritime. — Les cinq membres qui le composent sont : un capitaine de vaisseau ou de frégate, président ; — un juge du tribunal de commerce, juge ; — un lieutenant de vaisseau, juge ; — deux capitaines au long cours, juges. — Le capitaine de vaisseau ou de frégate et le lieutenant de vaisseau sont désignés par le préfet maritime de l'arrondissement. — Le juge du tribunal de commerce et les capitaines au long cours sont désignés par le président du tribunal de commerce du lieu, ou, à défaut de tribunal de commerce sur les lieux, par celui du tribunal de commerce le plus voisin.

12. Lorsque le capitaine d'un navire de commerce poursuivi devant le tribunal composé conformément à l'article 11 est un officier appartenant au corps de la marine, les capitaines au long cours siégeant comme juges sont remplacés par deux officiers du même grade que l'inculpé, désignés par le préfet maritime de l'arrondissement.

13. Chaque fois que le tribunal maritime commercial est composé conformément à l'article 11, un commissaire rapporteur, pris parmi les officiers de la marine en activité ou en retraite et désigné par le ministre, est chargé de l'instruction et remplit près ce tribunal les fonctions du ministère public. — Un officier ou un employé du commissariat de la marine, désigné par le préfet maritime de l'arrondissement, remplit les fonctions de greffier.

14. Les commandants des bâtiments de l'État, les consuls et les commissaires de l'inscription maritime ont qualité pour faire rechercher et constater les délits prévus par les articles 1, 7 et 8 de la présente loi, pour recevoir à leur égard les plaintes des capitaines, des équipages et des passagers des navires de commerce, ainsi que les procès-verbaux des experts chargés de la visite de ces navires ; enfin pour assembler, conformément aux prescriptions des articles 40 et suivants du Code disciplinaire et pénal pour la marine marchande du 24 mars 1852, les tribunaux maritimes commerciaux qui doivent connaître des infractions à l'article 1er de la présente loi.

15. Dans les cas autres que ceux qui sont prévus par l'article 1er de la présente loi, les commandants des bâtiments de l'État, les consuls ou les commissaires de l'inscription maritime, procèdent à une enquête et transmettent les résultats au ministre de la marine, ainsi que les procès-verbaux, plaintes et rapports qui l'ont motivée. — Si la contravention prévue par l'un des articles 7 et 8 est constatée dans un port de France, l'autorité maritime de ce port transmet également les pièces et les résultats de l'enquête au ministre de la marine. — Si, d'après les résultats de l'enquête, le ministre juge que le délit signalé doit être déféré au tribunal maritime commercial composé conformément à l'article 11, il ordonne la formation de ce tribunal dans le chef-lieu d'arrondissement ou de sous-arrondissement maritime où il lui paraît le plus facile de procéder à l'instruction et d'éclairer la justice. — Il fait parvenir en même temps le dossier de l'enquête au commissaire rapporteur qu'il a désigné.

16. Le commissaire rapporteur procède à l'instruction. Dès qu'elle est terminée, il remet les pièces au président du tribunal, qui fixe le jour et l'heure de l'audience, après en avoir prévenu le préfet maritime ou le chef du service de la marine du port.

17. Les jugements sont rendus à la majorité des voix. — La question de l'application de l'article 463 du Code pénal doit toujours être posée.

18. Les jugements des tribunaux maritimes commerciaux, composés conformément à l'article 11 de la présente loi, peuvent être l'objet d'un recours devant l'un des tribunaux de révision permanents institués par l'article 17 du Code de justice militaire pour l'armée de mer, du 4 juin 1858. — Les délais, la forme de ces recours et la procédure devant ces tribunaux seront ceux indiqués par le même Code. Le recours sera porté devant le tribunal de révision de l'arrondissement maritime dans le ressort duquel le jugement aura été rendu.

19. Dans tous les cas où une condamnation à la peine de l'emprisonnement a été prononcée par application de la présente loi, et dès qu'elle est devenue définitive, le commissaire rapporteur près le tribunal maritime commercial ou le commissaire de la République près le tribunal maritime commercial remet le condamné, sans délai, avec une expédition du jugement, au procureur de la République du lieu, qui fait exécuter la sentence. — La peine du retrait de la faculté de commander est mise à exécution par les soins du préfet maritime ou du chef du service de la marine, suivant le cas, sur les réquisitions du ministère public. — Le recouvrement des amendes est poursuivi dans la forme ordinaire par les agents du département des finances, à la requête du ministère public.

20. Toutes les sommes provenant des amendes prononcées en vertu de la présente loi sont versées dans la caisse des invalides de la marine.

21. Les juridictions saisies des délits prévus par la présente loi ne connaissent pas de l'action civile.

22. Les commandants, les officiers et les marins des bâtiments de l'État continuent à être soumis, pour tous les faits relatifs aux abordages, aux règles et juridictions instituées par le Code de justice militaire pour l'armée de mer, du 4 juin 1858, sauf qu'au cas d'abordage entre un bâtiment de l'État et un navire du commerce, les inculpés appartenant à ce dernier navire puissent, pour cause de connexité, être renvoyés devant un conseil de guerre.

23. Les dispositions du décret du 24 mars 1852, particulièrement celles concernant la procédure, le mode de l'audience, la forme des jugements et leur exécution, seront appliquées en tant qu'elles ne sont pas contraires à la présente loi.

26 mars 1891

LOI *sur l'atténuation et l'aggravation des peines.*

ARTICLE **1er**. En cas de condamnation à l'emprisonnement ou à l'amende, si l'inculpé n'a pas subi de condamnation antérieure à la prison pour crime ou délit de droit commun, les cours ou tribunaux peuvent ordonner, par le même jugement et par décision motivée, qu'il sera sursis à l'exécution de la peine.

Si, pendant le délai de cinq ans à dater du jugement ou de l'arrêt, le condamné n'a encouru aucune poursuite suivie de condamnation à l'emprisonnement ou à une peine plus grave pour crime ou délit de droit commun, la condamnation sera comme non avenue.

Dans le cas contraire, la première peine sera d'abord exécutée sans qu'elle puisse se confondre avec la seconde.

2. La suspension de la peine ne comprend pas le payement des frais du procès et des dommages-intérêts.

Elle ne comprend pas non plus les peines accessoires et les incapacités résultant de la condamnation.

Toutefois, ces peines accessoires et ces incapacités cesseront d'avoir effet du jour où, par application des dispositions de l'article précédent, la condamnation aura été réputée non avenue.

3. Le président de la cour ou du tribunal doit, après avoir prononcé la suspension, avertir le condamné qu'en cas de nouvelle condamnation dans les conditions de l'article 1er, la première peine sera exécutée sans confusion possible avec la seconde et que les peines de la récidive seront encourues dans les termes des articles 57 et 58 du Code pénal.

4. La condamnation est inscrite au casier judiciaire, mais avec la mention expresse de la suspension accordée.

Si aucune poursuite suivie de condamnation dans les termes de l'article 1er, § 2, n'est intervenue dans le délai de cinq ans, elle ne doit plus être inscrite dans les extraits délivrés aux parties.

5. Les articles 57 et 58 du Code pénal sont modifiés comme suit :

(Voir ces articles au Code pénal.)

6. La présente loi est applicable aux colonies où le Code pénal métropolitain a été déclaré exécutoire en vertu de la loi du 8 janvier 1877.

Des décrets statueront sur l'application qui pourra en être faite aux autres colonies.

7. La présente loi n'est applicable aux condamnations prononcées par les tribunaux militaires qu'en ce qui concerne les modifications apportées par l'article 5 ci-dessus aux articles 57 et 58 du Code pénal.

2 juin 1891

LOI *ayant pour objet de réglementer l'autorisation et le fonctionnement des courses de chevaux.*

ARTICLE **1er**. Aucun champ de courses ne peut être ouvert sans l'autorisation préalable du ministre de l'agriculture.

2. Sont seules autorisées les courses de chevaux ayant pour but exclusif l'amélioration de la race chevaline et organisées par des sociétés dont les statuts sociaux auront été approuvés par le ministre de l'agriculture, après avis du conseil supérieur des haras.

3. Le budget annuel et les comptes de toute société de courses sont soumis à l'approbation et au contrôle du ministre de l'agriculture et des finances.

4. Quiconque aura, en quelque lieu et sous quelque forme que ce soit, exploité le pari sur les courses de chevaux, en offrant à tous venants de parier ou en pariant avec tous venants, soit directement, soit par intermédiaire, sera passible des peines portées à l'article 410 du Code pénal. — Seront réputés complices du délit ci-dessus déterminé et punis comme tels : — 1° Quiconque aura servi d'intermédiaire pour les paris dont il s'agit, ou aura reçu le dépôt préalable des enjeux ; — 2° Quiconque aura, en vue des paris à faire, vendu des renseignements sur les chances de succès des chevaux engagés. —

3° Tout propriétaire ou gérant d'établissement public qui aura laissé exploiter le pari dans son établissement. — Les dispositions de l'article 463 du Code pénal seront, dans tous les cas, applicables aux délits prévus par la présente loi.

5. Toutefois, les sociétés remplissant les conditions prescrites par l'article 2 pourront, en vertu d'une autorisation spéciale et toujours révocable du ministre de l'agriculture, et moyennant un prélèvement fixe en faveur des œuvres locales de bienfaisance et de l'élevage, organiser le pari mutuel sur leurs champs de courses exclusivement, mais sans que cette autorisation puisse infirmer les autres dispositions de l'article 4. — Un décret rendu sur la proposition du ministre de l'agriculture déterminera la quotité des prélèvements ci-dessus visés, les formes et les conditions de fonctionnement du pari mutuel.

11 juillet 1891

LOI *tendant à réprimer les fraudes dans la vente des vins.*

ARTICLE **1er**. L'article 2 de la loi du 14 août 1889 est ainsi modifié : (V. supra cette loi.)

2. Constitue la falsification de denrées alimentaires prévue et réprimée par la loi du 27 mars 1851, toute addition au vin, au vin de sucre ou de marc, au vin de raisins secs : 1° de matières colorantes quelconques; 2° de produits tels que les acides sulfurique, nitrique, chlorhydrique, salicylique, borique ou autres analogues; 3° de chlorure de sodium au-dessus de 1 gramme par litre.

3. Il est défendu de mettre en vente, de vendre ou de livrer des vins plâtrés contenant plus de deux grammes de sulfate de potasse ou de soude par litre. — Les délinquants seront punis d'une amende de seize francs à cinq cents francs, et d'un emprisonnement de six jours à trois mois, ou de l'une de ces deux peines suivant les circonstances. — Ces dispositions ne seront applicables aux vins de liqueur que deux ans après la promulgation de la présente loi. — Les fûts ou récipients contenant des vins plâtrés devront en porter l'indication en gros caractères. Les livres, factures, lettres de voiture, connaissements, devront contenir la même indication.

4. Les vins, les vins de sucre ou de marc, les vins de raisins secs, seront suivis, chez les marchands en gros ou en détail et chez les entrepositaires, au moyen de comptes particuliers et distincts. Ils seront tenus séparément dans les magasins.

5. Les registres de prise en charge et de décharge des acquits-à-caution et les bulletins 6 K fournis pour les [illegible] des envois supérieurs à deux cents kilogrammes de raisins secs, seront conservés pendant trois ans dans les bureaux des directions et sous-directions. Ils seront communiqués sur place à tout requérant, moyennant un droit de recherche de cinquante centimes. — Les demandes de sucrage à taux réduit faites en vue de la fabrication des vins de sucre définis par l'article 2 de la loi du 14 août 1889 seront conservées pendant trois ans à la direction ou à la sous-direction des contributions indirectes, ainsi que les portatifs et registres de décharge des acquits-à-caution après déchargement des sucres. Elles sont communiquées à tout requérant moyennant un droit de recherche de cinquante centimes par article.

6. La présente loi et la loi du 14 août 1889 sont applicables à l'Algérie et aux colonies.

30 novembre 1892

LOI *sur l'exercice de la médecine.*

TITRE PREMIER

Conditions de l'exercice de la médecine.

ARTICLE **1er**. Nul ne peut exercer la médecine en France s'il n'est muni d'un diplôme de docteur en médecine, délivré par le gouvernement français, à la suite d'examens subis devant un établissement d'enseignement supérieur médical de l'État (facultés, écoles de plein exercice et écoles préparatoires réorganisées conformément aux règlements rendus après avis du conseil supérieur de l'instruction publique). — Les inscriptions précédant les deux premiers examens probatoires pourront être prises et les deux premiers examens subis dans une école préparatoire réorganisée comme il est dit ci-dessus.

TITRE II

Conditions de l'exercice de la profession de dentiste.

2. Nul ne peut exercer la profession de dentiste s'il n'est muni d'un diplôme de docteur en médecine ou de chirurgien-dentiste. Le diplôme de chirurgien-dentiste sera délivré par le gouvernement français à la suite d'études organisées suivant un règlement rendu après avis du conseil supérieur de l'instruction publique et d'examens subis devant un établissement d'enseignement supérieur médical de l'État.

TITRE III

Conditions de l'exercice de la profession de sage-femme.

3. Les sages-femmes ne peuvent pratiquer l'art des accouchements que si elles sont munies d'un diplôme de 1re ou de 2e classe, délivré par le gouvernement français, à la suite d'examens subis devant une faculté de médecine, une école de plein exercice ou une école préparatoire de médecine et de pharmacie de l'État. — Un arrêté pris après avis du conseil supérieur de l'instruction publique déterminera les conditions de scolarité et le programme applicable aux élèves sages-femmes. — Les sages-femmes de 1re et de 2e classe continueront à exercer leur profession dans les conditions antérieures.

4. Il est interdit aux sages-femmes d'employer des instruments. Dans les cas d'accouchement laborieux, elles feront appeler un docteur en médecine ou un officier de santé. — Il leur est également interdit de prescrire des médicaments, sauf le cas prévu par le décret du 23 juin 1873 et par les décrets qui pourraient être rendus dans les mêmes conditions, après avis de l'Académie de médecine. — Les sages-femmes sont autorisées à pratiquer les vaccinations et les revaccinations antivarioliques.

TITRE IV

Conditions communes à l'exercice de la médecine, de l'art dentaire et de la profession de sage-femme.

5. Les médecins, les chirurgiens-dentistes et les sages-femmes diplômés à l'étranger, quelle que soit leur nationalité, ne pourront exercer leur profession en France qu'à la condition d'y avoir obtenu le diplôme de docteur en médecine, de dentiste ou de sage-femme, et en se conformant aux dispositions prévues par les articles précédents. — Des dispenses de scolarité et d'examens pourront être accordées par le ministre, conformément à un règlement délibéré en conseil supérieur de l'instruction publique. En aucun cas, les dispenses accordées pour l'obtention du doctorat ne pourront porter sur plus de trois épreuves.

6. Les internes des hôpitaux et hospices français, nommés au concours et munis de douze inscriptions, et les étudiants en médecine dont la scolarité est terminée peuvent être autorisés à exercer la médecine pendant une épidémie ou à titre de remplaçants de docteurs en médecine ou d'officiers de santé. — Cette autorisation, délivrée par le préfet du département, est limitée à trois mois; elle est renouvelable dans les mêmes conditions.

7. Les étudiants étrangers qui postulent, soit le diplôme de docteur en médecine visé à l'article 1er de la présente loi, soit le diplôme de chirurgien-dentiste visé à l'article 2, et les élèves de nationalité étrangère qui postulent le diplôme de sage-femme de 1re ou de 2e classe visé à l'article 3, sont soumis aux mêmes règles de scolarité et d'examens que les étudiants français. — Toutefois il pourra leur être accordé, en vue de l'inscription dans les facultés et écoles de médecine, soit l'équivalence des diplômes ou certificats obtenus par eux à l'étranger, soit la dispense des grades français requis pour cette inscription, ainsi que des dispenses partielles de scolarité correspondant à la durée des études faites par eux à l'étranger.

8. Le grade de docteur en chirurgie est et demeure aboli.

9. Les docteurs en médecine, les chirurgiens-dentistes et les sages-femmes sont tenus, dans le mois qui suit leur établissement, de faire enregistrer, sans frais, leur titre à la préfecture ou sous-préfecture et au greffe du tribunal civil de leur arrondissement. — Le fait de porter son domicile dans un autre département oblige à un nouvel enregistrement du titre dans le même délai. — Ceux ou celles qui, n'exerçant plus depuis deux ans, veulent se livrer à l'exercice de leur profession, doivent faire enregistrer leur titre dans les mêmes conditions. — Il est interdit d'exercer sous un pseudonyme les professions ci-dessus, sous les peines édictées à l'article 18.

10. Il est établi chaque année dans les départements, par les soins des préfets et de l'autorité judiciaire, des listes distinctes portant les noms et prénoms, la résidence, la date et la provenance du diplôme des médecins, chirurgiens-dentistes et sages-femmes visés par la présente loi. — Ces listes sont affichées chaque année, dans le mois de janvier, dans toutes les communes du département. Des copies certifiées en sont transmises aux ministres de l'intérieur, de l'instruction publique et de la justice. — La statistique du personnel médical existant en France et aux colonies est dressée tous les ans par les soins du ministre de l'intérieur.

11. L'article 2272 du Code civil est modifié ainsi qu'il suit :

(Voir cet article au Code civil.)

12. L'article 2101 du Code civil, relatif aux privilèges généraux sur les meubles, est modifié ainsi qu'il suit dans son paragraphe 3 :

(Voir cet article au Code civil.)

13. A partir de l'application de la présente loi, les médecins, chirurgiens-dentistes et sages-femmes jouiront du droit de se constituer en associations syndicales, dans les conditions de la loi du 21 mars 1884, pour la défense de leurs intérêts professionnels, à l'égard de toutes personnes autres que l'État, les départements et les communes.

14. Les fonctions de médecins experts près les tribunaux ne peuvent être remplies que par des docteurs en médecine français. — Un règlement d'administration publique révisera les tarifs du décret du 18 juin 1811, en ce qui touche les honoraires, vacations, frais de transport et de séjour des médecins. — Le même règlement déterminera les conditions suivant lesquelles pourra être conféré le titre d'expert devant les tribunaux.

15. Tout docteur, officier de santé ou sage-femme est tenu de faire à l'autorité publique, son diagnostic établi, la déclaration des cas de maladies épidémiques tombées sous son observation et visées dans le paragraphe suivant. — La liste des maladies épidémiques dont la divulgation n'engage pas le secret professionnel sera dressée par arrêté du ministre de l'intérieur, après avis de l'Académie de médecine et du comité consultatif d'hygiène publique de France. Le même arrêté fixera le mode des déclarations desdites maladies.

TITRE V

Exercice illégal. — Pénalités.

16. Exerce illégalement la médecine : — 1° Toute personne qui, non munie d'un diplôme de docteur en médecine, d'officier de santé, de chirurgien-dentiste ou de sage-femme, ou n'étant pas dans les conditions stipulées aux articles 6, 29 et 32 de la présente loi, prend part, habituellement ou par une direction suivie, au traitement des maladies ou des affections chirurgicales ainsi qu'à la pratique de l'art dentaire ou des accouchements, sauf les cas d'urgence avérée; — 2° Toute sage-femme qui sort des limites fixées pour l'exercice de sa profession par l'article 4 de la présente loi; — 3° Toute personne qui, munie d'un titre régulier, sort des attributions que la loi lui confère, notamment en prêtant son concours aux personnes visées dans les paragraphes précédents, à l'effet de les soustraire aux prescriptions de la présente loi. — Les dispositions du paragraphe 1er du présent article ne peuvent s'appliquer aux élèves en médecine qui agissent comme aides d'un docteur ou que celui-ci place auprès de ses malades, ni aux gardes-malades, ni aux personnes qui, sans prendre le titre de chirurgien-dentiste, opèrent accidentellement l'extraction des dents.

17. Les infractions prévues et punies par la présente loi seront poursuivies devant la juridiction correctionnelle. — En ce qui concerne spécialement l'exercice illégal de la médecine, de l'art dentaire ou de la pratique des accouchements, les médecins, les chirurgiens-dentistes, les sages-femmes, les associations de médecins régulièrement constituées, les syndicats visés dans l'article 13 pourront en saisir les tribunaux par voie de citation directe donnée dans les termes de l'article 182 du Code d'instruction criminelle, sans préjudice de la faculté de se porter, s'il y a lieu, partie civile dans toute poursuite de ces délits intentée par le ministère public.

18. Quiconque exerce illégalement la médecine est puni d'une amende de cent à cinq cents francs, et, en cas de récidive, d'une amende de cinq cents à mille francs, et d'un emprisonnement de six jours à six mois, ou de l'une de ces deux peines seulement. — L'exercice illégal de l'art dentaire est puni d'une amende de cinquante à cent francs, et, en cas de récidive, d'une amende de cent à cinq cents francs.

— L'exercice illégal de l'art des accouchements est puni d'une amende de cinquante à cent francs, et, en cas de récidive, d'une amende de cent à cinq cents francs et d'un emprisonnement de six jours à un mois, ou de l'une de ces deux peines seulement.

19. L'exercice illégal de la médecine ou de l'art dentaire, avec usurpation du titre de docteur ou d'officier de santé, est puni d'une amende de mille à deux mille francs, et, en cas de récidive, d'une amende de deux mille à trois mille francs et d'un emprisonnement de six mois à un an, ou de l'une de ces deux peines seulement. — L'usurpation du titre de dentiste sera punie d'une amende de cent à cinq cents francs, et, en cas de récidive, d'une amende de cinq cents à mille francs et d'un emprisonnement de six jours à un mois, ou de l'une de ces deux peines seulement. — L'usurpation du titre de sage-femme sera punie d'une amende de cent à cinq cents francs, et, en cas de récidive, d'une amende de cinq cents à mille francs et d'un emprisonnement de un mois à deux mois, ou de l'une de ces deux peines seulement.

20. Est considéré comme ayant usurpé le titre français de docteur en médecine quiconque, se livrant à l'exercice de la médecine, fait précéder ou suivre son nom du titre de docteur en médecine sans en indiquer l'origine étrangère. Il sera puni d'une amende de cent à deux cents francs.

21. Le docteur en médecine ou l'officier de santé qui n'aurait pas fait la déclaration prescrite par l'article 15 sera puni d'une amende de cinquante à deux cents francs.

22. Quiconque exerce la médecine, l'art dentaire ou l'art des accouchements sans avoir fait enregistrer son diplôme dans les délais et conditions fixés à l'article 9 de la présente loi, est puni d'une amende de vingt-cinq à cent francs.

23. Tout docteur en médecine est tenu de déférer aux réquisitions de la justice, sous les peines portées à l'article précédent.

24. Il n'y a récidive qu'autant que l'agent du délit relevé a été, dans les cinq ans qui précèdent ce délit, condamné pour une infraction de qualification identique.

25. La suspension temporaire ou l'incapacité absolue de l'exercice de leur profession peuvent être prononcées par les cours et tribunaux, accessoirement à la peine principale, contre tout médecin, officier de santé, dentiste ou sage-femme, qui est condamné : — 1° à une peine afflictive et infamante ; — 2° à une peine correctionnelle prononcée pour crime de faux, pour vol et escroquerie, pour crimes ou délits prévus par les articles 316, 317, 331, 332, 334 et 335 du Code pénal ; — 3° à une peine correctionnelle prononcée par une cour d'assises pour des faits qualifiés crimes par la loi. — En cas de condamnation prononcée à l'étranger pour un des crimes et délits ci-dessus spécifiés, le coupable pourra également, à la requête du ministère public, être frappé par les tribunaux français de suspension temporaire ou d'incapacité absolue de l'exercice de sa profession. — Les aspirants ou aspirantes aux diplômes de docteur en médecine, d'officier de santé, de chirurgien-dentiste et de sage-femme, condamnés à l'une des peines énumérées aux paragraphes 1, 2 et 3 du présent article, peuvent être exclus des établissements d'enseignement supérieur. — La peine de l'exclusion sera prononcée dans les conditions prévues par la loi du 27 février 1880. — En aucun cas, les crimes et délits politiques ne pourront entraîner la suspension temporaire ou l'incapacité absolue d'exercer les professions visées au présent article, ni l'exclusion des établissements d'enseignement médical.

26. L'exercice de leur profession par les personnes contre lesquelles a été prononcée la suspension temporaire ou l'incapacité absolue, dans les conditions spécifiées à l'article précédent, tombe sous le coup des articles 17, 18, 19, 20 et 21 de la présente loi.

27. L'article 463 du Code pénal est applicable aux infractions prévues par la présente loi.

TITRE VI

Dispositions transitoires

28. Les médecins et sages-femmes venus de l'étranger, autorisés à exercer leur profession avant l'application de la présente loi, continueront à jouir de cette autorisation dans les conditions où elle leur a été donnée.

29. Les officiers de santé reçus antérieurement à l'application de la présente loi, et ceux reçus dans les conditions déterminées par l'article 31 ci-après, auront le droit d'exercer la médecine et l'art dentaire sur tout le territoire de la République. Ils seront soumis à toutes les obligations imposées par la loi aux docteurs en médecine.

30. Un règlement délibéré en conseil supérieur de l'instruction publique déterminera les conditions dans lesquelles : 1° un officier de santé pourra obtenir le grade de docteur en médecine ; 2° un dentiste qui bénéficie des dispositions transitoires ci-après pourra obtenir le diplôme de chirurgien-dentiste.

31. Les élèves qui, au moment de l'application de la présente loi, auront pris leur première inscription pour l'officiat de santé, pourront continuer leurs études médicales et obtenir le diplôme d'officier de santé.

32. Le droit d'exercer l'art dentaire est maintenu à tout dentiste justifiant qu'il est inscrit au rôle des patentes au 1er janvier 1892. — Les dentistes se trouvant dans les conditions indiquées au paragraphe précédent n'auront le droit de pratiquer l'anesthésie qu'avec l'assistance d'un docteur ou d'un officier de santé. — Les dentistes qui contreviendront aux dispositions du paragraphe précédent tomberont sous le coup des peines portées au deuxième paragraphe de l'article 19.

33. Le droit de continuer l'exercice de leur profession est maintenu aux sages-femmes de 1re et de 2e classe reçues en vertu des articles 30, 31 et 32 de la loi du 19 ventôse an XI ou des décrets et arrêtés ministériels ultérieurs.

34. La présente loi ne sera exécutoire qu'un an après sa promulgation.

35. Des règlements d'administration publique détermineront les conditions d'application de la présente loi à l'Algérie et aux colonies et fixeront les dispositions transitoires ou spéciales qu'il sera nécessaire d'édicter ou de maintenir. — Un règlement délibéré en conseil supérieur de l'instruction publique déterminera les épreuves qu'auront à subir, pour obtenir le titre de docteur, les jeunes gens des colonies françaises ayant suivi les cours d'une école de médecine existant dans une colonie.

36. Sont et demeurent abrogées, à partir du moment où la présente loi sera exécutoire, les dispositions de la loi du 19 ventôse an XI et généralement toutes les dispositions de lois et règlements contraires à la présente loi.

27 décembre 1892

LOI *sur la conciliation et l'arbitrage facultatifs en matière de différends collectifs entre patrons et ouvriers ou employés.*

ARTICLE **1er**. Les patrons, ouvriers ou employés entre lesquels s'est produit un différend d'ordre collectif portant sur les conditions du travail peuvent soumettre les questions qui les divisent à un comité de conciliation et, à défaut d'entente dans ce comité, à un conseil d'arbitrage, lesquels seront constitués dans les formes suivantes :

2. Les patrons, ouvriers ou employés adressent, soit ensemble, soit séparément, en personne ou par mandataires, au juge de paix du canton ou de l'un des cantons où existe le différend, une déclaration écrite contenant : — 1° Les noms, qualités et domiciles des demandeurs ou de ceux qui les représentent ; — 2° L'objet du différend, avec l'exposé succinct des motifs allégués par la partie ; — 3° Les noms, qualités et domiciles des personnes auxquelles la proposition de conciliation ou d'arbitrage doit être notifiée ; — 4° Les noms, qualités et domiciles des délégués choisis parmi les intéressés par les demandeurs pour les assister ou les représenter, sans que le nombre des personnes désignées puisse être supérieur à cinq.

3. Le juge de paix délivre récépissé de cette déclaration, avec indication de la date et de l'heure du dépôt, et la notifie sans frais, dans les vingt-quatre heures, à la partie adverse ou à ses représentants, par lettre recommandée ou au besoin par affiches apposées aux portes de la justice de paix des cantons et à celles de la mairie des communes sur le territoire desquelles s'est produit le différend.

4. Au reçu de cette notification, et au plus tard dans les trois jours, les intéressés doivent faire parvenir leur réponse au juge de paix. Passé ce délai, leur silence est tenu pour refus. — S'ils acceptent, ils désignent dans leur réponse les noms, qualités et domiciles des délégués choisis pour les assister ou les représenter, sans que le nombre des personnes désignées puisse être supérieur à cinq. — Si l'éloignement ou l'absence des personnes auxquelles la proposition est notifiée, ou la nécessité de consulter des mandants, des associés ou un conseil d'administration ne permettent pas de donner une réponse dans les trois jours, les représentants desdites personnes doivent, dans ce délai de trois jours, déclarer quel est le délai nécessaire pour donner cette réponse. — Cette déclaration est transmise par le juge de paix aux demandeurs dans les vingt-quatre heures.

5. Si la proposition est acceptée, le juge de paix invite d'urgence les parties ou les délégués désignés par elles à se réunir en comité de conciliation. — Les réunions ont lieu en présence du juge de paix, qui est à la disposition du comité pour diriger les débats.

6. Si l'accord s'établit, dans ce comité, sur les conditions de la conciliation, ces conditions sont consignées dans un procès-verbal dressé par le juge de paix et signé par les parties ou leurs délégués.

7. Si l'accord ne s'établit pas, le juge de paix invite les parties à désigner, soit chacune un ou plusieurs arbitres, soit un arbitre commun. — Si les arbitres ne s'entendent pas sur la solution à donner au différend, ils pourront choisir un nouvel arbitre pour les départager.

8. Si les arbitres n'arrivent à s'entendre ni sur la solution à donner au différend, ni sur le choix de l'arbitre départiteur, ils le déclareront sur le procès-verbal, et cet arbitre sera nommé par le président du tribunal civil, sur le vu du procès-verbal qui lui sera transmis d'urgence par le juge de paix.

9. La décision sur le fond, prise, rédigée et signée par les arbitres, est remise au juge de paix.

10. En cas de grève, à défaut d'initiative de la part des intéressés, le juge de paix invite d'office, et par les moyens indiqués à l'article 3, les patrons, ouvriers ou employés, ou leurs représentants, à lui faire connaître dans les trois jours : — 1° L'objet du différend avec l'exposé succinct des motifs allégués ; — 2° Leur acceptation ou refus de recourir à la conciliation et à l'arbitrage ; — 3° Les noms, qualités et domiciles des délégués choisis, le cas échéant, par les parties, sans que le nombre des personnes désignées de chaque côté puisse être supérieur à cinq. — Le délai de trois jours pourra être augmenté pour les causes et dans les conditions indiquées à l'article 4. — Si la proposition est acceptée, il sera procédé conformément aux articles 5 et suivants.

11. Les procès-verbaux et décisions mentionnés aux articles 5, 6 et 9 ci-dessus sont conservés en minute au greffe de la justice de paix, qui en délivre gratuitement une expédition à chacune des parties et en adresse une autre au ministre du commerce et de l'industrie par l'entremise du préfet.

12. La demande de conciliation et d'arbitrage, le refus ou l'absence de réponse de la partie adverse, la décision du comité de conciliation ou celle des arbitres, notifiés par le juge de paix au maire de chacune des communes où s'étendait le différend, sont, par chacun de ces maires, rendus publics par affichage à la place réservée aux publications officielles. — L'affichage de ces décisions pourra en outre se faire par les parties intéressées. Les affiches seront dispensées du timbre.

13. Les locaux nécessaires à la tenue des comités de conciliation et aux réunions des arbitres sont fournis, chauffés et éclairés par les communes où ils siègent. — Les frais qui en résultent sont compris dans les dépenses obligatoires des communes. — Les dépenses des comités de conciliation et d'arbitrage seront fixées par arrêté du préfet du département et portées au budget départemental comme dépenses obligatoires.

14. Tous actes faits en exécution de la présente loi seront dispensés du timbre et enregistrés gratis.

15. Les arbitres et les délégués nommés en exécution de la présente loi devront être citoyens français. — Dans les professions ou industries où les femmes sont employées, elles pourront être désignées comme déléguées, à la condition d'être de nationalité française.

16. La présente loi est applicable aux colonies de la Guadeloupe, de la Martinique et de la Réunion.

22 juillet 1893

LOI *portant modification de l'article 8, paragraphe 3, et de l'article 9 du Code civil, relativement aux déclarations effectuées en vue d'acquérir ou de décliner la nationalité française.*

ARTICLE **1er**. Le paragraphe 3 de l'article 8 du Code civil est ainsi modifié :

(Voir cet article au Code civil.)

2. Les individus auxquels l'article 8, paragraphe 3, modifié, réserve la faculté de réclamer la qualité d'étrangers et qui auront atteint leur majorité à l'époque de la promulgation de la présente loi, pourront réclamer cette qualité en remplissant les conditions prescrites dans le délai d'un an à partir de cette promulgation.

3. L'article 8 du Code civil est modifié ainsi qu'il suit.

(Voir cet article au Code civil.)

1er août 1893

LOI *portant modification de la loi du 24 juillet 1867 sur les sociétés par actions.*

ARTICLE **1er**. Les paragraphes 1 et 2 de l'article 1er de la loi du 24 juillet 1867 sont modifiés comme suit :

(Voir supra L. 24 juillet 1867.)

3. A l'article 8 sont ajoutées les dispositions suivantes :

(Voir supra L. 24 juillet 1867.)

4. Au paragraphe premier de l'article 27 est ajouté ce qui suit :

(Voir supra même loi.)

5. Dans le paragraphe premier de l'article 42, aux mots : « responsables solidairement envers les tiers sans préjudice du droit des actionnaires », sont substitués les termes suivants : « responsables solidairement envers les tiers et les actionnaires du dommage résultant de cette annulation ». Au même article est ajouté le paragraphe suivant.

(Voir supra même loi.)

6. Sont ajoutées à la loi les dispositions suivantes.

(Voir supra articles 68, 69, 70, 71 de ladite loi.)

Dispositions transitoires.

7. Pour les sociétés par actions en commandite ou anonymes déjà existantes, sans distinction entre celles antérieures à la loi du 24 juillet 1867 et celles postérieures, il n'est pas dérogé à la faculté qu'elles peuvent avoir de convertir leurs actions en titres au porteur avant libération intégrale.

Quant aux actions nominatives des mêmes sociétés, les deux ans, après lesquels tout souscripteur ou actionnaire qui a cédé son titre cesse d'être responsable des versements non appelés, ne courront, à l'égard des créanciers antérieurs à la présente loi, qu'à partir de l'entrée en vigueur de la loi, et sauf application de l'article 2257 du Code civil pour les créances conditionnelles ou à terme et les actions en garantie.

Les dispositions de l'article 8 et celles de l'article 42 s'appliquent aux sociétés déjà constituées sous l'empire de la loi du 24 juillet 1867.

Dans les mêmes sociétés, l'action en nullité résultant des articles 7 et 41 ne sera plus recevable si les causes de nullité ont cessé d'exister au moment de la présente loi.

En tout cas, l'action en responsabilité pour les faits dont la nullité résultait ne cessera d'être recevable que trois ans après la présente loi.

Les sociétés civiles actuellement constituées sous d'autres formes pourront, si leurs statuts ne s'y opposent pas, se transformer en sociétés en commandite ou en sociétés anonymes par décision d'une assemblée générale spécialement convoquée et réunissant les conditions tant de l'acte social que de l'article 31 ci-dessus.

8 août 1893

LOI *relative au séjour des étrangers en France.*

ARTICLE **1er**. Tout étranger non admis à domicile, arrivant dans une commune pour y exercer une profession, un commerce ou une industrie, devra faire à la mairie une déclaration de résidence en justifiant de son identité dans les huit jours de son arrivée. Il sera tenu, à cet effet, un registre d'immatriculation des étrangers, suivant la forme déterminée par un arrêté ministériel.

Un extrait de ce registre sera délivré au déclarant dans la forme des actes de l'état civil, moyennant les mêmes droits.

En cas de changement de commune, l'étranger fera viser son certificat d'immatriculation, dans les deux jours de son arrivée, à la mairie de sa nouvelle résidence.

2. Toute personne qui emploiera sciemment un étranger non muni du certificat d'immatriculation sera passible des peines de simple police.

3. L'étranger qui n'aura pas fait la déclaration imposée par la loi dans le délai déterminé, ou qui refusera de produire son certificat à la première réquisition, sera passible d'une amende de cinquante à deux cents francs.

Celui qui aura fait sciemment une déclaration fausse ou inexacte sera passible d'une amende de cent à trois cents francs, et, s'il y a lieu, de l'interdiction temporaire ou indéfinie du territoire français.

L'étranger expulsé du territoire français, et qui y serait rentré sans l'autorisation du gouvernement, sera condamné à un emprisonnement de un à six mois. Il sera, après l'expiration de sa peine, reconduit à la frontière.

L'article 463 du Code pénal est applicable aux cas prévus par la présente loi.

4. Les produits des amendes prévues par la présente loi seront attribués à la caisse municipale de la commune de la résidence de l'étranger qui en sera frappé.

5. Il est accordé aux étrangers visés par l'article 1er, et actuellement en France, un délai d'un mois pour se conformer aux prescriptions de la loi.

24 juillet 1894

LOI *relative aux fraudes commises dans la vente des vins. (Alcoolisation et mouillage.)*

ARTICLE **1er**. L'article 1er de la loi du 5 mai 1855 est complété ainsi qu'il suit :

(Voir supra cette loi.)

Cette disposition n'entrera toutefois en vigueur qu'un mois après la promulgation de la présente loi.

2. Toutes les dispositions contenues dans l'article précédent s'appliqueront lorsqu'il s'agira de vin additionné d'alcool. — Il n'est rien changé à la législation existante en ce qui touche les vins dits de liqueur et les vins destinés à l'exportation. — Un décret rendu sur l'avis du comité consultatif des arts et manufactures déterminera les caractères auxquels on reconnaît les vins additionnés.

28 juillet 1894

LOI *ayant pour objet de réprimer les menées anarchistes.*

ARTICLE **1er**. Les infractions prévues par les articles 24, paragraphes 1 et 3, et 25 de la loi du 29 juillet 1881, modifiés par la loi du 12 décembre 1893, sont déférées aux tribunaux de police correctionnelle, lorsque ces infractions ont pour but un acte de propagande anarchiste.

2. Sera déféré aux tribunaux de police correctionnelle et puni d'un emprisonnement de trois mois à deux ans et d'une amende de cent à deux mille francs tout individu qui, en dehors des cas visés par l'article précédent, sera convaincu d'avoir, dans un but de propagande anarchiste,

1° Soit par provocation, soit par apologie des faits spécifiés auxdits articles, incité une ou plusieurs personnes à commettre soit un vol, soit les crimes de meurtre, de pillage, d'incendie, soit les crimes punis par l'article 435 du Code pénal ;

2° Ou adressé une provocation à des militaires des armées de terre ou de mer, dans le but de les détourner de leurs devoirs militaires et de l'obéissance qu'ils doivent à leurs chefs dans ce qu'ils leur commandent pour l'exécution des lois et règlements militaires et la défense de la constitution républicaine.

Les pénalités prévues au paragraphe 1er seront appliquées même dans le cas où la provocation adressée à des militaires des armées de terre ou de mer n'aurait pas le caractère d'un acte de propagande anarchiste ; mais, dans ce cas, la pénalité accessoire de la relégation édictée par l'article 3 de la présente loi ne pourra être prononcée.

La condamnation ne pourra être prononcée sur l'unique déclaration d'une personne affirmant avoir été l'objet des incitations ci-dessus spécifiées, si cette déclaration n'est pas corroborée par un ensemble de charges démontrant la culpabilité et expressément visées dans le jugement de condamnation.

3. La peine accessoire de la relégation pourra être prononcée contre les individus condamnés en vertu des articles 1 et 2 de la présente loi à une peine supérieure à une année d'emprisonnement et ayant encouru dans une période de moins de dix ans, soit une condamnation à plus de trois mois d'emprisonnement pour les faits spécifiés auxdits articles, soit une condamnation à la peine des travaux forcés, de la réclusion ou de plus de trois mois d'emprisonnement pour crime ou délit de droit commun.

4. Les individus condamnés en vertu de la présente loi seront soumis à l'emprisonnement individuel, sans qu'il puisse résulter de cette mesure une diminution de la durée de la peine.

Les dispositions du présent article seront applicables pour l'exécution de la peine de la réclusion ou de l'emprisonnement prononcée en vertu des lois du 18 décembre 1893 sur les associations de malfaiteurs et la détention illégitime d'engins explosifs.

5. Dans les cas prévus par la présente loi et dans tous ceux où le fait incriminé a un caractère anarchiste, les cours et tribunaux pourront interdire, en tout ou partie, la reproduction des débats, en tant que cette reproduction pourrait présenter un danger pour l'ordre public.

Toute infraction à cette défense sera poursuivie conformément aux prescriptions des articles 42, 43, 44 et 49 de la loi du 29 juillet 1881, et sera punie d'un emprisonnement de six jours à un mois et d'une amende de mille à dix mille francs.

Sera poursuivie dans les mêmes conditions et passible des mêmes peines toute publication ou divulgation, dans les cas prévus au paragraphe premier du présent article, de documents ou actes de procédure spécifiés à l'article 38 de la loi du 29 juillet 1881.

6. Les dispositions de l'article 463 du Code pénal sont applicables à la présente loi.

5 novembre 1894

LOI *relative à la création de sociétés de crédit agricole.*

ARTICLE **1er**. Des sociétés de crédit agricole peuvent être constituées, soit par la totalité des membres d'un ou de plusieurs syndicats professionnels agricoles, soit par une partie des membres de ces syndicats ; elles ont exclusivement pour objet de faciliter et même de garantir les opérations concernant l'industrie agricole et effectuées par ces syndicats ou par des membres de ces syndicats. — Ces sociétés peuvent recevoir des dépôts de fonds en comptes courants avec ou sans intérêts, se charger, relativement aux opérations concernant l'industrie agricole, des recouvrements et des payements à faire pour les syndicats ou pour les membres de ces syndicats. Elles peuvent, notamment, contracter les emprunts nécessaires pour constituer ou augmenter leur fonds de roulement. — Le capital social ne peut être formé par des souscriptions d'actions. Il pourra être constitué à l'aide de souscriptions des membres de la société. Ces souscriptions formeront des parts qui pourront être de valeur inégale ; elles seront nominatives et ne seront transmissibles que par voie de cession aux membres des syndicats et avec l'agrément de la société. — La société ne pourra être constituée qu'après versement du quart du capital souscrit. — Dans le cas où la société serait constituée sous la forme de société à capital variable, le capital ne pourra être réduit par les reprises des apports des sociétaires sortants au-dessous du montant du capital de fondation.

2. Les statuts détermineront le siège et le mode d'administration de la société de crédit, les conditions nécessaires à la modification de ces statuts et à la dissolution de la société, la composition du capital et la proportion dans laquelle chacun de ses membres contribuera à sa constitution. — Ils détermineront le maximum des dépôts à recevoir en comptes courants. — Ils régleront l'étendue et les conditions de la responsabilité qui incombera à chacun des sociétaires dans les engagements pris par la société. — Les sociétaires ne pourront être libérés de leurs engagements qu'après la liquidation des opérations contractées par la société antérieurement à leur sortie.

3. Les statuts détermineront les prélèvements qui seront opérés au profit de la société sur les opérations faites par elle. — Les sommes résultant de ces prélèvements, après acquittement des frais généraux et paiement des intérêts des emprunts et du capital social, seront d'abord affectés, jusqu'à concurrence des trois quarts au moins, à la constitution d'un fonds de réserve, jusqu'à ce qu'il ait atteint au moins la moitié de ce

[illegible]

30 novembre 1894

LOI *relative aux habitations à bon marché.*

[illegible]

[illegible]

[illegible]

la perception de ce droit pourra, sur la demande des parties, être effectuée en plusieurs fractions égales, sans que le nombre de ces fractions puisse excéder celui des annuités prévues au contrat, ni être supérieur à vingt. Il sera justifié de la qualité de l'acquéreur par un certificat du maire de sa résidence. Il sera également justifié par un certificat du maire de la commune de la situation que l'immeuble a été reconnu exempt de l'impôt foncier par application des articles 6 et 9, ou que, tout au moins, une demande d'exemption a été formée dans les conditions prévues par ces articles. Ces deux certificats seront délivrés sans frais, chacun en double original, dont l'un sera annexé au contrat de vente, et l'autre déposé au bureau de l'enregistrement, lors de l'accomplissement de la formalité. — Le paiement de la première fraction du droit aura lieu au moment où le contrat sera enregistré; les autres fractions seront exigibles d'année en année et seront acquittées dans le trimestre qui suivra l'échéance de chaque année, de manière que la totalité du droit soit acquittée dans l'espace de quatre ans et trois mois au maximum, à partir du jour de l'enregistrement du contrat. — Si la demande d'exemption d'impôt foncier qui a motivé le fractionnement de la perception vient à être définitivement rejetée, les droits non encore acquittés seront immédiatement exigibles. — Dans le cas où, par anticipation, l'acquéreur se libérerait entièrement du prix avant le paiement intégral du droit, la portion restant due deviendrait exigible dans les trois mois du règlement définitif. Les droits seront dus solidairement par l'acquéreur et par le vendeur. — L'enregistrement des actes visés au présent article sera effectué dans les délais fixés et, le cas échéant, sous les peines édictées par les lois en vigueur. Tout retard dans le paiement de la seconde fraction ou des fractions subséquentes des droits rendra immédiatement exigible la totalité des sommes restant dues au Trésor. Si la vente, au contraire, avant le paiement complet des droits, les termes acquittés ne [illegible] — La résolution volontaire ou judiciaire du contrat ne donnera ouverture qu'au droit fixe de trois francs.

11. Les actes nécessaires à la constitution et à la dissolution des associations de construction ou de crédit [illegible] existantes ou à créer, telles qu'elles sont définies dans la présente loi, sont dispensés du timbre et enregistrés gratis, s'ils remplissent les conditions prévues par l'article 68, paragraphe 3, numéro 4, de la loi du 22 frimaire an VII. Les pouvoirs en vue de la représentation aux assemblées générales sont dispensés du timbre. Toutefois, ces sociétés restent soumises aux droits de timbre pour leurs titres d'actions et d'obligations, ainsi qu'au droit de timbre-quittance établi par l'article 18 de la loi du 23 août 1871.

(L. 31 mars 1896.) Ces sociétés ne seront admises au bénéfice de ces exonérations et des autres faveurs concédées par la loi qu'autant que leurs statuts, approuvés par le ministre compétent, sur l'avis du conseil supérieur institué par l'article 14, limiteront leur dividende à un chiffre maximum.

12. L'abonnement au timbre souscrit pour leurs actions par ces sociétés ne subira aucune réduction, quelle que soit la diminution du capital social; mais, au cas d'[illegible], les droits de timbre seront [illegible] les valeurs tant que le capital social précédemment soumis à l'abonnement ne sera pas dépassé.

13. Les valeurs sociales sont dispensées de toute patente. Elles sont également exonérées de l'impôt sur le revenu attribué aux actions et aux parts d'intérêts, à la condition que les statuts imposent pour ces titres la forme nominative, mais seulement pour les sociétés dont le capital social, constaté par le dernier inventaire, ne dépassera pas deux mille francs. — Les sociétés actuellement existantes jouiront, au même titre que celles qui se fonderont après la promulgation de la loi, de cette dispense et des autres faveurs ou immunités qu'elle concède, à la condition de modifier leurs statuts, le cas échéant, conformément à ses prescriptions.

14. Il sera constitué auprès du ministère du commerce et de l'industrie un conseil supérieur des habitations à bon marché auquel devront être soumis tous les règlements à faire en vertu de la présente loi, et d'une façon générale toutes les questions concernant les logements économiques. — Les comités locaux lui adresseront, chaque année, dans le courant de janvier, un rapport détaillé sur leurs travaux. Le conseil supérieur en transmettra le résumé, avec ses observations, dans un rapport d'ensemble adressé au Président de la République.

15. Un règlement d'administration publique déterminera les mesures propres à assurer l'application des dispositions qui précèdent et notamment: 1° l'organisation et le fonctionnement du conseil supérieur des habitations à bon marché et des comités locaux; 2° les dispositions que devront contenir les statuts des sociétés de construction et de crédit pour que ces sociétés puissent bénéficier des faveurs de la loi; 3° les conditions dans lesquelles la caisse d'assurance en cas de décès pourra organiser des assurances temporaires; 4° la procédure à suivre pour l'application de l'article 8.

16. La présente loi est applicable à l'Algérie.

12 janvier 1895

LOI *relative à la saisie-arrêt sur les salaires et les petits traitements.*

TITRE PREMIER

Saisie-arrêt.

ARTICLE **1er**. Les salaires des ouvriers et gens de service ne sont saisissables que jusqu'à concurrence du dixième, quel que soit le montant de ces salaires.

Les appointements ou traitements des employés ou commis et des fonctionnaires ne sont également saisissables que jusqu'à concurrence du dixième lorsqu'ils ne dépassent pas deux mille francs par an.

2. Les salaires, appointements et traitements visés par l'article 1er ne pourront être cédés que jusqu'à concurrence d'un autre dixième.

3. Les cessions et saisies faites pour le payement des dettes alimentaires prévues par les articles 203, 205, 206, 207, 214 et 349 du Code civil ne sont pas soumises aux restrictions qui précèdent.

4. Aucune compensation ne s'opère au profit des patrons entre le montant des salaires dus par eux à leurs ouvriers et les sommes qui leur seraient dues à eux-mêmes pour fournitures diverses, quelle qu'en soit la nature, à l'exception toutefois:

1° Des outils ou instruments nécessaires au travail;

2° Des matières et matériaux dont l'ouvrier a la charge et l'usage;

3° Des sommes avancées pour l'acquisition de ces mêmes objets.

5. Tout patron qui fait une avance en espèces, en dehors du cas prévu par le paragraphe 3 de l'article 4 qui précède, ne peut se rembourser qu'au moyen de retenues successives ne dépassant pas le dixième du montant des salaires ou des appointements exigibles.

La retenue opérée de ce chef ne se confond ni avec la partie saisissable ni avec la partie cessible portée en l'article 2.

Les acomptes sur un travail en cours ne sont pas considérés comme avances.

TITRE II

Procédure de saisie-arrêt sur les salaires et petits traitements.

6. La saisie-arrêt sur les salaires et les appointements ou traitements ne dépassant pas annuellement deux mille francs, dont il s'agit à l'article 1er de la présente loi, ne pourra être pratiquée, s'il y a titre, que sur le visa du greffier de la justice de paix du domicile du débiteur saisi.

S'il n'y a point de titre, la saisie-arrêt ne pourra être pratiquée qu'en vertu de l'autorisation du juge de paix du domicile du débiteur saisi. Toutefois, avant d'accorder l'autorisation, le juge de paix pourra, si les parties n'ont déjà été appelées en conciliation, convoquer devant lui, par simple avertissement, le créancier et le débiteur; s'il intervient un arrangement, il en sera tenu note par le greffier, sur un registre spécial exigé par l'article 14.

L'exploit de saisie-arrêt contiendra en tête l'extrait du titre s'il y en a un, ainsi que la copie du visa, et, à défaut de titre, copie de l'autorisation du juge. L'exploit sera signifié au tiers saisi ou à son représentant préposé au payement des salaires ou traitements, dans le lieu où travaille le débiteur saisi.

7. L'autorisation accordée par le juge évaluera ou énoncera la somme pour laquelle la saisie-arrêt sera formée.

Le débiteur pourra toucher du tiers saisi la portion non saisissable de ses salaires, gages ou appointements.

Une seule saisie-arrêt doit être autorisée par le juge. S'il survient d'autres créanciers, leur réclamation, signée et déclarée sincère par eux et contenant toutes les pièces de nature à mettre le juge à même de faire l'évaluation de la créance, sera inscrite par le greffier sur le registre exigé par l'article 14. Le greffier se bornera à en donner avis dans les quarante-huit heures au débiteur saisi et au tiers saisi, par lettre recommandée qui vaudra opposition.

8. L'huissier saisissant sera tenu de faire parvenir au juge de paix, dans le délai de huit jours à dater de la saisie, l'original de l'exploit, sous peine d'une amende de dix francs qui sera prononcée par le juge de paix en audience publique.

9. Tout créancier saisissant, le débiteur et le tiers saisi pourront requérir la convocation des intéressés devant le juge de paix du débiteur saisi, par une déclaration consignée sur le registre spécial prévu en l'article 14.

Dans les quarante-huit heures de cette réquisition, le greffier adressera: 1° au saisi; 2° au tiers saisi; 3° à tous autres créanciers opposants, un avertissement recommandé à comparaître devant le juge de paix à l'audience qu'il aura fixée.

A cette audience ou à toute autre fixée par lui, le juge de paix, prononçant sans appel dans la limite de sa compétence et à charge d'appel à quelque valeur que la demande puisse s'élever, statuera sur la validité, la nullité ou la mainlevée de la saisie, ainsi que sur la déclaration affirmative que le tiers saisi sera tenu de faire audience tenante.

Le tiers saisi qui ne comparaîtra pas, ou qui ne fera pas sa déclaration, ainsi qu'il est dit ci-dessus, sera déclaré débiteur pur et simple des retenues non opérées et condamné aux frais par lui occasionnés.

10. Si le jugement est rendu par défaut, avis de ses dispositions sera transmis par le greffier à la partie défaillante, par lettre recommandée, dans les cinq jours du prononcé.

L'opposition, qui ne sera recevable que dans les huit jours de la date de la lettre, consistera dans une déclaration à faire au greffe de la justice de paix, sur le registre prescrit par l'article 14.

Toutes les parties intéressées seront prévenues, par lettre recommandée du greffier, pour la plus prochaine audience utile. Le jugement qui interviendra sera réputé contradictoire.

L'appel relevé contre le jugement contradictoire sera formé dans les dix jours du prononcé du jugement, et, dans le cas où il aurait été rendu par défaut, du jour de l'expiration des délais d'opposition, sans que, dans le cas de jugement contradictoire, il soit besoin de le signifier.

11. Après l'expiration des délais de recours, le juge de paix pourra surseoir à la convocation des parties intéressées tant que la somme à distribuer n'atteindra pas, d'après la déclaration du tiers saisi, et déduction faite des frais à prélever et des créances privilégiées, un chiffre suffisant pour distribuer aux créanciers connus un dividende de vingt pour cent au moins.

S'il y a somme suffisante, et si les parties ne sont pas autrement convenues pour la répartition, le juge procédera à la distribution entre les ayants droit. Il dressera un état de répartition sur le registre prescrit par l'article 14. Une copie de cet état, signée du juge et du greffier, indiquant le montant des frais à prélever, le montant des créances privilégiées, s'il en existe, et le montant des sommes attribuées dans la répartition à chaque ayant droit, sera transmise par le greffier, par lettre recommandée, au débiteur saisi, au tiers saisi et à chaque créancier colloqué.

Ces derniers auront une action directe contre le tiers saisi en payement de leur collocation. Les ayants droit aux frais et aux collocations utiles donneront quittance en marge de l'état de répartition remis au tiers saisi, qui se trouvera libéré d'autant.

12. Les effets de la saisie-arrêt et les oppositions consignées par le greffier sur le registre spécial subsisteront jusqu'à complète libération du débiteur.

13. Les frais de saisie-arrêt et de distribution seront à la charge du débiteur saisi. Ils seront prélevés sur la somme à distribuer.

Tous frais de contestation jugée mal fondée seront mis à la charge de la partie qui aura succombé.

14. Pour l'exécution de la présente loi, il sera tenu au greffe de chaque justice de paix un registre sur papier non timbré, qui sera coté et paraphé par le juge de paix et sur lequel seront inscrits:

1° Les visas ou ordonnances autorisant la saisie-arrêt;

2° Le dépôt de l'exploit;

3° La réquisition de la convocation des parties;

4° Les arrangements intervenus;

7° Les interventions des tiers [illegible];

6° La déclaration faite par le tiers saisi;

7° Le nombre des avertissements ou lettres recommandées [illegible] aux parties;

8° Les décisions du juge de paix;

9° La répartition établie entre les ayants-droit.

15. [illegible]

16. Un décret déterminera les émoluments à allouer aux greffiers [illegible]

17. Les lois et décrets antérieurs sont abrogés en ce qu'ils ont de contraire à la présente loi.

18. La présente loi est applicable à l'Algérie et aux colonies.

9 février 1895

LOI *sur les fraudes en matières artistiques.*

ARTICLE **1**. [illegible]

1° [illegible]

2° [illegible]

2. [illegible]

3. [illegible]

4. [illegible]

5. [illegible]

20 juillet 1895

LOI *sur les caisses d'épargne.*

ARTICLE **1er**. Les caisses d'épargne ordinaires [illegible]

[illegible]

2. [illegible]

3. [illegible]

4. [illegible]

5. [illegible]

6. [illegible]

7. [illegible]

8. [illegible]

9. [illegible]

10. [illegible]

11. [illegible]

membres, ainsi qu'il suit : — Deux sénateurs élus par le Sénat ; — Deux députés, élus par la Chambre des députés ; — Huit présidents ou directeurs de caisses d'épargne, élus par les caisses d'épargne suivant les formes et dans les conditions à déterminer par un règlement d'administration publique ; — Trois personnes connues par leurs travaux sur des institutions de prévoyance et désignées par le ministre du commerce ; — L'administrateur de la caisse nationale d'épargne ; — Le directeur général de la Caisse des dépôts et consignations ; — Le directeur du commerce intérieur au ministère du commerce ; — Le directeur du mouvement général des fonds au ministère des finances ; — Le chef du service de l'inspection générale des finances. — Les membres élus et les membres désignés par le ministre sont nommés pour trois ans ; la commission élit son président. — Un chef de bureau du ministère du commerce, désigné par le ministre, remplit les fonctions de secrétaire avec voix consultative. — Le président de cette commission aura entrée, avec voix délibérative, à la commission de surveillance instituée près de la Caisse des dépôts et consignations par l'article 2 de la loi du 6 avril 1876. Il devra faire connaître à toutes les séances où il sera [illegible] des questions intéressant les caisses d'épargne.

12. Il sera prélevé sur le fonds de réserve prévu par l'article 5 ci-dessus une somme annuelle de deux cent mille francs destinée à organiser le contrôle des opérations des caisses d'épargne par les receveurs particuliers et les trésoriers-payeurs généraux, et par des inspecteurs des finances spécialement désignés pour ces opérations de vérification. — Un règlement d'administration publique, rendu sur la proposition des ministres des finances et du commerce, après avis du conseil d'État et de la commission supérieure instituée par l'article 11, déterminera les règles applicables au fonctionnement de ce contrôle. — Ce règlement fixera également les conditions d'emploi du crédit de deux cent mille francs dont la répartition sera faite chaque année par le ministre des finances.

13. Il est interdit de donner le nom de caisse d'épargne à tout établissement qui n'aurait pas été autorisé conformément aux prescriptions de la loi du 5 juin 1835. Les fondateurs ou directeurs des établissements constitués en contravention au présent article sont passibles d'une amende de vingt-cinq francs à trois mille francs et d'un emprisonnement de trois mois à deux ans. Les tribunaux peuvent ordonner l'insertion et l'affichage des jugements et la suppression de la dénomination de caisse d'épargne, à peine de dommages-intérêts à fixer pour chaque jour de retard. L'article 463 du code pénal est applicable aux condamnations prononcées en vertu du présent article.

14. Aucune opération faite dans les caisses d'épargne ordinaires par les déposants et nécessitant un mouvement de fonds et de valeurs n'est valable et ne forme titre contre la caisse d'épargne que si le reçu délivré sur le livret porte, outre la signature du caissier, le visa et la signature de l'administrateur ou de l'agent chargé du contrôle. — La disposition du paragraphe précédent est affichée en permanence dans les bureaux où elle doit recevoir son exécution, et imprimée sur la couverture des livrets.

15. Dans le cas où des documents de comptabilité prescrits par les règlements n'auraient pas été produits en temps utile, le ministre compétent peut les faire dresser d'office et aux frais de la caisse d'épargne.

16. Les livrets des caisses d'épargne sont nominatifs. — Toute somme versée à une caisse d'épargne est, au regard de la caisse, la propriété du titulaire du livret. — Les mineurs sont admis à se faire ouvrir des livrets sans l'intervention de leur représentant légal. Ils peuvent retirer sans cette intervention, mais seulement après l'âge de seize ans révolus, les sommes figurant sur les livrets ainsi ouverts, sauf opposition de la part de leur représentant légal. — Les femmes mariées, quel que soit le régime de leur contrat de mariage, seront admises à se faire ouvrir des livrets sans l'assistance de leur mari ; elles pourront retirer sans cette assistance les sommes inscrites aux livrets ainsi ouverts, sauf opposition de la part du mari. Dans ce cas, il sera sursis au retrait du dépôt et de [illegible] un mois à partir de la dénonciation qui en sera faite à la femme, par lettre recommandée, à la diligence de la caisse d'épargne. — Passé ce délai, et faute par la femme de s'être pourvue contre ladite opposition par les voies de droit, le mari pourra toucher seul le montant du livret si le régime sous lequel il est marié lui en donne le droit.

17. L'opposition prévue à l'article précédent sera signifiée aux caisses d'épargne dans la forme des actes extrajudiciaires. — Elle produira, à l'égard des caisses, les mêmes effets que l'opposition prévue au Code de procédure civile.

18. Nul ne peut être en même temps titulaire d'un livret de caisse nationale d'épargne et d'un livret de caisse d'épargne ordinaire ou de plusieurs livrets, soit de caisse nationale d'épargne, soit des caisses d'épargne ordinaires, sous peine de perdre l'intérêt de la totalité des sommes déposées.

19. Est admise à circuler en franchise et sous enveloppe fermée la correspondance de service échangée entre les caisses d'épargne, d'une part, et les préfets et sous-préfets, les trésoriers-payeurs généraux et receveurs des finances, d'autre part.

20. A partir de la promulgation de la présente loi, les sommes qui, en vertu de l'article 4 de la loi du 7 mai 1853, étaient placées en rentes et celles qui étaient attribuées aux caisses d'épargne par le même article seront prescrites à l'égard des déposants. Elles seront réparties entre les caisses d'épargne, à concurrence des deux cinquièmes, et les sociétés de secours mutuels possédant des caisses de retraites à concurrence des trois cinquièmes. — Un règlement d'administration publique déterminera les conditions de la répartition entre les sociétés de secours mutuels approuvées et reconnues d'utilité publique.

21. L'intérêt à servir par la caisse nationale d'épargne à ses déposants sera calculé et établi dans les conditions et suivant le mode déterminé par l'article 3, en tenant compte du prélèvement nécessaire pour couvrir les frais d'administration de la caisse. — Ce prélèvement ne pourra être inférieur à cinquante centimes pour cent ; il devra être suffisant pour que le taux d'intérêt en résultant soit toujours inférieur de soixante-quinze centimes pour cent à celui qui sera servi aux caisses d'épargne ordinaires par la Caisse des dépôts et consignations.

22. A l'avenir, l'existence d'une caisse d'épargne ordinaire ou d'une succursale dans une commune fera obstacle à l'ouverture, dans cette même commune, d'une autre caisse d'épargne ou d'une succursale relevant d'une autre caisse.

23. Les certificats de propriété et actes de notoriété exigés par les caisses d'épargne pour effectuer le remboursement, le transfert ou le renouvellement des livrets appartenant aux titulaires décédés ou déclarés absents, seront visés pour timbre et enregistrés gratis.

24. Les saisies-arrêts et oppositions de toute nature, formées auprès des caisses d'épargne, n'auront d'effet que pendant cinq années à compter de leur date, et, si elles n'avaient pas été renouvelées dans l'intervalle, elles seraient rayées d'office à l'expiration de ce délai.

25. Toutes les dispositions inscrites aux trois premiers paragraphes de l'article 1er et aux articles 2, 3, 4, 8, 16, 17, 18, 21, 23 et 24 de la présente loi sont applicables à la caisse nationale d'épargne.

26. Toutes dispositions antérieures contraires à la présente loi sont et demeurent abrogées.

1er février 1896

DÉCRET *relatif à la procédure à suivre en matière de legs concernant les établissements publics ou reconnus d'utilité publique.*

ARTICLE **1er**. Tout notaire constitué dépositaire d'un testament contenant des libéralités en faveur de l'État, des communes, des établissements publics ou reconnus d'utilité publique et des associations religieuses autorisées, est tenu, aussitôt après l'ouverture du testament, de faire connaître aux établissements légataires les dispositions faites en leur faveur. — Il adresse au préfet du département du lieu de l'ouverture de la succession la copie intégrale de ces dispositions, écrite sur papier libre, et un état des héritiers dont l'existence lui aura été révélée, avec leurs nom, prénoms, profession, degré de parenté et adresse. — Il est délivré récépissé de ces pièces.

2. Dans la huitaine, le préfet requiert le maire du lieu de l'ouverture de la succession de lui transmettre, dans le plus bref délai, un état contenant les indications relatives aux héritiers connus et énoncés dans l'article précédent. — Le préfet, dès qu'il a reçu ce dernier état, invite les personnes qui lui sont signalées comme héritières, soit par le notaire, soit par le maire, à prendre connaissance du testament, à donner leur consentement à son exécution ou à produire leurs moyens d'opposition, le tout dans un délai d'un mois. — Ces diverses communications sont faites par voie administrative ; il en est accusé réception.

3. Dans le même délai de huitaine, l'invitation mentionnée en l'article précédent est adressée par les soins du préfet à tous les héritiers inconnus, au moyen d'un avis inséré dans le *Recueil des actes administratifs* du département et d'une affiche, qui restera apposée, pendant trois semaines consécutives, à la porte de la mairie du lieu de l'ouverture de la succession. Cette affiche contient, en outre, l'extrait des dispositions faites en faveur des établissements légataires. Le maire fait parvenir au préfet un certificat constatant l'accomplissement de cette formalité.

4. Les héritiers ne sont recevables à présenter leurs réclamations que dans un délai de trois mois à partir de l'accomplissement des formalités prescrites par l'article 3. — Les réclamations sont adressées au préfet du département du lieu de l'ouverture de la succession. — A l'expiration de ce délai, il est statué sur l'acceptation ou le refus de la libéralité par l'autorité compétente. — Si un même testament contient des libéralités distinctes faites à des établissements différents et ne relevant pas de la même autorité administrative, chaque autorité se prononce séparément lorsqu'il ne s'est produit aucune réclamation dans le délai ci-dessus indiqué. Lorsqu'au contraire une réclamation s'est produite, le pouvoir de statuer appartient à l'autorité la plus élevée.

5. Les établissements publics ou reconnus d'utilité publique et les associations religieuses autorisées doivent produire à l'appui de leur demande un état de l'actif et du passif, ainsi que de leurs revenus et charges, certifié par le préfet du département dans lequel ils sont situés. — Dans le cas où le Gouvernement, statuant en conseil d'État, juge nécessaire de requérir de notaire la production d'une copie intégrale du testament, cette copie est fournie sur papier libre.

6. Les libéralités pour lesquelles auront été accomplies, avant la promulgation du présent décret, toutes les formalités de la procédure prescrites par les règlements antérieurement en vigueur, suivront, quant aux autorisations, les règles appliquées avant cette promulgation. — En ce qui touche les libéralités pour lesquelles l'instruction n'aura pas été terminée, la procédure sera continuée conformément aux dispositions du présent décret et les formalités de publication édictées par l'article 3 seront, dans tous les cas, applicables.

7. Sont abrogés l'article 1, paragraphe 1er, de l'ordonnance du 2 avril 1817, les articles 2 et 3 de celle du 14 janvier 1831, le décret du 30 juillet 1863 et toutes les dispositions qui seraient contraires au présent règlement.

21 mars 1896

LOI *relative à la tenue par les juges de paix d'audiences foraines.*

ARTICLE UNIQUE. — Le juge de paix doit tenir ses audiences au chef-lieu du canton. — Toutefois le Président de la République peut, par décret rendu, le conseil d'État entendu, l'autoriser à tenir des audiences supplémentaires en des communes autres que le chef-lieu du canton. — Le juge de paix et son greffier recevront, dans ce cas, et lorsqu'il y aura lieu à déplacement de leur part, une indemnité qui sera supportée par les communes intéressées.

25 mars 1896

LOI *relative aux droits des enfants naturels dans la succession de leurs père et mère.*

ARTICLE **1er**. — Il est créé au chapitre III du titre Ier du livre III du Code civil, une section VI avec le titre : « Des successions déférées aux enfants naturels légalement reconnus et des droits de leurs père et mère dans leur succession. » — Cette section VI comprendra les articles suivants : (Voyez les articles 756 à 766 du Code civil.) — Les articles 756 à 766 dudit Code sont abrogés.

2. La section Ire du chapitre IV du titre Ier du livre III est intitulée : « Des droits des frères et sœurs sur les biens des enfants naturels. Elle contiendra uniquement l'article 766 du Code civil : (Voyez l'article 766.) »

3. L'article 906 du Code civil est modifié ainsi qu'il suit : (Voyez cet article.) [illegible]

4. Il est ajouté à l'article 913 du Code civil un paragraphe ainsi conçu : (Voyez ledit article.) [illegible]

5. [illegible]

6. Les articles 723 et 724 du Code civil sont modifiés ainsi qu'il suit : (Voyez lesdits articles.)

7. L'article 773 du Code civil est abrogé.

8. [illegible]

[illegible]

9. [illegible]

10. [illegible]

31 mars 1896

LOI *modifiant l'article 11 et complétant l'article 5 de la loi du 30 novembre 1894 sur les habitations à bon marché.*

ARTICLE **1**er. [illegible]

2. [illegible]

3. [illegible]

31 mars 1896

LOI *relative à la vente des objets abandonnés ou laissés en gage par les voyageurs aux aubergistes ou hôteliers.*

ARTICLE **1**er. [illegible]

2. [illegible]

3. [illegible]

4. [illegible]

5. [illegible]

6. [illegible]

7. [illegible]

8. [illegible]

20 juin 1896

LOI *portant modification de plusieurs dispositions légales relatives au mariage, dans le but de le rendre plus facile.*

ARTICLE **1**er. [illegible] (Voyez ledit article.)

2. L'article [illegible] du Code civil est ainsi modifié : (Voyez ledit article.)

3. L'article [illegible] du Code civil est ainsi remplacé : (Voyez ledit article.)

4. L'article [illegible] du Code civil est ainsi remplacé : (Voyez ledit article.)

5. [illegible] (Voyez ledit article.)

6. [illegible]

ART. 3. [illegible]

7. [illegible]

8. [illegible]

22 juillet 1896

LOI *relative aux pigeons voyageurs.*

ARTICLE **1**er. [illegible]

2. [illegible]

3. [illegible]

4. [illegible]

5. [illegible]

6. [illegible]

[illegible]

30 novembre 1896

LOI [illegible]

ARTICLE **1**er. [illegible]

2. [illegible]

3. [illegible]

8 février 1897

LOI *portant modification de la loi du [illegible] 1791 [illegible]*

TITRE PREMIER

De l'expulsion

ARTICLE **1**er. [illegible]

2. [illegible]

3. [illegible]

experts estimeront la valeur réelle de l'immeuble reconverti, puis supposé dépouillé de ses édifices et superficies; la différence entre les deux estimations constituera la plus-value, sous réserve de la disposition édictée par l'article 4 [illegible]. — Le chiffre de cette plus-value ne pourra jamais être supérieur à la valeur des droits [illegible] [illegible].

4. Les édifices et superficies qui auraient été établis en dehors des titres et conventions [illegible] [illegible]

5. [illegible]

6. [illegible]

7. [illegible]

8. Les frais de l'expertise sont à la charge du domanier.

9. [illegible]

10. [illegible]

TITRE II

Dispositions diverses.

11. [illegible]

12. [illegible]

[illegible] à l'expiration de la dernière baillée ne pourra s'ajouter à la rente conventionnelle, telle que celle-ci résulte du texte de ladite baillée.

13. La loi du 6 août 1791 est abrogée en tout ce qu'elle contient de contraire à la présente loi.

6 avril 1897

LOI *concernant la fabrication, la circulation et la vente des vins artificiels.*

Article **1**. La fabrication industrielle, la circulation et la vente des vins de raisins secs ou autres vins artificiels, à l'exception des vins de [illegible] et [illegible], et des vins de [illegible] et de sucre régis par l'article 3, sont soumises au régime fiscal des vins et soumises aux droits et régime de l'alcool pour leur richesse alcoolique [illegible].

2. Les raisins secs à boisson ne pourront circuler qu'en vertu d'expéditions garantissant le payement du droit général de consommation à raison de [illegible] [illegible]

3. La fabrication et la circulation en vue de la vente des vins de marc et des vins de sucre sont interdites. [illegible]

4. Sont punies des peines portées à l'article 1er de la loi du 28 février 1872 [illegible]

5. Les dispositions de l'article 463 du Code pénal sont applicables aux infractions à la présente loi.

6. La présente loi est applicable en Algérie et dans les colonies. — Elle entrera en vigueur à partir de [illegible].

16 avril 1897

LOI *concernant la répression de la fraude dans le commerce du beurre et la fabrication de la margarine.*

TITRE PREMIER

Article **1**. Il est interdit de désigner, d'exposer, de mettre en vente ou de vendre, d'importer ou d'exporter sous le nom de beurre, avec ou sans qualificatif, tout produit qui n'est pas exclusivement fait avec du lait ou de la crème provenant du lait ou avec l'un et l'autre, avec ou sans sel, avec ou sans colorant.

2. Toutes les substances alimentaires autres que le beurre, quelles que soient leur origine, leur provenance et leur composition, qui présentent l'aspect du beurre et sont préparées pour le même usage que ce dernier produit, ne peuvent être désignées que sous le nom de margarine. — La margarine ne doit, en aucun cas, être additionnée de matières colorantes.

3. Il est interdit à quiconque se livre à la fabrication ou à la préparation du beurre, de fabriquer et de détenir dans ses locaux [illegible] la margarine ou de l'oléo-margarine [illegible]

4. Toute personne qui veut se livrer à la fabrication de la margarine ou de l'oléo-margarine est tenue d'en faire la déclaration, à Paris à la préfecture de police, et dans les départements au maire de la commune où elle veut établir sa fabrique.

5. [illegible]

6. Les fabriques de margarine et d'oléo-margarine sont soumises à la surveillance d'inspecteurs nommés par le gouvernement. [illegible]

7. Les inspecteurs mentionnés à l'article 6 peuvent pénétrer en tout temps dans tous les locaux des fabriques de margarine et d'oléo-margarine [illegible]

8. Le traitement des inspecteurs est à la charge des établissements surveillés. [illegible]

9. Les fûts, caisses, boîtes et récipients quelconques renfermant de la margarine ou de l'oléo-margarine [illegible]

10. [illegible]

11. Il est interdit d'exposer, de mettre en vente et de vendre dans un lieu quelconque de la margarine ou de l'oléo-margarine [illegible]

12. Dans les comptes, factures, connaissements, reçus de chemins de fer, contrats de vente et de transport et autres documents relatifs à la vente, à l'expédition, au transport et à la livraison de la margarine ou de l'oléo-margarine, la [illegible]

13. Les inspecteurs désignés à l'article 6 et, au besoin, des experts spéciaux nommés par le gouvernement, ont le droit de pénétrer dans les locaux où se fabrique pour la vente, dans ceux où l'on prépare et vend du beurre, de prélever des échantillons [illegible]

14. Chaque année, le ministre de l'agriculture, sur l'avis du comité consultatif des stations agronomiques et des laboratoires agricoles : — 1° Prescrit les méthodes d'analyse à suivre pour l'examen des échantillons de beurre prélevés comme suspects [illegible] — 2° Fixe le taux des analyses. — 3° Arrête la liste des chimistes-experts seuls chargés de faire l'analyse légale des échantillons prélevés.

15. Les échantillons prélevés sont payés aux détenteurs sur le budget de l'État, ainsi que les frais d'expertise et d'analyse. En cas de condamnation, ces frais sont à la charge des délinquants.

TITRE II

Pénalités.

16. Ceux qui auront sciemment contrevenu aux dispositions de la présente loi seront punis d'un emprisonnement de six jours à trois mois et d'une amende de [illegible] francs ou de l'une de ces deux peines seulement. [illegible]

[illegible]

17. [illegible]

18. [illegible]

19. [illegible]

20. [illegible]

21. [illegible]

22. [illegible]

23. Sont abrogées la loi du [illegible] et toutes les dispositions contraires à la présente loi.

24. La présente loi est applicable à l'Algérie et aux colonies.

5 septembre 1897

DÉCRET *portant règlement général de la pêche fluviale.*

ARTICLE **1**er. — Les époques pendant lesquelles la pêche est interdite en vue de protéger la reproduction du poisson sont fixées comme il suit :

1° Du 20 septembre exclusivement au 10 janvier inclusivement est interdite la pêche du saumon ;

2° Du 20 octobre exclusivement au 31 janvier inclusivement est interdite la pêche de la truite et de l'ombre chevalier ;

3° Du 15 novembre exclusivement au 31 décembre inclusivement est interdite la pêche du lavaret ;

4° [illegible]

2. [illegible]

3. [illegible]

4. [illegible]

5. [illegible]

6. [illegible]

après le coucher du soleil et demi-heure au plus avant son lever dans certains emplacements des fleuves et rivières navigables spécialement désignés.

7. Le séjour dans l'eau des filets et engins ayant les dimensions réglementaires est permis à toute heure sous la condition qu'ils ne puissent être placés et relevés que depuis le lever jusqu'au coucher du soleil.

8. Les dimensions au-dessous desquelles les poissons et écrevisses ne peuvent être pêchés, mesurés à la ligne flottante, et doivent être rejetés à l'eau sont déterminées comme il suit pour les diverses espèces :

1° Les saumons, 0 m. 40 de longueur. Cette prescription s'applique indistinctement à tous les sujets de l'espèce n'ayant pas la dimension ci-dessus fixée, quels que soient d'ailleurs les différents noms dont on les désigne suivant les localités [illegible]

[illegible]

9. [illegible]

10. [illegible]

11. [illegible]

12. [illegible]

13. [illegible]

14. [illegible]

15. [illegible]

16. [illegible]

17. [illegible]

18. [illegible]

droit de pêche à se servir exceptionnellement d'engins n'ayant pas les dimensions réglementaires pour s'emparer du poisson assuré de pêche.

19. Des arrêtés préfectoraux, rendus sur les avis des conseils de salubrité et des ingénieurs ou des fonctionnaires de l'administration des forêts, déterminent :

1° La durée du rouissage du lin et du chanvre dans les cours d'eau, et les emplacements où cette opération peut être pratiquée avec le moins d'inconvénients pour le poisson ;

2° Les mesures à observer pour l'évacuation dans les cours d'eau des matières susceptibles de nuire au poisson et provenant des fabriques et établissements industriels quelconques.

20. Il est institué au ministère de l'agriculture une commission de la « pêche fluviale » composée de neuf membres, savoir : un conseiller d'État en service ordinaire, président ; quatre représentants du ministère de l'agriculture et quatre représentants du ministère des travaux publics. — Le président, en cas de partage, a voix prépondérante. — Les membres de cette commission sont nommés par décret pour une période de trois années.

21. Les arrêtés pris par les préfets en vertu des articles 2, 6, 10, 13, 16 et 19 du présent décret ne sont exécutoires qu'après approbation donnée par les ministres de l'agriculture et des travaux publics, chacun en ce qui le concerne, la commission de la pêche fluviale entendue. — Ces arrêtés ne sont valables que pour une année ; ils peuvent être renouvelés. — À la fin de chaque année, les préfets adressent au ministre de l'agriculture et au ministre des travaux publics, chacun en ce qui le concerne, un relevé des autorisations accordées en vertu de l'article 18.

22. Les articles du présent décret ne sont applicables ni au lac Léman ni à la Bidassoa, lesquels restent soumis aux lois et règlements qui les régissent spécialement.

23. Sont abrogés les décrets des 10 août 1875, 18 mai 1878, 27 décembre 1889, 5 avril 1892 et toutes autres dispositions contraires au présent décret.

8 décembre 1897

LOI *ayant pour objet de modifier certaines règles de l'instruction préalable en matière de crimes et délits.*

ARTICLE **1**er. Le juge d'instruction ne peut concourir au jugement des affaires qu'il a instruites.

2. L'article 93 du Code d'instruction criminelle :

« Dans le cas de mandat de comparution, il interrogera de suite ; dans le cas de mandat d'amener, dans les vingt-quatre heures au plus tard » est complété ainsi qu'il suit : (Voir l'article 93 du Code d'instruction criminelle.)

3. Lors de cette première comparution, le magistrat constate l'identité de l'inculpé, lui fait connaître les faits qui lui sont imputés, et reçoit ses déclarations, après l'avoir averti qu'il est libre de ne pas en faire.

Mention de cet avertissement est faite au procès-verbal.

Si l'inculpation est maintenue, le magistrat donnera avis à l'inculpé de son droit de choisir un conseil parmi les avocats inscrits au tableau ou admis au stage, ou parmi les avoués, et, à défaut de choix, il lui en fera désigner un d'office si l'inculpé le demande. La désignation sera faite par le bâtonnier de l'ordre des avocats, s'il existe un conseil de discipline, et, dans le cas contraire, par le président du tribunal.

Mention de cette formalité sera faite au procès-verbal.

4. Si l'inculpé a été trouvé hors de l'arrondissement où a été délivré le mandat, et à une distance de plus de dix myriamètres du chef-lieu de cet arrondissement, il est conduit devant le procureur de la République de celui où il a été trouvé.

5. Le procureur de la République l'interroge sur son identité, reçoit ses déclarations, après l'avoir averti qu'il est libre de ne pas en faire, l'interpelle afin de savoir s'il consent à être transféré ou s'il préfère prolonger les effets du mandat d'amener en attendant au lieu où il se trouve la décision du juge d'instruction saisi de l'affaire. Si l'inculpé déclare s'opposer au transfèrement, avis immédiat en est donné à l'officier qui a signé le mandat. Le procès-verbal de la comparution contenant un signalement complet est transmis sans délai à ce magistral, avec toutes les indications propres à faciliter la reconnaissance d'identité.

Il doit être fait mention au procès-verbal de l'avis donné à l'inculpé qu'il est libre de ne pas faire de déclarations.

6. Le juge d'instruction saisi de l'affaire décide, aussitôt après la réception de ces actes, s'il y a lieu d'ordonner le transfèrement.

7. Nonobstant les termes de l'article 3, le juge d'instruction peut procéder à un interrogatoire immédiat et à des confrontations, si l'urgence résulte soit de l'état d'un témoin en danger de mort, soit de l'existence d'indices sur le point de disparaître, ou encore s'il s'est transporté sur les lieux en cas de flagrant délit.

8. Si l'inculpé reste détenu, il peut, aussitôt après la première comparution, communiquer librement avec son conseil.

Le paragraphe final ajouté par la loi du 14 juillet 1865 à l'article 613 du Code d'instruction criminelle est abrogé en ce qui concerne les prisons d'arrêt ou de dépôt soumises au régime cellulaire. Dans toutes les autres, le juge d'instruction aura le droit de prescrire l'interdiction de communiquer pour une période de dix jours ; il pourra la renouveler, mais pour une nouvelle période de dix jours seulement.

En aucun cas l'interdiction de communiquer ne saurait s'appliquer au conseil de l'inculpé.

9. L'inculpé doit faire connaître le nom du conseil par lui choisi, en le déclarant soit au greffier du juge d'instruction, soit au gardien-chef de la maison d'arrêt.

L'inculpé détenu ou libre ne peut être interrogé ou confronté, à moins qu'il n'y renonce expressément, qu'en présence de son conseil ou lui dûment appelé.

Le conseil ne peut prendre la parole qu'après y avoir été autorisé par le magistrat. En cas de refus, mention de l'incident est faite au procès-verbal.

Le conseil sera convoqué par lettre missive au moins vingt-quatre heures à l'avance.

10. La procédure doit être mise à la disposition du conseil la veille de chacun des interrogatoires que l'inculpé doit subir.

Il doit lui être immédiatement donné connaissance de toute ordonnance du juge par l'intermédiaire du greffier.

11. Lorsque la cour d'assises saisie d'une affaire criminelle en prononce le renvoi à une autre session, il lui appartient de statuer sur la mise en liberté provisoire de l'accusé.

12. Seront observées à peine de nullité de l'acte et de la procédure ultérieure, les dispositions prescrites par les articles 1er, 3, paragraphe 2, 9, paragraphes 2 et 10.

13. Sont et demeurent abrogées toutes les dispositions antérieures contraires à la présente loi.

14. La présente loi est applicable aux colonies de la Guadeloupe, de la Martinique et de la Réunion.

24 décembre 1897

LOI *relative au recouvrement des frais dus aux notaires, avoués et huissiers.*

ARTICLE **1**er. Le droit des notaires au paiement des sommes à eux dues pour les actes de leur ministère se prescrit par cinq ans à partir de la date des actes. Pour les actes dont l'effet est subordonné au décès, tels que les testaments et les donations entre époux pendant le mariage, les cinq ans ne courent que du jour du décès de l'auteur de la disposition.

Il n'est pas innové en ce qui concerne les huissiers et les avoués, aux dispositions édictées par les articles 2272 et 2273 du Code civil.

La prescription a lieu quoiqu'il y ait eu continuation d'actes de leur ministère de la part des notaires, avoués et huissiers. Elle ne cesse de courir que lorsqu'il y a eu compte arrêté, reconnaissance, obligation ou signification de taxe, en conformité de l'article 4 ci-après.

Les articles 2275 et 2278 du Code civil sont applicables à ces prescriptions.

2. Les demandes en taxe et les actions en restitution de frais dus aux notaires, avoués et huissiers, pour les actes de leur ministère, se prescrivent par deux ans du jour du paiement ou du règlement par compte arrêté, reconnaissance ou obligation.

3. Les notaires, avoués et huissiers ne pourront poursuivre le paiement des frais s'appliquant aux actes de leur ministère qu'après en avoir obtenu la taxe et suivant les formes établies à l'article suivant.

La demande de taxe pour les notaires est portée devant le président du tribunal civil de la résidence des notaires ou, en cas d'empêchement, devant un juge commis par lui. La taxe sera arrêtée conformément au tarif, s'il s'agit d'actes qui y sont compris, et, s'il s'agit d'actes non tarifés, suivant la nature et l'importance de ces actes, les difficultés que leur rédaction a présentées et la responsabilité qu'ils peuvent entraîner.

Pour les avoués et les huissiers, la taxe sera faite par le président du tribunal, ou par le premier président de la cour d'appel, où les frais ont été faits, ou, à leur défaut, par un juge qu'ils désigneront. S'il s'agit de frais relatifs à une instance, le magistrat taxateur devra, à moins d'empêchement, avoir pris part au jugement ou à l'arrêt.

Pour les notaires et les avoués, en matière de compte, liquidation et partage, les frais faits devant le tribunal seront taxés, à moins d'empêchement, par le juge-commissaire.

4. Les notaires, avoués et huissiers devront signifier à la partie débitrice par acte d'avoué à avoué, s'il y a avoué constitué, sinon à personne ou domicile, l'état détaillé des frais taxés et l'ordonnance du magistrat taxateur revêtue de la formule exécutoire.

Cette signification contiendra, en outre, à peine de nullité : 1° constitution d'avoué pour le requérant ; 2° la déclaration que cette ordonnance deviendra définitive et elle n'est pas frappée d'opposition dans les délais déterminés au paragraphe suivant.

Dans les quinze jours de la signification, sauf l'application des dispositions des articles 73, 74 et 1033 du Code de procédure civile, l'ordonnance de taxe est susceptible d'opposition de la part tant de la partie débitrice que de la partie qui en est bénéficiaire. Cette opposition est motivée et faite par acte d'avoué à avoué, s'il y a avoué constitué, sinon par ajournement.

Le délai imparti par le paragraphe précédent est suspendu par la mort de l'une des parties ayant le droit d'opposition. Il reprend son cours après une nouvelle signification faite au domicile du défunt, et à compter de l'expiration des délais pour faire inventaire et délibérer si cette signification a eu lieu avant que ces derniers délais fussent expirés. Cette signification pourra être faite aux héritiers collectivement et sans désignation des noms et qualités.

Les débats auront lieu en la chambre du conseil sans procédure, le ministère public entendu.

Le jugement sera rendu en audience publique ; il sera susceptible d'appel dans les formes et dans les cas ordinaires.

La signification de l'ordonnance de taxe, faite conformément aux prescriptions de la présente loi, à la requête des notaires, avoués et huissiers, interrompt la prescription et fait courir les intérêts.

L'ordonnance de taxe vaut titre exécutoire ; elle emporte hypothèque judiciaire ; mais elle ne pourra être exécutée et l'inscription ne pourra être prise valablement qu'après l'expiration du délai d'opposition.

5. Les mêmes règles s'appliquent aux frais, non liquidés par le jugement ou l'arrêt, réclamés par un avoué distractionnaire des dépens, contre la partie adverse condamnée à les payer.

Toutefois, en ce cas :

1° Le délai d'opposition ne sera pas augmenté à raison des distances, si le jugement ou l'arrêt sur le fond est contradictoire ;

2° L'appel ne sera recevable que s'il y a appel de quelque disposition sur le fond.

3° L'ordonnance de taxe pourra être exécutée dès qu'elle aura été signifiée et l'inscription de l'hypothèque judiciaire pourra être valablement prise avant même la signification.

L'exécution de l'ordonnance de taxe sera suspendue s'il y est fait opposition ou si la décision sur le fond est frappée d'opposition ou d'appel.

6. La présente loi est applicable aux procédures et règlements effectués, aux actes passés et aux frais faits antérieurement à sa promulgation.

7. La loi du 5 août 1881 est abrogée.

L'article 20 de la loi du 24 frimaire an VII, l'article 51 de la loi du 25 ventôse an XI et les décrets du 16 février 1807 sont abrogés dans celles de leurs dispositions qui sont contraires à la présente loi.

8. La présente loi est applicable à l'Algérie et aux colonies.

15 février 1898

LOI *relative au commerce de brocanteur.*

ARTICLE **1**er. Tout brocanteur, revendeur de vieux meubles, linges, hardes, bijoux, livres, vaisselles, armes, métaux, ferraille et autres objets et marchandises de hasard, ou qui achète

[illegible]

8 avril 1898

LOI *sur le régime des eaux.*

TITRE PREMIER

Eaux pluviales et sources.

ARTICLE 1er. [illegible]

TITRE II

Cours d'eau non navigables et non flottables.

CHAPITRE PREMIER

Des droits des riverains.

2. [illegible]

3. [illegible]

CHAPITRE II

Police et conservation des eaux.

8. [illegible]

CHAPITRE III

Curage, élargissement et redressements.

18. [illegible]

TITRE III

Des rivières flottables à bûches perdues.

30. [illegible]

soumises aux dispositions spéciales suivantes.

31. Le flottage à bûches perdues ne peut être établi sur les cours d'eau où il n'existe pas actuellement que par un décret rendu après enquête et avis des conseils généraux des départements traversés par ces cours d'eau. Ce décret sera inséré au *Bulletin des Lois*.

Le décret détermine les servitudes nécessaires pour l'exercice du flottage et règle les obligations respectives des propriétaires riverains, des usiniers et des flotteurs.

32. L'indemnité due à raison de ces servitudes est fixée en premier ressort par le juge de paix du canton.

Il est tenu compte, dans le règlement de cette indemnité, des avantages qui peuvent résulter de l'établissement du flottage.

33. Sont maintenus, tant qu'ils n'auront pas été revisés conformément aux dispositions des articles 31 et 32 ci-dessus, tous les règlements spéciaux relatifs aux rivières et cours d'eau sur lesquels se pratique le flottage à bûches perdues.

TITRE IV

Des fleuves et rivières navigables ou flottables.

CHAPITRE PREMIER

Des droits du domaine et des riverains.

34. Les fleuves et les rivières navigables ou flottables avec bateaux, trains ou radeaux, font partie du domaine public depuis le point où ils commencent à être navigables ou flottables jusqu'à leur embouchure.

Font également partie du domaine public :

1° Les bras, même non navigables et non flottables, lorsqu'ils prennent naissance au-dessous du point où les fleuves et rivières commencent à être navigables ou flottables;

2° Les noues et boires qui tirent leurs eaux des mêmes fleuves et rivières.

35. Les dérivations ou prises d'eau artificielles établies dans des propriétés particulières ne font pas partie du domaine public, à moins qu'elles n'aient été pratiquées par l'État, dans l'intérêt de la navigation ou du flottage.

Ces dérivations sont régies par les dispositions des actes qui les ont autorisées.

36. Des arrêtés préfectoraux rendus après enquête sous l'approbation du ministre des travaux publics, fixeront les limites des fleuves et rivières navigables et flottables. Ces limites sont déterminées par la hauteur des eaux coulant à pleins bords avant de déborder.

Les arrêtés de délimitation pourront faire l'objet d'un recours contentieux. Ils seront toujours pris sous la réserve des droits de propriété.

37. L'article 563 du Code civil est abrogé et remplacé par les dispositions suivantes :

(Voir cet article au Code civil.)

38. Lorsque, à la suite de travaux légalement exécutés, des portions du lit cessent de faire partie du domaine public, les propriétaires riverains peuvent exercer le droit de préemption conformément à l'article 37 qui précède.

39. La propriété des alluvions, relais, atterrissements, îles et îlots qui se forment naturellement dans les fleuves et rivières faisant partie du domaine public, est et demeure réglée par les dispositions des articles 556, 557, 560 et 562 du Code civil.

CHAPITRE II

Des concessions et autorisations.

40. Aucun travail ne peut être exécuté et aucune prise d'eau ne peut être pratiquée dans les fleuves et rivières navigables ou flottables sans autorisation de l'administration.

41. Les préfets statuent, après enquête et sur l'avis des ingénieurs, et sauf recours au ministre, sur les demandes ayant pour objet de faire des prises d'eau au moyen de machines, lorsqu'il est constaté que, eu égard au volume des cours d'eau, elles n'auront pas pour effet d'en altérer le régime.

42. Ils statuent également, sur l'avis des ingénieurs, sauf recours au ministre, sur les demandes en autorisation d'établissements temporaires sur les cours d'eau navigables ou flottables, alors même que ces établissements auraient pour effet de modifier le régime ou le niveau des eaux.

Ils fixent, dans ce cas, la durée de l'autorisation, qui ne devra jamais dépasser deux ans.

43. Toutes autres autorisations ne peuvent être accordées que par décrets rendus, après enquête, sur l'avis du conseil d'État.

44. Les concessionnaires sont assujettis à payer une redevance à l'État, d'après les bases qui seront fixées par un règlement d'administration publique.

45. Les prises d'eau et autres établissements créés sur les cours d'eau navigables ou flottables, même avec autorisation, peuvent toujours être modifiés ou supprimés. Une indemnité n'est due que lorsque les prises d'eau ou établissements dont la modification ou la suppression est ordonnée ont une existence légale.

Toutefois, aucune suppression ou modification ne pourra être prononcée que suivant les formes et avec les garanties établies par les articles précédents.

CHAPITRE III

Des servitudes.

46. Les propriétaires riverains des fleuves et rivières navigables ou flottables sont tenus, dans l'intérêt du service de la navigation et partout où il existe un chemin de halage, de laisser le long des bords desdits fleuves et rivières, ainsi que sur les îles où il en est besoin, un espace libre de 7 m. 80 de largeur.

Ils ne peuvent planter d'arbres ni se clore par haie ou autrement qu'à une distance de 9 m. 75 du côté où les bateaux se tirent et de 3 m. 25 sur le bord où il n'existe pas de chemin de halage.

47. Lorsque l'intérêt du service de la navigation le permettra, les distances fixées par l'article précédent seront réduites par un arrêté ministériel.

48. Les propriétaires riverains qui veulent faire des constructions, plantations ou clôtures le long des fleuves ou rivières navigables ou flottables peuvent, au préalable, demander à l'administration de reconnaître la limite de la servitude.

Si, dans les trois mois à compter de la demande, l'administration n'a pas fixé la limite, les constructions, plantations ou clôtures faites par les riverains ne peuvent plus être supprimées que moyennant indemnité.

49. Lorsqu'une rivière ou partie de rivière est rendue navigable ou flottable et que ce fait a été déclaré par un décret, les propriétaires riverains sont soumis aux servitudes établies par l'article 46; mais il leur est dû une indemnité proportionnelle au dommage qu'ils éprouvent, en tenant compte des avantages que l'établissement de la navigation ou du flottage peut leur procurer.

Les propriétaires riverains d'une rivière navigable ou flottable auront également droit à une indemnité lorsque, pour les besoins de la navigation, la servitude de halage sera établie sur une rive où cette servitude n'existait pas.

50. Les contestations relatives à l'indemnité due aux propriétaires, à raison de l'établissement de la servitude de halage, sont jugées en premier ressort par le juge de paix du canton.

S'il y a expertise, il peut n'être nommé qu'un seul expert.

51. Dans le cas où l'administration juge que la servitude de halage est insuffisante et veut établir le long du fleuve ou de la rivière un chemin dans des conditions constantes de viabilité, elle doit, à défaut du consentement exprès des riverains, acquérir le terrain nécessaire à l'établissement du chemin, en se conformant aux lois sur l'expropriation pour cause d'utilité publique.

52. Il est interdit d'extraire, sans autorisation spéciale, des terres, sables et autres matériaux à une distance moindre de 11 m. 70 de la limite des fleuves et rivières navigables ou flottables.

53. Le curage des cours d'eau navigables ou flottables et de leurs dépendances faisant partie du domaine public est à la charge de l'État. Néanmoins, un règlement d'administration publique peut, les parties intéressées entendues, appeler à contribuer au curage les communes, les usiniers, les concessionnaires des prises d'eau et les propriétaires voisins qui, par l'usage exceptionnel et spécial qu'ils font des eaux, rendent les frais du curage plus considérables.

9 avril 1898

LOI *concernant les responsabilités des accidents dont les ouvriers sont victimes dans leur travail.*

TITRE PREMIER

Indemnités en cas d'accidents.

ARTICLE **1er**. Les accidents survenus par le fait du travail, ou à l'occasion du travail, aux ouvriers et employés occupés dans l'industrie du bâtiment, les usines, manufactures, chantiers, les entreprises de transport par terre et par eau, de chargement et de déchargement, les magasins publics, mines, minières, carrières et, en outre, dans toute exploitation ou partie d'exploitation dans laquelle sont fabriquées ou mises en œuvre des matières explosives, ou dans laquelle il est fait usage d'une machine mue par une force autre que celle de l'homme ou des animaux, donnent droit, au profit de la victime ou de ses représentants, à une indemnité à la charge du chef d'entreprise, à la condition que l'interruption de travail ait duré plus de quatre jours.

Les ouvriers qui travaillent seuls d'ordinaire ne pourront être assujettis à la présente loi par le fait de la collaboration accidentelle d'un ou de plusieurs de leurs camarades.

2. Les ouvriers et employés désignés à l'article précédent ne peuvent se prévaloir, à raison des accidents dont ils sont victimes dans leur travail, d'aucunes dispositions autres que celles de la présente loi.

Ceux dont le salaire annuel dépasse deux mille quatre cents francs ne bénéficient de ces dispositions que jusqu'à concurrence de cette somme. Pour le surplus, ils n'ont droit qu'au quart des rentes ou indemnités stipulées à l'article 3, à moins de conventions contraires quant au chiffre de la quotité.

3. Dans les cas prévus à l'article 1er, l'ouvrier ou l'employé a droit :

Pour l'incapacité absolue et permanente, à une rente égale aux deux tiers de son salaire annuel;

Pour l'incapacité partielle et permanente, à une rente égale à la moitié de la réduction que l'accident aura fait subir au salaire;

Pour l'incapacité temporaire, à une indemnité journalière égale à la moitié du salaire touché au moment de l'accident, si l'incapacité de travail a duré plus de quatre jours et à partir du cinquième jour.

Lorsque l'accident est suivi de mort, une pension est servie aux personnes ci-après désignées, à partir du décès, dans les conditions suivantes :

A. Une rente viagère égale à 20 pour 100 du salaire annuel de la victime pour le conjoint survivant non divorcé ou séparé de corps, à la condition que le mariage ait été contracté antérieurement à l'accident.

En cas de nouveau mariage, le conjoint cesse d'avoir droit à la rente mentionnée ci-dessus; il lui sera alloué, dans ce cas, le triple de cette rente à titre d'indemnité totale.

B. Pour les enfants, légitimes ou naturels, reconnus avant l'accident, orphelins de père ou de mère, âgés de moins de seize ans, une rente calculée sur le salaire annuel de la victime à raison de 15 pour 100 de ce salaire s'il n'y a qu'un enfant, de 25 pour 100 s'il y en a deux, de 35 pour 100 s'il y en a trois, et 40 pour 100 s'il y en a quatre ou un plus grand nombre.

Pour les enfants, orphelins de père et de mère, la rente est portée pour chacun d'eux à 20 pour 100 du salaire.

L'ensemble de ces rentes ne peut, dans le premier cas, dépasser 40 pour 100 du salaire, ni 60 pour 100 dans le second.

C. Si la victime n'a ni conjoint ni enfant dans les termes des paragraphes *A* et *B*, chacun des ascendants et descendants qui était à sa charge recevra une rente viagère pour les ascendants et payable jusqu'à seize ans pour les descendants. Cette rente sera égale à 10 pour 100 du salaire annuel de la victime, sans que le montant total des rentes ainsi allouées puisse dépasser 30 pour 100.

Chacune des rentes prévues par le paragraphe *C* est, le cas échéant, réduite proportionnellement.

Les rentes constituées en vertu de la présente loi sont payables par trimestre; elles sont incessibles et insaisissables.

Les ouvriers étrangers, victimes d'accidents, qui cesseront de résider sur le territoire français recevront, pour toute indemnité, un capital égal à trois fois la rente qui leur avait été allouée.

Les représentants d'ouvriers étrangers ne recevront aucune indemnité si, au moment de l'accident, ils ne résidaient pas sur le territoire français.

4. Le chef d'entreprise supporte en outre les frais médicaux et pharmaceutiques et les frais funéraires. Ces derniers sont évalués à la somme de cent francs au maximum.

Quant aux frais médicaux et pharmaceutiques, si la victime a fait choix elle-même de son médecin, le chef d'entreprise ne peut être tenu que jusqu'à concurrence de la somme fixée par le juge de paix du canton, conformément aux tarifs adoptés dans chaque département pour l'assistance médicale gratuite.

5. Les chefs d'entreprise peuvent se décharger pendant les trente, soixante ou quatre-vingt-dix premiers jours à partir de l'accident, de l'obligation de payer aux victimes les frais de maladie et l'indemnité temporaire, ou une partie seulement de cette indemnité, comme il est spécifié ci-après, s'ils justifient :

1° Qu'ils ont affilié leurs ouvriers à des sociétés de secours mutuels et pris à leur charge une quote-part de la cotisation qui aura été déterminée d'un commun accord, et en se conformant aux statuts-types approuvés par le ministre compétent, mais qui ne devra pas être inférieure au tiers de cette cotisation ;

2° Que ces sociétés assurent à leurs membres, pendant trente, soixante ou quatre-vingt-dix jours, les soins médicaux et pharmaceutiques et une indemnité journalière.

Si l'indemnité journalière servie par la société est inférieure à la moitié du salaire quotidien de la victime, le chef d'entreprise est tenu de lui verser la différence.

6. Les exploitants de mines, minières et carrières peuvent se décharger des frais et indemnités mentionnés à l'article précédent moyennant une subvention annuelle versée aux caisses ou sociétés de secours constituées dans ces entreprises en vertu de la loi du 29 juin 1894.

Le montant et les conditions de cette subvention devront être acceptés par la société et approuvés par le ministre des travaux publics.

Ces deux dispositions seront applicables à tous autres chefs d'industrie qui auront créé en faveur de leurs ouvriers des caisses particulières de secours en conformité du titre III de la loi du 29 juin 1894. L'approbation prévue ci-dessus sera, en ce qui les concerne, donnée par le ministre du commerce et de l'industrie.

7. Indépendamment de l'action résultant de la présente loi, la victime ou ses représentants conservent, contre les auteurs de l'accident autres que le patron ou ses ouvriers et préposés, le droit de réclamer la réparation du préjudice causé, conformément aux règles du droit commun.

L'indemnité qui leur sera allouée exonérera à due concurrence le chef d'entreprise des obligations mises à sa charge.

Cette action contre les tiers responsables pourra même être exercée par le chef d'entreprise, à ses risques et périls, aux lieu et place de la victime ou de ses ayants droit, si ceux-ci négligent d'en faire usage.

8. Le salaire qui servira de base à la fixation de l'indemnité allouée à l'ouvrier âgé de moins de seize ans ou à l'apprenti victime d'un accident ne sera pas inférieur au salaire le plus bas des ouvriers valides de la même catégorie occupés dans l'entreprise.

Toutefois, dans le cas d'incapacité temporaire, l'indemnité de l'ouvrier âgé de moins de seize ans ne pourra pas dépasser le montant de son salaire.

9. Lors du règlement définitif de la rente viagère, après le délai de revision prévu à l'article 19, la victime peut demander que le quart au plus du capital nécessaire à l'établissement de cette rente, calculé d'après les tarifs dressés pour les victimes d'accidents par la caisse des retraites pour la vieillesse, lui soit attribué en espèces.

Elle peut aussi demander que ce capital, ou ce capital réduit du quart au plus, comme il vient d'être dit, serve à constituer sur sa tête une rente viagère réversible, pour moitié au plus, sur la tête de son conjoint. Dans ce cas, la rente viagère sera diminuée de façon qu'il ne résulte de la réversibilité aucune augmentation de charges pour le chef d'entreprise.

Le tribunal, en chambre du conseil, statuera sur ces demandes.

10. Le salaire servant de base à la fixation des rentes s'entend, pour l'ouvrier occupé dans l'entreprise pendant les douze mois écoulés avant l'accident, de la rémunération effective qui lui a été allouée pendant ce temps, soit en argent, soit en nature.

Pour les ouvriers occupés pendant moins de douze mois avant l'accident, il doit s'entendre de la rémunération effective qu'ils ont reçue depuis leur entrée dans l'entreprise, augmentée de la rémunération moyenne qu'ont reçue, pendant la période nécessaire pour compléter les douze mois, les ouvriers de la même catégorie.

Si le travail n'est pas continu, le salaire annuel est calculé tant d'après la rémunération reçue pendant la période d'activité que d'après le gain de l'ouvrier pendant le reste de l'année.

TITRE II

Déclaration des accidents et enquête.

11. Tout accident ayant occasionné une incapacité de travail doit être déclaré, dans les quarante-huit heures, par le chef d'entreprise ou ses préposés, au maire de la commune qui en dresse procès-verbal.

Cette déclaration doit contenir les noms et adresses des témoins de l'accident. Il y est joint un certificat de médecin indiquant l'état de la victime, les suites probables de l'accident et l'époque à laquelle il sera possible d'en connaître le résultat définitif.

La même déclaration pourra être faite par la victime ou ses représentants.

Récépissé de la déclaration et du certificat du médecin est remis par le maire au déclarant.

Avis de l'accident est donné immédiatement par le maire à l'inspecteur divisionnaire ou départemental du travail ou à l'ingénieur ordinaire des mines chargé de la surveillance de l'entreprise.

L'article 15 de la loi du 2 novembre 1892 et l'article 11 de la loi du 12 juin 1893 cessent d'être applicables dans les cas visés par la présente loi.

12. Lorsque, d'après le certificat médical, la blessure paraît devoir entraîner la mort ou une incapacité permanente absolue ou partielle de travail, le maire transmet immédiatement copie de la déclaration et le certificat médical au juge de paix du canton où l'accident s'est produit.

Dans les vingt-quatre heures de la réception de cet avis, le juge de paix procède à une enquête à l'effet de rechercher :

1° La cause, la nature et les circonstances de l'accident ;

2° Les personnes victimes et le lieu où elles se trouvent ;

3° La nature des lésions ;

4° Les ayants droit pouvant, le cas échéant, prétendre à une indemnité ;

5° Le salaire quotidien et le salaire annuel des victimes.

13. L'enquête a lieu contradictoirement dans les formes prescrites par les articles 35, 36, 37, 38 et 39 du Code de procédure civile, en présence des parties intéressées ou celles-ci convoquées d'urgence par lettre recommandée.

Le juge de paix doit se transporter auprès de la victime de l'accident qui se trouve dans l'impossibilité d'assister à l'enquête.

Lorsque le certificat médical ne lui paraîtra pas suffisant, le juge de paix pourra désigner un médecin pour examiner le blessé.

Il peut aussi commettre un expert pour l'assister dans l'enquête.

Il n'y a pas lieu, toutefois, à nomination d'expert dans les entreprises administrativement surveillées, ni dans celles de l'État placées sous le contrôle d'un service distinct du service de gestion, ni dans les établissements nationaux où s'effectuent des travaux que la sécurité publique oblige à tenir secrets. Dans ces divers cas, les fonctionnaires chargés de la surveillance ou du contrôle de ces établissements ou entreprises et, en ce qui concerne les exploitations minières, les délégués à la sécurité des ouvriers mineurs, transmettent au juge de paix, pour être joint au procès-verbal d'enquête, un exemplaire de leur rapport.

Sauf les cas d'impossibilité matérielle dûment constatés dans le procès-verbal, l'enquête doit être close dans le plus bref délai et, au plus tard, dans les dix jours à partir de l'accident. Le juge de paix avertit, par lettre recommandée, les parties de la clôture de l'enquête et du dépôt de la minute au greffe, où elles pourront, pendant un délai de cinq jours, en prendre connaissance et s'en faire délivrer une expédition, affranchie du timbre et de l'enregistrement. A l'expiration de ce délai de cinq jours, le dossier de l'enquête est transmis au président du tribunal civil de l'arrondissement.

14. Sont punis d'une amende de un à quinze francs (1 à 15 francs) les chefs d'industrie ou leurs préposés qui ont contrevenu aux dispositions de l'article 11.

En cas de récidive dans l'année, l'amende peut être élevée de seize à trois cents francs (16 à 300 francs).

L'article 463 du Code pénal est applicable aux contraventions prévues par le présent article.

TITRE III

Compétence. — Juridictions. — Procédure. — Revision.

15. Les contestations entre les victimes d'accidents et les chefs d'entreprise, relatives aux frais funéraires, aux frais de maladie ou aux indemnités temporaires, sont jugées en dernier ressort par le juge de paix du canton où l'accident s'est produit, à quelque chiffre que la demande puisse s'élever.

16. En ce qui touche les autres indemnités prévues par la présente loi, le président du tribunal de l'arrondissement convoque, dans les cinq jours à partir de la transmission du dossier, la victime ou ses ayants droit et le chef d'entreprise, qui peut se faire représenter.

S'il y a accord des parties intéressées, l'indemnité est définitivement fixée par l'ordonnance du président, qui donne acte de cet accord.

Si l'accord n'a pas lieu, l'affaire est renvoyée devant le tribunal, qui statue comme en matière sommaire, conformément au titre XXIV du livre II du Code de procédure civile.

Si la cause n'est pas en état, le tribunal sursoit à statuer et l'indemnité temporaire continuera à être servie jusqu'à la décision définitive.

Le tribunal pourra condamner le chef d'entreprise à payer une provision ; sa décision sur ce point sera exécutoire nonobstant appel.

17. Les jugements rendus en vertu de la présente loi sont susceptibles d'appel selon les règles du droit commun. Toutefois, l'appel devra être interjeté dans les quinze jours de la date du jugement s'il est contradictoire et, s'il est par défaut, dans la quinzaine à partir du jour où l'opposition ne sera plus recevable.

L'opposition ne sera plus recevable en cas de jugement par défaut contre partie, lorsque le jugement aura été signifié à personne, passé le délai de quinze jours à partir de cette signification.

La cour statuera d'urgence dans le mois de l'acte d'appel. Les parties pourront se pourvoir en cassation.

18. L'action en indemnité prévue par la présente loi se prescrit par un an à dater du jour de l'accident.

19. La demande en revision de l'indemnité fondée sur une aggravation ou une atténuation de l'infirmité de la victime ou son décès par suite des conséquences de l'accident, est ouverte pendant trois ans à dater de l'accord intervenu entre les parties ou de la décision définitive.

Le titre de pension n'est remis à la victime qu'à l'expiration des trois ans.

20. Aucune des indemnités déterminées par la présente loi ne peut être attribuée à la victime qui a intentionnellement provoqué l'accident.

Le tribunal a le droit, s'il est prouvé que l'accident est dû à une faute inexcusable de l'ouvrier, de diminuer la pension fixée au titre Ier.

Lorsqu'il est prouvé que l'accident est dû à la faute inexcusable du patron ou de ceux qu'il s'est substitués dans la direction, l'indemnité pourra être majorée, mais sans que la rente ou le total des rentes allouées puisse dépasser soit la réduction, soit le montant du salaire annuel.

21. Les parties peuvent toujours, après détermination du chiffre de l'indemnité due à la victime de l'accident, décider que le service de la pension sera suspendu et remplacé, tant que l'accord subsistera, par tout autre mode de réparation.

Sauf dans le cas prévu à l'article 3, paragraphe A, la pension ne pourra être remplacée par le paiement d'un capital que si elle n'est pas supérieure à cent francs.

22. Le bénéfice de l'assistance judiciaire est accordé de plein droit, sur le visa du procureur de la République, à la victime de l'accident ou à ses ayants droit, devant le tribunal.

A cet effet, le président du tribunal adresse au procureur de la République, dans les trois jours de la comparution des parties prévue par l'article 16, un extrait de son procès-verbal de non-conciliation ; il y joint les pièces de l'affaire.

Le procureur de la République procède comme il est prescrit à l'article 13 (paragraphes 2 et suivants) de la loi du 22 janvier 1851.

Le bénéfice de l'assistance judiciaire s'étend de plein droit aux instances devant le juge de paix, à tous les actes d'exécution mobilière et immobilière, et à toute contestation incidente à l'exécution des décisions judiciaires.

TITRE IV

Garanties.

23. La créance de la victime de l'accident ou de ses ayants droit relative aux frais médicaux, pharmaceutiques et funéraires, ainsi qu'aux indemnités allouées à la suite de l'incapacité temporaire de travail, est garantie par le privilège de l'article 2101 du Code civil et y sera inscrite sous le numéro 6.

Le payement des indemnités pour incapacité permanente de travail ou accidents suivis de mort est garanti conformément aux dispositions des articles suivants.

24. [illegible]

25. [illegible]

26. [illegible]

27. [illegible]

28. [illegible]

[illegible]

TITRE V

Dispositions générales.

29. [illegible]

30. [illegible]

31. [illegible]

32. [illegible]

33. [illegible]

34. [illegible]

13 avril 1898

LOI *portant fixation du budget général des dépenses et des recettes de l'exercice 1898.*

TITRE III

Dispositions spéciales.

ARTICLE **60.** [illegible]

61. [illegible]

62. [illegible]

63. La loi du [illegible] décembre [illegible] sur l'usure est applicable à l'Algérie.

19 avril 1898

LOI *sur la répression des violences, voies de fait, actes de cruauté et attentats commis envers les enfants.*

ARTICLE **1er.** — Les dispositions suivantes sont ajoutées à l'article [illegible] du Code pénal. (Voir cet article.)

2. Les articles [illegible] du Code pénal sont modifiés ainsi qu'il suit. (Voir ces articles.)

3. L'article [illegible] de la loi du [illegible] décembre [illegible] est modifié comme il suit. (Voir cette loi, suprà.)

4. [illegible]

5. [illegible]

6. [illegible]

7. Sont et demeurent abrogées toutes les dispositions antérieures contraires à la présente loi.

21 juin 1898

LOI *sur le Code rural (Livre III, de la police rurale. — Titre Ier, Police administrative).*

TITRE PREMIER

De la police rurale concernant les personnes, les animaux et les récoltes.

ARTICLE **1er.** — [illegible]

CHAPITRE PREMIER

De la sécurité publique.

2. Les maires veillent à tout ce qui intéresse et garantit la sécurité publique.

[illegible]

3. [illegible]

4. [illegible]

5. [illegible]

6. [illegible]

7. [illegible]

[illegible]

8. [illegible]

9. [illegible]

10. [illegible]

11. [illegible]

12. [illegible]

13. [illegible]

14. [illegible]

15. [illegible]

16. [illegible]

17. [illegible]

CHAPITRE II

De la salubrité publique.

18. Les maires sont chargés de veiller à tout ce qui intéresse la salubrité publique. [illegible]

SECTION PREMIÈRE

Police sanitaire.

19. [illegible]

20. [illegible]

21. [illegible]

22. [illegible]

23. [illegible]

24. [illegible]

25. [illegible]

26. [illegible]

27. [illegible]

28. [illegible]

SECTION II

Police sanitaire des animaux.

29. [illegible]

30. [illegible]

31. [illegible]

54. Il est défendu de faire paître aucun animal sur le terrain exclusivement affecté aux cadavres des animaux morts de maladie contagieuse et de livrer à la consommation les fourrages qui pourraient y être récoltés.

SECTION III

Importation et exportation des animaux.

55. Les animaux des espèces chevaline, asine, bovine, ovine, caprine et porcine sont soumis, en tout temps, aux frais des importateurs, à une visite sanitaire au moment de leur entrée en France, soit par terre, soit par mer.

La même mesure peut être appliquée aux animaux des autres espèces lorsqu'il y a lieu de craindre, par suite de leur introduction, l'invasion d'une maladie contagieuse.

[illegible]

CHAPITRE III

[illegible]

CHAPITRE IV

[illegible]

18 juillet 1898

[illegible]

FIN DU SUPPLÉMENT

DEUXIÈME SUPPLÉMENT

LOIS, ORDONNANCES & DÉCRETS

DU 1er OCTOBRE 1898 AU 1er OCTOBRE 1899

18 novembre 1898

LOI *modifiant les articles 25 et 62 de la loi du 15 avril 1829 relative à la pêche fluviale.*

ARTICLE 1er. — L'article 25 de la loi du 15 avril 1829 est modifié ainsi qu'il suit :

« ART. 25. — Quiconque aura jeté dans les eaux des drogues ou appâts qui sont de nature à enivrer le poisson ou à le détruire, sera puni d'une amende de trente à cent francs (30 fr. à 100 fr.) et d'un emprisonnement d'un mois à trois mois.

« Ceux qui se seront servis de la dynamite ou d'autres produits de même nature seront passibles d'une amende de deux cents francs à cinq cents francs (200 fr. à 500 fr.) et d'un emprisonnement de trois mois à un an. »

2. L'article 62 de la loi du 15 avril 1829 est modifié ainsi qu'il suit :

« ART. 62. — Les actions en réparation de délit en matière de pêche se prescrivent par trois mois à compter du jour où les délits ont été constatés. »

15 février 1899

LOI *sur le secret des actes signifiés par huissiers.*

ARTICLE 1er. — L'article 68 du Code de procédure civile est modifié ainsi qu'il suit :

« ART. 68. Tous exploits seront faits à personne ou domicile ; mais, si l'huissier ne trouve au domicile ni la partie ni aucun de ses parents ou serviteurs, il remettra de suite la copie à un voisin, qui signera l'original ; si ce voisin ne veut ou ne peut signer, l'huissier remettra la copie au maire ou adjoint de la commune, lequel visera l'original sans frais.

« Lorsque la copie sera remise à toute autre personne que la partie elle-même ou le procureur de la République, elle sera délivrée sous enveloppe fermée, ne portant d'autre indication, d'un côté, que les nom et demeure de la partie, et, de l'autre, que le cachet de l'étude de l'huissier, apposé sur la fermeture du pli.

« L'huissier fera mention du tout, tant sur l'original que sur la copie. »

2. Un règlement d'administration publique déterminera, s'il y a lieu, les mesures d'exécution de la présente loi.

3. La présente loi est applicable dans les colonies où le Code de procédure a été promulgué.

28 février 1899

DÉCRET *portant règlement d'administration publique pour l'exécution de l'article 26 de la loi du 9 avril 1898, concernant les responsabilités des accidents dont les ouvriers sont victimes dans leur travail.*

TITRE Ier

Conditions dans lesquelles les victimes d'accidents ou leurs ayants droit sont admis à réclamer le paiement de leurs indemnités.

ARTICLE 1er. — Tout bénéficiaire d'une indemnité liquidée en vertu de l'article 16 de la loi du 9 avril 1898, à la suite d'un accident ayant entraîné la mort ou une incapacité permanente de travail, qui n'aura pu obtenir le paiement, lors de leur exigibilité, des sommes qui lui sont dues, doit en faire la déclaration au maire de la commune de sa résidence.

2. La déclaration est faite soit par le bénéficiaire de l'indemnité ou son représentant légal, soit par un mandataire ; elle est exempte de tous frais.

3. La déclaration doit indiquer :

1° Les nom, prénoms, âge, nationalité, état civil, profession, domicile du bénéficiaire de l'indemnité ;

2° Les nom et domicile du chef d'entreprise débiteur ou la désignation et l'indication du siège de la société d'assurance ou du syndicat de garantie qui aurait dû acquitter la dette à ses lieu et place ;

3° La nature de l'indemnité et le montant de la créance réclamée ;

4° L'ordonnance ou le jugement en vertu duquel agit le bénéficiaire ;

5° Le cas échéant, les nom, prénoms, profession et domicile du représentant légal du bénéficiaire ou du mandataire.

4. La déclaration, rédigée par les soins du maire, est signée par le déclarant.

Le maire y joint toutes les pièces qui lui sont remises par le déclarant à l'effet d'établir l'origine de la créance, ses modifications ultérieures et le refus de paiement opposé par le débiteur : chef d'entreprise, société d'assurance ou syndicat de garantie.

5. Récépissé de la déclaration et des pièces qui l'accompagnent est remis par le maire au déclarant.

La déclaration et les pièces produites à l'appui sont transmises par le maire au directeur général de la Caisse des dépôts et consignations dans les vingt-quatre heures.

6. Le directeur général de la Caisse des dépôts et consignations adresse, dans les quarante-huit heures à partir de sa réception, le dossier au juge de paix du domicile du débiteur, en l'invitant à convoquer celui-ci d'urgence par lettre recommandée.

7. Le débiteur doit comparaître au jour fixé par le juge de paix, soit en personne, soit par mandataire.

Il lui est donné connaissance de la réclamation formulée contre lui.

Procès-verbal est dressé par le juge de paix des déclarations faites par le comparant, qui appose sa signature sur le procès-verbal.

8. Le comparant qui ne conteste ni la réalité ni le montant de la créance est invité par le juge de paix soit à s'acquitter par-devant lui, soit à expédier au réclamant la somme due au moyen d'un mandat-carte et à communiquer au greffe le récépissé de cet envoi.

Cette communication doit être effectuée au plus tard le deuxième jour qui suit la comparution devant le juge de paix.

Le juge de paix statue sur le paiement des frais de convocation.

Il constate, s'il y a lieu, dans son procès-verbal, la libération du débiteur.

9. Dans le cas où le comparant, tout en reconnaissant la réalité et le montant de sa dette, déclare ne pas être en état de se libérer immédiatement, le juge de paix est autorisé, si les motifs invoqués paraissent légitimes, à lui accorder pour sa libération un délai qui ne peut excéder un mois.

Dans ce cas, en vue du paiement immédiat prévu à l'article 13 ci-dessous, le procès-verbal dressé par le juge de paix constate la reconnaissance de dette et l'engagement pris par le comparant de se libérer dans le délai qui lui a été accordé au moyen soit d'un versement entre les mains du caissier de la Caisse des dépôts et consignations à Paris ou des préposés de la caisse dans les départements, soit de l'expédition d'un mandat-carte payable au caissier général à Paris.

10. Si le comparant déclare ne pas être débiteur du réclamant ou n'être que partiellement son débiteur, le juge de paix consigne dans son procès-verbal le refus total ou partiel de paiement et les motifs qui en ont été donnés.

Il est procédé pour l'acquittement de la somme non contestée suivant les dispositions des articles 8 et 9, tous droits restant réservés pour le surplus.

11. Au cas où le débiteur convoqué ne comparaît pas au jour fixé, le juge de paix procède dans la huitaine à une enquête à l'effet de rechercher :

1° Si le débiteur convoqué n'a pas changé de domicile ;

2° S'il a cessé son industrie soit volontairement, soit par cession d'établissement, soit par suite de faillite ou de liquidation judiciaire et, dans ce cas, quel est le syndic ou le liquidateur, soit par suite de décès et, dans l'affirmative, par qui sa succession est représentée.

Le procès-verbal dressé par le juge de paix constate la non-comparution et les résultats de l'enquête.

12. Dans les deux jours qui suivent soit la libération immédiate du débiteur, soit sa comparution devant le juge de paix au cas où il a refusé le paiement ou obtenu un délai, soit la clôture de l'enquête dont il est question en l'article précédent, le juge de paix adresse au directeur général de la Caisse des dépôts et consignations le dossier et y joint le procès-verbal par lui dressé.

13. Dès la réception du dossier, s'il résulte du procès-verbal dressé par le juge de paix que le débiteur n'a pas contesté sa dette, mais ne s'en est pas libéré, ou si les motifs invoqués pour refuser le paiement ne paraissent pas légitimes, le directeur général de la Caisse des dépôts et consignations remet au réclamant ou lui adresse, par mandat-carte, la somme à laquelle il a droit. Il fait parvenir également au greffier de la justice de paix le montant de ses déboursés et émoluments.

Il est procédé de même, si le débiteur ne s'est pas présenté devant le juge de paix et si la réclamation du bénéficiaire de l'indemnité paraît justifiée.

14. Dans le cas où les motifs invoqués par le comparant pour refuser le paiement paraissent fondés, ou, en cas de non-comparution, si la réclamation formulée par le bénéficiaire ne semble pas suffisamment justifiée, le directeur général de la Caisse des dépôts et consignations renvoie, par l'intermédiaire du maire, au déclarant le dossier par lui produit en lui laissant le soin d'agir contre la personne dont il se prétend le créancier, conformément aux règles du droit commun.

Le montant des déboursés et émoluments du greffier est, en ce cas, acquitté par les soins du directeur général et imputé sur les fonds de garantie.

TITRE II

Du recours de la caisse des retraites pour le recouvrement de ses avances et pour l'encaissement des capitaux exigibles.

15. Le recours de la Caisse nationale des retraites est exercé aux requête et diligence du directeur général de la Caisse des dépôts et consignations, dans les conditions énoncées aux articles suivants.

16. Dans les cinq jours qui suivent le paiement fait au bénéficiaire de l'indemnité et au greffier de la justice de paix, conformément aux articles 13 et 14, ou à l'expiration du délai dont il est question à l'article 9, si le remboursement n'a pas été opéré dans ce délai, le directeur général de la Caisse des dépôts et consignations informe le débiteur, par lettre recommandée, du payement effectué pour son compte.

La lettre recommandée fait en même temps connaître que, faute par le débiteur d'avoir remboursé dans un délai de quinzaine le montant de la somme payée, d'après un des modes prévus au dernier alinéa de l'article 9, le recouvrement sera poursuivi par la voie judiciaire.

17. A l'expiration du délai imparti par le deuxième alinéa de l'article 16 ci-dessus, il est délivré par le directeur général de la Caisse des dépôts et consignations, à l'encontre du débiteur qui ne s'est pas acquitté, une contrainte pour le recouvrement.

18. La contrainte décernée par le directeur général de la Caisse des dépôts et consignations est visée et déclarée exécutoire par le juge de paix du domicile du débiteur.

Elle est signifiée par ministère d'huissier.

19. L'exécution de la contrainte ne peut être interrompue que par une opposition formée par le débiteur et contenant assignation donnée au directeur général de la Caisse des dépôts et consignations devant le tribunal civil du domicile du débiteur.

20. L'instance à laquelle donne lieu l'opposition à contrainte est suivie dans les formes et délais déterminés par l'article 65 de la loi du 22 frimaire an VII, sur l'enregistrement.

21. Les frais de poursuites et dépens de l'instance, auxquels a été condamné le débiteur débouté de son opposition sont recouvrés par le directeur général de la Caisse des dépôts et consignations au moyen d'un état de frais taxé sur sa demande et rendu exécutoire par le président du tribunal.

22. Lorsque le capital représentatif d'une pension est, conformément aux termes de l'article 28 de la loi du 9 avril 1898, devenu exigible par suite de la faillite ou de la liquidation judiciaire du débiteur, le directeur général de la Caisse des dépôts et consignations, représentant la Caisse nationale des retraites pour la vieillesse, demande l'admission au passif pour le montant de sa créance.

Il est procédé, dans ce cas, conformément aux dispositions des articles 491 et suivants du Code de commerce et de la loi du 4 mars 1889 sur la liquidation judiciaire.

23. En cas d'exigibilité du capital, par suite d'une des circonstances prévues en l'article 28 de la loi du 9 avril 1898, autre que la faillite ou la liquidation judiciaire du débiteur, le directeur général de la Caisse des dépôts et consignations, par lettre recommandée, met en demeure le débiteur ou ses représentants d'opérer, dans les deux mois qui suivent la réception de la lettre, le versement à la Caisse nationale des retraites du capital exigible, à moins qu'il ne soit justifié que les garanties prescrites par le décret du 28 février 1899, portant règlement d'administration publique, en exécution de l'article 28 de la loi ci-dessus visée, ont été fournies.

24. Si, à l'expiration du délai de deux mois, le versement n'a pas été effectué, ou les garanties exigées n'ont pas été fournies, il est procédé au recouvrement dans les mêmes conditions et suivant les formes énoncées aux articles 17 à 21 du présent décret.

25. En dehors des délais fixés par les dispositions qui précèdent, le directeur général de la Caisse des dépôts et consignations peut accorder au débiteur des délais ou toutes facilités de paiement.

Le directeur général peut également transiger.

TITRE III

Organisation du fonds de garantie.

26. Le fonds de garantie, institué par les articles 24 et 25 de la loi du 9 avril 1898, fait l'objet d'un compte spécial ouvert dans les écritures de la Caisse des dépôts et consignations.

27. Le Ministre du Commerce adresse au Président de la République un rapport annuel, publié au *Journal officiel*, sur le fonctionnement général du fonds de garantie créé par les articles 23 à 26 de la loi du 9 avril 1898.

28. Les recettes du fonds de garantie comprennent :

1° Les versements effectués par le Trésor public, représentant le montant des taxes recouvrées en conformité de l'article 25 de la loi du 9 avril 1898;

2° Les recouvrements effectués sur les débiteurs d'indemnités dans les conditions prévues aux titres I et II du présent décret;

3° Les revenus et arrérages et le produit du remboursement des valeurs acquises en conformité de l'article 30 du présent décret.

4° Les intérêts du fonds de roulement prévu au deuxième alinéa du même article.

29. Les dépenses du fonds de garantie comprennent :

1° Les sommes payées aux bénéficiaires des indemnités;

2° Les sommes versées sur des livrets individuels à la Caisse nationale des retraites pour la vieillesse et représentant les capitaux de pensions exigibles dans les cas prévus par l'article 28, paragraphe 3, de la loi du 9 avril 1898;

3° Le montant des frais de toute nature auxquels donne lieu le fonctionnement du fonds de garantie.

30. Les ressources du fonds de garantie sont employées dans les conditions prescrites par l'article 22 de la loi du 20 juillet 1886.

Les sommes liquides reconnues nécessaires pour assurer le fonctionnement du fonds de garantie sont bonifiées d'un intérêt calculé à un taux égal à celui qui est adopté pour le compte courant ouvert à la Caisse des dépôts et consignations dans les écritures du Trésor public.

28 février 1899

DÉCRET *portant règlement d'administration publique pour l'exécution de l'article 27 de la loi du 9 avril 1898.*

(*Journal Officiel* du 1er mars 1899.)

28 février 1899

DÉCRET *portant règlement d'administration publique pour l'exécution du dernier alinéa de l'article 28 de la loi du 9 avril 1898.*

(*Journal Officiel* du 1er mars 1899.)

1er mars 1899

LOI *portant modification de l'article 445 du Code d'instruction criminelle.*

ARTICLE UNIQUE. — Les deux premiers paragraphes de l'article 445 du Code d'instruction criminelle sont remplacés par les dispositions suivantes :

« En cas de recevabilité, la chambre criminelle statuera sur la demande en révision si l'affaire est en état.

« Si l'affaire n'est pas en état, la chambre criminelle procédera directement ou par commissions rogatoires à toutes enquêtes sur le fond, confrontations, reconnaissances d'identité et moyens propres à mettre la vérité en évidence. Après la fin de l'instruction, il sera alors statué par les chambres réunies de la cour de cassation.

« Lorsque l'affaire sera en état, si la chambre criminelle, dans le cas du paragraphe premier ci-dessus, ou les chambres réunies, dans le cas du paragraphe 2, reconnaissent qu'il peut être procédé à de nouveaux débats contradictoires, elles annuleront les jugements ou arrêts et tous actes qui feraient obstacle à la revision; elles fixeront les questions qui devront être posées et renverront les accusés ou prévenus, selon les cas, devant une cour ou un tribunal autre que ceux qui auront primitivement connu de l'affaire. »

25 mars 1899

LOI *portant modification de l'article 1007 du Code civil.*

ARTICLE UNIQUE. — L'article 1007 du Code civil est modifié comme suit :

« ART. **1007**. — Tout testament olographe sera, avant d'être mis à exécution, présenté au président du tribunal de première instance de l'arrondissement dans lequel la succession est ouverte. Ce testament sera ouvert, s'il est cacheté. Le président dressera procès-verbal de la présentation, de l'ouverture et de l'état du testament, dont il ordonnera le dépôt entre les mains du notaire par lui commis.

« Dans les colonies françaises et les pays de protectorat, le testament olographe des personnes ayant conservé leur domicile en France ou dans une autre colonie sera présenté au président du tribunal de première instance du lieu du décès ou au président du tribunal le plus voisin. Ce magistrat procédera à l'ouverture du testament et en constatera l'état dans un procès-verbal.

« Le greffier dressera une copie figurée du testament et la déposera dans les minutes du greffe. Le testament et une expédition du procès-verbal d'ouverture seront ensuite transmis, sous pli scellé, au président du tribunal du domicile du défunt, qui se conformera, pour l'ouverture et le dépôt, aux prescriptions contenues dans le paragraphe premier. Les mêmes règles s'appliqueront au décès, en France, des personnes ayant leur domicile dans les colonies.

« Si le testament est dans la forme mystique, sa présentation, son ouverture, sa description et son dépôt seront faits de la même manière; mais l'ouverture ne pourra se faire qu'en présence de ceux des notaires et des témoins, signataires de l'acte de suscription, qui se trouveront sur les lieux, ou eux appelés. »

19 juin 1899

LOI *portant extension de certaines dispositions de la loi du 8 décembre 1897 sur l'instruction préalable à la procédure devant les conseils de guerre.*

ARTICLE UNIQUE. — La disposition du premier paragraphe de l'article 2 de la loi du 8 décembre 1897, relative au délai dans lequel l'inculpé doit être interrogé, et les dispositions des articles 3, 7, 8, 9, 10, 12, 13 et 14 de la même loi sont applicables à l'instruction devant les conseils de guerre jugeant en temps de paix et siégeant à terre.

30 juin 1899

LOI *concernant les accidents causés dans les exploitations agricoles par l'emploi de machines mues par des moteurs inanimés.*

ARTICLE UNIQUE. — Les accidents occasionnés par l'emploi de machines agricoles mues par des moteurs inanimés et dont sont victimes, par le fait ou à l'occasion du travail, les personnes, quelles qu'elles soient, occupées à la conduite ou au service de ces moteurs ou machines, sont à la charge de l'exploitant dudit moteur.

Est considéré comme exploitant l'individu ou la collectivité qui dirige le moteur ou le fait diriger par ses préposés.

Si la victime n'est pas salariée ou n'a pas un salaire fixe, l'indemnité due est calculée, selon les tarifs de la loi du 9 avril 1898, d'après le salaire moyen des ouvriers agricoles de la commune.

En dehors du cas ci-dessus déterminé, la loi du 9 avril 1898 n'est pas applicable à l'agriculture.

20 juillet 1899

LOI *sur la responsabilité civile des membres de l'enseignement public.*

ARTICLE 1er. — La disposition suivante est ajoutée au dernier alinéa de l'article 1384 du Code civil :

« Toutefois, la responsabilité civile de l'État est substituée à celle des membres de l'enseignement public. »

2. L'action en responsabilité contre l'État, dans le cas prévu par la présente loi, sera portée devant le tribunal civil ou le juge de paix du lieu où le dommage aura été causé et dirigée contre le préfet du département.

5 août 1899

LOI *sur le casier judiciaire et sur la réhabilitation de droit.*

ARTICLE 1er. — Le greffe de chaque tribunal de première instance reçoit, en ce qui concerne les personnes nées dans la circonscription du tribunal et après vérification de leur identité aux registres de l'état civil, des bulletins, dits bulletins n° 1, constatant :

1° Les condamnations contradictoires ou par contumace et les condamnations par défaut non frappées d'opposition prononcées, pour crime ou délit, par toute juridiction répressive ;

2° Les décisions prononcées par application de l'article 66 du Code pénal;

3° Les décisions disciplinaires prononcées par l'autorité judiciaire ou par une autorité administrative, lorsqu'elles entraînent ou édictent des incapacités ;

4° Les jugements déclaratifs de faillite ou de liquidation judiciaire ;

5° Les arrêtés d'expulsion pris contre les étrangers.

2. Il est fait mention, sur les bulletins n° 1, des grâces, commutations ou réductions de peines, des décisions qui suspendent l'exécution d'une première condamnation, des arrêtés de mise en liberté [illegible], des jugements relevant de la relégation, [illegible] et des décisions [illegible] ainsi que de la date de l'expiration de la peine et du paiement de l'amende.

Sont retirés du casier judiciaire les bulletins n° 1 relatifs à des condamnations effacées par une amnistie ou réformées en conformité d'une décision de rectification du casier judiciaire.

3. Le casier judiciaire central, institué au ministère de la justice, reçoit les bulletins n° 1 concernant les personnes nées à l'étranger, dans les colonies, ou dont l'acte de naissance n'est pas retrouvé.

4. Le relevé intégral des bulletins n° 1 applicables à la même personne est porté sur un bulletin appelé bulletin n° 2.

Il est délivré aux magistrats du parquet et de l'instruction, aux autorités militaires et maritimes pour les appelés des classes et de l'inscription maritime, ainsi que pour les jeunes gens qui demandent à contracter un engagement.

Il l'est également aux administrations publiques de l'État, saisies de demandes d'emplois publics, ou en vue de poursuites disciplinaires ou de l'ouverture d'une école privée, conformément à la loi du 30 octobre 1886.

Les bulletins n° 2 réclamés par les administrations publiques de l'État, pour l'exercice des droits politiques, ne comprennent que les décisions entraînant des incapacités prévues par les lois relatives à l'exercice des droits politiques.

Lorsqu'il n'existe pas de bulletin n° 1 au casier judiciaire, le bulletin n° 2 porte la mention : Néant.

5. En cas de condamnation, faillite, liquidation judiciaire ou destitution d'un officier ministériel prononcée contre un individu soumis à l'obligation du service militaire ou maritime, il en est donné connaissance aux autorités militaires ou maritimes par l'envoi d'un duplicata du bulletin n° 1.

Un duplicata de chaque bulletin n° 1, constatant une décision entraînant la privation des droits électoraux, est adressé à l'autorité administrative du domicile de tout Français ou de tout étranger naturalisé.

6. Un bulletin n° 3 peut être réclamé par la personne qu'il concerne. Il ne doit, dans aucun cas, être délivré à un tiers.

7. Ne sont pas inscrites au bulletin n° 3 :

1° Les décisions prononcées par application de l'article 66 du Code pénal ;

2° Les condamnations effacées par la réhabilitation ou par l'application de l'article 4 de la loi du 26 mars 1891 sur l'atténuation et l'aggravation des peines ;

3° Les condamnations prononcées en pays étranger pour des faits non prévus par les lois pénales françaises ;

4° Les condamnations pour délits prévus par les lois sur la presse, à l'exception de celles qui ont été prononcées pour diffamation ou pour outrages aux bonnes mœurs, ou en vertu des articles 23, 24 et [illegible] de la loi du 29 juillet 1881 ;

5° Une première condamnation à un emprisonnement de trois mois ou de moins de trois mois prononcée par application des articles 67, 68 et 69 du Code pénal ;

6° La condamnation avec sursis à un mois ou moins d'un mois d'emprisonnement, avec ou sans amende ;

7° Les déclarations de faillite, si le failli a été déclaré excusable par le tribunal ou a obtenu un concordat homologué, et les déclarations de liquidation judiciaire.

8. Cessent d'être inscrites au bulletin n° 3 délivré au simple particulier :

1° Un an après l'expiration de la peine corporelle ou le paiement de l'amende, la condamnation unique à moins de six jours de prison ou à une amende ne dépassant pas 25 francs, ou à ces deux peines réunies, sauf le cas où ces condamnations entraîneraient une incapacité civile ou politique ;

2° Cinq ans après l'expiration de la peine corporelle ou le paiement de l'amende, la condamnation unique à six mois, au moins, de six mois de prison ou à une amende, ainsi qu'à ces deux peines réunies ;

3° Dix ans après l'expiration de la peine, la condamnation unique à une peine de deux ans ou moins, ou les condamnations multiples dont l'ensemble ne dépasse pas un an ;

4° Quinze ans après l'expiration de la peine, la condamnation unique supérieure à deux ans de prison.

Le tout, sans qu'il soit dérogé à l'article 4 de la loi du 26 mars 1891 sur l'atténuation et l'aggravation des peines.

Dans le cas où une peine corporelle et celle de l'amende auront été prononcées cumulativement, les différents délais prescrits par le présent article commenceront à courir à partir du jour où ces deux peines auront été complètement exécutées.

La remise totale ou partielle, par voie de grâce, de l'une ou de l'autre de ces peines, équivaudra à leur exécution totale ou partielle.

L'exécution de la contrainte par corps équivaudra au paiement de l'amende.

9. En cas de condamnation ultérieure pour crime ou délit à une peine autre que l'amende, le bulletin n° 3 reproduit intégralement les bulletins n° 1, à l'exception des cas prévus par les paragraphes 1, 2, 3, 4 de l'article 7.

10. Lorsqu'il se sera écoulé dix ans, dans le cas prévu par l'article 8, paragraphes 1° et 2°, sans que le condamné ait subi de nouvelles condamnations à une peine autre que l'amende, la réhabilitation lui sera acquise de plein droit.

Le délai sera de quinze ans dans le cas prévu par l'article 8, paragraphe 3°, et de vingt ans dans le cas prévu par l'article 8, paragraphe 4°.

En cas de contestation sur la réhabilitation, le demandeur pourra s'adresser au tribunal du lieu de son domicile dans les formes et suivant la procédure prescrites à l'article 14. Le jugement rendu sera susceptible d'appel et de pourvoi en cassation.

11. Quiconque, en prenant le nom d'un tiers, aura déterminé l'inscription au casier de ce tiers d'une condamnation, sera puni de six mois à cinq ans d'emprisonnement, sans préjudice des poursuites à exercer pour le crime de faux, s'il y échet.

Sera puni de la même peine celui qui, par de fausses déclarations relatives à l'état civil d'un inculpé, aura sciemment été la cause de l'inscription d'une condamnation sur le casier judiciaire d'un autre que cet inculpé.

Quiconque, en prenant un faux nom ou une fausse qualité, se sera fait délivrer le bulletin n° 3 d'un tiers sera puni d'un mois à un an d'emprisonnement.

L'article 463 du Code pénal sera dans tous les cas applicable.

12. L'étranger n'aura droit qu'à l'extrait d'inscription sur le bulletin n° 2 que si, dans son pays d'origine, une loi ou un traité réserve aux nationaux français des avantages analogues.

13. Un règlement d'administration publique déterminera les mesures nécessaires à l'exécution de la présente loi et, notamment, les conditions dans lesquelles doivent être demandés, établis et délivrés les bulletins n° 2, 3, les droits alloués au greffier, ainsi que les conditions d'application de la présente loi aux colonies et aux pays de protectorat.

14. Celui qui voudra faire rectifier une mention portée à son casier judiciaire présentera requête au président du tribunal ou de la cour qui aura rendu la décision.

Le président communiquera la requête au ministère public et commettra un juge pour faire le rapport.

Le tribunal ou la cour statuera en audience publique sur le rapport du juge et les conclusions du ministère public.

Le tribunal ou la cour pourra ordonner d'assigner la personne objet de la condamnation.

Dans le cas où la requête est rejetée, le requérant sera condamné aux frais.

Si la requête est admise, les frais seront supportés par celui qui aura été la cause de l'inscription reconnue erronée, s'il a été appelé dans l'instance.

Le ministère public aura le droit d'agir d'office dans la même forme en rectification de casier judiciaire.

Mention de la décision rendue sera faite en marge du jugement ou de l'arrêt visé par la demande en rectification.

Les actes, jugements et arrêts seront dispensés du timbre et enregistrés gratis.

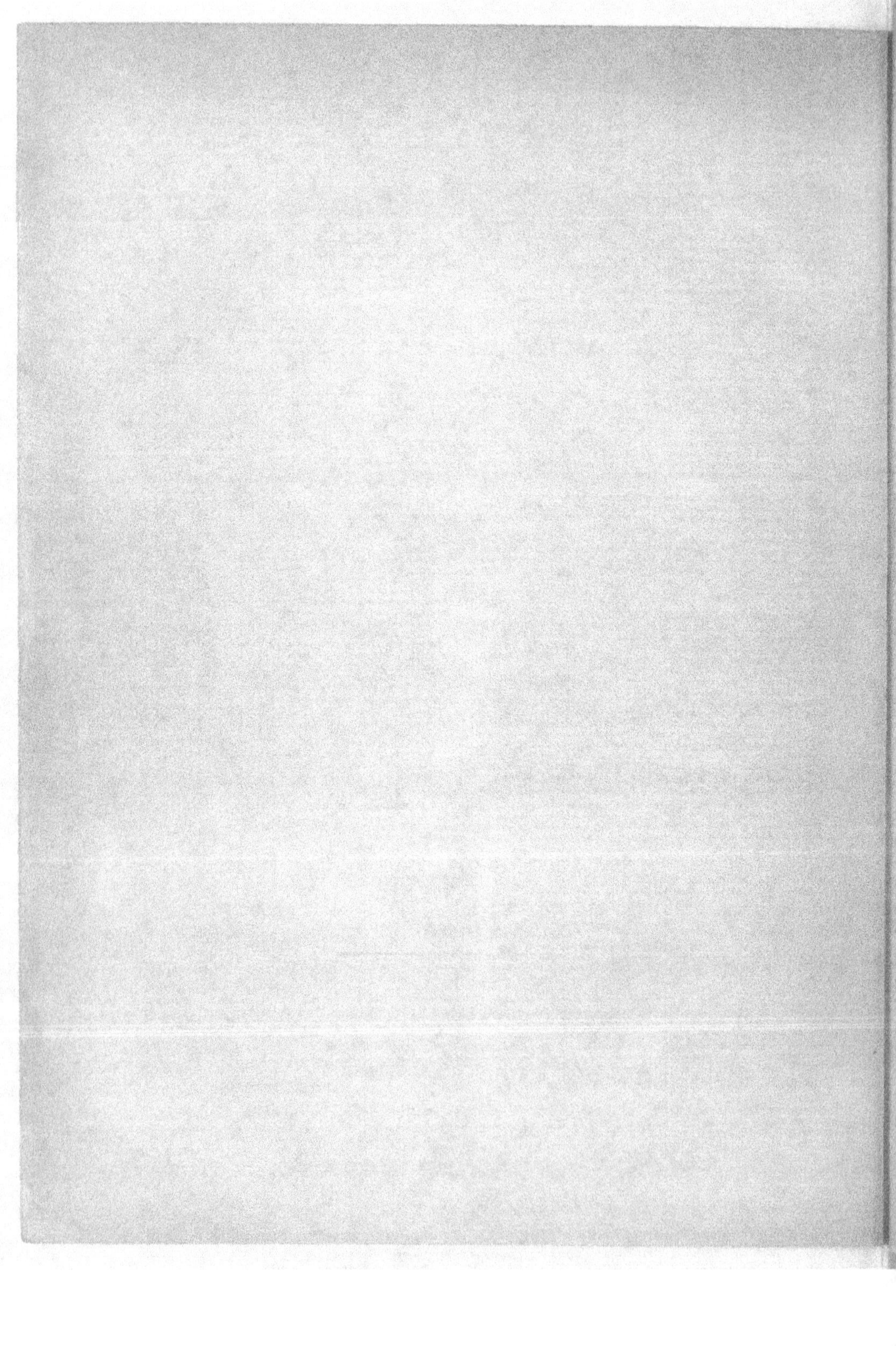

TABLE CHRONOLOGIQUE

DES LOIS, ORDONNANCES ET DÉCRETS

1793 — (19 juillet),	Loi sur la propriété des auteurs	*Suppl.*	I
An III — (25 prairial),	Loi sur la propriété des auteurs interprétative de celle du 19 juillet 1793	*Suppl.*	I
An IV — (3 brumaire),	Code des délits et des peines, art. 600, 605, 606, 607 et 608	*Suppl.*	I
An IV — (22 germinal),	Loi sur la réquisition des ouvriers pour les travaux nécessaires à l'exécution des jugements	*I. Cr.*	12
An XIII — (1er germinal),	Décret concernant les droits des propriétaires d'ouvrages posthumes	*Suppl.*	I
1806 — (4 juillet),	Décret concernant les enfants présentés sans vie à l'officier de l'état civil	*C.* art. 79 (note)	
1807 — (3 septembre),	Loi sur le taux de l'intérêt de l'argent	*Suppl.*	I
1807 — (3 septembre),	Loi relative aux inscriptions hypothécaires en vertu de jugements rendus sur des demandes en reconnaissance d'obligations sous seings privés	*Suppl.*	I
1810 — (3 août),	Décret concernant la juridiction des prud'hommes	*Suppl.*	I
1813 — (14 juin),	Décret portant règlement sur l'organisation et le service des huissiers, art. 73	*Pr.* art. 60 (note)	
1819 — (14 juillet),	Loi sur l'abolition du droit d'aubaine et de détraction	*C.* art. 726 (note)	
1829 — (15 avril),	Loi relative à la pêche fluviale	*Suppl.*	I
1830 — (10 décembre),	Loi qui supprime les juges-auditeurs	*I. Cr.* art. 264 (note)	
1834 — (10 avril),	Loi sur les associations	*P.* art. 291 (note)	
1834 — (24 mai),	Loi sur les détenteurs d'armes ou de munitions de guerre	*Suppl.*	II
1835 — (9 septembre),	Loi sur les Cours d'Assises	*Suppl.*	II
1836 — (13 mai),	Loi sur le mode de vote du jury au scrutin secret	*I. Cr.*	11
1836 — (21 mai),	Loi sur les chemins vicinaux	*Suppl.*	IV
1836 — (21 mai),	Loi portant prohibition des loteries	*P.* art. 410 (note)	
1837 — (23 février),	Ordonnance portant prohibition des pistolets de poche	*Suppl.*	V
1837 — (1er avril),	Loi relative à l'autorité des arrêts rendus par la Cour de Cassation après deux pourvois	*Suppl.*	V
1838 — (11 avril),	Loi sur les tribunaux civils de première instance	*Suppl.*	V
1838 — (25 mai),	Loi sur les justices de paix	*Suppl.*	V
1838 — (30 juin),	Loi sur les aliénés	*Suppl.*	VI
1841 — (3 mai),	Loi sur l'expropriation pour cause d'utilité publique	*Suppl.*	VIII
1841 — (25 juin),	Loi sur les ventes aux enchères de marchandises neuves	*Suppl.*	XI
1844 — (3 mai),	Loi sur la police de la chasse	*Suppl.*	XI
1844 — (5 juillet),	Loi sur les brevets d'invention	*Suppl.*	XII
1845 — (29 avril),	Loi sur les irrigations	*Suppl.*	XIV
1845 — (15 juillet),	Loi sur la police des chemins de fer	*Suppl.*	XIV
1846 — (15 novembre),	Ordonnance portant règlement sur la police, la sûreté et l'exploitation des chemins de fer	*Suppl.*	XV
1847 — (11 juillet),	Loi sur les irrigations	*Suppl.*	XVII
1848 — (4 novembre),	Constitution de la République Française, art. 5 et 81	*L. const. et org.*	1
1849 — (3 décembre),	Loi sur la naturalisation et le séjour des étrangers en France	*Suppl.*	XVIII
1850 — (2 juillet),	Loi relative aux mauvais traitements exercés envers les animaux domestiques	*Suppl.*	XVIII
1850 — (19 décembre),	Loi relative au délit d'usure	*Suppl.*	XVIII
1851 — (22 janvier),	Loi sur l'assistance judiciaire	*Suppl.*	XVIII
1851 — (27 mars),	Loi tendant à la répression plus efficace de certaines fraudes dans la vente des marchandises	*Suppl.*	XX

1852 — (2 février),	Décret organique pour l'élection des députés au Corps législatif titre IV.	*Suppl.*	XX
1852 — (16 mars),	Décret organique sur la Légion d'honneur, titre VI.	*Suppl.*	XX
1853 — (1er juin),	Loi sur les conseils de prud'hommes	*Suppl.*	XX
1854 — (30 mai),	Loi sur l'exécution de la peine des travaux forcés	*Suppl.*	XXI
1854 — (31 mai),	Loi portant abolition de la mort civile	*C.* art. 22 (note)	
1854 — (10 juin),	Loi sur le libre écoulement des eaux provenant du drainage	*Suppl.*	XXI
1855 — (23 mars),	Loi sur la transcription en matière hypothécaire	*Suppl.*	XXII
1855 — (5 mai),	Loi qui déclare applicables aux boissons les dispositions de la loi du 27 mars 1851	*Suppl.*	XXII
1856 — (21 juillet),	Loi concernant les contraventions aux règlements sur les appareils et bateaux à vapeur	*Suppl.*	XXII
1857 — (23 juin),	Loi sur les marques de fabrique et de commerce	*Suppl.*	XXIII
1862 — (2 juin),	Loi concernant les délais des pourvois devant la Cour de Cassation en matière civile	*Suppl.*	XXIV
1863 — (20 mai),	Loi sur l'instruction des flagrants délits devant les tribunaux correctionnels	*Suppl.*	XXIV
1866 — (14 juillet),	Loi sur les droits des héritiers et des ayants-cause des auteurs	*Suppl.*	XXIV
1867 — (22 juillet),	Loi relative à la contrainte par corps	*Suppl.*	XXIV
1867 — (24 juillet),	Loi sur les sociétés	*Suppl.*	XXV
1868 — (23 mai),	Loi relative à la garantie des inventions susceptibles d'être brevetées et des dessins de fabrique admis aux expositions publiques	*Suppl.*	XXVII
1870 — (5 novembre),	Décret relatif à la promulgation des lois et décrets	*C.* (note)	4
1871 — (19 juin),	Loi qui abroge le décret du 4 septembre 1870 sur la fabrication des armes de guerre	*Suppl.*	XXVII
1872 — (22 janvier),	Décret qui détermine le mode d'élection des membres des chambres de commerce et des chambres consultatives des arts et manufactures	*Suppl.*	XXVIII
1872 — (15 juin),	Loi relative aux titres au porteur	*Suppl.*	XXVIII
1872 — (21 novembre),	Loi sur le jury	*I. Cr.*	12
1873 — (23 janvier),	Loi tendant à réprimer l'ivresse publique et à combattre les progrès de l'alcoolisme	*Suppl.*	XXVIII
1873 — (25 mars),	Loi qui règle les conditions des déportés à la Nouvelle-Calédonie	*Suppl.*	XXIX
1873 — (26 novembre),	Loi relative à l'établissement d'un timbre pour les marques commerciales et de fabrique	*Suppl.*	XXIX
1874 — (7 décembre),	Loi relative à la protection des enfants employés dans les professions ambulantes	*Suppl.*	XXX
1874 — (23 décembre),	Loi relative à la protection des enfants du premier âge, et, en particulier, des nourrissons	*Suppl.*	XXX
1875 — (24 février),	Loi sur l'organisation du Sénat	*L. const. et org.*	1
1875 — (25 février),	Loi sur l'organisation des pouvoirs publics	*L. const. et org.*	1
1875 — (5 juin),	Loi sur le régime des prisons départementales, art. 2, 3 et 4	*P.*	2
1875 — (16 juillet),	Loi sur les rapports des pouvoirs publics	*L. const. et org.*	1
1879 — (22 juillet),	Loi relative au siège des pouvoirs exécutif et des Chambres à Paris	*L. const. et org.*	1
1880 — (27 février),	Loi relative à l'aliénation des valeurs mobilières appartenant aux mineurs et aux interdits, et à la conversion des mêmes valeurs en titres au porteur	*C.*	13, 14
1880 — (17 juillet),	Loi sur les cafés, cabarets et débits de boissons	*Suppl.*	XXXI
1880 — (25 décembre),	Loi sur la répression des crimes commis dans l'intérieur des prisons	*Suppl.*	XXXI
1881 — (30 juin),	Loi sur la liberté de réunion	*Suppl.*	XXXI
1881 — (21 juillet),	Loi sur la police sanitaire des animaux	*Suppl.*	XXXII
1881 — (29 juillet),	Loi sur la liberté de la presse	*Suppl.*	XXXIII
1881 — (20 août),	Loi relative au Code rural. — Chemins ruraux et sentiers d'exploitation	*Suppl.*	XXXVI
1881 — (27 août),	Loi ayant pour objet de réduire de 10 à 6 pour 100 le taux de l'intérêt légal de l'argent en Algérie	*Suppl.*	XXXVII
1882 — (2 août),	Loi ayant pour objet la répression des outrages aux bonnes mœurs	*Suppl.*	XXXVII
1883 — (30 août),	Loi sur la réforme de l'organisation judiciaire	*Suppl.*	XXXVII
1883 — (8 décembre),	Loi relative à l'élection des membres des tribunaux de commerce	*Suppl.*	XXXVIII
1884 — (21 mars),	Loi relative à la création des syndicats professionnels	*Suppl.*	XXXIX
1884 — (2 août),	Loi sur les vices rédhibitoires dans les ventes et échanges d'animaux domestiques	*Suppl.*	XL
1884 — (23 octobre),	Loi sur les ventes judiciaires d'immeubles	*Suppl.*	XL

1884 — (9 décembre),	Loi portant modification aux lois organiques sur l'organisation du Sénat et les élections des sénateurs	*L. const. et org.*	2
1885 — (28 mars),	Loi sur les marchés à terme	*Suppl.*	XL
1885 — (27 mai),	Loi sur les récidivistes	*Suppl.*	XLI
1885 — (16 juin),	Loi ayant pour objet de modifier la loi électorale	*L. const. et org.*	3
1885 — (10 juillet),	Loi sur l'hypothèque maritime	*Suppl.*	XLI
1885 — (11 juillet),	Loi portant interdiction de fabriquer, vendre, colporter ou distribuer tous imprimés ou formules simulant des billets de banque et autres valeurs fiduciaires	*Suppl.*	XLIII
1885 — (14 août),	Loi sur les moyens de prévenir la récidive (libération conditionnelle, patronage, réhabilitation)	*Suppl.*	XLIII
1885 — (14 août),	Loi sur la fabrication et le commerce des armes et des munitions non chargées	*Suppl.*	XLIII
1886 — (12 janvier),	Loi relative au taux conventionnel de l'argent	*Suppl.*	XLIV
1886 — (8 mars),	Loi déclarant jours fériés légaux le lundi de Pâques et le lundi de la Pentecôte	*Suppl.*	XLIV
1886 — (18 avril),	Loi sur la procédure en matière de divorce et de séparation de corps	*Suppl.*	XLIV
1886 — (18 avril),	Loi qui établit des pénalités contre l'espionnage	*Suppl.*	XLIV
1886 — (30 avril),	Loi relative à l'usurpation des médailles et récompenses industrielles	*Suppl.*	XLIV
1887 — (11 juin),	Loi concernant la diffamation et l'injure commises par les correspondances postales ou télégraphiques circulant à découvert	*Suppl.*	XLIV
1887 — (15 novembre),	Loi sur la liberté des funérailles	*Suppl.*	XLV
1887 — (26 décembre),	Loi concernant les incompatibilités parlementaires	*L. const. et org.*	3
1888 — (4 février),	Loi concernant la répression des fraudes dans le commerce des engrais	*Suppl.*	XLV
1888 — (11 avril),	Loi portant modification des articles 105 et 108 du Code de Commerce	*Suppl.*	XLV
1888 — (28 juillet),	Décret ajoutant de nouvelles maladies à la nomenclature des maladies des animaux qui sont réputées contagieuses	*Suppl.*	XLV
1889 — (13 février),	Loi rétablissant le scrutin uninominal pour l'élection des députés	*L. const. et org.*	3
1889 — (19 février),	Loi relative à la restriction du privilège du bailleur d'un fonds rural et à l'attribution des indemnités dues par suite d'assurances	C. art. 2102 (note)	
1889 — (4 mars),	Loi sur les faillites et la liquidation judiciaire	*Suppl.*	XLV
1889 — (4 avril),	Loi sur le Code rural, titre VI. Des animaux employés à l'exploitation des propriétés rurales	*Suppl.*	XLVII
1889 — (26 juin),	Loi sur la nationalité	*Suppl.*	XLVII
1889 — (9 juillet),	Loi sur le Code rural, titres II et III. Parcours, vaine pâture, ban de vendanges, ventes des blés en vert. — Durée du louage des domestiques et ouvriers ruraux	*Suppl.*	XLVII
1889 — (15 juillet),	Loi sur le recrutement de l'armée, article 59	C. art. 374 (note).	
1889 — (18 juillet),	Loi sur le Code rural, titre IV. Bail à colonat partiaire	*Suppl.*	XLVIII
1889 — (22 juillet),	Loi sur la procédure à suivre devant les conseils de préfecture	*Suppl.*	XLVIII
1889 — (24 juillet),	Loi sur la protection des enfants maltraités ou moralement abandonnés	*Suppl.*	L
1889 — (14 août),	Loi ayant pour objet d'indiquer au consommateur la nature du produit livré à la consommation sous le nom de vin, et de prévenir les fraudes dans la vente de ce produit	*Suppl.*	LI
1890 — (2 juillet),	Loi ayant pour objet d'abroger les dispositions relatives aux livrets d'ouvriers	*Suppl.*	LII
1891 — (27 février),	Décret portant règlement d'administration publique pour l'exécution de de la loi du 23 juin 1857, modifiée par celle du 3 mai 1890 sur les marquesde fabrique et de commerce	*Suppl.*	LII
1891 — (10 mars),	Loi sur les accidents et collisions en mer	*Suppl.*	LII
1891 — (26 mars),	Loi sur l'atténuation et l'aggravation des peines	*Suppl.*	LIII
1891 — (2 juin),	Loi ayant pour objet de réglementer l'autorisation et le fonctionnement des courses de chevaux	*Suppl.*	LIII
1891 — (11 juillet),	Loi tendant à réprimer les fraudes dans la vente des vins	*Suppl.*	LIV
1892 — (30 novembre),	Loi sur l'exercice de la médecine	*Suppl.*	LIV
1892 — (27 décembre),	Loi sur la conciliation et l'arbitrage facultatifs en matière de différends collectifs entre patrons et ouvriers ou employés	*Suppl.*	LV
1893 — (3 février),	Loi tendant à compléter les articles 419 et 420 du Code pénal	P. art. 419 (note).	
1893 — (22 juillet),	Loi portant modification de l'article 8, paragraphe 5, et de l'article 9 du Code civil, relativement aux déclarations effectuées en vue d'acquérir ou de décliner la nationalité française	*Suppl.*	LV

1893 — (1er août),	Loi portant modification de la loi du 24 juillet 1867 sur les sociétés par actions	*Suppl.*	LVI
1893 — (8 août),	Loi relative au séjour des étrangers en France et à la protection du travail national	*Suppl.*	LVI
1894 — (24 juillet),	Loi relative aux fraudes commises dans la vente des vins (alcoolisation et mouillage)	*Suppl.*	LVI
1894 — (28 juillet),	Loi ayant pour objet de réprimer les menées anarchistes	*Suppl.*	LVI
1894 — (5 novembre),	Loi relative à la création de sociétés de crédit agricole	*Suppl.*	LVI
1894 — (30 novembre),	Loi relative aux habitations à bon marché	*Suppl.*	LVII
1895 — (12 janvier),	Loi relative à la saisie-arrêt sur les salaires et petits traitements des ouvriers ou employés	*Suppl.*	LVIII
1895 — (9 février),	Loi sur les fraudes en matière artistique	*Suppl.*	LIX
1895 — (20 juillet),	Loi sur les caisses d'épargne	*Suppl.*	LIX
1895 — (20 juillet),	Loi sur les obligations militaires des membres du Parlement	*L. const. et org.*	3
1896 — (1er février),	Décret relatif à la procédure à suivre en matière de legs concernant les établissements publics ou reconnus d'utilité publique	*Suppl.*	LX
1896 — (21 mars),	Loi relative à la tenue par les juges de paix d'audiences foraines	*Suppl.*	LX
1896 — (25 mars),	Loi relative aux droits des enfants naturels dans la succession de leurs père et mère	*Suppl.*	LX
1896 — (31 mars),	Loi modifiant l'article 11 et complétant l'article 5 de la loi du 30 novembre 1894 sur les habitations à bon marché	*Suppl.*	LXI
1896 — (31 mars),	Loi relative à la vente des objets abandonnés ou laissés en gage par les voyageurs aux aubergistes ou hôteliers	*Suppl.*	LXI
1896 — (20 juin),	Loi portant modification de plusieurs dispositions légales relatives au mariage, dans le but de le rendre plus facile	*Suppl.*	LXI
1896 — (22 juillet),	Loi relative aux pigeons-voyageurs	*Suppl.*	LXI
1896 — (30 novembre),	Loi complétant le Décret du 11 mai 1807 relatif à la prohibition des monnaies de billon	*Suppl.*	LXI
1897 — (8 février),	Loi sur les domaines congéables	*Suppl.*	LXI
1897 — (6 avril),	Loi concernant la falsification, la circulation et la vente des vins artificiels	*Suppl.*	LXII
1897 — (16 avril),	Loi concernant la répression de la fraude dans le commerce du beurre et la fabrication de la margarine	*Suppl.*	LXII
1897 — (5 septembre),	Décret portant règlement général de la pêche fluviale	*Suppl.*	LXIII
1897 — (8 décembre),	Loi ayant pour objet de modifier certaines règles de l'instruction criminelle en matière de crimes et délits	*Suppl.*	LXIV
1897 — (24 décembre),	Loi relative au recouvrement des frais dus aux notaires, avoués et huissiers	*Suppl.*	LXIV
1898 — (15 février),	Loi relative au commerce de brocanteur	*Suppl.*	LXIV
1898 — (8 avril),	Loi sur le régime des eaux	*Suppl.*	LXV
1898 — (9 avril),	Loi concernant les responsabilités des accidents dont les ouvriers sont victimes dans leur travail	*Suppl.*	LXVI
1898 — (13 avril),	Loi portant fixation du budget général des dépenses et des recettes de l'exercice 1898. — Titre III. Dispositions spéciales relatives à l'intérêt conventionnel et légal en Algérie	*Suppl.*	LXVIII
1898 — (19 avril),	Loi sur la répression des violences, voies de fait, actes de cruauté et attentats commis envers les enfants	*Suppl.*	LXVIII
1898 — (21 juin),	Loi sur le Code rural (Livre III : De la police rurale. — Titre Ier : Police administrative)	*Suppl.*	LXVIII
1898 — (18 juillet),	Loi sur les warrants agricoles	*Suppl.*	LXXI
1898 — (18 novembre),	Loi modifiant les articles 25 et 62 de la loi du 15 avril 1829 relative à la pêche fluviale	*2e Suppl.*	I
1899 — (15 février),	Loi sur le secret des actes signifiés par huissiers	*2e Suppl.*	I
1899 — (28 février),	Décret portant règlement d'administration publique pour l'exécution de l'article 26 de la loi du 9 avril 1898, concernant les responsabilités des accidents dont les ouvriers sont victimes dans leur travail	*2e Suppl.*	I
1899 — (28 février),	Décret portant règlement d'administration publique pour l'exécution de l'article 27 de la loi du 9 avril 1898	*2e Suppl.*	II
1899 — (28 février),	Décret portant règlement d'administration publique pour l'exécution du dernier alinéa de l'article 28 de la loi du 9 avril 1898	*2e Suppl.*	II
1899 — (1er mars),	Loi portant modification de l'article 445 du Code d'instruction criminelle	*2e Suppl.*	II

1899 — (25 mars),	Loi portant modification de l'article 1007 du Code civil	2e Suppl	II
1899 — (19 juin),	Loi portant extension de certaines dispositions de la loi du 8 décembre 1897 sur l'instruction préalable à la procédure devant les conseils de guerre	2e Suppl	II
1899 — (30 juin),	Loi concernant les accidents causés dans les exploitations agricoles par l'emploi de machines mues par des moteurs inanimés	2e Suppl	II
1899 — (20 juillet),	Loi sur la responsabilité civile des membres de l'enseignement public	2e Suppl	II
1899 — (5 août),	Loi sur le casier judiciaire et sur la réhabilitation de droit	2e Suppl	II

FIN DE LA TABLE CHRONOLOGIQUE

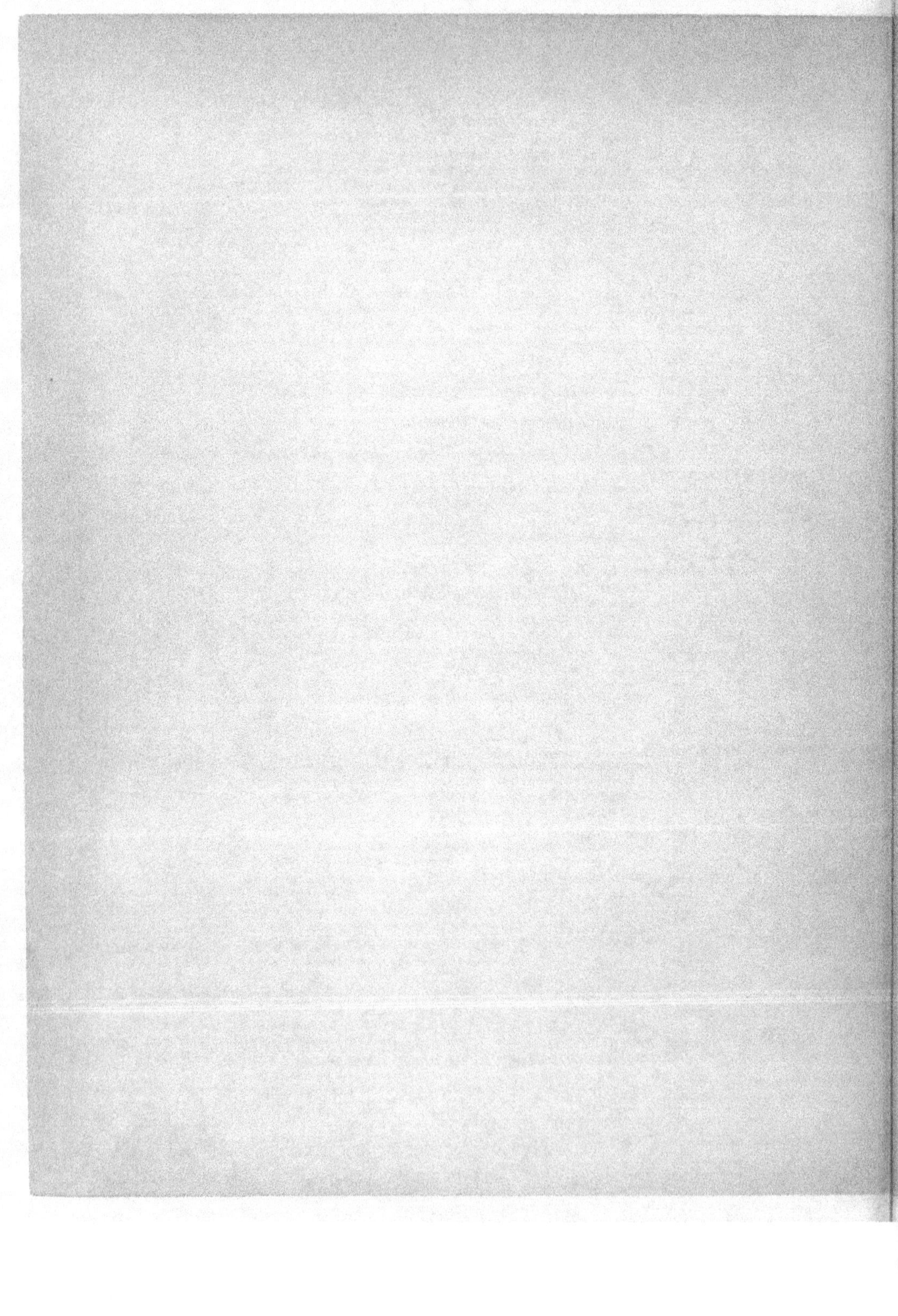

TABLE ALPHABÉTIQUE

DES LOIS, ORDONNANCES ET DÉCRETS

A

Accidents et collisions en mer. — L. 10 mars 1891. (*Suppl.* p. 52.)

Accidents dans le travail. — L. 9 avril 1898. (*Suppl.* p. 60.) Décr. 28 février 1899 (2ᵉ *Suppl.* p. 1 et 2.) — L. 30 juin 1899. (2ᵉ *Suppl.* p. 2.)

Aliénés. — L. 30 juin 1838. (*Suppl.* p. 9.)

Anarchie. — L. 28 juillet 1894. (*Suppl.* p. 56.)

Animaux domestiques ; mauvais traitements. — L. 2 juillet 1850. (*Suppl.* p. 18.)

Appareils à vapeur. — L. 21 juillet 1856. (*Suppl.* p. 22.)

Armée ; recrutement. — L. 15 juillet 1889, art. 59. (*C.*, art. 374, *note.*) — **Obligations militaires des membres du Parlement.** — L. 20 juillet 1895. (*L. const.* p. 5.)

Armes ; détention des armes de guerre. — L. 24 mai 1834. (*Suppl.* p. 1.) — **Pistolets de poche.** — Ord. 23 février 1837. (*Suppl.* p. 5.) — **Fabrique et commerce des armes.** — L. 14 août 1885. (*Suppl.* p. 42.)

Assistance judiciaire. — L. 22 janvier 1851. (*Suppl.* p. 18.)

Association. — L. 10 avril 1834. (*P.*, art. 291, *note.*)

Atténuation des peines. — L. 26 mars 1891. (*Suppl.* p. 53.)

Aubaine (Droit d'). — L. 14 juillet 1819. (*C.*, art. 726, *note.*)

Aubergistes ; ventes d'objets laissés par les voyageurs. — L. 31 mars 1896. (*Suppl.* p. 61.)

Audiences foraines. — L. 21 mars 1896. (*Suppl.* p. 60.)

B

Beurre et margarine ; fraude. — L. 16 avril 1897. (*Suppl.* p. 62.)

Brevets d'invention. — L. 5 juillet 1844. (*Suppl.* p. 12.) — **Inventions et dessins de fabrique admis aux expositions publiques.** — L. 23 mai 1868. (*Suppl.* p. 27.)

Brocanteurs. — L. 15 février 1898. (*Suppl.* p. 64.)

C

Cabarets. — L. 17 juillet 1880. (*Suppl.* p. 31.)

Caisses d'épargne. — L. 20 juillet 1895. (*Suppl.* p. 59.)

Casier judiciaire et réhabilitation de droit. — L. 5 août 1899. (2ᵉ *Suppl.* p. 2.)

Chambres de commerce. — L. 22 janvier 1872. (*Suppl.* p. 28.)

Chasse. — L. 3 mai 1844. (*Suppl.* p. 11.)

Chemins de fer. — L. 15 juillet 1845. (*Suppl.* p. 11.) Ord. 15 novembre 1846. (*Suppl.* p. 13.)

Chemins vicinaux. — L. 21 mai 1836. (*Suppl.* p. 4.)

Code civil. — L. 25 mars 1899, modifiant l'article 1097. (2ᵉ *Suppl.* p. 2.) — L. 20 juillet 1899, modifiant l'article 1384. (2ᵉ *Suppl.* p. 2.)

Code rural ; chemins ruraux et sentiers d'exploitation. — L. 20 août 1881. (*Suppl.* p. 36.) — **Vices rédhibitoires.** — L. 2 août 1884. (*Suppl.* p. 40.) — **Animaux domestiques.** — L. 4 avril 1889. (*Suppl.* p. 47.) — **Vaine pâture.** — L. 9 juillet 1889. (*Suppl.* p. 47.) — **Colonat partiaire.** — L. 18 juillet 1889. (*Suppl.* p. 48.) — Livre III : **De la police rurale.** — Titre Iᵉʳ : **Police administrative.** — L. 21 juin 1898. (*Suppl.* p. 63.)

Compétence des juges de paix. — L. 25 mai 1838. (*Suppl.* p. 8.)

Compétence des tribunaux de première instance. — L. 11 avril 1838. (*Suppl.* p. 8.)

Conseils de préfecture ; procédure. — L. 22 juillet 1889. (*Suppl.* p. 48.)

Contrainte par corps. — L. 22 juillet 1867. (*Suppl.* p. 24.)

Cours d'appel. — L. 30 août 1883. (*Suppl.* p. 76.)

Cours d'assises. — L. 9 septembre 1835. (*Suppl.* p. 4.)

Cour de Cassation ; autorité des arrêts rendus après deux pourvois. — L. 1ᵉʳ avril 1837. (*Suppl.* p. 7.) — **Délais des pourvois.** — L. 2 juin 1862. (*Suppl.* p. 23.)

Courses de chevaux. — L. 2 juin 1891. — (*Suppl.* p. 53.)

Crédit agricole. — L. 5 novembre 1894. (*Suppl.* p. 56.)

D

Déportation. — L. 25 mars 1873. (*Suppl.* p. 29.)

Diffamation par poste ou télégraphe. — L. 11 juin 1887. (*Suppl.* p. 44.)

Divorce ; procédure. — L. 18 avril 1886. (*Suppl.* p. 45.)

Domaines congéables. — L. 8 février 1897. (*Suppl.* p. 61.)

Drainage ; libre écoulement des eaux. — L. 10 juin 1854. (*Suppl.* p. 21.)

E

Eaux (Régime des). — L. 8 avril 1898. (*Suppl.* p. 65.)

Élection des députés. — *Décr.* 2 février 1852, titre IV. (*Suppl.* p. 20.) L. 16 juin 1885. (*L. const.* p. 3.) L. 13 février 1889. (*L. const.* p. 3.)

Élection des sénateurs. — L. 24 février 1875. (*L. const.* p. 1.)

Enfants (Protection des) ; professions ambulantes. — L. 7 décembre 1874. (*Suppl.* p. 30.) — **Nourrissons, enfants du premier âge.** — L. 23 décembre 1874. (*Suppl.* p. 30.)

Enfants maltraités ou moralement abandonnés. — L. 24 juillet 1889. (*Suppl.* p. 50) ; L. 19 avril 1898. (*Suppl.* p. 68.)

Enfants naturels. — L. 25 mars 1896. (*Suppl.* p. 60.)

Engrais ; fraude dans la vente. — L. 4 février 1888. (*Suppl.* p. 45.)

Espionnage. — L. 18 avril 1886. (*Suppl.* p. 44.)

État civil ; enfant présenté sans vie. — *Décr.* 4 juillet 1806. (*C.* art. 79, *note.*)

Étrangers, résidence en France. — L. 8 août 1893. (*Suppl.* p. 56.)

Exécution des arrêts criminels, réquisition d'ouvriers. — L. 22 germinal an IV. (*I. Cr.* p. 12.)

Explosifs. — L. 19 juin 1871. (*Suppl.* p. 27.)

Expropriation pour cause d'utilité publique. — L. 3 mai 1841. (*Suppl.* p. 8.)

F

Fêtes légales. — L. 8 mars 1886. (*Suppl.* p. 44.)

Flagrants délits. — L. 20 mai 1863. (*Suppl.* p. 24.)

Fraude en matière artistique. — L. 9 février 1895. (*Suppl.* p. 59.)

Funérailles (Liberté des). — L. 15 novembre 1887. (*Suppl.* p. 45.)

G

Grève. — L. 27 décembre 1892. (*Suppl.* p. 55.)

H

Habitations à bon marché. — L. 30 novembre 1894. (*Suppl.* p. 57.) L. 31 mars 1896. (*Suppl.* p. 61.)

Huis clos. — Constitution de la République française, 4 novembre 1848, art. 81. (*L. const.* p. 1.)

Huissiers ; condamnation pour faits relatifs à leurs fonctions ; compétence. — *Décr.* 14 juin 1813, art. 73. (*Pr.* art. 69, *note.*) — **Secret des actes signifiés.** — L. 15 février 1899. (2ᵉ *Suppl.* p. 1.)

Hypothèque maritime. — L. 10 juillet 1885. (*Suppl.* p. 41.)

I

Imprimés simulant billets de banque ou autres valeurs fiduciaires. — L. 11 juillet 1885. (*Suppl.* p. 43.)

Incompatibilités parlementaires. — L. 26 décembre 1887. (*L. const.* p. 3.)

Inscription des hypothèques ; demande en reconnaissance d'obligations sous seings privés. — L. 3 septembre 1807. (*Suppl.* p. 1.)

Instruction criminelle. — L. 8 décembre 1897. (*Suppl.* p. 61.) L. 19 juin 1899. (2ᵉ *Suppl.* p. 2.)

Irrigations. — L. 29 avril 1845. (*Suppl.* p. 15.); L. 11 juillet 1847. (*Suppl.* p. 18.)
Ivresse publique. — L. 23 janvier 1873. (*Suppl.* p. 26.)

J

Juges auditeurs. — L. 10 décembre 1830, art. 1er. (*I. Cr.* art. 265, *note.*)
Jury; vote. — L. 13 mai 1836. (*I. Cr.* p. 11.) — **Conditions pour être juré et composition de la liste nouvelle.** — L. 21 novembre 1872. (*I. Cr.* p. 12.)

L

Légion d'honneur; discipline. — *Décr. org.* 16 mars 1852, titre IV. (*Suppl.* p. 20.)
Legs aux établissements publics. — *Décr.* 1er février 1896. (*Suppl.* p. 60.)
Liquidation judiciaire. — L. 4 mars 1889. (*Suppl.* p. 45.)
Livrets d'ouvriers. — L. 2 juillet 1890. (*Suppl.* p. 32.)
Lois constitutionnelles et organiques; siège du pouvoir exécutif et des Chambres. — L. 22 juillet 1879. (*L. const.* p. 1.)
Loterie. — L. 22 mai 1836. (*P.* art. 410, *note.*)

M

Marchés à terme. — L. 28 mars 1885. (*Suppl.* p. 40.)
Marques de fabrique et de commerce. — L. 23 juin 1857. (*Suppl.* p. 23.) L. 26 novembre 1873. (*Suppl.* p. 29.) *Décr.* 27 février 1891. (*Suppl.* p. 52.)
Médailles industrielles; usurpation. — L. 30 avril 1886. (*Suppl.* p. 44.)
Médecine. — L. 30 novembre 1892. (*Suppl.* p. 54.)
Monnaies de billon étrangères. — L. 30 novembre 1896. (*Suppl.* p. 61.)
Mort (Peine de). — Constitution de la République française, 4 novembre 1848, art. 5. (*L. const.* p. 1.)
Mort civile, abolition. — L. 31 mai 1854. (*C.* art. 22, *note.*)

N

Nationalité française; acquisition ou répudiation. — L. 22 juillet 1893. (*Suppl.* p. 55.)
Naturalisation et séjour des étrangers en France. — L. 3 décembre 1849. (*Suppl.* p. 18.) L. 26 juin 1889. (*Suppl.* p. 47.)
Notaires (Recouvrements des frais dus aux). — L. 24 décembre 1897. (*Suppl.* p. 64.)

O

Outrages aux bonnes mœurs. — L. 2 août 1882. (*Suppl.* p. 37.)

P

Pêche fluviale. — L. 15 avril 1829. (*Suppl.* p. 1.) *Décr.* 5 septembre 1897. (*Suppl.* p. 63.) L. 18 novembre 1898. (2e *Suppl.* p. 1.)
Pigeons voyageurs. — L. 22 juillet 1896. (*Suppl.* p. 61.)
Police sanitaire des animaux. L. 21 juillet 1881. (*Suppl.* p. 32.) *Décr.* 28 juillet 1888. (*Suppl.* p. 45.)
Pouvoirs publics. — L. 25 février 1875. (*L. const.* p. 1.) L. 16 juillet 1875. (*Ibid.* p. 1.)
Presse. — L. 29 juillet 1881. (*Suppl.* p. 33.)
Prisons (Crimes commis dans l'intérieur des). — L. 25 décembre 1880. (*Suppl.* p. 31.)
Prisons départementales (Régime des). — L. 5 juin 1875. (*P.* p. 2.)
Privilège du bailleur d'un fonds rural. — L. 19 février 1889. (*C.* art. 2102, *note.*)
Promulgation des lois et décrets. — *Décr.* 5 novembre 1870. (*C.* p. 1.)
Propriété littéraire; auteurs, compositeurs de musique, peintres, dessinateurs. — L. 19 juillet 1793. (*Suppl.* p. 1.) L. 25 prairial an III. (*Suppl.* p. 1.) — **Ouvrages posthumes.** — *Décr.* 1er germinal an XIII. (*Suppl.* p. 1.) — **Droits des héritiers et ayants cause.** — L. 14 juillet 1866. (*Suppl.* p. 24.)
Provocation au retrait des fonds des caisses publiques. — L. 3 février 1893. (*P.*, art. 419, *note.*)
Prudhommes. — *Décr.* 3 août 1810. (*Suppl.* p. 1.) L. 1er juin 1853. (*Suppl.* p. 20.)

R

Récidive; moyens préventifs. — L. 14 août 1885. (*Suppl.* p. 43.)
Relégation. — L. 27 mai 1885. (*Suppl.* p. 44.)
Réunion (Liberté de). — L. 30 juin 1881. (*Suppl.* p. 31.)

S

Saisie-arrêt sur les salaires et les petits traitements. — L. 12 janvier 1895. (*Suppl.* p. 58.)
Sénat. — L. 9 décembre 1884. (*L. const.* p. 2.)
Sociétés commerciales. — L. 24 juillet 1867. (*Suppl.* p. 25.) L. 1er août 1893. (*Suppl.* p. 56.)
Syndicats professionnels. — L. 21 mars 1884. (*Suppl.* p. 39.)

T

Taux de l'intérêt. — L. 3 septembre 1807. (*Suppl.* p. 1.) L. 12 janvier 1886. (*Suppl.* p. 44.) L. 13 avril 1898, titre III. (*Suppl.* p. 66.)
Titres au porteur; perte. — L. 15 juin 1872. (*Suppl.* p. 28.)
Transcription hypothécaire. — L. 23 mars 1855. (*Suppl.* p. 22.)
Travaux forcés; exécution de la peine. — L. 30 mai 1854. (*Suppl.* p. 21.)
Tribunaux de commerce. — L. 8 décembre 1883. (*Suppl.* p. 38.)

U

Usure. — L. 3 septembre 1807. (*Suppl.* p. 1.) L. 19 décembre 1850. (*Suppl.* p. 18.)

V

Valeurs mobilières appartenant à un mineur. — L. 27 février 1880. (*C.* p. 12 et 14.)
Ventes (Fraudes dans les). — L. 27 mars 1851. (*Suppl.* p. 20.)
Vente judiciaire d'immeubles. — L. 23 octobre 1884. (*Suppl.* p. 40.)
Ventes publiques de meubles, marchandises neuves. — L. 25 juin 1841. (*Suppl.* p. 11.)
Vices rédhibitoires. — L. 2 août 1884. (*Suppl.* p. 40.)
Vins (Fraude dans la vente des). — L. 5 mai 1855. (*Suppl.* p. 22.) L. 14 août 1889. (*Suppl.* p. 51.) L. 11 juillet 1891. (*Suppl.* p. 54.) — **Alcoolisation et mouillage.** — L. 24 juillet 1894. (*Suppl.* p. 58.)
Vins artificiels. — L. 6 avril 1897. (*Suppl.* p. 62.)
Violences légères. — Code des délits et des peines, 3 brumaire an IV, art. 600, 605, 606, 607 et 608. (*Suppl.* p. 1.)
Voituriers. — L. 11 avril 1888. (*Suppl.* p. 45.)

W

Warrants agricoles. — L. 18 juillet 1898. (*Suppl.* p. 71.)

FIN DE LA TABLE ALPHABÉTIQUE

Alençon. — Imp. et Lith. A. Herpin, rue du Cygne, 9 et 11.

www.ingramcontent.com/pod-product-compliance
Lightning Source LLC
LaVergne TN
LVHW052012060726
842528LV00002B/487
* 9 7 8 2 3 2 9 2 3 8 4 7 0 *